生态修复工程

乌梁素海流域山水林田湖草生态保护修复试点工程法律法规文件汇编

李根东　主编

U0787468

中国环境出版集团·北京

图书在版编目（CIP）数据

乌梁素海流域山水林田湖草生态保护修复试点工程法律法规文件汇编/李根东主编. —北京：中国环境出版集团，2021.11

（生态修复工程）

ISBN 978-7-5111-4721-9

Ⅰ. ①乌… Ⅱ. ①李… Ⅲ. ①淡水湖—区域生态环境—生态恢复—环境保护法—汇编—内蒙古
Ⅳ. ①D927.260.268.9

中国版本图书馆 CIP 数据核字（2021）第 224350 号

出 版 人 武德凯
责任编辑 韩 睿
责任校对 任 丽
封面设计 岳 帅

出版发行 中国环境出版集团
（100062 北京市东城区广渠门内大街 16 号）
网 址：http://www.cesp.com.cn
电子邮箱：bjgl@cesp.com.cn
联系电话：010-67112765（编辑管理部）
发行热线：010-67125803，010-67113405（传真）

印 刷 北京中科印刷有限公司
经 销 各地新华书店
版 次 2021 年 11 月第 1 版
印 次 2021 年 11 月第 1 次印刷
开 本 880×1230 1/16
印 张 74.5
字 数 1996 千字
定 价 298.00 元

【版权所有。未经许可，请勿翻印、转载，违者必究。】
如有缺页、破损、倒装等印装质量问题，请寄回本集团更换

中国环境出版集团郑重承诺：
中国环境出版集团合作的印刷单位、材料单位均具有中国环境标志产品认证；
中国环境出版集团所有图书“禁塑”。

编委会

主　　　编：李根东

副　主　编：王大伟

主要参编人员：贾文龙　关丽罡　梁　勇　燕可宇　罗洋静

李长山　成　桢　李建峰　刘庆生　李来成

马建东　王　甜　秦　浩　王　雷　聂兆宏

董琪宇　陈凯欣　燕春旭

序

党的十八大以来，以习近平同志为核心的党中央站在坚持和发展中国特色社会主义、实现中华民族伟大复兴中国梦的战略高度，把生态文明建设摆在治国理政的重要位置，谋划开展了一系列根本性、开创性、长远性的工作，形成了“生态兴则文明兴、生态衰则文明衰，人与自然和谐共生”的新生态自然观、“绿水青山就是金山银山，保护环境就是保护生产力”的新经济发展观、“山水林田湖草是一个生命共同体”的新系统观、“环境就是民生，人民群众对美好生活的需求就是我们的奋斗目标”的新民生政绩观等生态文明理论，成为习近平新时代中国特色社会主义思想的重要组成部分。2014年，习近平总书记考察内蒙古时指出，要把内蒙古建设成我国北方重要的生态安全屏障。2018年3月，习近平总书记在参加十三届全国人大一次会议中指出，要统筹山水林田湖草治理，加快乌梁素海等水生态综合治理，在祖国北疆构筑起万里绿色长城。2019年9月，习近平总书记在黄河流域生态保护和高质量发展座谈会上强调，要坚持生态优先、绿色发展，共同抓好大保护，协同推进大治理，着力加强生态保护治理，让黄河成为造福人民的幸福河。2021年3月，习近平总书记在参加十三届全国人大四次会议内蒙古代表团的审议时再次指出，要统筹山水林田湖草沙系统治理，实施好生态保护修复工程，加大生态系统保护力度，提升生态系统的稳定性和可持续性。

为了落实习近平生态文明思想，财政部、国土资源部、环境保护部于2016年发布《关于推进山水林田湖生态保护修复工作的通知》，组织开展山水林田湖生态保护修复试点工作，在全国范围内以竞争性评审的方式选择试点项目，并给予奖补资金支持。此外，为指导和规范各地山水林田湖草生态保护修复工程实施，财政部、自然资源部、生态环境部又于2020年8月26日印发了《山水林田湖草生态保护修复工程指南（试行）》，明确要求要综合运用法律、政策、经济和公众参与等手段，对山水林田湖草等各类自然生态要素进行修复和保护。

乌梁素海流域位于黄河“几”字弯顶端、内蒙古自治区巴彦淖尔市境内，面积约1.63万平方千米，平原、草原、河流、湖泊、山脉、森林、沙漠等生态要素齐全，是国家“两屏三带”生态安全战略格局中“北方防沙带”的重要组成部分，是阻止乌兰布和沙漠、库布其沙漠和蒙古戈壁相通相连的重要关口，是黄河流域生态环境保护的重点区域，生态地位极其重要。

2018年12月，由巴彦淖尔市申请、自然资源部等三部委组织的“乌梁素海流域山水林田湖草生态保护修复试点工程”（以下简称试点工程），在20个省市的竞争性评审中以第一名的好成绩入围国家第三批山水林田湖草生态保护修复工程。试点工程共7大类35个项目，总投资

50.86 亿元，涉及山水林田湖草沙 7 类生态要素。巴彦淖尔市市委对试点工程高度重视，主要领导亲自指挥，多次组织召开专题会议，开展现场实地调研，研究解决实际问题，要求严格按照“六个好”（工程质量好、工程进度好、资金配套好、财务审计好、廉政建设好、产业发展好）的标准，推进项目实施。如何实现“六个好”标准，需要试点项目在建设管理的全过程，严格遵循各层面的法律、法规、标准和技术规范，发挥好指引、评价和约束作用，确保项目高标准、高效率、高质量地推进。

多年来，针对工程建设和管理工作，国家、行业、地方分别从不同的维度制定了相应法律、法规、规章、标准以及规范性文件，这些文件同样适用于生态保护修复工程。但是，山水林田湖草生态保护修复试点工程作为国家重点试点工程，涉及行业种类多、专业覆盖面广，而众多的法规文件对不同行业的规定不尽相同，同一方面的法规文件由于发布时间不同，内容也有不同程度的调整变化，管理建设人员对自己所从事行业之外的法规文件了解较少，同时分散的法规文件也不方便查阅使用，这些因素都影响着工程建设管理的有序推进。因此，很有必要将各层面、各类别的法规、规章和规范收集归类，供生态保护修复工程全过程参阅执行。

我们在试点工程建设管理过程中，成立了以工程建设单位内蒙古乌梁素海流域投资建设有限公司和全过程咨询单位上海同济工程咨询有限公司为主的编写委员会，采取边实施、边收集、边整理、边编撰的方式，经过全体编写人员历时 12 个月的辛勤付出，最终整理出一整套涵盖山水林田湖草各业态的法规及标准体系汇编。重点从环境保护工程、林业和草原生态建设工程、矿山地质环境治理工程、水土保持建设工程、水利工程、农牧业污染减排工程、建筑和市政工程、公路工程 8 个方面，对国家、相关行业领域的法律、法规、标准和规范等文件进行了梳理和汇总，共收录各项法律、法规和规章等共计 230 余篇，基本涵盖了山水林田湖草生态保护修复的各个方面。

本书是国内第一部专门针对生态治理工程各业态的法规、标准和规范等文件的汇编，填补了山水林田湖草生态修复保护试点工程法规指导文件的空白，旨在为正在实施的山水林田湖草生态保护修复试点工程提供政策指导和行为规范，也为准备申报实施山水林田湖草生态保护修复试点工程的地方政府、行业主管部门以及参建单位提供政策依据及培训教材，并为今后国家各项生态治理工程的实施提供决策参考。同时，本书可作为生态修复领域从业者与爱好者的参考读物，进一步丰富各专业领域相关规范知识，促进相互交流、学习进步，共同为建设美丽中国夯基筑台、贡献力量。

李根东

二〇二一年四月

目 录

第一篇　山水林田湖草试点工程

第三篇 林业和草原生态建设工程

第四篇　矿山地质环境治理工程

第七篇 农牧业污染减排工程

第八篇　建筑和市政工程

第九篇 公路工程

第一篇

山水林田湖草试点工程

第一章　重要讲话

习近平：坚持节约资源和保护环境基本国策 努力走向社会主义生态文明新时代①

（2013 年 5 月 25 日）

中共中央政治局 5 月 24 日上午就大力推进生态文明建设进行第六次集体学习。中共中央总书记习近平在主持学习时强调，生态环境保护是功在当代、利在千秋的事业。要清醒认识保护生态环境、治理环境污染的紧迫性和艰巨性，清醒认识加强生态文明建设的重要性和必要性，以对人民群众、对子孙后代高度负责的态度和责任，真正下决心把环境污染治理好、把生态环境建设好，努力走向社会主义生态文明新时代，为人民创造良好生产生活环境。

清华大学环境科学与工程研究院教授、中国工程院院士郝吉明就这个问题进行讲解，并谈了他的意见和建议。

中共中央政治局各位同志认真听取了他们的讲解，并就有关问题进行了讨论。

习近平在主持学习时发表了讲话。他强调，建设生态文明，关系人民福祉，关乎民族未来。党的十八大把生态文明建设纳入中国特色社会主义事业“五位一体”总体布局，明确提出大力推进生态文明建设，努力建设美丽中国，实现中华民族永续发展。这标志着我们对中国特色社会主义规律认识的进一步深化，表明了我们加强生态文明建设的坚定意志和坚强决心。

习近平指出，推进生态文明建设，必须全面贯彻落实党的十八大精神，以邓小平理论、“三个代表”重要思想、科学发展观为指导，树立尊重自然、顺应自然、保护自然的生态文明理念，坚持节约资源和保护环境的基本国策，坚持节约优先、保护优先、自然恢复为主的方针，着力树立生态观念、完善生态制度、维护生态安全、优化生态环境，形成节约资源和保护环境的空间格局、产业结构、生产方式、生活方式。

习近平强调，要正确处理好经济发展同生态环境保护的关系，牢固树立保护生态环境就是保护生产力、改善生态环境就是发展生产力的理念，更加自觉地推动绿色发展、循环发展、低碳发展，决不以牺牲环境为代价去换取一时的经济增长。

习近平指出，国土是生态文明建设的空间载体。要按照人口资源环境相均衡、经济社会生态效益相统一的原则，整体谋划国土空间开发，科学布局生产空间、生活空间、生态空间，给自然留下更多修复空间。要坚定不移加快实施主体功能区战略，严格按照优化开发、重点开发、限制开发、禁止开发的主体功能定位，划定并严守生态红线，构建科学合理的城镇化推进格局、农业发展格局、生态安全格局，保障国家和区域生态安全，提高生态服务功能。要牢固树立生态红线的观念。在生态环境保护问题上，就是要不能越雷池一步，否则就应该受到惩罚。

习近平强调，节约资源是保护生态环境的根本之策。要大力节约集约利用资源，推动资源利用方式根本转变，加强全过程节约管理，大幅降低能源、水、土地消耗强度，大力发展循环经济，促进生产、流通、消费过程的减量化、再利用、资源化。

---

① 摘自人民网-中国共产党新闻网，http://jhsjk.people.cn/article/21608764。

习近平强调，要实施重大生态修复工程，增强生态产品生产能力。良好生态环境是人和社会持续发展的根本基础。人民群众对环境问题高度关注。环境保护和治理要以解决损害群众健康突出环境问题为重点，坚持预防为主、综合治理，强化水、大气、土壤等污染防治，着力推进重点流域和区域水污染防治，着力推进重点行业和重点区域大气污染治理。

习近平指出，只有实行最严格的制度、最严密的法治，才能为生态文明建设提供可靠保障。最重要的是要完善经济社会发展考核评价体系，把资源消耗、环境损害、生态效益等体现生态文明建设状况的指标纳入经济社会发展评价体系，使之成为推进生态文明建设的重要导向和约束。要建立责任追究制度，对于那些不顾生态环境盲目决策、造成严重后果的人，必须追究其责任，而且应该终身追究。要加强生态文明宣传教育，增强全民节约意识、环保意识、生态意识，营造爱护生态环境的良好风气。

习近平总书记谈绿色[①]

（2016 年 3 月 3 日）

保护生态环境就是保护生产力，改善生态环境就是发展生产力。良好生态环境是最公平的公共产品，是最普惠的民生福祉。

我们既要绿水青山，也要金山银山。宁要绿水青山，不要金山银山，而且绿水青山就是金山银山。我们绝不能以牺牲生态环境为代价换取经济的一时发展。我们提出了建设生态文明、建设美丽中国的战略任务，给子孙留下天蓝、地绿、水净的美好家园。

正确处理好生态环境保护和发展的关系，是实现可持续发展的内在要求，也是推进现代化建设的重大原则。

在生态环境保护上一定要算大账、算长远账、算整体账、算综合账，不能因小失大、顾此失彼、寅吃卯粮、急功近利。

坚持绿色发展，就是要坚持节约资源和保护环境的基本国策，坚持可持续发展，形成人与自然和谐发展现代化建设新格局，为全球生态安全作出新贡献。

要着力推进人与自然和谐共生。生态环境没有替代品，用之不觉，失之难存。要树立大局观、长远观、整体观，坚持节约资源和保护环境的基本国策，像保护眼睛一样保护生态环境，像对待生命一样对待生态环境，推动形成绿色发展方式和生活方式，协同推进人民富裕、国家强盛、中国美丽。

---

① 摘自人民网-中国共产党新闻网，http://jhsjk.people.cn/article/28168744。

习近平参加内蒙古代表团审议

习近平在参加内蒙古代表团审议时强调
保持加强生态文明建设的战略定力
守护好祖国北疆这道亮丽风景线[①]

（2019 年 3 月 5 日）

中共中央总书记、国家主席、中央军委主席习近平 5 日下午在参加他所在的十三届全国人大二次会议内蒙古代表团审议时强调，保持加强生态文明建设的战略定力，探索以生态优先、绿色发展为导向的高质量发展新路子，加大生态系统保护力度，打好污染防治攻坚战，守护好祖国北疆这道亮丽风景线。

习近平充分肯定内蒙古一年来的工作，希望内蒙古的同志认真贯彻落实党中央决策部署，贯彻落实新发展理念，坚持稳中求进工作总基调，按照高质量发展要求，正确处理稳和进的辩证关系，统筹推进稳增长、促改革、调结构、惠民生、防风险、保稳定各项工作，推进全面从严治党，保持经济持续健康发展和社会大局稳定，不断增强各族群众获得感、幸福感、安全感，以优异成绩庆祝新中国成立 70 周年。

习近平强调，党的十八大以来，我们党关于生态文明建设的思想不断丰富和完善。在“五位一体”总体布局中生态文明建设是其中一位，在新时代坚持和发展中国特色社会主义基本方略中坚持人与自然和谐共生是其中一条基本方略，在新发展理念中绿色是其中一大理念，在三大攻坚战中污染防治是其中一大攻坚战。这“四个一”体现了我们党对生态文明建设规律的把握，体现了生态文明建设在新时代党和国家事业发展中的地位，体现了党对建设生态文明的部署和要求。各地区各部门要认真贯彻落实，努力推动我国生态文明建设迈上新台阶。

习近平指出，内蒙古生态状况如何，不仅关系全区各族群众生存和发展，而且关系华北、东北、西北乃至全国生态安全。把内蒙古建成我国北方重要生态安全屏障，是立足全国发展大局确立的战略定位，也是内蒙古必须自觉担负起的重大责任。构筑我国北方重要生态安全屏障，把祖国北疆这道风景线建设得更加亮丽，必须以更大的决心、付出更为艰巨的努力。

习近平强调，要保持加强生态文明建设的战略定力。保护生态环境和发展经济从根本上讲是有机统一、相辅相成的。不能因为经济发展遇到一点困难，就开始动铺摊子上项目、以牺牲环境换取经济增长的念头，甚至想方设法突破生态保护红线。在我国经济由高速增长阶段转向高质量发展阶段过程中，污染防治和环境治理是需要跨越的一道重要关口。我们必须咬紧牙关，爬过这个坡，迈过这道坎。要保持加强生态环境保护建设的定力，不动摇、不松劲、不开口子。

习近平指出，要探索以生态优先、绿色发展为导向的高质量发展新路子。要贯彻新发展理念，统筹好经济发展和生态环境保护建设的关系，努力探索出一条符合战略定位、体现内蒙古特色，以

① 摘自人民网-中国共产党新闻网，http://jhsjk.people.cn/article/30959333。

生态优先、绿色发展为导向的高质量发展新路子。要坚持底线思维，以国土空间规划为依据，把城镇、农业、生态空间和生态保护红线、永久基本农田保护红线、城镇开发边界作为调整经济结构、规划产业发展、推进城镇化不可逾越的红线，立足本地资源禀赋特点、体现本地优势和特色。

习近平强调，要加大生态系统保护力度。内蒙古有森林、草原、湿地、河流、湖泊、沙漠等多种自然形态，是一个长期形成的综合性生态系统，生态保护和修复必须进行综合治理。保护草原、森林是内蒙古生态系统保护的首要任务。必须遵循生态系统内在的机理和规律，坚持自然恢复为主的方针，因地制宜、分类施策，增强针对性、系统性、长效性。

习近平指出，要打好污染防治攻坚战。解决好人民群众反映强烈的突出环境问题，既是改善环境民生的迫切需要，也是加强生态文明建设的当务之急。要保持攻坚力度和势头，坚决治理“散乱污”企业，继续推进重点区域大气环境综合整治，加快城镇、开发区、工业园区污水处理设施建设，深入推进农村牧区人居环境整治。要抓好内蒙古呼伦湖、乌梁素海、岱海的生态综合治理，对症下药，切实抓好落实。

习近平强调，今年是新中国成立 70 周年，保持经济持续健康发展和社会大局稳定的任务十分繁重。内蒙古要扎实做好各项工作，确保经济平稳运行，打好脱贫攻坚战，稳步提高民生保障水平，促进各民族共同繁荣发展，不断增强人民群众获得感、幸福感、安全感。

习近平指出，过去我们党靠艰苦奋斗、勤俭节约不断成就伟业，现在我们仍然要用这样的思想来指导工作。吃不穷、穿不穷，计划不到一世穷。党和政府带头过紧日子，目的是为老百姓过好日子，这是我们党的宗旨和性质所决定的。不论我们国家发展到什么水平，不论人民生活改善到什么地步，艰苦奋斗、勤俭节约的思想永远不能丢。艰苦奋斗、勤俭节约，不仅是我们一路走来、发展壮大的重要保证，也是我们继往开来、再创辉煌的重要保证。

习近平心系内蒙古草原儿女：谈生态　话脱贫[①]

（2019 年 3 月 6 日）

“保持加强生态文明建设的战略定力，探索以生态优先、绿色发展为导向的高质量发展新路子，加大生态系统保护力度，打好污染防治攻坚战，守护好祖国北疆这道亮丽风景线。”3 月 5 日，中共中央总书记、国家主席、中央军委主席习近平在参加他所在的十三届全国人大二次会议内蒙古代表团审议时强调。

作为内蒙古代表团代表，习近平已经连续两次参加内蒙古代表团审议。“扎实推动经济高质量发展”“扎实推进脱贫攻坚”“扎实推进民族团结和边疆稳固”“要探索以生态优先、绿色发展为导向的高质量发展新路子”，习近平始终牵挂着内蒙古 2500 多万名草原儿女，两次参加审议，提出了许多希望和要求。

提出四点要求，做好生态文明建设

“要保持加强生态文明建设的战略定力”

保护生态环境和发展经济从根本上讲是有机统一、相辅相成的。不能因为经济发展遇到一点困难，就开始动铺摊子上项目、以牺牲环境换取经济增长的念头，甚至想方设法突破生态保护红线。在我国经济由高速增长阶段转向高质量发展阶段过程中，污染防治和环境治理是需要跨越的一道重要关口。我们必须咬紧牙关，爬过这个坡，迈过这道坎。要保持加强生态环境保护建设的定力，不动摇、不松劲、不开口子。

“要探索以生态优先、绿色发展为导向的高质量发展新路子”

要贯彻新发展理念，统筹好经济发展和生态环境保护建设的关系，努力探索出一条符合战略定位、体现内蒙古特色，以生态优先、绿色发展为导向的高质量发展新路子。要坚持底线思维，以国土空间规划为依据，把城镇、农业、生态空间和生态保护红线、永久基本农田保护红线、城镇开发边界作为调整经济结构、规划产业发展、推进城镇化不可逾越的红线，立足本地资源禀赋特点、体现本地优势和特色。

“要加大生态系统保护力度”

内蒙古有森林、草原、湿地、河流、湖泊、沙漠等多种自然形态，是一个长期形成的综合性生态系统，生态保护和修复必须进行综合治理。保护草原、森林是内蒙古生态系统保护的首要任务。必须遵循生态系统内在的机理和规律，坚持自然恢复为主的方针，因地制宜、分类施策，增强针对性、系统性、长效性。

“要打好污染防治攻坚战”

解决好人民群众反映强烈的突出环境问题，既是改善环境民生的迫切需要，也是加强生态文明建设的当务之急。要保持攻坚力度和势头，坚决治理“散乱污”企业，继续推进重点区域大气环境综合整治，加快城镇、开发区、工业园区污水处理设施建设，深入推进农村牧区人居环境整治。要

① 摘自人民网-中国共产党新闻网，http://jhsjk.people.cn/article/30959647。

抓好内蒙古呼伦湖、乌梁素海、岱海的生态综合治理，对症下药，切实抓好落实。

把内蒙古建成我国北方重要生态安全屏障

习近平指出，内蒙古生态状况如何，不仅关系全区各族群众生存和发展，而且关系华北、东北、西北乃至全国生态安全。把内蒙古建成我国北方重要生态安全屏障，是立足全国发展大局确立的战略定位，也是内蒙古必须自觉担负起的重大责任。构筑我国北方重要生态安全屏障，把祖国北疆这道风景线建设得更加亮丽，必须以更大的决心、付出更为艰巨的努力。

“吃不穷、穿不穷，计划不到一世穷。”

过去我们党靠艰苦奋斗、勤俭节约不断成就伟业，现在我们仍然要用这样的思想来指导工作。吃不穷、穿不穷，计划不到一世穷。党和政府带头过紧日子，目的是为老百姓过好日子，这是我们党的宗旨和性质所决定的。不论我们国家发展到什么水平，不论人民生活改善到什么地步，艰苦奋斗、勤俭节约的思想永远不能丢。艰苦奋斗、勤俭节约，不仅是我们一路走来、发展壮大的重要保证，也是我们继往开来、再创辉煌的重要保证。

扎实推动经济高质量发展——不能只盯着“羊、煤、土、气”

习近平强调，内蒙古产业发展不能只盯着羊、煤、土、气，要大力培育新产业、新动能、新增长极。同时，也要注意有所为有所不为，不能搞大呼隆，一哄而起。

推动经济高质量发展，要把重点放在推动产业结构转型升级上，把实体经济做实做强做优。要立足优势、挖掘潜力、扬长补短，努力改变传统产业多新兴产业少、低端产业多高端产业少、资源型产业多高附加值产业少、劳动密集型产业多资本科技密集型产业少的状况，构建多元发展、多极支撑的现代产业新体系，形成优势突出、结构合理、创新驱动、区域协调、城乡一体的发展新格局。要把现代能源经济这篇文章做好，紧跟世界能源技术革命新趋势，延长产业链条，提高能源资源综合利用效率。

要大力培育新产业、新动能、新增长极，发展现代装备制造业，发展新材料、生物医药、电子信息、节能环保等新兴产业，发展现代服务业，发展军民融合产业，补足基础设施欠账，发挥国家向北开放重要桥头堡作用，优化资源要素配置和生产力空间布局，走集中集聚集约发展的路子，形成有竞争力的增长极。

扎实推进脱贫攻坚——关键是打好深度贫困地区脱贫攻坚战

如何打好脱贫攻坚战？总书记开出了良方：

要采取更加有力的举措、更加精细的工作，瞄准贫困人口集中的乡（苏木）村（嘎查），重点解决好产业发展、务工就业、基础设施、公共服务、医疗保障等问题。

要完善大病兜底保障机制，解决好因病致贫问题。既要解决好眼下问题，更要形成可持续的长效机制。

要把脱贫攻坚同实施乡村振兴战略有机结合起来，推动乡村牧区产业兴旺、生态宜居、乡风文明、治理有效、生活富裕，把广大农牧民的生活家园全面建设好。

要认真开展扶贫领域腐败和作风问题专项治理，加强扶贫资金管理，对挪用、贪污扶贫款项的行为严惩不贷。

扎实推进民族团结和边疆稳固——“民族团结是各族人民的生命线”

“促进各民族像石榴籽一样紧紧抱在一起”

加强民族团结，根本在于坚持和完善民族区域自治制度。要高举各民族大团结旗帜，全面贯彻党的民族政策，使民族区域自治制度这一理论根源越扎越深、实践根基越打越牢。加强民族团结，基础在于搞好民族团结进步教育，建设各民族共有精神家园。要深入践行守望相助理念，深化民族团结进步教育，铸牢中华民族共同体意识，促进各民族像石榴籽一样紧紧抱在一起，共同守卫祖国边疆、共同创造美好生活。

“形成各民族同呼吸、共命运、心连心的牢固精神纽带”

社会主义核心价值观决定着各民族共有精神家园的发展方向，必须在各民族中大力培育和践行，坚持从小就抓、从幼儿园就抓，注重从少数民族文化中汲取营养，创新载体和方式，搞好网上和网下结合，增进各族群众对伟大祖国、中华民族、中华文化、中国共产党、中国特色社会主义的认同，形成各民族同呼吸、共命运、心连心的牢固精神纽带，妥善处理少数民族和民族地区发展中的各种利益矛盾，把祖国北疆安全稳定屏障建设得更加牢固。

习近平讲故事：坚定不移爱绿植绿护绿①

（2019年4月4日）

习近平一下车，就拿起铁锹径直走向植树地点同北京市、国家林业局的负责同志和少先队员开始植树。总书记来到一棵白皮松旁，挥锹铲土填入树坑中，随后培实新土、堆起围堰，道道工序做得认真细致。碧桃、元宝枫、榆叶梅、丁香、西府海棠……习近平接连种下6棵树苗，每种一棵，他都同少先队员一起提水浇灌，并勉励他们努力做到德智体美全面发展，在努力学习的同时，树立劳动观念、劳动意识、劳动习惯，热爱劳动，强健体魄，长大以后通过辛勤劳动为建设祖国贡献力量。

植树点一片繁忙，参加劳动的领导同志有的奋力挥锹填土，有的俯身为树苗浇水，有的边干边同大家交流加强生态建设、改善生态环境的看法。经过一番热火朝天的劳动，一棵棵新栽种的苗木迎风挺立，把调节池周边装点得生机盎然。

植树间隙，习近平同北京市和国家林业局负责同志谈起造林绿化工作，对新中国成立60多年来我国植树造林取得的成绩给予充分肯定。他指出，长期以来，我国人工造林工作做得是好的。现在树更多了，山更绿了，全民绿化意识深深根植于人民心中。同时，必须看到，我国自然资源和自然禀赋不均衡，相对于实现全面建成小康社会的目标，相对于人民群众对良好环境的期盼，我国森林无论是数量还是质量都远远不够。

习近平强调，林业建设是事关经济社会可持续发展的根本性问题。每一个公民都要自觉履行法定植树义务，各级领导干部更要身体力行，充分发挥全民绿化的制度优势，因地制宜，科学种植，加大人工造林力度，扩大森林面积，提高森林质量，增强生态功能，保护好每一寸绿色。

① 摘自人民网-中国共产党新闻网，http://jhsjk.people.cn/article/31012671。

习近平：共谋绿色生活，共建美丽家园[①]

——在二〇一九年中国北京世界园艺博览会开幕式上的讲话

（2019 年 4 月 28 日）

尊敬的各位国家元首，政府首脑和夫人，

尊敬的国际展览局秘书长和国际园艺生产者协会主席，

尊敬的各国使节，各位国际组织代表，

女士们，先生们，朋友们：

"迟日江山丽，春风花草香。"四月的北京，春回大地，万物复苏。很高兴同各位嘉宾相聚在雄伟的长城脚下、美丽的妫水河畔，共同拉开 2019 年中国北京世界园艺博览会大幕。

首先，我谨代表中国政府和中国人民，并以我个人的名义，对远道而来的各位嘉宾，表示热烈的欢迎！对支持和参与北京世界园艺博览会的各国朋友，表示衷心的感谢！

北京世界园艺博览会以"绿色生活，美丽家园"为主题，旨在倡导人们尊重自然、融入自然、追求美好生活。北京世界园艺博览会园区，同大自然的湖光山色交相辉映。我希望，这片园区所阐释的绿色发展理念能传导至世界各个角落。

女士们、先生们、朋友们！

锦绣中华大地，是中华民族赖以生存和发展的家园，孕育了中华民族 5000 多年的灿烂文明，造就了中华民族天人合一的崇高追求。

现在，生态文明建设已经纳入中国国家发展总体布局，建设美丽中国已经成为中国人民心向往之的奋斗目标。中国生态文明建设进入了快车道，天更蓝、山更绿、水更清将不断展现在世人面前。

纵观人类文明发展史，生态兴则文明兴，生态衰则文明衰。工业化进程创造了前所未有的物质财富，也产生了难以弥补的生态创伤。杀鸡取卵、竭泽而渔的发展方式走到了尽头，顺应自然、保护生态的绿色发展昭示着未来。

女士们、先生们、朋友们！

仰望夜空，繁星闪烁。地球是全人类赖以生存的唯一家园。我们要像保护自己的眼睛一样保护生态环境，像对待生命一样对待生态环境，同筑生态文明之基，同走绿色发展之路！

——我们应该追求人与自然和谐。山峦层林尽染，平原蓝绿交融，城乡鸟语花香。这样的自然美景，既带给人们美的享受，也是人类走向未来的依托。无序开发、粗暴掠夺，人类定会遭到大自然的无情报复；合理利用、友好保护，人类必将获得大自然的慷慨回报。我们要维持地球生态整体平衡，让子孙后代既能享有丰富的物质财富，又能遥望星空、看见青山、闻到花香。

——我们应该追求绿色发展繁荣。绿色是大自然的底色。我一直讲，绿水青山就是金山银山，改善生态环境就是发展生产力。良好生态本身蕴含着无穷的经济价值，能够源源不断创造综合效益，实现经济社会可持续发展。

---

① 摘自人民网-中国共产党新闻网，http://jhsjk.people.cn/article/31055863。

——我们应该追求热爱自然情怀。“取之有度，用之有节”，是生态文明的真谛。我们要倡导简约适度、绿色低碳的生活方式，拒绝奢华和浪费，形成文明健康的生活风尚。要倡导环保意识、生态意识，构建全社会共同参与的环境治理体系，让生态环保思想成为社会生活中的主流文化。要倡导尊重自然、爱护自然的绿色价值观念，让天蓝地绿水清深入人心，形成深刻的人文情怀。

——我们应该追求科学治理精神。生态治理必须遵循规律，科学规划，因地制宜，统筹兼顾，打造多元共生的生态系统。只有赋之以人类智慧，地球家园才会充满生机活力。生态治理，道阻且长，行则将至。我们既要有只争朝夕的精神，更要有持之以恒的坚守。

——我们应该追求携手合作应对。建设美丽家园是人类的共同梦想。面对生态环境挑战，人类是一荣俱荣、一损俱损的命运共同体，没有哪个国家能独善其身。唯有携手合作，我们才能有效应对气候变化、海洋污染、生物保护等全球性环境问题，实现联合国2030年可持续发展目标。只有并肩同行，才能让绿色发展理念深入人心、全球生态文明之路行稳致远。

女士们、先生们、朋友们！

昨天，第二届“一带一路”国际合作高峰论坛成功闭幕，在座许多嘉宾出席了论坛。共建“一带一路”就是要建设一条开放发展之路，同时也必须是一条绿色发展之路。这是与会各方达成的重要共识。中国愿同各国一道，共同建设美丽地球家园，共同构建人类命运共同体。

女士们、先生们、朋友们！

一代人有一代人的使命。建设生态文明，功在当代，利在千秋。让我们从自己、从现在做起，把接力棒一棒一棒传下去。

我宣布，2019年中国北京世界园艺博览会开幕！

习近平：在黄河流域生态保护和高质量发展座谈会上的讲话[①]

(2019 年 9 月 18 日)

黄河是中华民族的母亲河。我一直很关心黄河流域的生态保护和高质量发展。党的十八大以来，我多次实地考察黄河流域生态保护和发展情况，多次就三江源、祁连山、秦岭等重点区域生态保护建设提出要求。2014 年 3 月，我到兰考县调研指导党的群众路线教育实践活动，专程前往东坝头乡张庄村考察，那里也是焦裕禄同志当年找到防治风沙良策并首先取得成功的地方。上个月，我在甘肃考察期间专门调研了黄河流域生态保护和经济发展。这次来又考察了黄河河南段防洪等相关工作。

这一段时间，我一直在思考黄河流域生态保护和高质量发展问题，有关部门也根据我的要求进行了认真研究。下面，我讲几点意见。

一、保护黄河是事关中华民族伟大复兴的千秋大计

黄河流域在我国经济社会发展和生态安全方面具有十分重要的地位。黄河发源于青藏高原，流经 9 个省区，全长 5464 公里[②]，是我国仅次于长江的第二大河。黄河流域省份 2018 年年底总人口 4.2 亿人，占全国的 30.3%；地区生产总值 23.9 万亿元，占全国的 26.5%。

千百年来，奔腾不息的黄河同长江一起，哺育着中华民族，孕育了中华文明。早在上古时期，炎黄二帝的传说就产生于此。在我国 5000 多年文明史上，黄河流域有 3000 多年是全国政治、经济、文化中心，孕育了河湟文化、河洛文化、关中文化、齐鲁文化等，分布有郑州、西安、洛阳、开封等古都，诞生了“四大发明”和《诗经》《老子》《史记》等经典著作。九曲黄河，奔腾向前，以百折不挠的磅礴气势塑造了中华民族自强不息的民族品格，是中华民族坚定文化自信的重要根基。

黄河流域构成我国重要的生态屏障，是连接青藏高原、黄土高原、华北平原的生态廊道，拥有三江源、祁连山等多个国家公园和国家重点生态功能区。黄河流经黄土高原水土流失区、五大沙漠沙地，沿河两岸分布有东平湖和乌梁素海等湖泊、湿地，河口三角洲湿地生物多样。黄河流域自然景观壮丽秀美，沙漠浩瀚，草原广布，峡谷险峻，壶口瀑布更是气势恢宏。

黄河流域是我国重要的经济地带，黄淮海平原、汾渭平原、河套灌区是农产品主产区，粮食和肉类产量占全国三分之一左右。黄河流域又被称为“能源流域”，煤炭、石油、天然气和有色金属资源丰富，煤炭储量占全国一半以上，是我国重要的能源、化工、原材料和基础工业基地。

黄河流域是打赢脱贫攻坚战的重要区域。黄河流域是多民族聚居地区，主要有汉、回、藏、蒙古、东乡、土、撒拉、保安等民族，其中少数民族占 10%左右。由于历史、自然条件等原因，黄河流域经济社会发展相对滞后，特别是上中游地区和下游滩区，是我国贫困人口相对集中的区域。积极支持流域省区打赢脱贫攻坚战，解决好流域人民群众特别是少数民族群众关心的防洪安全、饮水安全、生态安全等问题，对维护社会稳定、促进民族团结具有重要意义。

---

① 摘自人民网-中国共产党新闻网，http://jhsjk.people.cn/article/31401625。

② 1 公里=1 千米。

长期以来，由于自然灾害频发，特别是水害严重，给沿岸百姓带来深重灾难。历史上，黄河三年两决口、百年一改道。据统计，从先秦到解放前的2500多年间，黄河下游共决溢1500多次，改道26次，北达天津，南抵江淮。1855年，黄河在兰考县东坝头附近决口，夺大清河入渤海，形成了现行河道。封建社会战争和军阀混战时期，更是人为导致黄河决口12次。1938年6月，国民党军队难以抵抗日军机械化部队西进，蒋介石下令扒决郑州北侧花园口大堤，导致44个县市受淹，受灾人口1250万人，5400平方公里[①]黄泛区饥荒连年，当时灾区的悲惨状况可以用"百里不见炊烟起，唯有黄沙扑空城"来形容。

"黄河宁，天下平。"从某种意义上讲，中华民族治理黄河的历史也是一部治国史。自古以来，从大禹治水到潘季驯"束水攻沙"，从汉武帝"瓠子堵口"到康熙帝把"河务、漕运"刻在宫廷的柱子上，中华民族始终在同黄河水旱灾害做斗争。但是，长期以来，受生产力水平和社会制度的制约，再加上人为破坏，黄河屡治屡决的局面始终没有根本改观，黄河沿岸人民的美好愿望一直难以实现。

二、新中国成立以来黄河治理取得巨大成就

新中国成立后，党和国家对治理开发黄河极为重视，把它作为国家的一件大事列入重要议事日程。在党中央坚强领导下，沿黄军民和黄河建设者开展了大规模的黄河治理保护工作，取得了举世瞩目的成就。党的十八大以来，党中央着眼于生态文明建设全局，明确了"节水优先、空间均衡、系统治理、两手发力"的治水思路，黄河流域经济社会发展和百姓生活发生了很大的变化。

——水沙治理取得显著成效。防洪减灾体系基本建成，保障了伏秋大汛岁岁安澜，确保了人民生命财产安全。龙羊峡、小浪底等大型水利工程充分发挥作用，河道萎缩态势初步遏制，黄河含沙量近20年累计下降超过8成。实施水资源消耗总量和强度双控，流域用水增长过快局面得到有效控制，入渤海水量年均增加约10%，通过引调水工程为华北地区提供了水源，有力支撑了经济社会可持续发展。

——生态环境持续明显向好。水土流失综合防治成效显著，生态环境明显改善。三江源等重大生态保护和修复工程加快实施，上游水源涵养能力稳定提升。中游黄土高原蓄水保土能力显著增强，实现了"人进沙退"的治沙奇迹，库布齐沙漠植被覆盖率达到53%。下游河口湿地面积逐年回升，生物多样性明显增加。

——发展水平不断提升。郑州、西安、济南等中心城市和中原等城市群加快建设，全国重要的农牧业生产基地和能源基地的地位进一步巩固，新的经济增长点不断涌现。2014年以来，沿黄河9省区1547万人摆脱贫困，滩区居民迁建工程加快推进，百姓生活得到显著改善。

同时，我们也要清醒看到，黄河一直体弱多病，水患频繁，当前黄河流域仍存在一些突出困难和问题。究其原因，既有先天不足的客观制约，也有后天失养的人为因素。可以说，这些问题，表象在黄河，根子在流域。

一是洪水风险依然是流域的最大威胁。小浪底水库调水调沙后续动力不足，水沙调控体系的整体合力无法充分发挥。下游防洪短板突出，洪水预见期短、威胁大；"地上悬河"形势严峻，下游地上悬河长达800公里，上游宁蒙河段淤积形成新悬河，现状河床平均高出背河地面4米至6米，其中新乡市河段高于地面20米；299公里游荡性河段河势未完全控制，危及大堤安全。下游滩区既是黄河滞洪沉沙的场所，也是190万群众赖以生存的家园，防洪运用和经济发展矛盾长期存在。河南、

① 1平方公里=1平方千米。

山东居民迁建规划实施后，仍有近百万人生活在洪水威胁中。

二是流域生态环境脆弱。黄河上游局部地区生态系统退化、水源涵养功能降低；中游水土流失严重，汾河等支流污染问题突出；下游生态流量偏低、一些地方河口湿地萎缩。黄河流域的工业、城镇生活和农业面源三方面污染，加之尾矿库污染，使得2018年黄河137个水质断面中，劣Ⅴ类水占比达12.4%，明显高于全国6.7%的平均水平。

三是水资源保障形势严峻。黄河水资源总量不到长江的7%，人均占有量仅为全国平均水平的27%。水资源利用较为粗放，农业用水效率不高，水资源开发利用率高达80%，远超一般流域40%生态警戒线。“君不见黄河之水天上来，奔流到海不复回”曾何等壮观，如今要花费很大力气才能保持黄河不断流。

四是发展质量有待提高。黄河上中游7省区是发展不充分的地区，同东部地区及长江流域相比存在明显差距，传统产业转型升级步伐滞后，内生动力不足，源头的青海玉树州与入海口的山东东营市人均地区生产总值相差超过10倍。对外开放程度低，9省区货物进出口总额仅占全国的12.3%。全国14个集中连片特困地区有5个涉及黄河流域。

三、黄河流域生态保护和高质量发展的主要目标任务

我曾经提出，治理黄河，重在保护，要在治理。要坚持山水林田湖草综合治理、系统治理、源头治理，统筹推进各项工作，加强协同配合，推动黄河流域高质量发展。要坚持绿水青山就是金山银山的理念，坚持生态优先、绿色发展，以水而定、量水而行，因地制宜、分类施策，上下游、干支流、左右岸统筹谋划，共同抓好大保护，协同推进大治理，着力加强生态保护治理、保障黄河长治久安、促进全流域高质量发展、改善人民群众生活、保护传承弘扬黄河文化，让黄河成为造福人民的幸福河。

第一，加强生态环境保护。黄河生态系统是一个有机整体，要充分考虑上中下游的差异。上游要以三江源、祁连山、甘南黄河上游水源涵养区等为重点，推进实施一批重大生态保护修复和建设工程，提升水源涵养能力。中游要突出抓好水土保持和污染治理。水土保持不是简单挖几个坑种几棵树，黄土高原降雨量少，能不能种树，种什么树合适，要搞清楚再干。有条件的地方要大力建设旱作梯田、淤地坝等，有的地方则要以自然恢复为主，减少人为干扰，逐步改善局部小气候。对汾河等污染严重的支流，则要下大气力推进治理。下游的黄河三角洲是我国暖温带最完整的湿地生态系统，要做好保护工作，促进河流生态系统健康，提高生物多样性。

第二，保障黄河长治久安。黄河水少沙多、水沙关系不协调，是黄河复杂难治的症结所在。尽管黄河多年没出大的问题，但黄河水害隐患还像一把利剑悬在头上，丝毫不能放松警惕。要保障黄河长久安澜，必须紧紧抓住水沙关系调节这个“牛鼻子”。要完善水沙调控机制，解决九龙治水、分头管理问题，实施河道和滩区综合提升治理工程，减缓黄河下游淤积，确保黄河沿岸安全。

第三，推进水资源节约集约利用。黄河水资源量就这么多，搞生态建设要用水，发展经济、吃饭过日子也离不开水，不能把水当作无限供给的资源。“有多少汤泡多少馍”。要坚持以水定城、以水定地、以水定人、以水定产，把水资源作为最大的刚性约束，合理规划人口、城市和产业发展，坚决抑制不合理用水需求，大力发展节水产业和技术，大力推进农业节水，实施全社会节水行动，推动用水方式由粗放向节约集约转变。

第四，推动黄河流域高质量发展。8月26日，我在中央财经委第5次会议上强调，要支持各地区发挥比较优势，构建高质量发展的动力系统。沿黄河各地区要从实际出发，宜水则水、宜山则山，

宜粮则粮、宜农则农，宜工则工、宜商则商，积极探索富有地域特色的高质量发展新路子。三江源、祁连山等生态功能重要的地区，就不宜发展产业经济，主要是保护生态，涵养水源，创造更多生态产品。河套灌区、汾渭平原等粮食主产区要发展现代农业，把农产品质量提上去，为保障国家粮食安全作出贡献。区域中心城市等经济发展条件好的地区要集约发展，提高经济和人口承载能力。贫困地区要提高基础设施和公共服务水平，全力保障和改善民生。要积极参与共建“一带一路”，提高对外开放水平，以开放促改革、促发展。

第五，保护、传承、弘扬黄河文化。黄河文化是中华文明的重要组成部分，是中华民族的根和魂。要推进黄河文化遗产的系统保护，守好老祖宗留给我们的宝贵遗产。要深入挖掘黄河文化蕴含的时代价值，讲好“黄河故事”，延续历史文脉，坚定文化自信，为实现中华民族伟大复兴的中国梦凝聚精神力量。

四、加强对黄河流域生态保护和高质量发展的领导

黄河流域生态保护和高质量发展，要尊重规律，摒弃征服水、征服自然的冲动思想。“禹之决渎也，因水以为师。”大禹之所以能成功治理水患，原因在于尊重规律。要在党中央集中统一领导下，发挥我国社会主义制度集中力量干大事的优越性，牢固树立“一盘棋”思想，更加注重保护和治理的系统性、整体性、协同性，不能犯急躁病、大干快上，特别是不能搞各种各样的开发区。

第一，抓紧开展顶层设计。黄河流域生态保护和高质量发展，同京津冀协同发展、长江经济带发展、粤港澳大湾区建设、长三角一体化发展一样，是重大国家战略。国家发改委要会同有关方面组织编制规划纲要，按程序报党中央批准后实施。党中央成立领导小组，统筹指导、协调推进相关重点工作。

第二，加强重大问题研究。黄河流域生态保护和高质量发展是一个复杂的系统工程，对一些重大问题，在规划纲要编制过程中要深入研究、科学论证。

第三，着力创新体制机制。要坚持中央统筹、省负总责、市县落实的工作机制。中央层面主要负责制定全流域重大规划政策，协调解决跨区域重大问题，有关部门要给予大力支持。省级层面要履行好主体责任，加强组织动员和推进实施。市县层面按照部署逐项落实到位。要完善流域管理体系，完善跨区域管理协调机制，完善河长制、湖长制组织体系，加强流域内水生态环境保护修复联合防治、联合执法。

同志们！推动黄河流域生态保护和高质量发展，非一日之功。要保持历史耐心和战略定力，以功成不必在我的精神境界和功成必定有我的历史担当，既要谋划长远，又要干在当下，一张蓝图绘到底，一茬接着一茬干，让黄河造福人民。

第二章　山水林田湖草生态保护修复工程指南

山水林田湖草生态保护修复工程指南（试行）

（自然资办发〔2020〕38号）

1 适用范围

为指导和规范各地山水林田湖草生态保护修复工程实施，推动山水林田湖草一体化保护和修复，制定本指南。其他生态保护修复工程可参照执行。

2 定义

山水林田湖草生态保护修复工程（以下简称“山水工程”）是指按照山水林田湖草是生命共同体理念，依据国土空间总体规划以及国土空间生态保护修复等相关专项规划，在一定区域范围内，为提升生态系统自我恢复能力，增强生态系统稳定性，促进自然生态系统质量的整体改善和生态产品供应能力的全面增强，遵循自然生态系统演替规律和内在机理，对受损、退化、服务功能下降的生态系统进行整体保护、系统修复、综合治理的过程和活动。

3 总则

3.1 总体要求

全面贯彻落实习近平生态文明思想，坚持人与自然和谐共生基本方略，坚持节约优先、保护优先、自然恢复为主的方针。遵循自然生态系统的整体性、系统性、动态性及其内在规律，用基于自然的解决方案，综合运用科学、法律、政策、经济和公众参与等手段，统筹整合项目和资金，采取工程、技术、生物等多种措施，对山水林田湖草等各类自然生态要素进行保护和修复，实现国土空间格局优化，提高社会—经济—自然复合生态系统弹性，全面提升国家和区域生态安全屏障质量、促进生态系统良性循环和永续利用。

3.2 保护修复原则

3.2.1 生态优先，绿色发展。牢固树立绿水青山就是金山银山理念，按照生态良好的要求，统筹考虑人与自然关系。依法保护相关权利人的合法权益，推动生态产品价值实现和生态修复产业高质量发展，不断满足人民群众日益增长优美生态环境的需要和对优质生态产品的需求。

3.2.2 自然恢复为主，人工修复为辅。保护生物多样性与生态空间多样性，加强区域整体保护和塑造。根据生态系统退化、受损程度和恢复力，合理选择保育保护、自然恢复、辅助再生和生态重建等措施，恢复生态系统结构和功能，增强生态系统稳定性和生态产品供给能力。

3.2.3 统筹规划，综合治理。坚持长远结合、久久为功，按照整体规划、总体设计、分期部署、分段实施的思路，科学确定生态保护修复目标、合理布局项目工程、统筹实施各类工程，协同推进山上山下、地上地下、岸上岸下、流域上下游山水林田湖草一体化保护和修复，增强保护修复效果。

3.2.4 问题导向，科学修复。追根溯源、系统梳理隐患与风险，对自然生态系统进行全方位生态问题诊断，提高问题识别和诊断精度。按照国土空间开发保护格局和管制要求，针对生态问题及风险，充分考虑区域自然禀赋，因地制宜开展保护修复，提高修复措施的科学性和针对性。

3.2.5　经济合理，效益综合。按照财力可能、技术可行的原则，优化工程布局、时序，对保护修复措施进行适宜性评价和优选，提高工程效率，避免相关专项资金重复安排，实行低成本修复、低成本管护，促进生态系统健康稳定、可持续利用与价值实现，实现生态、社会、经济综合效益。

3.3　一般规定

3.3.1　落实国土空间用途管制要求。严守生态保护红线、永久基本农田、城镇开发边界三条控制线，按照规划确定的用途分区分类开展生态保护修复。生态空间要维护自然生态系统原真性，尽量减少人为扰动。涉及其他空间的生态保护修复，要依托现有山水脉络形成城乡连通的生态网络，增强生态、农业、城镇空间的连通性。

3.3.2　确保生态安全、突出生态功能、尊重自然风貌。合理配置自然资源和生态要素，优化区域国土空间格局，提高国土空间韧性，保障国家和区域生态安全；聚焦于生态系统受损、开展修复最迫切的重点区域和工程，以生态系统结构和功能修复为重点，提升生态功能；优化生态空间格局，注重自然生态系统的完整性、连通性和多样性，加强整体保护和格局塑造，提升服务功能。提前或同步实施以安全为目的防洪调蓄、灾害防治、污染治理等基础先导工程，增强工程协同，提高治理效果。

3.3.3　以本地适宜的生态系统为优先参照标准。结合国家、行业及地方相关标准，充分考虑需要修复的生态系统本底状况、参照生态系统的属性特征以及未来环境变化因素等，全面诊断生态问题，制定适宜本区域自然环境的保护修复目标。优先选择适宜本地的修复措施、技术，原则上使用本地物种，不使用未经引种试验的外来物种，或经引种试验有生态风险的外来物种。按照植被地带性分布规律，遵循以水定绿、量水而行原则，宜保则保、宜乔则乔、宜灌则灌、宜草则草、宜湿则湿、宜荒则荒，避免大规模使用单一物种。

3.3.4　以生物多样性保护为重要目标。针对生物多样性丧失或下降、特殊保护生物物种减少、外来有害物种入侵等问题，各类生态保护修复工程应当注重栖息地、物种和基因多样性的保护修复。重点对珍稀濒危动植物栖息地进行生态保护和修复，扩大生态空间，打通生态廊道，构建生态保护网络，营造良好的生物栖息环境。在生物多样性特定保护区，对珍稀濒危动植物进行封育保护。

3.3.5　开展适应性管理。针对生态系统不确定性和对生态系统认知的时限性，加强工程实施过程生态监测和评估。针对实施过程中出现的问题及时调整技术方案、修复措施等，对生态风险及其措施难以诊断预测的，采取保护保育方式，严防对生态系统造成新的破坏或导致逆向生态演替。在各关键阶段和环节，应充分听取相关领域专家及专业机构的意见和建议，实行全过程咨询管理。

3.3.6　推动多方共同参与。统筹考虑当地的人口状况、居民生活习惯和文化传统，充分征求管理者、规划者、设计者、实施者、管护者，特别是当地群众和有关部门意见，综合运用生态、动植物、农林园艺、土壤、工程、规划设计和自然资源管理等多学科多领域知识，共同研究保护修复目标和内容，制定实施方案、规划设计、保护修复技术措施等，参与或协作施工、监测、管护等生态保护修复活动。

3.3.7　加强科技支撑。加强与科研机构和院校合作，建立专家智库，形成专业咨询团队，为生态保护修复提供技术服务和支撑。促进生态保护修复工程建设与重大科研项目有机结合。推动新技术、新方法、新材料、新工艺在山水工程的研发和成果转化应用。

4　实施范围和期限

4.1　实施范围

依据国土空间规划及生态保护修复规划等相关专项规划确定的布局，在生态功能重要区域、生态环境敏感脆弱区域和人为干扰较为强烈的区域，综合考虑自然生态系统的系统性、完整性，以江河湖流域、山体山脉等相对完整的自然地理单元为基础，结合行政区域划分，科学合理确定工程实施范围和规模。实施范围内可由一个或多个相互独立又有关联的子项目组成，工程实施范围应明确到所在的地（市）、县（市）、乡（镇）、村（组）。

4.2 实施期限

实施期限包括治理修复期和管护期。治理修复期从工程项目批准后到项目完工。工程项目验收交付后为管护期，可根据实际通过签订管护协议或合同约定管护期限等。

5 工程建设内容及保护修复要求

5.1 建设内容

在确定的实施范围内，根据不同保护修复对象和主要目标，山水工程建设内容主要包括重要生态系统保护修复工程，以及统筹考虑自然地理单元的完整性、生态系统的关联性、自然生态要素的综合性，在一定区域内对与之相关联的山水林田湖草等各类自然生态要素进行的整体保护、系统修复、综合治理等各相关工程。为加强生态保护修复过程监测、效果评估和适应性管理，提升生态保护修复能力，山水工程建设内容还可包括野外保护站点、监测监控点和监管平台建设等。

5.2 自然生态空间保护修复要求

5.2.1 自然保护地核心保护区。按照禁止开发区域管控要求，加大封育力度，因病虫害、外来物种入侵、维持主要保护对象生存环境、森林防火等特殊情况，经批准可以开展重要生态修复工程，以及物种重引入、增殖放流、病害动植物清理等生态保护修复活动。

5.2.2 生态保护红线内其他区域。按照禁止开发区域管控要求，尽量减少人为扰动，除必要的地质灾害防治、防洪防护等安全工程和生态廊道建设、重要栖息地恢复和废弃修复工程外，原则上不安排人工工程。

5.2.3 一般生态空间。按照限制开发区域管控要求，调整优化土地利用结构布局，开展生态保护修复活动，鼓励探索陆域、海域复合利用，发挥生态空间的生态农业、生态牧业、生态旅游、生态文化等多种功能。

按照维护自然生态系统完整性、原真性的要求，保护生物多样性与地质地貌多样性，维护自然生态系统健康稳定。涉及乡村生态系统的保护修复，结合村庄整治、工矿废弃地治理，维护农田原有生境，保护生物多样性，将耕地、林地、草地整治与建设用地布局优化相结合，打造规模相对集中连片的耕地、草地、湿地、林地等生态系统复合格局。涉及城镇空间的保护修复，结合“城市双修”“海绵城市”建设，依托现有山水脉络，保护现有生态廊道，完善基础设施，修复自然生态系统，治理内涝；采取必要的生态修复措施，系统综合考虑城市自然系统分布与渗水的关系，注意城市基础设施建设与排涝系统的关系；打通城市内部的水系、绿地和城市外围河湖、森林、耕地，形成完整的生态网络。

6 技术要求

6.1 技术流程

山水工程的技术流程一般划分为工程规划、工程设计、工程实施、管理维护四个阶段。工程规划阶段服务于区域（或流域）尺度（Landscape Scale）的宏观问题识别诊断、总体保护修复目标制定，以及确定保护修复单元和工程子项目布局；工程设计阶段主要服务于生态系统尺度（Ecosystem

Scale）下的各保护修复单元生态问题进行诊断，制定相应的具体指标体系和标准，确定保护修复模式措施；工程实施阶段服务于场地尺度（Site Scale）的子项目施工设计与实施。管理维护、监测评估与适应性管理、监督检查贯穿于生态保护修复全过程。

根据生态保护修复的规模范围、实施期限、自然生态特征、修复条件及难易程度等，可将四个阶段合并或简化。技术流程示意如下：

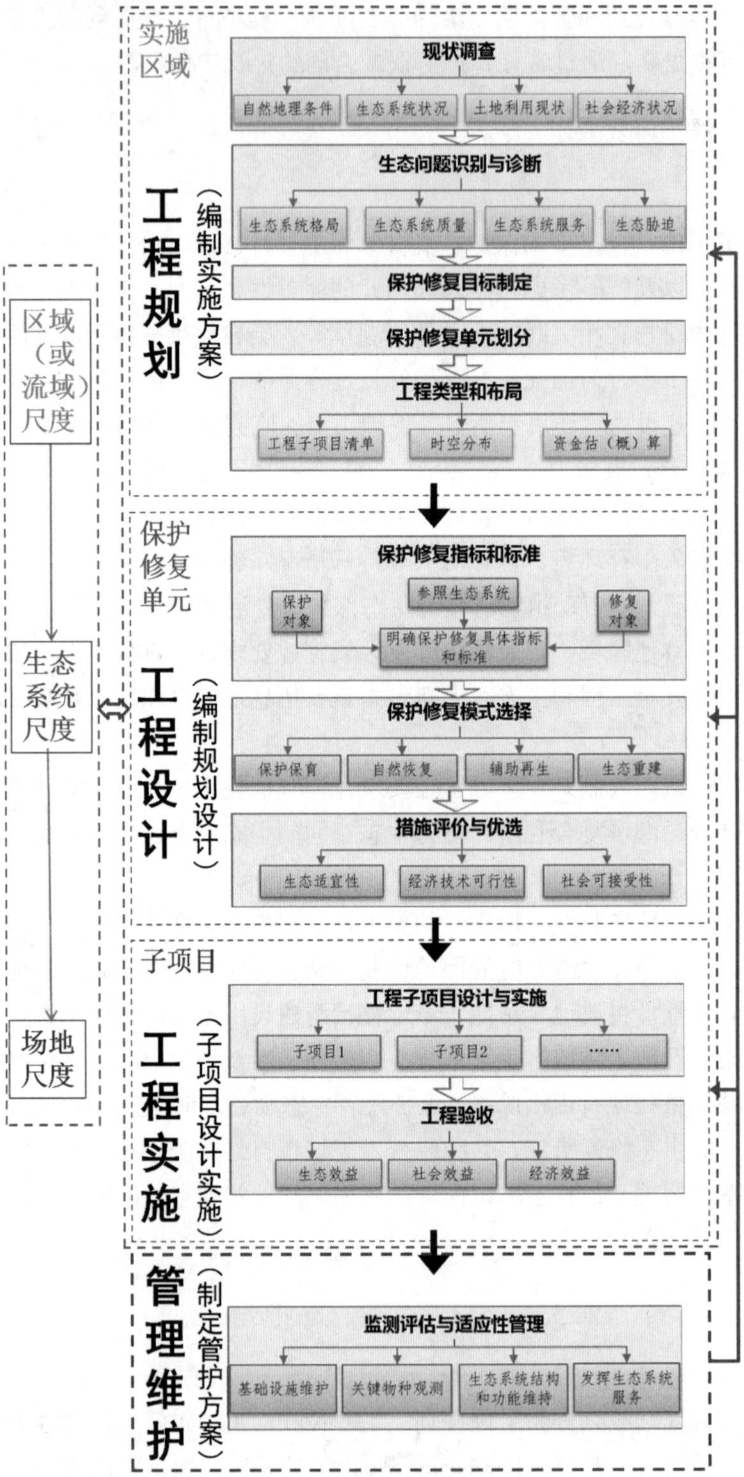

技术流程图

6.2　现状调查

6.2.1　资料来源。结合自然资源调查监测体系构建要求，充分利用全国国土调查、资源环境承载力和国土空间开发适宜性评价、相关规划等成果，相关部门已有野生动植物调查、林业调查、生态功能区划、生态保护红线、生物多样性保护优先区、自然保护地等资料，以及相关科研机构、科学野外台站的成果，收集整理当地行之有效的生态保护修复实践经验、相关领域学科专家和当地公众的意见和建议等。

6.2.2　调查内容。详细调查实施范围内区域生态功能定位、自然生态（地理）状况、社会经济状况等。区域生态功能包括水源涵养、水土保持、生物多样性维护、防风固沙等。自然生态状况包括本地气候条件、地形地貌、水文特征、地质环境、土壤和水体的物理性质、化学性质、环境质量状况等；构成生态系统的群落特征，包括动植物群落物种组成及特征，特别是地带性植被建群物种（Dominant Species）、本地关键物种（Key Species）、指示物种（Indicator Species）、旗舰物种（Flagship Species）、先锋物种（Pioneer Species）、入侵物种（Invasive Species）等重要物种的种类、数量及生境情况；参照生态系统属性和具有时间序列的历史数据。社会经济状况包括本地自然资源权属和利用状况、社会经济发展水平、人类活动范围和强度、相关生态保护修复工程情况等。

6.2.3　调查深度。调查范围应针对区域（或流域）、生态系统等不同尺度、不同梯度进行，深度应不低于同类工程的有关要求，制作基础调查图表数据应符合自然资源及相关专项、专业调查要求。

6.3　生态问题识别与诊断

6.3.1　确定参照生态系统。综合工程建设规模、自然地理条件、生态系统自然演替规律等，参考受损生态系统历史状态或周边类似生态系统状态，确定一个或若干个环境和自然状况相似的本地原生生态系统或类似生态系统作为参照生态系统。

6.3.2　识别与诊断方法。在现状调查的基础上，可以从大尺度向小尺度（即从区域流域、生态系统、群落、种群、个体），也可以从小尺度向大尺度进行梯度分析、类比分析、综合评判，准确识别主要生态问题及问题之间的关联性、紧迫度和优先度，确定需要保护修复的相关重要生态系统、物种和关键要素，科学诊断自然生态系统受损的面积、分布、程度、影响因素、成因及与相关生态系统的关联性。

6.3.3　生态问题识别。针对实施区域范围，在区域（或流域）尺度，识别生态胁迫、生态系统质量、生态系统服务、生态空间格局等方面主要生态问题。从气候变化、生物多样性、土地利用结构和方式、生产生活造成的水土环境污染、自然资源开发强度、有害生物入侵等方面识别生态胁迫存在的问题并分析原因。从食物链的完整性、生物多样性、结构功能稳定性等方面识别生态系统质量存在的问题并分析原因。从水源涵养、水土保持、生物多样性维护、防风固沙等方面识别生态系统服务存在的问题并分析原因。从重要物种栖息地分布、生态廊道的连通性、生态网络结构、重要和敏感的生态保护目标点等方面识别生态空间格局存在的问题并分析原因。

6.3.4　诊断与评价。针对保护修复单元，从生态系统尺度，对照参照生态系统属性（包括自然地理条件、物种组成、生态系统结构、生态系统功能等）及其生态胁迫，分别诊断分析需要保护保育和修复治理的对象及其现状、关键生态问题的严重性和紧迫性等。重点从生态系统完整性与连通性、重要保护对象目标受胁迫类型与程度等方面，对珍稀濒危物种及栖息地、特殊生态系统类型等需要重点保护保育的对象进行评价。重点从植被、土壤、水体、生物多样性、生物入侵等方面，对需要修复的生态系统受损类型、退化程度、恢复力进行评价。根据实际情况，可采取定性的经验分析评价法、半定量或定量的分析评价方法。

6.4 保护修复目标和标准设立

6.4.1 目标体系设定因素。综合考虑社会经济发展情况、相关规划、标准，区域生态功能定位、生态现状、生态问题识别与诊断结果、参照生态系统属性等，根据不同保护修复尺度、层级和限制性因素阈值，设定生态保护修复总体目标和具体目标，确定保护修复标准，提出分级分期的约束性指标和引导性指标，实现目标定量化。根据绩效管理要求，设立规定期限的绩效指标。

约束性指标主要围绕工程建设中绩效指标确定，数据有来源、可测算；引导性指标在生态系统和区域（或流域）尺度上提出，为中远期目标，应当服务于生态系统稳定性和生态空间结构的多样性。

6.4.2 区域（或流域）尺度目标设定要求。对应工程实施范围，重点应围绕提升区域主导生态系统服务，从消除生态胁迫影响、优化生态空间格局、畅通生态网络、提升生态系统质量等方面提出保护修复总体目标，设定实施期限内的生态保护修复具体指标。

6.4.3 生态系统尺度目标和标准设定要求。对应保护修复单元，重点解决生态过程问题，根据参照生态系统的关键属性，从物理环境、物种组成、生态系统结构、生态系统功能、生态胁迫等方面提出保护修复目标和标准，并针对具体生态问题，根据工程实际及相关规定制定具体指标。

6.4.4 场地尺度目标和标准设定要求。对应子项目，针对各保护修复单元采取的不同措施，根据生态系统尺度的目标和标准规范，结合工程实际制定具体指标。

山水林田湖草生态保护修复工程目标分解表见附录 B，各地可根据实际情况适当增减或调整。

6.5 单元划分和工程布局

6.5.1 划分生态保护修复单元。根据现状调查、问题识别与分析结果、制定的保护修复目标，划分保护修复单元。具有代表性的自然生态系统、珍稀濒危野生动植物物种及其赖以生存的栖息环境、有特殊意义的自然遗迹、世界自然和文化遗产地、风景名胜区、森林公园、地质公园、湿地公园、冰川公园、草原公园、沙漠公园、水产种质资源保护区及饮用水源保护区等划为保护单元。

6.5.2 确定工程建设内容。根据每一生态保护修复单元的现状调查、生态问题的诊断分析结果和设定的保护修复具体目标，划分项目类型，明确保护修复的重点和内容（见附录 B）。根据需要设定工程子项目。

6.5.3 明确工程空间布局。按照关联性、协同性要求，根据确定的总体目标以及各单元保护修复具体目标、指标与标准等，针对关键生态问题进行工程建设空间布局和工程子项目布置与安排。

6.5.4 安排工程建设时序。根据生态问题的紧迫性、严重性，按照保证防洪安全和地质安全、提升生态功能的优先级次序，开展源头控制、过程阻断、末端治理，进行山上山下、流域上中下游系统修复，有序安排实施子项目。

6.6 保护修复模式与措施选择

6.6.1 模式选择要求。根据现状调查、生态问题识别与诊断结果、生态保护修复目标及标准等，对各类型生态保护修复单元分别采取保护保育、自然恢复、辅助再生或生态重建为主的保护修复技术模式。

6.6.2 保护保育（Ecological Conservation）。对于代表性自然生态系统和珍稀濒危野生动植物物种及其栖息地，采取建立自然保护地、去除胁迫因素、建设生态廊道、就地和迁地保护及繁育珍稀濒危生物物种等途径，保护生态系统完整性，提高生态系统质量，保护生物多样性，维护原住民文化与传统生活习惯。

6.6.3 自然恢复（Natural Regeneration）。对于轻度受损、恢复力强的生态系统，主要采取切断污染源、禁止不当放牧和过度猎捕、封山育林、保证生态流量等消除胁迫因子的方式，加强保护措施，促进生态系统自然恢复。

6.6.4　辅助再生（Assisted Regeneration）。对于中度受损的生态系统，结合自然恢复，在消除胁迫因子的基础上，采取改善物理环境，参照本地生态系统引入适宜物种，移除导致生态系统退化的物种等中小强度的人工辅助措施，引导和促进生态系统逐步恢复。

6.6.5　生态重建（Reconstruction）。对于严重受损的生态系统，要在消除胁迫因子的基础上，围绕地貌重塑、生境重构、恢复植被和动物区系、生物多样性重组等方面开展生态重建。生境重构关键要消除植被（动物）生长的限制性因子；植被重建要首先构建适宜的先锋植物群落，在此基础上不断优化群落结构，促进植物群落正向演替进程；生物多样性重组关键是引进关键动物及微生物实现生态系统完整食物网构建。

6.6.6　措施评价与优选。根据当地的自然状况、生态适宜性、立地条件、施工季节和施工工艺的难易程度等，充分吸收相关领域专家与本地居民的知识与经验，充分考虑当地居民的利益、权益与满意度，设计多个备选方案，分析措施实施的生态适宜性、优先级和时机。从生态环境影响与风险、经济技术可行性、社会可接受性等方面综合评价，可开展修复方法模拟预测，筛选相对最优的生态保护修复措施和技术。

6.7　资金估（概）算和投资预算

6.7.1　实施方案与资金估（概）算。依据实施方案确定的总目标，结合各保护修复单元确定的目标和标准、工程建设类型和内容、保护修复模式和措施、实施期限等进行资金估（概）算。根据工程规模情况，实施方案也可做到工程设计深度，进行投资预算。

6.7.2　工程设计与投资预算。按照不同国土空间生态保护修复要求，参照国家、行业等相关标准，结合实际，组织编制工程设计或子项目施工设计，明确施工进度、资金、质量和安全等控制和监督措施等。工程设计或子项目施工设计要针对生态系统的具体问题，措施要科学合理、经济可行、技术可操作，并结合实际，进行工程投资预算。

对照本地类似工程，采用案例比较法、成本效益法等，参照国家、行业相关投资定额标准，进行资金测算。

7　监测评估和适应性管理

7.1　监测评估

7.1.1　指标与内容。工程实施范围内，根据生态修复目标和标准，在区域（或流域）、生态系统、场地不同尺度与层级分别设立三级监测评估内容和指标。区域（或流域）尺度主要关注保护修复的规模、生态系统类型和规模变化动态、区域完整性与生物多样性、生态廊道、植被恢复、水土流失、河湖水系连通性等；生态系统尺度主要关注水土环境质量、动植物组成与群落结构、生物多样性特别是关键动植物物种数量与分布变化，以及水源涵养、水土保持、生物多样性维护、防风固沙等关键生态系统服务等；场地尺度根据有关工程标准和要求关注工程建设情况。生态监测推荐指标可参考附录 C。

7.1.2　监测评估手段。充分利用自然资源调查监测和生态环境监测结果，以及相关部门、科研机构及院校的长期监测数据和研究成果，在项目区建立生态监测点位，采用遥感、自动监测、实地调查、公众访谈等方式，开展生态保护修复工程全过程动态监测和生态风险评估。实施结束后，还应进行长期跟踪监测评估。有条件的地区可建立生态监测动态更新数据库，开展工程实施前后自然生态系统服务功能及价值评价。

7.2 适应性管理

7.2.1 措施调整。根据监测评估结果，对照生态保护修复目标，监测评估生态保护修复工程措施、技术手段的效果，及时发现生态保护修复过程中新产生的生态问题及潜在生态风险。经评估，在结果和风险可控的原则下，借鉴已有经验做法，对可能导致偏离生态保护修复目标或者对生态系统造成新的破坏的保护修复措施和技术、子项目的空间布局和时序安排等按规定程序报批后进行相应调整修正。

7.2.2 时机选择。对技术成熟、风险可控、结果有效的工程和措施，要及时实施，避免延误时机、增加修复成本；对评估后难以预测后效的工程和措施，要加强研究和实验，暂不实施。

8 工程管理要求

8.1 方案制定

对应区域（或流域）尺度的山水工程，可打破省域行政界限，在按自然地理单元编制总体规划的基础上，分段编制实施方案（含可行性研究报告），统一设计、同步部署、协同推进。实施方案要体现整体性、系统性、科学性、可行性，目标任务可量化、可考核，实施措施科学合理经济，生态效益明显，兼顾社会和经济效益。

8.2 规划设计

在工程设计阶段根据实施方案确定的保护修复单元编制规划设计。规划设计要针对生态系统尺度的具体问题。根据需要，保护修复单元可以分为一个或若干个子项目实施，应当进行项目施工设计，明确施工进度、资金、质量、安全等控制和监督措施。

8.3 任务分解

依据批复的实施方案（含可行性研究报告）和规划设计，将生态保护修复目标任务、绩效指标逐级分解到承担实施的市、县（市、区）或乡（镇），并制定年度计划。具体实施子项目所在的相关部门应明确本行政区域的目标任务、建设内容、实施计划、资金安排等。

8.4 工程实施

依据实施方案、规划设计及年度计划，实施山水工程的单位组织实施工程建设，加强山水工程实施的全程监管，加强施工现场管理，强化工程质量控制，切实做到责任明确、监管到位。工程实施过程中，及时组织开展制度建设、工程建设、资金筹措与使用、目标完成情况等方面的跟踪检查。

8.5 工程验收

建立竣工验收制度。按照“谁立项谁验收”的原则，及时组织项目竣工验收。子项目完工后，要按照相关管理规定及技术要求，依据实施方案确定的约束性和引导性目标、绩效指标以及工程建设内容等，结合监测评估情况，及时组织财务、生态环境、工程、动植物、土壤、林业、水土保持、地质灾害、土地规划、土地管理等方面的专家，开展竣工验收。全部工程子项目竣工验收后组织开展整体验收，对工程建设任务完成、相关制度建设情况、资金筹措、财政资金拨付使用、工程建设成效等情况进行全面总结。

8.6 工程评估

建立评估制度。工程整体验收后，要开展项目综合成效评估，从项目决策、项目管理、产出，以及工程实施对自然资源保护利用、生态环境治理改善、生态系统服务功能提升等方面的成效进行综合评估。

8.7　信息化监管

建立上图入库核查制度。依托国土空间基础信息平台和自然资源三维立体“一张图”，建设山水林田湖草生态保护修复工程项目数据库与监测监管系统。将生态保护修复工程及子项目立项、实施、验收等环节的信息及时上图入库，明确项目位置、规模、类型、内容及建设进展与成效等。综合运用遥感、大数据等技术手段进行比对核查，实现实时动态、可视化、可追踪的全程全面监测监管。

8.8　后期管护

建立后期管护制度。工程验收合格后，根据生态保护目标和标准，做好基础设施的运行和维护；加强对生态系统演替过程的跟踪管护，严格控制不当的人为干扰，保护生态系统的健康、稳定、完整，提升生态系统服务。积极探索建立规模化、专业化、社会化运营管护机制，通过签订管护协议，明确管护责任和义务，落实管护责任人和经费，确保工程发挥长期生态、社会和经济效益，实现可持续利用。

8.9　档案管理

工程建设过程中有关管理、技术等文件，工程施工、质量监督等过程资料，技术成果等要及时立卷归档，保证归档文件的完整、真实、准确。主要技术成果包括实施方案及其附件，工程实施中涉及的工程设计、施工的相关材料，验收报告等，监测监管、风险管控、绩效管理和适应性管理的相关资料等，以及过程中调查资料、图件等基础资料及数据库。

附录 A 术语和定义

A.1 基于自然的解决方案（Nature-based Solutions，简称 NbS）

根据 IUCN 的《基于自然的解决方案全球标准》，是指对自然的或已被改变的生态系统进行保护、可持续管理和修复行动，这些行动能够有效地和具有适应性地应对社会挑战，同时为人类福祉和生物多样性带来益处。

A.2 适应性管理（Adaptive Management）

是指基于生态系统的不确定性和对生态系统认识的时限性，通过监测评估过去采用的管理政策和实践措施来获得经验，并根据生态系统变化情况，修正、改进管理政策和实践措施的方法和过程。

A.3 社会—经济—自然复合生态系统（Social-Economic-Natural Complex Ecosystem）

表示以人为主体的社会、经济系统和自然生态系统在特定区域内通过协同作用而形成的复合系统。

A.4 区域（或流域）尺度（Regional Scale）

指由相互作用的生态系统组成的自然综合体所覆盖的区域（或流域）空间范围。

A.5 流域（Drainage Basin）

是指由分水线所包围的河流或湖泊的地面集水区和地下集水区的总和。

A.6 生态系统结构（Ecosystem Structure）

是指生态系统生物和非生物组分保持相对稳定的相互联系、相互作用而形成的组织形式、结合方式和秩序。

A.7 生态廊道（Ecological Corridor）

根据 IUCN 的《通过生态网络和生态廊道加强保护区连通指南》，是为保持或恢复有效的生态连通性，长期治理和管理、明确界定的地理空间。

A.8 生态网络（Ecological Network）

根据 IUCN 的《通过生态网络和生态廊道加强保护区连通指南》，在区域（或流域）范围内，生态廊道常常相互交叉形成网络，使廊道与斑块和基底的相互作用复杂化。网络的功能与廊道相似，但与基底的作用更加广泛和密切。

A.9 生态保护网络（Ecological Network for Conservation）

是为保护支离破碎的系统中的生物多样性而建立、恢复和维护，由生态廊道连接的核心栖息地（保护区、原始生态系统和其他完整的自然区域）组成的系统。

A.10 生态过程（Ecological Process）

是区域（或流域）中生态系统内部和不同生态系统之间物质、能量、信息的流动和迁移转化过程的总称，其具体表现多种多样，包括植物的生理生态、动物的迁徙和种群动态、群落演替、土壤质量演变和干扰等在特定范围中构成的物理、化学和生物过程以及人类活动对这些过程的影响。

A.11 生态系统功能（Ecological Function）

生态系统整体在其内部和外部的联系中表现出的作用和能力。随着能量和物质等的不断交流，生态系统亦产生不断变化和动态的过程。

A.12 生态系统质量（Ecosystem Quality）

生态系统质量是指在特定的时间和空间范围内生态系统的总体或部分组分的质量，具体表现为生态系统的生产服务能力、抗干扰能力和对人类生存和社会发展的承载能力等方面。

A.13　恢复力（Resilience）

又称弹性，是指生态系统维持结构与格局的能力，即系统受干扰后恢复原来功能的能力。

A.14　生态系统服务（Ecosystem Service）

是指生态系统与生态过程所形成及所维持的人类赖以生存的自然环境条件和效用，包括供给服务（如提供食物和水）、调节服务（如控制洪水和疾病）、文化服务（如精神健康和娱乐）以及支持服务（如维持养分循环）。简言之，就是指生态系统给人类提供的惠益。

A.15　生态产品（Ecological Product）

生态产品指维系生态安全、保障生态调节功能、提供良好人居环境的自然要素。包括清新的空气、清洁的水源和宜人的气候等。

A.16　本地生态系统（Local Ecosystem）

是指一个由本地生物组成的稳定生态系统，这些生物是本地进化而来或者随环境条件变化而从邻近地区迁移而来。

A.17　参照生态系统（Reference Ecosystem）

是指一个能够作为生态恢复目标或基准的生态系统。通常包括破坏前的生态系统、未因人类活动而退化的本地生态系统，以及能够适应正在发生的或可预测的环境变化的生态系统。

A.18　生态胁迫（Ecological Stress）

是指来自人类或自然的对生态系统正常结构和功能的干扰，这些干扰往往超出生态系统恢复力（Resilience），导致生态系统发生不可逆的变化甚至退化或崩溃。

A.19　保护保育（Ecosystem Conservation）

是指保护单一生物物种或者不同生物群落所依存的栖息地、生态系统，以及保护和维系栖息地（自然生态保护区域内）原住民文化与传统生活习惯，以达到维持自然资源可持续利用与永续存在的活动。

A.20　生态修复（Ecological Restoration）

亦称生态恢复。是指协助退化、受损生态系统恢复的过程。生态修复方法包括自然恢复、辅助再生、生态重建等。生态修复目标可能是针对特定生态系统服务的恢复，也可能是针对一项或多项生态服务质量的改善。

A.21　自然恢复（Natural Regeneration）

是指对生态系统停止人为干扰，以减轻负荷压力，依靠生态系统的自我调节能力和自组织能力使其向有序的方向自然演替和更新恢复的活动。一般为生态系统的正向演替过程。

A.22　辅助再生（Assisted Regeneration）

亦称协助再生。是指充分利用生态系统的自我恢复能力，辅以人工促进措施，使退化、受损的生态系统逐步恢复并进入良性循环的活动。

A.23　生态重建（Reconstruction）

是指对因自然灾害或人为破坏导致生态功能和自我恢复能力丧失，生态系统发生不可逆转变化，以人工措施为主，通过生物、物理、化学、生态或工程技术方法，围绕修复生境、恢复植被、生物多样性重组等过程，重构生态系统并使生态系统进入良性循环的活动。

附录 B　山水林田湖草生态保护修复工程目标分解表

<table>
<tr><td>生态保护修复工程</td><td>总目标</td><td colspan="9">简述围绕提升区域主导生态系统服务，从消除生态胁迫影响、优化生态空间格局、畅通生态网络、提升生态系统质量等方面提出保护修复总体目标。结合修复单元设定的具体目标总结提炼出整个工程的总目标</td><td>备注</td></tr>
<tr><td colspan="2" rowspan="3">修复单元/子项目
（1 个或多个）</td><td colspan="9">保护保育类/自然恢复类/辅助再生类/生态重建类
（一种或多种）</td><td rowspan="3"></td></tr>
<tr><td rowspan="2">保护修复具体措施</td><td rowspan="2">保护修复标准/参照值</td><td colspan="4">约束性指标：绩效目标（工程建设期内预期效果）</td><td colspan="3">引导性指标：中远期生态系统稳定性预期效果</td></tr>
<tr><td>规模</td><td>质量</td><td>结构</td><td>效益</td><td>5 年</td><td>10 年</td><td>…</td></tr>
<tr><td rowspan="4">修复单元 1</td><td>具体目标</td><td colspan="9">简述从物理环境、物种组成、生态系统结构、生态系统功能、生态胁迫等方面提出修复单元的具体目标。结合子项目中设定的具体指标总结提炼出修复单元 1 的具体目标</td><td></td></tr>
<tr><td>子项目 1</td><td></td><td></td><td></td><td></td><td></td><td></td><td></td><td></td><td></td><td></td></tr>
<tr><td>子项目 2</td><td></td><td></td><td></td><td></td><td></td><td></td><td></td><td></td><td></td><td></td></tr>
<tr><td>…</td><td></td><td></td><td></td><td></td><td></td><td></td><td></td><td></td><td></td><td></td></tr>
<tr><td rowspan="4">修复单元 2</td><td>具体目标</td><td colspan="9">简述从物理环境、物种组成、生态系统结构、生态系统功能、生态胁迫等方面提出修复单元的具体目标。结合子项目中设定的具体指标总结提炼出修复单元 2 的具体目标</td><td></td></tr>
<tr><td>子项目 1</td><td></td><td></td><td></td><td></td><td></td><td></td><td></td><td></td><td></td><td></td></tr>
<tr><td>子项目 2</td><td></td><td></td><td></td><td></td><td></td><td></td><td></td><td></td><td></td><td></td></tr>
<tr><td>…</td><td></td><td></td><td></td><td></td><td></td><td></td><td></td><td></td><td></td><td></td></tr>
<tr><td colspan="3">…</td><td></td><td></td><td></td><td></td><td></td><td></td><td></td><td></td><td></td></tr>
</table>

注：1. 根据“6.6 保护修复模式与措施选择”要求，结合实际，在同一保护修复单元分别按照“保护保育类、自然恢复类、辅助再生类、生态重建类”情况填写相应的内容。

2. 子项目根据实际填写约束性指标和引导性指标。

附录 C　山水林田湖草生态保护修复工程生态监测推荐指标

序号	一级指标	二级指标	单位	参照值		现　值		目标值	备注
				数值	来源	数值	来源	数值	
1	01 生态空间格局	011 生境丰富度	/						
2		012 生境破碎度	/						
3	02 植被覆盖	021 植被覆盖率							
4	03 水源涵养	031 土壤含水率	%						
5	04 水土保持	041 土壤侵蚀模数	t/（km^2·a）						
6	05 生物多样性保护	051 物种丰富度	个						
7		052 本地物种数目	个						
8		053 重要物种变化							
9		054 有害物种变化							
10	06 防风固沙	061 水蚀产沙量	t/（km^2·a）						
11		062 风蚀产沙量	t/（km^2·a）						
12	07 水环境	071 水质监测断面（点位）达标率	%						
13	08 土壤环境	081 土壤监测点位达标率	%						
14	09 固碳	091 土壤有机碳	g/cm^3						
……									

1. 总体说明

1）生态监测指标是指通过整体性、系统性、综合性实施生态系统保护修复等工程，区域生态系统功能提升的具体、量化表现。森林、草原、湿地、河流、湖泊等自然生态系统监测指标可参照《自然资源调查监测体系构建总体方案》要求获取。各地根据实际和工程建设内容，可以增加监测指标。

2）生态监测指标设置应考虑必选指标和特色指标，必选指标是指山水工程中一般性、普适性的重要监测指标，特色指标是指某一具体山水工程中涉及的独有的、特定的监测指标。

3）指标的“参照值”为参照生态系统或者现有国家、行业或地方标准；指标的“现值”为监测时点现状调查数据（分别对应工程实施前、竣工验收后以及引导性目标确定的关键年份，根据需要可以增加监测频次和密度），必须有出处、试验测定或实地调查；指标的“目标值”，分别对应约束性目标以及引导性目标确定的关键年份，主要依据实施方案和规划设计确定。

2. 指标解释

1）011 生境丰富度：指生态空间中斑块类型的总数。（注：生境类型并非越多越好，而应根据本地实际或参照生态系统的要求设定目标）

2）012 生境破碎度：指生态空间被分割的破碎程度，可反映生态廊道建设情况。计算公式为 $C=N/A$，其中 C 为生境破碎度；N 为生态空间中所有生境斑块总数；A 为生态空间总面积。

3）021 植被覆盖率：植被覆盖率指项目区内植被地上部分（包括叶、茎、枝）在地面的垂直投影面积占项目区总面积的百分比。

4）031 土壤含水率：土壤中水分质量与土壤总质量的比例，反映水源涵养能力。

5）041 土壤侵蚀模数：根据《水土保持术语》（GB/T 20465—2006），土壤侵蚀模数是指单位时段及单位水平投影面积上的土壤侵蚀总量，反映水土流失治理效果。

6）051 物种丰富度：项目区内物种数目，反映生物多样性整体情况。

7）052 本地物种数目：项目区内本地物种数目，反映本地生态系统的保持情况。

8）053 重要物种变化：项目区内关键物种、旗舰物种特别是国家重点保护野生动物名录和IUCN 红色名录中濒危及易危物种，指示物种种类、数量变化情况，反映重要物种恢复与受保护情况。

9）054 有害物种变化：项目区内外来入侵物种或本地有害物种种类、数量变化情况，反映有害物种清除程度。

10）061 水蚀产沙量：在降雨、径流等水体作用下，土壤及其母质或其他地面组成物质发生破坏、剥蚀、搬运和沉积的量，反映水土流失效果。

11）062 风蚀产沙量：由风力作用引起的地表土粒、沙粒飞扬、跳跃、滚动和堆积的量，反映防风固沙效果。

12）071 水质监测断面（点位）达标率：项目区水质达标监测断面（点位）占总监测断面（点位）的比例，反映水环境治理情况。

13）081 土壤监测点位达标率：项目区土壤质量达标点位占总监测点位的比例，反映土壤环境质量状况。达标情况参照《土壤环境质量　农用地土壤污染风险管控标准（试行）》（GB 15618—2018）、《土壤环境质量　建设用地土壤污染风险管控标准（试行）》（GB 36600—2018）执行。

14）091 土壤有机碳：通过微生物作用所形成的腐殖质、动植物残体和微生物体的合称，其中的碳元素含量即为土壤有机碳。

第三章　法律、行政法规

中华人民共和国土地管理法

第一章　总　则

第一条　为了加强土地管理，维护土地的社会主义公有制，保护、开发土地资源，合理利用土地，切实保护耕地，促进社会经济的可持续发展，根据宪法，制定本法。

第二条　中华人民共和国实行土地的社会主义公有制，即全民所有制和劳动群众集体所有制。

全民所有，即国家所有土地的所有权由国务院代表国家行使。

任何单位和个人不得侵占、买卖或者以其他形式非法转让土地。土地使用权可以依法转让。

国家为了公共利益的需要，可以依法对土地实行征收或者征用并给予补偿。

国家依法实行国有土地有偿使用制度。但是，国家在法律规定的范围内划拨国有土地使用权的除外。

第三条　十分珍惜、合理利用土地和切实保护耕地是我国的基本国策。各级人民政府应当采取措施，全面规划，严格管理，保护、开发土地资源，制止非法占用土地的行为。

第四条　国家实行土地用途管制制度。

国家编制土地利用总体规划，规定土地用途，将土地分为农用地、建设用地和未利用地。严格限制农用地转为建设用地，控制建设用地总量，对耕地实行特殊保护。

前款所称农用地是指直接用于农业生产的土地，包括耕地、林地、草地、农田水利用地、养殖水面等；建设用地是指建造建筑物、构筑物的土地，包括城乡住宅和公共设施用地、工矿用地、交通水利设施用地、旅游用地、军事设施用地等；未利用地是指农用地和建设用地以外的土地。

使用土地的单位和个人必须严格按照土地利用总体规划确定的用途使用土地。

第五条　国务院自然资源主管部门统一负责全国土地的管理和监督工作。

县级以上地方人民政府自然资源主管部门的设置及其职责，由省、自治区、直辖市人民政府根据国务院有关规定确定。

第六条　国务院授权的机构对省、自治区、直辖市人民政府以及国务院确定的城市人民政府土地利用和土地管理情况进行督察。

第七条　任何单位和个人都有遵守土地管理法律、法规的义务，并有权对违反土地管理法律、法规的行为提出检举和控告。

第八条　在保护和开发土地资源、合理利用土地以及进行有关的科学研究等方面成绩显著的单位和个人，由人民政府给予奖励。

第二章　土地的所有权和使用权

第九条　城市市区的土地属于国家所有。

农村和城市郊区的土地，除由法律规定属于国家所有的以外，属于农民集体所有；宅基地和自留地、自留山，属于农民集体所有。

第十条 国有土地和农民集体所有的土地，可以依法确定给单位或者个人使用。使用土地的单位和个人，有保护、管理和合理利用土地的义务。

第十一条 农民集体所有的土地依法属于村农民集体所有的，由村集体经济组织或者村民委员会经营、管理；已经分别属于村内两个以上农村集体经济组织的农民集体所有的，由村内各该农村集体经济组织或者村民小组经营、管理；已经属于乡（镇）农民集体所有的，由乡（镇）农村集体经济组织经营、管理。

第十二条 土地的所有权和使用权的登记，依照有关不动产登记的法律、行政法规执行。

依法登记的土地的所有权和使用权受法律保护，任何单位和个人不得侵犯。

第十三条 农民集体所有和国家所有依法由农民集体使用的耕地、林地、草地，以及其他依法用于农业的土地，采取农村集体经济组织内部的家庭承包方式承包，不宜采取家庭承包方式的荒山、荒沟、荒丘、荒滩等，可以采取招标、拍卖、公开协商等方式承包，从事种植业、林业、畜牧业、渔业生产。家庭承包的耕地的承包期为三十年，草地的承包期为三十年至五十年，林地的承包期为三十年至七十年；耕地承包期届满后再延长三十年，草地、林地承包期届满后依法相应延长。

国家所有依法用于农业的土地可以由单位或者个人承包经营，从事种植业、林业、畜牧业、渔业生产。

发包方和承包方应当依法订立承包合同，约定双方的权利和义务。承包经营土地的单位和个人，有保护和按照承包合同约定的用途合理利用土地的义务。

第十四条 土地所有权和使用权争议，由当事人协商解决；协商不成的，由人民政府处理。

单位之间的争议，由县级以上人民政府处理；个人之间、个人与单位之间的争议，由乡级人民政府或者县级以上人民政府处理。

当事人对有关人民政府的处理决定不服的，可以自接到处理决定通知之日起三十日内，向人民法院起诉。

在土地所有权和使用权争议解决前，任何一方不得改变土地利用现状。

第三章 土地利用总体规划

第十五条 各级人民政府应当依据国民经济和社会发展规划、国土整治和资源环境保护的要求、土地供给能力以及各项建设对土地的需求，组织编制土地利用总体规划。

土地利用总体规划的规划期限由国务院规定。

第十六条 下级土地利用总体规划应当依据上一级土地利用总体规划编制。

地方各级人民政府编制的土地利用总体规划中的建设用地总量不得超过上一级土地利用总体规划确定的控制指标，耕地保有量不得低于上一级土地利用总体规划确定的控制指标。

省、自治区、直辖市人民政府编制的土地利用总体规划，应当确保本行政区域内耕地总量不减少。

第十七条 土地利用总体规划按照下列原则编制：

（一）落实国土空间开发保护要求，严格土地用途管制；

（二）严格保护永久基本农田，严格控制非农业建设占用农用地；

（三）提高土地节约集约利用水平；

（四）统筹安排城乡生产、生活、生态用地，满足乡村产业和基础设施用地合理需求，促进城乡融合发展；

（五）保护和改善生态环境，保障土地的可持续利用；

（六）占用耕地与开发复垦耕地数量平衡、质量相当。

第十八条 国家建立国土空间规划体系。编制国土空间规划应当坚持生态优先，绿色、可持续发展，科学有序统筹安排生态、农业、城镇等功能空间，优化国土空间结构和布局，提升国土空间开发、保护的质量和效率。

经依法批准的国土空间规划是各类开发、保护、建设活动的基本依据。已经编制国土空间规划的，不再编制土地利用总体规划和城乡规划。

第十九条 县级土地利用总体规划应当划分土地利用区，明确土地用途。

乡（镇）土地利用总体规划应当划分土地利用区，根据土地使用条件，确定每一块土地的用途，并予以公告。

第二十条 土地利用总体规划实行分级审批。

省、自治区、直辖市的土地利用总体规划，报国务院批准。

省、自治区人民政府所在地的市、人口在一百万以上的城市以及国务院指定的城市的土地利用总体规划，经省、自治区人民政府审查同意后，报国务院批准。

本条第二款、第三款规定以外的土地利用总体规划，逐级上报省、自治区、直辖市人民政府批准；其中，乡（镇）土地利用总体规划可以由省级人民政府授权的设区的市、自治州人民政府批准。

土地利用总体规划一经批准，必须严格执行。

第二十一条 城市建设用地规模应当符合国家规定的标准，充分利用现有建设用地，不占或者尽量少占农用地。

城市总体规划、村庄和集镇规划，应当与土地利用总体规划相衔接，城市总体规划、村庄和集镇规划中建设用地规模不得超过土地利用总体规划确定的城市和村庄、集镇建设用地规模。

在城市规划区内、村庄和集镇规划区内，城市和村庄、集镇建设用地应当符合城市规划、村庄和集镇规划。

第二十二条 江河、湖泊综合治理和开发利用规划，应当与土地利用总体规划相衔接。在江河、湖泊、水库的管理和保护范围以及蓄洪滞洪区内，土地利用应当符合江河、湖泊综合治理和开发利用规划，符合河道、湖泊行洪、蓄洪和输水的要求。

第二十三条 各级人民政府应当加强土地利用计划管理，实行建设用地总量控制。

土地利用年度计划，根据国民经济和社会发展计划、国家产业政策、土地利用总体规划以及建设用地和土地利用的实际状况编制。土地利用年度计划应当对本法第六十三条规定的集体经营性建设用地作出合理安排。土地利用年度计划的编制审批程序与土地利用总体规划的编制审批程序相同，一经审批下达，必须严格执行。

第二十四条 省、自治区、直辖市人民政府应当将土地利用年度计划的执行情况列为国民经济和社会发展计划执行情况的内容，向同级人民代表大会报告。

第二十五条 经批准的土地利用总体规划的修改，须经原批准机关批准；未经批准，不得改变土地利用总体规划确定的土地用途。

经国务院批准的大型能源、交通、水利等基础设施建设用地，需要改变土地利用总体规划的，根据国务院的批准文件修改土地利用总体规划。

经省、自治区、直辖市人民政府批准的能源、交通、水利等基础设施建设用地，需要改变土地利用总体规划的，属于省级人民政府土地利用总体规划批准权限内的，根据省级人民政府的批准文件修改土地利用总体规划。

第二十六条　国家建立土地调查制度。

县级以上人民政府自然资源主管部门会同同级有关部门进行土地调查。土地所有者或者使用者应当配合调查，并提供有关资料。

第二十七条　县级以上人民政府自然资源主管部门会同同级有关部门根据土地调查成果、规划土地用途和国家制定的统一标准，评定土地等级。

第二十八条　国家建立土地统计制度。

县级以上人民政府统计机构和自然资源主管部门依法进行土地统计调查，定期发布土地统计资料。土地所有者或者使用者应当提供有关资料，不得拒报、迟报，不得提供不真实、不完整的资料。

统计机构和自然资源主管部门共同发布的土地面积统计资料是各级人民政府编制土地利用总体规划的依据。

第二十九条　国家建立全国土地管理信息系统，对土地利用状况进行动态监测。

第四章　耕地保护

第三十条　国家保护耕地，严格控制耕地转为非耕地。

国家实行占用耕地补偿制度。非农业建设经批准占用耕地的，按照“占多少，垦多少”的原则，由占用耕地的单位负责开垦与所占用耕地的数量和质量相当的耕地；没有条件开垦或者开垦的耕地不符合要求的，应当按照省、自治区、直辖市的规定缴纳耕地开垦费，专款用于开垦新的耕地。

省、自治区、直辖市人民政府应当制定开垦耕地计划，监督占用耕地的单位按照计划开垦耕地或者按照计划组织开垦耕地，并进行验收。

第三十一条　县级以上地方人民政府可以要求占用耕地的单位将所占用耕地耕作层的土壤用于新开垦耕地、劣质地或者其他耕地的土壤改良。

第三十二条　省、自治区、直辖市人民政府应当严格执行土地利用总体规划和土地利用年度计划，采取措施，确保本行政区域内耕地总量不减少、质量不降低。耕地总量减少的，由国务院责令在规定期限内组织开垦与所减少耕地的数量与质量相当的耕地；耕地质量降低的，由国务院责令在规定期限内组织整治。新开垦和整治的耕地由国务院自然资源主管部门会同农业农村主管部门验收。

个别省、直辖市确因土地后备资源匮乏，新增建设用地后，新开垦耕地的数量不足以补偿所占用耕地的数量的，必须报经国务院批准减免本行政区域内开垦耕地的数量，易地开垦数量和质量相当的耕地。

第三十三条　国家实行永久基本农田保护制度。下列耕地应当根据土地利用总体规划划为永久基本农田，实行严格保护：

（一）经国务院农业农村主管部门或者县级以上地方人民政府批准确定的粮、棉、油、糖等重要农产品生产基地内的耕地；

（二）有良好的水利与水土保持设施的耕地，正在实施改造计划以及可以改造的中、低产田和已建成的高标准农田；

（三）蔬菜生产基地；

（四）农业科研、教学试验田；

（五）国务院规定应当划为永久基本农田的其他耕地。

各省、自治区、直辖市划定的永久基本农田一般应当占本行政区域内耕地的百分之八十以上，具体比例由国务院根据各省、自治区、直辖市耕地实际情况规定。

第三十四条 永久基本农田划定以乡（镇）为单位进行，由县级人民政府自然资源主管部门会同同级农业农村主管部门组织实施。永久基本农田应当落实到地块，纳入国家永久基本农田数据库严格管理。

乡（镇）人民政府应当将永久基本农田的位置、范围向社会公告，并设立保护标志。

第三十五条 永久基本农田经依法划定后，任何单位和个人不得擅自占用或者改变其用途。国家能源、交通、水利、军事设施等重点建设项目选址确实难以避让永久基本农田，涉及农用地转用或者土地征收的，必须经国务院批准。

禁止通过擅自调整县级土地利用总体规划、乡（镇）土地利用总体规划等方式规避永久基本农田农用地转用或者土地征收的审批。

第三十六条 各级人民政府应当采取措施，引导因地制宜轮作休耕，改良土壤，提高地力，维护排灌工程设施，防止土地荒漠化、盐渍化、水土流失和土壤污染。

第三十七条 非农业建设必须节约使用土地，可以利用荒地的，不得占用耕地；可以利用劣地的，不得占用好地。

禁止占用耕地建窑、建坟或者擅自在耕地上建房、挖砂、采石、采矿、取土等。

禁止占用永久基本农田发展林果业和挖塘养鱼。

第三十八条 禁止任何单位和个人闲置、荒芜耕地。已经办理审批手续的非农业建设占用耕地，一年内不用而又可以耕种并收获的，应当由原耕种该幅耕地的集体或者个人恢复耕种，也可以由用地单位组织耕种；一年以上未动工建设的，应当按照省、自治区、直辖市的规定缴纳闲置费；连续二年未使用的，经原批准机关批准，由县级以上人民政府无偿收回用地单位的土地使用权；该幅土地原为农民集体所有的，应当交由原农村集体经济组织恢复耕种。

在城市规划区范围内，以出让方式取得土地使用权进行房地产开发的闲置土地，依照《中华人民共和国城市房地产管理法》的有关规定办理。

第三十九条 国家鼓励单位和个人按照土地利用总体规划，在保护和改善生态环境、防止水土流失和土地荒漠化的前提下，开发未利用的土地；适宜开发为农用地的，应当优先开发成农用地。

国家依法保护开发者的合法权益。

第四十条 开垦未利用的土地，必须经过科学论证和评估，在土地利用总体规划划定的可开垦的区域内，经依法批准后进行。禁止毁坏森林、草原开垦耕地，禁止围湖造田和侵占江河滩地。

根据土地利用总体规划，对破坏生态环境开垦、围垦的土地，有计划有步骤地退耕还林、还牧、还湖。

第四十一条 开发未确定使用权的国有荒山、荒地、荒滩从事种植业、林业、畜牧业、渔业生产的，经县级以上人民政府依法批准，可以确定给开发单位或者个人长期使用。

第四十二条 国家鼓励土地整理。县、乡（镇）人民政府应当组织农村集体经济组织，按照土地利用总体规划，对田、水、路、林、村综合整治，提高耕地质量，增加有效耕地面积，改善农业生产条件和生态环境。

地方各级人民政府应当采取措施，改造中、低产田，整治闲散地和废弃地。

第四十三条 因挖损、塌陷、压占等造成土地破坏，用地单位和个人应当按照国家有关规定负责复垦；没有条件复垦或者复垦不符合要求的，应当缴纳土地复垦费，专项用于土地复垦。复垦的土地应当优先用于农业。

第五章 建设用地

第四十四条 建设占用土地，涉及农用地转为建设用地的，应当办理农用地转用审批手续。

永久基本农田转为建设用地的，由国务院批准。

在土地利用总体规划确定的城市和村庄、集镇建设用地规模范围内，为实施该规划而将永久基本农田以外的农用地转为建设用地的，按土地利用年度计划分批次按照国务院规定由原批准土地利用总体规划的机关或者其授权的机关批准。在已批准的农用地转用范围内，具体建设项目用地可以由市、县人民政府批准。

在土地利用总体规划确定的城市和村庄、集镇建设用地规模范围外，将永久基本农田以外的农用地转为建设用地的，由国务院或者国务院授权的省、自治区、直辖市人民政府批准。

第四十五条 为了公共利益的需要，有下列情形之一，确需征收农民集体所有的土地的，可以依法实施征收：

（一）军事和外交需要用地的；

（二）由政府组织实施的能源、交通、水利、通信、邮政等基础设施建设需要用地的；

（三）由政府组织实施的科技、教育、文化、卫生、体育、生态环境和资源保护、防灾减灾、文物保护、社区综合服务、社会福利、市政公用、优抚安置、英烈保护等公共事业需要用地的；

（四）由政府组织实施的扶贫搬迁、保障性安居工程建设需要用地的；

（五）在土地利用总体规划确定的城镇建设用地范围内，经省级以上人民政府批准由县级以上地方人民政府组织实施的成片开发建设需要用地的；

（六）法律规定为公共利益需要可以征收农民集体所有的土地的其他情形。

前款规定的建设活动，应当符合国民经济和社会发展规划、土地利用总体规划、城乡规划和专项规划；第（四）项、第（五）项规定的建设活动，还应当纳入国民经济和社会发展年度计划；第（五）项规定的成片开发并应当符合国务院自然资源主管部门规定的标准。

第四十六条 征收下列土地的，由国务院批准：

（一）永久基本农田；

（二）永久基本农田以外的耕地超过三十五公顷的；

（三）其他土地超过七十公顷的。

征收前款规定以外的土地的，由省、自治区、直辖市人民政府批准。

征收农用地的，应当依照本法第四十四条的规定先行办理农用地转用审批。其中，经国务院批准农用地转用的，同时办理征地审批手续，不再另行办理征地审批；经省、自治区、直辖市人民政府在征地批准权限内批准农用地转用的，同时办理征地审批手续，不再另行办理征地审批，超过征地批准权限的，应当依照本条第一款的规定另行办理征地审批。

第四十七条 国家征收土地的，依照法定程序批准后，由县级以上地方人民政府予以公告并组织实施。

县级以上地方人民政府拟申请征收土地的，应当开展拟征收土地现状调查和社会稳定风险评估，并将征收范围、土地现状、征收目的、补偿标准、安置方式和社会保障等在拟征收土地所在的乡（镇）和村、村民小组范围内公告至少三十日，听取被征地的农村集体经济组织及其成员、村民委员会和其他利害关系人的意见。

多数被征地的农村集体经济组织成员认为征地补偿安置方案不符合法律、法规规定的，县级以上地方人民政府应当组织召开听证会，并根据法律、法规的规定和听证会情况修改方案。

拟征收土地的所有权人、使用权人应当在公告规定期限内，持不动产权属证明材料办理补偿登记。县级以上地方人民政府应当组织有关部门测算并落实有关费用，保证足额到位，与拟征收土地的所有权人、使用权人就补偿、安置等签订协议；个别确实难以达成协议的，应当在申请征收土地时如实说明。

相关前期工作完成后，县级以上地方人民政府方可申请征收土地。

第四十八条 征收土地应当给予公平、合理的补偿，保障被征地农民原有生活水平不降低、长远生计有保障。

征收土地应当依法及时足额支付土地补偿费、安置补助费以及农村村民住宅、其他地上附着物和青苗等的补偿费用，并安排被征地农民的社会保障费用。

征收农用地的土地补偿费、安置补助费标准由省、自治区、直辖市通过制定公布区片综合地价确定。制定区片综合地价应当综合考虑土地原用途、土地资源条件、土地产值、土地区位、土地供求关系、人口以及经济社会发展水平等因素，并至少每三年调整或者重新公布一次。

征收农用地以外的其他土地、地上附着物和青苗等的补偿标准，由省、自治区、直辖市制定。对其中的农村村民住宅，应当按照先补偿后搬迁、居住条件有改善的原则，尊重农村村民意愿，采取重新安排宅基地建房、提供安置房或者货币补偿等方式给予公平、合理的补偿，并对因征收造成的搬迁、临时安置等费用予以补偿，保障农村村民居住的权利和合法的住房财产权益。

县级以上地方人民政府应当将被征地农民纳入相应的养老等社会保障体系。被征地农民的社会保障费用主要用于符合条件的被征地农民的养老保险等社会保险缴费补贴。被征地农民社会保障费用的筹集、管理和使用办法，由省、自治区、直辖市制定。

第四十九条 被征地的农村集体经济组织应当将征收土地的补偿费用的收支状况向本集体经济组织的成员公布，接受监督。

禁止侵占、挪用被征收土地单位的征地补偿费用和其他有关费用。

第五十条 地方各级人民政府应当支持被征地的农村集体经济组织和农民从事开发经营，兴办企业。

第五十一条 大中型水利、水电工程建设征收土地的补偿费标准和移民安置办法，由国务院另行规定。

第五十二条 建设项目可行性研究论证时，自然资源主管部门可以根据土地利用总体规划、土地利用年度计划和建设用地标准，对建设用地有关事项进行审查，并提出意见。

第五十三条 经批准的建设项目需要使用国有建设用地的，建设单位应当持法律、行政法规规定的有关文件，向有批准权的县级以上人民政府自然资源主管部门提出建设用地申请，经自然资源主管部门审查，报本级人民政府批准。

第五十四条 建设单位使用国有土地，应当以出让等有偿使用方式取得；但是，下列建设用地，经县级以上人民政府依法批准，可以以划拨方式取得：

（一）国家机关用地和军事用地；

（二）城市基础设施用地和公益事业用地；

（三）国家重点扶持的能源、交通、水利等基础设施用地；

（四）法律、行政法规规定的其他用地。

第五十五条 以出让等有偿使用方式取得国有土地使用权的建设单位，按照国务院规定的标准和办法，缴纳土地使用权出让金等土地有偿使用费和其他费用后，方可使用土地。

自本法施行之日起，新增建设用地的土地有偿使用费，百分之三十上缴中央财政，百分之七十留给有关地方人民政府。具体使用管理办法由国务院财政部门会同有关部门制定，并报国务院批准。

第五十六条　建设单位使用国有土地的，应当按照土地使用权出让等有偿使用合同的约定或者土地使用权划拨批准文件的规定使用土地；确需改变该幅土地建设用途的，应当经有关人民政府自然资源主管部门同意，报原批准用地的人民政府批准。其中，在城市规划区内改变土地用途的，在报批前，应当先经有关城市规划行政主管部门同意。

第五十七条　建设项目施工和地质勘查需要临时使用国有土地或者农民集体所有的土地的，由县级以上人民政府自然资源主管部门批准。其中，在城市规划区内的临时用地，在报批前，应当先经有关城市规划行政主管部门同意。土地使用者应当根据土地权属，与有关自然资源主管部门或者农村集体经济组织、村民委员会签订临时使用土地合同，并按照合同的约定支付临时使用土地补偿费。

临时使用土地的使用者应当按照临时使用土地合同约定的用途使用土地，并不得修建永久性建筑物。

临时使用土地期限一般不超过二年。

第五十八条　有下列情形之一的，由有关人民政府自然资源主管部门报经原批准用地的人民政府或者有批准权的人民政府批准，可以收回国有土地使用权：

（一）为实施城市规划进行旧城区改建以及其他公共利益需要，确需使用土地的；

（二）土地出让等有偿使用合同约定的使用期限届满，土地使用者未申请续期或者申请续期未获批准的；

（三）因单位撤销、迁移等原因，停止使用原划拨的国有土地的；

（四）公路、铁路、机场、矿场等经核准报废的。

依照前款第（一）项的规定收回国有土地使用权的，对土地使用权人应当给予适当补偿。

第五十九条　乡镇企业、乡（镇）村公共设施、公益事业、农村村民住宅等乡（镇）村建设，应当按照村庄和集镇规划，合理布局，综合开发，配套建设；建设用地，应当符合乡（镇）土地利用总体规划和土地利用年度计划，并依照本法第四十四条、第六十条、第六十一条、第六十二条的规定办理审批手续。

第六十条　农村集体经济组织使用乡（镇）土地利用总体规划确定的建设用地兴办企业或者与其他单位、个人以土地使用权入股、联营等形式共同举办企业的，应当持有关批准文件，向县级以上地方人民政府自然资源主管部门提出申请，按照省、自治区、直辖市规定的批准权限，由县级以上地方人民政府批准；其中，涉及占用农用地的，依照本法第四十四条的规定办理审批手续。

按照前款规定兴办企业的建设用地，必须严格控制。省、自治区、直辖市可以按照乡镇企业的不同行业和经营规模，分别规定用地标准。

第六十一条　乡（镇）村公共设施、公益事业建设，需要使用土地的，经乡（镇）人民政府审核，向县级以上地方人民政府自然资源主管部门提出申请，按照省、自治区、直辖市规定的批准权限，由县级以上地方人民政府批准；其中，涉及占用农用地的，依照本法第四十四条的规定办理审批手续。

第六十二条　农村村民一户只能拥有一处宅基地，其宅基地的面积不得超过省、自治区、直辖市规定的标准。

人均土地少、不能保障一户拥有一处宅基地的地区，县级人民政府在充分尊重农村村民意愿的基础上，可以采取措施，按照省、自治区、直辖市规定的标准保障农村村民实现户有所居。

农村村民建住宅，应当符合乡（镇）土地利用总体规划、村庄规划，不得占用永久基本农田，并尽量使用原有的宅基地和村内空闲地。编制乡（镇）土地利用总体规划、村庄规划应当统筹并合理安排宅基地用地，改善农村村民居住环境和条件。

农村村民住宅用地，由乡（镇）人民政府审核批准；其中，涉及占用农用地的，依照本法第四十四条的规定办理审批手续。

农村村民出卖、出租、赠与住宅后，再申请宅基地的，不予批准。

国家允许进城落户的农村村民依法自愿有偿退出宅基地，鼓励农村集体经济组织及其成员盘活利用闲置宅基地和闲置住宅。

国务院农业农村主管部门负责全国农村宅基地改革和管理有关工作。

第六十三条 土地利用总体规划、城乡规划确定为工业、商业等经营性用途，并经依法登记的集体经营性建设用地，土地所有权人可以通过出让、出租等方式交由单位或者个人使用，并应当签订书面合同，载明土地界址、面积、动工期限、使用期限、土地用途、规划条件和双方其他权利义务。

前款规定的集体经营性建设用地出让、出租等，应当经本集体经济组织成员的村民会议三分之二以上成员或者三分之二以上村民代表的同意。

通过出让等方式取得的集体经营性建设用地使用权可以转让、互换、出资、赠与或者抵押，但法律、行政法规另有规定或者土地所有权人、土地使用权人签订的书面合同另有约定的除外。

集体经营性建设用地的出租，集体建设用地使用权的出让及其最高年限、转让、互换、出资、赠与、抵押等，参照同类用途的国有建设用地执行。具体办法由国务院制定。

第六十四条 集体建设用地的使用者应当严格按照土地利用总体规划、城乡规划确定的用途使用土地。

第六十五条 在土地利用总体规划制定前已建的不符合土地利用总体规划确定的用途的建筑物、构筑物，不得重建、扩建。

第六十六条 有下列情形之一的，农村集体经济组织报经原批准用地的人民政府批准，可以收回土地使用权：

（一）为乡（镇）村公共设施和公益事业建设，需要使用土地的；

（二）不按照批准的用途使用土地的；

（三）因撤销、迁移等原因而停止使用土地的。

依照前款第（一）项规定收回农民集体所有的土地的，对土地使用权人应当给予适当补偿。

收回集体经营性建设用地使用权，依照双方签订的书面合同办理，法律、行政法规另有规定的除外。

第六章 监督检查

第六十七条 县级以上人民政府自然资源主管部门对违反土地管理法律、法规的行为进行监督检查。

县级以上人民政府农业农村主管部门对违反农村宅基地管理法律、法规的行为进行监督检查的，适用本法关于自然资源主管部门监督检查的规定。

土地管理监督检查人员应当熟悉土地管理法律、法规，忠于职守、秉公执法。

第六十八条 县级以上人民政府自然资源主管部门履行监督检查职责时，有权采取下列措施：

（一）要求被检查的单位或者个人提供有关土地权利的文件和资料，进行查阅或者予以复制；

（二）要求被检查的单位或者个人就有关土地权利的问题作出说明；

（三）进入被检查单位或者个人非法占用的土地现场进行勘测；

（四）责令非法占用土地的单位或者个人停止违反土地管理法律、法规的行为。

第六十九条 土地管理监督检查人员履行职责，需要进入现场进行勘测、要求有关单位或者个人提供文件、资料和作出说明的，应当出示土地管理监督检查证件。

第七十条 有关单位和个人对县级以上人民政府自然资源主管部门就土地违法行为进行的监督检查应当支持与配合，并提供工作方便，不得拒绝与阻碍土地管理监督检查人员依法执行职务。

第七十一条 县级以上人民政府自然资源主管部门在监督检查工作中发现国家工作人员的违法行为，依法应当给予处分的，应当依法予以处理；自己无权处理的，应当依法移送监察机关或者有关机关处理。

第七十二条 县级以上人民政府自然资源主管部门在监督检查工作中发现土地违法行为构成犯罪的，应当将案件移送有关机关，依法追究刑事责任；尚不构成犯罪的，应当依法给予行政处罚。

第七十三条 依照本法规定应当给予行政处罚，而有关自然资源主管部门不给予行政处罚的，上级人民政府自然资源主管部门有权责令有关自然资源主管部门作出行政处罚决定或者直接给予行政处罚，并给予有关自然资源主管部门的负责人处分。

第七章 法律责任

第七十四条 买卖或者以其他形式非法转让土地的，由县级以上人民政府自然资源主管部门没收违法所得；对违反土地利用总体规划擅自将农用地改为建设用地的，限期拆除在非法转让的土地上新建的建筑物和其他设施，恢复土地原状，对符合土地利用总体规划的，没收在非法转让的土地上新建的建筑物和其他设施；可以并处罚款；对直接负责的主管人员和其他直接责任人员，依法给予处分；构成犯罪的，依法追究刑事责任。

第七十五条 违反本法规定，占用耕地建窑、建坟或者擅自在耕地上建房、挖砂、采石、采矿、取土等，破坏种植条件的，或者因开发土地造成土地荒漠化、盐渍化的，由县级以上人民政府自然资源主管部门、农业农村主管部门等按照职责责令限期改正或者治理，可以并处罚款；构成犯罪的，依法追究刑事责任。

第七十六条 违反本法规定，拒不履行土地复垦义务的，由县级以上人民政府自然资源主管部门责令限期改正；逾期不改正的，责令缴纳复垦费，专项用于土地复垦，可以处以罚款。

第七十七条 未经批准或者采取欺骗手段骗取批准，非法占用土地的，由县级以上人民政府自然资源主管部门责令退还非法占用的土地，对违反土地利用总体规划擅自将农用地改为建设用地的，限期拆除在非法占用的土地上新建的建筑物和其他设施，恢复土地原状，对符合土地利用总体规划的，没收在非法占用的土地上新建的建筑物和其他设施，可以并处罚款；对非法占用土地单位的直接负责的主管人员和其他直接责任人员，依法给予处分；构成犯罪的，依法追究刑事责任。

超过批准的数量占用土地，多占的土地以非法占用土地论处。

第七十八条 农村村民未经批准或者采取欺骗手段骗取批准，非法占用土地建住宅的，由县级以上人民政府农业农村主管部门责令退还非法占用的土地，限期拆除在非法占用的土地上新建的房屋。

超过省、自治区、直辖市规定的标准，多占的土地以非法占用土地论处。

第七十九条 无权批准征收、使用土地的单位或者个人非法批准占用土地的，超越批准权限非法批准占用土地的，不按照土地利用总体规划确定的用途批准用地的，或者违反法律规定的程序批准占用、征收土地的，其批准文件无效，对非法批准征收、使用土地的直接负责的主管人员和其他直接责任人员，依法给予处分；构成犯罪的，依法追究刑事责任。非法批准、使用的土地应当收回，有关当事人拒不归还的，以非法占用土地论处。

非法批准征收、使用土地，对当事人造成损失的，依法应当承担赔偿责任。

第八十条 侵占、挪用被征收土地单位的征地补偿费用和其他有关费用，构成犯罪的，依法追究刑事责任；尚不构成犯罪的，依法给予处分。

第八十一条 依法收回国有土地使用权当事人拒不交出土地的，临时使用土地期满拒不归还的，或者不按照批准的用途使用国有土地的，由县级以上人民政府自然资源主管部门责令交还土地，处以罚款。

第八十二条 擅自将农民集体所有的土地通过出让、转让使用权或者出租等方式用于非农业建设，或者违反本法规定，将集体经营性建设用地通过出让、出租等方式交由单位或者个人使用的，由县级以上人民政府自然资源主管部门责令限期改正，没收违法所得，并处罚款。

第八十三条 依照本法规定，责令限期拆除在非法占用的土地上新建的建筑物和其他设施的，建设单位或者个人必须立即停止施工，自行拆除；对继续施工的，作出处罚决定的机关有权制止。建设单位或者个人对责令限期拆除的行政处罚决定不服的，可以在接到责令限期拆除决定之日起十五日内，向人民法院起诉；期满不起诉又不自行拆除的，由作出处罚决定的机关依法申请人民法院强制执行，费用由违法者承担。

第八十四条 自然资源主管部门、农业农村主管部门的工作人员玩忽职守、滥用职权、徇私舞弊，构成犯罪的，依法追究刑事责任；尚不构成犯罪的，依法给予处分。

第八章 附 则

第八十五条 外商投资企业使用土地的，适用本法；法律另有规定的，从其规定。

第八十六条 在根据本法第十八条的规定编制国土空间规划前，经依法批准的土地利用总体规划和城乡规划继续执行。

第八十七条 本法自 1999 年 1 月 1 日起施行。

中华人民共和国耕地占用税法

第一条　为了合理利用土地资源，加强土地管理，保护耕地，制定本法。

第二条　在中华人民共和国境内占用耕地建设建筑物、构筑物或者从事非农业建设的单位和个人，为耕地占用税的纳税人，应当依照本法规定缴纳耕地占用税。

占用耕地建设农田水利设施的，不缴纳耕地占用税。

本法所称耕地，是指用于种植农作物的土地。

第三条　耕地占用税以纳税人实际占用的耕地面积为计税依据，按照规定的适用税额一次性征收，应纳税额为纳税人实际占用的耕地面积（平方米）乘以适用税额。

第四条　耕地占用税的税额如下：

（一）人均耕地不超过一亩的地区（以县、自治县、不设区的市、市辖区为单位，下同），每平方米为十元至五十元；

（二）人均耕地超过一亩但不超过二亩的地区，每平方米为八元至四十元；

（三）人均耕地超过二亩但不超过三亩的地区，每平方米为六元至三十元；

（四）人均耕地超过三亩的地区，每平方米为五元至二十五元。

各地区耕地占用税的适用税额，由省、自治区、直辖市人民政府根据人均耕地面积和经济发展等情况，在前款规定的税额幅度内提出，报同级人民代表大会常务委员会决定，并报全国人民代表大会常务委员会和国务院备案。各省、自治区、直辖市耕地占用税适用税额的平均水平，不得低于本法所附《各省、自治区、直辖市耕地占用税平均税额表》规定的平均税额。

第五条　在人均耕地低于零点五亩的地区，省、自治区、直辖市可以根据当地经济发展情况，适当提高耕地占用税的适用税额，但提高的部分不得超过本法第四条第二款确定的适用税额的百分之五十。具体适用税额按照本法第四条第二款规定的程序确定。

第六条　占用基本农田的，应当按照本法第四条第二款或者第五条确定的当地适用税额，加按百分之一百五十征收。

第七条　军事设施、学校、幼儿园、社会福利机构、医疗机构占用耕地，免征耕地占用税。

铁路线路、公路线路、飞机场跑道、停机坪、港口、航道、水利工程占用耕地，减按每平方米二元的税额征收耕地占用税。

农村居民在规定用地标准以内占用耕地新建自用住宅，按照当地适用税额减半征收耕地占用税；其中农村居民经批准搬迁，新建自用住宅占用耕地不超过原宅基地面积的部分，免征耕地占用税。

农村烈士遗属、因公牺牲军人遗属、残疾军人以及符合农村最低生活保障条件的农村居民，在规定用地标准以内新建自用住宅，免征耕地占用税。

根据国民经济和社会发展的需要，国务院可以规定免征或者减征耕地占用税的其他情形，报全国人民代表大会常务委员会备案。

第八条　依照本法第七条第一款、第二款规定免征或者减征耕地占用税后，纳税人改变原占地用途，不再属于免征或者减征耕地占用税情形的，应当按照当地适用税额补缴耕地占用税。

第九条 耕地占用税由税务机关负责征收。

第十条 耕地占用税的纳税义务发生时间为纳税人收到自然资源主管部门办理占用耕地手续的书面通知的当日。纳税人应当自纳税义务发生之日起三十日内申报缴纳耕地占用税。

自然资源主管部门凭耕地占用税完税凭证或者免税凭证和其他有关文件发放建设用地批准书。

第十一条 纳税人因建设项目施工或者地质勘查临时占用耕地，应当依照本法的规定缴纳耕地占用税。纳税人在批准临时占用耕地期满之日起一年内依法复垦，恢复种植条件的，全额退还已经缴纳的耕地占用税。

第十二条 占用园地、林地、草地、农田水利用地、养殖水面、渔业水域滩涂以及其他农用地建设建筑物、构筑物或者从事非农业建设的，依照本法的规定缴纳耕地占用税。

占用前款规定的农用地的，适用税额可以适当低于本地区按照本法第四条第二款确定的适用税额，但降低的部分不得超过百分之五十。具体适用税额由省、自治区、直辖市人民政府提出，报同级人民代表大会常务委员会决定，并报全国人民代表大会常务委员会和国务院备案。

占用本条第一款规定的农用地建设直接为农业生产服务的生产设施的，不缴纳耕地占用税。

第十三条 税务机关应当与相关部门建立耕地占用税涉税信息共享机制和工作配合机制。县级以上地方人民政府自然资源、农业农村、水利等相关部门应当定期向税务机关提供农用地转用、临时占地等信息，协助税务机关加强耕地占用税征收管理。

税务机关发现纳税人的纳税申报数据资料异常或者纳税人未按照规定期限申报纳税的，可以提请相关部门进行复核，相关部门应当自收到税务机关复核申请之日起三十日内向税务机关出具复核意见。

第十四条 耕地占用税的征收管理，依照本法和《中华人民共和国税收征收管理法》的规定执行。

第十五条 纳税人、税务机关及其工作人员违反本法规定的，依照《中华人民共和国税收征收管理法》和有关法律法规的规定追究法律责任。

第十六条 本法自 2019 年 9 月 1 日起施行。2007 年 12 月 1 日国务院公布的《中华人民共和国耕地占用税暂行条例》同时废止。

中华人民共和国水法

第一章 总 则

第一条 为了合理开发、利用、节约和保护水资源，防治水害，实现水资源的可持续利用，适应国民经济和社会发展的需要，制定本法。

第二条 在中华人民共和国领域内开发、利用、节约、保护、管理水资源，防治水害，适用本法。

本法所称水资源，包括地表水和地下水。

第三条 水资源属于国家所有。水资源的所有权由国务院代表国家行使。农村集体经济组织的水塘和由农村集体经济组织修建管理的水库中的水，归各该农村集体经济组织使用。

第四条 开发、利用、节约、保护水资源和防治水害，应当全面规划、统筹兼顾、标本兼治、综合利用、讲求效益，发挥水资源的多种功能，协调好生活、生产经营和生态环境用水。

第五条 县级以上人民政府应当加强水利基础设施建设，并将其纳入本级国民经济和社会发展计划。

第六条 国家鼓励单位和个人依法开发、利用水资源，并保护其合法权益。开发、利用水资源的单位和个人有依法保护水资源的义务。

第七条 国家对水资源依法实行取水许可制度和有偿使用制度。但是，农村集体经济组织及其成员使用本集体经济组织的水塘、水库中的水的除外。国务院水行政主管部门负责全国取水许可制度和水资源有偿使用制度的组织实施。

第八条 国家厉行节约用水，大力推行节约用水措施，推广节约用水新技术、新工艺，发展节水型工业、农业和服务业，建立节水型社会。

各级人民政府应当采取措施，加强对节约用水的管理，建立节约用水技术开发推广体系，培育和发展节约用水产业。

单位和个人有节约用水的义务。

第九条 国家保护水资源，采取有效措施，保护植被，植树种草，涵养水源，防治水土流失和水体污染，改善生态环境。

第十条 国家鼓励和支持开发、利用、节约、保护、管理水资源和防治水害的先进科学技术的研究、推广和应用。

第十一条 在开发、利用、节约、保护、管理水资源和防治水害等方面成绩显著的单位和个人，由人民政府给予奖励。

第十二条 国家对水资源实行流域管理与行政区域管理相结合的管理体制。

国务院水行政主管部门负责全国水资源的统一管理和监督工作。

国务院水行政主管部门在国家确定的重要江河、湖泊设立的流域管理机构（以下简称流域管理机构），在所管辖的范围内行使法律、行政法规规定的和国务院水行政主管部门授予的水资源管理和监督职责。

县级以上地方人民政府水行政主管部门按照规定的权限，负责本行政区域内水资源的统一管理和监督工作。

第十三条　国务院有关部门按照职责分工，负责水资源开发、利用、节约和保护的有关工作。

县级以上地方人民政府有关部门按照职责分工，负责本行政区域内水资源开发、利用、节约和保护的有关工作。

第二章　水资源规划

第十四条　国家制定全国水资源战略规划。

开发、利用、节约、保护水资源和防治水害，应当按照流域、区域统一制定规划。规划分为流域规划和区域规划。流域规划包括流域综合规划和流域专业规划；区域规划包括区域综合规划和区域专业规划。

前款所称综合规划，是指根据经济社会发展需要和水资源开发利用现状编制的开发、利用、节约、保护水资源和防治水害的总体部署。前款所称专业规划，是指防洪、治涝、灌溉、航运、供水、水力发电、竹木流放、渔业、水资源保护、水土保持、防沙治沙、节约用水等规划。

第十五条　流域范围内的区域规划应当服从流域规划，专业规划应当服从综合规划。

流域综合规划和区域综合规划以及与土地利用关系密切的专业规划，应当与国民经济和社会发展规划以及土地利用总体规划、城市总体规划和环境保护规划相协调，兼顾各地区、各行业的需要。

第十六条　制定规划，必须进行水资源综合科学考察和调查评价。水资源综合科学考察和调查评价，由县级以上人民政府水行政主管部门会同同级有关部门组织进行。

县级以上人民政府应当加强水文、水资源信息系统建设。县级以上人民政府水行政主管部门和流域管理机构应当加强对水资源的动态监测。

基本水文资料应当按照国家有关规定予以公开。

第十七条　国家确定的重要江河、湖泊的流域综合规划，由国务院水行政主管部门会同国务院有关部门和有关省、自治区、直辖市人民政府编制，报国务院批准。跨省、自治区、直辖市的其他江河、湖泊的流域综合规划和区域综合规划，由有关流域管理机构会同江河、湖泊所在地的省、自治区、直辖市人民政府水行政主管部门和有关部门编制，分别经有关省、自治区、直辖市人民政府审查提出意见后，报国务院水行政主管部门审核；国务院水行政主管部门征求国务院有关部门意见后，报国务院或者其授权的部门批准。

前款规定以外的其他江河、湖泊的流域综合规划和区域综合规划，由县级以上地方人民政府水行政主管部门会同同级有关部门和有关地方人民政府编制，报本级人民政府或者其授权的部门批准，并报上一级水行政主管部门备案。

专业规划由县级以上人民政府有关部门编制，征求同级其他有关部门意见后，报本级人民政府批准。其中，防洪规划、水土保持规划的编制、批准，依照防洪法、水土保持法的有关规定执行。

第十八条　规划一经批准，必须严格执行。

经批准的规划需要修改时，必须按照规划编制程序经原批准机关批准。

第十九条　建设水工程，必须符合流域综合规划。在国家确定的重要江河、湖泊和跨省、自治区、直辖市的江河、湖泊上建设水工程，未取得有关流域管理机构签署的符合流域综合规划要求的规划同意书的，建设单位不得开工建设；在其他江河、湖泊上建设水工程，未取得县级以上地方人民政府水行政主管部门按照管理权限签署的符合流域综合规划要求的规划同意书的，建设单位不得开工建设。水工程建设涉及防洪的，依照防洪法的有关规定执行；涉及其他地区和行业的，建设单位应当事先征求有关地区和部门的意见。

第三章　水资源开发利用

第二十条　开发、利用水资源，应当坚持兴利与除害相结合，兼顾上下游、左右岸和有关地区之间的利益，充分发挥水资源的综合效益，并服从防洪的总体安排。

第二十一条　开发、利用水资源，应当首先满足城乡居民生活用水，并兼顾农业、工业、生态环境用水以及航运等需要。

在干旱和半干旱地区开发、利用水资源，应当充分考虑生态环境用水需要。

第二十二条　跨流域调水，应当进行全面规划和科学论证，统筹兼顾调出和调入流域的用水需要，防止对生态环境造成破坏。

第二十三条　地方各级人民政府应当结合本地区水资源的实际情况，按照地表水与地下水统一调度开发、开源与节流相结合、节流优先和污水处理再利用的原则，合理组织开发、综合利用水资源。

国民经济和社会发展规划以及城市总体规划的编制、重大建设项目的布局，应当与当地水资源条件和防洪要求相适应，并进行科学论证；在水资源不足的地区，应当对城市规模和建设耗水量大的工业、农业和服务业项目加以限制。

第二十四条　在水资源短缺的地区，国家鼓励对雨水和微咸水的收集、开发、利用和对海水的利用、淡化。

第二十五条　地方各级人民政府应当加强对灌溉、排涝、水土保持工作的领导，促进农业生产发展；在容易发生盐碱化和渍害的地区，应当采取措施，控制和降低地下水的水位。

农村集体经济组织或者其成员依法在本集体经济组织所有的集体土地或者承包土地上投资兴建水工程设施的，按照谁投资建设谁管理和谁受益的原则，对水工程设施及其蓄水进行管理和合理使用。

农村集体经济组织修建水库应当经县级以上地方人民政府水行政主管部门批准。

第二十六条　国家鼓励开发、利用水能资源。在水能丰富的河流，应当有计划地进行多目标梯级开发。

建设水力发电站，应当保护生态环境，兼顾防洪、供水、灌溉、航运、竹木流放和渔业等方面的需要。

第二十七条　国家鼓励开发、利用水运资源。在水生生物洄游通道、通航或者竹木流放的河流上修建永久性拦河闸坝，建设单位应当同时修建过鱼、过船、过木设施，或者经国务院授权的部门批准采取其他补救措施，并妥善安排施工和蓄水期间的水生生物保护、航运和竹木流放，所需费用由建设单位承担。

在不通航的河流或者人工水道上修建闸坝后可以通航的，闸坝建设单位应当同时修建过船设施或者预留过船设施位置。

第二十八条　任何单位和个人引水、截（蓄）水、排水，不得损害公共利益和他人的合法权益。

第二十九条　国家对水工程建设移民实行开发性移民的方针，按照前期补偿、补助与后期扶持相结合的原则，妥善安排移民的生产和生活，保护移民的合法权益。

移民安置应当与工程建设同步进行。建设单位应当根据安置地区的环境容量和可持续发展的原则，因地制宜，编制移民安置规划，经依法批准后，由有关地方人民政府组织实施。所需移民经费列入工程建设投资计划。

第四章　水资源、水域和水工程的保护

第三十条　县级以上人民政府水行政主管部门、流域管理机构以及其他有关部门在制定水资源开发、利用规划和调度水资源时，应当注意维持江河的合理流量和湖泊、水库以及地下水的合理水位，维护水体的自然净化能力。

第三十一条　从事水资源开发、利用、节约、保护和防治水害等水事活动，应当遵守经批准的规划；因违反规划造成江河和湖泊水域使用功能降低、地下水超采、地面沉降、水体污染的，应当承担治理责任。

开采矿藏或者建设地下工程，因疏干排水导致地下水水位下降、水源枯竭或者地面塌陷，采矿单位或者建设单位应当采取补救措施；对他人生活和生产造成损失的，依法给予补偿。

第三十二条　国务院水行政主管部门会同国务院环境保护行政主管部门、有关部门和有关省、自治区、直辖市人民政府，按照流域综合规划、水资源保护规划和经济社会发展要求，拟定国家确定的重要江河、湖泊的水功能区划，报国务院批准。跨省、自治区、直辖市的其他江河、湖泊的水功能区划，由有关流域管理机构会同江河、湖泊所在地的省、自治区、直辖市人民政府水行政主管部门、环境保护行政主管部门和其他有关部门拟定，分别经有关省、自治区、直辖市人民政府审查提出意见后，由国务院水行政主管部门会同国务院环境保护行政主管部门审核，报国务院或者其授权的部门批准。

前款规定以外的其他江河、湖泊的水功能区划，由县级以上地方人民政府水行政主管部门会同同级人民政府环境保护行政主管部门和有关部门拟定，报同级人民政府或者其授权的部门批准，并报上一级水行政主管部门和环境保护行政主管部门备案。

县级以上人民政府水行政主管部门或者流域管理机构应当按照水功能区对水质的要求和水体的自然净化能力，核定该水域的纳污能力，向环境保护行政主管部门提出该水域的限制排污总量意见。

县级以上地方人民政府水行政主管部门和流域管理机构应当对水功能区的水质状况进行监测，发现重点污染物排放总量超过控制指标的，或者水功能区的水质未达到水域使用功能对水质的要求的，应当及时报告有关人民政府采取治理措施，并向环境保护行政主管部门通报。

第三十三条　国家建立饮用水水源保护区制度。省、自治区、直辖市人民政府应当划定饮用水水源保护区，并采取措施，防止水源枯竭和水体污染，保证城乡居民饮用水安全。

第三十四条　禁止在饮用水水源保护区内设置排污口。

在江河、湖泊新建、改建或者扩大排污口，应当经过有管辖权的水行政主管部门或者流域管理机构同意，由环境保护行政主管部门负责对该建设项目的环境影响报告书进行审批。

第三十五条　从事工程建设，占用农业灌溉水源、灌排工程设施，或者对原有灌溉用水、供水水源有不利影响的，建设单位应当采取相应的补救措施；造成损失的，依法给予补偿。

第三十六条　在地下水超采地区，县级以上地方人民政府应当采取措施，严格控制开采地下水。在地下水严重超采地区，经省、自治区、直辖市人民政府批准，可以划定地下水禁止开采或者限制开采区。在沿海地区开采地下水，应当经过科学论证，并采取措施，防止地面沉降和海水入侵。

第三十七条　禁止在江河、湖泊、水库、运河、渠道内弃置、堆放阻碍行洪的物体和种植阻碍

行洪的林木及高秆作物。

禁止在河道管理范围内建设妨碍行洪的建筑物、构筑物以及从事影响河势稳定、危害河岸堤防安全和其他妨碍河道行洪的活动。

第三十八条　在河道管理范围内建设桥梁、码头和其他拦河、跨河、临河建筑物、构筑物，铺设跨河管道、电缆，应当符合国家规定的防洪标准和其他有关的技术要求，工程建设方案应当依照防洪法的有关规定报经有关水行政主管部门审查同意。

因建设前款工程设施，需要扩建、改建、拆除或者损坏原有水工程设施的，建设单位应当负担扩建、改建的费用和损失补偿。但是，原有工程设施属于违法工程的除外。

第三十九条　国家实行河道采砂许可制度。河道采砂许可制度实施办法，由国务院规定。

在河道管理范围内采砂，影响河势稳定或者危及堤防安全的，有关县级以上人民政府水行政主管部门应当划定禁采区和规定禁采期，并予以公告。

第四十条　禁止围湖造地。已经围垦的，应当按照国家规定的防洪标准有计划地退地还湖。

禁止围垦河道。确需围垦的，应当经过科学论证，经省、自治区、直辖市人民政府水行政主管部门或者国务院水行政主管部门同意后，报本级人民政府批准。

第四十一条　单位和个人有保护水工程的义务，不得侵占、毁坏堤防、护岸、防汛、水文监测、水文地质监测等工程设施。

第四十二条　县级以上地方人民政府应当采取措施，保障本行政区域内水工程，特别是水坝和堤防的安全，限期消除险情。水行政主管部门应当加强对水工程安全的监督管理。

第四十三条　国家对水工程实施保护。国家所有的水工程应当按照国务院的规定划定工程管理和保护范围。

国务院水行政主管部门或者流域管理机构管理的水工程，由主管部门或者流域管理机构商有关省、自治区、直辖市人民政府划定工程管理和保护范围。

前款规定以外的其他水工程，应当按照省、自治区、直辖市人民政府的规定，划定工程保护范围和保护职责。

在水工程保护范围内，禁止从事影响水工程运行和危害水工程安全的爆破、打井、采石、取土等活动。

第五章　水资源配置和节约使用

第四十四条　国务院发展计划主管部门和国务院水行政主管部门负责全国水资源的宏观调配。全国的和跨省、自治区、直辖市的水中长期供求规划，由国务院水行政主管部门会同有关部门制订，经国务院发展计划主管部门审查批准后执行。地方的水中长期供求规划，由县级以上地方人民政府水行政主管部门会同同级有关部门依据上一级水中长期供求规划和本地区的实际情况制订，经本级人民政府发展计划主管部门审查批准后执行。

水中长期供求规划应当依据水的供求现状、国民经济和社会发展规划、流域规划、区域规划，按照水资源供需协调、综合平衡、保护生态、厉行节约、合理开源的原则制定。

第四十五条　调蓄径流和分配水量，应当依据流域规划和水中长期供求规划，以流域为单元制定水量分配方案。

跨省、自治区、直辖市的水量分配方案和旱情紧急情况下的水量调度预案，由流域管理机构商有关省、自治区、直辖市人民政府制订，报国务院或者其授权的部门批准后执行。其他跨行政区域的水量分配方案和旱情紧急情况下的水量调度预案，由共同的上一级人民政府水行政主管部门商有关地方人民政府制订，报本级人民政府批准后执行。

水量分配方案和旱情紧急情况下的水量调度预案经批准后，有关地方人民政府必须执行。

在不同行政区域之间的边界河流上建设水资源开发、利用项目，应当符合该流域经批准的水量分配方案，由有关县级以上地方人民政府报共同的上一级人民政府水行政主管部门或者有关流域管理机构批准。

第四十六条 县级以上地方人民政府水行政主管部门或者流域管理机构应当根据批准的水量分配方案和年度预测来水量，制定年度水量分配方案和调度计划，实施水量统一调度；有关地方人民政府必须服从。

国家确定的重要江河、湖泊的年度水量分配方案，应当纳入国家的国民经济和社会发展年度计划。

第四十七条 国家对用水实行总量控制和定额管理相结合的制度。

省、自治区、直辖市人民政府有关行业主管部门应当制订本行政区域内行业用水定额，报同级水行政主管部门和质量监督检验行政主管部门审核同意后，由省、自治区、直辖市人民政府公布，并报国务院水行政主管部门和国务院质量监督检验行政主管部门备案。

县级以上地方人民政府发展计划主管部门会同同级水行政主管部门，根据用水定额、经济技术条件以及水量分配方案确定的可供本行政区域使用的水量，制定年度用水计划，对本行政区域内的年度用水实行总量控制。

第四十八条 直接从江河、湖泊或者地下取用水资源的单位和个人，应当按照国家取水许可制度和水资源有偿使用制度的规定，向水行政主管部门或者流域管理机构申请领取取水许可证，并缴纳水资源费，取得取水权。但是，家庭生活和零星散养、圈养畜禽饮用等少量取水的除外。

实施取水许可制度和征收管理水资源费的具体办法，由国务院规定。

第四十九条 用水应当计量，并按照批准的用水计划用水。

用水实行计量收费和超定额累进加价制度。

第五十条 各级人民政府应当推行节水灌溉方式和节水技术，对农业蓄水、输水工程采取必要的防渗漏措施，提高农业用水效率。

第五十一条 工业用水应当采用先进技术、工艺和设备，增加循环用水次数，提高水的重复利用率。

国家逐步淘汰落后的、耗水量高的工艺、设备和产品，具体名录由国务院经济综合主管部门会同国务院水行政主管部门和有关部门制定并公布。生产者、销售者或者生产经营中的使用者应当在规定的时间内停止生产、销售或者使用列入名录的工艺、设备和产品。

第五十二条 城市人民政府应当因地制宜采取有效措施，推广节水型生活用水器具，降低城市供水管网漏失率，提高生活用水效率；加强城市污水集中处理，鼓励使用再生水，提高污水再生利用率。

第五十三条 新建、扩建、改建建设项目，应当制订节水措施方案，配套建设节水设施。节水设施应当与主体工程同时设计、同时施工、同时投产。

供水企业和自建供水设施的单位应当加强供水设施的维护管理，减少水的漏失。

第五十四条 各级人民政府应当积极采取措施，改善城乡居民的饮用水条件。

第五十五条 使用水工程供应的水，应当按照国家规定向供水单位缴纳水费。供水价格应当按照补偿成本、合理收益、优质优价、公平负担的原则确定。具体办法由省级以上人民政府价格主管部门会同同级水行政主管部门或者其他供水行政主管部门依据职权制定。

第六章　水事纠纷处理与执法监督检查

第五十六条　不同行政区域之间发生水事纠纷的，应当协商处理；协商不成的，由上一级人民政府裁决，有关各方必须遵照执行。在水事纠纷解决前，未经各方达成协议或者共同的上一级人民政府批准，在行政区域交界线两侧一定范围内，任何一方不得修建排水、阻水、取水和截（蓄）水工程，不得单方面改变水的现状。

第五十七条　单位之间、个人之间、单位与个人之间发生的水事纠纷，应当协商解决；当事人不愿协商或者协商不成的，可以申请县级以上地方人民政府或者其授权的部门调解，也可以直接向人民法院提起民事诉讼。县级以上地方人民政府或者其授权的部门调解不成的，当事人可以向人民法院提起民事诉讼。

在水事纠纷解决前，当事人不得单方面改变现状。

第五十八条　县级以上人民政府或者其授权的部门在处理水事纠纷时，有权采取临时处置措施，有关各方或者当事人必须服从。

第五十九条　县级以上人民政府水行政主管部门和流域管理机构应当对违反本法的行为加强监督检查并依法进行查处。

水政监督检查人员应当忠于职守，秉公执法。

第六十条　县级以上人民政府水行政主管部门、流域管理机构及其水政监督检查人员履行本法规定的监督检查职责时，有权采取下列措施：

（一）要求被检查单位提供有关文件、证照、资料；

（二）要求被检查单位就执行本法的有关问题作出说明；

（三）进入被检查单位的生产场所进行调查；

（四）责令被检查单位停止违反本法的行为，履行法定义务。

第六十一条　有关单位或者个人对水政监督检查人员的监督检查工作应当给予配合，不得拒绝或者阻碍水政监督检查人员依法执行职务。

第六十二条　水政监督检查人员在履行监督检查职责时，应当向被检查单位或者个人出示执法证件。

第六十三条　县级以上人民政府或者上级水行政主管部门发现本级或者下级水行政主管部门在监督检查工作中有违法或者失职行为的，应当责令其限期改正。

第七章　法律责任

第六十四条　水行政主管部门或者其他有关部门以及水工程管理单位及其工作人员，利用职务上的便利收取他人财物、其他好处或者玩忽职守，对不符合法定条件的单位或者个人核发许可证、签署审查同意意见，不按照水量分配方案分配水量，不按照国家有关规定收取水资源费，不履行监督职责，或者发现违法行为不予查处，造成严重后果，构成犯罪的，对负有责任的主管人员和其他直接责任人员依照刑法的有关规定追究刑事责任；尚不够刑事处罚的，依法给予行政处分。

第六十五条　在河道管理范围内建设妨碍行洪的建筑物、构筑物，或者从事影响河势稳定、危害河岸堤防安全和其他妨碍河道行洪的活动的，由县级以上人民政府水行政主管部门或者流域管理机构依据职权，责令停止违法行为，限期拆除违法建筑物、构筑物，恢复原状；逾期不拆除、不恢复原状的，强行拆除，所需费用由违法单位或者个人负担，并处一万元以上十万元以下的罚款。

未经水行政主管部门或者流域管理机构同意，擅自修建水工程，或者建设桥梁、码头和其他拦河、跨河、临河建筑物、构筑物，铺设跨河管道、电缆，且防洪法未作规定的，由县级以上人民政府水行政主管部门或者流域管理机构依据职权，责令停止违法行为，限期补办有关手续；逾期不补办或者补办未被批准的，责令限期拆除违法建筑物、构筑物；逾期不拆除的，强行拆除，所需费用由违法单位或者个人负担，并处一万元以上十万元以下的罚款。

虽经水行政主管部门或者流域管理机构同意，但未按照要求修建前款所列工程设施的，由县级以上人民政府水行政主管部门或者流域管理机构依据职权，责令限期改正，按照情节轻重，处一万元以上十万元以下的罚款。

第六十六条 有下列行为之一，且防洪法未作规定的，由县级以上人民政府水行政主管部门或者流域管理机构依据职权，责令停止违法行为，限期清除障碍或者采取其他补救措施，处一万元以上五万元以下的罚款：

（一）在江河、湖泊、水库、运河、渠道内弃置、堆放阻碍行洪的物体和种植阻碍行洪的林木及高秆作物的；

（二）围湖造地或者未经批准围垦河道的。

第六十七条 在饮用水水源保护区内设置排污口的，由县级以上地方人民政府责令限期拆除、恢复原状；逾期不拆除、不恢复原状的，强行拆除、恢复原状，并处五万元以上十万元以下的罚款。

未经水行政主管部门或者流域管理机构审查同意，擅自在江河、湖泊新建、改建或者扩大排污口的，由县级以上人民政府水行政主管部门或者流域管理机构依据职权，责令停止违法行为，限期恢复原状，处五万元以上十万元以下的罚款。

第六十八条 生产、销售或者在生产经营中使用国家明令淘汰的落后的、耗水量高的工艺、设备和产品的，由县级以上地方人民政府经济综合主管部门责令停止生产、销售或者使用，处二万元以上十万元以下的罚款。

第六十九条 有下列行为之一的，由县级以上人民政府水行政主管部门或者流域管理机构依据职权，责令停止违法行为，限期采取补救措施，处二万元以上十万元以下的罚款；情节严重的，吊销其取水许可证：

（一）未经批准擅自取水的；

（二）未依照批准的取水许可规定条件取水的。

第七十条 拒不缴纳、拖延缴纳或者拖欠水资源费的，由县级以上人民政府水行政主管部门或者流域管理机构依据职权，责令限期缴纳；逾期不缴纳的，从滞纳之日起按日加收滞纳部分千分之二的滞纳金，并处应缴或者补缴水资源费一倍以上五倍以下的罚款。

第七十一条 建设项目的节水设施没有建成或者没有达到国家规定的要求，擅自投入使用的，由县级以上人民政府有关部门或者流域管理机构依据职权，责令停止使用，限期改正，处五万元以上十万元以下的罚款。

第七十二条 有下列行为之一，构成犯罪的，依照刑法的有关规定追究刑事责任；尚不够刑事处罚，且防洪法未作规定的，由县级以上地方人民政府水行政主管部门或者流域管理机构依据职权，责令停止违法行为，采取补救措施，处一万元以上五万元以下的罚款；违反治安管理处罚条例的，由公安机关依法给予治安管理处罚；给他人造成损失的，依法承担赔偿责任：

（一）侵占、毁坏水工程及堤防、护岸等有关设施，毁坏防汛、水文监测、水文地质监测设施的；

（二）在水工程保护范围内，从事影响水工程运行和危害水工程安全的爆破、打井、采石、取土等活动的。

第七十三条　侵占、盗窃或者抢夺防汛物资，防洪排涝、农田水利、水文监测和测量以及其他水工程设备和器材，贪污或者挪用国家救灾、抢险、防汛、移民安置和补偿及其他水利建设款物，构成犯罪的，依照刑法的有关规定追究刑事责任。

第七十四条　在水事纠纷发生及其处理过程中煽动闹事、结伙斗殴、抢夺或者损坏公私财物、非法限制他人人身自由，构成犯罪的，依照刑法的有关规定追究刑事责任；尚不够刑事处罚的，由公安机关依法给予治安管理处罚。

第七十五条　不同行政区域之间发生水事纠纷，有下列行为之一的，对负有责任的主管人员和其他直接责任人员依法给予行政处分：

（一）拒不执行水量分配方案和水量调度预案的；

（二）拒不服从水量统一调度的；

（三）拒不执行上一级人民政府的裁决的；

（四）在水事纠纷解决前，未经各方达成协议或者上一级人民政府批准，单方面违反本法规定改变水的现状的。

第七十六条　引水、截（蓄）水、排水，损害公共利益或者他人合法权益的，依法承担民事责任。

第七十七条　对违反本法第三十九条有关河道采砂许可制度规定的行政处罚，由国务院规定。

第八章　附　则

第七十八条　中华人民共和国缔结或者参加的与国际或者国境边界河流、湖泊有关的国际条约、协定与中华人民共和国法律有不同规定的，适用国际条约、协定的规定。但是，中华人民共和国声明保留的条款除外。

第七十九条　本法所称水工程，是指在江河、湖泊和地下水源上开发、利用、控制、调配和保护水资源的各类工程。

第八十条　海水的开发、利用、保护和管理，依照有关法律的规定执行。

第八十一条　从事防洪活动，依照防洪法的规定执行。

水污染防治，依照水污染防治法的规定执行。

第八十二条　本法自 2002 年 10 月 1 日起施行。

中华人民共和国招标投标法

第一章 总 则

第一条 为了规范招标投标活动，保护国家利益、社会公共利益和招标投标活动当事人的合法权益，提高经济效益，保证项目质量，制定本法。

第二条 在中华人民共和国境内进行招标投标活动，适用本法。

第三条 在中华人民共和国境内进行下列工程建设项目包括项目的勘察、设计、施工、监理以及与工程建设有关的重要设备、材料等的采购，必须进行招标：

（一）大型基础设施、公用事业等关系社会公共利益、公众安全的项目；

（二）全部或者部分使用国有资金投资或者国家融资的项目；

（三）使用国际组织或者外国政府贷款、援助资金的项目。

前款所列项目的具体范围和规模标准，由国务院发展计划部门会同国务院有关部门制订，报国务院批准。

法律或者国务院对必须进行招标的其他项目的范围有规定的，依照其规定。

第四条 任何单位和个人不得将依法必须进行招标的项目化整为零或者以其他任何方式规避招标。

第五条 招标投标活动应当遵循公开、公平、公正和诚实信用的原则。

第六条 依法必须进行招标的项目，其招标投标活动不受地区或者部门的限制。任何单位和个人不得违法限制或者排斥本地区、本系统以外的法人或者其他组织参加投标，不得以任何方式非法干涉招标投标活动。

第七条 招标投标活动及其当事人应当接受依法实施的监督。

有关行政监督部门依法对招标投标活动实施监督，依法查处招标投标活动中的违法行为。

对招标投标活动的行政监督及有关部门的具体职权划分，由国务院规定。

第二章 招 标

第八条 招标人是依照本法规定提出招标项目、进行招标的法人或者其他组织。

第九条 招标项目按照国家有关规定需要履行项目审批手续的，应当先履行审批手续，取得批准。

招标人应当有进行招标项目的相应资金或者资金来源已经落实，并应当在招标文件中如实载明。

第十条 招标分为公开招标和邀请招标。

公开招标，是指招标人以招标公告的方式邀请不特定的法人或者其他组织投标。

邀请招标，是指招标人以投标邀请书的方式邀请特定的法人或者其他组织投标。

第十一条 国务院发展计划部门确定的国家重点项目和省、自治区、直辖市人民政府确定的地方重点项目不适宜公开招标的，经国务院发展计划部门或者省、自治区、直辖市人民政府批准，可以进行邀请招标。

第十二条 招标人有权自行选择招标代理机构，委托其办理招标事宜。任何单位和个人不得以任何方式为招标人指定招标代理机构。

招标人具有编制招标文件和组织评标能力的，可以自行办理招标事宜。任何单位和个人不得强制其委托招标代理机构办理招标事宜。

依法必须进行招标的项目，招标人自行办理招标事宜的，应当向有关行政监督部门备案。

第十三条 招标代理机构是依法设立、从事招标代理业务并提供相关服务的社会中介组织。

招标代理机构应当具备下列条件：

（一）有从事招标代理业务的营业场所和相应资金；

（二）有能够编制招标文件和组织评标的相应专业力量；

第十四条 招标代理机构与行政机关和其他国家机关不得存在隶属关系或者其他利益关系。

第十五条 招标代理机构应当在招标人委托的范围内办理招标事宜，并遵守本法关于招标人的规定。

第十六条 招标人采用公开招标方式的，应当发布招标公告。依法必须进行招标的项目的招标公告，应当通过国家指定的报刊、信息网络或者其他媒介发布。

招标公告应当载明招标人的名称和地址、招标项目的性质、数量、实施地点和时间以及获取招标文件的办法等事项。

第十七条 招标人采用邀请招标方式的，应当向三个以上具备承担招标项目的能力、资信良好的特定的法人或者其他组织发出投标邀请书。

投标邀请书应当载明本法第十六条第二款规定的事项。

第十八条 招标人可以根据招标项目本身的要求，在招标公告或者投标邀请书中，要求潜在投标人提供有关资质证明文件和业绩情况，并对潜在投标人进行资格审查；国家对投标人的资格条件有规定的，依照其规定。

招标人不得以不合理的条件限制或者排斥潜在投标人，不得对潜在投标人实行歧视待遇。

第十九条 招标人应当根据招标项目的特点和需要编制招标文件。招标文件应当包括招标项目的技术要求、对投标人资格审查的标准、投标报价要求和评标标准等所有实质性要求和条件以及拟签订合同的主要条款。

国家对招标项目的技术、标准有规定的，招标人应当按照其规定在招标文件中提出相应要求。

招标项目需要划分标段、确定工期的，招标人应当合理划分标段、确定工期，并在招标文件中载明。

第二十条 招标文件不得要求或者标明特定的生产供应者以及含有倾向或者排斥潜在投标人的其他内容。

第二十一条 招标人根据招标项目的具体情况，可以组织潜在投标人踏勘项目现场。

第二十二条 招标人不得向他人透露已获取招标文件的潜在投标人的名称、数量以及可能影响公平竞争的有关招标投标的其他情况。

招标人设有标底的，标底必须保密。

第二十三条 招标人对已发出的招标文件进行必要的澄清或者修改的，应当在招标文件要求提交投标文件截止时间至少十五日前，以书面形式通知所有招标文件收受人。该澄清或者修改的内容为招标文件的组成部分。

第二十四条　招标人应当确定投标人编制投标文件所需要的合理时间；但是，依法必须进行招标的项目，自招标文件开始发出之日起至投标人提交投标文件截止之日止，最短不得少于二十日。

第三章　投　标

第二十五条　投标人是响应招标、参加投标竞争的法人或者其他组织。

依法招标的科研项目允许个人参加投标的，投标的个人适用本法有关投标人的规定。

第二十六条　投标人应当具备承担招标项目的能力；国家有关规定对投标人资格条件或者招标文件对投标人资格条件有规定的，投标人应当具备规定的资格条件。

第二十七条　投标人应当按照招标文件的要求编制投标文件。投标文件应当对招标文件提出的实质性要求和条件作出响应。

招标项目属于建设施工的，投标文件的内容应当包括拟派出的项目负责人与主要技术人员的简历、业绩和拟用于完成招标项目的机械设备等。

第二十八条　投标人应当在招标文件要求提交投标文件的截止时间前，将投标文件送达投标地点。招标人收到投标文件后，应当签收保存，不得开启。投标人少于三个的，招标人应当依照本法重新招标。

在招标文件要求提交投标文件的截止时间后送达的投标文件，招标人应当拒收。

第二十九条　投标人在招标文件要求提交投标文件的截止时间前，可以补充、修改或者撤回已提交的投标文件，并书面通知招标人。补充、修改的内容为投标文件的组成部分。

第三十条　投标人根据招标文件载明的项目实际情况，拟在中标后将中标项目的部分非主体、非关键性工作进行分包的，应当在投标文件中载明。

第三十一条　两个以上法人或者其他组织可以组成一个联合体，以一个投标人的身份共同投标。

联合体各方均应当具备承担招标项目的相应能力；国家有关规定或者招标文件对投标人资格条件有规定的，联合体各方均应当具备规定的相应资格条件。由同一专业的单位组成的联合体，按照资质等级较低的单位确定资质等级。

联合体各方应当签订共同投标协议，明确约定各方拟承担的工作和责任，并将共同投标协议连同投标文件一并提交招标人。联合体中标的，联合体各方应当共同与招标人签订合同，就中标项目向招标人承担连带责任。

招标人不得强制投标人组成联合体共同投标，不得限制投标人之间的竞争。

第三十二条　投标人不得相互串通投标报价，不得排挤其他投标人的公平竞争，损害招标人或者其他投标人的合法权益。

投标人不得与招标人串通投标，损害国家利益、社会公共利益或者他人的合法权益。

禁止投标人以向招标人或者评标委员会成员行贿的手段谋取中标。

第三十三条　投标人不得以低于成本的报价竞标，也不得以他人名义投标或者以其他方式弄虚作假，骗取中标。

第四章　开标、评标和中标

第三十四条　开标应当在招标文件确定的提交投标文件截止时间的同一时间公开进行；开标地点应当为招标文件中预先确定的地点。

第三十五条　开标由招标人主持，邀请所有投标人参加。

第三十六条 开标时，由投标人或者其推选的代表检查投标文件的密封情况，也可以由招标人委托的公证机构检查并公证；经确认无误后，由工作人员当众拆封，宣读投标人名称、投标价格和投标文件的其他主要内容。

招标人在招标文件要求提交投标文件的截止时间前收到的所有投标文件，开标时都应当当众予以拆封、宣读。

开标过程应当记录，并存档备查。

第三十七条 评标由招标人依法组建的评标委员会负责。

依法必须进行招标的项目，其评标委员会由招标人的代表和有关技术、经济等方面的专家组成，成员人数为五人以上单数，其中技术、经济等方面的专家不得少于成员总数的三分之二。

前款专家应当从事相关领域工作满八年并具有高级职称或者具有同等专业水平，由招标人从国务院有关部门或者省、自治区、直辖市人民政府有关部门提供的专家名册或者招标代理机构的专家库内的相关专业的专家名单中确定；一般招标项目可以采取随机抽取方式，特殊标项目可以由招标人直接确定。

与投标人有利害关系的人不得进入相关项目的评标委员会；已经进入的应当更换。

评标委员会成员的名单在中标结果确定前应当保密。

第三十八条 招标人应当采取必要的措施，保证评标在严格保密的情况下进行。

任何单位和个人不得非法干预、影响评标的过程和结果。

第三十九条 评标委员会可以要求投标人对投标文件中含义不明确的内容作必要的澄清或者说明，但是澄清或者说明不得超出投标文件的范围或者改变投标文件的实质性内容。

第四十条 评标委员会应当按照招标文件确定的评标标准和方法，对投标文件进行评审和比较；设有标底的，应当参考标底。评标委员会完成评标后，应当向招标人提出书面评标报告，并推荐合格的中标候选人。

招标人根据评标委员会提出的书面评标报告和推荐的中标候选人确定中标人。招标人也可以授权评标委员会直接确定中标人。

国务院对特定招标项目的评标有特别规定的，从其规定。

第四十一条 中标人的投标应当符合下列条件之一：

（一）能够最大限度地满足招标文件中规定的各项综合评价标准；

（二）能够满足招标文件的实质性要求，并且经评审的投标价格最低；但是投标价格低于成本的除外。

第四十二条 评标委员会经评审，认为所有投标都不符合招标文件要求的，可以否决所有投标。

依法必须进行招标的项目的所有投标被否决的，招标人应当依照本法重新招标。

第四十三条 在确定中标人前，招标人不得与投标人就投标价格、投标方案等实质性内容进行谈判。

第四十四条 评标委员会成员应当客观、公正地履行职务，遵守职业道德，对所提出的评审意见承担个人责任。

评标委员会成员不得私下接触投标人，不得收受投标人的财物或者其他好处。

评标委员会成员和参与评标的有关工作人员不得透露对投标文件的评审和比较、中标候选人的推荐情况以及与评标有关的其他情况。

第四十五条 中标人确定后，招标人应当向中标人发出中标通知书，并同时将中标结果通知所有未中标的投标人。

中标通知书对招标人和中标人具有法律效力。中标通知书发出后，招标人改变中标结果的，或者中标人放弃中标项目的，应当依法承担法律责任。

第四十六条 招标人和中标人应当自中标通知书发出之日起三十日内，按照招标文件和中标人的投标文件订立书面合同。招标人和中标人不得再行订立背离合同实质性内容的其他协议。

招标文件要求中标人提交履约保证金的，中标人应当提交。

第四十七条 依法必须进行招标的项目，招标人应当自确定中标人之日起十五日内，向有关行政监督部门提交招标投标情况的书面报告。

第四十八条 中标人应当按照合同约定履行义务，完成中标项目。中标人不得向他人转让中标项目，也不得将中标项目肢解后分别向他人转让。

中标人按照合同约定或者经招标人同意，可以将中标项目的部分非主体、非关键性工作分包给他人完成。接受分包的人应当具备相应的资格条件，并不得再次分包。

中标人应当就分包项目向招标人负责，接受分包的人就分包项目承担连带责任。

第五章 法律责任

第四十九条 违反本法规定，必须进行招标的项目而不招标的，将必须进行招标的项目化整为零或者以其他任何方式规避招标的，责令限期改正，可以处项目合同金额千分之五以上千分之十以下的罚款；对全部或者部分使用国有资金的项目，可以暂停项目执行或者暂停资金拨付；对单位直接负责的主管人员和其他直接责任人员依法给予处分。

第五十条 招标代理机构违反本法规定，泄露应当保密的与招标投标活动有关的情况和资料的，或者与招标人、投标人串通损害国家利益、社会公共利益或者他人合法权益的，处五万元以上二十五万元以下的罚款，对单位直接负责的主管人员和其他直接责任人员处单位罚款数额百分之五以上百分之十以下的罚款；有违法所得的，并处没收违法所得；情节严重的，禁止其一年至二年内代理依法必须进行招标的项目并予以公告，直至由工商行政管理机关吊销营业执照；构成犯罪的，依法追究刑事责任。给他人造成损失的，依法承担赔偿责任。

前款所列行为影响中标结果的，中标无效。

第五十一条 招标人以不合理的条件限制或者排斥潜在投标人的，对潜在投标人实行歧视待遇的，强制要求投标人组成联合体共同投标的，或者限制投标人之间竞争的，责令改正，可以处一万元以上五万元以下的罚款。

第五十二条 依法必须进行招标的项目的招标人向他人透露已获取招标文件的潜在投标人的名称、数量或者可能影响公平竞争的有关招标投标的其他情况的，或者泄露标底的，给予警告，可以并处一万元以上十万元以下的罚款；对单位直接负责的主管人员和其他直接责任人员依法给予处分；构成犯罪的，依法追究刑事责任。

前款所列行为影响中标结果的，中标无效。

第五十三条 投标人相互串通投标或者与招标人串通投标的，投标人以向招标人或者评标委员会成员行贿的手段谋取中标的，中标无效，处中标项目金额千分之五以上千分之十以下的罚款，对单位直接负责的主管人员和其他直接责任人员处单位罚款数额百分之五以上百分之十以下的罚款；有违法所得的，并处没收违法所得；情节严重的，取消其一年至二年内参加依法必须进行招标的项目的投标资格并予以公告，直至由工商行政管理机关吊销营业执照；构成犯罪的，依法追究刑事责任。给他人造成损失的，依法承担赔偿责任。

第五十四条 投标人以他人名义投标或者以其他方式弄虚作假，骗取中标的，中标无效，给招标人造成损失的，依法承担赔偿责任；构成犯罪的，依法追究刑事责任。

依法必须进行招标的项目的投标人有前款所列行为尚未构成犯罪的，处中标项目金额千分之五以上千分之十以下的罚款，对单位直接负责的主管人员和其他直接责任人员处单位罚款数额百分之五以上百分之十以下的罚款；有违法所得的，并处没收违法所得；情节严重的，取消其一年至三年内参加依法必须进行招标的项目的投标资格并予以公告，直至由工商行政管理机关吊销营业执照。

第五十五条 依法必须进行招标的项目，招标人违反本法规定，与投标人就投标价格、投标方案等实质性内容进行谈判的，给予警告，对单位直接负责的主管人员和其他直接责任人员依法给予处分。

前款所列行为影响中标结果的，中标无效。

第五十六条 评标委员会成员收受投标人的财物或者其他好处的，评标委员会成员或者参加评标的有关工作人员向他人透露对投标文件的评审和比较、中标候选人的推荐以及与评标有关的其他情况的，给予警告，没收收受的财物，可以并处三千元以上五万元以下的罚款，对有所列违法行为的评标委员会成员取消担任评标委员会成员的资格，不得再参加任何依法必须进行招标的项目的评标；构成犯罪的，依法追究刑事责任。

第五十七条 招标人在评标委员会依法推荐的中标候选人以外确定中标人的，依法必须进行招标的项目在所有投标被评标委员会否决后自行确定中标人的，中标无效，责令改正，可以处中标项目金额千分之五以上千分之十以下的罚款；对单位直接负责的主管人员和其他直接责任人员依法给予处分。

第五十八条 中标人将中标项目转让给他人的，将中标项目肢解后分别转让给他人的，违反本法规定将中标项目的部分主体、关键性工作分包给他人的，或者分包人再次分包的，转让、分包无效，处转让、分包项目金额千分之五以上千分之十以下的罚款；有违法所得的，并处没收违法所得；可以责令停业整顿；情节严重的，由工商行政管理机关吊销营业执照。

第五十九条 招标人与中标人不按照招标文件和中标人的投标文件订立合同的，或者招标人、中标人订立背离合同实质性内容的协议的，责令改正；可以处中标项目金额千分之五以上千分之十以下的罚款。

第六十条 中标人不履行与招标人订立的合同的，履约保证金不予退还，给招标人造成的损失超过履约保证金数额的，还应当对超过部分予以赔偿；没有提交履约保证金的，应当对招标人的损失承担赔偿责任。

中标人不按照与招标人订立的合同履行义务，情节严重的，取消其二年至五年内参加依法必须进行招标的项目的投标资格并予以公告，直至由工商行政管理机关吊销营业执照。

因不可抗力不能履行合同的，不适用前两款规定。

第六十一条 本章规定的行政处罚，由国务院规定的有关行政监督部门决定。本法已对实施行政处罚的机关作出规定的除外。

第六十二条 任何单位违反本法规定，限制或者排斥本地区、本系统以外的法人或者其他组织参加投标的，为招标人指定招标代理机构的，强制招标人委托招标代理机构办理招标事宜的，或者以其他方式干涉招标投标活动的，责令改正；对单位直接负责的主管人员和其他直接责任人员依法给予警告、记过、记大过的处分，情节较重的，依法给予降级、撤职、开除的处分。

个人利用职权进行前款违法行为的，依照前款规定追究责任。

第六十三条 对招标投标活动依法负有行政监督职责的国家机关工作人员徇私舞弊、滥用职权或者玩忽职守，构成犯罪的，依法追究刑事责任；不构成犯罪的，依法给予行政处分。

第六十四条 依法必须进行招标的项目违反本法规定，中标无效的，应当依照本法规定的中标条件从其余投标人中重新确定中标人或者依照本法重新进行招标。

第六章 附 则

第六十五条 投标人和其他利害关系人认为招标投标活动不符合本法有关规定的，有权向招标人提出异议或者依法向有关行政监督部门投诉。

第六十六条 涉及国家安全、国家秘密、抢险救灾或者属于利用扶贫资金实行以工代赈、需要使用农民工等特殊情况，不适宜进行招标的项目，按照国家有关规定可以不进行招标。

第六十七条 使用国际组织或者外国政府贷款、援助资金的项目进行招标，贷款方、资金提供方对招标投标的具体条件和程序有不同规定的，可以适用其规定，但违背中华人民共和国的社会公共利益的除外。

第六十八条 本法自 2000 年 1 月 1 日起施行。

中华人民共和国安全生产法

第一章　总　则

第一条　为了加强安全生产工作，防止和减少生产安全事故，保障人民群众生命和财产安全，促进经济社会持续健康发展，制定本法。

第二条　在中华人民共和国领域内从事生产经营活动的单位（以下统称生产经营单位）的安全生产，适用本法；有关法律、行政法规对消防安全和道路交通安全、铁路交通安全、水上交通安全、民用航空安全以及核与辐射安全、特种设备安全另有规定的，适用其规定。

第三条　安全生产工作应当以人为本，坚持安全发展，坚持安全第一、预防为主、综合治理的方针，强化和落实生产经营单位的主体责任，建立生产经营单位负责、职工参与、政府监管、行业自律和社会监督的机制。

第四条　生产经营单位必须遵守本法和其他有关安全生产的法律、法规，加强安全生产管理，建立、健全安全生产责任制和安全生产规章制度，改善安全生产条件，推进安全生产标准化建设，提高安全生产水平，确保安全生产。

第五条　生产经营单位的主要负责人对本单位的安全生产工作全面负责。

第六条　生产经营单位的从业人员有依法获得安全生产保障的权利，并应当依法履行安全生产方面的义务。

第七条　工会依法对安全生产工作进行监督。

生产经营单位的工会依法组织职工参加本单位安全生产工作的民主管理和民主监督，维护职工在安全生产方面的合法权益。生产经营单位制定或者修改有关安全生产的规章制度，应当听取工会的意见。

第八条　国务院和县级以上地方各级人民政府应当根据国民经济和社会发展规划制定安全生产规划，并组织实施。安全生产规划应当与城乡规划相衔接。

国务院和县级以上地方各级人民政府应当加强对安全生产工作的领导，支持、督促各有关部门依法履行安全生产监督管理职责，建立健全安全生产工作协调机制，及时协调、解决安全生产监督管理中存在的重大问题。

乡、镇人民政府以及街道办事处、开发区管理机构等地方人民政府的派出机关应当按照职责，加强对本行政区域内生产经营单位安全生产状况的监督检查，协助上级人民政府有关部门依法履行安全生产监督管理职责。

第九条　国务院安全生产监督管理部门依照本法，对全国安全生产工作实施综合监督管理；县级以上地方各级人民政府安全生产监督管理部门依照本法，对本行政区域内安全生产工作实施综合监督管理。

国务院有关部门依照本法和其他有关法律、行政法规的规定，在各自的职责范围内对有关行业、领域的安全生产工作实施监督管理；县级以上地方各级人民政府有关部门依照本法和其他有关法律、法规的规定，在各自的职责范围内对有关行业、领域的安全生产工作实施监督管理。

安全生产监督管理部门和对有关行业、领域的安全生产工作实施监督管理的部门，统称负有安全生产监督管理职责的部门。

第十条 国务院有关部门应当按照保障安全生产的要求，依法及时制定有关的国家标准或者行业标准，并根据科技进步和经济发展适时修订。

生产经营单位必须执行依法制定的保障安全生产的国家标准或者行业标准。

第十一条 各级人民政府及其有关部门应当采取多种形式，加强对有关安全生产的法律、法规和安全生产知识的宣传，增强全社会的安全生产意识。

第十二条 有关协会组织依照法律、行政法规和章程，为生产经营单位提供安全生产方面的信息、培训等服务，发挥自律作用，促进生产经营单位加强安全生产管理。

第十三条 依法设立的为安全生产提供技术、管理服务的机构，依照法律、行政法规和执业准则，接受生产经营单位的委托为其安全生产工作提供技术、管理服务。

生产经营单位委托前款规定的机构提供安全生产技术、管理服务的，保证安全生产的责任仍由本单位负责。

第十四条 国家实行生产安全事故责任追究制度，依照本法和有关法律、法规的规定，追究生产安全事故责任人员的法律责任。

第十五条 国家鼓励和支持安全生产科学技术研究和安全生产先进技术的推广应用，提高安全生产水平。

第十六条 国家对在改善安全生产条件、防止生产安全事故、参加抢险救护等方面取得显著成绩的单位和个人，给予奖励。

第二章 生产经营单位的安全生产保障

第十七条 生产经营单位应当具备本法和有关法律、行政法规和国家标准或者行业标准规定的安全生产条件；不具备安全生产条件的，不得从事生产经营活动。

第十八条 生产经营单位的主要负责人对本单位安全生产工作负有下列职责：

（一）建立、健全本单位安全生产责任制；

（二）组织制定本单位安全生产规章制度和操作规程；

（三）组织制定并实施本单位安全生产教育和培训计划；

（四）保证本单位安全生产投入的有效实施；

（五）督促、检查本单位的安全生产工作，及时消除生产安全事故隐患；

（六）组织制定并实施本单位的生产安全事故应急救援预案；

（七）及时、如实报告生产安全事故。

第十九条 生产经营单位的安全生产责任制应当明确各岗位的责任人员、责任范围和考核标准等内容。

生产经营单位应当建立相应的机制，加强对安全生产责任制落实情况的监督考核，保证安全生产责任制的落实。

第二十条 生产经营单位应当具备的安全生产条件所必需的资金投入，由生产经营单位的决策机构、主要负责人或者个人经营的投资人予以保证，并对由于安全生产所必需的资金投入不足导致的后果承担责任。

有关生产经营单位应当按照规定提取和使用安全生产费用，专门用于改善安全生产条件。安全生产费用在成本中据实列支。安全生产费用提取、使用和监督管理的具体办法由国务院财政部门会同国务院安全生产监督管理部门征求国务院有关部门意见后制定。

第二十一条 矿山、金属冶炼、建筑施工、道路运输单位和危险物品的生产、经营、储存单位，应当设置安全生产管理机构或者配备专职安全生产管理人员。

前款规定以外的其他生产经营单位，从业人员超过一百人的，应当设置安全生产管理机构或者配备专职安全生产管理人员；从业人员在一百人以下的，应当配备专职或者兼职的安全生产管理人员。

第二十二条 生产经营单位的安全生产管理机构以及安全生产管理人员履行下列职责：

（一）组织或者参与拟订本单位安全生产规章制度、操作规程和生产安全事故应急救援预案；

（二）组织或者参与本单位安全生产教育和培训，如实记录安全生产教育和培训情况；

（三）督促落实本单位重大危险源的安全管理措施；

（四）组织或者参与本单位应急救援演练；

（五）检查本单位的安全生产状况，及时排查生产安全事故隐患，提出改进安全生产管理的建议；

（六）制止和纠正违章指挥、强令冒险作业、违反操作规程的行为；

（七）督促落实本单位安全生产整改措施。

第二十三条 生产经营单位的安全生产管理机构以及安全生产管理人员应当恪尽职守，依法履行职责。

生产经营单位作出涉及安全生产的经营决策，应当听取安全生产管理机构以及安全生产管理人员的意见。

生产经营单位不得因安全生产管理人员依法履行职责而降低其工资、福利等待遇或者解除与其订立的劳动合同。

危险物品的生产、储存单位以及矿山、金属冶炼单位的安全生产管理人员的任免，应当告知主管的负有安全生产监督管理职责的部门。

第二十四条 生产经营单位的主要负责人和安全生产管理人员必须具备与本单位所从事的生产经营活动相应的安全生产知识和管理能力。

危险物品的生产、经营、储存单位以及矿山、金属冶炼、建筑施工、道路运输单位的主要负责人和安全生产管理人员，应当由主管的负有安全生产监督管理职责的部门对其安全生产知识和管理能力考核合格。考核不得收费。

危险物品的生产、储存单位以及矿山、金属冶炼单位应当有注册安全工程师从事安全生产管理工作。鼓励其他生产经营单位聘用注册安全工程师从事安全生产管理工作。注册安全工程师按专业分类管理，具体办法由国务院人力资源和社会保障部门、国务院安全生产监督管理部门会同国务院有关部门制定。

第二十五条 生产经营单位应当对从业人员进行安全生产教育和培训，保证从业人员具备必要的安全生产知识，熟悉有关的安全生产规章制度和安全操作规程，掌握本岗位的安全操作技能，了解事故应急处理措施，知悉自身在安全生产方面的权利和义务。未经安全生产教育和培训合格的从业人员，不得上岗作业。

生产经营单位使用被派遣劳动者的，应当将被派遣劳动者纳入本单位从业人员统一管理，对被派遣劳动者进行岗位安全操作规程和安全操作技能的教育和培训。劳务派遣单位应当对被派遣劳动者进行必要的安全生产教育和培训。

生产经营单位接收中等职业学校、高等学校学生实习的，应当对实习学生进行相应的安全生产教育和培训，提供必要的劳动防护用品。学校应当协助生产经营单位对实习学生进行安全生产教育和培训。

生产经营单位应当建立安全生产教育和培训档案，如实记录安全生产教育和培训的时间、内容、参加人员以及考核结果等情况。

第二十六条 生产经营单位采用新工艺、新技术、新材料或者使用新设备，必须了解、掌握其安全技术特性，采取有效的安全防护措施，并对从业人员进行专门的安全生产教育和培训。

第二十七条 生产经营单位的特种作业人员必须按照国家有关规定经专门的安全作业培训，取得相应资格，方可上岗作业。

特种作业人员的范围由国务院安全生产监督管理部门会同国务院有关部门确定。

第二十八条 生产经营单位新建、改建、扩建工程项目（以下统称建设项目）的安全设施，必须与主体工程同时设计、同时施工、同时投入生产和使用。安全设施投资应当纳入建设项目概算。

第二十九条 矿山、金属冶炼建设项目和用于生产、储存、装卸危险物品的建设项目，应当按照国家有关规定进行安全评价。

第三十条 建设项目安全设施的设计人、设计单位应当对安全设施设计负责。

矿山、金属冶炼建设项目和用于生产、储存、装卸危险物品的建设项目的安全设施设计应当按照国家有关规定报经有关部门审查，审查部门及其负责审查的人员对审查结果负责。

第三十一条 矿山、金属冶炼建设项目和用于生产、储存、装卸危险物品的建设项目的施工单位必须按照批准的安全设施设计施工，并对安全设施的工程质量负责。

矿山、金属冶炼建设项目和用于生产、储存危险物品的建设项目竣工投入生产或者使用前，应当由建设单位负责组织对安全设施进行验收；验收合格后，方可投入生产和使用。安全生产监督管理部门应当加强对建设单位验收活动和验收结果的监督核查。

第三十二条 生产经营单位应当在有较大危险因素的生产经营场所和有关设施、设备上，设置明显的安全警示标志。

第三十三条 安全设备的设计、制造、安装、使用、检测、维修、改造和报废，应当符合国家标准或者行业标准。

生产经营单位必须对安全设备进行经常性维护、保养，并定期检测，保证正常运转。维护、保养、检测应当做好记录，并由有关人员签字。

第三十四条 生产经营单位使用的危险物品的容器、运输工具，以及涉及人身安全、危险性较大的海洋石油开采特种设备和矿山井下特种设备，必须按照国家有关规定，由专业生产单位生产，并经具有专业资质的检测、检验机构检测、检验合格，取得安全使用证或者安全标志，方可投入使用。检测、检验机构对检测、检验结果负责。

第三十五条 国家对严重危及生产安全的工艺、设备实行淘汰制度，具体目录由国务院安全生产监督管理部门会同国务院有关部门制定并公布。法律、行政法规对目录的制定另有规定的，适用其规定。

省、自治区、直辖市人民政府可以根据本地区实际情况制定并公布具体目录，对前款规定以外的危及生产安全的工艺、设备予以淘汰。

生产经营单位不得使用应当淘汰的危及生产安全的工艺、设备。

第三十六条　生产、经营、运输、储存、使用危险物品或者处置废弃危险物品的，由有关主管部门依照有关法律、法规的规定和国家标准或者行业标准审批并实施监督管理。

生产经营单位生产、经营、运输、储存、使用危险物品或者处置废弃危险物品，必须执行有关法律、法规和国家标准或者行业标准，建立专门的安全管理制度，采取可靠的安全措施，接受有关主管部门依法实施的监督管理。

第三十七条　生产经营单位对重大危险源应当登记建档，进行定期检测、评估、监控，并制定应急预案，告知从业人员和相关人员在紧急情况下应当采取的应急措施。

生产经营单位应当按照国家有关规定将本单位重大危险源及有关安全措施、应急措施报有关地方人民政府安全生产监督管理部门和有关部门备案。

第三十八条　生产经营单位应当建立健全生产安全事故隐患排查治理制度，采取技术、管理措施，及时发现并消除事故隐患。事故隐患排查治理情况应当如实记录，并向从业人员通报。

县级以上地方各级人民政府负有安全生产监督管理职责的部门应当建立健全重大事故隐患治理督办制度，督促生产经营单位消除重大事故隐患。

第三十九条　生产、经营、储存、使用危险物品的车间、商店、仓库不得与员工宿舍在同一座建筑物内，并应当与员工宿舍保持安全距离。

生产经营场所和员工宿舍应当设有符合紧急疏散要求、标志明显、保持畅通的出口。禁止锁闭、封堵生产经营场所或者员工宿舍的出口。

第四十条　生产经营单位进行爆破、吊装以及国务院安全生产监督管理部门会同国务院有关部门规定的其他危险作业，应当安排专门人员进行现场安全管理，确保操作规程的遵守和安全措施的落实。

第四十一条　生产经营单位应当教育和督促从业人员严格执行本单位的安全生产规章制度和安全操作规程；并向从业人员如实告知作业场所和工作岗位存在的危险因素、防范措施以及事故应急措施。

第四十二条　生产经营单位必须为从业人员提供符合国家标准或者行业标准的劳动防护用品，并监督、教育从业人员按照使用规则佩戴、使用。

第四十三条　生产经营单位的安全生产管理人员应当根据本单位的生产经营特点，对安全生产状况进行经常性检查；对检查中发现的安全问题，应当立即处理；不能处理的，应当及时报告本单位有关负责人，有关负责人应当及时处理。检查及处理情况应当如实记录在案。

生产经营单位的安全生产管理人员在检查中发现重大事故隐患，依照前款规定向本单位有关负责人报告，有关负责人不及时处理的，安全生产管理人员可以向主管的负有安全生产监督管理职责的部门报告，接到报告的部门应当依法及时处理。

第四十四条　生产经营单位应当安排用于配备劳动防护用品、进行安全生产培训的经费。

第四十五条　两个以上生产经营单位在同一作业区域内进行生产经营活动，可能危及对方生产安全的，应当签订安全生产管理协议，明确各自的安全生产管理职责和应当采取的安全措施，并指定专职安全生产管理人员进行安全检查与协调。

第四十六条　生产经营单位不得将生产经营项目、场所、设备发包或者出租给不具备安全生产条件或者相应资质的单位或者个人。

生产经营项目、场所发包或者出租给其他单位的，生产经营单位应当与承包单位、承租单位签订专门的安全生产管理协议，或者在承包合同、租赁合同中约定各自的安全生产管理职责；生产经营单位对承包单位、承租单位的安全生产工作统一协调、管理，定期进行安全检查，发现安全问题的，应当及时督促整改。

第四十七条 生产经营单位发生生产安全事故时，单位的主要负责人应当立即组织抢救，并不得在事故调查处理期间擅离职守。

第四十八条 生产经营单位必须依法参加工伤保险，为从业人员缴纳保险费。

国家鼓励生产经营单位投保安全生产责任保险。

第三章 从业人员的安全生产权利义务

第四十九条 生产经营单位与从业人员订立的劳动合同，应当载明有关保障从业人员劳动安全、防止职业危害的事项，以及依法为从业人员办理工伤保险的事项。

生产经营单位不得以任何形式与从业人员订立协议，免除或者减轻其对从业人员因生产安全事故伤亡依法应承担的责任。

第五十条 生产经营单位的从业人员有权了解其作业场所和工作岗位存在的危险因素、防范措施及事故应急措施，有权对本单位的安全生产工作提出建议。

第五十一条 从业人员有权对本单位安全生产工作中存在的问题提出批评、检举、控告；有权拒绝违章指挥和强令冒险作业。

生产经营单位不得因从业人员对本单位安全生产工作提出批评、检举、控告或者拒绝违章指挥、强令冒险作业而降低其工资、福利等待遇或者解除与其订立的劳动合同。

第五十二条 从业人员发现直接危及人身安全的紧急情况时，有权停止作业或者在采取可能的应急措施后撤离作业场所。

生产经营单位不得因从业人员在前款紧急情况下停止作业或者采取紧急撤离措施而降低其工资、福利等待遇或者解除与其订立的劳动合同。

第五十三条 因生产安全事故受到损害的从业人员，除依法享有工伤保险外，依照有关民事法律尚有获得赔偿的权利的，有权向本单位提出赔偿要求。

第五十四条 从业人员在作业过程中，应当严格遵守本单位的安全生产规章制度和操作规程，服从管理，正确佩戴和使用劳动防护用品。

第五十五条 从业人员应当接受安全生产教育和培训，掌握本职工作所需的安全生产知识，提高安全生产技能，增强事故预防和应急处理能力。

第五十六条 从业人员发现事故隐患或者其他不安全因素，应当立即向现场安全生产管理人员或者本单位负责人报告；接到报告的人员应当及时予以处理。

第五十七条 工会有权对建设项目的安全设施与主体工程同时设计、同时施工、同时投入生产和使用进行监督，提出意见。

工会对生产经营单位违反安全生产法律、法规，侵犯从业人员合法权益的行为，有权要求纠正；发现生产经营单位违章指挥、强令冒险作业或者发现事故隐患时，有权提出解决的建议，生产经营单位应当及时研究答复；发现危及从业人员生命安全的情况时，有权向生产经营单位建议组织从业人员撤离危险场所，生产经营单位必须立即作出处理。

工会有权依法参加事故调查，向有关部门提出处理意见，并要求追究有关人员的责任。

第五十八条 生产经营单位使用被派遣劳动者的，被派遣劳动者享有本法规定的从业人员的权利，并应当履行本法规定的从业人员的义务。

第四章　安全生产的监督管理

第五十九条　县级以上地方各级人民政府应当根据本行政区域内的安全生产状况，组织有关部门按照职责分工，对本行政区域内容易发生重大生产安全事故的生产经营单位进行严格检查。

安全生产监督管理部门应当按照分类分级监督管理的要求，制定安全生产年度监督检查计划，并按照年度监督检查计划进行监督检查，发现事故隐患，应当及时处理。

第六十条　负有安全生产监督管理职责的部门依照有关法律、法规的规定，对涉及安全生产的事项需要审查批准（包括批准、核准、许可、注册、认证、颁发证照等，下同）或者验收的，必须严格依照有关法律、法规和国家标准或者行业标准规定的安全生产条件和程序进行审查；不符合有关法律、法规和国家标准或者行业标准规定的安全生产条件的，不得批准或者验收通过。对未依法取得批准或者验收合格的单位擅自从事有关活动的，负责行政审批的部门发现或者接到举报后应当立即予以取缔，并依法予以处理。对已经依法取得批准的单位，负责行政审批的部门发现其不再具备安全生产条件的，应当撤销原批准。

第六十一条　负有安全生产监督管理职责的部门对涉及安全生产的事项进行审查、验收，不得收取费用；不得要求接受审查、验收的单位购买其指定品牌或者指定生产、销售单位的安全设备、器材或者其他产品。

第六十二条　安全生产监督管理部门和其他负有安全生产监督管理职责的部门依法开展安全生产行政执法工作，对生产经营单位执行有关安全生产的法律、法规和国家标准或者行业标准的情况进行监督检查，行使以下职权：

（一）进入生产经营单位进行检查，调阅有关资料，向有关单位和人员了解情况；

（二）对检查中发现的安全生产违法行为，当场予以纠正或者要求限期改正；对依法应当给予行政处罚的行为，依照本法和其他有关法律、行政法规的规定作出行政处罚决定；

（三）对检查中发现的事故隐患，应当责令立即排除；重大事故隐患排除前或者排除过程中无法保证安全的，应当责令从危险区域内撤出作业人员，责令暂时停产停业或者停止使用相关设施、设备；重大事故隐患排除后，经审查同意，方可恢复生产经营和使用；

（四）对有根据认为不符合保障安全生产的国家标准或者行业标准的设施、设备、器材以及违法生产、储存、使用、经营、运输的危险物品予以查封或者扣押，对违法生产、储存、使用、经营危险物品的作业场所予以查封，并依法作出处理决定。

监督检查不得影响被检查单位的正常生产经营活动。

第六十三条　生产经营单位对负有安全生产监督管理职责的部门的监督检查人员（以下统称安全生产监督检查人员）依法履行监督检查职责，应当予以配合，不得拒绝、阻挠。

第六十四条　安全生产监督检查人员应当忠于职守，坚持原则，秉公执法。

安全生产监督检查人员执行监督检查任务时，必须出示有效的监督执法证件；对涉及被检查单位的技术秘密和业务秘密，应当为其保密。

第六十五条　安全生产监督检查人员应当将检查的时间、地点、内容、发现的问题及其处理情况，作出书面记录，并由检查人员和被检查单位的负责人签字；被检查单位的负责人拒绝签字的，检查人员应当将情况记录在案，并向负有安全生产监督管理职责的部门报告。

第六十六条　负有安全生产监督管理职责的部门在监督检查中，应当互相配合，实行联合检查；确需分别进行检查的，应当互通情况，发现存在的安全问题应当由其他有关部门进行处理的，应当及时移送其他有关部门并形成记录备查，接受移送的部门应当及时进行处理。

第六十七条 负有安全生产监督管理职责的部门依法对存在重大事故隐患的生产经营单位作出停产停业、停止施工、停止使用相关设施或者设备的决定，生产经营单位应当依法执行，及时消除事故隐患。生产经营单位拒不执行，有发生生产安全事故的现实危险的，在保证安全的前提下，经本部门主要负责人批准，负有安全生产监督管理职责的部门可以采取通知有关单位停止供电、停止供应民用爆炸物品等措施，强制生产经营单位履行决定。通知应当采用书面形式，有关单位应当予以配合。

负有安全生产监督管理职责的部门依照前款规定采取停止供电措施，除有危及生产安全的紧急情形外，应当提前二十四小时通知生产经营单位。生产经营单位依法履行行政决定、采取相应措施消除事故隐患的，负有安全生产监督管理职责的部门应当及时解除前款规定的措施。

第六十八条 监察机关依照行政监察法的规定，对负有安全生产监督管理职责的部门及其工作人员履行安全生产监督管理职责实施监察。

第六十九条 承担安全评价、认证、检测、检验的机构应当具备国家规定的资质条件，并对其作出的安全评价、认证、检测、检验的结果负责。

第七十条 负有安全生产监督管理职责的部门应当建立举报制度，公开举报电话、信箱或者电子邮件地址，受理有关安全生产的举报；受理的举报事项经调查核实后，应当形成书面材料；需要落实整改措施的，报经有关负责人签字并督促落实。

第七十一条 任何单位或者个人对事故隐患或者安全生产违法行为，均有权向负有安全生产监督管理职责的部门报告或者举报。

第七十二条 居民委员会、村民委员会发现其所在区域内的生产经营单位存在事故隐患或者安全生产违法行为时，应当向当地人民政府或者有关部门报告。

第七十三条 县级以上各级人民政府及其有关部门对报告重大事故隐患或者举报安全生产违法行为的有功人员，给予奖励。具体奖励办法由国务院安全生产监督管理部门会同国务院财政部门制定。

第七十四条 新闻、出版、广播、电影、电视等单位有进行安全生产公益宣传教育的义务，有对违反安全生产法律、法规的行为进行舆论监督的权利。

第七十五条 负有安全生产监督管理职责的部门应当建立安全生产违法行为信息库，如实记录生产经营单位的安全生产违法行为信息；对违法行为情节严重的生产经营单位，应当向社会公告，并通报行业主管部门、投资主管部门、国土资源主管部门、证券监督管理机构以及有关金融机构。

第五章 生产安全事故的应急救援与调查处理

第七十六条 国家加强生产安全事故应急能力建设，在重点行业、领域建立应急救援基地和应急救援队伍，鼓励生产经营单位和其他社会力量建立应急救援队伍，配备相应的应急救援装备和物资，提高应急救援的专业化水平。

国务院安全生产监督管理部门建立全国统一的生产安全事故应急救援信息系统，国务院有关部门建立健全相关行业、领域的生产安全事故应急救援信息系统。

第七十七条 县级以上地方各级人民政府应当组织有关部门制定本行政区域内生产安全事故应急救援预案，建立应急救援体系。

第七十八条 生产经营单位应当制定本单位生产安全事故应急救援预案，与所在地县级以上地方人民政府组织制定的生产安全事故应急救援预案相衔接，并定期组织演练。

第七十九条　危险物品的生产、经营、储存单位以及矿山、金属冶炼、城市轨道交通运营、建筑施工单位应当建立应急救援组织；生产经营规模较小的，可以不建立应急救援组织，但应当指定兼职的应急救援人员。

危险物品的生产、经营、储存、运输单位以及矿山、金属冶炼、城市轨道交通运营、建筑施工单位应当配备必要的应急救援器材、设备和物资，并进行经常性维护、保养，保证正常运转。

第八十条　生产经营单位发生生产安全事故后，事故现场有关人员应当立即报告本单位负责人。

单位负责人接到事故报告后，应当迅速采取有效措施，组织抢救，防止事故扩大，减少人员伤亡和财产损失，并按照国家有关规定立即如实报告当地负有安全生产监督管理职责的部门，不得隐瞒不报、谎报或者迟报，不得故意破坏事故现场、毁灭有关证据。

第八十一条　负有安全生产监督管理职责的部门接到事故报告后，应当立即按照国家有关规定上报事故情况。负有安全生产监督管理职责的部门和有关地方人民政府对事故情况不得隐瞒不报、谎报或者迟报。

第八十二条　有关地方人民政府和负有安全生产监督管理职责的部门的负责人接到生产安全事故报告后，应当按照生产安全事故应急救援预案的要求立即赶到事故现场，组织事故抢救。

参与事故抢救的部门和单位应当服从统一指挥，加强协同联动，采取有效的应急救援措施，并根据事故救援的需要采取警戒、疏散等措施，防止事故扩大和次生灾害的发生，减少人员伤亡和财产损失。

事故抢救过程中应当采取必要措施，避免或者减少对环境造成的危害。

任何单位和个人都应当支持、配合事故抢救，并提供一切便利条件。

第八十三条　事故调查处理应当按照科学严谨、依法依规、实事求是、注重实效的原则，及时、准确地查清事故原因，查明事故性质和责任，总结事故教训，提出整改措施，并对事故责任者提出处理意见。事故调查报告应当依法及时向社会公布。事故调查和处理的具体办法由国务院制定。

事故发生单位应当及时全面落实整改措施，负有安全生产监督管理职责的部门应当加强监督检查。

第八十四条　生产经营单位发生生产安全事故，经调查确定为责任事故的，除了应当查明事故单位的责任并依法予以追究外，还应当查明对安全生产的有关事项负有审查批准和监督职责的行政部门的责任，对有失职、渎职行为的，依照本法第八十七条的规定追究法律责任。

第八十五条　任何单位和个人不得阻挠和干涉对事故的依法调查处理。

第八十六条　县级以上地方各级人民政府安全生产监督管理部门应当定期统计分析本行政区域内发生生产安全事故的情况，并定期向社会公布。

第六章　法律责任

第八十七条　负有安全生产监督管理职责的部门的工作人员，有下列行为之一的，给予降级或者撤职的处分；构成犯罪的，依照刑法有关规定追究刑事责任：

（一）对不符合法定安全生产条件的涉及安全生产的事项予以批准或者验收通过的；

（二）发现未依法取得批准、验收的单位擅自从事有关活动或者接到举报后不予取缔或者不依法予以处理的；

（三）对已经依法取得批准的单位不履行监督管理职责，发现其不再具备安全生产条件而不撤销原批准或者发现安全生产违法行为不予查处的；

（四）在监督检查中发现重大事故隐患，不依法及时处理的。

负有安全生产监督管理职责的部门的工作人员有前款规定以外的滥用职权、玩忽职守、徇私舞弊行为的，依法给予处分；构成犯罪的，依照刑法有关规定追究刑事责任。

第八十八条 负有安全生产监督管理职责的部门，要求被审查、验收的单位购买其指定的安全设备、器材或者其他产品的，在对安全生产事项的审查、验收中收取费用的，由其上级机关或者监察机关责令改正，责令退还收取的费用；情节严重的，对直接负责的主管人员和其他直接责任人员依法给予处分。

第八十九条 承担安全评价、认证、检测、检验工作的机构，出具虚假证明的，没收违法所得；违法所得在十万元以上的，并处违法所得二倍以上五倍以下的罚款；没有违法所得或者违法所得不足十万元的，单处或者并处十万元以上二十万元以下的罚款；对其直接负责的主管人员和其他直接责任人员处二万元以上五万元以下的罚款；给他人造成损害的，与生产经营单位承担连带赔偿责任；构成犯罪的，依照刑法有关规定追究刑事责任。

对有前款违法行为的机构，吊销其相应资质。

第九十条 生产经营单位的决策机构、主要负责人或者个人经营的投资人不依照本法规定保证安全生产所必需的资金投入，致使生产经营单位不具备安全生产条件的，责令限期改正，提供必需的资金；逾期未改正的，责令生产经营单位停产停业整顿。

有前款违法行为，导致发生生产安全事故的，对生产经营单位的主要负责人给予撤职处分，对个人经营的投资人处二万元以上二十万元以下的罚款；构成犯罪的，依照刑法有关规定追究刑事责任。

第九十一条 生产经营单位的主要负责人未履行本法规定的安全生产管理职责的，责令限期改正；逾期未改正的，处二万元以上五万元以下的罚款，责令生产经营单位停产停业整顿。

生产经营单位的主要负责人有前款违法行为，导致发生生产安全事故的，给予撤职处分；构成犯罪的，依照刑法有关规定追究刑事责任。

生产经营单位的主要负责人依照前款规定受刑事处罚或者撤职处分的，自刑罚执行完毕或者受处分之日起，五年内不得担任任何生产经营单位的主要负责人；对重大、特别重大生产安全事故负有责任的，终身不得担任本行业生产经营单位的主要负责人。

第九十二条 生产经营单位的主要负责人未履行本法规定的安全生产管理职责，导致发生生产安全事故的，由安全生产监督管理部门依照下列规定处以罚款：

（一）发生一般事故的，处上一年年收入百分之三十的罚款；

（二）发生较大事故的，处上一年年收入百分之四十的罚款；

（三）发生重大事故的，处上一年年收入百分之六十的罚款；

（四）发生特别重大事故的，处上一年年收入百分之八十的罚款。

第九十三条 生产经营单位的安全生产管理人员未履行本法规定的安全生产管理职责的，责令限期改正；导致发生生产安全事故的，暂停或者撤销其与安全生产有关的资格；构成犯罪的，依照刑法有关规定追究刑事责任。

第九十四条 生产经营单位有下列行为之一的，责令限期改正，可以处五万元以下的罚款；逾期未改正的，责令停产停业整顿，并处五万元以上十万元以下的罚款，对其直接负责的主管人员和其他直接责任人员处一万元以上二万元以下的罚款：

（一）未按照规定设置安全生产管理机构或者配备安全生产管理人员的；

（二）危险物品的生产、经营、储存单位以及矿山、金属冶炼、建筑施工、道路运输单位的主要负责人和安全生产管理人员未按照规定经考核合格的；

（三）未按照规定对从业人员、被派遣劳动者、实习学生进行安全生产教育和培训，或者未按照规定如实告知有关的安全生产事项的；

（四）未如实记录安全生产教育和培训情况的；

（五）未将事故隐患排查治理情况如实记录或者未向从业人员通报的；

（六）未按照规定制定生产安全事故应急救援预案或者未定期组织演练的；

（七）特种作业人员未按照规定经专门的安全作业培训并取得相应资格，上岗作业的。

第九十五条　生产经营单位有下列行为之一的，责令停止建设或者停产停业整顿，限期改正；逾期未改正的，处五十万元以上一百万元以下的罚款，对其直接负责的主管人员和其他直接责任人员处二万元以上五万元以下的罚款；构成犯罪的，依照刑法有关规定追究刑事责任：

（一）未按照规定对矿山、金属冶炼建设项目或者用于生产、储存、装卸危险物品的建设项目进行安全评价的；

（二）矿山、金属冶炼建设项目或者用于生产、储存、装卸危险物品的建设项目没有安全设施设计或者安全设施设计未按照规定报经有关部门审查同意的；

（三）矿山、金属冶炼建设项目或者用于生产、储存、装卸危险物品的建设项目的施工单位未按照批准的安全设施设计施工的；

（四）矿山、金属冶炼建设项目或者用于生产、储存危险物品的建设项目竣工投入生产或者使用前，安全设施未经验收合格的。

第九十六条　生产经营单位有下列行为之一的，责令限期改正，可以处五万元以下的罚款；逾期未改正的，处五万元以上二十万元以下的罚款，对其直接负责的主管人员和其他直接责任人员处一万元以上二万元以下的罚款；情节严重的，责令停产停业整顿；构成犯罪的，依照刑法有关规定追究刑事责任：

（一）未在有较大危险因素的生产经营场所和有关设施、设备上设置明显的安全警示标志的；

（二）安全设备的安装、使用、检测、改造和报废不符合国家标准或者行业标准的；

（三）未对安全设备进行经常性维护、保养和定期检测的；

（四）未为从业人员提供符合国家标准或者行业标准的劳动防护用品的；

（五）危险物品的容器、运输工具，以及涉及人身安全、危险性较大的海洋石油开采特种设备和矿山井下特种设备未经具有专业资质的机构检测、检验合格，取得安全使用证或者安全标志，投入使用的；

（六）使用应当淘汰的危及生产安全的工艺、设备的。

第九十七条　未经依法批准，擅自生产、经营、运输、储存、使用危险物品或者处置废弃危险物品的，依照有关危险物品安全管理的法律、行政法规的规定予以处罚；构成犯罪的，依照刑法有关规定追究刑事责任。

第九十八条　生产经营单位有下列行为之一的，责令限期改正，可以处十万元以下的罚款；逾期未改正的，责令停产停业整顿，并处十万元以上二十万元以下的罚款，对其直接负责的主管人员和其他直接责任人员处二万元以上五万元以下的罚款；构成犯罪的，依照刑法有关规定追究刑事责任：

（一）生产、经营、运输、储存、使用危险物品或者处置废弃危险物品，未建立专门安全管理制度、未采取可靠的安全措施的；

（二）对重大危险源未登记建档，或者未进行评估、监控，或者未制定应急预案的；

（三）进行爆破、吊装以及国务院安全生产监督管理部门会同国务院有关部门规定的其他危险作业，未安排专门人员进行现场安全管理的；

（四）未建立事故隐患排查治理制度的。

第九十九条 生产经营单位未采取措施消除事故隐患的，责令立即消除或者限期消除；生产经营单位拒不执行的，责令停产停业整顿，并处十万元以上五十万元以下的罚款，对其直接负责的主管人员和其他直接责任人员处二万元以上五万元以下的罚款。

第一百条 生产经营单位将生产经营项目、场所、设备发包或者出租给不具备安全生产条件或者相应资质的单位或者个人的，责令限期改正，没收违法所得；违法所得十万元以上的，并处违法所得二倍以上五倍以下的罚款；没有违法所得或者违法所得不足十万元的，单处或者并处十万元以上二十万元以下的罚款；对其直接负责的主管人员和其他直接责任人员处一万元以上二万元以下的罚款；导致发生生产安全事故给他人造成损害的，与承包方、承租方承担连带赔偿责任。

生产经营单位未与承包单位、承租单位签订专门的安全生产管理协议或者未在承包合同、租赁合同中明确各自的安全生产管理职责，或者未对承包单位、承租单位的安全生产统一协调、管理的，责令限期改正，可以处五万元以下的罚款，对其直接负责的主管人员和其他直接责任人员可以处一万元以下的罚款；逾期未改正的，责令停产停业整顿。

第一百零一条 两个以上生产经营单位在同一作业区域内进行可能危及对方安全生产的生产经营活动，未签订安全生产管理协议或者未指定专职安全生产管理人员进行安全检查与协调的，责令限期改正，可以处五万元以下的罚款，对其直接负责的主管人员和其他直接责任人员可以处一万元以下的罚款；逾期未改正的，责令停产停业。

第一百零二条 生产经营单位有下列行为之一的，责令限期改正，可以处五万元以下的罚款，对其直接负责的主管人员和其他直接责任人员可以处一万元以下的罚款；逾期未改正的，责令停产停业整顿；构成犯罪的，依照刑法有关规定追究刑事责任：

（一）生产、经营、储存、使用危险物品的车间、商店、仓库与员工宿舍在同一座建筑内，或者与员工宿舍的距离不符合安全要求的；

（二）生产经营场所和员工宿舍未设有符合紧急疏散需要、标志明显、保持畅通的出口，或者锁闭、封堵生产经营场所或者员工宿舍出口的。

第一百零三条 生产经营单位与从业人员订立协议，免除或者减轻其对从业人员因生产安全事故伤亡依法应承担的责任的，该协议无效；对生产经营单位的主要负责人、个人经营的投资人处二万元以上十万元以下的罚款。

第一百零四条 生产经营单位的从业人员不服从管理，违反安全生产规章制度或者操作规程的，由生产经营单位给予批评教育，依照有关规章制度给予处分；构成犯罪的，依照刑法有关规定追究刑事责任。

第一百零五条 违反本法规定，生产经营单位拒绝、阻碍负有安全生产监督管理职责的部门依法实施监督检查的，责令改正；拒不改正的，处二万元以上二十万元以下的罚款；对其直接负责的主管人员和其他直接责任人员处一万元以上二万元以下的罚款；构成犯罪的，依照刑法有关规定追究刑事责任。

第一百零六条 生产经营单位的主要负责人在本单位发生生产安全事故时，不立即组织抢救或者在事故调查处理期间擅离职守或者逃匿的，给予降级、撤职的处分，并由安全生产监督管理部门处上一年年收入百分之六十至百分之一百的罚款；对逃匿的处十五日以下拘留；构成犯罪的，依照刑法有关规定追究刑事责任。

生产经营单位的主要负责人对生产安全事故隐瞒不报、谎报或者迟报的，依照前款规定处罚。

第一百零七条 有关地方人民政府、负有安全生产监督管理职责的部门，对生产安全事故隐瞒不报、谎报或者迟报的，对直接负责的主管人员和其他直接责任人员依法给予处分；构成犯罪的，依照刑法有关规定追究刑事责任。

第一百零八条 生产经营单位不具备本法和其他有关法律、行政法规和国家标准或者行业标准规定的安全生产条件，经停产停业整顿仍不具备安全生产条件的，予以关闭；有关部门应当依法吊销其有关证照。

第一百零九条 发生生产安全事故，对负有责任的生产经营单位除要求其依法承担相应的赔偿等责任外，由安全生产监督管理部门依照下列规定处以罚款：

（一）发生一般事故的，处二十万元以上五十万元以下的罚款；

（二）发生较大事故的，处五十万元以上一百万元以下的罚款；

（三）发生重大事故的，处一百万元以上五百万元以下的罚款；

（四）发生特别重大事故的，处五百万元以上一千万元以下的罚款；情节特别严重的，处一千万元以上二千万元以下的罚款。

第一百一十条 本法规定的行政处罚，由安全生产监督管理部门和其他负有安全生产监督管理职责的部门按照职责分工决定。予以关闭的行政处罚由负有安全生产监督管理职责的部门报请县级以上人民政府按照国务院规定的权限决定；给予拘留的行政处罚由公安机关依照治安管理处罚法的规定决定。

第一百一十一条 生产经营单位发生生产安全事故造成人员伤亡、他人财产损失的，应当依法承担赔偿责任；拒不承担或者其负责人逃匿的，由人民法院依法强制执行。

生产安全事故的责任人未依法承担赔偿责任，经人民法院依法采取执行措施后，仍不能对受害人给予足额赔偿的，应当继续履行赔偿义务；受害人发现责任人有其他财产的，可以随时请求人民法院执行。

第七章 附 则

第一百一十二条 本法下列用语的含义：

危险物品，是指易燃易爆物品、危险化学品、放射性物品等能够危及人身安全和财产安全的物品。

重大危险源，是指长期地或者临时地生产、搬运、使用或者储存危险物品，且危险物品的数量等于或者超过临界量的单元（包括场所和设施）。

第一百一十三条 本法规定的生产安全一般事故、较大事故、重大事故、特别重大事故的划分标准由国务院规定。

国务院安全生产监督管理部门和其他负有安全生产监督管理职责的部门应当根据各自的职责分工，制定相关行业、领域重大事故隐患的判定标准。

第一百一十四条 本法自 2002 年 11 月 1 日起施行。

中华人民共和国大气污染防治法

第一章 总 则

第一条 为保护和改善环境，防治大气污染，保障公众健康，推进生态文明建设，促进经济社会可持续发展，制定本法。

第二条 防治大气污染，应当以改善大气环境质量为目标，坚持源头治理，规划先行，转变经济发展方式，优化产业结构和布局，调整能源结构。

防治大气污染，应当加强对燃煤、工业、机动车船、扬尘、农业等大气污染的综合防治，推行区域大气污染联合防治，对颗粒物、二氧化硫、氮氧化物、挥发性有机物、氨等大气污染物和温室气体实施协同控制。

第三条 县级以上人民政府应当将大气污染防治工作纳入国民经济和社会发展规划，加大对大气污染防治的财政投入。

地方各级人民政府应当对本行政区域的大气环境质量负责，制定规划，采取措施，控制或者逐步削减大气污染物的排放量，使大气环境质量达到规定标准并逐步改善。

第四条 国务院生态环境主管部门会同国务院有关部门，按照国务院的规定，对省、自治区、直辖市大气环境质量改善目标、大气污染防治重点任务完成情况进行考核。省、自治区、直辖市人民政府制定考核办法，对本行政区域内地方大气环境质量改善目标、大气污染防治重点任务完成情况实施考核。考核结果应当向社会公开。

第五条 县级以上人民政府生态环境主管部门对大气污染防治实施统一监督管理。

县级以上人民政府其他有关部门在各自职责范围内对大气污染防治实施监督管理。

第六条 国家鼓励和支持大气污染防治科学技术研究，开展对大气污染来源及其变化趋势的分析，推广先进适用的大气污染防治技术和装备，促进科技成果转化，发挥科学技术在大气污染防治中的支撑作用。

第七条 企业事业单位和其他生产经营者应当采取有效措施，防止、减少大气污染，对所造成的损害依法承担责任。

公民应当增强大气环境保护意识，采取低碳、节俭的生活方式，自觉履行大气环境保护义务。

第二章 大气污染防治标准和限期达标规划

第八条 国务院生态环境主管部门或者省、自治区、直辖市人民政府制定大气环境质量标准，应当以保障公众健康和保护生态环境为宗旨，与经济社会发展相适应，做到科学合理。

第九条 国务院生态环境主管部门或者省、自治区、直辖市人民政府制定大气污染物排放标准，应当以大气环境质量标准和国家经济、技术条件为依据。

第十条 制定大气环境质量标准、大气污染物排放标准，应当组织专家进行审查和论证，并征求有关部门、行业协会、企业事业单位和公众等方面的意见。

第十一条　省级以上人民政府生态环境主管部门应当在其网站上公布大气环境质量标准、大气污染物排放标准，供公众免费查阅、下载。

第十二条　大气环境质量标准、大气污染物排放标准的执行情况应当定期进行评估，根据评估结果对标准适时进行修订。

第十三条　制定燃煤、石油焦、生物质燃料、涂料等含挥发性有机物的产品、烟花爆竹以及锅炉等产品的质量标准，应当明确大气环境保护要求。

制定燃油质量标准，应当符合国家大气污染物控制要求，并与国家机动车船、非道路移动机械大气污染物排放标准相互衔接，同步实施。

前款所称非道路移动机械，是指装配有发动机的移动机械和可运输工业设备。

第十四条　未达到国家大气环境质量标准城市的人民政府应当及时编制大气环境质量限期达标规划，采取措施，按照国务院或者省级人民政府规定的期限达到大气环境质量标准。

编制城市大气环境质量限期达标规划，应当征求有关行业协会、企业事业单位、专家和公众等方面的意见。

第十五条　城市大气环境质量限期达标规划应当向社会公开。直辖市和设区的市的大气环境质量限期达标规划应当报国务院生态环境主管部门备案。

第十六条　城市人民政府每年在向本级人民代表大会或者其常务委员会报告环境状况和环境保护目标完成情况时，应当报告大气环境质量限期达标规划执行情况，并向社会公开。

第十七条　城市大气环境质量限期达标规划应当根据大气污染防治的要求和经济、技术条件适时进行评估、修订。

第三章　大气污染防治的监督管理

第十八条　企业事业单位和其他生产经营者建设对大气环境有影响的项目，应当依法进行环境影响评价、公开环境影响评价文件；向大气排放污染物的，应当符合大气污染物排放标准，遵守重点大气污染物排放总量控制要求。

第十九条　排放工业废气或者本法第七十八条规定名录中所列有毒有害大气污染物的企业事业单位、集中供热设施的燃煤热源生产运营单位以及其他依法实行排污许可管理的单位，应当取得排污许可证。排污许可的具体办法和实施步骤由国务院规定。

第二十条　企业事业单位和其他生产经营者向大气排放污染物的，应当依照法律法规和国务院生态环境主管部门的规定设置大气污染物排放口。

禁止通过偷排、篡改或者伪造监测数据、以逃避现场检查为目的的临时停产、非紧急情况下开启应急排放通道、不正常运行大气污染防治设施等逃避监管的方式排放大气污染物。

第二十一条　国家对重点大气污染物排放实行总量控制。

重点大气污染物排放总量控制目标，由国务院生态环境主管部门在征求国务院有关部门和各省、自治区、直辖市人民政府意见后，会同国务院经济综合主管部门报国务院批准并下达实施。

省、自治区、直辖市人民政府应当按照国务院下达的总量控制目标，控制或者削减本行政区域的重点大气污染物排放总量。

确定总量控制目标和分解总量控制指标的具体办法，由国务院生态环境主管部门会同国务院有关部门规定。省、自治区、直辖市人民政府可以根据本行政区域大气污染防治的需要，对国家重点大气污染物之外的其他大气污染物排放实行总量控制。

国家逐步推行重点大气污染物排污权交易。

第二十二条 对超过国家重点大气污染物排放总量控制指标或者未完成国家下达的大气环境质量改善目标的地区，省级以上人民政府生态环境主管部门应当会同有关部门约谈该地区人民政府的主要负责人，并暂停审批该地区新增重点大气污染物排放总量的建设项目环境影响评价文件。约谈情况应当向社会公开。

第二十三条 国务院生态环境主管部门负责制定大气环境质量和大气污染源的监测和评价规范，组织建设与管理全国大气环境质量和大气污染源监测网，组织开展大气环境质量和大气污染源监测，统一发布全国大气环境质量状况信息。

县级以上地方人民政府生态环境主管部门负责组织建设与管理本行政区域大气环境质量和大气污染源监测网，开展大气环境质量和大气污染源监测，统一发布本行政区域大气环境质量状况信息。

第二十四条 企业事业单位和其他生产经营者应当按照国家有关规定和监测规范，对其排放的工业废气和本法第七十八条规定名录中所列有毒有害大气污染物进行监测，并保存原始监测记录。其中，重点排污单位应当安装、使用大气污染物排放自动监测设备，与生态环境主管部门的监控设备联网，保证监测设备正常运行并依法公开排放信息。监测的具体办法和重点排污单位的条件由国务院生态环境主管部门规定。

重点排污单位名录由设区的市级以上地方人民政府生态环境主管部门按照国务院生态环境主管部门的规定，根据本行政区域的大气环境承载力、重点大气污染物排放总量控制指标的要求以及排污单位排放大气污染物的种类、数量和浓度等因素，商有关部门确定，并向社会公布。

第二十五条 重点排污单位应当对自动监测数据的真实性和准确性负责。生态环境主管部门发现重点排污单位的大气污染物排放自动监测设备传输数据异常，应当及时进行调查。

第二十六条 禁止侵占、损毁或者擅自移动、改变大气环境质量监测设施和大气污染物排放自动监测设备。

第二十七条 国家对严重污染大气环境的工艺、设备和产品实行淘汰制度。

国务院经济综合主管部门会同国务院有关部门确定严重污染大气环境的工艺、设备和产品淘汰期限，并纳入国家综合性产业政策目录。

生产者、进口者、销售者或者使用者应当在规定期限内停止生产、进口、销售或者使用列入前款规定目录中的设备和产品。工艺的采用者应当在规定期限内停止采用列入前款规定目录中的工艺。

被淘汰的设备和产品，不得转让给他人使用。

第二十八条 国务院生态环境主管部门会同有关部门，建立和完善大气污染损害评估制度。

第二十九条 生态环境主管部门及其环境执法机构和其他负有大气环境保护监督管理职责的部门，有权通过现场检查监测、自动监测、遥感监测、远红外摄像等方式，对排放大气污染物的企业事业单位和其他生产经营者进行监督检查。被检查者应当如实反映情况，提供必要的资料。实施检查的部门、机构及其工作人员应当为被检查者保守商业秘密。

第三十条 企业事业单位和其他生产经营者违反法律法规规定排放大气污染物，造成或者可能造成严重大气污染，或者有关证据可能灭失或者被隐匿的，县级以上人民政府生态环境主管部门和其他负有大气环境保护监督管理职责的部门，可以对有关设施、设备、物品采取查封、扣押等行政强制措施。

第三十一条 生态环境主管部门和其他负有大气环境保护监督管理职责的部门应当公布举报电话、电子邮箱等，方便公众举报。

生态环境主管部门和其他负有大气环境保护监督管理职责的部门接到举报的，应当及时处理并对举报人的相关信息予以保密；对实名举报的，应当反馈处理结果等情况，查证属实的，处理结果依法向社会公开，并对举报人给予奖励。

举报人举报所在单位的，该单位不得以解除、变更劳动合同或者其他方式对举报人进行打击报复。

第四章　大气污染防治措施

第一节　燃煤和其他能源污染防治

第三十二条　国务院有关部门和地方各级人民政府应当采取措施，调整能源结构，推广清洁能源的生产和使用；优化煤炭使用方式，推广煤炭清洁高效利用，逐步降低煤炭在一次能源消费中的比重，减少煤炭生产、使用、转化过程中的大气污染物排放。

第三十三条　国家推行煤炭洗选加工，降低煤炭的硫分和灰分，限制高硫分、高灰分煤炭的开采。新建煤矿应当同步建设配套的煤炭洗选设施，使煤炭的硫分、灰分含量达到规定标准；已建成的煤矿除所采煤炭属于低硫分、低灰分或者根据已达标排放的燃煤电厂要求不需要洗选的以外，应当限期建成配套的煤炭洗选设施。

禁止开采含放射性和砷等有毒有害物质超过规定标准的煤炭。

第三十四条　国家采取有利于煤炭清洁高效利用的经济、技术政策和措施，鼓励和支持洁净煤技术的开发和推广。

国家鼓励煤矿企业等采用合理、可行的技术措施，对煤层气进行开采利用，对煤矸石进行综合利用。从事煤层气开采利用的，煤层气排放应当符合有关标准规范。

第三十五条　国家禁止进口、销售和燃用不符合质量标准的煤炭，鼓励燃用优质煤炭。

单位存放煤炭、煤矸石、煤渣、煤灰等物料，应当采取防燃措施，防止大气污染。

第三十六条　地方各级人民政府应当采取措施，加强民用散煤的管理，禁止销售不符合民用散煤质量标准的煤炭，鼓励居民燃用优质煤炭和洁净型煤，推广节能环保型炉灶。

第三十七条　石油炼制企业应当按照燃油质量标准生产燃油。

禁止进口、销售和燃用不符合质量标准的石油焦。

第三十八条　城市人民政府可以划定并公布高污染燃料禁燃区，并根据大气环境质量改善要求，逐步扩大高污染燃料禁燃区范围。高污染燃料的目录由国务院生态环境主管部门确定。

在禁燃区内，禁止销售、燃用高污染燃料；禁止新建、扩建燃用高污染燃料的设施，已建成的，应当在城市人民政府规定的期限内改用天然气、页岩气、液化石油气、电或者其他清洁能源。

第三十九条　城市建设应当统筹规划，在燃煤供热地区，推进热电联产和集中供热。在集中供热管网覆盖地区，禁止新建、扩建分散燃煤供热锅炉；已建成的不能达标排放的燃煤供热锅炉，应当在城市人民政府规定的期限内拆除。

第四十条　县级以上人民政府市场监督管理部门应当会同生态环境主管部门对锅炉生产、进口、销售和使用环节执行环境保护标准或者要求的情况进行监督检查；不符合环境保护标准或者要求的，不得生产、进口、销售和使用。

第四十一条　燃煤电厂和其他燃煤单位应当采用清洁生产工艺，配套建设除尘、脱硫、脱硝等装置，或者采取技术改造等其他控制大气污染物排放的措施。

国家鼓励燃煤单位采用先进的除尘、脱硫、脱硝、脱汞等大气污染物协同控制的技术和装置，减少大气污染物的排放。

第四十二条 电力调度应当优先安排清洁能源发电上网。

第二节 工业污染防治

第四十三条 钢铁、建材、有色金属、石油、化工等企业生产过程中排放粉尘、硫化物和氮氧化物的，应当采用清洁生产工艺，配套建设除尘、脱硫、脱硝等装置，或者采取技术改造等其他控制大气污染物排放的措施。

第四十四条 生产、进口、销售和使用含挥发性有机物的原材料和产品的，其挥发性有机物含量应当符合质量标准或者要求。

国家鼓励生产、进口、销售和使用低毒、低挥发性有机溶剂。

第四十五条 产生含挥发性有机物废气的生产和服务活动，应当在密闭空间或者设备中进行，并按照规定安装、使用污染防治设施；无法密闭的，应当采取措施减少废气排放。

第四十六条 工业涂装企业应当使用低挥发性有机物含量的涂料，并建立台账，记录生产原料、辅料的使用量、废弃量、去向以及挥发性有机物含量。台账保存期限不得少于三年。

第四十七条 石油、化工以及其他生产和使用有机溶剂的企业，应当采取措施对管道、设备进行日常维护、维修，减少物料泄漏，对泄漏的物料应当及时收集处理。

储油储气库、加油加气站、原油成品油码头、原油成品油运输船舶和油罐车、气罐车等，应当按照国家有关规定安装油气回收装置并保持正常使用。

第四十八条 钢铁、建材、有色金属、石油、化工、制药、矿产开采等企业，应当加强精细化管理，采取集中收集处理等措施，严格控制粉尘和气态污染物的排放。

工业生产企业应当采取密闭、围挡、遮盖、清扫、洒水等措施，减少内部物料的堆存、传输、装卸等环节产生的粉尘和气态污染物的排放。

第四十九条 工业生产、垃圾填埋或者其他活动产生的可燃性气体应当回收利用，不具备回收利用条件的，应当进行污染防治处理。

可燃性气体回收利用装置不能正常作业的，应当及时修复或者更新。在回收利用装置不能正常作业期间确需排放可燃性气体的，应当将排放的可燃性气体充分燃烧或者采取其他控制大气污染物排放的措施，并向当地生态环境主管部门报告，按照要求限期修复或者更新。

第三节 机动车船等污染防治

第五十条 国家倡导低碳、环保出行，根据城市规划合理控制燃油机动车保有量，大力发展城市公共交通，提高公共交通出行比例。

国家采取财政、税收、政府采购等措施推广应用节能环保型和新能源机动车船、非道路移动机械，限制高油耗、高排放机动车船、非道路移动机械的发展，减少化石能源的消耗。

省、自治区、直辖市人民政府可以在条件具备的地区，提前执行国家机动车大气污染物排放标准中相应阶段排放限值，并报国务院生态环境主管部门备案。

城市人民政府应当加强并改善城市交通管理，优化道路设置，保障人行道和非机动车道的连续、畅通。

第五十一条 机动车船、非道路移动机械不得超过标准排放大气污染物。

禁止生产、进口或者销售大气污染物排放超过标准的机动车船、非道路移动机械。

第五十二条 机动车、非道路移动机械生产企业应当对新生产的机动车和非道路移动机械进行排放检验。经检验合格的，方可出厂销售。检验信息应当向社会公开。

省级以上人民政府生态环境主管部门可以通过现场检查、抽样检测等方式，加强对新生产、销售机动车和非道路移动机械大气污染物排放状况的监督检查。工业、市场监督管理等有关部门予以配合。

第五十三条 在用机动车应当按照国家或者地方的有关规定，由机动车排放检验机构定期对其进行排放检验。经检验合格的，方可上道路行驶。未经检验合格的，公安机关交通管理部门不得核发安全技术检验合格标志。

县级以上地方人民政府生态环境主管部门可以在机动车集中停放地、维修地对在用机动车的大气污染物排放状况进行监督抽测；在不影响正常通行的情况下，可以通过遥感监测等技术手段对在道路上行驶的机动车的大气污染物排放状况进行监督抽测，公安机关交通管理部门予以配合。

第五十四条 机动车排放检验机构应当依法通过计量认证，使用经依法检定合格的机动车排放检验设备，按照国务院生态环境主管部门制定的规范，对机动车进行排放检验，并与生态环境主管部门联网，实现检验数据实时共享。机动车排放检验机构及其负责人对检验数据的真实性和准确性负责。

生态环境主管部门和认证认可监督管理部门应当对机动车排放检验机构的排放检验情况进行监督检查。

第五十五条 机动车生产、进口企业应当向社会公布其生产、进口机动车车型的排放检验信息、污染控制技术信息和有关维修技术信息。

机动车维修单位应当按照防治大气污染的要求和国家有关技术规范对在用机动车进行维修，使其达到规定的排放标准。交通运输、生态环境主管部门应当依法加强监督管理。

禁止机动车所有人以临时更换机动车污染控制装置等弄虚作假的方式通过机动车排放检验。禁止机动车维修单位提供该类维修服务。禁止破坏机动车车载排放诊断系统。

第五十六条 生态环境主管部门应当会同交通运输、住房城乡建设、农业行政、水行政等有关部门对非道路移动机械的大气污染物排放状况进行监督检查，排放不合格的，不得使用。

第五十七条 国家倡导环保驾驶，鼓励燃油机动车驾驶人在不影响道路通行且需停车三分钟以上的情况下熄灭发动机，减少大气污染物的排放。

第五十八条 国家建立机动车和非道路移动机械环境保护召回制度。

生产、进口企业获知机动车、非道路移动机械排放大气污染物超过标准，属于设计、生产缺陷或者不符合规定的环境保护耐久性要求的，应当召回；未召回的，由国务院市场监督管理部门会同国务院生态环境主管部门责令其召回。

第五十九条 在用重型柴油车、非道路移动机械未安装污染控制装置或者污染控制装置不符合要求，不能达标排放的，应当加装或者更换符合要求的污染控制装置。

第六十条 在用机动车排放大气污染物超过标准的，应当进行维修；经维修或者采用污染控制技术后，大气污染物排放仍不符合国家在用机动车排放标准的，应当强制报废。其所有人应当将机动车交售给报废机动车回收拆解企业，由报废机动车回收拆解企业按照国家有关规定进行登记、拆解、销毁等处理。

国家鼓励和支持高排放机动车船、非道路移动机械提前报废。

第六十一条 城市人民政府可以根据大气环境质量状况，划定并公布禁止使用高排放非道路移动机械的区域。

第六十二条 船舶检验机构对船舶发动机及有关设备进行排放检验。经检验符合国家排放标准的，船舶方可运营。

第六十三条 内河和江海直达船舶应当使用符合标准的普通柴油。远洋船舶靠港后应当使用符合大气污染物控制要求的船舶用燃油。

新建码头应当规划、设计和建设岸基供电设施；已建成的码头应当逐步实施岸基供电设施改造。船舶靠港后应当优先使用岸电。

第六十四条 国务院交通运输主管部门可以在沿海海域划定船舶大气污染物排放控制区，进入排放控制区的船舶应当符合船舶相关排放要求。

第六十五条 禁止生产、进口、销售不符合标准的机动车船、非道路移动机械用燃料；禁止向汽车和摩托车销售普通柴油以及其他非机动车用燃料；禁止向非道路移动机械、内河和江海直达船舶销售渣油和重油。

第六十六条 发动机油、氮氧化物还原剂、燃料和润滑油添加剂以及其他添加剂的有害物质含量和其他大气环境保护指标，应当符合有关标准的要求，不得损害机动车船污染控制装置效果和耐久性，不得增加新的大气污染物排放。

第六十七条 国家积极推进民用航空器的大气污染防治，鼓励在设计、生产、使用过程中采取有效措施减少大气污染物排放。

民用航空器应当符合国家规定的适航标准中的有关发动机排出物要求。

第四节 扬尘污染防治

第六十八条 地方各级人民政府应当加强对建设施工和运输的管理，保持道路清洁，控制料堆和渣土堆放，扩大绿地、水面、湿地和地面铺装面积，防治扬尘污染。

住房城乡建设、市容环境卫生、交通运输、国土资源等有关部门，应当根据本级人民政府确定的职责，做好扬尘污染防治工作。

第六十九条 建设单位应当将防治扬尘污染的费用列入工程造价，并在施工承包合同中明确施工单位扬尘污染防治责任。施工单位应当制定具体的施工扬尘污染防治实施方案。

从事房屋建筑、市政基础设施建设、河道整治以及建筑物拆除等施工单位，应当向负责监督管理扬尘污染防治的主管部门备案。

施工单位应当在施工工地设置硬质围挡，并采取覆盖、分段作业、择时施工、洒水抑尘、冲洗地面和车辆等有效防尘降尘措施。建筑土方、工程渣土、建筑垃圾应当及时清运；在场地内堆存的，应当采用密闭式防尘网遮盖。工程渣土、建筑垃圾应当进行资源化处理。

施工单位应当在施工工地公示扬尘污染防治措施、负责人、扬尘监督管理主管部门等信息。

暂时不能开工的建设用地，建设单位应当对裸露地面进行覆盖；超过三个月的，应当进行绿化、铺装或者遮盖。

第七十条 运输煤炭、垃圾、渣土、砂石、土方、灰浆等散装、流体物料的车辆应当采取密闭或者其他措施防止物料遗撒造成扬尘污染，并按照规定路线行驶。

装卸物料应当采取密闭或者喷淋等方式防治扬尘污染。

城市人民政府应当加强道路、广场、停车场和其他公共场所的清扫保洁管理，推行清洁动力机械化清扫等低尘作业方式，防治扬尘污染。

第七十一条 市政河道以及河道沿线、公共用地的裸露地面以及其他城镇裸露地面，有关部门应当按照规划组织实施绿化或者透水铺装。

第七十二条 贮存煤炭、煤矸石、煤渣、煤灰、水泥、石灰、石膏、砂土等易产生扬尘的物料应当密闭；不能密闭的，应当设置不低于堆放物高度的严密围挡，并采取有效覆盖措施防治扬尘污染。

码头、矿山、填埋场和消纳场应当实施分区作业，并采取有效措施防治扬尘污染。

第五节 农业和其他污染防治

第七十三条 地方各级人民政府应当推动转变农业生产方式，发展农业循环经济，加大对废弃物综合处理的支持力度，加强对农业生产经营活动排放大气污染物的控制。

第七十四条 农业生产经营者应当改进施肥方式，科学合理施用化肥并按照国家有关规定使用农药，减少氨、挥发性有机物等大气污染物的排放。

禁止在人口集中地区对树木、花草喷洒剧毒、高毒农药。

第七十五条 畜禽养殖场、养殖小区应当及时对污水、畜禽粪便和尸体等进行收集、贮存、清运和无害化处理，防止排放恶臭气体。

第七十六条 各级人民政府及其农业行政等有关部门应当鼓励和支持采用先进适用技术，对秸秆、落叶等进行肥料化、饲料化、能源化、工业原料化、食用菌基料化等综合利用，加大对秸秆还田、收集一体化农业机械的财政补贴力度。

县级人民政府应当组织建立秸秆收集、贮存、运输和综合利用服务体系，采用财政补贴等措施支持农村集体经济组织、农民专业合作经济组织、企业等开展秸秆收集、贮存、运输和综合利用服务。

第七十七条 省、自治区、直辖市人民政府应当划定区域，禁止露天焚烧秸秆、落叶等产生烟尘污染的物质。

第七十八条 国务院生态环境主管部门应当会同国务院卫生行政部门，根据大气污染物对公众健康和生态环境的危害和影响程度，公布有毒有害大气污染物名录，实行风险管理。

排放前款规定名录中所列有毒有害大气污染物的企业事业单位，应当按照国家有关规定建设环境风险预警体系，对排放口和周边环境进行定期监测，评估环境风险，排查环境安全隐患，并采取有效措施防范环境风险。

第七十九条 向大气排放持久性有机污染物的企业事业单位和其他生产经营者以及废弃物焚烧设施的运营单位，应当按照国家有关规定，采取有利于减少持久性有机污染物排放的技术方法和工艺，配备有效的净化装置，实现达标排放。

第八十条 企业事业单位和其他生产经营者在生产经营活动中产生恶臭气体的，应当科学选址，设置合理的防护距离，并安装净化装置或者采取其他措施，防止排放恶臭气体。

第八十一条 排放油烟的餐饮服务业经营者应当安装油烟净化设施并保持正常使用，或者采取其他油烟净化措施，使油烟达标排放，并防止对附近居民的正常生活环境造成污染。

禁止在居民住宅楼、未配套设立专用烟道的商住综合楼以及商住综合楼内与居住层相邻的商业楼层内新建、改建、扩建产生油烟、异味、废气的餐饮服务项目。

任何单位和个人不得在当地人民政府禁止的区域内露天烧烤食品或者为露天烧烤食品提供场地。

第八十二条 禁止在人口集中地区和其他依法需要特殊保护的区域内焚烧沥青、油毡、橡胶、塑料、皮革、垃圾以及其他产生有毒有害烟尘和恶臭气体的物质。

禁止生产、销售和燃放不符合质量标准的烟花爆竹。任何单位和个人不得在城市人民政府禁止的时段和区域内燃放烟花爆竹。

第八十三条 国家鼓励和倡导文明、绿色祭祀。

火葬场应当设置除尘等污染防治设施并保持正常使用，防止影响周边环境。

第八十四条 从事服装干洗和机动车维修等服务活动的经营者，应当按照国家有关标准或者要求设置异味和废气处理装置等污染防治设施并保持正常使用，防止影响周边环境。

第八十五条 国家鼓励、支持消耗臭氧层物质替代品的生产和使用，逐步减少直至停止消耗臭氧层物质的生产和使用。

国家对消耗臭氧层物质的生产、使用、进出口实行总量控制和配额管理。具体办法由国务院规定。

第五章 重点区域大气污染联合防治

第八十六条 国家建立重点区域大气污染联防联控机制，统筹协调重点区域内大气污染防治工作。国务院生态环境主管部门根据主体功能区划、区域大气环境质量状况和大气污染传输扩散规律，划定国家大气污染防治重点区域，报国务院批准。

重点区域内有关省、自治区、直辖市人民政府应当确定牵头的地方人民政府，定期召开联席会议，按照统一规划、统一标准、统一监测、统一的防治措施的要求，开展大气污染联合防治，落实大气污染防治目标责任。国务院生态环境主管部门应当加强指导、督促。

省、自治区、直辖市可以参照第一款规定划定本行政区域的大气污染防治重点区域。

第八十七条 国务院生态环境主管部门会同国务院有关部门、国家大气污染防治重点区域内有关省、自治区、直辖市人民政府，根据重点区域经济社会发展和大气环境承载力，制定重点区域大气污染联合防治行动计划，明确控制目标，优化区域经济布局，统筹交通管理，发展清洁能源，提出重点防治任务和措施，促进重点区域大气环境质量改善。

第八十八条 国务院经济综合主管部门会同国务院生态环境主管部门，结合国家大气污染防治重点区域产业发展实际和大气环境质量状况，进一步提高环境保护、能耗、安全、质量等要求。

重点区域内有关省、自治区、直辖市人民政府应当实施更严格的机动车大气污染物排放标准，统一在用机动车检验方法和排放限值，并配套供应合格的车用燃油。

第八十九条 编制可能对国家大气污染防治重点区域的大气环境造成严重污染的有关工业园区、开发区、区域产业和发展等规划，应当依法进行环境影响评价。规划编制机关应当与重点区域内有关省、自治区、直辖市人民政府或者有关部门会商。

重点区域内有关省、自治区、直辖市建设可能对相邻省、自治区、直辖市大气环境质量产生重大影响的项目，应当及时通报有关信息，进行会商。

会商意见及其采纳情况作为环境影响评价文件审查或者审批的重要依据。

第九十条 国家大气污染防治重点区域内新建、改建、扩建用煤项目的，应当实行煤炭的等量或者减量替代。

第九十一条 国务院生态环境主管部门应当组织建立国家大气污染防治重点区域的大气环境质量监测、大气污染源监测等相关信息共享机制，利用监测、模拟以及卫星、航测、遥感等新技术分析重点区域内大气污染来源及其变化趋势，并向社会公开。

第九十二条 国务院生态环境主管部门和国家大气污染防治重点区域内有关省、自治区、直辖市人民政府可以组织有关部门开展联合执法、跨区域执法、交叉执法。

第六章 重污染天气应对

第九十三条 国家建立重污染天气监测预警体系。

国务院生态环境主管部门会同国务院气象主管机构等有关部门、国家大气污染防治重点区域内有关省、自治区、直辖市人民政府，建立重点区域重污染天气监测预警机制，统一预警分级标准。可能发生区域重污染天气的，应当及时向重点区域内有关省、自治区、直辖市人民政府通报。

省、自治区、直辖市、设区的市人民政府生态环境主管部门会同气象主管机构等有关部门建立本行政区域重污染天气监测预警机制。

第九十四条 县级以上地方人民政府应当将重污染天气应对纳入突发事件应急管理体系。

省、自治区、直辖市、设区的市人民政府以及可能发生重污染天气的县级人民政府，应当制定重污染天气应急预案，向上一级人民政府生态环境主管部门备案，并向社会公布。

第九十五条 省、自治区、直辖市、设区的市人民政府生态环境主管部门应当会同气象主管机构建立会商机制，进行大气环境质量预报。可能发生重污染天气的，应当及时向本级人民政府报告。省、自治区、直辖市、设区的市人民政府依据重污染天气预报信息，进行综合研判，确定预警等级并及时发出预警。预警等级根据情况变化及时调整。任何单位和个人不得擅自向社会发布重污染天气预报预警信息。

预警信息发布后，人民政府及其有关部门应当通过电视、广播、网络、短信等途径告知公众采取健康防护措施，指导公众出行和调整其他相关社会活动。

第九十六条 县级以上地方人民政府应当依据重污染天气的预警等级，及时启动应急预案，根据应急需要可以采取责令有关企业停产或者限产、限制部分机动车行驶、禁止燃放烟花爆竹、停止工地土石方作业和建筑物拆除施工、停止露天烧烤、停止幼儿园和学校组织的户外活动、组织开展人工影响天气作业等应急措施。

应急响应结束后，人民政府应当及时开展应急预案实施情况的评估，适时修改完善应急预案。

第九十七条 发生造成大气污染的突发环境事件，人民政府及其有关部门和相关企业事业单位，应当依照《中华人民共和国突发事件应对法》、《中华人民共和国环境保护法》的规定，做好应急处置工作。生态环境主管部门应当及时对突发环境事件产生的大气污染物进行监测，并向社会公布监测信息。

第七章 法律责任

第九十八条 违反本法规定，以拒绝进入现场等方式拒不接受生态环境主管部门及其环境执法机构或者其他负有大气环境保护监督管理职责的部门的监督检查，或者在接受监督检查时弄虚作假的，由县级以上人民政府生态环境主管部门或者其他负有大气环境保护监督管理职责的部门责令改正，处二万元以上二十万元以下的罚款；构成违反治安管理行为的，由公安机关依法予以处罚。

第九十九条 违反本法规定，有下列行为之一的，由县级以上人民政府生态环境主管部门责令改正或者限制生产、停产整治，并处十万元以上一百万元以下的罚款；情节严重的，报经有批准权的人民政府批准，责令停业、关闭：

（一）未依法取得排污许可证排放大气污染物的；

（二）超过大气污染物排放标准或者超过重点大气污染物排放总量控制指标排放大气污染物的；

（三）通过逃避监管的方式排放大气污染物的。

第一百条 违反本法规定，有下列行为之一的，由县级以上人民政府生态环境主管部门责令改正，处二万元以上二十万元以下的罚款；拒不改正的，责令停产整治：

（一）侵占、损毁或者擅自移动、改变大气环境质量监测设施或者大气污染物排放自动监测设备的；

（二）未按照规定对所排放的工业废气和有毒有害大气污染物进行监测并保存原始监测记录的；

（三）未按照规定安装、使用大气污染物排放自动监测设备或者未按照规定与生态环境主管部门的监控设备联网，并保证监测设备正常运行的；

（四）重点排污单位不公开或者不如实公开自动监测数据的；

（五）未按照规定设置大气污染物排放口的。

第一百零一条 违反本法规定，生产、进口、销售或者使用国家综合性产业政策目录中禁止的设备和产品，采用国家综合性产业政策目录中禁止的工艺，或者将淘汰的设备和产品转让给他人使用的，由县级以上人民政府经济综合主管部门、海关按照职责责令改正，没收违法所得，并处货值金额一倍以上三倍以下的罚款；拒不改正的，报经有批准权的人民政府批准，责令停业、关闭。进口行为构成走私的，由海关依法予以处罚。

第一百零二条 违反本法规定，煤矿未按照规定建设配套煤炭洗选设施的，由县级以上人民政府能源主管部门责令改正，处十万元以上一百万元以下的罚款；拒不改正的，报经有批准权的人民政府批准，责令停业、关闭。

违反本法规定，开采含放射性和砷等有毒有害物质超过规定标准的煤炭的，由县级以上人民政府按照国务院规定的权限责令停业、关闭。

第一百零三条 违反本法规定，有下列行为之一的，由县级以上地方人民政府市场监督管理部门责令改正，没收原材料、产品和违法所得，并处货值金额一倍以上三倍以下的罚款：

（一）销售不符合质量标准的煤炭、石油焦的；

（二）生产、销售挥发性有机物含量不符合质量标准或者要求的原材料和产品的；

（三）生产、销售不符合标准的机动车船和非道路移动机械用燃料、发动机油、氮氧化物还原剂、燃料和润滑油添加剂以及其他添加剂的；

（四）在禁燃区内销售高污染燃料的。

第一百零四条 违反本法规定，有下列行为之一的，由海关责令改正，没收原材料、产品和违法所得，并处货值金额一倍以上三倍以下的罚款；构成走私的，由海关依法予以处罚：

（一）进口不符合质量标准的煤炭、石油焦的；

（二）进口挥发性有机物含量不符合质量标准或者要求的原材料和产品的；

（三）进口不符合标准的机动车船和非道路移动机械用燃料、发动机油、氮氧化物还原剂、燃料和润滑油添加剂以及其他添加剂的。

第一百零五条 违反本法规定，单位燃用不符合质量标准的煤炭、石油焦的，由县级以上人民政府生态环境主管部门责令改正，处货值金额一倍以上三倍以下的罚款。

第一百零六条 违反本法规定，使用不符合标准或者要求的船舶用燃油的，由海事管理机构、渔业主管部门按照职责处一万元以上十万元以下的罚款。

第一百零七条 违反本法规定，在禁燃区内新建、扩建燃用高污染燃料的设施，或者未按照规定停止燃用高污染燃料，或者在城市集中供热管网覆盖地区新建、扩建分散燃煤供热锅炉，或者未按照规定拆除已建成的不能达标排放的燃煤供热锅炉的，由县级以上地方人民政府生态环境主管部门没收燃用高污染燃料的设施，组织拆除燃煤供热锅炉，并处二万元以上二十万元以下的罚款。

违反本法规定，生产、进口、销售或者使用不符合规定标准或者要求的锅炉，由县级以上人民政府市场监督管理、生态环境主管部门责令改正，没收违法所得，并处二万元以上二十万元以下的罚款。

第一百零八条 违反本法规定，有下列行为之一的，由县级以上人民政府生态环境主管部门责令改正，处二万元以上二十万元以下的罚款；拒不改正的，责令停产整治：

（一）产生含挥发性有机物废气的生产和服务活动，未在密闭空间或者设备中进行，未按照规定安装、使用污染防治设施，或者未采取减少废气排放措施的；

（二）工业涂装企业未使用低挥发性有机物含量涂料或者未建立、保存台账的；

（三）石油、化工以及其他生产和使用有机溶剂的企业，未采取措施对管道、设备进行日常维护、维修，减少物料泄漏或者对泄漏的物料未及时收集处理的；

（四）储油储气库、加油加气站和油罐车、气罐车等，未按照国家有关规定安装并正常使用油气回收装置的；

（五）钢铁、建材、有色金属、石油、化工、制药、矿产开采等企业，未采取集中收集处理、密闭、围挡、遮盖、清扫、洒水等措施，控制、减少粉尘和气态污染物排放的；

（六）工业生产、垃圾填埋或者其他活动中产生的可燃性气体未回收利用，不具备回收利用条件未进行防治污染处理，或者可燃性气体回收利用装置不能正常作业，未及时修复或者更新的。

第一百零九条 违反本法规定，生产超过污染物排放标准的机动车、非道路移动机械的，由省级以上人民政府生态环境主管部门责令改正，没收违法所得，并处货值金额一倍以上三倍以下的罚款，没收销毁无法达到污染物排放标准的机动车、非道路移动机械；拒不改正的，责令停产整治，并由国务院机动车生产主管部门责令停止生产该车型。

违反本法规定，机动车、非道路移动机械生产企业对发动机、污染控制装置弄虚作假、以次充好，冒充排放检验合格产品出厂销售的，由省级以上人民政府生态环境主管部门责令停产整治，没收违法所得，并处货值金额一倍以上三倍以下的罚款，没收销毁无法达到污染物排放标准的机动车、非道路移动机械，并由国务院机动车生产主管部门责令停止生产该车型。

第一百一十条 违反本法规定，进口、销售超过污染物排放标准的机动车、非道路移动机械的，由县级以上人民政府市场监督管理部门、海关按照职责没收违法所得，并处货值金额一倍以上三倍以下的罚款，没收销毁无法达到污染物排放标准的机动车、非道路移动机械；进口行为构成走私的，由海关依法予以处罚。

违反本法规定，销售的机动车、非道路移动机械不符合污染物排放标准的，销售者应当负责修理、更换、退货；给购买者造成损失的，销售者应当赔偿损失。

第一百一十一条 违反本法规定，机动车生产、进口企业未按照规定向社会公布其生产、进口机动车车型的排放检验信息或者污染控制技术信息的，由省级以上人民政府生态环境主管部门责令改正，处五万元以上五十万元以下的罚款。

违反本法规定，机动车生产、进口企业未按照规定向社会公布其生产、进口机动车车型的有关维修技术信息的，由省级以上人民政府交通运输主管部门责令改正，处五万元以上五十万元以下的罚款。

第一百一十二条 违反本法规定，伪造机动车、非道路移动机械排放检验结果或者出具虚假排放检验报告的，由县级以上人民政府生态环境主管部门没收违法所得，并处十万元以上五十万元以下的罚款；情节严重的，由负责资质认定的部门取消其检验资格。

违反本法规定，伪造船舶排放检验结果或者出具虚假排放检验报告的，由海事管理机构依法予以处罚。

违反本法规定，以临时更换机动车污染控制装置等弄虚作假的方式通过机动车排放检验或者破坏机动车车载排放诊断系统的，由县级以上人民政府生态环境主管部门责令改正，对机动车所有人处五千元的罚款；对机动车维修单位处每辆机动车五千元的罚款。

第一百一十三条 违反本法规定，机动车驾驶人驾驶排放检验不合格的机动车上道路行驶的，由公安机关交通管理部门依法予以处罚。

第一百一十四条 违反本法规定，使用排放不合格的非道路移动机械，或者在用重型柴油车、非道路移动机械未按照规定加装、更换污染控制装置的，由县级以上人民政府生态环境等主管部门按照职责责令改正，处五千元的罚款。

违反本法规定，在禁止使用高排放非道路移动机械的区域使用高排放非道路移动机械的，由城市人民政府生态环境等主管部门依法予以处罚。

第一百一十五条 违反本法规定，施工单位有下列行为之一的，由县级以上人民政府住房城乡建设等主管部门按照职责责令改正，处一万元以上十万元以下的罚款；拒不改正的，责令停工整治：

（一）施工工地未设置硬质围挡，或者未采取覆盖、分段作业、择时施工、洒水抑尘、冲洗地面和车辆等有效防尘降尘措施的；

（二）建筑土方、工程渣土、建筑垃圾未及时清运，或者未采用密闭式防尘网遮盖的。

违反本法规定，建设单位未对暂时不能开工的建设用地的裸露地面进行覆盖，或者未对超过三个月不能开工的建设用地的裸露地面进行绿化、铺装或者遮盖的，由县级以上人民政府住房城乡建设等主管部门依照前款规定予以处罚。

第一百一十六条 违反本法规定，运输煤炭、垃圾、渣土、砂石、土方、灰浆等散装、流体物料的车辆，未采取密闭或者其他措施防止物料遗撒的，由县级以上地方人民政府确定的监督管理部门责令改正，处二千元以上二万元以下的罚款；拒不改正的，车辆不得上道路行驶。

第一百一十七条 违反本法规定，有下列行为之一的，由县级以上人民政府生态环境等主管部门按照职责责令改正，处一万元以上十万元以下的罚款；拒不改正的，责令停工整治或者停业整治：

（一）未密闭煤炭、煤矸石、煤渣、煤灰、水泥、石灰、石膏、砂土等易产生扬尘的物料的；

（二）对不能密闭的易产生扬尘的物料，未设置不低于堆放物高度的严密围挡，或者未采取有效覆盖措施防治扬尘污染的；

（三）装卸物料未采取密闭或者喷淋等方式控制扬尘排放的；

（四）存放煤炭、煤矸石、煤渣、煤灰等物料，未采取防燃措施的；

（五）码头、矿山、填埋场和消纳场未采取有效措施防治扬尘污染的；

（六）排放有毒有害大气污染物名录中所列有毒有害大气污染物的企业事业单位，未按照规定建设环境风险预警体系或者对排放口和周边环境进行定期监测、排查环境安全隐患并采取有效措施防范环境风险的；

（七）向大气排放持久性有机污染物的企业事业单位和其他生产经营者以及废弃物焚烧设施的运

营单位，未按照国家有关规定采取有利于减少持久性有机污染物排放的技术方法和工艺，配备净化装置的；

（八）未采取措施防止排放恶臭气体的。

第一百一十八条　违反本法规定，排放油烟的餐饮服务业经营者未安装油烟净化设施、不正常使用油烟净化设施或者未采取其他油烟净化措施，超过排放标准排放油烟的，由县级以上地方人民政府确定的监督管理部门责令改正，处五千元以上五万元以下的罚款；拒不改正的，责令停业整治。

违反本法规定，在居民住宅楼、未配套设立专用烟道的商住综合楼、商住综合楼内与居住层相邻的商业楼层内新建、改建、扩建产生油烟、异味、废气的餐饮服务项目的，由县级以上地方人民政府确定的监督管理部门责令改正；拒不改正的，予以关闭，并处一万元以上十万元以下的罚款。

违反本法规定，在当地人民政府禁止的时段和区域内露天烧烤食品或者为露天烧烤食品提供场地的，由县级以上地方人民政府确定的监督管理部门责令改正，没收烧烤工具和违法所得，并处五百元以上二万元以下的罚款。

第一百一十九条　违反本法规定，在人口集中地区对树木、花草喷洒剧毒、高毒农药，或者露天焚烧秸秆、落叶等产生烟尘污染的物质的，由县级以上地方人民政府确定的监督管理部门责令改正，并可以处五百元以上二千元以下的罚款。

违反本法规定，在人口集中地区和其他依法需要特殊保护的区域内，焚烧沥青、油毡、橡胶、塑料、皮革、垃圾以及其他产生有毒有害烟尘和恶臭气体的物质的，由县级人民政府确定的监督管理部门责令改正，对单位处一万元以上十万元以下的罚款，对个人处五百元以上二千元以下的罚款。

违反本法规定，在城市人民政府禁止的时段和区域内燃放烟花爆竹的，由县级以上地方人民政府确定的监督管理部门依法予以处罚。

第一百二十条　违反本法规定，从事服装干洗和机动车维修等服务活动，未设置异味和废气处理装置等污染防治设施并保持正常使用，影响周边环境的，由县级以上地方人民政府生态环境主管部门责令改正，处二千元以上二万元以下的罚款；拒不改正的，责令停业整治。

第一百二十一条　违反本法规定，擅自向社会发布重污染天气预报预警信息，构成违反治安管理行为的，由公安机关依法予以处罚。

违反本法规定，拒不执行停止工地土石方作业或者建筑物拆除施工等重污染天气应急措施的，由县级以上地方人民政府确定的监督管理部门处一万元以上十万元以下的罚款。

第一百二十二条　违反本法规定，造成大气污染事故的，由县级以上人民政府生态环境主管部门依照本条第二款的规定处以罚款；对直接负责的主管人员和其他直接责任人员可以处上一年度从本企业事业单位取得收入百分之五十以下的罚款。

对造成一般或者较大大气污染事故的，按照污染事故造成直接损失的一倍以上三倍以下计算罚款；对造成重大或者特大大气污染事故的，按照污染事故造成的直接损失的三倍以上五倍以下计算罚款。

第一百二十三条　违反本法规定，企业事业单位和其他生产经营者有下列行为之一，受到罚款处罚，被责令改正，拒不改正的，依法作出处罚决定的行政机关可以自责令改正之日的次日起，按照原处罚数额按日连续处罚：

（一）未依法取得排污许可证排放大气污染物的；

（二）超过大气污染物排放标准或者超过重点大气污染物排放总量控制指标排放大气污染物的；

（三）通过逃避监管的方式排放大气污染物的；

（四）建筑施工或者贮存易产生扬尘的物料未采取有效措施防治扬尘污染的。

第一百二十四条 违反本法规定，对举报人以解除、变更劳动合同或者其他方式打击报复的，应当依照有关法律的规定承担责任。

第一百二十五条 排放大气污染物造成损害的，应当依法承担侵权责任。

第一百二十六条 地方各级人民政府、县级以上人民政府生态环境主管部门和其他负有大气环境保护监督管理职责的部门及其工作人员滥用职权、玩忽职守、徇私舞弊、弄虚作假的，依法给予处分。

第一百二十七条 违反本法规定，构成犯罪的，依法追究刑事责任。

第八章 附 则

第一百二十八条 海洋工程的大气污染防治，依照《中华人民共和国海洋环境保护法》的有关规定执行。

第一百二十九条 本法自 2016 年 1 月 1 日起施行。

政府投资条例

第一章 总 则

第一条 为了充分发挥政府投资作用，提高政府投资效益，规范政府投资行为，激发社会投资活力，制定本条例。

第二条 本条例所称政府投资，是指在中国境内使用预算安排的资金进行固定资产投资建设活动，包括新建、扩建、改建、技术改造等。

第三条 政府投资资金应当投向市场不能有效配置资源的社会公益服务、公共基础设施、农业农村、生态环境保护、重大科技进步、社会管理、国家安全等公共领域的项目，以非经营性项目为主。

国家完善有关政策措施，发挥政府投资资金的引导和带动作用，鼓励社会资金投向前款规定的领域。

国家建立政府投资范围定期评估调整机制，不断优化政府投资方向和结构。

第四条 政府投资应当遵循科学决策、规范管理、注重绩效、公开透明的原则。

第五条 政府投资应当与经济社会发展水平和财政收支状况相适应。

国家加强对政府投资资金的预算约束。政府及其有关部门不得违法违规举借债务筹措政府投资资金。

第六条 政府投资资金按项目安排，以直接投资方式为主；对确需支持的经营性项目，主要采取资本金注入方式，也可以适当采取投资补助、贷款贴息等方式。

安排政府投资资金，应当符合推进中央与地方财政事权和支出责任划分改革的有关要求，并平等对待各类投资主体，不得设置歧视性条件。

国家通过建立项目库等方式，加强对使用政府投资资金项目的储备。

第七条 国务院投资主管部门依照本条例和国务院的规定，履行政府投资综合管理职责。国务院其他有关部门依照本条例和国务院规定的职责分工，履行相应的政府投资管理职责。

县级以上地方人民政府投资主管部门和其他有关部门依照本条例和本级人民政府规定的职责分工，履行相应的政府投资管理职责。

第二章 政府投资决策

第八条 县级以上人民政府应当根据国民经济和社会发展规划、中期财政规划和国家宏观调控政策，结合财政收支状况，统筹安排使用政府投资资金的项目，规范使用各类政府投资资金。

第九条 政府采取直接投资方式、资本金注入方式投资的项目（以下统称政府投资项目），项目单位应当编制项目建议书、可行性研究报告、初步设计，按照政府投资管理权限和规定的程序，报投资主管部门或者其他有关部门审批。

项目单位应当加强政府投资项目的前期工作，保证前期工作的深度达到规定的要求，并对项目建议书、可行性研究报告、初步设计以及依法应当附具的其他文件的真实性负责。

第十条 除涉及国家秘密的项目外，投资主管部门和其他有关部门应当通过投资项目在线审批监管平台（以下简称在线平台），使用在线平台生成的项目代码办理政府投资项目审批手续。

投资主管部门和其他有关部门应当通过在线平台列明与政府投资有关的规划、产业政策等，公开政府投资项目审批的办理流程、办理时限等，并为项目单位提供相关咨询服务。

第十一条 投资主管部门或者其他有关部门应当根据国民经济和社会发展规划、相关领域专项规划、产业政策等，从下列方面对政府投资项目进行审查，作出是否批准的决定：

（一）项目建议书提出的项目建设的必要性；

（二）可行性研究报告分析的项目的技术经济可行性、社会效益以及项目资金等主要建设条件的落实情况；

（三）初步设计及其提出的投资概算是否符合可行性研究报告批复以及国家有关标准和规范的要求；

（四）依照法律、行政法规和国家有关规定应当审查的其他事项。

投资主管部门或者其他有关部门对政府投资项目不予批准的，应当书面通知项目单位并说明理由。

对经济社会发展、社会公众利益有重大影响或者投资规模较大的政府投资项目，投资主管部门或者其他有关部门应当在中介服务机构评估、公众参与、专家评议、风险评估的基础上作出是否批准的决定。

第十二条 经投资主管部门或者其他有关部门核定的投资概算是控制政府投资项目总投资的依据。

初步设计提出的投资概算超过经批准的可行性研究报告提出的投资估算 10%的，项目单位应当向投资主管部门或者其他有关部门报告，投资主管部门或者其他有关部门可以要求项目单位重新报送可行性研究报告。

第十三条 对下列政府投资项目，可以按照国家有关规定简化需要报批的文件和审批程序：

（一）相关规划中已经明确的项目；

（二）部分扩建、改建项目；

（三）建设内容单一、投资规模较小、技术方案简单的项目；

（四）为应对自然灾害、事故灾难、公共卫生事件、社会安全事件等突发事件需要紧急建设的项目。

前款第三项所列项目的具体范围，由国务院投资主管部门会同国务院其他有关部门规定。

第十四条 采取投资补助、贷款贴息等方式安排政府投资资金的，项目单位应当按照国家有关规定办理手续。

第三章 政府投资年度计划

第十五条 国务院投资主管部门对其负责安排的政府投资编制政府投资年度计划，国务院其他有关部门对其负责安排的本行业、本领域的政府投资编制政府投资年度计划。

县级以上地方人民政府有关部门按照本级人民政府的规定，编制政府投资年度计划。

第十六条 政府投资年度计划应当明确项目名称、建设内容及规模、建设工期、项目总投资、年度投资额及资金来源等事项。

第十七条　列入政府投资年度计划的项目应当符合下列条件：

（一）采取直接投资方式、资本金注入方式的，可行性研究报告已经批准或者投资概算已经核定；

（二）采取投资补助、贷款贴息等方式的，已经按照国家有关规定办理手续；

（三）县级以上人民政府有关部门规定的其他条件。

第十八条　政府投资年度计划应当和本级预算相衔接。

第十九条　财政部门应当根据经批准的预算，按照法律、行政法规和国库管理的有关规定，及时、足额办理政府投资资金拨付。

第四章　政府投资项目实施

第二十条　政府投资项目开工建设，应当符合本条例和有关法律、行政法规规定的建设条件；不符合规定的建设条件的，不得开工建设。

国务院规定应当审批开工报告的重大政府投资项目，按照规定办理开工报告审批手续后方可开工建设。

第二十一条　政府投资项目应当按照投资主管部门或者其他有关部门批准的建设地点、建设规模和建设内容实施；拟变更建设地点或者拟对建设规模、建设内容等作较大变更的，应当按照规定的程序报原审批部门审批。

第二十二条　政府投资项目所需资金应当按照国家有关规定确保落实到位。

政府投资项目不得由施工单位垫资建设。

第二十三条　政府投资项目建设投资原则上不得超过经核定的投资概算。

因国家政策调整、价格上涨、地质条件发生重大变化等原因确需增加投资概算的，项目单位应当提出调整方案及资金来源，按照规定的程序报原初步设计审批部门或者投资概算核定部门核定；涉及预算调整或者调剂的，依照有关预算的法律、行政法规和国家有关规定办理。

第二十四条　政府投资项目应当按照国家有关规定合理确定并严格执行建设工期，任何单位和个人不得非法干预。

第二十五条　政府投资项目建成后，应当按照国家有关规定进行竣工验收，并在竣工验收合格后及时办理竣工财务决算。

政府投资项目结余的财政资金，应当按照国家有关规定缴回国库。

第二十六条　投资主管部门或者其他有关部门应当按照国家有关规定选择有代表性的已建成政府投资项目，委托中介服务机构对所选项目进行后评价。后评价应当根据项目建成后的实际效果，对项目审批和实施进行全面评价并提出明确意见。

第五章　监督管理

第二十七条　投资主管部门和依法对政府投资项目负有监督管理职责的其他部门应当采取在线监测、现场核查等方式，加强对政府投资项目实施情况的监督检查。

项目单位应当通过在线平台如实报送政府投资项目开工建设、建设进度、竣工的基本信息。

第二十八条　投资主管部门和依法对政府投资项目负有监督管理职责的其他部门应当建立政府投资项目信息共享机制，通过在线平台实现信息共享。

第二十九条　项目单位应当按照国家有关规定加强政府投资项目档案管理，将项目审批和实施过程中的有关文件、资料存档备查。

第三十条 政府投资年度计划、政府投资项目审批和实施以及监督检查的信息应当依法公开。

第三十一条 政府投资项目的绩效管理、建设工程质量管理、安全生产管理等事项，依照有关法律、行政法规和国家有关规定执行。

第六章 法律责任

第三十二条 有下列情形之一的，责令改正，对负有责任的领导人员和直接责任人员依法给予处分：

（一）超越审批权限审批政府投资项目；

（二）对不符合规定的政府投资项目予以批准；

（三）未按照规定核定或者调整政府投资项目的投资概算；

（四）为不符合规定的项目安排投资补助、贷款贴息等政府投资资金；

（五）履行政府投资管理职责中其他玩忽职守、滥用职权、徇私舞弊的情形。

第三十三条 有下列情形之一的，依照有关预算的法律、行政法规和国家有关规定追究法律责任：

（一）政府及其有关部门违法违规举借债务筹措政府投资资金；

（二）未按照规定及时、足额办理政府投资资金拨付；

（三）转移、侵占、挪用政府投资资金。

第三十四条 项目单位有下列情形之一的，责令改正，根据具体情况，暂停、停止拨付资金或者收回已拨付的资金，暂停或者停止建设活动，对负有责任的领导人员和直接责任人员依法给予处分：

（一）未经批准或者不符合规定的建设条件开工建设政府投资项目；

（二）弄虚作假骗取政府投资项目审批或者投资补助、贷款贴息等政府投资资金；

（三）未经批准变更政府投资项目的建设地点或者对建设规模、建设内容等作较大变更；

（四）擅自增加投资概算；

（五）要求施工单位对政府投资项目垫资建设；

（六）无正当理由不实施或者不按照建设工期实施已批准的政府投资项目。

第三十五条 项目单位未按照规定将政府投资项目审批和实施过程中的有关文件、资料存档备查，或者转移、隐匿、篡改、毁弃项目有关文件、资料的，责令改正，对负有责任的领导人员和直接责任人员依法给予处分。

第三十六条 违反本条例规定，构成犯罪的，依法追究刑事责任。

第七章 附 则

第三十七条 国防科技工业领域政府投资的管理办法，由国务院国防科技工业管理部门根据本条例规定的原则另行制定。

第三十八条 中国人民解放军和中国人民武装警察部队的固定资产投资管理，按照中央军事委员会的规定执行。

第三十九条 本条例自2019年7月1日起施行。

保障农民工工资支付条例

第一章 总 则

第一条 为了规范农民工工资支付行为，保障农民工按时足额获得工资，根据《中华人民共和国劳动法》及有关法律规定，制定本条例。

第二条 保障农民工工资支付，适用本条例。

本条例所称农民工，是指为用人单位提供劳动的农村居民。

本条例所称工资，是指农民工为用人单位提供劳动后应当获得的劳动报酬。

第三条 农民工有按时足额获得工资的权利。任何单位和个人不得拖欠农民工工资。

农民工应当遵守劳动纪律和职业道德，执行劳动安全卫生规程，完成劳动任务。

第四条 县级以上地方人民政府对本行政区域内保障农民工工资支付工作负责，建立保障农民工工资支付工作协调机制，加强监管能力建设，健全保障农民工工资支付工作目标责任制，并纳入对本级人民政府有关部门和下级人民政府进行考核和监督的内容。

乡镇人民政府、街道办事处应当加强对拖欠农民工工资矛盾的排查和调处工作，防范和化解矛盾，及时调解纠纷。

第五条 保障农民工工资支付，应当坚持市场主体负责、政府依法监管、社会协同监督，按照源头治理、预防为主、防治结合、标本兼治的要求，依法根治拖欠农民工工资问题。

第六条 用人单位实行农民工劳动用工实名制管理，与招用的农民工书面约定或者通过依法制定的规章制度规定工资支付标准、支付时间、支付方式等内容。

第七条 人力资源社会保障行政部门负责保障农民工工资支付工作的组织协调、管理指导和农民工工资支付情况的监督检查，查处有关拖欠农民工工资案件。

住房城乡建设、交通运输、水利等相关行业工程建设主管部门按照职责履行行业监管责任，督办因违法发包、转包、违法分包、挂靠、拖欠工程款等导致的拖欠农民工工资案件。

发展改革等部门按照职责负责政府投资项目的审批管理，依法审查政府投资项目的资金来源和筹措方式，按规定及时安排政府投资，加强社会信用体系建设，组织对拖欠农民工工资失信联合惩戒对象依法依规予以限制和惩戒。

财政部门负责政府投资资金的预算管理，根据经批准的预算按规定及时足额拨付政府投资资金。

公安机关负责及时受理、侦办涉嫌拒不支付劳动报酬刑事案件，依法处置因农民工工资拖欠引发的社会治安案件。

司法行政、自然资源、人民银行、审计、国有资产管理、税务、市场监管、金融监管等部门，按照职责做好与保障农民工工资支付相关的工作。

第八条 工会、共产主义青年团、妇女联合会、残疾人联合会等组织按照职责依法维护农民工获得工资的权利。

第九条 新闻媒体应当开展保障农民工工资支付法律法规政策的公益宣传和先进典型的报道，

依法加强对拖欠农民工工资违法行为的舆论监督，引导用人单位增强依法用工、按时足额支付工资的法律意识，引导农民工依法维权。

第十条 被拖欠工资的农民工有权依法投诉，或者申请劳动争议调解仲裁和提起诉讼。

任何单位和个人对拖欠农民工工资的行为，有权向人力资源社会保障行政部门或者其他有关部门举报。

人力资源社会保障行政部门和其他有关部门应当公开举报投诉电话、网站等渠道，依法接受对拖欠农民工工资行为的举报、投诉。对于举报、投诉的处理实行首问负责制，属于本部门受理的，应当依法及时处理；不属于本部门受理的，应当及时转送相关部门，相关部门应当依法及时处理，并将处理结果告知举报、投诉人。

第二章　工资支付形式与周期

第十一条 农民工工资应当以货币形式，通过银行转账或者现金支付给农民工本人，不得以实物或者有价证券等其他形式替代。

第十二条 用人单位应当按照与农民工书面约定或者依法制定的规章制度规定的工资支付周期和具体支付日期足额支付工资。

第十三条 实行月、周、日、小时工资制的，按照月、周、日、小时为周期支付工资；实行计件工资制的，工资支付周期由双方依法约定。

第十四条 用人单位与农民工书面约定或者依法制定的规章制度规定的具体支付日期，可以在农民工提供劳动的当期或者次期。具体支付日期遇法定节假日或者休息日的，应当在法定节假日或者休息日前支付。

用人单位因不可抗力未能在支付日期支付工资的，应当在不可抗力消除后及时支付。

第十五条 用人单位应当按照工资支付周期编制书面工资支付台账，并至少保存 3 年。

书面工资支付台账应当包括用人单位名称，支付周期，支付日期，支付对象姓名、身份证号码、联系方式，工作时间，应发工资项目及数额，代扣、代缴、扣除项目和数额，实发工资数额，银行代发工资凭证或者农民工签字等内容。

用人单位向农民工支付工资时，应当提供农民工本人的工资清单。

第三章　工资清偿

第十六条 用人单位拖欠农民工工资的，应当依法予以清偿。

第十七条 不具备合法经营资格的单位招用农民工，农民工已经付出劳动而未获得工资的，依照有关法律规定执行。

第十八条 用工单位使用个人、不具备合法经营资格的单位或者未依法取得劳务派遣许可证的单位派遣的农民工，拖欠农民工工资的，由用工单位清偿，并可以依法进行追偿。

第十九条 用人单位将工作任务发包给个人或者不具备合法经营资格的单位，导致拖欠所招用农民工工资的，依照有关法律规定执行。

用人单位允许个人、不具备合法经营资格或者未取得相应资质的单位以用人单位的名义对外经营，导致拖欠所招用农民工工资的，由用人单位清偿，并可以依法进行追偿。

第二十条 合伙企业、个人独资企业、个体经济组织等用人单位拖欠农民工工资的，应当依法予以清偿；不清偿的，由出资人依法清偿。

第二十一条　用人单位合并或者分立时，应当在实施合并或者分立前依法清偿拖欠的农民工工资；经与农民工书面协商一致的，可以由合并或者分立后承继其权利和义务的用人单位清偿。

第二十二条　用人单位被依法吊销营业执照或者登记证书、被责令关闭、被撤销或者依法解散的，应当在申请注销登记前依法清偿拖欠的农民工工资。

未依据前款规定清偿农民工工资的用人单位主要出资人，应当在注册新用人单位前清偿拖欠的农民工工资。

第四章　工程建设领域特别规定

第二十三条　建设单位应当有满足施工所需要的资金安排。没有满足施工所需要的资金安排的，工程建设项目不得开工建设；依法需要办理施工许可证的，相关行业工程建设主管部门不予颁发施工许可证。

政府投资项目所需资金，应当按照国家有关规定落实到位，不得由施工单位垫资建设。

第二十四条　建设单位应当向施工单位提供工程款支付担保。

建设单位与施工总承包单位依法订立书面工程施工合同，应当约定工程款计量周期、工程款进度结算办法以及人工费用拨付周期，并按照保障农民工工资按时足额支付的要求约定人工费用。人工费用拨付周期不得超过 1 个月。

建设单位与施工总承包单位应当将工程施工合同保存备查。

第二十五条　施工总承包单位与分包单位依法订立书面分包合同，应当约定工程款计量周期、工程款进度结算办法。

第二十六条　施工总承包单位应当按照有关规定开设农民工工资专用账户，专项用于支付该工程建设项目农民工工资。

开设、使用农民工工资专用账户有关资料应当由施工总承包单位妥善保存备查。

第二十七条　金融机构应当优化农民工工资专用账户开设服务流程，做好农民工工资专用账户的日常管理工作；发现资金未按约定拨付等情况的，及时通知施工总承包单位，由施工总承包单位报告人力资源社会保障行政部门和相关行业工程建设主管部门，并纳入欠薪预警系统。

工程完工且未拖欠农民工工资的，施工总承包单位公示 30 日后，可以申请注销农民工工资专用账户，账户内余额归施工总承包单位所有。

第二十八条　施工总承包单位或者分包单位应当依法与所招用的农民工订立劳动合同并进行用工实名登记，具备条件的行业应当通过相应的管理服务信息平台进行用工实名登记、管理。未与施工总承包单位或者分包单位订立劳动合同并进行用工实名登记的人员，不得进入项目现场施工。

施工总承包单位应当在工程项目部配备劳资专管员，对分包单位劳动用工实施监督管理，掌握施工现场用工、考勤、工资支付等情况，审核分包单位编制的农民工工资支付表，分包单位应当予以配合。

施工总承包单位、分包单位应当建立用工管理台账，并保存至工程完工且工资全部结清后至少 3 年。

第二十九条　建设单位应当按照合同约定及时拨付工程款，并将人工费用及时足额拨付至农民工工资专用账户，加强对施工总承包单位按时足额支付农民工工资的监督。

因建设单位未按照合同约定及时拨付工程款导致农民工工资拖欠的，建设单位应当以未结清的工程款为限先行垫付被拖欠的农民工工资。

建设单位应当以项目为单位建立保障农民工工资支付协调机制和工资拖欠预防机制，督促施工总承包单位加强劳动用工管理，妥善处理与农民工工资支付相关的矛盾纠纷。发生农民工集体讨薪事件的，建设单位应当会同施工总承包单位及时处理，并向项目所在地人力资源社会保障行政部门和相关行业工程建设主管部门报告有关情况。

第三十条 分包单位对所招用农民工的实名制管理和工资支付负直接责任。

施工总承包单位对分包单位劳动用工和工资发放等情况进行监督。

分包单位拖欠农民工工资的，由施工总承包单位先行清偿，再依法进行追偿。

工程建设项目转包，拖欠农民工工资的，由施工总承包单位先行清偿，再依法进行追偿。

第三十一条 工程建设领域推行分包单位农民工工资委托施工总承包单位代发制度。

分包单位应当按月考核农民工工作量并编制工资支付表，经农民工本人签字确认后，与当月工程进度等情况一并交施工总承包单位。

施工总承包单位根据分包单位编制的工资支付表，通过农民工工资专用账户直接将工资支付到农民工本人的银行账户，并向分包单位提供代发工资凭证。

用于支付农民工工资的银行账户所绑定的农民工本人社会保障卡或者银行卡，用人单位或者其他人员不得以任何理由扣押或者变相扣押。

第三十二条 施工总承包单位应当按照有关规定存储工资保证金，专项用于支付为所承包工程提供劳动的农民工被拖欠的工资。

工资保证金实行差异化存储办法，对一定时期内未发生工资拖欠的单位实行减免措施，对发生工资拖欠的单位适当提高存储比例。工资保证金可以用金融机构保函替代。

工资保证金的存储比例、存储形式、减免措施等具体办法，由国务院人力资源社会保障行政部门会同有关部门制定。

第三十三条 除法律另有规定外，农民工工资专用账户资金和工资保证金不得因支付为本项目提供劳动的农民工工资之外的原因被查封、冻结或者划拨。

第三十四条 施工总承包单位应当在施工现场醒目位置设立维权信息告示牌，明示下列事项：

（一）建设单位、施工总承包单位及所在项目部、分包单位、相关行业工程建设主管部门、劳资专管员等基本信息；

（二）当地最低工资标准、工资支付日期等基本信息；

（三）相关行业工程建设主管部门和劳动保障监察投诉举报电话、劳动争议调解仲裁申请渠道、法律援助申请渠道、公共法律服务热线等信息。

第三十五条 建设单位与施工总承包单位或者承包单位与分包单位因工程数量、质量、造价等产生争议的，建设单位不得因争议不按照本条例第二十四条的规定拨付工程款中的人工费用，施工总承包单位也不得因争议不按照规定代发工资。

第三十六条 建设单位或者施工总承包单位将建设工程发包或者分包给个人或者不具备合法经营资格的单位，导致拖欠农民工工资的，由建设单位或者施工总承包单位清偿。

施工单位允许其他单位和个人以施工单位的名义对外承揽建设工程，导致拖欠农民工工资的，由施工单位清偿。

第三十七条 工程建设项目违反国土空间规划、工程建设等法律法规，导致拖欠农民工工资的，由建设单位清偿。

第五章　监督检查

第三十八条　县级以上地方人民政府应当建立农民工工资支付监控预警平台，实现人力资源社会保障、发展改革、司法行政、财政、住房城乡建设、交通运输、水利等部门的工程项目审批、资金落实、施工许可、劳动用工、工资支付等信息及时共享。

人力资源社会保障行政部门根据水电燃气供应、物业管理、信贷、税收等反映企业生产经营相关指标的变化情况，及时监控和预警工资支付隐患并做好防范工作，市场监管、金融监管、税务等部门应当予以配合。

第三十九条　人力资源社会保障行政部门、相关行业工程建设主管部门和其他有关部门应当按照职责，加强对用人单位与农民工签订劳动合同、工资支付以及工程建设项目实行农民工实名制管理、农民工工资专用账户管理、施工总承包单位代发工资、工资保证金存储、维权信息公示等情况的监督检查，预防和减少拖欠农民工工资行为的发生。

第四十条　人力资源社会保障行政部门在查处拖欠农民工工资案件时，需要依法查询相关单位金融账户和相关当事人拥有房产、车辆等情况的，应当经设区的市级以上地方人民政府人力资源社会保障行政部门负责人批准，有关金融机构和登记部门应当予以配合。

第四十一条　人力资源社会保障行政部门在查处拖欠农民工工资案件时，发生用人单位拒不配合调查、清偿责任主体及相关当事人无法联系等情形的，可以请求公安机关和其他有关部门协助处理。

人力资源社会保障行政部门发现拖欠农民工工资的违法行为涉嫌构成拒不支付劳动报酬罪的，应当按照有关规定及时移送公安机关审查并作出决定。

第四十二条　人力资源社会保障行政部门作出责令支付被拖欠的农民工工资的决定，相关单位不支付的，可以依法申请人民法院强制执行。

第四十三条　相关行业工程建设主管部门应当依法规范本领域建设市场秩序，对违法发包、转包、违法分包、挂靠等行为进行查处，并对导致拖欠农民工工资的违法行为及时予以制止、纠正。

第四十四条　财政部门、审计机关和相关行业工程建设主管部门按照职责，依法对政府投资项目建设单位按照工程施工合同约定向农民工工资专用账户拨付资金情况进行监督。

第四十五条　司法行政部门和法律援助机构应当将农民工列为法律援助的重点对象，并依法为请求支付工资的农民工提供便捷的法律援助。

公共法律服务相关机构应当积极参与相关诉讼、咨询、调解等活动，帮助解决拖欠农民工工资问题。

第四十六条　人力资源社会保障行政部门、相关行业工程建设主管部门和其他有关部门应当按照“谁执法谁普法”普法责任制的要求，通过以案释法等多种形式，加大对保障农民工工资支付相关法律法规的普及宣传。

第四十七条　人力资源社会保障行政部门应当建立用人单位及相关责任人劳动保障守法诚信档案，对用人单位开展守法诚信等级评价。

用人单位有严重拖欠农民工工资违法行为的，由人力资源社会保障行政部门向社会公布，必要时可以通过召开新闻发布会等形式向媒体公开曝光。

第四十八条　用人单位拖欠农民工工资，情节严重或者造成严重不良社会影响的，有关部门应当将该用人单位及其法定代表人或者主要负责人、直接负责的主管人员和其他直接责任人员列入拖欠农民工工资失信联合惩戒对象名单，在政府资金支持、政府采购、招投标、融资贷款、市场准入、税收优惠、评优评先、交通出行等方面依法依规予以限制。

拖欠农民工工资需要列入失信联合惩戒名单的具体情形，由国务院人力资源社会保障行政部门规定。

第四十九条 建设单位未依法提供工程款支付担保或者政府投资项目拖欠工程款，导致拖欠农民工工资的，县级以上地方人民政府应当限制其新建项目，并记入信用记录，纳入国家信用信息系统进行公示。

第五十条 农民工与用人单位就拖欠工资存在争议，用人单位应当提供依法由其保存的劳动合同、职工名册、工资支付台账和清单等材料；不提供的，依法承担不利后果。

第五十一条 工会依法维护农民工工资权益，对用人单位工资支付情况进行监督；发现拖欠农民工工资的，可以要求用人单位改正，拒不改正的，可以请求人力资源社会保障行政部门和其他有关部门依法处理。

第五十二条 单位或者个人编造虚假事实或者采取非法手段讨要农民工工资，或者以拖欠农民工工资为名讨要工程款的，依法予以处理。

第六章 法律责任

第五十三条 违反本条例规定拖欠农民工工资的，依照有关法律规定执行。

第五十四条 有下列情形之一的，由人力资源社会保障行政部门责令限期改正；逾期不改正的，对单位处2万元以上5万元以下的罚款，对法定代表人或者主要负责人、直接负责的主管人员和其他直接责任人员处1万元以上3万元以下的罚款：

（一）以实物、有价证券等形式代替货币支付农民工工资；

（二）未编制工资支付台账并依法保存，或者未向农民工提供工资清单；

（三）扣押或者变相扣押用于支付农民工工资的银行账户所绑定的农民工本人社会保障卡或者银行卡。

第五十五条 有下列情形之一的，由人力资源社会保障行政部门、相关行业工程建设主管部门按照职责责令限期改正；逾期不改正的，责令项目停工，并处5万元以上10万元以下的罚款；情节严重的，给予施工单位限制承接新工程、降低资质等级、吊销资质证书等处罚：

（一）施工总承包单位未按规定开设或者使用农民工工资专用账户；

（二）施工总承包单位未按规定存储工资保证金或者未提供金融机构保函；

（三）施工总承包单位、分包单位未实行劳动用工实名制管理。

第五十六条 有下列情形之一的，由人力资源社会保障行政部门、相关行业工程建设主管部门按照职责责令限期改正；逾期不改正的，处5万元以上10万元以下的罚款：

（一）分包单位未按月考核农民工工作量、编制工资支付表并经农民工本人签字确认；

（二）施工总承包单位未对分包单位劳动用工实施监督管理；

（三）分包单位未配合施工总承包单位对其劳动用工进行监督管理；

（四）施工总承包单位未实行施工现场维权信息公示制度。

第五十七条 有下列情形之一的，由人力资源社会保障行政部门、相关行业工程建设主管部门按照职责责令限期改正；逾期不改正的，责令项目停工，并处5万元以上10万元以下的罚款：

（一）建设单位未依法提供工程款支付担保；

（二）建设单位未按约定及时足额向农民工工资专用账户拨付工程款中的人工费用；

（三）建设单位或者施工总承包单位拒不提供或者无法提供工程施工合同、农民工工资专用账户有关资料。

第五十八条　不依法配合人力资源社会保障行政部门查询相关单位金融账户的，由金融监管部门责令改正；拒不改正的，处2万元以上5万元以下的罚款。

第五十九条　政府投资项目政府投资资金不到位拖欠农民工工资的，由人力资源社会保障行政部门报本级人民政府批准，责令限期足额拨付所拖欠的资金；逾期不拨付的，由上一级人民政府人力资源社会保障行政部门约谈直接责任部门和相关监管部门负责人，必要时进行通报，约谈地方人民政府负责人。情节严重的，对地方人民政府及其有关部门负责人、直接负责的主管人员和其他直接责任人员依法依规给予处分。

第六十条　政府投资项目建设单位未经批准立项建设、擅自扩大建设规模、擅自增加投资概算、未及时拨付工程款等导致拖欠农民工工资的，除依法承担责任外，由人力资源社会保障行政部门、其他有关部门按照职责约谈建设单位负责人，并作为其业绩考核、薪酬分配、评优评先、职务晋升等的重要依据。

第六十一条　对于建设资金不到位、违法违规开工建设的社会投资工程建设项目拖欠农民工工资的，由人力资源社会保障行政部门、其他有关部门按照职责依法对建设单位进行处罚；对建设单位负责人依法依规给予处分。相关部门工作人员未依法履行职责的，由有关机关依法依规给予处分。

第六十二条　县级以上地方人民政府人力资源社会保障、发展改革、财政、公安等部门和相关行业工程建设主管部门工作人员，在履行农民工工资支付监督管理职责过程中滥用职权、玩忽职守、徇私舞弊的，依法依规给予处分；构成犯罪的，依法追究刑事责任。

第七章　附　则

第六十三条　用人单位一时难以支付拖欠的农民工工资或者拖欠农民工工资逃匿的，县级以上地方人民政府可以动用应急周转金，先行垫付用人单位拖欠的农民工部分工资或者基本生活费。对已经垫付的应急周转金，应当依法向拖欠农民工工资的用人单位进行追偿。

第六十四条　本条例自2020年5月1日起施行。

国务院办公厅关于全面治理拖欠农民工工资问题的意见

（国办发〔2016〕1号）

各省、自治区、直辖市人民政府，国务院各部委、各直属机构：

解决拖欠农民工工资问题，事关广大农民工切身利益，事关社会公平正义和社会和谐稳定。党中央、国务院历来高度重视，先后出台了一系列政策措施，各地区、各有关部门加大工作力度，经过多年治理取得了明显成效。但也要看到，这一问题尚未得到根本解决，部分行业特别是工程建设领域拖欠工资问题仍较突出，一些政府投资工程项目不同程度存在拖欠农民工工资问题，严重侵害了农民工合法权益，由此引发的群体性事件时有发生，影响社会稳定。为全面治理拖欠农民工工资问题，经国务院同意，现提出如下意见：

一、总体要求

（一）指导思想。全面贯彻党的十八大和十八届二中、三中、四中、五中全会精神，按照“四个全面”战略布局和党中央、国务院决策部署，牢固树立并切实贯彻创新、协调、绿色、开放、共享的发展理念，紧紧围绕保护农民工劳动所得，坚持标本兼治、综合治理，着力规范工资支付行为、优化市场环境、强化监管责任，健全预防和解决拖欠农民工工资问题的长效机制，切实保障农民工劳动报酬权益，维护社会公平正义，促进社会和谐稳定。

（二）目标任务。以建筑市政、交通、水利等工程建设领域和劳动密集型加工制造、餐饮服务等易发生拖欠工资问题的行业为重点，健全源头预防、动态监管、失信惩戒相结合的制度保障体系，完善市场主体自律、政府依法监管、社会协同监督、司法联动惩处的工作体系。到2020年，形成制度完备、责任落实、监管有力的治理格局，使拖欠农民工工资问题得到根本遏制，努力实现基本无拖欠。

二、全面规范企业工资支付行为

（三）明确工资支付各方主体责任。全面落实企业对招用农民工的工资支付责任，督促各类企业严格依法将工资按月足额支付给农民工本人，严禁将工资发放给不具备用工主体资格的组织和个人。在工程建设领域，施工总承包企业（包括直接承包建设单位发包工程的专业承包企业，下同）对所承包工程项目的农民工工资支付负总责，分包企业（包括承包施工总承包企业发包工程的专业企业，下同）对所招用农民工的工资支付负直接责任，不得以工程款未到位等为由克扣或拖欠农民工工资，不得将合同应收工程款等经营风险转嫁给农民工。

（四）严格规范劳动用工管理。督促各类企业依法与招用的农民工签订劳动合同并严格履行，建立职工名册并办理劳动用工备案。在工程建设领域，坚持施工企业与农民工先签订劳动合同后进场施工，全面实行农民工实名制管理制度，建立劳动计酬手册，记录施工现场作业农民工的身份信息、劳动考勤、工资结算等信息，逐步实现信息化实名制管理。施工总承包企业要加强对分包企业劳动用工和工资发放的监督管理，在工程项目部配备劳资专管员，建立施工人员进出场登记制度和考勤计量、工资支付等管理台账，实时掌握施工现场用工及其工资支付情况，不得以包代管。施工总承包企业和分包企业应将经农民工本人签字确认的工资支付书面记录保存两年以上备查。

（五）推行银行代发工资制度。推动各类企业委托银行代发农民工工资。在工程建设领域，鼓励实行分包企业农民工工资委托施工总承包企业直接代发的办法。分包企业负责为招用的农民工申办银行个人工资账户并办理实名制工资支付银行卡，按月考核农民工工作量并编制工资支付表，经农民工本人签字确认后，交施工总承包企业委托银行通过其设立的农民工工资（劳务费）专用账户直接将工资划入农民工个人工资账户。

三、健全工资支付监控和保障制度

（六）完善企业工资支付监控机制。构建企业工资支付监控网络，依托基层劳动保障监察网格化、网络化管理平台的工作人员和基层工会组织设立的劳动法律监督员，对辖区内企业工资支付情况实行日常监管，对发生过拖欠工资的企业实行重点监控并要求其定期申报。企业确因生产经营困难等原因需要延期支付农民工工资的，应及时向当地人力资源社会保障部门、工会组织报告。建立和完善欠薪预警系统，根据工商、税务、银行、水电供应等单位反映的企业生产经营状况相关指标变化情况，定期对重点行业企业进行综合分析研判，发现欠薪隐患要及时预警并做好防范工作。

（七）完善工资保证金制度。在建筑市政、交通、水利等工程建设领域全面实行工资保证金制度，逐步将实施范围扩大到其他易发生拖欠工资的行业。建立工资保证金差异化缴存办法，对一定时期内未发生工资拖欠的企业实行减免措施、发生工资拖欠的企业适当提高缴存比例。严格规范工资保证金动用和退还办法。探索推行业主担保、银行保函等第三方担保制度，积极引入商业保险机制，保障农民工工资支付。

（八）建立健全农民工工资（劳务费）专用账户管理制度。在工程建设领域，实行人工费用与其他工程款分账管理制度，推动农民工工资与工程材料款等相分离。施工总承包企业应分解工程价款中的人工费用，在工程项目所在地银行开设农民工工资（劳务费）专用账户，专项用于支付农民工工资。建设单位应按照工程承包合同约定的比例或施工总承包企业提供的人工费用数额，将应付工程款中的人工费单独拨付到施工总承包企业开设的农民工工资（劳务费）专用账户。农民工工资（劳务费）专用账户应向人力资源社会保障部门和交通、水利等工程建设项目主管部门备案，并委托开户银行负责日常监管，确保专款专用。开户银行发现账户资金不足、被挪用等情况，应及时向人力资源社会保障部门和交通、水利等工程建设项目主管部门报告。

（九）落实清偿欠薪责任。招用农民工的企业承担直接清偿拖欠农民工工资的主体责任。在工程建设领域，建设单位或施工总承包企业未按合同约定及时划拨工程款，致使分包企业拖欠农民工工资的，由建设单位或施工总承包企业以未结清的工程款为限先行垫付农民工工资。建设单位或施工总承包企业将工程违法发包、转包或违法分包致使拖欠农民工工资的，由建设单位或施工总承包企业依法承担清偿责任。

四、推进企业工资支付诚信体系建设

（十）完善企业守法诚信管理制度。将劳动用工、工资支付情况作为企业诚信评价的重要依据，实行分类分级动态监管。建立拖欠工资企业“黑名单”制度，定期向社会公开有关信息。人力资源社会保障部门要建立企业拖欠工资等违法信息的归集、交换和更新机制，将查处的企业拖欠工资情况纳入人民银行企业征信系统、工商部门企业信用信息公示系统、住房城乡建设等行业主管部门诚

信信息平台或政府公共信用信息服务平台。推进相关信用信息系统互联互通，实现对企业信用信息互认共享。

（十一）建立健全企业失信联合惩戒机制。加强对企业失信行为的部门协同监管和联合惩戒，对拖欠工资的失信企业，由有关部门在政府资金支持、政府采购、招投标、生产许可、履约担保、资质审核、融资贷款、市场准入、评优评先等方面依法依规予以限制，使失信企业在全国范围内“一处违法、处处受限”，提高企业失信违法成本。

五、依法处置拖欠工资案件

（十二）严厉查处拖欠工资行为。加强工资支付监察执法，扩大日常巡视检查和书面材料审查覆盖范围，推进劳动保障监察举报投诉案件省级联动处理机制建设，加大拖欠农民工工资举报投诉受理和案件查处力度。完善多部门联合治理机制，深入开展农民工工资支付情况专项检查。健全地区执法协作制度，加强跨区域案件执法协作。完善劳动保障监察行政执法与刑事司法衔接机制，健全劳动保障监察机构、公安机关、检察机关、审判机关间信息共享、案情通报、案件移送等制度，推动完善人民检察院立案监督和人民法院及时财产保全等制度。对恶意欠薪涉嫌犯罪的，依法移送司法机关追究刑事责任，切实发挥刑法对打击拒不支付劳动报酬犯罪行为的威慑作用。

（十三）及时处理欠薪争议案件。充分发挥基层劳动争议调解等组织的作用，引导农民工就地就近解决工资争议。劳动人事争议仲裁机构对农民工因拖欠工资申请仲裁的争议案件优先受理、优先开庭、及时裁决、快速结案。对集体欠薪争议或涉及金额较大的欠薪争议案件要挂牌督办。加强裁审衔接与工作协调，提高欠薪争议案件裁决效率。畅通申请渠道，依法及时为农民工讨薪提供法律服务和法律援助。

（十四）完善欠薪突发事件应急处置机制。健全应急预案，及时妥善处置因拖欠农民工工资引发的突发性、群体性事件。完善欠薪应急周转金制度，探索建立欠薪保障金制度，对企业一时难以解决拖欠工资或企业主欠薪逃匿的，及时动用应急周转金、欠薪保障金或通过其他渠道筹措资金，先行垫付部分工资或基本生活费，帮助解决被拖欠工资农民工的临时生活困难。对采取非法手段讨薪或以拖欠工资为名讨要工程款，构成违反治安管理行为的，要依法予以治安处罚；涉嫌犯罪的，依法移送司法机关追究刑事责任。

六、改进建设领域工程款支付管理和用工方式

（十五）加强建设资金监管。在工程建设领域推行工程款支付担保制度，采用经济手段约束建设单位履约行为，预防工程款拖欠。加强对政府投资工程项目的管理，对建设资金来源不落实的政府投资工程项目不予批准。政府投资项目一律不得以施工企业带资承包的方式进行建设，并严禁将带资承包有关内容写入工程承包合同及补充条款。

（十六）规范工程款支付和结算行为。全面推行施工过程结算，建设单位应按合同约定的计量周期或工程进度结算并支付工程款。工程竣工验收后，对建设单位未完成竣工结算或未按合同支付工程款且未明确剩余工程款支付计划的，探索建立建设项目抵押偿付制度，有效解决拖欠工程款问题。对长期拖欠工程款结算或拖欠工程款的建设单位，有关部门不得批准其新项目开工建设。

（十七）改革工程建设领域用工方式。加快培育建筑产业工人队伍，推进农民工组织化进程。鼓励施工企业将一部分技能水平高的农民工招用为自有工人，不断扩大自有工人队伍。引导具备条件的劳务作业班组向专业企业发展。

（十八）实行施工现场维权信息公示制度。施工总承包企业负责在施工现场醒目位置设立维权信息告示牌，明示业主单位、施工总承包企业及所在项目部、分包企业、行业监管部门等基本信息；明示劳动用工相关法律法规、当地最低工资标准、工资支付日期等信息；明示属地行业监管部门投诉举报电话和劳动争议调解仲裁、劳动保障监察投诉举报电话等信息，实现所有施工场地全覆盖。

七、加强组织领导

（十九）落实属地监管责任。按照属地管理、分级负责、谁主管谁负责的原则，完善并落实解决拖欠农民工工资问题省级人民政府负总责，市（地）、县级人民政府具体负责的工作体制。完善目标责任制度，制定实施办法，将保障农民工工资支付纳入政府考核评价指标体系。建立定期督查制度，对拖欠农民工工资问题高发频发、举报投诉量大的地区及重大违法案件进行重点督查。健全问责制度，对监管责任不落实、组织工作不到位的，要严格责任追究。对政府投资工程项目拖欠工程款并引发拖欠农民工工资问题的，要追究项目负责人责任。

（二十）完善部门协调机制。健全解决企业工资拖欠问题部际联席会议制度，联席会议成员单位调整为人力资源社会保障部、发展改革委、公安部、司法部、财政部、住房城乡建设部、交通运输部、水利部、人民银行、国资委、工商总局、全国总工会，形成治理欠薪工作合力。地方各级人民政府要建立健全由政府负责人牵头、相关部门参与的工作协调机制。人力资源社会保障部门要加强组织协调和督促检查，加大劳动保障监察执法力度。住房城乡建设、交通运输、水利等部门要切实履行行业监管责任，规范工程建设市场秩序，督促企业落实劳务用工实名制管理等制度规定，负责督办因挂靠承包、违法分包、转包、拖欠工程款等造成的欠薪案件。发展改革等部门要加强对政府投资项目的审批管理，严格审查资金来源和筹措方式。财政部门要加强对政府投资项目建设全过程的资金监管，按规定及时拨付财政资金。其他相关部门要根据职责分工，积极做好保障农民工工资支付工作。

（二十一）加大普法宣传力度。发挥新闻媒体宣传引导和舆论监督作用，大力宣传劳动保障法律法规，依法公布典型违法案件，引导企业经营者增强依法用工、按时足额支付工资的法律意识，引导农民工依法理性维权。对重点行业企业，定期开展送法上门宣讲、组织法律培训等活动。充分利用互联网、微博、微信等现代传媒手段，不断创新宣传方式，增强宣传效果，营造保障农民工工资支付的良好舆论氛围。

（二十二）加强法治建设。健全保障农民工工资支付的法律制度，在总结相关行业有效做法和各地经验基础上，加快工资支付保障相关立法，为维护农民工劳动报酬权益提供法治保障。

国务院办公厅

2016 年 1 月 17 日

第四章　地方性法规、政府规章

内蒙古自治区生态环境建设项目管理办法（试行）

第一条　为了确保我区生态环境建设工作顺利进行，根据国务院办公厅《关于加强基础设施工程质量管理的通知》（国办发〔1999〕16 号）要求和国家有关基本建设规定，按照 2001 年全国生态环境建设部际联席会议确定的“整合工程、加强协调、下放权力、强化监督”的基本思路，特制定本办法。

第二条　凡经过自治区审批并安排国家投资的生态环境建设项目，均依照本办法执行。

第三条　按照全国生态环境建设部际联席会议制度的模式，由自治区人民政府统一成立生态环境保护与建设领导小组，领导全区生态环境建设工作。

第四条　领导小组的主要任务是：审议向党中央、国务院及自治区党委、政府提出的生态环境建设的政策建议和工作报告；研究实施生态环境建设中的重大问题。

第五条　领导小组下设办公室，其主要职责是：协调落实领导小组会议议定事项；办理领导小组日常工作事宜；提交需领导小组研究解决的重大原则问题报告；通报生态环境建设情况。

第六条　领导小组于每年年初召开专门会议，研究部署当年生态环境建设的工程布局及投资政策等重大问题。并且不定期地召开会议，及时研究生态环境建设过程中需要解决的相关问题。

第七条　各盟市、旗县可参照自治区的办法建立相应的生态环境保护与建设领导小组及办事机构。

第八条　计划部门协调有关部门负责生态环境建设各项工程总体规划的审核、计划的汇总、基建年度计划的编制和综合平衡，并分工负责生态环境建设综合治理工程的实施指导。

第九条　财政部门负责资金的下达和监督管理，并参与各项生态建设工程总体规划、计划的编制。

第十条　审计部门负责制定生态建设重点工程审计办法，审计各项目区的工程建设和财务管理情况。

第十一条　林业部门负责退耕还林（草）、天然林保护、“三北”防护林四期工程总体规划、计划的编制和实施指导，会同畜牧业和水利部门负责京津风沙源治理工程总体规划、计划的编制，并负责该项目农区、半农半牧区工程的实施指导。

第十二条　畜牧业部门负责天然草原植被恢复建设与保护工程总体规划、计划的编制和实施指导，参与京津风沙源治理工程总体规划、计划的编制，并负责该项目牧区工程的实施指导。

第十三条　水利部门负责水利水保重点防治工程总体规划、计划的编制和实施指导，参与京津风沙源治理工程总体规划、计划的编制，并分工负责该项工程中各项水利工程的实施指导。

第十四条　自治区环保局负责生态建设项目的环境影响评价，制定生态建设项目的生态环境评估办法并监督实施。

第十五条　自治区林业厅会同财政厅、农发行、粮食局负责退耕还林（草）补助粮食的发放。

第十六条　盟市负责协调落实自治区下达本盟市的生态建设任务；审核旗县实施方案；下达旗县年度投资计划；督查各旗县的组织施工、项目管理、资金拨付、财务管理、中期检查、竣工验收等项工作。各盟市可参照自治区的部门职责分工确定本地区各有关部门的职责。

第十七条 旗县是生态环境保护与建设的基本建设单位，旗县政府对生态环境建设项目的实施负全责并实施综合治理，旗县长是第一责任人。

第十八条 各旗县负责编制本旗县的总体规划，按规划和自治区的要求编制实施方案，按实施方案编制工程设计，按工程设计组织施工。年度实施方案的工程内容由自治区各项工程主管部门确定。

第十九条 各旗县政府要按照自治区各项工程主管部门的要求建立生态环境保护与建设领导责任制、合同制、监理制、报账制、竣工验收制和招投标制等制度，各项制度的具体内容和操作办法由自治区各项生态工程主管部门制定，按制度要求规范施工组织、工程质量、技术标准和项目区管护等各个建设环节，明确各有关部门和苏木乡、嘎查村的责任、权利和义务，并签定责任状。合格后发放林草权属证。

第二十条 自治区各有关部门根据国家下达的投资计划和自治区生态环境保护与建设领导小组会议确定的原则和要求，研究提出分盟市、旗县的安排意见，经自治区计委综合平衡后将投资分配方案通知到各有关盟市、旗县。

第二十一条 各项目旗县人民政府组织各有关部门根据自治区确定的投资规模编制年度实施方案，然后按照自治区的通知行文方式将年度实施方案逐级上报到自治区。

第二十二条 自治区计委会同各有关部门对旗县年度实施方案进行审查批复后，联合将投资建设计划下达到盟市、旗县。涉及一个业务部门的项目，由计划部门和该业务部门联合下达，涉及多个业务部门的项目由计划部门和多个业务部门联合下达，同时抄送自治区财政厅。

第二十三条 自治区政府与盟市、旗县负责人签定目标责任书，明确当年投资规模、建设任务和种树种草成活率、保存率等各项目标的完成。

第二十四条 根据《全国生态环境建设规划》和《内蒙古自治区国民经济和社会发展第十个五年计划纲要》，今后自治区生态环境建设要坚持全面规划、分步实施、突出重点、先易后难、稳步推进的原则，重点抓好黄河上中游、松花江辽河流域、海滦河流域水土流失治理、京津风沙源治理、大兴安岭天然林资源保护、黄河上中游地区退耕还林（草）、生态环境综合治理、“三北”防护林四期、天然草原植被恢复建设与保护项目等七项工程。各地区生态环境建设都要纳入这七项工程中统筹考虑。

第二十五条 除天然林资源保护工程外，其他六项工程原则上不得在一个旗县内重复安排。

第二十六条 在搞好以上七项重点工程的同时，还要以部门为主抓好种苗基地、草籽基地、野生动植物资源保护、森林草地病虫害防治以及森林草原防火等工作。

第二十七条 各项重点工程每年要进行一次稽察和审计，重点检查是否按国家和自治区的要求安排投资建设计划，是否按计划组织施工，是否按规定管理和使用资金，工程项目是否达到计划目标。对发现违纪违规及质量问题要坚决处理，问题严重的要停止投资，通报批评，并追究有关领导及相关人员的责任。

第二十八条 本办法由自治区生态环境保护与建设领导小组制定，由领导小组办公室负责解释。

第二十九条 本办法自发布之日起执行。

内蒙古自治区生态环境建设项目资金审计监督办法（试行）

第一条　为了保护和建设好生态环境，实现可持续发展目标，促进西部大开发战略的顺利实施，根据《中华人民共和国审计法》，制定本办法。

第二条　本办法所指的生态环境建设项目资金，包括退耕还林（草）工程、京津风沙源治理工程、生态环境综合治理工程、天然林资源保护工程、天然草原植被恢复建设与保护工程、水土保持生态建设工程、“三北”防护林四期工程所安排的国债投资、财政预算安排的专项资金、农业、畜牧业、林业、水利等部门管理的专项国债投资中央补助资金、财政或社会保障部门管理的“天然林保护”工程专项资金中的社会保障费、地方配套资金以及有关银行安排的专项贷款。

第三条　审计机关对生态建设项目资金进行审计监督，应当有利于促进国家生态环境建设政策的贯彻落实，促进有关部门和单位加强生态环境建设项目资金管理，提高资金使用效益，实现生态环境的可持续发展。

第四条　自治区各级审计机关依法对生态环境建设项目资金的分配、管理和使用的真实、合法及效益情况进行审计监督；分配、管理、使用生态环境建设项目资金的部门和单位依法接受审计监督。

第五条　审计机关对生态环境建设项目审计监督的主要内容：

（一）生态环境建设项目按计划批复、执行和调整、变更情况；

（二）财政部门对上级拨入的生态环境建设项目资金的分配、拨付、管理和结算情况；

（三）地方配套资金的筹集和拨付情况；

（四）有关主管部门对生态环境建设项目资金的分配、拨付和管理情况；

（五）用款单位对生态环境建设项目资金的使用情况；

（六）生态环境建设项目管理部门、建设单位、实施单位、招投标管理机关、稽察单位、施工企业、监理机构等对生态环境建设项目有关政策的执行情况；

（七）生态环境建设项目工程建设进度、计划完成、验收以及投资的生态效益、社会效益和经济效益情况；

（八）生态环境建设项目建成以后各项管护措施落实和实际管护情况。

第六条　审计机关依法对本级生态建设项目资金进行审计监督。

对列入审计署或自治区年度审计计划的生态环境建设资金的审计项目，由自治区审计厅负责组织实施，采取“上审下”或同级审的审计方式。

对未列入自治区年度审计计划的生态环境建设资金审计项目，下级审计机关根据本级人民政府的要求，制定审计项目计划，并组织实施，主要以同级审为主，必要时采取“上审下”的审计方式。

第七条　上级审计机关对下级有关部门生态环境建设资金的分配、管理和使用中关系到国家生态环境建设政策的贯彻执行等重大问题的，可以进行审计或审计调查。

第八条　生态环境建设项目资金使用主管部门可以申请同级审计机关或委托社会审计组织对生态环境建设项目责任人进行任期经济责任审计。

第九条 生态环境建设项目责任人的任免机关或单位，应当在接到审计机关提交的任期经济责任审计结果和有关建议后，再决定生态建设项目责任人的任免和调离。

第十条 审计机关对生态环境建设项目资金实施审计时，要对前次审计结果的执行情况进行核查，必要时可以对被审计单位进行后续审计。

第十一条 为了完成好生态环境建设项目资金审计任务，确保审计工作质量，可从当年安排的生态环境建设项目资金管理费中安排一定比例的审计经费。

第十二条 审计机关对生态环境建设项目资金进行审计监督，应当按照审计机关《审计项目计划管理的规定》，按年度分级建立审计台账和数据库。

第十三条 审计机关按照审计程序进行审计监督，对擅自改变生态环境建设项目资金的用途和使用范围，截留、出借和挤占挪用生态环境建设项目资金，或违反国家规定将生态环境建设项目资金用于盖楼、购买小汽车和人员经费开支等违纪行为，依照有关法律、法规和规章进行处理；情节严重的，要移送监察机关追究有关领导、项目负责人的行政责任，监察机关依法及时作出处理决定；构成犯罪的，由司法机关依法追究其刑事责任。

第十四条 根据《中华人民共和国审计法》中审计工作报告制度的有关规定，审计机关对生态环境建设重点项目资金的审计情况，要写出审计综合报告或专题审计调查报告，报送本级人民政府和上级审计机关。

审计综合报告或审计调查报告应当客观、真实地反映本级审计机关和下级审计机关生态环境建设项目资金审计工作的基本情况；对生态环境建设项目资金投入、管理和使用情况的总体评价；生态环境建设项目资金分配、管理、使用中存在的主要问题及处理情况；分析产生问题的原因，并有针对性地提出加强、改进生态环境建设资金管理和宏观调控方面的建议。

第十五条 本办法由自治区审计厅负责解释。

第十六条 本办法自发布之日起执行。

内蒙古自治区生态环境建设资金管理办法（试行）

第一条　为进一步加强内蒙古自治区生态环境建设资金使用与管理，促进资金安全、高效、快捷运行，保证各项生态环境建设项目工程顺利实施，依据国家有关生态环境建设法律法规及现行基本建设财政财务管理有关政策，制定本办法。

第二条　凡是中央和地方安排用于自治区天然林保护工程、退耕还林还草试点工程、京津风沙源治理工程、重点生态环境建设综合治理工程、天然草原植被恢复建设与保护工程、水土保持重点防治工程、“三北”防护林体系建设四期工程的财政预算内基本建设资金和国债专项建设资金，适用于本办法。退耕还林还草粮食、生活补助资金和天然林保护工程社会性支出补助资金管理办法另行制定。

第三条　各级财政部门是生态环境建设资金管理的职能部门，负责资金的下达和监督管理，并参与各项生态环境建设工程的总体规划、计划的编制。

第四条　各类生态环境建设资金，必须严格按照自治区生态环境建设投资计划批准的建设内容使用，确保资金及时、足额到位，任何地区和部门不得挤占、截留和挪用。

第五条　生态环境建设各项目实施主管部门和项目实施单位要努力降低工程成本，提高资金使用效益。

第六条　生态环境建设资金的管理，实行“三专一封闭”制度。即：

开设专户：各盟市、旗县财政局及各项目实施主管部门开设生态环境建设资金专户。

设立专账：财政部门设立生态环境建设资金专账，反映资金的收入、拨付、使用情况；项目实施主管部门根据不同的项目设立专账，按照现行的基本建设财务、会计制度进行核算。

设置专人：各级财政部门及项目实施主管部门要配备专人对生态环境建设资金进行管理和核算。

一封闭：生态环境建设资金实行封闭运行。

第七条　自治区财政厅根据国家下达的生态环境建设项目基本建设支出预算和自治区年度生态环境建设项目投资计划，下达预算。各盟市财政局按预算及时将资金拨入本级生态环境建设资金专户，并通知所属旗县财政和盟本级项目实施单位。各项目区旗县财政局和盟本级项目实施单位应及时提出分月用款计划，盟市财政部门按照计划及时将资金拨入各旗县生态环境建设资金专户。

第八条　地方财政安排的生态环境建设配套资金应统一纳入生态环境建设资金专户进行管理。

第九条　生态环境建设资金的拨付实行报账制。即：项目实施主管部门根据各项目实施单位实际发生的费用和工程进度，向财政部门请领资金，财政部门分期予以回补的一种拨款方式。

（一）各项目区财政部门应根据年度投资计划先预拨30%的资金，作为各项目实施主管部门的项目启动资金。对重点骨干工程的资金预拨比例可适当提高。

（二）各项目实施主管部门应及时将项目启动资金拨付项目实施单位，然后按照工程实际发生的费用填写《生态环境建设资金报账申请表》，到财政部门请领报账。

（三）各项目实施主管部门报账时，应填写《生态环境建设资金报账申请表》。其中：单个工程金额在10万元以上的项目，在申请报账资金时，除填写《生态环境建设资金报账申请表》外，还必须附有项目工程承包合同、项目监理工程师签字的工程进度报告、发票或其他付款原始凭证的复印件；单个工程金额在10万元以下的零星分散的项目，在申请报账资金时需填写《生态环境建设资金报账申请表》，并附送项目实施单位的《生态环境建设资金报账申请表》的复印件。财政部门收到申请表后予以审核并办理资金拨付。

第十条 各项目区财政部门办理拨款时，先审核已预拨的项目启动资金的支出情况，再支付超过启动资金部分的款项。

第十一条 《生态环境建设资金报账申请表》应一式两份。项目区财政局一份记账，退申请单位一份，作为支付清单。

第十二条 各项目区财政局生态环境建设资金的账户年末如有余额，结转下年滚动使用。

第十三条 工程监理费的支付额度和方式应按照国家有关规定和监理委托合同进行。

第十四条 经同级政府批准设立生态环境建设管理费用。管理费主要用于项目检查、验收和审计等方面的开支。管理费可按不超过项目总投资4%的比例，从同级配套资金中统一提取，其中：自治区、盟市、旗县的提取比例分别为1%、1%和2%，或由同级政府统筹安排，严禁从中央专项投资中提取或支出管理费。项目管理费由同级财政部门集中分账管理，按项目分配。

第十五条 生态环境建设项目资金的拨付，应预留20%的工程尾款。待工程项目验收合格后，根据验收报告再行清算。

第十六条 各项目实施主管部门为基本建设单位，要严格执行基本建设财务、会计制度，进行财务管理和会计核算，妥善保管各类原始凭证及会计账簿。

第十七条 生态环境建设项目要实行统计报告制度。

（一）支出月报制度（月报格式见附件2）：各级财政部门和各旗县项目实施主管部门要及时报送生态环境建设资金支出月报。各盟市财政局应于每月10日前将汇总的上月的支出月报报送自治区财政厅。

（二）竣工决算制度：生态环境建设项目竣工后，各项目实施主管部门要按照财政部《关于印发〈基本建设财务管理若干规定〉的通知》（财基字〔1998〕4号）及时编制项目竣工财务决算及财务情况说明书，经各级财政部门审核无误后逐级上报自治区财政厅。

第十八条 各级财政部门和项目实施主管部门要加强对生态环境建设资金的监督检查，对项目建设资金实行跟踪管理，定期或不定期地对生态环境建设资金的使用及管理情况进行监督检查或抽查，发现问题及时纠正。对挤占、挪用、截留以及弄虚作假、虚报工程进度骗取生态环境建设资金，以及造成损失浪费的单位，要追究单位领导及有关人员的责任，情节严重的依法追究法律责任。

第十九条 各盟市财政局可根据本办法，结合当地实际，制定实施细则。

第二十条 本办法由自治区财政厅负责解释。

第二十一条 本办法自发布之日起执行。

内蒙古自治区京津风沙源治理工程管理办法（试行）

第一条　为了规范和加强对京津风沙源治理工程（以下简称沙源治理工程）的实施和管理，确保工程建设有序进行，提高工程建设质量和成效，改善京津周边地区的生态环境，根据国家有关规定，结合我区实际，特制定本管理办法。

第二条　沙源治理工程由自治区人民政府负总责，层层建立行政领导责任制、部门领导责任制、实施单位责任制和承包主体责任制。

第三条　沙源治理工程在自治区政府的统一领导下，以旗县为单位，实行综合治理。自治区、盟市、旗县各有关部门各司其职，各负其责。

第四条　沙源治理工程实行按工程规划编制实施方案，按实施方案编制工程（作业）设计，按工程（作业）设计组织实施，并依据工程（作业）设计和国家、自治区相关行业标准检查验收。

（一）自治区级实施方案的编制由自治区林业厅牵头，会同畜牧业厅和水利厅共同完成后，由自治区计划委员会综合平衡。旗县级实施方案由旗县政府组织，相关部门参加，共同编制，由旗县相关部门联合上报、逐级审批。

（二）水土保持工程项目必须按照有关规定委托有相应资质的设计单位编制初步设计，初步设计应达到施工图设计深度，初步设计由自治区水利厅审批；未履行审批手续的项目不得擅自开工。

第五条　沙源治理工程实行目标责任制。

（一）各级政府的主要领导对工程实施负有领导责任。

（二）各级政府负责本工程建设的统筹安排、组织协调和检查验收。

（三）自治区有关部门的责任是：自治区林业厅是沙源治理工程的牵头单位，并负责对农区、半农半牧区旗县的工程建设进行实施指导；畜牧业厅负责对牧区旗市的工程建设进行实施指导；水利厅在牧区主要抓好以水为中心的草库伦建设，在农区、半农半牧区结合生态建设内容搞好小流域综合治理、水源工程和引水节灌工程建设。

（四）承担工程建设任务的单位和个人，负责按照批准确定的建设任务、制定的方针政策和操作办法、编制的实施方案和工程（作业）设计、颁布的建设标准和技术规程等组织实施；负责各项建设任务落实和资金的使用；接受同级和上级政府及业务主管部门的检查、监督，对工程建设任务的完成及工程建设质量承担直接责任。

第六条　沙源治理工程建设项目实行承包制。项目区治理的土地、草场原权属一律不变，“谁承包、谁治理、谁管护、谁受益”，明确责、权、利，充分调动群众参与生态建设的积极性。

第七条　沙源治理工程建设坚持以推广应用先进适用技术为支撑，严格执行国家和自治区的有关技术规程、办法、规定和技术标准，实行科学治理、集约经营。

（一）各行业主管部门，按照职责分工，分别向项目旗县派出科技人员，并组织科研院校、技术推广部门的工程技术人员搞好科技咨询和技术服务，建立和完善工程项目的承包责任制。

（二）推广应用适宜本地区的抗旱造林、种草技术和保水剂、生根粉等先进适用技术。通过建立科技示范基地，健全科技成果转化、运行机制，发挥辐射、示范和带动作用。

（三）建立严格的质量标准，明确量化指标，做到不合格的设计不批准，不合格的整地不造林、不种草，不合格的种苗、草籽不使用，不合格的工程不验收。

第八条 沙源治理工程的中央投资与各级地方配套资金要统一纳入项目实施计划，统筹安排使用，地方配套资金要保证及时足额到位。鼓励项目区群众以投工、投劳方式积极参与项目建设。

第九条 沙源治理工程的资金使用范围。

（一）林业建设。人工造林：包括整地、苗木、栽植、抚育及与之配套的工程设施、设备等内容；飞播造林：使用飞机对沙地播撒灌草种子，包括围栏、置种、种子处理、租机等内容；封山育林：在符合封育条件的地区，通过围封恢复森林植被的有效措施，包括围栏、警示牌、补植、补播、病虫害防治等内容；林木种苗工程：为沙源治理工程提供林业建设所需的优良种子和苗木，包括苗圃地、采种基地、良种基地建设，种子加工、种苗质量检验、检疫及与之配套的工程设施、设备等内容。

（二）草地治理。人工种草：包括灌溉人工草地和旱作人工草地以及相应的围栏、种子、抚育管护等内容及与之配套的工程设施、设备等；飞播牧草：使用飞机对沙地播撒牧草种子，包括围栏、置种、种子处理、租机等内容；围栏封育：包括全年休牧和季节性休牧两种形式，利用草地的自然更新能力，恢复植被。主要配套设施为网围栏建设；基本草场建设：包括放牧场、割草场、兼用草场以及高产饲料地，重点对天然放牧场进行建设与保护，推行季节轮牧和划区轮牧制度，主要包括围栏、补种、补播、管护等内容；草种基地：为沙源治理工程提供适合沙地生长的优良种子，包括围栏、抚育管护、水、电配套工程设施、设备等内容。

（三）水利措施。水源工程：包括为生态建设服务的水窖、蓄水池、机电井、筒井、大口井、截潜、谷坊、塘坝、骨干坝等拦蓄水工程措施及与之配套的基础设施；节水灌溉：包括衬砌、低压管道、喷灌、滴灌等工程措施及与之配套的基础设施；小流域综合治理：以小流域为单元的集雨节灌工程措施和发展乔灌草植被，推广草田轮作、先进的农耕技术等工程、生物、农艺措施的优化配置。

第十条 沙源治理工程建设实行严格的检查验收制度。

（一）检查验收采取旗县自查、盟市复查、自治区核查的方法进行。

（二）自治区级核查工作由自治区政府统一组织，由自治区林业厅牵头负责，会同计划、财政、畜牧业、水利等部门对工程的各项建设内容完成情况及质量、成效等进行检查验收。

（三）检查验收的主要内容：

依据各行业的国家标准和自治区标准进行检查验收，主要内容包括：工程建设的各项任务完成情况及质量；工程目标管理责任制落实情况；工程建设内容、地点和质量是否符合批准的实施方案和批复的工程（作业）设计；各项资金的到位和使用情况；工程建设的技术档案建立情况；工程实施运行中取得的成绩和存在的主要问题。

详细内容按照检查验收办法执行。

第十一条 沙源治理工程的实施坚持治理与保护并重的原则，加大林草植被的保护力度。

（一）加强后期管理工作，建立各项管护责任制，依法治林、治草、治水。

（二）全面实行项目区禁牧措施，推广牲畜舍饲、半舍饲。

第十二条 建立健全工程建设档案和技术档案，配备专门人员负责档案管理工作。建立较为固定的档案保管场所，逐步改善档案管理条件和手段。坚持档案管理与工程建设同步进行，并保持档案管理的完整性、准确性和连续性，把档案管理工作纳入工程建设的重要内容。检查验收时，未建立工程档案或档案工作不合格的，不予验收。

第十三条 本办法由自治区林业厅负责解释。

第十四条 本办法自发布之日起执行。

内蒙古自治区生态环境综合治理工程建设项目管理办法（试行）

第一条　为了搞好生态环境建设管理，确保生态环境建设健康运行，根据国务院办公厅《关于加强基础设施工程质量的通知》（国办发〔1999〕16 号）国家计委《国家生态环境建设项目管理办法》（修改稿）和国家有关基本建设的规定，结合《内蒙古自治区生态建设与环境保护规划》，特制定本管理办法。

第二条　凡经过自治区确定、国家批准并安排部分国家和自治区投资的生态环境重点工程建设项目，均依照本管理办法。

第三条　内蒙古自治区生态建设项目执行国家基本建设管理程序，依法履行环境影响评价手续，按规划编制年度实施方案，按年度实施方案编制施工作业设计，按项目管理，按设计施工，按工程进度报账，按效益考核，按环境影响评价进行生态评估审计。

第四条　内蒙古自治区生态建设项目立项的基本程序是：旗县年度实施方案，由旗县人民政府委托有资质的设计单位，根据国家和自治区确定的投资计划编制，年度实施方案经盟市计委组织审核后报自治区计委审批，工程设计可委托有资质的设计单位编制，或由旗县与有资质设计单位联合编制，经上一级主管部门审批，单体工程投资超过 50 万元的设计项目报自治区行业主管部门审批。工程设计审批后方开工建设。

第五条　要自觉维护计划的严肃性，要增强工程设计的科学性，反复论证确定，一经审批不得轻易变更，如确需变更，必须按基建程序审批。

第六条　年度实施方案的主要内容：

（一）项目第一责任人：即由旗县人民政府的旗县长担任。

（二）基本情况：包括全旗县的自然资源和社会经济现状，现有生态建设项目情况和主要存在问题。

（三）建设思路和目标：包括项目选择的依据、项目区的具体地点、范围和基本情况，拟采取的措施，预期达到的目标等。

（四）主要建设内容：包括旗县年度总的建设任务和内容、分项目区的建设任务和内容。包括治理水土流失、防治荒漠化、坡耕地综合改造工程、小型水利工程、植树造林（包括退耕还林、还草）、自然资源保护、草地建设、生态农业及农村农源建设等八项。

（五）投资及投劳估算：生态环境建设投资主要包括国家投资、地方配套和群众投工投劳三部分。投资标准按照国家计委现行的生态建设投资补助标准为：水土流失综合治理每平方公里 15 万～20 万元，坡地综合治理每亩 300 元，人工造林每亩 75 元，草场建设每亩 60 元，封育每亩 35 元。国家确定的仅是投资补助标准，与我区实际投资标准有一定的缺口，不足部分由地方配套解决。群众投工投劳可以折资抵顶配套。

（六）预期效益：主要包括增加的水土流失治理面积、荒漠化土地治理面积、“三化”草场治理面积、退耕还林还草面积、森林覆盖率、生产能力和农民收入的提高等。

（七）保障措施：包括组织领导、项目管理、建设机制、技术措施、配套政策等方面。

（八）图表。

第七条 作业设计的主要内容：

（一）项目区名称、范围；

（二）林业工程设计；

（三）草地建设工程设计；

（四）生态农业工程设计；

（五）水土保持工程设计；

（六）水利工程设计；

（七）效益分析；

（八）工程管理。

第八条 年度实施计划由旗县人民政府组织实施。实行目标管理责任制，包括旗县第一责任人制，即由旗县长出任第一责任人，对全旗县的工程建设和管理负全责，对工程质量负终身责任；部门技术责任制（项目区技术责任人制），即由部门行政领导出任本行业技术责任人，对本行业建设项目的技术标准负全责；施工单位责任制，即由承担项目建设的施工单位主要领导对项目建设质量负全责；项目区管护责任制，即由项目区苏木、乡镇长，施工单位领导等任管护人员，对建设后工程管护负全责。

第九条 生态环境建设项目试行招投标制。对于具备招投标条件的重点骨干项目的设计、施工，主要设备、材料、种苗购置等可试行公开招投标制。招投标要严格按照国家有关招投标的规定进行，体现公开、公平、公正的原则。招投标方案要经旗县人民政府第一责任人审批签字后方可执行。

第十条 生态环境建设项目实行合同制。项目设计（包括年度实施方案）、施工、建后管护、工程监理等各个环节都要依法签定合同，用合同制约着当事人的责任、权力和义务。合同内容由当事人双方共同商定，并经旗县主管部门审核、法定公证机构公证后方生效执行。

第十一条 生态环境建设项目实行监理制。由经过选择的监理单位和建设业主都应严格执行监理委托合同规定的各项责任、权利和义务，如有违约，双方都可向上一级主管部门反映情况，进行调节。

第十二条 生态建设项目实行竣工验收制（验收凭证见附件）。项目建设完工后，先由旗县生态办组织有关业务部门对每个项目区逐一进行自验，并提出验收报告和验收申请，经上一级主管部门审核后报自治区主管部门。自治区主管部门与农牧林水等部门联合对每个旗县进行抽验、总结、评比，形成自治区的验收报告，报自治区政府和国家计委。

第十三条 生态环境建设实行目标管理责任制。通过签定责任状的形式明确各项责任目标，即把每个旗县的建设任务分解落实到具体的责任单位与责任人身上，然后由自治区分管主席与旗县第一责任人签定责任状，旗县第一责任人再分别与项目责任单位、责任人签定责任状，做到层层有人抓，事事有人管。

第十四条 本管理办法由自治区生态环境建设领导小组办公室制定，并负责解释。

第十五条 本管理办法自颁布之日起执行。原制订的管理实施细则（及附件）与本办法有抵触的，以本办法为准。

内蒙古自治区退耕还林（草）工程管理办法（试行）

第一条　为加强和规范退耕还林（草）工程的组织、实施和管理，提高工程建设质量和成效，切实搞好退耕还林（草）工程建设，根据国务院《关于进一步做好退耕还林（草）试点工作的若干意见》（国发〔2000〕24 号）等有关规定，结合我区实际，特制定本办法。

第二条　旗县人民政府对退耕还林（草）工程负总责，实行目标、任务、资金、粮食、责任五到位，建立政府领导、部门领导、实施单位、承包主体目标管理责任制。

（一）旗县人民政府主要领导为第一责任人，对本旗县退耕还林（草）工程负总责。保证上级拨款按时足额拨付到位；组织群众完成退耕还林（草）任务；负责乡镇实施工作的监管；协调解决实施过程中存在的困难和问题；在工程前期准备、组织实施、督促稽查、检查验收、建设成果的保护等方面负有领导责任；对工程的实施完成情况负有直接责任。

（二）旗县林业主管部门领导为工程建设部门责任人。负责本旗县工程建设的统筹安排；为旗县人民政府和第一责任人提供决策方案；负责会同计委、财政、粮食、畜牧业等有关部门编制本旗县年度作业设计；组织科技人员搞好技术指导和技术服务，建立和完善部门领导和技术人员工程项目承包责任制。对本部门所承担的工作负有直接责任。

（三）承担建设任务的乡镇、国有林场、苗圃和其他单位的主要领导，为实施单位责任人。负责按照国家、自治区、盟市、旗县确定的建设任务、制定的方针政策和操作运行办法、编制的实施方案和作业设计、颁布的建设标准和技术规程组织实施工程建设；负责各项建设任务的落实及资金的使用和管理；组织发动群众保质保量完成建设任务；接受有关部门的检查和监督。对工程建设任务完成和工程建设质量承担直接责任。

（四）退耕户和承包宜林地造林种草的单位、集体、个人及联户主体，均为承包责任人。必须按批复的作业设计、签订的退耕合同、协议等，根据国家、自治区、盟市、旗县颁布的建设标准和技术规程及有关要求，在规定的期限内，完成承包建设任务。在承包任务的完成、建设质量、后期经营及管护等方面负有直接责任。

第三条　承担退耕还林（草）的乡镇人民政府，依据年度退耕任务、退耕地和宜林地还林（草）任务、年度作业设计，分别与退耕户、承包造林种草单位、个人签订退耕还林（草）合同（合同样本由自治区林业主管部门制定，主要内容见附件 1），对退耕户要分户发放退耕还林（草）证。

第四条　退耕还林（草）工程实行各级政府负责，各部门密切配合，林业部门分级管理体制。

（一）自治区林业主管部门主管全区的退耕还林（草）工作，其主要职责：

1. 负责编制全区退耕还林（草）规划、年度实施方案；提出年度建设任务和资金安排计划建议，并会同自治区计划、财政、粮食、畜牧部门拟定年度任务和资金计划上报自治区人民政府。

2. 依据国家方针政策，会同计划、财政、审计、粮食、畜牧业等部门制定自治区退耕还林（草）有关政策、措施和办法。

3. 负责自治区退耕还林（草）工程建设信息动态分析、生产情况调度、报表及工作总结等编报工作。

4. 对工程建设进行指导、监督、检查，组织有关部门和单位对工程建设进行年度核查和竣工验收。

（二）盟市林业主管部门主管本地区的退耕还林（草）工作，主要职责是：

1. 贯彻落实国家、自治区退耕还林（草）方针政策、规章制度，部署、组织、指导旗县年度作业设计的编制、审批、上报备案工作。

2. 对承担退耕还林（草）工程建设的旗县进行指导、检查、监督。

3. 对旗县工程建设情况进行汇总、上报；协助和配合自治区做好年度检查和竣工验收。

第五条 退耕还林（草）工程实行按工程规划编制实施方案，按实施方案编制作业设计，按作业设计组织实施，按作业设计和有关标准检查验收。

（一）自治区年度实施方案的编制由有资质的规划设计单位承担。

（二）旗县作业设计由旗县林业局负责，依据国家《退耕还林（草）工程县级作业设计技术规程（试行）》和自治区有关要求组织编制，作业设计所确定的退耕地必须经旗县人民政府认可签证，作业设计以乡为单位，设计到村、组、户，落实到山头地块。由盟市林业主管部门审批，报自治区备案。

（三）作业设计一经批复，必须严格遵照执行，不得擅自变更。确因特殊情况需要变更的，必须按原审批程序报批备案。

第六条 落实政策，建立健全种苗、草籽市场，完善种苗、草籽生产供应机制，确保种苗、草籽的数量和质量。

（一）各级林业和畜牧业主管部门负责本辖区种苗和草籽生产、供应的指导和管理工作。

（二）旗县力求做到种苗、草籽供需平衡，因本地种苗、草籽供应不足，需从外地调拨的，由林业或畜牧业部门组织调剂，搞好服务。

（三）加强退耕还林（草）的种苗、草籽基地建设。在充分发挥现有国有苗圃、国有草籽场、国有林场附属苗圃生产能力的基础上，鼓励乡村集体、企业与个人采取多种形式为生态建设培育高标准、高质量种苗、草籽。积极推行“三定一合同”方式，即定点育苗（采种）、定向培育、定向供应、合同订购。

（四）工程所需种苗生产和经营实行“两证一签”制度，即种苗、草籽生产和经营者必须持有旗县林业、畜牧业部门颁发的生产和经营许可证，销售的种苗、草籽必须附有产地标签。

（五）加强种子和苗木检验检疫工作。工程所需种苗、草籽必须经过质量检验、病虫害检疫，具备质量检验证和检疫证书。杜绝用伪劣、带病虫害不合格种苗、草籽造林种草。

（六）切实加强种苗、草籽管理执法力度。凡未获得生产许可证和经营许可证的，不准从事种苗、草籽生产和经营活动；没有质量检验证、检疫证、产地标签的种苗、草籽不得进入市场。

第七条 退耕还林（草）工程建设坚持以科学技术为支撑，严格执行国家、自治区有关技术规程、规定和标准，实行科学管理，集约经营。

（一）各旗县要建立技术承包责任制，确定项目技术负责人，鼓励科技人员通过技术指导、技术转让、技术服务、技术咨询、联合开发等形式，参与科技推广，加快科技成果转化。

（二）对退耕还林（草）工程建设进行监督与稽查。旗县林业主管部门派出技术人员进行质量监查，及时掌握工程建设情况和实施进度，帮助解决实施中遇到的难题，同时自治区、盟市也将派出工程稽查员，共同监督检查工程建设质量。

（三）有针对性地选择一批适合本地区特点的科技成果、抗旱适用技术，积极推广应用保水剂、生根粉等先进适用技术。

（四）建立严格、易于掌握和操作的质量标准，使每一项施工、每一道工序都有明确的量化标准，做到不合格设计不批准，不合格的整地不造林种草，管护措施不落实的不造林种草，不符合建设标准的施工不验收。

第八条　依据国家《退耕还林（草）工程建设检查验收办法（试行）》有关规定，退耕还林（草）工程建设实行两级检查验收制度，检查验收实行制度化、规范化。

（一）旗县自查：旗县自查采取全面检查的方法，由旗县林业主管部门负责，有关部门参加，按国家标准、行业标准及退耕还林（草）作业设计对退耕地、退耕地造林种草、宜林地造林种草，逐乡、逐村、逐户、逐地块进行检查，建立档案台账，填写退耕还林（草）证。并将合格面积统计汇总上报盟市，同时向自治区提交申请检查验收报告。

（二）自治区核查：在旗县自查的基础上，自治区会同盟市，依据年度作业设计、生产计划、资金计划等，对各旗县进行抽样检查（具体检查验收办法另定）。

（三）检查的主要内容包括：退耕地落实到户情况；工程目标管理责任制、技术承包责任制是否落实；建设内容、地点是否符合批准的作业设计；建设质量是否符合国家、自治区规定的建设标准；国家资金到位和使用情况（包括粮食发放）；工程建设和技术档案建立情况；林草管护情况。

第九条　自治区根据国家下达的退耕还林（草）的年度计划，将任务分解落实到旗县，各旗县要逐级分解落实到乡、村、户，并分户建卡。由退耕户按规定的数量、标准和进度进行退耕还林（草）。

（一）退耕还林还（草）任务完成后，由林业主管部门组织检查验收，并将检查验收结果和核准的补助粮食、补助现金额，以户为单位，填入退耕还林（草）证，同时，将检查验收结果，抄送财政、粮食部门和乡镇人民政府。退耕户持退耕还林（草）证，到粮食供应点领取粮食。粮食部门依据检查验收结果核准的粮食补助数量和退耕还林（草）证，供应粮食。

（二）补助现金由乡镇人民政府依据检查验收结果和退耕还林（草）证负责兑现到退耕户。

第十条　粮食补助与退耕还林（草）的成活率、保存率及管护情况挂钩，第一年退耕并还林（草）后，达到检查验收标准的按国家补助标准，必须全部兑付粮食，达不到标准的，发放 50%的粮食；第二年经检查验收，达到合格标准的，兑付第一年剩余和第二年全部的补助粮食；达不到标准的，发放第一年剩余部分，扣减第二年 50%的补助粮食。三年以后，每年经检查验收株数保存率（造林后单位面积保存株数即合理初植密度与造林总株数之比）达到 80%以上，全额兑付补助粮食，第三年仍未达到标准的停止粮食补助，由乡镇人民政府负责监督其补植和补种。

第十一条　退耕还林（草）的种苗补助费要发放到退耕户，退耕户必须按照作业设计确定的造林（种草）的树（草）种、规格、质量要求选择采购种苗。所选购的种苗应得到旗县林业、畜牧业部门的认定。退耕户无力自行解决种苗、草籽的，由旗县林业、畜牧业部门和乡镇统一负责解决。

第十二条　退耕地造林种草后，由旗县林业主管部门进行核实和登记造册，由当地旗县级人民政府及时核发林草权属证，并纳入规范化管理，为保护群众合法权益和防止复垦提供法律保障。

（一）加强管理工作，依法治林护草，强化政府行为，建立管护责任制，将林草管护责任落实到户，实行责任、质量与利益挂钩。

（二）实行项目区禁牧，大力推行舍饲圈养。

（三）在退耕还林（草）工程建设面积较大、地块相对集中的连片项目区，应选择明显位置设立永久性标牌（标牌的主要内容见附件 2）。

第十三条　建立工作信息定期反馈制度，及时掌握工作动态。建立自治区、盟市、旗县工作动态网络，及时、准确地反馈工作中的情况和问题。根据国家“建立信息反馈和定期报告制度”，实行工程统计月、季、年报制，盟市、旗县、乡镇都要确定专人负责信息收集、发布和统计上报工作。春、雨、秋季对工程建设完成情况进行阶段性总结，年终对工程建设完成情况作出全面总结。

第十四条 建立完善工程建设档案和技术档案管理体制，配备责任心强、业务熟练，具有一定档案管理经验的人员负责档案管理工作。应建立较为固定的档案保管场所，逐步改善档案管理条件和手段，不断提高档案管理水平。未建立档案或档案管理工作不合格的，不予验收。

第十五条 本办法由自治区林业厅负责解释。

第十六条 本办法从颁布之日起执行。

附件 1：略。

附件 2：略。

内蒙古自治区天然林资源保护工程管理办法（试行）

为实施好我区天然林资源保护工程（以下简称天保工程），提高工程管理水平，确保工程建设质量，依据国家批准的《长江上游、黄河上中游地区天然林资源保护工程实施方案》《东北、内蒙古等重点国有林区天然林资源保护工程实施方案》及《森林法》，特制定本管理办法。

第一条 天保工程实行各级地方政府负责制，并实行各级地方政府主要领导目标责任制，大兴安岭森工集团实行企业法人代表负责制，各级林业主管部门具体负责天保工程的组织实施。

第二条 天保工程各类基本建设项目要严格按照国家和自治区规定的基本建设程序进行管理，按实施方案确定的建设项目组织设计，按设计组织施工、核查验收。各级林业主管部门要加大对基本建设项目各个环节的检查力度，保证设计与施工的质量。

第三条 凡列入天保工程的建设单位，要严格执行国家木材产量调减计划和年度木材生产计划，对木材生产、运输和销售实行“一本账”管理，决不允许搞计划外采伐和销售木材。黄河上中游地区天然林要全面禁伐。

第四条 公益林建设项目由旗县林业主管部门按照国家林业局及自治区林业厅颁布的飞播造林技术规程和封山育林技术规程组织作业设计，作业设计必须由具有资质的调查设计单位承担。作业设计由盟市林业主管部门组织审批，并报自治区工程主管部门备案。建设单位按批准的作业设计组织实施。

第五条 要加强公益林建设的后期管理。飞播、封育项目区，要用高标准的网围栏进行围封，项目区要设置永久性标牌，标明项目区建设时间、建设内容、项目负责人等。

第六条 落实森林管护责任制，切实加强森林管护。要划分管护责任区，将管护地块落实到人，逐级签订管护责任状，并建档上图。

第七条 分流安置富余职工必须落实到人。实施单位要按实施方案积极稳妥地分流富余职工。各级林业部门要重视下岗职工再就业培训，提高下岗人员的基本技能和工作能力，实现再就业安置。

第八条 工程的资金使用与管理要严格按照国家林业局、财政部颁发的《重点地区天然林资源保护工程建设资金管理规定》（财基字〔1999〕92 号）和财政部颁发的《天然林资源保护工程财政专项资金管理规定》（财农字〔2000〕151 号）执行。

第九条 加强科技支撑。工程中要大力推广应用已有的科技成果，保证生产力的普遍提高，建立高水平的飞播及封育科技示范区。

第十条 工程建设项目要进行核查验收，采取旗县（局）级自查，盟市（大兴安岭森工集团）、自治区林业主管部门抽查的二级核查验收制度。工程核查验收的内容包括森林分类区划、木材量调减、公益林建设、森林管护、富余职工分流安置，以及种苗、病虫害防治、防火、科技支撑等内容。核查验收具体程序和要求按国家林业局制定的《天然林资源保护工程核查验收办法》执行。

第十一条 本办法由自治区林业厅负责解释。

第十二条 本办法自颁布之日起执行。

内蒙古自治区水土保持生态建设项目管理办法（试行）

第一条 为保证我区水土保持生态建设项目的实施，根据国家水利部等上级有关部门及自治区的有关规定、办法，制定本管理办法。

第二条 凡经自治区审批并安排国家投资或引进外资的水土保持生态建设项目，均依照本办法执行。

第三条 水土保持生态建设项目必须按照基本建设程序做好各项前期工作，按照国家有关规定履行审批手续。

第四条 旗县人民政府对水土保持生态建设项目负总责，旗县人民政府主要领导为第一责任人，负责项目的前期准备、组织实施、项目资金到位、建设任务的完成，协调解决项目实施中的困难和问题。对项目实施完成情况负有直接责任。

第五条 旗县水利、水保主管部门是水土保持工程建设主管部门，主要领导是项目建设管理责任人。负责本旗县水土生态建设的统筹规划、组织编制项目各项前期工作及申报，按批准的工程设计组织实施、技术指导和服务，建立各项管理制度。对本部门所承担的工作负有直接责任。

第六条 盟市水利、水保主管部门负责贯彻国家、自治区有关政策、规章制度，统筹组织、指导旗县水土保持生态建设规划、项目可行性研究和设计的编制、审批、申报、备案工作；对水土保持生态建设项目旗县负责技术指导、服务，项目实施的检查、监督，项目建设情况汇总、上报；协助和配合上级主管部门做好年度检查和验收。

第七条 盟市、旗县水利部门按核准的建设任务和投资负责实施，要切实加强对项目法人的管理和监督，按要求逐级上报工程进度和资金使用情况。

第八条 自治区水利厅为水土保持生态建设主管部门，负责组织全区水土保持生态建设总体规划、单项工程的项目建议书、可行性研究报告、初步设计等前期工作的编制和审查工作，提出项目总体和年度建设任务和资金投入计划建议，会同自治区计委、财政厅报自治区政府和国家有关部委；负责对批准的工程建设进行调研分析、指导、监督、检查、完成情况汇总、总结、上报；负责组织有关部门配合上级主管部门做好检查、验收工作。

第九条 水土保持生态建设项目要积极推行项目法人制、招标投标制和建设监理制，项目法人要认真组织工程建设，严格执行工程建设、管理、监督、验收的有关制度，对项目建设的工程质量、工程进度、资金管理和生产安全负总责，并对项目主管部门负责。

第十条 项目旗县选择条件：

（一）水土流失严重、对当地国民经济和群众生产生活危害大，有政府批准的水土保持规划，治理目标任务明确，治理区域相对集中。

（二）领导重视，水土保持机构健全，技术力量强，干部群众要求迫切，有一定治理基础，短期集中治理能够初见成效。

（三）认真贯彻执行《水土保持法》，人为造成新的水土流失得到基本控制。

第十一条　前期工作要求：

（一）勘测设计等前期工作必须由具有相应资质的勘测设计单位承担。必须按照国家规定的内容，严格执行有关技术规程、规范，达到规定的工作深度。

（二）水土保持生态工程项目必须按照有关规定完成初步设计，初步设计应达到施工图设计深度，初步设计由自治区水利厅审批。未履行审批手续的项目不得擅自开工。

第十二条　项目前期工作费由项目责任主体按照国家规定列支，任何单位和个人不得以任何借口和理由克扣、虚列前期工作费。

第十三条　项目旗县不得擅自变更建设地点、规模、标准和主要建设内容。确需变更时，需报请自治区水利厅批准备案。

第十四条　项目如发生重大工程质量事故，要按照有关规定追究当事人的直接责任，还要追究法定代表人和相关行政领导人的领导责任。

第十五条　工程的资金使用和管理严格遵照该项目的相关要求和自治区生态建设项目资金管理办法执行。

第十六条　工程的竣工验收：

（一）竣工验收内容：包括治理措施、治理效益、财务管理、实施管理、效果评价。

（二）竣工验收标准：包括完成任务标准、预防监督验收标准、财务管理标准、档案管理验收标准。

（三）验收组织和程序：包括自验、复验、竣工验收。

（四）验收成果：包括小流域综合竣工总结报告（文字部分、附图、附表、附件）、治沟骨干工程等的竣工总结报告（文字部分、附图、附表、附件）、项目区竣工总结报告（文字部分、附图、附表、附件）。

具体竣工验收内容、验收标准、验收组织和程序、验收成果评价自治区水利厅另行文通知。

第十七条　验收评价及奖惩：

（一）依据验收标准，对项目区及小流域综合治理、治沟骨干工程作出全面评价，对验收合理的项目区、小流域、治沟骨干工程等大型工程颁发《竣工验收合格证书》。

（二）对项目建设成绩突出、质量标准高、效益好的项目区所在旗县给予表彰；验收不合格的工程项目，工程实施单位必须根据验收组的要求，在规定的时间内予以纠正和改进，未完成纠正和改进任务或不进行纠正和改进的，通报批评并取消项目资格。

第十八条　加强项目区的建后管护，要建立档案，设立标志，明确管护责任和制定管护制度，确保所建工程长期发挥效益。

第十九条　各地可根据国家有关规定和上述办法，结合本地实际，制定具体实施细则。

第二十条　本办法由内蒙古水利厅负责解释。

第二十一条　本办法自颁布之日起执行。

内蒙古自治区天然草原植被恢复建设与保护项目管理办法（试行）

第一条 为使天然草原植被恢复建设与保护项目的管理做到科学化、规范化，根据国家和自治区关于生态建设工程项目的有关规定，特制定本办法。

第二条 天然草原植被恢复建设与保护项目是以恢复和保护天然草原，维护草原生态平衡，改善内蒙古自治区草原生态环境和草原畜牧业基本生产条件为重点，依靠高新科技，运用生物、工程、管理等综合措施有效遏制天然草原的退化，提高和恢复天然草原植被及其生态功能，最终达到恢复和保护草原生态环境，保障草原畜牧业持续发展和西部大开发战略目标的实现。

第三条 天然草原植被恢复建设与保护项目建设程序分为前期准备、申报审批、项目实施、竣工验收和运行管护五个阶段。并按照项目管理程序，自下而上申请，自上而下审批。

第四条 天然草原植被恢复建设与保护项目建设应遵循以下原则：

（一）统筹规划，全面保护，重点建设，防止对天然草原新的破坏。突出生态效益，兼顾经济、社会效益的协调统一。

（二）因地制宜，分类指导，采取不同的保护措施和治理模式，以建促保，保健并举。

（三）依靠科技进步，遵循生态环境建设基本规律，按照相对集中，先易后难，突出重点，连片治理的原则，采取综合治理措施。

（四）建立健全草原畜牧业科研机构参与机制，以技术入股，技术依托，科技咨询等多种形式参与保护和建设，增加项目建设的科技含量。

第五条 天然草原植被恢复建设与保护项目实行“国家投入为主、地方配套及群众自筹为辅”的投入原则，鼓励农牧民群众以投资投劳方式积极参与建设。

第六条 自治区畜牧业厅负责全区天然草原植被恢复建设与保护项目的宏观指导和监督工作，盟市畜牧业行政主管部门负责本区域内项目的指导和监督。旗（县）畜牧业行政主管部门负责项目的组织和实施。

第七条 项目立项的基本条件：

（一）优先安排天然草原生态脆弱区、天然草原重点“三化”区、具有区域草原生态环境代表性和水土流失严重区；珍稀动植物生态环境极需改善区、生物多样性指数下降区域。

（二）已落实草原承包责任制，草原技术服务体系较健全。

（三）地方领导重视，农牧民有投资保护建设草原的积极性。

（四）有适合草原生态治理工程的高新综合技术及治理模式。

第八条 项目审批原则：

（一）项目建设对全区天然草原或区域范围内生态环境治理具有示范作用。

（二）满足立项的基本要求。

（三）符合自治区天然草原植被恢复建设总体规划布局。

（四）具有草原建设高新示范作用，技术路线及其模式的可操作性强。

（五）保护措施完备。

（六）配套资金落实。

（七）生态、社会、经济效益明显。

第九条　项目审批：

（一）项目建议书、可行性研究报告及建设方案由农业部进行审查、审批。

（二）项目可研审批后，项目承担单位按批复组织编制项目初步设计或实施方案，由自治区畜牧业厅审批初步设计或实施方案，并上报农业部备案。其内容包括：项目建设地点、主要建设内容及规模、确定的治理模式、工程施工设计、主要设备类型、项目总概算、年度实施计划等。

第十条　项目实施单位按本管理办法及工程质量标准要求实施建设。

第十一条　项目工程建设要推行监理制和招投标制。对项目建设主要的设备、物资实行政府采购。

第十二条　项目建设单位应严格按照批准的建设方案（或施工设计）及其他批复文件进行施工建设，不得擅自调整建设内容。因特殊情况确需调整内容，必须按程序逐级上报农业部批复后，方可实施。对违反建设程序和审批权限，擅自变更建设内容、投资规模、建设标准的项目，将视情况调整或停止安排投资。

第十三条　项目实施单位要严格执行项目报表和项目总结制度，加强对项目中间环节和过程的管理，确保工程质量和项目目标的实现。做好项目执行情况报表。7 月 15 日前报半年报告，下一年 1 月 15 日报全年项目执行情况表。

第十四条　项目实施地要建立健全项目建设档案。内容主要有：

（一）项目建议书、可行性研究报告、上报文件、项目批复、实施方案和有关管理办法及工程质量标准等。

（二）项目阶段性总结、设计方案图纸、图片、声像材料。

（三）项目审批报告、财务报告、技术报告、统计资料。

（四）项目年度总结报告、竣工验收报告等。

第十五条　凡按批准的设计或实施方案所规定的内容、规模和时限建成，符合验收标准的，必须及时按程序组织竣工验收。到验收时限并已具备竣工验收条件的项目，必须在三个月内办理验收手续。同时办理固定资产移交手续。如验收期限已到，但进行验收确有困难的项目，由旗县畜牧行政主管部门逐级报经农业部批准后，可适当延长期限。

第十六条　项目竣工验收的主要内容及标准：

（一）验收内容。项目建设任务、指标及主要生态、经济成效；工程建设质量情况；资金到位及使用情况；各项管护措施落实情况；整体治理模式运转情况及相关文档管理情况。

（二）验收标准。完成项目批复的各项建设指标；工程建设质量达到设计要求和标准；资金足额到位，使用符合规定；生态环境治理效果明显；管护措施落实，治理模式正常运转。

第十七条　项目区要严格执行封育和禁牧、休牧制度，确保项目区草原植被的恢复，巩固项目建设的成果。

第十八条　项目验收后，项目旗县畜牧行政主管部门要将草原管护责任落实到户。草原监理部门要加大执法力度，依法保护建设成果。

第十九条　各级人民政府及畜牧行政主管部门要加强对治理、改良草原的动态监测，制定科学合理的放牧计划并组织落实。积极引导农牧民对高产人工草场建立自我完善、滚动发展的管护机制，长期发挥效益。

第二十条 各级草原技术推广单位要及时总结建设经验，完善改进治理模式，提高科技含量，逐步扩大建设规模。

第二十一条 各盟市旗县畜牧业行政主管部门应根据本办法，结合实际情况制定实施细则，并报自治区畜牧业厅备案。

第二十二条 本办法由自治区畜牧业厅负责解释。

第二十三条 本办法自颁布之日起执行。

内蒙古自治区人民政府关于印发《内蒙古自治区公共资源交易平台管理服务实施细则》的通知

（内政发〔2017〕60号）

第一章　总　则

第一条　为规范公共资源交易平台的运行，提升平台的服务能力和水平，提高公共资源配置效率和效益，加强对权力运行的监督制约，维护国家利益、社会公共利益和交易当事人的合法权益，根据《国务院办公厅关于印发〈整合建立统一的公共资源交易平台工作方案〉的通知》（国办发〔2015〕63号）、《公共资源交易平台管理暂行办法》（国家发展改革委等14部门39号令）和有关法律法规，结合我区实际，制定本细则。

第二条　本细则适用于全区范围内公共资源交易平台的建设、运行、服务和监督管理。

第三条　本细则所称公共资源交易平台是指实施统一的制度和标准、具备开放共享的公共资源交易电子服务系统和规范透明的运行机制，为市场主体、社会公众、行政监督管理部门等提供公共资源交易综合管理服务的体系。

第四条　公共资源交易平台应当立足公共服务定位，坚持电子化平台发展方向，遵循政府推动、管办分离、开放透明、资源共享、高效便民、守法诚信的原则。

第五条　按照决策权、执行权、监督权既相互制约又相互协调的要求，实行公共资源交易管理、服务和监督职能相互分离的监管体制和运行机制。

第二章　组织管理

第六条　建立自治区公共资源交易管理工作联席会议制度。联席会议总召集人由自治区常务副主席担任，各有关部门为成员单位，通过联席会议统筹指导和协调全区公共资源交易平台整合、建设，承担公共资源交易工作的组织保障，协调解决公共资源交易工作中的重大问题等。联席会议办公室设在自治区人民政府办公厅。

第七条　自治区公共资源交易管理服务中心是全区公共资源交易综合管理服务机构，主要职责是：贯彻落实国家和自治区关于公共资源交易管理服务的法律法规和政策规定，研究制订配套的制度、措施；管理和维护全区统一的公共资源交易电子平台；在联席会议办公室领导下，负责全区公共资源交易门户网站、综合专家库、交易主体库及信用信息库的技术支持和日常运行维护，整合发布公共资源交易目录；协助行业行政监管部门依法对各类交易活动进行规范化管理；对全区各级公共资源交易和服务及平台运行进行指导、对提供公共服务情况组织考核评价、对交易数据进行统计分析；对自治区本级公共资源交易场所进行管理。

第八条　各盟市应建立公共资源交易管理工作联席会议制度，负责研究制定本地区公共资源市场化配置有关政策，组织领导公共资源交易平台建设、管理和改革等工作。盟市公共资源交易管理办公室为盟市公共资源交易管理服务机构，在联席会议办公室领导下，负责指导、协调、管理本行政区域的公共资源交易相关平台和系统建设运行。

第九条 自治区公共资源交易管理服务中心直属各交易中心和各盟市公共资源交易中心为公共资源交易的执行机构，主要负责贯彻执行公共资源交易相关法律、法规、政策和制度，为各类公共资源交易活动提供场所、设施、信息和全流程电子化服务，通过规范化和标准化工作流程，为进场开展交易活动的代理机构和评审专家的行为提供见证，为各行业监管部门提供相应的监管服务。

原旗县级公共资源交易机构原则上应整合为盟市级公共资源交易的分支机构，实行属地管理。

第十条 各级工程建设、财政、国土资源、国资等行政监督管理部门按照规定的职责分工，主要负责本行业公共资源交易活动的监督管理。各级编办、人力资源社会保障、财政等部门应在人员编制、基础设施、电子平台建设和业务经费等方面给予必要的保障。

第三章 交易范围

第十一条 全区公共资源交易项目实行统一的目录管理。各盟市可在统一的目录下根据本地区实际扩大目录范围，但不得缩小。纳入公共资源交易目录的工程建设项目招标投标、国有土地使用权和矿业权出让和转让、国有产权交易、政府采购以及经国务院与所属机构批准陆续纳入的公共资源交易项目应当纳入公共资源交易平台进行交易。

各地区可以结合本地区实际，推进其他各类公共资源纳入统一平台交易。纳入平台交易的公共资源项目，应当公开听取意见，并通过政府制定的公共资源交易目录向社会公布。

第十二条 列入公共资源交易目录的项目应当按照分级管理原则在公共资源交易平台进行交易，禁止任何形式的场外交易。

区直驻各盟市和旗县（市、区）单位、驻区外单位交易项目可选择在驻地公共资源交易平台进行交易，并在 5 个工作日内将交易数据上传至自治区公共资源交易服务平台。也可以选择在自治区本级公共资源交易平台进行交易。

中直驻区单位、中央国有企业在自治区境内投资的交易项目可进入属地公共资源交易平台交易。

第四章 交易规则

第十三条 公共资源交易平台的运行应当遵循相关法律法规和国务院有关部门制定的各领域统一的交易规则，按照公开、公平、公正和诚实信用的原则，实行统一交易平台、统一规则流程、统一信息发布、统一专家资源和统一综合管理的运行方式。

第十四条 通过公共资源交易平台进行交易的项目，应当依据相应的交易规则，采用公开招标、邀请招标、拍卖、网络竞价、挂牌、竞争性谈判、竞争性磋商、询价和单一来源采购等方式进行交易。法律法规或国家政策另有规定的，从其规定。

第十五条 进场交易的公共资源交易项目，须符合法律法规规定的交易条件。按照国家有关规定需要履行项目审批、核准手续的交易项目，应当报相关行政主管部门审批、核准后，方可进场交易。

第十六条 进入公共资源交易平台的项目，应当按照下列规定进行交易：

（一）招标人（交易人）原则上应通过网上预约等在线方式办理登记、交易时间、场地等进场交易服务事项。特殊情况需现场办理的，持有关行政主管部门出具的项目合法合规性材料，到公共资源交易执行机构一站式窗口集中办理相关事宜。

（二）招标人（交易人）应当将招标公告、招标文件等交易信息提交公共资源交易执行机构发布。

（三）完成工程建设项目招标投标，国有土地使用权、矿业权出让转让，国有产权交易等主体项目交易后，公共资源交易执行机构要向有关交易主体出具交易见证（鉴证）文件。

（四）公共资源交易执行机构应将交易服务过程中产生的电子文档、纸质和音视频资料等，按有关规定归档保存，并提供查询服务。

（五）进入公共资源交易平台的国有产权交易项目及国有矿业权转让项目，按照国家和自治区有关规定执行。

第十七条 公共资源交易平台应将各类公共资源交易公告、资格审查结果、交易过程信息、成交信息、履约信息以及有关变更信息等依法应当公开的信息，及时在公共资源交易电子服务系统发布，并同时按规定在指定媒介发布。涉及国家秘密、商业秘密、个人隐私以及其他依法应当保密的信息除外。

第十八条 投标人对招标文件、交易过程和评标评审结果有异议的，可依法向招标人提出询问、质疑，招标人应当按照有关规定在法定时限内作出答复。

对答复意见仍有异议的，可依法向行业行政监督管理部门提出投诉、申诉，有关行业行政监督管理部门应当按照有关规定及时进行处理，并按规定在公共资源交易电子服务系统发布。

第十九条 各级公共资源交易管理机构应当按照有关规定，在统一的交易场所设立独立的专家抽取室，通过全区综合评审专家库设置的抽取终端，为各类公共资源交易活动提供评标评审专家抽取服务。

第二十条 抽取终端应具备自动随机选取、自动语音通知、个人确认和评标现场网络终端核验等全过程电子化管理手段，确保评审专家从抽取到交易现场参与评审全程保密。鼓励现阶段有条件的地区跨区域选择使用专家资源，适时推广专家远程异地评标、评审。条件成熟后在全区推广和使用。

第二十一条 公共资源交易场所应合理划分功能区域，具有完善的功能服务设施。功能区域至少应当包括办事服务大厅、开标区（拍卖区）、评标区（谈判区）、监督区和办公区等，评标区应当封闭运行。办事服务大厅应当包括服务窗口、查询系统、叫号系统、语音通知系统、信息显示屏、专家抽取终端及其他便民设施；开标区应当包括适当数量的开标室（拍卖室）、投影设备、音响设备等设施；评标区（谈判区）应当包括适当数量的评标室（谈判室）、门禁系统、专家物品保管箱、变声语音对讲系统、远程异地评标所需的计算机网络系统和会议视频系统等设施；监督区应当包括适当数量的电子监督机位、数字见证机位、监控显示屏等设施以及必要的计算机网络系统及设备、监控录像系统及设备等其他设施。

第五章 交易服务

第二十二条 各级公共资源交易管理服务机构和公共资源交易执行机构应当建立内部互相协同、互相监督的管理服务体系和运行机制，实现公共资源交易活动的标准化、规范化、制度化、程序化和电子化。

第二十三条 各级公共资源交易执行机构应当根据有关规定和不同类型的公共资源交易项目特点，科学制订交易工作流程，并通过门户网站公布，严格按照工作流程执行。

第二十四条 各级公共资源交易执行机构应当提供场所、信息、咨询、专家抽取、见证（鉴证）

等相关服务，负责收集整理归档交易、服务电子及纸质文件资料和音像资料，按规定期限保存，并提供查询服务。

第二十五条　自治区公共资源交易管理服务机构负责全区公共资源交易数据的归集、整理分析和上报等工作，按要求及时提供行业行政监督管理部门所需公共资源交易信息。各盟市公共资源交易管理服务机构要安排专人负责本地区公共资源交易相关数据的统计分析工作，定期向自治区公共资源交易管理服务机构报送交易数据和分析报告，并抄送本级相关行业行政监督管理部门。

第二十六条　各级公共资源交易执行机构应当通过公共资源交易电子服务系统，主动向社会公布服务内容、服务流程、工作规范、监督渠道等事项，建立首问责任制、一次告知制、限时办结制等制度规范，主动接受社会监督。

第二十七条　公共资源交易执行机构提供公共服务确需收费的，不得以营利为目的。根据平台运行服务机构的性质，其收费分别纳入行政事业性收费和经营服务性收费管理，具体收费项目和收费标准按照有关规定执行。属于行政事业性收费的，按照本级政府非税收入管理的有关规定执行。

第二十八条　各级公共资源交易执行机构及其工作人员，在公共资源交易活动中，不得从事以下活动：

（一）行使任何审批、备案、监管、处罚等行政监督管理职能。

（二）违法从事或强制指定招标、拍卖、政府采购代理、工程造价、咨询等中介服务。

（三）强制非公共资源交易项目进场交易。

（四）泄露公共资源交易中应当保密的各类信息。

（五）干涉市场主体选择依法建设和运行的公共资源电子交易系统。

（六）非法扣押企业和人员的相关证照资料。

（七）通过设置注册登记、设立分支机构、资质验证、投标（竞买）许可、强制担保等限制性条件阻碍或者排斥其他地区市场主体进入本地区公共资源交易市场。

（八）违法要求企业法定代表人到场办理相关手续。

（九）其他违反法律法规规定的情形。

第六章　信息服务

第二十九条　自治区公共资源交易管理服务中心负责按照国家统一的技术标准和数据规范，通过整合建立全区统一、上连国家、终端覆盖盟市和旗县（市、区）的公共资源交易电子服务系统，开放对接各类主体依法建设的公共资源电子交易系统和行业行政监督管理部门的电子监管系统，为全区公共资源交易活动提供信息交互和技术共享服务。

第三十条　公共资源交易平台应当利用信息网络逐步推进交易全程电子化，实现信息互联互通、资源共用共享和全流程透明化管理。

第三十一条　各级行业行政监督管理部门应当将公共资源交易活动当事人资质资格、信用奖惩、项目审批和违法违规处罚等信息，自作出行政决定之日起 7 个工作日内上网公开，并通过电子监管系统交互至公共资源交易电子服务系统公布。

第三十二条　公共资源交易平台应当依托统一的社会信用代码，建立公共资源交易市场主体和专家信用信息库，并通过公共资源交易电子服务系统连接有关电子交易系统、电子监管系统，实现信用信息的交互共享和动态更新。

第三十三条　公共资源交易电子服务系统应当分别与投资项目在线审批监管系统、公共信用信息系统对接，交换共享公共资源交易相关信息、项目审批核准信息和信用信息。

第三十四条 市场主体已在公共资源电子交易系统登记注册，并通过公共资源交易电子服务系统实现信息共享的，有关行业行政监督管理部门和公共资源交易管理和执行机构不得强制其重复登记、备案和验证。

第三十五条 公共资源交易电子服务系统应当支持不同电子认证数字证书的兼容互认。

第三十六条 公共资源交易管理服务和执行机构与有关行业行政监督管理部门在公共资源交易数据采集、汇总、传输、存储、公开和使用过程中，应当加强数据安全管理。涉密数据的管理，按照有关法律规定执行。

第七章 专家管理

第三十七条 由自治区人民政府办公厅牵头，协调自治区发展改革、财政、住房城乡建设、交通运输、水利、国土资源、卫生计生、国资等有关行业行政监督管理部门，按照全国统一的评审专家分类标准，建立全区综合评审专家库。将目前各行业主管部门管理的工程项目评标、公路项目评标、水利工程评标、矿业权出让评标、国有产权交易评标、政府采购评审、药品器械集中采购评审等专家库以及各盟市已建立的专家库专家资源，统一整合到自治区综合评审专家库进行管理。

第三十八条 各行业行政监督管理部门通过专家库管理系统，负责对候选专家进行初审、复审、入库、颁证等管理，并依据评审环节对专家做出的评价信息，对评标专家进行暂停评审资格、续聘、解聘等处罚管理和相应的责任追究。

第三十九条 全区综合评审专家库应根据公共资源交易场所的布局，设置相应的网络抽取终端，委托各级公共资源交易管理机构，根据交易主体提出的专家需求，提供标准统一的抽取服务。各级公共资源交易执行机构应当使用自治区综合评标评审专家库的专家，并按专家管理办法负责归集各交易主体对专家评标评审行为的评价意见，及时向各行业行政监督管理部门反馈。

第四十条 由自治区人民政府办公厅牵头，会同有关行业行政监督管理部门制定《内蒙古自治区综合评审专家和评审专家库管理办法》，经自治区公共资源交易管理工作联席会议审定后颁布施行。

第四十一条 自治区综合评审专家库应当与国家综合评标评审专家库连接，实现专家资源及信用信息共享。

第八章 监督管理

第四十二条 自治区和各盟市应当推动建立公共资源交易电子监管系统，责成各级公共资源管理和执行机构实现对项目登记，发布公告，开标评标或评审、竞价，成交公示，确认交易结果，投诉举报和交易履约等交易活动的全过程监控。

公共资源交易电子服务系统和其对接的电子交易系统应当实时向公共资源电子监管系统推送数据。

第四十三条 各级行业行政监督管理部门按照规定的职责分工，应当落实简政放权、放管结合、优化服务的要求，按照“双随机一公开”工作机制，加强对公共资源交易活动的事中事后监管。

（一）参与制定并执行本行业公共资源有关交易规则、服务流程和标准，依法履行对本行业进场项目的交易监督、履约监管和行政处罚等职责。

（二）严格按照《公共资源交易目录》要求，组织监督本行业公共资源交易项目统一纳入平台交易。

（三）对本行业公共资源交易项目实行电子监管，根据需要可派员到现场或通过视频系统进行现场监督。

（四）对本行业进场公共资源交易项目的合法合规性进行审查。

（五）依照法律法规授权，履行对公共资源交易活动相关机构及人员的考核评价等职责。

（六）受理公共资源交易活动当事人及其他利害关系人的投诉、申诉，依法查处公共资源交易活动中的违法违规行为。

（七）法律法规规定的其他监督管理事项。

第四十四条 各级监察部门依法对公共资源交易活动有关对象实施行政监察，对违法违规行为进行问责。

各级审计部门依法对公共资源交易活动和资金使用等情况实施审计监督。

各级政府法制机构按照有关法律法规，对公共资源交易过程中的行政执法行为进行监督。

第四十五条 各级行业行政监督管理部门应当推进公共资源交易电子监管系统建设，通过电子化手段，实现对本行业公共资源交易活动的全过程监督。应当及时汇总整合有关监管数据、违法失信数据、投诉举报数据等，并通过公共资源交易电子服务系统向社会公开。

第四十六条 各级行业行政监督管理部门应当将公共资源交易主体信用信息嵌入行政管理和公共服务的各领域、各环节，作为市场准入、项目审批、资质资格审核等的重要依据。建立综合管理部门、信用体系建设主管部门、行业行政监督管理部门、司法机关等参与的联合惩戒机制，对在公共资源交易活动中有不良行为记录、综合信用评价较差的市场主体，应当依法限制或禁止其参与公共资源交易活动。

第四十七条 公共资源交易管理服务机构应当会同相关行业行政监督管理部门，建立联合抽查机制，对有效投诉举报多或有违法违规记录情况的市场主体，应加大随机抽查力度。对信用记录良好的市场主体，适当减少抽查力度。

第四十八条 公共资源交易主体在开展交易活动前应以规范格式主动作出信用承诺，并向社会公示。信用承诺纳入交易主体信用记录，接受社会监督，并作为事中事后监管的参考。

第四十九条 各级公共资源交易管理和执行机构不得干涉或否定各行业主管部门对招标事项已作出的备案和批复。

第五十条 各级公共资源交易管理和执行机构应当为相关行业行政监督管理部门开展监督管理活动提供必要条件。

（一）根据需要为相关行业行政监督管理部门提供实时现场监控音视频等公共资源交易文件、资料和数据。

（二）协助相关行业行政监督管理部门对交易主体、中介机构资格及进场交易项目资料的完整性进行调查取证，对发现的违法违规问题应当及时向相关行业行政监督管理部门报告。

（三）记录、制止和纠正违反现场管理制度的行为。

（四）协助相关行业行政监督管理部门办理投诉举报，配合调查处理违法违规行为。

第五十一条 建立由市场主体及第三方参与的社会评价机制，对公共资源交易平台提供公共服务情况进行考核评价，强化社会监督。

第五十二条 公共资源交易领域的行业协会应当发挥行业组织作用，加强自律管理和服务。

第九章　法律责任

第五十三条　公共资源交易执行机构未按照本细则规定公开服务内容、服务流程、工作规范、收费标准和监督渠道，由公共资源交易综合管理部门责令限期整改。拒不整改的，予以通报批评。

第五十四条　公共资源交易执行机构未按照本细则规定在公共资源交易电子服务系统公开、交换、共享信息的，由公共资源交易综合管理部门责令限期整改。拒不整改的，对直接责任人和有关领导依法给予处分，并予以通报。

第五十五条　公共资源交易执行机构及其工作人员违法收取费用的，由同级价格主管部门会同有关部门责令限期整改。拒不整改的，依照《中华人民共和国合同法》、《中华人民共和国价格法》和《价格违法行为行政处罚规定》等给予处罚，并将处罚结果予以公示。

第五十六条　公共资源交易执行机构及其工作人员违反本细则第二十七条禁止性规定的，由相关行业行政监督管理部门责令限期改正，并予以通报批评。情节严重的，依法追究直接责任人和有关领导的责任。构成犯罪的，依法追究刑事责任。

第五十七条　公共资源交易执行机构限制市场主体依法建设的公共资源电子交易系统对接公共资源交易电子服务系统的，由公共资源交易综合管理部门责令限期整改。拒不整改的，对直接责任人和有关领导依法给予处分，并予以通报。

第五十八条　公共资源交易执行机构及其工作人员向他人透露依法应当保密的公共资源交易信息的，由相关行业行政监督管理部门责令限期整改，并予以通报批评。情节严重的，依法追究直接责任人和有关领导的责任。构成犯罪的，依法追究刑事责任。

第五十九条　公共资源交易执行机构及其工作人员在组织现场交易活动时，未按规定履行有关职责，影响交易活动正常进行并造成严重后果的，由相关行业行政监督管理部门责令改正，并依法追究直接责任人和有关领导责任。

第六十条　公共资源交易项目未按规定进场交易的，相关行业行政监督管理部门应暂停项目执行，不得办理相关手续。应责令限期改正，并依法追究直接责任人和有关领导的责任。

第六十一条　公共资源交易相关行业行政监督管理部门、公共资源交易管理机构和执行机构工作人员徇私舞弊、滥用职权、弄虚作假、玩忽职守，未依法履行职责的，依法给予处分；构成犯罪的，依法追究刑事责任。

第六十二条　公共资源交易活动违反本细则规定，对交易结果造成实质性影响，且不能采取补救措施予以纠正的，按相关法律法规的规定进行处理处罚，并依法追究直接责任人和有关领导的责任。

第十章　附　则

第六十三条　本细则所列招标人，包括采购人、出让转让方、拍卖人及其委托的招标（采购、出让转让）代理机构等；所列投标人，包括供应商、意向受让方、竞买人等。

法律法规对参与公共资源交易的招标人、招标代理机构、采购人、采购代理机构等的职责和义务有明确界定的，从其规定。

第六十四条　公共资源电子交易系统是根据工程建设项目招标投标、政府采购、国有土地使用权和矿业权出让转让、国有产权交易等各类公共资源交易的特点，按照有关规定建设、对接和运行，以数据电文形式完成公共资源交易活动的信息系统。

公共资源交易电子监管系统是指政府有关部门在线监督公共资源交易活动的信息系统。

公共资源交易电子服务系统是指联通公共资源电子交易系统、监管系统和其他电子系统，实现公共资源交易信息数据交换共享，并提供公共服务的枢纽。

第六十五条 各盟市要严格执行本细则，不再制定本地区的实施细则。

第六十六条 各盟市、各有关部门已经出台的公共资源交易管理的相关规定，如与本细则不一致的，应统一按本细则执行。

第六十七条 本细则自公布之日起施行。

内蒙古自治区环境影响评价机构管理办法（试行）

第一章　总　则

第一条　为了加强建设项目环境影响评价管理，提高环境影响评价质量，维护环境影响评价行业秩序，根据《中华人民共和国环境影响评价法》和《建设项目环境影响评价资质管理办法》（国家环境保护总局令第26号）等规定，结合内蒙古自治区实际，制定本办法。

第二条　本办法适用于拟在内蒙古自治区辖区内开展环境影响评价工作的所有评价机构，内蒙古自治区环境保护厅对其实行登记备案制度，并按本办法进行管理。

第三条　内蒙古自治区环境保护厅负责对在自治区辖区内开展环境影响评价工作的评价机构及其从业人员进行业务指导、监督和考核。

第四条　各盟市、旗县区环境保护行政主管部门应当加强对在本辖区内开展环境影响评价工作的评价机构的监督管理和日常考核。

第二章　登记备案制度

第五条　凡在内蒙古自治区辖区内开展环境影响评价工作的评价机构必须按本办法规定到内蒙古自治区环境保护厅登记备案，任何个人和未准予登记备案的评价机构不得在自治区辖区内承接环境影响评价工作。

第六条　拟在内蒙古自治区辖区内开展环境影响评价工作的区外评价机构，需登记备案并应具备以下条件：

（一）取得《建设项目环境影响评价资质证书》（以下简称“资质证书”）的甲级或乙级（报告书、特殊项目环境影响报告表）资质；

（二）从事环境影响评价工作四年以上，在近四年国家对环评机构的资质考核中无不良记录，环评机构所在地省级环保行政主管部门日常考核合格；

（三）近四年内承担编制过至少20项省级及以上环境保护行政主管部门负责审批的环境影响报告书。

第七条　申请登记备案的评价机构，应当提交以下材料（一式两份）：

（一）登记备案申请报告；

（二）企业法人营业执照正副本复印件或事业单位法人证书正副本复印件；

（三）评价机构的资质证书复印件；

（四）环境影响评价质量保证体系；

（五）环评工程师和上岗证持证人员名单及本人签字；

（六）环评工程师证书和注册登记证复印件、上岗证复印件；

（七）区外评价机构还需提交环评机构所在地省级环保行政主管部门出具的日常考核证明和区外承担环评工作的业绩证明。

第八条 内蒙古自治区环境保护厅在其门户网站对准予备案的评价机构进行公布并随时更新。

第三章 监督管理

第九条 评价机构应当建立健全内部管理和质量保证体系，并严格履行环境影响评价文件编制、审核和审定程序，配备与资质等级和评价范围相配套的专业仪器设备，具备完善的图文数字化处理能力、计算机网络系统和档案管理系统，对所承接的项目要建立完整档案。

第十条 评价机构应当对环境影响评价结论负责。评价机构所主持编制的环境影响报告书和特殊项目环境影响报告表须由登记于该机构的相应类别的环境影响评价工程师主持；环境影响报告书的各章节和特殊项目环境影响报告表的各专题应当由本机构的环境影响评价专职技术人员主持。

第十一条 环境影响报告书和特殊项目环境影响报告表中应当附编制人员名单表，列出主持该项目及各章节、各专题的环境影响评价专职技术人员的姓名、环境影响评价工程师登记证或环境影响评价岗位证书编号，并附主持该项目的环境影响评价工程师登记证复印件。编制人员应当在名单表中签字，并承担相应责任。

第十二条 环境影响评价工程师登记证中的评价机构名称与其环境影响评价岗位证书中的评价机构名称应当一致。

第十三条 评价机构主持编制的环境影响报告书或环境影响报告表，必须附有按原样边长三分之一缩印的资质证书正本缩印件。缩印件上应当注明所承担项目的名称及环境影响评价文件类型，并加盖评价机构印章和法定代表人名章。

第十四条 评价机构应当坚持公正、科学、诚信的工作原则，遵守职业道德，讲求专业信誉，对相关社会责任负责，不得违反国家法律、法规、政策及有关管理要求承担环境影响评价工作。

第十五条 评价机构应当依法开展环境影响评价工作，加强行业自律，自觉维护公平竞争的市场秩序，不得采取不正当的竞争手段承接环评业务。评价机构承接环评业务时，应当严格执行国家规定的收费标准。

第十六条 评价机构的经济类型、法定代表人、工作场所和环境影响评价专职技术人员等基本情况发生变化的，应当及时向自治区环保厅申报并报环境保护部做变更审批，审批后重新按规定程序报自治区环保厅备案。

第四章 考核规定

第十七条 内蒙古自治区环境保护厅依据环境保护法律法规规章和本办法对准予登记备案的评价机构进行考核。

环评机构的考核工作分为日常考核和年终考核，考核坚持公平公正、专家评价与公众评议相结合、日常考核与抽查考核相结合的原则。

第十八条 日常考核的重点为环评文件（送审版）的编制质量，内蒙古自治区环境工程评估中心和各盟市、旗县区环境保护行政主管部门在组织审查建设项目环境影响评价文件时，需认真组织填写《环境评价持证单位日常考核表》，作为日常考核的重要依据。

第十九条 年度考核的重点为评价机构的内部管理和质量保证体系执行情况、环评文件质量、公平竞争、规范收费和上报材料及时、全面、真实性等以及是否有违法违规行为等情况。

第二十条 内蒙古自治区环境工程评估中心和各盟市、旗县区环境保护行政主管部门需填写《环境评价持证单位日常考核年度汇总表》，于次年的 1 月 15 日前报内蒙古自治区环境保护厅。

评价机构每年需填写《建设项目环境影响评价机构年度业绩报告表》，于次年的 1 月 15 日前报内蒙古自治区环境保护厅。不得漏报、瞒报、迟报业绩及受到的处罚情况。

第二十一条　内蒙古自治区环境保护厅于次年的 1 月下旬，组织有关部门和专家对准予登记备案的评价机构进行抽查并年终考核，年终考核按日常考核和抽查结果分别占 70%和 30%打分并按分值排序，确定优秀、良好、合格和不合格 4 个等次。年终考核结果在自治区环境保护厅门户网站上公布，并于 3 月底前上报环境保护部。

第五章　奖惩规定

第二十二条　年终考核为“不合格”等次的评价机构，予以通报批评，并报请环境保护部予以缩减评价范围、降低评价等级或取消评价资质等处罚，区外评价机构同时撤销其在自治区登记备案的资格，自撤销之日起，不得承担内蒙古自治区境内的环境影响评价工作。年终考核为“优秀”等次的评价机构，予以通报表扬，并对其申请提升评价资质等级、扩大评价范围等予以重点支持。

第二十三条　在考核、抽查中发现评价机构不符合相应资质条件规定的，或发现评价机构有违反《建设项目环境影响评价资质管理办法》（国家环境保护总局令第 26 号）的相关规定的，予以通报批评，并报请环境保护部按照有关规定予以处罚。区外评价机构同时撤销其在自治区登记备案的资格，自撤销之日起，不得承担内蒙古自治区境内的环境影响评价工作。

第二十四条　自治区环境保护厅在门户网站上及时向社会公布对评价机构的奖惩情况。

第六章　附　则

第二十五条　本办法由内蒙古自治区环境保护厅负责解释和修订。

第二十六条　本制度自发文之日起施行。

内蒙古自治区重点流域断面水质污染补偿办法

第一条 为加强自治区水污染防治，防范水污染事故发生，全力改善水环境质量，保障人民群众身体健康，根据《中华人民共和国水污染防治法》、《国务院关于印发水污染防治行动计划的通知》（国发〔2015〕17 号，以下简称《水十条》）、《国务院办公厅关于健全生态保护补偿机制的意见》（国办发〔2016〕31 号）、《内蒙古自治区人民政府办公厅关于健全生态保护补偿机制的实施意见》（内政办发〔2016〕183 号）、《内蒙古自治区水污染防治工作方案》（内政办发〔2015〕155 号）和《财政部环境保护部国家发展改革委水利部关于加快建立流域上下游横向生态保护补偿机制的指导意见》（财建〔2016〕928 号）要求，结合我区实际，制定本办法。

第二条 本办法是以保护河流生态环境、促进人与自然和谐发展为目的，运用经济手段，调节流域上中下游之间、水环境破坏者与受害者及保护者之间的经济利益关系，推动流域水污染防治联防联控制度建设。

第三条 本办法适用于内蒙古自治区境内所有重点流域。

第四条 各盟市流域断面水质不得低于国家、自治区各规划期水质考核目标。断面水质低于考核目标值的，或断面不合理断流的，需按照本办法支付补偿金。

列入国家《水十条》的地表水断面水质和断流情况以国家年度考核认定结果为准。2018—2020 年考核目标执行《内蒙古自治区水污染防治目标责任书》，在达标年限之前，以 2014 年年均水质类别作为水质考核标准（Ⅰ～Ⅴ类以类别计，劣Ⅴ类以指标值计）。若上游入境的盟市界断面及其下游相邻的盟市考核断面水质均不达标，下游相邻盟市考核断面在扣除上游盟市的入境断面水质影响后再进行评价，盟市内同一河流的其他断面不扣除上游入境断面的影响。

第五条 补偿金额综合重点流域断面当年月均值和年均值超标情况及断流情况进行核定。

水质超标补偿标准为：重点流域断面当月水质超过考核目标即缴纳补偿金 50 万元，递增超标一个水质类别增加 50 万元；此外，若断面当月水质为劣Ⅴ类，还需在此基础上增加补偿金，计算方法为：不论基准年（“十三五”基准年为 2014 年）水质为任何类别，均以基准年各指标年均值作为标准，计算各超标因子的超标倍数，按当月各超标因子的超标倍数之和乘以 5 万元计算得到增加的补偿金。若断面水质存在月度超标，但在《水十条》年度考核中认定为达标的，则断面当年水质补偿金额减半；年度考核认定为超标的，年内超标月份不足 6 个月，按超标月份补偿金均值 6 倍作为断面年度水质补偿金，高于或等于 6 个月，按逐月累计值作为断面年度水质补偿金。

断流断面在《水十条》年度考核中认定合理断流的，不缴纳年度断面断流补偿金；认定为不合理断流的，按断流月份缴纳断流补偿金。断流补偿标准为：每断流一个月缴纳补偿金 50 万元。

当年 12 个月的断流补偿金和超标补偿金加和后作为该断面年度补偿金。

第六条 补偿金的分配。补偿金按照因素法进行分配，各盟市四项因素分值加和除以全区各盟市因素分值之和后乘以自治区总补偿金额度得到分配给各盟市补偿金额度。

四项因素中因素 1、3、4 计分为按月计分，每月分值加和后为年度分值；因素 2 计分为按年计分。计分方式如下：

因素 1 对下游盟市污染补偿：每个入境省界不达标断面每超出标准值一个类别计 5 分；劣Ⅴ类断面增加计分，增加方式为按照Ⅳ类和Ⅴ类标准值差值为基准数（如Ⅳ类和Ⅴ类标准值相同时，则采用与更高一级的标准差），得分数为各指标超过Ⅴ类标准的浓度差值除以基准数后的加和。标准值为国家对上游省份的考核水质类别（年均值），逐月数据以采测分离数据结果和部分位置偏远、交通不便的属地监测站监测结果为准。如入境省界断面国家年度考核认定为达标，该断面最终补偿金减半。

因素 2 全境水质达标：各盟市考核断面国家年度考核认定全部达标的，断面数 5 个及以下计 5 分，5 个以上的按实际个数每个计 1 分。水质达标判定参见第四条。

因素 3 水质较 2014 年改善：重点流域断面当月水质较 2014 年年均水质改善一个类别计 1 分；劣Ⅴ类断面按照Ⅳ类和Ⅴ类标准值差值为基准数（如Ⅳ类和Ⅴ类标准值相同时，则采用与更高一级的标准差），得分数为各指标改善浓度差值（未改善浓度—改善浓度）除以基准数后的加权平均值。如断面国家年度考核认定结果与 2014 年相比为保持的，此项因素补偿金计分减半；国家年度考核认定结果与 2014 年相比为变差的，此项因素补偿金计分为 0。

因素 4 水质较上年度改善：重点流域断面当月水质较上年度年均水质改善一个类别计 1 分；劣Ⅴ类断面按照Ⅳ类和Ⅴ类标准值差值为基准数（如Ⅳ类和Ⅴ类标准值相同时，则采用与更高一级的标准差），得分数为各指标改善浓度差值（未改善浓度—改善浓度）除以基准数后的加权平均值。如断面国家年度考核认定结果与上一年度相比为保持的，此项因素补偿金计分减半；国家年度考核认定结果与上一年度相比为变差的，此项因素补偿金计分为 0。

第七条 当月单一行政区断面水质未达标，该行政区承担超标断面补偿金；涉及多行政区的左右岸关系断面未达标，按责任权重分担补偿金。补偿金分配涉及的水质达标断面、水质较 2014 年或上年改善断面为单一行政区的，补偿金因素分值全部给纳入该盟市因素分值；涉及多行政区的左右岸关系断面，按照责任权重分配补偿金因素分值。入境省界不达标断面涉及多行政区左右岸关系的，因素分值涉及的各行政区平均分配。“十三五”以 2016 年数据计算各盟市左右岸关系断面责任权重，之后以五年规划期上一年数据计算权重。

第八条 各盟市按照自治区环境监测中心站制定的相关监测方案对河流断面水质实施监测。自治区环境监测中心站对所有监测数据进行审核，于每月 30 日前将本月监测数据报自治区生态环境厅。

第九条 自治区生态环境厅每月向有关盟行政公署、市人民政府送达断面超标、断流情况及补偿金月度核算结果和因素分值月度核算结果通知单。各盟行政公署、市人民政府收到月度核算通知单后 10 个工作日内将回执反馈自治区生态环境厅。

第十条 自治区生态环境厅参考“水十条”年度考核结果，确定年度实际应收缴补偿金和补偿金分配结果，将通知单送达给有关盟行政公署、市人民政府。各有关盟行政公署、市人民政府收到年度核算通知单后 10 个工作日内将回执反馈自治区生态环境厅，逾期未反馈视为认可核算通知单。

第十一条 自治区生态环境厅根据各盟市确认的年度实际补偿金和补偿金分配结果单于每年自治区财政厅与盟市年终结算前报送自治区财政厅，自治区财政厅通过与盟市年终结算将应收缴和分配的补偿金下达到各有关盟市。各盟市得到分配的补偿金必须用于水污染防治资金。

第十二条 本办法由自治区生态环境厅和自治区财政厅共同负责解释。各盟市可参照本办法制定本行政区域流域断面水质污染补偿实施细则。

第十三条 本办法自 2019 年 5 月 1 日起实施。

第五章　部门规章

建设项目竣工环境保护验收暂行办法

第一章　总　则

第一条　为规范建设项目环境保护设施竣工验收的程序和标准，强化建设单位环境保护主体责任，根据《建设项目环境保护管理条例》，制定本办法。

第二条　本办法适用于编制环境影响报告书（表）并根据环保法律法规的规定由建设单位实施环境保护设施竣工验收的建设项目以及相关监督管理。

第三条　建设项目竣工环境保护验收的主要依据包括：

（一）建设项目环境保护相关法律、法规、规章、标准和规范性文件；

（二）建设项目竣工环境保护验收技术规范；

（三）建设项目环境影响报告书（表）及审批部门审批决定。

第四条　建设单位是建设项目竣工环境保护验收的责任主体，应当按照本办法规定的程序和标准，组织对配套建设的环境保护设施进行验收，编制验收报告，公开相关信息，接受社会监督，确保建设项目需要配套建设的环境保护设施与主体工程同时投产或者使用，并对验收内容、结论和所公开信息的真实性、准确性和完整性负责，不得在验收过程中弄虚作假。

环境保护设施是指防治环境污染和生态破坏以及开展环境监测所需的装置、设备和工程设施等。

验收报告分为验收监测（调查）报告、验收意见和其他需要说明的事项等三项内容。

第二章　验收的程序和内容

第五条　建设项目竣工后，建设单位应当如实查验、监测、记载建设项目环境保护设施的建设和调试情况，编制验收监测（调查）报告。

以排放污染物为主的建设项目，参照《建设项目竣工环境保护验收技术指南污染影响类》编制验收监测报告；主要对生态造成影响的建设项目，按照《建设项目竣工环境保护验收技术规范生态影响类》编制验收调查报告；火力发电、石油炼制、水利水电、核与辐射等已发布行业验收技术规范的建设项目，按照该行业验收技术规范编制验收监测报告或者验收调查报告。

建设单位不具备编制验收监测（调查）报告能力的，可以委托有能力的技术机构编制。建设单位对受委托的技术机构编制的验收监测（调查）报告结论负责。建设单位与受委托的技术机构之间的权利义务关系，以及受委托的技术机构应当承担的责任，可以通过合同形式约定。

第六条　需要对建设项目配套建设的环境保护设施进行调试的，建设单位应当确保调试期间污染物排放符合国家和地方有关污染物排放标准和排污许可等相关管理规定。

环境保护设施未与主体工程同时建成的，或者应当取得排污许可证但未取得的，建设单位不得对该建设项目环境保护设施进行调试。

调试期间，建设单位应当对环境保护设施运行情况和建设项目对环境的影响进行监测。验收监测应当在确保主体工程调试工况稳定、环境保护设施运行正常的情况下进行，并如实记录监测时的实际工况。国家和地方有关污染物排放标准或者行业验收技术规范对工况和生产负荷另有规定的，按其规定执行。建设单位开展验收监测活动，可根据自身条件和能力，利用自有人员、场所和设备自行监测；也可以委托其他有能力的监测机构开展监测。

第七条 验收监测（调查）报告编制完成后，建设单位应当根据验收监测（调查）报告结论，逐一检查是否存在本办法第八条所列验收不合格的情形，提出验收意见。存在问题的，建设单位应当进行整改，整改完成后方可提出验收意见。

验收意见包括工程建设基本情况、工程变动情况、环境保护设施落实情况、环境保护设施调试效果、工程建设对环境的影响、验收结论和后续要求等内容，验收结论应当明确该建设项目环境保护设施是否验收合格。

建设项目配套建设的环境保护设施经验收合格后，其主体工程方可投入生产或者使用；未经验收或者验收不合格的，不得投入生产或者使用。

第八条 建设项目环境保护设施存在下列情形之一的，建设单位不得提出验收合格的意见：

（一）未按环境影响报告书（表）及其审批部门审批决定要求建成环境保护设施，或者环境保护设施不能与主体工程同时投产或者使用的；

（二）污染物排放不符合国家和地方相关标准、环境影响报告书（表）及其审批部门审批决定或者重点污染物排放总量控制指标要求的；

（三）环境影响报告书（表）经批准后，该建设项目的性质、规模、地点、采用的生产工艺或者防治污染、防止生态破坏的措施发生重大变动，建设单位未重新报批环境影响报告书（表）或者环境影响报告书（表）未经批准的；

（四）建设过程中造成重大环境污染未治理完成，或者造成重大生态破坏未恢复的；

（五）纳入排污许可管理的建设项目，无证排污或者不按证排污的；

（六）分期建设、分期投入生产或者使用依法应当分期验收的建设项目，其分期建设、分期投入生产或者使用的环境保护设施防治环境污染和生态破坏的能力不能满足其相应主体工程需要的；

（七）建设单位因该建设项目违反国家和地方环境保护法律法规受到处罚，被责令改正，尚未改正完成的；

（八）验收报告的基础资料数据明显不实，内容存在重大缺项、遗漏，或者验收结论不明确、不合理的；

（九）其他环境保护法律法规规章等规定不得通过环境保护验收的。

第九条 为提高验收的有效性，在提出验收意见的过程中，建设单位可以组织成立验收工作组，采取现场检查、资料查阅、召开验收会议等方式，协助开展验收工作。验收工作组可以由设计单位、施工单位、环境影响报告书（表）编制机构、验收监测（调查）报告编制机构等单位代表以及专业技术专家等组成，代表范围和人数自定。

第十条 建设单位在“其他需要说明的事项”中应当如实记载环境保护设施设计、施工和验收过程简况、环境影响报告书（表）及其审批部门审批决定中提出的除环境保护设施外的其他环境保护对策措施的实施情况，以及整改工作情况等。

相关地方政府或者政府部门承诺负责实施与项目建设配套的防护距离内居民搬迁、功能置换、栖息地保护等环境保护对策措施的，建设单位应当积极配合地方政府或部门在所承诺的时限内完成，并在“其他需要说明的事项”中如实记载前述环境保护对策措施的实施情况。

第十一条 除按照国家需要保密的情形外，建设单位应当通过其网站或其他便于公众知晓的方式，向社会公开下列信息：

（一）建设项目配套建设的环境保护设施竣工后，公开竣工日期；

（二）对建设项目配套建设的环境保护设施进行调试前，公开调试的起止日期；

（三）验收报告编制完成后 5 个工作日内，公开验收报告，公示的期限不得少于 20 个工作日。

建设单位公开上述信息的同时，应当向所在地县级以上环境保护主管部门报送相关信息，并接受监督检查。

第十二条　除需要取得排污许可证的水和大气污染防治设施外，其他环境保护设施的验收期限一般不超过 3 个月；需要对该类环境保护设施进行调试或者整改的，验收期限可以适当延期，但最长不超过 12 个月。

验收期限是指自建设项目环境保护设施竣工之日起至建设单位向社会公开验收报告之日止的时间。

第十三条　验收报告公示期满后 5 个工作日内，建设单位应当登录全国建设项目竣工环境保护验收信息平台，填报建设项目基本信息、环境保护设施验收情况等相关信息，环境保护主管部门对上述信息予以公开。

建设单位应当将验收报告以及其他档案资料存档备查。

第十四条　纳入排污许可管理的建设项目，排污单位应当在项目产生实际污染物排放之前，按照国家排污许可有关管理规定要求，申请排污许可证，不得无证排污或不按证排污。建设项目验收报告中与污染物排放相关的主要内容应当纳入该项目验收完成当年排污许可证执行年报。

第三章　监督检查

第十五条　各级环境保护主管部门应当按照《建设项目环境保护事中事后监督管理办法（试行）》等规定，通过“双随机一公开”抽查制度，强化建设项目环境保护事中事后监督管理。要充分依托建设项目竣工环境保护验收信息平台，采取随机抽取检查对象和随机选派执法检查人员的方式，同时结合重点建设项目定点检查，对建设项目环境保护设施“三同时”落实情况、竣工验收等情况进行监督性检查，监督结果向社会公开。

第十六条　需要配套建设的环境保护设施未建成、未经验收或者经验收不合格，建设项目已投入生产或者使用的，或者在验收中弄虚作假的，或者建设单位未依法向社会公开验收报告的，县级以上环境保护主管部门应当依照《建设项目环境保护管理条例》的规定予以处罚，并将建设项目有关环境违法信息及时记入诚信档案，及时向社会公开违法者名单。

第十七条　相关地方政府或者政府部门承诺负责实施的环境保护对策措施未按时完成的，环境保护主管部门可以依照法律法规和有关规定采取约谈、综合督查等方式督促相关政府或者政府部门抓紧实施。

第四章　附　则

第十八条　本办法自发布之日起施行。

第十九条　本办法由环境保护部负责解释。

财政部、国土资源部、环境保护部
关于推进山水林田湖生态保护修复工作的通知

（财建〔2016〕725号）

各省、自治区、直辖市、计划单列市财政厅（局）、国土资源主管部门、环境保护厅（局）：

党的十八届五中全会提出，实施山水林田湖生态保护和修复工程，筑牢生态安全屏障。中共中央、国务院印发的《生态文明体制改革总体方案》要求整合财政资金推进山水林田湖生态修复工程。为抓好贯彻落实，现就推进山水林田湖生态保护修复工作通知如下：

一、充分认识开展山水林田湖生态保护修复的重要意义

加快山水林田湖生态保护修复，实现格局优化、系统稳定、功能提升，关系生态文明建设和美丽中国建设进程，关系国家生态安全和中华民族永续发展。长期以来，受高强度的国土开发建设、矿产资源开发利用等因素影响，我国一些生态系统破损退化严重，部分关系生态安全格局的核心地区在不同程度上遭到生产生活活动的影响和破坏，提供生态产品的能力不断下降。此前开展的一些生态保护修复工作由于缺乏系统性、整体性考虑，客观上存在各自为战的状况，生态整治修复效果不尽理想，财政资金使用绩效亟待进一步提高。

党中央、国务院高度重视生态文明建设，就开展生态保护修复作出了明确的部署要求。开展山水林田湖生态保护修复是生态文明建设的重要内容，是贯彻绿色发展理念的有力举措，是破解生态环境难题的必然要求。各地要充分认识开展山水林田湖生态保护修复的重要性、迫切性，以高度的责任感和使命感，积极开展工作，不断开创生态保护建设的新局面。

二、积极推进山水林田湖生态保护修复工作

各地要认真学习领会并贯彻落实党中央、国务院关于开展山水林田湖生态保护修复的部署要求，坚持尊重自然、顺应自然、保护自然，以“山水林田湖是一个生命共同体”的重要理念指导开展工作，充分集成整合资金政策，对山上山下、地上地下、陆地海洋以及流域上下游进行整体保护、系统修复、综合治理，真正改变治山、治水、护田各自为战的工作格局。山水林田湖生态保护修复一般应统筹包括以下重点内容：

（一）实施矿山环境治理恢复。我国部分地区历史遗留的矿山环境问题没有得到有效治理，造成地质环境破坏和对大气、水体、土壤的污染，特别是在部分重要的生态功能区仍存在矿山开采活动，对生态系统造成较大威胁。要积极推进矿山环境治理恢复，突出重要生态区以及居民生活区废弃矿山治理的重点，抓紧修复交通沿线敏感矿山山体，对植被破坏严重、岩坑裸露的矿山加大复绿力度。

（二）推进土地整治与污染修复。应围绕优化格局、提升功能，在重要生态区域内开展沟坡丘壑综合整治，平整破损土地，实施土地沙化和盐碱化治理、耕地坡改梯、历史遗留工矿废弃地复垦利用等工程。对于污染土地，要综合运用源头控制、隔离缓冲、土壤改良等措施，防控土壤污染风险。

（三）开展生物多样性保护。要加快对珍稀濒危动植物栖息地区域的生态保护和修复，并对已经

破坏的跨区域生态廊道进行恢复，确保连通性和完整性，构建生物多样性保护网络，带动生态空间整体修复，促进生态系统功能提升。

（四）推动流域水环境保护治理。要选择重要的江河源头及水源涵养区开展生态保护和修复，以重点流域为单元开展系统整治，采取工程与生物措施相结合、人工治理与自然修复相结合的方式进行流域水环境综合治理，推进生态功能重要的江河湖泊水体休养生息。

（五）全方位系统综合治理修复。在生态系统类型比较丰富的地区，将湿地、草场、林地等统筹纳入重大工程，对集中连片、破碎化严重、功能退化的生态系统进行修复和综合整治，通过土地整治、植被恢复、河湖水系连通、岸线环境整治、野生动物栖息地恢复等手段，逐步恢复生态系统功能。

三、加强对地方开展山水林田湖生态保护修复的指导和支持

（一）加强开展山水林田湖生态保护修复的指导。地方要在全面摸清本地生态系统存在的主要问题、面临的突出矛盾的基础上，高起点、高质量的编制生态保护修复规划和重大工程实施方案，明确目标任务、技术路线、资金投入和各方责任等。财政部、国土资源部、环境保护部将按照工作职责分工加强对地方的指导，将立足全局、加强顶层设计，对关系国家生态安全格局的重大生态保护修复进行科学规划；对地方开展的跨区域重点生态保护修复加强统筹协调，支持相邻省份立足生态系统完整性，进行方案融合、项目对接；将积极协调解决推进工作中的问题，组织建立专家团队，完善生态修复的标准体系、技术规范等，为地方开展山水林田湖生态保护修复提供必要的技术指导与专业服务。

（二）中央财政将对典型重要山水林田湖生态保护修复工程给予奖补。鼓励各地积极拓宽资金渠道，按照系统综合治理的要求，提出本地整合资金的具体措施和办法，统筹环境污染治理、农村环境保护、矿山地质环境治理、土地复垦、水污染防治、生态修复等各类资金，切实推进山水林田湖生态保护修复。中央财政将择机选择对我国生态重要性高、实施效果好、跨区域开展的山水林田湖生态保护修复试点工程进行奖补（具体奖补办法另行制定），以进一步调动地方积极性，有力推进生态保护修复工程。

各地要充分认识加快推进山水林田湖生态保护修复工作的重大意义，积极行动起来，加强组织协调、健全体制机制、完善保障措施，切实抓好山水林田湖生态保护修复重大工程组织实施，推动生态环境状况持续改善，为美丽中国建设作出更大的贡献。

国家发展改革委　住房城乡建设部
关于推进全过程工程咨询服务发展的指导意见

（发改投资规〔2019〕515号）

各省、自治区、直辖市及计划单列市、新疆生产建设兵团发展改革委，各省、自治区住房和城乡建设厅、直辖市住房和城乡建设（管）委、北京市规划和自然资源委、新疆生产建设兵团住房和城乡建设局：

为深化投融资体制改革，提升固定资产投资决策科学化水平，进一步完善工程建设组织模式，提高投资效益、工程建设质量和运营效率，根据中央城市工作会议精神及《中共中央　国务院关于深化投融资体制改革的意见》（中发〔2016〕18号）、《国务院办公厅关于促进建筑业持续健康发展的意见》（国办发〔2017〕19号）等要求，现就在房屋建筑和市政基础设施领域推进全过程工程咨询服务发展提出如下意见。

一、充分认识推进全过程工程咨询服务发展的意义

改革开放以来，我国工程咨询服务市场化快速发展，形成了投资咨询、招标代理、勘察、设计、监理、造价、项目管理等专业化的咨询服务业态，部分专业咨询服务建立了执业准入制度，促进了我国工程咨询服务专业化水平提升。随着我国固定资产投资项目建设水平逐步提高，为更好地实现投资建设意图，投资者或建设单位在固定资产投资项目决策、工程建设、项目运营过程中，对综合性、跨阶段、一体化的咨询服务需求日益增强。这种需求与现行制度造成的单项服务供给模式之间的矛盾日益突出。

为深入贯彻习近平新时代中国特色社会主义思想和党的十九大精神，深化工程领域咨询服务供给侧结构性改革，破解工程咨询市场供需矛盾，必须完善政策措施，创新咨询服务组织实施方式，大力发展以市场需求为导向、满足委托方多样化需求的全过程工程咨询服务模式。特别是要遵循项目周期规律和建设程序的客观要求，在项目决策和建设实施两个阶段，着力破除制度性障碍，重点培育发展投资决策综合性咨询和工程建设全过程咨询，为固定资产投资及工程建设活动提供高质量智力技术服务，全面提升投资效益、工程建设质量和运营效率，推动高质量发展。

二、以投资决策综合性咨询促进投资决策科学化

（一）大力提升投资决策综合性咨询水平。投资决策环节在项目建设程序中具有统领作用，对项目顺利实施、有效控制和高效利用投资至关重要。鼓励投资者在投资决策环节委托工程咨询单位提供综合性咨询服务，统筹考虑影响项目可行性的各种因素，增强决策论证的协调性。综合性工程咨询单位接受投资者委托，就投资项目的市场、技术、经济、生态环境、能源、资源、安全等影响可行性的要素，结合国家、地区、行业发展规划及相关重大专项建设规划、产业政策、技术标准及相关审批要求进行分析研究和论证，为投资者提供决策依据和建议。

（二）规范投资决策综合性咨询服务方式。投资决策综合性咨询服务可由工程咨询单位采取市场

合作、委托专业服务等方式牵头提供，或由其会同具备相应资格的服务机构联合提供。牵头提供投资决策综合性咨询服务的机构，根据与委托方合同约定对服务成果承担总体责任；联合提供投资决策综合性咨询服务的，各合作方承担相应责任。鼓励纳入有关行业自律管理体系的工程咨询单位发挥投资机会研究、项目可行性研究等特长，开展综合性咨询服务。投资决策综合性咨询应当充分发挥咨询工程师（投资）的作用，鼓励其作为综合性咨询项目负责人，提高统筹服务水平。

（三）充分发挥投资决策综合性咨询在促进投资高质量发展和投资审批制度改革中的支撑作用。落实项目单位投资决策自主权和主体责任，鼓励项目单位加强可行性研究，对国家法律法规和产业政策、行政审批中要求的专项评价评估等一并纳入可行性研究统筹论证，提高决策科学化，促进投资高质量发展。单独开展的各专项评价评估结论应当与可行性研究报告相关内容保持一致，各审批部门应当加强审查要求和标准的协调，避免对相同事项的管理要求相冲突。鼓励项目单位采用投资决策综合性咨询，减少分散专项评价评估，避免可行性研究论证碎片化。各地要建立并联审批、联合审批机制，提高审批效率，并通过通用综合性咨询成果、审查一套综合性申报材料，提高并联审批、联合审批的操作性。

（四）政府投资项目要优先开展综合性咨询。为增强政府投资决策科学性，提高政府投资效益，政府投资项目要优先采取综合性咨询服务方式。政府投资项目要围绕可行性研究报告，充分论证建设内容、建设规模，并按照相关法律法规、技术标准要求，深入分析影响投资决策的各项因素，将其影响分析形成专门篇章纳入可行性研究报告；可行性研究报告包括其他专项审批要求的论证评价内容的，有关审批部门可以将可行性研究报告作为申报材料进行审查。

三、以全过程咨询推动完善工程建设组织模式

（一）以工程建设环节为重点推进全过程咨询。在房屋建筑、市政基础设施等工程建设中，鼓励建设单位委托咨询单位提供招标代理、勘察、设计、监理、造价、项目管理等全过程咨询服务，满足建设单位一体化服务需求，增强工程建设过程的协同性。全过程咨询单位应当以工程质量和安全为前提，帮助建设单位提高建设效率、节约建设资金。

（二）探索工程建设全过程咨询服务实施方式。工程建设全过程咨询服务应当由一家具有综合能力的咨询单位实施，也可由多家具有招标代理、勘察、设计、监理、造价、项目管理等不同能力的咨询单位联合实施。由多家咨询单位联合实施的，应当明确牵头单位及各单位的权利、义务和责任。要充分发挥政府投资项目和国有企业投资项目的示范引领作用，引导一批有影响力、有示范作用的政府投资项目和国有企业投资项目带头推行工程建设全过程咨询。鼓励民间投资项目的建设单位根据项目规模和特点，本着信誉可靠、综合能力和效率优先的原则，依法选择优秀团队实施工程建设全过程咨询。

（三）促进工程建设全过程咨询服务发展。全过程咨询单位提供勘察、设计、监理或造价咨询服务时，应当具有与工程规模及委托内容相适应的资质条件。全过程咨询服务单位应当自行完成自有资质证书许可范围内的业务，在保证整个工程项目完整性的前提下，按照合同约定或经建设单位同意，可将自有资质证书许可范围外的咨询业务依法依规择优委托给具有相应资质或能力的单位，全过程咨询服务单位应对被委托单位的委托业务负总责。建设单位选择具有相应工程勘察、设计、监理或造价咨询资质的单位开展全过程咨询服务的，除法律法规另有规定外，可不再另行委托勘察、设计、监理或造价咨询单位。

（四）明确工程建设全过程咨询服务人员要求。工程建设全过程咨询项目负责人应当取得工程建

设类注册执业资格且具有工程类、工程经济类高级职称，并具有类似工程经验。对于工程建设全过程咨询服务中承担工程勘察、设计、监理或造价咨询业务的负责人，应具有法律法规规定的相应执业资格。全过程咨询服务单位应根据项目管理需要配备具有相应执业能力的专业技术人员和管理人员。设计单位在民用建筑中实施全过程咨询的，要充分发挥建筑师的主导作用。

四、鼓励多种形式的全过程工程咨询服务市场化发展

（一）鼓励多种形式全过程工程咨询服务模式。除投资决策综合性咨询和工程建设全过程咨询外，咨询单位可根据市场需求，从投资决策、工程建设、运营等项目全生命周期角度，开展跨阶段咨询服务组合或同一阶段内不同类型咨询服务组合。鼓励和支持咨询单位创新全过程工程咨询服务模式，为投资者或建设单位提供多样化的服务。同一项目的全过程工程咨询单位与工程总承包、施工、材料设备供应单位之间不得有利害关系。

（二）创新咨询单位和人员管理方式。要逐步减少投资决策环节和工程建设领域对从业单位和人员实施的资质资格许可事项，精简和取消强制性中介服务事项，打破行业壁垒和部门垄断，放开市场准入，加快咨询服务市场化进程。将政府管理重心从事前的资质资格证书核发转向事中事后监管，建立以政府监管、信用约束、行业自律为主要内容的管理体系，强化单位和人员从业行为监管。

（三）引导全过程工程咨询服务健康发展。全过程工程咨询单位应当在技术、经济、管理、法律等方面具有丰富经验，具有与全过程工程咨询业务相适应的服务能力，同时具有良好的信誉。全过程工程咨询单位应当建立与其咨询业务相适应的专业部门及组织机构，配备结构合理的专业咨询人员，提升核心竞争力，培育综合性多元化服务及系统性问题一站式整合服务能力。鼓励投资咨询、招标代理、勘察、设计、监理、造价、项目管理等企业，采取联合经营、并购重组等方式发展全过程工程咨询。

五、优化全过程工程咨询服务市场环境

（一）建立全过程工程咨询服务技术标准和合同体系。研究建立投资决策综合性咨询和工程建设全过程咨询服务技术标准体系，促进全过程工程咨询服务科学化、标准化和规范化；以服务合同管理为重点，加快构建适合我国投资决策和工程建设咨询服务的招标文件及合同示范文本，科学制定合同条款，促进合同双方履约。全过程工程咨询单位要切实履行合同约定的各项义务、承担相应责任，并对咨询成果的真实性、有效性和科学性负责。

（二）完善全过程工程咨询服务酬金计取方式。全过程工程咨询服务酬金可在项目投资中列支，也可根据所包含的具体服务事项，通过项目投资中列支的投资咨询、招标代理、勘察、设计、监理、造价、项目管理等费用进行支付。全过程工程咨询服务酬金在项目投资中列支的，所对应的单项咨询服务费用不再列支。投资者或建设单位应当根据工程项目的规模和复杂程度，咨询服务的范围、内容和期限等与咨询单位确定服务酬金。全过程工程咨询服务酬金可按各专项服务酬金叠加后再增加相应统筹管理费用计取，也可按人工成本加酬金方式计取。全过程工程咨询单位应努力提升服务能力和水平，通过为所咨询的工程建设或运行增值来体现其自身市场价值，禁止恶意低价竞争行为。鼓励投资者或建设单位根据咨询服务节约的投资额对咨询单位予以奖励。

（三）建立全过程工程咨询服务管理体系。咨询单位要建立自身的服务技术标准、管理标准，不断完善质量管理体系、职业健康安全和环境管理体系，通过积累咨询服务实践经验，建立具有自身特色的全过程工程咨询服务管理体系及标准。大力开发和利用建筑信息模型（BIM）、大数据、物联

网等现代信息技术和资源，努力提高信息化管理与应用水平，为开展全过程工程咨询业务提供保障。

（四）加强咨询人才队伍建设和国际交流。咨询单位要高度重视全过程工程咨询项目负责人及相关专业人才的培养，加强技术、经济、管理及法律等方面的理论知识培训，培养一批符合全过程工程咨询服务需求的综合型人才，为开展全过程工程咨询业务提供人才支撑。鼓励咨询单位与国际著名的工程顾问公司开展多种形式的合作，提高业务水平，提升咨询单位的国际竞争力。

六、强化保障措施

（一）加强组织领导。国务院投资主管部门负责指导投资决策综合性咨询，国务院住房和城乡建设主管部门负责指导工程建设全过程咨询。各级投资主管部门、住房和城乡建设主管部门要高度重视全过程工程咨询服务的推进和发展，创新投资决策机制和工程建设管理机制，完善相关配套政策，加强对全过程工程咨询服务活动的引导和支持，加强与财政、税务、审计等有关部门的沟通协调，切实解决制约全过程工程咨询实施中的实际问题。

（二）推动示范引领。各级政府主管部门要引导和鼓励工程决策和建设采用全过程工程咨询模式，通过示范项目的引领作用，逐步培育一批全过程工程咨询骨干企业，提高全过程工程咨询的供给质量和能力；鼓励各地区和企业积极探索和开展全过程工程咨询，及时总结和推广经验，扩大全过程工程咨询的影响力。

（三）加强政府监管和行业自律。有关部门要根据职责分工，建立全过程工程咨询监管制度，创新全过程监管方式，实施综合监管、联动监管，加大对违法违规咨询单位和从业人员的处罚力度，建立信用档案和公开不良行为信息，推动咨询单位切实提高服务质量和效率。有关行业协会应当充分发挥专业优势，协助政府开展相关政策和标准体系研究，引导咨询单位提升全过程工程咨询服务能力；加强行业诚信自律体系建设，规范咨询单位和从业人员的市场行为，引导市场合理竞争。

房屋建筑和市政基础设施建设项目全过程工程咨询服务技术标准（征求意见稿）

1. 总则

1.0.1 为规范全过程工程咨询活动，提高全过程工程咨询服务水平，制定本标准。

1.0.2 本标准适用于固定资产投资决策综合性咨询和工程建设全过程咨询，也可适用于某一专项咨询服务活动。

1.0.3 工程咨询方应与委托方以书面形式订立全过程工程咨询合同，合同中应明确工程咨询服务的范围、内容、服务期限和酬金、咨询成果形式，以及双方义务、违约责任等条款。

1.0.4 工程咨询方应独立、公平、科学地开展工程咨询服务活动。

1.0.5 全过程工程咨询服务活动除应符合本标准外，尚应符合国家有关标准规定。

2. 术语

2.0.1 工程咨询方

能够在项目投资决策、建设实施阶段为委托方提供综合咨询服务的独立法人单位或其联合体，也可以是为委托方提供某一专项咨询服务的独立法人单位或其联合体。

2.0.2 全过程工程咨询

工程咨询方综合运用多学科知识、工程实践经验、现代科学技术和经济管理方法，采用多种服务方式组合，为委托方在项目投资决策、建设实施乃至运营维护阶段持续提供局部或整体解决方案的智力性服务活动。

2.0.3 投资决策综合性咨询

工程咨询方接受投资方委托，就投资项目的市场、技术、经济、生态环境、能源、资源、安全等影响可行性的要素，结合国家、地区、行业发展规划及相关重大专项建设规划、产业政策、技术标准及相关审批要求进行分析研究和论证，为投资方提供决策依据和建议的活动。

2.0.4 工程建设全过程咨询

工程咨询方接受建设单位委托，提供招标代理、勘察、设计、监理、造价、项目管理等全过程一体化咨询服务的活动。

2.0.5 工程咨询机构

工程咨询方设立的负责履行全过程工程咨询合同的组织机构。

2.0.6 咨询项目负责人

由工程咨询方法定代表人书面任命，具有与全过程工程咨询业务相适应的业绩和能力，负责履行全过程工程咨询合同的工程咨询机构负责人。

2.0.7 咨询工作大纲

工程咨询机构全面开展全过程工程咨询工作的指导性文件。

2.0.8　咨询工作计划

工程咨询机构针对某一阶段或某一专项咨询服务工作的操作性文件。

2.0.9　施工项目管理服务

工程咨询方在项目施工阶段为委托方提供的工程监理职责以外的专业化项目管理服务。

2.0.10　项目融资咨询

工程咨询方为委托方设计项目融资方式、策划项目融资方案乃至协助委托方执行项目融资方案的专项咨询活动。

2.0.11　信息技术咨询

工程咨询方为委托方应用信息技术提供局部或整体解决方案的专项咨询活动。

2.0.12　风险管理咨询

工程咨询方为委托方提供工程风险识别与分析、提出风险应对策略的专项咨询活动。

2.0.13　建筑节能咨询

工程咨询方为委托方提供的建筑节能技术和管理专项咨询活动。

2.0.14　绿色建筑咨询

工程咨询方为委托方提供的绿色建筑技术和管理专项咨询活动。

2.0.15　工程保险咨询

工程咨询方为委托方提供工程保险实施方案、协助实施工程保险索赔的专项咨询活动。

3. 基本规定

3.0.1　全过程工程咨询可分为投资决策综合性咨询和工程建设全过程咨询。其中，工程建设全过程咨询又可分为工程勘察设计咨询、工程招标采购咨询、工程监理与项目管理服务。工程咨询方还可根据委托方需求提供其他专项咨询服务。

3.0.2　工程咨询方可提供的专项咨询服务包括但不限于：项目融资咨询、政府和社会资本合作咨询、工程造价咨询、信息技术咨询、风险管理咨询、项目后评价咨询、建筑节能与绿色建筑咨询、工程保险咨询。

3.0.3　全过程工程咨询业务应由具有相应能力和业绩的工程咨询方承担，其中涉及工程勘察、设计、监理、造价等咨询业务的，应由具有相应资质的工程咨询类单位承担。

3.0.4　委托方可通过招标或直接委托方式委托全过程工程咨询业务。对于依法必须招标的工程咨询项目，在项目立项后即可通过招标方式委托工程咨询方实施全过程工程咨询。

3.0.5　工程咨询方应根据全过程工程咨询服务内容和期限，结合工程特点、建设规模、复杂程度及环境因素等确定全过程工程咨询机构的组织形式和人员构成，并在全过程工程咨询合同签订后及时报送委托方。

3.0.6　工程咨询方应根据全过程工程咨询合同约定，结合工程实际情况，编制全过程工程咨询工作大纲，并应经工程咨询方技术负责人审批后及时报送委托方。

咨询工作大纲内容应包括：工程概况、咨询业务范围及内容、咨询组织机构及人员安排、咨询工作重难点及总体思路、咨询工作进度安排、咨询工作成果等。

3.0.7　在每项咨询活动开始前，咨询工作部门负责人应组织专业咨询人员根据咨询活动需求编制相应的咨询工作计划。咨询工作计划应经咨询项目负责人审批。

咨询工作计划内容应包括：咨询工作目标和任务；咨询工作依据；咨询工作组织机构、人员配备及岗位职责；咨询工作制度及流程；咨询工作进度安排；咨询工作可交付成果及其表达形式。

3.0.8 在咨询活动实施过程中，实际情况或条件发生变化而需要调整咨询工作大纲或计划时，应由咨询项目负责人组织专业咨询人员修改或调整，并应按原审批程序报审。

3.0.9 全过程工程咨询强调智力性策划、多阶段集成，通过对建设方案进行技术经济分析论证和实施全过程管控，为委托方投资决策和建设管理提供增值服务。

3.0.10 工程咨询方宜应用现代信息技术建立知识管理平台，强化知识管理，为全过程工程咨询提供有力支撑。

3.0.11 工程咨询方应统筹组织咨询服务档案资料收集整理工作并按咨询服务内容和职责划分组织存档。

4. 全过程工程咨询组织模式及人员职责

4.1 一般规定

4.1.1 全过程工程咨询业务宜由一家具有相应资质和能力的工程咨询单位承担，也可由若干家具有相应资质和能力的工程咨询单位以联合体式承担。

4.1.2 全过程工程咨询业务以联合体方式承担的，应在联合体各方共同与委托方签订的全过程工程咨询合同中明确联合体牵头单位及联合体各方咨询项目负责人。

4.1.3 工程咨询方应委派一名专业人员担任全过程工程咨询项目负责人，并在与委托方签订的全过程工程咨询合同中予以明确。

工程咨询方调换全过程工程咨询项目负责人时，应征得委托方书面同意。

4.1.4 全过程工程咨询业务涉及勘察、设计、监理、造价咨询业务的，工程咨询方应分别委派具有相应职业资格和业务能力的专业人员担任勘察负责人、设计负责人、总监理工程师、造价咨询项目负责人。

全过程工程咨询项目负责人具备相应职业资格条件的，可同时担任该项目的勘察负责人、设计负责人、总监理工程师或造价咨询项目负责人，但最多只能同时兼任其中两个岗位负责人。

4.2 工程咨询组织模式

4.2.1 工程咨询方设立的工程咨询机构可独立于委托方进行全过程工程咨询，也可将其专业咨询人员分别派入委托方相关职能部门共同形成一体化工作团队。

4.2.2 全过程工程咨询实行咨询项目负责人责任制。全过程工程咨询业务涉及勘察、设计、监理、造价咨询业务的，相应咨询业务应在咨询项目负责人的协调下，分别实行勘察项目负责人、设计项目负责人、总监理工程师、造价咨询项目负责人责任制。

4.2.3 工程咨询机构可根据项目投资决策及建设实施不同阶段咨询内容或专项咨询内容设立不同的咨询工作部门，委派咨询工作部门负责人。

咨询工作部门的咨询业务涉及勘察、设计、监理、造价咨询业务的，相应咨询工作部门负责人应为勘察项目负责人、设计项目负责人、总监理工程师、造价咨询项目负责人。

4.2.4 按规定需要派驻施工现场的，工程咨询方应在施工现场派驻相应咨询工作部门。

4.2.5 工程咨询机构应配备数量适宜、专业配套的专业咨询人员和其他辅助人员，其能力和资格应满足工程咨询服务工作需要。

4.2.6 工程咨询方应根据全过程工程咨询合同要求及工程特点，制定和实施全过程工程咨询工作制度，明确全过程工程咨询工作流程，明晰工程咨询方内部及工程咨询方与委托方、其他利益相关方之间的管理接口关系。

4.2.7　咨询工作部门负责人应在工程咨询服务工作开始前，组织相关专业咨询人员进行咨询工作计划交底。

4.2.8　工程咨询机构应按全过程工程咨询合同及相关标准要求编制工程咨询成果文件，勘察项目负责人、设计项目负责人、总监理工程师、造价咨询项目负责人及全过程工程咨询项目负责人应在其确认的相关咨询成果文件上签章。

4.2.9　工程咨询成果文件经咨询项目负责人审核签字，并经工程咨询方技术负责人审批后报送委托方。工程咨询方将自有资质证书许可范围外的咨询业务委托给其他机构实施的，工程咨询方应当对工程咨询成果承担相应责任。

4.3　工程咨询人员职责

4.3.1　全过程工程咨询项目负责人应履行下列职责：

1　牵头组建工程咨询机构，明确咨询岗位职责及人员分工，并报送工程咨询单位或联合体批准。

2　组织制定咨询工作大纲及咨询工作制度，明确咨询工作流程和咨询成果文件模板。

3　组织审核咨询工作计划。

4　根据咨询工作需要及时调配专业咨询人员。

5　代表工程咨询方协调咨询项目内外部相关方关系，调解相关争议，解决项目实施中出现的问题。

6　监督检查咨询工作进展情况，组织评价咨询工作绩效。

7　参与工程咨询单位或联合体重大决策，在授权范围内决定咨询任务分解、利益分配和资源使用。

8　审核确认工程咨询成果文件，并在其确认的相关咨询成果文件上签章。

9　参与或配合工程咨询服务质量事故的调查和处理。

10　定期向委托方报告项目进展计划完成情况及所有与其利益密切相关的重要信息。

4.3.2　勘察项目负责人、设计项目负责人、总监理工程师、造价咨询项目负责人应根据工程勘察、设计、监理、造价咨询相关标准规定，分别履行其相应职责。

4.3.3　咨询工作部门负责人应履行下列职责：

1　参与编制咨询工作大纲，组织编制本部门咨询工作计划。

2　根据咨询工作大纲、咨询工作计划、相关标准及咨询任务分配，组织实施咨询服务工作。

3　组织编制工程咨询成果文件，需要咨询项目负责人审核签章的，报送咨询项目负责人审核签章。

4.3.4　工程咨询机构其他专业咨询人员根据咨询岗位职责分工，履行相应咨询职责。

5. 投资决策综合性咨询

5.1　一般规定

5.1.1　投资决策综合性咨询是工程咨询方在投资决策环节，就投资项目的市场、技术、经济、生态环境、能源、资源、安全等影响可行性的要素，结合国家、地区、行业发展规划及相关重大专项建设规划、产业政策、技术标准及相关审批要求进行分析研究和论证，为投资方提供综合性、一体化、便利化的咨询服务。

5.1.2　开展投资决策综合性咨询服务的目的是为深化投融资体制改革、优化营商环境、促进投资高质量发展。

5.1.3 工程咨询方根据投资方委托开展投资决策综合性咨询，包括投资策划咨询、可行性研究、建设条件单项咨询等活动，以及在此基础上编制形成的，符合建设项目投资决策基本程序要求的申报材料，同时协助投资方按规定完成投资决策阶段各项审批、核准或备案事项。

5.1.4 投资策划咨询是进行可行性研究前的准备性调查研究，是为寻求有价值的投资机会而对项目的有关背景、投资条件、市场状况等进行初步调查研究和分析预测。

5.1.5 可行性研究是分析论述影响项目落地、实施、运营的各项因素的活动，支撑投资方内部决策。可行性研究更加注重提升咨询服务价值，更加强调研究的客观性、科学性、严肃性，研究内容和深度必须满足投资方“定方案”“定项目”的要求。

5.1.6 建设条件单项咨询是包括可行性研究报告规定的重要章节咨询，也包括可行性研究报告未规定，但国家现行法律法规规定需要单独开展的咨询服务。

5.1.7 投资方应当采取招标或直接委托等方式选择具有资信评价等级的工程咨询方开展投资决策综合性咨询。投资方应当与工程咨询方订立综合性咨询服务合同，约定各方权利义务并共同遵守。合同中应明确咨询活动形成的知识产权归属。

5.1.8 投资决策综合性咨询服务可由工程咨询方采取市场合作、委托专业服务等方式牵头提供，或由其会同具备相应资格的服务机构联合提供。

5.1.9 投资决策综合性咨询服务牵头方是投资方委托的建设项目投资决策总顾问，承担投资决策阶段咨询的主体责任，应组织实施好各项咨询任务，并可根据资信、资质条件与能力承担相应申报材料编制任务。投资决策综合性咨询的总负责人由牵头方派出，组建的咨询团队人员应符合各项咨询任务的规定要求。

5.1.10 投资决策综合性咨询服务主要成果为可行性研究，以及在可行性研究的基础上，根据有关部门审批要求编制形成单项申报材料。鼓励有关审批部门将综合性可行性研究作为项目申报材料，实现“一本报告，并联审批”。

5.2 投资决策咨询

5.2.1 投资策划咨询

5.2.1.1 工程咨询方根据投资方的委托，结合项目所在地规划、产业政策、投资条件、市场状况等开展投资策划咨询，提供投资机会研究成果。

5.2.1.2 投资机会研究是进行可行性研究前的准备性调查研究，通过对政治、环境的分析来寻找投资机会、识别投资方向、选定投资项目，作为投资方内部决策使用。

5.2.1.3 工程咨询方结合投资方委托情况，开展一般机会研究和特定项目机会研究。一般机会研究又可分为地区机会研究、行业机会研究等。特定项目机会研究是针对具体投资项目开展的机会研究。

5.2.2 可行性研究

5.2.2.1 可行性研究是投资决策综合性咨询服务的核心内容。工程咨询方根据投资方的委托，分析论述影响项目落地、实施、运营的各项因素，支撑投资方内部决策。

5.2.2.2 可行性研究内容和深度应达到可行性研究报告、建设条件单项咨询相应的规定要求，必须满足决策者“定方案”“定项目”的要求。鼓励将国家法律法规、行政审批中要求的可行性研究报告报批前必须完成的建设条件单项咨询纳入可行性研究统筹论证。鼓励将开工前必须完成的其他建设条件单项咨询主要内容纳入可行性研究统筹论证。

5.2.2.3 在可行性研究的基础上，工程咨询方按照建设项目分类管理要求编制形成相应申报材料。

政府投资项目应按照规定要求，编制形成项目建议书、可行性研究报告、初步设计等。企业投资项目应按照规定要求和投资方需求，编制形成项目申请报告、资金申请报告等。工程咨询方也可以根据投资方的要求承担咨询评估任务，提出咨询评估意见。

5.2.2.4　项目建议书是政府投资项目立项的重要依据，主要论证项目建设的必要性，并对主要建设内容、拟建地点、拟建规模、投资匡算、资金筹措以及社会效益和经济效益等进行初步分析，并附相关文件资料。项目建议书的编制格式、内容和深度应达到规定要求。

5.2.2.5　可行性研究报告是政府投资项目审批决策的重要依据，重点分析项目的技术经济可行性、社会效益以及项目资金等主要建设条件的落实情况，应提供多种建设方案比选，提出项目建设必要性、可行性和合理性的研究结论。可行性研究报告的编制格式、内容和深度应达到规定要求。

5.2.2.6　项目申请报告是企业投资项目核准的重要依据，主要分析项目外部性、公共性影响，重点针对规划和政策符合性、资源环境和节能、用地和征地拆迁、经济和社会影响等方面深入分析，并附相关文件资料。项目申请报告编制格式、内容和深度应当达到规定要求。

5.2.2.7　资金申请报告是申请政府专项资金支持的重要依据，主要阐述资金申请的必要性和合理性，重点就建设条件落实情况，项目列入三年滚动投资计划并通过在线平台完成审批（核准、备案）情况，以及申请投资补助或者贴息资金的主要理由和政策依据等方面进行深入分析，并附相关文件资料。资金申请报告编制格式、内容和深度应当达到规定要求。

5.2.2.8　工程咨询方应当协助投资方，将编制形成的申报材料按照投资管理权限和规定的程序，报投资主管部门或者其他有关部门审批、核准或备案。除涉及国家秘密的项目外，应按照规定要求通过投资项目在线审批监管平台生成的项目代码进行申报。

5.2.2.9　纳入可行性研究的相关建设条件单项咨询，鼓励以可行性研究报告进行报批，也可以提交单项申报材料进行报批。单独开展的单项咨询结论应当与可行性研究报告相关内容保持一致。

5.3　建设条件单项咨询

5.3.1　建设项目选址论证

5.3.1.1　工程咨询方应当依据土地管理等相关法律法规的规定，全面掌握国家供地政策、项目所在地的土地利用规划、土地使用标准、拟选地点状况等，开展建设项目选址论证。

5.3.1.2　建设项目选址论证主要内容包括项目的基本情况、选址占地情况、用地是否符合土地利用总体规划、用地面积是否符合土地使用标准、用地是否符合供地政策等。

5.3.1.3　工程咨询方应当根据建设项目选址论证结论，形成建设项目用地预审和选址意见书的申报材料，协助投资方向有权限的自然资源主管部门报批。

5.3.2　建设项目压覆重要矿产资源评估

5.3.2.1　工程咨询方应当依据矿产资源等相关法律法规的规定，全面掌握建设项目所在地的矿产资源规划、矿产资源分布、矿业权设置情况等，开展建设项目压覆重要矿产资源评估。

5.3.2.2　建设项目压覆重要矿产资源评估主要内容包括项目基本情况、项目选址工作区地质矿产情况，主要确定压覆矿产的矿种、种类、面积及压覆矿产资源/储量的类型、质量、数量、经济价值、矿业权归属情况等。

5.3.2.3　工程咨询方应根据建设项目压覆重要矿产资源评估结论，协助投资方向有权限的自然资源主管部门报批。

5.3.3　建设项目环境影响评价

5.3.3.1　工程咨询方应当依据环境保护等相关法律法规的规定，全面掌握有关环境影响评价标准和技术规范等，开展建设项目环境影响评价。

5.3.3.2 建设项目环境影响评价主要内容包括项目概况、项目周围环境现状、项目对环境可能造成影响的分析、预测和评估，项目环境保护措施及其技术、经济论证，项目对环境影响的经济损益分析、对项目实施环境监测的建议、环境影响评价的结论等。

5.3.3.3 工程咨询方应根据项目对环境的影响程度不同，编制环境影响报告书、环境影响报告表或填报环境影响登记表。

5.3.3.4 工程咨询方应根据建设项目环境影响评价结论，协助投资方向有权限的生态环境主管部门报批。

5.3.4 节能评估

5.3.4.1 工程咨询方应当根据节能审查等相关法律法规的规定，全面掌握国家节能相关政策、标准和技术规范等，开展固定资产投资项目节能评估。

5.3.4.2 固定资产投资项目节能评估主要内容包括分析评价依据；项目建设方案的节能分析和比选；选取节能效果好、技术经济可行的节能技术和管理措施；项目能源消费量、能源消费结构、能源效率等方面的分析；对所在地完成能源消耗总量和强度目标、煤炭消费减量替代目标的影响等方面的分析评价等。

5.3.4.3 工程咨询方应根据固定资产投资项目节能评估结论，协助投资方向有权限的节能审查主管部门报批。

5.3.5 防洪影响评价

5.3.5.1 工程咨询方应当依据防洪等相关法律法规的规定，全面掌握防洪影响评价标准和规范性文件要求，开展防洪影响评价。

5.3.5.2 防洪影响评价主要内容包括项目概况、项目对防洪的影响、洪水对建设项目的影响、消除或减轻洪水影响的措施、结论与建议等。

5.3.5.3 河道管理范围内建设项目工程建设方案的审批，需编制防洪评价报告。非防洪建设项目防洪影响评价报告的审批，需编制防洪影响评价报告。国家基本水文测站上下游建设影响水文监测工程的审批，需编制建设工程对水文监测影响程度的分析评价报告。

5.3.5.4 工程咨询方应根据防洪影响评价结论，协助投资方向有权限的水行政主管部门报批。

5.3.6 生产建设项目水土保持方案

5.3.6.1 工程咨询单位应当依据水土保持等相关法律法规的规定，全面掌握国家水土保持政策标准、技术规范等，编制生产建设项目水土保持方案。

5.3.6.2 生产建设项目水土保持方案主要内容包括生产建设项目概况及项目所在地区域概况、主体工程水土保持评价与水土流失预测，水土流失防治责任范围及防治分区，水土流失防治目标及防治措施布局，水土保持方案投资估算与效益分析等。

5.3.6.3 工程咨询单位应根据生产建设项目水土保持方案结论，协助投资方向有权限的水行政主管部门报批。

5.3.7 水资源论证

5.3.7.1 工程咨询方应当依据取水许可等相关法律法规的规定，开展建设项目水资源论证。

5.3.7.2 建设项目水资源论证主要内容包括拟建项目概况、取水水源论证、用水合理性论证、退（排）水情况及其对水环境影响分析、对其他用水户权益的影响分析、其他事项等。

5.3.7.3 工程咨询方应根据项目取水量以及对周边环境影响程度等情况，按规定要求编制水资源论证报告书（表）。

5.3.7.4　工程咨询方应根据建设项目水资源论证结论，协助投资方向有权限的水行政主管部门报批。

5.3.8　建设工程文物保护

5.3.8.1　工程咨询方应当依据文物保护等相关法律法规的规定，全面掌握拟建项目建设地点、工程规划和设计方案、文物保护单位的具体情况等，开展建设工程对文物可能产生破坏或影响的评估。

5.3.8.2　建设工程对文物可能产生破坏或影响的评估主要内容包括项目概况、涉及文物保护单位概况、项目与文物保护单位的关系、项目对文物保护单位的影响分析、评估结论等。

5.3.8.3　工程咨询方应根据建设工程对文物可能产生破坏或影响的评估结论，协助投资方向有权限的文物行政主管部门报批。

5.3.9　社会风险评估

5.3.9.1　工程咨询方应当依据重大固定资产投资项目社会稳定风险评估暂行办法等相关法规的规定，开展社会风险评估。

5.3.9.2　社会风险评估主要内容包括项目概况、社会风险调查分析、相关群众意见、风险点、风险发生的可能性及影响程度、防范和化解风险的方案措施、提出采取相关措施后的社会风险等级建议等。

5.3.9.3　工程咨询方应根据社会风险评估结论，协助投资方向有权限的行政主管部门报批。

5.3.10　政府和社会资本合作（PPP）咨询

5.3.10.1　拟采用政府和社会资本合作（PPP）模式的，工程咨询方应当在可行性研究阶段对项目是否适宜采用 PPP 模式进行分析和论证。

5.3.10.2　PPP 咨询主要内容是从政府投资必要性、政府投资方式比选、项目全生命周期成本、运营效率、风险管理以及是否有利于吸引社会资本参与等方面，对项目是否适宜采用 PPP 模式进行分析和论证。

5.3.10.3　工程咨询方应根据 PPP 咨询结论，协助投资方开展 PPP 实施方案报批等相关工作。

5.4　各咨询的关系及要求

5.4.1　项目建议书审批后、可行性研究报告报批前应开展建设项目用地预审与选址意见、建设资金审查，并取得相应批复文件，可能存在重大社会风险的建设项目应进行社会风险评估。鼓励提前开展开工前必须完成的环境影响评价、节能评估、防洪影响评价和水土保持方案等建设条件单项咨询，并将相关成果纳入可行性研究报告。

5.4.2　可行性研究报告审批后、初步设计报批前，鼓励提前完成开工前必须完成的建设条件单项咨询及工程勘察设计等咨询，并将相关成果纳入初步设计方案。

5.4.3　经核定的投资概算是控制政府投资项目总投资的依据，初步设计提出的投资概算超过可行性研究报告提出的投资估算 10%的，项目单位应根据审批部门的要求重新报送可行性研究报告。

5.4.4　符合相关规定的政府投资项目，可以简化需要报批的文件和审批程序。符合相关规定的企业投资项目，可以简化核准或备案程序和申报材料。

5.4.5　工程咨询方应根据审批部门的意见负责修改可行性研究报告，与批复的单项咨询意见保持一致，并对可行性研究报告的结论负主体责任。

5.4.6　鼓励工程咨询单位从投资决策综合性咨询向工程建设全过程咨询发展。鼓励建设实施阶段的全过程工程咨询方，在投资决策阶段提前介入。

6. 工程建设全过程咨询工程勘察设计咨询

6.1 工程勘察设计咨询

6.1.1 一般规定

6.1.1.1 在工程勘察设计阶段，工程咨询方可根据全过程工程咨询合同从事工程勘察设计技术咨询或工程勘察设计管理活动。

6.1.1.2 工程咨询方受托从事工程勘察设计管理活动时，对于依法需要通过招标方式选择工程勘察设计单位的，应协助委托方完成工程勘察设计招标及合同签订工作。

6.1.1.3 工程咨询方受托从事工程勘察设计管理活动时，应审核勘察设计单位提交的工程勘察设计工作方案和进度计划，并应将审核通过的工程勘察设计工作方案和进度计划报送委托方。

6.1.1.4 工程咨询方受托从事工程勘察设计管理活动时，应对工程勘察设计启动、过程及成果实施有效的监督管理。

6.1.1.5 工程咨询方受托从事工程设计活动时，可由一家或多家具有相应工程设计资质和能力的单位完成方案设计、初步设计和施工图设计。对于工艺复杂或采用新工艺、新设备、新技术的工程项目，初步设计未能解决有关技术问题的，还应经有关部门批准进行技术设计。

由多家单位进行工程设计的，应确定其中一家作为总体设计单位，负责贯穿工程设计全过程各单位设计活动的协调管理。

6.1.1.6 工程咨询方受托从事工程勘察设计活动时，应编制工程勘察设计工作方案和进度计划，并报送委托方审查。工程咨询方变更工程勘察设计工作方案和进度计划时，应按原程序重新报送委托方审查。

6.1.1.7 工程咨询方受托从事工程勘察设计活动时，应按审查通过的工程勘察设计工作方案和进度计划实施工程勘察设计活动。

6.1.1.8 工程勘察设计成果除应按相关规定进行审核签字外，还应与咨询项目负责人签署的审核意见一并提交委托方。

6.1.2 工程勘察管理

6.1.2.1 工程咨询方应根据既有工程资料、工程勘察相关标准及拟建工程范围和设计需求，编制工程勘察任务书，并应报送委托方批准后方可提供给工程勘察设计单位。

6.1.2.2 工程咨询方应检查勘察现场及室内试验主要岗位操作人员资格及所使用设备、仪器的计量检定情况。

6.1.2.3 工程咨询方应检查工程勘察方案及勘察进度计划执行情况，督促勘察单位完成勘察合同约定的工作内容。对重要点位的勘察与测试宜进行现场检查。

6.1.2.4 工程咨询方应审核工程勘察单位提交的勘察费用支付申请，签署审核意见后报送委托方。

6.1.2.5 工程咨询方应分析可能发生的工程勘察索赔原因，并应制定防范对策。工程勘察索赔事件发生后，应协调处理勘察延期、费用索赔等事宜。

6.1.2.6 工程咨询方应审查工程勘察单位提交的勘察成果报告，并应向委托方提交勘察成果评估报告，同时应留存勘察成果资料及审查资料。

6.1.3 工程设计管理

6.1.3.1 工程咨询方应根据项目可行性研究报告、工程建设标准及拟建工程范围和委托方需求，编制工程设计任务书，并应报送委托方批准后方可提供给工程勘察设计单位。

6.1.3.2　需要通过设计方案竞赛优选设计方案及设计单位的，工程咨询方应协助委托方组织设计方案竞赛活动，并应参与设计合同谈判及签订工作。

6.1.3.3　工程咨询方应检查各阶段工程设计进度计划执行情况，督促设计单位完成设计合同约定的工作内容，按计划时间提交相应设计成果。

6.1.3.4　工程咨询方应审核工程设计单位提交的设计费用支付申请，签署审核意见后报送委托方。

6.1.3.5　工程咨询方应审查工程设计单位提交的各阶段设计成果质量，并可向工程设计单位提出设计方案优化建议。

6.1.3.6　工程咨询方应审查设计单位提交的设计概算、施工图预算，并应将审查意见报送委托方。

6.1.3.7　工程咨询方应分析可能发生的工程设计索赔原因，并应制定防范对策。工程设计索赔事件发生后，应协调处理设计延期、费用索赔等事宜。

6.1.3.8　工程咨询方可协助委托方向政府有关部门报审工程设计文件，并应根据政府有关部门审批意见，敦促设计单位予以完善。

6.1.3.9　工程咨询方可协助委托方办理施工图设计文件审查事宜。

6.1.3.10　工程咨询方应做好设计收尾管理及设计文件资料归档管理工作。

6.1.4　工程勘察

6.1.4.1　工程咨询方应根据工程咨询合同约定，针对可行性研究勘察、初步勘察、详细勘察和施工勘察为委托方提供咨询服务，也可针对某一特定勘察任务为委托方提供咨询服务。

6.1.4.2　工程咨询方应遵循工程勘察标准实施勘察作业，包括室外作业、室内试验分析和报告编制。

6.1.4.3　工程勘察应查明场地和地基稳定性、地层结构、持力层和下卧层的工程特性，土的应力历史和地下水条件及不良地质作用等。

6.1.4.4　工程勘察应提供满足工程设计、施工所需的岩土参数，并应确定地基承载力和预测地基变形性状。

6.1.4.5　对于抗震设防烈度等于或大于 6 度的场地，应进行场地与地基的地震效应评价。

6.1.4.6　工程咨询方应根据工程勘察任务书要求及工程勘察相关标准编制工程勘察报告。或根据委托方要求及项目需求，编制水文地质勘察报告、文物保护勘察报告等专项勘察报告。

6.1.4.7　工程勘察报告内容组成应完整，结论表述应清晰，并应满足工程勘察合同、勘察任务书及工程设计的深度要求，确保工程勘察成果的科学性、真实性和准确性。

6.1.4.8　工程咨询方应配合委托方完成工程勘察报告的审核验收。

6.1.5　方案设计

6.1.5.1　工程咨询方可根据工程咨询合同约定，开展方案设计工作。

6.1.5.2　方案设计依据主要包括下列内容：

1　相关法律法规、政策及工程设计标准。

2　项目策划决策阶段咨询成果文件及其批复意见。

3　工程咨询合同及工程设计任务书。

4　内外部设计条件及设计案例等信息资料。

6.1.5.3　方案设计应确定项目范围及内容、建设标准、设计原则，将功能需求与空间造型相结合，比选和推荐项目主要技术方案。

6.1.5.4　方案设计应比选和推荐项目总图方案，还应确定主要设备选型。

6.1.5.5　方案设计应对进行多方案必选，突出方案设计过程中的技术经济必选，确保选定的设计方案能够满足投资控制要求。

6.1.5.6 工程咨询方应根据工程咨询（设计）合同及工程设计任务书要求，向委托方提交方案设计成果。方案设计成果主要包括设计说明书（含投资估算表）和方案设计图纸、模型（实体模型或计算机虚拟模型）等。

涉及建筑节能、环保、绿色建筑、人防等设计的，设计说明书中应有相应内容。涉及装配式建筑技术的，方案设计文件还应包括装配式建筑技术策划文件。

6.1.5.7 工程咨询方应配合委托方完成方案设计成果的审核验收。

6.1.6 初步设计

6.1.6.1 工程咨询方应根据工程咨询合同约定，开展初步设计工作。

6.1.6.2 初步设计依据主要包括下列内容：

1 相关法律法规、政策及工程设计标准。

2 项目策划决策阶段咨询成果文件及其批复意见。

3 工程勘察报告及审核通过的方案设计成果。

4 工程咨询合同及工程设计任务书。

5 工程设计相关基础资料。

6.1.6.3 初步设计应在确定设计原则和设计标准的基础上，明确建设规模，设计各专业主要设计方案和工艺流程，还应确定总平面布置。

6.1.6.4 初步设计应确定能源介质参数和消耗，还应进行主要设备选型，并编制主要设备材料表及技术规格书。

6.1.6.5 初步设计应绘制初步设计图纸，并应计算工程量和编制工程概算。工程总概算不应超过可行性研究投资估算总额。

6.1.6.6 工程咨询方应根据工程咨询合同及工程设计任务书要求，向委托方提交初步设计成果。初步设计成果主要包括设计说明书、初步设计图纸、主要设备材料表及技术规格书、工程概算书和有关环保、人防、消防、安全、节能和抗震专篇。

涉及绿色建筑、装配式建筑的，设计说明书中应有相应内容。

6.1.6.7 工程咨询方应配合委托方完成初步设计成果的审核验收。

6.1.6.8 工程咨询方可协助委托方办理初步设计文件报批手续。

6.1.7 施工图设计

6.1.7.1 工程咨询方应根据工程咨询合同约定，开展施工图设计工作。

6.1.7.2 施工图设计依据主要包括下列内容：

1 相关法律法规、政策及工程设计标准。

2 批准的初步设计成果文件及策划决策阶段咨询成果及其批复意见。

3 工程（详细）勘察报告及有关设备、材料订货资料。

4 工程咨询合同及工程设计任务书。

5 工程设计相关基础资料。

6.1.7.3 施工图设计应落实设计条件和要求，解决专项技术问题，并应绘制工程施工、设备安装所需的全部图纸。对于重要施工、安装部位，还应编制施工操作说明。

6.1.7.4 施工图设计应提出设备、材料采购技术文件，并应详细说明非标准设备和结构件的加工制作要求。

6.1.7.5 施工图设计应编制施工图预算，为委托方提供招标工程量清单和招标控制价文件，为工程施工招标、工程竣工结算提供参考。施工图预算额不应超过批准的工程概算总额。

6.1.7.6 工程咨询方应根据工程咨询合同及工程设计任务书要求，向委托方提交施工图设计成果。施工图设计成果主要包括所有专业的设计图纸（含图纸目录、说明、设备表、材料表）、各专业工程计算书、计算机辅助设计软件及资料、施工图预算书。

涉及建筑节能、装配式建筑设计的，设计说明及图纸应有相应设计内容。

6.1.7.7 工程咨询方应配合委托方提交施工图设计文件审查机构进行施工图设计文件审查。

6.1.7.8 工程咨询方应参加委托方组织的设计交底和图纸会审会议，详细阐释施工图设计意图及施工中应注意的事项，并应澄清所提出的问题。

6.1.7.9 工程咨询方应在工程施工过程中提供设计服务，处理设计变更事宜，还应参加主要分部工程验收和工程竣工验收并签署验收意见。

6.2 工程招标采购咨询

6.2.1 一般规定

6.2.1.1 工程咨询方应根据全过程工程咨询合同，开展工程监理、施工招标代理及材料设备采购管理咨询工作。

6.2.1.2 工程咨询方应按照相关法律法规要求，在合同委托权限范围内开展工程监理、施工招标代理活动，保证招投标活动符合相关法律法规规定，避免不正当竞争。

6.2.1.3 工程咨询方代理工程监理、施工招标时，应科学策划工程监理、施工招标方案，遵循公开、公平、公正和诚信原则，协助委托方优选中标单位。

6.2.1.4 工程咨询方受托负责材料设备采购管理时，应根据法律法规及委托方要求采用直接采购、询价采购或招标采购方式，采购品质优良、价格合理的材料设备，并应保证所采购的材料设备供应满足工程建设进展需求。

6.2.2 工程监理招标代理

6.2.2.1 工程咨询方应进行工程监理招标策划，并应协助委托方划分工程监理标段和选择工程监理招标方式。

6.2.2.2 工程咨询方应协助委托方合理设定工程监理投标条件，并应编制和发布招标公告或发出投标邀请书。

6.2.2.3 工程监理招标设有资格预审环节的，工程咨询方应组织工程监理投标资格预审。

6.2.2.4 工程咨询方应协助委托方选定工程监理合同示范文本和制定合同主要条款，并应编制和发出工程监理招标文件。

6.2.2.5 工程咨询方应遵循“基于能力的选择”原则，组织评标委员会按照招标文件中确定的评标方法进行工程监理评标，不得选取低于成本价的投标者中标。

6.2.2.6 工程咨询方应协助委托方与拟中标监理单位进行合同谈判，并应协助委托方签订工程监理合同。

6.2.3 工程施工招标代理

6.2.3.1 工程咨询方应进行工程施工招标策划，并应协助委托方合理设定施工合同边界和划分工程施工标段，选择工程施工招标方式。

6.2.3.2 工程咨询方应协助委托方合理设定工程施工投标条件，并应编制和发布招标公告或发出投标邀请书。

6.2.3.3　工程施工招标设有资格预审环节的，工程咨询方应组织工程施工投标资格预审。

6.2.3.4　工程咨询方应按照工程量清单计价标准要求编制工程量清单，并应合理设定暂估价项目，避免产生不平衡报价和重大偏差项目。

6.2.3.5　工程咨询方应协助委托方选定工程施工合同示范文本和制定合同主要条款，并应编制和发出工程施工招标文件。

6.2.3.6　工程咨询方应合理设定工程款支付条件，重点关注安全文明施工费使用支付条款、奖罚条款、工程质量保证条款等。

6.2.3.7　工程咨询方应组织评标委员会按照招标文件中确定的评标方法进行工程施工评标（含清标），不得选取低于成本价的投标者中标。

6.2.3.8　工程咨询方应协助委托方与拟中标施工单位进行合同谈判，并应协助委托方签订工程施工合同。

6.2.4　材料设备采购代理

6.2.4.1　工程咨询方受托提供材料设备采购管理的，应制定材料设备采购计划，并应根据需要分别制定直接采购、询价采购和招标采购管理制度，报送委托方批准后实施。

6.2.4.2　对于需要采用直接采购方式进行采购的，工程咨询方应就每一种直接采购产品提供专门咨询报告，对于超过暂估价的产品应重点报告，并应建立直接采购产品台账。

6.2.4.3　对于需要采用询价采购方式进行采购的，工程咨询方应制定询价采购产品清单，并应编制询价书，明确产品技术要求和主要合同条款，列出拟询价供应商清单，报送委托方批准。

6.2.4.4　对于需要采用询价采购方式进行采购的，工程咨询方应组织询价小组，向拟询价供应商发出报价邀请并进行资格预审。应制定评比办法，对不少于三家公开报价的单位进行评比，并应根据评比结果推荐预成交供应商，出具询价结果报告报送委托方。

6.2.4.5　对于需要采用招标采购方式进行采购的，工程咨询方应合理制定招标条件，提出技术要求，发布招标公告或招标邀请函。

6.2.4.6　对于需要采用招标采购方式进行采购的，工程咨询方应编制资格预审文件、招标文件，制定评标办法，经委托方同意后组织开标评标，并应协助委托方定标。

6.2.4.7　工程咨询方应制定材料设备进场验收程序，并应将其写入招标文件和合同文件。

6.2.4.8　工程咨询方应协助委托方进行合同谈判，详细列明付款条件、交货验收要求、交接保存责任等主要条款。

6.2.4.9　工程咨询方应在合同谈判基础上，结合合同示范文本，协助委托方签订材料设备供货合同，并可监督管理材料设备供货合同履行。

6.3　工程监理与施工项目管理服务

6.3.1　一般规定

6.3.1.1　在工程施工阶段，工程咨询方可根据全过程工程咨询合同从事工程监理或施工项目管理服务活动，也可从事工程监理与项目管理一体化服务活动。

6.3.1.2　工程咨询方受托实施工程监理时，应按相关法律法规及标准要求选派注册监理工程师担任项目总监理工程师，并应对施工监理服务实行总监理工程师负责制。

6.3.1.3　工程咨询方受托提供施工项目管理服务时，可协助委托方办理工程施工许可等相关报批手续。

6.3.1.4　工程咨询方受托提供工程监理与项目管理一体化服务时，施工监理服务应实行总监理工程师负责制。

6.3.2 工程监理

6.3.2.1 工程咨询方应根据全过程工程咨询合同及建设工程监理规范要求，在施工现场派驻项目监理机构，并应明确监理人员岗位职责。

6.3.2.2 项目监理机构应编制监理规划及监理实施细则，并应按监理规划及监理实施细则要求履行监理职责。

6.3.2.3 项目监理机构应审查施工单位在施工现场的工程质量、安全生产管理制度及组织管理机构，并应检查施工单位主要管理人员和专职安全生产管理人员的配备情况。

6.3.2.4 项目监理机构应审查施工单位的试验室及分包单位资质条件，并应在相应报审文件中签署审查意见。

6.3.2.5 项目监理机构应审查施工管理人员和特种作业人员资格，并应核查主要施工机械的准用验收文件。

6.3.2.6 项目监理机构应审查施工单位提交的施工组织设计、施工方案及专项施工方案，并应监督施工单位执行施工图设计文件和工程建设标准，按照批准的施工组织设计、施工方案及专项施工方案组织施工。

6.3.2.7 项目监理机构应审查施工单位报送的工程材料、构配件、设备质量证明文件，并按规定对用于工程的材料、构配件进行见证取样送检。

6.3.2.8 项目监理机构应采取巡视、旁站、平行检验等方式对工程质量实施过程控制，对隐蔽工程、分项工程、分部工程和单位工程进行验收，并应在相应报验文件中签署验收意见。

6.3.2.9 项目监理机构应审查施工单位提交的施工进度计划，并应检查分阶段进度计划执行情况，通过监理例会等形式协调施工进度问题。

6.3.2.10 项目监理机构应审查施工单位报送的工程进度款支付申请，并应按相关规定审查工程变更和索赔申请，协调处理施工进度调整、费用索赔、合同争议等事项。

6.3.2.11 项目监理机构应审查施工单位提交的竣工验收和结算申请，编写工程质量评估报告，并应参加工程竣工验收。

6.3.2.12 项目监理机构宜利用信息化手段管理监理文件资料，并应按照档案管理相关要求进行监理文件资料建档和归档。

6.3.3 施工项目管理服务

6.3.3.1 对于依法必须实行监理的工程，委托方需要委托施工项目管理服务时，宜委托工程咨询方提供工程监理与项目管理一体化服务。

6.3.3.2 咨询项目负责人应组织专业咨询人员根据全过程工程咨询合同约定和项目特点，进行施工项目管理策划，编制施工项目管理服务工作计划。施工项目管理服务工作计划应经工程咨询方技术负责人审批后及时报送委托方。

施工项目管理服务工作计划内容应包括：工程概况、施工项目管理服务总体思路、施工项目管理服务组织机构及人员安排、合同管理、信息管理、质量管理、安全生产管理、进度管理、投资管理、风险管理等。

6.3.3.3 施工项目管理服务应以合同管理为主线，信息管理为支撑，组织协调为手段，协助委托方管理工程项目目标，保证工程项目有序实施。

6.3.3.4 工程咨询方应根据全过程工程咨询合同、施工合同要求和施工项目管理服务工作计划，编制项目总体进度计划及其分解计划、专业分包招标计划、委托方负责采购的材料设备进场计划等，并应采取有效措施分阶段进行落实。

6.3.3.5 工程咨询方应建立完善的质量管理体系，并应协助委托方建立健全质量管理体系，督促工程参建各方主体落实质量管理人员、机构和制度，确保工程质量各方主体质量管理体系健全有效运行。

6.3.3.6 工程咨询方应督促相关单位加强施工安全生产管理，并应协助委托方定期组织安全生产管理联合检查，监督施工单位安全文明措施费使用情况。

6.3.3.7 工程咨询方应督促施工单位按照施工合同要求编制和执行施工进度计划，并应监督施工单位对施工进度计划执行情况的定期检查和分析。

6.3.3.8 工程咨询方应编制资金使用计划，并应结合项目投资分解安排和总体进度计划协助委托方合理安排资金使用。

6.3.3.9 对于使用政府或国有资金的项目按规定需要进行审计的，工程咨询方可协助委托方协调工程审计单位全程介入，并应协助和配合工程审计单位的全过程审计工作。

6.3.3.10 工程咨询方应根据施工合同约定处理工程变更和索赔事宜，并应组织审查施工单位提交的竣工结算申请，还可协助委托方编制工程竣工决算。

6.3.3.11 工程咨询方应协助委托方与施工单位签订工程质量保修合同，并督促施工单位履行工程质量保修合同。

7. 工程专项咨询

7.1 一般规定

7.1.1 工程咨询方受托提供专项咨询服务时，应根据专项咨询合同组建专门的咨询团队，并应委派一名专业人员担任咨询项目负责人。

工程咨询方调换咨询项目负责人时，应征得委托方书面同意。

7.1.2 工程咨询方应根据专项咨询服务需求和特点等确定专项咨询机构的组织形式和人员构成，并在专项咨询合同签订后及时报送委托方。

7.1.3 专项咨询开始前，咨询项目负责人应组织专业咨询人员根据专项咨询合同及咨询服务需求编制专项咨询工作大纲。专项咨询工作大纲应经工程咨询方技术负责人审批后及时报送委托方。

专项咨询工作大纲内容应包括：咨询工作目标和任务；咨询工作依据；咨询工作组织机构、人员配备及岗位职责；咨询工作制度及流程；咨询工作进度安排；咨询工作可交付成果及其表达形式。

7.1.4 专项咨询活动实施过程中，因实际情况或条件发生变化而需要调整专项咨询工作大纲时，应由咨询项目负责人组织专业咨询人员修改，并应经工程咨询方技术负责人审批后报送委托方。

7.1.5 专项咨询机构应根据专项咨询合同约定，为委托方提供集技术、经济、管理等内容于一体的智力性服务，为委托方投资决策和过程管理提供增值服务。

7.1.6 工程咨询方应编制专项咨询报告。专项咨询报告应由咨询项目负责人签字，并经工程咨询方技术负责人审批后报送委托方。

7.2 项目融资咨询

7.2.1 工程咨询方可根据工程咨询合同约定，为委托方提供项目融资咨询服务。项目融资咨询可以是综合考虑各类融资模式的总体咨询，也可以是针对某一特定融资模式的专题咨询。

7.2.2 项目融资咨询应依据有关法律法规及行业标准进行，并应符合相关产业、土地、金融、财税、保险、环保和投资管理等政策要求。

7.2.3 项目融资咨询应以投资机会研究及项目投资决策为基础，在初步确定项目投资需求和预期效益后，确定项目投资结构，进行项目融资决策分析，设计项目融资结构，策划和拟定项目融资方案。

7.2.4 项目投资结构确定环节，应考虑项目投资方各项权益的法律拥有形式、项目投资方之间的法律关系、收益分配方式、债务责任及会计处理等内容，并应通过编制合资协议、股东协议、公司章程等文件予以明确。

7.2.5 项目融资决策分析环节，应考虑项目融资渠道和方式、融资具体任务和目标，并应初步研究和设计项目融资结构，分析比较可能的融资方案。

7.2.6 项目融资结构设计环节，应考虑项目资本金与债务资金的比例、股本结构比例和债务结构比例，并应分析和评价项目融资的实现条件及风险因素。

7.2.7 工程咨询方应编制项目融资方案，分析项目资金来源的可靠性和融资结构的合理性，并应分析项目融资成本及融资风险。

7.2.8 工程咨询方可协助委托方进行项目融资谈判。项目融资谈判应坚持双赢或多赢原则，既能最大限度地保护委托方利益，又能形成贷款金融机构所接受的融资方案，并应在此基础上起草项目融资有关文件。

7.2.9 工程咨询方宜协助委托方签署项目融资有关文件，也可协助委托方实施项目融资方案。

7.3 工程造价咨询

7.3.1 工程咨询方可根据工程咨询合同约定，为委托方提供覆盖项目投资决策和建设实施全过程或其中若干阶段的造价咨询服务。

7.3.2 工程造价咨询依据主要包括下列内容：

1 相关法律法规、部门规章及规范性文件。

2 工程建设标准及各类工程计价依据。

3 项目策划、评估报告及批复文件。

4 工程勘察设计文件、招投标文件、中标通知书、合同文件、工程变更及索赔报告等。

5 工程咨询合同及委托方工程造价咨询需求。

7.3.3 在项目投资决策阶段，工程咨询方可编制或审核项目投资估算，并可编制或审核项目经济评价报告。

7.3.4 在项目设计阶段，工程咨询方可编制或审核项目设计概算、施工图预算，并可针对设计方案优化、限额设计方案进行工程造价比较分析。

7.3.5 在项目发承包阶段，工程咨询方可编制或审核工程量清单、标底或最高投标限价，并可进行合同策划，拟定工程合同中有关造价条款；还可审核投标报价文件，并协助委托方签订工程承包合同。

7.3.6 在项目施工阶段，工程咨询方可协助委托方编制资金使用计划，进行工程计量及预付款、进度款支付审核，并可确定工程变更、索赔费用，进行工程造价动态分析和审核合同价款调整等工作。

7.3.7 在项目竣工阶段，工程咨询方可审核工程结算报告，并可编制或审核工程竣工决算报告，配合审计部门完成工程竣工决算审计工作。

7.3.8 工程咨询方可鉴定工程经济纠纷，提出鉴定意见书，还可核查工程保险理赔事宜。

7.4 信息技术咨询

7.4.1 工程咨询方可根据工程咨询合同约定，针对信息技术系统集成或某一特定信息技术应用，为委托方在项目投资决策、建设实施乃至运营维护阶段提供数字化解决方案。

7.4.2 工程咨询方应以建筑信息建模技术为核心，综合集成地理信息系统、物联网、大数据、人工智能等现代信息技术，为委托方提供数字化整体解决方案。

7.4.3 信息技术咨询依据主要包括下列内容：

1 相关法律法规、部门规章及政策。

2 工程建设标准及信息技术标准。

3 相关阶段工程咨询成果文件。

4 工程咨询合同及委托方信息技术咨询需求。

7.4.4 工程咨询方应进行充分的需求调研和技术分析，并结合信息技术发展趋势和数字化实践经验，为委托方编制数字化建设总体方案，并提出数字化实施策略。

7.4.5 在项目投资决策阶段，工程咨询方可通过构建项目仿真模型进行项目场址优选、技术经济及建设条件分析，也可为委托方策划项目建设实施阶段信息技术应用方案。

7.4.6 在项目设计阶段，工程咨询方可构建建筑信息模型，进行设计方案比选、建筑性能模拟分析、交通仿真优化、管线碰撞检测、虚拟仿真漫游、工程算量计价等。

7.4.7 在项目施工阶段，工程咨询方可协助委托方构建以建筑信息模型为核心的协同工作平台，进行施工放样及测量、4D 施工模拟及进度管理、质量与安全管理、设备与材料智能管理、5D 成本管理等。

7.4.8 在项目竣工阶段，工程咨询方可完成工程竣工集成数据模型。

7.4.9 工程咨询方可在项目运营阶段提供智能运营管理系统、智能资产管理系统、智能空间管理系统、应急管理系统等建设咨询服务。

7.5 风险管理咨询

7.5.1 工程咨询方可根据工程咨询合同约定，针对项目投资决策、建设实施及运营维护阶段或其中若干阶段风险管理为委托方提供咨询服务。

7.5.2 风险管理咨询依据主要包括下列内容：

1 相关法律法规、政策及工程建设标准。

2 工程自身情况及工程环境相关信息资料。

3 相关阶段工程咨询成果文件。

4 类似工程风险管理资料。

5 工程咨询合同及委托方风险管理能力和需求。

7.5.3 工程咨询方应采用科学、适宜的方法和工具，按照风险识别、风险评估、风险应对程序为委托方提供咨询服务。

7.5.4 工程咨询方应根据工程特点，工程所处的自然、经济、社会及政策环境，工程进展阶段和类似工程风险等信息资料，采用定性与定量相结合的方法进行风险识别，建立工程风险清单。

7.5.5 工程咨询方应根据类似工程风险概率及损失的统计资料、工程自身情况及所处环境，基于工程风险清单，通过风险评估对风险发生的可能性及风险事件发生后可能导致的损失大小进行定性、定量分析。

7.5.6 工程咨询方应根据风险评估结果，委托方风险接受准则及工程实际情况，明确风险应对策略。

7.5.7 工程风险应对策略实施过程中，工程咨询方可监测风险应对策略的实施效果，预测已识别风险的变化趋势，同时识别新出现的风险，并应细化或调整风险应对策略。

7.6　项目后评价咨询

7.6.1　工程咨询方可根据工程咨询合同约定，为委托方提供包含项目过程评价、效益评价及可持续性评价的综合评价或针对项目建设或运行中某一问题的专题评价咨询服务。

7.6.2　项目后评价依据主要包括下列内容：

1　项目可行性研究报告及其批复文件。

2　项目设计、施工等实施过程文件资料。

3　工程结算及竣工决算文件资料。

4　项目运行及生产经营相关资料。

5　工程咨询合同及项目单位自评价报告。

7.6.3　项目过程后评价应考虑对项目投资决策、项目实施准备、项目设计和施工及项目投产运营各阶段工作的总结评价。

7.6.4　项目效益后评价应考虑项目经济效益、社会效益及环境效益的综合评价。

7.6.5　项目可持续性评价应注重和突出项目可持续性因素，考虑产品需求水平、资源供应能力、企业技术和财务能力等因素。

7.6.6　项目后评价应采用有无对比分析方法，定性分析与定量分析相结合。

7.6.7　工程咨询方应根据项目后评价工作进度安排，编制项目后评价报告。

7.7　建筑节能与绿色建筑咨询

7.7.1　工程咨询方可根据工程咨询合同约定，针对建筑节能或绿色建筑解决方案为委托方提供咨询服务。

7.7.2　建筑节能与绿色建筑咨询应依据有关法律法规、政策、标准及工程咨询合同进行，并应符合上位规划对于项目所在片区建筑节能、绿色建筑相关规定。

7.7.3　工程咨询方可针对新建、改建项目和扩建项目，以及既有建筑改造用能情况编制建筑节能报告，并协助委托方办理节能审查手续。

7.7.4　工程咨询方可在详细规划环节编制片区能源专项规划和绿色建筑专项规划。

7.7.5　工程咨询方可通过监测、诊断、模拟、计算和优化设计，并通过利用可再生能源、应用高新节能技术及产品等途径，编制既有建筑节能改造方案。

7.7.6　工程咨询方可自行开展或委托专业机构对建筑围护结构热工性能、主要用能系统及设备能效进行测评，检验节能效果，并编制节能验收报告。

7.7.7　工程咨询方可协助委托方开发建筑能耗监控平台，收集、统计和分析建筑能耗数据，监控建筑用能状况。

7.7.8　工程咨询方可协助委托方确定项目应执行的绿色建筑评价标准和应达到的目标，策划和优选绿色建筑技术方案，并可为绿色建造提供技术支持。

7.7.9　工程咨询方可协助委托方全面分析绿色建筑认证体系，进行绿色建筑认证评估，并可为完成绿色建筑认证提供全过程技术服务。

7.8　工程保险咨询

7.8.1　工程咨询方可根据工程咨询合同约定，为委托方提供多项工程保险或某一特定工程保险的咨询服务。

7.8.2　工程保险咨询依据主要包括下列内容：

1　相关法律法规、部门规章及规范性文件。

2 工程建设标准及各类风险评估报告。

3 项目可行性研究报告及其批复文件。

4 工程勘察设计文件、招投标及合同文件。

5 工程咨询合同及委托方投保需求。

7.8.3 工程咨询方可进行工程保险方案设计，包括保险标的、保险险种、保险费率、承保人、受益人、保险期限等的确定。

7.8.4 工程咨询方可协助委托方评价和优选保险人，并可参与工程保险合同谈判和签订。

7.8.5 工程咨询方可编制工程保险索赔报告，并可协助委托方实施工程保险索赔。

重点生态保护修复治理资金管理办法

第一条　为规范和加强重点生态保护修复治理资金（以下简称治理资金）管理，提高资金使用效益，促进生态系统保护修复，根据《中华人民共和国预算法》《中央对地方专项转移支付管理办法》等有关规定，制定本办法。

第二条　本办法所称治理资金是指中央预算安排的，用于开展山水林田湖草生态保护修复、废弃工矿地整治等工作，促进生态环境恢复和生态系统功能提升的资金。

第三条　治理资金使用和管理应当遵循以下原则：

（一）坚持公益方向。治理资金使用要区分政府和市场边界，支持公益性工作。

（二）合理划分事权。治理资金使用要着眼全局，立足中央层面，支持具有全国性、跨区域或者影响较大的保护和修复工作。

（三）统筹集中使用。中央层面注重集中分配，聚焦于生态系统受损、开展修复最迫切的重点区域和工程；地方层面注重统筹使用，加强生态环保领域资金的整合，发挥资金协同效应，同时避免相关专项资金重复安排。

（四）资金安排公开透明。治理资金安排情况要及时向社会公开。根据项目法安排的治理资金要坚持采取竞争性评审方式择优确定，并确保评审过程公开、公平、公正。

第四条　治理资金由财政部会同自然资源部等部门组织实施。具体实施方案按照《中华人民共和国国民经济发展第十三个五年规划纲要》《全国国土规划纲要（2016—2030 年）》《全国土地整治规划（2016—2020 年）》以及党中央、国务院关于生态保护修复工作的决策部署制定。

本办法实施期限至 2023 年年底。期满后财政部会同自然资源部等部门根据国务院有关规定及重点生态保护修复治理形势需要评估确定是否继续实施及延续期限。

第五条　财政部负责审核治理资金分配建议方案，编制资金预算并下达，指导地方加强资金管理等工作。

自然资源部等部门负责组织具体实施方案的编制和审核，研究提出工作任务及资金分配建议方案，开展日常监管、综合成效评估和技术标准制定等工作，指导地方做好项目管理，配合财政部做好预算绩效管理等相关工作。

第六条　治理资金支持范围主要包括以下方面：

（一）开展山水林田湖草生态保护修复工程，着眼于国家重点生态功能区、国家重大战略重点支撑区、生态问题突出区，坚持保护优先、自然恢复为主，进行系统性、整体性修复，完善生态安全屏障体系，提升生态服务功能。

（二）开展历史遗留废弃工矿土地整治。开展历史遗留和责任人灭失的废弃工业土地和矿山废弃地整治，实施区域性土地整治示范，盘活存量建设用地，提升土地节约集约利用水平，修复人居环境。

对不再符合法律、行政法规等有关规定，政策到期或调整，相关目标已经实现或实施成效差、绩效低下的支持事项，应当及时退出。

第七条 治理资金采取项目法和因素法相结合的方式分配。

用于山水林田湖草生态保护修复试点工程的奖补资金采取项目法分配，包括基础奖补和绩效奖补两部分。工程纳入支持范围即享受基础奖补，工程总投资20亿元以下的基础奖补5亿元；工程总投资20亿～50亿元的基础奖补10亿元；工程总投资50亿元以上的基础奖补20亿元。绩效奖补资金根据工程结束后最终绩效评估结果确定。

用于废弃工矿土地整治的奖补资金采取项目法或者因素法方式分配。采取项目法分配的资金，各项目安排金额根据工程投资额、工程经济效益等分档确定。采取因素法分配的资金，根据考虑财力差异后的各省废弃工矿土地整治任务面积因素确定。采用因素法分配的资金，根据以下公式进行分配：

某省因素法分配的废弃工矿土地整治的奖补资金=因素法分配的废弃工矿土地整治奖补资金总额×某省废弃工矿土整治面积×财力补助系数/Σ（各省废弃工矿土地整治面积×财力补助系数）

第八条 采取项目法分配的，由财政部会同自然资源部等部门通过竞争性评审方式公开择优确定具体项目。

财政部会同自然资源部等部门在项目评审前发布申报指南，明确项目申报范围、要求等具体事项。

项目所在省、自治区、直辖市（以下简称省）负责编制工作实施方案，明确工作目标、实施任务、保障机制以及分年度资金预算等，并按照项目申报要求提出申请。

纳入支持范围项目所在省应当将项目实施方案报省级政府批准后，送财政部、自然资源部等部门备案。财政部根据工作实施方案确定的任务量、方案执行情况，实施年限等编制相关预算草案，待中央预算批准后按照规定程序下达预算。

第九条 采用项目法支持的项目，在实施过程中因实施环境和条件发生重大变化，确有必要调整实施方案的，应当坚持工程目标不降低原则。不涉及项目实施区域变化的方案调整，应由省级人民政府同意后报财政部、自然资源部等部门备案。项目实施区域发生变化的方案调整，应经省级人民政府同意后报财政部、自然资源部等部门审批。

第十条 财政部会同有关部门组织对治理资金实施预算绩效管理，强化绩效目标管理，做好绩效运行监控，开展绩效自评和重点绩效评价，加强绩效评价结果反馈应用，建立治理资金考核奖惩机制，并将各地治理资金使用情况、方案执行情况考核结果和绩效评价结果作为调整完善政策及资金预算的重要依据。

绩效评价包括对产出、效益、满意度等指标的考核。具体内容包括：计划目标任务完成情况、相关制度建设情况、资金到位使用及项目实施进展情况、经济社会效益情况等。

第十一条 省级财政部门应会同同级自然资源等部门加强绩效评价，组织开展绩效自评，选择重点项目开展绩效评价。

各级财政、自然资源等部门应对治理资金使用情况进行动态监督，如发现资金使用、项目调整等方面重大问题，应当按照程序及时报告。

第十二条 本办法未明确的其他事宜，如资金下达、拨付、使用、结转结余资金处理等，按照《中央对地方专项转移支付管理办法》（财预〔2015〕230号）有关规定执行。

第十三条 财政部驻各省、自治区、直辖市财政监察专员办事处按照财政部的要求，开展专项资金监管工作。

第十四条 治理资金支持工程形成的各类资产，由所在地县级以上人民政府承担管护责任，负责运行管理和维护。

第十五条　各省级财政部门应会同有关主管部门结合本地区实际情况，根据本办法制定专项资金使用管理实施细则，并报财政部、自然资源部等部门备案。

第十六条　各级财政部门、自然资源等部门及其工作人员在资金审批工作中，存在骗取、挤占、截留、挪用资金或滥用职权、玩忽职守、徇私舞弊等违法违纪行为之一的，按照《中华人民共和国预算法》《中华人民共和国公务员法》《中华人民共和国监察法》《财政违法行为处罚处分条例》等国家有关规定追究相应责任。涉嫌犯罪的，移送司法机关处理。

第十七条　本办法由财政部会同自然资源部等负责解释。

第十八条　本办法自发布之日起实行。《财政部　国土资源部　环境保护部关于修订〈重点生态保护修复治理专项资金管理办法〉的通知》（财建〔2017〕735 号）同时废止。

中央对地方专项转移支付管理办法

第一章 总 则

第一条 为进一步加强中央对地方专项转移支付管理，提高财政资金使用的规范性、安全性和有效性，促进经济社会协调发展，依据《中华人民共和国预算法》《中华人民共和国预算法实施条例》和国务院有关规定，制定本办法。

第二条 本办法所称中央对地方专项转移支付（以下简称专项转移支付），是指中央政府为实现特定的经济和社会发展目标无偿给予地方政府，由接受转移支付的政府按照中央政府规定的用途安排使用的预算资金。

专项转移支付预算资金来源包括一般公共预算、政府性基金预算和国有资本经营预算。

第三条 按照事权和支出责任划分，专项转移支付分为委托类、共担类、引导类、救济类、应急类等五类。

委托类专项是指按照事权和支出责任划分属于中央事权，中央委托地方实施而相应设立的专项转移支付。

共担类专项是指按照事权和支出责任划分属于中央与地方共同事权，中央将应分担部分委托地方实施而设立的专项转移支付。

引导类专项是指按照事权和支出责任划分属于地方事权，中央为鼓励和引导地方按照中央的政策意图办理事务而设立的专项转移支付。

救济类专项是指按照事权和支出责任划分属于地方事权，中央为帮助地方应对因自然灾害等发生的增支而设立的专项转移支付。

应急类专项是指按照事权和支出责任划分属于地方事权，中央为帮助地方应对和处理影响区域大、影响面广的突发事件而设立的专项转移支付。

第四条 财政部是专项转移支付的归口管理部门，中央主管部门和地方政府按照职责分工共同做好专项转移支付管理工作。

财政部负责拟定专项转移支付总体管理制度，制定或者会同中央主管部门制定具体专项转移支付的资金管理办法；审核专项转移支付设立、调整事项；组织实施专项转移支付预算编制及执行；组织开展专项转移支付绩效管理和监督检查等工作。

财政部驻各地财政监察专员办事处（以下简称专员办）按照工作职责和财政部要求，开展专项转移支付有关预算监管工作。

中央主管部门协同财政部制定具体专项转移支付的资金管理办法；协同财政部具体管理专项转移支付。

地方政府有关部门根据需要制定实施细则，并做好组织实施工作。

第五条 专项转移支付管理应当遵循规范、公平、公开、公正的原则。

第二章　设立和调整

第六条　设立专项转移支付应当同时符合以下条件：

（一）有明确的法律、行政法规或者国务院规定作为依据；

（二）有明确的绩效目标、资金需求、资金用途、主管部门和职责分工；

（三）有明确的实施期限，且实施期限一般不超过5年，拟长期实施的委托类和共担类专项除外；

（四）不属于市场竞争机制能够有效调节的事项。

从严控制设立引导类、救济类、应急类专项。不得重复设立绩效目标相近或资金用途类似的专项转移支付。

第七条　设立专项转移支付，应当由中央主管部门或者省级政府向财政部提出申请，由财政部审核后报国务院批准；或者由财政部直接提出申请，报国务院批准。

第八条　列入中央本级支出的项目，执行中改由地方组织实施需新设专项转移支付项目的，应当符合本办法第六条、第七条的规定。

第九条　专项转移支付到期后自动终止。确需延续的，应当按照本办法第七条规定的程序重新申请设立。

第十条　专项转移支付经批准设立后，财政部应当制定或者会同中央主管部门制定资金管理办法，做到每一个专项转移支付对应一个资金管理办法。中央基建投资专项应当根据具体项目制定资金管理办法。

资金管理办法应当明确规定政策目标，部门职责分工，资金用途，补助对象，分配方法，资金申报条件，资金申报、审批和下达程序，实施期限，绩效管理，监督检查等内容，做到政策目标明确、分配主体统一、分配办法一致、审批程序唯一、资金投向协调。需要发布申报指南或者其他与资金申报有关文件的，应当在资金管理办法中予以明确。

除涉及国家秘密的内容外，资金管理办法、申报指南等文件应当及时公开。

未制定资金管理办法的专项转移支付，不得分配资金，并限期制定。逾期未制定的，对应项目予以取消。

第十一条　建立健全专项转移支付定期评估机制。财政部每年编制年度预算前，会同中央主管部门对专项转移支付项目进行评估。评估重点事项主要包括：

（一）是否符合法律、行政法规和国务院有关规定；

（二）政策是否到期或者调整；

（三）绩效目标是否已经实现或需要调整、取消；

（四）资金用途是否合理，是否用于市场竞争机制能够有效调节的领域；

（五）是否按要求制定资金管理办法。

第十二条　建立健全专项转移支付项目退出机制。财政部根据专项转移支付评估结果，区分情形分别处理：

（一）不符合法律、行政法规和国务院有关规定的，予以取消。

（二）因政策到期、政策调整、客观条件发生变化等已无必要继续实施的，予以取消。

（三）市场竞争机制能够有效调节的，予以取消；可由市场竞争机制逐步调节的，规定一定实施期限实行退坡政策，到期予以取消。

（四）绩效目标已经实现、绩效低下、绩效目标发生变动或者实际绩效与目标差距较大的，予以取消或者调整。

（五）委托类专项具备由中央直接实施条件的，调整列入中央本级支出。

（六）属于地方事权的专项转移支付，可以列入一般性转移支付由地方统筹安排的，适时调整列入中央一般性转移支付。

（七）政策目标接近、资金投入方向类同、资金管理方式相近的，予以整合。

第三章 预算编制

第十三条 财政部于每年6月15日前部署编制下一年度中央对地方转移支付预算草案的具体事项，规定具体要求和报送期限等。

第十四条 专项转移支付实行中期财政规划管理。财政部会同中央主管部门根据中长期经济社会发展目标、国家宏观调控总体要求和跨年度预算平衡的需要，编制专项转移支付三年滚动规划。

第十五条 专项转移支付预算应当分地区、分项目编制，并遵循统筹兼顾、量力而行、保障重点、讲求绩效的原则。

属于委托类专项的，中央应当足额安排预算，不得要求地方安排配套资金。

属于共担类专项的，应当依据公益性、外部性等因素明确分担标准或者比例，由中央和地方按各自应分担数额安排资金。根据各地财政状况，同一专项转移支付对不同地区可以采取有区别的分担比例，但不同专项转移支付对同一地区的分担比例应当逐步统一规范。

属于引导类、救济类、应急类专项的，应当严格控制资金规模。

第十六条 专项转移支付预算总体增长幅度应当低于中央对地方一般性转移支付预算总体增长幅度。

第十七条 中央基建投资安排的专项转移支付，应当主要用于国家重点项目、跨省（区、市）项目以及外部性强的重点项目。

负责中央基建投资分配的部门应当将中央基建投资专项分地区、分项目安排情况按规定时间报财政部。

第十八条 专项转移支付预算一般编列属于中央本级的支出。需要由中央单位直接实施的项目，应当在年初编制预算时列入中央本级支出。

第十九条 财政部应当在每年10月31日前将下一年度专项转移支付预计数提前下达省级政府财政部门，并抄送中央主管部门和当地专员办。省级政府财政部门应当在接到预计数后30日内下达本行政区域县级以上各级政府财政部门，同时将下达文件报财政部备案，并抄送当地专员办。县级以上地方各级政府财政部门应当将上级政府财政部门提前下达的专项转移支付预计数编入本级政府预算。

提前下达的专项转移支付预计数与其前一年度执行数之比原则上不低于70%。其中：按照项目法分配的专项转移支付，应当一并明确下一年度组织实施的项目；按因素法分配且金额相对固定的专项转移支付预计数与其前一年度执行数之比应当不低于90%。

专员办应当按照财政部要求，监督驻地财政部门做好提前下达专项转移支付的分解、落实工作，并及时将有关情况报告财政部。

负责中央基建投资分配的部门应当于每年10月15日前，将中央基建投资专项转移支付预计数分地区、分项目安排情况报财政部。

第二十条 财政部应当在全国人民代表大会批准年度预算草案后20日内向社会公开专项转移

支付分地区、分项目情况，涉及国家秘密的内容除外。

第四章　资金申报、审核和分配

第二十一条　财政部会同中央主管部门按照规定组织专项转移支付资金申报、审核和分配工作。

需要发布申报指南或其他与资金申报有关文件的，应当及时发布，确保申报对象有充足的时间申报资金。

第二十二条　专项转移支付资金依照有关规定应当经地方政府有关部门审核上报的，应当逐级审核上报，并由省级政府财政部门联合省级主管部门在规定时限内将有关材料报送财政部和中央主管部门，同时抄送当地专员办。

专员办应当按照工作职责和财政部要求，审核驻地省级财政部门报送的申报材料，并提出审核意见和建议报送财政部。

第二十三条　专项转移支付资金的申报单位和个人应当保证申报材料的真实性、准确性、完整性；申报项目应当具备实施条件，短期内无法实施的项目不得申报。

以同一项目申报多项专项转移支付资金（含地方安排的专项资金）的，应当在申报材料中明确说明已申报的其他专项转移支付资金或者专项资金情况。依托同一核心内容或同一关键技术编制的不同项目视为同一项目。

第二十四条　地方政府财政部门和主管部门应当加强项目申报环节的信息公开工作，加大申报材料审查力度。

基层政府有关部门应当公平对待申报单位和个人，实行竞争性分配的，应当明确筛选标准，公示筛选结果，并加强现场核查和评审结果实地核查。

第二十五条　专项转移支付资金分配可以采取因素法、项目法、因素法与项目法相结合等方法。

因素法是指根据与支出相关的因素并赋予相应的权重或标准，对专项转移支付资金进行分配的方法。

项目法是指根据相关规划、竞争性评审等方式将专项转移支付资金分配到特定项目的方法。

中央向省级分配专项转移支付资金应当以因素法为主，涉及国家重大工程、跨地区跨流域的投资项目以及外部性强的重点项目除外。

第二十六条　财政部应当会同中央主管部门及时开展项目审核，按程序提出资金分配方案。

第二十七条　专项转移支付资金分配采取因素法的，应当主要选取自然、经济、社会、绩效等客观因素，并在资金管理办法中明确相应的权重或标准。

第二十八条　专项转移支付资金分配采取项目法的，应当主要采取竞争性评审的方式，通过发布公告、第三方评审、集体决策等程序择优分配资金。

第二十九条　采取第三方评审的，要在资金管理办法中对第三方进行规范，明确第三方应当具备的资质、选择程序、评审内容等。

第三方应当遵循公正诚信原则，独立客观发表意见。

第三十条　除委托类专项有明确规定外，各地区、各部门不得从专项转移支付资金中提取工作经费。

第三十一条　对分配到企业的专项转移支付资金，还应当遵循以下规定：

（一）各级政府财政部门应当在事前明确补助机制的前提下，事中或事后采取贴息、先建后补、以奖代补、保险保费补贴、担保补贴等补助方式。

（二）负责分配到企业的财政部门和主管部门应当在资金下达前将分配方案通过互联网等媒介向社会公示，公示期一般不少于7日，涉及国家秘密的内容除外。

（三）创新专项转移支付支持企业发展的方式，逐步减少无偿补助，采取投资基金管理等市场化运作模式，鼓励与金融资本相结合，发挥撬动社会资本的杠杆作用。

第五章　资金下达、拨付和使用

第三十二条　财政部应当在全国人民代表大会审查批准中央预算后90日内印发下达专项转移支付预算文件，下达省级政府财政部门，同时抄送中央主管部门和当地专员办。

对自然灾害等突发事件处理的专项转移支付，应当及时下达预算。

对据实结算等特殊项目的专项转移支付，一般采取先预拨后清算的方式。当年难以清算的，可以下年清算。确需实行分期下达预算的，应当合理设定分期下达数，最后一期的下达时间一般不迟于9月30日。

第三十三条　财政部应当将专项转移支付资金分配结果在下达专项转移支付预算文件印发后20日内向社会公开，涉及国家秘密的内容除外。

第三十四条　省级政府财政部门接到专项转移支付后，应当在30日内正式分解下达本级有关部门和本行政区域县级以上各级政府财政部门，同时将资金分配结果报财政部备案并抄送当地专员办。

财政部及中央主管部门不得要求省级财政部门分解下达转移支付时再报其审批。

第三十五条　基层政府财政部门接到专项转移支付后，应当及时分解下达资金。

对上级政府有关部门分配时已明确具体补助对象及补助金额的，基层政府财政部门应当在7个工作日内下达本级有关部门。不必下达本级有关部门的，应当及时履行告知义务。

对上级政府有关部门分配时尚未明确具体补助对象或补助金额的，基层政府财政部门原则上应当在接到专项转移支付后30日内分解下达到位，同时将资金分配结果及时报送上级政府财政部门备案。

对于补助到企业的专项转移支付资金，基层政府财政部门应当按照具体企业进行统计归集。

第三十六条　地方政府财政部门分配专项转移支付资金时，应当执行本办法第四章有关规定。

第三十七条　专项转移支付应当按照下达预算的科目和项目执行，不得截留、挤占、挪用或擅自调整。

地方政府财政部门可以在不改变资金类级科目用途的基础上，结合本级资金安排情况，加大整合力度，将支持方向相同、扶持领域相关的专项转移支付整合使用，报同级政府批准，并逐级上报后由省级政府财政部门会同省级主管部门及时上报财政部和中央主管部门备案，同时抄送当地专员办。

对于使用专项转移支付资金实施的项目，在专项转移支付资金到位前地方政府财政部门先行垫付资金启动实施的，待专项转移支付资金到位后，允许其将有关资金用于归垫，同时将资金归垫情况上报财政部和中央主管部门备案。

第三十八条　专项转移支付应当通过本级政府财政部门下达。除本级政府财政部门外，各部门、各单位不得直接向下级政府部门和单位下达专项转移支付资金。

第三十九条　专项转移支付的资金支付按照国库集中支付制度有关规定执行。严禁违规将专项转移支付资金从国库转入财政专户，或将专项转移支付资金支付到预算单位实有资金银行账户。

第四十条　预算单位应当加快项目实施，及时拨付资金。对因情况发生变化导致短期内无法继续实施的项目，预算单位应当及时向同级财政部门报告，由同级财政部门按规定收回统筹使用或者上交中央财政。

第四十一条　各级政府财政部门应当加强专项转移支付的执行管理，逐步做到动态监控专项转移支付的分配下达和使用情况。对未按规定及时分配下达或者闲置沉淀的专项转移支付，财政部可以采取调整用途、收回资金等方式，统筹用于经济社会发展亟需资金支持的领域。

专员办应当按照工作职责和财政部要求，对专项转移支付的预算执行情况进行全面监管，并按照财政部要求对部分专项开展重点监管，定期形成监管报告并及时报送财政部。

第四十二条　各级政府财政部门应当及时清理盘活专项转移支付结转结余资金。

对结余资金和连续两年未用完的结转资金，预算尚未分配到部门（含企业）和下级政府财政部门的，由同级政府财政部门在办理上下级财政结算时向上级政府财政部门报告，上级政府财政部门在收到报告后30日内办理发文收回结转结余资金；已分配到部门（或企业）的，由该部门（或企业）同级政府财政部门在年度终了后90日内收回统筹使用。

对不足两年的结转资金，参照第四十条、第四十一条执行。

第四十三条　专项转移支付项目依法应当实行政府采购的，原则上由项目实施单位组织采购。确因法律法规有明确规定或情况特殊需要上级主管部门集中采购的，应当按照有关规定履行报批手续。

第六章　预算绩效管理

第四十四条　各级政府财政部门和主管部门应当加强专项转移支付预算绩效管理，建立健全全过程预算绩效管理机制，提高财政资金使用效益。

第四十五条　各级政府财政部门和主管部门应当加强专项转移支付绩效目标管理，逐步推动绩效目标信息公开，接受社会公众监督。

有关部门、单位申请使用专项转移支付时，应当按要求提交明确、具体、一定时期可实现的绩效目标，并以细化、量化的绩效指标予以描述。

各级政府财政部门和主管部门应当加强对绩效目标的审核，将其作为预算编制和资金分配的重要依据，并将审核确认后的绩效目标予以下达，同时抄送当地专员办。

第四十六条　各级政府财政部门和主管部门应当加强专项转移支付预算执行中的绩效监控，重点监控是否符合既定的绩效目标。预算支出绩效运行与既定绩效目标发生偏离的，应当及时采取措施予以纠正；情况严重的，调整、暂缓或者停止该项目的执行。

第四十七条　各级政府财政部门和主管部门应当按照要求及时开展专项转移支付绩效评价工作，积极推进中期绩效评价，并加强对绩效评价过程和绩效评价结果的监督，客观公正地评价绩效目标的实现程度。

第四十八条　各级政府财政部门和主管部门应当加强对专项转移支付绩效评价结果的运用。及时将绩效评价结果反馈给被评价单位，对发现的问题督促整改；将绩效评价结果作为完善财政政策、预算安排和分配的参考因素；将重点绩效评价结果向本级政府报告；推进绩效评价结果信息公开，逐步建立绩效问责机制。

第四十九条　专员办应当按照工作职责和财政部要求，审核省级财政部门报送的专项转移支付绩效目标并提出审核意见，实施预算执行绩效监控，开展绩效评价并形成绩效评价报告和评价结果应用建议，督促相关部门落实财政部确定的绩效评价结果应用意见和有关问效整改要求，并对相关后续政策和问题的落实、整改进行跟踪。

第七章　监督检查和责任追究

第五十条　各级政府财政部门和主管部门应当加强对专项转移支付资金使用的监督检查，建立健全专项转移支付监督检查和信息共享机制。

第五十一条　分配管理专项转移支付资金的部门以及使用专项转移支付资金的部门、单位及个人，应当依法接受审计部门的监督，对审计部门审计发现的问题，应当及时制定整改措施并落实。

第五十二条　各级政府财政部门和主管部门及其工作人员、申报使用专项转移支付资金的部门、单位及个人有下列行为之一的，依照预算法等有关法律法规予以处理、处罚，并视情况提请同级政府进行行政问责：

（一）专项转移支付资金分配方案制定和复核过程中，有关部门及其工作人员违反规定，擅自改变分配方法、随意调整分配因素以及向不符合条件单位（或项目）分配资金的；

（二）以虚报冒领、重复申报、多头申报、报大建小等手段骗取专项转移支付资金的；

（三）滞留、截留、挤占、挪用专项转移支付资金的；

（四）擅自超出规定的范围或者标准分配或使用专项转移支付资金的；

（五）未履行管理和监督职责，致使专项转移支付资金被骗取、截留、挤占、挪用，或资金闲置沉淀的；

（六）拒绝、干扰或者不予配合有关专项转移支付的预算监管、绩效评价、监督检查等工作的；

（七）对提出意见建议的单位和个人、举报人、控告人打击报复的；

（八）其他违反专项转移支付管理的行为。

涉嫌犯罪的，移送司法机关处理。

第五十三条　对被骗取的专项转移支付资金，由地方政府有关部门自行查出的，由同级政府财政部门收回。由中央有关部门组织查出的，由省级政府财政部门负责追回并及时上缴中央财政。

第五十四条　对未能独立客观地发表意见，在专项转移支付评审等有关工作中存在虚假、伪造行为的第三方，按照有关法律法规的规定进行处理。

第八章　附　则

第五十五条　省级政府财政部门应当根据本办法，结合本地实际，制定本地区专项转移支付管理办法，报财政部备案，同时抄送当地专员办。

第五十六条　本办法自印发之日起施行。2000 年 8 月 7 日发布的《中央对地方专项拨款管理办法》（财预〔2000〕128 号）同时废止。

第二篇

环境保护工程

第六章　法律、行政法规

中共中央　国务院关于全面加强生态环境保护坚决打好污染防治攻坚战的意见

良好生态环境是实现中华民族永续发展的内在要求，是增进民生福祉的优先领域。为深入学习贯彻习近平新时代中国特色社会主义思想和党的十九大精神，决胜全面建成小康社会，全面加强生态环境保护，打好污染防治攻坚战，提升生态文明，建设美丽中国，现提出如下意见。

一、深刻认识生态环境保护面临的形势

党的十八大以来，以习近平同志为核心的党中央把生态文明建设作为统筹推进“五位一体”总体布局和协调推进“四个全面”战略布局的重要内容，谋划开展了一系列根本性、长远性、开创性工作，推动生态文明建设和生态环境保护从实践到认识发生了历史性、转折性、全局性变化。各地区各部门认真贯彻落实党中央、国务院决策部署，生态文明建设和生态环境保护制度体系加快形成，全面节约资源有效推进，大气、水、土壤污染防治行动计划深入实施，生态系统保护和修复重大工程进展顺利，核与辐射安全得到有效保障，生态文明建设成效显著，美丽中国建设迈出重要步伐，我国成为全球生态文明建设的重要参与者、贡献者、引领者。

同时，我国生态文明建设和生态环境保护面临不少困难和挑战，存在许多不足。一些地方和部门对生态环境保护认识不到位，责任落实不到位；经济社会发展同生态环境保护的矛盾仍然突出，资源环境承载能力已经达到或接近上限；城乡区域统筹不够，新老环境问题交织，区域性、布局性、结构性环境风险凸显，重污染天气、黑臭水体、垃圾围城、生态破坏等问题时有发生。这些问题，成为重要的民生之患、民心之痛，成为经济社会可持续发展的瓶颈制约，成为全面建成小康社会的明显短板。

进入新时代，解决人民日益增长的美好生活需要和不平衡不充分的发展之间的矛盾对生态环境保护提出许多新要求。当前，生态文明建设正处于压力叠加、负重前行的关键期，已进入提供更多优质生态产品以满足人民日益增长的优美生态环境需要的攻坚期，也到了有条件有能力解决突出生态环境问题的窗口期。必须加大力度、加快治理、加紧攻坚，打好标志性的重大战役，为人民创造良好生产生活环境。

二、深入贯彻习近平生态文明思想

习近平总书记传承中华民族传统文化、顺应时代潮流和人民意愿，站在坚持和发展中国特色社会主义、实现中华民族伟大复兴中国梦的战略高度，深刻回答了为什么建设生态文明、建设什么样的生态文明、怎样建设生态文明等重大理论和实践问题，系统形成了习近平生态文明思想，有力指导生态文明建设和生态环境保护取得历史性成就、发生历史性变革。

坚持生态兴则文明兴。建设生态文明是关系中华民族永续发展的根本大计，功在当代、利在千秋，关系人民福祉，关乎民族未来。

坚持人与自然和谐共生。保护自然就是保护人类，建设生态文明就是造福人类。必须尊重自然、

顺应自然、保护自然，像保护眼睛一样保护生态环境，像对待生命一样对待生态环境，推动形成人与自然和谐发展现代化建设新格局，还自然以宁静、和谐、美丽。

坚持绿水青山就是金山银山。绿水青山既是自然财富、生态财富，又是社会财富、经济财富。保护生态环境就是保护生产力，改善生态环境就是发展生产力。必须坚持和贯彻绿色发展理念，平衡和处理好发展与保护的关系，推动形成绿色发展方式和生活方式，坚定不移走生产发展、生活富裕、生态良好的文明发展道路。

坚持良好生态环境是最普惠的民生福祉。生态文明建设同每个人息息相关。环境就是民生，青山就是美丽，蓝天也是幸福。必须坚持以人民为中心，重点解决损害群众健康的突出环境问题，提供更多优质生态产品。

坚持山水林田湖草是生命共同体。生态环境是统一的有机整体。必须按照系统工程的思路，构建生态环境治理体系，着力扩大环境容量和生态空间，全方位、全地域、全过程开展生态环境保护。

坚持用最严格制度最严密法治保护生态环境。保护生态环境必须依靠制度、依靠法治。必须构建产权清晰、多元参与、激励约束并重、系统完整的生态文明制度体系，让制度成为刚性约束和不可触碰的高压线。

坚持建设美丽中国全民行动。美丽中国是人民群众共同参与共同建设共同享有的事业。必须加强生态文明宣传教育，牢固树立生态文明价值观念和行为准则，把建设美丽中国化为全民自觉行动。

坚持共谋全球生态文明建设。生态文明建设是构建人类命运共同体的重要内容。必须同舟共济、共同努力，构筑尊崇自然、绿色发展的生态体系，推动全球生态环境治理，建设清洁美丽世界。

习近平生态文明思想为推进美丽中国建设、实现人与自然和谐共生的现代化提供了方向指引和根本遵循，必须用以武装头脑、指导实践、推动工作。要教育广大干部增强“四个意识”，树立正确政绩观，把生态文明建设重大部署和重要任务落到实处，让良好生态环境成为人民幸福生活的增长点、成为经济社会持续健康发展的支撑点、成为展现我国良好形象的发力点。

三、全面加强党对生态环境保护的领导

加强生态环境保护、坚决打好污染防治攻坚战是党和国家的重大决策部署，各级党委和政府要强化对生态文明建设和生态环境保护的总体设计和组织领导，统筹协调处理重大问题，指导、推动、督促各地区各部门落实党中央、国务院重大政策措施。

（一）落实党政主体责任。落实领导干部生态文明建设责任制，严格实行党政同责、一岗双责。地方各级党委和政府必须坚决扛起生态文明建设和生态环境保护的政治责任，对本行政区域的生态环境保护工作及生态环境质量负总责，主要负责人是本行政区域生态环境保护第一责任人，至少每季度研究一次生态环境保护工作，其他有关领导成员在职责范围内承担相应责任。各地要制定责任清单，把任务分解落实到有关部门。抓紧出台中央和国家机关相关部门生态环境保护责任清单。各相关部门要履行好生态环境保护职责，制定生态环境保护年度工作计划和措施。各地区各部门落实情况每年向党中央、国务院报告。

健全环境保护督察机制。完善中央和省级环境保护督察体系，制定环境保护督察工作规定，以解决突出生态环境问题、改善生态环境质量、推动高质量发展为重点，夯实生态文明建设和生态环境保护政治责任，推动环境保护督察向纵深发展。完善督查、交办、巡查、约谈、专项督察机制，开展重点区域、重点领域、重点行业专项督察。

（二）强化考核问责。制定对省（自治区、直辖市）党委、人大、政府以及中央和国家机关有关

部门污染防治攻坚战成效考核办法，对生态环境保护立法执法情况、年度工作目标任务完成情况、生态环境质量状况、资金投入使用情况、公众满意程度等相关方面开展考核。各地参照制定考核实施细则。开展领导干部自然资源资产离任审计。考核结果作为领导班子和领导干部综合考核评价、奖惩任免的重要依据。

严格责任追究。对省（自治区、直辖市）党委和政府以及负有生态环境保护责任的中央和国家机关有关部门贯彻落实党中央、国务院决策部署不坚决不彻底、生态文明建设和生态环境保护责任制执行不到位、污染防治攻坚任务完成严重滞后、区域生态环境问题突出的，约谈主要负责人，同时责成其向党中央、国务院作出深刻检查。对年度目标任务未完成、考核不合格的市、县，党政主要负责人和相关领导班子成员不得评优评先。对在生态环境方面造成严重破坏负有责任的干部，不得提拔使用或者转任重要职务。对不顾生态环境盲目决策、违法违规审批开发利用规划和建设项目的，对造成生态环境质量恶化、生态严重破坏的，对生态环境事件多发高发、应对不力、群众反映强烈的，对生态环境保护责任没有落实、推诿扯皮、没有完成工作任务的，依纪依法严格问责、终身追责。

四、总体目标和基本原则

（一）总体目标。到 2020 年，生态环境质量总体改善，主要污染物排放总量大幅减少，环境风险得到有效管控，生态环境保护水平同全面建成小康社会目标相适应。

具体指标：全国细颗粒物（$PM_{2.5}$）未达标地级及以上城市浓度比 2015 年下降 18%以上，地级及以上城市空气质量优良天数比率达到 80%以上；全国地表水Ⅰ～Ⅲ类水体比例达到 70%以上，劣Ⅴ类水体比例控制在 5%以内；近岸海域水质优良（一、二类）比例达到 70%左右；二氧化硫、氮氧化物排放量比 2015 年减少 15%以上，化学需氧量、氨氮排放量减少 10%以上；受污染耕地安全利用率达到 90%左右，污染地块安全利用率达到 90%以上；生态保护红线面积占比达到 25%左右；森林覆盖率达到 23.04%以上。

通过加快构建生态文明体系，确保到 2035 年节约资源和保护生态环境的空间格局、产业结构、生产方式、生活方式总体形成，生态环境质量实现根本好转，美丽中国目标基本实现。到 21 世纪中叶，生态文明全面提升，实现生态环境领域国家治理体系和治理能力现代化。

（二）基本原则

——坚持保护优先。落实生态保护红线、环境质量底线、资源利用上线硬约束，深化供给侧结构性改革，推动形成绿色发展方式和生活方式，坚定不移走生产发展、生活富裕、生态良好的文明发展道路。

——强化问题导向。以改善生态环境质量为核心，针对流域、区域、行业特点，聚焦问题、分类施策、精准发力，不断取得新成效，让人民群众有更多获得感。

——突出改革创新。深化生态环境保护体制机制改革，统筹兼顾、系统谋划，强化协调、整合力量，区域协作、条块结合，严格环境标准，完善经济政策，增强科技支撑和能力保障，提升生态环境治理的系统性、整体性、协同性。

——注重依法监管。完善生态环境保护法律法规体系，健全生态环境保护行政执法和刑事司法衔接机制，依法严惩重罚生态环境违法犯罪行为。

——推进全民共治。政府、企业、公众各尽其责、共同发力，政府积极发挥主导作用，企业主动承担环境治理主体责任，公众自觉践行绿色生活。

五、推动形成绿色发展方式和生活方式

坚持节约优先，加强源头管控，转变发展方式，培育壮大新兴产业，推动传统产业智能化、清洁化改造，加快发展节能环保产业，全面节约能源资源，协同推动经济高质量发展和生态环境高水平保护。

（一）促进经济绿色低碳循环发展。对重点区域、重点流域、重点行业和产业布局开展规划环评，调整优化不符合生态环境功能定位的产业布局、规模和结构。严格控制重点流域、重点区域环境风险项目。对国家级新区、工业园区、高新区等进行集中整治，限期进行达标改造。加快城市建成区、重点流域的重污染企业和危险化学品企业搬迁改造，2018年年底前，相关城市政府就此制定专项计划并向社会公开。促进传统产业优化升级，构建绿色产业链体系。继续化解过剩产能，严禁钢铁、水泥、电解铝、平板玻璃等行业新增产能，对确有必要新建的必须实施等量或减量置换。加快推进危险化学品生产企业搬迁改造工程。提高污染排放标准，加大钢铁等重点行业落后产能淘汰力度，鼓励各地制定范围更广、标准更严的落后产能淘汰政策。构建市场导向的绿色技术创新体系，强化产品全生命周期绿色管理。大力发展节能环保产业、清洁生产产业、清洁能源产业，加强科技创新引领，着力引导绿色消费，大力提高节能、环保、资源循环利用等绿色产业技术装备水平，培育发展一批骨干企业。大力发展节能和环境服务业，推行合同能源管理、合同节水管理，积极探索区域环境托管服务等新模式。鼓励新业态发展和模式创新。在能源、冶金、建材、有色、化工、电镀、造纸、印染、农副食品加工等行业，全面推进清洁生产改造或清洁化改造。

（二）推进能源资源全面节约。强化能源和水资源消耗、建设用地等总量和强度双控行动，实行最严格的耕地保护、节约用地和水资源管理制度。实施国家节水行动，完善水价形成机制，推进节水型社会和节水型城市建设，到2020年，全国用水总量控制在6700亿立方米以内。健全节能、节水、节地、节材、节矿标准体系，大幅降低重点行业和企业能耗、物耗，推行生产者责任延伸制度，实现生产系统和生活系统循环链接。鼓励新建建筑采用绿色建材，大力发展装配式建筑，提高新建绿色建筑比例。以北方采暖地区为重点，推进既有居住建筑节能改造。积极应对气候变化，采取有力措施确保完成2020年控制温室气体排放行动目标。扎实推进全国碳排放权交易市场建设，统筹深化低碳试点。

（三）引导公众绿色生活。加强生态文明宣传教育，倡导简约适度、绿色低碳的生活方式，反对奢侈浪费和不合理消费。开展创建绿色家庭、绿色学校、绿色社区、绿色商场、绿色餐馆等行动。推行绿色消费，出台快递业、共享经济等新业态的规范标准，推广环境标志产品、有机产品等绿色产品。提倡绿色居住，节约用水用电，合理控制夏季空调和冬季取暖室内温度。大力发展公共交通，鼓励自行车、步行等绿色出行。

六、坚决打赢蓝天保卫战

编制实施打赢蓝天保卫战三年作战计划，以京津冀及周边、长三角、汾渭平原等重点区域为主战场，调整优化产业结构、能源结构、运输结构、用地结构，强化区域联防联控和重污染天气应对，进一步明显降低 $PM_{2.5}$ 浓度，明显减少重污染天数，明显改善大气环境质量，明显增强人民的蓝天幸福感。

（一）加强工业企业大气污染综合治理。全面整治“散乱污”企业及集群，实行拉网式排查和清单式、台账式、网格化管理，分类实施关停取缔、整合搬迁、整改提升等措施，京津冀及周边区域

2018年年底前完成，其他重点区域2019年年底前完成。坚决关停用地、工商手续不全并难以通过改造达标的企业，限期治理可以达标改造的企业，逾期依法一律关停。强化工业企业无组织排放管理，推进挥发性有机物排放综合整治，开展大气氨排放控制试点。到2020年，挥发性有机物排放总量比2015年下降10%以上。重点区域和大气污染严重城市加大钢铁、铸造、炼焦、建材、电解铝等产能压减力度，实施大气污染物特别排放限值。加大排放高、污染重的煤电机组淘汰力度，在重点区域加快推进。到2020年，具备改造条件的燃煤电厂全部完成超低排放改造，重点区域不具备改造条件的高污染燃煤电厂逐步关停。推动钢铁等行业超低排放改造。

（二）大力推进散煤治理和煤炭消费减量替代。增加清洁能源使用，拓宽清洁能源消纳渠道，落实可再生能源发电全额保障性收购政策。安全高效发展核电。推动清洁低碳能源优先上网。加快重点输电通道建设，提高重点区域接受外输电比例。因地制宜、加快实施北方地区冬季清洁取暖五年规划。鼓励余热、浅层地热能等清洁能源取暖。加强煤层气（煤矿瓦斯）综合利用，实施生物天然气工程。到2020年，京津冀及周边、汾渭平原的平原地区基本完成生活和冬季取暖散煤替代；北京、天津、河北、山东、河南及珠三角区域煤炭消费总量比2015年均下降10%左右，上海、江苏、浙江、安徽及汾渭平原煤炭消费总量均下降5%左右；重点区域基本淘汰每小时35蒸吨以下燃煤锅炉。推广清洁高效燃煤锅炉。

（三）打好柴油货车污染治理攻坚战。以开展柴油货车超标排放专项整治为抓手，统筹开展油、路、车治理和机动车船污染防治。严厉打击生产销售不达标车辆、排放检验机构检测弄虚作假等违法行为。加快淘汰老旧车，鼓励清洁能源车辆、船舶的推广使用。建设"天地车人"一体化的机动车排放监控系统，完善机动车遥感监测网络。推进钢铁、电力、电解铝、焦化等重点工业企业和工业园区货物由公路运输转向铁路运输。显著提高重点区域大宗货物铁路水路货运比例，提高沿海港口集装箱铁路集疏港比例。重点区域提前实施机动车国六排放标准，严格实施船舶和非道路移动机械大气排放标准。鼓励淘汰老旧船舶、工程机械和农业机械。落实珠三角、长三角、环渤海京津冀水域船舶排放控制区管理政策，全国主要港口和排放控制区内港口靠港船舶率先使用岸电。到2020年，长江干线、西江航运干线、京杭运河水上服务区和待闸锚地基本具备船舶岸电供应能力。2019年1月1日起，全国供应符合国六标准的车用汽油和车用柴油，力争重点区域提前供应。尽快实现车用柴油、普通柴油和部分船舶用油标准并轨。内河和江海直达船舶必须使用硫含量不大于10毫克/千克的柴油。严厉打击生产、销售和使用非标车（船）用燃料行为，彻底清除黑加油站点。

（四）强化国土绿化和扬尘管控。积极推进露天矿山综合整治，加快环境修复和绿化。开展大规模国土绿化行动，加强北方防沙带建设，实施京津风沙源治理工程、重点防护林工程，增加林草覆盖率。在城市功能疏解、更新和调整中，将腾退空间优先用于留白增绿。落实城市道路和城市范围内施工工地等扬尘管控。

（五）有效应对重污染天气。强化重点区域联防联控联治，统一预警分级标准、信息发布、应急响应，提前采取应急减排措施，实施区域应急联动，有效降低污染程度。完善应急预案，明确政府、部门及企业的应急责任，科学确定重污染期间管控措施和污染源减排清单。指导公众做好重污染天气健康防护。推进预测预报预警体系建设，2018年年底前，进一步提升国家级空气质量预报能力，区域预报中心具备7至10天空气质量预报能力，省级预报中心具备7天空气质量预报能力并精确到所辖各城市。重点区域采暖季节，对钢铁、焦化、建材、铸造、电解铝、化工等重点行业企业实施错峰生产。重污染期间，对钢铁、焦化、有色、电力、化工等涉及大宗原材料及产品运输的重点企业实施错峰运输；强化城市建设施工工地扬尘管控措施，加强道路机扫。依法严禁秸秆露天焚烧，全面推进综合利用。到2020年，地级及以上城市重污染天数比2015年减少25%。

七、着力打好碧水保卫战

深入实施水污染防治行动计划，扎实推进河长制湖长制，坚持污染减排和生态扩容两手发力，加快工业、农业、生活污染源和水生态系统整治，保障饮用水安全，消除城市黑臭水体，减少污染严重水体和不达标水体。

（一）打好水源地保护攻坚战。加强水源水、出厂水、管网水、末梢水的全过程管理。划定集中式饮用水水源保护区，推进规范化建设。强化南水北调水源地及沿线生态环境保护。深化地下水污染防治。全面排查和整治县级及以上城市水源保护区内的违法违规问题，长江经济带于2018年年底前、其他地区于2019年年底前完成。单一水源供水的地级及以上城市应当建设应急水源或备用水源。定期监（检）测、评估集中式饮用水水源、供水单位供水和用户水龙头水质状况，县级及以上城市至少每季度向社会公开一次。

（二）打好城市黑臭水体治理攻坚战。实施城镇污水处理“提质增效”三年行动，加快补齐城镇污水收集和处理设施短板，尽快实现污水管网全覆盖、全收集、全处理。完善污水处理收费政策，各地要按规定将污水处理收费标准尽快调整到位，原则上应补偿到污水处理和污泥处置设施正常运营并合理盈利。对中西部地区，中央财政给予适当支持。加强城市初期雨水收集处理设施建设，有效减少城市面源污染。到2020年，地级及以上城市建成区黑臭水体消除比例达90%以上。鼓励京津冀、长三角、珠三角区域城市建成区尽早全面消除黑臭水体。

（三）打好长江保护修复攻坚战。开展长江流域生态隐患和环境风险调查评估，划定高风险区域，从严实施生态环境风险防控措施。优化长江经济带产业布局和规模，严禁污染型产业、企业向上中游地区转移。排查整治入河入湖排污口及不达标水体，市、县级政府制定实施不达标水体限期达标规划。到2020年，长江流域基本消除劣Ⅴ类水体。强化船舶和港口污染防治，现有船舶到2020年全部完成达标改造，港口、船舶修造厂环卫设施、污水处理设施纳入城市设施建设规划。加强沿河环湖生态保护，修复湿地等水生态系统，因地制宜建设人工湿地水质净化工程。实施长江流域上中游水库群联合调度，保障干流、主要支流和湖泊基本生态用水。

（四）打好渤海综合治理攻坚战。以渤海海区的渤海湾、辽东湾、莱州湾、辽河口、黄河口等为重点，推动河口海湾综合整治。全面整治入海污染源，规范入海排污口设置，全部清理非法排污口。严格控制海水养殖等造成的海上污染，推进海洋垃圾防治和清理。率先在渤海实施主要污染物排海总量控制制度，强化陆海污染联防联控，加强入海河流治理与监管。实施最严格的围填海和岸线开发管控，统筹安排海洋空间利用活动。渤海禁止审批新增围填海项目，引导符合国家产业政策的项目消化存量围填海资源，已审批但未开工的项目要依法重新进行评估和清理。

（五）打好农业农村污染治理攻坚战。以建设美丽宜居村庄为导向，持续开展农村人居环境整治行动，实现全国行政村环境整治全覆盖。到2020年，农村人居环境明显改善，村庄环境基本干净整洁有序，东部地区、中西部城市近郊区等有基础、有条件的地区人居环境质量全面提升，管护长效机制初步建立；中西部有较好基础、基本具备条件的地区力争实现90%左右的村庄生活垃圾得到治理，卫生厕所普及率达到85%左右，生活污水乱排乱放得到管控。减少化肥农药使用量，制修订并严格执行化肥农药等农业投入品质量标准，严格控制高毒高风险农药使用，推进有机肥替代化肥、病虫害绿色防控替代化学防治和废弃农膜回收，完善废旧地膜和包装废弃物等回收处理制度。到2020年，化肥农药使用量实现零增长。坚持种植和养殖相结合，就地就近消纳利用畜禽养殖废弃物。合理布局水产养殖空间，深入推进水产健康养殖，开展重点江河湖库及重点近岸海域破坏生态环境的养殖方式综合整治。到2020年，全国畜禽粪污综合利用率达到75%以上，规模养殖场粪污处理设施装备配套率达到95%以上。

八、扎实推进净土保卫战

全面实施土壤污染防治行动计划，突出重点区域、行业和污染物，有效管控农用地和城市建设用地土壤环境风险。

（一）强化土壤污染管控和修复。加强耕地土壤环境分类管理。严格管控重度污染耕地，严禁在重度污染耕地种植食用农产品。实施耕地土壤环境治理保护重大工程，开展重点地区涉重金属行业排查和整治。2018年年底前，完成农用地土壤污染状况详查。2020年年底前，编制完成耕地土壤环境质量分类清单。建立建设用地土壤污染风险管控和修复名录，列入名录且未完成治理修复的地块不得作为住宅、公共管理与公共服务用地。建立污染地块联动监管机制，将建设用地土壤环境管理要求纳入用地规划和供地管理，严格控制用地准入，强化暂不开发污染地块的风险管控。2020年年底前，完成重点行业企业用地土壤污染状况调查。严格土壤污染重点行业企业搬迁改造过程中拆除活动的环境监管。

（二）加快推进垃圾分类处理。到2020年，实现所有城市和县城生活垃圾处理能力全覆盖，基本完成非正规垃圾堆放点整治；直辖市、计划单列市、省会城市和第一批分类示范城市基本建成生活垃圾分类处理系统。推进垃圾资源化利用，大力发展垃圾焚烧发电。推进农村垃圾就地分类、资源化利用和处理，建立农村有机废弃物收集、转化、利用网络体系。

（三）强化固体废物污染防治。全面禁止洋垃圾入境，严厉打击走私，大幅减少固体废物进口种类和数量，力争2020年年底前基本实现固体废物零进口。开展“无废城市”试点，推动固体废物资源化利用。调查、评估重点工业行业危险废物产生、贮存、利用、处置情况。完善危险废物经营许可、转移等管理制度，建立信息化监管体系，提升危险废物处理处置能力，实施全过程监管。严厉打击危险废物非法跨界转移、倾倒等违法犯罪活动。深入推进长江经济带固体废物大排查活动。评估有毒有害化学品在生态环境中的风险状况，严格限制高风险化学品生产、使用、进出口，并逐步淘汰、替代。

九、加快生态保护与修复

坚持自然恢复为主，统筹开展全国生态保护与修复，全面划定并严守生态保护红线，提升生态系统质量和稳定性。

（一）划定并严守生态保护红线。按照应保尽保、应划尽划的原则，将生态功能重要区域、生态环境敏感脆弱区域纳入生态保护红线。到2020年，全面完成全国生态保护红线划定、勘界定标，形成生态保护红线全国“一张图”，实现一条红线管控重要生态空间。制定实施生态保护红线管理办法、保护修复方案，建设国家生态保护红线监管平台，开展生态保护红线监测预警与评估考核。

（二）坚决查处生态破坏行为。2018年年底前，县级及以上地方政府全面排查违法违规挤占生态空间、破坏自然遗迹等行为，制定治理和修复计划并向社会公开。开展病危险尾矿库和“头顶库”专项整治。持续开展“绿盾”自然保护区监督检查专项行动，严肃查处各类违法违规行为，限期进行整治修复。

（三）建立以国家公园为主体的自然保护地体系。到2020年，完成全国自然保护区范围界限核准和勘界立标，整合设立一批国家公园，自然保护地相关法规和管理制度基本建立。对生态严重退化地区实行封禁管理，稳步实施退耕还林还草和退牧还草，扩大轮作休耕试点，全面推行草原禁牧休牧和草畜平衡制度。依法依规解决自然保护地内的矿业权合理退出问题。全面保护天然林，推进荒漠化、石漠化、水土流失综合治理，强化湿地保护和恢复。加强休渔禁渔管理，推进长江、渤海等重点水域禁捕限捕，加强海洋牧场建设，加大渔业资源增殖放流。推动耕地草原森林河流湖泊海洋休养生息。

十、改革完善生态环境治理体系

深化生态环境保护管理体制改革，完善生态环境管理制度，加快构建生态环境治理体系，健全保障举措，增强系统性和完整性，大幅提升治理能力。

（一）完善生态环境监管体系。整合分散的生态环境保护职责，强化生态保护修复和污染防治统一监管，建立健全生态环境保护领导和管理体制、激励约束并举的制度体系、政府企业公众共治体系。全面完成省以下生态环境机构监测监察执法垂直管理制度改革，推进综合执法队伍特别是基层队伍的能力建设。完善农村环境治理体制。健全区域流域海域生态环境管理体制，推进跨地区环保机构试点，加快组建流域环境监管执法机构，按海域设置监管机构。建立独立权威高效的生态环境监测体系，构建天地一体化的生态环境监测网络，实现国家和区域生态环境质量预报预警和质控，按照适度上收生态环境质量监测事权的要求加快推进有关工作。省级党委和政府加快确定生态保护红线、环境质量底线、资源利用上线，制定生态环境准入清单，在地方立法、政策制定、规划编制、执法监管中不得变通突破、降低标准，不符合不衔接不适应的于2020年年底前完成调整。实施生态环境统一监管。推行生态环境损害赔偿制度。编制生态环境保护规划，开展全国生态环境状况评估，建立生态环境保护综合监控平台。推动生态文明示范创建、绿水青山就是金山银山实践创新基地建设活动。

严格生态环境质量管理。生态环境质量只能更好、不能变坏。生态环境质量达标地区要保持稳定并持续改善；生态环境质量不达标地区的市、县级政府，要于2018年年底前制定实施限期达标规划，向上级政府备案并向社会公开。加快推行排污许可制度，对固定污染源实施全过程管理和多污染物协同控制，按行业、地区、时限核发排污许可证，全面落实企业治污责任，强化证后监管和处罚。在长江经济带率先实施入河污染源排放、排污口排放和水体水质联动管理。2020年，将排污许可证制度建设成为固定源环境管理核心制度，实现“一证式”管理。健全环保信用评价、信息强制性披露、严惩重罚等制度。将企业环境信用信息纳入全国信用信息共享平台和国家企业信用信息公示系统，依法通过“信用中国”网站和国家企业信用信息公示系统向社会公示。监督上市公司、发债企业等市场主体全面、及时、准确地披露环境信息。建立跨部门联合奖惩机制。完善国家核安全工作协调机制，强化对核安全工作的统筹。

（二）健全生态环境保护经济政策体系。资金投入向污染防治攻坚战倾斜，坚持投入同攻坚任务相匹配，加大财政投入力度。逐步建立常态化、稳定的财政资金投入机制。扩大中央财政支持北方地区清洁取暖的试点城市范围，国有资本要加大对污染防治的投入。完善居民取暖用气用电定价机制和补贴政策。增加中央财政对国家重点生态功能区、生态保护红线区域等生态功能重要地区的转移支付，继续安排中央预算内投资对重点生态功能区给予支持。各省（自治区、直辖市）合理确定补偿标准，并逐步提高补偿水平。完善助力绿色产业发展的价格、财税、投资等政策。大力发展绿色信贷、绿色债券等金融产品。设立国家绿色发展基金。落实有利于资源节约和生态环境保护的价格政策，落实相关税收优惠政策。研究对从事污染防治的第三方企业比照高新技术企业实行所得税优惠政策，研究出台“散乱污”企业综合治理激励政策。推动环境污染责任保险发展，在环境高风险领域建立环境污染强制责任保险制度。推进社会化生态环境治理和保护。采用直接投资、投资补助、运营补贴等方式，规范支持政府和社会资本合作项目；对政府实施的环境绩效合同服务项目，公共财政支付水平同治理绩效挂钩。鼓励通过政府购买服务方式实施生态环境治理和保护。

（三）健全生态环境保护法治体系。依靠法治保护生态环境，增强全社会生态环境保护法治意识。加快建立绿色生产消费的法律制度和政策导向。加快制定和修改土壤污染防治、固体废物污染防治、长江生态环境保护、海洋环境保护、国家公园、湿地、生态环境监测、排污许可、资源综合利用、空间规划、碳排放权交易管理等方面的法律法规。鼓励地方在生态环境保护领域先于国家进行立法。建立生态环境保护综合执法机关、公安机关、检察机关、审判机关信息共享、案情通报、案件移送制度，完善生态环境保护领域民事、行政公益诉讼制度，加大生态环境违法犯罪行为的制裁和惩处力度。加强涉生态环境保护的司法力量建设。整合组建生态环境保护综合执法队伍，统一实行生态环境保护执法。将生态环境保护综合执法机构列入政府行政执法机构序列，推进执法规范化建设，统一着装、统一标识、统一证件、统一保障执法用车和装备。

（四）强化生态环境保护能力保障体系。增强科技支撑，开展大气污染成因与治理、水体污染控制与治理、土壤污染防治等重点领域科技攻关，实施京津冀环境综合治理重大项目，推进区域性、流域性生态环境问题研究。完成第二次全国污染源普查。开展大数据应用和环境承载力监测预警。开展重点区域、流域、行业环境与健康调查，建立风险监测网络及风险评估体系。健全跨部门、跨区域环境应急协调联动机制，建立全国统一的环境应急预案电子备案系统。国家建立环境应急物资储备信息库，省、市级政府建设环境应急物资储备库，企业环境应急装备和储备物资应纳入储备体系。落实全面从严治党要求，建设规范化、标准化、专业化的生态环境保护人才队伍，打造政治强、本领高、作风硬、敢担当，特别能吃苦、特别能战斗、特别能奉献的生态环境保护铁军。按省、市、县、乡不同层级工作职责配备相应工作力量，保障履职需要，确保同生态环境保护任务相匹配。加强国际交流和履约能力建设，推进生态环境保护国际技术交流和务实合作，支撑核安全和核电共同走出去，积极推动落实 2030 年可持续发展议程和绿色“一带一路”建设。

（五）构建生态环境保护社会行动体系。把生态环境保护纳入国民教育体系和党政领导干部培训体系，推进国家及各地生态环境教育设施和场所建设，培育普及生态文化。公共机构尤其是党政机关带头使用节能环保产品，推行绿色办公，创建节约型机关。健全生态环境新闻发布机制，充分发挥各类媒体作用。省、市两级要依托党报、电视台、政府网站，曝光突出环境问题，报道整改进展情况。建立政府、企业环境社会风险预防与化解机制。完善环境信息公开制度，加强重特大突发环境事件信息公开，对涉及群众切身利益的重大项目及时主动公开。2020 年年底前，地级及以上城市符合条件的环保设施和城市污水垃圾处理设施向社会开放，接受公众参观。强化排污者主体责任，企业应严格守法，规范自身环境行为，落实资金投入、物资保障、生态环境保护措施和应急处置主体责任。实施工业污染源全面达标排放计划。2018 年年底前，重点排污单位全部安装自动在线监控设备并同生态环境主管部门联网，依法公开排污信息。到 2020 年，实现长江经济带入河排污口监测全覆盖，并将监测数据纳入长江经济带综合信息平台。推动环保社会组织和志愿者队伍规范健康发展，引导环保社会组织依法开展生态环境保护公益诉讼等活动。按照国家有关规定表彰对保护和改善生态环境有显著成绩的单位和个人。完善公众监督、举报反馈机制，保护举报人的合法权益，鼓励设立有奖举报基金。

新思想引领新时代，新使命开启新征程。让我们更加紧密地团结在以习近平同志为核心的党中央周围，以习近平新时代中国特色社会主义思想为指导，不忘初心、牢记使命，锐意进取、勇于担当，全面加强生态环境保护，坚决打好污染防治攻坚战，为决胜全面建成小康社会、实现中华民族伟大复兴的中国梦不懈奋斗。

中华人民共和国环境保护法

（1989 年 12 月 26 日第七届全国人民代表大会常务委员会第十一次会议通过
2014 年 4 月 24 日第十二届全国人民代表大会常务委员会第八次会议修订）

第一章　总　则

第一条　为保护和改善环境，防治污染和其他公害，保障公众健康，推进生态文明建设，促进经济社会可持续发展，制定本法。

第二条　本法所称环境，是指影响人类生存和发展的各种天然的和经过人工改造的自然因素的总体，包括大气、水、海洋、土地、矿藏、森林、草原、湿地、野生生物、自然遗迹、人文遗迹、自然保护区、风景名胜区、城市和乡村等。

第三条　本法适用于中华人民共和国领域和中华人民共和国管辖的其他海域。

第四条　保护环境是国家的基本国策。

国家采取有利于节约和循环利用资源、保护和改善环境、促进人与自然和谐的经济、技术政策和措施，使经济社会发展与环境保护相协调。

第五条　环境保护坚持保护优先、预防为主、综合治理、公众参与、损害担责的原则。

第六条　一切单位和个人都有保护环境的义务。

地方各级人民政府应当对本行政区域的环境质量负责。

企业事业单位和其他生产经营者应当防止、减少环境污染和生态破坏，对所造成的损害依法承担责任。

公民应当增强环境保护意识，采取低碳、节俭的生活方式，自觉履行环境保护义务。

第七条　国家支持环境保护科学技术研究、开发和应用，鼓励环境保护产业发展，促进环境保护信息化建设，提高环境保护科学技术水平。

第八条　各级人民政府应当加大保护和改善环境、防治污染和其他公害的财政投入，提高财政资金的使用效益。

第九条　各级人民政府应当加强环境保护宣传和普及工作，鼓励基层群众性自治组织、社会组织、环境保护志愿者开展环境保护法律法规和环境保护知识的宣传，营造保护环境的良好风气。

教育行政部门、学校应当将环境保护知识纳入学校教育内容，培养学生的环境保护意识。

新闻媒体应当开展环境保护法律法规和环境保护知识的宣传，对环境违法行为进行舆论监督。

第十条　国务院环境保护主管部门，对全国环境保护工作实施统一监督管理；县级以上地方人民政府环境保护主管部门，对本行政区域环境保护工作实施统一监督管理。

县级以上人民政府有关部门和军队环境保护部门，依照有关法律的规定对资源保护和污染防治等环境保护工作实施监督管理。

第十一条　对保护和改善环境有显著成绩的单位和个人，由人民政府给予奖励。

第十二条　每年 6 月 5 日为环境日。

第二章　监督管理

第十三条　县级以上人民政府应当将环境保护工作纳入国民经济和社会发展规划。

国务院环境保护主管部门会同有关部门，根据国民经济和社会发展规划编制国家环境保护规划，报国务院批准并公布实施。

县级以上地方人民政府环境保护主管部门会同有关部门，根据国家环境保护规划的要求，编制本行政区域的环境保护规划，报同级人民政府批准并公布实施。

环境保护规划的内容应当包括生态保护和污染防治的目标、任务、保障措施等，并与主体功能区规划、土地利用总体规划和城乡规划等相衔接。

第十四条　国务院有关部门和省、自治区、直辖市人民政府组织制定经济、技术政策，应当充分考虑对环境的影响，听取有关方面和专家的意见。

第十五条　国务院环境保护主管部门制定国家环境质量标准。

省、自治区、直辖市人民政府对国家环境质量标准中未作规定的项目，可以制定地方环境质量标准；对国家环境质量标准中已作规定的项目，可以制定严于国家环境质量标准的地方环境质量标准。地方环境质量标准应当报国务院环境保护主管部门备案。

国家鼓励开展环境基准研究。

第十六条　国务院环境保护主管部门根据国家环境质量标准和国家经济、技术条件，制定国家污染物排放标准。

省、自治区、直辖市人民政府对国家污染物排放标准中未作规定的项目，可以制定地方污染物排放标准；对国家污染物排放标准中已作规定的项目，可以制定严于国家污染物排放标准的地方污染物排放标准。地方污染物排放标准应当报国务院环境保护主管部门备案。

第十七条　国家建立、健全环境监测制度。国务院环境保护主管部门制定监测规范，会同有关部门组织监测网络，统一规划国家环境质量监测站（点）的设置，建立监测数据共享机制，加强对环境监测的管理。

有关行业、专业等各类环境质量监测站（点）的设置应当符合法律法规规定和监测规范的要求。

监测机构应当使用符合国家标准的监测设备，遵守监测规范。监测机构及其负责人对监测数据的真实性和准确性负责。

第十八条　省级以上人民政府应当组织有关部门或者委托专业机构，对环境状况进行调查、评价，建立环境资源承载能力监测预警机制。

第十九条　编制有关开发利用规划，建设对环境有影响的项目，应当依法进行环境影响评价。

未依法进行环境影响评价的开发利用规划，不得组织实施；未依法进行环境影响评价的建设项目，不得开工建设。

第二十条　国家建立跨行政区域的重点区域、流域环境污染和生态破坏联合防治协调机制，实行统一规划、统一标准、统一监测、统一的防治措施。

前款规定以外的跨行政区域的环境污染和生态破坏的防治，由上级人民政府协调解决，或者由有关地方人民政府协商解决。

第二十一条　国家采取财政、税收、价格、政府采购等方面的政策和措施，鼓励和支持环境保护技术装备、资源综合利用和环境服务等环境保护产业的发展。

第二十二条　企业事业单位和其他生产经营者，在污染物排放符合法定要求的基础上，进一步减少污染物排放的，人民政府应当依法采取财政、税收、价格、政府采购等方面的政策和措施予以鼓励和支持。

第二十三条　企业事业单位和其他生产经营者，为改善环境，依照有关规定转产、搬迁、关闭的，人民政府应当予以支持。

第二十四条　县级以上人民政府环境保护主管部门及其委托的环境监察机构和其他负有环境保护监督管理职责的部门，有权对排放污染物的企业事业单位和其他生产经营者进行现场检查。被检查者应当如实反映情况，提供必要的资料。实施现场检查的部门、机构及其工作人员应当为被检查者保守商业秘密。

第二十五条　企业事业单位和其他生产经营者违反法律法规规定排放污染物，造成或者可能造成严重污染的，县级以上人民政府环境保护主管部门和其他负有环境保护监督管理职责的部门，可以查封、扣押造成污染物排放的设施、设备。

第二十六条　国家实行环境保护目标责任制和考核评价制度。县级以上人民政府应当将环境保护目标完成情况纳入对本级人民政府负有环境保护监督管理职责的部门及其负责人和下级人民政府及其负责人的考核内容，作为对其考核评价的重要依据。考核结果应当向社会公开。

第二十七条　县级以上人民政府应当每年向本级人民代表大会或者人民代表大会常务委员会报告环境状况和环境保护目标完成情况，对发生的重大环境事件应当及时向本级人民代表大会常务委员会报告，依法接受监督。

第三章　保护和改善环境

第二十八条　地方各级人民政府应当根据环境保护目标和治理任务，采取有效措施，改善环境质量。

未达到国家环境质量标准的重点区域、流域的有关地方人民政府，应当制定限期达标规划，并采取措施按期达标。

第二十九条　国家在重点生态功能区、生态环境敏感区和脆弱区等区域划定生态保护红线，实行严格保护。

各级人民政府对具有代表性的各种类型的自然生态系统区域，珍稀、濒危的野生动植物自然分布区域，重要的水源涵养区域，具有重大科学文化价值的地质构造、著名溶洞和化石分布区、冰川、火山、温泉等自然遗迹，以及人文遗迹、古树名木，应当采取措施予以保护，严禁破坏。

第三十条　开发利用自然资源，应当合理开发，保护生物多样性，保障生态安全，依法制定有关生态保护和恢复治理方案并予以实施。

引进外来物种以及研究、开发和利用生物技术，应当采取措施，防止对生物多样性的破坏。

第三十一条　国家建立、健全生态保护补偿制度。

国家加大对生态保护地区的财政转移支付力度。有关地方人民政府应当落实生态保护补偿资金，确保其用于生态保护补偿。

国家指导受益地区和生态保护地区人民政府通过协商或者按照市场规则进行生态保护补偿。

第三十二条　国家加强对大气、水、土壤等的保护，建立和完善相应的调查、监测、评估和修复制度。

第三十三条　各级人民政府应当加强对农业环境的保护，促进农业环境保护新技术的使用，加强对农业污染源的监测预警，统筹有关部门采取措施，防治土壤污染和土地沙化、盐渍化、贫瘠化、石漠化、地面沉降以及防治植被破坏、水土流失、水体富营养化、水源枯竭、种源灭绝等生态失调现象，推广植物病虫害的综合防治。

县级、乡级人民政府应当提高农村环境保护公共服务水平，推动农村环境综合整治。

第三十四条 国务院和沿海地方各级人民政府应当加强对海洋环境的保护。向海洋排放污染物、倾倒废弃物，进行海岸工程和海洋工程建设，应当符合法律法规规定和有关标准，防止和减少对海洋环境的污染损害。

第三十五条 城乡建设应当结合当地自然环境的特点，保护植被、水域和自然景观，加强城市园林、绿地和风景名胜区的建设与管理。

第三十六条 国家鼓励和引导公民、法人和其他组织使用有利于保护环境的产品和再生产品，减少废弃物的产生。

国家机关和使用财政资金的其他组织应当优先采购和使用节能、节水、节材等有利于保护环境的产品、设备和设施。

第三十七条 地方各级人民政府应当采取措施，组织对生活废弃物的分类处置、回收利用。

第三十八条 公民应当遵守环境保护法律法规，配合实施环境保护措施，按照规定对生活废弃物进行分类放置，减少日常生活对环境造成的损害。

第三十九条 国家建立、健全环境与健康监测、调查和风险评估制度；鼓励和组织开展环境质量对公众健康影响的研究，采取措施预防和控制与环境污染有关的疾病。

第四章 防治污染和其他公害

第四十条 国家促进清洁生产和资源循环利用。

国务院有关部门和地方各级人民政府应当采取措施，推广清洁能源的生产和使用。

企业应当优先使用清洁能源，采用资源利用率高、污染物排放量少的工艺、设备以及废弃物综合利用技术和污染物无害化处理技术，减少污染物的产生。

第四十一条 建设项目中防治污染的设施，应当与主体工程同时设计、同时施工、同时投产使用。防治污染的设施应当符合经批准的环境影响评价文件的要求，不得擅自拆除或者闲置。

第四十二条 排放污染物的企业事业单位和其他生产经营者，应当采取措施，防治在生产建设或者其他活动中产生的废气、废水、废渣、医疗废物、粉尘、恶臭气体、放射性物质以及噪声、振动、光辐射、电磁辐射等对环境的污染和危害。

排放污染物的企业事业单位，应当建立环境保护责任制度，明确单位负责人和相关人员的责任。

重点排污单位应当按照国家有关规定和监测规范安装使用监测设备，保证监测设备正常运行，保存原始监测记录。

严禁通过暗管、渗井、渗坑、灌注或者篡改、伪造监测数据，或者不正常运行防治污染设施等逃避监管的方式违法排放污染物。

第四十三条 排放污染物的企业事业单位和其他生产经营者，应当按照国家有关规定缴纳排污费。排污费应当全部专项用于环境污染防治，任何单位和个人不得截留、挤占或者挪作他用。

依照法律规定征收环境保护税的，不再征收排污费。

第四十四条 国家实行重点污染物排放总量控制制度。重点污染物排放总量控制指标由国务院下达，省、自治区、直辖市人民政府分解落实。企业事业单位在执行国家和地方污染物排放标准的同时，应当遵守分解落实到本单位的重点污染物排放总量控制指标。

对超过国家重点污染物排放总量控制指标或者未完成国家确定的环境质量目标的地区，省级以上人民政府环境保护主管部门应当暂停审批其新增重点污染物排放总量的建设项目环境影响评价文件。

第四十五条　国家依照法律规定实行排污许可管理制度。

实行排污许可管理的企业事业单位和其他生产经营者应当按照排污许可证的要求排放污染物；未取得排污许可证的，不得排放污染物。

第四十六条　国家对严重污染环境的工艺、设备和产品实行淘汰制度。任何单位和个人不得生产、销售或者转移、使用严重污染环境的工艺、设备和产品。

禁止引进不符合我国环境保护规定的技术、设备、材料和产品。

第四十七条　各级人民政府及其有关部门和企业事业单位，应当依照《中华人民共和国突发事件应对法》的规定，做好突发环境事件的风险控制、应急准备、应急处置和事后恢复等工作。

县级以上人民政府应当建立环境污染公共监测预警机制，组织制定预警方案；环境受到污染，可能影响公众健康和环境安全时，依法及时公布预警信息，启动应急措施。

企业事业单位应当按照国家有关规定制定突发环境事件应急预案，报环境保护主管部门和有关部门备案。在发生或者可能发生突发环境事件时，企业事业单位应当立即采取措施处理，及时通报可能受到危害的单位和居民，并向环境保护主管部门和有关部门报告。

突发环境事件应急处置工作结束后，有关人民政府应当立即组织评估事件造成的环境影响和损失，并及时将评估结果向社会公布。

第四十八条　生产、储存、运输、销售、使用、处置化学物品和含有放射性物质的物品，应当遵守国家有关规定，防止污染环境。

第四十九条　各级人民政府及其农业等有关部门和机构应当指导农业生产经营者科学种植和养殖，科学合理施用农药、化肥等农业投入品，科学处置农用薄膜、农作物秸秆等农业废弃物，防止农业面源污染。

禁止将不符合农用标准和环境保护标准的固体废物、废水施入农田。施用农药、化肥等农业投入品及进行灌溉，应当采取措施，防止重金属和其他有毒有害物质污染环境。

畜禽养殖场、养殖小区、定点屠宰企业等的选址、建设和管理应当符合有关法律法规规定。从事畜禽养殖和屠宰的单位和个人应当采取措施，对畜禽粪便、尸体和污水等废弃物进行科学处置，防止污染环境。

县级人民政府负责组织农村生活废弃物的处置工作。

第五十条　各级人民政府应当在财政预算中安排资金，支持农村饮用水水源地保护、生活污水和其他废弃物处理、畜禽养殖和屠宰污染防治、土壤污染防治和农村工矿污染治理等环境保护工作。

第五十一条　各级人民政府应当统筹城乡建设污水处理设施及配套管网，固体废物的收集、运输和处置等环境卫生设施，危险废物集中处置设施、场所以及其他环境保护公共设施，并保障其正常运行。

第五十二条　国家鼓励投保环境污染责任保险。

第五章　信息公开和公众参与

第五十三条　公民、法人和其他组织依法享有获取环境信息、参与和监督环境保护的权利。

各级人民政府环境保护主管部门和其他负有环境保护监督管理职责的部门，应当依法公开环境信息、完善公众参与程序，为公民、法人和其他组织参与和监督环境保护提供便利。

第五十四条　国务院环境保护主管部门统一发布国家环境质量、重点污染源监测信息及其他重大环境信息。省级以上人民政府环境保护主管部门定期发布环境状况公报。

县级以上人民政府环境保护主管部门和其他负有环境保护监督管理职责的部门，应当依法公开环境质量、环境监测、突发环境事件以及环境行政许可、行政处罚、排污费的征收和使用情况等信息。

县级以上地方人民政府环境保护主管部门和其他负有环境保护监督管理职责的部门，应当将企业事业单位和其他生产经营者的环境违法信息记入社会诚信档案，及时向社会公布违法者名单。

第五十五条　重点排污单位应当如实向社会公开其主要污染物的名称、排放方式、排放浓度和总量、超标排放情况，以及防治污染设施的建设和运行情况，接受社会监督。

第五十六条　对依法应当编制环境影响报告书的建设项目，建设单位应当在编制时向可能受影响的公众说明情况，充分征求意见。

负责审批建设项目环境影响评价文件的部门在收到建设项目环境影响报告书后，除涉及国家秘密和商业秘密的事项外，应当全文公开；发现建设项目未充分征求公众意见的，应当责成建设单位征求公众意见。

第五十七条　公民、法人和其他组织发现任何单位和个人有污染环境和破坏生态行为的，有权向环境保护主管部门或者其他负有环境保护监督管理职责的部门举报。

公民、法人和其他组织发现地方各级人民政府、县级以上人民政府环境保护主管部门和其他负有环境保护监督管理职责的部门不依法履行职责的，有权向其上级机关或者监察机关举报。

接受举报的机关应当对举报人的相关信息予以保密，保护举报人的合法权益。

第五十八条　对污染环境、破坏生态，损害社会公共利益的行为，符合下列条件的社会组织可以向人民法院提起诉讼：

（一）依法在设区的市级以上人民政府民政部门登记；

（二）专门从事环境保护公益活动连续五年以上且无违法记录。

符合前款规定的社会组织向人民法院提起诉讼，人民法院应当依法受理。

提起诉讼的社会组织不得通过诉讼牟取经济利益。

第六章　法律责任

第五十九条　企业事业单位和其他生产经营者违法排放污染物，受到罚款处罚，被责令改正，拒不改正的，依法作出处罚决定的行政机关可以自责令改正之日的次日起，按照原处罚数额按日连续处罚。

前款规定的罚款处罚，依照有关法律法规按照防治污染设施的运行成本、违法行为造成的直接损失或者违法所得等因素确定的规定执行。

地方性法规可以根据环境保护的实际需要，增加第一款规定的按日连续处罚的违法行为的种类。

第六十条　企业事业单位和其他生产经营者超过污染物排放标准或者超过重点污染物排放总量控制指标排放污染物的，县级以上人民政府环境保护主管部门可以责令其采取限制生产、停产整治等措施；情节严重的，报经有批准权的人民政府批准，责令停业、关闭。

第六十一条　建设单位未依法提交建设项目环境影响评价文件或者环境影响评价文件未经批准，擅自开工建设的，由负有环境保护监督管理职责的部门责令停止建设，处以罚款，并可以责令恢复原状。

第六十二条　违反本法规定，重点排污单位不公开或者不如实公开环境信息的，由县级以上地方人民政府环境保护主管部门责令公开，处以罚款，并予以公告。

第六十三条 企业事业单位和其他生产经营者有下列行为之一，尚不构成犯罪的，除依照有关法律法规规定予以处罚外，由县级以上人民政府环境保护主管部门或者其他有关部门将案件移送公安机关，对其直接负责的主管人员和其他直接责任人员，处十日以上十五日以下拘留；情节较轻的，处五日以上十日以下拘留：

（一）建设项目未依法进行环境影响评价，被责令停止建设，拒不执行的；

（二）违反法律规定，未取得排污许可证排放污染物，被责令停止排污，拒不执行的；

（三）通过暗管、渗井、渗坑、灌注或者篡改、伪造监测数据，或者不正常运行防治污染设施等逃避监管的方式违法排放污染物的；

（四）生产、使用国家明令禁止生产、使用的农药，被责令改正，拒不改正的。

第六十四条 因污染环境和破坏生态造成损害的，应当依照《中华人民共和国侵权责任法》的有关规定承担侵权责任。

第六十五条 环境影响评价机构、环境监测机构以及从事环境监测设备和防治污染设施维护、运营的机构，在有关环境服务活动中弄虚作假，对造成的环境污染和生态破坏负有责任的，除依照有关法律法规规定予以处罚外，还应当与造成环境污染和生态破坏的其他责任者承担连带责任。

第六十六条 提起环境损害赔偿诉讼的时效期间为三年，从当事人知道或者应当知道其受到损害时起计算。

第六十七条 上级人民政府及其环境保护主管部门应当加强对下级人民政府及其有关部门环境保护工作的监督。发现有关工作人员有违法行为，依法应当给予处分的，应当向其任免机关或者监察机关提出处分建议。

依法应当给予行政处罚，而有关环境保护主管部门不给予行政处罚的，上级人民政府环境保护主管部门可以直接作出行政处罚的决定。

第六十八条 地方各级人民政府、县级以上人民政府环境保护主管部门和其他负有环境保护监督管理职责的部门有下列行为之一的，对直接负责的主管人员和其他直接责任人员给予记过、记大过或者降级处分；造成严重后果的，给予撤职或者开除处分，其主要负责人应当引咎辞职：

（一）不符合行政许可条件准予行政许可的；

（二）对环境违法行为进行包庇的；

（三）依法应当作出责令停业、关闭的决定而未作出的；

（四）对超标排放污染物、采用逃避监管的方式排放污染物、造成环境事故以及不落实生态保护措施造成生态破坏等行为，发现或者接到举报未及时查处的；

（五）违反本法规定，查封、扣押企业事业单位和其他生产经营者的设施、设备的；

（六）篡改、伪造或者指使篡改、伪造监测数据的；

（七）应当依法公开环境信息而未公开的；

（八）将征收的排污费截留、挤占或者挪作他用的；

（九）法律法规规定的其他违法行为。

第六十九条 违反本法规定，构成犯罪的，依法追究刑事责任。

第七章 附 则

第七十条 本法自 2015 年 1 月 1 日起施行。

中华人民共和国固体废物污染环境防治法

第一章　总　则

第一条　为了保护和改善生态环境，防治固体废物污染环境，保障公众健康，维护生态安全，推进生态文明建设，促进经济社会可持续发展，制定本法。

第二条　固体废物污染环境的防治适用本法。

固体废物污染海洋环境的防治和放射性固体废物污染环境的防治不适用本法。

第三条　国家推行绿色发展方式，促进清洁生产和循环经济发展。

国家倡导简约适度、绿色低碳的生活方式，引导公众积极参与固体废物污染环境防治。

第四条　固体废物污染环境防治坚持减量化、资源化和无害化的原则。

任何单位和个人都应当采取措施，减少固体废物的产生量，促进固体废物的综合利用，降低固体废物的危害性。

第五条　固体废物污染环境防治坚持污染担责的原则。

产生、收集、贮存、运输、利用、处置固体废物的单位和个人，应当采取措施，防止或者减少固体废物对环境的污染，对所造成的环境污染依法承担责任。

第六条　国家推行生活垃圾分类制度。

生活垃圾分类坚持政府推动、全民参与、城乡统筹、因地制宜、简便易行的原则。

第七条　地方各级人民政府对本行政区域固体废物污染环境防治负责。

国家实行固体废物污染环境防治目标责任制和考核评价制度，将固体废物污染环境防治目标完成情况纳入考核评价的内容。

第八条　各级人民政府应当加强对固体废物污染环境防治工作的领导，组织、协调、督促有关部门依法履行固体废物污染环境防治监督管理职责。

省、自治区、直辖市之间可以协商建立跨行政区域固体废物污染环境的联防联控机制，统筹规划制定、设施建设、固体废物转移等工作。

第九条　国务院生态环境主管部门对全国固体废物污染环境防治工作实施统一监督管理。国务院发展改革、工业和信息化、自然资源、住房城乡建设、交通运输、农业农村、商务、卫生健康、海关等主管部门在各自职责范围内负责固体废物污染环境防治的监督管理工作。

地方人民政府生态环境主管部门对本行政区域固体废物污染环境防治工作实施统一监督管理。地方人民政府发展改革、工业和信息化、自然资源、住房城乡建设、交通运输、农业农村、商务、卫生健康等主管部门在各自职责范围内负责固体废物污染环境防治的监督管理工作。

第十条　国家鼓励、支持固体废物污染环境防治的科学研究、技术开发、先进技术推广和科学普及，加强固体废物污染环境防治科技支撑。

第十一条　国家机关、社会团体、企业事业单位、基层群众性自治组织和新闻媒体应当加强固体废物污染环境防治宣传教育和科学普及，增强公众固体废物污染环境防治意识。

学校应当开展生活垃圾分类以及其他固体废物污染环境防治知识普及和教育。

第十二条　各级人民政府对在固体废物污染环境防治工作以及相关的综合利用活动中做出显著成绩的单位和个人，按照国家有关规定给予表彰、奖励。

第二章　监督治理

第十三条　县级以上人民政府应当将固体废物污染环境防治工作纳入国民经济和社会发展规划、生态环境保护规划，并采取有效措施减少固体废物的产生量、促进固体废物的综合利用、降低固体废物的危害性，最大限度降低固体废物填埋量。

第十四条　国务院生态环境主管部门应当会同国务院有关部门根据国家环境质量标准和国家经济、技术条件，制定固体废物鉴别标准、鉴别程序和国家固体废物污染环境防治技术标准。

第十五条　国务院标准化主管部门应当会同国务院发展改革、工业和信息化、生态环境、农业农村等主管部门，制定固体废物综合利用标准。

综合利用固体废物应当遵守生态环境法律法规，符合固体废物污染环境防治技术标准。使用固体废物综合利用产物应当符合国家规定的用途、标准。

第十六条　国务院生态环境主管部门应当会同国务院有关部门建立全国危险废物等固体废物污染环境防治信息平台，推进固体废物收集、转移、处置等全过程监控和信息化追溯。

第十七条　建设产生、贮存、利用、处置固体废物的项目，应当依法进行环境影响评价，并遵守国家有关建设项目环境保护管理的规定。

第十八条　建设项目的环境影响评价文件确定需要配套建设的固体废物污染环境防治设施，应当与主体工程同时设计、同时施工、同时投入使用。建设项目的初步设计，应当按照环境保护设计规范的要求，将固体废物污染环境防治内容纳入环境影响评价文件，落实防治固体废物污染环境和破坏生态的措施以及固体废物污染环境防治设施投资概算。

建设单位应当依照有关法律法规的规定，对配套建设的固体废物污染环境防治设施进行验收，编制验收报告，并向社会公开。

第十九条　收集、贮存、运输、利用、处置固体废物的单位和其他生产经营者，应当加强对相关设施、设备和场所的管理和维护，保证其正常运行和使用。

第二十条　产生、收集、贮存、运输、利用、处置固体废物的单位和其他生产经营者，应当采取防扬散、防流失、防渗漏或者其他防止污染环境的措施，不得擅自倾倒、堆放、丢弃、遗撒固体废物。

禁止任何单位或者个人向江河、湖泊、运河、渠道、水库及其最高水位线以下的滩地和岸坡以及法律法规规定的其他地点倾倒、堆放、贮存固体废物。

第二十一条　在生态保护红线区域、永久基本农田集中区域和其他需要特别保护的区域内，禁止建设工业固体废物、危险废物集中贮存、利用、处置的设施、场所和生活垃圾填埋场。

第二十二条　转移固体废物出省、自治区、直辖市行政区域贮存、处置的，应当向固体废物移出地的省、自治区、直辖市人民政府生态环境主管部门提出申请。移出地的省、自治区、直辖市人民政府生态环境主管部门应当及时商经接受地的省、自治区、直辖市人民政府生态环境主管部门同意后，在规定期限内批准转移该固体废物出省、自治区、直辖市行政区域。未经批准的，不得转移。

转移固体废物出省、自治区、直辖市行政区域利用的，应当报固体废物移出地的省、自治区、直辖市人民政府生态环境主管部门备案。移出地的省、自治区、直辖市人民政府生态环境主管部门应当将备案信息通报接受地的省、自治区、直辖市人民政府生态环境主管部门。

第二十三条 禁止中华人民共和国境外的固体废物进境倾倒、堆放、处置。

第二十四条 国家逐步实现固体废物零进口，由国务院生态环境主管部门会同国务院商务、发展改革、海关等主管部门组织实施。

第二十五条 海关发现进口货物疑似固体废物的，可以委托专业机构开展属性鉴别，并根据鉴别结论依法管理。

第二十六条 生态环境主管部门及其环境执法机构和其他负有固体废物污染环境防治监督管理职责的部门，在各自职责范围内有权对从事产生、收集、贮存、运输、利用、处置固体废物等活动的单位和其他生产经营者进行现场检查。被检查者应当如实反映情况，并提供必要的资料。

实施现场检查，可以采取现场监测、采集样品、查阅或者复制与固体废物污染环境防治相关的资料等措施。检查人员进行现场检查，应当出示证件。对现场检查中知悉的商业秘密应当保密。

第二十七条 有下列情形之一，生态环境主管部门和其他负有固体废物污染环境防治监督管理职责的部门，可以对违法收集、贮存、运输、利用、处置的固体废物及设施、设备、场所、工具、物品予以查封、扣押：

（一）可能造成证据灭失、被隐匿或者非法转移的；

（二）造成或者可能造成严重环境污染的。

第二十八条 生态环境主管部门应当会同有关部门建立产生、收集、贮存、运输、利用、处置固体废物的单位和其他生产经营者信用记录制度，将相关信用记录纳入全国信用信息共享平台。

第二十九条 设区的市级人民政府生态环境主管部门应当会同住房城乡建设、农业农村、卫生健康等主管部门，定期向社会发布固体废物的种类、产生量、处置能力、利用处置状况等信息。

产生、收集、贮存、运输、利用、处置固体废物的单位，应当依法及时公开固体废物污染环境防治信息，主动接受社会监督。

利用、处置固体废物的单位，应当依法向公众开放设施、场所，提高公众环境保护意识和参与程度。

第三十条 县级以上人民政府应当将工业固体废物、生活垃圾、危险废物等固体废物污染环境防治情况纳入环境状况和环境保护目标完成情况年度报告，向本级人民代表大会或者人民代表大会常务委员会报告。

第三十一条 任何单位和个人都有权对造成固体废物污染环境的单位和个人进行举报。

生态环境主管部门和其他负有固体废物污染环境防治监督管理职责的部门应当将固体废物污染环境防治举报方式向社会公布，方便公众举报。

接到举报的部门应当及时处理并对举报人的相关信息予以保密；对实名举报并查证属实的，给予奖励。

举报人举报所在单位的，该单位不得以解除、变更劳动合同或者其他方式对举报人进行打击报复。

第三章 工业固体废物

第三十二条 国务院生态环境主管部门应当会同国务院发展改革、工业和信息化等主管部门对工业固体废物对公众健康、生态环境的危害和影响程度等作出界定，制定防治工业固体废物污染环境的技术政策，组织推广先进的防治工业固体废物污染环境的生产工艺和设备。

第三十三条 国务院工业和信息化主管部门应当会同国务院有关部门组织研究开发、推广减少工业固体废物产生量和降低工业固体废物危害性的生产工艺和设备，公布限期淘汰产生严重污染环境的工业固体废物的落后生产工艺、设备的名录。

生产者、销售者、进口者、使用者应当在国务院工业和信息化主管部门会同国务院有关部门规定的期限内分别停止生产、销售、进口或者使用列入前款规定名录中的设备。生产工艺的采用者应当在国务院工业和信息化主管部门会同国务院有关部门规定的期限内停止采用列入前款规定名录中的工艺。

列入限期淘汰名录被淘汰的设备，不得转让给他人使用。

第三十四条 国务院工业和信息化主管部门应当会同国务院发展改革、生态环境等主管部门，定期发布工业固体废物综合利用技术、工艺、设备和产品导向目录，组织开展工业固体废物资源综合利用评价，推动工业固体废物综合利用。

第三十五条 县级以上地方人民政府应当制定工业固体废物污染环境防治工作规划，组织建设工业固体废物集中处置等设施，推动工业固体废物污染环境防治工作。

第三十六条 产生工业固体废物的单位应当建立健全工业固体废物产生、收集、贮存、运输、利用、处置全过程的污染环境防治责任制度，建立工业固体废物管理台账，如实记录产生工业固体废物的种类、数量、流向、贮存、利用、处置等信息，实现工业固体废物可追溯、可查询，并采取防治工业固体废物污染环境的措施。

禁止向生活垃圾收集设施中投放工业固体废物。

第三十七条 产生工业固体废物的单位委托他人运输、利用、处置工业固体废物的，应当对受托方的主体资格和技术能力进行核实，依法签订书面合同，在合同中约定污染防治要求。

受托方运输、利用、处置工业固体废物，应当依照有关法律法规的规定和合同约定履行污染防治要求，并将运输、利用、处置情况告知产生工业固体废物的单位。

产生工业固体废物的单位违反本条第一款规定的，除依照有关法律法规的规定予以处罚外，还应当与造成环境污染和生态破坏的受托方承担连带责任。

第三十八条 产生工业固体废物的单位应当依法实施清洁生产审核，合理选择和利用原材料、能源和其他资源，采用先进的生产工艺和设备，减少工业固体废物的产生量，降低工业固体废物的危害性。

第三十九条 产生工业固体废物的单位应当取得排污许可证。排污许可的具体办法和实施步骤由国务院规定。

产生工业固体废物的单位应当向所在地生态环境主管部门提供工业固体废物的种类、数量、流向、贮存、利用、处置等有关资料，以及减少工业固体废物产生、促进综合利用的具体措施，并执行排污许可管理制度的相关规定。

第四十条 产生工业固体废物的单位应当根据经济、技术条件对工业固体废物加以利用；对暂时不利用或者不能利用的，应当按照国务院生态环境等主管部门的规定建设贮存设施、场所，安全分类存放，或者采取无害化处置措施。贮存工业固体废物应当采取符合国家环境保护标准的防护措施。

建设工业固体废物贮存、处置的设施、场所，应当符合国家环境保护标准。

第四十一条 产生工业固体废物的单位终止的，应当在终止前对工业固体废物的贮存、处置的设施、场所采取污染防治措施，并对未处置的工业固体废物作出妥善处置，防止污染环境。

产生工业固体废物的单位发生变更的，变更后的单位应当按照国家有关环境保护的规定对未处置的工业固体废物及其贮存、处置的设施、场所进行安全处置或者采取有效措施保证该设施、场所安全运行。变更前当事人对工业固体废物及其贮存、处置的设施、场所的污染防治责任另有约定的，从其约定；但是，不得免除当事人的污染防治义务。

对 2005 年 4 月 1 日前已经终止的单位未处置的工业固体废物及其贮存、处置的设施、场所进行安全处置的费用，由有关人民政府承担；但是，该单位享有的土地使用权依法转让的，应当由土地使用权受让人承担处置费用。当事人另有约定的，从其约定；但是，不得免除当事人的污染防治义务。

第四十二条 矿山企业应当采取科学的开采方法和选矿工艺，减少尾矿、煤矸石、废石等矿业固体废物的产生量和贮存量。

国家鼓励采取先进工艺对尾矿、煤矸石、废石等矿业固体废物进行综合利用。

尾矿、煤矸石、废石等矿业固体废物贮存设施停止使用后，矿山企业应当按照国家有关环境保护等规定进行封场，防止造成环境污染和生态破坏。

第四章 生活垃圾

第四十三条 县级以上地方人民政府应当加快建立分类投放、分类收集、分类运输、分类处理的生活垃圾管理系统，实现生活垃圾分类制度有效覆盖。

县级以上地方人民政府应当建立生活垃圾分类工作协调机制，加强和统筹生活垃圾分类管理能力建设。

各级人民政府及其有关部门应当组织开展生活垃圾分类宣传，教育引导公众养成生活垃圾分类习惯，督促和指导生活垃圾分类工作。

第四十四条 县级以上地方人民政府应当有计划地改进燃料结构，发展清洁能源，减少燃料废渣等固体废物的产生量。

县级以上地方人民政府有关部门应当加强产品生产和流通过程管理，避免过度包装，组织净菜上市，减少生活垃圾的产生量。

第四十五条 县级以上人民政府应当统筹安排建设城乡生活垃圾收集、运输、处理设施，确定设施厂址，提高生活垃圾的综合利用和无害化处置水平，促进生活垃圾收集、处理的产业化发展，逐步建立和完善生活垃圾污染环境防治的社会服务体系。

县级以上地方人民政府有关部门应当统筹规划，合理安排回收、分拣、打包网点，促进生活垃圾的回收利用工作。

第四十六条 地方各级人民政府应当加强农村生活垃圾污染环境的防治，保护和改善农村人居环境。

国家鼓励农村生活垃圾源头减量。城乡结合部、人口密集的农村地区和其他有条件的地方，应当建立城乡一体的生活垃圾管理系统；其他农村地区应当积极探索生活垃圾管理模式，因地制宜，就近就地利用或者妥善处理生活垃圾。

第四十七条 设区的市级以上人民政府环境卫生主管部门应当制定生活垃圾清扫、收集、贮存、运输和处理设施、场所建设运行规范，发布生活垃圾分类指导目录，加强监督管理。

第四十八条 县级以上地方人民政府环境卫生等主管部门应当组织对城乡生活垃圾进行清扫、收集、运输和处理，可以通过招标等方式选择具备条件的单位从事生活垃圾的清扫、收集、运输和处理。

第四十九条　产生生活垃圾的单位、家庭和个人应当依法履行生活垃圾源头减量和分类投放义务，承担生活垃圾产生者责任。

任何单位和个人都应当依法在指定的地点分类投放生活垃圾。禁止随意倾倒、抛撒、堆放或者焚烧生活垃圾。

机关、事业单位等应当在生活垃圾分类工作中起示范带头作用。

已经分类投放的生活垃圾，应当按照规定分类收集、分类运输、分类处理。

第五十条　清扫、收集、运输、处理城乡生活垃圾，应当遵守国家有关环境保护和环境卫生管理的规定，防止污染环境。

从生活垃圾中分类并集中收集的有害垃圾，属于危险废物的，应当按照危险废物管理。

第五十一条　从事公共交通运输的经营单位，应当及时清扫、收集运输过程中产生的生活垃圾。

第五十二条　农贸市场、农产品批发市场等应当加强环境卫生管理，保持环境卫生清洁，对所产生的垃圾及时清扫、分类收集、妥善处理。

第五十三条　从事城市新区开发、旧区改建和住宅小区开发建设、村镇建设的单位，以及机场、码头、车站、公园、商场、体育场馆等公共设施、场所的经营管理单位，应当按照国家有关环境卫生的规定，配套建设生活垃圾收集设施。

县级以上地方人民政府应当统筹生活垃圾公共转运、处理设施与前款规定的收集设施的有效衔接，并加强生活垃圾分类收运体系和再生资源回收体系在规划、建设、运营等方面的融合。

第五十四条　从生活垃圾中回收的物质应当按照国家规定的用途、标准使用，不得用于生产可能危害人体健康的产品。

第五十五条　建设生活垃圾处理设施、场所，应当符合国务院生态环境主管部门和国务院住房城乡建设主管部门规定的环境保护和环境卫生标准。

鼓励相邻地区统筹生活垃圾处理设施建设，促进生活垃圾处理设施跨行政区域共建共享。

禁止擅自关闭、闲置或者拆除生活垃圾处理设施、场所；确有必要关闭、闲置或者拆除的，应当经所在地的市、县级人民政府环境卫生主管部门商所在地生态环境主管部门同意后核准，并采取防止污染环境的措施。

第五十六条　生活垃圾处理单位应当按照国家有关规定，安装使用监测设备，实时监测污染物的排放情况，将污染排放数据实时公开。监测设备应当与所在地生态环境主管部门的监控设备联网。

第五十七条　县级以上地方人民政府环境卫生主管部门负责组织开展厨余垃圾资源化、无害化处理工作。

产生、收集厨余垃圾的单位和其他生产经营者，应当将厨余垃圾交由具备相应资质条件的单位进行无害化处理。

禁止畜禽养殖场、养殖小区利用未经无害化处理的厨余垃圾饲喂畜禽。

第五十八条　县级以上地方人民政府应当按照产生者付费原则，建立生活垃圾处理收费制度。

县级以上地方人民政府制定生活垃圾处理收费标准，应当根据本地实际，结合生活垃圾分类情况，体现分类计价、计量收费等差别化管理，并充分征求公众意见。生活垃圾处理收费标准应当向社会公布。

生活垃圾处理费应当专项用于生活垃圾的收集、运输和处理等，不得挪作他用。

第五十九条　省、自治区、直辖市和设区的市、自治州可以结合实际，制定本地方生活垃圾具体管理办法。

第五章　建筑垃圾、农业固体废物等

第六十条　县级以上地方人民政府应当加强建筑垃圾污染环境的防治，建立建筑垃圾分类处理制度。

县级以上地方人民政府应当制定包括源头减量、分类处理、消纳设施和场所布局及建设等在内的建筑垃圾污染环境防治工作规划。

第六十一条　国家鼓励采用先进技术、工艺、设备和管理措施，推进建筑垃圾源头减量，建立建筑垃圾回收利用体系。

县级以上地方人民政府应当推动建筑垃圾综合利用产品应用。

第六十二条　县级以上地方人民政府环境卫生主管部门负责建筑垃圾污染环境防治工作，建立建筑垃圾全过程管理制度，规范建筑垃圾产生、收集、贮存、运输、利用、处置行为，推进综合利用，加强建筑垃圾处置设施、场所建设，保障处置安全，防止污染环境。

第六十三条　工程施工单位应当编制建筑垃圾处理方案，采取污染防治措施，并报县级以上地方人民政府环境卫生主管部门备案。

工程施工单位应当及时清运工程施工过程中产生的建筑垃圾等固体废物，并按照环境卫生主管部门的规定进行利用或者处置。

工程施工单位不得擅自倾倒、抛撒或者堆放工程施工过程中产生的建筑垃圾。

第六十四条　县级以上人民政府农业农村主管部门负责指导农业固体废物回收利用体系建设，鼓励和引导有关单位和其他生产经营者依法收集、贮存、运输、利用、处置农业固体废物，加强监督管理，防止污染环境。

第六十五条　产生秸秆、废弃农用薄膜、农药包装废弃物等农业固体废物的单位和其他生产经营者，应当采取回收利用和其他防止污染环境的措施。

从事畜禽规模养殖应当及时收集、贮存、利用或者处置养殖过程中产生的畜禽粪污等固体废物，避免造成环境污染。

禁止在人口集中地区、机场周围、交通干线附近以及当地人民政府划定的其他区域露天焚烧秸秆。

国家鼓励研究开发、生产、销售、使用在环境中可降解且无害的农用薄膜。

第六十六条　国家建立电器电子、铅蓄电池、车用动力电池等产品的生产者责任延伸制度。

电器电子、铅蓄电池、车用动力电池等产品的生产者应当按照规定以自建或者委托等方式建立与产品销售量相匹配的废旧产品回收体系，并向社会公开，实现有效回收和利用。

国家鼓励产品的生产者开展生态设计，促进资源回收利用。

第六十七条　国家对废弃电器电子产品等实行多渠道回收和集中处理制度。

禁止将废弃机动车船等交由不符合规定条件的企业或者个人回收、拆解。

拆解、利用、处置废弃电器电子产品、废弃机动车船等，应当遵守有关法律法规的规定，采取防止污染环境的措施。

第六十八条　产品和包装物的设计、制造，应当遵守国家有关清洁生产的规定。国务院标准化主管部门应当根据国家经济和技术条件、固体废物污染环境防治状况以及产品的技术要求，组织制定有关标准，防止过度包装造成环境污染。

生产经营者应当遵守限制商品过度包装的强制性标准，避免过度包装。县级以上地方人民政府市场监督管理部门和有关部门应当按照各自职责，加强对过度包装的监督管理。

生产、销售、进口依法被列入强制回收目录的产品和包装物的企业，应当按照国家有关规定对该产品和包装物进行回收。

电子商务、快递、外卖等行业应当优先采用可重复使用、易回收利用的包装物，优化物品包装，减少包装物的使用，并积极回收利用包装物。县级以上地方人民政府商务、邮政等主管部门应当加强监督管理。

国家鼓励和引导消费者使用绿色包装和减量包装。

第六十九条 国家依法禁止、限制生产、销售和使用不可降解塑料袋等一次性塑料制品。

商品零售场所开办单位、电子商务平台企业和快递企业、外卖企业应当按照国家有关规定向商务、邮政等主管部门报告塑料袋等一次性塑料制品的使用、回收情况。

国家鼓励和引导减少使用、积极回收塑料袋等一次性塑料制品，推广应用可循环、易回收、可降解的替代产品。

第七十条 旅游、住宿等行业应当按照国家有关规定推行不主动提供一次性用品。

机关、企业事业单位等的办公场所应当使用有利于保护环境的产品、设备和设施，减少使用一次性办公用品。

第七十一条 城镇污水处理设施维护运营单位或者污泥处理单位应当安全处理污泥，保证处理后的污泥符合国家有关标准，对污泥的流向、用途、用量等进行跟踪、记录，并报告城镇排水主管部门、生态环境主管部门。

县级以上人民政府城镇排水主管部门应当将污泥处理设施纳入城镇排水与污水处理规划，推动同步建设污泥处理设施与污水处理设施，鼓励协同处理，污水处理费征收标准和补偿范围应当覆盖污泥处理成本和污水处理设施正常运营成本。

第七十二条 禁止擅自倾倒、堆放、丢弃、遗撒城镇污水处理设施产生的污泥和处理后的污泥。

禁止重金属或者其他有毒有害物质含量超标的污泥进入农用地。

从事水体清淤疏浚应当按照国家有关规定处理清淤疏浚过程中产生的底泥，防止污染环境。

第七十三条 各级各类实验室及其设立单位应当加强对实验室产生的固体废物的管理，依法收集、贮存、运输、利用、处置实验室固体废物。实验室固体废物属于危险废物的，应当按照危险废物管理。

第六章 危险废物

第七十四条 危险废物污染环境的防治，适用本章规定；本章未作规定的，适用本法其他有关规定。

第七十五条 国务院生态环境主管部门应当会同国务院有关部门制定国家危险废物名录，规定统一的危险废物鉴别标准、鉴别方法、识别标志和鉴别单位管理要求。国家危险废物名录应当动态调整。

国务院生态环境主管部门根据危险废物的危害特性和产生数量，科学评估其环境风险，实施分级分类管理，建立信息化监管体系，并通过信息化手段管理、共享危险废物转移数据和信息。

第七十六条 省、自治区、直辖市人民政府应当组织有关部门编制危险废物集中处置设施、场所的建设规划，科学评估危险废物处置需求，合理布局危险废物集中处置设施、场所，确保本行政区域的危险废物得到妥善处置。

编制危险废物集中处置设施、场所的建设规划，应当征求有关行业协会、企业事业单位、专家和公众等方面的意见。

相邻省、自治区、直辖市之间可以开展区域合作，统筹建设区域性危险废物集中处置设施、场所。

第七十七条 对危险废物的容器和包装物以及收集、贮存、运输、利用、处置危险废物的设施、场所，应当按照规定设置危险废物识别标志。

第七十八条 产生危险废物的单位，应当按照国家有关规定制定危险废物管理计划；建立危险废物管理台账，如实记录有关信息，并通过国家危险废物信息管理系统向所在地生态环境主管部门申报危险废物的种类、产生量、流向、贮存、处置等有关资料。

前款所称危险废物管理计划应当包括减少危险废物产生量和降低危险废物危害性的措施以及危险废物贮存、利用、处置措施。危险废物管理计划应当报产生危险废物的单位所在地生态环境主管部门备案。

产生危险废物的单位已经取得排污许可证的，执行排污许可管理制度的规定。

第七十九条 产生危险废物的单位，应当按照国家有关规定和环境保护标准要求贮存、利用、处置危险废物，不得擅自倾倒、堆放。

第八十条 从事收集、贮存、利用、处置危险废物经营活动的单位，应当按照国家有关规定申请取得许可证。许可证的具体管理办法由国务院制定。

禁止无许可证或者未按照许可证规定从事危险废物收集、贮存、利用、处置的经营活动。

禁止将危险废物提供或者委托给无许可证的单位或者其他生产经营者从事收集、贮存、利用、处置活动。

第八十一条 收集、贮存危险废物，应当按照危险废物特性分类进行。禁止混合收集、贮存、运输、处置性质不相容而未经安全性处置的危险废物。

贮存危险废物应当采取符合国家环境保护标准的防护措施。禁止将危险废物混入非危险废物中贮存。

从事收集、贮存、利用、处置危险废物经营活动的单位，贮存危险废物不得超过一年；确需延长期限的，应当报经颁发许可证的生态环境主管部门批准；法律、行政法规另有规定的除外。

第八十二条 转移危险废物的，应当按照国家有关规定填写、运行危险废物电子或者纸质转移联单。

跨省、自治区、直辖市转移危险废物的，应当向危险废物移出地省、自治区、直辖市人民政府生态环境主管部门申请。移出地省、自治区、直辖市人民政府生态环境主管部门应当及时商经接受地省、自治区、直辖市人民政府生态环境主管部门同意后，在规定期限内批准转移该危险废物，并将批准信息通报相关省、自治区、直辖市人民政府生态环境主管部门和交通运输主管部门。未经批准的，不得转移。

危险废物转移管理应当全程管控、提高效率，具体办法由国务院生态环境主管部门会同国务院交通运输主管部门和公安部门制定。

第八十三条 运输危险废物，应当采取防止污染环境的措施，并遵守国家有关危险货物运输管理的规定。

禁止将危险废物与旅客在同一运输工具上载运。

第八十四条 收集、贮存、运输、利用、处置危险废物的场所、设施、设备和容器、包装物及其他物品转作他用时，应当按照国家有关规定经过消除污染处理，方可使用。

第八十五条 产生、收集、贮存、运输、利用、处置危险废物的单位，应当依法制定意外事故的防范措施和应急预案，并向所在地生态环境主管部门和其他负有固体废物污染环境防治监督管理职责的部门备案；生态环境主管部门和其他负有固体废物污染环境防治监督管理职责的部门应当进行检查。

第八十六条 因发生事故或者其他突发性事件，造成危险废物严重污染环境的单位，应当立即采取有效措施消除或者减轻对环境的污染危害，及时通报可能受到污染危害的单位和居民，并向所在地生态环境主管部门和有关部门报告，接受调查处理。

第八十七条 在发生或者有证据证明可能发生危险废物严重污染环境、威胁居民生命财产安全时，生态环境主管部门或者其他负有固体废物污染环境防治监督管理职责的部门应当立即向本级人民政府和上一级人民政府有关部门报告，由人民政府采取防止或者减轻危害的有效措施。有关人民政府可以根据需要责令停止导致或者可能导致环境污染事故的作业。

第八十八条 重点危险废物集中处置设施、场所退役前，运营单位应当按照国家有关规定对设施、场所采取污染防治措施。退役的费用应当预提，列入投资概算或者生产成本，专门用于重点危险废物集中处置设施、场所的退役。具体提取和管理办法，由国务院财政部门、价格主管部门会同国务院生态环境主管部门规定。

第八十九条 禁止经中华人民共和国过境转移危险废物。

第九十条 医疗废物按照国家危险废物名录管理。县级以上地方人民政府应当加强医疗废物集中处置能力建设。

县级以上人民政府卫生健康、生态环境等主管部门应当在各自职责范围内加强对医疗废物收集、贮存、运输、处置的监督管理，防止危害公众健康、污染环境。

医疗卫生机构应当依法分类收集本单位产生的医疗废物，交由医疗废物集中处置单位处置。医疗废物集中处置单位应当及时收集、运输和处置医疗废物。

医疗卫生机构和医疗废物集中处置单位，应当采取有效措施，防止医疗废物流失、泄漏、渗漏、扩散。

第九十一条 重大传染病疫情等突发事件发生时，县级以上人民政府应当统筹协调医疗废物等危险废物收集、贮存、运输、处置等工作，保障所需的车辆、场地、处置设施和防护物资。卫生健康、生态环境、环境卫生、交通运输等主管部门应当协同配合，依法履行应急处置职责。

第七章 保障措施

第九十二条 国务院有关部门、县级以上地方人民政府及其有关部门在编制国土空间规划和相关专项规划时，应当统筹生活垃圾、建筑垃圾、危险废物等固体废物转运、集中处置等设施建设需求，保障转运、集中处置等设施用地。

第九十三条 国家采取有利于固体废物污染环境防治的经济、技术政策和措施，鼓励、支持有关方面采取有利于固体废物污染环境防治的措施，加强对从事固体废物污染环境防治工作人员的培训和指导，促进固体废物污染环境防治产业专业化、规模化发展。

第九十四条 国家鼓励和支持科研单位、固体废物产生单位、固体废物利用单位、固体废物处置单位等联合攻关，研究开发固体废物综合利用、集中处置等的新技术，推动固体废物污染环境防治技术进步。

第九十五条　各级人民政府应当加强固体废物污染环境的防治，按照事权划分的原则安排必要的资金用于下列事项：

（一）固体废物污染环境防治的科学研究、技术开发；

（二）生活垃圾分类；

（三）固体废物集中处置设施建设；

（四）重大传染病疫情等突发事件产生的医疗废物等危险废物应急处置；

（五）涉及固体废物污染环境防治的其他事项。

使用资金应当加强绩效管理和审计监督，确保资金使用效益。

第九十六条　国家鼓励和支持社会力量参与固体废物污染环境防治工作，并按照国家有关规定给予政策扶持。

第九十七条　国家发展绿色金融，鼓励金融机构加大对固体废物污染环境防治项目的信贷投放。

第九十八条　从事固体废物综合利用等固体废物污染环境防治工作的，依照法律、行政法规的规定，享受税收优惠。

国家鼓励并提倡社会各界为防治固体废物污染环境捐赠财产，并依照法律、行政法规的规定，给予税收优惠。

第九十九条　收集、贮存、运输、利用、处置危险废物的单位，应当按照国家有关规定，投保环境污染责任保险。

第一百条　国家鼓励单位和个人购买、使用综合利用产品和可重复使用产品。

县级以上人民政府及其有关部门在政府采购过程中，应当优先采购综合利用产品和可重复使用产品。

第八章　法律责任

第一百零一条　生态环境主管部门或者其他负有固体废物污染环境防治监督管理职责的部门违反本法规定，有下列行为之一，由本级人民政府或者上级人民政府有关部门责令改正，对直接负责的主管人员和其他直接责任人员依法给予处分：

（一）未依法作出行政许可或者办理批准文件的；

（二）对违法行为进行包庇的；

（三）未依法查封、扣押的；

（四）发现违法行为或者接到对违法行为的举报后未予查处的；

（五）有其他滥用职权、玩忽职守、徇私舞弊等违法行为的。

依照本法规定应当作出行政处罚决定而未作出的，上级主管部门可以直接作出行政处罚决定。

第一百零二条　违反本法规定，有下列行为之一，由生态环境主管部门责令改正，处以罚款，没收违法所得；情节严重的，报经有批准权的人民政府批准，可以责令停业或者关闭：

（一）产生、收集、贮存、运输、利用、处置固体废物的单位未依法及时公开固体废物污染环境防治信息的；

（二）生活垃圾处理单位未按照国家有关规定安装使用监测设备、实时监测污染物的排放情况并公开污染排放数据的；

（三）将列入限期淘汰名录被淘汰的设备转让给他人使用的；

（四）在生态保护红线区域、永久基本农田集中区域和其他需要特别保护的区域内，建设工业固体废物、危险废物集中贮存、利用、处置的设施、场所和生活垃圾填埋场的；

（五）转移固体废物出省、自治区、直辖市行政区域贮存、处置未经批准的；

（六）转移固体废物出省、自治区、直辖市行政区域利用未报备案的；

（七）擅自倾倒、堆放、丢弃、遗撒工业固体废物，或者未采取相应防范措施，造成工业固体废物扬散、流失、渗漏或者其他环境污染的；

（八）产生工业固体废物的单位未建立固体废物管理台账并如实记录的；

（九）产生工业固体废物的单位违反本法规定委托他人运输、利用、处置工业固体废物的；

（十）贮存工业固体废物未采取符合国家环境保护标准的防护措施的；

（十一）单位和其他生产经营者违反固体废物管理其他要求，污染环境、破坏生态的。

有前款第一项、第八项行为之一，处五万元以上二十万元以下的罚款；有前款第二项、第三项、第四项、第五项、第六项、第九项、第十项、第十一项行为之一，处十万元以上一百万元以下的罚款；有前款第七项行为，处所需处置费用一倍以上三倍以下的罚款，所需处置费用不足十万元的，按十万元计算。对前款第十一项行为的处罚，有关法律、行政法规另有规定的，适用其规定。

第一百零三条 违反本法规定，以拖延、围堵、滞留执法人员等方式拒绝、阻挠监督检查，或者在接受监督检查时弄虚作假的，由生态环境主管部门或者其他负有固体废物污染环境防治监督管理职责的部门责令改正，处五万元以上二十万元以下的罚款；对直接负责的主管人员和其他直接责任人员，处二万元以上十万元以下的罚款。

第一百零四条 违反本法规定，未依法取得排污许可证产生工业固体废物的，由生态环境主管部门责令改正或者限制生产、停产整治，处十万元以上一百万元以下的罚款；情节严重的，报经有批准权的人民政府批准，责令停业或者关闭。

第一百零五条 违反本法规定，生产经营者未遵守限制商品过度包装的强制性标准的，由县级以上地方人民政府市场监督管理部门或者有关部门责令改正；拒不改正的，处二千元以上二万元以下的罚款；情节严重的，处二万元以上十万元以下的罚款。

第一百零六条 违反本法规定，未遵守国家有关禁止、限制使用不可降解塑料袋等一次性塑料制品的规定，或者未按照国家有关规定报告塑料袋等一次性塑料制品的使用情况的，由县级以上地方人民政府商务、邮政等主管部门责令改正，处一万元以上十万元以下的罚款。

第一百零七条 从事畜禽规模养殖未及时收集、贮存、利用或者处置养殖过程中产生的畜禽粪污等固体废物的，由生态环境主管部门责令改正，可以处十万元以下的罚款；情节严重的，报经有批准权的人民政府批准，责令停业或者关闭。

第一百零八条 违反本法规定，城镇污水处理设施维护运营单位或者污泥处理单位对污泥流向、用途、用量等未进行跟踪、记录，或者处理后的污泥不符合国家有关标准的，由城镇排水主管部门责令改正，给予警告；造成严重后果的，处十万元以上二十万元以下的罚款；拒不改正的，城镇排水主管部门可以指定有治理能力的单位代为治理，所需费用由违法者承担。

违反本法规定，擅自倾倒、堆放、丢弃、遗撒城镇污水处理设施产生的污泥和处理后的污泥的，由城镇排水主管部门责令改正，处二十万元以上二百万元以下的罚款，对直接负责的主管人员和其他直接责任人员处二万元以上十万元以下的罚款；造成严重后果的，处二百万元以上五百万元以下的罚款，对直接负责的主管人员和其他直接责任人员处五万元以上五十万元以下的罚款；拒不改正的，城镇排水主管部门可以指定有治理能力的单位代为治理，所需费用由违法者承担。

第一百零九条 违反本法规定，生产、销售、进口或者使用淘汰的设备，或者采用淘汰的生产工艺的，由县级以上地方人民政府指定的部门责令改正，处十万元以上一百万元以下的罚款，没收违法所得；情节严重的，由县级以上地方人民政府指定的部门提出意见，报经有批准权的人民政府批准，责令停业或者关闭。

第一百一十条 尾矿、煤矸石、废石等矿业固体废物贮存设施停止使用后，未按照国家有关环境保护规定进行封场的，由生态环境主管部门责令改正，处二十万元以上一百万元以下的罚款。

第一百一十一条 违反本法规定，有下列行为之一，由县级以上地方人民政府环境卫生主管部门责令改正，处以罚款，没收违法所得：

（一）随意倾倒、抛撒、堆放或者焚烧生活垃圾的；

（二）擅自关闭、闲置或者拆除生活垃圾处理设施、场所的；

（三）工程施工单位未编制建筑垃圾处理方案报备案，或者未及时清运施工过程中产生的固体废物的；

（四）工程施工单位擅自倾倒、抛撒或者堆放工程施工过程中产生的建筑垃圾，或者未按照规定对施工过程中产生的固体废物进行利用或者处置的；

（五）产生、收集厨余垃圾的单位和其他生产经营者未将厨余垃圾交由具备相应资质条件的单位进行无害化处理的；

（六）畜禽养殖场、养殖小区利用未经无害化处理的厨余垃圾饲喂畜禽的；

（七）在运输过程中沿途丢弃、遗撒生活垃圾的。

单位有前款第一项、第七项行为之一，处五万元以上五十万元以下的罚款；单位有前款第二项、第三项、第四项、第五项、第六项行为之一，处十万元以上一百万元以下的罚款；个人有前款第一项、第五项、第七项行为之一，处一百元以上五百元以下的罚款。

违反本法规定，未在指定的地点分类投放生活垃圾的，由县级以上地方人民政府环境卫生主管部门责令改正；情节严重的，对单位处五万元以上五十万元以下的罚款，对个人依法处以罚款。

第一百一十二条 违反本法规定，有下列行为之一，由生态环境主管部门责令改正，处以罚款，没收违法所得；情节严重的，报经有批准权的人民政府批准，可以责令停业或者关闭：

（一）未按照规定设置危险废物识别标志的；

（二）未按照国家有关规定制定危险废物管理计划或者申报危险废物有关资料的；

（三）擅自倾倒、堆放危险废物的；

（四）将危险废物提供或者委托给无许可证的单位或者其他生产经营者从事经营活动的；

（五）未按照国家有关规定填写、运行危险废物转移联单或者未经批准擅自转移危险废物的；

（六）未按照国家环境保护标准贮存、利用、处置危险废物或者将危险废物混入非危险废物中贮存的；

（七）未经安全性处置，混合收集、贮存、运输、处置具有不相容性质的危险废物的；

（八）将危险废物与旅客在同一运输工具上载运的；

（九）未经消除污染处理，将收集、贮存、运输、处置危险废物的场所、设施、设备和容器、包装物及其他物品转作他用的；

（十）未采取相应防范措施，造成危险废物扬散、流失、渗漏或者其他环境污染的；

（十一）在运输过程中沿途丢弃、遗撒危险废物的；

（十二）未制定危险废物意外事故防范措施和应急预案的；

（十三）未按照国家有关规定建立危险废物管理台账并如实记录的。

有前款第一项、第二项、第五项、第六项、第七项、第八项、第九项、第十二项、第十三项行为之一，处十万元以上一百万元以下的罚款；有前款第三项、第四项、第十项、第十一项行为之一，处所需处置费用三倍以上五倍以下的罚款，所需处置费用不足二十万元的，按二十万元计算。

第一百一十三条 违反本法规定，危险废物产生者未按照规定处置其产生的危险废物被责令改正后拒不改正的，由生态环境主管部门组织代为处置，处置费用由危险废物产生者承担；拒不承担代为处置费用的，处代为处置费用一倍以上三倍以下的罚款。

第一百一十四条 无许可证从事收集、贮存、利用、处置危险废物经营活动的，由生态环境主管部门责令改正，处一百万元以上五百万元以下的罚款，并报经有批准权的人民政府批准，责令停业或者关闭；对法定代表人、主要负责人、直接负责的主管人员和其他责任人员，处十万元以上一百万元以下的罚款。

未按照许可证规定从事收集、贮存、利用、处置危险废物经营活动的，由生态环境主管部门责令改正，限制生产、停产整治，处五十万元以上二百万元以下的罚款；对法定代表人、主要负责人、直接负责的主管人员和其他责任人员，处五万元以上五十万元以下的罚款；情节严重的，报经有批准权的人民政府批准，责令停业或者关闭，还可以由发证机关吊销许可证。

第一百一十五条 违反本法规定，将中华人民共和国境外的固体废物输入境内的，由海关责令退运该固体废物，处五十万元以上五百万元以下的罚款。

承运人对前款规定的固体废物的退运、处置，与进口者承担连带责任。

第一百一十六条 违反本法规定，经中华人民共和国过境转移危险废物的，由海关责令退运该危险废物，处五十万元以上五百万元以下的罚款。

第一百一十七条 对已经非法入境的固体废物，由省级以上人民政府生态环境主管部门依法向海关提出处理意见，海关应当依照本法第一百一十五条的规定作出处罚决定；已经造成环境污染的，由省级以上人民政府生态环境主管部门责令进口者消除污染。

第一百一十八条 违反本法规定，造成固体废物污染环境事故的，除依法承担赔偿责任外，由生态环境主管部门依照本条第二款的规定处以罚款，责令限期采取治理措施；造成重大或者特大固体废物污染环境事故的，还可以报经有批准权的人民政府批准，责令关闭。

造成一般或者较大固体废物污染环境事故的，按照事故造成的直接经济损失的一倍以上三倍以下计算罚款；造成重大或者特大固体废物污染环境事故的，按照事故造成的直接经济损失的三倍以上五倍以下计算罚款，并对法定代表人、主要负责人、直接负责的主管人员和其他责任人员处上一年度从本单位取得的收入百分之五十以下的罚款。

第一百一十九条 单位和其他生产经营者违反本法规定排放固体废物，受到罚款处罚，被责令改正的，依法作出处罚决定的行政机关应当组织复查，发现其继续实施该违法行为的，依照《中华人民共和国环境保护法》的规定按日连续处罚。

第一百二十条 违反本法规定，有下列行为之一，尚不构成犯罪的，由公安机关对法定代表人、主要负责人、直接负责的主管人员和其他责任人员处十日以上十五日以下的拘留；情节较轻的，处五日以上十日以下的拘留：

（一）擅自倾倒、堆放、丢弃、遗撒固体废物，造成严重后果的；

（二）在生态保护红线区域、永久基本农田集中区域和其他需要特别保护的区域内，建设工业固体废物、危险废物集中贮存、利用、处置的设施、场所和生活垃圾填埋场的；

（三）将危险废物提供或者委托给无许可证的单位或者其他生产经营者堆放、利用、处置的；

（四）无许可证或者未按照许可证规定从事收集、贮存、利用、处置危险废物经营活动的；

（五）未经批准擅自转移危险废物的；

（六）未采取防范措施，造成危险废物扬散、流失、渗漏或者其他严重后果的。

第一百二十一条　固体废物污染环境、破坏生态，损害国家利益、社会公共利益的，有关机关和组织可以依照《中华人民共和国环境保护法》《中华人民共和国民事诉讼法》《中华人民共和国行政诉讼法》等法律的规定向人民法院提起诉讼。

第一百二十二条　固体废物污染环境、破坏生态给国家造成重大损失的，由设区的市级以上地方人民政府或者其指定的部门、机构组织与造成环境污染和生态破坏的单位和其他生产经营者进行磋商，要求其承担损害赔偿责任；磋商未达成一致的，可以向人民法院提起诉讼。

对于执法过程中查获的无法确定责任人或者无法退运的固体废物，由所在地县级以上地方人民政府组织处理。

第一百二十三条　违反本法规定，构成违反治安管理行为的，由公安机关依法给予治安管理处罚；构成犯罪的，依法追究刑事责任；造成人身、财产损害的，依法承担民事责任。

第九章　附　则

第一百二十四条　本法下列用语的含义：

（一）固体废物，是指在生产、生活和其他活动中产生的丧失原有利用价值或者虽未丧失利用价值但被抛弃或者放弃的固态、半固态和置于容器中的气态的物品、物质以及法律、行政法规规定纳入固体废物管理的物品、物质。经无害化加工处理，并且符合强制性国家产品质量标准，不会危害公众健康和生态安全，或者根据固体废物鉴别标准和鉴别程序认定为不属于固体废物的除外。

（二）工业固体废物，是指在工业生产活动中产生的固体废物。

（三）生活垃圾，是指在日常生活中或者为日常生活提供服务的活动中产生的固体废物，以及法律、行政法规规定视为生活垃圾的固体废物。

（四）建筑垃圾，是指建设单位、施工单位新建、改建、扩建和拆除各类建筑物、构筑物、管网等，以及居民装饰装修房屋过程中产生的弃土、弃料和其他固体废物。

（五）农业固体废物，是指在农业生产活动中产生的固体废物。

（六）危险废物，是指列入国家危险废物名录或者根据国家规定的危险废物鉴别标准和鉴别方法认定的具有危险特性的固体废物。

（七）贮存，是指将固体废物临时置于特定设施或者场所中的活动。

（八）利用，是指从固体废物中提取物质作为原材料或者燃料的活动。

（九）处置，是指将固体废物焚烧和用其他改变固体废物的物理、化学、生物特性的方法，达到减少已产生的固体废物数量、缩小固体废物体积、减少或者消除其危险成分的活动，或者将固体废物最终置于符合环境保护规定要求的填埋场的活动。

第一百二十五条　液态废物的污染防治，适用本法；但是，排入水体的废水的污染防治适用有关法律，不适用本法。

第一百二十六条　本法自 2020 年 9 月 1 日起施行。

中华人民共和国环境影响评价法

第一章　总　则

第一条　为了实施可持续发展战略，预防因规划和建设项目实施后对环境造成不良影响，促进经济、社会和环境的协调发展，制定本法。

第二条　本法所称环境影响评价，是指对规划和建设项目实施后可能造成的环境影响进行分析、预测和评估，提出预防或者减轻不良环境影响的对策和措施，进行跟踪监测的方法与制度。

第三条　编制本法第九条所规定的范围内的规划，在中华人民共和国领域和中华人民共和国管辖的其他海域内建设对环境有影响的项目，应当依照本法进行环境影响评价。

第四条　环境影响评价必须客观、公开、公正，综合考虑规划或者建设项目实施后对各种环境因素及其所构成的生态系统可能造成的影响，为决策提供科学依据。

第五条　国家鼓励有关单位、专家和公众以适当方式参与环境影响评价。

第六条　国家加强环境影响评价的基础数据库和评价指标体系建设，鼓励和支持对环境影响评价的方法、技术规范进行科学研究，建立必要的环境影响评价信息共享制度，提高环境影响评价的科学性。

国务院生态环境主管部门应当会同国务院有关部门，组织建立和完善环境影响评价的基础数据库和评价指标体系。

第二章　规划的环境影响评价

第七条　国务院有关部门、设区的市级以上地方人民政府及其有关部门，对其组织编制的土地利用的有关规划，区域、流域、海域的建设、开发利用规划，应当在规划编制过程中组织进行环境影响评价，编写该规划有关环境影响的篇章或者说明。

规划有关环境影响的篇章或者说明，应当对规划实施后可能造成的环境影响作出分析、预测和评估，提出预防或者减轻不良环境影响的对策和措施，作为规划草案的组成部分一并报送规划审批机关。

未编写有关环境影响的篇章或者说明的规划草案，审批机关不予审批。

第八条　国务院有关部门、设区的市级以上地方人民政府及其有关部门，对其组织编制的工业、农业、畜牧业、林业、能源、水利、交通、城市建设、旅游、自然资源开发的有关专项规划（以下简称专项规划），应当在该专项规划草案上报审批前，组织进行环境影响评价，并向审批该专项规划的机关提出环境影响报告书。

前款所列专项规划中的指导性规划，按照本法第七条的规定进行环境影响评价。

第九条　依照本法第七条、第八条的规定进行环境影响评价的规划的具体范围，由国务院生态环境主管部门会同国务院有关部门规定，报国务院批准。

第十条　专项规划的环境影响报告书应当包括下列内容：

（一）实施该规划对环境可能造成影响的分析、预测和评估；

（二）预防或者减轻不良环境影响的对策和措施；

（三）环境影响评价的结论。

第十一条 专项规划的编制机关对可能造成不良环境影响并直接涉及公众环境权益的规划，应当在该规划草案报送审批前，举行论证会、听证会，或者采取其他形式，征求有关单位、专家和公众对环境影响报告书草案的意见。但是，国家规定需要保密的情形除外。

编制机关应当认真考虑有关单位、专家和公众对环境影响报告书草案的意见，并应当在报送审查的环境影响报告书中附具对意见采纳或者不采纳的说明。

第十二条 专项规划的编制机关在报批规划草案时，应当将环境影响报告书一并附送审批机关审查；未附送环境影响报告书的，审批机关不予审批。

第十三条 设区的市级以上人民政府在审批专项规划草案，作出决策前，应当先由人民政府指定的生态环境主管部门或者其他部门召集有关部门代表和专家组成审查小组，对环境影响报告书进行审查。审查小组应当提出书面审查意见。

参加前款规定的审查小组的专家，应当从按照国务院生态环境主管部门的规定设立的专家库内的相关专业的专家名单中，以随机抽取的方式确定。

由省级以上人民政府有关部门负责审批的专项规划，其环境影响报告书的审查办法，由国务院生态环境主管部门会同国务院有关部门制定。

第十四条 审查小组提出修改意见的，专项规划的编制机关应当根据环境影响报告书结论和审查意见对规划草案进行修改完善，并对环境影响报告书结论和审查意见的采纳情况作出说明；不采纳的，应当说明理由。

设区的市级以上人民政府或者省级以上人民政府有关部门在审批专项规划草案时，应当将环境影响报告书结论以及审查意见作为决策的重要依据。

在审批中未采纳环境影响报告书结论以及审查意见的，应当作出说明，并存档备查。

第十五条 对环境有重大影响的规划实施后，编制机关应当及时组织环境影响的跟踪评价，并将评价结果报告审批机关；发现有明显不良环境影响的，应当及时提出改进措施。

第三章 建设项目的环境影响评价

第十六条 国家根据建设项目对环境的影响程度，对建设项目的环境影响评价实行分类管理。

建设单位应当按照下列规定组织编制环境影响报告书、环境影响报告表或者填报环境影响登记表（以下统称环境影响评价文件）：

（一）可能造成重大环境影响的，应当编制环境影响报告书，对产生的环境影响进行全面评价；

（二）可能造成轻度环境影响的，应当编制环境影响报告表，对产生的环境影响进行分析或者专项评价；

（三）对环境影响很小、不需要进行环境影响评价的，应当填报环境影响登记表。

建设项目的环境影响评价分类管理名录，由国务院生态环境主管部门制定并公布。

第十七条 建设项目的环境影响报告书应当包括下列内容：

（一）建设项目概况；

（二）建设项目周围环境现状；

（三）建设项目对环境可能造成影响的分析、预测和评估；

（四）建设项目环境保护措施及其技术、经济论证；

（五）建设项目对环境影响的经济损益分析；

（六）对建设项目实施环境监测的建议；

（七）环境影响评价的结论。

环境影响报告表和环境影响登记表的内容和格式，由国务院生态环境主管部门制定。

第十八条 建设项目的环境影响评价，应当避免与规划的环境影响评价相重复。

作为一项整体建设项目的规划，按照建设项目进行环境影响评价，不进行规划的环境影响评价。

已经进行了环境影响评价的规划包含具体建设项目的，规划的环境影响评价结论应当作为建设项目环境影响评价的重要依据，建设项目环境影响评价的内容应当根据规划的环境影响评价审查意见予以简化。

第十九条 建设单位可以委托技术单位对其建设项目开展环境影响评价，编制建设项目环境影响报告书、环境影响报告表；建设单位具备环境影响评价技术能力的，可以自行对其建设项目开展环境影响评价，编制建设项目环境影响报告书、环境影响报告表。

编制建设项目环境影响报告书、环境影响报告表应当遵守国家有关环境影响评价标准、技术规范等规定。

国务院生态环境主管部门应当制定建设项目环境影响报告书、环境影响报告表编制的能力建设指南和监管办法。

接受委托为建设单位编制建设项目环境影响报告书、环境影响报告表的技术单位，不得与负责审批建设项目环境影响报告书、环境影响报告表的生态环境主管部门或者其他有关审批部门存在任何利益关系。

第二十条 建设单位应当对建设项目环境影响报告书、环境影响报告表的内容和结论负责，接受委托编制建设项目环境影响报告书、环境影响报告表的技术单位对其编制的建设项目环境影响报告书、环境影响报告表承担相应责任。

设区的市级以上人民政府生态环境主管部门应当加强对建设项目环境影响报告书、环境影响报告表编制单位的监督管理和质量考核。

负责审批建设项目环境影响报告书、环境影响报告表的生态环境主管部门应当将编制单位、编制主持人和主要编制人员的相关违法信息记入社会诚信档案，并纳入全国信用信息共享平台和国家企业信用信息公示系统向社会公布。

任何单位和个人不得为建设单位指定编制建设项目环境影响报告书、环境影响报告表的技术单位。

第二十一条 除国家规定需要保密的情形外，对环境可能造成重大影响、应当编制环境影响报告书的建设项目，建设单位应当在报批建设项目环境影响报告书前，举行论证会、听证会，或者采取其他形式，征求有关单位、专家和公众的意见。

建设单位报批的环境影响报告书应当附具对有关单位、专家和公众的意见采纳或者不采纳的说明。

第二十二条 建设项目的环境影响报告书、报告表，由建设单位按照国务院的规定报有审批权的生态环境主管部门审批。

海洋工程建设项目的海洋环境影响报告书的审批，依照《中华人民共和国海洋环境保护法》的规定办理。

审批部门应当自收到环境影响报告书之日起六十日内，收到环境影响报告表之日起三十日内，分别作出审批决定并书面通知建设单位。

国家对环境影响登记表实行备案管理。

审核、审批建设项目环境影响报告书、报告表以及备案环境影响登记表，不得收取任何费用。

第二十三条　国务院生态环境主管部门负责审批下列建设项目的环境影响评价文件：

（一）核设施、绝密工程等特殊性质的建设项目；

（二）跨省、自治区、直辖市行政区域的建设项目；

（三）由国务院审批的或者由国务院授权有关部门审批的建设项目。

前款规定以外的建设项目的环境影响评价文件的审批权限，由省、自治区、直辖市人民政府规定。

建设项目可能造成跨行政区域的不良环境影响，有关生态环境主管部门对该项目的环境影响评价结论有争议的，其环境影响评价文件由共同的上一级生态环境主管部门审批。

第二十四条　建设项目的环境影响评价文件经批准后，建设项目的性质、规模、地点、采用的生产工艺或者防治污染、防止生态破坏的措施发生重大变动的，建设单位应当重新报批建设项目的环境影响评价文件。

建设项目的环境影响评价文件自批准之日起超过五年，方决定该项目开工建设的，其环境影响评价文件应当报原审批部门重新审核；原审批部门应当自收到建设项目环境影响评价文件之日起十日内，将审核意见书面通知建设单位。

第二十五条　建设项目的环境影响评价文件未依法经审批部门审查或者审查后未予批准的，建设单位不得开工建设。

第二十六条　建设项目建设过程中，建设单位应当同时实施环境影响报告书、环境影响报告表以及环境影响评价文件审批部门审批意见中提出的环境保护对策措施。

第二十七条　在项目建设、运行过程中产生不符合经审批的环境影响评价文件的情形的，建设单位应当组织环境影响的后评价，采取改进措施，并报原环境影响评价文件审批部门和建设项目审批部门备案；原环境影响评价文件审批部门也可以责成建设单位进行环境影响的后评价，采取改进措施。

第二十八条　生态环境主管部门应当对建设项目投入生产或者使用后所产生的环境影响进行跟踪检查，对造成严重环境污染或者生态破坏的，应当查清原因、查明责任。对属于建设项目环境影响报告书、环境影响报告表存在基础资料明显不实，内容存在重大缺陷、遗漏或者虚假，环境影响评价结论不正确或者不合理等严重质量问题的，依照本法第三十二条的规定追究建设单位及其相关责任人员和接受委托编制建设项目环境影响报告书、环境影响报告表的技术单位及其相关人员的法律责任；属于审批部门工作人员失职、渎职，对依法不应批准的建设项目环境影响报告书、环境影响报告表予以批准的，依照本法第三十四条的规定追究其法律责任。

第四章　法律责任

第二十九条　规划编制机关违反本法规定，未组织环境影响评价，或者组织环境影响评价时弄虚作假或者有失职行为，造成环境影响评价严重失实的，对直接负责的主管人员和其他直接责任人员，由上级机关或者监察机关依法给予行政处分。

第三十条　规划审批机关对依法应当编写有关环境影响的篇章或者说明而未编写的规划草案，

依法应当附送环境影响报告书而未附送的专项规划草案，违法予以批准的，对直接负责的主管人员和其他直接责任人员，由上级机关或者监察机关依法给予行政处分。

第三十一条　建设单位未依法报批建设项目环境影响报告书、报告表，或者未依照本法第二十四条的规定重新报批或者报请重新审核环境影响报告书、报告表，擅自开工建设的，由县级以上生态环境主管部门责令停止建设，根据违法情节和危害后果，处建设项目总投资额百分之一以上百分之五以下的罚款，并可以责令恢复原状；对建设单位直接负责的主管人员和其他直接责任人员，依法给予行政处分。

建设项目环境影响报告书、报告表未经批准或者未经原审批部门重新审核同意，建设单位擅自开工建设的，依照前款的规定处罚、处分。

建设单位未依法备案建设项目环境影响登记表的，由县级以上生态环境主管部门责令备案，处五万元以下的罚款。

海洋工程建设项目的建设单位有本条所列违法行为的，依照《中华人民共和国海洋环境保护法》的规定处罚。

第三十二条　建设项目环境影响报告书、环境影响报告表存在基础资料明显不实，内容存在重大缺陷、遗漏或者虚假，环境影响评价结论不正确或者不合理等严重质量问题的，由设区的市级以上人民政府生态环境主管部门对建设单位处五十万元以上二百万元以下的罚款，并对建设单位的法定代表人、主要负责人、直接负责的主管人员和其他直接责任人员，处五万元以上二十万元以下的罚款。

接受委托编制建设项目环境影响报告书、环境影响报告表的技术单位违反国家有关环境影响评价标准和技术规范等规定，致使其编制的建设项目环境影响报告书、环境影响报告表存在基础资料明显不实，内容存在重大缺陷、遗漏或者虚假，环境影响评价结论不正确或者不合理等严重质量问题的，由设区的市级以上人民政府生态环境主管部门对技术单位处所收费用三倍以上五倍以下的罚款；情节严重的，禁止从事环境影响报告书、环境影响报告表编制工作；有违法所得的，没收违法所得。

编制单位有本条第一款、第二款规定的违法行为的，编制主持人和主要编制人员五年内禁止从事环境影响报告书、环境影响报告表编制工作；构成犯罪的，依法追究刑事责任，并终身禁止从事环境影响报告书、环境影响报告表编制工作。

第三十三条　负责审核、审批、备案建设项目环境影响评价文件的部门在审批、备案中收取费用的，由其上级机关或者监察机关责令退还；情节严重的，对直接负责的主管人员和其他直接责任人员依法给予行政处分。

第三十四条　生态环境主管部门或者其他部门的工作人员徇私舞弊，滥用职权，玩忽职守，违法批准建设项目环境影响评价文件的，依法给予行政处分；构成犯罪的，依法追究刑事责任。

第五章　附　则

第三十五条　省、自治区、直辖市人民政府可以根据本地的实际情况，要求对本辖区的县级人民政府编制的规划进行环境影响评价。具体办法由省、自治区、直辖市参照本法第二章的规定制定。

第三十六条　军事设施建设项目的环境影响评价办法，由中央军事委员会依照本法的原则制定。

第三十七条　本法自 2003 年 9 月 1 日起施行。

中华人民共和国环境保护税法

第一章 总 则

第一条 为了保护和改善环境，减少污染物排放，推进生态文明建设，制定本法。

第二条 在中华人民共和国领域和中华人民共和国管辖的其他海域，直接向环境排放应税污染物的企业事业单位和其他生产经营者为环境保护税的纳税人，应当依照本法规定缴纳环境保护税。

第三条 本法所称应税污染物，是指本法所附《环境保护税税目税额表》《应税污染物和当量值表》规定的大气污染物、水污染物、固体废物和噪声。

第四条 有下列情形之一的，不属于直接向环境排放污染物，不缴纳相应污染物的环境保护税：

（一）企业事业单位和其他生产经营者向依法设立的污水集中处理、生活垃圾集中处理场所排放应税污染物的；

（二）企业事业单位和其他生产经营者在符合国家和地方环境保护标准的设施、场所贮存或者处置固体废物的。

第五条 依法设立的城乡污水集中处理、生活垃圾集中处理场所超过国家和地方规定的排放标准向环境排放应税污染物的，应当缴纳环境保护税。

企业事业单位和其他生产经营者贮存或者处置固体废物不符合国家和地方环境保护标准的，应当缴纳环境保护税。

第六条 环境保护税的税目、税额，依照本法所附《环境保护税税目税额表》执行。

应税大气污染物和水污染物的具体适用税额的确定和调整，由省、自治区、直辖市人民政府统筹考虑本地区环境承载能力、污染物排放现状和经济社会生态发展目标要求，在本法所附《环境保护税税目税额表》规定的税额幅度内提出，报同级人民代表大会常务委员会决定，并报全国人民代表大会常务委员会和国务院备案。

第二章 计税依据和应纳税额

第七条 应税污染物的计税依据，按照下列方法确定：

（一）应税大气污染物按照污染物排放量折合的污染当量数确定；

（二）应税水污染物按照污染物排放量折合的污染当量数确定；

（三）应税固体废物按照固体废物的排放量确定；

（四）应税噪声按照超过国家规定标准的分贝数确定。

第八条 应税大气污染物、水污染物的污染当量数，以该污染物的排放量除以该污染物的污染当量值计算。每种应税大气污染物、水污染物的具体污染当量值，依照本法所附《应税污染物和当量值表》执行。

第九条 每一排放口或者没有排放口的应税大气污染物，按照污染当量数从大到小排序，对前三项污染物征收环境保护税。

每一排放口的应税水污染物，按照本法所附《应税污染物和当量值表》，区分第一类水污染物和其他类水污染物，按照污染当量数从大到小排序，对第一类水污染物按照前五项征收环境保护税，对其他类水污染物按照前三项征收环境保护税。

省、自治区、直辖市人民政府根据本地区污染物减排的特殊需要，可以增加同一排放口征收环境保护税的应税污染物项目数，报同级人民代表大会常务委员会决定，并报全国人民代表大会常务委员会和国务院备案。

第十条 应税大气污染物、水污染物、固体废物的排放量和噪声的分贝数，按照下列方法和顺序计算：

（一）纳税人安装使用符合国家规定和监测规范的污染物自动监测设备的，按照污染物自动监测数据计算；

（二）纳税人未安装使用污染物自动监测设备的，按照监测机构出具的符合国家有关规定和监测规范的监测数据计算；

（三）因排放污染物种类多等原因不具备监测条件的，按照国务院生态环境主管部门规定的排污系数、物料衡算方法计算；

（四）不能按照本条第一项至第三项规定的方法计算的，按照省、自治区、直辖市人民政府生态环境主管部门规定的抽样测算的方法核定计算。

第十一条 环境保护税应纳税额按照下列方法计算：

（一）应税大气污染物的应纳税额为污染当量数乘以具体适用税额；

（二）应税水污染物的应纳税额为污染当量数乘以具体适用税额；

（三）应税固体废物的应纳税额为固体废物排放量乘以具体适用税额；

（四）应税噪声的应纳税额为超过国家规定标准的分贝数对应的具体适用税额。

第三章 税收减免

第十二条 下列情形，暂予免征环境保护税：

（一）农业生产（不包括规模化养殖）排放应税污染物的；

（二）机动车、铁路机车、非道路移动机械、船舶和航空器等流动污染源排放应税污染物的；

（三）依法设立的城乡污水集中处理、生活垃圾集中处理场所排放相应应税污染物，不超过国家和地方规定的排放标准的；

（四）纳税人综合利用的固体废物，符合国家和地方环境保护标准的；

（五）国务院批准免税的其他情形。

前款第五项免税规定，由国务院报全国人民代表大会常务委员会备案。

第十三条 纳税人排放应税大气污染物或者水污染物的浓度值低于国家和地方规定的污染物排放标准百分之三十的，减按百分之七十五征收环境保护税。纳税人排放应税大气污染物或者水污染物的浓度值低于国家和地方规定的污染物排放标准百分之五十的，减按百分之五十征收环境保护税。

第四章 征收管理

第十四条 环境保护税由税务机关依照《中华人民共和国税收征收管理法》和本法的有关规定征收管理。

生态环境主管部门依照本法和有关环境保护法律法规的规定负责对污染物的监测管理。

县级以上地方人民政府应当建立税务机关、生态环境主管部门和其他相关单位分工协作工作机制，加强环境保护税征收管理，保障税款及时足额入库。

第十五条　生态环境主管部门和税务机关应当建立涉税信息共享平台和工作配合机制。

生态环境主管部门应当将排污单位的排污许可、污染物排放数据、环境违法和受行政处罚情况等环境保护相关信息，定期交送税务机关。

税务机关应当将纳税人的纳税申报、税款入库、减免税额、欠缴税款以及风险疑点等环境保护税涉税信息，定期交送生态环境主管部门。

第十六条　纳税义务发生时间为纳税人排放应税污染物的当日。

第十七条　纳税人应当向应税污染物排放地的税务机关申报缴纳环境保护税。

第十八条　环境保护税按月计算，按季申报缴纳。不能按固定期限计算缴纳的，可以按次申报缴纳。

纳税人申报缴纳时，应当向税务机关报送所排放应税污染物的种类、数量，大气污染物、水污染物的浓度值，以及税务机关根据实际需要要求纳税人报送的其他纳税资料。

第十九条　纳税人按季申报缴纳的，应当自季度终了之日起十五日内，向税务机关办理纳税申报并缴纳税款。纳税人按次申报缴纳的，应当自纳税义务发生之日起十五日内，向税务机关办理纳税申报并缴纳税款。

纳税人应当依法如实办理纳税申报，对申报的真实性和完整性承担责任。

第二十条　税务机关应当将纳税人的纳税申报数据资料与生态环境主管部门交送的相关数据资料进行比对。

税务机关发现纳税人的纳税申报数据资料异常或者纳税人未按照规定期限办理纳税申报的，可以提请生态环境主管部门进行复核，生态环境主管部门应当自收到税务机关的数据资料之日起十五日内向税务机关出具复核意见。税务机关应当按照生态环境主管部门复核的数据资料调整纳税人的应纳税额。

第二十一条　依照本法第十条第四项的规定核定计算污染物排放量的，由税务机关会同生态环境主管部门核定污染物排放种类、数量和应纳税额。

第二十二条　纳税人从事海洋工程向中华人民共和国管辖海域排放应税大气污染物、水污染物或者固体废物，申报缴纳环境保护税的具体办法，由国务院税务主管部门会同国务院生态环境主管部门规定。

第二十三条　纳税人和税务机关、生态环境主管部门及其工作人员违反本法规定的，依照《中华人民共和国税收征收管理法》《中华人民共和国环境保护法》和有关法律法规的规定追究法律责任。

第二十四条　各级人民政府应当鼓励纳税人加大环境保护建设投入，对纳税人用于污染物自动监测设备的投资予以资金和政策支持。

第五章　附　则

第二十五条　本法下列用语的含义：

（一）污染当量，是指根据污染物或者污染排放活动对环境的有害程度以及处理的技术经济性，衡量不同污染物对环境污染的综合性指标或者计量单位。同一介质相同污染当量的不同污染物，其污染程度基本相当。

（二）排污系数，是指在正常技术经济和管理条件下，生产单位产品所应排放的污染物量的统计平均值。

（三）物料衡算，是指根据物质质量守恒原理对生产过程中使用的原料、生产的产品和产生的废物等进行测算的一种方法。

第二十六条 直接向环境排放应税污染物的企业事业单位和其他生产经营者，除依照本法规定缴纳环境保护税外，应当对所造成的损害依法承担责任。

第二十七条 自本法施行之日起，依照本法规定征收环境保护税，不再征收排污费。

第二十八条 本法自 2018 年 1 月 1 日起施行。

附表 1：环境保护税税目税额表

附表 2：应税污染物和当量值表

附表 1 环境保护税税目税额表

税目		计税单位	税额	备注
大气污染物		每污染当量	1.2～12 元	
水污染物		每污染当量	1.4～14 元	
固体废物	煤矸石	每吨	5 元	
	尾矿	每吨	15 元	
	危险废物	每吨	1000 元	
	冶炼渣、粉煤灰、炉渣、其他固体废物（含半固态、液态废物）	每吨	25 元	
噪声	工业噪声	超标 1～3 分贝	每月 350 元	1. 一个单位边界上有多处噪声超标，根据最高一处超标声级计算应纳税额；当沿边界长度超过 100 米有两处以上噪声超标，按照两个单位计算应纳税额。 2. 一个单位有不同地点作业场所的，应当分别计算应纳税额，合并计征。 3. 昼、夜均超标的环境噪声，昼、夜分别计算应纳税额，累计计征。 4. 声源一个月内超标不足 15 天的，减半计算应纳税额。 5. 夜间频繁突发和夜间偶然突发厂界超标噪声，按等效声级和峰值噪声两种指标中超标分贝值高的一项计算应纳税额
		超标 4～6 分贝	每月 700 元	
		超标 7～9 分贝	每月 1400 元	
		超标 10～12 分贝	每月 2800 元	
		超标 13～15 分贝	每月 5600 元	
		超标 16 分贝以上	每月 11200 元	

附表 2　应税污染物和当量值表

一、第一类水污染物污染当量值

污染物	污染当量值（千克）
1. 总汞	0.0005
2. 总镉	0.005
3. 总铬	0.04
4. 六价铬	0.02
5. 总砷	0.02
6. 总铅	0.025
7. 总镍	0.025
8. 苯并[*a*]芘	0.0000003
9. 总铍	0.01
10. 总银	0.02

二、第二类水污染物污染当量值

污染物	污染当量值（千克）	备注
11. 悬浮物（SS）	4	同一排放口中的化学需氧量、生化需氧量和总有机碳，只征收一项
12. 生化需氧量（BOD_5）	0.5	
13. 化学需氧量（COD）	1	
14. 总有机碳（TOC）	0.49	
15. 石油类	0.1	
16. 动植物油	0.16	
17. 挥发酚	0.08	
18. 总氰化物	0.05	
19. 硫化物	0.125	
20. 氨氮	0.8	
21. 氟化物	0.5	
22. 甲醛	0.125	
23. 苯胺类	0.2	
24. 硝基苯类	0.2	
25. 阴离子表面活性剂（LAS）	0.2	
26. 总铜	0.1	
27. 总锌	0.2	
28. 总锰	0.2	
29. 彩色显影剂（CD-2）	0.2	
30. 总磷	0.25	
31. 元素磷（以 P 计）	0.05	
32. 有机磷农药（以 P 计）	0.05	
33. 乐果	0.05	
34. 甲基对硫磷	0.05	
35. 马拉硫磷	0.05	

污染物	污染当量值（千克）	备注
36. 对硫磷	0.05	同一排放口中的化学需氧量、生化需氧量和总有机碳，只征收一项
37. 五氯酚及五氯酚钠（以五氯酚计）	0.25	
38. 三氯甲烷	0.04	
39. 可吸附有机卤化物（AOX）（以 Cl 计）	0.25	
40. 四氯化碳	0.04	
41. 三氯乙烯	0.04	
42. 四氯乙烯	0.04	
43. 苯	0.02	
44. 甲苯	0.02	
45. 乙苯	0.02	
46. 邻-二甲苯	0.02	
47. 对-二甲苯	0.02	
48. 间-二甲苯	0.02	
49. 氯苯	0.02	
50. 邻二氯苯	0.02	
51. 对二氯苯	0.02	
52. 对硝基氯苯	0.02	
53. 2,4-二硝基氯苯	0.02	
54. 苯酚	0.02	
55. 间-甲酚	0.02	
56. 2,4-二氯酚	0.02	
57. 2,4,6-三氯酚	0.02	
58. 邻苯二甲酸二丁酯	0.02	
59. 邻苯二甲酸二辛酯	0.02	
60. 丙烯腈	0.125	
61. 总硒	0.02	

说明：第一、二类污染物的分类依据为《污水综合排放标准》（GB 8978—1996）。

三、pH 值、色度、大肠菌群数、余氯量污染当量值

污染物		污染当量值	备注
1. pH 值	1. 0～1，13～14	0.06 吨污水	pH 值 5～6 指大于等于 5，小于 6；pH 值 9～10 指大于 9，小于等于 10，其余类推。
	2. 1～2，12～13	0.125 吨污水	
	3. 2～3，11～12	0.25 吨污水	
	4. 3～4，10～11	0.5 吨污水	
	5. 4～5，9～10	1 吨污水	
	6. 5～6	5 吨污水	
2. 色度		5 吨水·倍	
3. 大肠菌群数（超标）		3.3 吨污水	大肠菌群数和余氯量只征收一项
4. 余氯量（用氯消毒的医院废水）		3.3 吨污水	

四、禽畜养殖业、小型企业和第三产业污染当量值

（本表仅适用于计算无法进行实际监测或物料衡算的禽畜养殖业、小型企业和第三产业等小型排污者的污染当量数）

类型		污染当量值	备注
禽畜养殖场	1. 牛	0.1 头	仅对存栏规模大于50头牛、500头猪、5000羽鸡鸭等的禽畜养殖场征收
	2. 猪	1 头	
	3. 鸡、鸭等家禽	30 羽	
4. 小型企业		1.8 吨污水	
5. 饮食娱乐服务业		0.5 吨污水	
6. 医院	消毒	0.14 床	医院病床数大于 20 张的按照本表计算污染当量数
		2.8 吨污水	
	不消毒	0.07 床	
		1.4 吨污水	

五、大气污染物污染当量值

污染物	污染当量值（千克）
1. 二氧化硫	0.95
2. 氮氧化物	0.95
3. 一氧化碳	16.7
4. 氯气	0.34
5. 氯化氢	10.75
6. 氟化物	0.87
7. 氰化氢	0.005
8. 硫酸雾	0.6
9. 铬酸雾	0.0007
10. 汞及其化合物	0.0001
11. 一般性粉尘	4
12. 石棉尘	0.53
13. 玻璃棉尘	2.13
14. 碳黑尘	0.59
15. 铅及其化合物	0.02
16. 镉及其化合物	0.03
17. 铍及其化合物	0.0004
18. 镍及其化合物	0.13
19. 锡及其化合物	0.27
20. 烟尘	2.18
21. 苯	0.05
22. 甲苯	0.18
23. 二甲苯	0.27
24. 苯并[*a*]芘	0.000002
25. 甲醛	0.09
26. 乙醛	0.45
27. 丙烯醛	0.06
28. 甲醇	0.67
29. 酚类	0.35

污染物	污染当量值（千克）
30. 沥青烟	0.19
31. 苯胺类	0.21
32. 氯苯类	0.72
33. 硝基苯	0.17
34. 丙烯腈	0.22
35. 氯乙烯	0.55
36. 光气	0.04
37. 硫化氢	0.29
38. 氨	9.09
39. 三甲胺	0.32
40. 甲硫醇	0.04
41. 甲硫醚	0.28
42. 二甲二硫	0.28
43. 苯乙烯	25
44. 二硫化碳	20

中华人民共和国清洁生产促进法

第一章 总 则

第一条 为了促进清洁生产，提高资源利用效率，减少和避免污染物的产生，保护和改善环境，保障人体健康，促进经济与社会可持续发展，制定本法。

第二条 本法所称清洁生产，是指不断采取改进设计、使用清洁的能源和原料、采用先进的工艺技术与设备、改善管理、综合利用等措施，从源头削减污染，提高资源利用效率，减少或者避免生产、服务和产品使用过程中污染物的产生和排放，以减轻或者消除对人类健康和环境的危害。

第三条 在中华人民共和国领域内，从事生产和服务活动的单位以及从事相关管理活动的部门依照本法规定，组织、实施清洁生产。

第四条 国家鼓励和促进清洁生产。国务院和县级以上地方人民政府，应当将清洁生产促进工作纳入国民经济和社会发展规划、年度计划以及环境保护、资源利用、产业发展、区域开发等规划。

第五条 国务院清洁生产综合协调部门负责组织、协调全国的清洁生产促进工作。国务院环境保护、工业、科学技术、财政部门和其他有关部门，按照各自的职责，负责有关的清洁生产促进工作。

县级以上地方人民政府负责领导本行政区域内的清洁生产促进工作。县级以上地方人民政府确定的清洁生产综合协调部门负责组织、协调本行政区域内的清洁生产促进工作。县级以上地方人民政府其他有关部门，按照各自的职责，负责有关的清洁生产促进工作。

第六条 国家鼓励开展有关清洁生产的科学研究、技术开发和国际合作，组织宣传、普及清洁生产知识，推广清洁生产技术。

国家鼓励社会团体和公众参与清洁生产的宣传、教育、推广、实施及监督。

第二章 清洁生产的推行

第七条 国务院应当制定有利于实施清洁生产的财政税收政策。

国务院及其有关部门和省、自治区、直辖市人民政府，应当制定有利于实施清洁生产的产业政策、技术开发和推广政策。

第八条 国务院清洁生产综合协调部门会同国务院环境保护、工业、科学技术部门和其他有关部门，根据国民经济和社会发展规划及国家节约资源、降低能源消耗、减少重点污染物排放的要求，编制国家清洁生产推行规划，报经国务院批准后及时公布。

国家清洁生产推行规划应当包括：推行清洁生产的目标、主要任务和保障措施，按照资源能源消耗、污染物排放水平确定开展清洁生产的重点领域、重点行业和重点工程。

国务院有关行业主管部门根据国家清洁生产推行规划确定本行业清洁生产的重点项目，制定行业专项清洁生产推行规划并组织实施。

县级以上地方人民政府根据国家清洁生产推行规划、有关行业专项清洁生产推行规划，按照本地区节约资源、降低能源消耗、减少重点污染物排放的要求，确定本地区清洁生产的重点项目，制定推行清洁生产的实施规划并组织落实。

第九条 中央预算应当加强对清洁生产促进工作的资金投入，包括中央财政清洁生产专项资金和中央预算安排的其他清洁生产资金，用于支持国家清洁生产推行规划确定的重点领域、重点行业、重点工程实施清洁生产及其技术推广工作，以及生态脆弱地区实施清洁生产的项目。中央预算用于支持清洁生产促进工作的资金使用的具体办法，由国务院财政部门、清洁生产综合协调部门会同国务院有关部门制定。

县级以上地方人民政府应当统筹地方财政安排的清洁生产促进工作的资金，引导社会资金，支持清洁生产重点项目。

第十条 国务院和省、自治区、直辖市人民政府的有关部门，应当组织和支持建立促进清洁生产信息系统和技术咨询服务体系，向社会提供有关清洁生产方法和技术、可再生利用的废物供求以及清洁生产政策等方面的信息和服务。

第十一条 国务院清洁生产综合协调部门会同国务院环境保护、工业、科学技术、建设、农业等有关部门定期发布清洁生产技术、工艺、设备和产品导向目录。

国务院清洁生产综合协调部门、环境保护部门和省、自治区、直辖市人民政府负责清洁生产综合协调的部门、环境保护部门会同同级有关部门，组织编制重点行业或者地区的清洁生产指南，指导实施清洁生产。

第十二条 国家对浪费资源和严重污染环境的落后生产技术、工艺、设备和产品实行限期淘汰制度。国务院有关部门按照职责分工，制定并发布限期淘汰的生产技术、工艺、设备以及产品的名录。

第十三条 国务院有关部门可以根据需要批准设立节能、节水、废物再生利用等环境与资源保护方面的产品标志，并按照国家规定制定相应标准。

第十四条 县级以上人民政府科学技术部门和其他有关部门，应当指导和支持清洁生产技术和有利于环境与资源保护的产品的研究、开发以及清洁生产技术的示范和推广工作。

第十五条 国务院教育部门，应当将清洁生产技术和管理课程纳入有关高等教育、职业教育和技术培训体系。

县级以上人民政府有关部门组织开展清洁生产的宣传和培训，提高国家工作人员、企业经营管理者和公众的清洁生产意识，培养清洁生产管理和技术人员。

新闻出版、广播影视、文化等单位和有关社会团体，应当发挥各自优势做好清洁生产宣传工作。

第十六条 各级人民政府应当优先采购节能、节水、废物再生利用等有利于环境与资源保护的产品。

各级人民政府应当通过宣传、教育等措施，鼓励公众购买和使用节能、节水、废物再生利用等有利于环境与资源保护的产品。

第十七条 省、自治区、直辖市人民政府负责清洁生产综合协调的部门、环境保护部门，根据促进清洁生产工作的需要，在本地区主要媒体上公布未达到能源消耗控制指标、重点污染物排放控制指标的企业的名单，为公众监督企业实施清洁生产提供依据。

列入前款规定名单的企业，应当按照国务院清洁生产综合协调部门、环境保护部门的规定公布能源消耗或者重点污染物产生、排放情况，接受公众监督。

第三章 清洁生产的实施

第十八条 新建、改建和扩建项目应当进行环境影响评价，对原料使用、资源消耗、资源综合利用以及污染物产生与处置等进行分析论证，优先采用资源利用率高以及污染物产生量少的清洁生产技术、工艺和设备。

第十九条 企业在进行技术改造过程中，应当采取以下清洁生产措施：

（一）采用无毒、无害或者低毒、低害的原料，替代毒性大、危害严重的原料；

（二）采用资源利用率高、污染物产生量少的工艺和设备，替代资源利用率低、污染物产生量多的工艺和设备；

（三）对生产过程中产生的废物、废水和余热等进行综合利用或者循环使用；

（四）采用能够达到国家或者地方规定的污染物排放标准和污染物排放总量控制指标的污染防治技术。

第二十条 产品和包装物的设计，应当考虑其在生命周期中对人类健康和环境的影响，优先选择无毒、无害、易于降解或者便于回收利用的方案。

企业对产品的包装应当合理，包装的材质、结构和成本应当与内装产品的质量、规格和成本相适应，减少包装性废物的产生，不得进行过度包装。

第二十一条 生产大型机电设备、机动运输工具以及国务院工业部门指定的其他产品的企业，应当按照国务院标准化部门或者其授权机构制定的技术规范，在产品的主体构件上注明材料成分的标准牌号。

第二十二条 农业生产者应当科学地使用化肥、农药、农用薄膜和饲料添加剂，改进种植和养殖技术，实现农产品的优质、无害和农业生产废物的资源化，防止农业环境污染。

禁止将有毒、有害废物用作肥料或者用于造田。

第二十三条 餐饮、娱乐、宾馆等服务性企业，应当采用节能、节水和其他有利于环境保护的技术和设备，减少使用或者不使用浪费资源、污染环境的消费品。

第二十四条 建筑工程应当采用节能、节水等有利于环境与资源保护的建筑设计方案、建筑和装修材料、建筑构配件及设备。

建筑和装修材料必须符合国家标准。禁止生产、销售和使用有毒、有害物质超过国家标准的建筑和装修材料。

第二十五条 矿产资源的勘查、开采，应当采用有利于合理利用资源、保护环境和防止污染的勘查、开采方法和工艺技术，提高资源利用水平。

第二十六条 企业应当在经济技术可行的条件下对生产和服务过程中产生的废物、余热等自行回收利用或者转让给有条件的其他企业和个人利用。

第二十七条 企业应当对生产和服务过程中的资源消耗以及废物的产生情况进行监测，并根据需要对生产和服务实施清洁生产审核。

有下列情形之一的企业，应当实施强制性清洁生产审核：

（一）污染物排放超过国家或者地方规定的排放标准，或者虽未超过国家或者地方规定的排放标准，但超过重点污染物排放总量控制指标的；

（二）超过单位产品能源消耗限额标准构成高耗能的；

（三）使用有毒、有害原料进行生产或者在生产中排放有毒、有害物质的。

污染物排放超过国家或者地方规定的排放标准的企业，应当按照环境保护相关法律的规定治理。

实施强制性清洁生产审核的企业，应当将审核结果向所在地县级以上地方人民政府负责清洁生产综合协调的部门、环境保护部门报告，并在本地区主要媒体上公布，接受公众监督，但涉及商业秘密的除外。

县级以上地方人民政府有关部门应当对企业实施强制性清洁生产审核的情况进行监督，必要时可以组织对企业实施清洁生产的效果进行评估验收，所需费用纳入同级政府预算。承担评估验收工作的部门或者单位不得向被评估验收企业收取费用。

实施清洁生产审核的具体办法，由国务院清洁生产综合协调部门、环境保护部门会同国务院有关部门制定。

第二十八条 本法第二十七条第二款规定以外的企业，可以自愿与清洁生产综合协调部门和环境保护部门签订进一步节约资源、削减污染物排放量的协议。该清洁生产综合协调部门和环境保护部门应当在本地区主要媒体上公布该企业的名称以及节约资源、防治污染的成果。

第二十九条 企业可以根据自愿原则，按照国家有关环境管理体系等认证的规定，委托经国务院认证认可监督管理部门认可的认证机构进行认证，提高清洁生产水平。

第四章 鼓励措施

第三十条 国家建立清洁生产表彰奖励制度。对在清洁生产工作中做出显著成绩的单位和个人，由人民政府给予表彰和奖励。

第三十一条 对从事清洁生产研究、示范和培训，实施国家清洁生产重点技术改造项目和本法第二十八条规定的自愿节约资源、削减污染物排放量协议中载明的技术改造项目，由县级以上人民政府给予资金支持。

第三十二条 在依照国家规定设立的中小企业发展基金中，应当根据需要安排适当数额用于支持中小企业实施清洁生产。

第三十三条 依法利用废物和从废物中回收原料生产产品的，按照国家规定享受税收优惠。

第三十四条 企业用于清洁生产审核和培训的费用，可以列入企业经营成本。

第五章 法律责任

第三十五条 清洁生产综合协调部门或者其他有关部门未依照本法规定履行职责的，对直接负责的主管人员和其他直接责任人员依法给予处分。

第三十六条 违反本法第十七条第二款规定，未按照规定公布能源消耗或者重点污染物产生、排放情况的，由县级以上地方人民政府负责清洁生产综合协调的部门、环境保护部门按照职责分工责令公布，可以处十万元以下的罚款。

第三十七条 违反本法第二十一条规定，未标注产品材料的成分或者不如实标注的，由县级以上地方人民政府质量技术监督部门责令限期改正；拒不改正的，处以五万元以下的罚款。

第三十八条 违反本法第二十四条第二款规定，生产、销售有毒、有害物质超过国家标准的建筑和装修材料的，依照产品质量法和有关民事、刑事法律的规定，追究行政、民事、刑事法律责任。

第三十九条 违反本法第二十七条第二款、第四款规定，不实施强制性清洁生产审核或者在清洁生产审核中弄虚作假的，或者实施强制性清洁生产审核的企业不报告或者不如实报告审核结果的，由县级以上地方人民政府负责清洁生产综合协调的部门、环境保护部门按照职责分工责令限期改正；

拒不改正的，处以五万元以上五十万元以下的罚款。

违反本法第二十七条第五款规定，承担评估验收工作的部门或者单位及其工作人员向被评估验收企业收取费用的，不如实评估验收或者在评估验收中弄虚作假的，或者利用职务上的便利谋取利益的，对直接负责的主管人员和其他直接责任人员依法给予处分；构成犯罪的，依法追究刑事责任。

第六章 附 则

第四十条 本法自2003年1月1日起施行。

中华人民共和国循环经济促进法

第一章 总 则

第一条 为了促进循环经济发展，提高资源利用效率，保护和改善环境，实现可持续发展，制定本法。

第二条 本法所称循环经济，是指在生产、流通和消费等过程中进行的减量化、再利用、资源化活动的总称。

本法所称减量化，是指在生产、流通和消费等过程中减少资源消耗和废物产生。

本法所称再利用，是指将废物直接作为产品或者经修复、翻新、再制造后继续作为产品使用，或者将废物的全部或者部分作为其他产品的部件予以使用。

本法所称资源化，是指将废物直接作为原料进行利用或者对废物进行再生利用。

第三条 发展循环经济是国家经济社会发展的一项重大战略，应当遵循统筹规划、合理布局，因地制宜、注重实效，政府推动、市场引导，企业实施、公众参与的方针。

第四条 发展循环经济应当在技术可行、经济合理和有利于节约资源、保护环境的前提下，按照减量化优先的原则实施。

在废物再利用和资源化过程中，应当保障生产安全，保证产品质量符合国家规定的标准，并防止产生再次污染。

第五条 国务院循环经济发展综合管理部门负责组织协调、监督管理全国循环经济发展工作；国务院生态环境等有关主管部门按照各自的职责负责有关循环经济的监督管理工作。

县级以上地方人民政府循环经济发展综合管理部门负责组织协调、监督管理本行政区域的循环经济发展工作；县级以上地方人民政府生态环境等有关主管部门按照各自的职责负责有关循环经济的监督管理工作。

第六条 国家制定产业政策，应当符合发展循环经济的要求。

县级以上人民政府编制国民经济和社会发展规划及年度计划，县级以上人民政府有关部门编制环境保护、科学技术等规划，应当包括发展循环经济的内容。

第七条 国家鼓励和支持开展循环经济科学技术的研究、开发和推广，鼓励开展循环经济宣传、教育、科学知识普及和国际合作。

第八条 县级以上人民政府应当建立发展循环经济的目标责任制，采取规划、财政、投资、政府采购等措施，促进循环经济发展。

第九条 企业事业单位应当建立健全管理制度，采取措施，降低资源消耗，减少废物的产生量和排放量，提高废物的再利用和资源化水平。

第十条 公民应当增强节约资源和保护环境意识，合理消费，节约资源。

国家鼓励和引导公民使用节能、节水、节材和有利于保护环境的产品及再生产品，减少废物的产生量和排放量。

公民有权举报浪费资源、破坏环境的行为，有权了解政府发展循环经济的信息并提出意见和建议。

第十一条　国家鼓励和支持行业协会在循环经济发展中发挥技术指导和服务作用。县级以上人民政府可以委托有条件的行业协会等社会组织开展促进循环经济发展的公共服务。

国家鼓励和支持中介机构、学会和其他社会组织开展循环经济宣传、技术推广和咨询服务，促进循环经济发展。

第二章　基本管理制度

第十二条　国务院循环经济发展综合管理部门会同国务院生态环境等有关主管部门编制全国循环经济发展规划，报国务院批准后公布施行。设区的市级以上地方人民政府循环经济发展综合管理部门会同本级人民政府生态环境等有关主管部门编制本行政区域循环经济发展规划，报本级人民政府批准后公布施行。

循环经济发展规划应当包括规划目标、适用范围、主要内容、重点任务和保障措施等，并规定资源产出率、废物再利用和资源化率等指标。

第十三条　县级以上地方人民政府应当依据上级人民政府下达的本行政区域主要污染物排放、建设用地和用水总量控制指标，规划和调整本行政区域的产业结构，促进循环经济发展。

新建、改建、扩建建设项目，必须符合本行政区域主要污染物排放、建设用地和用水总量控制指标的要求。

第十四条　国务院循环经济发展综合管理部门会同国务院统计、生态环境等有关主管部门建立和完善循环经济评价指标体系。

上级人民政府根据前款规定的循环经济主要评价指标，对下级人民政府发展循环经济的状况定期进行考核，并将主要评价指标完成情况作为对地方人民政府及其负责人考核评价的内容。

第十五条　生产列入强制回收名录的产品或者包装物的企业，必须对废弃的产品或者包装物负责回收；对其中可以利用的，由各该生产企业负责利用；对因不具备技术经济条件而不适合利用的，由各该生产企业负责无害化处置。

对前款规定的废弃产品或者包装物，生产者委托销售者或者其他组织进行回收的，或者委托废物利用或者处置企业进行利用或者处置的，受托方应当依照有关法律、行政法规的规定和合同的约定负责回收或者利用、处置。

对列入强制回收名录的产品和包装物，消费者应当将废弃的产品或者包装物交给生产者或者其委托回收的销售者或者其他组织。

强制回收的产品和包装物的名录及管理办法，由国务院循环经济发展综合管理部门规定。

第十六条　国家对钢铁、有色金属、煤炭、电力、石油加工、化工、建材、建筑、造纸、印染等行业年综合能源消费量、用水量超过国家规定总量的重点企业，实行能耗、水耗的重点监督管理制度。

重点能源消费单位的节能监督管理，依照《中华人民共和国节约能源法》的规定执行。

重点用水单位的监督管理办法，由国务院循环经济发展综合管理部门会同国务院有关部门规定。

第十七条　国家建立健全循环经济统计制度，加强资源消耗、综合利用和废物产生的统计管理，并将主要统计指标定期向社会公布。

国务院标准化主管部门会同国务院循环经济发展综合管理和生态环境等有关主管部门建立健全

循环经济标准体系，制定和完善节能、节水、节材和废物再利用、资源化等标准。

国家建立健全能源效率标识等产品资源消耗标识制度。

第三章 减量化

第十八条 国务院循环经济发展综合管理部门会同国务院生态环境等有关主管部门，定期发布鼓励、限制和淘汰的技术、工艺、设备、材料和产品名录。

禁止生产、进口、销售列入淘汰名录的设备、材料和产品，禁止使用列入淘汰名录的技术、工艺、设备和材料。

第十九条 从事工艺、设备、产品及包装物设计，应当按照减少资源消耗和废物产生的要求，优先选择采用易回收、易拆解、易降解、无毒无害或者低毒低害的材料和设计方案，并应当符合有关国家标准的强制性要求。

对在拆解和处置过程中可能造成环境污染的电器电子等产品，不得设计使用国家禁止使用的有毒有害物质。禁止在电器电子等产品中使用的有毒有害物质名录，由国务院循环经济发展综合管理部门会同国务院生态环境等有关主管部门制定。

设计产品包装物应当执行产品包装标准，防止过度包装造成资源浪费和环境污染。

第二十条 工业企业应当采用先进或者适用的节水技术、工艺和设备，制定并实施节水计划，加强节水管理，对生产用水进行全过程控制。

工业企业应当加强用水计量管理，配备和使用合格的用水计量器具，建立水耗统计和用水状况分析制度。

新建、改建、扩建建设项目，应当配套建设节水设施。节水设施应当与主体工程同时设计、同时施工、同时投产使用。

国家鼓励和支持沿海地区进行海水淡化和海水直接利用，节约淡水资源。

第二十一条 国家鼓励和支持企业使用高效节油产品。

电力、石油加工、化工、钢铁、有色金属和建材等企业，必须在国家规定的范围和期限内，以洁净煤、石油焦、天然气等清洁能源替代燃料油，停止使用不符合国家规定的燃油发电机组和燃油锅炉。

内燃机和机动车制造企业应当按照国家规定的内燃机和机动车燃油经济性标准，采用节油技术，减少石油产品消耗量。

第二十二条 开采矿产资源，应当统筹规划，制定合理的开发利用方案，采用合理的开采顺序、方法和选矿工艺。采矿许可证颁发机关应当对申请人提交的开发利用方案中的开采回采率、采矿贫化率、选矿回收率、矿山水循环利用率和土地复垦率等指标依法进行审查；审查不合格的，不予颁发采矿许可证。采矿许可证颁发机关应当依法加强对开采矿产资源的监督管理。

矿山企业在开采主要矿种的同时，应当对具有工业价值的共生和伴生矿实行综合开采、合理利用；对必须同时采出而暂时不能利用的矿产以及含有有用组分的尾矿，应当采取保护措施，防止资源损失和生态破坏。

第二十三条 建筑设计、建设、施工等单位应当按照国家有关规定和标准，对其设计、建设、施工的建筑物及构筑物采用节能、节水、节地、节材的技术工艺和小型、轻型、再生产品。有条件的地区，应当充分利用太阳能、地热能、风能等可再生能源。

国家鼓励利用无毒无害的固体废物生产建筑材料，鼓励使用散装水泥，推广使用预拌混凝土和预拌砂浆。

禁止损毁耕地烧砖。在国务院或者省、自治区、直辖市人民政府规定的期限和区域内，禁止生产、销售和使用黏土砖。

第二十四条 县级以上人民政府及其农业等主管部门应当推进土地集约利用，鼓励和支持农业生产者采用节水、节肥、节药的先进种植、养殖和灌溉技术，推动农业机械节能，优先发展生态农业。

在缺水地区，应当调整种植结构，优先发展节水型农业，推进雨水集蓄利用，建设和管护节水灌溉设施，提高用水效率，减少水的蒸发和漏失。

第二十五条 国家机关及使用财政性资金的其他组织应当厉行节约、杜绝浪费，带头使用节能、节水、节地、节材和有利于保护环境的产品、设备和设施，节约使用办公用品。国务院和县级以上地方人民政府管理机关事务工作的机构会同本级人民政府有关部门制定本级国家机关等机构的用能、用水定额指标，财政部门根据该定额指标制定支出标准。

城市人民政府和建筑物的所有者或者使用者，应当采取措施，加强建筑物维护管理，延长建筑物使用寿命。对符合城市规划和工程建设标准，在合理使用寿命内的建筑物，除为了公共利益的需要外，城市人民政府不得决定拆除。

第二十六条 餐饮、娱乐、宾馆等服务性企业，应当采用节能、节水、节材和有利于保护环境的产品，减少使用或者不使用浪费资源、污染环境的产品。

本法施行后新建的餐饮、娱乐、宾馆等服务性企业，应当采用节能、节水、节材和有利于保护环境的技术、设备和设施。

第二十七条 国家鼓励和支持使用再生水。在有条件使用再生水的地区，限制或者禁止将自来水作为城市道路清扫、城市绿化和景观用水使用。

第二十八条 国家在保障产品安全和卫生的前提下，限制一次性消费品的生产和销售。具体名录由国务院循环经济发展综合管理部门会同国务院财政、生态环境等有关主管部门制定。

对列入前款规定名录中的一次性消费品的生产和销售，由国务院财政、税务和对外贸易等主管部门制定限制性的税收和出口等措施。

第四章 再利用和资源化

第二十九条 县级以上人民政府应当统筹规划区域经济布局，合理调整产业结构，促进企业在资源综合利用等领域进行合作，实现资源的高效利用和循环使用。

各类产业园区应当组织区内企业进行资源综合利用，促进循环经济发展。

国家鼓励各类产业园区的企业进行废物交换利用、能量梯级利用、土地集约利用、水的分类利用和循环使用，共同使用基础设施和其他有关设施。

新建和改造各类产业园区应当依法进行环境影响评价，并采取生态保护和污染控制措施，确保本区域的环境质量达到规定的标准。

第三十条 企业应当按照国家规定，对生产过程中产生的粉煤灰、煤矸石、尾矿、废石、废料、废气等工业废物进行综合利用。

第三十一条 企业应当发展串联用水系统和循环用水系统，提高水的重复利用率。

企业应当采用先进技术、工艺和设备，对生产过程中产生的废水进行再生利用。

第三十二条 企业应当采用先进或者适用的回收技术、工艺和设备，对生产过程中产生的余热、余压等进行综合利用。

建设利用余热、余压、煤层气以及煤矸石、煤泥、垃圾等低热值燃料的并网发电项目，应当依照法律和国务院的规定取得行政许可或者报送备案。电网企业应当按照国家规定，与综合利用资源发电的企业签订并网协议，提供上网服务，并全额收购并网发电项目的上网电量。

第三十三条　建设单位应当对工程施工中产生的建筑废物进行综合利用；不具备综合利用条件的，应当委托具备条件的生产经营者进行综合利用或者无害化处置。

第三十四条　国家鼓励和支持农业生产者和相关企业采用先进或者适用技术，对农作物秸秆、畜禽粪便、农产品加工业副产品、废农用薄膜等进行综合利用，开发利用沼气等生物质能源。

第三十五条　县级以上人民政府及其林业草原主管部门应当积极发展生态林业，鼓励和支持林业生产者和相关企业采用木材节约和代用技术，开展林业废弃物和次小薪材、沙生灌木等综合利用，提高木材综合利用率。

第三十六条　国家支持生产经营者建立产业废物交换信息系统，促进企业交流产业废物信息。

企业对生产过程中产生的废物不具备综合利用条件的，应当提供给具备条件的生产经营者进行综合利用。

第三十七条　国家鼓励和推进废物回收体系建设。

地方人民政府应当按照城乡规划，合理布局废物回收网点和交易市场，支持废物回收企业和其他组织开展废物的收集、储存、运输及信息交流。

废物回收交易市场应当符合国家环境保护、安全和消防等规定。

第三十八条　对废电器电子产品、报废机动车船、废轮胎、废铅酸电池等特定产品进行拆解或者再利用，应当符合有关法律、行政法规的规定。

第三十九条　回收的电器电子产品，经过修复后销售的，必须符合再利用产品标准，并在显著位置标识为再利用产品。

回收的电器电子产品，需要拆解和再生利用的，应当交售给具备条件的拆解企业。

第四十条　国家支持企业开展机动车零部件、工程机械、机床等产品的再制造和轮胎翻新。

销售的再制造产品和翻新产品的质量必须符合国家规定的标准，并在显著位置标识为再制造产品或者翻新产品。

第四十一条　县级以上人民政府应当统筹规划建设城乡生活垃圾分类收集和资源化利用设施，建立和完善分类收集和资源化利用体系，提高生活垃圾资源化率。

县级以上人民政府应当支持企业建设污泥资源化利用和处置设施，提高污泥综合利用水平，防止产生再次污染。

第五章　激励措施

第四十二条　国务院和省、自治区、直辖市人民政府设立发展循环经济的有关专项资金，支持循环经济的科技研究开发、循环经济技术和产品的示范与推广、重大循环经济项目的实施、发展循环经济的信息服务等。具体办法由国务院财政部门会同国务院循环经济发展综合管理等有关主管部门制定。

第四十三条　国务院和省、自治区、直辖市人民政府及其有关部门应当将循环经济重大科技攻关项目的自主创新研究、应用示范和产业化发展列入国家或者省级科技发展规划和高技术产业发展规划，并安排财政性资金予以支持。

利用财政性资金引进循环经济重大技术、装备的，应当制定消化、吸收和创新方案，报有关主管部门审批并由其监督实施；有关主管部门应当根据实际需要建立协调机制，对重大技术、装备的引进和消化、吸收、创新实行统筹协调，并给予资金支持。

第四十四条 国家对促进循环经济发展的产业活动给予税收优惠，并运用税收等措施鼓励进口先进的节能、节水、节材等技术、设备和产品，限制在生产过程中耗能高、污染重的产品的出口。具体办法由国务院财政、税务主管部门制定。

企业使用或者生产列入国家清洁生产、资源综合利用等鼓励名录的技术、工艺、设备或者产品的，按照国家有关规定享受税收优惠。

第四十五条 县级以上人民政府循环经济发展综合管理部门在制定和实施投资计划时，应当将节能、节水、节地、节材、资源综合利用等项目列为重点投资领域。

对符合国家产业政策的节能、节水、节地、节材、资源综合利用等项目，金融机构应当给予优先贷款等信贷支持，并积极提供配套金融服务。

对生产、进口、销售或者使用列入淘汰名录的技术、工艺、设备、材料或者产品的企业，金融机构不得提供任何形式的授信支持。

第四十六条 国家实行有利于资源节约和合理利用的价格政策，引导单位和个人节约和合理使用水、电、气等资源性产品。

国务院和省、自治区、直辖市人民政府的价格主管部门应当按照国家产业政策，对资源高消耗行业中的限制类项目，实行限制性的价格政策。

对利用余热、余压、煤层气以及煤矸石、煤泥、垃圾等低热值燃料的并网发电项目，价格主管部门按照有利于资源综合利用的原则确定其上网电价。

省、自治区、直辖市人民政府可以根据本行政区域经济社会发展状况，实行垃圾排放收费制度。收取的费用专项用于垃圾分类、收集、运输、贮存、利用和处置，不得挪作他用。

国家鼓励通过以旧换新、押金等方式回收废物。

第四十七条 国家实行有利于循环经济发展的政府采购政策。使用财政性资金进行采购的，应当优先采购节能、节水、节材和有利于保护环境的产品及再生产品。

第四十八条 县级以上人民政府及其有关部门应当对在循环经济管理、科学技术研究、产品开发、示范和推广工作中做出显著成绩的单位和个人给予表彰和奖励。

企业事业单位应当对在循环经济发展中做出突出贡献的集体和个人给予表彰和奖励。

第六章　法律责任

第四十九条 县级以上人民政府循环经济发展综合管理部门或者其他有关主管部门发现违反本法的行为或者接到对违法行为的举报后不予查处，或者有其他不依法履行监督管理职责行为的，由本级人民政府或者上一级人民政府有关主管部门责令改正，对直接负责的主管人员和其他直接责任人员依法给予处分。

第五十条 生产、销售列入淘汰名录的产品、设备的，依照《中华人民共和国产品质量法》的规定处罚。

使用列入淘汰名录的技术、工艺、设备、材料的，由县级以上地方人民政府循环经济发展综合管理部门责令停止使用，没收违法使用的设备、材料，并处五万元以上二十万元以下的罚款；情节严重的，由县级以上人民政府循环经济发展综合管理部门提出意见，报请本级人民政府按照国务院规定的权限责令停业或者关闭。

违反本法规定，进口列入淘汰名录的设备、材料或者产品的，由海关责令退运，可以处十万元以上一百万元以下的罚款。进口者不明的，由承运人承担退运责任，或者承担有关处置费用。

第五十一条 违反本法规定，对在拆解或者处置过程中可能造成环境污染的电器电子等产品，设计使用列入国家禁止使用名录的有毒有害物质的，由县级以上地方人民政府市场监督管理部门责令限期改正；逾期不改正的，处二万元以上二十万元以下的罚款；情节严重的，依法吊销营业执照。

第五十二条 违反本法规定，电力、石油加工、化工、钢铁、有色金属和建材等企业未在规定的范围或者期限内停止使用不符合国家规定的燃油发电机组或者燃油锅炉的，由县级以上地方人民政府循环经济发展综合管理部门责令限期改正；逾期不改正的，责令拆除该燃油发电机组或者燃油锅炉，并处五万元以上五十万元以下的罚款。

第五十三条 违反本法规定，矿山企业未达到经依法审查确定的开采回采率、采矿贫化率、选矿回收率、矿山水循环利用率和土地复垦率等指标的，由县级以上人民政府地质矿产主管部门责令限期改正，处五万元以上五十万元以下的罚款；逾期不改正的，由采矿许可证颁发机关依法吊销采矿许可证。

第五十四条 违反本法规定，在国务院或者省、自治区、直辖市人民政府规定禁止生产、销售、使用黏土砖的期限或者区域内生产、销售或者使用黏土砖的，由县级以上地方人民政府指定的部门责令限期改正；有违法所得的，没收违法所得；逾期继续生产、销售的，由地方人民政府市场监督管理部门依法吊销营业执照。

第五十五条 违反本法规定，电网企业拒不收购企业利用余热、余压、煤层气以及煤矸石、煤泥、垃圾等低热值燃料生产的电力的，由国家电力监管机构责令限期改正；造成企业损失的，依法承担赔偿责任。

第五十六条 违反本法规定，有下列行为之一的，由地方人民政府市场监督管理部门责令限期改正，可以处五千元以上五万元以下的罚款；逾期不改正的，依法吊销营业执照；造成损失的，依法承担赔偿责任：

（一）销售没有再利用产品标识的再利用电器电子产品的；

（二）销售没有再制造或者翻新产品标识的再制造或者翻新产品的。

第五十七条 违反本法规定，构成犯罪的，依法追究刑事责任。

第七章 附 则

第五十八条 本法自2009年1月1日起施行。

中华人民共和国可再生能源法

第一章　总　则

第一条　为了促进可再生能源的开发利用，增加能源供应，改善能源结构，保障能源安全，保护环境，实现经济社会的可持续发展，制定本法。

第二条　本法所称可再生能源，是指风能、太阳能、水能、生物质能、地热能、海洋能等非化石能源。

水力发电对本法的适用，由国务院能源主管部门规定，报国务院批准。

通过低效率炉灶直接燃烧方式利用秸秆、薪柴、粪便等，不适用本法。

第三条　本法适用于中华人民共和国领域和管辖的其他海域。

第四条　国家将可再生能源的开发利用列为能源发展的优先领域，通过制定可再生能源开发利用总量目标和采取相应措施，推动可再生能源市场的建立和发展。

国家鼓励各种所有制经济主体参与可再生能源的开发利用，依法保护可再生能源开发利用者的合法权益。

第五条　国务院能源主管部门对全国可再生能源的开发利用实施统一管理。国务院有关部门在各自的职责范围内负责有关的可再生能源开发利用管理工作。

县级以上地方人民政府管理能源工作的部门负责本行政区域内可再生能源开发利用的管理工作。县级以上地方人民政府有关部门在各自的职责范围内负责有关的可再生能源开发利用管理工作。

第二章　资源调查与发展规划

第六条　国务院能源主管部门负责组织和协调全国可再生能源资源的调查，并会同国务院有关部门组织制定资源调查的技术规范。

国务院有关部门在各自的职责范围内负责相关可再生能源资源的调查，调查结果报国务院能源主管部门汇总。

可再生能源资源的调查结果应当公布；但是，国家规定需要保密的内容除外。

第七条　国务院能源主管部门根据全国能源需求与可再生能源资源实际状况，制定全国可再生能源开发利用中长期总量目标，报国务院批准后执行，并予公布。

国务院能源主管部门根据前款规定的总量目标和省、自治区、直辖市经济发展与可再生能源资源实际状况，会同省、自治区、直辖市人民政府确定各行政区域可再生能源开发利用中长期目标，并予公布。

第八条　国务院能源主管部门会同国务院有关部门，根据全国可再生能源开发利用中长期总量目标和可再生能源技术发展状况，编制全国可再生能源开发利用规划，报国务院批准后实施。

国务院有关部门应当制定有利于促进全国可再生能源开发利用中长期总量目标实现的相关规划。

省、自治区、直辖市人民政府管理能源工作的部门会同本级人民政府有关部门，依据全国可再生能源开发利用规划和本行政区域可再生能源开发利用中长期目标，编制本行政区域可再生能源开发利用规划，经本级人民政府批准后，报国务院能源主管部门和国家电力监管机构备案，并组织实施。

经批准的规划应当公布；但是，国家规定需要保密的内容除外。

经批准的规划需要修改的，须经原批准机关批准。

第九条 编制可再生能源开发利用规划，应当遵循因地制宜、统筹兼顾、合理布局、有序发展的原则，对风能、太阳能、水能、生物质能、地热能、海洋能等可再生能源的开发利用作出统筹安排。规划内容应当包括发展目标、主要任务、区域布局、重点项目、实施进度、配套电网建设、服务体系和保障措施等。

组织编制机关应当征求有关单位、专家和公众的意见，进行科学论证。

第三章 产业指导与技术支持

第十条 国务院能源主管部门根据全国可再生能源开发利用规划，制定、公布可再生能源产业发展指导目录。

第十一条 国务院标准化行政主管部门应当制定、公布国家可再生能源电力的并网技术标准和其他需要在全国范围内统一技术要求的有关可再生能源技术和产品的国家标准。

对前款规定的国家标准中未作规定的技术要求，国务院有关部门可以制定相关的行业标准，并报国务院标准化行政主管部门备案。

第十二条 国家将可再生能源开发利用的科学技术研究和产业化发展列为科技发展与高技术产业发展的优先领域，纳入国家科技发展规划和高技术产业发展规划，并安排资金支持可再生能源开发利用的科学技术研究、应用示范和产业化发展，促进可再生能源开发利用的技术进步，降低可再生能源产品的生产成本，提高产品质量。

国务院教育行政部门应当将可再生能源知识和技术纳入普通教育、职业教育课程。

第四章 推广与应用

第十三条 国家鼓励和支持可再生能源并网发电。

建设可再生能源并网发电项目，应当依照法律和国务院的规定取得行政许可或者报送备案。

建设应当取得行政许可的可再生能源并网发电项目，有多人申请同一项目许可的，应当依法通过招标确定被许可人。

第十四条 国家实行可再生能源发电全额保障性收购制度。

国务院能源主管部门会同国家电力监管机构和国务院财政部门，按照全国可再生能源开发利用规划，确定在规划期内应当达到的可再生能源发电量占全部发电量的比重，制定电网企业优先调度和全额收购可再生能源发电的具体办法，并由国务院能源主管部门会同国家电力监管机构在年度中督促落实。

电网企业应当与按照可再生能源开发利用规划建设，依法取得行政许可或者报送备案的可再生能源发电企业签订并网协议，全额收购其电网覆盖范围内符合并网技术标准的可再生能源并网发电项目的上网电量。发电企业有义务配合电网企业保障电网安全。

电网企业应当加强电网建设，扩大可再生能源电力配置范围，发展和应用智能电网、储能等技术，完善电网运行管理，提高吸纳可再生能源电力的能力，为可再生能源发电提供上网服务。

第十五条 国家扶持在电网未覆盖的地区建设可再生能源独立电力系统，为当地生产和生活提供电力服务。

第十六条 国家鼓励清洁、高效地开发利用生物质燃料，鼓励发展能源作物。

利用生物质资源生产的燃气和热力，符合城市燃气管网、热力管网的入网技术标准的，经营燃气管网、热力管网的企业应当接收其入网。

国家鼓励生产和利用生物液体燃料。石油销售企业应当按照国务院能源主管部门或者省级人民政府的规定，将符合国家标准的生物液体燃料纳入其燃料销售体系。

第十七条 国家鼓励单位和个人安装和使用太阳能热水系统、太阳能供热采暖和制冷系统、太阳能光伏发电系统等太阳能利用系统。

国务院建设行政主管部门会同国务院有关部门制定太阳能利用系统与建筑结合的技术经济政策和技术规范。

房地产开发企业应当根据前款规定的技术规范，在建筑物的设计和施工中，为太阳能利用提供必备条件。

对已建成的建筑物，住户可以在不影响其质量与安全的前提下安装符合技术规范和产品标准的太阳能利用系统；但是，当事人另有约定的除外。

第十八条 国家鼓励和支持农村地区的可再生能源开发利用。

县级以上地方人民政府管理能源工作的部门会同有关部门，根据当地经济社会发展、生态保护和卫生综合治理需要等实际情况，制定农村地区可再生能源发展规划，因地制宜地推广应用沼气等生物质资源转化、户用太阳能、小型风能、小型水能等技术。

县级以上人民政府应当对农村地区的可再生能源利用项目提供财政支持。

第五章 价格管理与费用补偿

第十九条 可再生能源发电项目的上网电价，由国务院价格主管部门根据不同类型可再生能源发电的特点和不同地区的情况，按照有利于促进可再生能源开发利用和经济合理的原则确定，并根据可再生能源开发利用技术的发展适时调整。上网电价应当公布。

依照本法第十三条第三款规定实行招标的可再生能源发电项目的上网电价，按照中标确定的价格执行；但是，不得高于依照前款规定确定的同类可再生能源发电项目的上网电价水平。

第二十条 电网企业依照本法第十九条规定确定的上网电价收购可再生能源电量所发生的费用，高于按照常规能源发电平均上网电价计算所发生费用之间的差额，由在全国范围对销售电量征收可再生能源电价附加补偿。

第二十一条 电网企业为收购可再生能源电量而支付的合理的接网费用以及其他合理的相关费用，可以计入电网企业输电成本，并从销售电价中回收。

第二十二条 国家投资或者补贴建设的公共可再生能源独立电力系统的销售电价，执行同一地区分类销售电价，其合理的运行和管理费用超出销售电价的部分，依照本法第二十条的规定补偿。

第二十三条 进入城市管网的可再生能源热力和燃气的价格，按照有利于促进可再生能源开发利用和经济合理的原则，根据价格管理权限确定。

第六章 经济激励与监督措施

第二十四条 国家财政设立可再生能源发展基金，资金来源包括国家财政年度安排的专项资金和依法征收的可再生能源电价附加收入等。

可再生能源发展基金用于补偿本法第二十条、第二十二条规定的差额费用，并用于支持以下事项：

（一）可再生能源开发利用的科学技术研究、标准制定和示范工程；

（二）农村、牧区的可再生能源利用项目；

（三）偏远地区和海岛可再生能源独立电力系统建设；

（四）可再生能源的资源勘查、评价和相关信息系统建设；

（五）促进可再生能源开发利用设备的本地化生产。

本法第二十一条规定的接网费用以及其他相关费用，电网企业不能通过销售电价回收的，可以申请可再生能源发展基金补助。

可再生能源发展基金征收使用管理的具体办法，由国务院财政部门会同国务院能源、价格主管部门制定。

第二十五条 对列入国家可再生能源产业发展指导目录、符合信贷条件的可再生能源开发利用项目，金融机构可以提供有财政贴息的优惠贷款。

第二十六条 国家对列入可再生能源产业发展指导目录的项目给予税收优惠。具体办法由国务院规定。

第二十七条 电力企业应当真实、完整地记载和保存可再生能源发电的有关资料，并接受电力监管机构的检查和监督。

电力监管机构进行检查时，应当依照规定的程序进行，并为被检查单位保守商业秘密和其他秘密。

第七章 法律责任

第二十八条 国务院能源主管部门和县级以上地方人民政府管理能源工作的部门和其他有关部门在可再生能源开发利用监督管理工作中，违反本法规定，有下列行为之一的，由本级人民政府或者上级人民政府有关部门责令改正，对负有责任的主管人员和其他直接责任人员依法给予行政处分；构成犯罪的，依法追究刑事责任：

（一）不依法作出行政许可决定的；

（二）发现违法行为不予查处的；

（三）有不依法履行监督管理职责的其他行为的。

第二十九条 违反本法第十四条规定，电网企业未按照规定完成收购可再生能源电量，造成可再生能源发电企业经济损失的，应当承担赔偿责任，并由国家电力监管机构责令限期改正；拒不改正的，处以可再生能源发电企业经济损失额一倍以下的罚款。

第三十条 违反本法第十六条第二款规定，经营燃气管网、热力管网的企业不准许符合入网技术标准的燃气、热力入网，造成燃气、热力生产企业经济损失的，应当承担赔偿责任，并由省级人民政府管理能源工作的部门责令限期改正；拒不改正的，处以燃气、热力生产企业经济损失额一倍以下的罚款。

第三十一条 违反本法第十六条第三款规定，石油销售企业未按照规定将符合国家标准的生物液体燃料纳入其燃料销售体系，造成生物液体燃料生产企业经济损失的，应当承担赔偿责任，并由国务院能源主管部门或者省级人民政府管理能源工作的部门责令限期改正；拒不改正的，处以生物液体燃料生产企业经济损失额一倍以下的罚款。

第八章 附 则

第三十二条 本法中下列用语的含义：

（一）生物质能，是指利用自然界的植物、粪便以及城乡有机废物转化成的能源。

（二）可再生能源独立电力系统，是指不与电网连接的单独运行的可再生能源电力系统。

（三）能源作物，是指经专门种植，用以提供能源原料的草本和木本植物。

（四）生物液体燃料，是指利用生物质资源生产的甲醇、乙醇和生物柴油等液体燃料。

第三十三条 本法自2006年1月1日起施行。

中华人民共和国节约能源法

第一章 总 则

第一条 为了推动全社会节约能源，提高能源利用效率，保护和改善环境，促进经济社会全面协调可持续发展，制定本法。

第二条 本法所称能源，是指煤炭、石油、天然气、生物质能和电力、热力以及其他直接或者通过加工、转换而取得有用能的各种资源。

第三条 本法所称节约能源（以下简称节能），是指加强用能管理，采取技术上可行、经济上合理以及环境和社会可以承受的措施，从能源生产到消费的各个环节，降低消耗、减少损失和污染物排放、制止浪费，有效、合理地利用能源。

第四条 节约资源是我国的基本国策。国家实施节约与开发并举、把节约放在首位的能源发展战略。

第五条 国务院和县级以上地方各级人民政府应当将节能工作纳入国民经济和社会发展规划、年度计划，并组织编制和实施节能中长期专项规划、年度节能计划。

国务院和县级以上地方各级人民政府每年向本级人民代表大会或者其常务委员会报告节能工作。

第六条 国家实行节能目标责任制和节能考核评价制度，将节能目标完成情况作为对地方人民政府及其负责人考核评价的内容。

省、自治区、直辖市人民政府每年向国务院报告节能目标责任的履行情况。

第七条 国家实行有利于节能和环境保护的产业政策，限制发展高耗能、高污染行业，发展节能环保型产业。

国务院和省、自治区、直辖市人民政府应当加强节能工作，合理调整产业结构、企业结构、产品结构和能源消费结构，推动企业降低单位产值能耗和单位产品能耗，淘汰落后的生产能力，改进能源的开发、加工、转换、输送、储存和供应，提高能源利用效率。

国家鼓励、支持开发和利用新能源、可再生能源。

第八条 国家鼓励、支持节能科学技术的研究、开发、示范和推广，促进节能技术创新与进步。

国家开展节能宣传和教育，将节能知识纳入国民教育和培训体系，普及节能科学知识，增强全民的节能意识，提倡节约型的消费方式。

第九条 任何单位和个人都应当依法履行节能义务，有权检举浪费能源的行为。

新闻媒体应当宣传节能法律、法规和政策，发挥舆论监督作用。

第十条 国务院管理节能工作的部门主管全国的节能监督管理工作。国务院有关部门在各自的职责范围内负责节能监督管理工作，并接受国务院管理节能工作的部门的指导。

县级以上地方各级人民政府管理节能工作的部门负责本行政区域内的节能监督管理工作。县级以上地方各级人民政府有关部门在各自的职责范围内负责节能监督管理工作，并接受同级管理节能工作的部门的指导。

第二章　节能管理

第十一条　国务院和县级以上地方各级人民政府应当加强对节能工作的领导，部署、协调、监督、检查、推动节能工作。

第十二条　县级以上人民政府管理节能工作的部门和有关部门应当在各自的职责范围内，加强对节能法律、法规和节能标准执行情况的监督检查，依法查处违法用能行为。

履行节能监督管理职责不得向监督管理对象收取费用。

第十三条　国务院标准化主管部门和国务院有关部门依法组织制定并适时修订有关节能的国家标准、行业标准，建立健全节能标准体系。

国务院标准化主管部门会同国务院管理节能工作的部门和国务院有关部门制定强制性的用能产品、设备能源效率标准和生产过程中耗能高的产品的单位产品能耗限额标准。

国家鼓励企业制定严于国家标准、行业标准的企业节能标准。

省、自治区、直辖市制定严于强制性国家标准、行业标准的地方节能标准，由省、自治区、直辖市人民政府报经国务院批准；本法另有规定的除外。

第十四条　建筑节能的国家标准、行业标准由国务院建设主管部门组织制定，并依照法定程序发布。

省、自治区、直辖市人民政府建设主管部门可以根据本地实际情况，制定严于国家标准或者行业标准的地方建筑节能标准，并报国务院标准化主管部门和国务院建设主管部门备案。

第十五条　国家实行固定资产投资项目节能评估和审查制度。不符合强制性节能标准的项目，建设单位不得开工建设；已经建成的，不得投入生产、使用。政府投资项目不符合强制性节能标准的，依法负责项目审批的机关不得批准建设。具体办法由国务院管理节能工作的部门会同国务院有关部门制定。

第十六条　国家对落后的耗能过高的用能产品、设备和生产工艺实行淘汰制度。淘汰的用能产品、设备、生产工艺的目录和实施办法，由国务院管理节能工作的部门会同国务院有关部门制定并公布。

生产过程中耗能高的产品的生产单位，应当执行单位产品能耗限额标准。对超过单位产品能耗限额标准用能的生产单位，由管理节能工作的部门按照国务院规定的权限责令限期治理。

对高耗能的特种设备，按照国务院的规定实行节能审查和监管。

第十七条　禁止生产、进口、销售国家明令淘汰或者不符合强制性能源效率标准的用能产品、设备；禁止使用国家明令淘汰的用能设备、生产工艺。

第十八条　国家对家用电器等使用面广、耗能量大的用能产品，实行能源效率标识管理。实行能源效率标识管理的产品目录和实施办法，由国务院管理节能工作的部门会同国务院市场监督管理部门制定并公布。

第十九条　生产者和进口商应当对列入国家能源效率标识管理产品目录的用能产品标注能源效率标识，在产品包装物上或者说明书中予以说明，并按照规定报国务院市场监督管理部门和国务院管理节能工作的部门共同授权的机构备案。

生产者和进口商应当对其标注的能源效率标识及相关信息的准确性负责。禁止销售应当标注而未标注能源效率标识的产品。

禁止伪造、冒用能源效率标识或者利用能源效率标识进行虚假宣传。

第二十条　用能产品的生产者、销售者，可以根据自愿原则，按照国家有关节能产品认证的规定，向经国务院认证认可监督管理部门认可的从事节能产品认证的机构提出节能产品认证申请；经认证合格后，取得节能产品认证证书，可以在用能产品或者其包装物上使用节能产品认证标志。

禁止使用伪造的节能产品认证标志或者冒用节能产品认证标志。

第二十一条　县级以上各级人民政府统计部门应当会同同级有关部门，建立健全能源统计制度，完善能源统计指标体系，改进和规范能源统计方法，确保能源统计数据真实、完整。

国务院统计部门会同国务院管理节能工作的部门，定期向社会公布各省、自治区、直辖市以及主要耗能行业的能源消费和节能情况等信息。

第二十二条　国家鼓励节能服务机构的发展，支持节能服务机构开展节能咨询、设计、评估、检测、审计、认证等服务。

国家支持节能服务机构开展节能知识宣传和节能技术培训，提供节能信息、节能示范和其他公益性节能服务。

第二十三条　国家鼓励行业协会在行业节能规划、节能标准的制定和实施、节能技术推广、能源消费统计、节能宣传培训和信息咨询等方面发挥作用。

第三章　合理使用与节约能源

第一节　一般规定

第二十四条　用能单位应当按照合理用能的原则，加强节能管理，制定并实施节能计划和节能技术措施，降低能源消耗。

第二十五条　用能单位应当建立节能目标责任制，对节能工作取得成绩的集体、个人给予奖励。

第二十六条　用能单位应当定期开展节能教育和岗位节能培训。

第二十七条　用能单位应当加强能源计量管理，按照规定配备和使用经依法检定合格的能源计量器具。

用能单位应当建立能源消费统计和能源利用状况分析制度，对各类能源的消费实行分类计量和统计，并确保能源消费统计数据真实、完整。

第二十八条　能源生产经营单位不得向本单位职工无偿提供能源。任何单位不得对能源消费实行包费制。

第二节　工业节能

第二十九条　国务院和省、自治区、直辖市人民政府推进能源资源优化开发利用和合理配置，推进有利于节能的行业结构调整，优化用能结构和企业布局。

第三十条　国务院管理节能工作的部门会同国务院有关部门制定电力、钢铁、有色金属、建材、石油加工、化工、煤炭等主要耗能行业的节能技术政策，推动企业节能技术改造。

第三十一条　国家鼓励工业企业采用高效、节能的电动机、锅炉、窑炉、风机、泵类等设备，采用热电联产、余热余压利用、洁净煤以及先进的用能监测和控制等技术。

第三十二条　电网企业应当按照国务院有关部门制定的节能发电调度管理的规定，安排清洁、高效和符合规定的热电联产、利用余热余压发电的机组以及其他符合资源综合利用规定的发电机组与电网并网运行，上网电价执行国家有关规定。

第三十三条 禁止新建不符合国家规定的燃煤发电机组、燃油发电机组和燃煤热电机组。

第三节 建筑节能

第三十四条 国务院建设主管部门负责全国建筑节能的监督管理工作。

县级以上地方各级人民政府建设主管部门负责本行政区域内建筑节能的监督管理工作。

县级以上地方各级人民政府建设主管部门会同同级管理节能工作的部门编制本行政区域内的建筑节能规划。建筑节能规划应当包括既有建筑节能改造计划。

第三十五条 建筑工程的建设、设计、施工和监理单位应当遵守建筑节能标准。

不符合建筑节能标准的建筑工程，建设主管部门不得批准开工建设；已经开工建设的，应当责令停止施工、限期改正；已经建成的，不得销售或者使用。

建设主管部门应当加强对在建建筑工程执行建筑节能标准情况的监督检查。

第三十六条 房地产开发企业在销售房屋时，应当向购买人明示所售房屋的节能措施、保温工程保修期等信息，在房屋买卖合同、质量保证书和使用说明书中载明，并对其真实性、准确性负责。

第三十七条 使用空调采暖、制冷的公共建筑应当实行室内温度控制制度。具体办法由国务院建设主管部门制定。

第三十八条 国家采取措施，对实行集中供热的建筑分步骤实行供热分户计量、按照用热量收费的制度。新建建筑或者对既有建筑进行节能改造，应当按照规定安装用热计量装置、室内温度调控装置和供热系统调控装置。具体办法由国务院建设主管部门会同国务院有关部门制定。

第三十九条 县级以上地方各级人民政府有关部门应当加强城市节约用电管理，严格控制公用设施和大型建筑物装饰性景观照明的能耗。

第四十条 国家鼓励在新建建筑和既有建筑节能改造中使用新型墙体材料等节能建筑材料和节能设备，安装和使用太阳能等可再生能源利用系统。

第四节 交通运输节能

第四十一条 国务院有关交通运输主管部门按照各自的职责负责全国交通运输相关领域的节能监督管理工作。

国务院有关交通运输主管部门会同国务院管理节能工作的部门分别制定相关领域的节能规划。

第四十二条 国务院及其有关部门指导、促进各种交通运输方式协调发展和有效衔接，优化交通运输结构，建设节能型综合交通运输体系。

第四十三条 县级以上地方各级人民政府应当优先发展公共交通，加大对公共交通的投入，完善公共交通服务体系，鼓励利用公共交通工具出行；鼓励使用非机动交通工具出行。

第四十四条 国务院有关交通运输主管部门应当加强交通运输组织管理，引导道路、水路、航空运输企业提高运输组织化程度和集约化水平，提高能源利用效率。

第四十五条 国家鼓励开发、生产、使用节能环保型汽车、摩托车、铁路机车车辆、船舶和其他交通运输工具，实行老旧交通运输工具的报废、更新制度。

国家鼓励开发和推广应用交通运输工具使用的清洁燃料、石油替代燃料。

第四十六条 国务院有关部门制定交通运输营运车船的燃料消耗量限值标准；不符合标准的，不得用于营运。

国务院有关交通运输主管部门应当加强对交通运输营运车船燃料消耗检测的监督管理。

第五节 公共机构节能

第四十七条 公共机构应当厉行节约，杜绝浪费，带头使用节能产品、设备，提高能源利用效率。

本法所称公共机构，是指全部或者部分使用财政性资金的国家机关、事业单位和团体组织。

第四十八条 国务院和县级以上地方各级人民政府管理机关事务工作的机构会同同级有关部门制定和组织实施本级公共机构节能规划。公共机构节能规划应当包括公共机构既有建筑节能改造计划。

第四十九条 公共机构应当制定年度节能目标和实施方案，加强能源消费计量和监测管理，向本级人民政府管理机关事务工作的机构报送上年度的能源消费状况报告。

国务院和县级以上地方各级人民政府管理机关事务工作的机构会同同级有关部门按照管理权限，制定本级公共机构的能源消耗定额，财政部门根据该定额制定能源消耗支出标准。

第五十条 公共机构应当加强本单位用能系统管理，保证用能系统的运行符合国家相关标准。

公共机构应当按照规定进行能源审计，并根据能源审计结果采取提高能源利用效率的措施。

第五十一条 公共机构采购用能产品、设备，应当优先采购列入节能产品、设备政府采购名录中的产品、设备。禁止采购国家明令淘汰的用能产品、设备。

节能产品、设备政府采购名录由省级以上人民政府的政府采购监督管理部门会同同级有关部门制定并公布。

第六节 重点用能单位节能

第五十二条 国家加强对重点用能单位的节能管理。

下列用能单位为重点用能单位：

（一）年综合能源消费总量一万吨标准煤以上的用能单位；

（二）国务院有关部门或者省、自治区、直辖市人民政府管理节能工作的部门指定的年综合能源消费总量五千吨以上不满一万吨标准煤的用能单位。

重点用能单位节能管理办法，由国务院管理节能工作的部门会同国务院有关部门制定。

第五十三条 重点用能单位应当每年向管理节能工作的部门报送上年度的能源利用状况报告。能源利用状况包括能源消费情况、能源利用效率、节能目标完成情况和节能效益分析、节能措施等内容。

第五十四条 管理节能工作的部门应当对重点用能单位报送的能源利用状况报告进行审查。对节能管理制度不健全、节能措施不落实、能源利用效率低的重点用能单位，管理节能工作的部门应当开展现场调查，组织实施用能设备能源效率检测，责令实施能源审计，并提出书面整改要求，限期整改。

第五十五条 重点用能单位应当设立能源管理岗位，在具有节能专业知识、实际经验以及中级以上技术职称的人员中聘任能源管理负责人，并报管理节能工作的部门和有关部门备案。

能源管理负责人负责组织对本单位用能状况进行分析、评价，组织编写本单位能源利用状况报告，提出本单位节能工作的改进措施并组织实施。

能源管理负责人应当接受节能培训。

第四章 节能技术进步

第五十六条 国务院管理节能工作的部门会同国务院科技主管部门发布节能技术政策大纲，指导节能技术研究、开发和推广应用。

第五十七条 县级以上各级人民政府应当把节能技术研究开发作为政府科技投入的重点领域，支持科研单位和企业开展节能技术应用研究，制定节能标准，开发节能共性和关键技术，促进节能技术创新与成果转化。

第五十八条 国务院管理节能工作的部门会同国务院有关部门制定并公布节能技术、节能产品的推广目录，引导用能单位和个人使用先进的节能技术、节能产品。

国务院管理节能工作的部门会同国务院有关部门组织实施重大节能科研项目、节能示范项目、重点节能工程。

第五十九条 县级以上各级人民政府应当按照因地制宜、多能互补、综合利用、讲求效益的原则，加强农业和农村节能工作，增加对农业和农村节能技术、节能产品推广应用的资金投入。

农业、科技等有关主管部门应当支持、推广在农业生产、农产品加工储运等方面应用节能技术和节能产品，鼓励更新和淘汰高耗能的农业机械和渔业船舶。

国家鼓励、支持在农村大力发展沼气，推广生物质能、太阳能和风能等可再生能源利用技术，按照科学规划、有序开发的原则发展小型水力发电，推广节能型的农村住宅和炉灶等，鼓励利用非耕地种植能源植物，大力发展薪炭林等能源林。

第五章 激励措施

第六十条 中央财政和省级地方财政安排节能专项资金，支持节能技术研究开发、节能技术和产品的示范与推广、重点节能工程的实施、节能宣传培训、信息服务和表彰奖励等。

第六十一条 国家对生产、使用列入本法第五十八条规定的推广目录的需要支持的节能技术、节能产品，实行税收优惠等扶持政策。

国家通过财政补贴支持节能照明器具等节能产品的推广和使用。

第六十二条 国家实行有利于节约能源资源的税收政策，健全能源矿产资源有偿使用制度，促进能源资源的节约及其开采利用水平的提高。

第六十三条 国家运用税收等政策，鼓励先进节能技术、设备的进口，控制在生产过程中耗能高、污染重的产品的出口。

第六十四条 政府采购监督管理部门会同有关部门制定节能产品、设备政府采购名录，应当优先列入取得节能产品认证证书的产品、设备。

第六十五条 国家引导金融机构增加对节能项目的信贷支持，为符合条件的节能技术研究开发、节能产品生产以及节能技术改造等项目提供优惠贷款。

国家推动和引导社会有关方面加大对节能的资金投入，加快节能技术改造。

第六十六条 国家实行有利于节能的价格政策，引导用能单位和个人节能。

国家运用财税、价格等政策，支持推广电力需求侧管理、合同能源管理、节能自愿协议等节能办法。

国家实行峰谷分时电价、季节性电价、可中断负荷电价制度，鼓励电力用户合理调整用电负荷；对钢铁、有色金属、建材、化工和其他主要耗能行业的企业，分淘汰、限制、允许和鼓励类实行差别电价政策。

第六十七条 各级人民政府对在节能管理、节能科学技术研究和推广应用中有显著成绩以及检举严重浪费能源行为的单位和个人，给予表彰和奖励。

第六章 法律责任

第六十八条 负责审批政府投资项目的机关违反本法规定，对不符合强制性节能标准的项目予以批准建设的，对直接负责的主管人员和其他直接责任人员依法给予处分。

固定资产投资项目建设单位开工建设不符合强制性节能标准的项目或者将该项目投入生产、使用的，由管理节能工作的部门责令停止建设或者停止生产、使用，限期改造；不能改造或者逾期不改造的生产性项目，由管理节能工作的部门报请本级人民政府按照国务院规定的权限责令关闭。

第六十九条 生产、进口、销售国家明令淘汰的用能产品、设备的，使用伪造的节能产品认证标志或者冒用节能产品认证标志的，依照《中华人民共和国产品质量法》的规定处罚。

第七十条 生产、进口、销售不符合强制性能源效率标准的用能产品、设备的，由市场监督管理部门责令停止生产、进口、销售，没收违法生产、进口、销售的用能产品、设备和违法所得，并处违法所得一倍以上五倍以下罚款；情节严重的，吊销营业执照。

第七十一条 使用国家明令淘汰的用能设备或者生产工艺的，由管理节能工作的部门责令停止使用，没收国家明令淘汰的用能设备；情节严重的，可以由管理节能工作的部门提出意见，报请本级人民政府按照国务院规定的权限责令停业整顿或者关闭。

第七十二条 生产单位超过单位产品能耗限额标准用能，情节严重，经限期治理逾期不治理或者没有达到治理要求的，可以由管理节能工作的部门提出意见，报请本级人民政府按照国务院规定的权限责令停业整顿或者关闭。

第七十三条 违反本法规定，应当标注能源效率标识而未标注的，由市场监督管理部门责令改正，处三万元以上五万元以下罚款。

违反本法规定，未办理能源效率标识备案，或者使用的能源效率标识不符合规定的，由市场监督管理部门责令限期改正；逾期不改正的，处一万元以上三万元以下罚款。

伪造、冒用能源效率标识或者利用能源效率标识进行虚假宣传的，由市场监督管理部门责令改正，处五万元以上十万元以下罚款；情节严重的，吊销营业执照。

第七十四条 用能单位未按照规定配备、使用能源计量器具的，由市场监督管理部门责令限期改正；逾期不改正的，处一万元以上五万元以下罚款。

第七十五条 瞒报、伪造、篡改能源统计资料或者编造虚假能源统计数据的，依照《中华人民共和国统计法》的规定处罚。

第七十六条 从事节能咨询、设计、评估、检测、审计、认证等服务的机构提供虚假信息的，由管理节能工作的部门责令改正，没收违法所得，并处五万元以上十万元以下罚款。

第七十七条 违反本法规定，无偿向本单位职工提供能源或者对能源消费实行包费制的，由管理节能工作的部门责令限期改正；逾期不改正的，处五万元以上二十万元以下罚款。

第七十八条 电网企业未按照本法规定安排符合规定的热电联产和利用余热余压发电的机组与电网并网运行，或者未执行国家有关上网电价规定的，由国家电力监管机构责令改正；造成发电企业经济损失的，依法承担赔偿责任。

第七十九条 建设单位违反建筑节能标准的，由建设主管部门责令改正，处二十万元以上五十万元以下罚款。

设计单位、施工单位、监理单位违反建筑节能标准的，由建设主管部门责令改正，处十万元以上五十万元以下罚款；情节严重的，由颁发资质证书的部门降低资质等级或者吊销资质证书；造成损失的，依法承担赔偿责任。

第八十条 房地产开发企业违反本法规定，在销售房屋时未向购买人明示所售房屋的节能措施、保温工程保修期等信息的，由建设主管部门责令限期改正，逾期不改正的，处三万元以上五万元以下罚款；对以上信息作虚假宣传的，由建设主管部门责令改正，处五万元以上二十万元以下罚款。

第八十一条 公共机构采购用能产品、设备，未优先采购列入节能产品、设备政府采购名录中的产品、设备，或者采购国家明令淘汰的用能产品、设备的，由政府采购监督管理部门给予警告，可以并处罚款；对直接负责的主管人员和其他直接责任人员依法给予处分，并予通报。

第八十二条 重点用能单位未按照本法规定报送能源利用状况报告或者报告内容不实的，由管理节能工作的部门责令限期改正；逾期不改正的，处一万元以上五万元以下罚款。

第八十三条 重点用能单位无正当理由拒不落实本法第五十四条规定的整改要求或者整改没有达到要求的，由管理节能工作的部门处十万元以上三十万元以下罚款。

第八十四条 重点用能单位未按照本法规定设立能源管理岗位，聘任能源管理负责人，并报管理节能工作的部门和有关部门备案的，由管理节能工作的部门责令改正；拒不改正的，处一万元以上三万元以下罚款。

第八十五条 违反本法规定，构成犯罪的，依法追究刑事责任。

第八十六条 国家工作人员在节能管理工作中滥用职权、玩忽职守、徇私舞弊，构成犯罪的，依法追究刑事责任；尚不构成犯罪的，依法给予处分。

第七章 附 则

第八十七条 本法自2008年4月1日起施行。

建设项目环境保护管理条例

第一章 总 则

第一条 为了防止建设项目产生新的污染、破坏生态环境，制定本条例。

第二条 在中华人民共和国领域和中华人民共和国管辖的其他海域内建设对环境有影响的建设项目，适用本条例。

第三条 建设产生污染的建设项目，必须遵守污染物排放的国家标准和地方标准；在实施重点污染物排放总量控制的区域内，还必须符合重点污染物排放总量控制的要求。

第四条 工业建设项目应当采用能耗物耗小、污染物产生量少的清洁生产工艺，合理利用自然资源，防止环境污染和生态破坏。

第五条 改建、扩建项目和技术改造项目必须采取措施，治理与该项目有关的原有环境污染和生态破坏。

第二章 环境影响评价

第六条 国家实行建设项目环境影响评价制度。

第七条 国家根据建设项目对环境的影响程度，按照下列规定对建设项目的环境保护实行分类管理：

（一）建设项目对环境可能造成重大影响的，应当编制环境影响报告书，对建设项目产生的污染和对环境的影响进行全面、详细的评价；

（二）建设项目对环境可能造成轻度影响的，应当编制环境影响报告表，对建设项目产生的污染和对环境的影响进行分析或者专项评价；

（三）建设项目对环境影响很小，不需要进行环境影响评价的，应当填报环境影响登记表。

建设项目环境影响评价分类管理名录，由国务院环境保护行政主管部门在组织专家进行论证和征求有关部门、行业协会、企事业单位、公众等意见的基础上制定并公布。

第八条 建设项目环境影响报告书，应当包括下列内容：

（一）建设项目概况；

（二）建设项目周围环境现状；

（三）建设项目对环境可能造成影响的分析和预测；

（四）环境保护措施及其经济、技术论证；

（五）环境影响经济损益分析；

（六）对建设项目实施环境监测的建议；

（七）环境影响评价结论。

建设项目环境影响报告表、环境影响登记表的内容和格式，由国务院环境保护行政主管部门规定。

第九条　依法应当编制环境影响报告书、环境影响报告表的建设项目，建设单位应当在开工建设前将环境影响报告书、环境影响报告表报有审批权的环境保护行政主管部门审批；建设项目的环境影响评价文件未依法经审批部门审查或者审查后未予批准的，建设单位不得开工建设。

环境保护行政主管部门审批环境影响报告书、环境影响报告表，应当重点审查建设项目的环境可行性、环境影响分析预测评估的可靠性、环境保护措施的有效性、环境影响评价结论的科学性等，并分别自收到环境影响报告书之日起 60 日内、收到环境影响报告表之日起 30 日内，作出审批决定并书面通知建设单位。

环境保护行政主管部门可以组织技术机构对建设项目环境影响报告书、环境影响报告表进行技术评估，并承担相应费用；技术机构应当对其提出的技术评估意见负责，不得向建设单位、从事环境影响评价工作的单位收取任何费用。

依法应当填报环境影响登记表的建设项目，建设单位应当按照国务院环境保护行政主管部门的规定将环境影响登记表报建设项目所在地县级环境保护行政主管部门备案。

环境保护行政主管部门应当开展环境影响评价文件网上审批、备案和信息公开。

第十条　国务院环境保护行政主管部门负责审批下列建设项目环境影响报告书、环境影响报告表：

（一）核设施、绝密工程等特殊性质的建设项目；

（二）跨省、自治区、直辖市行政区域的建设项目；

（三）国务院审批的或者国务院授权有关部门审批的建设项目。

前款规定以外的建设项目环境影响报告书、环境影响报告表的审批权限，由省、自治区、直辖市人民政府规定。

建设项目造成跨行政区域环境影响，有关环境保护行政主管部门对环境影响评价结论有争议的，其环境影响报告书或者环境影响报告表由共同上一级环境保护行政主管部门审批。

第十一条　建设项目有下列情形之一的，环境保护行政主管部门应当对环境影响报告书、环境影响报告表作出不予批准的决定：

（一）建设项目类型及其选址、布局、规模等不符合环境保护法律法规和相关法定规划；

（二）所在区域环境质量未达到国家或者地方环境质量标准，且建设项目拟采取的措施不能满足区域环境质量改善目标管理要求；

（三）建设项目采取的污染防治措施无法确保污染物排放达到国家和地方排放标准，或者未采取必要措施预防和控制生态破坏；

（四）改建、扩建和技术改造项目，未针对项目原有环境污染和生态破坏提出有效防治措施；

（五）建设项目的环境影响报告书、环境影响报告表的基础资料数据明显不实，内容存在重大缺陷、遗漏，或者环境影响评价结论不明确、不合理。

第十二条　建设项目环境影响报告书、环境影响报告表经批准后，建设项目的性质、规模、地点、采用的生产工艺或者防治污染、防止生态破坏的措施发生重大变动的，建设单位应当重新报批建设项目环境影响报告书、环境影响报告表。

建设项目环境影响报告书、环境影响报告表自批准之日起满 5 年，建设项目方开工建设的，其环境影响报告书、环境影响报告表应当报原审批部门重新审核。原审批部门应当自收到建设项目环境影响报告书、环境影响报告表之日起 10 日内，将审核意见书面通知建设单位；逾期未通知的，视为审核同意。

审核、审批建设项目环境影响报告书、环境影响报告表及备案环境影响登记表，不得收取任何费用。

第十三条　建设单位可以采取公开招标的方式，选择从事环境影响评价工作的单位，对建设项目进行环境影响评价。

任何行政机关不得为建设单位指定从事环境影响评价工作的单位，进行环境影响评价。

第十四条　建设单位编制环境影响报告书，应当依照有关法律规定，征求建设项目所在地有关单位和居民的意见。

第三章　环境保护设施建设

第十五条　建设项目需要配套建设的环境保护设施，必须与主体工程同时设计、同时施工、同时投产使用。

第十六条　建设项目的初步设计，应当按照环境保护设计规范的要求，编制环境保护篇章，落实防治环境污染和生态破坏的措施以及环境保护设施投资概算。

建设单位应当将环境保护设施建设纳入施工合同，保证环境保护设施建设进度和资金，并在项目建设过程中同时组织实施环境影响报告书、环境影响报告表及其审批部门审批决定中提出的环境保护对策措施。

第十七条　编制环境影响报告书、环境影响报告表的建设项目竣工后，建设单位应当按照国务院环境保护行政主管部门规定的标准和程序，对配套建设的环境保护设施进行验收，编制验收报告。

建设单位在环境保护设施验收过程中，应当如实查验、监测、记载建设项目环境保护设施的建设和调试情况，不得弄虚作假。

除按照国家规定需要保密的情形外，建设单位应当依法向社会公开验收报告。

第十八条　分期建设、分期投入生产或者使用的建设项目，其相应的环境保护设施应当分期验收。

第十九条　编制环境影响报告书、环境影响报告表的建设项目，其配套建设的环境保护设施经验收合格，方可投入生产或者使用；未经验收或者验收不合格的，不得投入生产或者使用。

前款规定的建设项目投入生产或者使用后，应当按照国务院环境保护行政主管部门的规定开展环境影响后评价。

第二十条　环境保护行政主管部门应当对建设项目环境保护设施设计、施工、验收、投入生产或者使用情况，以及有关环境影响评价文件确定的其他环境保护措施的落实情况，进行监督检查。

环境保护行政主管部门应当将建设项目有关环境违法信息记入社会诚信档案，及时向社会公开违法者名单。

第四章　法律责任

第二十一条　建设单位有下列行为之一的，依照《中华人民共和国环境影响评价法》的规定处罚：

（一）建设项目环境影响报告书、环境影响报告表未依法报批或者报请重新审核，擅自开工建设；

（二）建设项目环境影响报告书、环境影响报告表未经批准或者重新审核同意，擅自开工建设；

（三）建设项目环境影响登记表未依法备案。

第二十二条 违反本条例规定，建设单位编制建设项目初步设计未落实防治环境污染和生态破坏的措施以及环境保护设施投资概算，未将环境保护设施建设纳入施工合同，或者未依法开展环境影响后评价的，由建设项目所在地县级以上环境保护行政主管部门责令限期改正，处5万元以上20万元以下的罚款；逾期不改正的，处20万元以上100万元以下的罚款。

违反本条例规定，建设单位在项目建设过程中未同时组织实施环境影响报告书、环境影响报告表及其审批部门审批决定中提出的环境保护对策措施的，由建设项目所在地县级以上环境保护行政主管部门责令限期改正，处20万元以上100万元以下的罚款；逾期不改正的，责令停止建设。

第二十三条 违反本条例规定，需要配套建设的环境保护设施未建成、未经验收或者验收不合格，建设项目即投入生产或者使用，或者在环境保护设施验收中弄虚作假的，由县级以上环境保护行政主管部门责令限期改正，处20万元以上100万元以下的罚款；逾期不改正的，处100万元以上200万元以下的罚款；对直接负责的主管人员和其他责任人员，处5万元以上20万元以下的罚款；造成重大环境污染或者生态破坏的，责令停止生产或者使用，或者报经有批准权的人民政府批准，责令关闭。

违反本条例规定，建设单位未依法向社会公开环境保护设施验收报告的，由县级以上环境保护行政主管部门责令公开，处5万元以上20万元以下的罚款，并予以公告。

第二十四条 违反本条例规定，技术机构向建设单位、从事环境影响评价工作的单位收取费用的，由县级以上环境保护行政主管部门责令退还所收费用，处所收费用1倍以上3倍以下的罚款。

第二十五条 从事建设项目环境影响评价工作的单位，在环境影响评价工作中弄虚作假的，由县级以上环境保护行政主管部门处所收费用1倍以上3倍以下的罚款。

第二十六条 环境保护行政主管部门的工作人员徇私舞弊、滥用职权、玩忽职守，构成犯罪的，依法追究刑事责任；尚不构成犯罪的，依法给予行政处分。

第五章 附 则

第二十七条 流域开发、开发区建设、城市新区建设和旧区改建等区域性开发，编制建设规划时，应当进行环境影响评价。具体办法由国务院环境保护行政主管部门会同国务院有关部门另行规定。

第二十八条 海洋工程建设项目的环境保护管理，按照国务院关于海洋工程环境保护管理的规定执行。

第二十九条 军事设施建设项目的环境保护管理，按照中央军事委员会的有关规定执行。

第三十条 本条例自发布之日起施行。

全国生态环境保护纲要

生态环境保护是功在当代、惠及子孙的伟大事业和宏伟工程。坚持不懈地搞好生态环境保护是保证经济社会健康发展，实现中华民族伟大复兴的需要。为全面实施可持续发展战略，落实环境保护基本国策，巩固生态建设成果，努力实现祖国秀美山川的宏伟目标，特制订本纲要。

一、当前全国生态环境保护状况

（一）当前生态环境保护工作取得的成绩和存在的问题。

1. 全国生态环境保护取得了一定成绩。改革开放以来，党和政府高度重视环境保护工作，采取了一系列保护和改善生态环境的重大举措，加大了生态环境建设力度，使我国一些地区的生态环境得到了有效保护和改善。主要表现在：植树造林、水土保持、草原建设和国土整治等重点生态工程取得进展；长江、黄河上中游水土保持重点防治工程全面实施；重点地区天然林资源保护和退耕还林还草工程开始启动；建立了一批不同类型的自然保护区、风景名胜区和森林公园；生态农业试点示范、生态示范区建设稳步发展；环境保护法制建设逐步完善。

2. 全国生态环境状况仍面临严峻形势。目前，一些地区生态环境恶化的趋势还没有得到有效遏制，生态环境破坏的范围在扩大，程度在加剧，危害在加重。突出表现在：长江、黄河等大江大河源头的生态环境恶化呈加速趋势，沿江沿河的重要湖泊、湿地日趋萎缩，特别是北方地区的江河断流、湖泊干涸、地下水位下降严重，加剧了洪涝灾害的危害和植被退化、土地沙化；草原地区的超载放牧、过度开垦和樵采，有林地、多林区的乱砍滥伐，致使林草植被遭到破坏，生态功能衰退，水土流失加剧；矿产资源的乱采滥挖，尤其是沿江、沿岸、沿坡的开发不当，导致崩塌、滑坡、泥石流、地面塌陷、沉降、海水倒灌等地质灾害频繁发生；全国野生动植物物种丰富区的面积不断减少，珍稀野生动植物栖息地环境恶化，珍贵药用野生植物数量锐减，生物资源总量下降；近岸海域污染严重，海洋渔业资源衰退，珊瑚礁、红树林遭到破坏，海岸侵蚀问题突出。生态环境继续恶化，将严重影响我国经济社会的可持续发展和国家生态环境安全。

（二）当前生态环境恶化的原因。

3. 资源不合理开发利用是造成生态环境恶化的主要原因。一些地区环境保护意识不强，重开发轻保护，重建设轻维护，对资源采取掠夺式、粗放型开发利用方式，超过了生态环境承载能力；一些部门和单位监管薄弱，执法不严，管理不力，致使许多生态环境破坏的现象屡禁不止，加剧了生态环境的退化。同时，长期以来对生态环境保护和建设的投入不足，也是造成生态环境恶化的重要原因。切实解决生态环境保护的矛盾与问题，是我们面临的一项长期而艰巨的任务。

二、全国生态环境保护的指导思想、基本原则与目标

（一）全国生态环境保护的指导思想和基本原则。

4. 全国生态环境保护的指导思想。高举邓小平理论伟大旗帜，以实施可持续发展战略和促进经济增长方式转变为中心，以改善生态环境质量和维护国家生态环境安全为目标，紧紧围绕重点地区、

重点生态环境问题，统一规划，分类指导，分区推进，加强法治，严格监管，坚决打击人为破坏生态环境行为，动员和组织全社会力量，保护和改善自然恢复能力，巩固生态建设成果，努力遏制生态环境恶化的趋势，为实现祖国秀美山川的宏伟目标打下坚实基础。

5. 全国生态环境保护的基本原则。坚持生态环境保护与生态环境建设并举。在加大生态环境建设力度的同时，必须坚持保护优先、预防为主、防治结合，彻底扭转一些地区边建设边破坏的被动局面。

坚持污染防治与生态环境保护并重。应充分考虑区域和流域环境污染与生态环境破坏的相互影响和作用，坚持污染防治与生态环境保护统一规划，同步实施，把城乡污染防治与生态环境保护有机结合起来，努力实现城乡环境保护一体化。

坚持统筹兼顾，综合决策，合理开发。正确处理资源开发与环境保护的关系，坚持在保护中开发，在开发中保护。经济发展必须遵循自然规律，近期与长远统一、局部与全局兼顾。进行资源开发活动必须充分考虑生态环境承载能力，绝不允许以牺牲生态环境为代价，换取眼前的和局部的经济利益。

坚持谁开发谁保护，谁破坏谁恢复，谁使用谁付费制度。要明确生态环境保护的权、责、利，充分运用法律、经济、行政和技术手段保护生态环境。

（二）全国生态环境保护的目标。

6. 全国生态环境保护目标是通过生态环境保护，遏制生态环境破坏，减轻自然灾害的危害；促进自然资源的合理、科学利用，实现自然生态系统良性循环；维护国家生态环境安全，确保国民经济和社会的可持续发展。

近期目标。到 2010 年，基本遏制生态环境破坏趋势。建设一批生态功能保护区，力争使长江、黄河等大江大河的源头区，长江、松花江流域和西南、西北地区的重要湖泊、湿地，西北重要的绿洲，水土保持重点预防保护区及重点监督区等重要生态功能区的生态系统和生态功能得到保护与恢复；在切实抓好现有自然保护区建设与管理的同时，抓紧建设一批新的自然保护区，使各类良好自然生态系统及重要物种得到有效保护；建立、健全生态环境保护监管体系，使生态环境保护措施得到有效执行，重点资源开发区的各类开发活动严格按规划进行，生态环境破坏恢复率有较大幅度提高；加强生态示范区和生态农业县建设，全国部分县（市、区）基本实现秀美山川、自然生态系统良性循环。

远期目标。到 2030 年，全面遏制生态环境恶化的趋势，使重要生态功能区、物种丰富区和重点资源开发区的生态环境得到有效保护，各大水系的一级支流源头区和国家重点保护湿地的生态环境得到改善；部分重要生态系统得到重建与恢复；全国 50%的县（市、区）实现秀美山川、自然生态系统良性循环，30%以上的城市达到生态城市和园林城市标准。到 2050 年，力争全国生态环境得到全面改善，实现城乡环境清洁和自然生态系统良性循环，全国大部分地区实现秀美山川的宏伟目标。

三、全国生态环境保护的主要内容与要求

（一）重要生态功能区的生态环境保护。

7. 建立生态功能保护区。江河源头区、重要水源涵养区、水土保持的重点预防保护区和重点监督区、江河洪水调蓄区、防风固沙区和重要渔业水域等重要生态功能区，在保持流域、区域生态平衡，减轻自然灾害，确保国家和地区生态环境安全方面具有重要作用。对这些区域的现有植被和自然生态系统应严加保护，通过建立生态功能保护区，实施保护措施，防止生态环境的破坏和生态功

能的退化。跨省域和重点流域、重点区域的重要生态功能区，建立国家级生态功能保护区；跨地（市）和县（市）的重要生态功能区，建立省级和地（市）级生态功能保护区。

8．对生态功能保护区采取以下保护措施：停止一切导致生态功能继续退化的开发活动和其他人为破坏活动；停止一切产生严重环境污染的工程项目建设；严格控制人口增长，区内人口已超出承载能力的应采取必要的移民措施；改变粗放生产经营方式，走生态经济型发展道路，对已经破坏的重要生态系统，要结合生态环境建设措施，认真组织重建与恢复，尽快遏制生态环境恶化趋势。

9．各类生态功能保护区的建立，由各级环保部门会同有关部门组成评审委员会评审，报同级政府批准。生态功能保护区的管理以地方政府为主，国家级生态功能保护区可由省级政府委派的机构管理，其中跨省域的由国家统一规划批建后，分省按属地管理；各级政府对生态功能保护区的建设应给予积极扶持；农业、林业、水利、环保、国土资源等有关部门要按照各自的职责加强对生态功能保护区管理、保护与建设的监督。

（二）重点资源开发的生态环境保护。

10．切实加强对水、土地、森林、草原、海洋、矿产等重要自然资源的环境管理，严格资源开发利用中的生态环境保护工作。各类自然资源的开发，必须遵守相关的法律法规，依法履行生态环境影响评价手续；资源开发重点建设项目，应编报水土保持方案，否则一律不得开工建设。

11．水资源开发利用的生态环境保护。水资源的开发利用要全流域统筹兼顾，生产、生活和生态用水综合平衡，坚持开源与节流并重，节流优先，治污为本，科学开源，综合利用。建立缺水地区高耗水项目管制制度，逐步调整用水紧缺地区的高耗水产业，停止新上高耗水项目，确保流域生态用水。在发生江河断流、湖泊萎缩、地下水超采的流域和地区，应停上新的加重水平衡失调的蓄水、引水和灌溉工程；合理控制地下水开采，做到采补平衡；在地下水严重超采地区，划定地下水禁采区，抓紧清理不合理的抽水设施，防止出现大面积的地下漏斗和地表塌陷。继续加大二氧化硫和酸雨控制力度，合理开发利用和保护大气水资源；对于擅自围垦的湖泊和填占的河道，要限期退耕还湖还水。通过科学的监测评价和功能区划，规范排污许可证制度和排污口管理制度。严禁向水体倾倒垃圾和建筑、工业废料，进一步加大水污染特别是重点江河湖泊水污染治理力度，加快城市污水处理设施、垃圾集中处理设施建设。加大农业面源污染控制力度，鼓励畜禽粪便资源化，确保养殖废水达标排放，严格控制氮、磷严重超标地区的氮肥、磷肥施用量。

12．土地资源开发利用的生态环境保护。依据土地利用总体规划，实施土地用途管制制度，明确土地承包者的生态环境保护责任，加强生态用地保护，冻结征用具有重要生态功能的草地、林地、湿地。建设项目确需占用生态用地的，应严格依法报批和补偿，并实行“占一补一”的制度，确保恢复面积不少于占用面积。加强对交通、能源、水利等重大基础设施建设的生态环境保护监管，建设线路和施工场址要科学选比，尽量减少占用林地、草地和耕地，防止水土流失和土地沙化。加强非牧场草地开发利用的生态监管。大江大河上中游陡坡耕地要按照有关规划，有计划、分步骤地实行退耕还林还草，并加强对退耕地的管理，防止复耕。

13．森林、草原资源开发利用的生态环境保护。对具有重要生态功能的林区、草原，应划为禁垦区、禁伐区或禁牧区，严格管护；已经开发利用的，要退耕退牧，育林育草，使其休养生息。实施天然林保护工程，最大限度地保护和发挥好森林的生态效益；要切实保护好各类水源涵养林、水土保持林、防风固沙林、特种用途林等生态公益林；对毁林、毁草开垦的耕地和造成的废弃地，要按照“谁批准谁负责，谁破坏谁恢复”的原则，限期退耕还林还草。加强森林、草原防火和病虫鼠害防治工作，努力减少林草资源灾害性损失；加大火烧迹地、采伐迹地的封山育林育草力度，加速林区、草原生态环境的恢复和生态功能的提高。大力发展风能、太阳能、生物质能等可再生能源技术，减少樵采对林草植被的破坏。

发展牧业要坚持以草定畜，防止超载过牧。严重超载过牧的，应核定载畜量，限期压减牲畜头数。采取保护和利用相结合的方针，严格实行草场禁牧期、禁牧区和轮牧制度，积极开发秸秆饲料，逐步推行舍饲圈养办法，加快退化草场的恢复。在干旱、半干旱地区要因地制宜调整粮畜生产比重，大力实施种草养畜富民工程。在农牧交错区进行农业开发，不得造成新的草场破坏；发展绿洲农业，不得破坏天然植被。对牧区的已垦草场，应限期退耕还草，恢复植被。

14．生物物种资源开发利用的生态环境保护。生物物种资源的开发应在保护物种多样性和确保生物安全的前提下进行。依法禁止一切形式的捕杀、采集濒危野生动植物的活动。严厉打击濒危野生动植物的非法贸易。严格限制捕杀、采集和销售益虫、益鸟、益兽。鼓励野生动植物的驯养、繁育。加强野生生物资源开发管理，逐步划定准采区，规范采挖方式，严禁乱采滥挖；严格禁止采集和销售发菜，取缔一切发菜贸易，坚决制止在干旱、半干旱草原滥挖具有重要固沙作用的各类野生药用植物。切实搞好重要鱼类的产卵场、索饵场、越冬场、回游通道和重要水生生物及其生境的保护。加强生物安全管理，建立转基因生物活体及其产品的进出口管理制度和风险评估制度；对引进外来物种必须进行风险评估，加强进口检疫工作，防止国外有害物种进入国内。

15．海洋和渔业资源开发利用的生态环境保护。海洋和渔业资源开发利用必须按功能区划进行，做到统一规划，合理开发利用。切实加强海岸带的管理，严格围垦造地建港、海岸工程和旅游设施建设的审批，严格保护红树林、珊瑚礁、沿海防护林。加强重点渔场、江河出海口、海湾及其他渔业水域等重要水生资源繁育区的保护，严格渔业资源开发的生态环境保护监管。加大海洋污染防治力度，逐步建立污染物排海总量控制制度，加强对海上油气勘探开发、海洋倾废、船舶排污和港口的环境管理，逐步建立海上重大污染事故应急体系。

16．矿产资源开发利用的生态环境保护。严禁在生态功能保护区、自然保护区、风景名胜区、森林公园内采矿。严禁在崩塌滑坡危险区、泥石流易发区和易导致自然景观破坏的区域采石、采砂、取土。矿产资源开发利用必须严格规划管理，开发应选取有利于生态环境保护的工期、区域和方式，把开发活动对生态环境的破坏减少到最低限度。矿产资源开发必须防止次生地质灾害的发生。在沿江、沿河、沿湖、沿库、沿海地区开采矿产资源，必须落实生态环境保护措施，尽量避免和减少对生态环境的破坏。已造成破坏的，开发者必须限期恢复。已停止采矿或关闭的矿山、坑口，必须及时做好土地复垦。

17．旅游资源开发利用的生态环境保护。旅游资源的开发必须明确环境保护的目标与要求，确保旅游设施建设与自然景观相协调。科学确定旅游区的游客容量，合理设计旅游线路，使旅游基础设施建设与生态环境的承载能力相适应。加强自然景观、景点的保护，限制对重要自然遗迹的旅游开发，从严控制重点风景名胜区的旅游开发，严格管制索道等旅游设施的建设规模与数量，对不符合规划要求建设的设施，要限期拆除。旅游区的污水、烟尘和生活垃圾处理，必须实现达标排放和科学处置。

（三）生态良好地区的生态环境保护。

18．生态良好地区特别是物种丰富区是生态环境保护的重点区域，要采取积极的保护措施，保证这些区域的生态系统和生态功能不被破坏。在物种丰富、具有自然生态系统代表性、典型性、未受破坏的地区，应抓紧抢建一批新的自然保护区。要把横断山区、新青藏接壤高原山地、湘黔川鄂边境山地、浙闽赣交界山地、秦巴山地、滇南西双版纳、海南岛和东北大小兴安岭、三江平原等地区列为重点，分期规划建设为各级自然保护区。对西部地区有重要保护价值的物种和生态系统分布区，特别是重要荒漠生态系统和典型荒漠野生动植物分布区，应抢建一批不同类型的自然保护区。

19．重视城市生态环境保护。在城镇化进程中，要切实保护好各类重要生态用地。大中城市要确保一定比例的公共绿地和生态用地，深入开展园林城市创建活动，加强城市公园、绿化带、片林、草坪的建设与保护，大力推广庭院、墙面、屋顶、桥体的绿化和美化。严禁在城区和城镇郊区随意开山填海、开发湿地，禁止随意填占溪、河、渠、塘。继续开展城镇环境综合整治，进一步加快能源结构调整和工业污染源治理，切实加强城镇建设项目和建筑工地的环境管理，积极推进环保模范城市和环境优美城镇创建工作。

20．加大生态示范区和生态农业县建设力度。国家鼓励和支持生态良好地区，在实施可持续发展战略中发挥示范作用。进一步加快县（市）生态示范区和生态农业县建设步伐。在有条件的地区，应努力推动地级和省级生态示范区的建设。

四、全国生态环境保护的对策与措施

（一）加强领导和协调，建立生态环境保护综合决策机制。

21．建立和完善生态环境保护责任制。要把地方各级政府对本辖区生态环境质量负责、各部门对本行业和本系统生态环境保护负责的责任制落到实处。明确资源开发单位、法人的生态环境保护责任。实行严格的考核、奖罚制度。对于严格履行职责，在生态环境保护中做出重大贡献的单位和个人，应给予表彰、奖励。对于失职、渎职，造成生态环境破坏的，应依照有关法律法规予以追究。要把生态环境保护和建设规划纳入各级经济和社会发展的长远规划和年度计划，保证各级政府对生态环境保护的投入。建立生态环境保护与建设的审计制度，确保投入与产出的合理性和生态效益、经济效益与社会效益的统一。

22．积极协调和配合，建立行之有效的生态环境保护监管体系。国务院各有关部门要各司其职，密切配合，齐心协力，共同推进全国生态环境保护工作。环保部门要做好综合协调与监督工作，计划、农业、林业、水利、国土资源和建设等部门要加强自然资源开发的规划和管理，做好生态环境保护与恢复治理工作。在国家确定生态环境重点保护与监管区域的基础上，地方各级政府要结合本地实际，确定本辖区的生态环境重点保护与监管区域，形成上下配套的生态环境保护与监管体系。西部地区各级政府和有关部门要把搞好西部地区的生态环境保护和建设放在优先位置，确保国家西部大开发战略的顺利实施。

23．保障生态环境保护的科技支持能力。各级政府要把生态环境保护科学研究纳入科技发展计划，鼓励科技创新，加强农村生态环境保护、生物多样性保护、生态恢复和水土保持等重点生态环境保护领域的技术开发和推广工作。在生态环境保护经费中，应确定一定比例的资金用于生态环境保护的科学研究和技术推广，推动科研成果的转化，提高生态环境保护的科技含量和水平。建立早期预警制度，加强生态环境恶化趋势的预测预报。

24．建立经济社会发展与生态环境保护综合决策机制。各地要抓紧编制生态功能区划，指导自然资源开发和产业合理布局，推动经济社会与生态环境保护协调、健康发展。制定重大经济技术政策、社会发展规划、经济发展计划时，应依据生态功能区划，充分考虑生态环境影响问题。自然资源的开发和植树种草、水土保持、草原建设等重大生态环境建设项目，必须开展环境影响评价。对可能造成生态环境破坏和不利影响的项目，必须做到生态环境保护和恢复措施与资源开发和建设项目同步设计，同步施工，同步检查验收。对可能造成生态环境严重破坏的，应严格评审，坚决禁止。

（二）加强法制建设，提高全民的生态环境保护意识。

25．加强立法和执法，把生态环境保护纳入法治轨道。严格执行环境保护和资源管理的法律、法规，严厉打击破坏生态环境的犯罪行为。抓紧有关生态环境保护与建设法律法规的制定和修改工作，制定生态功能保护区生态环境保护管理条例，健全、完善地方生态环境保护法规和监管制度。

26．认真履行国际公约，广泛开展国际交流与合作。认真履行《生物多样性公约》《国际湿地公约》《联合国防治荒漠化公约》《濒危野生动植物国际贸易公约》和《保护世界文化和自然遗产公约》等国际公约，维护国家生态环境保护的权益，承担与我国发展水平相适应的国际义务，为全球生态环境保护做出贡献。广泛开展国际交流与合作，积极引进国外的资金、技术和管理经验，推动我国生态环境保护的全面发展。

27．加强生态环境保护的宣传教育，不断提高全民的生态环境保护意识。深入开展环境国情、国策教育，分级开展生态环境保护培训，提高生态环境保护与经济社会发展的综合决策能力。重视生态环境保护的基础教育、专业教育，积极搞好社会公众教育。城市动物园、植物园等各类公园，要增加宣传设施，组织特色宣传教育活动，向公众普及生态环境保护知识。进一步加强新闻舆论监督，表扬先进典型，揭露违法行为，完善信访、举报和听证制度，充分调动广大人民群众和民间团体参与生态环境保护的积极性，为实现祖国秀美山川的宏伟目标而努力奋斗。

第七章　地方性法规、政府规章

内蒙古自治区饮用水水源保护条例

第一章 总 则

第一条 为了加强饮用水水源保护，保障饮用水安全，维护公众身体健康，促进经济社会可持续发展，根据《中华人民共和国环境保护法》《中华人民共和国水法》《中华人民共和国水污染防治法》等国家有关法律、法规，结合自治区实际，制定本条例。

第二条 自治区行政区域内饮用水水源保护和管理活动，适用本条例。本条例所称饮用水水源，是指用于城乡集中式供水的江河、湖泊、水库、地下水井等地表水水源和地下水水源。前款所称的集中式供水，是指以公共供水系统向城乡居民提供生活饮用水的供水方式。

第三条 饮用水水源保护应当遵循预防为主、保护优先、综合治理、确保安全的原则。

第四条 旗县级以上人民政府负责本行政区域的饮用水水源保护工作，将饮用水水源保护纳入国民经济和社会发展规划，合理调整饮用水水源保护地区的产业结构和布局，促进经济建设和饮用水水源保护协调发展。

第五条 旗县级以上人民政府应当加大对饮用水水源保护的财政投入，保障饮用水水源水质安全工程建设、管理需要。

第六条 自治区实行饮用水水源保护工作目标责任制和考核评价制度。旗县级以上人民政府应当将饮用水水源保护工作目标完成情况，纳入对本级人民政府负有饮用水水源保护监督管理职责的部门及其负责人和下级人民政府及其负责人的年度考核内容，作为对其考核评价的重要依据。考核结果应当向社会公开。

第七条 旗县级以上人民政府环境保护主管部门负责本行政区域内饮用水水源保护相关环境管理工作，对饮用水水源污染防治实施统一监督管理。旗县级以上人民政府水行政主管部门负责本行政区域内饮用水水源规划、水量配置和调度以及取水许可管理等工作，对饮用水水源实施统一监督管理。旗县级以上人民政府发展和改革、财政、住房和城乡建设、卫生、国土资源、农牧业、林业、交通运输、公安等有关部门，应当按照各自职责做好饮用水水源保护相关工作。

第八条 苏木乡镇人民政府、街道办事处应当依法做好本辖区内的饮用水水源保护工作。嘎查村民委员会、居民委员会应当配合有关主管部门依法做好饮用水水源保护的相关工作。

第九条 各级人民政府及其环境保护、水行政等部门应当组织开展饮用水水源保护的宣传教育。报刊、广播、电视、网络等媒体应当开展饮用水水源保护的宣传，对污染和破坏饮用水水源行为进行舆论监督。

第十条 任何单位和个人都有义务保护饮用水水源，有权举报污染和破坏饮用水水源的行为。

第二章 饮用水水源保护区的划定

第十一条 自治区建立饮用水水源保护区制度。饮用水水源保护区分为一级保护区和二级保护区；必要时，可以在饮用水水源保护区外围划定一定区域作为准保护区。饮用水水源保护区，是指为了保护集中供水的地表水水源和地下水水源安全而划定的予以特殊保护、防止污染和破坏的水域以及相关陆域。

第十二条　饮用水水源的确定应当与水功能区划、水环境功能区划相衔接，符合国家和自治区有关水质标准等要求。已有的饮用水水源不符合国家有关水质标准等要求，并且不能保障供水安全的，应当重新确定饮用水水源。

第十三条　饮用水水源保护区的划定，由有关盟行政公署、设区的市人民政府、旗县级人民政府提出划定方案，报自治区人民政府批准。跨盟市、旗县（市、区）的饮用水水源保护区的划定，由有关盟行政公署、设区的市人民政府、旗县级人民政府协商提出划定方案，报自治区人民政府批准；协商不成的，由自治区人民政府环境保护主管部门会同同级水行政、国土资源、住房和城乡建设、卫生等部门提出划定方案，征求同级有关部门的意见后，报自治区人民政府批准。经批准的饮用水水源保护区由所在地旗县级人民政府向社会公告。饮用水水源保护区需要调整的，按照本条规定的饮用水水源保护区划定程序办理。

第十四条　因划定或者调整饮用水水源保护区，对饮用水水源保护区内的公民、法人或者其他组织的合法权益造成损害的，有关盟行政公署、设区的市人民政府、旗县级人民政府应当依法予以补偿。

第三章　饮用水水源保护

第十五条　旗县级以上人民政府水行政主管部门应当制定饮用水水源建设专项规划；环境保护主管部门应当制定饮用水水源保护专项规划；供水行业主管部门负责制定供水规划和实施方案。

第十六条　旗县级以上人民政府应当在饮用水水源保护区设立明确的地理界标，在显著位置设置警示标志。根据需要在一级保护区周边设置隔离防护设施，实行封闭式管理。任何单位和个人不得擅自改变、破坏饮用水水源保护区地理界标、警示标志和隔离防护设施。

第十七条　在饮用水水源准保护区内，禁止下列行为：

（一）新建、扩建化工、生物发酵、电镀、皮革、冶炼、放射性、炼油、炼焦以及其他严重污染水体的建设项目，改建增加排污量的项目；

（二）进行可能严重影响饮用水水源水质和水量的矿产勘查、采选等活动；

（三）倾倒、堆放工业废渣、垃圾、粪便以及其他废弃物；

（四）破坏水源涵养林、护岸林以及水源保护相关植被的活动；

（五）法律、法规规定的其他可能污染饮用水水源的行为。

第十八条　在饮用水水源二级保护区内，除饮用水水源准保护区内禁止的行为外，还禁止下列行为：

（一）设置排污口；

（二）新建、改建、扩建排放污染物的建设项目或者其他设施；

（三）影响水源补给的活动以及与饮用水供水无关的勘查、开采活动；

（四）新建、扩建油库、加油站；

（五）建立火葬场、墓地；

（六）设置畜禽养殖场、养殖小区；

（七）利用未经净化处理达标的污水灌溉农田；

（八）超过标准使用农药、化肥、含磷洗涤剂；

（九）掩埋、弃置动物尸体；

（十）法律、法规规定的其他可能污染饮用水水源的行为。

第十九条 在饮用水水源一级保护区内，除饮用水水源准保护区、二级保护区内禁止的行为外，还禁止下列行为：

（一）新建、改建、扩建与供水设施和保护水源无关的建设项目；

（二）从事网箱养殖、旅游、游泳、垂钓或者其他可能污染饮用水水体的行为。

第二十条 新建公路、铁路、桥梁、输油输气管线等基础设施，不得穿越饮用水水源一级保护区；因工程条件和自然因素限制，确需穿越饮用水水源二级保护区或者准保护区的，应当就项目实施对饮用水水源保护区环境影响进行专题评价。

第二十一条 在饮用水水源一级保护区内已建成的与供水设施和保护水源无关的建设项目，由旗县级以上人民政府责令拆除或者关闭。在饮用水水源二级保护区内已建成的排放污染物的建设项目，由旗县级以上人民政府责令拆除或者关闭。

第二十二条 自治区实行最严格水资源管理制度，健全取水用水总量控制指标体系。旗县级以上人民政府水行政主管部门应当根据批准的水量分配方案，按照总量控制与定额管理的原则制定饮用水水源取水计划。

第二十三条 饮用水取水应当统筹安排地表水和地下水，保障优质水优先用于城乡居民饮用。依法应当申请许可而未经批准的和公共供水管网覆盖范围内的自备水井，一律予以关闭。

第二十四条 新建、改建、扩建饮用水水源工程应当符合水资源综合规划、水功能区划、供水专项规划，进行建设项目水资源论证，并依法办理取水许可审批手续。饮用水水源保护工程应当与饮用水水源工程同时设计、同时施工、同时投入使用。

第二十五条 旗县级以上人民政府应当根据保护饮用水水源的实际需要，在饮用水水源准保护区内实施水源涵养林、护岸林等生态保护措施，维护水体的自净能力。

第二十六条 旗县级以上人民政府应当加强饮用水应急水源或者备用水源的建设与保护，发生水源污染等事件导致饮用水供应中断时，应当及时启用饮用水应急水源或者备用水源，保障城乡居民饮用水供应。饮用水应急水源或者备用水源管理单位应当维护供水设施，发生突发事件时，保障饮用水应急水源或者备用水源正常启用。

第二十七条 跨行政区域饮用水水源保护管理按照行政管辖原则分别由所在地人民政府负责。

第四章 监督管理

第二十八条 旗县级以上人民政府应当建立饮用水水源保护补偿制度，落实饮用水水源保护补偿资金，确保其用于饮用水水源保护补偿。

第二十九条 旗县级以上人民政府发展和改革、环境保护、水行政、住房和城乡建设等有关部门应当优先安排饮用水水源保护区环境治理项目。

第三十条 旗县级以上人民政府应当组织协调环境保护、水行政等有关部门，整合饮用水水源水质监测资源，科学划分和确定监测范围、点位和项目，加强水质自动监测监控和预警能力建设，完善监测信息系统和共享机制。

第三十一条 旗县级以上人民政府有关部门应当按照国家和自治区水质标准要求，至少每季度向社会公开一次本行政区域的饮用水安全状况信息。

第三十二条 旗县级以上人民政府应当建立饮用水水源安全评估机制，开展饮用水水源安全保障建设。旗县级以上人民政府环境保护、水行政主管部门应当按照各自职责定期开展对饮用水水源的水质、水量和饮用水水源保护情况的评估，并将评估结果报送本级人民政府。

第三十三条 盟行政公署、设区的市和旗县级人民政府应当制定饮用水安全突发事件应急预案，有关部门按照各自职责和应急预案，制定相应的饮用水安全突发事件应急专项预案。

第三十四条 饮用水供水单位应当根据所在地饮用水安全突发事件应急预案制定本单位具体实施方案，报所在地盟行政公署、设区的市和旗县级人民政府备案，并按照要求储备必需的应急物资，定期进行应急演练。

第三十五条 饮用水水源发生水污染事故或者发生其他可能影响饮用水安全的突发性事件，饮用水供水单位应当立即采取应急措施，并向所在地盟行政公署、设区的市和旗县级人民政府报告，同时向社会公开；有关企业事业单位和其他生产经营者应当立即采取应急处置措施，并向所在地人民政府以及环境保护和饮用水供水主管部门及时通报；饮用水供水主管部门应当通知有关取水单位和当地居民，避免污染水体进入用户；有关人民政府应当根据情况及时启动应急预案，采取有效措施，保障供水安全。

第三十六条 饮用水水源管理单位应当建立值班巡查制度，组织对饮用水水源保护区相关设施进行巡查，并做好巡查记录。对巡查中发现可能造成饮用水水源污染的行为应当及时制止，并向所在地旗县级人民政府环境保护主管部门报告。

第三十七条 旗县级以上人民政府环境保护、水行政等有关部门应当公开举报途径，及时受理公民、法人和其他组织对破坏、污染饮用水水源行为的举报，并依法查处违法行为；对于不属于本部门职责范围的，应当及时移送有关部门依法查处。

第五章 法律责任

第三十八条 违反本条例规定的行为，《中华人民共和国环境保护法》《中华人民共和国水法》《中华人民共和国水污染防治法》等国家有关法律、法规已经作出具体处罚规定的，从其规定。

第三十九条 违反本条例规定，在饮用水水源一级、二级保护区及准保护区内有下列行为之一的，由旗县级以上人民政府环境保护主管部门会同有关部门责令改正，没收违法所得，并处以罚款；构成犯罪的，依法追究刑事责任：

（一）进行可能严重影响饮用水水源水质和水量的矿产勘查、采选等活动的，处 10 万元以上 50 万元以下的罚款；

（二）倾倒、堆放工业废渣、垃圾的，处 5 万元以上 20 万元以下的罚款；倾倒、堆放粪便的，处 500 元以上 5000 元以下的罚款；

（三）破坏水源涵养林、护岸林以及水源保护相关植被的，处 1 万元以上 5 万元以下的罚款；

（四）擅自改变、破坏饮用水水源保护区地理界标、警示标志和隔离防护设施的，处 1000 元以上 5000 元以下的罚款。

第四十条 违反本条例规定，在饮用水水源一级、二级保护区内有下列行为之一的，由旗县级以上人民政府环境保护主管部门会同有关部门责令改正，没收违法所得，并处以罚款；构成犯罪的，依法追究刑事责任：

（一）影响水源补给的活动以及进行与饮用水供水无关的勘查、开采活动的，处 10 万元以上 50 万元以下的罚款；

（二）新建、扩建油库、加油站或者建立火葬场、墓地的，处 5 万元以上 20 万元以下的罚款；

（三）设置畜禽养殖场、养殖小区的，处10万元以上50万元以下的罚款；

（四）利用未经净化处理达标的污水灌溉农田或者超过标准使用农药、化肥、含磷洗涤剂的，处2万元以上10万元以下的罚款；

（五）掩埋、弃置动物尸体的，处1000元以上1万元以下的罚款。

第四十一条 企业事业单位和其他生产经营者在饮用水水源保护区违法排放水污染物，受到罚款处罚，被责令改正的，依法作出处罚决定的行政机关应当组织复查，发现其继续违法排放水污染物或者拒绝、阻挠复查的，依照《中华人民共和国环境保护法》的规定按日连续处罚。

第四十二条 旗县级以上人民政府环境保护主管部门或者其他有关部门及其工作人员违反本条例规定，有下列行为之一的，对直接负责的主管人员和其他直接责任人员依法给予行政处分；构成犯罪的，依法追究刑事责任：

（一）未依法对饮用水水源进行水质、水量监测的；

（二）发现破坏、污染饮用水水源的违法行为，或者接到违法行为的检举后不及时查处的；

（三）接到饮用水水源污染事故或者隐患的报告，未及时采取应对措施的；

（四）不依法作出行政许可或者办理批准文件的；

（五）其他滥用职权、玩忽职守、徇私舞弊的行为。

第六章 附 则

第四十三条 本条例自2018年1月1日起施行。

内蒙古自治区自然保护区实施办法

第一章　总　则

第一条　根据《中华人民共和国环境保护法》和《中华人民共和国自然保护区条例》（以下简称《条例》）以及其他有关法律法规，结合自治区实际，制定本实施办法。

第二条　本实施办法所称自然保护区，是指对有代表性的自然生态系统、珍稀濒危野生动植物物种的天然集中分布区、重要的水源涵养地、具有重大科学文化价值以及特殊意义的自然遗迹，依法划出一定面积予以特殊保护和管理的区域。

第三条　在自治区内建设和管理自然保护区，必须遵守本实施办法。

第四条　旗县以上人民政府应当加强对自然保护区工作的领导，将自然保护区的发展规划，纳入本地区国民经济和社会发展计划。

第五条　自治区对自然保护区实行综合管理与分部门管理相结合的管理体制。

旗县以上环境保护行政主管部门负责本行政区域内自然保护区的综合管理，并根据需要主管有关的自然保护区。

旗县以上林业、农业、畜牧、地质矿产、水利、文化等有关行政主管部门在各自职责范围内，主管有关的自然保护区。

第六条　旗县以上环境保护行政主管部门会同有关部门，拟定本行政区域内的自然保护区发展规划，经同级计划部门综合平衡后，报同级人民政府批准实施。

第二章　自然保护区的建设与管理

第七条　具备《条例》规定条件之一的区域，应当建立自然保护区。

第八条　申请建立自然保护区应当填报国家或者自治区环境保护行政主管部门印制的自然保护区申报书，并按下列规定报批：

（一）建立国家级自然保护区，由自然保护区所在地盟行政公署、市人民政府或者自治区有关自然保护区主管部门向自治区人民政府提出申请，经自治区级自然保护区评审委员会预审通过，由自治区环境保护行政主管部门进行协调并提出审定建议，经自治区人民政府审定后，向国务院申报。国家另有规定的除外。

（二）建立自治区级自然保护区，由自然保护区所在地盟行政公署、市人民政府或者自治区有关自然保护区主管部门向自治区人民政府提出申请，经自治区级自然保护区评审委员会评审通过后，由自治区环境保护行政主管部门进行协调并提出审批建议，报自治区人民政府批准。

（三）建立盟市级自然保护区，由自然保护区所在地旗县人民政府或者盟市有关自然保护区行政主管部门向盟行政公署、市人民政府提出申请，经盟市环境保护行政主管部门组织评审、协调并提出审批建议，报盟行政公署、市人民政府批准，并报自治区环境保护行政主管部门和有关自然保护区行政主管部门备案。

（四）建立旗县级自然保护区，由旗县有关自然保护区行政主管部门向旗县人民政府提出申请，旗县环境保护行政主管部门组织评审、协调并提出审批建议，报旗县人民政府批准，并报自治区和盟市环境保护行政主管部门和有关自然保护区行政主管部门备案。

自然保护区的升级应当逐级进行，特殊情况除外。

第九条 建立跨行政区域的自然保护区，由有关行政区域的人民政府协商一致后，共同提出申请，按照本实施办法第八条规定的程序申报。

第十条 自治区环境保护行政主管部门负责自治区级自然保护区评审委员会的日常工作。

第十一条 自然保护区的范围和界线由批准建立自然保护区的人民政府确定，并标明区界，予以公告。

任何单位和个人不得破坏或者擅自移动自然保护区界标。

第十二条 批准建立的自然保护区，应当设置专门的自然保护区管理机构，配备专业技术人员。

国家级、自治区级自然保护区管理机构由自然保护区所在地盟行政公署、市人民政府负责设置。盟市级、旗县级自然保护区管理机构由自然保护区所在地旗县人民政府负责设置。

各级自然保护区管理机构的设置，应当按照机构编制管理有关规定报批。

第十三条 自然保护区所在地的公安机关，可以根据需要按照有关规定在自然保护区设置公安派出机构，维护自然保护区内的治安秩序。

第十四条 自然保护区可以分为核心区、缓冲区和实验区。

核心区、缓冲区不得建设任何生产设施；实验区不得建设污染环境、破坏资源或者景观的生产设施。

在自然保护区的外围保护地带的建设项目，不得损害自然保护区的环境质量。已造成损害的，应当限期治理。

第十五条 核心区、缓冲区的国有土地，应当依法划拨给自然保护区。核心区、缓冲区的集体所有土地，可以依法征用为国有土地。

第十六条 在草地类型和湿地类型的自然保护区的实验区内，原有的单位和居民可以从事适度的畜牧业生产和渔业生产，但是不得影响重点保护对象。

第十七条 禁止向自然保护区内倾倒固体废弃物和排放污染废水。

第十八条 自然保护区建设和管理所需经费，由自然保护区所在地的旗县以上人民政府财政部门列支。国家和自治区对自然保护区给予适当的资金补助，用于自然保护区的建设和管理。

第十九条 禁止任何单位和个人非法进入核心区和缓冲区。在实验区从事科研、教学、采集标本、参观、旅游活动的单位或者个人，应当遵守自然保护区管理的有关规定。

第二十条 列入自治区自然保护区建设发展规划中的自然保护区为重点自然保护区。

旗县以上人民政府和有关自然保护区主管部门对重点自然保护区，应当采取优先发展、建设的措施，并在资金使用及其他补助资金方面优先扶持。

第二十一条 旗县以上环境保护行政主管部门有权对本行政区内各类自然保护区的管理进行监督检查；旗县以上有关自然保护区行政主管部门有权对其主管的自然保护区的管理进行监督检查。

被检查的单位应当如实反映情况，提供必要的资料。检查的单位应当为被检查的单位保守技术秘密和业务秘密。

第三章 法律责任

第二十二条 违反《条例》规定，有下列行为之一的单位和个人，由自然保护区管理机构责令其改正，并可以根据不同情节处以100元以上5000元以下的罚款：

（一）擅自移动或者破坏自然保护区界标的；

（二）未经批准进入自然保护区或者在自然保护区内不服从管理机构管理的；

（三）经批准在自然保护区的缓冲区内从事科学研究、教学实习和标本采集的单位和个人，不向自然保护区管理机构提交活动成果副本的。

第二十三条 违反《条例》规定，在自然保护区进行砍伐、狩猎、采药、开垦、烧荒、开矿、采石、挖沙等活动的单位和个人，除可以依照有关法律、行政法规规定给予处罚的以外，由旗县以上人民政府有关自然保护区行政主管部门或者其授权的自然保护区管理机构没收违法所得，责令停止违法行为，限期恢复原状或者采取其他补救措施；对自然保护区造成破坏的，可以处以300元以上10000元以下的罚款。

第二十四条 自然保护区管理机构违反《条例》规定，拒绝环境保护行政主管部门或者有关自然保护区行政主管部门监督检查，或者在被检查时弄虚作假的，由旗县以上人民政府环境保护行政主管部门或者有关自然保护区行政主管部门给予300元以上3000元以下的罚款。

第二十五条 自然保护区管理机构违反《条例》规定，有下列行为之一的，由旗县以上人民政府有关自然保护区行政主管部门责令限期改正；对直接责任人员，由其所在单位或者上级机关给予行政处分：

（一）未经批准在自然保护区内开展参观、旅游活动的；

（二）开设与自然保护区保护方向不一致的参观、旅游项目的；

（三）不按照批准的方案开展参观、旅游活动的。

第二十六条 违反《条例》规定，给自然保护区造成损失的，由旗县以上人民政府有关自然保护区行政主管部门责令赔偿损失。

第二十七条 妨碍自然保护区管理人员执行公务的，由公安机关依照《中华人民共和国治安管理处罚条例》的规定给予处罚；情节严重，构成犯罪的，依法追究刑事责任。

第二十八条 违反《条例》规定，造成自然保护区重大污染或者破坏事故，导致公私财产重大损失或者人身伤亡的严重后果，构成犯罪的，对直接负责的主管人员和其他直接责任人员依法追究刑事责任。

第二十九条 自然保护区管理人员滥用职权、玩忽职守、徇私舞弊，构成犯罪的，依法追究刑事责任；情节轻微，尚不构成犯罪的，由其所在单位或者上级机关给予行政处分。

第四章 附 则

第三十条 自治区、盟市、旗县有关自然保护区行政主管部门可以根据本实施办法，制定自然保护区的具体管理规定。

第三十一条 本实施办法具体应用的问题，由自治区环境保护行政主管部门负责解释。

第三十二条 本实施办法自发布之日起施行。

内蒙古自治区城镇污水处理厂运行监督管理办法

第一条 为加强城镇污水处理厂的运行监督管理，根据《中华人民共和国水污染防治法》等有关法律、法规，结合自治区实际，制定本办法。

第二条 自治区行政区域内城镇污水处理厂运行的监督和管理，适用本办法。

第三条 旗县级以上人民政府对城镇污水处理厂运行负总责，通过依法征收污水处理费和适当的财政补贴，保证城镇污水处理厂正常运行。

第四条 旗县级以上人民政府建设行政主管部门负责本行政区域内城镇污水处理厂运营的监督管理。旗县级以上人民政府环境保护行政主管部门负责本行政区域内城镇污水处理厂出水水质和水量的监督管理。

财政、发展改革、水行政主管部门按照各自职责做好城镇污水处理厂运行监督管理的相关工作。

第五条 旗县级以上人民政府应当编制本行政区域的污水再生利用规划，统筹安排城镇污水再生利用，城镇污水再生利用率应当达到国家和自治区有关要求。

第六条 城镇污水处理厂建设竣工后，建设单位应当向环境保护、建设行政主管部门提出试运行申请。试运行之日起 3 个月内，建设单位应当向环境保护行政主管部门申请环境保护竣工验收。

城镇污水处理厂已经具备运行条件的，应当及时组织运行。

第七条 城镇污水处理厂投入运行后的实际处理负荷在一年内不得低于设计能力的 60%。

第八条 城镇污水处理厂应当在进水口、出水口和关键水处理构筑物等位置安装污染物在线监测装置及流量计量装置，并与当地环境保护行政主管部门和建设行政主管部门的监控设施联网。

在线监测装置投入使用前，应当经过依法检定，使用中的在线监测装置，应当依法定期检定。

城镇污水处理厂应当按照操作规程使用、维护在线监测装置及附属设施，不得擅自拆除、闲置、改变或者损毁。

第九条 污水处理厂出水口的设计、建设应当符合环境保护行政主管部门的要求。

设计能力大于 2 万吨/日的城镇污水处理厂应当安装符合国家要求的中控系统并正常运行。

第十条 工业企业等排污者向城镇污水集中处理设施排放污水的，应当在工业企业内部先行处理，达到国家有关规定和环境影响评价批复要求后，方可排入城镇污水处理系统。

城镇污水处理厂接纳污水水质浓度不得高于国家有关规定和环境影响评价批复的标准。

第十一条 城镇污水处理厂的出水水质应当符合国家污染物排放标准和环境影响评价批复标准。

城镇污水处理厂的出水水质达不到国家或者地方规定的水污染物排放标准的，应当进行提标改造。

第十二条 城镇污水处理厂进水水质超过设计标准导致出水超过标准时，城镇污水处理厂有举证的责任和应急处理的义务，并且应当及时向当地环境保护行政主管部门和建设行政主管部门报告，环境保护行政主管部门和建设行政主管部门接到报告后应当立即处理。

第十三条 城镇污水处理厂应当按照国家有关规定，对运行中产生的污泥进行综合利用或者无害化处理。污泥属于危险废物的，应当按照危险废物管理规定进行安全处置，并对处置后的污泥去向、用途、用量等进行跟踪、记录和报告，不得造成二次污染。

城镇污水处理厂应当对污泥暂存池采取有效的污染防治措施，使其符合环境影响评价批复的建设要求。

第十四条 城镇污水处理厂应当采取措施防止臭气外溢并达到国家有关规定要求。

第十五条 城镇污水处理厂应当建立污水处理厂运行记录和台账管理制度。

第十六条 城镇污水处理厂应当保持连续运行，不得擅自停运。因设施大修、检修、维护等确需全部或者部分设备停运或者导致处理能力明显下降的，城镇污水处理厂应当提前 15 个工作日，向当地环境保护行政主管部门和建设行政主管部门提出申请，经批准后实施，并按照规定时间恢复正常运营。

第十七条 因突发事件导致城镇污水处理厂全部或者部分设备停运的，城镇污水处理厂应当立即启动安全运行应急预案，进行检修，并在 2 小时内向当地建设行政主管部门和环境保护主管部门报告。恢复正常运行后，污水处理厂应当在 10 个工作日内，向当地建设行政主管部门和环境保护行政主管部门报告。

第十八条 城镇污水处理厂需要在江河湖泊设置排污口的，应当向有管辖权的旗县级以上人民政府水行政主管部门提出设置申请，经审查批准后方可建设。

城镇污水处理厂试运行期间或者停运期间，废水若需直接排入河湖，应当向环境保护、水行政主管部门提出申请，经同意后方可进行。

第十九条 旗县级以上人民政府建设、环境保护行政主管部门以及相关部门应当严格按照有关法律、法规、规章和技术规范的规定，加强对城镇污水处理厂运行工作的监督管理，依照各自职责查处违法行为。

第二十条 城镇污水处理厂违反本办法规定，有下列情形之一的，由旗县级以上人民政府环境保护行政主管部门依照《中华人民共和国水污染防治法》的有关规定进行处罚：

（一）未按规定安装污染物在线监测装置或者未按照规定与环境保护行政主管部门的监控设施联网的；

（二）违反操作规程使用污染物处理设施，致使处理设施不能正常发挥作用的；

（三）排放水污染物不符合国家或者地方规定的污染物排放标准的；

（四）未经批准擅自停运污水处理设施或者拆除、闲置水污染物处理设施的；

（五）拒绝依照本办法规定行使监督管理权的部门的监督检查，或者在监督检查时弄虚作假的。

第二十一条 城镇污水处理厂违反本办法规定，有下列情形之一的，由旗县级以上人民政府建设行政主管部门责令限期改正，逾期不改正的，处以 3 万元以下罚款：

（一）城镇污水处理厂已建成并具备运行条件而不组织运行的；

（二）未按规定安装符合国家要求的中控系统或者不正常运行中控系统的。

第二十二条 旗县级以上人民政府建设、环境保护行政主管部门及有关部门工作人员在城镇污水处理厂监督管理工作中徇私舞弊、滥用职权、玩忽职守的，依法对直接负责的主管人员或者直接责任人员给予行政处分；构成犯罪的，依法追究刑事责任。

第二十三条 本办法自 2010 年 11 月 1 日起施行。

内蒙古自治区环境保护条例

第一章　总　则

第一条　为保护和改善生活环境与生态环境，防治污染和其他公害，保障人体健康，促进自治区经济建设的发展，根据《中华人民共和国环境保护法》和有关法律、法规，结合自治区实际，制定本条例。

第二条　各级人民政府必须将环境保护规划纳入经济、社会发展计划和城乡建设总体规划，确定环境保护目标、任务和措施，使环境保护工作同经济建设和社会发展相协调。

第三条　自治区人民政府生态环境行政主管部门，对全区环境保护工作实施统一监督管理。旗县级以上人民政府生态环境行政主管部门，对本辖区的环境保护工作实施统一监督管理。各级人民政府的土地、矿产、林业草原、农业、牧业、水行政主管部门，依照有关法律、法规的规定，对资源的保护实施监督管理。各级公安、交通、铁道、民航管理部门和港务监督、渔政渔港监督、军队环境保护部门，依照有关法律、法规的规定，对环境污染防治实施监督管理。

第四条　自治区人民政府鼓励环境保护科学教育事业的发展，加强环境保护科学技术研究，引进、推广环境保护先进技术，培养环境保护人才，普及环境保护科学知识。优先发展环境保护事业，对资源综合利用和污染防治的基本建设和技术改造项目实行优惠政策。

第五条　一切单位和个人都有保护环境的义务，并有权对污染和破坏环境的单位和个人进行检举和控告。在保护和改善环境、防治污染和其他公害、资源综合利用、环境监督管理、环境保护科研、环境监测、环境保护宣传教育等方面有显著成绩的单位和个人，由各级人民政府给予奖励。

第二章　环境监督管理

第六条　各级人民政府生态环境行政主管部门，要会同有关部门对管辖范围内的环境状况进行调查和评价，拟定环境保护规划，报同级人民政府批准实施。

第七条　自治区人民政府对国家环境质量标准以及国家污染物排放标准中未作规定的项目，可以制定自治区环境质量标准和自治区污染物排放标准，报国务院生态环境行政主管部门备案。

第八条　自治区、设区的市人民政府及盟行政公署生态环境行政主管部门，根据国家监测制度和监测规范，会同有关部门组织监测网络，负责编报管辖区域环境质量报告书，定期发布环境状况公报。

第九条　各级人民政府生态环境行政主管部门和其他依法行使环境监督管理权的部门，有权对管辖范围内产生环境污染和其他公害的单位进行现场检查。被检查的单位必须如实反映情况，提供必要的资料。检查人员要为被检查的单位保守技术秘密和业务秘密。

第十条　跨行政区域的环境污染和环境破坏的防治管理工作，应当由产生环境污染和其他公害单位所在地的生态环境行政主管部门负责。对污染损害的赔偿或者环境破坏的恢复有争议时，由争议双方协商解决，协商不成的由上一级人民政府协调解决，作出决定。

第三章 保护和改善环境

第十一条 环境保护实行目标管理。各级人民政府应当对本辖区的环境质量负责。

第十二条 开发利用自然资源，要全面规划，科学管理，合理利用，切实保护自然环境、防治污染，谁利用谁补偿，谁破坏谁恢复。

第十三条 开发利用土地、矿产、森林、草原、水以及野生动植物等自然资源，要按照国家和自治区的有关法律、法规的规定执行，未经批准不得擅自开发利用。已经批准开发利用的必须采取措施防治环境污染和破坏，维护生态平衡。

第十四条 加强对农牧业生态环境的保护，实行科学灌溉，合理使用农药、鼠药、化肥，综合防治植物病、虫、鼠害，回收废地膜，保护植被，防治水土流失、土地沙化、盐渍化、贫瘠化和草原沙化、退化，防止农牧产品污染。

第十五条 各级人民政府应当在具有代表性的各种类型的自然生态系统区域，珍稀、濒危的野生动植物自然分布区域，重要的水源涵养区域，具有重大科学文化价值的地质构造和化石、火山、温泉等分布区域，建立自然保护区。对人文遗迹、古树、名木采取其他措施加以保护，严禁破坏。

第十六条 禁止在自然保护区、风景名胜区、文物保护区和其他需要特别保护的区域建设污染环境的工业生产设施；经批准建设的其他设施，其污染物排放不得超过规定排放标准。已经建成的设施，其污染物排放超过规定排放标准的，要限期治理。

第四章 防治环境污染和其他公害

第十七条 防治污染和其他公害，以防为主，防治结合，集中控制，综合整治。

第十八条 凡新建、扩建、改建项目和技术改造项目，以及可能对环境造成污染的项目，要实行环境影响报告书（表）审批制度和环境影响登记表备案管理制度，污染防治设施与主体工程必须同时设计，同时施工，同时投产使用。

第十九条 各级人民政府有关行业主管部门，在安排新工艺、新技术、新产品、新材料的科研、试制任务时，要同时采取防治污染和其他公害措施。

第二十条 产生环境污染和其他公害的单位，要按下列要求做好环境污染防治工作：

（一）对污染源作出整治规划，并组织实施；

（二）建立环境保护责任制度，制定污染防治考核指标；

（三）搞好设备的维修、保养，提高完好率，防止污染物扩散；

（四）已经投入使用的防治污染和其他公害的设施，未经当地人民政府生态环境行政主管部门批准，不得停止使用或者拆除。

第二十一条 排放污染物的单位，要依照国务院生态环境行政主管部门的规定，向当地生态环境行政主管部门申报登记。

第二十二条 因发生事故或者其他突发事件造成或者可能造成污染的单位，必须立即采取措施处理，及时通报可能受到污染危害的单位和居民，并向当地生态环境行政主管部门和有关部门作出报告。生态环境行政主管部门要立即会同有关部门采取控制、防范措施，当环境严重污染、威胁到居民生命财产安全时，要立即向当地人民政府报告，由人民政府采取有效措施，减轻或者消除污染。事故查清后，事故发生单位要向当地生态环境行政主管部门和有关部门作出事故处理结果的报告。

第二十三条 引进技术和设备，要遵守国家和自治区环境保护的规定。禁止任何单位将污染严重的生产项目和有毒、有害产品委托或者移交给没有污染防治能力的企业生产和经营。

第二十四条 排放有毒、有害气体和烟尘、粉尘的单位，要采取除尘、净化、回收措施。排放装置要符合国家规定。禁止在人口集中地区焚烧沥青、油毡、橡胶、塑料、皮革以及其他产生有毒有害烟尘和恶臭气体的物质。运输、装卸、贮存过程中可能散发有毒、有害气体或者粉尘物质的，要采取密封或者其他防护措施。

第二十五条 工业排水应清污水分流，分别处理，循环使用。利用沟渠、坑塘输送或者贮存含有毒污染物的废水、含病原体的污水和其他废弃物，要采取防渗漏措施。含有国家规定的第一类污染物之一的废水，应采取闭路循环和回收措施，禁止稀释排放。

第二十六条 对暂时不能利用的一般废渣，要按指定地点堆放。有毒、有害的废渣，要进行无害化处理，未经无害化处理的，要设置有防水、防渗、防风措施的专用场地分类堆放，防止有毒、有害的物质扩散。

第二十七条 产生放射性污染的单位，要有严格的管理和防治措施。排放浓度或者剂量不得超过国家规定标准。长期储存放射性废弃物的，要经过固化处理。废物库要远离城镇。运输放射性物质，必须使用有防护设施的专用车辆，按指定路线行驶。

第二十八条 在城市范围内进行产生强烈偶发性噪声活动的单位，必须事先向当地公安机关提出申请，经批准后方可进行。当地公安机关应当向社会公告。在城市市区范围内向周围生活环境排放建筑施工噪声的，应当符合国家规定的标准；在城市市区噪声敏感建筑物集中区域内，禁止夜间进行产生环境噪声污染的建筑施工作业，但抢修、抢险作业和因生产工艺上要求或者特殊需要必须连续作业的除外。因特殊需要必须连续作业的，必须有旗县级以上人民政府或者其有关主管部门的证明。前款规定的夜间作业，必须公告附近居民。

第五章 法律责任

第二十九条 违反有关法律、法规造成资源破坏的，由各级人民政府土地、矿产、林业草原、农业、牧业、水行政主管部门依照有关法律、法规的规定处理。由于污染事故造成资源破坏的，由生态环境行政主管部门依照有关法律、法规的规定处理。

第三十条 建设项目违反环境保护管理规定的，由审批该项目环境影响报告书（表）的生态环境行政主管部门按照有关规定处理。

第三十一条 违反本条例规定，有下列行为之一的，生态环境行政主管部门或者其他依照法律规定行使环境监督管理权的部门可以根据不同情节，给予警告或者处以罚款：

（一）在人口集中地区焚烧沥青、油毡、橡胶、塑料、皮革以及其他产生有毒有害烟尘和恶臭气体物质的；

（二）稀释排放含有第一类污染物之一的废水的；

（三）不按规定输送污水、废水或者贮存、堆放、运输、弃置、倾倒废弃物的；

（四）拒绝现场检查，拒绝执行污染物申报登记制度，在被检查和申报中弄虚作假的；

（五）引进不符合我国环境保护规定要求的设备或者技术的；

（六）转移污染严重的生产项目、有毒有害产品的。

第三十二条 擅自拆除或者闲置防治污染设施，污染物排放超过规定排放标准的，由生态环境行政主管部门责令重新安装使用，可以并处罚款。

第三十三条 建设项目的防治污染设施没有建成或者没有达到国家规定的要求，投入生产或者使用的，由审批该建设项目环境影响报告书（表）的生态环境行政主管部门责令停止生产或者使用，可以并处罚款。

第三十四条 对造成环境污染事故的，由生态环境行政主管部门或者其他依法行使环境监督管理权的部门，根据所造成的危害后果处以罚款；情节较重的，对有关责任人员，由其所在单位或者上级主管机关给予行政处分；构成犯罪的，由司法部门依法追究刑事责任。

第三十五条 当事人对行政处罚决定不服的，可以在接到处罚通知之日起六十日内，向该部门的本级人民政府申请行政复议，或者向该部门的上一级行政主管部门申请行政复议。

第三十六条 对阻碍生态环境行政主管部门或者依法行使环境监督管理权的部门的检查人员依法执行公务，辱骂、殴打检查人员的，由公安机关依照《中华人民共和国治安管理处罚法》的规定予以处罚。构成犯罪的，由司法部门依法追究刑事责任。

第三十七条 环境监督管理人员滥用职权、玩忽职守、徇私舞弊的，由其所在单位或者上级主管机关给予行政处分。构成犯罪的，由司法部门依法追究刑事责任。

第六章 附 则

第三十八条 本条例自公布之日起施行。

内蒙古自治区农业环境保护条例

第一章 总 则

第一条 为了保护和改善农业环境，防止农业环境的污染与破坏，促进农业生产的持续发展，保证农产品质量，保障人体健康，根据《中华人民共和国环境保护法》《中华人民共和国农业法》和有关法律、法规，结合自治区实际，制定本条例。

第二条 本条例所称农业环境保护，是指对影响农业生物生存和发展的农业用地、用水、大气、生物资源等农业生态环境的保护和污染防治。

第三条 在自治区行政区域内从事与农业环境有关的生产、建设、开发、科研及其他活动的一切单位和个人，都必须遵守本条例。

第四条 各级人民政府要对本行政区域内的农业环境质量负责，将农业环境保护列入国民经济和社会发展规划，确定农业环境保护的目标、任务，采取有利于农业环境保护的政策和措施，坚持预防为主、防治结合、综合治理，使农业环境保护同经济建设和社会发展相协调。

第五条 旗县级以上人民政府应当将农业环境保护所需事业经费列入财政预算，建立农业环境保护事业发展基金，并根据当地农业经济发展需要和农业环境资源状况，逐年增加对农业环境保护的投入。

第六条 各级人民政府要积极开展对农业环境保护的宣传教育，发展农业环境保护科学技术和教育事业，加强农业环境保护科学技术的研究和开发，普及和推广农业环境保护的科学知识和先进技术，提高农业环境保护的科学技术水平。

第七条 一切单位和个人都有保护农业环境的义务，并有权对污染和破坏农业环境的行为进行检举和控告。

第八条 各级人民政府对保护和改善农业环境作出突出贡献的单位和个人，给予表彰和奖励。

第二章 保护和改善农业环境

第九条 开发、利用自然资源，必须符合有关法律、法规对农业环境保护的规定，维护农业资源的再生增殖，保证农业资源的永续利用。各级人民政府要积极推广先进适用的农业技术，保护和改善农业环境，因地制宜地加强对中、低产田的改造和小流域的治理，防止水土流失。

第十条 各级人民政府要积极发展生态农业，推广生态农业技术，设立生态农业试验、示范区，开发农村新能源。

第十一条 旗县级以上人民政府应当按照有关法律、法规的规定，设立农业资源保护区，加强农业自然资源和野生物种的保护和管理。

第十二条 旗县级以上人民政府应当建立基本农田保护制度，在农业生产基地、农产品出口创汇基地、城市副食品基地、蔬菜基地、绿色食品和名特优新稀农产品集中产区建立基本农田保护区，对耕地和农业资源实行特殊保护。禁止在基本农田保护区内乱占耕地，擅自兴建非农业建设项目。

已经建成的，必须限期采取排污防护措施，达到国家或者自治区的排污标准。

第十三条　各级人民政府应当支持农业生产经营者按照国家和自治区制定的标准生产无公害农产品和绿色食品。自治区农业行政主管部门负责无公害农产品和绿色食品的监测和管理。

第十四条　旗县级以上人民政府要采取措施，依法加强对荒山、荒地、荒滩的合理开发、利用和治理。从事农业活动的单位和个人，要合理使用和开发农业资源，增施有机肥，禁止掠夺式经营，采取有效措施防治农业用地的沙化、退化、盐碱化、沼泽化。采矿、取土、挖沙、筑路的单位和个人要采取有效措施，防止植被破坏和水土流失。

第十五条　保护农作物害虫的天敌、害鼠的天敌及其栖息、繁殖场所。禁止捕猎、加工、贩运、销售农作物害虫的天敌、害鼠的天敌及其产品，人工繁殖饲养的除外。

第三章　污染防治

第十六条　向耕地、养殖水域及灌溉渠道排放的工业废水和城市污水，必须符合国家和自治区规定的排放标准；超过标准的，限期治理。严禁向农用水体中倾倒垃圾、废渣，排放油类、剧毒废液和含病原体废水；严禁在农用水体中浸泡或者清洗装贮过油类、有毒有害污染物的器具和车辆。

第十七条　排放有毒有害气体、粉尘等造成农业环境污染的单位或者个人，必须采取有效措施，限期治理，使其排放物不得高于国家和自治区规定的排放标准。

第十八条　在农业用地上堆放固体废弃物，必须征得土地所有者和使用者同意，经农业行政主管部门会同环境保护行政主管部门审查批准，按指定范围堆放，并采取防扬散、防流失、防渗漏、防自燃等措施。禁止在基本农田保护区、农业资源保护区和其他需要特殊保护的区域，堆放、弃置有毒有害污染物。

第十九条　各级人民政府要根据农业环境保护的规定，合理规划乡镇企业布局，禁止建设或者引进污染农业环境的生产项目、工艺流程，鼓励发展无污染的行业。禁止新建土硫磺、土炼焦、汞法和氰法炼金等污染农业环境的生产项目。已经建成的，必须限期治理，使排放物不得高于国家和自治区规定的排放标准；在限期内达不到治理要求的，责令其停产整顿。

第二十条　对污染、破坏严重的农业区域，旗县级以上人民政府应当划定农业环境综合整治区，并统一规划，限期治理。

第二十一条　农业生产经营者在生产过程中要使用对农产品无污染的扬晒场地、农用器具，安全、合理使用农药、化肥、农膜和动植物生长调节剂、饲料添加剂等，及时回收废弃农用塑料薄膜，防止农用化学物质污染。农业行政主管部门要加强对农产品的检测。经检测有害、有毒物质或者致病性微生物、寄生虫超过食品卫生标准的农产品，禁止出售或者交换，就地处理。

第二十二条　农业生产经营者用作农业肥料的城镇垃圾、粉煤灰和污泥等必须符合国家和自治区的污染物控制标准。禁止使用不符合国家和自治区农田灌溉水质标准的工业废水和城市污水灌溉农田。

第二十三条　饲养畜禽和进行农畜产品加工的单位和个人，应当对粪便、废水及其他废弃物进行无害化处理和综合利用，避免和减少对农业环境的污染。

第四章　监督管理

第二十四条　旗县级以上人民政府农业行政主管部门对农业环境保护工作实施监督管理，会同环境保护行政主管部门负责因农业和其他生产活动造成的农业环境污染与破坏事故的调查处理。

第二十五条 旗县级以上人民政府农业行政主管部门的农业环境监测机构，具体负责农业环境保护监测工作，业务上受上一级农业环境监测机构和同级环境保护行政主管部门监测机构的指导。农业环境保护监察实行监察员制度。农业环境保护监察员凭证履行农业环境监察职责。

第二十六条 自治区农业行政主管部门会同自治区环境保护行政主管部门，依照有关法律、法规拟定国家未作规定的农业环境质量标准，报自治区人民政府批准，报国务院环境保护行政主管部门备案。

第二十七条 旗县级以上人民政府农业行政主管部门会同有关部门对农业环境状况进行调查和评价，拟定农业环境保护规划，报同级人民政府批准实施。自治区农业行政主管部门，应当定期发布农业环境状况公报。

第二十八条 大中型农业建设项目和重大农业技术推广项目，必须进行农业环境影响评价，经农业行政主管部门审查后，按规定程序报批。对农业环境有直接污染破坏的建设项目，其环境影响报告书中必须有农业环境影响评价的内容。建设项目竣工验收时，应当同时验收农业环境保护设施，并有农业行政主管部门参加。没有农业环境保护设施或者达不到农业环境保护要求的项目不得通过验收。

第二十九条 农业行政主管部门有权对农业用地、养殖水域、灌溉渠道、农产品受到污染和农业资源被破坏的情况进行现场检查。被检查单位或者个人应当如实反映情况，提供必要的资料。农业环境监察人员执行现场检查时，应当出示证件，并为被检查单位或者个人保守技术和业务秘密。

第三十条 因发生事故或者其他原因排放污染物，造成或者可能造成农业环境污染和破坏的单位或者个人，应当采取紧急措施，排除或者减轻危害，及时通报可能受到污染危害的单位和个人，并在四十八小时内向当地农业行政主管部门和环境保护行政主管部门报告，接受调查处理。

第三十一条 跨行政区域的农业环境污染和生态破坏的防治工作，由有关地方人民政府协商解决，或者由上级人民政府协调解决。

第五章 法律责任

第三十二条 造成农业环境污染、破坏的单位和个人，必须负责限期治理恢复，承担治理费用。

第三十三条 违反本条例有关规定的，由农业行政主管部门给予下列处罚：

（一）违反第十六条、第十八条规定的，责令限期改正；造成农业环境污染的，按照直接损失的一倍处以罚款。

（二）违反第二十一条规定的，责令消除污染，并可处以 1000 元以下罚款；不及时回收农用塑料残膜的，责令限期回收，逾期不回收的，由嘎查、村负责组织回收，其费用由农膜使用者承担；处理超过食品卫生标准的农产品的费用由造成污染的单位和个人承担。

（三）违反第二十二条规定的，责令停止使用，并可处以 500 元以上 3000 元以下罚款。

（四）违反第二十八条规定的，责令改正；对没有农业环境保护设施而通过验收的项目，验收无效，并建议主管部门对直接责任者给予行政处分。

（五）违反第二十九条第一款规定拒绝农业行政主管部门现场检查或者在被检查时弄虚作假的，给予警告，并可处以 300 元以上 3000 元以下罚款。

第三十四条 违反本条例其他规定，造成农业环境污染和生态破坏的，由农业行政主管部门会同有关部门，按照职责分工，依据有关法律、法规的规定处理。

第三十五条 当事人对行政处罚决定不服的，可依照《中华人民共和国行政复议法》和《中华人民共和国行政诉讼法》的规定，申请行政复议或者向人民法院起诉。当事人逾期不申请复议，也不向人民法院起诉，又不履行处罚决定的，由作出处罚决定的机关申请人民法院强制执行。

第三十六条 违反本条例规定，造成重大农业环境污染和破坏事故，导致国家、集体和个人财产重大损失或者人身伤亡，构成犯罪的，依法追究刑事责任。

第三十七条 农业行政主管部门的工作人员、农业环境监察人员，违反本条例规定，滥用职权，玩忽职守，徇私舞弊的，由其所在单位或者上级主管部门给予行政处分；构成犯罪的，依法追究刑事责任。

第六章 附 则

第三十八条 本条例应用中的具体问题由自治区农业行政主管部门负责解释。

第三十九条 本条例自公布之日起施行。

内蒙古自治区第八届人民代表大会常务委员会关于重视和加强环境与资源保护工作的决议

（1995年4月5日内蒙古自治区第八届人民代表大会常务委员会第十三次会议通过）

内蒙古自治区第八届人民代表大会常务委员会第十一次会议、第十三次会议，先后听取和审议了自治区人民政府关于《中华人民共和国环境保护法》《内蒙古自治区环境保护条例》执行情况的报告和阿拉善盟、赤峰市元宝山地区突出生态环境问题的专题报告。会议认为：近年来自治区制定颁布、批准实施了26项有关环境与资源保护方面的地方性法规和行政规章，1993年、1994年连续在全区范围内开展了环境保护执法大检查，使我区的环境与资源保护工作向法制化轨道迈出新步伐。各级人民政府广泛开展了对环境与资源保护的法律、法规的宣传教育，动员全社会积极进行污染防治，保护、改善生态环境，在增强环境意识、提高环境质量等方面做了大量工作，并取得一定成效。但是，由于多种原因，当前土地沙化、草原退化、资源破坏、城镇环境污染等生态恶化问题仍十分严峻。环境保护是我国的基本国策，是关系经济发展、社会稳定、人类生存的大事。应引起各级领导和全社会的高度重视。为依法加快治理污染、改善生态环境、合理利用资源，保护人民健康，促进经济持续发展，特作出如下决议：

一、各级人民政府要根据国家和自治区有关法律、法规，正确处理好经济发展与资源开发和环境保护的关系，坚持环境保护工作同经济建设和社会发展相协调的原则，从实际出发，编制好治理污染、改善生态环境总体规划。要逐步增加环境治理和环境监测基础建设的资金投入。要加强环境保护机构队伍建设，依法强化对辖区环境实施统一监督管理，履行环境保护的职能。要继续深入地开展群众性的环境保护宣传和“中华环保世纪行在内蒙古”的活动，进一步提高广大干部群众特别是领导干部的环境意识，动员全社会同心协力搞好环境与资源保护。

二、各级环保行政主管部门要依法严把建设、开发、扩建项目的审批关，坚决遏制新增污染源。要严格执行环境影响评价和环境保护设施与主体工程同时设计、同时施工、同时投产使用的“三同时”制度。对布局不合理，能耗物耗高，对环境污染、资源破坏严重和环境保护设施投资不落实的建设、开发、扩建项目，不予审批。各级人大常委会、人民政府每年要对辖区重点项目进行一次检查，凡未经审批和未执行“三同时”制度的项目；坚决停下来，并依法严肃查处，追究有关人员的责任。

三、加快老污染源的治理，抓紧解决当前突出的环境污染问题。“九五”期间，各地要着手重点解决对人民群众生活、健康影响大的突出污染问题。呼和浩特市、包头市人民政府要抓紧对大气煤烟型污染、氟污染的治理：乌海市、伊克昭盟、乌兰察布盟等地的人民政府（行政公署），要在1995年完成对土法炼焦、采金、氰汞选金和小煤窑的治理整顿。自治区人民政府对1994年国家环境保护执法检查团提出的突出环境问题尽快采取有效措施逐一解决。各地要按照国家和自治区人民政府的有关规定，严格执行按隶属关系分级征收排污费的制度，重点帮助当前污染严重的困难企业的污染治理。

四、各级人民政府资源行政主管部门，要依法加强对土地、水、矿产、森林、草原、野生动植物等资源的保护和管理开发利用资源。资源开发单位在开发资源中，必须依法履行保护、补偿、恢复生态环境的责任和义务。自治区人民政府根据国家在我区开展征收生态环境补偿费试点工作的要求，尽快制定生态环境补偿费征收管理办法。

五、阿拉善盟由于额济纳河河水基本断流，居延海干涸生态环境严重恶化，连续两年发生沙尘暴，给阿拉善盟和周围地区经济建设和人民生活造成巨大损失的问题，已经引起了国家和自治区领导及有关部门、专家学者、新闻界的高度重视。会议要求：阿拉善盟行政公署应继续在改善生态环境方面尽全力做好工作。自治区人民政府要按照国务院有关领导关于解决阿拉善地区生态日益恶化问题的批示精神，提出对额济纳河上游黑河水资源合理分配利用、解决额济纳绿洲水蜀枯竭危及人畜生存燃眉之急的方案；提出将阿拉善盟生态恢复工程尽快纳入国家计划的意见，向国务院作出专题报告。赤峰市元宝山露天矿疏干水造成区域性生态环境恶劣问题，自治区人民政府要对该地区水资源破坏情况进一步调查研究为纳入国家治理计划提出科学依据，向国家有关部门作出专题报告，尽快解决当地人民群众生产、生活用水和环境日划化的紧迫问题。

六、各级人大常委会要进一步重视和加强环境与资源保护的执法监督，强化执行力度，对有法不依、执法不严的部门，要责成政府行政主管部门依法认真查处。对触犯刑律睥案件，要督促司法部门严肃公开处理。对政府主管部门或者主管部门处理不力的，同级人大常委会组成人员可以依法提出质询案。

内蒙古自治区大气污染防治条例

第一章 总 则

第一条 为了保护和改善大气环境，防治大气污染，保障公众健康，推进生态文明建设，促进经济社会可持续发展，根据《中华人民共和国环境保护法》《中华人民共和国大气污染防治法》和国家有关法律、法规，结合自治区实际，制定本条例。

第二条 本条例适用于自治区行政区域内大气污染防治工作。上位法已经作出规定的，从其规定。

第三条 防治大气污染，应当以改善大气环境质量为目标，遵循规划先行、源头治理、预防为主、防治结合、政府主导、公众参与、损害担责的原则。

第四条 旗县级以上人民政府应当将大气污染防治工作纳入国民经济和社会发展规划，转变经济发展方式，调整优化产业结构、能源结构、运输结构、用地结构，改造提升传统产业，大力发展新兴产业，推动新旧动能转换。

第五条 自治区发展现代能源经济，坚持煤、电、油、气、风、光等多种能源综合利用，构建安全、绿色、集约、循环、高效的清洁能源供应体系，保护和改善大气环境。

第六条 旗县级以上人民政府应当加大对大气污染防治的财政投入，对开展技术改造、清洁能源替代的企业事业单位和其他生产经营者给予税费减免、资金补助和财政贴息等政策优惠。

第七条 实行重点大气污染物排放总量和大气环境质量控制制度。

自治区人民政府结合经济社会发展水平、环境质量状况、产业结构，将重点大气污染物排放总量控制指标和环境空气质量约束性目标，分解落实到盟行政公署、设区的市人民政府。

第八条 实行大气环境保护目标责任制和考核评价制度。

旗县级以上人民政府应当将本行政区域内大气环境质量改善目标、大气污染防治重点任务完成情况纳入政府绩效考核，考核结果应当向社会公开。

第九条 旗县级以上人民政府生态环境主管部门对大气污染防治实施统一监督管理，其他有关部门在各自职责范围内对大气污染防治实施监督管理。

第十条 自治区人民政府生态环境主管部门应当建立、完善环境信用管理数据库和环境守信激励、失信惩戒机制，并纳入统一的社会信用体系。

旗县级以上人民政府生态环境主管部门和其他负有大气污染防治监督管理职责的部门，应当依法公开大气环境质量、大气环境监测数据、突发大气环境事件以及大气环境行政许可、行政处罚情况等信息。

第十一条 开展空气质量中长期趋势预测工作，完善重污染天气的区域联合预警机制，及时发布重污染天气预报信息，实现预报信息全区共享、联网发布。

盟行政公署、设区的市人民政府统一发布大范围重污染天气预警信息，各相关城市按预警等级启动应急响应措施，根据应急需要可以采取责令有关企业停产或者限产、限制部分机动车行驶、停止工地土石方作业和建筑物拆除施工、停止幼儿园和学校组织的户外活动、组织开展人工影响天气作业等应急措施。

第十二条 自治区人民政府生态环境主管部门根据主体功能区划、区域大气环境质量状况和大气污染传输扩散规律，划定自治区的大气污染防治重点区域，统筹协调重点区域内的大气污染联防联控工作。

第十三条 任何单位和个人都有保护大气环境的权利和义务，有权对污染大气环境的行为和大气污染监督管理部门及其工作人员不依法履行职责的行为进行检举和控告。

第二章 工业污染防治

第十四条 加大区域产业布局调整，加快企业技术升级改造，推进工业污染源达标排放，大力发展循环经济。

推进城市建成区企业退出城区、进入工业园区。盟行政公署、设区的市人民政府应当制定计划，对位于城市建成区范围内的钢铁、石油、化工、有色金属、冶金、水泥、制药等高耗能、高排放企业限期完成搬迁或者改造。

第十五条 排污单位应当采用能源和原材料利用效率高、污染物排放量少的清洁生产技术、工艺和设备，减少大气污染物的产生和排放。

鼓励排污单位优先采用同行业先进技术，提高生产标准和要求，实现大气污染物超低标准排放。

第十六条 在生产过程中排放粉尘、硫化物和氮氧化物的排污单位，应当配套建设除尘、脱硫、脱硝等装置，或者采取技术改造等其他控制大气污染物排放的措施。

第十七条 排放工业废气或者有毒有害大气污染物的排污单位应当按照国家有关规定和监测规范自行或者委托有资质的监测机构监测大气污染物排放情况，记录、保存监测数据，确保监测数据真实、可靠，并通过网站或者其他便于公众知晓的方式向社会公开。监测数据的保存时间不得低于五年。

第十八条 向大气排放污染物的排污单位，应当按照国家规定，设置大气污染物排放口及其标志。

第十九条 旗县级以上人民政府应当严格控制新建、改建、扩建排放恶臭的工业类建设项目。已建化工、生物发酵等排放恶臭污染物的单位，应当在生态环境主管部门规定的期限内采用先进的技术、工艺和设备，减少恶臭污染物排放，达到国家标准。

第二十条 严格执行国家及自治区产业结构调整指导目录，生产经营者应当在规定期限内，淘汰列入目录的生产工艺、设备和产品。

生产者、进口者、销售者或者使用者应当在规定期限内停止生产、进口、销售或者使用列入前款规定目录中的设备和产品；工艺的采用者应当在规定期限内停止采用列入前款规定目录中的工艺。

被淘汰的设备和产品，不得转让给他人使用。

第二十一条 自治区人民政府应当对排放大气污染物中含有氟化物的重点排污单位实施氟化物排放总量、排放浓度限值双控制度。

第二十二条 旗县级以上人民政府应当公布本行政区域内重污染天气期间停产、限产、限排生产企业清单，企业应当将应急减排措施，落实到各工艺环节、具体生产线和责任人。

重污染天气预警期间，对钢铁、焦化、有色金属、煤炭和矿石等涉及大宗原材料及产品运输的重点用车企业，实施分时段运输。

第三章　燃煤污染防治

第二十三条　各级人民政府应当采取措施，优化煤炭使用方式，推动煤炭清洁生产和高效利用，逐步降低煤炭在一次能源消费中的比重，减少煤炭生产、运输、使用、转化过程中的大气污染物排放。

第二十四条　露天煤矿应当硬化运输道路，采掘作业应当采取雾炮洒水等防尘措施，对坑上、坑下传送皮带应当加设防尘罩，采取封闭措施破碎煤炭。

第二十五条　旗县级以上人民政府采取有利于煤炭清洁利用、能源转化的经济、技术措施，鼓励煤层气、煤矸石、粉煤灰、炉渣资源的综合利用。

旗县级以上人民政府应当加强煤矸石和煤田自燃治理，负责无主着火点灭火工作。

第二十六条　运输煤炭的车辆应当采取密闭或者其他措施防止物料遗撒造成煤尘污染，并按照规定路线行驶。装卸煤炭应当采取密闭或者喷淋等方式防治煤尘污染。

第二十七条　贮存煤炭、煤矸石、煤渣、煤灰等易产生煤尘的物料应当密闭；不能密闭的，应当设置不低于堆放物高度的严密围挡，并采取有效覆盖措施防治煤尘污染。

第二十八条　燃煤单位应当采用清洁生产工艺，配套建设除尘、脱硫、脱硝等装置，或者采取技术改造等其他控制大气污染物排放的措施，实现达标排放。燃煤电厂应当实现超低排放。

第二十九条　旗县级以上人民政府可以划定并公布高污染燃料禁燃区，并根据大气环境质量改善要求，逐步扩大高污染燃料禁燃区范围。

在禁燃区内，禁止销售、燃用高污染燃料。禁止新建、扩建燃用高污染燃料的设施；已建成的，应当在旗县级以上人民政府规定的期限内改用天然气、液化石油气、电或者其他清洁能源。

第三十条　各级人民政府应当加强民用散煤管理，对煤炭销售和使用实行网格化管理，实施源头治理、动态监管、分类整治。

第三十一条　禁止销售不符合民用散煤质量标准的煤炭。

各级人民政府应当加强对煤炭销售网点和散煤运输的监督检查，依法取缔劣质煤炭销售网点，查处散煤违规运输和直送行为。

第四章　机动车污染防治

第三十二条　旗县级以上人民政府应当发展公共交通，提高公共交通出行分担率，加强城市步行和自行车交通系统建设，引导公众绿色、低碳出行。

第三十三条　自治区推广新能源机动车，加快充电站（桩）、加气站等基础设施建设，旗县级以上人民政府可以从财政、税收、政府采购等方面给予支持。

第三十四条　旗县级以上人民政府生态环境主管部门在不影响机动车正常通行的情况下，可以通过遥感监测等技术手段对在道路上行驶的机动车的大气污染物排放状况进行监督抽测，公安机关交通管理部门予以配合。

第三十五条　在用机动车排放的大气污染物应当符合所在地执行的排放标准。

在用机动车排放大气污染物超过标准的，应当进行维修；经过维修或者采用污染控制技术后，大气污染物排放仍然不符合国家在用机动车排放标准的，应当强制报废。

第三十六条　自治区人民政府应当制定货物运输结构调整专项规划，加快煤炭、火电、钢铁等重点企业铁路专用线建设，提高铁路运输比例。

第三十七条 旗县级以上人民政府应当对柴油货车超标准排放进行综合治理。

在用柴油车未安装污染控制装置或者污染控制装置不符合要求，不能达标排放的，应当加装或者更换符合要求的污染控制装置。

第五章 扬尘污染防治

第三十八条 建设单位与施工单位签订施工合同，应当明确施工单位扬尘污染防治责任，将扬尘污染防治费用列入工程预算。

从事房屋建筑、市政基础设施建设、建筑物拆除、河道整治等活动产生扬尘污染的，施工单位应当按照规定将作业时间、作业地点、排放扬尘污染物的种类及其防治措施等，向所在地负责监督管理扬尘污染防治的主管部门备案。

第三十九条 建筑工程施工应当遵守下列防尘规定：

（一）施工工地周围应当按照有关规定设置连续、密闭的围挡；

（二）施工工地地面、车行道路应当进行硬化等降尘处理；

（三）易产生扬尘的土方工程等施工时，应当采取洒水等抑尘措施；

（四）建筑垃圾、工程渣土等在四十八小时内未能清运的，应当在施工工地内设置临时堆放场并采取遮盖等防尘措施；

（五）运输车辆在除泥、冲洗干净后方可驶出施工工地；

（六）需使用混凝土的，应当使用预拌混凝土或者进行密闭搅拌并采取相应的扬尘防治措施，禁止现场露天搅拌；

（七）施工工地内堆放的粉状物料堆场采取封闭措施，其他工程材料、砂石、土方等易产生扬尘的物料，应当采取覆盖防尘网或者防尘布等措施。

第四十条 道路与管线施工，除遵守本条例第三十九条的规定外，还应当遵守下列防尘规定：

（一）施工机械在挖土、装土、堆土、路面切割、破碎等作业时，应当采取洒水等措施；

（二）对已回填后的沟槽，应当采取夯实、洒水、覆盖等措施；

（三）使用风钻挖掘地面或者清扫施工现场时，应当向地面洒水。

第四十一条 道路保洁作业应当遵守下列防尘规定：

（一）城市主要道路、广场、停车场和其他公共场所，推行清洁动力机械化清扫等低尘作业方式；

（二）采用人工方式清扫道路的，应当符合市容环境卫生作业规范；

（三）路面破损的，应当采取防尘措施，及时修复；

（四）下水管道的清疏污泥应当在当日清运，不得在道路上堆积。

第四十二条 城镇行道树施工和养护作业应当遵守下列防尘规定：

（一）行道树栽植时，所挖树穴不能及时栽植的，对树穴和栽种土应当采取覆盖等防尘措施；

（二）行道树栽植后，应当当天完成余土及其他物料清运，不能完成清运的，应当进行遮盖；

（三）行道树下的裸露泥土，应当进行绿化或者铺装透水材料；

（四）在大风、霾等扬尘污染天气预警期间，应当停止平整土地、换土、原土过筛等作业。

第六章 供热污染防治

第四十三条 旗县级以上人民政府应当统筹规划城市建设，优先发展以热电联产为主的集中供热，推进使用风能、太阳能、生物质能、天然气、地热等清洁能源替代分散燃煤供热。

第四十四条 旗县级以上人民政府应当推进城中村、棚户区改造，将应当淘汰的分散燃煤锅炉供热区域纳入集中供热管网覆盖范围，逐步提高集中供热比例。

第四十五条 在燃气管网和集中供热管网覆盖的区域，不得新建、改建、扩建分散燃烧煤炭、重油、渣油的集中供热设施；已建成的不能达标排放的集中供热设施应当在规定的期限内拆除。

第四十六条 在集中供热管网未覆盖的区域，推广使用新能源、清洁能源供热，或者使用高效节能环保型锅炉和对原有锅炉进行技术升级改造。

第四十七条 各级人民政府应当采取措施，推进城乡接合部、农村牧区清洁取暖工作，将农村牧区炊事、养殖、大棚用能与清洁取暖相结合，充分利用生物质、沼气、太阳能、罐装天然气、电等多种清洁能源供暖。加大煤改气、煤改电和生物质能源替代等项目建设的财政补贴力度，逐步减少煤炭的使用量，减少大气污染物的排放。

第四十八条 各级人民政府应当建立和完善洁净煤生产配送体系和营销网络，推广和使用优质煤炭、洁净型煤和节能环保型炉具，并保障供应。

第七章 秸秆焚烧污染防治

第四十九条 从事农业生产经营的组织和个人应当妥善处理农作物秸秆，禁止露天焚烧农作物秸秆。

第五十条 各级人民政府及其有关部门应当鼓励和支持采用先进适用技术，对秸秆进行肥料化、饲料化、能源化、工业原料化、食用菌基料化等综合利用，加大对秸秆还田、收集一体化农业机械的财政补贴力度。

第五十一条 旗县级人民政府应当组织建立秸秆收集、贮存、运输和综合利用服务体系，采用财政补贴等措施支持农村牧区集体经济组织、农民专业合作经济组织、企业等开展秸秆收集、贮存、运输和综合利用服务。

第五十二条 各级人民政府及其有关部门应当加强禁止露天焚烧农作物秸秆的宣传教育，广播、电视、报刊、网络等媒体应当发挥舆论引导和监督作用，组织开展禁止露天焚烧农作物秸秆的公益宣传活动。

第五十三条 旗县级人民政府应当在春耕和秋收阶段组织生态环境、农业等部门及乡镇人民政府，对禁止露天焚烧农作物秸秆工作进行检查，加强监督管理。

第五十四条 嘎查村民委员会应当建立监管责任制，将禁止露天焚烧农作物秸秆纳入村规民约，对嘎查村实行网格化管理，及时发现、报告和处置秸秆焚烧违法行为。

第八章 沙尘污染防治

第五十五条 各级人民政府应当推进山水林田湖草的生态保护和修复，加强植树种草，增加绿地和水域面积，预防和治理土地沙化，保护和改善大气环境质量。

第五十六条 各级人民政府应当落实禁牧休牧和草畜平衡制度，加快推进基本草原划定和保护工作，加大退牧还草力度，实行草原生态保护补助奖励政策。对已经退化、沙化的草原，应当限期治理。

第五十七条 治理沙化土地应当坚持政府、企业和个人共同参与原则，推进政府政策性支持、企业产业化投资、农牧民市场化参与、技术持续化创新的沙漠治理方式。

第五十八条 各级人民政府应当根据沙化土地所处的地理位置、土地类型、植被状况、气候和水资源状况、土地沙化程度等自然条件及其所发挥的生态、经济功能，对沙化土地实行分类保护、综合治理和合理利用。

第五十九条　治理沙化土地应当坚持生物措施与工程措施相结合，因地制宜地采取退耕还林、退牧还草、封沙育林育草、建设防护林、小流域综合治理以及合理调配生态用水等措施，恢复和增加植被。

第六十条　各级人民政府应当在有效治理沙化土地的基础上，大力发展沙区特色产业，调整沙区产业结构，发展太阳能、风能和沼气等生物质能源，减轻沙区生活对植被资源的依赖。

第九章　其他污染防治

第六十一条　实施绿色矿山建设。新设立矿山执行绿色矿山建设标准，已建生产矿山应当限期达到绿色矿山建设标准。

对开采过的露天矿山，应当根据矿山的实际情况，及时采取边坡修复、土壤改良、植物配植等措施，进行生态复绿工作。

第六十二条　加大农业源氨的排放控制力度，逐步减少化肥农药使用量，增加有机肥使用量。强化畜禽粪污无害化处理，综合利用。

第六十三条　禁止露天焚烧沥青、油毡、橡胶、塑料、皮革、垃圾以及其他产生有毒有害烟尘和恶臭气体的物质；确需焚烧处理的，应当采用专用焚烧装置。

第六十四条　排放油烟的餐饮服务业经营者应当安装油烟净化设施并保持正常使用，或者采取其他油烟净化措施，使油烟达标排放，并防止对附近居民的正常生活环境造成污染。

禁止在居民住宅楼、未配套设立专用烟道的商住综合楼以及商住综合楼内与居住层相邻的商业楼层内新建、改建、扩建产生油烟、异味、废气的餐饮服务项目。

第六十五条　任何单位和个人不得在当地人民政府禁止的区域内露天烧烤食品或者为露天烧烤食品提供场地。

第六十六条　禁止生产、销售和燃放不符合质量标准的烟花爆竹。任何单位和个人不得在当地人民政府禁止的时段和区域内燃放烟花爆竹。

第六十七条　鼓励和倡导文明、绿色、生态祭祀。

第十章　法律责任

第六十八条　违反本条例规定，未按规定设置大气污染物排放口标志的，由旗县级以上人民政府生态环境主管部门责令改正，并处5000元以上1万元以下的罚款。

第六十九条　违反本条例规定，已建化工、生物发酵等排放恶臭污染物的单位，在规定的期限内未达到国家标准的，由旗县级以上人民政府生态环境主管部门责令改正，并处1万元以上10万元以下的罚款；拒不改正的，责令停业整治或者关闭。

第七十条　违反本条例规定，氟化物超过排放总量和排放浓度限值控制指标排放大气污染物的，由旗县级以上人民政府生态环境主管部门责令改正或者限制生产、停产整治，并处10万元以上100万元以下的罚款；情节严重的，报经有批准权的人民政府批准，责令停业整治或者关闭。

第七十一条　违反本条例规定，企业拒不执行停产、限产、限排、分时段运输等重污染天气应急措施的，由旗县级以上人民政府确定的监督管理部门处1万元以上10万元以下的罚款。

第七十二条　违反本条例规定，建筑工程施工、道路与管线施工、城镇行道树施工和养护作业未采取相应防尘措施的，由旗县级人民政府住房和城乡建设主管部门或者其他主管部门责令限期改正，并处1万元罚款；情节较重的，并处5万元罚款；情节严重的，并处10万元罚款；逾期未改正的，责令停工整治。

第七十三条 各级人民政府、旗县级以上人民政府生态环境主管部门和其他负有大气环境保护监督管理职责的部门及其工作人员滥用职权、玩忽职守、徇私舞弊、弄虚作假的，依法给予处分；构成犯罪的，依法追究刑事责任。

第十一章 附 则

第七十四条 本条例自2019年3月1日起施行。

内蒙古自治区湿地保护条例

第一条　为了加强湿地保护，维护湿地生态功能和生物多样性，促进湿地资源可持续利用，根据国家有关法律、法规，结合自治区实际，制定本条例。

第二条　本条例所称湿地是指自治区行政区域内的国际重要湿地、国家重要湿地和自治区人民政府根据国家有关规定确认并公布的河流、湖泊、沼泽和沼泽化草甸、库塘等。

第三条　在自治区行政区域内从事湿地保护、利用和管理活动的单位和个人，应当遵守本条例。

第四条　湿地保护工作应当遵循保护优先、科学规划、合理利用和持续发展的原则。

第五条　各级人民政府应当建立健全湿地保护与合理利用管理协调机制，加强对湿地保护工作的领导。旗县级以上人民政府林业草原、生态环境、农牧业、水利、自然资源、建设等行政主管部门，按照各自的职责，依法做好湿地保护工作。旗县级以上人民政府林业草原行政主管部门负责湿地保护的组织和协调工作。

第六条　各级人民政府及其有关行政主管部门应当开展湿地保护的宣传教育活动，提高公民的湿地保护意识。一切单位和个人都有保护湿地资源的义务，并有权对破坏或者侵占湿地资源的行为进行检举和控告。

第七条　各级人民政府应当鼓励、支持单位和个人开展湿地保护和有关的科学研究，推广应用湿地保护先进技术。

第八条　旗县级以上人民政府及其有关行政主管部门，应当依照国家有关规定，加强湿地保护工作的国际合作，做好国际援助项目的实施工作。

第九条　自治区人民政府林业草原行政主管部门会同发展改革、农牧业、水利、自然资源、生态环境、建设等有关行政主管部门，依据全国湿地保护规划，编制自治区湿地保护规划，由自治区人民政府批准后组织实施。自治区湿地保护规划应当纳入自治区国民经济和社会发展规划。旗县级以上人民政府组织林业草原等有关行政主管部门，依据上一级人民政府湿地保护规划，编制本行政区域湿地保护规划，报上一级人民政府备案。各级人民政府应当保障用于湿地保护的资金投入。

第十条　自治区人民政府林业草原行政主管部门负责组织自治区湿地资源日常调查和定期普查工作，定期普查工作每五年进行一次。旗县级以上人民政府林业草原、生态环境、农牧业、水利等行政主管部门，应当按照各自职责加强对湿地生态资源的监测。旗县级以上人民政府林业草原行政主管部门应当在湿地资源调查和湿地生态资源监测的基础上，建立并及时更新湿地资源信息档案。

第十一条　具备下列条件之一的湿地，应当建立湿地自然保护区：

（一）生态系统具有代表性的；

（二）生物多样性丰富或者珍稀、濒危物种集中分布的；

（三）国家和地方重点保护鸟类的繁殖地、越冬地或者重要的迁徙停歇地；

（四）具有特殊保护或者科学研究价值的其他湿地。湿地自然保护区的建立和管理，按照有关法律、法规执行。

第十二条　在自然景观适宜、生态系统完整、生态特征显著、历史和文化价值独特、便于开展科普宣传教育活动的湿地，可以建立湿地公园。湿地公园的建立和管理办法，由自治区人民政府制定。

第十三条 在天然湿地内从事割芦苇、割草、放牧、捕鱼等活动，应当在旗县级人民政府公布的时限和范围内进行。旗县级人民政府在规定上述时限和范围时，应当遵循候鸟迁徙和湿地植物生长规律，妥善安排当地居民的生产生活。禁止在湿地范围内捡拾鸟卵、采用灭绝性方式捕捞鱼类及其他水生生物，禁止非法猎捕野生动物。

第十四条 旗县级以上人民政府应当采取措施，保护湿地水资源。对因水资源缺乏导致功能退化的湿地，应当通过调水等措施补水，维护湿地生态功能。除抢险、救灾外，在湿地取水或者拦截湿地水源，不得影响湿地合理水位或者截断湿地水系与外围水系的联系，不得破坏鱼类等水生生物洄游通道和产卵场。

第十五条 旗县级以上人民政府生态环境行政主管部门应当对湿地及周边地区排放废水、倾倒固体废物等行为进行监督。农用薄膜、农药容器、捕捞网具等不可降解或者难以腐烂的废弃物，其使用者应当回收。造成湿地环境污染的，按照“谁污染、谁治理”的原则，依法采取治理措施。

第十六条 向湿地引进外来物种，必须按照国家有关规定进行审批和试验。旗县级以上人民政府林业草原、农牧业等有关行政主管部门对引进湿地的外来物种进行动态监测，发现有害的，及时报告本级人民政府和上一级行政主管部门，并采取措施，消除危害。

第十七条 开发利用天然湿地应当按照湿地保护规划进行，不得破坏湿地生态系统的基本功能，不得破坏野生动植物栖息和生长环境。禁止在天然湿地内擅自进行采砂、采石、采矿、挖塘、砍伐林木和开垦活动。

第十八条 任何单位和个人不得擅自占用或者改变天然湿地用途。因重要建设项目确需改变天然湿地用途的，应当按照有关法律、法规的规定办理相关审批手续。

第十九条 自治区实行湿地生态效益补偿制度。因湿地保护使湿地资源所有者、使用者的合法权益受到损害的，政府应当给予补偿，并对其生产、生活作出妥善安排。具体办法由自治区人民政府制定。

第二十条 违反本条例规定的行为，法律、法规已有处罚规定的，从其规定。

第二十一条 违反本条例第十七条规定，擅自在天然湿地内进行采砂、采石、采矿、挖塘、砍伐林木和开垦活动的，旗县级以上人民政府有关主管部门应当责令停止违法行为，限期恢复原状或者采取其他补救措施，可处5000元以上5万元以下罚款；造成湿地难以恢复等严重后果的，处5万元以上50万元以下罚款。

第二十二条 违反本条例第十八条规定，擅自占用或者改变天然湿地用途的，旗县级以上人民政府有关主管部门应当责令停止违法行为，限期恢复原状或者采取其他补救措施，可处非法占用或者改变用途湿地每平方米100元以上200元以下罚款；造成湿地难以恢复等严重后果的，处5万元以上50万元以下罚款。

第二十三条 国家机关及其工作人员在湿地保护工作中滥用职权、玩忽职守、徇私舞弊的，由有关部门对直接负责的主管人员和其他直接责任人员给予行政处分；构成犯罪的，依法追究刑事责任。

第二十四条 本条例自2007年9月1日起施行。

内蒙古自治区珍稀林木保护条例

第一条 为了保护、发展和合理利用珍稀林木资源，保护生物多样性，维护生态平衡，根据《中华人民共和国森林法》和《中华人民共和国野生植物保护条例》等国家有关法律、法规，结合自治区实际，制定本条例。

第二条 在自治区行政区域内保护、发展和利用珍稀林木资源，必须遵守本条例。

第三条 本条例所称珍稀林木资源包括国家重点保护野生植物名录和自治区珍稀林木保护名录中的林木，以及古树、自然生长极为稀少的散生林木。

第四条 旗县级以上人民政府林业草原行政主管部门负责本行政区域内珍稀林木的保护和管理工作。旗县级以上人民政府建设行政主管部门负责城市规划区内珍稀林木的保护和管理工作；生态环境和文物保护行政主管部门按照各自职责负责珍稀林木保护的监督管理工作。

第五条 各级人民政府应当将珍稀林木资源的保护列入生态建设规划重点予以保护建设，鼓励和支持对珍稀林木资源的保护、引进、培植、发展和科学研究。

第六条 任何单位和个人都有保护珍稀林木资源的义务，对侵占或者破坏珍稀林木资源及其生长环境的行为有权检举和控告。每年的十月为自治区保护珍稀林木宣传月，各级人民政府及其有关行政主管部门要适时组织开展保护珍稀林木的宣传活动。

第七条 自治区珍稀林木保护名录的确定和古树、自然生长极为稀少的散生林木的界定，由自治区人民政府林业草原、建设、生态环境和文物保护行政主管部门提出意见，报自治区人民政府批准公布。

第八条 旗县级以上人民政府林业草原行政主管部门应当会同有关部门将珍稀林木资源调查列入森林资源规划设计调查范围，并定期组织调查，建立监测网络，进行经常性监测，根据调查、监测结果，鉴定分级，登记造册，建立资源档案。

第九条 严格保护珍稀林木资源及其生长环境。禁止任何单位和个人非法采集珍稀林木资源或者破坏其生长环境。在珍稀林木资源集中分布的区域，应当依照有关法律、法规，建立自然保护区。在珍稀林木资源分布较集中而不具备建立自然保护区条件的区域，旗县级以上人民政府有关行政主管部门可以划定为珍稀林木资源保护点，参照有关自然保护区的法律、法规进行保护、管理。对古树和自然生长极为稀少的散生林木，旗县级以上人民政府林业草原、建设和文物保护行政主管部门应当编号登记，设立保护设施和标志。禁止破坏珍稀林木的保护设施和标志。

第十条 旗县级以上人民政府林业草原行政主管部门应当加强对野生植物中珍稀林木及其生长环境的保护，落实保护单位和管护措施，可以在珍稀林木分布的区域内采取封禁措施，禁止放牧、砍柴及采集、挖掘珍稀林木、林下野生植物和药材；对特定的珍稀林木可以规定禁采期。对濒危和经济价值较高的珍稀林木，应当利用先进适用技术，采取就地或者迁地培植措施，进行抢救性保护。当发生自然灾害和森林病虫害时，应当优先重点保护珍稀林木。

第十一条 古树的管护责任单位或者个人，应当按照技术规范养护管理，保障古树正常生长。古树受到损害或者长势衰弱，管护责任单位或者个人应当及时报告当地旗县级以上人民政府林业草原、建设和文物保护行政主管部门，并采取措施进行抢救、复壮。古树死亡，应当报自治区人民政府林业草原、建设和文物保护行政主管部门或者其授权机构确认，查明原因、责任，方可处理。

第十二条 采集国家重点保护野生植物中的珍稀林木的，依照国家有关法律、法规执行；采集自治区重点保护的珍稀林木及其林下野生植物和散生珍稀林木的，应当经采集地的旗县级人民政府林业草原行政主管部门同意，报盟行政公署、设区的市人民政府林业草原行政主管部门或者其授权机构批准，并取得采集证。禁止采伐古树。因建设项目，确需迁移古树的，必须经自治区人民政府林业草原、建设和文物保护行政主管部门或者其授权机构批准，按照有关技术规范操作，移植所需费用，由建设单位承担。

第十三条 禁止出售、收购、加工、运输国家一级重点保护野生植物中的珍稀林木和古树。出售、收购、加工国家二级重点保护、自治区重点保护名录中的珍稀林木和散生珍稀林木的，必须经自治区人民政府林业草原行政主管部门或者其授权机构批准；需要运输的，按照《中华人民共和国森林法》和《中华人民共和国森林法实施条例》的有关规定办理。

第十四条 旗县级以上人民政府林业草原行政主管部门和其他有关管理部门应当依法对从事采集、出售、收购、加工、运输珍稀林木的单位和个人进行监督检查。

第十五条 违反本条例规定，破坏珍稀林木保护设施和保护标志的，由旗县级以上人民政府有关行政主管部门处恢复费用三倍的罚款。

第十六条 违反本条例第十条规定，在采取封禁措施的珍稀林木分布区域放牧、砍柴及采集、挖掘珍稀林木、林下野生植物和药材，或者违反禁采期规定，致使野生植物中的珍稀林木受到毁坏的，负责赔偿损失，由旗县级以上人民政府林业行政管理部门责令停止违法行为，补种毁坏株数一至三倍的珍稀林木，并处毁坏林木价值三至五倍的罚款。

第十七条 珍稀林木保护和管理单位及其工作人员未按规定履行管护职责，造成野生植物中的珍稀林木毁坏的，由旗县级以上人民政府林业草原行政主管部门责令补种毁坏株数一至三倍的珍稀林木，并处毁坏林木价值三至五倍的罚款。

第十八条 未经批准，擅自迁移古树的，由旗县级以上人民政府林业草原、建设和文物保护行政主管部门处以1000元至5000元的罚款；造成古树死亡的，处以其价值二至十倍的罚款。

第十九条 未取得采集证或者未按采集证的规定采集野生植物中珍稀林木的，由旗县级以上人民政府林业草原行政主管部门没收所采集的珍稀林木和违法所得，责令补种非法采集株数五至十倍的珍稀林木，并处违法所得二至十倍的罚款；有采集证的，吊销采集证。未取得采集证或者未按采集证规定采集野生植物中珍稀林木林下野生植物和药材的，没收违法所得，并处违法所得一至五倍罚款；有采集证的，吊销采集证。

第二十条 违反本条例规定，出售、收购、加工珍稀林木的，由市场监督管理部门或者有关行政主管部门按照职责分工没收珍稀林木和违法所得，并处违法所得二至十倍的罚款。违反本条例规定运输珍稀林木的，参照《中华人民共和国森林法实施条例》第四十四条的规定处罚。

第二十一条 伪造、倒卖、转让采集证、允许进出口说明书或者有关批准文件、标签的，由市场监督管理部门或者有关行政主管部门按照职责分工予以收缴，没收违法所得，并处5万元以下罚款。

第二十二条 依照本条例规定，以珍稀林木和古树价值的倍数做出处罚时，珍稀林木和古树的价值根据市场价确定；没有市场价的，由自治区人民政府有关行政主管部门认定。

第二十三条 违反本条例规定，非法采集、毁坏珍稀林木，构成犯罪的，依法追究刑事责任。

第二十四条　从事珍稀林木资源保护和管理的工作人员滥用职权，玩忽职守，徇私舞弊的，由其所在单位或者主管部门给予行政处分；构成犯罪的，依法追究刑事责任。

第二十五条　本条例自公布之日起施行。

内蒙古自治区境内黄河流域水污染防治条例

第一条 为防治自治区境内黄河流域水污染，保护和改善生态环境，保障人民身体健康，合理开发利用水资源，促进经济社会的持续发展，根据《中华人民共和国环境保护法》《中华人民共和国水污染防治法》等法律、法规，结合自治区实际，制定本条例。

第二条 本条例所称自治区境内黄河流域（以下简称流域）是指阿拉善盟、乌海市、巴彦淖尔盟、伊克昭盟、包头市、呼和浩特市和乌兰察布盟（以下简称流域内盟市）向黄河汇水的区域。

流域内的河流、湖泊、水库、渠道等地表水体污染防治和城镇地下水饮用水源保护，适用本条例。

第三条 本条例由自治区人民政府和流域内盟行政公署、市人民政府及旗县级人民政府负责组织实施。

流域内旗县级以上人民政府环境保护行政主管部门对水污染防治实施统一监督管理，水利、卫生、建设、土地、地质矿产等有关部门要协同环境保护行政主管部门对水污染防治实施监督管理。

第四条 自治区人民政府和流域内盟行政公署、市人民政府及旗县级人民政府对本辖区水环境质量负责：

（一）自治区人民政府下达流域内水环境质量目标，实行分段负责，分段保护，分段治理，并将辖区水环境质量作为考核流域内盟行政公署、市人民政府及旗县级人民政府主要领导人工作的重要内容；

（二）自治区人民政府和流域内盟行政公署、市人民政府及旗县级人民政府制定本辖区的水污染防治规划和污染物排放总量控制计划，纳入自治区和本辖区国民经济社会发展中长期规划和年度计划，增加投入，防止污染，加快治理进度；

（三）呼和浩特市、包头市、乌海市人民政府划定辖区内生活饮用水地表水源保护区，报经自治区人民政府批准，依法保护城市饮用水水源；

（四）呼和浩特市、包头市、乌海市人民政府要建设城市污水集中处理设施，实行城市污水集中处理，达标排放。阿拉善盟、巴彦淖尔盟、伊克昭盟、乌兰察布盟重点城镇应因地制宜建设污水集中处理设施。

第五条 根据流域内水污染物排放总量控制计划，流域内盟市和旗县级环境保护行政主管部门下达本行政区域内企业事业单位水污染物排放量控制指标，对排污单位实行水污染物排放总量控制，严格执行排污许可证制度，有效地控制和消除水污染。

第六条 流域内禁止新建年产浆 5000 吨以下的小型造纸和土法炼焦、选金等项目；现有年产 5000 吨以下的小型造纸企业和土法炼焦、选金企业，立即关闭。

禁止各类建设改造项目采用国家明令禁止的严重污染环境的工艺、设备及生产方式。

禁止新建采用渗井、渗坑、漫流等方式排放污染的项目。

第七条 流域内直接或者间接向水体排放污染物的各类建设改造项目，立项报告要包括所在地环境保护行政主管部门的意见；必须严格执行环境影响评价制度和防治污染设施与主体工程同时设计、同时施工、同时投产使用的“三同时”制度。

对未经环境保护行政主管部门批准环境影响报告书（表）的建设项目，计划部门不得批复项目可行性研究报告，土地管理部门不得办理征地手续，银行不予贷款，建设、经贸、工商等有关部门不得办理有关手续。

第八条 以超总量或者超标准排放水污染物的单位，环境保护行政主管部门，按规定征收超总量或者超标准排污费，并按隶属关系由旗县级以上人民政府责令限期治理。

第九条 任何单位不得擅自拆除、闲置水污染物处理设施，造成环境污染。

因发生事故，污水处理设施停止运行的，应当及时报告所在地旗县级以上人民政府环境保护行政主管部门，并按环境保护行政主管部门规定的期限恢复正常运行。

第十条 对违反国家和自治区有关水污染防治规定的行为，除按有关法律法规处罚规定处理外，有下列行为之一的，依照本条例规定处理：

（一）违反本条例第六条规定的，由所在地旗县级以上人民政府责令关闭，并依法追究直接责任人的责任；

（二）违反本条例第七条第一款规定，建设项目未执行环境影响评价制度和“三同时”制度的，由具有该建设项目环境影响报告书（表）审批权限的环境保护行政主管部门责令停止建设或者停止生产，可以并处一万元以上五万元以下罚款；

（三）违反本条例第七条第二款规定，有关部门在环境影响报告书（表）未经批准之前，为建设单位办理的手续无效，对直接责任人员由其所在地人民政府或者上级主管机关给予行政处分；

（四）建设项目因环境影响报告书（表）决策失误，造成水环境污染的，由具有该建设项目环境影响报告书（表）审批权限的环境保护行政主管部门，对报告书（表）编制单位处以评价所得一倍的罚款；对批准报告书（表）的直接责任人员给予行政处分；

（五）违反本条例第八条规定，超总量或者超标准排放水污染物的排污单位，在规定的治理期限内未完成治理任务，除按管理权限由环境保护行政主管部门征收两倍以上超总量或者超标准排污费外，可以根据所造成的危害和损失，处以一万元以上十万元以下的罚款。造成地表水体和地下水饮用水源严重污染的，由作出限期治理决定的人民政府责令停业；

（六）违反本条例第九条第一款规定，擅自闲置、拆除水污染处理设施，造成环境污染的，由所在地旗县以上人民政府环境保护行政主管部门责令重新恢复正常使用，征收两倍以上超标准排污费，并处一万元以上五万元以下罚款；

（七）违反本条例第九条第二款规定，发生事故排放污水超过规定标准的，按管理权限，由环境保护行政主管部门征收两倍以上超标准排污费，在规定期限内未恢复正常运行的，处以一万元以上五万元以下罚款。

第十一条 违反本条例规定，发生水污染事故，造成重大经济损失或者人身伤亡，构成犯罪的，对负有直接责任的主管人员和直接责任人员，依法追究刑事责任。

第十二条 环境保护监督管理人员和其他有关国家工作人员不履行职责、滥用职权、徇私舞弊、玩忽职守的，由其所在单位或者上级主管部门给予行政处分，构成犯罪的，依法追究刑事责任。

第十三条 当事人对行政处罚决定不服的，可以依法申请复议，也可以向人民法院起诉。当事人逾期不申请复议，也不向人民法院起诉，又不履行处罚决定的，由作出处罚决定的机关申请人民法院强制执行。

第十四条 本条例自公布之日起施行。

第八章　部门规章

饮用水水源保护区污染防治管理规定

第一章 总 则

第一条 为保障人民身体健康和经济建设发展，必须保护好饮用水水源。根据《中华人民共和国水污染防治法》特制定本规定。

第二条 本规定适用于全国所有集中式供水的饮用水地表水源和地下水源的污染防治管理。

第三条 按照不同的水质标准和防护要求分级划分饮用水水源保护区。饮用水水源保护区一般划分为一级保护区和二级保护区，必要时可增设准保护区。各级保护区应有明确的地理界线。

第四条 饮用水水源各级保护区及准保护区均应规定明确的水质标准并限期达标。

第五条 饮用水水源保护区的设置和污染防治应纳入当地的经济和社会发展规划和水污染防治规划。跨地区的饮用水水源保护区的设置和污染治理应纳入有关流域、区域、城市的经济和社会发展规划和水污染防治规划。

第六条 跨地区的河流、湖泊、水库、输水渠道，其上游地区不得影响下游饮用水水源保护区对水质标准的要求。

第二章 饮用水地表水源保护区的划分和防护

第七条 饮用水地表水源保护区包括一定的水域和陆域，其范围应按照不同水域特点进行水质定量预测并考虑当地具体条件加以确定，保证在规划设计的水文条件和污染负荷下，供应规划水量时，保护区的水质能满足相应的标准。

第八条 在饮用水地表水源取水口附近划定一定的水域和陆域作为饮用水地表水源一级保护区。一级保护区的水质标准不得低于国家规定的《地表水环境质量标准》Ⅱ类标准，并须符合国家规定的《生活饮用水卫生标准》的要求。

第九条 在饮用水地表水源一级保护区外划定一定水域和陆域作为饮用水地表水源二级保护区。二级保护区的水质标准不得低于国家规定的《地表水环境质量标准》Ⅲ类标准，应保证一级保护区的水质能满足规定的标准。

第十条 根据需要可在饮用水地表水源二级保护区外划定一定的水域及陆域作为饮用水地表水源准保护区。准保护区的水质标准应保证二级保护区的水质能满足规定的标准。

第十一条 饮用水地表水源各级保护区及准保护区内均必须遵守下列规定：

一、禁止一切破坏水环境生态平衡的活动以及破坏水源林、护岸林、与水源保护相关植被的活动。

二、禁止向水域倾倒工业废渣、城市垃圾、粪便及其他废弃物。

三、运输有毒有害物质、油类、粪便的船舶和车辆一般不准进入保护区，必须进入者应事先申请并经有关部门批准、登记并设置防渗、防溢、防漏设施。

四、禁止使用剧毒和高残留农药，不得滥用化肥，不得使用炸药、毒品捕杀鱼类。

第十二条 饮用水地表水源各级保护区及准保护区内必须分别遵守下列规定：

一、一级保护区内

禁止新建、扩建与供水设施和保护水源无关的建设项目；

禁止向水域排放污水，已设置的排污口必须拆除；

不得设置与供水需要无关的码头，禁止停靠船舶；

禁止堆置和存放工业废渣、城市垃圾、粪便和其他废弃物；

禁止设置油库；

禁止从事种植、放养畜禽和网箱养殖活动；

禁止可能污染水源的旅游活动和其他活动。

二、二级保护区内

禁止新建、改建、扩建排放污染物的建设项目；

原有排污口依法拆除或者关闭；

禁止设立装卸垃圾、粪便、油类和有毒物品的码头。

三、准保护区内

禁止新建、扩建对水体污染严重的建设项目；改建建设项目，不得增加排污量。

第三章 饮用水地下水源保护区的划分和防护

第十三条 饮用水地下水源保护区应根据饮用水水源地所处的地理位置、水文地质条件、供水的数量、开采方式和污染源的分布划定。

第十四条 饮用水地下水源保护区的水质均应达到国家规定的《生活饮用水卫生标准》的要求。

各级地下水源保护区的范围应根据当地的水文地质条件确定，并保证开采规划水量时能达到所要求的水质标准。

第十五条 饮用水地下水源一级保护区位于开采井的周围，其作用是保证集水有一定滞后时间，以防止一般病原菌的污染。直接影响开采井水质的补给区地段，必要时也可划为一级保护区。

第十六条 饮用水地下水源二级保护区位于饮用水地下水源一级保护区外，其作用是保证集水有足够的滞后时间，以防止病原菌以外的其他污染。

第十七条 饮用水地下水源准保护区位于饮用水地下水源二级保护区外的主要补给区，其作用是保护水源地的补给水源水量和水质。

第十八条 饮用水地下水源各级保护区及准保护区内均必须遵守下列规定：

一、禁止利用渗坑、渗井、裂隙、溶洞等排放污水和其他有害废弃物。

二、禁止利用透水层孔隙、裂隙、溶洞及废弃矿坑储存石油、天然气、放射性物质、有毒有害化工原料、农药等。

三、实行人工回灌地下水时不得污染当地地下水源。

第十九条 饮用水地下水源各级保护区及准保护区内必须遵守下列规定：

一、一级保护区内

禁止建设与取水设施无关的建筑物；

禁止从事农牧业活动；

禁止倾倒、堆放工业废渣及城市垃圾、粪便和其他有害废弃物；

禁止输送污水的渠道、管道及输油管道通过本区；

禁止建设油库；

禁止建立墓地。

二、二级保护区内

（一）对于潜水含水层地下水水源地

禁止建设化工、电镀、皮革、造纸、制浆、冶炼、放射性、印染、染料、炼焦、炼油及其他有严重污染的企业，已建成的要限期治理，转产或搬迁；

禁止设置城市垃圾、粪便和易溶、有毒有害废弃物堆放场和转运站，已有的上述场站要限期搬迁；

禁止利用未经净化的污水灌溉农田，已有的污灌农田要限期改用清水灌溉；

化工原料、矿物油类及有毒有害矿产品的堆放场所必须有防雨、防渗措施。

（二）对于承压含水层地下水水源地

禁止承压水和潜水的混合开采，作好潜水的止水措施。

三、准保护区内

禁止建设城市垃圾、粪便和易溶、有毒有害废弃物的堆放场站，因特殊需要设立转运站的，必须经有关部门批准，并采取防渗漏措施；

当补给源为地表水体时，该地表水体水质不应低于《地表水环境质量标准》III类标准；

不得使用不符合《农田灌溉水质标准》的污水进行灌溉，合理使用化肥；

保护水源林，禁止毁林开荒，禁止非更新砍伐水源林。

第四章　饮用水水源保护区污染防治的监督管理

第二十条　各级人民政府的环境保护部门会同有关部门作好饮用水水源保护区的污染防治工作并根据当地人民政府的要求制定和颁布地方饮用水水源保护区污染防治管理规定。

第二十一条　饮用水水源保护区的划定，由有关市、县人民政府提出划定方案，报省、自治区、直辖市人民政府批准；跨市、县饮用水水源保护区的划定，由有关市、县人民政府协商提出划定方案，报省、自治区、直辖市人民政府批准；协商不成的，由省、自治区、直辖市人民政府环境保护主管部门会同同级水行政、国土资源、卫生、建设等部门提出划定方案，征求同级有关部门的意见后，报省、自治区、直辖市人民政府批准。

跨省、自治区、直辖市的饮用水水源保护区，由有关省、自治区、直辖市人民政府商有关流域管理机构划定；协商不成的，由国务院环境保护主管部门会同同级水行政、国土资源、卫生、建设等部门提出划定方案，征求国务院有关部门的意见后，报国务院批准。

国务院和省、自治区、直辖市人民政府可以根据保护饮用水水源的实际需要，调整饮用水水源保护区的范围，确保饮用水安全。

第二十二条　环境保护、水利、地质矿产、卫生、建设等部门应结合各自的职责，对饮用水水源保护区污染防治实施监督管理。

第二十三条　因突发性事故造成或可能造成饮用水水源污染时，事故责任者应立即采取措施消除污染并报告当地城市供水、卫生防疫、环境保护、水利、地质矿产等部门和本单位主管部门。由环境保护部门根据当地人民政府的要求组织有关部门调查处理，必要时经当地人民政府批准后采取强制性措施以减轻损失。

第五章　奖励与惩罚

第二十四条　对执行本规定保护饮用水水源有显著成绩和贡献的单位或个人给予表扬和奖励。奖励办法由市级以上（含市级）环境保护部门制定，报经当地人民政府批准实施。

第二十五条　对违反本规定的单位或个人，应根据《中华人民共和国水污染防治法》及其实施细则的有关规定进行处罚。

第六章　附　则

第二十六条　本规定由国家环境保护部门负责解释。

第二十七条　本规定自公布之日起实施。

国家环境保护局环境保护科学技术研究成果管理办法

第一条 为加强对环境保护科学技术研究成果（以下简称环保科技成果）的管理，促进环境保护科学技术进步，特制定本办法。

第二条 环保科技成果管理的主要任务，是做好环保科技成果的鉴定、建档、登记、奖励、保密和推广应用等工作。

第三条 本办法所指环保科技成果包括：

（一）为阐明环境污染、生态破坏及其效应的机理、规律、特征而取得的具有一定学术价值的应用理论研究成果；

（二）为解决某一环境问题而取得的具有创造性、先进性和实用性的应用技术成果；

（三）对引进的环境保护科学技术进行消化、吸收、创新而取得的具有新颖性、先进性和实用价值的技术成果；

（四）应用推广已有科技成果过程中取得的新的环保科技成果；

（五）为环境决策和环境管理提供科学依据，促进环境、经济与社会协调发展而取得的软科学研究成果。

第四条 国家环境保护局负责管理全国的重大环保科技成果。

各省、自治区、直辖市环境保护行政主管部门负责管理本地区的环保科技成果；国务院有关部委环境保护机构负责管理本部门的环保科技成果。

各基层单位负责管理本单位的科技成果。

第五条 环保科技成果的鉴定必须按照国家科学技术委员会关于科学技术成果鉴定的规定执行。

第六条 环保科技成果通过鉴定后，应按档案管理的有关规定及时建档。

第七条 达到国家先进水平、技术难度较大、具有推广应用价值的重大环保科技成果，应报送国家环境保护局登记，并附送下列材料一套：

（一）科学技术研究成果报告表；

（二）技术鉴定证书或视同鉴定证书；

（三）主要技术报告。

报送国家环境保护局登记的环保科技成果，应经省、自治区、直辖市环境保护行政主管部门或国务院有关部委环境保护机构审查、推荐。国家环境保护局直属单位的环保科技成果，直接报送。两个以上单位合作完成的环保科技成果，由项目主要完成单位会同主要协作单位按上述规定报送。

第八条 国家环境保护局对符合条件的环保科技成果，按报送日期先后顺序登记，并在国家环境保护局《环境保护科学技术研究成果公报》上公布。

任何单位、个人对《环境保护科学技术研究成果公报》中的环保科技成果有异议的，自成果公布之日起两个月内，可向国家环境保护局提出。提出异议必须采用书面形式，并写清异议者的真实姓名、工作单位和联系地址。国家环境保护局接到异议书后，送成果推荐部门调查核实；成果推荐部门应及时对有异议的成果提出处理意见，报国家环境保护局核定。

对无异议的环保科技成果，由国家环境保护局发给环保科技成果证书。

第九条 对环保科技成果的奖励，按照国家有关科技奖励条例和《国家环境保护局环境保护科学技术进步奖励办法》执行。

第十条 环保科技成果的保密必须按照国务院批准的《科学技术保密条例》以及国家环境保护局和国家保密局的有关规定执行。

第十一条 各级环保科技成果管理部门应与科技情报、科技服务、科技开发和科技宣传等机构配合，交流环保科技成果信息；对技术先进，工艺成熟，环境效益、经济效益和社会效益较好的环保科技成果，应编制推广计划，安排落实。

第十二条 本办法自发布之日起施行。

环境保护档案管理办法

第一章 总 则

第一条 为了加强环境保护档案的形成、管理和保护工作，开发利用环境保护档案信息资源，根据《中华人民共和国档案法》及其实施办法、《中华人民共和国环境保护法》等相关法律法规，结合环境保护工作实际，制定本办法。

第二条 本办法所称环境保护档案，是指各级环境保护主管部门及其派出机构、直属单位（以下简称环境保护部门），在环境保护各项工作和活动中形成的，对国家、社会和单位具有利用价值、应当归档保存的各种形式和载体的历史记录，主要包括文书档案、音像（照片、录音、录像）档案、科技档案、会计档案、人事档案、基建档案及电子档案等。

第三条 环境保护档案工作是环境保护部门的重要职责，实行统一领导、分级管理。

第四条 国务院环境保护主管部门对环境保护档案管理工作实行监督和指导，在业务上接受国家档案行政管理部门的监督和指导。

地方各级环境保护主管部门对本行政区域内环境保护档案管理工作实行监督和指导，在业务上接受同级档案行政管理部门和上级环境保护主管部门的监督和指导。

第二章 环境保护部门档案工作职责

第五条 环境保护部门应当加强对档案工作的领导，完善档案工作管理体制，建立档案管理机构，配备政治可靠、责任心强、具备档案管理及环境保护相关专业知识和业务技能的正式专职档案管理人员。环境保护部门办公厅（室）档案管理机构归口负责本部门档案管理工作。

第六条 环境保护部门应当将档案工作纳入本部门发展规划和年度工作计划，列入工作考核检查内容，及时研究并协调解决档案工作中的重大问题，确保档案工作与本部门整体工作同步协调发展。

第七条 环境保护部门应当按照部门预算编制和管理的有关规定，科学合理核定档案工作经费，并列入同级财政预算，加强对档案工作经费的审计和绩效考核，确保科学使用、专款专用。

第八条 环境保护部门应当按照国家有关档案管理的规定，确定文件材料的具体接收范围，包括本部门在各项工作和活动中形成的具有利用价值、应当归档保存的各种形式和载体的历史记录，以及与本部门有关的撤销或者合并部门的全部档案。

第九条 环境保护部门应当将档案信息化建设纳入本部门信息化建设同步实施，推进文档一体化管理，实现资源数字化、利用网络化、管理智能化。

第十条 环境保护部门应当为开展档案管理工作提供必要条件。档案管理人员办公室、档案库房、阅档室和档案整理间应当分开。

第十一条 环境保护部门应当加强档案基础设施建设，改善档案安全管理条件，提供符合设计规范的专用库房，配备防盗、防火、防潮、防水、防尘、防光、防鼠、防虫等安全设施，以及计算机、复印机、打印机、扫描仪、照相机、摄像机、防磁柜等工作设备。

第十二条　环境保护部门应当将档案管理人员培训、交流、使用列入干部培养和选拔任用统一规划，统筹安排，为档案管理人员学习培训、挂职锻炼、交流任职等创造条件。档案管理人员的职务晋升或者职称评定、业务能力考核，按照国家有关规定执行，并享有专业人员的同等待遇。

第十三条　环境保护部门应当按照《中华人民共和国保守国家秘密法》等有关法律法规，确保环境保护档案安全保密和有效利用。

第三章　档案管理机构、文件（项目）承办单位职责

第十四条　环境保护部门的档案管理机构应当履行下列职责：

（一）贯彻执行国家档案法律法规和工作方针、政策。经国家档案行政管理部门同意，国务院环境保护主管部门的档案管理机构负责研究制定环境保护档案管理规章制度、行业标准和技术规范并组织实施。地方各级环境保护主管部门的档案管理机构依据上级环境保护主管部门和档案行政管理部门的相关制度要求，制定本行政区域内环境保护档案管理工作制度并组织实施。

（二）负责本部门档案的统一管理，地方各级环境保护主管部门的档案管理机构对本行政区域内环境保护档案管理工作进行监督和指导。

（三）负责编制本部门档案管理经费年度预算，将档案资料收集整理、保管保护、开发利用，设备购置和运行维护，信息化建设，以及档案宣传培训等项目经费列入预算。

（四）负责本部门档案信息化工作，参与本部门电子文件全过程管理工作，组织实施本部门档案数字化加工、电子文件归档和电子档案管理以及重要档案异地、异质备份工作。

（五）负责对本部门重点工作、重大会议和活动、重大建设项目、重大科研项目、重大生态保护项目等归档工作进行监督和指导，参与重大科研项目成果验收、重大建设项目工程竣工和重要设备仪器开箱的文件材料验收工作。

（六）负责制定本部门文件（项目）材料的归档范围和保管期限，指导本部门的文件收集、整理、归档工作，组织档案信息资源的编研，科学合理开发利用，安全保管档案并按照有关规定向档案馆移交档案。

（七）国务院环境保护主管部门的档案管理机构，负责汇总统计地方环境保护主管部门，本部门及其派出机构、直属单位档案工作基本情况的数据，并报送国家档案行政管理部门。地方各级环境保护主管部门的档案管理机构，负责汇总统计本行政区域内环境保护档案工作基本情况数据，并报送同级档案行政管理部门和上级环境保护主管部门。

（八）负责开展环境保护部门档案工作业务交流，组织档案管理人员专业培训。

（九）各级环境保护主管部门的档案管理机构负责组织实施同级档案行政管理部门布置的相关工作，并协调环境保护部门的档案管理机构与其他部门档案管理机构之间的档案工作。

第十五条　环境保护部门的文件（项目）承办单位在本部门档案管理机构的指导下，履行下列职责：

（一）负责本单位文件（项目）材料的收集、整理和归档。

（二）负责督促指导文件（项目）承办人分类整理文件材料，做到齐全完整、分类清楚、排列有序，并按照规定向本部门档案管理机构移交。

（三）重大建设项目、重大科研项目、重大生态保护项目承办单位负责制定专项档案管理规定、归档范围和保管期限，报环境保护部门的档案管理机构同意后，由项目承办单位组织实施。

第四章 文件材料的归档

第十六条 环境保护文件材料归档范围应当全面、系统地反映综合管理和政策法规、科学技术、环境影响评价、环境监测、污染防治、生态保护、核与辐射安全监管、环境监察执法等业务活动。

第十七条 环境保护部门在部署污染源普查、环境质量调查等专项工作时，应当明确文件材料的归档要求；在检查专项工作进度时，应当检查文件材料的收集、整理情况；重大建设项目、重大科研项目和重大生态保护项目文件材料不符合归档要求的，不得进行项目鉴定、验收和申报奖项。

第十八条 环境保护文件材料归档工作一般应于次年 3 月底前完成。文件（项目）承办单位根据下列情形，按要求将应归档文件及电子文件同步移交本部门档案管理机构进行归档，任何人不得据为己有或者拒绝归档：

（一）文书材料应当在文件办理完毕后及时归档；

（二）重大会议和活动等文件材料，应当在会议和活动结束后一个月内归档；

（三）科研项目、建设项目文件材料应当在成果鉴定和项目验收后两个月内归档，周期较长的科研项目、建设项目可以按完成阶段分期归档；

（四）一般仪器设备随机文件材料，应当在开箱验收或者安装调试后七日内归档，重要仪器设备开箱验收应当由档案管理人员现场监督随机文件材料归档。

第五章 档案的管理

第十九条 环境保护部门应当加强对不同门类、各种形式和载体档案的管理，确保环境保护档案真实、齐全、完整。

第二十条 环境保护档案的分类、著录、标引，依照《中国档案分类法 环境保护档案分类表》《环境保护档案著录细则》《环境保护档案管理规范》等文件的有关规定执行，其相应的电子文件材料应当按照有关要求同步归档。

文书材料的整理归档，依照《归档文件整理规则》（DA/T 22—2015）的有关规定执行。

照片资料的整理归档，依照《照片档案管理规范》（GB/T 11821—2002）的有关规定执行。

录音、录像资料的整理归档，依照录音、录像管理的有关规定执行。

科技文件的整理归档，依照《科学技术档案案卷构成的一般要求》（GB/T 11822—2008）的有关规定执行。

会计资料的整理归档，依照《会计档案管理办法》（财政部、国家档案局令第 79 号）的有关规定执行。

人事文件材料的整理归档，依照《干部档案工作条例》（组通字〔1991〕13 号）、《干部档案整理工作细则》（组通字〔1991〕11 号）、《干部人事档案材料收集归档规定》（中组发〔2009〕12 号）等文件的有关规定执行。

电子文件的整理归档，依照《电子文件归档与电子档案管理规范》（GB/T 18894—2016）、《CAD 电子文件光盘存储、归档与档案管理要求》（GB/T 17678.1—1999）等文件的有关规定执行。重要电子文件应当与纸质文件材料一并归档。

第二十一条 环境保护部门的档案管理机构应当定期检查档案保管状态，调试库房温度、湿度，及时对破损或者变质的档案进行修复。

第二十二条 环境保护档案的鉴定应当定期进行。

环境保护部门成立环境保护档案鉴定小组进行鉴定工作，鉴定小组由环境保护部门分管档案工作的负责人、办公厅（室）负责人，以及档案管理机构、保密部门和文件（项目）承办单位有关人员组成。

对保管期限变动、密级调整和需要销毁的档案，应当提请本部门环境保护档案鉴定小组鉴定。鉴定工作结束后，环境保护档案鉴定小组应当形成鉴定报告，提出鉴定意见。

第二十三条 环境保护档案的销毁应当按照相关规定办理，并履行销毁批准手续。未经鉴定、未履行批准销毁手续的档案，严禁销毁。

对经过环境保护档案鉴定小组鉴定确认无保存价值需要销毁的档案，应当进行登记造册，报本部门分管档案工作负责人批准后销毁。档案销毁清册永久保存。

环境保护档案的销毁由档案管理机构组织实施。销毁档案时，档案管理机构与保密部门应当分别指派人员共同进行现场监督，并在销毁清册上签字确认。档案销毁后，应当及时调整档案柜（架），并在目录及检索工具中注明。

第二十四条 环境保护部门撤销或者变动时，应当妥善保管环境保护档案，向相关接收部门或者同级档案管理部门移交，并向上级环境保护主管部门报告。

第二十五条 文件（项目）承办单位的工作人员退休或者工作岗位变动时，应当及时对属于归档范围的文件材料进行整理、归档，并办理移交手续，不得带走或者毁弃。

第六章 档案的利用

第二十六条 环境保护部门的档案管理机构应当积极开发环境保护档案信息资源，并根据环境保护工作实际需要，对现有档案信息资源进行综合加工和深度开发，为环境保护工作提供服务。

第二十七条 环境保护部门应当积极开展环境保护档案的利用工作，建立健全档案利用制度，明确相应的利用范围和审批程序，确保档案合理利用。

第二十八条 环境保护档案一般以数字副本代替档案原件提供利用。档案原件原则上不得带出档案室。

利用环境保护档案的单位或者个人应当负责所利用档案的安全和保密，不得擅自转借，不得对档案原件进行折叠、剪贴、抽取、拆散，严禁在档案原件上勾画、涂抹、填注、加字、改字，或者以其他方式损毁档案。

第七章 奖励与处罚

第二十九条 有下列事迹之一的，依照国家有关规定给予表扬、表彰或者奖励：

（一）在环境保护档案的收集、整理或者开发利用等方面做出显著成绩的；

（二）对环境保护档案的保护和现代化管理做出显著成绩的；

（三）将个人所有的具有重要或者珍贵价值的环境保护档案捐赠给国家的；

（四）执行档案法律法规表现突出的。

第三十条 在环境保护档案工作中有违法违纪行为的，依法依规给予处分；情节严重，涉嫌构成犯罪的，依法移送司法机关追究刑事责任。

第八章　附　则

第三十一条　地方各级环境保护主管部门可以根据本办法，结合本地实际情况，联合同级档案行政管理部门制定实施细则，并报上级档案行政管理部门和环境保护主管部门备案。

第三十二条　本办法自 2017 年 3 月 1 日起施行。1994 年 10 月 6 日公布的《环境保护档案管理办法》（原国家环境保护局　国家档案局令第 13 号）同时废止。

环境保护法规解释管理办法

第一条 为规范环境保护法律、行政法规和部门规章的解释工作（以下简称“法规解释”），根据《全国人民代表大会常务委员会关于加强法律解释工作的决议》和《国务院办公厅关于行政法规解释权限和程序问题的通知》有关规定，制定本办法。

第二条 环境保护法律的条文本身需要进一步明确界限或者作出补充规定的问题，按照《全国人民代表大会常务委员会关于加强法律解释工作的决议》办理。环境保护行政法规的条文本身需要进一步明确界限或者作出补充规定的问题，按照《国务院办公厅关于行政法规解释权限和程序问题的通知》办理。

第三条 环境保护法律、行政法规具体适用的问题，部门规章理解和执行中的问题，以及环境保护法律、行政法规授权国务院环境保护行政主管部门解释的问题，由国家环境保护总局解释。

第四条 国家环境保护总局公布的法规解释，具有普遍执行的效力，可作为各级环境保护行政主管部门和其他依照法律规定行使环境保护监督管理权的部门的执法依据，可以在有关环境法律文书中直接引用。

第五条 国家环境保护总局对地方各级环境保护行政主管部门执行国家环境法规解释的情况进行监督，发现执行国家环境法规解释的具体行政行为与解释相违背的，责成其改正或者依法予以撤销。

第六条 有下列情形之一的，国家环境保护总局应当做出法规解释：

（一）地方环境保护行政主管部门向国家环境保护总局提出法规解释请示的；

（二）其他国家机关建议或者商请国家环境保护总局作出法规解释的；

（三）国家环境保护总局根据环境行政执法工作的实际情况，认为需要作出法规解释的；

（四）需要作出法规解释的其他情形。

第七条 省、自治区、直辖市环境保护行政主管部门（以下简称省级环境保护行政主管部门）在报请国家环境保护总局作出法规解释时，除提出请示解释的问题外，应当同时提出本部门的意见，并附送有关本案的主要背景材料。报请国家环境保护总局作出法规解释的请示，应当一事一请示。

第八条 省级环境保护行政主管部门报请国家环境保护总局作出法规解释，应当以正式文件提出请示，以其他形式提出的请示，不作为办理法规解释的依据。

第九条 省级以下的地方环境保护行政主管部门认为需要报请国家环境保护总局作出法规解释的，应当按程序报省级环境保护行政主管部门审核决定，并由省级环境保护行政主管部门向国家环境保护总局提出请示；因特殊情况必须越级请示的，应当抄送被越过的上级环境保护行政主管部门。

第十条 国家环境保护总局政策法规司管理和组织办理法规解释。国家环境保护总局有关司（办）配合法规部门办理涉及其职责范围的法规解释。

第十一条 法规解释按照以下程序进行：

（一）根据本办法第六条所列情形，法规部门确定法规解释项目；

（二）法规部门组织、研究提出法规解释草案，涉及核安全法规解释的问题，由总局核安全部门提出解释草案；

（三）法规部门组织论证，必要时可征求国家有关机关的意见，提出法规解释送审稿；

（四）按照程序将解释送审稿报总局局长签发。

第十二条 对已经确定的法规解释项目，应当在两个月内完成。对于重大和复杂问题的解释，时限可以适当延长。

第十三条 法规解释文件分别使用以下形式：

（一）对环境保护法律、行政法规的解释，以国家环境保护总局文件的形式作出；

（二）对环境保护部门规章的解释，以国家环境保护总局函的形式作出。

第十四条 国家环境保护总局作出的法规解释，除发送提出请示的部门外，可视情况在全国公开发行的主要环境报刊上公布，必要时抄送国家有关机关。

第十五条 国家环境保护总局和原国家环境保护局作出的法规解释，如与新颁布的环境保护法律、行政法规或者部门规章不一致的，原已作出的法规解释自动失效。

第十六条 国家环境保护总局应适时对法规解释文件进行清理。对需要修改、补充或者废止的法规解释，参照本办法有关制定解释的程序办理。

第十七条 环境保护国家标准、行业标准由国家环境保护总局负责解释，并由总局标准部门参照本办法规定的程序组织办理。

第十八条 地方环境保护行政主管部门请示或者其他国家机关建议国家环境保护总局解释的问题，如不属于环境保护法规解释的范围，由有关司（办）按职责分工办理。

第十九条 环境保护地方性法规、地方政府规章和地方标准的解释，由地方环境保护行政主管部门按规定的权限，参照本办法办理。

第二十条 本办法自发布之日起施行。

生态环境标准管理办法

第一章 总 则

第一条 为加强生态环境标准管理工作，依据《中华人民共和国环境保护法》《中华人民共和国标准化法》等法律法规，制定本办法。

第二条 本办法适用于生态环境标准的制定、实施、备案和评估。

第三条 本办法所称生态环境标准，是指由国务院生态环境主管部门和省级人民政府依法制定的生态环境保护工作中需要统一的各项技术要求。

第四条 生态环境标准分为国家生态环境标准和地方生态环境标准。

国家生态环境标准包括国家生态环境质量标准、国家生态环境风险管控标准、国家污染物排放标准、国家生态环境监测标准、国家生态环境基础标准和国家生态环境管理技术规范。国家生态环境标准在全国范围或者标准指定区域范围执行。

地方生态环境标准包括地方生态环境质量标准、地方生态环境风险管控标准、地方污染物排放标准和地方其他生态环境标准。地方生态环境标准在发布该标准的省、自治区、直辖市行政区域范围或者标准指定区域范围执行。

有地方生态环境质量标准、地方生态环境风险管控标准和地方污染物排放标准的地区，应当依法优先执行地方标准。

第五条 国家和地方生态环境质量标准、生态环境风险管控标准、污染物排放标准和法律法规规定强制执行的其他生态环境标准，以强制性标准的形式发布。法律法规未规定强制执行的国家和地方生态环境标准，以推荐性标准的形式发布。

强制性生态环境标准必须执行。

推荐性生态环境标准被强制性生态环境标准或者规章、行政规范性文件引用并赋予其强制执行效力的，被引用的内容必须执行，推荐性生态环境标准本身的法律效力不变。

第六条 国务院生态环境主管部门依法制定并组织实施国家生态环境标准，评估国家生态环境标准实施情况，开展地方生态环境标准备案，指导地方生态环境标准管理工作。

省级人民政府依法制定地方生态环境质量标准、地方生态环境风险管控标准和地方污染物排放标准，并报国务院生态环境主管部门备案。机动车等移动源大气污染物排放标准由国务院生态环境主管部门统一制定。

地方各级生态环境主管部门在各自职责范围内组织实施生态环境标准。

第七条 制定生态环境标准，应当遵循合法合规、体系协调、科学可行、程序规范等原则。

制定国家生态环境标准，应当根据生态环境保护需求编制标准项目计划，组织相关事业单位、行业协会、科研机构或者高等院校等开展标准起草工作，广泛征求国家有关部门、地方政府及相关部门、行业协会、企业事业单位和公众等方面的意见，并组织专家进行审查和论证。具体工作程序与要求由国务院生态环境主管部门另行制定。

第八条 制定生态环境标准，不得增加法律法规规定之外的行政权力事项或者减少法定职责；不得设定行政许可、行政处罚、行政强制等事项，增加办理行政许可事项的条件，规定出具循环证明、重复证明、无谓证明的内容；不得违法减损公民、法人和其他组织的合法权益或者增加其义务；不得超越职权规定应由市场调节、企业和社会自律、公民自我管理的事项；不得违法制定含有排除或者限制公平竞争内容的措施，违法干预或者影响市场主体正常生产经营活动，违法设置市场准入和退出条件等。

生态环境标准中不得规定采用特定企业的技术、产品和服务，不得出现特定企业的商标名称，不得规定采用尚在保护期内的专利技术和配方不公开的试剂，不得规定使用国家明令禁止或者淘汰使用的试剂。

第九条 生态环境标准发布时，应当留出适当的实施过渡期。

生态环境质量标准、生态环境风险管控标准、污染物排放标准等标准发布前，应当明确配套的污染防治、监测、执法等方面的指南、标准、规范及相关制定或者修改计划，以及标准宣传培训方案，确保标准有效实施。

第二章 生态环境质量标准

第十条 为保护生态环境，保障公众健康，增进民生福祉，促进经济社会可持续发展，限制环境中有害物质和因素，制定生态环境质量标准。

第十一条 生态环境质量标准包括大气环境质量标准、水环境质量标准、海洋环境质量标准、声环境质量标准、核与辐射安全基本标准。

第十二条 制定生态环境质量标准，应当反映生态环境质量特征，以生态环境基准研究成果为依据，与经济社会发展和公众生态环境质量需求相适应，科学合理确定生态环境保护目标。

第十三条 生态环境质量标准应当包括下列内容：

（一）功能分类；

（二）控制项目及限值规定；

（三）监测要求；

（四）生态环境质量评价方法；

（五）标准实施与监督等。

第十四条 生态环境质量标准是开展生态环境质量目标管理的技术依据，由生态环境主管部门统一组织实施。

实施大气、水、海洋、声环境质量标准，应当按照标准规定的生态环境功能类型划分功能区，明确适用的控制项目指标和控制要求，并采取措施达到生态环境质量标准的要求。

实施核与辐射安全基本标准，应当确保核与辐射的公众暴露风险可控。

第三章 生态环境风险管控标准

第十五条 为保护生态环境，保障公众健康，推进生态环境风险筛查与分类管理，维护生态环境安全，控制生态环境中的有害物质和因素，制定生态环境风险管控标准。

第十六条 生态环境风险管控标准包括土壤污染风险管控标准以及法律法规规定的其他环境风险管控标准。

第十七条 制定生态环境风险管控标准，应当根据环境污染状况、公众健康风险、生态环境风险、环境背景值和生态环境基准研究成果等因素，区分不同保护对象和用途功能，科学合理确定风险管控要求。

第十八条 生态环境风险管控标准应当包括下列内容：

（一）功能分类；

（二）控制项目及风险管控值规定；

（三）监测要求；

（四）风险管控值使用规则；

（五）标准实施与监督等。

第十九条 生态环境风险管控标准是开展生态环境风险管理的技术依据。

实施土壤污染风险管控标准，应当按照土地用途分类管理，管控风险，实现安全利用。

第四章 污染物排放标准

第二十条 为改善生态环境质量，控制排入环境中的污染物或者其他有害因素，根据生态环境质量标准和经济、技术条件，制定污染物排放标准。

国家污染物排放标准是对全国范围内污染物排放控制的基本要求。地方污染物排放标准是地方为进一步改善生态环境质量和优化经济社会发展，对本行政区域提出的国家污染物排放标准补充规定或者更加严格的规定。

第二十一条 污染物排放标准包括大气污染物排放标准、水污染物排放标准、固体废物污染控制标准、环境噪声排放控制标准和放射性污染防治标准等。

水和大气污染物排放标准，根据适用对象分为行业型、综合型、通用型、流域（海域）或者区域型污染物排放标准。

行业型污染物排放标准适用于特定行业或者产品污染源的排放控制；综合型污染物排放标准适用于行业型污染物排放标准适用范围以外的其他行业污染源的排放控制；通用型污染物排放标准适用于跨行业通用生产工艺、设备、操作过程或者特定污染物、特定排放方式的排放控制；流域（海域）或者区域型污染物排放标准适用于特定流域（海域）或者区域范围内的污染源排放控制。

第二十二条 制定行业型或者综合型污染物排放标准，应当反映所管控行业的污染物排放特征，以行业污染防治可行技术和可接受生态环境风险为主要依据，科学合理确定污染物排放控制要求。

制定通用型污染物排放标准，应当针对所管控的通用生产工艺、设备、操作过程的污染物排放特征，或者特定污染物、特定排放方式的排放特征，以污染防治可行技术、可接受生态环境风险、感官阈值等为主要依据，科学合理确定污染物排放控制要求。

制定流域（海域）或者区域型污染物排放标准，应当围绕改善生态环境质量、防范生态环境风险、促进转型发展，在国家污染物排放标准基础上作出补充规定或者更加严格的规定。

第二十三条 污染物排放标准应当包括下列内容：

（一）适用的排放控制对象、排放方式、排放去向等情形；

（二）排放控制项目、指标、限值和监测位置等要求，以及必要的技术和管理措施要求；

（三）适用的监测技术规范、监测分析方法、核算方法及其记录要求；

（四）达标判定要求；

（五）标准实施与监督等。

第二十四条 污染物排放标准按照下列顺序执行：

（一）地方污染物排放标准优先于国家污染物排放标准；地方污染物排放标准未规定的项目，应当执行国家污染物排放标准的相关规定。

（二）同属国家污染物排放标准的，行业型污染物排放标准优先于综合型和通用型污染物排放标准；行业型或者综合型污染物排放标准未规定的项目，应当执行通用型污染物排放标准的相关规定。

（三）同属地方污染物排放标准的，流域（海域）或者区域型污染物排放标准优先于行业型污染物排放标准，行业型污染物排放标准优先于综合型和通用型污染物排放标准。流域（海域）或者区域型污染物排放标准未规定的项目，应当执行行业型或者综合型污染物排放标准的相关规定；流域（海域）或者区域型、行业型或者综合型污染物排放标准均未规定的项目，应当执行通用型污染物排放标准的相关规定。

第二十五条 污染物排放标准规定的污染物排放方式、排放限值等是判定污染物排放是否超标的技术依据。排放污染物或者其他有害因素，应当符合污染物排放标准规定的各项控制要求。

第五章 生态环境监测标准

第二十六条 为监测生态环境质量和污染物排放情况，开展达标评定和风险筛查与管控，规范布点采样、分析测试、监测仪器、卫星遥感影像质量、量值传递、质量控制、数据处理等监测技术要求，制定生态环境监测标准。

第二十七条 生态环境监测标准包括生态环境监测技术规范、生态环境监测分析方法标准、生态环境监测仪器及系统技术要求、生态环境标准样品等。

第二十八条 制定生态环境监测标准应当配套支持生态环境质量标准、生态环境风险管控标准、污染物排放标准的制定和实施，以及优先控制化学品环境管理、国际履约等生态环境管理及监督执法需求，采用稳定可靠且经过验证的方法，在保证标准的科学性、合理性、普遍适用性的前提下提高便捷性，易于推广使用。

第二十九条 生态环境监测技术规范应当包括监测方案制定、布点采样、监测项目与分析方法、数据分析与报告、监测质量保证与质量控制等内容。

生态环境监测分析方法标准应当包括试剂材料、仪器与设备、样品、测定操作步骤、结果表示等内容。

生态环境监测仪器及系统技术要求应当包括测定范围、性能要求、检验方法、操作说明及校验等内容。

第三十条 制定生态环境质量标准、生态环境风险管控标准和污染物排放标准时，应当采用国务院生态环境主管部门制定的生态环境监测分析方法标准；国务院生态环境主管部门尚未制定适用的生态环境监测分析方法标准的，可以采用其他部门制定的监测分析方法标准。

对生态环境质量标准、生态环境风险管控标准和污染物排放标准实施后发布的生态环境监测分析方法标准，未明确是否适用于相关标准的，国务院生态环境主管部门可以组织开展适用性、等效性比对；通过比对的，可以用于生态环境质量标准、生态环境风险管控标准和污染物排放标准中控制项目的测定。

第三十一条 对地方生态环境质量标准、地方生态环境风险管控标准或者地方污染物排放标准中规定的控制项目，国务院生态环境主管部门尚未制定适用的国家生态环境监测分析方法标准的，可以在地方生态环境质量标准、地方生态环境风险管控标准或者地方污染物排放标准中规定相应的监测分析方法，或者采用地方生态环境监测分析方法标准。适用于该控制项目监测的国家生态环境监测分析方法标准实施后，地方生态环境监测分析方法不再执行。

第六章 生态环境基础标准

第三十二条 为统一规范生态环境标准的制订技术工作和生态环境管理工作中具有通用指导意义的技术要求，制定生态环境基础标准，包括生态环境标准制订技术导则，生态环境通用术语、图形符号、编码和代号（代码）及其相应的编制规则等。

第三十三条 制定生态环境标准制订技术导则，应当明确标准的定位、基本原则、技术路线、技术方法和要求，以及对标准文本及编制说明等材料的内容和格式要求。

第三十四条 制定生态环境通用术语、图形符号、编码和代号（代码）编制规则等，应当借鉴国际标准和国内标准的相关规定，做到准确、通用、可辨识，力求简洁易懂。

第三十五条 制定生态环境标准，应当符合相应类别生态环境标准制订技术导则的要求，采用生态环境基础标准规定的通用术语、图形符号、编码和代号（代码）编制规则等，做到标准内容衔接、体系协调、格式规范。

在生态环境保护工作中使用专业用语和名词术语，设置图形标志，对档案信息进行分类、编码等，应当采用相应的术语、图形、编码技术标准。

第七章 生态环境管理技术规范

第三十六条 为规范各类生态环境保护管理工作的技术要求，制定生态环境管理技术规范，包括大气、水、海洋、土壤、固体废物、化学品、核与辐射安全、声与振动、自然生态、应对气候变化等领域的管理技术指南、导则、规程、规范等。

第三十七条 制定生态环境管理技术规范应当有明确的生态环境管理需求，内容科学合理，针对性和可操作性强，有利于规范生态环境管理工作。

第三十八条 生态环境管理技术规范为推荐性标准，在相关领域环境管理中实施。

第八章 地方生态环境标准

第三十九条 地方生态环境质量标准、地方生态环境风险管控标准和地方污染物排放标准可以对国家相应标准中未规定的项目作出补充规定，也可以对国家相应标准中已规定的项目作出更加严格的规定。

第四十条 对本行政区域内没有国家污染物排放标准的特色产业、特有污染物，或者国家有明确要求的特定污染源或者污染物，应当补充制定地方污染物排放标准。

有下列情形之一的，应当制定比国家污染物排放标准更严格的地方污染物排放标准：

（一）产业密集、环境问题突出的；

（二）现有污染物排放标准不能满足行政区域内环境质量要求的；

（三）行政区域环境形势复杂，无法适用统一的污染物排放标准的。

国务院生态环境主管部门应当加强对地方污染物排放标准制定工作的指导。

第四十一条 制定地方流域（海域）或者区域型污染物排放标准，应当按照生态环境质量改善要求，进行合理分区，确定污染物排放控制要求，促进流域（海域）或者区域内行业优化布局、调整结构、转型升级。

第四十二条 制定地方生态环境标准，或者提前执行国家污染物排放标准中相应排放控制要求的，应当根据本行政区域生态环境质量改善需求和经济、技术条件，进行全面评估论证，并充分听取各方意见。

第四十三条 地方生态环境质量标准、地方生态环境风险管控标准和地方污染物排放标准发布后，省级人民政府或者其委托的省级生态环境主管部门应当依法报国务院生态环境主管部门备案。

第四十四条 地方生态环境质量标准、地方生态环境风险管控标准和地方污染物排放标准报国务院生态环境主管部门备案时，应当提交标准文本、编制说明、发布文件等材料。

标准编制说明应当设立专章，说明与该标准适用范围相同或者交叉的国家生态环境标准中控制要求的对比分析情况。

第四十五条 国务院生态环境主管部门收到地方生态环境标准备案材料后，予以备案，并公开相关备案信息；发现问题的，可以告知相关省级生态环境主管部门，建议按照法定程序修改。

第四十六条 依法提前实施国家机动车大气污染物排放标准中相应阶段排放限值的，应当报国务院生态环境主管部门备案。

第四十七条 新发布实施的国家生态环境质量标准、生态环境风险管控标准或者污染物排放标准规定的控制要求严于现行的地方生态环境质量标准、生态环境风险管控标准或者污染物排放标准的，地方生态环境质量标准、生态环境风险管控标准或者污染物排放标准，应当依法修订或者废止。

第九章 标准实施评估及其他规定

第四十八条 为掌握生态环境标准实际执行情况及存在的问题，提升生态环境标准科学性、系统性、适用性，标准制定机关应当根据生态环境和经济社会发展形势，结合相关科学技术进展和实际工作需要，组织评估生态环境标准实施情况，并根据评估结果对标准适时进行修订。

第四十九条 强制性生态环境标准应当定期开展实施情况评估，与其配套的推荐性生态环境标准实施情况可以同步开展评估。

第五十条 生态环境质量标准实施评估，应当依据生态环境基准研究进展，针对生态环境质量特征的演变，评估标准技术内容的科学合理性。

生态环境风险管控标准实施评估，应当依据环境背景值、生态环境基准和环境风险评估研究进展，针对环境风险特征的演变，评估标准风险管控要求的科学合理性。

污染物排放标准实施评估，应当关注标准实施中普遍反映的问题，重点评估标准规定内容的执行情况，论证污染控制项目、排放限值等设置的合理性，分析标准实施的生态环境效益、经济成本、达标技术和达标率，开展影响标准实施的制约因素分析并提出解决建议。

生态环境监测标准和生态环境管理技术规范的实施评估，应当结合标准使用过程中反馈的问题、建议和相关技术手段的发展，重点评估标准规定内容的适用性和科学性，以及与生态环境质量标准、生态环境风险管控标准和污染物排放标准的协调性。

第五十一条 生态环境标准由其制定机关委托的出版机构出版、发行，依法公开。省级以上人民政府生态环境主管部门应当在其网站上公布相关的生态环境标准，供公众免费查阅、下载。

第五十二条 生态环境标准由其制定机关负责解释，标准解释与标准正文具有同等效力。相关技术单位可以受标准制定机关委托，对标准内容提供技术咨询。

第十章　附　则

第五十三条　本办法由国务院生态环境主管部门负责解释。

第五十四条　本办法自2021年2月1日起施行。《环境标准管理办法》（国家环境保护总局令第3号）和《地方环境质量标准和污染物排放标准备案管理办法》（环境保护部令第9号）同时废止。

建设项目环境影响评价行为准则与廉政规定

第一章 总 则

第一条 为规范建设项目环境影响评价行为，加强建设项目环境影响评价管理和廉政建设，保证建设项目环境保护管理工作廉洁高效依法进行，制定本规定。

第二条 本规定适用于建设项目环境影响评价、技术评估、竣工环境保护验收监测或验收调查（以下简称“验收监测或调查”）工作，以及建设项目环境影响评价文件审批和建设项目竣工环境保护验收的行为。

第三条 承担建设项目环境影响评价、技术评估、验收监测或调查工作的单位和个人，以及环境保护行政主管部门及其工作人员，应当遵守国家有关法律、法规、规章、政策和本规定的要求，坚持廉洁、独立、客观、公正的原则，并自觉接受有关方面的监督。

第二章 行为准则

第四条 承担建设项目环境影响评价工作的机构（以下简称“评价机构”）或者其环境影响评价技术人员，应当遵守下列规定：

（一）评价机构及评价项目负责人应当对环境影响评价结论负责；

（二）建立严格的环境影响评价文件质量审核制度和质量保证体系，明确责任，落实环境影响评价质量保证措施，并接受环境保护行政主管部门的日常监督检查；

（三）不得为违反国家产业政策以及国家明令禁止建设的建设项目进行环境影响评价；

（四）必须依照有关的技术规范要求编制环境影响评价文件；

（五）应当严格执行国家和地方规定的收费标准，不得随意抬高或压低评价费用或者采取其他不正当竞争手段；

（六）评价机构应当按照相应环境影响评价资质等级、评价范围承担环境影响评价工作，不得无任何正当理由拒绝承担环境影响评价工作；

（七）不得转包或者变相转包环境影响评价业务，不得转让环境影响评价资质证书；

（八）应当为建设单位保守技术秘密和业务秘密；

（九）在环境影响评价工作中不得隐瞒真实情况、提供虚假材料、编造数据或者实施其他弄虚作假行为；

（十）应当按照环境保护行政主管部门的要求，参加其所承担环境影响评价工作的建设项目竣工环境保护验收工作，并如实回答验收委员会（组）提出的问题；

（十一）不得进行其他妨碍环境影响评价工作廉洁、独立、客观、公正的活动。

第五条 承担环境影响评价技术评估工作的单位（以下简称“技术评估机构”）或者其技术评估人员、评审专家等，应当遵守下列规定：

（一）技术评估机构及其主要负责人应当对环境影响评价文件的技术评估结论负责；

（二）应当以科学态度和方法，严格依照技术评估工作的有关规定和程序，实事求是，独立、客观、公正地对项目做出技术评估或者提出意见，并接受环境保护行政主管部门的日常监督检查；

（三）禁止索取或收受建设单位、评价机构或个人馈赠的财物或给予的其他不当利益，不得让建设单位、评价机构或个人报销应由评估机构或者其技术评估人员、评审专家个人负担的费用（按有关规定收取的咨询费等除外）；

（四）禁止向建设单位、评价机构或个人提出与技术评估工作无关的要求或暗示，不得接受邀请，参加旅游、社会营业性娱乐场所的活动以及任何赌博性质的活动；

（五）技术评估人员、评审专家不得以个人名义参加环境影响报告书编制工作或者对环境影响评价大纲和环境影响报告书提供咨询，承担技术评估工作时，与建设单位、评价机构或个人有直接利害关系的，应当回避；

（六）技术评估人员、评审专家不得泄露建设单位、评价机构或个人的技术秘密和业务秘密以及评估工作内情，不得擅自对建设单位、评价机构或个人作出与评估工作有关的承诺；

（七）技术评估人员在技术评估工作中，不得接受咨询费、评审费、专家费等相关费用；

（八）不得进行其他妨碍技术评估工作廉洁、独立、客观、公正的活动。

第六条 承担验收监测或调查工作的单位及其验收监测或调查人员，应当遵守下列规定：

（一）验收监测或调查单位及其主要负责人应当对建设项目竣工环境保护验收监测报告或验收调查报告结论负责；

（二）建立严格的质量审核制度和质量保证体系，严格按照国家有关法律法规规章、技术规范和技术要求，开展验收监测或调查工作和编制验收监测或验收调查报告，并接受环境保护行政主管部门的日常监督检查；

（三）验收监测报告或验收调查报告应当如实反映建设项目环境影响评价文件的落实情况及其效果；

（四）禁止泄露建设项目技术秘密和业务秘密；

（五）在验收监测或调查过程中不得隐瞒真实情况、提供虚假材料、编造数据或者实施其他弄虚作假行为；

（六）验收监测或调查收费应当严格执行国家和地方有关规定；

（七）不得在验收监测或调查工作中为个人谋取私利；

（八）不得进行其他妨碍验收监测或调查工作廉洁、独立、客观、公正的行为。

第七条 建设单位应当依法开展环境影响评价，办理建设项目环境影响评价文件的审批手续，接受并配合技术评估机构的评估、验收监测或调查单位的监测或调查，按要求提供与项目有关的全部资料和信息。

建设单位应当遵守下列规定：

（一）不得在建设项目环境影响评价、技术评估、验收监测或调查和环境影响评价文件审批及环境保护验收过程中隐瞒真实情况、提供虚假材料、编造数据或者实施其他弄虚作假行为；

（二）不得向组织或承担建设项目环境影响评价、技术评估、验收监测或调查和环境影响评价文件审批及环境保护验收工作的单位或个人馈赠或者许诺馈赠财物或给予其他不当利益；

（三）不得进行其他妨碍建设项目环境影响评价、技术评估、验收监测或调查和环境影响评价文件审批及环境保护验收工作廉洁、独立、客观、公正开展的活动。

第三章 廉政规定

第八条 环境保护行政主管部门应当坚持标本兼治、综合治理、惩防并举、注重预防的方针，建立健全教育、制度、监督并重的惩治和预防腐败体系。

环境保护行政主管部门的工作人员在环境影响评价文件审批和环境保护验收工作中应当遵循政治严肃、纪律严明、作风严谨、管理严格和形象严整的原则，在思想上、政治上、言论上、行动上与党中央保持一致，立党为公、执政为民，坚决执行廉政建设规定，开展反腐倡廉活动，严格依法行政，严格遵守组织纪律，密切联系群众，自觉维护公务员形象。

第九条 在建设项目环境影响评价文件审批及环境保护验收工作中，环境保护行政主管部门及其工作人员应当遵守下列规定：

（一）不得利用工作之便向任何单位指定评价机构，推销环保产品，引荐环保设计、环保设施运营单位，参与有偿中介活动；

（二）不得接受咨询费、评审费、专家费等一切相关费用；

（三）不得参加一切与建设项目环境影响评价文件审批及环境保护验收工作有关的或由公款支付的宴请；

（四）不得利用工作之便吃、拿、卡、要，收取礼品、礼金、有价证券或物品，或以权谋私搞交易；

（五）不得参与用公款支付的一切娱乐消费活动，严禁参加不健康的娱乐活动；

（六）不得在接待来访或电话咨询中出现冷漠、生硬、蛮横、推诿等态度；

（七）不得有越权、渎职、徇私舞弊，或违反办事公平、公正、公开要求的行为；

（八）不得进行其他妨碍建设项目环境影响评价文件审批及环境保护验收工作廉洁、独立、客观、公正的活动。

第四章 监督检查与责任追究

第十条 环境保护行政主管部门按照建设项目环境影响评价文件的审批权限，对建设项目环境影响评价、技术评估、验收监测或调查工作进行监督检查。

驻环境保护行政主管部门的纪检监察部门对建设项目环境影响评价文件审批和环境保护验收工作，进行监督检查。

上一级环境保护行政主管部门应对下一级环境保护行政主管部门的建设项目环境影响评价文件审批和环境保护验收工作，进行监督检查。

第十一条 对建设项目环境影响评价、技术评估、验收监测或调查和建设项目环境影响评价文件审批、环境保护验收工作的监督检查工作，可以采取经常性监督检查和专项性监督检查的形式。

经常性监督检查是指对建设项目环境影响评价、技术评估、验收监测或调查和建设项目环境影响评价文件审批、环境保护验收工作进行全过程的监督检查。

专项性监督检查是指对建设项目环境影响评价、技术评估、验收监测或调查和建设项目环境影响评价文件审批、环境保护验收工作的某个环节或某类项目进行监督检查。

对于重大项目的环境影响评价、技术评估、验收监测或调查和建设项目环境影响评价文件审批、环境保护验收工作，应当采取专项性监督检查方式。

第十二条 任何单位和个人发现建设项目环境影响评价、技术评估、验收监测或调查和建设项目环境影响评价文件审批、环境保护验收工作中存在问题的，可以向环境保护行政主管部门或者纪检监察部门举报和投诉。

对举报或投诉，应当按照下列规定处理：

（一）对署名举报的，应当为举报人保密。在对反映的问题调查核实、依法做出处理后，应当将核实、处理结果告知举报人并听取意见。对捏造事实，进行诬告陷害的，应依据有关规定处理。

（二）对匿名举报的材料，有具体事实的，应当进行初步核实，并确定处理办法，对重要问题的处理结果，应当在适当范围内通报；没有具体事实的，可登记留存。

（三）对投诉人的投诉，应当严格按照信访工作的有关规定及时办理。

第十三条 环境保护行政主管部门对建设项目环境影响评价、技术评估、验收监测或调查和建设项目环境影响评价文件审批、环境保护验收工作进行监督检查时，可以采取下列方式：

（一）听取各方当事人的汇报或意见；

（二）查阅与活动有关的文件、合同和其他有关材料；

（三）向有关单位和个人调查核实；

（四）其他适当方式。

第十四条 评价机构违反本规定的，依照《环境影响评价法》《建设项目环境保护管理条例》和《建设项目环境影响评价资质管理办法》以及其他有关法律法规的规定，视情节轻重，分别给予警告、通报批评、责令限期整改、缩减评价范围、降低资质等级或者取消评价资质，并采取适当方式向社会公布。

第十五条 技术评估机构违反本规定的，由环境保护行政主管部门责令改正，并根据情节轻重，给予警告、通报批评、宣布评估意见无效或者取消该技术评估机构承担评估任务的资格。

第十六条 验收监测或调查单位违反本规定的，按照《建设项目竣工环境保护验收管理办法》的有关规定予以处罚。

第十七条 从事环境影响评价、技术评估、验收监测或调查工作的人员违反本规定，依照国家法律法规规章或者其他有关规定给予行政处分或者纪律处分；非法收受财物的，按照国家有关规定没收、追缴或责令退还所收受财物；构成犯罪的，依法移送司法机关追究刑事责任。

其中，对取得环境影响评价工程师职业资格证书的人员，可以按照环境影响评价工程师职业资格管理的有关规定，予以通报批评、暂停业务或注销登记；对技术评估机构的评估人员或评估专家，可以取消其承担或参加技术评估工作的资格。

第十八条 建设单位违反本规定的，环境保护行政主管部门应当责令改正，并根据情节轻重，给予记录不良信用、给予警告、通报批评，并采取适当方式向社会公布。

第十九条 环境保护行政主管部门违反本规定的，按照《环境影响评价法》《建设项目环境保护管理条例》和有关环境保护违法违纪行为处分办法以及其他有关法律法规规章的规定给予处理。

环境保护行政主管部门的工作人员违反本规定的，按照《环境影响评价法》《建设项目环境保护管理条例》和有关环境保护违法违纪行为处分办法以及其他有关法律法规规章的规定给予行政处分；构成犯罪的，依法移送司法机关追究刑事责任。

第五章 附 则

第二十条 规划环境影响评价行为准则与廉政规定可参照本规定执行。

第二十一条 本规定自 2006 年 1 月 1 日起施行。

环境保护违法违纪行为处分暂行规定

第一条　为了加强环境保护工作，惩处环境保护违法违纪行为，促进环境保护法律法规的贯彻实施，根据《中华人民共和国环境保护法》《中华人民共和国行政监察法》及其他有关法律、法规，制定本规定。

第二条　国家行政机关及其工作人员、企业中由国家行政机关任命的人员有环境保护违法违纪行为，应当给予处分的，适用本规定。

法律、行政法规对环境保护违法违纪行为的处分作出规定的，依照其规定。

第三条　有环境保护违法违纪行为的国家行政机关，对其直接负责的主管人员和其他直接责任人员，以及对有环境保护违法违纪行为的国家行政机关工作人员（以下统称直接责任人员），由任免机关或者监察机关按照管理权限，依法给予行政处分。

企业有环境保护违法违纪行为的，对其直接负责的主管人员和其他直接责任人员中由国家行政机关任命的人员，由任免机关或者监察机关按照管理权限，依法给予纪律处分。

第四条　国家行政机关及其工作人员有下列行为之一的，对直接责任人员，给予警告、记过或者记大过处分；情节较重的，给予降级处分；情节严重的，给予撤职处分：

（一）拒不执行环境保护法律、法规以及人民政府关于环境保护的决定、命令的；

（二）制定或者采取与环境保护法律、法规、规章以及国家环境保护政策相抵触的规定或者措施，经指出仍不改正的；

（三）违反国家有关产业政策，造成环境污染或者生态破坏的；

（四）不按照国家规定淘汰严重污染环境的落后生产技术、工艺、设备或者产品的；

（五）对严重污染环境的企业事业单位不依法责令限期治理或者不按规定责令取缔、关闭、停产的；

（六）不按照国家规定制定环境污染与生态破坏突发事件应急预案的。

第五条　国家行政机关及其工作人员有下列行为之一的，对直接责任人员，给予警告、记过或者记大过处分；情节较重的，给予降级处分；情节严重的，给予撤职处分：

（一）在组织环境影响评价时弄虚作假或者有失职行为，造成环境影响评价严重失实，或者对未依法编写环境影响篇章、说明或者未依法附送环境影响报告书的规划草案予以批准的；

（二）不按照法定条件或者违反法定程序审核、审批建设项目环境影响评价文件，或者在审批、审核建设项目环境影响评价文件时收取费用，情节严重的；

（三）对依法应当进行环境影响评价而未评价，或者环境影响评价文件未经批准，擅自批准该项目建设或者擅自为其办理征地、施工、注册登记、营业执照、生产（使用）许可证的；

（四）不按照规定核发排污许可证、危险废物经营许可证、医疗废物集中处置单位经营许可证、核与辐射安全许可证以及其他环境保护许可证，或者不按照规定办理环境保护审批文件的；

（五）违法批准减缴、免缴、缓缴排污费的；

（六）有其他违反环境保护的规定进行许可或者审批行为的。

第六条 国家行政机关及其工作人员有下列行为之一的，对直接责任人员，给予警告、记过或者记大过处分；情节较重的，给予降级处分；情节严重的，给予撤职处分：

（一）未经批准，擅自撤销自然保护区或者擅自调整、改变自然保护区的性质、范围、界线、功能区划的；

（二）未经批准，在自然保护区开展参观、旅游活动的；

（三）开设与自然保护区保护方向不一致的参观、旅游项目的；

（四）不按照批准的方案开展参观、旅游活动的。

第七条 依法具有环境保护监督管理职责的国家行政机关及其工作人员有下列行为之一的，对直接责任人员，给予警告、记过或者记大过处分；情节较重的，给予降级处分；情节严重的，给予撤职处分：

（一）不按照法定条件或者违反法定程序，对环境保护违法行为实施行政处罚的；

（二）擅自委托环境保护违法行为行政处罚权的；

（三）违法实施查封、扣押等环境保护强制措施，给公民人身或者财产造成损害或者给法人、其他组织造成损失的；

（四）有其他违反环境保护的规定进行行政处罚或者实施行政强制措施行为的。

第八条 依法具有环境保护监督管理职责的国家行政机关及其工作人员有下列行为之一的，对直接责任人员，给予警告、记过或者记大过处分；情节较重的，给予降级或者撤职处分；情节严重的，给予开除处分：

（一）发现环境保护违法行为或者接到对环境保护违法行为的举报后不及时予以查处的；

（二）对依法取得排污许可证、危险废物经营许可证、核与辐射安全许可证等环境保护许可证件或者批准文件的单位不履行监督管理职责，造成严重后果的；

（三）发生重大环境污染事故或者生态破坏事故，不按照规定报告或者在报告中弄虚作假，或者不依法采取必要措施或者拖延、推诿采取措施，致使事故扩大或者延误事故处理的；

（四）对依法应当移送有关机关处理的环境保护违法违纪案件不移送，致使违法违纪人员逃脱处分、行政处罚或者刑事处罚的；

（五）有其他不履行环境保护监督管理职责行为的。

第九条 国家行政机关及其工作人员有下列行为之一的，对直接责任人员，给予警告、记过或者记大过处分；情节较重的，给予降级或者撤职处分；情节严重的，给予开除处分：

（一）利用职务上的便利，侵吞、窃取、骗取或者以其他手段将收缴的罚款、排污费或者其他财物据为己有的；

（二）利用职务上的便利，索取他人财物，或者非法收受他人财物，为他人谋取利益的；

（三）截留、挤占环境保护专项资金或者将环境保护专项资金挪作他用的；

（四）擅自使用、调换、变卖或者毁损被依法查封、扣押的财物的；

（五）将罚款、没收的违法所得或者财物截留、私分或者变相私分的。

第十条 国家行政机关及其工作人员为被检查单位通风报信或者包庇、纵容环境保护违法违纪行为的，对直接责任人员，给予降级或者撤职处分；致使公民、法人或者其他组织的合法权益、公共利益遭受重大损害，或者导致发生群体性事件或者冲突，严重影响社会安定的，给予开除处分。

第十一条 企业有下列行为之一的，对其直接负责的主管人员和其他直接责任人员中由国家行政机关任命的人员给予降级处分；情节较重的，给予撤职或者留用察看处分；情节严重的，给予开除处分：

（一）未依法履行环境影响评价文件审批程序，擅自开工建设，或者经责令停止建设、限期补办环境影响评价审批手续而逾期不办的；

（二）与建设项目配套建设的环境保护设施未与主体工程同时设计、同时施工、同时投产使用的；

（三）擅自拆除、闲置或者不正常使用环境污染治理设施，或者不正常排污的；

（四）违反环境保护法律、法规，造成环境污染事故，情节较重的；

（五）不按照国家有关规定制定突发事件应急预案，或者在突发事件发生时，不及时采取有效控制措施导致严重后果的；

（六）被依法责令停业、关闭后仍继续生产的；

（七）阻止、妨碍环境执法人员依法执行公务的；

（八）有其他违反环境保护法律、法规进行建设、生产或者经营行为的。

第十二条 有环境保护违法违纪行为，涉嫌犯罪的，移送司法机关依法处理。

第十三条 环境保护行政主管部门和监察机关在查处环境保护违法违纪案件中，认为属于对方职责范围内的，应当及时移送。

监察机关认为应当给予有关责任人员处分的，应当依法作出监察决定或者提出给予处分的监察建议。

第十四条 法律、法规授权的具有管理公共事务职能的组织和国家行政机关依法委托的组织及其工作人员，以及其他事业单位中由国家行政机关任命的人员有环境保护违法违纪行为，应当给予处分的，参照本规定执行。

第十五条 本规定由监察部和国家环境保护总局负责解释。

第十六条 本规定自公布之日起施行。

第九章　相关规范

污水过滤处理工程技术规范（HJ 2008—2010）（节选）

1 适用范围

本标准规定了污水处理工程中所采用的过滤工艺的总体要求、工艺设计、设备选型、检测与控制、施工验收、运行管理的技术要求。

本标准适用于城镇污水或工业废水处理工程过滤单元工艺的设计、施工验收、运行管理，可作为可行性研究、环境影响评价、工艺设计、工程验收、运行管理的技术依据。

2 规范性引用文件

本标准内容引用了下列文件中的条款。凡是不注日期的引用文件，其有效版本适用于本标准。

GB 50141 给水排水构筑物工程施工及验收规范

GB 50204 混凝土结构工程施工质量验收规范

GB 50205 钢结构工程施工质量验收规范

HJ/T 355 水污染源在线监测系统运行与考核技术规范（试行）

CJJ 60 城镇污水处理厂运行、维护及安全技术规程

CJ/T 51 城市污水水质检验方法标准

3 术语和定义

下列术语和定义适用于本标准。

3.1 过滤 filtration

指借助粒状材料或多孔介质截除水中杂质的过程。

3.2 滤料 filtering media

指过滤时用以去除水中杂物的粒状材料或多孔介质。

3.3 初滤水 initial filtered water

指在滤池反冲洗后，重新过滤的初始阶段滤后出水。

3.4 滤料有效粒径（d_{10}） effective size of filtering media

指滤料经筛分后，小于总重量10%的滤料颗粒粒径。

3.5 滤料有效粒径（d_{80}） effective size of filtering media

指滤料经筛分后，小于总重量80%的滤料颗粒粒径。

3.6 滤料不均匀系数（K_{80}） uniformity coefficient of filtering media

指滤料经筛分后，小于总重量80%的滤料颗粒粒径与有效粒径之比。

3.7 均匀级配滤料 uniformly graded filtering media

指粒径比较均匀，不均匀系数（K_{80}）一般为1.3～1.4的滤料。

3.8 滤速 filtering rate

指在单位时间内单位过滤面积滤过的水量。

3.9 强制滤速 compulsory filtration rate

指部分滤格因进行检修或翻砂而停运时，在总滤水量不变的情况下其他运行滤格的滤速。

3.10 冲洗强度 wash rate

指单位时间内单位滤料面积的冲洗水量。

3.11 膨胀率 percentage of bed-expansion

指滤料层在反冲洗时的膨胀程度，以滤料层厚度的百分比表示。

3.12 冲洗周期（过滤周期、滤池工作周期）filter runs

指滤池完成冲洗后开始运行到再次进行冲洗的整个间隔时间。

3.13 承托层 graded gravel layer

指为防止滤料漏入配水系统，在配水系统与滤料层之间铺垫的粒状材料。

3.14 表面冲洗 surface washing

指采用固定式或旋转式的水射流系统，对滤料表层进行冲洗的冲洗方式。

3.15 表面扫洗 surface sweep washing

指V型滤池反冲洗时，待滤水通过V型进水槽配水孔在水面横向将冲洗含泥水扫向中央排水槽的一种辅助冲洗方式。

3.16 普通快滤池 rapid filter

指传统的快滤池布置形式，滤料一般为单层细砂级配滤料或煤、砂双层滤料，冲洗采用单水冲洗，冲洗水由水塔（箱）或水泵供给。

3.17 虹吸滤池 siphon filter

指一种以虹吸管代替进水和排水阀门的快滤池形式。滤池各格出水互相连通，反冲洗水由未进行冲洗的其余滤格的滤后水供给。过滤方式为等滤速、变水位运行。

3.18 无阀滤池 valveless filter

指一种不设阀门的快滤池形式。在运行过程中，出水水位保持恒定，进水水位则随滤层的水头损失增加而不断在虹吸管内上升，当水位上升到虹吸管管顶，并形成虹吸时，即自动开始滤层反冲洗，冲洗排泥水沿虹吸管排出池外。

3.19 V型滤池 V filter

指采用粒径较粗且较均匀滤料，在各滤格两侧设有V型进水槽的滤池布置形式。冲洗采用气水微膨胀兼有表面扫洗的冲洗方式，冲洗排泥水通过设在滤格中央的排水槽排出池外。

4 污染物与污染负荷

4.1 过滤工艺可用于各种水量、较低浓度悬浮物的分离。

4.2 过滤工艺主要用于水中细小悬浮物、脱稳胶体等物质的分离去除。适用于污水二级生物处理出水、工业废水化学沉淀、气浮出水，悬浮物（SS）＜20 mg/L 的过滤处理。

4.3 过滤工艺可用于污水深度处理，如活性炭吸附、膜技术、离子交换等的预处理时，要求滤池进水 SS＜10 mg/L。

4.4 过滤工艺可用于直接过滤（微絮凝接触过滤），进水 SS 可适当放宽，如 SS＜60 mg/L，而滤料粒径应相应增大。

5 总体要求

5.1 滤池建设规模由处理水量确定，设计水量由工程最大水量确定。

5.2 过滤工艺通常在前处理混凝沉淀、气浮等之后，高程布置需保证过滤水头的需要。需设置反冲洗储水池、冲洗水泵或水塔等。

5.3 滤池通常为对称布置（成双数），接近前处理设备（沉淀、气浮等）及后处理设备（消毒、清水池等）。

5.4 滤池除池深外，有一定水头损失，高程设置应考虑后续设备的配合。

5.5 过滤工艺无污泥产生，反冲洗出水应回流到集水井进行二次处理。

6 工艺设计

6.1 过滤的型式及其工艺特点和适用条件

污水处理中常用的过滤型式有：普通快滤池及其衍变形式（双阀滤池、翻板滤池和双层滤料滤池）、V 型滤池、重力式无阀滤池、压力滤池、转盘滤池等。其工艺特点及适用条件见表 1，可供滤池工艺选择时参考。

表 1 污水处理常见滤池工艺特点及适用条件

型式	特点	适用条件
1. 普通快滤池	有成熟的运行经验。采用砂滤料，材料便宜易得。采用大阻力配水系统，单池面积较大，池深较浅。可采用减速过滤，水质较好。但阀门较多，且必须设有全套冲洗装备	适用于各种水量的污水处理。产水率较高。单池面积不宜超过 50 m^2，可与沉淀池组合使用。水冲洗效果较差，有条件时宜采用表面冲洗或空气助洗设备
2. 双阀滤池	减少了阀门，相应降低了造价和检修工作量。但须设置全套冲洗设备，增加了形成虹吸的设备。其他特点同普通快滤池	与普通快滤池相同
3. 翻板滤池	滤料、滤层选择多样。滤料流失率低，滤料反冲洗后洁净度高，水头损失小。反冲洗系统布水、布气均匀。过滤周期长、截污量大，出水水质好。设备较多，一次性投资较大，而且运行电耗较高	适用于污水悬浮物含量较大的大、中水量污水处理。根据污水性质可选择不同滤料及级配
4. 双层滤料滤池	滤层含污能力大，可采用较高的滤速。减速过滤，水质较好。可利用现有普通快滤池改建。滤料选择要求高，滤料易流失。冲洗困难，易积泥球	适用于大、中水量污水处理，允许进水悬浮物浓度高。单池面积一般不宜太大。宜采用大阻力配水系统和辅助冲洗设备
5. V 型滤池	运行稳定可靠。采用砂滤料，滤床含污量大、周期长、滤速高、水质好、材料易得。滤料均匀级配，可适应不同悬浮物浓度的水质，自动化程度高。单池面积大，产水率高。具有气水反冲洗和水表面扫洗，冲洗效果好。但配套设备多，土建较复杂，池深较普通快滤池深	适用于大、中水量污水处理。要求进水 SS＜15 mg/L。要求配置自控系统
6. 重力式无阀滤池	不需设置阀门，自动冲洗，管理方便。可成套定型制作。但运行过程看不到滤层情况，清砂不便。单池面积较小。冲洗效果差，反洗时浪费一部分水量。变水位等速过滤，水质不如减速过滤	适用于小水量的污水处理。需要有可利用的高程，常与斜管沉淀池、加速澄清池配合使用

型式	特点	适用条件
7. 压力滤池	钢制设备，可成套定型制作，采用大阻力配水系统，反冲洗均匀。可直接利用余压出水变水头等速过滤，水质不如减速过滤。单池面积小，只能用于小水量	适用于无高程利用的小水量污水处理，出水可直接回用或排放。单池面积应小于 10 m^2
8. 转盘滤池	耐冲击负荷，过滤效率高。错流过滤，水头损失小，滤速快。全自动连续运行，反冲洗水量少，运行费用低。单位池容过滤总面积大，占地省。滤布具有疏油特性，表面杂质不易黏附，滤布易清洗，系统功能恢复快，自动化程度高，可整机设备化	适用于各种水量污水处理。可适应不同悬浮物浓度的水质

6.2 过滤工艺的一般规定

6.2.1 过滤工艺宜用于工业废水和城镇污水处理工程的深度处理单元。

6.2.2 滤池形式的选择应根据污水处理水量、进出水水质、运行管理水平、处理构筑物高程布置等因素，通过技术经济比较确定。快滤池（含普通快滤池、双阀滤池、翻板滤池、V 型滤池等）适用于大、中型污水处理厂（站），无阀滤池、压力滤池适用于小型污水处理厂（站），转盘滤池可用于不同规模的城镇污水及工业废水处理厂（站）。

6.2.3 滤料应有足够的机械强度和抗腐蚀性能，宜采用石英砂、无烟煤、陶粒和瓷砂等。在污水过滤过程中如无溶解性有害物质产生，也可选用聚丙烯塑料珠、纤维球等合成材料作为滤料。

6.2.4 滤池的分格数，应根据滤池型式、处理水量、操作运行和维护检修等通过技术经济比较确定，除无阀滤池、压力滤池和转盘滤池外原则上不宜少于 4 格。

6.2.5 滤池的单格面积应根据滤池型式、处理水质水量、操作运行水平、滤后水收集及冲洗水分配的均匀性，通过技术经济比较确定。

6.2.6 滤料层厚度（L）与有效粒径（d_{10}）之比：细砂及双层滤料过滤应大于 1000；粗砂及三层滤料应大于 1250。

6.2.7 滤池宜设有初滤水排放设施，初滤水应回流到水厂集水井，进行二次处理。

6.2.8 滤池冲洗方式优先采用气水联合冲洗方式。

6.2.9 滤池运行时应尽可能设置自动检测、控制系统，实现运行管理自动化。

6.3 滤速与滤料组成

6.3.1 滤池应按正常情况下的滤速设计，并以检修情况下的强制滤速校核。

6.3.2 滤池滤速及滤料组成宜按表 2 取用。污水过滤的滤速应高于给水过滤的滤速，滤料的粒径亦应相应加大，工程上应根据进水水质、滤后水水质要求、滤池构造等因素，通过试验或参照相似条件下已有滤池的运行经验确定。

表 2 滤池滤速及滤料组成

滤料种类	滤料组成			正常滤速/（m/h）	强制滤速/（m/h）
	粒径/mm	不均匀系数 K_{80}	厚度/mm		
单层粗砂滤料	石英砂 d_{10}=0.8	<2.0	700	8～10	10～12
双层滤料	无烟煤 d_{10}=1.0	<2.0	300～400	9～12	12～16
	石英砂 d_{10}=0.8	<2.0	400		

滤料种类	滤料组成			正常滤速/（m/h）	强制滤速/（m/h）
	粒径/mm	不均匀系数 K_{80}	厚度/mm		
均匀级配粗砂滤料	石英砂 d_{10}=1.0～1.3	＜1.4	1200～1500	8～10	10～12

6.3.3　当滤池采用大阻力配水系统时，其承托层宜按表 3 采用。

表 3　大阻力配水系统承托层材料、粒径与厚度　　单位：mm

层次（自上而下）	材　料	粒　径	厚　度
1	砾石	2～4	100
2	砾石	4～8	100
3	砾石	8～16	100
4	砾石	16～32	本层顶面应高出配水系统孔眼 100

建设项目环境影响评价技术导则　总纲
（HJ/T 2.1—2016）

1　适用范围

本标准规定了建设项目环境影响评价的一般性原则、通用规定、工作程序、工作内容及相关要求。

本标准适用于需编制环境影响报告书和环境影响报告表的建设项目环境影响评价。

2　术语和定义

下列术语和定义适用于本标准。

2.1　环境要素　environmental elements

指构成环境整体的各个独立的、性质各异而又服从总体演化规律的基本物质组成，也叫环境基质，通常是指大气、水、声、振动、生物、土壤、放射性、电磁等。

2.2　累积影响　cumulative impact

指当一种活动的影响与过去、现在及将来可预见活动的影响叠加时，造成环境影响的后果。

2.3　环境保护目标　environmental protection objects

指环境影响评价范围内的环境敏感区及需要特殊保护的对象。

2.4　污染源　pollution sources

指造成环境污染的污染物发生源，通常指向环境排放有害物质或对环境产生有害影响的场所、设备或装置等。

2.5　污染源源强核算　accounting for pollution sources intensity

指选用可行的方法确定建设项目单位时间内污染物的产生量或排放量。

3　总则

3.1　环境影响评价原则

突出环境影响评价的源头预防作用，坚持保护和改善环境质量。

a）依法评价。贯彻执行我国环境保护相关法律法规、标准、政策和规划等，优化项目建设，服务环境管理。

b）科学评价。规范环境影响评价方法，科学分析项目建设对环境质量的影响。

c）突出重点。根据建设项目的工程内容及其特点，明确与环境要素间的作用效应关系，根据规划环境影响评价结论和审查意见，充分利用符合时效的数据资料及成果，对建设项目主要环境影响予以重点分析和评价。

3.2　建设项目环境影响评价技术导则体系构成

由总纲、污染源源强核算技术指南、环境要素环境影响评价技术导则、专题环境影响评价技术导则和行业建设项目环境影响评价技术导则等构成。

污染源源强核算技术指南和其他环境影响评价技术导则遵循总纲确定的原则和相关要求。

污染源源强核算技术指南包括污染源源强核算准则和火电、造纸、水泥、钢铁等行业污染源源强核算技术指南；环境要素环境影响评价技术导则指大气、地表水、地下水、声环境、生态、土壤等环境影响评价技术导则；专题环境影响评价技术导则指环境风险评价、人群健康风险评价、环境影响经济损益分析、固体废物等环境影响评价技术导则；行业建设项目环境影响评价技术导则指水利水电、采掘、交通、海洋工程等建设项目环境影响评价技术导则。

3.3　环境影响评价工作程序

分析判定建设项目选址选线、规模、性质和工艺路线等与国家和地方有关环境保护法律法规、标准、政策、规范、相关规划、规划环境影响评价结论及审查意见的符合性，并与生态保护红线、环境质量底线、资源利用上线和环境准入负面清单进行对照，作为开展环境影响评价工作的前提和基础。

环境影响评价工作一般分为三个阶段，即调查分析和工作方案制定阶段，分析论证和预测评价阶段，环境影响报告书（表）编制阶段。具体流程见图1。

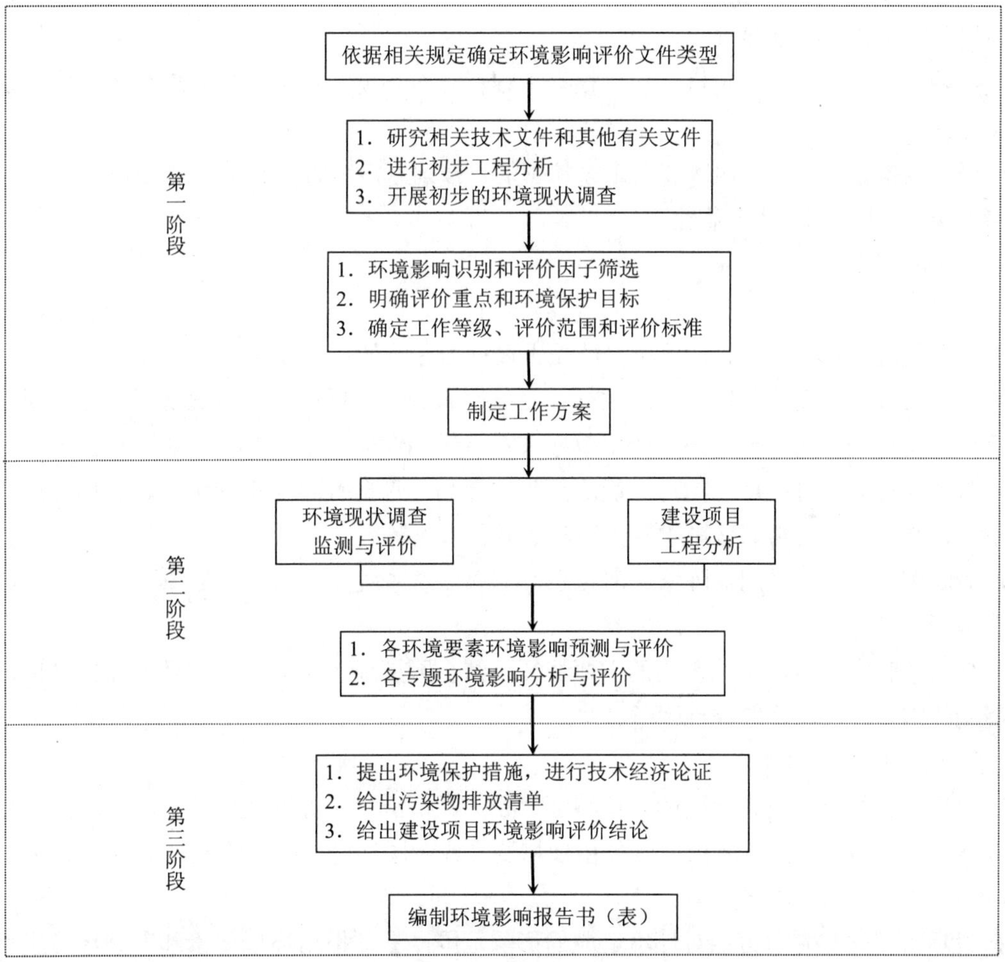

图1　建设项目环境影响评价工作程序图

3.4 环境影响报告书（表）编制要求

3.4.1 环境影响报告书编制要求

a）一般包括概述、总则、建设项目工程分析、环境现状调查与评价、环境影响预测与评价、环境保护措施及其可行性论证、环境影响经济损益分析、环境管理与监测计划、环境影响评价结论和附录附件等内容。

概述可简要说明建设项目的特点、环境影响评价的工作过程、分析判定相关情况、关注的主要环境问题及环境影响、环境影响评价的主要结论等。总则应包括编制依据、评价因子与评价标准、评价工作等级和评价范围、相关规划及环境功能区划、主要环境保护目标等。附录和附件应包括项目依据文件、相关技术资料、引用文献等。

b）应概括地反映环境影响评价的全部工作成果，突出重点。工程分析应体现工程特点，环境现状调查应反映环境特征，主要环境问题应阐述清楚，影响预测方法应科学，预测结果应可信，环境保护措施应可行、有效，评价结论应明确。

c）文字应简洁、准确，文本应规范，计量单位应标准化，数据应真实、可信，资料应翔实，应强化先进信息技术的应用，图表信息应满足环境质量现状评价和环境影响预测评价的要求。

3.4.2 环境影响报告表编制要求

环境影响报告表应采用规定格式。可根据工程特点、环境特征，有针对性突出环境要素或设置专题开展评价。

3.4.3 环境影响报告书（表）内容涉及国家秘密的，按国家涉密管理有关规定处理。

3.5 环境影响识别与评价因子筛选

3.5.1 环境影响因素识别

列出建设项目的直接和间接行为，结合建设项目所在区域发展规划、环境保护规划、环境功能区划、生态功能区划及环境现状，分析可能受上述行为影响的环境影响因素。

应明确建设项目在建设阶段、生产运行、服务期满后（可根据项目情况选择）等不同阶段的各种行为与可能受影响的环境要素间的作用效应关系、影响性质、影响范围、影响程度等，定性分析建设项目对各环境要素可能产生的污染影响与生态影响，包括有利与不利影响、长期与短期影响、可逆与不可逆影响、直接与间接影响、累积与非累积影响等。

环境影响因素识别可采用矩阵法、网络法、地理信息系统支持下的叠加图法等。

3.5.2 评价因子筛选

根据建设项目的特点、环境影响的主要特征，结合区域环境功能要求、环境保护目标、评价标准和环境制约因素，筛选确定评价因子。

3.6 环境影响评价等级的划分

按建设项目的特点、所在地区的环境特征、相关法律法规、标准及规划、环境功能区划等划分各环境要素、各专题评价工作等级。具体由环境要素或专题环境影响评价技术导则规定。

3.7 环境影响评价范围的确定

指建设项目整体实施后可能对环境造成的影响范围，具体根据环境要素和专题环境影响评价技术导则的要求确定。环境影响评价技术导则中未明确具体评价范围的，根据建设项目可能影响范围确定。

3.8 环境保护目标的确定

依据环境影响因素识别结果，附图并列表说明评价范围内各环境要素涉及的环境敏感区、需要特殊保护对象的名称、功能、与建设项目的位置关系以及环境保护要求等。

3.9　环境影响评价标准的确定

根据环境影响评价范围内各环境要素的环境功能区划确定各评价因子适用的环境质量标准及相应的污染物排放标准。尚未划定环境功能区的区域，由地方人民政府环境保护主管部门确认各环境要素应执行的环境质量标准和相应的污染物排放标准。

3.10　环境影响评价方法的选取

环境影响评价应采用定量评价与定性评价相结合的方法，以量化评价为主。环境影响评价技术导则规定了评价方法的，应采用规定的方法。选用非环境影响评价技术导则规定方法的，应根据建设项目环境影响特征、影响性质和评价范围等分析其适用性。

3.11　建设方案的环境比对选择

建设项目有多个建设方案、涉及环境敏感区或环境影响显著时，应重点从环境制约因素、环境影响程度等方面进行建设方案环境比对选择。

4　建设项目工程分析

4.1　建设项目概况

包括主体工程、辅助工程、公用工程、环保工程、储运工程以及依托工程等。

以污染影响为主的建设项目应明确项目组成、建设地点、原辅料、生产工艺、主要生产设备、产品（包括主产品和副产品）方案、平面布置、建设周期、总投资及环境保护投资等。

以生态影响为主的建设项目应明确项目组成、建设地点、占地规模、总平面及现场布置、施工方式、施工时序、建设周期和运行方式、总投资及环境保护投资等。

改扩建及异地搬迁建设项目还应包括现有工程的基本情况、污染物排放及达标情况、存在的环境保护问题及拟采取的整改方案等内容。

4.2　影响因素分析

4.2.1　污染影响因素分析

遵循清洁生产的理念，从工艺的环境友好性、工艺过程的主要产污节点以及末端治理措施的协同性等方面，选择可能对环境产生较大影响的主要因素进行深入分析。

绘制包含产污环节的生产工艺流程图；按照生产、装卸、储存、运输等环节分析包括常规污染物、特征污染物在内的污染物产生、排放情况（包括正常工况和开停工及维修等非正常工况），存在具有致癌、致畸、致突变的物质、持久性有机污染物或重金属的，应明确其来源、转移途径和流向；给出噪声、振动、放射性及电磁辐射等污染的来源、特性及强度等；说明各种源头防控、过程控制、末端治理、回收利用等环境影响减缓措施状况。

明确项目消耗的原料、辅料、燃料、水资源等种类、构成和数量，给出主要原辅材料及其他物料的理化性质、毒理特征，产品及中间体的性质、数量等。

对建设阶段和生产运行期间，可能发生突发性事件或事故，引起有毒有害、易燃易爆等物质泄漏，对环境及人身造成影响和损害的建设项目，应开展建设和生产运行过程的风险因素识别。存在较大潜在人群健康风险的建设项目，应开展影响人群健康的潜在环境风险因素识别。

4.2.2　生态影响因素分析

结合建设项目特点和区域环境特征，分析建设项目建设和运行过程（包括施工方式、施工时序、运行方式、调度调节方式等）对生态环境的作用因素与影响源、影响方式、影响范围和影响程度。

重点为影响程度大、范围广、历时长或涉及环境敏感区的作用因素和影响源，关注间接性影响、区域性影响、长期性影响以及累积性影响等特有生态影响因素的分析。

4.3 污染源源强核算

4.3.1 根据污染物产生环节（包括生产、装卸、储存、运输）、产生方式和治理措施，核算建设项目有组织与无组织、正常工况与非正常工况下的污染物产生和排放强度，给出污染因子及其产生和排放的方式、浓度、数量等。

4.3.2 对改扩建项目的污染物排放量（包括有组织与无组织、正常工况与非正常工况）的统计，应分别按现有、在建、改扩建项目实施后等几种情形汇总污染物产生量、排放量及其变化量，核算改扩建项目建成后最终的污染物排放量。

4.3.3 污染源源强核算方法由污染源源强核算技术指南具体规定。

5 环境现状调查与评价

5.1 基本要求

5.1.1 对与建设项目有密切关系的环境要素应全面、详细调查，给出定量的数据并作出分析或评价。对于自然环境的现状调查，可根据建设项目情况进行必要说明。

5.1.2 充分收集和利用评价范围内各例行监测点、断面或站位的近三年环境监测资料或背景值调查资料，当现有资料不能满足要求时，应进行现场调查和测试，现状监测和观测网点应根据各环境要素环境影响评价技术导则要求布设，兼顾均布性和代表性原则。符合相关规划环境影响评价结论及审查意见的建设项目，可直接引用符合时效的相关规划环境影响评价的环境调查资料及有关结论。

5.2 环境现状调查的方法

环境现状调查方法由环境要素环境影响评价技术导则具体规定。

5.3 环境现状调查与评价内容

根据环境影响因素识别结果，开展相应的现状调查与评价。

5.3.1 自然环境现状调查与评价

包括地形地貌、气候与气象、地质、水文、大气、地表水、地下水、声、生态、土壤、海洋、放射性及辐射（如必要）等调查内容。根据环境要素和专题设置情况选择相应内容进行详细调查。

5.3.2 环境保护目标调查

调查评价范围内的环境功能区划和主要的环境敏感区，详细了解环境保护目标的地理位置、服务功能、四至范围、保护对象和保护要求等。

5.3.3 环境质量现状调查与评价

a）根据建设项目特点、可能产生的环境影响和当地环境特征选择环境要素进行调查与评价。

b）评价区域环境质量现状。说明环境质量的变化趋势，分析区域存在的环境问题及产生的原因。

5.3.4 区域污染源调查

选择建设项目常规污染因子和特征污染因子、影响评价区环境质量的主要污染因子和特殊污染因子作为主要调查对象，注意不同污染源的分类调查。

6 环境影响预测与评价

6.1 基本要求

6.1.1 环境影响预测与评价的时段、内容及方法均应根据工程特点与环境特性、评价工作等级、当地的环境保护要求确定。

6.1.2 预测和评价的因子应包括反映建设项目特点的常规污染因子、特征污染因子和生态因子，以及反映区域环境质量状况的主要污染因子、特殊污染因子和生态因子。

6.1.3 须考虑环境质量背景与环境影响评价范围内在建项目同类污染物环境影响的叠加。

6.1.4 对于环境质量不符合环境功能要求或环境质量改善目标的，应结合区域限期达标规划对环境质量变化进行预测。

6.2 环境影响预测与评价方法

预测与评价方法主要有数学模型法、物理模型法、类比调查法等，由各环境要素或专题环境影响评价技术导则具体规定。

6.3 环境影响预测与评价内容

6.3.1 应重点预测建设项目生产运行阶段正常工况和非正常工况等情况的环境影响。

6.3.2 当建设阶段的大气、地表水、地下水、噪声、振动、生态以及土壤等影响程度较重、影响时间较长时，应进行建设阶段的环境影响预测和评价。

6.3.3 可根据工程特点、规模、环境敏感程度、影响特征等选择开展建设项目服务期满后的环境影响预测和评价。

6.3.4 当建设项目排放污染物对环境存在累积影响时，应明确累积影响的影响源，分析项目实施可能发生累积影响的条件、方式和途径，预测项目实施在时间和空间上的累积环境影响。

6.3.5 对以生态影响为主的建设项目，应预测生态系统组成和服务功能的变化趋势，重点分析项目建设和生产运行对环境保护目标的影响。

6.3.6 对存在环境风险的建设项目，应分析环境风险源项，计算环境风险后果，开展环境风险评价。对存在较大潜在人群健康风险的建设项目，应分析人群主要暴露途径。

7 环境保护措施及其可行性论证

7.1 明确提出建设项目建设阶段、生产运行阶段和服务期满后（可根据项目情况选择）拟采取的具体污染防治、生态保护、环境风险防范等环境保护措施；分析论证拟采取措施的技术可行性、经济合理性、长期稳定运行和达标排放的可靠性、满足环境质量改善和排污许可要求的可行性、生态保护和恢复效果的可达性。

各类措施的有效性判定应以同类或相同措施的实际运行效果为依据，没有实际运行经验的，可提供工程化实验数据。

7.2 环境质量不达标的区域，应采取国内外先进可行的环境保护措施，结合区域限期达标规划及实施情况，分析建设项目实施对区域环境质量改善目标的贡献和影响。

7.3 给出各项污染防治、生态保护等环境保护措施和环境风险防范措施的具体内容、责任主体、实施时段，估算环境保护投入，明确资金来源。

7.4 环境保护投入应包括为预防和减缓建设项目不利环境影响而采取的各项环境保护措施和设施的建设费用、运行维护费用，直接为建设项目服务的环境管理与监测费用以及相关科研费用。

8 环境影响经济损益分析

以建设项目实施后的环境影响预测与环境质量现状进行比较，从环境影响的正负两方面，以定性与定量相结合的方式，对建设项目的环境影响后果（包括直接和间接影响、不利和有利影响）进行货币化经济损益核算，估算建设项目环境影响的经济价值。

9 环境管理与监测计划

9.1 按建设项目建设阶段、生产运行、服务期满后（可根据项目情况选择）等不同阶段，针对不同工况、不同环境影响和环境风险特征，提出具体环境管理要求。

9.2 给出污染物排放清单，明确污染物排放的管理要求。包括工程组成及原辅材料组分要求，建设项目拟采取的环境保护措施及主要运行参数，排放的污染物种类、排放浓度和总量指标，污染物排放的分时段要求，排污口信息，执行的环境标准，环境风险防范措施以及环境监测等。提出应向社会公开的信息内容。

9.3 提出建立日常环境管理制度、组织机构和环境管理台账相关要求，明确各项环境保护设施和措施的建设、运行及维护费用保障计划。

9.4 环境监测计划应包括污染源监测计划和环境质量监测计划，内容包括监测因子、监测网点布设、监测频次、监测数据采集与处理、采样分析方法等，明确自行监测计划内容。

a）污染源监测包括对污染源（包括废气、废水、噪声、固体废物等）以及各类污染治理设施的运转进行定期或不定期监测，明确在线监测设备的布设和监测因子。

b）根据建设项目环境影响特征、影响范围和影响程度，结合环境保护目标，制定环境质量定点监测或定期跟踪监测方案。

c）对以生态影响为主的建设项目应提出生态监测方案。

d）对存在较大潜在人群健康风险的建设项目，应提出环境跟踪监测计划。

10 环境影响评价结论

对建设项目的建设概况、环境质量现状、污染物排放情况、主要环境影响、公众意见采纳情况、环境保护措施、环境影响经济损益分析、环境管理与监测计划等内容进行概括总结，结合环境质量目标要求，明确给出建设项目的环境影响可行性结论。

对存在重大环境制约因素、环境影响不可接受或环境风险不可控、环境保护措施经济技术不满足长期稳定达标及生态保护要求、区域环境问题突出且整治计划不落实或不能满足环境质量改善目标的建设项目，应提出环境影响不可行的结论。

环境影响评价技术导则 农药建设项目（HJ 582—2010）

1 适用范围

本标准规定了农药（原药、制剂和中间体）建设项目环境影响评价的一般性原则、内容和方法。

本标准适用于我国所有农药新建、改建、扩建项目的环境影响评价；农药类区域规划环境影响评价可参照执行。

2 规范性引用文件

本标准内容引用了下列文件或其中的条款。凡是不注日期的引用文件，其有效版本适用于本标准。

GB 5085 危险废物鉴别标准

GB 18484 危险废物焚烧污染控制标准

HJ/T 2.1 环境影响评价技术导则 总纲

HJ 2.2 环境影响评价技术导则 大气环境

HJ/T 2.3 环境影响评价技术导则 地面水环境

HJ 2.4 环境影响评价技术导则 声环境

HJ/T 164 地下水环境监测技术规范

HJ/T 166 土壤环境监测技术规范

HJ/T 169 建设项目环境风险评价技术导则

HJ/T 176 危险废物集中焚烧处置工程建设技术规范

3 术语和定义

下列术语和定义适用于本标准。

3.1 农药中间体

指主要用于农药合成的中间体。

3.2 反应转化率

表示化学反应进行的程度（深度），即关键组分参加反应的百分率。反应转化率等于某一反应物的转化量与该反应物的起始量之比。

3.3 产品收（得）率

指生产产品所消耗的关键组分量与该关键组分起始量之比。

3.4 特征污染物

指除建设项目排放常规污染物外的特有污染物，包括与评价项目相关的本地区特征性污染物、污染已较为严重或有污染加重趋势的污染物、项目实施后可能导致潜在污染或对周边敏感保护目标产生影响的污染物，如农药及其异构体等。

3.5 农药类别

指杀虫剂、杀螨剂、杀菌剂、除草剂、植物生长调节剂、杀鼠剂等。

3.6 环境毒理

指农药对鸟类、鱼类、水蚤、藻类、蜜蜂、家蚕等非靶标生物的毒性影响。

3.7 环境行为

指吸附性、移动性、挥发性、光降解、水解、土壤降解。

4 工作原则和一般规定

4.1 一般规定

农药建设项目环境评价原则上执行现行的国家和地方环境保护标准，本标准对农药建设项目环境影响评价工作提出新要求的，则按本标准要求开展工作。

4.2 环境影响识别

4.2.1 在农药项目建设时序上，影响因素识别包括建设期（施工期）、运行期（投产运行和使用）、服务期满后（生产企业使用寿命期结束后仍继续产生影响的）。

4.2.2 农药建设项目影响对象识别包括自然环境、生态环境、社会环境要素；要素识别应包括环境空气、地表水、地下水、土壤、陆域及水生生物、渔业资源、农业生产、主要保护区等。

4.2.3 在调查区域环境特征和分析农药建设项目特征污染物基础上，应重点对毒性高、环境影响敏感的特征污染物进行环境影响识别，关注农药建设项目可能对环境的长期累积影响。

4.2.4 环境影响识别及其表达可采用列表清单、矩阵等方式。矩阵识别表见附录 A，并可依据农药建设项目特征和区域环境特征，对识别表中的内容进行调整。

4.3 评价因子的确定

4.3.1 依据工程特点，识别农药建设项目的污染因子；结合区域环境特征，按环境要素确定评价因子。

4.3.2 符合下列基本原则之一的，应作为评价因子：

a）国家或地方法规、标准中限制排放的；

b）国家或地方污染物排放总量控制的；

c）具有持久性、难降解性和毒性特征的；

d）具有“三致”毒理特性的；

e）具有明显恶臭影响特征的；

f）项目环境影响特征污染物。

4.3.3 评价因子选择可参考附录B。

4.4 评价标准的确定

4.4.1 环境质量评价标准应依据农药建设项目所在地区环境功能区划的要求执行相应环境要素的国家或地方环境质量标准。

4.4.2 污染物排放标准应执行国家或地方污染物排放标准。

4.4.3 对于评价因子无国家和地方标准的，可参照国外、国际标准执行。

4.4.4 评价因子未有参照值的，可按照毒理性指标经多介质环境目标值（MEG）估算方法（见附录C）计算，提出环境管理推荐控制限值。

4.4.5 评价标准须由有关环境保护主管部门确认。

5 自然环境与社会环境现状调查

5.1 重点调查内容：

a）区域内河流、湖泊（水库）、海湾等地表水水文特征，并给出区域地表水系图；

b）区域内农药建设项目关联排污口下游（感潮河段包括上游）的集中式生活饮用水水源地，并给出饮用水水源保护区分布图与灌溉区分布图；

c）所涉及水域与国家及地方重点控制水域的关系，并附图说明；

d）区域内集中地下水饮用水源及保护区的概况，并附图说明。

5.2 重点关注区域农作物、经济作物、水生生态及野生动植物等生态现状。

6 评价区污染源现状调查与评价

6.1 调查重点

a）根据农药建设项目所在地的环境特点和工程特征，重点调查与农药建设项目排放相同污染物的污染源；

b）除对现有污染源进行调查外，还应调查在建和拟建项目。

6.2 调查内容

a）列表说明评价区域内污染源分布情况（与农药建设项目的方位和距离），主要污染因子及源强，重点调查评价区域内与农药建设项目排放相同污染物的污染源；

b）调查农药建设项目依托的公用工程和环保设施建设与运行情况。

6.3 污染源分析

按等标污染负荷和等标污染负荷比统计排序，明确区域主要污染物及其主要污染源。

7 环境质量现状调查与评价

7.1 环境空气质量现状调查与评价

a）现状监测点设置原则：应按 HJ 2.2 不同评价等级的要求确定布点数量和位置，原药和中间体建设项目现状监测点应覆盖评价范围内的主要大气敏感区；制剂或分装建设项目可只在厂界外近距离的敏感点布设监测点位；改扩建项目还应设置无组织排放监控点位。

b）对于改、扩建项目，考虑生产设施间歇排放的特点，应按生产周期合理安排监测时段，其中 1 小时平均浓度的监测时段须包括生产周期中排放强度最大的时段，并给出对应的生产负荷及排放状况。

c）现状评价宜以 1 小时平均浓度评价为主。

7.2 地表水质量现状调查与评价

a）废水直接或间接排入地表水体的农药建设项目，均应进行地表水环境质量现状监测及评价。

b）给出受纳水体至上一级水域的水系详图，标注排污口位置、排污口下游第一个饮用水及灌溉取水口位置，标明国控、省控及市控监测断面。监测断面应包括对照断面、控制断面和混合断面；调查范围内重点保护水域、饮用水水源保护区、水产养殖区附近水域应设置监测断面。

c）监测因子包括常规污染物和特征污染物。常规污染物应包含全盐量；特征污染物应依据评价因子识别结果确定。

d）监测因子有超标、接近标准限值或特征污染物有检出时，应分析其原因。

7.3 土壤现状调查与评价

7.3.1 新建项目

a）资料收集：收集厂址区域的土壤图、土类、成土母质等土壤基本信息资料，以及工农业生产排污、污灌、化肥农药施用情况资料。

b）依据平面均匀分布、垂向分层的原则，原则上厂界内布设不少于 3 个土壤柱状采样点（主导风向的上、下厂界、主要生产装置区），每个柱状样取样深度均为 100 cm，分取三个土样：表层样（0～20 cm），中层样（20～60 cm），深层样（60～100 cm）；并应根据厂区内不同土壤类型差异、厚度与农药建设项目占地规模适当调整采样点数；具体按照 HJ/T 166 执行。

c）监测因子除常规项目外，还应包括在土壤中具有积累性、对环境危害较大、毒性较强的特征污染物。

d）采用国家土壤环境质量标准和区域土壤背景值对分析结果分别评价；一般以单项污染指数、污染累积指数为主，污染超标倍数、污染样本超标率为辅。评价结果应为厂区分区防渗和平面布置调整提供依据。

7.3.2 改扩建项目

a）资料收集除 7.3.1 a）所列资料外，还应收集以前的场地调查报告、场地历史、场地平面布置、危险废物储存、地下管道系统、污染事故报告等资料；分析确定潜在的污染源和污染区域。

b）现有厂址监测点位应选择在可能存在污染的区域；主要考虑化学品储藏和易泄漏区、地下储罐区、地下管道（污水管网）、主导下风向最大落地地带等区域。

c）宜根据厂区运行过程中所涉及的化学品筛选监测因子，主要包括重金属、无机化合物、农药类、挥发性有机化合物类和半挥发性有机化合物类等，进行全面分析。

d）对于无国家或地方标准的污染物可以参考国际相应标准。评价结果应为是否需要制定和实施相应的补救措施提供依据。

7.3.3 搬迁项目原厂址

a）资料收集与 7.3.2 a）所列资料相同。

b）原厂址区域内采集土壤样品，重点在可能存在污染的区域布点；土壤柱状采样点原则上不少于 5 个点（主导风向下厂界、主要各生产装置区、罐区、危险废物堆存场、物料输送及排污管线等）。

c）宜根据厂址运行过程中所涉及的化学品筛选监测因子，主要包括重金属、无机化合物、农药类、挥发性有机化合物类和半挥发性有机化合物类等，进行全面分析。同时根据厂区历史运行过程中所用的化学品适当筛选监测因子。

d）评价结果应根据场地未来使用性质，为制订和实施相应的修复计划提供依据。

7.4 地下水现状调查与评价

7.4.1 新建项目

a）收集有关水文地质资料或进行现场土孔钻探和监测井安装，确定厂区地质状况（如地质类型和地层厚度等）、水文地质条件（地下水水力梯度、含水层边界、地下水埋深、地下水流向等），着重调查潜水含水层。

b）根据区域潜水地下水的流向，至少布设 3 个监测井，原则上厂址地下水流向上游厂界 1 个、下游厂界 2 个，适当关注侧向厂界外近距离敏感点，并纳入日常监测计划。

c）测定地下水水位、物理化学参数（如 pH、电导率和温度等），监测因子除常规因子外，尽量与土壤监测因子相对应；原则上应进行枯、丰两期监测；并采用相应标准评价与分析。

7.4.2 改扩建项目

a）监测点位布设应包括厂区、生产装置、管道与排污沟渠、危险废物等固体废物的堆存场和厂外附近区域；监测系统需要包括对应的监测井，并且安装在合适位置和深度；同时，应按照地下水流向及其与污染产生位置的相对关系，适当布设点位，以便观察土壤污染对地下水的影响，在可疑污染地块布置1个点，并在其上游布置1个背景点。

b）按照现有装置所排放的污染物对环境构成的影响程度来筛选监测因子。

c）在运行期内，须制订监测方案，实施周期性的监测。

d）潜水污染现状采用地下水环境质量标准对监测结果进行评价，对于无标准的因子，按照HJ/T 164有关规定进行评价。对于地下水已被污染的场地，须制订和实施相应的补救措施。

7.4.3 搬迁项目原厂址

a）监测点位布设应包括厂区和厂外附近区域；另外，根据场地的历史运行状况确定在可能存在污染的区域内布设监测点位。

b）按照原有装置所排放的污染物对环境构成的影响程度来筛选监测因子。

c）潜水污染现状采用地下水环境质量标准对监测结果进行评价，对于无标准的因子，按照HJ/T 164有关规定进行评价。对于地下水已被污染的，应视地下水利用性质和敏感性，确定实施相应的修复计划。

7.5 生态现状调查与评价

a）调查评价区内陆生生态和水生生态质量现状。

b）应进行水生生态调查，水生生态调查包括评价区内鱼类、浮游植物、浮游动物和底栖动物的种类和数量，监测底泥沉积物。

8 工程分析

8.1 工程分析要点

8.1.1 贯彻执行产业技术政策、能源政策等的可持续发展战略，体现清洁生产、节能减排、达标排放、“以新带老”、污染物排放总量控制的环保要求。

8.1.2 数据资料要具有真实性、准确性，采用类比或引用资料、数据时，应充分分析其可比性和时效性。

8.1.3 工程分析既要涉及生产全过程和全因素，又要突出分析重点，体现农药建设项目的工程环境影响特征。

8.2 工程分析的基本要求

a）工程分析应包括工程概况、工艺原理及流程、污染源分析、环保措施、排污总量、总图布置方案等内容。

b）对批次间歇式生产，应按批次实投量进行物料平衡和污染源强核定，确定单位时间排污量、排放时间和排放方式，其中废气给出单位时间最大排污量。

c）宜将各中间体与农药合成分别进行物料平衡核算；按照产污节点给出污染源强，对同一产污节点产生的高浓度和低浓度废水分别统计。

d）技改扩建项目应说明技改扩前后工程内容、产品方案、排污总量的变化。设置企业已建、在建工程的回顾评价专题。

e）企业搬迁、关停应设置退役期工程分析，依据原厂生产装置、储存设施、管线等分布，识别污染源和污染因子，明确废弃化学品、受污染的构筑物和废弃设备、受污染的土壤和地下水等的处理处置方法和去向。根据对可能存在污染的土壤和地下水监测结果，提出恢复或修复措施。

8.3 工程分析的内容和方法

8.3.1 产品及产品方案

a）说明主、副产品名称，纯度，生产规模，生产运行方案（生产连续性、季节性；生产批次量、生产周期；年运行时数等）。

b）说明农药产品通用名、商品名和化学结构式，农药登记证号，农药生产批准证书或农药许可证（新建项目除外），农药类别，农药产品规格（有效成分及大于0.1%的杂质名称与含量、剂型），产品质量标准，产品理化性质，使用范围，施用方式，主要毒性，环境毒理，环境行为，包装以及环保要求。

8.3.2 工程内容

a）按主体工程、辅助工程、配套工程、公用工程、环保工程分项说明建设内容和规模。

b）说明工程依托设施的内容，分析依托的可行性，明确其可能存在的制约因素及解决方案。厂外依托重点关注区域集中供热、供气、污水处理、危险废物及一般固体废物处理处置、光气和氯气等危险化学品的储运、管线输送，附相关依托协议。厂内依托关注公用工程、储运、管网系统等。

8.3.3 物料、资源和能源消耗、储运及特性

a）说明原辅材料、燃料、制冷剂、导热介质等成分、含量，使用量和消耗量，来源、包装、储运情况；说明危险物料输送管道的特征参数，路由和长度，材质与防护，架设方式等。

b）说明各类化学品物质特性数据资料，包括理化性质，危害特性，燃爆危险性，毒性和环境毒理数据等。

c）公用工程中说明用水总量，新鲜水量，循环水量，水质和来源；用电负荷、耗电量及其来源；工业气体和蒸汽规格、消耗量及其来源等。

8.3.4 工艺原理及流程描述

a）阐述合成工艺原理、工艺路线和主要生产步骤。列明主、副化学反应方程式，说明反应转化率、产品收（得）率。反应方程式应体现主要反应过程、原料使用、反应产物（主或副产品、主要中间体、“三废”物质）。

b）详述生产工艺过程，应包括原料配制、产品生产、物料储存和转移、产品包装、物料回收、污染物处理等。说明物料投加位置和方式，物料走向，装置（单元）操作条件，产物和污染物排出位置，污染物去向，物料回用去向。

c）给出带污染源节点的生产工艺流程图。工艺流程图应示意工序操作单元，诸如反应合成、相分离、蒸馏或精馏、萃取、洗涤、过滤、干燥等；图中应标明单元名称、物料名称、物料走向、投料位置、产污点位置及编号等。

d）工艺过程描述应与工艺流程图示的单元名称、物料名称、污染源符号和编号相一致。

8.3.5 污染源分析

a）根据生产运行方式（如开停车程序、生产连续性）、设备类型和单元操作条件（如洗涤方式、温度和次数，真空泵类型与真空度等），识别正常工况和非正常工况下污染物产生源，确定污染物产生、排放方式（连续或间歇，有组织或无组织）。

b）应重点对储运、加料、混合、反应、分层、洗涤、过滤、干燥、萃取、蒸馏或精馏、结晶、

吸附和脱附、粉碎、筛分、包装、真空系统、污染物处理等工序（单元）进行污染源分析。

c）按生产工序和物料消耗，核算各工序的物料平衡（对批次间歇式生产，应按批次的物料消耗进行平衡），给出平衡图表。对有毒有害物料应进行单一物料和主要元素平衡。总物料平衡核算应考虑原料带入水量、作为原料的用水量和反应生成水量。

d）新建项目按生产单元、建设项目进行给排水平衡，改扩建项目还应进行全厂给排水平衡；给出水平衡图表，说明重复用水水质和环节，列出新鲜水用量、重复用水量和重复用水率、污水回用率等指标。

e）通过物料、水资源利用的合理性分析，提出进一步提高物料利用和节水的途径与措施。

f）根据物料平衡结果和流向分布，核定正常工况下产污源的污染物组分和产生量。说明废气无组织排放量、废气和废水非正常工况下排放量核算依据。

g）污染源强应在物料平衡结果基础上，结合资料类比或数据引用方法加以确定。资料类比应分析类比对象之间的相似性和可比性，数据引用应说明其有效性和代表性。

h）生物类农药要关注产品后处理过程的污染源强分析，其中应给出固体废物中农药有效成分及其他有毒有害物质的含量。

i）污染物产生按污染源名称或编号、污染物因子、产生强度和产生方式汇总，具体内容见附录 D。

8.3.6 拟采取的环境保护措施

简要说明项目拟采用各环保措施的工艺方案、技术经济指标、处理效果等内容，分析项目污染物经环保设施（包括依托环保设施）处理后排放达标性。

8.3.7 污染物排放量

对污染物排放量进行核算和统计汇总。

a）结合环保工艺方案和处理效果，核算污染物排放量，说明排放方式。

b）废气按有组织排放源、无组织排放源分类进行污染源和排污总量汇总。

c）废水按不同水质排放源分类进行污染源和排污总量汇总。

d）固体废物或废液按废弃物类别进行污染源和排污总量汇总。其中危险废物按照《国家危险废物名录》和 GB 5085 分别进行分类编号和明确主要组分。

污染物排放量的具体汇总内容见附录 E。

8.3.8 总图布置分析

a）总图上应标明主要功能区、装置、罐区、建筑物、构筑物的名称，污染源、排放口、危险源位置，厂界及环境防护距离范围内情况（或分图表示），图中应附具风向玫瑰图、比例尺等。

b）结合区域环境特征和厂内外敏感区域的位置，应从环保角度分析农药建设项目污染源对敏感区域环境的不利影响和项目总图布置合理性，提出减少不利影响、合理布置的建议。

c）对含有除草剂生产的农药建设项目，须特别关注除草剂厂房（车间）及其污染源布设位置，分析除草剂及含除草剂污染物对其他类农药产品和对敏感植物（植被）的影响，提出减少不利影响、合理布置的建议。

9 现有工程回顾性评价

9.1 专章设置要求

技改扩建项目和搬迁建设项目宜设专章进行企业已建、在建工程回顾性评价。

9.2　回顾性评价内容和方法

9.2.1　企业基本概况

简述企业建厂历史，建设规模，经营范围，主要产品、产量及用途，企业技术优势，经营状况，产业发展和总体规划，企业总人数等情况。

9.2.2　已建、在建工程概况

分别说明已建、在建工程的内容、投资、占地、产品方案及运行时数、装置规模和当前实际产量、生产位置分布、公用工程等情况；按时序列表给出企业建厂至今通过技改扩在产品和工艺路线方面的变化情况。简述目前生产工艺过程，给出带产污节点的工艺流程图和物料消耗表。

9.2.3　环保手续履行和环保设施运行情况

a）说明企业在技改扩等各阶段的环评审批、环保竣工验收手续，对照环保审批和验收结果，说明环保措施、环境管理履行情况，附相关文件和监测、验收数据。对不能履行或未履行的内容，说明原因，提出整改意见和具体方案。

b）简述企业环保管理机构和管理制度（包括环境风险管理与应急预案）、环保资金投入和环保设施配置（包括事故防范设施）总体情况，给出企业环保设施一览表（包括治理对象、设施名称、规模和数量、建设时间、投资费用、运行费用、运行状况等）。

c）说明企业环保设施处理工艺、设计和实际处理能力、处理效率、处置方式，结合污染物排放现行标准及其不同实施阶段的要求，分析污染物的达标排放和稳定性，对环保设施不能正常运行，或不能稳定达标排放的，应说明原因，提出需要改进的工程措施内容、达到的处理效果、实施时间表和实施投资情况。

d）调查企业重大危险源和事故应急计划区域，污染事故发生统计情况。核对企业事故防范和应急措施、人员和组织机构、响应机制和应急预案等情况，提出整改和补充内容。

9.2.4　排污总量及总量控制

a）按全厂、已建、在建项目分别汇总排污总量，给出各类污染物产生量、削减量、排放量数据，说明最终排污去向和处置方式。

b）按照国家和地方污染物总量控制要求说明企业排污总量控制和落实情况。对属于环保统计范围内减排企业，应说明减排要求内容、工程措施落实、减排效果等情况。

9.2.5　环境制约因素

根据区域污染源调查、环境质量调查与评价（包括土壤、地下水）、公众意见调查等结果，结合区域发展规划和环保目标，分析现有工程存在的环境制约因素。

9.2.6　主要环保问题和解决途径

综合上述回顾评价内容和结果，提出存在的主要环保问题和解决途径，须明确技改扩建项目“以新带老”的措施内容和要求。

10　清洁生产和循环经济分析

10.1　清洁生产分析原则

10.1.1　清洁生产应遵循“源头削减，综合利用，降低污染强度，污染最小化”原则，符合清洁生产工艺、清洁能源和原料、清洁产品要求。

10.1.2　清洁生产指标确定应符合政策法规、农药生产行业特点，具有代表性、客观性。

10.1.3　农药建设项目清洁生产水平分析，依据国家发布的农药行业或产品清洁生产标准或技术指南指标内容。国家未发布相应清洁生产标准或技术指南的，应从先进生产工艺和设备选择，资源与能源综合利用、产品、污染物产生、废物回收利用和环境管理等方面进行分析，并与国内外先进的同类产品装置技术指标进行对比。

10.2 清洁生产分析方法和内容

10.2.1 清洁生产分析方法应采用指标对比法。

10.2.2 清洁生产指标可依据附录 F 选取。

10.2.3 从企业、区域等不同层次，进行循环经济分析，提高资源利用和优化废物处理处置途径。

10.2.4 根据清洁生产水平分析结果，提出存在的问题和进一步改进措施与建议。

11 环境保护措施技术论证

11.1 原则

环境保护措施技术论证应遵循技术先进性、经济合理性、达标可靠性和方案可操作性的原则，体现循环经济、节能减排、资源回收利用的理念。

11.2 废气治理措施

a）简述废气的来源、类型、废气量、主要污染组分及拟采取的回收利用或治理措施。应重点关注含高活性农药粉尘、高/剧毒化学物质、破坏臭氧层物质、持久性有机污染物、“三致”物质及恶臭气体等废气特征污染物的有效治理。

b）给出废气处理工艺流程图。结合国内外同类废气污染物先进治理设施运行实例，阐明有组织废气治理方法原理、处理能力、处理流程、处理效果、主要设备（构筑物）及操作参数、最终去向等，进行多方案技术经济比选论证，提出推荐方案。

c）对原辅料、中间产品的储存、输送、投（卸）料与工艺操作，产品包装与储运等过程进行无组织逸散的防范或减缓措施分析；重点从设备选型、系统密闭、规范操作、无组织废气的收集处理及其监控等方面进行论述，提出污染控制措施。

d）针对废水（废液）处理设施、输送及储存等环节，提出防止恶臭、有毒、有害气体逸散措施。

e）说明溶剂回收工艺、回收率及去向，从设备选型、回收工艺条件等方面论证回收工艺的可行性。

f）注意废气处理过程产生的二次污染及防治措施分析。

g）按有组织、无组织废气源汇总给出废气治理措施一览表，包括处理或回收设施名称、处理工艺、污染物去除效率、资源回收量（回收率）、环保投资及运行成本等。

11.3 废水治理措施

a）按照“清污分流、雨污分流、污污分治、一水多用、重复利用、循环使用”的原则，对全厂排水系统进行合理性分析。

b）分析工艺废水分质预处理的合理性，阐述特征污染物、高浓度有机废水、高含盐废水等预处理措施工艺原理、处理流程、处理效率（回收率），论证预处理措施的技术经济可行性；对于难生物降解的高浓度废水宜采取焚烧等处理措施，低浓度废水应从严控制难生物降解污染因子的排放限值。

c）给出废水处理工艺流程图。依据全厂各股废水水质，对全厂废水处理流程进行多方案技术经济比选论证。阐明废水处理工艺原理、处理能力、处理流程、主要设施（构筑物）及设计参数、各单元污染物去除效率、处理成本等，结合国内外同类产品先进的生产废水处理设施运行实例，论述废水处理流程的合理性和污染物达标排放的可靠性。重点关注持久性和难降解有机污染物、“三致”物质、对水生生物有剧毒、对环境敏感及高活性的农药活性成分等特征污染物的有效处理。

d）外排废水依托园区或市政污水处理厂集中处理，应从废水的可生化性和特征因子去除效率等方面进行可行性论证；提出特征污染物的纳管控制限值建议。

e）给出农药建设项目废水治理措施一览表，并进行经济可行性分析。

11.4　固体废物治理措施

a）根据固体废物的性质，分析采取综合利用、无害化处理处置及预处理等措施的可行性。

b）厂内自建危险废物焚烧炉，应按照 GB 18484 和 HJ/T 176 的相关规定，论证选址的可行性和污染防治措施的有效性。给出焚烧物料的组成及理化性质、焚烧炉炉型结构、材质、技术性能指标、尾气处理工艺等，重点分析控制二噁英产生的措施以及尾气达标排放的可靠性。

c）固体废物进行综合利用，须符合国家有关规定，提出防治二次污染措施以及接收方的证明等。

d）危险废物等固体废物外委焚烧或填埋处置，应分析承接单位的技术和能力可行性，附具资质及相关协议。

e）分析固体废物厂内收集、临时储存、转运过程防止二次污染措施的可行性。

f）生物类农药应依据国家有关规定确定发酵后处理过程产生的废渣属性，提出可行的处理处置措施。

11.5　地下水与土壤防治措施

11.5.1　原则

贯彻“以防为主，治理为辅，防治结合”的理念；坚持源头控制、防止渗漏、污染监测和应急处理的主动防渗措施与被动防渗措施相结合的原则；治理措施（包括补救措施和修复计划）则应按照从简单到复杂，遵循技术实用可靠、经济合理、效果明显和目标相符的原则。

11.5.2　源头识别与分区方式划分

依据厂区设备布置，分析可能存在的污染源头与污染物质，评价工程采取的防渗、防腐措施，并将全厂划分为一般污染防渗区、重点污染防渗区和特殊污染防渗区。

11.5.3　区域分类防渗技术分析

结合区域水文地质情况，评价分区拟采用的防渗技术、防渗材料及其实施手段的可行性与可操作性。

11.5.4　渗漏监测系统与地下水监控系统分析

依据可能存在的污染源和污染物，分析厂内渗漏监测系统与地下水监控系统的有效性与针对性。

11.5.5　补救措施与修复计划的分析

改扩建项目、搬迁项目依据监测结果与土地利用规划，识别现有场地土壤及地下水的污染状况，然后评价场地环境质量状况及环境风险，提出相应治理措施的方法和手段。

11.6　非正常工况下污染防治措施

分析设备检修及开停车时排出的废气、废水和固体废物收集及处理措施的可行性。

11.7　噪声防治措施

11.7.1　设计中尽量选用低噪声设备。

11.7.2　对高噪声源分别提出减振、消声措施，确保厂界噪声达标。

11.8　“以新带老”措施

改、扩建项目除按照上述要求论证外，还应进行“以新带老”措施的可行性论证。

11.9　验收一览表

给出建设项目竣工环保验收一览表。

12 环境影响预测与评价

12.1 大气、地表水、噪声预测分别执行 HJ 2.2、HJ/T 2.3 和 HJ 2.4 中规定要求。

12.2 大气环境预测评价中应注意分析农药间歇性、批次性生产排污的环境影响。

12.3 无组织排放监控点大气预测还应考虑农药生产低矮污染源对其产生环境影响。

12.4 地表水影响预测评价应进行特征因子的预测与评价。根据水文地质条件和环境敏感程度，开展特征因子地下水环境影响预测与评价。

12.5 生态环境影响评价，参考农药新品种登记等资料，从环境毒理角度，分析正常工况和非正常工况下特征污染物对周围生态的影响。应关注农药粉尘对植物的影响，特征水污染物对鱼类的影响。

13 环境风险评价

13.1 评价原则

a）农药生产、储运过程中农药对人群健康、环境质量及生态系统的风险影响评价、事故防范措施和应急预案，应作为农药建设项目环境风险评价重点内容之一。

b）对农药的环境风险评价程序和方法、防范措施和应急预案，按照 HJ/T 169 进行。

13.2 事故源项

a）农药因事故性泄漏对人体健康和生态环境造成影响与损害（对象包括非靶标经济植物、环境水域水生动植物、区域污水处理厂微生物等），应列入环境风险评价的可信事故源项。

b）事故源项分析中，农药生产过程危害识别对象包括生产装置、包装过程、贮运系统、环保设施等。应根据农药剂型、有效含量、最大储量或生产在线量，结合作业与环境条件、容器的材质结构、事故防范措施等因素，确定各单元最大可信事故，重点分析事故类型及其对应的事故源强和事故概率。事故源项分析应包括发生概率小，但影响和损害后果可能严重的极端事故。

13.3 风险预测与分析

a）风险评价预测应给出农药等风险物质的环境扩散浓度分布范围和持续时间，结合该范围内的人口分布、生态敏感目标分布，以及人体和生态物种的毒理学研究资料［如人体伤害阈（半致死浓度和立即威胁生命与健康浓度）、生态物种损害阈（致死或活性抑制）］，综合分析其影响后果。

b）环境风险值可依据行业可接受风险水平，评价项目环境风险影响的可接受性。

c）生态风险值可依据生态资源受损价值，比较分析项目生态风险损害结果。

d）对评价结果超出可接受风险水平或生态资源受损价值明显的事故源，应进一步提出事故防范措施和减缓环境影响措施的修正或补偿方案。

14 厂址合理性分析与论证

14.1 原则

农药原药项目新布点选址，须设置厂址合理性分析专题；改扩原药项目，宜设置厂址环境合理性回顾分析专题，明确改扩建项目原厂址建设的环境可行性；其他类农药项目可参照执行。

14.2 拟选厂址合理性分析

a）分析厂址与国家有关法律法规、产业政策与规划的相符性，论证与《危险化学品安全管理条例》有关规定的相符性。

b）分析厂址与城乡规划、土地利用等规划的相符性。

c）分析厂址与区域产业规划的相符性。

d）分析厂址与区域的环境功能区、环境保护规划、区域规划环评的相符性。

e）从区域环境整体性角度，论证与区域的环境、资源承载力的相容性。

f）从环境影响和环境风险角度，综合分析厂址选择的可行性。

14.3 综合给出厂址环境合理性的评价结论与对策建议。

15 污染物总量控制分析

15.1 根据国家和地方环境保护行政主管部门的要求，确定污染物总量控制因子，并进行污染物总量计算与控制分析。

15.2 宜推荐给出农药项目特征因子总量控制建议值。

16 公众参与

按照《环境影响评价公众参与暂行办法》规定，开展公众参与工作。

17 环境管理与环境监测制度

17.1 环境管理

a）根据农药建设项目管理机构设置，明确职能责任，提出农药建设项目在施工期、运营期和退役期的环境管理工作计划。

b）明确提出各生产工序应建立污染源档案管理制度的要求。

17.2 环境监测制度

a）制定环境监测制度与实施计划，包括监测点位布设、监测因子及频次等内容，关注排污口的日常管理。

b）提出与环保部门联网的在线自动监测系统的要求。

c）关注地下水防渗措施检漏系统的建立。

17.3 竣工验收及“三同时”管理

提出项目竣工验收及“三同时”管理的建议，包括对环保设施、管理措施的验收要求，验收内容应关注各生产工序污染源档案、危险废物申报登记制度和转移联单管理制度。

18 环境影响经济损益分析

18.1 参考 HJ/T 2.1 相关内容开展环境影响的经济损益分析。

18.2 环保投资的费用—效益分析

a）核算环保措施投资（含因环境保护要求实施居民搬迁的费用）及运行成本，内容应包括各项环保设施、环境风险防范措施、生态保护措施等。

b）结合环保措施的技术经济可行性，分析评价项目环保投资的合理性。

c）核算环保措施产生的直接和间接经济效益，简述项目的社会效益，并综合评价项目的整体环境经济效益。

19 评价结论

按照 HJ/T 2.1 要求，编写评价文件的结论。

附 录 A
（规范性附录）
环境影响矩阵识别表

环境影响矩阵识别表见表 A.1。环评工作中，可依据农药建设项目特征和区域环境敏感性，对识别表中影响因素和影响受体内容进行增减调整。识别定性时，可用“+”“-”分别表示有利、不利影响；“L”“S”分别表示长期、短期影响；“0”至“3”数值分别表示无影响、轻微影响、中等影响、重大影响；用“D”“I”分别表示直接影响、间接影响等。

表 A.1 环境影响矩阵识别表

影响因素＼影响受体		自然环境					生态环境				社会环境				
		环境空气	地表水环境	地下水环境	土壤环境	声环境	陆域生物	水生生物	渔业资源	主要生态保护区域	农业与土地利用	居民区	特定保护区	人群健康	环境规划
施工期	施工废（污）水														
	施工扬尘														
	施工噪声														
	渣土垃圾														
	基坑开挖														
运行期	废水排放														
	废气排放														
	噪声排放														
	固体废物														
	事故风险														
服务期满后	废水排放														
	废气排放														
	固体废物														
	事故风险														

附 录 B
（资料性附录）
评价因子参考表

表 B.1 农药项目评价因子参考表

溶剂	苯系物（苯、甲苯、二甲苯等）、醇类（甲醇、乙醇、异丙醇等）、卤代烃（二氯乙烷、四氯化碳、氯仿等）、酸类（乙酸、三氟乙酸等）、含氮类（乙腈、三乙胺、二甲基甲酰胺等）、含硫类（二甲基亚砜等）、醚类（四氢呋喃等）、氯苯类（氯苯）等
原辅材料	甲醛、乙醛、光气、氯气、氰化物、氟化物、氨、氯化氢，丙烯腈、苯系物、苯胺类及其衍生物（氯代苯胺、硝基苯胺等）、苯酚及其衍生物（卤代酚、硝基酚）、含氟卤代烃类（三氟二氯乙烷、三氟溴甲烷等）、三氯乙醛、吡啶类等
恶臭类	氨、硫化氢、甲硫醇、吡啶、二硫化碳、甲基胺类、乙基胺类、乙硫醇、三聚氯氰等
重金属类	锰、锌、锡、铜、铅、砷等
其他	持久性有机污染物、“三致”物质、农药光解产物、水解产物等

表 B.2 农药因子及相关因子参考一览表

［联合国粮农组织（FAO）农药原药有害杂质表］

序号	农药名称	杂质及限制项目名称
1	乙酰甲胺磷（Acephate）	甲胺磷
		乙酰胺
		O,O,S-三甲基硫代磷酸酯
2	磷化铝（Aluminium phosphide）	砷
3	印楝素（Azadirachtin）	黄曲霉毒素 Aflatoxins（Bl，B2，Gl，G2 总和）
4	高效氟氯氰菊酯（Beta-cyfluthrin）	顺式异构体 I
		顺式异构体 II
		反式异构体III
		反式异构体IV
5	甲萘威（Carbaryl）	2-萘酚
		2-萘基氨基甲酸甲酯
6	丁硫克百威（Carbosulfan）	克百威
		硫酸盐灰
7	杀螨醚（Chlorbenside）	二硫化物（以双对氯苯基二硫化物计）
8	毒死蜱（Chlorpyrifos）	治螟磷（*O,O,O,O*,-四乙基二硫代焦磷酸酯）
9	氟氯氰菊酯（Cyfluthrin）	顺式异构体 I
		顺式异构体 II
		反式异构体III
		反式异构体IV
10	氯氰菊酯（Cypermethrin）	顺式异构体
11	敌敌畏（Dichlorvos）	三氯乙醛
12	三氯杀螨醇（Dicofol）	滴滴涕及其相关杂质
13	甲氟磷（Dimefox）	八甲磷
		六甲基磷酰胺
		甲苯
		其他磷酸胺

序号	农药名称	杂质及限制项目名称
14	乐果（Dimethoate）	氧乐果
		异乐果
15	消螨通（Dinobuton）	氯化钾
		游离地乐酚及其盐
		α-异构体
		β-异构体
16	灭线磷（Ethoprophos）	丙硫醇
17	苯丁锡（Fenbutatin oxide）	双［羟基双（2-甲基-2-苯基丙基）锡］氧化物
18	杀螟硫磷（Fenitrothion）	*S*-甲基杀螟硫磷
19	马拉硫磷（Malathion）	*O,O,S*-三甲基二硫代磷酸酯
		O,O,O-三甲基硫代磷酸酯
		异马拉硫磷
		马拉氧磷
20	灭蚜磷（Mecarbam）	*N*-甲基-*N*-氯乙酰基氨基甲酸乙酯
		N-甲基氨基甲酸乙酯
		O,O,S-三乙基硫代磷酸酯
		O,O,O-三乙基硫代磷酸酯
		3-甲基噁唑烷-2,4-二酮
21	速灭磷（Mevinphos）	顺式速灭磷
22	氯菊酯（Permethrin）	顺/反（1SR，3RS/1RS，3SR）
		顺式异构体（1SR，3RS）
		反式异构体（IRS，3SR）
23	稻丰散（Phenthote）	P=O 稻丰散
24	甲拌磷（Phorate）	*O,O,O,O*-四乙基硫代焦磷酸酯
		O,O,S-三乙基二硫代磷酸酯
		O,O-二乙基-*S*-（乙氧基甲基）二硫代磷酸酯
		O,O-二乙基-*S*-（乙硫基甲基）硫代磷酸酯
		O,O-二乙基-*S*-（甲氧基甲基）二硫代磷酸酯
		硫代磷酸（羟甲基）二乙酯
25	丙溴磷（Profenofos）	4-溴-2-氯苯酚
26	硫双威（Thiodicarb）	灭多威
27	杀铃脲（Triflumuron）	*N,N*,-二-{4-（三氟甲氧基）苯基}脲
28	苯菌灵（Benomyl）	2,3-二氨基吩嗪
		2-氨基-3-羟基吩嗪
29	联苯三唑醇（Bitertanol）	RS+SR
		RR+SS
30	克菌丹（Captan）	全氯甲硫醇
31	多菌灵（Carbendazim）	2,3-二氨基吩嗪
		2-氨基-3-羟基吩嗪
32	百菌清（Chlorothalonil）	六氯苯
		十氯联苯
33	氢氧化铜（Copper hydroxide）	砷
		镉
		铅
34	硫酸铜（Copper sulfate）	砷
		镉
		铅

序号	农药名称	杂质及限制项目名称
35	碱式碳酸铜（Carbonate basic）	水溶性铜
		砷
		镉
		铅
36	氧化亚铜（Cuprous oxide）	金属铜
		水溶性铜
		砷
		镉
		铅
37	二苯胺（Diphenylamine）	2-氨基联苯
		4-氨基联苯
		苯胺
38	敌瘟磷（Edifenphos）	*O,O*-二乙基-*S*-苯基硫代磷酸酯
		苯硫酚
39	三苯基乙酸锡（Fentin acetate）	无机锡
40	三苯基氢氧化锡（Fentin hydroxide）	无机锡
41	福美铁（Ferbam）	总铁
		福美双
		亚铁
42	三乙膦酸铝（Fosetyl aluminium）	无机亚磷酸盐（以亚磷酸铝计）
43	代森锰锌（Mancozeb）	锰
		锌
		ETU
44	代森锰（Maneb）	锰
		锌
		ETU
45	甲霜灵（Metalaxyl）	2,6-二甲基苯胺
46	硫磺（Sulfur）	砷
47	氨氯吡啶（Picloram）	六氯苯
48	甲基硫菌灵（Thiophanate-methyl）	2,3-二氨基吩嗪
		2-氨基-3-羟基吩嗪
49	福美双（thiram）	油
50	三唑酮（Triadimefon）	4-氯苯酚
51	三唑醇（TriAdimenol）	RS+SR
		RR+SS
		4-氯苯酚
52	代森锌（Zineb）	锌
		砷
		锰
		ETU
53	福美锌（Ziram）	锌
		砷
54	2,4-滴（2,4-D）	硫酸盐灰
		游离苯酚（以2,4-二氯苯酚计）

序号	农药名称	杂质及限制项目名称
55	2,4-滴钠（2,4-D sodium）	游离苯酚（以 2,4-二氯苯酚计）
56	2,4-滴酯（2,4-D esters）	游离苯酸（以 2,4-滴酸计）
		游离苯酸（以 2,4-二氯苯酚计）
57	2,4-滴丁酸（2,4-DB）	总可萃取酸（以干基计）
		游离苯酚（以 2,4-二氯苯酚计）
		硫酸盐灰
58	2,4-滴丁酸钾盐（2,4-DB potassium salt）	总可萃取酸（以干基计）
		游离苯酚（以 2,4-二氯苯酚计）
59	2,4-滴丁酸酯（2,4-DB esters）	总可萃取酸（以干基计）
		游离苯酚（以 2,4-二氯苯酚计）
		游离酸（以 2,4-二氯丁酸计）
60	甲草胺（Alachlor）	2-氯-*N*-（2,6-二乙基苯基）-乙酰胺
		2-氯-*N*-[2-乙基-6-（1-甲基丙基）苯基]-*N*-（甲氧甲基）乙酰胺
61	莠灭净（Ametryn）	氯化钠
62	莠去津（Atrazine）	氯化钠
63	甲羟除草醚（Bifenox）	2,4-二氯苯酚
		2,4-二氯苯甲醚
64	溴苯腈（Bromoxynil）	硫酸盐灰
65	溴苯腈辛酸酯（Bromoxynil octanoate）	硫酸盐灰
66	丁草胺（Butachlor）	2-氯-*N*-（2,6-二乙基苯基）乙酰胺
		N-丁氧甲基-2′-正丁基-2-氯-6′-乙基乙酰苯胺
		二丁氧基甲烷
		丁基氯乙酰胺
67	氯草敏（Chloridazon）	4-氨基-5-氯异构体
68	矮壮素（Chlormequate）	1,2-二氯乙烷
69	氯苯胺灵（Chlorpropham）	氯苯胺
70	绿麦隆（Chlorotoluron）	3-（3-氯-4-甲苯基）-1-甲基脲
		3-（4-甲苯基）-1,1-二甲基月尿
71	氰草津（Cyanazine）	2-（4-氨基-6-氯-1,3,5-三嗪-2-基氨基）-2-甲基丙腈
		2-（4,6-二氯-1,3,5-三嗪-2-基氨基）-2-甲基丙腈
		西玛津
		无机氯
72	麦草畏（Dicamba）	碱不溶物
73	2,4-滴丙酸（Dichloroprop）	总可萃取酸（以干基计）
		硫酸盐灰
		游离苯酚（2,4-二氯苯酚计）
74	2,4-滴丙酸钾盐（Dichloroprop potassium salt）	总可萃取酸（以 2,4-滴丙酸计）
		游离苯酚（2,4-二氯苯酚计）
75	2,4-滴丙酸酯（Dichloroprop esters）	总可萃取酸（以 2,4-滴丙酸计）
		游离酸（以 2,4-二氯丙酸计）
		游离苯酚（2,4-二氯苯酚计）
76	特乐酚 （Dinoterb）	游离无机酸（以 H_2SO_4 计）
		无机亚硝酸盐（以 $NaNO_2$ 计）
77	敌草快（二溴化物）（Diquat dibromide）	总三吡啶 terpyridines
		游离 4,4′-联吡啶 4,4′-bipyridy

序号	农药名称	杂质及限制项目名称
78	敌草隆（Diuron）	游离胺盐（以二甲胺盐酸盐计）
79	乙烯利（Ethephon）	1,2-二氯乙烷
		MEPHA：单 2-氯乙基酯 2-氯乙基硫酸酯
80	2,4,5-涕丙酸（Fenoprop）	总可萃取酸（以干基计）
		2,3,7,8-四氯二苯对二噁英
		硫酸盐灰
		游离苯酚（以 2,4,5-三氯苯酚计）
81	2,4,5-涕丙酸钾盐（Fenoprop potassium salt）	总可萃取酸（以 2,4,5-滴丙酸、干基计）
		2,3,7,8-四氯二苯对二噁英
		游离苯酚（以 2,4,5-三氯苯酚计）
82	草甘膦（Glyphosate）	甲醛
		亚硝基草甘膦
83	抑芽丹（Maleic hydrazide）	Hydrazide 游离肼,联氨
84	环嗪酮（Hexazinone）	氨基甲酸乙酯
85	碘苯腈辛酸酯（Ioxynil octanoate）	硫酸盐灰
		游离酸
86	碘苯腈（Ioxynil）	硫酸盐灰
87	异丙隆（Isoproturon）	对称脲：*N,N*,-双-[3-（1-甲基乙基）苯基]脲
		间位异构体：*N,N*-二甲基-*N'*-[3-（1-甲基乙基）苯基]脲
		邻位异构体：*N,N*-二甲基-*N'*-[2-（1-甲基乙基）苯基]脲
88	利谷隆（Linuron）	游离胺盐（以二甲胺盐酸盐计）
89	抑芽丹（Maleic hydrazide）	肼
90	2 甲 4 氯（MCPA）	硫酸盐灰
		游离苯酚（以 4-氯-2-甲苯酚计）
91	2 甲 4 氯碱金属盐（MCPA alkal metal salts）	游离苯酚（以 4-氯-2-甲苯酚计）
92	2 甲 4 氯酯（MCPA ester）	游离苯酚（以 4-氯-2-甲苯酚计）
		游离酸（以 2 甲 4 氯酸计）
93	2 甲 4 氯丁酸（MCPB）	总可萃取酸（以 2 甲 4 氯丁酸、干基计）
		硫酸盐灰
		游离酚（以 4-氯-2-甲苯酚计）
94	2 甲 4 氯丁酸钾盐（MCPB potassium）	总萃取酸（以 2 甲 4 氯丁酸计）
		游离苯酚（以 4-氯-2-甲苯酚计）
95	2 甲 4 氯丙酸 （Mecoprop）	总可萃取酸（以 2 甲 4 氯丙酸、干基计）
		硫酸盐灰
		游离苯酚（以 4-氯-2-甲苯酚计）
96	2 甲 4 氯丙酸金属盐（Mecoprop metal salt）	总可萃取酸（以 2 甲 4 氯丙酸、干基计）
		游离苯酚（以 4-氯-2-甲苯酚计）
97	盖草津（Methoprometryn）	氯化钠
98	异丙甲草胺（Metolachlor）	2-乙基-6-甲基-2-氯乙酰苯胺
		2-乙基-6-甲基-*N*-（2-甲氧基-1-甲乙基）苯胺
		2-乙基-6-甲基苯胺
99	灭草隆（Monuron）	游离胺盐（以二甲胺盐酸盐计）
100	百草枯（Paraquat dichloride）	游离 4,4,-联吡啶
		总三联吡啶

序号	农药名称	杂质及限制项目名称
101	扑草净（Prometryn）	氯化钠
102	（毒秀定酸）4-氨基-3,5,6-三氯吡啶羟酸 [Picloram（acid）]	六氯苯
103	毒草胺（Propachlor）	*N*,*N*-二异丙基苯胺
		2-氯乙酰苯胺
		2,2-二氯-*N*-异丙基乙酰苯胺
104	扑灭津（Propazine）	氯化钠
105	苯胺灵（Propham）	苯胺
		不挥发杂质
106	西玛津（Simazine）	氯化钠
107	特丁净（Terbutryn）	氯化钠
108	氟乐灵（Trifluralin）	亚硝胺

附 录 C
（资料性附录）
多介质环境目标值估算方法

多介质环境目标值（Multimedia Environmental Goals，MEG）是美国 EPA 工业环境实验室推算出的化学物质或其降解产物在环境介质中的含量及排放量的限定值，化学物质的量不超过 MEG 时，不会对周围人群及生态系统产生有害影响。MEG 包括周围环境目标值（Ambient MEG，AMEG）和排放环境目标值（Discharge MEG，DMEG）。AMEG 表示化学物质在环境介质中可以容许的最大浓度（估计生物体与这种浓度的化学物质终生接触都不会受其有害影响）。DMEG 是指生物体与排放流短期接触时，排放流中的化学物质最高可容许浓度，预期不高于此浓度的污染物不会对人体或生态系统产生不可逆转的有害影响，也叫最小急性毒性作用排放值。

表 C.l MEG 的表示方法和意义

环境介质	AMEG		DMEG	
	以对健康影响为依据	以对生态系统影响为依据	以对健康影响为依据	以对生态系统影响为依据
空气	$AMEG_{AH}$	$AMEG_{AE}$	$DMEG_{AH}$	$DMEG_{AE}$
水	$AMEG_{WH}$	$AMEG_{WE}$	$DMEG_{WH}$	$DMEG_{WE}$

AMEG 的估算模式：

a）$AMEG_{AH}$ 的模式

1）利用阈限值或推荐值进行估算，$AMEG_{AH}$ 单位为μg/m^3，模式如下：

$$AMEG_{AH}=\text{阈限值}\times 10^3/420$$

2）在没有阈限值或推荐值情况下，通过 LD_{50} 估算化学物质 $AMEG_{AH}$ 值，基本上以大鼠急性经口毒 LD_{50} 为依据。$AMEG_{AH}$ 单位为μg/m^3，模式如下：

$$AMEG_{AH}=0.107\times LD_{50}$$

b）$AMEG_{WH}$ 的模式：$AMEG_{WH}$ 单位为μg/L

$$AMEG=15\times AMEG_{AH}$$

c）$AMEG_{WE}$的模式：$AMEG_{WE}$单位为μg/L

$$AMEG_{WE}=LC_{50}\times 0.01$$（生物半衰期小于 4 日，选 0.05）

d）MEG_{AH}的模式：$DMEG_{AH}$单位为$\mu g/m^3$

$$DMEG_{AH}=45\times LD_{50}$$

e）$DMEG_{AW}$的模式：$DMEG_{AW}$单位为μg/L

$$DMEG_{AW}=15\times DMEG_{AH}$$

f）$DMEG_{WE}$的模式：$DMEG_{WE}$单位为μg/L

$$DMEG_{WE}=0.1\times LC_{50}$$

附 录 D
（规范性附录）
污染物产生情况汇总内容

D.1 废气

废气源名称或编号、污染因子、产生源强（气量、浓度、最大排放速率、年产生总量）、排放方式（间断、连续、有组织、无组织）和排放去向、排放时数（h/批次、h/d、h/a），排放温度和排气筒参数。

D.2 废水

废水源名称或编号、污染因子、产生量（水量、浓度、日/年排放量）、排放方式（间断、连续）和排放去向。

D.3 固体废物或废液

固体废物或废液源名称或编号、危险废物分类号、主要成分、产生量、处理处置方式和去向。

D.4 噪声

声源设备名称或编号、数量、单机源强、产生方式（偶发、间断、连续）、声源位置、与最近厂界直线距离。

D.5 其他污染物

产排污源名称或编号、污染物名称、产生强度、产排污位置和方式。

附 录 E
（规范性附录）
污染物排放量汇总内容

E.1 废气

废气源名称或编号、污染因子、产生量（浓度、速率、年产生总量）、环保措施削减量、排放量（浓度、速率、年排放总量）、排放方式（间断、连续、有组织、无组织）、排放时数（h/批次、h/d、h/a）和排放源参数（排放高度、温度和口径或面积）。

E.2 废水

废水源名称或编号、污染因子、产生量（水量、浓度、日/年排放量）、环保措施削减量、排放量（水量、浓度、日/年排放量）、排放方式（间断、连续）、排放时数（h/d、h/a）、排放口位置和去向。

E.3 固体废物或废液

固体废物或废液源名称或编号、危险废物分类号、主要成分、产生量（t/a）、环保措施削减量、排放量（t/a）和排放去向。

E.4 噪声

声源设备名称或编号、数量、单机源强、隔声消声措施与效果、运行叠加源强、排放方式（偶发、间断、连续）、与厂界直线距离。

E.5 其他污染物

排污源名称或编号、污染物名称、产生强度、环保措施削减量、排放量、位置和方式。

附 录 F
（资料性附录）
清洁生产指标一览表

表 F.1 清洁生产指标一览表

类别	指标名称	指标含义
生产工艺与装备	工艺路线及先进性	采用简单、成熟工艺，体现资源能源利用率高，产污量少的工艺先进性和可靠性
	技术特点和改进	优化工艺条件和控制技术，体现资源能源利用率高，反应物转化率高，产品得率高以及产污量少的特征
	设备先进性及可靠性	采用优质高效、密封性和耐腐性好、低能耗、低噪声先进设备
	危害性物料的限制或替代	采用无毒害或低毒害原料和清洁能源
资源与能源利用	原料单耗或万元产值消耗	体现高转化，低消耗、少产污
	万元工业增加值能耗和吨产品综合能耗	体现能源的梯级利用和综合利用
	吨产品水耗	体现水资源的重复利用和循环使用
产品	产业政策	产品种类及其生产须符合国家产业政策要求和行业市场准入条件，符合产品进出口和国际公约要求
	安全使用与包装符合环保性	产品和包装物设计，应考虑其在生命周期中对人类健康和环境的影响，优先选择无毒害、易降解或者便于回收利用的方案
污染物产生	产污强度	单位产品生产（或加工）过程中，产生污染物的量（末端处理前）
废物回收利用	废弃物回收利用量和回收利用率	体现废物、废水和余热等进行综合利用或者循环使用途径和效果
环境管理	政策法规要求	履行环保政策法规要求，制定生产过程环境管理和风险管理制度
	环保措施	采用达标排放和污染物排放总量控制指标的污染防治技术
	节能措施	工程节能措施和效果
	监控管理	对污染源制定有效监控方案，落实相关监控措施

第三篇

林业和草原生态建设工程

第十章　法律、行政法规

中华人民共和国防沙治沙法

第一章　总　则

第一条　为预防土地沙化，治理沙化土地，维护生态安全，促进经济和社会的可持续发展，制定本法。

第二条　在中华人民共和国境内，从事土地沙化的预防、沙化土地的治理和开发利用活动，必须遵守本法。

土地沙化是指因气候变化和人类活动所导致的天然沙漠扩张和沙质土壤上植被破坏、沙土裸露的过程。

本法所称土地沙化，是指主要因人类不合理活动所导致的天然沙漠扩张和沙质土壤上植被及覆盖物被破坏，形成流沙及沙土裸露的过程。

本法所称沙化土地，包括已经沙化的土地和具有明显沙化趋势的土地。具体范围，由国务院批准的全国防沙治沙规划确定。

第三条　防沙治沙工作应当遵循以下原则：

（一）统一规划，因地制宜，分步实施，坚持区域防治与重点防治相结合；

（二）预防为主，防治结合，综合治理；

（三）保护和恢复植被与合理利用自然资源相结合；

（四）遵循生态规律，依靠科技进步；

（五）改善生态环境与帮助农牧民脱贫致富相结合；

（六）国家支持与地方自力更生相结合，政府组织与社会各界参与相结合，鼓励单位、个人承包防治；

（七）保障防沙治沙者的合法权益。

第四条　国务院和沙化土地所在地区的县级以上地方人民政府，应当将防沙治沙纳入国民经济和社会发展计划，保障和支持防沙治沙工作的开展。

沙化土地所在地区的地方各级人民政府，应当采取有效措施，预防土地沙化，治理沙化土地，保护和改善本行政区域的生态质量。

国家在沙化土地所在地区，建立政府行政领导防沙治沙任期目标责任考核奖惩制度。沙化土地所在地区的县级以上地方人民政府，应当向同级人民代表大会及其常务委员会报告防沙治沙工作情况。

第五条　在国务院领导下，国务院林业草原行政主管部门负责组织、协调、指导全国防沙治沙工作。

国务院林业草原、农业、水利、土地、生态环境等行政主管部门和气象主管机构，按照有关法律规定的职责和国务院确定的职责分工，各负其责，密切配合，共同做好防沙治沙工作。

县级以上地方人民政府组织、领导所属有关部门，按照职责分工，各负其责，密切配合，共同做好本行政区域的防沙治沙工作。

第六条 使用土地的单位和个人，有防止该土地沙化的义务。

使用已经沙化的土地的单位和个人，有治理该沙化土地的义务。

第七条 国家支持防沙治沙的科学研究和技术推广工作，发挥科研部门、机构在防沙治沙工作中的作用，培养防沙治沙专门技术人员，提高防沙治沙的科学技术水平。

国家支持开展防沙治沙的国际合作。

第八条 在防沙治沙工作中作出显著成绩的单位和个人，由人民政府给予表彰和奖励；对保护和改善生态质量作出突出贡献的，应当给予重奖。

第九条 沙化土地所在地区的各级人民政府应当组织有关部门开展防沙治沙知识的宣传教育，增强公民的防沙治沙意识，提高公民防沙治沙的能力。

第二章 防沙治沙规划

第十条 防沙治沙实行统一规划。从事防沙治沙活动，以及在沙化土地范围内从事开发利用活动，必须遵循防沙治沙规划。

防沙治沙规划应当对遏制土地沙化扩展趋势，逐步减少沙化土地的时限、步骤、措施等作出明确规定，并将具体实施方案纳入国民经济和社会发展五年计划和年度计划。

第十一条 国务院林业草原行政主管部门会同国务院农业、水利、土地、生态环境等有关部门编制全国防沙治沙规划，报国务院批准后实施。

省、自治区、直辖市人民政府依据全国防沙治沙规划，编制本行政区域的防沙治沙规划，报国务院或者国务院指定的有关部门批准后实施。

沙化土地所在地区的市、县人民政府，应当依据上一级人民政府的防沙治沙规划，组织编制本行政区域的防沙治沙规划，报上一级人民政府批准后实施。

防沙治沙规划的修改，须经原批准机关批准；未经批准，任何单位和个人不得改变防沙治沙规划。

第十二条 编制防沙治沙规划，应当根据沙化土地所处的地理位置、土地类型、植被状况、气候和水资源状况、土地沙化程度等自然条件及其所发挥的生态、经济功能，对沙化土地实行分类保护、综合治理和合理利用。

在规划期内不具备治理条件的以及因保护生态的需要不宜开发利用的连片沙化土地，应当规划为沙化土地封禁保护区，实行封禁保护。沙化土地封禁保护区的范围，由全国防沙治沙规划以及省、自治区、直辖市防沙治沙规划确定。

第十三条 防沙治沙规划应当与土地利用总体规划相衔接；防沙治沙规划中确定的沙化土地用途，应当符合本级人民政府的土地利用总体规划。

第三章 土地沙化的预防

第十四条 国务院林业草原行政主管部门组织其他有关行政主管部门对全国土地沙化情况进行监测、统计和分析，并定期公布监测结果。

县级以上地方人民政府林业草原或者其他有关行政主管部门，应当按照土地沙化监测技术规程，对沙化土地进行监测，并将监测结果向本级人民政府及上一级林业草原或者其他有关行政主管部门报告。

第十五条　县级以上地方人民政府林业草原或者其他有关行政主管部门，在土地沙化监测过程中，发现土地发生沙化或者沙化程度加重的，应当及时报告本级人民政府。收到报告的人民政府应当责成有关行政主管部门制止导致土地沙化的行为，并采取有效措施进行治理。

各级气象主管机构应当组织对气象干旱和沙尘暴天气进行监测、预报，发现气象干旱或者沙尘暴天气征兆时，应当及时报告当地人民政府。收到报告的人民政府应当采取预防措施，必要时公布灾情预报，并组织林业草原、农（牧）业等有关部门采取应急措施，避免或者减轻风沙危害。

第十六条　沙化土地所在地区的县级以上地方人民政府应当按照防沙治沙规划，划出一定比例的土地，因地制宜地营造防风固沙林网、林带，种植多年生灌木和草本植物。由林业草原行政主管部门负责确定植树造林的成活率、保存率的标准和具体任务，并逐片组织实施，明确责任，确保完成。

除了抚育更新性质的采伐外，不得批准对防风固沙林网、林带进行采伐。在对防风固沙林网、林带进行抚育更新性质的采伐之前，必须在其附近预先形成接替林网和林带。

对林木更新困难地区已有的防风固沙林网、林带，不得批准采伐。

第十七条　禁止在沙化土地上砍挖灌木、药材及其他固沙植物。

沙化土地所在地区的县级人民政府，应当制定植被管护制度，严格保护植被，并根据需要在乡（镇）、村建立植被管护组织，确定管护人员。

在沙化土地范围内，各类土地承包合同应当包括植被保护责任的内容。

第十八条　草原地区的地方各级人民政府，应当加强草原的管理和建设，由林业草原行政主管部门会同畜牧业行政主管部门负责指导、组织农牧民建设人工草场，控制载畜量，调整牲畜结构，改良牲畜品种，推行牲畜圈养和草场轮牧，消灭草原鼠害、虫害，保护草原植被，防止草原退化和沙化。

草原实行以产草量确定载畜量的制度。由林业草原行政主管部门会同畜牧业行政主管部门负责制定载畜量的标准和有关规定，并逐级组织实施，明确责任，确保完成。

第十九条　沙化土地所在地区的县级以上地方人民政府水行政主管部门，应当加强流域和区域水资源的统一调配和管理，在编制流域和区域水资源开发利用规划和供水计划时，必须考虑整个流域和区域植被保护的用水需求，防止因地下水和上游水资源的过度开发利用，导致植被破坏和土地沙化。该规划和计划经批准后，必须严格实施。

沙化土地所在地区的地方各级人民政府应当节约用水，发展节水型农牧业和其他产业。

第二十条　沙化土地所在地区的县级以上地方人民政府，不得批准在沙漠边缘地带和林地、草原开垦耕地；已经开垦并对生态产生不良影响的，应当有计划地组织退耕还林还草。

第二十一条　在沙化土地范围内从事开发建设活动的，必须事先就该项目可能对当地及相关地区生态产生的影响进行环境影响评价，依法提交环境影响报告；环境影响报告应当包括有关防沙治沙的内容。

第二十二条　在沙化土地封禁保护区范围内，禁止一切破坏植被的活动。禁止在沙化土地封禁保护区范围内安置移民。对沙化土地封禁保护区范围内的农牧民，县级以上地方人民政府应当有计划地组织迁出，并妥善安置。沙化土地封禁保护区范围内尚未迁出的农牧民的生产生活，由沙化土地封禁保护区主管部门妥善安排。

未经国务院或者国务院指定的部门同意，不得在沙化土地封禁保护区范围内进行修建铁路、公路等建设活动。

第四章 沙化土地的治理

第二十三条 沙化土地所在地区的地方各级人民政府，应当按照防沙治沙规划，组织有关部门、单位和个人，因地制宜地采取人工造林种草、飞机播种造林种草、封沙育林育草和合理调配生态用水等措施，恢复和增加植被，治理已经沙化的土地。

第二十四条 国家鼓励单位和个人在自愿的前提下，捐资或者以其他形式开展公益性的治沙活动。

县级以上地方人民政府林业草原或者其他有关行政主管部门，应当为公益性治沙活动提供治理地点和无偿技术指导。

从事公益性治沙的单位和个人，应当按照县级以上地方人民政府林业草原或者其他有关行政主管部门的技术要求进行治理，并可以将所种植的林、草委托他人管护或者交由当地人民政府有关行政主管部门管护。

第二十五条 使用已经沙化的国有土地的使用权人和农民集体所有土地的承包经营权人，必须采取治理措施，改善土地质量；确实无能力完成治理任务的，可以委托他人治理或者与他人合作治理。委托或者合作治理的，应当签订协议，明确各方的权利和义务。

沙化土地所在地区的地方各级人民政府及其有关行政主管部门、技术推广单位，应当为土地使用权人和承包经营权人的治沙活动提供技术指导。

采取退耕还林还草、植树种草或者封育措施治沙的土地使用权人和承包经营权人，按照国家有关规定，享受人民政府提供的政策优惠。

第二十六条 不具有土地所有权或者使用权的单位和个人从事营利性治沙活动的，应当先与土地所有权人或者使用权人签订协议，依法取得土地使用权。

在治理活动开始之前，从事营利性治沙活动的单位和个人应当向治理项目所在地的县级以上地方人民政府林业草原行政主管部门或者县级以上地方人民政府指定的其他行政主管部门提出治理申请，并附具下列文件：

（一）被治理土地权属的合法证明文件和治理协议；

（二）符合防沙治沙规划的治理方案；

（三）治理所需的资金证明。

第二十七条 本法第二十六条第二款第二项所称治理方案，应当包括以下内容：

（一）治理范围界限；

（二）分阶段治理目标和治理期限；

（三）主要治理措施；

（四）经当地水行政主管部门同意的用水来源和用水量指标；

（五）治理后的土地用途和植被管护措施；

（六）其他需要载明的事项。

第二十八条 从事营利性治沙活动的单位和个人，必须按照治理方案进行治理。

国家保护沙化土地治理者的合法权益。在治理者取得合法土地权属的治理范围内，未经治理者同意，其他任何单位和个人不得从事治理或者开发利用活动。

第二十九条 治理者完成治理任务后，应当向县级以上地方人民政府受理治理申请的行政主管部门提出验收申请。经验收合格的，受理治理申请的行政主管部门应当发给治理合格证明文件；经验收不合格的，治理者应当继续治理。

第三十条　已经沙化的土地范围内的铁路、公路、河流和水渠两侧，城镇、村庄、厂矿和水库周围，实行单位治理责任制，由县级以上地方人民政府下达治理责任书，由责任单位负责组织造林种草或者采取其他治理措施。

第三十一条　沙化土地所在地区的地方各级人民政府，可以组织当地农村集体经济组织及其成员在自愿的前提下，对已经沙化的土地进行集中治理。农村集体经济组织及其成员投入的资金和劳力，可以折算为治理项目的股份、资本金，也可以采取其他形式给予补偿。

第五章　保障措施

第三十二条　国务院和沙化土地所在地区的地方各级人民政府应当在本级财政预算中按照防沙治沙规划通过项目预算安排资金，用于本级人民政府确定的防沙治沙工程。在安排扶贫、农业、水利、道路、矿产、能源、农业综合开发等项目时，应当根据具体情况，设立若干防沙治沙子项目。

第三十三条　国务院和省、自治区、直辖市人民政府应当制定优惠政策，鼓励和支持单位和个人防沙治沙。

县级以上地方人民政府应当按照国家有关规定，根据防沙治沙的面积和难易程度，给予从事防沙治沙活动的单位和个人资金补助、财政贴息以及税费减免等政策优惠。

单位和个人投资进行防沙治沙的，在投资阶段免征各种税收；取得一定收益后，可以免征或减征有关税收。

第三十四条　使用已经沙化的国有土地从事治沙活动的，经县级以上人民政府依法批准，可以享有不超过七十年的土地使用权。具体年限和管理办法，由国务院规定。

使用已经沙化的集体所有土地从事治沙活动的，治理者应当与土地所有人签订土地承包合同。具体承包期限和当事人的其他权利、义务由承包合同双方依法在土地承包合同中约定。县级人民政府依法根据土地承包合同向治理者颁发土地使用权证书，保护集体所有沙化土地治理者的土地使用权。

第三十五条　因保护生态的特殊要求，将治理后的土地批准划为自然保护区或者沙化土地封禁保护区的，批准机关应当给予治理者合理的经济补偿。

第三十六条　国家根据防沙治沙的需要，组织设立防沙治沙重点科研项目和示范、推广项目，并对防沙治沙、沙区能源、沙生经济作物、节水灌溉、防止草原退化、沙地旱作农业等方面的科学研究与技术推广给予资金补助、税费减免等政策优惠。

第三十七条　任何单位和个人不得截留、挪用防沙治沙资金。

县级以上人民政府审计机关，应当依法对防沙治沙资金使用情况实施审计监督。

第六章　法律责任

第三十八条　违反本法第二十二条第一款规定，在沙化土地封禁保护区范围内从事破坏植被活动的，由县级以上地方人民政府林业草原行政主管部门，责令停止违法行为；有违法所得的，没收其违法所得；构成犯罪的，依法追究刑事责任。

第三十九条　违反本法第二十五条第一款规定，国有土地使用权人和农民集体所有土地承包经营权人未采取防沙治沙措施，造成土地严重沙化的，由县级以上地方人民政府林业草原行政主管部门按照各自的职责，责令限期治理；造成国有土地严重沙化的，县级以上人民政府可以收回国有土地使用权。

第四十条 违反本法规定，进行营利性治沙活动，造成土地沙化加重的，由县级以上地方人民政府负责受理营利性治沙申请的行政主管部门责令停止违法行为，可以并处每公顷五千元以上五万元以下的罚款。

第四十一条 违反本法第二十八条第一款规定，不按照治理方案进行治理的，或者违反本法第二十九条规定，经验收不合格又不按要求继续治理的，由县级以上地方人民政府负责受理营利性治沙申请的行政主管部门责令停止违法行为，限期改正，可以并处相当于治理费用一倍以上三倍以下的罚款。

第四十二条 违反本法第二十八条第二款规定，未经治理者同意，擅自在他人的治理范围内从事治理或者开发利用活动的，由县级以上地方人民政府负责受理营利性治沙申请的行政主管部门责令停止违法行为；给治理者造成损失的，应当赔偿损失。

第四十三条 违反本法规定，有下列情形之一的，对直接负责的主管人员和其他直接责任人员，由所在单位、监察机关或者上级行政主管部门依法给予行政处分：

（一）违反本法第十五条第一款规定，发现土地发生沙化或者沙化程度加重不及时报告的，或者收到报告后不责成有关行政主管部门采取措施的；

（二）违反本法第十六条第二款、第三款规定，批准采伐防风固沙林网、林带的；

（三）违反本法第二十条规定，批准在沙漠边缘地带和林地、草原开垦耕地的；

（四）违反本法第二十二条第二款规定，在沙化土地封禁保护区范围内安置移民的；

（五）违反本法第二十二条第三款规定，未经批准在沙化土地封禁保护区范围内进行修建铁路、公路等建设活动的。

第四十四条 违反本法第三十七条第一款规定，截留、挪用防沙治沙资金的，对直接负责的主管人员和其他直接责任人员，由监察机关或者上级行政主管部门依法给予行政处分；构成犯罪的，依法追究刑事责任。

第四十五条 防沙治沙监督管理人员滥用职权、玩忽职守、徇私舞弊，构成犯罪的，依法追究刑事责任。

第七章 附 则

第四十六条 本法第五条第二款中所称的有关法律，是指《中华人民共和国森林法》《中华人民共和国草原法》《中华人民共和国水土保持法》《中华人民共和国土地管理法》《中华人民共和国环境保护法》和《中华人民共和国气象法》。

第四十七条 本法自 2002 年 1 月 1 日起施行。

中华人民共和国森林法

第一章　总　则

第一条　为了践行绿水青山就是金山银山理念，保护、培育和合理利用森林资源，加快国土绿化，保障森林生态安全，建设生态文明，实现人与自然和谐共生，制定本法。

第二条　在中华人民共和国领域内从事森林、林木的保护、培育、利用和森林、林木、林地的经营管理活动，适用本法。

第三条　保护、培育、利用森林资源应当尊重自然、顺应自然，坚持生态优先、保护优先、保育结合、可持续发展的原则。

第四条　国家实行森林资源保护发展目标责任制和考核评价制度。上级人民政府对下级人民政府完成森林资源保护发展目标和森林防火、重大林业有害生物防治工作的情况进行考核，并公开考核结果。

地方人民政府可以根据本行政区域森林资源保护发展的需要，建立林长制。

第五条　国家采取财政、税收、金融等方面的措施，支持森林资源保护发展。各级人民政府应当保障森林生态保护修复的投入，促进林业发展。

第六条　国家以培育稳定、健康、优质、高效的森林生态系统为目标，对公益林和商品林实行分类经营管理，突出主导功能，发挥多种功能，实现森林资源永续利用。

第七条　国家建立森林生态效益补偿制度，加大公益林保护支持力度，完善重点生态功能区转移支付政策，指导受益地区和森林生态保护地区人民政府通过协商等方式进行生态效益补偿。

第八条　国务院和省、自治区、直辖市人民政府可以依照国家对民族自治地方自治权的规定，对民族自治地方的森林保护和林业发展实行更加优惠的政策。

第九条　国务院林业主管部门主管全国林业工作。县级以上地方人民政府林业主管部门，主管本行政区域的林业工作。

乡镇人民政府可以确定相关机构或者设置专职、兼职人员承担林业相关工作。

第十条　植树造林、保护森林，是公民应尽的义务。各级人民政府应当组织开展全民义务植树活动。

每年三月十二日为植树节。

第十一条　国家采取措施，鼓励和支持林业科学研究，推广先进适用的林业技术，提高林业科学技术水平。

第十二条　各级人民政府应当加强森林资源保护的宣传教育和知识普及工作，鼓励和支持基层群众性自治组织、新闻媒体、林业企业事业单位、志愿者等开展森林资源保护宣传活动。

教育行政部门、学校应当对学生进行森林资源保护教育。

第十三条　对在造林绿化、森林保护、森林经营管理以及林业科学研究等方面成绩显著的组织或者个人，按照国家有关规定给予表彰、奖励。

第二章 森林权属

第十四条 森林资源属于国家所有，由法律规定属于集体所有的除外。

国家所有的森林资源的所有权由国务院代表国家行使。国务院可以授权国务院自然资源主管部门统一履行国有森林资源所有者职责。

第十五条 林地和林地上的森林、林木的所有权、使用权，由不动产登记机构统一登记造册，核发证书。国务院确定的国家重点林区（以下简称重点林区）的森林、林木和林地，由国务院自然资源主管部门负责登记。

森林、林木、林地的所有者和使用者的合法权益受法律保护，任何组织和个人不得侵犯。

森林、林木、林地的所有者和使用者应当依法保护和合理利用森林、林木、林地，不得非法改变林地用途和毁坏森林、林木、林地。

第十六条 国家所有的林地和林地上的森林、林木可以依法确定给林业经营者使用。林业经营者依法取得的国有林地和林地上的森林、林木的使用权，经批准可以转让、出租、作价出资等。具体办法由国务院制定。

林业经营者应当履行保护、培育森林资源的义务，保证国有森林资源稳定增长，提高森林生态功能。

第十七条 集体所有和国家所有依法由农民集体使用的林地（以下简称集体林地）实行承包经营的，承包方享有林地承包经营权和承包林地上的林木所有权，合同另有约定的从其约定。承包方可以依法采取出租（转包）、入股、转让等方式流转林地经营权、林木所有权和使用权。

第十八条 未实行承包经营的集体林地以及林地上的林木，由农村集体经济组织统一经营。经本集体经济组织成员的村民会议三分之二以上成员或者三分之二以上村民代表同意并公示，可以通过招标、拍卖、公开协商等方式依法流转林地经营权、林木所有权和使用权。

第十九条 集体林地经营权流转应当签订书面合同。林地经营权流转合同一般包括流转双方的权利义务、流转期限、流转价款及支付方式、流转期限届满林地上的林木和固定生产设施的处置、违约责任等内容。

受让方违反法律规定或者合同约定造成森林、林木、林地严重毁坏的，发包方或者承包方有权收回林地经营权。

第二十条 国有企业事业单位、机关、团体、部队营造的林木，由营造单位管护并按照国家规定支配林木收益。

农村居民在房前屋后、自留地、自留山种植的林木，归个人所有。城镇居民在自有房屋的庭院内种植的林木，归个人所有。

集体或者个人承包国家所有和集体所有的宜林荒山荒地荒滩营造的林木，归承包的集体或者个人所有；合同另有约定的从其约定。

其他组织或者个人营造的林木，依法由营造者所有并享有林木收益；合同另有约定的从其约定。

第二十一条 为了生态保护、基础设施建设等公共利益的需要，确需征收、征用林地、林木的，应当依照《中华人民共和国土地管理法》等法律、行政法规的规定办理审批手续，并给予公平、合理的补偿。

第二十二条 单位之间发生的林木、林地所有权和使用权争议，由县级以上人民政府依法处理。

个人之间、个人与单位之间发生的林木所有权和林地使用权争议，由乡镇人民政府或者县级以上人民政府依法处理。

当事人对有关人民政府的处理决定不服的，可以自接到处理决定通知之日起三十日内，向人民法院起诉。

在林木、林地权属争议解决前，除因森林防火、林业有害生物防治、国家重大基础设施建设等需要外，当事人任何一方不得砍伐有争议的林木或者改变林地现状。

第三章　发展规划

第二十三条　县级以上人民政府应当将森林资源保护和林业发展纳入国民经济和社会发展规划。

第二十四条　县级以上人民政府应当落实国土空间开发保护要求，合理规划森林资源保护利用结构和布局，制定森林资源保护发展目标，提高森林覆盖率、森林蓄积量，提升森林生态系统质量和稳定性。

第二十五条　县级以上人民政府林业主管部门应当根据森林资源保护发展目标，编制林业发展规划。下级林业发展规划依据上级林业发展规划编制。

第二十六条　县级以上人民政府林业主管部门可以结合本地实际，编制林地保护利用、造林绿化、森林经营、天然林保护等相关专项规划。

第二十七条　国家建立森林资源调查监测制度，对全国森林资源现状及变化情况进行调查、监测和评价，并定期公布。

第四章　森林保护

第二十八条　国家加强森林资源保护，发挥森林蓄水保土、调节气候、改善环境、维护生物多样性和提供林产品等多种功能。

第二十九条　中央和地方财政分别安排资金，用于公益林的营造、抚育、保护、管理和非国有公益林权利人的经济补偿等，实行专款专用。具体办法由国务院财政部门会同林业主管部门制定。

第三十条　国家支持重点林区的转型发展和森林资源保护修复，改善生产生活条件，促进所在地区经济社会发展。重点林区按照规定享受国家重点生态功能区转移支付等政策。

第三十一条　国家在不同自然地带的典型森林生态地区、珍贵动物和植物生长繁殖的林区、天然热带雨林区和具有特殊保护价值的其他天然林区，建立以国家公园为主体的自然保护地体系，加强保护管理。

国家支持生态脆弱地区森林资源的保护修复。

县级以上人民政府应当采取措施对具有特殊价值的野生植物资源予以保护。

第三十二条　国家实行天然林全面保护制度，严格限制天然林采伐，加强天然林管护能力建设，保护和修复天然林资源，逐步提高天然林生态功能。具体办法由国务院规定。

第三十三条　地方各级人民政府应当组织有关部门建立护林组织，负责护林工作；根据实际需要建设护林设施，加强森林资源保护；督促相关组织订立护林公约、组织群众护林、划定护林责任区、配备专职或者兼职护林员。

县级或者乡镇人民政府可以聘用护林员，其主要职责是巡护森林，发现火情、林业有害生物以及破坏森林资源的行为，应当及时处理并向当地林业等有关部门报告。

第三十四条　地方各级人民政府负责本行政区域的森林防火工作，发挥群防作用；县级以上人民政府组织领导应急管理、林业、公安等部门按照职责分工密切配合做好森林火灾的科学预防、扑救和处置工作：

（一）组织开展森林防火宣传活动，普及森林防火知识；

（二）划定森林防火区，规定森林防火期；

（三）设置防火设施，配备防灭火装备和物资；

（四）建立森林火灾监测预警体系，及时消除隐患；

（五）制定森林火灾应急预案，发生森林火灾，立即组织扑救；

（六）保障预防和扑救森林火灾所需费用。

国家综合性消防救援队伍承担国家规定的森林火灾扑救任务和预防相关工作。

第三十五条 县级以上人民政府林业主管部门负责本行政区域的林业有害生物的监测、检疫和防治。

省级以上人民政府林业主管部门负责确定林业植物及其产品的检疫性有害生物，划定疫区和保护区。

重大林业有害生物灾害防治实行地方人民政府负责制。发生暴发性、危险性等重大林业有害生物灾害时，当地人民政府应当及时组织除治。

林业经营者在政府支持引导下，对其经营管理范围内的林业有害生物进行防治。

第三十六条 国家保护林地，严格控制林地转为非林地，实行占用林地总量控制，确保林地保有量不减少。各类建设项目占用林地不得超过本行政区域的占用林地总量控制指标。

第三十七条 矿藏勘查、开采以及其他各类工程建设，应当不占或者少占林地；确需占用林地的，应当经县级以上人民政府林业主管部门审核同意，依法办理建设用地审批手续。

占用林地的单位应当缴纳森林植被恢复费。森林植被恢复费征收使用管理办法由国务院财政部门会同林业主管部门制定。

县级以上人民政府林业主管部门应当按照规定安排植树造林，恢复森林植被，植树造林面积不得少于因占用林地而减少的森林植被面积。上级林业主管部门应当定期督促下级林业主管部门组织植树造林、恢复森林植被，并进行检查。

第三十八条 需要临时使用林地的，应当经县级以上人民政府林业主管部门批准；临时使用林地的期限一般不超过二年，并不得在临时使用的林地上修建永久性建筑物。

临时使用林地期满后一年内，用地单位或者个人应当恢复植被和林业生产条件。

第三十九条 禁止毁林开垦、采石、采砂、采土以及其他毁坏林木和林地的行为。

禁止向林地排放重金属或者其他有毒有害物质含量超标的污水、污泥，以及可能造成林地污染的清淤底泥、尾矿、矿渣等。

禁止在幼林地砍柴、毁苗、放牧。

禁止擅自移动或者损坏森林保护标志。

第四十条 国家保护古树名木和珍贵树木。禁止破坏古树名木和珍贵树木及其生存的自然环境。

第四十一条 各级人民政府应当加强林业基础设施建设，应用先进适用的科技手段，提高森林防火、林业有害生物防治等森林管护能力。

各有关单位应当加强森林管护。国有林业企业事业单位应当加大投入，加强森林防火、林业有害生物防治，预防和制止破坏森林资源的行为。

第五章　造林绿化

第四十二条　国家统筹城乡造林绿化，开展大规模国土绿化行动，绿化美化城乡，推动森林城市建设，促进乡村振兴，建设美丽家园。

第四十三条　各级人民政府应当组织各行各业和城乡居民造林绿化。

宜林荒山荒地荒滩，属于国家所有的，由县级以上人民政府林业主管部门和其他有关主管部门组织开展造林绿化；属于集体所有的，由集体经济组织组织开展造林绿化。

城市规划区内、铁路公路两侧、江河两侧、湖泊水库周围，由各有关主管部门按照有关规定因地制宜组织开展造林绿化；工矿区、工业园区、机关、学校用地，部队营区以及农场、牧场、渔场经营地区，由各单位负责造林绿化。组织开展城市造林绿化的具体办法由国务院制定。

国家所有和集体所有的宜林荒山荒地荒滩可以由单位或者个人承包造林绿化。

第四十四条　国家鼓励公民通过植树造林、抚育管护、认建认养等方式参与造林绿化。

第四十五条　各级人民政府组织造林绿化，应当科学规划、因地制宜，优化林种、树种结构，鼓励使用乡土树种和林木良种、营造混交林，提高造林绿化质量。

国家投资或者以国家投资为主的造林绿化项目，应当按照国家规定使用林木良种。

第四十六条　各级人民政府应当采取以自然恢复为主、自然恢复和人工修复相结合的措施，科学保护修复森林生态系统。新造幼林地和其他应当封山育林的地方，由当地人民政府组织封山育林。

各级人民政府应当对国务院确定的坡耕地、严重沙化耕地、严重石漠化耕地、严重污染耕地等需要生态修复的耕地，有计划地组织实施退耕还林还草。

各级人民政府应当对自然因素等导致的荒废和受损山体、退化林地以及宜林荒山荒地荒滩，因地制宜实施森林生态修复工程，恢复植被。

第六章　经营管理

第四十七条　国家根据生态保护的需要，将森林生态区位重要或者生态状况脆弱，以发挥生态效益为主要目的的林地和林地上的森林划定为公益林。未划定为公益林的林地和林地上的森林属于商品林。

第四十八条　公益林由国务院和省、自治区、直辖市人民政府划定并公布。

下列区域的林地和林地上的森林，应当划定为公益林：

（一）重要江河源头汇水区域；

（二）重要江河干流及支流两岸、饮用水水源地保护区；

（三）重要湿地和重要水库周围；

（四）森林和陆生野生动物类型的自然保护区；

（五）荒漠化和水土流失严重地区的防风固沙林基干林带；

（六）沿海防护林基干林带；

（七）未开发利用的原始林地区；

（八）需要划定的其他区域。

公益林划定涉及非国有林地的，应当与权利人签订书面协议，并给予合理补偿。

公益林进行调整的，应当经原划定机关同意，并予以公布。

国家级公益林划定和管理的办法由国务院制定；地方级公益林划定和管理的办法由省、自治区、直辖市人民政府制定。

第四十九条 国家对公益林实施严格保护。

县级以上人民政府林业主管部门应当有计划地组织公益林经营者对公益林中生态功能低下的疏林、残次林等低质低效林，采取林分改造、森林抚育等措施，提高公益林的质量和生态保护功能。

在符合公益林生态区位保护要求和不影响公益林生态功能的前提下，经科学论证，可以合理利用公益林林地资源和森林景观资源，适度开展林下经济、森林旅游等。利用公益林开展上述活动应当严格遵守国家有关规定。

第五十条 国家鼓励发展下列商品林：

（一）以生产木材为主要目的的森林；

（二）以生产果品、油料、饮料、调料、工业原料和药材等林产品为主要目的的森林；

（三）以生产燃料和其他生物质能源为主要目的的森林；

（四）其他以发挥经济效益为主要目的的森林。

在保障生态安全的前提下，国家鼓励建设速生丰产、珍贵树种和大径级用材林，增加林木储备，保障木材供给安全。

第五十一条 商品林由林业经营者依法自主经营。在不破坏生态的前提下，可以采取集约化经营措施，合理利用森林、林木、林地，提高商品林经济效益。

第五十二条 在林地上修筑下列直接为林业生产经营服务的工程设施，符合国家有关部门规定的标准的，由县级以上人民政府林业主管部门批准，不需要办理建设用地审批手续；超出标准需要占用林地的，应当依法办理建设用地审批手续：

（一）培育、生产种子、苗木的设施；

（二）贮存种子、苗木、木材的设施；

（三）集材道、运材道、防火巡护道、森林步道；

（四）林业科研、科普教育设施；

（五）野生动植物保护、护林、林业有害生物防治、森林防火、木材检疫的设施；

（六）供水、供电、供热、供气、通讯基础设施；

（七）其他直接为林业生产服务的工程设施。

第五十三条 国有林业企业事业单位应当编制森林经营方案，明确森林培育和管护的经营措施，报县级以上人民政府林业主管部门批准后实施。重点林区的森林经营方案由国务院林业主管部门批准后实施。

国家支持、引导其他林业经营者编制森林经营方案。

编制森林经营方案的具体办法由国务院林业主管部门制定。

第五十四条 国家严格控制森林年采伐量。省、自治区、直辖市人民政府林业主管部门根据消耗量低于生长量和森林分类经营管理的原则，编制本行政区域的年采伐限额，经征求国务院林业主管部门意见，报本级人民政府批准后公布实施，并报国务院备案。重点林区的年采伐限额，由国务院林业主管部门编制，报国务院批准后公布实施。

第五十五条 采伐森林、林木应当遵守下列规定：

（一）公益林只能进行抚育、更新和低质低效林改造性质的采伐。但是，因科研或者实验、防治林业有害生物、建设护林防火设施、营造生物防火隔离带、遭受自然灾害等需要采伐的除外。

（二）商品林应当根据不同情况，采取不同采伐方式，严格控制皆伐面积，伐育同步规划实施。

（三）自然保护区的林木，禁止采伐。但是，因防治林业有害生物、森林防火、维护主要保护对象生存环境、遭受自然灾害等特殊情况必须采伐的和实验区的竹林除外。

省级以上人民政府林业主管部门应当根据前款规定，按照森林分类经营管理、保护优先、注重效率和效益等原则，制定相应的林木采伐技术规程。

第五十六条 采伐林地上的林木应当申请采伐许可证，并按照采伐许可证的规定进行采伐；采伐自然保护区以外的竹林，不需要申请采伐许可证，但应当符合林木采伐技术规程。

农村居民采伐自留地和房前屋后个人所有的零星林木，不需要申请采伐许可证。

非林地上的农田防护林、防风固沙林、护路林、护岸护堤林和城镇林木等的更新采伐，由有关主管部门按照有关规定管理。

采挖移植林木按照采伐林木管理。具体办法由国务院林业主管部门制定。

禁止伪造、变造、买卖、租借采伐许可证。

第五十七条 采伐许可证由县级以上人民政府林业主管部门核发。

县级以上人民政府林业主管部门应当采取措施，方便申请人办理采伐许可证。

农村居民采伐自留山和个人承包集体林地上的林木，由县级人民政府林业主管部门或者其委托的乡镇人民政府核发采伐许可证。

第五十八条 申请采伐许可证，应当提交有关采伐的地点、林种、树种、面积、蓄积、方式、更新措施和林木权属等内容的材料。超过省级以上人民政府林业主管部门规定面积或者蓄积量的，还应当提交伐区调查设计材料。

第五十九条 符合林木采伐技术规程的，审核发放采伐许可证的部门应当及时核发采伐许可证。但是，审核发放采伐许可证的部门不得超过年采伐限额发放采伐许可证。

第六十条 有下列情形之一的，不得核发采伐许可证：

（一）采伐封山育林期、封山育林区内的林木；

（二）上年度采伐后未按照规定完成更新造林任务；

（三）上年度发生重大滥伐案件、森林火灾或者林业有害生物灾害，未采取预防和改进措施；

（四）法律法规和国务院林业主管部门规定的禁止采伐的其他情形。

第六十一条 采伐林木的组织和个人应当按照有关规定完成更新造林。更新造林的面积不得少于采伐的面积，更新造林应当达到相关技术规程规定的标准。

第六十二条 国家通过贴息、林权收储担保补助等措施，鼓励和引导金融机构开展涉林抵押贷款、林农信用贷款等符合林业特点的信贷业务，扶持林权收储机构进行市场化收储担保。

第六十三条 国家支持发展森林保险。县级以上人民政府依法对森林保险提供保险费补贴。

第六十四条 林业经营者可以自愿申请森林认证，促进森林经营水平提高和可持续经营。

第六十五条 木材经营加工企业应当建立原料和产品出入库台账。任何单位和个人不得收购、加工、运输明知是盗伐、滥伐等非法来源的林木。

第七章 监督检查

第六十六条 县级以上人民政府林业主管部门依照本法规定，对森林资源的保护、修复、利用、更新等进行监督检查，依法查处破坏森林资源等违法行为。

第六十七条 县级以上人民政府林业主管部门履行森林资源保护监督检查职责，有权采取下列措施：

（一）进入生产经营场所进行现场检查；

（二）查阅、复制有关文件、资料，对可能被转移、销毁、隐匿或者篡改的文件、资料予以封存；

（三）查封、扣押有证据证明来源非法的林木以及从事破坏森林资源活动的工具、设备或者财物；

（四）查封与破坏森林资源活动有关的场所。

省级以上人民政府林业主管部门对森林资源保护发展工作不力、问题突出、群众反映强烈的地区，可以约谈所在地区县级以上地方人民政府及其有关部门主要负责人，要求其采取措施及时整改。约谈整改情况应当向社会公开。

第六十八条 破坏森林资源造成生态环境损害的，县级以上人民政府自然资源主管部门、林业主管部门可以依法向人民法院提起诉讼，对侵权人提出损害赔偿要求。

第六十九条 审计机关按照国家有关规定对国有森林资源资产进行审计监督。

第八章 法律责任

第七十条 县级以上人民政府林业主管部门或者其他有关国家机关未依照本法规定履行职责的，对直接负责的主管人员和其他直接责任人员依法给予处分。

依照本法规定应当作出行政处罚决定而未作出的，上级主管部门有权责令下级主管部门作出行政处罚决定或者直接给予行政处罚。

第七十一条 违反本法规定，侵害森林、林木、林地的所有者或者使用者的合法权益的，依法承担侵权责任。

第七十二条 违反本法规定，国有林业企业事业单位未履行保护培育森林资源义务、未编制森林经营方案或者未按照批准的森林经营方案开展森林经营活动的，由县级以上人民政府林业主管部门责令限期改正，对直接负责的主管人员和其他直接责任人员依法给予处分。

第七十三条 违反本法规定，未经县级以上人民政府林业主管部门审核同意，擅自改变林地用途的，由县级以上人民政府林业主管部门责令限期恢复植被和林业生产条件，可以处恢复植被和林业生产条件所需费用三倍以下的罚款。

虽经县级以上人民政府林业主管部门审核同意，但未办理建设用地审批手续擅自占用林地的，依照《中华人民共和国土地管理法》的有关规定处罚。

在临时使用的林地上修建永久性建筑物，或者临时使用林地期满后一年内未恢复植被或者林业生产条件的，依照本条第一款规定处罚。

第七十四条 违反本法规定，进行开垦、采石、采砂、采土或者其他活动，造成林木毁坏的，由县级以上人民政府林业主管部门责令停止违法行为，限期在原地或者异地补种毁坏株数一倍以上三倍以下的树木，可以处毁坏林木价值五倍以下的罚款；造成林地毁坏的，由县级以上人民政府林业主管部门责令停止违法行为，限期恢复植被和林业生产条件，可以处恢复植被和林业生产条件所需费用三倍以下的罚款。

违反本法规定，在幼林地砍柴、毁苗、放牧造成林木毁坏的，由县级以上人民政府林业主管部门责令停止违法行为，限期在原地或者异地补种毁坏株数一倍以上三倍以下的树木。

向林地排放重金属或者其他有毒有害物质含量超标的污水、污泥，以及可能造成林地污染的清淤底泥、尾矿、矿渣等的，依照《中华人民共和国土壤污染防治法》的有关规定处罚。

第七十五条 违反本法规定，擅自移动或者毁坏森林保护标志的，由县级以上人民政府林业主管部门恢复森林保护标志，所需费用由违法者承担。

第七十六条　盗伐林木的，由县级以上人民政府林业主管部门责令限期在原地或者异地补种盗伐株数一倍以上五倍以下的树木，并处盗伐林木价值五倍以上十倍以下的罚款。

滥伐林木的，由县级以上人民政府林业主管部门责令限期在原地或者异地补种滥伐株数一倍以上三倍以下的树木，可以处滥伐林木价值三倍以上五倍以下的罚款。

第七十七条　违反本法规定，伪造、变造、买卖、租借采伐许可证的，由县级以上人民政府林业主管部门没收证件和违法所得，并处违法所得一倍以上三倍以下的罚款；没有违法所得的，可以处二万元以下的罚款。

第七十八条　违反本法规定，收购、加工、运输明知是盗伐、滥伐等非法来源的林木的，由县级以上人民政府林业主管部门责令停止违法行为，没收违法收购、加工、运输的林木或者变卖所得，可以处违法收购、加工、运输林木价款三倍以下的罚款。

第七十九条　违反本法规定，未完成更新造林任务的，由县级以上人民政府林业主管部门责令限期完成；逾期未完成的，可以处未完成造林任务所需费用二倍以下的罚款；对直接负责的主管人员和其他直接责任人员，依法给予处分。

第八十条　违反本法规定，拒绝、阻碍县级以上人民政府林业主管部门依法实施监督检查的，可以处五万元以下的罚款，情节严重的，可以责令停产停业整顿。

第八十一条　违反本法规定，有下列情形之一的，由县级以上人民政府林业主管部门依法组织代为履行，代为履行所需费用由违法者承担：

（一）拒不恢复植被和林业生产条件，或者恢复植被和林业生产条件不符合国家有关规定；

（二）拒不补种树木，或者补种不符合国家有关规定。

恢复植被和林业生产条件、树木补种的标准，由省级以上人民政府林业主管部门制定。

第八十二条　公安机关按照国家有关规定，可以依法行使本法第七十四条第一款、第七十六条、第七十七条、第七十八条规定的行政处罚权。

违反本法规定，构成违反治安管理行为的，依法给予治安管理处罚；构成犯罪的，依法追究刑事责任。

第九章　附　则

第八十三条　本法下列用语的含义是：

（一）森林，包括乔木林、竹林和国家特别规定的灌木林。按照用途可以分为防护林、特种用途林、用材林、经济林和能源林。

（二）林木，包括树木和竹子。

（三）林地，是指县级以上人民政府规划确定的用于发展林业的土地。包括郁闭度 0.2 以上的乔木林地以及竹林地、灌木林地、疏林地、采伐迹地、火烧迹地、未成林造林地、苗圃地等。

第八十四条　本法自 2020 年 7 月 1 日起施行。

中华人民共和国草原法

第一章 总 则

第一条 为了保护、建设和合理利用草原，改善生态环境，维护生物多样性，发展现代畜牧业，促进经济和社会的可持续发展，制定本法。

第二条 在中华人民共和国领域内从事草原规划、保护、建设、利用和管理活动，适用本法。

本法所称草原，是指天然草原和人工草地。

第三条 国家对草原实行科学规划、全面保护、重点建设、合理利用的方针，促进草原的可持续利用和生态、经济、社会的协调发展。

第四条 各级人民政府应当加强对草原保护、建设和利用的管理，将草原的保护、建设和利用纳入国民经济和社会发展计划。

各级人民政府应当加强保护、建设和合理利用草原的宣传教育。

第五条 任何单位和个人都有遵守草原法律法规、保护草原的义务，同时享有对违反草原法律法规、破坏草原的行为进行监督、检举和控告的权利。

第六条 国家鼓励与支持开展草原保护、建设、利用和监测方面的科学研究，推广先进技术和先进成果，培养科学技术人才。

第七条 国家对在草原管理、保护、建设、合理利用和科学研究等工作中做出显著成绩的单位和个人，给予奖励。

第八条 国务院草原行政主管部门主管全国草原监督管理工作。

县级以上地方人民政府草原行政主管部门主管本行政区域内草原监督管理工作。

乡（镇）人民政府应当加强对本行政区域内草原保护、建设和利用情况的监督检查，根据需要可以设专职或者兼职人员负责具体监督检查工作。

第二章 草原权属

第九条 草原属于国家所有，由法律规定属于集体所有的除外。国家所有的草原，由国务院代表国家行使所有权。

任何单位或者个人不得侵占、买卖或者以其他形式非法转让草原。

第十条 国家所有的草原，可以依法确定给全民所有制单位、集体经济组织等使用。

使用草原的单位，应当履行保护、建设和合理利用草原的义务。

第十一条 依法确定给全民所有制单位、集体经济组织等使用的国家所有的草原，由县级以上人民政府登记，核发使用权证，确认草原使用权。

未确定使用权的国家所有的草原，由县级以上人民政府登记造册，并负责保护管理。

集体所有的草原，由县级人民政府登记，核发所有权证，确认草原所有权。

依法改变草原权属的，应当办理草原权属变更登记手续。

第十二条　依法登记的草原所有权和使用权受法律保护，任何单位或者个人不得侵犯。

第十三条　集体所有的草原或者依法确定给集体经济组织使用的国家所有的草原，可以由本集体经济组织内的家庭或者联户承包经营。

在草原承包经营期内，不得对承包经营者使用的草原进行调整；个别确需适当调整的，必须经本集体经济组织成员的村（牧）民会议三分之二以上成员或者三分之二以上村（牧）民代表的同意，并报乡（镇）人民政府和县级人民政府草原行政主管部门批准。

集体所有的草原或者依法确定给集体经济组织使用的国家所有的草原由本集体经济组织以外的单位或者个人承包经营的，必须经本集体经济组织成员的村（牧）民会议三分之二以上成员或者三分之二以上村（牧）民代表的同意，并报乡（镇）人民政府批准。

第十四条　承包经营草原，发包方和承包方应当签订书面合同。草原承包合同的内容应当包括双方的权利和义务、承包草原四至界限、面积和等级、承包期和起止日期、承包草原用途和违约责任等。承包期届满，原承包经营者在同等条件下享有优先承包权。

承包经营草原的单位和个人，应当履行保护、建设和按照承包合同约定的用途合理利用草原的义务。

第十五条　草原承包经营权受法律保护，可以按照自愿、有偿的原则依法转让。

草原承包经营权转让的受让方必须具有从事畜牧业生产的能力，并应当履行保护、建设和按照承包合同约定的用途合理利用草原的义务。

草原承包经营权转让应当经发包方同意。承包方与受让方在转让合同中约定的转让期限，不得超过原承包合同剩余的期限。

第十六条　草原所有权、使用权的争议，由当事人协商解决；协商不成的，由有关人民政府处理。

单位之间的争议，由县级以上人民政府处理；个人之间、个人与单位之间的争议，由乡（镇）人民政府或者县级以上人民政府处理。

当事人对有关人民政府的处理决定不服的，可以依法向人民法院起诉。

在草原权属争议解决前，任何一方不得改变草原利用现状，不得破坏草原和草原上的设施。

第三章　规　划

第十七条　国家对草原保护、建设、利用实行统一规划制度。国务院草原行政主管部门会同国务院有关部门编制全国草原保护、建设、利用规划，报国务院批准后实施。

县级以上地方人民政府草原行政主管部门会同同级有关部门依据上一级草原保护、建设、利用规划编制本行政区域的草原保护、建设、利用规划，报本级人民政府批准后实施。

经批准的草原保护、建设、利用规划确需调整或者修改时，须经原批准机关批准。

第十八条　编制草原保护、建设、利用规划，应当依据国民经济和社会发展规划并遵循下列原则：

（一）改善生态环境，维护生物多样性，促进草原的可持续利用；

（二）以现有草原为基础，因地制宜，统筹规划，分类指导；

（三）保护为主、加强建设、分批改良、合理利用；

（四）生态效益、经济效益、社会效益相结合。

第十九条　草原保护、建设、利用规划应当包括：草原保护、建设、利用的目标和措施，草原功能分区和各项建设的总体部署，各项专业规划等。

第二十条 草原保护、建设、利用规划应当与土地利用总体规划相衔接，与环境保护规划、水土保持规划、防沙治沙规划、水资源规划、林业长远规划、城市总体规划、村庄和集镇规划以及其他有关规划相协调。

第二十一条 草原保护、建设、利用规划一经批准，必须严格执行。

第二十二条 国家建立草原调查制度。

县级以上人民政府草原行政主管部门会同同级有关部门定期进行草原调查；草原所有者或者使用者应当支持、配合调查，并提供有关资料。

第二十三条 国务院草原行政主管部门会同国务院有关部门制定全国草原等级评定标准。

县级以上人民政府草原行政主管部门根据草原调查结果、草原的质量，依据草原等级评定标准，对草原进行评等定级。

第二十四条 国家建立草原统计制度。

县级以上人民政府草原行政主管部门和同级统计部门共同制定草原统计调查办法，依法对草原的面积、等级、产草量、载畜量等进行统计，定期发布草原统计资料。

草原统计资料是各级人民政府编制草原保护、建设、利用规划的依据。

第二十五条 国家建立草原生产、生态监测预警系统。

县级以上人民政府草原行政主管部门对草原的面积、等级、植被构成、生产能力、自然灾害、生物灾害等草原基本状况实行动态监测，及时为本级政府和有关部门提供动态监测和预警信息服务。

第四章 建 设

第二十六条 县级以上人民政府应当增加草原建设的投入，支持草原建设。

国家鼓励单位和个人投资建设草原，按照谁投资、谁受益的原则保护草原投资建设者的合法权益。

第二十七条 国家鼓励与支持人工草地建设、天然草原改良和饲草饲料基地建设，稳定和提高草原生产能力。

第二十八条 县级以上人民政府应当支持、鼓励和引导农牧民开展草原围栏、饲草饲料储备、牲畜圈舍、牧民定居点等生产生活设施的建设。

县级以上地方人民政府应当支持草原水利设施建设，发展草原节水灌溉，改善人畜饮水条件。

第二十九条 县级以上人民政府应当按照草原保护、建设、利用规划加强草种基地建设，鼓励选育、引进、推广优良草品种。

新草品种必须经全国草品种审定委员会审定，由国务院草原行政主管部门公告后方可推广。从境外引进草种必须依法进行审批。

县级以上人民政府草原行政主管部门应当依法加强对草种生产、加工、检疫、检验的监督管理，保证草种质量。

第三十条 县级以上人民政府应当有计划地进行火情监测、防火物资储备、防火隔离带等草原防火设施的建设，确保防火需要。

第三十一条 对退化、沙化、盐碱化、石漠化和水土流失的草原，地方各级人民政府应当按照草原保护、建设、利用规划，划定治理区，组织专项治理。

大规模的草原综合治理，列入国家国土整治计划。

第三十二条 县级以上人民政府应当根据草原保护、建设、利用规划，在本级国民经济和社会发展计划中安排资金用于草原改良、人工种草和草种生产，任何单位或者个人不得截留、挪用；县级以上人民政府财政部门和审计部门应当加强监督管理。

第五章 利 用

第三十三条 草原承包经营者应当合理利用草原，不得超过草原行政主管部门核定的载畜量；草原承包经营者应当采取种植和储备饲草饲料、增加饲草饲料供应量、调剂处理牲畜、优化畜群结构、提高出栏率等措施，保持草畜平衡。

草原载畜量标准和草畜平衡管理办法由国务院草原行政主管部门规定。

第三十四条 牧区的草原承包经营者应当实行划区轮牧，合理配置畜群，均衡利用草原。

第三十五条 国家提倡在农区、半农半牧区和有条件的牧区实行牲畜圈养。草原承包经营者应当按照饲养牲畜的种类和数量，调剂、储备饲草饲料，采用青贮和饲草饲料加工等新技术，逐步改变依赖天然草地放牧的生产方式。

在草原禁牧、休牧、轮牧区，国家对实行舍饲圈养的给予粮食和资金补助，具体办法由国务院或者国务院授权的有关部门规定。

第三十六条 县级以上地方人民政府草原行政主管部门对割草场和野生草种基地应当规定合理的割草期、采种期以及留茬高度和采割强度，实行轮割轮采。

第三十七条 遇到自然灾害等特殊情况，需要临时调剂使用草原的，按照自愿互利的原则，由双方协商解决；需要跨县临时调剂使用草原的，由有关县级人民政府或者共同的上级人民政府组织协商解决。

第三十八条 进行矿藏开采和工程建设，应当不占或者少占草原；确需征收、征用或者使用草原的，必须经省级以上人民政府草原行政主管部门审核同意后，依照有关土地管理的法律、行政法规办理建设用地审批手续。

第三十九条 因建设征收、征用集体所有的草原的，应当依照《中华人民共和国土地管理法》的规定给予补偿；因建设使用国家所有的草原的，应当依照国务院有关规定对草原承包经营者给予补偿。

因建设征收、征用或者使用草原的，应当交纳草原植被恢复费。草原植被恢复费专款专用，由草原行政主管部门按照规定用于恢复草原植被，任何单位和个人不得截留、挪用。草原植被恢复费的征收、使用和管理办法，由国务院价格主管部门和国务院财政部门会同国务院草原行政主管部门制定。

第四十条 需要临时占用草原的，应当经县级以上地方人民政府草原行政主管部门审核同意。

临时占用草原的期限不得超过二年，并不得在临时占用的草原上修建永久性建筑物、构筑物；占用期满，用地单位必须恢复草原植被并及时退还。

第四十一条 在草原上修建直接为草原保护和畜牧业生产服务的工程设施，需要使用草原的，由县级以上人民政府草原行政主管部门批准；修筑其他工程，需要将草原转为非畜牧业生产用地的，必须依法办理建设用地审批手续。

前款所称直接为草原保护和畜牧业生产服务的工程设施，是指：

（一）生产、贮存草种和饲草饲料的设施；

（二）牲畜圈舍、配种点、剪毛点、药浴池、人畜饮水设施；

（三）科研、试验、示范基地；
（四）草原防火和灌溉设施。

第六章 保 护

第四十二条 国家实行基本草原保护制度。下列草原应当划为基本草原，实施严格管理：
（一）重要放牧场；
（二）割草地；
（三）用于畜牧业生产的人工草地、退耕还草地以及改良草地、草种基地；
（四）对调节气候、涵养水源、保持水土、防风固沙具有特殊作用的草原；
（五）作为国家重点保护野生动植物生存环境的草原；
（六）草原科研、教学试验基地；
（七）国务院规定应当划为基本草原的其他草原。
基本草原的保护管理办法，由国务院制定。

第四十三条 国务院草原行政主管部门或者省、自治区、直辖市人民政府可以按照自然保护区管理的有关规定在下列地区建立草原自然保护区：
（一）具有代表性的草原类型；
（二）珍稀濒危野生动植物分布区；
（三）具有重要生态功能和经济科研价值的草原。

第四十四条 县级以上人民政府应当依法加强对草原珍稀濒危野生植物和种质资源的保护、管理。

第四十五条 国家对草原实行以草定畜、草畜平衡制度。县级以上地方人民政府草原行政主管部门应当按照国务院草原行政主管部门制定的草原载畜量标准，结合当地实际情况，定期核定草原载畜量。各级人民政府应当采取有效措施，防止超载过牧。

第四十六条 禁止开垦草原。对水土流失严重、有沙化趋势、需要改善生态环境的已垦草原，应当有计划、有步骤地退耕还草；已造成沙化、盐碱化、石漠化的，应当限期治理。

第四十七条 对严重退化、沙化、盐碱化、石漠化的草原和生态脆弱区的草原，实行禁牧、休牧制度。

第四十八条 国家支持依法实行退耕还草和禁牧、休牧。具体办法由国务院或者省、自治区、直辖市人民政府制定。

对在国务院批准规划范围内实施退耕还草的农牧民，按照国家规定给予粮食、现金、草种费补助。退耕还草完成后，由县级以上人民政府草原行政主管部门核实登记，依法履行土地用途变更手续，发放草原权属证书。

第四十九条 禁止在荒漠、半荒漠和严重退化、沙化、盐碱化、石漠化、水土流失的草原以及生态脆弱区的草原上采挖植物和从事破坏草原植被的其他活动。

第五十条 在草原上从事采土、采砂、采石等作业活动，应当报县级人民政府草原行政主管部门批准；开采矿产资源的，并应当依法办理有关手续。

经批准在草原上从事本条第一款所列活动的，应当在规定的时间、区域内，按照准许的采挖方式作业，并采取保护草原植被的措施。

在他人使用的草原上从事本条第一款所列活动的，还应当事先征得草原使用者的同意。

第五十一条　在草原上种植牧草或者饲料作物，应当符合草原保护、建设、利用规划；县级以上地方人民政府草原行政主管部门应当加强监督管理，防止草原沙化和水土流失。

第五十二条　在草原上开展经营性旅游活动，应当符合有关草原保护、建设、利用规划，并事先征得县级以上地方人民政府草原行政主管部门的同意，方可办理有关手续。

在草原上开展经营性旅游活动，不得侵犯草原所有者、使用者和承包经营者的合法权益，不得破坏草原植被。

第五十三条　草原防火工作贯彻预防为主、防消结合的方针。

各级人民政府应当建立草原防火责任制，规定草原防火期，制定草原防火扑火预案，切实做好草原火灾的预防和扑救工作。

第五十四条　县级以上地方人民政府应当做好草原鼠害、病虫害和毒害草防治的组织管理工作。县级以上地方人民政府草原行政主管部门应当采取措施，加强草原鼠害、病虫害和毒害草监测预警、调查以及防治工作，组织研究和推广综合防治的办法。

禁止在草原上使用剧毒、高残留以及可能导致二次中毒的农药。

第五十五条　除抢险救灾和牧民搬迁的机动车辆外，禁止机动车辆离开道路在草原上行驶，破坏草原植被；因从事地质勘探、科学考察等活动确需离开道路在草原上行驶的，应当事先向所在地县级人民政府草原行政主管部门报告行驶区域和行驶路线，并按照报告的行驶区域和行驶路线在草原上行驶。

第七章　监督检查

第五十六条　国务院草原行政主管部门和草原面积较大的省、自治区的县级以上地方人民政府草原行政主管部门设立草原监督管理机构，负责草原法律、法规执行情况的监督检查，对违反草原法律、法规的行为进行查处。

草原行政主管部门和草原监督管理机构应当加强执法队伍建设，提高草原监督检查人员的政治、业务素质。草原监督检查人员应当忠于职守，秉公执法。

第五十七条　草原监督检查人员履行监督检查职责时，有权采取下列措施：

（一）要求被检查单位或者个人提供有关草原权属的文件和资料，进行查阅或者复制；

（二）要求被检查单位或者个人对草原权属等问题作出说明；

（三）进入违法现场进行拍照、摄像和勘测；

（四）责令被检查单位或者个人停止违反草原法律、法规的行为，履行法定义务。

第五十八条　国务院草原行政主管部门和省、自治区、直辖市人民政府草原行政主管部门，应当加强对草原监督检查人员的培训和考核。

第五十九条　有关单位和个人对草原监督检查人员的监督检查工作应当给予支持、配合，不得拒绝或者阻碍草原监督检查人员依法执行职务。

草原监督检查人员在履行监督检查职责时，应当向被检查单位和个人出示执法证件。

第六十条　对违反草原法律、法规的行为，应当依法作出行政处理，有关草原行政主管部门不作出行政处理决定的，上级草原行政主管部门有权责令有关草原行政主管部门作出行政处理决定或者直接作出行政处理决定。

第八章 法律责任

第六十一条 草原行政主管部门工作人员及其他国家机关有关工作人员玩忽职守、滥用职权，不依法履行监督管理职责，或者发现违法行为不予查处，造成严重后果，构成犯罪的，依法追究刑事责任；尚不够刑事处罚的，依法给予行政处分。

第六十二条 截留、挪用草原改良、人工种草和草种生产资金或者草原植被恢复费，构成犯罪的，依法追究刑事责任；尚不够刑事处罚的，依法给予行政处分。

第六十三条 无权批准征收、征用、使用草原的单位或者个人非法批准征收、征用、使用草原的，超越批准权限非法批准征收、征用、使用草原的，或者违反法律规定的程序批准征收、征用、使用草原，构成犯罪的，依法追究刑事责任；尚不够刑事处罚的，依法给予行政处分。非法批准征收、征用、使用草原的文件无效。非法批准征收、征用、使用的草原应当收回，当事人拒不归还的，以非法使用草原论处。

非法批准征收、征用、使用草原，给当事人造成损失的，依法承担赔偿责任。

第六十四条 买卖或者以其他形式非法转让草原，构成犯罪的，依法追究刑事责任；尚不够刑事处罚的，由县级以上人民政府草原行政主管部门依据职权责令限期改正，没收违法所得，并处违法所得一倍以上五倍以下的罚款。

第六十五条 未经批准或者采取欺骗手段骗取批准，非法使用草原，构成犯罪的，依法追究刑事责任；尚不够刑事处罚的，由县级以上人民政府草原行政主管部门依据职权责令退还非法使用的草原，对违反草原保护、建设、利用规划擅自将草原改为建设用地的，限期拆除在非法使用的草原上新建的建筑物和其他设施，恢复草原植被，并处草原被非法使用前三年平均产值六倍以上十二倍以下的罚款。

第六十六条 非法开垦草原，构成犯罪的，依法追究刑事责任；尚不够刑事处罚的，由县级以上人民政府草原行政主管部门依据职权责令停止违法行为，限期恢复植被，没收非法财物和违法所得，并处违法所得一倍以上五倍以下的罚款；没有违法所得的，并处五万元以下的罚款；给草原所有者或者使用者造成损失的，依法承担赔偿责任。

第六十七条 在荒漠、半荒漠和严重退化、沙化、盐碱化、石漠化、水土流失的草原，以及生态脆弱区的草原上采挖植物或者从事破坏草原植被的其他活动的，由县级以上地方人民政府草原行政主管部门依据职权责令停止违法行为，没收非法财物和违法所得，可以并处违法所得一倍以上五倍以下的罚款；没有违法所得的，可以并处五万元以下的罚款；给草原所有者或者使用者造成损失的，依法承担赔偿责任。

第六十八条 未经批准或者未按照规定的时间、区域和采挖方式在草原上进行采土、采砂、采石等活动的，由县级人民政府草原行政主管部门责令停止违法行为，限期恢复植被，没收非法财物和违法所得，可以并处违法所得一倍以上二倍以下的罚款；没有违法所得的，可以并处二万元以下的罚款；给草原所有者或者使用者造成损失的，依法承担赔偿责任。

第六十九条 违反本法第五十二条规定，擅自在草原上开展经营性旅游活动，破坏草原植被的，由县级以上地方人民政府草原行政主管部门依据职权责令停止违法行为，限期恢复植被，没收违法所得，可以并处违法所得一倍以上二倍以下的罚款；没有违法所得的，可以并处草原被破坏前三年平均产值六倍以上十二倍以下的罚款；给草原所有者或者使用者造成损失的，依法承担赔偿责任。

第七十条 非抢险救灾和牧民搬迁的机动车辆离开道路在草原上行驶，或者从事地质勘探、科学考察等活动，未事先向所在地县级人民政府草原行政主管部门报告或者未按照报告的行驶区域和行驶路线在草原上行驶，破坏草原植被的，由县级人民政府草原行政主管部门责令停止违法行为，限期恢复植被，可以并处草原被破坏前三年平均产值三倍以上九倍以下的罚款；给草原所有者或者使用者造成损失的，依法承担赔偿责任。

第七十一条　在临时占用的草原上修建永久性建筑物、构筑物的，由县级以上地方人民政府草原行政主管部门依据职权责令限期拆除；逾期不拆除的，依法强制拆除，所需费用由违法者承担。

临时占用草原，占用期届满，用地单位不予恢复草原植被的，由县级以上地方人民政府草原行政主管部门依据职权责令限期恢复；逾期不恢复的，由县级以上地方人民政府草原行政主管部门代为恢复，所需费用由违法者承担。

第七十二条　未经批准，擅自改变草原保护、建设、利用规划的，由县级以上人民政府责令限期改正；对直接负责的主管人员和其他直接责任人员，依法给予行政处分。

第七十三条　对违反本法有关草畜平衡制度的规定，牲畜饲养量超过县级以上地方人民政府草原行政主管部门核定的草原载畜量标准的纠正或者处罚措施，由省、自治区、直辖市人民代表大会或者其常务委员会规定。

第九章　附　则

第七十四条　本法第二条第二款中所称的天然草原包括草地、草山和草坡，人工草地包括改良草地和退耕还草地，不包括城镇草地。

第七十五条　本法自 2003 年 3 月 1 日起施行。

第十一章　地方性法规、政府规章

内蒙古自治区基本草原保护条例

第一章　总　则

第一条　为了对基本草原实行特殊保护，加强草原生态保护与建设，促进经济和社会的可持续发展，根据《中华人民共和国草原法》和国家有关法律、法规，结合自治区实际，制定本条例。

第二条　本条例所称基本草原，是指依法确定实行特殊保护的具有草原生态功能和适用于畜牧业生产的天然草原和人工草地。

第三条　在自治区行政区域内从事基本草原的规划、划定、保护、建设、利用和管理活动，适用本条例。

第四条　基本草原保护实行科学规划、保护优先、重点建设、合理利用、严格管理的原则。

第五条　旗县级以上人民政府应当将基本草原保护纳入国民经济和社会发展规划，保障基本草原保护工作所需经费。

第六条　旗县级以上人民政府草原行政主管部门主管本行政区域内基本草原保护监督管理工作。

旗县级以上人民政府草原行政主管部门的草原监督管理机构，负责本行政区域内基本草原保护监督管理的具体工作。

苏木乡镇人民政府应当加强对本行政区域内基本草原保护的监督检查。

第七条　任何单位和个人都有保护基本草原的义务，有权参与保护基本草原的社会监督，并有权检举和控告破坏基本草原的违法行为。

第八条　旗县级以上人民政府应当采取资金补助、技术扶持等措施，建立基本草原长效生态补偿机制和多渠道增加基本草原建设投入机制。

第九条　旗县级以上人民政府对在基本草原保护工作中做出显著成绩的单位和个人，给予表彰和奖励。

第二章　规划与划定

第十条　旗县级以上人民政府草原行政主管部门会同同级有关部门根据上一级基本草原保护规划，结合本地区实际，尊重自然规律、经济和社会发展规律，编制本行政区域基本草原保护规划，报本级人民政府批准后实施。

经批准的基本草原保护规划确需调整或者修改的，应当报原审批机关批准。

第十一条　旗县级人民政府负责基本草原划定工作。

旗县级人民政府草原行政主管部门会同同级有关部门负责基本草原划定的具体工作。

第十二条　下列草原应当划为基本草原：

（一）对调节气候、涵养水源、保持水土、防风固沙具有特殊生态功能的草原；

（二）重要放牧场；

（三）打草场；

（四）用于畜牧业生产的人工草地、饲草饲料地、退耕还草地以及改良草地、草种基地；

（五）国家和自治区重点保护野生动植物生存环境的草原；

（六）草原科研、教学试验基地；

（七）国家和自治区规定应当划为基本草原的其他草原。

第十三条 集体所有草原以嘎查村为单位划定，国家所有草原以使用权单位为单位划定。划定的基本草原，由旗县级人民政府建立档案，绘制基本草原分布图，设立保护标志，予以公告，并报上一级人民政府备案。

第十四条 划定基本草原的技术规范，由自治区人民政府草原行政主管部门制定。

第三章 保护与利用

第十五条 禁止在基本草原上实施下列行为：

（一）开垦基本草原；

（二）擅自改变基本草原用途；

（三）毁坏围栏、人畜饮水设施等草原建设保护设施；

（四）擅自钻井提取工业用水；

（五）挖鱼塘、挖沟渠、铲草皮、挖草炭等破坏草原植被的行为；

（六）建造坟墓；

（七）违反环境保护法律、法规倾倒排放固体、液体、气体废物和生活垃圾或者造成环境噪声污染、粉尘污染、放射性污染、电磁波辐射污染；

（八）其他破坏基本草原的行为。

第十六条 除抢险救灾和牧民搬迁的机动车辆外，禁止机动车辆离开道路在基本草原上行驶，破坏草原植被；因从事地质勘探、科学考察等活动确需离开道路在基本草原上行驶的，应当事先向所在地旗县级人民政府草原行政主管部门报告行驶区域和行驶路线，并按照报告的行驶区域和行驶路线在基本草原上行驶。

第十七条 在基本草原上开展经营性旅游活动的，应当符合基本草原保护规划，经旗县级以上人民政府草原行政主管部门批准后，方可办理有关手续。

旗县级以上人民政府草原行政主管部门应当对旅游经营者落实基本草原保护责任的情况进行经常监督。

第十八条 进行矿藏开采和工程建设确需征收、征用或者使用基本草原的，必须经自治区以上人民政府草原行政主管部门审核同意后，依照有关土地管理的法律、行政法规办理建设用地审批手续。

征收、征用或者使用基本草原的查验工作，由自治区草原监督管理机构负责组织实施。

第十九条 在基本草原上进行勘探、钻井、修筑地上地下工程、采土、采砂、采石、开采矿产资源等作业活动临时占用基本草原不足 2 公顷的，由旗县级人民政府草原行政主管部门审核同意；2 公顷以上不足 30 公顷的，由盟行政公署、设区的市人民政府草原行政主管部门审核同意；30 公顷以上的，由自治区人民政府草原行政主管部门审核同意。

临时占用基本草原的期限不得超过二年，并不得在临时占用的基本草原上修建永久性建筑物、构筑物。

第二十条　经批准征收、征用基本草原的，应当支付草原补偿费、安置补助费和附着物补偿费。

草原补偿费、安置补助费标准按照国家和自治区有关规定执行，附着物补偿费按照实际损失合理支付。

第二十一条　征收、征用、使用基本草原或者临时占用基本草原未履行恢复义务的，应当依法交纳草原植被恢复费，并采取相应预防措施，保障草原植被恢复。草原植被恢复费专款专用，由草原行政主管部门按照规定用于恢复草原植被，任何单位和个人不得截留、挪用。

第二十二条　自治区依法实行草畜平衡制度和禁牧休牧轮牧制度，并按照国家和自治区有关规定对落实制度的农牧民给予奖励补助。

第二十三条　饲草饲料基地建设应当符合基本草原保护规划。饲草饲料种植的种类由旗县级人民政府草原行政主管部门作出具体规定。

第二十四条　在基本草原上从事采集、收购国家二级保护和自治区确定重点保护草原野生植物的，应当依法办理草原野生植物采集、收购许可。

取得草原野生植物采集、收购许可证的，应当按照采集、收购许可证规定的植物种类、区域、期限、数量和方法进行采集、收购。

第二十五条　征收、征用、使用或者临时占用基本草原的，应当遵守有关建设项目环境保护法律、法规的规定，在建设项目环境影响报告书中，应当有基本草原环境保护方案。建设项目批准后，基本草原环境保护方案应当与建设项目同时实施。

第二十六条　旗县级以上人民政府草原行政主管部门应当会同同级环境保护行政主管部门对基本草原环境质量和污染状况进行跟踪监测，定期向本级人民政府提出环境质量与变化趋势的报告。

第二十七条　因发生事故或者突发性事件，造成或者可能造成基本草原生态破坏或者环境污染事故的，当事人应当立即采取措施，并向所在地环境保护行政主管部门和草原行政主管部门报告，接受调查处理。

第四章　监督管理

第二十八条　自治区实行基本草原保护管理目标责任制度。

旗县级人民政府应当将基本草原保护管理工作纳入年度目标责任考核，并与苏木乡镇人民政府签订基本草原保护责任书。旗县级人民政府应当与草原使用权单位签订基本草原保护责任书。苏木乡镇人民政府应当与草原所有权单位签订基本草原保护责任书。

第二十九条　旗县级以上人民政府应当建立基本草原保护监督检查制度，定期组织有关部门对受理检举控告和查处破坏基本草原违法行为的情况，实行草畜平衡、禁牧休牧轮牧、草原生态保护奖励补助的情况，草原重点建设的情况以及征收、征用、使用或者临时占用基本草原等情况进行检查，并向上一级人民政府报告。

第三十条　草原监督管理人员依法履行职责时，应当佩戴统一明显标识，出示自治区人民政府核发的行政执法证件。有关单位和个人应当给予支持和配合，不得拒绝或者阻碍。

第五章　法律责任

第三十一条　未按照本条例第十一条、第十二条、第十三条规定划定基本草原的，由上一级人民政府责令限期改正，对直接负责的主管人员和其他直接责任人员依法给予行政处分。

第三十二条　违反本条例第十五条规定，有下列行为之一的，由旗县级以上草原监督管理机构责令停止违法行为，限期恢复植被，没收非法财物和违法所得，并按下列规定处罚；给草原所有者或者使用者造成损失的，依法承担赔偿责任；构成犯罪的，依法追究刑事责任：

（一）开垦基本草原的，处以违法所得三倍以上五倍以下的罚款；没有违法所得的，处以 5000 元以上 5 万元以下的罚款。

（二）擅自改变基本草原用途的，处以每亩 1000 元以上 5000 元以下的罚款。

（三）毁坏围栏、人畜饮水设施等草原建设保护设施的，责令限期修复，并处以实际损失三倍以下的罚款。

（四）挖鱼塘、挖沟渠、铲草皮、挖草炭的，处以每亩 5000 元以上 1 万元以下的罚款。

（五）建造坟墓的，责令限期迁出，并处以 1000 元以上 2000 元以下的罚款。

第三十三条　违反本条例第十五条第四项、第七项规定，擅自钻井提取工业用水、向基本草原倾倒排放固体、液体、气体废物和生活垃圾以及造成环境噪声污染、粉尘污染、放射性污染、电磁波辐射污染的，由草原监督管理机构配合有关部门依照相关法律、法规规定处罚；给草原所有者或者使用者造成损失的，依法承担赔偿责任。

第三十四条　违反本条例第十六条规定，非抢险救灾和牧民搬迁的机动车辆离开道路在基本草原上行驶，或者从事地质勘探、科学考察等活动，未事先向所在地旗县级人民政府草原行政主管部门报告或者未按照报告的行驶区域和行驶路线在基本草原上行驶，破坏草原植被的，由旗县级草原监督管理机构责令停止违法行为，限期恢复植被，可以并处草原被破坏前三年平均产值三倍以上九倍以下的罚款；给草原所有者或者使用者造成损失的，依法承担赔偿责任。

第三十五条　违反本条例规定，对正在使用机械和设备开垦和破坏基本草原的，旗县级以上草原监督管理机构应当责令其立即停止违法行为，并按照《中华人民共和国行政处罚法》第三十七条有关规定予以处理。

第三十六条　违反本条例规定，未经批准或者采取欺骗手段骗取批准，非法使用基本草原的，由旗县级以上草原监督管理机构责令退还非法使用的基本草原，限期拆除在非法使用基本草原上新建的建筑物和其他设施，恢复草原植被，并处以该基本草原被非法使用前三年平均产值九倍以上十二倍以下的罚款；构成犯罪的，依法追究刑事责任。

第三十七条　违反本条例第十九条第二款规定，在临时占用的基本草原上修建永久性建筑物、构筑物或者临时占用期满未拆除临时性建筑物、构筑物的，由旗县级以上草原监督管理机构责令限期拆除；逾期不拆除的，依法强制拆除，所需费用由违法者承担。

第三十八条　违反本条例第二十二条规定，有下列行为之一的，由旗县级以上草原监督管理机构给予警告，并按照下列规定处罚：

（一）在基本草原上超过核定的载畜量放牧的，责令限期改正；逾期未改正的，处以每个超载羊单位 100 元的罚款。

（二）在实行禁牧休牧的基本草原上放牧的，处以每个羊单位 30 元的罚款。

第三十九条　违反本条例第二十三条规定，饲草饲料基地建设不符合基本草原规划或者饲草饲料种植种类不符合规定的，由旗县级以上草原监督管理机构责令停止违法行为，限期改正；逾期未改正的，处以每亩 200 元以上 500 元以下的罚款。

第四十条　违反本条例第二十四条规定，未取得草原野生植物采集、收购许可证或者未按照采集、收购许可证的规定采集、收购草原野生植物的，由旗县级以上草原监督管理机构责令停止违法行为，没收非法财物和违法所得，并处以违法所得三倍以上五倍以下的罚款；有草原野生植物采集、收购许可证的，吊销草原野生植物采集、收购许可证；给草原所有者或者使用者造成损失的，依法承担赔偿责任。

第四十一条　草原行政主管部门、草原监督管理机构以及其他国家机关工作人员有下列行为之一的，由其所在单位或者上级主管部门对直接负责的主管人员和其他直接责任人员依法给予行政处分；构成犯罪的，依法追究刑事责任：

（一）截留、挪用草原补偿费、安置补助费、附着物补偿费、植被恢复费和草原生态保护奖励补助费的；

（二）无权批准或者超越批准权限批准征收、征用、使用和临时占用基本草原的；

（三）违反法定程序批准征收、征用、使用和临时占用基本草原的；

（四）未依法履行监督管理职责的；

（五）对检举和控告破坏基本草原的违法行为不予受理或者发现违法行为不予查处，造成严重后果的；

（六）有其他玩忽职守、滥用职权、徇私舞弊行为的。

第六章　附　则

第四十二条　本条例第三十八条所称“羊单位”是指牲畜的计算单位。一只羊等于一个羊单位，一头牛等于五个羊单位，一匹马等于六个羊单位，一头驴等于三个羊单位，一匹骡等于五个羊单位，一峰驼等于七个羊单位。

第四十三条　本条例自 2011 年 12 月 1 日起施行。1998 年 11 月 27 日内蒙古自治区第九届人民代表大会常务委员会第六次会议通过的《内蒙古自治区基本草牧场保护条例》同时废止。

内蒙古自治区草原管理条例

第一章 总 则

第一条 为了保护、建设和合理利用草原，改善生态环境，维护生物多样性，发展现代畜牧业，促进经济和社会的可持续发展，根据《中华人民共和国民族区域自治法》《中华人民共和国草原法》和国家有关法律、法规，结合自治区实际，制定本条例。

第二条 本条例所称草原是指具有草原生态功能和适用于畜牧业生产的天然草原和人工草地。

第三条 在自治区行政区域内从事草原规划、保护、建设、利用和管理活动，适用本条例。

第四条 各级人民政府应当将草原的保护、建设和利用纳入国民经济和社会发展计划。

各级人民政府应当对草原保护和建设实行目标管理责任制。

第五条 旗县级以上人民政府草原行政主管部门主管本行政区域内的草原监督管理工作。

旗县级以上人民政府草原行政主管部门的草原监督管理机构，依法负责草原监督管理具体工作。下级草原监督管理机构接受上级草原监督管理机构的工作监督和指导。

苏木乡级人民政府应当加强对本行政区域内草原保护、建设和利用情况的监督检查，根据需要可以设专职或者兼职人员负责具体监督检查工作。

第六条 林业、水利、公安、工商等部门按照各自职责，配合草原行政管理部门做好草原保护和建设的相关工作。

第七条 旗县级以上人民政府对在草原管理、保护、建设、合理利用、科学研究和技术推广等工作中做出显著成绩的单位和个人，应当给予表彰奖励。

第二章 草原权属

第八条 自治区行政区域内的草原，属于国家所有和集体所有：

（一）旗县级以上人民政府已经批准划拨给国有企业、事业单位和用于军事用地的草原属于国家所有；

（二）牧区、农村集体经济组织使用的草原属于集体所有，但依法使用国家所有的草原除外。

第九条 已经确认使用权的国家所有的草原，由旗县级以上人民政府登记，核发草原使用权证；未确认使用权的国家所有的草原，由旗县级以上人民政府登记造册，并负责保护管理。

集体所有的草原，由旗县级人民政府登记，核发草原所有权证，确认所有权。

依法改变草原权属的，应当办理草原权属变更登记手续。

第十条 集体所有的草原，由本集体经济组织内的家庭或者联户承包经营；国家所有的草原，可以由拥有使用权的单位承包给内部的成员经营。

在草原承包经营期内，不得对承包经营者使用的草原进行调整；个别确需适当调整的，必须经本集体经济组织成员的嘎查村民会议三分之二以上成员或者三分之二以上嘎查村民代表同意，并报苏木乡级人民政府和旗县级人民政府草原行政主管部门批准。

第十一条 草原承包经营权可以按照平等协商、自愿、有偿的原则依法流转。未实行承包经营的国有草原和集体所有草原不得流转。

草原承包经营权流转时应当符合以下条件：

（一）不改变草原所有权、使用权的性质和草原的用途；

（二）在同等条件下，本集体经济组织成员享有优先权；

（三）受让方应当依法履行保护、建设和合理利用草原的义务。

草原承包经营权流转的具体办法由自治区人民政府制定。

第十二条 依法登记的草原所有权、使用权和承包经营权受法律保护，任何单位和个人不得侵犯。

任何单位和个人不得侵占、买卖或者以其他形式非法转让草原。

第十三条 草原所有权、使用权的争议，由当事人协商解决；协商不成的，由有关人民政府处理；当事人对处理决定不服的，可以依法向人民法院起诉。

在草原权属争议解决前，不得在有争议的地区进行下列活动：

（一）迁入居民；

（二）破坏原有的生产生活设施，修建围栏、棚圈、放牧点等生产生活设施以及其他永久性建筑；

（三）改变草原利用现状；

（四）对有争议的草原发放权属证书。

第三章 草原规划

第十四条 自治区对草原保护、建设、利用实行规划制度。

旗县级以上人民政府草原行政主管部门会同同级有关部门，依据上一级草原保护、建设、利用规划，编制本行政区域的草原保护、建设、利用规划，报本级人民政府批准后实施，并逐级进行监督。

经批准的草原保护、建设、利用规划确需调整或者修改时，须经原批准机关批准。

第十五条 自治区建立草原调查制度。

旗县级以上人民政府草原行政主管部门会同同级有关部门每五年进行一次草原调查。草原所有者或者使用者应当支持、配合调查，并提供有关资料。

旗县级以上人民政府草原行政主管部门应当建立草原资源档案和数据库。

旗县级以上人民政府草原行政主管部门依据草原等级评定标准，对草原进行评等定级。

第十六条 自治区建立草原统计制度。

旗县级以上人民政府草原行政主管部门和同级统计部门共同制定草原统计调查办法，依法对草原的面积、等级、产草量、载畜量以及草原建设等进行统计，统计部门应当每年发布草原统计信息。

第十七条 自治区建立草原生产与生态监测预警系统。

旗县级以上人民政府草原行政主管部门对草原的面积、等级、植被构成、生产能力、自然灾害、生物灾害等草原基本状况，以及草原保护与建设效益实行动态监测，及时为本级政府和有关部门提供动态监测和预警信息服务。

旗县级以上人民政府接到预警信息后，应当及时采取相应的防止和控制措施。

第四章 草原建设

第十八条 旗县级以上人民政府应当增加草原建设的投入，支持草原建设。

各级人民政府鼓励单位和个人投资建设草原，按照谁投资、谁受益的原则，保护草原投资建设者的合法权益。

第十九条 各级人民政府鼓励、支持和引导单位和个人进行人工草地建设、天然草原改良、饲草饲料基地建设；开展牧民定居点、防灾基地、草原围栏、饲草饲料储备、牲畜棚圈等生活生产设施的建设。

各级人民政府鼓励和引导农牧民采用免耕补播、撒播或者飞播等不破坏草原原生植被的方式建设草原。

第二十条 旗县级以上人民政府草原行政主管部门应当按照草原保护、建设、利用规划加强草种基地建设，鼓励选育、引进、推广优良牧草品种。

草种生产、加工、检验、检疫应当执行国家、行业和自治区的质量管理办法和标准。国家投资的草原建设、生态建设用草种应当经有资质的质量检验、检疫机构检验合格，保证草种质量。

第二十一条 各级人民政府应当按照草原保护、建设、利用规划，对退化、沙化、盐碱化、荒漠化和水土流失的草原，划定治理区，组织专项治理。

牧区、半农半牧区的草原综合治理，列入自治区国土整治计划。

第二十二条 旗县级以上人民政府应当根据草原保护、建设、利用规划，在本级国民经济和社会发展计划中安排用于草原改良、人工种草和草种生产的资金，任何单位或者个人不得截留、挪用。旗县级以上人民政府财政部门和审计部门应当加强管理和监督。

第五章 草原利用

第二十三条 草原承包经营者应当履行合理利用草原的义务，不得超过草原行政主管部门核定的载畜量；草原承包经营者应当采取种植和储备饲草饲料、增加饲草饲料供应量、调剂处理牲畜、优化畜群结构、提高出栏率、进行草原流转等措施，保持草畜平衡。

第二十四条 在草原上采集甘草、麻黄草、苁蓉、防风、黄芩、柴胡等野生植物，应当遵守国家和自治区的有关规定。

第二十五条 国家和自治区为了公共利益的需要，依照法律征收或者征用草原的，应当支付草原补偿费、安置补助费和附着物补偿费。

草原补偿费按照该草原被征收或者征用前五年平均饲养牲畜价值和年产经济植物价值之和的十倍支付；安置补助费按照每亩被征收或者征用草原前五年平均饲养牲畜价值和年产经济植物价值之和的十至十五倍支付；附着物补偿费按照实际损失合理支付。

依照法律征收、征用或者使用草原的，应当交纳草原植被恢复费。草原植被恢复费专款专用，由草原行政主管部门按照规定用于草原植被恢复，任何单位和个人不得截留、挪用。

第二十六条 在草原上进行勘探、钻井、修筑地上地下工程等需要临时占用草原的，草原占用者应当根据草原权属，征得草原所有权或者使用权单位以及草原承包经营者的同意，报旗县级以上人民政府草原行政主管部门批准，按照规定的时间、区域和作业方式进行。占用期满，占用者应当恢复草原植被，并及时退还。

临时占用草原的单位，应当按照被占用草原前五年平均饲养牲畜价值和年产经济植物价值之和，并按占用时限给予草原承包经营者一次性补偿；未承包经营的草原给予拥有草原所有权或者使用权的单位补偿。

临时占用草原的期限不得超过两年，不得在临时占用的草原上修建永久性建筑物和构筑物。

第二十七条　在草原上修建直接为草原保护和畜牧业生产服务的工程设施，需要使用草原十亩以下的，由旗县级人民政府草原行政主管部门批准；十亩以上一百亩以下的，由盟行政公署、设区的市人民政府草原行政主管部门批准；一百亩以上的由自治区人民政府草原行政主管部门批准。

前款所称直接为草原保护和畜牧业生产服务的工程设施，是指：

（一）生产、贮存草种和饲草饲料的设施；

（二）牲畜圈舍、配种点、剪毛点、药浴池、人畜饮水设施；

（三）科研、试验、示范基地；

（四）草原防火和灌溉设施。

第六章　草原保护

第二十八条　自治区实行基本草原保护制度，对基本草原实施严格管理。

第二十九条　禁止开垦草原。

各级人民政府对水土流失严重、有沙化趋势、需要改善生态环境的已垦草原，应当有计划、有步骤地退耕还草；已造成退化、沙化、盐碱化、荒漠化的，应当限期治理。

第三十条　自治区对草原实行以草定畜、草畜平衡制度。

草畜平衡核定由旗县级人民政府草原行政主管部门每三年进行一次，并落实到草原所有者和使用者。

第三十一条　已经承包经营的国有草原和集体所有草原，依据核定的载畜量，由拥有草原使用权或者所有权的单位与草原承包经营者签定草畜平衡责任书。

未承包经营的国有草原，由草原使用者与旗县级以上人民政府签定草畜平衡责任书。

未承包经营的集体所有草原，由草原所有者与苏木乡级人民政府签定草畜平衡责任书。

第三十二条　自治区依法实行退耕、退牧还草和禁牧、休牧制度。

禁牧、休牧的地区和期限由旗县级人民政府确定并予以公告。

不得在禁牧、休牧的草原上放牧。

第三十三条　实施草原建设项目以及草原承包经营者建设小面积人工草地需要改变草原原生植被的，应当符合草原保护、建设、利用规划。旗县级以上人民政府草原行政主管部门应当加强监督检查。

第三十四条　不得在下列草原地区建设旱作人工草地：

（一）年平均降水量在250毫米以下的；

（二）坡度20度以上的；

（三）土质、土壤条件不适宜种植的。

第三十五条　禁止在荒漠、半荒漠和严重退化、沙化、盐碱化、荒漠化和水土流失的草原以及生态脆弱区的草原上采挖植物和从事破坏草原植被的其他活动。

第三十六条　禁止采集、加工、收购和销售发菜。

经自治区人民政府批准，旗县级以上人民政府可以组织有关部门在本行政区域内重点出入通道设置临时检查站，查堵外出或者进入草原地区采集发菜的人员。

第三十七条　自治区人民政府草原行政主管部门负责在草原上采集甘草、麻黄草、苁蓉、防风、黄芩、柴胡等野生植物的管理工作。

禁止采集和收购带根野生麻黄草。

草原野生植物的采集、收购管理办法由自治区人民政府制定。

第三十八条 严禁在草原上进行非法捕猎活动。

禁止在草原上买卖和运输鹰、雕、猫头鹰、百灵鸟、沙狐、狐狸和鼬科动物等草原鼠虫害天敌和草原珍稀野生动物。

第三十九条 因建设征收或者征用草原的，应当遵守国家和自治区有关环境保护管理法律法规的规定；在建设项目环境影响报告书中，应当有草原环境保护方案。

第四十条 在草原上从事采土、采砂、采石等作业活动，应当报旗县级人民政府草原行政主管部门批准。开采矿产资源的，并应当依法办理有关手续。

经批准在草原上从事本条第一款所列活动的，应当在规定的时间、区域内，按照准许的采挖方式作业，并采取保护草原植被的措施。

在他人使用的草原上从事本条第一款所列活动的，还应当事先征得草原使用者的同意。

第四十一条 各级人民政府应当加强草原生态环境的管理，防止废水、废气、废渣及其他污染源对草原的污染。

造成草原生态环境污染的，当事人应当接受调查处理，并立即采取补救措施。

第七章 草原监督管理

第四十二条 草原监督管理机构的主要职责：

（一）宣传贯彻草原法律、法规，监督检查草原法律、法规和政策的实施；

（二）对违反草原法律、法规的行为进行查处；

（三）负责草原所有权、使用权和承包经营权的审核、登记、管理的相关工作；

（四）负责草原权属争议的调解及办理调剂使用草原的相关工作；

（五）对征收或者征用草原和草原建设项目等进行现场勘验、监督检查，处理临时占用草原的有关事宜；

（六）协助有关部门做好草原防火的具体工作；

（七）受草原行政主管部门委托，开展草原监督管理有关工作。

第四十三条 草原监督管理人员履行监督检查职责时，有权采取以下措施：

（一）要求被检查单位或者个人提供相关的文件和资料，进行查阅或者复制；

（二）要求被检查单位或者个人对草原权属等问题作出说明；

（三）进入违法现场进行拍照、摄像和勘验；

（四）责令被检查单位或者个人停止违反草原法律、法规的行为，履行法定义务。

第四十四条 有关单位和个人对草原监督检查人员的监督检查工作应当给予支持、配合，不得拒绝或者阻碍草原监督检查人员依法执行职务。

草原监督检查人员在履行监督检查职责时，应当佩戴明显标识，出示自治区人民政府统一核发的行政执法证。

第八章 法律责任

第四十五条 违反本条例规定，有下列行为之一的，依照《中华人民共和国草原法》的有关规定处罚：

（一）买卖或者以其他形式非法转让草原的；

（二）未经批准或者采取欺骗手段骗取批准，非法使用草原的；

（三）非法开垦草原的；

（四）在荒漠、半荒漠和严重退化、沙化、盐碱化、荒漠化、水土流失的草原，以及生态脆弱区的草原上采挖植物或者从事破坏草原植被的其他活动的；

（五）未经批准或者未按规定的时间、区域和采挖方式在草原上进行采土、采砂、采石等活动的；

（六）临时占用草原，占用期届满，用地单位不予恢复草原植被的；

（七）未经批准擅自改变草原保护、建设、利用规划的。

第四十六条　违反本条例第二十三条规定，超载放牧的，由草原监督管理机构给予警告，并限期改正；逾期未改正的，处以每个超载羊单位30元的罚款。

违反本条例第三十一条规定，不签订草畜平衡责任书的，由草原监督管理机构责令限期签订；逾期仍不签订的，对责任人处以500元以下的罚款。

第四十七条　违反本条例第三十二条第三款规定，在禁牧、休牧的草原上放牧的，由草原监督管理机构给予警告，并处以每个羊单位5元以上10元以下的罚款。

第四十八条　违反本条例第三十三条、第三十四条规定，实施草原建设项目、建设小面积人工草地及建设旱作人工草地的，由草原监督管理机构责令停止违法行为，限期恢复植被，可以并处每亩草原200元以上2000元以下的罚款，最高不得超过5万元；给草原所有者或者使用者造成损失的，依法承担赔偿责任。

第四十九条　违反本条例第三十六条第一款、第三十七条第二款规定，采集、收购、加工、销售发菜和采集、收购带根野生麻黄草的，由有关部门依据职权责令其停止违法行为，没收非法财物和违法所得，可以并处违法所得一倍以上五倍以下的罚款；没有违法所得的，可以并处5万元以下的罚款；给草原所有者或者使用者造成损失的，依法承担赔偿责任；构成犯罪的，依法追究刑事责任。

第五十条　违反本条例第三十八条规定，买卖和运输草原鼠虫害天敌和草原珍稀野生动物的，由草原监督管理机构配合有关行政主管部门依法进行处理。

第五十一条　国家机关工作人员和草原监督管理机构工作人员有下列行为之一的，由有关部门对直接负责的主管人员和其他直接责任人员依法给予行政处分；构成犯罪的，依法追究刑事责任：

（一）截留、挪用草原改良、人工种草和草种生产资金或者草原植被恢复费的；

（二）无权批准征收、征用和使用草原的单位或者个人非法批准征收、征用和使用草原的；

（三）超越批准权限非法批准征收、征用和使用草原的，或者违反法定程序批准征收、征用和使用草原的；

（四）擅自对草原承包经营期内的草原进行调整的；

（五）未及时提供草原生产与生态监测预警信息，或者接到预警信息后未及时采取相应防止和控制措施的；

（六）在国家投资的草原建设、生态建设中使用不合格草种的。

第九章　附　则

第五十二条　本条例自2005年1月1日起施行。

内蒙古自治区草原管理条例实施细则

第一章 总 则

第一条 根据《中华人民共和国草原法》《内蒙古自治区草原管理条例》和有关法律法规，结合自治区实际，制定本细则。

第二条 在自治区行政区域内从事草原规划、保护、建设、利用和管理活动，适用本细则。

第三条 旗县级以上人民政府草原行政主管部门主管本行政区域内的草原监督管理工作。

旗县级以上人民政府草原行政主管部门的草原监督管理机构，依法负责草原监督管理具体工作。下级草原监督管理机构接受上级草原监督管理机构的工作监督和指导。

苏木乡级人民政府应当加强对本行政区域内草原保护、建设和利用情况的监督检查，根据需要可以设专职或者兼职人员负责具体监督检查工作。

第四条 公安、工商、环境保护、国土资源、林业、水利等相关部门按照各自职责，配合草原监督管理部门做好草原保护的相关工作。

第二章 承包经营

第五条 在草原承包经营期内，发包方不得收回承包的草原。

承包期内，承包方全家迁入小城镇落户的，应当按照承包方的意愿，保留其草原承包经营权，允许其依法进行草原承包经营权流转。

承包期内，承包方全家迁入设区的市，转为非农业户口的，应当将承包的草原交回发包方。承包方不交回的，发包方可以依法收回承包的草原。

承包期内，承包方交回承包草原或者发包方依法收回承包草原时，承包方在承包草原上投资，建设畜牧业生产设施、提高草原生产能力的，有权获得相应的补偿。

第六条 承包期内，发包方不得调整承包草原。因自然灾害严重毁损承包草原等特殊情形确需对个别农牧户承包的草原进行适当调整的，必须经本集体经济组织成员的嘎查村民会议三分之二以上成员或者三分之二以上嘎查村民代表的同意，并报苏木乡级人民政府和旗县级人民政府草原行政主管部门批准。承包合同中约定不得调整的，按照其约定。

下列草原可以用于调整：

（一）集体经济组织预留的机动草原；

（二）发包方依法收回的草原；

（三）承包方自愿交回的草原；

（四）通过治理增加或者自然变化形成，并依法办理变更手续的草原。

第七条 按规定已经预留的机动草原，应当用于：

（一）修建直接为草原保护和畜牧业生产服务的工程设施；

（二）救灾、扶贫；

（三）发展壮大集体经济；

（四）本细则第六条规定的调整承包草原；

（五）本集体经济组织公共利益的其他用途。

第八条　承包期内，发包方不得单方面解除承包合同，不得假借少数服从多数强迫承包方放弃或者变更草原承包经营权，不得将承包草原收回抵顶欠款。

第九条　承包期内，承包方可以自愿将承包草原交回发包方。承包方自愿交回承包草原的，应当提前半年以书面形式通知发包方。承包方在承包期内交回承包草原的，在承包期内不得再要求承包草原。

第十条　承包期内，妇女结婚，在新居住地未取得承包草原或者承包地的，发包方不得收回其原承包草原；妇女离婚或者丧偶，仍在原居住地生活或者不在原居住地生活但在新居住地未取得承包草原或者承包地的，发包方不得收回其原承包草原。

第十一条　非集体经济组织成员的单位和个人，未经法定程序，不得承包经营草原。

各级人民政府应当依法对非法承包经营的草原进行清退。

第三章　草原承包经营权流转

第十二条　草原承包经营权流转的方式包括转包、出租、互换、转让或者其他方式。

草原承包经营权流转的主体是承包方。承包方有权依法自主决定草原承包经营权是否流转和流转的方式。

不得以草原承包经营权作抵押或者抵顶债款。

第十三条　承包方将草原承包经营权转包或者出租给第三方，承包方与发包方的承包关系不变。

第十四条　承包方之间为了方便生产和生活，可以对属于同一集体经济组织内的草原承包经营权进行互换。

第十五条　承包方有稳定的非农牧职业或者有稳定的收入来源的，经发包方同意，可以将全部或者部分草原承包经营权转让给本集体经济组织内的其他成员，由该成员同发包方确立新的承包关系，原承包方与发包方的承包关系即行终止。

第十六条　承包方之间为发展畜牧业经济，可以自愿联合将草原承包经营权入股，从事畜牧业生产。

第十七条　草原承包经营权流转的转包费、租金、转让费等，应当由当事人双方协商确定。流转的收益归承包方所有，任何组织和个人不得擅自截留、扣缴。

第十八条　旗县级人民政府草原行政主管部门应当依据当地草原的生产能力和利用方式每年发布草原有偿流转的信息。

第十九条　承包方有下列情形之一的，提倡草原承包经营权流转：

（一）无牲畜或者牲畜较少的；

（二）已不从事畜牧业生产的；

（三）已不在当地经常居住的。

第二十条　草原承包经营权采取转包、出租、互换、转让或者其他方式流转，当事人双方应当签定书面流转合同。采取转让方式流转的，应当经发包方同意；采取转包、出租、互换或者其他方式流转的，当事人双方应当报发包方备案。

流转合同的内容应当包括：

（一）当事人双方的基本情况；
（二）草原的名称、面积、四至界限、等级；
（三）草原用途；
（四）附属生产设施；
（五）当事人双方的权利和义务；
（六）流转的形式、价款及其支付方式；
（七）流转的期限和起止日期；
（八）违约责任。

第二十一条 草原承包经营权依法进行流转的，发包方应当在流转合同签定后，到旗县级人民政府草原行政主管部门的草原监督管理机构备案。

第四章 草畜平衡

第二十二条 自治区实行草畜平衡制度。

旗县级人民政府草原行政主管部门依据国家、自治区的有关规定和标准，对草畜平衡核定每三年进行一次，向草原使用者和所有者公布。

自治区人民政府草原行政主管部门应当根据国家规定的草原载畜量标准制定并公布不同草原类型的具体载畜量标准。

第二十三条 草畜平衡应当核定下列事项：
（一）天然草原的类型、等级、面积、产草量；
（二）人工草地、饲草料地的面积、饲草料产量；
（三）有稳定来源的其他饲草饲料量；
（四）根据可食饲草饲料总量计算的适宜载畜量；
（五）实际饲养牲畜的种类和数量；
（六）天然草原保护、建设、利用情况和沙化、退化现状。

第二十四条 草原使用者、所有者或者承包经营者对核定的草原载畜量有异议的，可以自收到核定通知之日起30日内向旗县级人民政府草原行政主管部门申请复核一次，旗县级人民政府草原行政主管部门应当在30日内作出复核决定。

第二十五条 国有草原由旗县级以上人民政府草原行政主管部门组织草原使用者，依据核定的适宜载畜量，与草原承包经营者签定草畜平衡责任书。

集体所有草原由苏木乡级人民政府组织草原所有者，依据核定的适宜载畜量，与草原承包经营者签定草畜平衡责任书。

未承包经营的国有草原，由草原使用者与旗县级以上人民政府签定草畜平衡责任书。

未承包经营的集体所有草原，由草原所有者与苏木乡级人民政府签定草畜平衡责任书。

草原使用权和所有权单位应当将适宜载畜量的具体情况予以公示。

第二十六条 草畜平衡责任书应当载明以下事项：
（一）草原的四至界限、面积、类型、等级；
（二）可食饲草饲料总量及适宜载畜量；
（三）实有牲畜种类和数量；
（四）达到草畜平衡的措施；

（五）草原使用者或者草原承包经营者的责任；

（六）有效期限；

（七）其他有关事项。

草畜平衡责任书文本样式由自治区人民政府草原行政主管部门统一制定，报农业部备案。

第二十七条　旗县级人民政府草原行政主管部门的草原监督管理机构、苏木乡级人民政府应当建立草畜平衡管理档案。

第五章　规划建设

第二十八条　旗县级以上人民政府草原行政主管部门会同同级有关部门依据上一级草原保护、建设、利用规划编制本行政区域的草原保护、建设、利用规划，每五年修订一次，报本级人民政府批准后实施。

第二十九条　自治区人民政府草原行政主管部门应当引进、驯化、繁育、推广优良牧草品种，以草籽原种场、草种扩繁基地为骨干，形成自治区牧草种子繁育体系。

第三十条　旗县级以上人民政府草原行政主管部门在草原建设中应当开展人工草地建设、牧草良种培育、飞播牧草、免耕技术、鼠虫害防治等工作，提高草原建设的科技含量。

第六章　利　用

第三十一条　进行矿藏开采和工程建设，应当不占或者少占草原；为了公共利益的需要，依照法律规定征收征用或者使用草原的，应当向自治区人民政府草原行政主管部门申请，并提供以下材料：

（一）项目批准文件；

（二）被征收征用或者使用草原的权属证明材料；

（三）有资质的设计单位做出的项目使用草原可行性报告；

（四）草原补偿、安置补助协议。

自治区人民政府草原行政主管部门对申请人提供的材料进行审核，属于自治区批准权限的，经审核同意后，依照有关土地管理的法律、行政法规办理建设用地审批手续。

自治区人民政府草原行政主管部门审核同意前，应当指派旗县级以上人民政府草原行政主管部门的草原监督管理机构进行实地查验。

第三十二条　《内蒙古自治区草原管理条例》第二十五条所称饲养牲畜价值，指该草原上饲养的牲畜按其品种、数量、用途等，依据当地物价部门提供的价格折算的总值。

《内蒙古自治区草原管理条例》第二十五条所称经济植物价值，指该草原上生长的具有食用、药用、种用以及其他利用价值的植物，依据当地物价部门提供的价格折算的总值。

第三十三条　《内蒙古自治区草原管理条例》第二十五条规定的草原补偿费、安置补助费由旗县级人民政府草原行政主管部门的草原监督管理机构，按照前五年饲养牲畜量、草原监测数据和当地物价部门提供的价格数据为依据进行测算。

第三十四条　在草原上开展经营性旅游活动的，应当向旗县级以上人民政府草原行政主管部门提出申请，提供开发利用草原开展旅游活动的资料，经旗县级以上人民政府草原行政主管部门审核同意，办理草原经营性旅游活动许可证后，有关行政管理部门方可办理其他手续。

在草原上开展经营性旅游活动的，不得侵犯草原使用者、所有者和承包经营者的合法权益，不得破坏草原植被。

第三十五条 在草原上从事采土、采砂、采石、开采矿产资源等作业活动的，应当向旗县级人民政府草原行政主管部门提出申请，提供相关作业活动的资料，经审核同意后，办理草原采土、采砂、采石、开采矿产资源作业活动许可证；开采矿产资源的，并应当依法办理有关手续。

在他人使用的草原上从事采土、采砂、采石、开采矿产资源等作业活动的，还应当事先征得使用者的同意，并给予合理的补偿。

第三十六条 在草原上进行勘探、钻井、修筑地上地下工程等需要临时占用草原的，应当向旗县级以上人民政府草原行政主管部门提出申请，并提供相关作业活动的资料，依法办理草原临时作业许可证。

第三十七条 在草原上开展经营性旅游活动，从事采土、采砂、采石、开采矿产资源等作业活动，在草原上进行勘探、钻井、修筑地上地下工程等临时占用草原需要办理的许可证文本，由自治区人民政府草原行政主管部门统一印制。

第三十八条 临时占用草原不足30亩的，由旗县级人民政府草原行政主管部门批准；临时占用草原30亩以上不足500亩的，由盟行政公署、设区的市人民政府草原行政主管部门批准；临时占用草原500亩以上的，由自治区人民政府草原行政主管部门批准。

第七章 保 护

第三十九条 旗县级以上人民政府草原行政主管部门应当加强对草原珍稀濒危野生植物和种质资源的保护与管理。

自治区人民政府草原行政主管部门应当组织草原珍稀濒危野生植物调查，建立草原珍稀濒危野生植物档案，制定草原珍稀濒危野生植物名录，并根据需要设立草原珍稀濒危野生植物保护区。

第四十条 自治区对严重退化、沙化、盐碱化、石漠化的草原和生态脆弱区的草原，实行禁牧、休牧制度。

禁牧、休牧的地区和时限由旗县级人民政府确定，并予以公告。

禁牧区草原的采集草籽、刈割等利用方式由旗县级人民政府规定。

第四十一条 苏木乡镇、国有农牧场所在地等居民聚集区周边未承包的草原，因滥牧等原因造成退化、沙化的，草原使用权和所有权单位应当加强管理，恢复草原植被。

第四十二条 禁止采集、加工、运输、收购和销售发菜。不得为采集、加工、经营发菜的活动提供场所。

旗县级以上人民政府应当组织草原监理、公安、环境保护、工商、交通、林业等部门，依据职权对采集、加工、运输、收购和销售发菜的活动进行检查，采取以下措施：

（一）制止采集发菜的违法活动；

（二）查堵采集发菜人员；

（三）取缔发菜交易；

（四）对经营、加工发菜及发菜食品的场所进行检查。

第四十三条 自治区对甘草、麻黄草、苁蓉、防风、黄芩、柴胡等草原野生植物的采集活动实行采集证管理制度。采集甘草、麻黄草、苁蓉、防风、黄芩、柴胡等草原野生植物的，必须经采集地的旗县级人民政府草原行政主管部门签署意见后，向自治区人民政府草原行政主管部门申请办理草原野生植物采集证。

第四十四条 禁止开垦草原。

实施草原建设项目，建设旱作人工草地以及草原承包经营者建设小面积人工草地需要改变草原原生植被的，应当符合草原保护、建设、利用规划。

建设小面积人工草地，应当具有灌溉条件，种植多年生牧草，防止草原风蚀沙化。

第四十五条　草原围栏建设中应当保持草原主要通行道路畅通，避免因阻断道路对草原造成碾压破坏。

第四十六条　旗县级以上人民政府应当建立草原防火责任制，规定草原防火期，制定草原防火扑火预案，切实做好草原火灾的预防和扑救工作。

旗县级以上人民政府草原行政主管部门应当加强草原防火基础设施建设，做好草原防火各项制度的落实工作。

第四十七条　在草原上从事建设活动的，应当进行环境影响评价，其环境保护措施、生态恢复工程应当与主体工程同时设计、同时施工、同时投入使用。

在草原上从事其他作业活动的，应当采取有效保护措施，不得污染和破坏草原。

旗县级以上人民政府环境保护行政主管部门应当对在草原上从事的建设活动和其他作业活动，在建设前进行环境状况调查，在建设中进行跟踪监测，在建设活动完成后进行环境评估。

第八章　法律责任

第四十八条　违反本细则规定，《中华人民共和国草原法》《内蒙古自治区草原管理条例》等法律法规已经做出行政处罚的，从其规定。

第四十九条　违反本细则规定，有下列情形之一的，由旗县级以上人民政府草原行政主管部门的草原监督管理机构责令改正；给草原承包经营者造成损失的，依法承担民事责任。

（一）收回、调整承包草原；

（二）假借少数服从多数强迫承包方放弃或者变更草原承包经营权；

（三）将承包草原收回抵顶欠款；

（四）剥夺、侵害妇女依法享有的草原承包经营权；

（五）其他侵害草原承包经营权的行为。

第五十条　违反本细则第二十条、第二十一条规定的，由旗县级以上人民政府草原行政主管部门的草原监督管理机构责令改正。

第五十一条　违反本细则规定，为采集、加工、经营发菜活动提供场所的，由有关部门依据职权责令其停止违法行为，并依法进行处理；造成草原破坏的，依法承担赔偿责任。

第五十二条　违反本细则第四十五条规定的，由旗县级以上人民政府草原行政主管部门的草原监督管理机构责令改正，并处以100元至500元罚款。

第五十三条　国家机关工作人员和草原监督管理机构工作人员玩忽职守、滥用职权，不依法履行监督管理职责，或者发现违法行为不予查处，造成严重后果，构成犯罪的，依法追究刑事责任；尚不够刑事处罚的，依法给予行政处分。

第九章　附　则

第五十四条　《内蒙古自治区草原承包经营权流转办法》《内蒙古自治区草畜平衡暂行规定》自本细则施行之日起废止。

第五十五条　本细则自2006年5月1日起施行。

第十二章　部门规章

森林重点火险区综合治理工程项目建设标准

第一章 总 则

第一条 为加强森林重点火险区综合治理工程项目建设的科学管理，提高森林重点火险区综合治理工程项目的决策水平和投资效益，特制定本建设标准。

第二条 本建设标准适用于国家级、地方级（省、自治区、直辖市）森林重点火险区综合治理工程项目。

第三条 本建设标准是编制、评估、审批森林重点火险区综合治理工程项目可行性研究的重要依据，也是主管部门审查森林重点火险区综合治理工程初步设计和监督检查整个建设过程建设标准的尺度。

第四条 森林重点火险区综合治理工程项目建设必须遵循《中华人民共和国森林法》《中华人民共和国环境保护法》《森林防火条例》等有关法律法规。

第五条 森林重点火险区综合治理工程项目建设的指导思想，应以森林防火的科学理论为指导，围绕“以保护和改善生态环境为重点”的林业发展基本思路，认真贯彻“预防为主，积极消灭”的森林防火方针，积极建立森林防火科学化、标准化、规范化、信息化、专业化的管理体系，不断增强预防和控制森林火灾的综合能力。确保森林资源安全和生态环境得到逐步改善，为促进我国林业持续、快速、健康发展做出贡献。

第六条 森林重点火险区综合治理工程项目建设应遵循下列基本原则：

一、因险设防，实事求是。森林重点火险区综合治理工程建设必须适合我国国情、林情，工程项目的选定应从实际出发，技术措施科学、经济、适用。

二、因地制宜，突出重点。根据森林火险区所处的自然地理条件和社会经济条件，以及火险发生的主要原因，确定森林防火的措施与重点。在布设工程项目时，应对原有工程设施、设备等给予充分利用。在投入资金有限的情况下，应确保重点工程，以提高火险区的森林防火能力。

三、科技优先，科学防火。科学技术优先，提高森林防火整体现代化水平。充分利用现代科技防御森林火灾，建立科学有效的森林防火体系。

四、重点建设，分步实施。森林重点火险区综合治理工程项目，应根据其建设规模、项目特点、投资来源等情况确定建设期限。若在3～5年内能完成所有工程项目时，宜一次建成，否则应采取分期建设。

森林重点火险区综合治理工程分期建设时，其首期建设宜完成下列工程项目：

1．森林火险预测预报系统；

2．火情了望监测系统；

3．防火阻隔系统；

4．林火信息及指挥系统；

5．必须建设的其他工程。

五、三大效益，生态优先。全面实施森林重点火险区综合治理工程，保护生态环境。通过开展生物防火工程，营造防火林带，改善林分结构，促进森林生长，并充分利用原有防火设施，发挥森林防火的巨大生态效益和社会效益。

第七条 森林重点火险区综合治理工程项目建成后，实现重点火险区不发生特大森林火灾；森林火灾受害率应降低到1‰以下；了望监测、通讯覆盖率达到95%以上。

第八条 森林重点火险区综合治理工程建设项目的可行性研究必须在现地综合调查的基础上进行，调查内容包括重点火险区及周边地区的自然、社会经济状况，工程项目建设条件，重点火险区范围内原有工程设施状况等。

第九条 森林重点火险区综合治理工程项目建设，除应符合本建设标准外，尚应符合国家现行相关强制性标准的规定。

第二章 森林重点火险区等级与规模

第十条 根据森林资源特点及其保护程度，将森林重点火险区分为国家级和地方级（省、自治区、直辖市）两个等级，见表1。

表1 森林重点火险区等级划分表

级别	对象
国家级森林重点火险区	森林资源丰富、原始森林比重较大，全国森林火险区划Ⅰ级火险县占 80%以上的地区；具有较高保护价值的森林生态类型国家级自然保护区。国家森林公园；森林火灾多发且影响较大的地区
地方级（省、自治区、直辖市）森林重点火险区	森林资源丰富；保护价值高的省级自然保护区。省级森林公园；全国森林火险区划的Ⅰ级或Ⅱ级火险区

第十一条 森林重点火险区综合治理工程根据面积或总蓄积量大小划分为超大型、大型、中型和小型4个建设规模，见表2。

表2 森林重点火险区综合治理工程规模划分表

超大型	大型	中型	小型
林地面积＞100 万 hm^2；或有林地或灌木林地面积＞50 万 hm^2；或总蓄积量＞5000 万 m^3	林地面积 20 万（不含）～100 万 hm^2；或有林地或灌木林地面积 10 万（不含）～50 万 hm^2；或总蓄积量 1000 万（不含）～5000 万 m^3	林地面积 5 万（不含）～20 万 hm^2；或有林地或灌木林地面积 2.5 万（不含）～10 万 hm^2；或总蓄积量 250 万（不含）～1000 万 m^3	林地面积≤5 万 hm^2；或有林地或灌木林地面积≤2.5 万 hm^2 或总蓄积量≤250 万 m^3

注：1. 在建设规模类型划分中。林地面积、有林地或灌木林地面积和总蓄积量三个条件满足其一即可；
2. 有林地或灌木林地面积中包括未成林造林地面积。

第十二条 森林重点火险区应以行政区划或森林经营管理区域为界限划分，避免将行政区域交叉地区作为项目建设范围。

第三章　建设项目构成

第十三条　森林重点火险区综合治理工程项目分为森林火险预测预报系统、火情了望监测系统、防火阻隔系统、林火信息及指挥系统、扑火机具装备、航空护林工程、林火卫星监测工程、防火专业队伍营房和基础设施。

第十四条　森林火险预测预报系统建设项目构成为林火气象站和微机处理系统等。

第十五条　火情了望监测系统建设项目构成为地面巡护和了望监测系统等。

第十六条　防火阻隔系统建设项目构成为防火隔离带、防火道路和防火林带等。

第十七条　在自然保护区，森林火险预测预报系统、火情了望监测系统和防火阻隔系统的建设项目应建在核心区外；在人为活动较多的地段，应适当加大工程建设项目的工程量。

第十八条　林火信息及指挥系统建设项目构成为通信及终端和交通工具等。

第十九条　扑火机具装备建设项目构成为手持机具及扑火装备和车辆等。

第二十条　航空护林工程建设项目构成为机降点和设备等。

第二十一条　林火卫星监测工程建设项目主要为配合国家或省级林火卫星监测系统建设相应的内容。

第二十二条　防火专业队伍营房建设项目构成为建筑工程和辅助建筑等。

第二十三条　基础设施建设项目构成为防火指挥中心、物资储备库、检查站、森林防火培训中心以及交通运输道路等。

第四章　技术经济指标

第二十四条　根据森林重点火险区综合治理工程的规模，按建设项目构成确定的工程项目和建设规模，列于技术经济指标表（表3）中。

第二十五条　对于森林火险预测预报系统使用的监测设备、火情陈望监测系统使用的交通工具等，应根据森林重点火险区的实际情况做出适宜的选择。

第二十六条　森林重点火险区综合治理工程主要建设项目的参考基价，列于技术经济指标表（表3）中。

第二十七条　森林重点火险区综合治理工程建设项目投资中，用于森林火险预测预报系统、火情了望监测系统、防火阻隔系统、林火信息及指挥系统、防火专业队伍营房建设的资金应不低于总投资的70%；基础设施建设项目投资不应超过总投资的30%。

表3　森林重点火险区综合治理工程项目技术经济指标表

<table>
<tr><th rowspan="2">项目分类</th><th colspan="2">项目构成</th><th rowspan="2">建设内容</th><th rowspan="2">单位</th><th>超大型</th><th>大型</th><th>中型</th><th>小型</th><th rowspan="2">参考基价/万元</th><th rowspan="2">备注</th></tr>
<tr><th>序号</th><th>名称</th><th>数量</th><th>数量</th><th>数量</th><th>数量</th></tr>
<tr><td rowspan="5">森林火险预测预报系统</td><td rowspan="3">1</td><td rowspan="3">林火气象站</td><td>气象站数量</td><td>个</td><td>≤40</td><td>≤25</td><td>≤70</td><td>≤20</td><td rowspan="5">林火发生预测预报准确率达到95%以上</td><td></td></tr>
<tr><td>建（构）筑工程</td><td>m²</td><td colspan="4">单位气象站建筑面积80～200 m²</td><td>0.08～0.15</td></tr>
<tr><td>监测设备</td><td>套</td><td>≤5</td><td>≤4</td><td>≤3</td><td>≤2</td><td>6</td></tr>
<tr><td>2</td><td>信息处理系统</td><td>计算机及网络系统</td><td>套</td><td>≤30</td><td>≤20</td><td>≤10</td><td>≤6</td><td>5～20</td></tr>
<tr><td>3</td><td>其他</td><td colspan="4">根据实际情况确定</td><td></td><td></td><td></td></tr>
</table>

项目分类	项目构成 序号	项目构成 名称	建设内容	单位	超大型数量	大型数量	中型数量	小型数量	参考基价/万元	备注
火情了望监测系统	1	地面巡护	巡护道路	km	按不低于 3 m/hm^2 确定（自然保护区按实验区面积计）				3	
			马匹	匹	≤500	≤400	≤300	≤200	0.2	
			马棚	m^2	单位马匹建筑面积 5～8 m^2				0.02～0.05	
			外站建筑工程	m^2	按工作人员编制确定。每人 20～30 m^2				0.08～0.12	砖混结构
			外站辅助建筑工程	m^2	不超过建筑工程量的 60%				0.05～0.08	砖混结构
			摩托车	辆	≤150	≤100	≤50	≤20	1	
			其他交通工具	根据实际情况确定						
	2	了望监测	了望塔（台）	座	≤120	≤80	≤40	≤20	10～30	钢、钢筋混凝土、砖混、石结梢
			建筑工程	m^2	单位塔房面积不超过 30 m^2				0.08～0.15	
			辅助建筑工程	m^2	不超过 40 m^2				0.05～0.08	砖混结构
			林火视频监控系统	套	根据实际情况确定				5～40	监测覆盖率达到95%以上
			定位仪	台	根据实际情况确定				0.35	
			望远镜	架	≤240	≤160	≤80	≤40	0.3	
			宣传牌	座	≤300	≤200	≤150	≤100	0.2	
			其他	根据实际情况确定						
	3	其他	根据实际情况确定							
防火阻隔系统	1	防火隔离带	自然	m/hm^2	根据实际情况确定					
			人工	m/hm^2	按不低于 2 m/hm^2 确定				1 万～10 万元/km	
	2	防火道路	防火公路	m/hm^2	按不大于 1.5 m/hm^2 确定				10 万～20 万元/km	林四级
	3	防火林带	主带	m/hm^2	按不低于 2 m/hm^2 确定				2 万～15 万元/km	
			副带	m/hm^2	根据实际情况确定				1.5 万～12 万元/km	
	4	其他	根据实际情况确定							
林火信息及指挥系统	1	通信及终端	有线通讯线路	km	≤60	≤40	≤20	≤10	12	
			短波电台	台	≤350	≤200	≤100	≤50	1.5	
			超短波电台	台	≤400	≤300	≤200	≤100	0.4	
			卫星电话	台	≤40	≤30	≤20	≤10	1～5	
			中继台	台	≤30	≤20	≤10	≤5	1.2	
			基地台	台	≤130	≤100	≤70	≤40	0.4	
			对讲机	台	≤600	≤500	≤300	≤200	0.2	
			集群对讲机总站	个	≤5	≤3	≤1	140		

项目分类	项目构成		建设内容	单位	超大型	大型	中型	小型	参考基价/万元	备注
	序号	名称			数量	数量	数量	数量		
林火信息及指挥系统	1	通信及终端	集群对讲机分站	个	≤50	≤30	≤10	22		
			车载台	台	≤30	≤20	≤10	≤5	0.4	
			车载电话	部	≤20	≤15	≤10	≤5	0.6	
			太阳能设备	组	≤150	≤100	≤50	≤30	5	
			自适应电台	台	≤15	≤10	≤5	≤3	10～13	
			计算机及网络系统	套	≤40	≤30	≤20	≤10	5～20	
			其他	根据实际情况确定						
	2	交通工具	指挥车	辆	≤30	≤20	≤10	≤5	28	
			宣传车	辆	≤20	≤15	≤10	≤5	15	
	3	其他	根据实际情况确定							
扑火机具装备	1	手持机具及扑火装备	2 号工具	套	≤15000	≤10000	≤5000	≤3000	0.01	
			3 号工具	套	≤30000	≤20000	≤10000	≤5000	0.003	
			灭火水枪	个	≤800	≤600	≤400	≤300	0.03～0.10	
			灭火机	个	≤1000	≤800	≤500	≤300	0.2	
			油锯	个	≤400	≤300	≤200	≤100	0.2	
			点火器	个	≤600	≤500	≤400	≤300	0.01	
			水泵	个	≤300	≤200	≤100	≤60	0.5	
			大斧	把	≤3000	≤2500	≤1500	≤1000	0.006	
			砍刀	支	≤5000	≤3000	≤2000	≤1000	0.002	
			消防铲	把	≤50000	≤40000	≤30000	≤20000	0.006～0.010	
			割灌机	台	≤300	≤200	≤150	≤100	0.25	
			GPS	个	≤1000	≤700	≤400	≤200	0.4	
			扑火服装	套	≤5000	≤3000	≤2000	≤1000	0.02	
			帐篷	套	≤3000	≤1500	≤1000	≤500	0.2～0.5	
			睡袋	套	≤8000	≤5000	≤3000	≤2000	0.02	
			发电机	台	≤100	≤50	≤30	≤15	0.6	
			风速仪等气象仪器	套	≤100	≤70	≤40	≤20	1.5	
			其他	根据实际情况确定						
	2	车辆	运兵车	辆	≤100	≤60	≤40	≤20	15	
			其他	根据实际情况确定						
	3	其他	根据实际情况确定							
航空护林工程	1	机降点	停机坪	m^2	单位停机坪面积≤500 m^2					
			油库	根据实际情况确定						
			道路	根据实际情况确定				林四级		
			建筑工程	m^2	按工作人员编制确定，每人 20～30 m^2				0.10～0.15	砖混结构
			辅助建筑工程	m^2	按工作人员编制确定，每人 4～6 m^2				0.06～0.10	砖混结构
	2	设备	计算机	台	≤20	≤15	≤10	≤5	0.8	
			短波电台	台	≤5	≤4	≤3	≤2	1	
			超短波电台	台	≤5	≤4	≤3	≤2	0.4	

项目分类	项目构成		建设内容	单位	超大型	大型	中型	小型	参考基价/万元	备注
	序号	名称			数量	数量	数量	数量		
航空护林工程	2	设备	对讲机	个	≤20	≤15	≤10	≤5	0.4	
			卫星电话	个	≤10	≤7	≤4	≤2	2	
			GPS	个	≤100	≤60	≤30	≤20	0.4	
			数码摄像机	个	≤8	≤5	≤3	≤2	2	
			数码相机	个	≤10	≤5	≤3	≤2	0.5	
			灭火吊桶	个	≤10	≤5	≤3	≤1	20	
			传真机	个	≤8	≤5	≤3	≤2	0.2	
			打印机	台	≤10	≤7	≤4	≤2	0.3	
			复印机	台	≤8	≤5	≤3	≤2	3	
			飞机加油车	辆	根据实际情况确定				36	
			航油运输车	辆	根据实际情况确定				18～25	
			飞机启动电源车	辆	根据实际情况确定				28～36	
			消防车	辆	根据实际情况确定				36	
			外场通讯调度车	辆	根据实际情况确定				30	
			机组人员运送车	辆	根据实际情况确定				20	
			小客货机组生活保障车	辆	根据实际情况确定				10～15	
			其他	根据实际情况确定						
	3	其他	根据实际情况确定							
防火专业队伍营房	1	建筑工程（包括辅助建筑）		m^2	按工作人员编制确定，每人 20～30 m^2				砖混结构	
	2	其他	根据实际情况确定							
基础设施	1	防火指挥中心	建筑工程	m^2	按工作人员编制确定，每人 20～30 m^2				0.10～0.15	中心用房，砖混结构
			辅助建筑工程	m^2	按工作人员编制确定，每人 4～6 m^2				0.06～0.10	砖混结构
			林火管理软件	套	≤20	≤15	≤10	≤5	15～25	
			指挥图	套	≤20	≤15	≤10	≤5	2	
	2	物资贮备库	仓库	m^2	≤2000	≤1000	≤600	≤300	0.10～0.15	砖混结构
			车库	m^2	≤5000	≤4000	≤2500	≤1000	0.06～0.10	砖混结构
			饲料库	m^2	根据实际情况确定				0.06～0.10	砖混结构
	3	检查站	数量	个	根据实际情况确定					
			建筑工程	m^2	单位检查站面积不超过 60 m^2				0.08～0.12	砖混结构
			辅助建筑工程	m^2	不超过建筑工程量的 60%				0.05～0.08	砖混结构

项目分类	项目构成 序号	名称	建设内容	单位	超大型 数量	大型 数量	中型 数量	小型 数量	参考基价/万元	备注
	4	防火训练基地	建筑工程	m^2	根据实际情况确定					
	5	交通运输道路	建设工程	km	根据实际情况确定					
基础设施	6	供电设施	建设工程	根据实际情况确定						
	7	给排水设施	建设工程	根据实际情况确定						
	8	其 他	根据实际情况确定							

第五章 效益评价

第二十八条 森林重点火险区综合治理工程项目的效益评价应侧重于生态效益和社会效益。

第二十九条 生态效益评价主要应侧重于工程项目完成后对生态环境产生的积极影响，包括自然生态系统植被恢复、调节气候、涵养水源、保持水土、减缓洪峰、净化空气，受保护森林资源的栖息地恢复、生物多样性等方面的定量或定性评价。

第三十条 社会效益评价主要应侧重于工程项目的建设对提高社会与公众的保护意识，增加科学研究，改善当地人民生产、生活方式与条件，保障当地社区经济可持续发展等方面产生的效益。可采用定性与定量分析相结合的方法，以定性描述为主。

第三十一条 对森林重点火险区综合治理工程项目的效益评价，应着重说明森林火灾发生率、森林火灾受害率、森林火灾发生面积和森林火灾受害面积等指标的降低程度。

建设项目使用林地审核审批管理办法

第一条 为了规范建设项目使用林地审核和审批，严格保护和合理利用林地，促进生态林业和民生林业发展，根据《中华人民共和国森林法》《中华人民共和国行政许可法》《中华人民共和国森林法实施条例》，制定本办法。

第二条 本办法所称建设项目使用林地，是指在林地上建造永久性、临时性的建筑物、构筑物，以及其他改变林地用途的建设行为。包括：

（一）进行勘查、开采矿藏和各项建设工程占用林地。

（二）建设项目临时占用林地。

（三）森林经营单位在所经营的林地范围内修筑直接为林业生产服务的工程设施占用林地。

第三条 建设项目应当不占或者少占林地，必须使用林地的，应当符合林地保护利用规划，合理和节约集约利用林地。

建设项目使用林地实行总量控制和定额管理。

建设项目限制使用生态区位重要和生态脆弱地区的林地，限制使用天然林和单位面积蓄积量高的林地，限制经营性建设项目使用林地。

第四条 占用和临时占用林地的建设项目应当遵守林地分级管理的规定：

（一）各类建设项目不得使用Ⅰ级保护林地。

（二）国务院批准、同意的建设项目，国务院有关部门和省级人民政府及其有关部门批准的基础设施、公共事业、民生建设项目，可以使用Ⅱ级及其以下保护林地。

（三）国防、外交建设项目，可以使用Ⅱ级及其以下保护林地。

（四）县（市、区）和设区的市、自治州人民政府及其有关部门批准的基础设施、公共事业、民生建设项目，可以使用Ⅱ级及其以下保护林地。

（五）战略性新兴产业项目、勘查项目、大中型矿山、符合相关旅游规划的生态旅游开发项目，可以使用Ⅱ级及其以下保护林地。其他工矿、仓储建设项目和符合规划的经营性项目，可以使用Ⅲ级及其以下保护林地。

（六）符合城镇规划的建设项目和符合乡村规划的建设项目，可以使用Ⅱ级及其以下保护林地。

（七）符合自然保护区、森林公园、湿地公园、风景名胜区等规划的建设项目，可以使用自然保护区、森林公园、湿地公园、风景名胜区范围内Ⅱ级及其以下保护林地。

（八）公路、铁路、通讯、电力、油气管线等线性工程和水利水电、航道工程等建设项目配套的采石（沙）场、取土场使用林地按照主体建设项目使用林地范围执行，但不得使用Ⅱ级保护林地中的有林地。其中，在国务院确定的国家所有的重点林区（以下简称重点国有林区）内，不得使用Ⅲ级以上保护林地中的有林地。

（九）上述建设项目以外的其他建设项目可以使用Ⅳ级保护林地。

本条第一款第二项、第三项、第七项以外的建设项目使用林地，不得使用一级国家级公益林地。

国家林业局根据特殊情况对具体建设项目使用林地另有规定的，从其规定。

第五条　建设项目占用林地的审核权限，按照《中华人民共和国森林法实施条例》的有关规定执行。

建设项目占用林地，经林业主管部门审核同意后，建设单位和个人应当依照法律法规的规定办理建设用地审批手续。

第六条　建设项目临时占用林地和森林经营单位在所经营的林地范围内修筑直接为林业生产服务的工程设施占用林地的审批权限，由县级以上地方人民政府林业主管部门按照省、自治区、直辖市有关规定办理。其中，重点国有林区内的建设项目，由省级林业主管部门审批。

第七条　占用林地和临时占用林地的用地单位或者个人提出使用林地申请，应当填写《使用林地申请表》，同时提供下列材料：

（一）用地单位的资质证明或者个人的身份证明。

（二）建设项目有关批准文件。包括：可行性研究报告批复、核准批复、备案确认文件、勘查许可证、采矿许可证、项目初步设计等批准文件；属于批次用地项目，提供经有关人民政府同意的批次用地说明书并附规划图。

（三）拟使用林地的有关材料。包括：林地权属证书、林地权属证书明细表或者林地证明；属于临时占用林地的，提供用地单位与被使用林地的单位、农村集体经济组织或者个人签订的使用林地补偿协议或者其他补偿证明材料；涉及使用国有林场等国有林业企事业单位经营的国有林地，提供其所属主管部门的意见材料及用地单位与其签订的使用林地补偿协议；属于符合自然保护区、森林公园、湿地公园、风景名胜区等规划的建设项目，提供相关规划或者相关管理部门出具的符合规划的证明材料，其中，涉及自然保护区和森林公园的林地，提供其主管部门或者机构的意见材料。

（四）建设项目使用林地可行性报告或者林地现状调查表。

第八条　修筑直接为林业生产服务的工程设施的森林经营单位提出使用林地申请，应当填写《使用林地申请表》，提供相关批准文件或者修筑工程设施必要性的说明，并提供工程设施内容、使用林地面积等情况说明。

第九条　建设项目需要使用林地的，用地单位或者个人应当向林地所在地的县级人民政府林业主管部门提出申请；跨县级行政区域的，分别向林地所在地的县级人民政府林业主管部门提出申请。

第十条　县级人民政府林业主管部门对材料齐全、符合条件的使用林地申请，应当在收到申请之日起 10 个工作日内，指派 2 名以上工作人员进行用地现场查验，并填写《使用林地现场查验表》。

第十一条　县级人民政府林业主管部门对建设项目拟使用的林地，应当在林地所在地的村（组）或者林场范围内将拟使用林地用途、范围、面积等内容进行公示，公示期不少于 5 个工作日。但是，依照相关法律法规的规定不需要公示的除外。

第十二条　按照规定需要报上级人民政府林业主管部门审核和审批的建设项目，下级人民政府林业主管部门应当将初步审查意见和全部材料报上级人民政府林业主管部门。

审查意见中应当包括以下内容：项目基本情况，拟使用林地和采伐林木情况，符合林地保护利用规划情况，使用林地定额情况，以及现场查验、公示情况等。

第十三条　有审核审批权的林业主管部门对申请材料不全或者不符合法定形式的，应当一次性书面告知用地单位或者个人限期补正；逾期未补正的，退还申请材料。

第十四条　符合本办法第三条、第四条规定的条件，并且符合国家供地政策，对生态环境不会造成重大影响，有审核审批权的人民政府林业主管部门应当作出准予使用林地的行政许可决定，按照国家规定的标准预收森林植被恢复费后，向用地单位或者个人核发准予行政许可决定书。不符合上述条件的，有关人民政府林业主管部门应当作出不予使用林地的行政许可决定，向用地单位或者个人核发不予行政许可决定书，告知不予许可的理由。

有审核审批权的人民政府林业主管部门对用地单位和个人提出的使用林地申请，应当在《中华人民共和国行政许可法》规定的期限内作出行政许可决定。

第十五条　建设项目需要使用林地的，用地单位或者个人应当一次申请。严禁化整为零、规避林地使用审核审批。

建设项目批准文件中已经明确分期或者分段建设的项目，可以根据分期或者分段实施安排，按照规定权限分次申请办理使用林地手续。

采矿项目总体占地范围确定，采取滚动方式开发的，可以根据开发计划分阶段按照规定权限申请办理使用林地手续。

公路、铁路、水利水电等建设项目配套的移民安置和专项设施迁建工程，可以分别具体建设项目，按照规定权限申请办理使用林地手续。

需要国务院或者国务院有关部门批准的公路、铁路、油气管线、水利水电等建设项目中的桥梁、隧道、围堰、导流（渠）洞、进场道路和输电设施等控制性单体工程和配套工程，根据有关开展前期工作的批文，可以由省级林业主管部门办理控制性单体工程和配套工程先行使用林地审核手续。整体项目申请时，应当附具单体工程和配套工程先行使用林地的批文及其申请材料，按照规定权限一次申请办理使用林地手续。

第十六条　国家或者省级重点的公路、铁路跨多个市（县），已经完成报批材料并且具备动工条件的，可以地级市为单位，由具有整体项目审核权限的人民政府林业主管部门分段审核。

大中型水利水电工程可以分别坝址、淹没区，由具有整体项目审核权限的人民政府林业主管部门分别审核。

第十七条　公路、铁路、输电线路、油气管线和水利水电、航道建设项目临时占用林地的，可以根据施工进展情况，一次或者分批次由具有整体项目审批权限的人民政府林业主管部门审批临时占用林地。

第十八条　抢险救灾等急需使用林地的建设项目，依据土地管理法律法规的有关规定，可以先行使用林地。用地单位或者个人应当在灾情结束后 6 个月内补办使用林地审核手续。属于临时用地的，灾后应当恢复林业生产条件，依法补偿后交还原林地使用者，不再办理用地审批手续。

第十九条　建设项目因设计变更等原因需要增加使用林地面积的，依据规定权限办理用地审核审批手续；需要改变使用林地位置或者减少使用林地面积的，向原审核审批机关申请办理变更手续。

第二十条　公路、铁路、水利水电、航道等建设项目临时占用的林地在批准期限届满后仍需继续使用的，应当在届满之日前 3 个月，由用地单位向原审批机关提出延续临时占用申请，并且提供本办法第七条第三项规定的有关补偿材料。原审批机关应当按照本办法规定的条件进行审查，作出延续行政许可决定。

第二十一条　国家依法保护林权权利人的合法权益。建设项目使用林地的，应当对涉及单位和个人的森林、林木、林地依法给予补偿。

第二十二条　建设项目临时占用林地期满后，用地单位应当在一年内恢复被使用林地的林业生产条件。

县级人民政府林业主管部门应当加强对用地单位使用林地情况的监管，督促用地单位恢复林业生产条件。

第二十三条　上级人民政府林业主管部门可以委托下级人民政府林业主管部门对建设项目使用林地实施行政许可。

第二十四条　经审核同意使用林地的建设项目，依照有关规定批准用地后，县级以上人民政府林业主管部门应当及时变更林地管理档案。

第二十五条　经审核同意使用林地的建设项目，准予行政许可决定书的有效期为两年。建设项目在有效期内未取得建设用地批准文件的，用地单位应当在有效期届满前 3 个月向原审核机关提出延期申请，原审核同意机关应当在准予行政许可决定书有效期届满前作出是否准予延期的决定。建设项目在有效期内未取得建设用地批准文件也未申请延期的，准予行政许可决定书失效。

第二十六条　《使用林地申请表》《使用林地现场查验表》式样，由国家林业局统一规定。

第二十七条　本办法所称Ⅰ、Ⅱ、Ⅲ、Ⅳ级保护林地，是指依据县级以上人民政府批准的林地保护利用规划确定的林地。

本办法所称国家级公益林林地，是指依据国家林业局、财政部的有关规定确定的公益林林地。

第二十八条　本办法所称“以上”均包含本数，“以下”均不包含本数。

第二十九条　本办法自 2015 年 5 月 1 日起施行。国家林业局于 2001 年 1 月 4 日发布、2011 年 1 月 25 日修改的《占用征收征用林地审核审批管理办法》同时废止。

第十三章　相关规范

《造林技术规程》（GB/T 15776—2016）（略）
《喷灌工程技术规范》（GB/T 50085—2007）（略）
《飞播造林技术规程》（GB/T 15162—2018）（略）
《主要造林树种苗木质量分级》（GB37/T 3410—2018）（略）
《内蒙古自治区造林技术规程》（DB15/T 389—2003）（略）
《林木种子质量分级》（DB 7908—1999）（略）
《造林作业设计规程》（LY/T 1607—2003）（略）
《飞播造林技术规程》（GB/T 15162—2018）（略）
《内蒙古自治区造林树种苗木质量分级》（DB 15/374—2002）（略）

第四篇

矿山地质环境治理工程

第十四章　法律、行政法规

中华人民共和国矿产资源法

第一章　总　则

第一条　为了发展矿业，加强矿产资源的勘查、开发利用和保护工作，保障社会主义现代化建设的当前和长远的需要，根据中华人民共和国宪法，特制定本法。

第二条　在中华人民共和国领域及管辖海域勘查、开采矿产资源，必须遵守本法。

第三条　矿产资源属于国家所有，由国务院行使国家对矿产资源的所有权。地表或者地下的矿产资源的国家所有权，不因其所依附的土地的所有权或者使用权的不同而改变。

国家保障矿产资源的合理开发利用。禁止任何组织或者个人用任何手段侵占或者破坏矿产资源。各级人民政府必须加强矿产资源的保护工作。

勘查、开采矿产资源，必须依法分别申请、经批准取得探矿权、采矿权，并办理登记；但是，已经依法申请取得采矿权的矿山企业在划定的矿区范围内为本企业的生产而进行的勘查除外。国家保护探矿权和采矿权不受侵犯，保障矿区和勘查作业区的生产秩序、工作秩序不受影响和破坏。

从事矿产资源勘查和开采的，必须符合规定的资质条件。

第四条　国家保障依法设立的矿山企业开采矿产资源的合法权益。

国有矿山企业是开采矿产资源的主体。国家保障国有矿业经济的巩固和发展。

第五条　国家实行探矿权、采矿权有偿取得的制度；但是，国家对探矿权、采矿权有偿取得的费用，可以根据不同情况规定予以减缴、免缴。具体办法和实施步骤由国务院规定。

开采矿产资源，必须按照国家有关规定缴纳资源税和资源补偿费。

第六条　除按下列规定可以转让外，探矿权、采矿权不得转让：

（一）探矿权人有权在划定的勘查作业区内进行规定的勘查作业，有权优先取得勘查作业区内矿产资源的采矿权。探矿权人在完成规定的最低勘查投入后，经依法批准，可以将探矿权转让他人。

（二）已取得采矿权的矿山企业，因企业合并、分立，与他人合资、合作经营，或者因企业资产出售以及有其他变更企业资产产权的情形而需要变更采矿权主体的，经依法批准可以将采矿权转让他人采矿。

前款规定的具体办法和实施步骤由国务院规定。

禁止将探矿权、采矿权倒卖牟利。

第七条　国家对矿产资源的勘查、开发实行统一规划、合理布局、综合勘查、合理开采和综合利用的方针。

第八条　国家鼓励矿产资源勘查、开发的科学技术研究，推广先进技术，提高矿产资源勘查、开发的科学技术水平。

第九条　在勘查、开发、保护矿产资源和进行科学技术研究等方面成绩显著的单位和个人，由各级人民政府给予奖励。

第十条　国家在民族自治地方开采矿产资源，应当照顾民族自治地方的利益，作出有利于民族自治地方经济建设的安排，照顾当地少数民族群众的生产和生活。

民族自治地方的自治机关根据法律规定和国家的统一规划，对可以由本地方开发的矿产资源，优先合理开发利用。

第十一条 国务院地质矿产主管部门主管全国矿产资源勘查、开采的监督管理工作。国务院有关主管部门协助国务院地质矿产主管部门进行矿产资源勘查、开采的监督管理工作。

省、自治区、直辖市人民政府地质矿产主管部门主管本行政区域内矿产资源勘查、开采的监督管理工作。省、自治区、直辖市人民政府有关主管部门协助同级地质矿产主管部门进行矿产资源勘查、开采的监督管理工作。

第二章 矿产资源勘查的登记和开采的审批

第十二条 国家对矿产资源勘查实行统一的区块登记管理制度。矿产资源勘查登记工作，由国务院地质矿产主管部门负责；特定矿种的矿产资源勘查登记工作，可以由国务院授权有关主管部门负责。矿产资源勘查区块登记管理办法由国务院制定。

第十三条 国务院矿产储量审批机构或者省、自治区、直辖市矿产储量审批机构负责审查批准供矿山建设设计使用的勘探报告，并在规定的期限内批复报送单位。勘探报告未经批准，不得作为矿山建设设计的依据。

第十四条 矿产资源勘查成果档案资料和各类矿产储量的统计资料，实行统一的管理制度，按照国务院规定汇交或者填报。

第十五条 设立矿山企业，必须符合国家规定的资质条件，并依照法律和国家有关规定，由审批机关对其矿区范围、矿山设计或者开采方案、生产技术条件、安全措施和环境保护措施等进行审查；审查合格的，方予批准。

第十六条 开采下列矿产资源的，由国务院地质矿产主管部门审批，并颁发采矿许可证：

（一）国家规划矿区和对国民经济具有重要价值的矿区内的矿产资源；

（二）前项规定区域以外可供开采的矿产储量规模在大型以上的矿产资源；

（三）国家规定实行保护性开采的特定矿种；

（四）领海及中国管辖的其他海域的矿产资源；

（五）国务院规定的其他矿产资源。

开采石油、天然气、放射性矿产等特定矿种的，可以由国务院授权的有关主管部门审批，并颁发采矿许可证。

开采第一款、第二款规定以外的矿产资源，其可供开采的矿产的储量规模为中型的，由省、自治区、直辖市人民政府地质矿产主管部门审批和颁发采矿许可证。

开采第一款、第二款和第三款规定以外的矿产资源的管理办法，由省、自治区、直辖市人民代表大会常务委员会依法制定。

依照第三款、第四款的规定审批和颁发采矿许可证的，由省、自治区、直辖市人民政府地质矿产主管部门汇总向国务院地质矿产主管部门备案。

矿产储量规模的大型、中型的划分标准，由国务院矿产储量审批机构规定。

第十七条 国家对国家规划矿区、对国民经济具有重要价值的矿区和国家规定实行保护性开采的特定矿种，实行有计划的开采；未经国务院有关主管部门批准，任何单位和个人不得开采。

第十八条 国家规划矿区的范围、对国民经济具有重要价值的矿区的范围、矿山企业矿区的范围依法划定后，由划定矿区范围的主管机关通知有关县级人民政府予以公告。

矿山企业变更矿区范围，必须报请原审批机关批准，并报请原颁发采矿许可证的机关重新核发采矿许可证。

第十九条　地方各级人民政府应当采取措施，维护本行政区域内的国有矿山企业和其他矿山企业矿区范围内的正常秩序。

禁止任何单位和个人进入他人依法设立的国有矿山企业和其他矿山企业矿区范围内采矿。

第二十条　非经国务院授权的有关主管部门同意，不得在下列地区开采矿产资源：

（一）港口、机场、国防工程设施圈定地区以内；

（二）重要工业区、大型水利工程设施、城镇市政工程设施附近一定距离以内；

（三）铁路、重要公路两侧一定距离以内；

（四）重要河流、堤坝两侧一定距离以内；

（五）国家划定的自然保护区、重要风景区，国家重点保护的不能移动的历史文物和名胜古迹所在地；

（六）国家规定不得开采矿产资源的其他地区。

第二十一条　关闭矿山，必须提出矿山闭坑报告及有关采掘工程、不安全隐患、土地复垦利用、环境保护的资料，并按照国家规定报请审查批准。

第二十二条　勘查、开采矿产资源时，发现具有重大科学文化价值的罕见地质现象以及文化古迹，应当加以保护并及时报告有关部门。

第三章　矿产资源的勘查

第二十三条　区域地质调查按照国家统一规划进行。区域地质调查的报告和图件按照国家规定验收，提供有关部门使用。

第二十四条　矿产资源普查在完成主要矿种普查任务的同时，应当对工作区内包括共生或者伴生矿产的成矿地质条件和矿床工业远景作出初步综合评价。

第二十五条　矿床勘探必须对矿区内具有工业价值的共生和伴生矿产进行综合评价，并计算其储量。未作综合评价的勘探报告不予批准。但是，国务院计划部门另有规定的矿床勘探项目除外。

第二十六条　普查、勘探易损坏的特种非金属矿产、流体矿产、易燃易爆易溶矿产和含有放射性元素的矿产，必须采用省级以上人民政府有关主管部门规定的普查、勘探方法，并有必要的技术装备和安全措施。

第二十七条　矿产资源勘查的原始地质编录和图件，岩矿心、测试样品和其他实物标本资料，各种勘查标志，应当按照有关规定保护和保存。

第二十八条　矿床勘探报告及其他有价值的勘查资料，按照国务院规定实行有偿使用。

第四章　矿产资源的开采

第二十九条　开采矿产资源，必须采取合理的开采顺序、开采方法和选矿工艺。矿山企业的开采回采率、采矿贫化率和选矿回收率应当达到设计要求。

第三十条　在开采主要矿产的同时，对具有工业价值的共生和伴生矿产应当统一规划，综合开采，综合利用，防止浪费；对暂时不能综合开采或者必须同时采出而暂时还不能综合利用的矿产以及含有有用组分的尾矿，应当采取有效的保护措施，防止损失破坏。

第三十一条　开采矿产资源，必须遵守国家劳动安全卫生规定，具备保障安全生产的必要条件。

第三十二条　开采矿产资源，必须遵守有关环境保护的法律规定，防止污染环境。

开采矿产资源，应当节约用地。耕地、草原、林地因采矿受到破坏的，矿山企业应当因地制宜地采取复垦利用、植树种草或者其他利用措施。

开采矿产资源给他人生产、生活造成损失的，应当负责赔偿，并采取必要的补救措施。

第三十三条　在建设铁路、工厂、水库、输油管道、输电线路和各种大型建筑物或者建筑群之前，建设单位必须向所在省、自治区、直辖市地质矿产主管部门了解拟建工程所在地区的矿产资源分布和开采情况。非经国务院授权的部门批准，不得压覆重要矿床。

第三十四条　国务院规定由指定的单位统一收购的矿产品，任何其他单位或者个人不得收购；开采者不得向非指定单位销售。

第五章　集体矿山企业和个体采矿

第三十五条　国家对集体矿山企业和个体采矿实行积极扶持、合理规划、正确引导、加强管理的方针，鼓励集体矿山企业开采国家指定范围内的矿产资源，允许个人采挖零星分散资源和只能用作普通建筑材料的砂、石、黏土以及为生活自用采挖少量矿产。

矿产储量规模适宜由矿山企业开采的矿产资源、国家规定实行保护性开采的特定矿种和国家规定禁止个人开采的其他矿产资源，个人不得开采。

国家指导、帮助集体矿山企业和个体采矿不断提高技术水平、资源利用率和经济效益。

地质矿产主管部门、地质工作单位和国有矿山企业应当按照积极支持、有偿互惠的原则向集体矿山企业和个体采矿提供地质资料和技术服务。

第三十六条　国务院和国务院有关主管部门批准开办的矿山企业矿区范围内已有的集体矿山企业，应当关闭或者到指定的其他地点开采，由矿山建设单位给予合理的补偿，并妥善安置群众生活；也可以按照该矿山企业的统筹安排，实行联合经营。

第三十七条　集体矿山企业和个体采矿应当提高技术水平，提高矿产资源回收率。禁止乱挖滥采，破坏矿产资源。

集体矿山企业必须测绘井上、井下工程对照图。

第三十八条　县级以上人民政府应当指导、帮助集体矿山企业和个体采矿进行技术改造，改善经营管理，加强安全生产。

第六章　法律责任

第三十九条　违反本法规定，未取得采矿许可证擅自采矿的，擅自进入国家规划矿区、对国民经济具有重要价值的矿区范围采矿的，擅自开采国家规定实行保护性开采的特定矿种的，责令停止开采、赔偿损失，没收采出的矿产品和违法所得，可以并处罚款；拒不停止开采，造成矿产资源破坏的，依照刑法第一百五十六条的规定对直接责任人员追究刑事责任。

单位和个人进入他人依法设立的国有矿山企业和其他矿山企业矿区范围内采矿的，依照前款规定处罚。

第四十条　超越批准的矿区范围采矿的，责令退回本矿区范围内开采、赔偿损失，没收越界开采的矿产品和违法所得，可以并处罚款；拒不退回本矿区范围内开采，造成矿产资源破坏的，吊销采矿许可证，依照刑法第一百五十六条的规定对直接责任人员追究刑事责任。

第四十一条　盗窃、抢夺矿山企业和勘查单位的矿产品和其他财物的，破坏采矿、勘查设施的，扰乱矿区和勘查作业区的生产秩序、工作秩序的，分别依照刑法有关规定追究刑事责任；情节显著轻微的，依照治安管理处罚条例有关规定予以处罚。

第四十二条　买卖、出租或者以其他形式转让矿产资源的，没收违法所得，处以罚款。

违反本法第六条的规定将探矿权、采矿权倒卖牟利的，吊销勘查许可证、采矿许可证，没收违法所得，处以罚款。

第四十三条　违反本法规定收购和销售国家统一收购的矿产品的，没收矿产品和违法所得，可以并处罚款；情节严重的，依照刑法第一百一十七条、第一百一十八条的规定，追究刑事责任。

第四十四条　违反本法规定，采取破坏性的开采方法开采矿产资源的，处以罚款，可以吊销采矿许可证；造成矿产资源严重破坏的，依照刑法第一百五十六条的规定对直接责任人员追究刑事责任。

第四十五条　本法第三十九条、第四十条、第四十二条规定的行政处罚，由县级以上人民政府负责地质矿产管理工作的部门按照国务院地质矿产主管部门规定的权限决定。第四十三条规定的行政处罚，由县级以上人民政府工商行政管理部门决定。第四十四条规定的行政处罚，由省、自治区、直辖市人民政府地质矿产主管部门决定。给予吊销勘查许可证或者采矿许可证处罚的，须由原发证机关决定。

依照第三十九条、第四十条、第四十二条、第四十四条规定应当给予行政处罚而不给予行政处罚的，上级人民政府地质矿产主管部门有权责令改正或者直接给予行政处罚。

第四十六条　当事人对行政处罚决定不服的，可以依法申请复议，也可以依法直接向人民法院起诉。

当事人逾期不申请复议也不向人民法院起诉，又不履行处罚决定的，由作出处罚决定的机关申请人民法院强制执行。

第四十七条　负责矿产资源勘查、开采监督管理工作的国家工作人员和其他有关国家工作人员徇私舞弊、滥用职权或者玩忽职守，违反本法规定批准勘 查、开采矿产资源和颁发勘查许可证、采矿许可证，或者对违法采矿行为不依法予以制止、处罚，构成犯罪的，依法追究刑事责任；不构成犯罪的，给予行政处分。违法颁发的勘查许可证、采矿许可证，上级人民政府地质矿产主管部门有权予以撤销。

第四十八条　以暴力、威胁方法阻碍从事矿产资源勘查、开采监督管理工作的国家工作人员依法执行职务的，依照刑法第一百五十七条的规定追究刑事责 任；拒绝、阻碍从事矿产资源勘查、开采监督管理工作的国家工作人员依法执行职务未使用暴力、威胁方法的，由公安机关依照治安管理处罚条例的规定处罚。

第四十九条　矿山企业之间的矿区范围的争议，由当事人协商解决，协商不成的，由有关县级以上地方人民政府根据依法核定的矿区范围处理；跨省、自治区、直辖市的矿区范围的争议，由有关省、自治区、直辖市人民政府协商解决，协商不成的，由国务院处理。

第七章　附　则

第五十条　外商投资勘查、开采矿产资源，法律、行政法规另有规定的，从其规定。

第五十一条　本法施行以前，未办理批准手续、未划定矿区范围、未取得采矿许可证开采矿产资源的，应当依照本法有关规定申请补办手续。

第五十二条 本法实施细则由国务院制定。

第五十三条 本法自1986年10月1日起施行。

附：刑法有关条款

第一百一十七条 违反金融、外汇、金银、工商管理法规，投机倒把，情节严重的，处三年以下有期徒刑或者拘役，可以并处、单处罚金或者没收财产。

第一百一十八条 以走私、投机倒把为常业的，走私、投机倒把数额巨大的或者走私、投机倒把集团的首要分子，处三年以上十年以下有期徒刑，可以并处没收财产。

第一百五十六条 故意毁坏公私财物，情节严重的，处三年以下有期徒刑、拘役或者罚金。

第一百五十七条 以暴力、威胁方法阻碍国家工作人员依法执行职务的，或者拒不执行人民法院已经发生法律效力的判决、裁定的，处三年以下有期徒刑、拘役、罚金或者剥夺政治权利。

第一百五十八条 禁止任何人利用任何手段扰乱社会秩序。扰乱社会秩序情节严重，致使工作、生产、营业和教学、科研无法进行，国家和社会遭受严重损失的，对首要分子处五年以下有期徒刑、拘役、管制或者剥夺政治权利。

中华人民共和国矿产资源法实施细则

第一章　总　则

第一条　根据《中华人民共和国矿产资源法》，制定本细则。

第二条　矿产资源是指由地质作用形成的，具有利用价值的，呈固态、液态、气态的自然资源。

矿产资源的矿种和分类见本细则所附《矿产资源分类细目》。新发现的矿种由国务院地质矿产主管部门报国务院批准后公布。

第三条　矿产资源属于国家所有，地表或者地下的矿产资源的国家所有权，不因其所依附的土地的所有权或者使用权的不同而改变。国务院代表国家行使矿产资源的所有权。国务院授权国务院地质矿产主管部门对全国矿产资源分配实施统一管理。

第四条　在中华人民共和国领域及管辖的其他海域勘查、开采矿产资源，必须遵守《中华人民共和国矿产资源法》（以下简称《矿产资源法》）和本细则。

第五条　国家对矿产资源的勘查、开采实行许可证制度。勘查矿产资源，必须依法申请登记，领取勘查许可证，取得探矿权；开采矿产资源，必须依法申请登记，领取采矿许可证，取得采矿权。矿产资源勘查工作区范围和开采矿区范围，以经纬度划分的区块为基本单位。具体办法由国务院地质矿产主管部门制定。

第六条　《矿产资源法》及本细则中下列用语的含义：

探矿权，是指在依法取得的勘查许可证规定的范围内，勘查矿产资源的权利。取得勘查许可证的单位或者个人称为探矿权人。

采矿权，是指在依法取得的采矿许可证规定的范围内，开采矿产资源和获得所开采的矿产品的权利。取得采矿许可证的单位或者个人称为采矿权人。

国家规定实行保护性开采的特定矿种，是指国务院根据国民经济建设和高科技发展的需要，以及资源稀缺、贵重程度确定的，由国务院有关主管部门按照国家计划批准开采的矿种。

国家规划矿区，是指国家根据建设规划和矿产资源规划，为建设大、中型矿山划定的矿产资源分布区域。

对国民经济具有重要价值的矿区，是指国家根据国民经济发展需要划定的，尚未列入国家建设规划的，储量大、质量好、具有开发前景的矿产资源保护区域。

第七条　国家允许外国的公司、企业和其他经济组织以及个人依照中华人民共和国有关法律、行政法规的规定，在中华人民共和国领域及管辖的其他海域投资勘查、开采矿产资源。

第八条　国务院地质矿产主管部门主管全国矿产资源勘查、开采的监督管理工作。国务院有关主管部门按照国务院规定的职责分工，协助国务院地质矿产主管部门进行矿产资源勘查、开采的监督管理工作。

省、自治区、直辖市人民政府地质矿产主管部门主管本行政区域内矿产资源勘查、开采的监督管理工作。省、自治区、直辖市人民政府有关主管部门，协助同级地质矿产主管部门进行矿产资源勘查、开采的监督管理工作。

设区的市人民政府、自治州人民政府和县级人民政府及其负责管理矿产资源的部门，依法对本级人民政府批准开办的国有矿山企业和本行政区域内的集体所有制矿山企业、私营矿山企业、个体采矿者以及在本行政区域内从事勘查施工的单位和个人进行监督管理，依法保护探矿权人、采矿权人的合法权益。

上级地质矿产主管部门有权对下级地质矿产主管部门违法的或者不适当的矿产资源勘查、开采管理行政行为予以改变或者撤销。

第二章　矿产资源勘查登记和开采审批

第九条　勘查矿产资源，应当按照国务院关于矿产资源勘查登记管理的规定，办理申请、审批和勘查登记。

勘查特定矿种，应当按照国务院有关规定办理申请、审批和勘查登记。

第十条　国有矿山企业开采矿产资源，应当按照国务院关于采矿登记管理的规定，办理申请、审批和采矿登记。开采国家规划矿区、对国民经济具有重要价值矿区的矿产和国家规定实行保护性开采的特定矿种，办理申请、审批和采矿登记时，应当持有国务院有关主管部门批准的文件。开采特定矿种，应当按照国务院有关规定办理申请、审批和采矿登记。

第十一条　开办国有矿山企业，除应当具备有关法律、法规规定的条件外，并应当具备下列条件：

（一）有供矿山建设使用的矿产勘查报告；

（二）有矿山建设项目的可行性研究报告（含资源利用方案和矿山环境影响报告）；

（三）有确定的矿区范围和开采范围；

（四）有矿山设计；

（五）有相应的生产技术条件。

国务院、国务院有关主管部门和省、自治区、直辖市人民政府，按照国家有关固定资产投资管理的规定，对申请开办的国有矿山企业根据前款所列条件审查合格后，方予批准。

第十二条　申请开办集体所有制矿山企业、私营矿山企业及个体采矿的审查批准、采矿登记，按照省、自治区、直辖市的有关规定办理。

第十三条　申请开办集体所有制矿山企业或者私营矿山企业，除应当具备有关法律、法规规定的条件外，并应当具备下列条件：

（一）有供矿山建设使用的与开采规模相适应的矿产勘查资料；

（二）有经过批准的无争议的开采范围；

（三）有与所建矿山规模相适应的资金、设备和技术人员；

（四）有与所建矿山规模相适应的，符合国家产业政策和技术规范的可行性研究报告、矿山设计或者开采方案；

（五）矿长具有矿山生产、安全管理和环境保护的基本知识。

第十四条　申请个体采矿应当具备下列条件：

（一）有经过批准的无争议的开采范围；

（二）有与采矿规模相适应的资金、设备和技术人员；

（三）有相应的矿产勘查资料和经批准的开采方案；

（四）有必要的安全生产条件和环境保护措施。

第三章　矿产资源的勘查

第十五条　国家对矿产资源勘查实行统一规划。全国矿产资源中、长期勘查规划，在国务院计划行政主管部门指导下，由国务院地质矿产主管部门根据国民经济和社会发展中、长期规划，在国务院有关主管部门勘查规划的基础上组织编制。

全国矿产资源年度勘查计划和省、自治区、直辖市矿产资源年度勘查计划，分别由国务院地质矿产主管部门和省、自治区、直辖市人民政府地质矿产主管部门组织有关主管部门，根据全国矿产资源中、长期勘查规划编制，经同级人民政府计划行政主管部门批准后施行。

法律对勘查规划的审批权另有规定的，依照有关法律的规定执行。

第十六条　探矿权人享有下列权利：

（一）按照勘查许可证规定的区域、期限、工作对象进行勘查；

（二）在勘查作业区及相邻区域架设供电、供水、通讯管线，但是不得影响或者损害原有的供电、供水设施和通讯管线；

（三）在勘查作业区及相邻区域通行；

（四）根据工程需要临时使用土地；

（五）优先取得勘查作业区内新发现矿种的探矿权；

（六）优先取得勘查作业区内矿产资源的采矿权；

（七）自行销售勘查中按照批准的工程设计施工回收的矿产品，但是国务院规定由指定单位统一收购的矿产品除外。

探矿权人行使前款所列权利时，有关法律、法规规定应当经过批准或者履行其他手续的，应当遵守有关法律、法规的规定。

第十七条　探矿权人应当履行下列义务：

（一）在规定的期限内开始施工，并在勘查许可证规定的期限内完成勘查工作；

（二）向勘查登记管理机关报告开工等情况；

（三）按照探矿工程设计施工，不得擅自进行采矿活动；

（四）在查明主要矿种的同时，对共生、伴生矿产资源进行综合勘查、综合评价；

（五）编写矿产资源勘查报告，提交有关部门审批；

（六）按照国务院有关规定汇交矿产资源勘查成果档案资料；

（七）遵守有关法律、法规关于劳动安全、土地复垦和环境保护的规定；

（八）勘查作业完毕，及时封、填探矿作业遗留的井、硐或者采取其他措施，消除安全隐患。

第十八条　探矿权人可以对符合国家边探边采规定要求的复杂类型矿床进行开采；但是，应当向原颁发勘查许可证的机关、矿产储量审批机构和勘查项目主管部门提交论证材料，经审核同意后，按照国务院关于采矿登记管理法规的规定，办理采矿登记。

第十九条　矿产资源勘查报告按照下列规定审批：

（一）供矿山建设使用的重要大型矿床勘查报告和供大型水源地建设使用的地下水勘查报告，由国务院矿产储量审批机构审批；

（二）供矿山建设使用的一般大型、中型、小型矿床勘查报告和供中型、小型水源地建设使用的地下水勘查报告，由省、自治区、直辖市矿产储量审批机构审批；矿产储量审批机构和勘查单位的主管部门应当自收到矿产资源勘查报告之日起六个月内作出批复。

第二十条 矿产资源勘查报告及其他有价值的勘查资料，按照国务院有关规定实行有偿使用。

第二十一条 探矿权人取得临时使用土地权后，在勘查过程中给他人造成财产损害的，按照下列规定给以补偿：

（一）对耕地造成损害的，根据受损害的耕地面积前三年平均年产量，以补偿时当地市场平均价格计算，逐年给以补偿，并负责恢复耕地的生产条件，及时归还；

（二）对牧区草场造成损害的，按照前项规定逐年给以补偿，并负责恢复草场植被，及时归还；

（三）对耕地上的农作物、经济作物造成损害的，根据受损害的耕地面积前三年平均年产量，以补偿时当地市场平均价格计算，给以补偿；

（四）对竹木造成损害的，根据实际损害株数，以补偿时当地市场平均价格逐株计算，给以补偿；

（五）对土地上的附着物造成损害的，根据实际损害的程度，以补偿时当地市场价格，给以适当补偿。

第二十二条 探矿权人在没有农作物和其他附着物的荒岭、荒坡、荒地、荒漠、沙滩、河滩、湖滩、海滩上进行勘查的，不予补偿；但是，勘查作业不得阻碍或者损害航运、灌溉、防洪等活动或者设施，勘查作业结束后应当采取措施，防止水土流失，保护生态环境。

第二十三条 探矿权人之间对勘查范围发生争议时，由当事人协商解决；协商不成的，由勘查作业区所在地的省、自治区、直辖市人民政府地质矿产主管部门裁决；跨省、自治区、直辖市的勘查范围争议，当事人协商不成的，由有关省、自治区、直辖市人民政府协商解决；协商不成的，由国务院地质矿产主管部门裁决。特定矿种的勘查范围争议，当事人协商不成的，由国务院授权的有关主管部门裁决。

第四章 矿产资源的开采

第二十四条 全国矿产资源的分配和开发利用，应当兼顾当前和长远、中央和地方的利益，实行统一规划、有效保护、合理开采、综合利用。

第二十五条 全国矿产资源规划，在国务院计划行政主管部门指导下，由国务院地质矿产主管部门根据国民经济和社会发展中、长期规划，组织国务院有关主管部门和省、自治区、直辖市人民政府编制，报国务院批准后施行。

全国矿产资源规划应当对全国矿产资源的分配作出统筹安排，合理划定中央与省、自治区、直辖市人民政府审批、开发矿产资源的范围。

第二十六条 矿产资源开发规划是对矿区的开发建设布局进行统筹安排的规划。矿产资源开发规划分为行业开发规划和地区开发规划。矿产资源行业开发规划由国务院有关主管部门根据全国矿产资源规划中分配给本部门的矿产资源编制实施。矿产资源地区开发规划由省、自治区、直辖市人民政府根据全国矿产资源规划中分配给本省、自治区、直辖市的矿产资源编制实施；并作出统筹安排，合理划定省、市、县级人民政府审批、开发矿产资源的范围。矿产资源行业开发规划和地区开发规划应当报送国务院计划行政主管部门、地质矿产主管部门备案。

国务院计划行政主管部门、地质矿产主管部门，对不符合全国矿产资源规划的行业开发规划和地区开发规划，应当予以纠正。

第二十七条 设立、变更或者撤销国家规划矿区、对国民经济具有重要价值的矿区，由国务院有关主管部门提出，并附具矿产资源详查报告及论证材料，经国务院计划行政主管部门和地质矿产主管部门审定，并联合书面通知有关县级人民政府。县级人民政府应当自收到通知之日起一个月内予以公告，并报国务院计划行政主管部门、地质矿产主管部门备案。

第二十八条　确定或者撤销国家规定实行保护性开采的特定矿种，由国务院有关主管部门提出，并附具论证材料，经国务院计划行政主管部门和地质矿产主管部门审核同意后，报国务院批准。

第二十九条　单位或者个人开采矿产资源前，应当委托持有相应矿山设计证书的单位进行可行性研究和设计。开采零星分散矿产资源和用作建筑材料的砂、石、黏土的，可以不进行可行性研究和设计，但是应当有开采方案和环境保护措施。

矿山设计必须依据设计任务书，采用合理的开采顺序、开采方法和选矿工艺。

矿山设计必须按照国家有关规定审批；未经批准，不得施工。

第三十条　采矿权人享有下列权利：

（一）按照采矿许可证规定的开采范围和期限从事开采活动；

（二）自行销售矿产品，但是国务院规定由指定的单位统一收购的矿产品除外；

（三）在矿区范围内建设采矿所需的生产和生活设施；

（四）根据生产建设的需要依法取得土地使用权；

（五）法律、法规规定的其他权利。

采矿权人行使前款所列权利时，法律、法规规定应当经过批准或者履行其他手续的，依照有关法律、法规的规定办理。

第三十一条　采矿权人应当履行下列义务：

（一）在批准的期限内进行矿山建设或者开采；

（二）有效保护、合理开采、综合利用矿产资源；

（三）依法缴纳资源税和矿产资源补偿费；

（四）遵守国家有关劳动安全、水土保持、土地复垦和环境保护的法律、法规；

（五）接受地质矿产主管部门和有关主管部门的监督管理，按照规定填报矿产储量表和矿产资源开发利用情况统计报告。

第三十二条　采矿权人在采矿许可证有效期满或者在有效期内，停办矿山而矿产资源尚未采完的，必须采取措施将资源保持在能够继续开采的状态，并事先完成下列工作：

（一）编制矿山开采现状报告及实测图件；

（二）按照有关规定报销所消耗的储量；

（三）按照原设计实际完成相应的有关劳动安全、水土保持、土地复垦和环境保护工作，或者缴清土地复垦和环境保护的有关费用。

采矿权人停办矿山的申请，须经原批准开办矿山的主管部门批准、原颁发采矿许可证的机关验收合格后，方可办理有关证、照注销手续。

第三十三条　矿山企业关闭矿山，应当按照下列程序办理审批手续：

（一）开采活动结束的前一年，向原批准开办矿山的主管部门提出关闭矿山申请，并提交闭坑地质报告；

（二）闭坑地质报告经原批准开办矿山的主管部门审核同意后，报地质矿产主管部门会同矿产储量审批机构批准；

（三）闭坑地质报告批准后，采矿权人应当编写关闭矿山报告，报请原批准开办矿山的主管部门会同同级地质矿产主管部门和有关主管部门按照有关行业规定批准。

第三十四条 关闭矿山报告批准后，矿山企业应当完成下列工作：

（一）按照国家有关规定将地质、测量、采矿资料整理归档，并汇交闭坑地质报告、关闭矿山报告及其他有关资料；

（二）按照批准的关闭矿山报告，完成有关劳动安全、水土保持、土地复垦和环境保护工作，或者缴清土地复垦和环境保护的有关费用。

矿山企业凭关闭矿山报告批准文件和有关部门对完成上述工作提供的证明，报请原颁发采矿许可证的机关办理采矿许可证注销手续。

第三十五条 建设单位在建设铁路、公路、工厂、水库、输油管道、输电线路和各种大型建筑物前，必须向所在地的省、自治区、直辖市人民政府地质矿产主管部门了解拟建工程所在地区的矿产资源分布情况，并在建设项目设计任务书报请审批时附具地质矿产主管部门的证明。在上述建设项目与重要矿床的开采发生矛盾时，由国务院有关主管部门或者省、自治区、直辖市人民政府提出方案，经国务院地质矿产主管部门提出意见后，报国务院计划行政主管部门决定。

第三十六条 采矿权人之间对矿区范围发生争议时，由当事人协商解决；协商不成的，由矿产资源所在地的县级以上地方人民政府根据依法核定的矿区范围处理；跨省、自治区、直辖市的矿区范围争议，当事人协商不成的，由有关省、自治区、直辖市人民政府协商解决；协商不成的，由国务院地质矿产主管部门提出处理意见，报国务院决定。

第五章　集体所有制矿山企业、私营矿山企业和个体采矿者

第三十七条 国家依法保护集体所有制矿山企业、私营矿山企业和个体采矿者的合法权益，依法对集体所有制矿山企业、私营矿山企业和个体采矿者进行监督管理。

第三十八条 集体所有制矿山企业可以开采下列矿产资源：

（一）不适于国家建设大、中型矿山的矿床及矿点；

（二）经国有矿山企业同意，并经其上级主管部门批准，在其矿区范围内划出的边缘零星矿产；

（三）矿山闭坑后，经原矿山企业主管部门确认可以安全开采并不会引起严重环境后果的残留矿体；

（四）国家规划可以由集体所有制矿山企业开采的其他矿产资源。

集体所有制矿山企业开采前款第（二）项所列矿产资源时，必须与国有矿山企业签定合理开发利用矿产资源和矿山安全协议，不得浪费和破坏矿产资源，并不得影响国有矿山企业的生产安全。

第三十九条 私营矿山企业开采矿产资源的范围参照本细则第三十八条的规定执行。

第四十条 个体采矿者可以采挖下列矿产资源：

（一）零星分散的小矿体或者矿点；

（二）只能用作普通建筑材料的砂、石、黏土。

第四十一条 国家设立国家规划矿区、对国民经济具有重要价值的矿区时，对应当撤出的原采矿权人，国家按照有关规定给予合理补偿。

第六章　法律责任

第四十二条 依照《矿产资源法》第三十九条、第四十条、第四十二条、第四十三条、第四十四条规定处以罚款的，分别按照下列规定执行：

（一）未取得采矿许可证擅自采矿的，擅自进入国家规划矿区、对国民经济具有重要价值的矿区

和他人矿区范围采矿的，擅自开采国家规定实行保护性开采的特定矿种的，处以违法所得 50%以下的罚款；

（二）超越批准的矿区范围采矿的，处以违法所得 30%以下的罚款；

（三）买卖、出租或者以其他形式转让矿产资源的，买卖、出租采矿权的，对卖方、出租方、出让方处以违法所得一倍以下的罚款；

（四）非法用采矿权作抵押的，处以 5000 元以下的罚款；

（五）违反规定收购和销售国家规定统一收购的矿产品的，处以违法所得一倍以下的罚款；

（六）采取破坏性的开采方法开采矿产资源，造成矿产资源严重破坏的，处以相当于矿产资源损失价值 50%以下的罚款。

第四十三条　违反本细则规定，有下列行为之一的，对主管人员和直接责任人员给予行政处分；构成犯罪的，依法追究刑事责任：

（一）批准不符合办矿条件的单位或者个人开办矿山的；

（二）对未经依法批准的矿山企业或者个人颁发采矿许可证的。

第七章　附　则

第四十四条　地下水资源具有水资源和矿产资源的双重属性。地下水资源的勘查，适用《矿产资源法》和本细则；地下水资源的开发、利用、保护和管理，适用《水法》和有关的行政法规。

第四十五条　本细则由地质矿产部负责解释。

第四十六条　本细则自发布之日起施行。

附件：

矿产资源分类细目

（一）能源矿产

煤、煤成气、石煤、油页岩、石油、天然气、油砂、天然沥青、铀、钍、地热。

（二）金属矿产

铁、锰、铬、钒、钛、铜、铅、锌、铝土矿、镍、钴、钨、锡、铋、钼、汞、锑、镁、铂、钯、钌、锇、铱、铑；金、银、铌、钽、铍、锂、锆、锶、铷、铯、镧、铈、镨、钕、钐、铕、钇、钆、铽、镝、钬、铒、铥、镱、镥、钪、锗、镓、铟、铊、铪、铼、镉、硒、碲。

（三）非金属矿产

金刚石、石墨、磷、自然硫、硫铁矿、钾盐、硼、水晶（压电水晶、熔炼水晶、光学水晶、工艺水晶）、刚玉、蓝晶石、硅线石、红柱石、硅灰石、钠硝石、滑石、石棉、蓝石棉、云母、长石、石榴子石、叶腊石、透辉石、透闪石、蛭石、沸石、明矾石、芒硝（含钙芒硝）、石膏（含硬石膏）、重晶石、毒重石、天然碱、方解石、冰洲石、菱镁矿、萤石（普通萤石、光学萤石）、宝石、黄玉、玉石、电气石、玛瑙、颜料矿物（赭石、颜料黄土）、石灰岩（电石用灰岩、制碱用灰岩、化肥用灰岩、熔剂用灰岩、玻璃用灰岩、水泥用灰岩、建筑石料用灰岩、制灰用灰岩、饰面用灰岩）、泥灰岩、白垩、含钾岩石、白云岩（冶金用白云岩、化肥用白云岩、玻璃用白云岩、建筑用白云岩）、石英岩（冶金用石英岩、玻璃用石英岩、化肥用石英岩）、砂岩（冶金用砂岩、玻璃用砂岩、水泥配料用砂岩、砖瓦用砂岩、化肥用砂岩、铸型用砂岩、陶瓷用砂岩）、天然石英砂（玻璃用砂、铸型用砂、建筑用砂、水泥配料用砂、水泥标准砂、砖瓦用砂）、脉石英（冶金用脉石英、玻璃用脉石英）、粉石英、天然油石、含钾砂页岩、硅藻土、页岩（陶粒页岩、砖瓦用页岩、水泥配料用页岩）、高岭土、陶瓷土、耐火黏土、凹凸棒石黏土、海泡石黏土、伊利石黏土、累托石黏土、膨润土、铁矾土、其他黏土（铸型用黏土、砖瓦用黏土、陶粒用黏土、水泥配料用黏土、水泥配料用红土、水泥配料用黄土、水泥配料用泥岩、保温材料用黏土）、橄榄岩（化肥用橄榄岩、建筑用橄榄岩）、蛇纹岩（化肥用蛇纹岩、熔剂用蛇纹岩、饰面用蛇纹岩）、玄武岩（铸石用玄武岩、岩棉用玄武岩）、辉绿岩（水泥用辉绿岩、铸石用辉绿岩、饰面用辉绿岩、建筑用辉绿岩）、安山岩（饰面用安山岩、建筑用安山岩、水泥混合材用安山玢岩）、闪长岩（水泥混合材用闪长玢岩、建筑用闪长岩）、花岗岩（建筑用花岗岩、饰面用花岗岩）、麦饭石、珍珠岩、黑曜岩、松脂岩、浮石、粗面岩（水泥用粗面岩、铸石用粗面岩）、霞石正长岩、凝灰岩（玻璃用凝灰岩、水泥用凝灰岩、建筑用凝灰岩）、火山灰、火山渣、大理岩（饰面用大理岩、建筑用大理岩、水泥用大理岩、玻璃用大理岩）、板岩（饰面用板岩、水泥配料用板岩）、片麻岩、角闪岩、泥炭、矿盐（湖盐、岩盐、天然卤水）、镁盐、碘、溴、砷。

（四）水气矿产

地下水、矿泉水、二氧化碳气、硫化氢气、氦气、氡气。

国务院关于加强地质灾害防治工作的决定

（国发〔2011〕20号）

各省、自治区、直辖市人民政府，国务院各部委、各直属机构：

我国是世界上地质灾害最严重、受威胁人口最多的国家之一，地质条件复杂，构造活动频繁，崩塌、滑坡、泥石流、地面塌陷、地面沉降、地裂缝等灾害隐患多、分布广，且隐蔽性、突发性和破坏性强，防范难度大。特别是近年来受极端天气、地震、工程建设等因素影响，地质灾害多发频发，给人民群众生命财产造成严重损失。为进一步加强地质灾害防治工作，特作如下决定。

一、指导思想、基本原则和工作目标

（一）指导思想。全面贯彻党的十七大和十七届三中、四中、五中全会精神，以邓小平理论和“三个代表”重要思想为指导，全面贯彻落实科学发展观，将“以人为本”的理念贯穿于地质灾害防治工作各个环节，以保护人民群众生命财产安全为根本，以建立健全地质灾害调查评价体系、监测预警体系、防治体系、应急体系为核心，强化全社会地质灾害防范意识和能力，科学规划，突出重点，整体推进，全面提高我国地质灾害防治水平。

（二）基本原则。坚持属地管理、分级负责，明确地方政府的地质灾害防治主体责任，做到政府组织领导、部门分工协作、全社会共同参与；坚持预防为主、防治结合，科学运用监测预警、搬迁避让和工程治理等多种手段，有效规避灾害风险；坚持专群结合、群测群防，充分发挥专业监测机构作用，紧紧依靠广大基层群众全面做好地质灾害防治工作；坚持谁引发、谁治理，对工程建设引发的地质灾害隐患明确防灾责任单位，切实落实防范治理责任；坚持统筹规划、综合治理，在加强地质灾害防治的同时，协调推进山洪等其他灾害防治及生态环境治理工作。

（三）工作目标。“十二五”期间，完成地质灾害重点防治区灾害调查任务，全面查清地质灾害隐患的基本情况；基本完成三峡库区、汶川和玉树地震灾区、地质灾害高易发区重大地质灾害隐患点的工程治理或搬迁避让；对其他隐患点，积极开展专群结合的监测预警，灾情、险情得到及时监控和有效处置。到2020年，全面建成地质灾害调查评价体系、监测预警体系、防治体系和应急体系，基本消除特大型地质灾害隐患点的威胁，使灾害造成的人员伤亡和财产损失明显减少。

二、全面开展隐患调查和动态巡查

（四）加强调查评价。以县为单元在全国范围全面开展山洪、地质灾害调查评价工作，重点提高汶川、玉树地震灾区以及三峡库区、西南山区、西北黄土区、东南沿海等地区的调查工作程度，加大对人口密集区、重要军民设施周边地质灾害危险性的评价力度。调查评价结果要及时提交当地县级以上人民政府，作为灾害防治工作的基础依据。

（五）强化重点勘查。对可能威胁城镇、学校、医院、集市和村庄、部队营区等人口密集区域及饮用水源地，隐蔽性强、地质条件复杂的重大隐患点，要组织力量进行详细勘查，查明灾害成因、危害程度，掌握其发展变化规律，并逐点制定落实监测防治措施。

（六）开展动态巡查。地质灾害易发区县级人民政府要建立健全隐患排查制度，组织对本地区地质灾害隐患点开展经常性巡回检查，对重点防治区域每年开展汛前排查、汛中检查和汛后核查，及时消除灾害隐患，并将排查结果及防灾责任单位及时向社会公布。省、市两级人民政府和相关部门要加强对县级人民政府隐患排查工作的督促指导，对基层难以确定的隐患，要及时组织专业部门进行现场核查确认。

三、加强监测预报预警

（七）完善监测预报网络。各地区要加快构建国土、气象、水利等部门联合的监测预警信息共享平台，建立预报会商和预警联动机制。对城镇、乡村、学校、医院及其他企事业单位等人口密集区上游易发生滑坡、山洪、泥石流的高山峡谷地带，要加密部署气象、水文、地质灾害等专业监测设备，加强监测预报，确保及时发现险情、及时发出预警。

（八）加强预警信息发布手段建设。进一步完善国家突发公共事件预警信息发布系统，建立国家应急广播体系，充分利用广播、电视、互联网、手机短信、电话、宣传车和电子显示屏等各种媒体和手段，及时发布地质灾害预警信息。重点加强农村山区等偏远地区紧急预警信息发布手段建设，并因地制宜地利用有线广播、高音喇叭、鸣锣吹哨、逐户通知等方式，将灾害预警信息及时传递给受威胁群众。

（九）提高群测群防水平。地质灾害易发区的县、乡两级人民政府要加强群测群防的组织领导，健全以村干部和骨干群众为主体的群测群防队伍。引导、鼓励基层社区、村组成立地质灾害联防联控互助组织。对群测群防员给予适当经费补贴，并配备简便实用的监测预警设备。组织相关部门和专业技术人员加强对群测群防员等的防灾知识技能培训，不断增强其识灾报灾、监测预警和临灾避险应急能力。

四、有效规避灾害风险

（十）严格地质灾害危险性评估。在地质灾害易发区内进行工程建设，要严格按规定开展地质灾害危险性评估，严防人为活动诱发地质灾害。强化资源开发中的生态保护与监管，开展易灾地区生态环境监测评估。各地区、各有关部门编制城市总体规划、村庄和集镇规划、基础设施专项规划时，要加强对规划区地质灾害危险性评估，合理确定项目选址、布局，切实避开危险区域。

（十一）快速有序组织临灾避险。对出现灾害前兆、可能造成人员伤亡和重大财产损失的区域和地段，县级人民政府要及时划定地质灾害危险区，向社会公告并设立明显的警示标志；要组织制定防灾避险方案，明确防灾责任人、预警信号、疏散路线及临时安置场所等。遇台风、强降雨等恶劣天气及地震灾害发生时，要组织力量严密监测隐患发展变化，紧急情况下，当地人民政府、基层群测群防组织要迅速启动防灾避险方案，及时有序组织群众安全转移，并在原址设立警示标志，避免人员进入造成伤亡。在安排临时转移群众返回原址居住前，要对灾害隐患进行安全评估，落实监测预警等防范措施。

（十二）加快实施搬迁避让。地方各级人民政府要把地质灾害防治与扶贫开发、生态移民、新农村建设、小城镇建设、土地整治等有机结合起来，统筹安排资金，有计划、有步骤地加快地质灾害危险区内群众搬迁避让，优先搬迁危害程度高、治理难度大的地质灾害隐患点周边群众。要加强对搬迁安置点的选址评估，确保新址不受地质灾害威胁，并为搬迁群众提供长远生产、生活条件。

五、综合采取防治措施

（十三）科学开展工程治理。对一时难以实施搬迁避让的地质灾害隐患点，各地区要加快开展工程治理，充分发挥专家和专业队伍作用，科学设计，精心施工，保证工程质量，提高资金使用效率。各级国土资源、发展改革、财政等相关部门，要加强对工程治理项目的支持和指导监督。

（十四）加快地震灾区、三峡库区地质灾害防治。针对汶川、玉树等地震对灾区地质环境造成的严重破坏，在全面开展地震影响区地质灾害详细调查评价的基础上，抓紧编制实施地质灾害防治专项规划，对重大隐患点进行严密监测，及时采取搬迁避让、工程治理等防治措施，防止造成重大人员伤亡和财产损失。组织实施好三峡库区地质灾害防治工作，妥善解决二、三期地质灾害防治遗留问题，重点加强对水位涨落引发的滑坡、崩塌监测预警和应急处置。

（十五）加强重要设施周边地质灾害防治。对交通干线、水利枢纽、输供电输油（气）设施等重要设施及军事设施周边重大地质灾害隐患，有关部门和企业要及时采取防治措施，确保安全。经评估论证需采取地质灾害防治措施的工程项目，建设单位必须在主体工程建设的同时，实施地质灾害防护工程。各施工企业要加强对工地周边地质灾害隐患的监测预警，制定防灾预案，切实保证在建工程和施工人员安全。

（十六）积极开展综合治理。各地区要组织国土资源、发展改革、财政、环境保护、水利、农业、安全监管、林业、气象等相关部门，统筹各方资源抓好地质灾害防治、矿山地质环境治理恢复、水土保持、山洪灾害防治、中小河流治理和病险水库除险加固、尾矿库隐患治理、易灾地区生态环境治理等各项工作，切实提高地质灾害综合治理水平。要编制实施相关规划，合理安排非工程措施和工程措施，适当提高山区城镇、乡村的地质灾害设防标准。

（十七）建立健全地面沉降、塌陷及地裂缝防控机制。建立相关部门、地方政府地面沉降防控共同责任制，完善重点地区地面沉降监测网络，实行地面沉降与地下水开采联防联控，重点加强对长江三角洲、华北地区和汾渭地区地下水开采管理，合理实施地下水禁采、限采措施和人工回灌等工程，建立地面沉降防治示范区，遏制地面沉降、地裂缝进一步加剧。在深入调查的基础上，划定地面塌陷易发区、危险区，强化防护措施。制定地下工程活动和地下空间管理办法，严格审批程序，防止矿产开采、地下水抽采和其他地下工程建设以及地下空间使用不当等引发地面沉降、塌陷及地裂缝等灾害。

六、加强应急救援工作

（十八）提高地质灾害应急能力。地方各级人民政府要结合地质灾害防治工作实际，加强应急救援体系建设，加快组建专群结合的应急救援队伍，配备必要的交通、通信和专业设备，形成高效的应急工作机制。进一步修订完善突发地质灾害应急预案，制定严密、科学的应急工作流程。建设完善应急避难场所，加强必要的生活物资和医疗用品储备，定期组织应急预案演练，提高有关各方协调联动和应急处置能力。

（十九）强化基层地质灾害防范。地质灾害易发区要充分发挥基层群众熟悉情况的优势，大力支持和推进乡、村地质灾害监测、巡查、预警、转移避险等应急能力建设。在地质灾害重点防范期内，乡镇人民政府、基层群众自治组织要加强对地质灾害隐患的巡回检查，对威胁学校、医院、村庄、集市、企事业单位等人员密集场所的重大隐患点，要安排专人盯守巡查，并于每年汛期前至少组织一次应急避险演练。

（二十）做好突发地质灾害的抢险救援。地方各级人民政府要切实做好突发地质灾害的抢险救援工作，加强综合协调，快速高效做好人员搜救、灾情调查、险情分析、次生灾害防范等应急处置工作。要妥善安排受灾群众生活、医疗和心理救助，全力维护灾区社会稳定。

七、健全保障机制

（二十一）完善和落实法规标准。全面落实《地质灾害防治条例》，地质灾害易发区要抓紧制定完善地方性配套法规规章，健全地质灾害防治法制体系。抓紧修订地质灾害调查评价、危险性评估与风险区划、监测预警和应急处置的规范标准，完善地质灾害治理工程勘查、设计、施工、监理、危险性评估等技术要求和规程。

（二十二）加强地质灾害防治队伍建设。地质灾害易发区省、市、县级人民政府要建立健全与本地区地质灾害防治需要相适应的专业监测、应急管理和技术保障队伍，加大资源整合和经费保障力度，确保各项工作正常开展。支持高等院校、科研院所加大地质灾害防治专业技术人才培养力度，对长期在基层一线从事地质灾害调查、监测等防治工作的专业技术人员，在职务、职称等方面给予政策倾斜。

（二十三）加大资金投入和管理。国家设立的特大型地质灾害防治专项资金，用于开展全国地质灾害调查评价，实施重大隐患点的监测预警、勘查、搬迁避让、工程治理和应急处置，支持群测群防体系建设、科普宣教和培训工作。地方各级人民政府要将地质灾害防治费用和群测群防员补助资金纳入财政保障范围，根据本地实际，增加安排用于地质灾害防治工作的财政投入。同时，要严格资金管理，确保地质灾害防治资金专款专用。各地区要探索制定优惠政策，鼓励、吸引社会资金投入地质灾害防治工作。

（二十四）积极推进科技创新。国家和地方相关科技计划（基金、专项）等要加大对地质灾害防治领域科学研究和技术创新的支持力度，加强对复杂山体成灾机理、灾害风险分析、灾害监测与治理技术、地震对地质灾害影响评价等方面的研究。积极采用地理信息、全球定位、卫星通信、遥感遥测等先进技术手段，探索运用物联网等前沿技术，提升地质灾害调查评价、监测预警的精度和效率。鼓励地质灾害预警和应急指挥、救援关键技术装备的研制，推广应用生命探测、大型挖掘起重破障、物探钻探及大功率水泵等先进适用装备，提高抢险救援和应急处置能力。加强国际交流与合作，学习借鉴国外先进的地质灾害防治理论和技术方法。

（二十五）深入开展科普宣传和培训教育。各地区、各有关部门要广泛开展地质灾害识灾防灾、灾情报告、避险自救等知识的宣传普及，增强全社会预防地质灾害的意识和自我保护能力。地质灾害易发区要定期组织机关干部、基层组织负责人和骨干群众参加地质灾害防治知识培训，加强对中小学学生地质灾害防治知识的教育和技能演练；市、县、乡级政府负责人要全面掌握本地区地质灾害情况，切实增强灾害防治及抢险救援指挥能力。

八、加强组织领导和协调

（二十六）切实加强组织领导。地方各级人民政府要把地质灾害防治工作列入重要议事日程，纳入政府绩效考核，考核结果作为领导班子和领导干部综合考核评价的重要内容。要加强对地质灾害防治工作的领导，地方政府主要负责人对本地区地质灾害防治工作负总责，建立完善逐级负责制，确保防治责任和措施层层落到实处。地质灾害易发区要把地质灾害防治作为市、县、乡级政府分管领导及主管部门负责人任职等谈话的重要内容，督促检查防灾责任落实情况。对在地质灾害防范和处置中玩忽职守，致使工作不到位，造成重大人员伤亡和财产损失的，要依法依规严肃追究行政领导和相关责任人的责任。

（二十七）加强沟通协调。各有关部门要各负其责、密切配合，加强与人民解放军、武警部队的沟通联络和信息共享，共同做好地质灾害防治工作。国土资源部门要加强对地质灾害防治工作的组织协调和指导监督；发展改革、教育、工业和信息化、民政、住房城乡建设、交通运输、铁道、水利、卫生、安全监管、电力监管、旅游等部门要按照职责分工，做好相关领域地质灾害防治工作的组织实施。

（二十八）构建全社会共同参与的地质灾害防治工作格局。广泛发动社会各方面力量积极参与地质灾害防治工作，紧紧依靠人民解放军、武警部队、民兵预备役、公安消防队伍等抢险救援骨干力量，切实发挥工会、共青团、妇联等人民团体在动员群众、宣传教育等方面的作用，鼓励公民、法人和其他社会组织共同关心、支持地质灾害防治事业。对在地质灾害防治工作中成绩显著的单位和个人，各级人民政府要给予表扬奖励。

国务院关于全面整顿和规范矿产资源开发秩序的通知

各省、自治区、直辖市人民政府，国务院各部委、各直属机构：

党中央、国务院对保护和合理开发利用矿产资源工作十分重视，制定了一系列方针、政策，多次部署了全国矿业秩序治理整顿工作。多年来，各地方和有关部门做了大量工作，取得了积极成效。但是，由于多方面的原因，矿产资源开发中存在的深层次矛盾和问题尚未得到解决，一些地区开发秩序仍然比较混乱，存在矿山布局不合理、经营粗放、浪费资源、破坏环境、安全生产事故频发等问题。尤其是最近一个时期，一些地区群发性无证勘查和开采、越界开采、乱采滥挖等各种违法违规行为出现严重反弹。为解决当前矿产资源开发中存在的突出问题，国务院决定全面整顿和规范矿产资源开发秩序。现就有关事项通知如下：

一、充分认识整顿和规范矿产资源开发秩序的重要意义

矿产资源是国民经济和社会发展的重要物质基础。整顿矿产资源开发中的各类违法违规行为，规范矿产资源开发活动，建立和维护良好的矿产资源开发秩序，是实现矿产资源合理开发、永续利用，确保安全的重要措施，对全面落实科学发展观、提高矿产资源对经济社会可持续发展的保障能力和全面建设小康社会，具有十分重要的意义。各地区、有关部门要以邓小平理论和“三个代表”重要思想为指导，以科学发展观为统领，进一步提高对整顿和规范矿产资源开发秩序工作重要性、紧迫性和艰巨性的认识，将整顿和规范矿产资源开发秩序作为一项事关全局的重要任务抓紧抓好，推动我国矿业走出一条科技含量高、经济效益好、资源利用率高、环境污染少、安全有保障、人力资源优势得到充分发挥的新路子。

二、整顿和规范矿产资源开发秩序的目标

要正确处理整顿与发展、局部与全局、当前与长远的关系，严格依照《中华人民共和国矿产资源法》等法律法规的规定，加大执法力度，切实做到有法必依、执法必严、违法必究。要坚持依法行政，并运用经济手段，全面开展以煤炭开发为重点的矿产资源开发秩序的整顿和规范行动。到2007年年底全面完成整顿和规范的各项任务，使无证勘查和开采、乱采滥挖、浪费破坏矿产资源、严重污染环境等违法行为得到全面遏制；越界开采、非法转让探矿权和采矿权等违法行为得到全面清理，违法案件得到及时查处；矿山安全事故及破坏生态环境现象明显减少；矿山布局不合理的状况得到明显改善，矿产资源开发利用规模化、集约化程度明显提高；基层监管到位，投资环境改善，矿产资源管理加强，基本建立规范的矿产资源开发秩序。

三、整顿矿产资源开发秩序的主要任务

（一）严厉打击无证勘查和开采等违法行为。地方各级人民政府要对本行政区域内的无证勘查和开采矿产资源的违法行为进行集中打击。对无证或持过期失效许可证进行勘查、开采的，公安部门不得批准其购买、使用民用爆破器材，电力部门不得供电，工商部门不得发放营业执照，安全监管

部门不得发放安全生产许可证，国土资源主管部门要责令其停止开采，没收采出的矿产品和违法所得，并从重处以罚款。对持勘查许可证采矿或开采矿种与采矿许可证不符的，国土资源主管部门要责令其停止违法行为，并按无证开采予以处罚，对拒不改正的，依法吊销勘查许可证或采矿许可证和其他证照。对停产整改期间擅自采矿的，由决定停产整顿的部门进行严肃查处。对采矿许可证、安全生产许可证、生产许可证、营业执照和矿长资格证不全的煤炭开采企业，有关主管部门要责令其停止违法生产行为，并依法予以查处。为防止无证勘查、开采现象出现反弹，地方各级人民政府要组织有关部门及时拆除当地违法工程的地面设施，查封设备，充填井筒。国土资源主管部门要加强巡查，发现无证勘查、开采的，要及时报告当地人民政府予以取缔。各地要高度重视并有效制止各类群发性无证开采行为的发生，对违法行为保持高压态势，做到及时发现、及时查处。对拒不停止开采或取缔后又违法开采，造成矿产资源破坏、甚至发生事故的，要依法追究有关人员的刑事责任。

（二）全面查处越界开采等违法行为。地方各级人民政府要组织国土资源等部门对本行政区域内越界开采、非法转让探矿权和采矿权等违法行为进行全面排查。对超越批准矿区范围开采的，责令退回其本矿区范围，没收越界开采的矿产品和违法所得，密封越界的井巷工程，并依法进行处罚；对拒不退回本矿区范围内开采的，依法吊销其采矿许可证和其他证照。对非法转让探矿权、采矿权的，没收其违法所得，处以罚款，并责令限期改正，逾期仍不改正的，依法吊销勘查许可证、采矿许可证和其他证照；对受让方按无证勘查、开采予以处罚。对取得勘查许可证后不按期进行施工或未依法完成最低勘查投入的，国土资源主管部门要责令限期改正，并依法处罚；对拒不改正的，依法吊销勘查许可证。对吊销许可证的，要及时依法注销工商登记并予以公告。对未按批准的开发利用方案或矿山设计进行开采、开采回采率达不到设计要求、浪费破坏矿产资源的，要责令停止生产、限期整改，对整改后仍达不到要求的，要坚决予以关闭。

（三）坚决关闭破坏环境、污染严重、不具备安全生产条件的矿山企业。要加大对矿产资源开发环境保护和矿山企业安全生产的监管力度。对在各类保护区的禁采区内进行开采的矿山企业和影响大矿安全生产的小矿，由当地人民政府予以关闭。对严重污染环境、未进行环境影响评价的矿山企业，对不符合安全生产要求超通风能力生产、未按规定建立瓦斯抽放系统、未采取防突措施、未经“三同时”审查验收的矿山企业，环境、安全监管部门要依法责令限期整改或停产整顿，有关部门要及时收回所有证照；对拒不停产和整改后仍达不到要求的，要坚决及时予以关闭，有关部门要依法吊销所有证照。

（四）全面清查和纠正矿产资源开发管理中的各种违法违规行为。地方各级人民政府及国土资源、发展改革（经贸）、安全生产、环保、工商等部门要严格依法行政，全面规范矿产资源开发管理的行政行为。要依照相关法律法规，对矿产资源开发管理中的探矿权和采矿权审批、项目核准、生产许可、安全许可、环评审查、企业设立等各项管理行为进行一次全面清理检查。对违法违规审批、滥用职权、失职、渎职行为以及国家工作人员参与办矿、徇私舞弊等腐败现象依法进行严肃查处。

（五）全面开展煤炭资源回采率专项检查。各地要采取切实有效措施，加大煤炭资源回采率专项检查工作力度。要严肃查处一批浪费、破坏煤炭资源的典型案件并进行曝光，坚决遏制浪费、破坏资源的势头。同时，表彰一批保护和合理利用资源的先进典型。修订完善煤炭资源回采率标准和管理办法。凡设计回采率达不到国家规定标准的建设项目，一律不予核准，不予颁发采矿许可证。对达不到回采率标准的煤矿，要责令其限期整改，逾期仍达不到的，依法予以经济处罚，直至吊销采矿许可证和煤炭生产许可证。强制淘汰落后的生产技术、工艺及设备。通过专项检查和整改，全面提高煤炭资源开发利用水平。

（六）对保护性开采的特定矿种进行专项整治。国土资源部要会同发展改革委、商务部等有关部门按照各自职责，对钨、锡、锑、稀土等保护性开采的特定矿种，进行开采、选冶、加工、销售和出口的专项整治，切实解决超量开采、经营秩序混乱、生产结构失衡、缺乏有效监管、不具备安全生产条件等问题。国土资源部要继续对保护性开采的特定矿种实行开采总量控制，并对控制指标执行情况进行全面清查。继续暂停审批和颁发钨矿采矿许可证。严禁保护性开采的特定矿种超计划开采和计划外出口。同时，要加强对稀缺矿种的资源保护，严禁乱采滥挖和浪费破坏资源，国土资源部要会同有关部门根据国民经济发展的需要，研究制订对保护性开采的特定矿种和稀缺矿种的管理办法。各省、自治区、直辖市人民政府要结合地方实际，对本行政区域内油气、铁、石墨、黄金等开发秩序问题突出的矿种以及影响铁路、公路安全的采矿行为，制订专项整治的具体措施，开展专项整治工作。

四、规范矿产资源开发秩序的主要任务

（一）严格探矿权、采矿权管理。国土资源部要严格依照《中华人民共和国行政许可法》《中华人民共和国矿产资源法》等有关法律法规的规定，组织对各地探矿权、采矿权审批情况进行全面清理，坚决刹住一些地方非法干预设置探矿权、采矿权的行为。国土资源部要严格按照国务院发布的《矿产资源勘查区块登记管理办法》和《矿产资源开采登记管理办法》的规定，对以往的各种授权进行清理并重新授权。要严格按照国家产业政策和矿产资源规划设置探矿权、采矿权。要依据法律规定严格审批条件，规范审批程序，进一步完善探矿权和采矿权申请、延续、变更、注销等相关管理制度。

（二）集中解决矿山布局不合理问题。各省、自治区、直辖市人民政府要结合本地实际，以煤炭资源为重点，通过资源整合，切实解决矿山布局不合理等问题，逐步实现资源开发规模化、集约化。国土资源部、发展改革委要积极扶持大型煤炭基地建设，在已划定19个煤炭国家规划矿区的基础上，继续划定并公布大型煤炭基地内的煤炭国家规划矿区名单，按照规划合理安排大型煤炭基地建设项目。对影响大矿统一规划开采的小矿，凡能够与大矿进行资源整合的，由大矿采取合理补偿、整体收购或联合经营等方式进行整合。各类矿山都要按照规模化、集约化的原则进行整合，限期达到规定的最低开采规模。各地要统一组织制定小矿整合方案，并切实抓好落实，提高矿产资源开发利用水平。国土资源部要根据国民经济和社会发展需要，结合各地实际情况，组织制定和完善不同矿种的最低开采规模标准。

（三）完善矿产资源有偿使用制度。要按照矿产资源分类、分级管理的要求，进一步推进矿产资源有偿使用制度改革。加强煤炭等国家规划矿区以及其他煤炭资源集中区的普查和必要的详查，统一编制矿区总体开发规划和探矿权、采矿权设置方案。全面实行探矿权、采矿权有偿取得制度，采取市场竞争方式出让探矿权、采矿权，规范矿业权市场，研究解决探矿权、采矿权无偿和有偿取得“双轨制”问题的有效措施。调整现行的矿业税费政策，积极探索矿产资源税费征收与储量消耗挂钩的政策措施。理顺矿产资源利益分配关系，改善矿业投资环境。具体办法由财政部、国土资源部另行制订。

（四）探索建立矿山生态环境恢复补偿制度。地方各级人民政府应对本地矿区生态环境进行监督管理，按照“谁破坏、谁恢复”的原则，明确治理责任，保证治理资金和治理措施落实到位。新建和已投产生产矿山企业要制订矿山生态环境保护与综合治理方案，报经主管部门审批后实施。对废

弃矿山和老矿山的生态环境恢复与治理，按照“谁投资、谁受益”的原则，积极探索通过市场机制多渠道融资方式，加快治理与恢复的进程。财政部、国土资源部等部门应尽快制订矿山生态环境恢复的经济政策，积极推进矿山生态环境恢复保证金制度等生态环境恢复补偿机制。

（五）严格矿产资源勘查、开采准入管理。国土资源部、发展改革委等有关部门要加强勘查、开采资质管理，制订勘查、开采资质管理办法，严格市场准入标准。国土资源主管部门审批采矿许可证，必须依法对开发利用方案进行严格审查，凡不符合国家规划、产业政策和技术规范以及开采回采率低、矿产资源不能合理利用、不符合安全生产条件、不提交环境影响评价报告和地质灾害危险性评估报告批复文件的，一律不予批准。设计单位要严格按照国家规定的技术规范编制开发利用方案或设计，有关主管部门要加强监管。

（六）建立矿产资源开发监管责任体系。国土资源等有关部门要依据法律法规，进一步完善探矿权和采矿权审批、项目核准、生产许可、安全许可、环评审查、企业设立等各项矿产资源开发的管理制度，切实加强对矿产资源开发各个环节的监管并承担相应责任。要充分发挥执法监察队伍和矿产督察员队伍的作用，建立监管责任体系。要强化市、县国土资源管理部门监管职能，加强监管力量，实行任务到矿，责任到人，维护矿产资源勘查、开采正常秩序。要积极探索对储量进行动态监管的有效办法，严格矿产资源开发利用方案执行情况的检查，完善年度报告制度，切实提高矿产资源开发利用水平。

五、加强领导，确保整顿和规范矿产资源开发秩序工作顺利进行

整顿和规范矿产资源开发秩序工作时间紧、涉及面广，任务十分艰巨。各地区和有关部门要高度重视，切实加强领导。国土资源部、发展改革委要会同公安部、监察部、财政部、商务部、工商总局、环保总局、安全监管总局等部门建立部际联席会议制度，研究解决整顿和规范工作中的重大问题，指导全国整顿和规范矿产资源开发秩序工作。联席会议的日常工作由国土资源部承担。各省、自治区、直辖市人民政府是整顿和规范矿产资源开发秩序的责任主体，要将维护正常的矿产资源开发秩序纳入政府工作目标，并成立领导小组，明确责任，协调行动，联合执法，统一组织实施本行政区域内整顿和规范矿产资源开发秩序工作。

要按照统一部署、依法推进、突出重点、分步实施的原则，开展整顿和规范矿产资源开发秩序的各项工作，做到进度服从质量。整顿和规范工作大致分为两个阶段：第一阶段，自本通知下发之日起至 2006 年年底，基本完成整顿的主要任务，同时开展相关的规范工作；第二阶段，从 2007 年年初至当年底，要全面完成本通知提出的各项任务。各地要建立整顿和规范工作目标责任制，一级抓一级，层层抓落实。对整顿工作不力、未完成整顿和规范任务的，要追究有关领导的责任。

各地区要在整顿和规范矿产资源开发秩序任务完成后，按照本通知的要求，分阶段认真做好检查验收工作，并向国务院作出报告。国土资源部、发展改革委要会同有关部门对全国整顿和规范矿产资源开发秩序工作进行检查验收。对整顿和规范工作中出现的重大问题，各地区和有关部门要及时向国务院报告。

第十五章　地方性法规、政府规章

内蒙古自治区矿山地质环境治理办法

第一章　总　则

第一条　为了减少矿产资源开采活动造成的矿山地质环境破坏，保护矿山地质环境，根据《土地复垦条例》《内蒙古自治区地质环境保护条例》和国家有关法律法规，结合自治区实际，制定本办法。

第二条　自治区行政区域内的矿山地质环境治理活动，适用本办法。

本办法所称矿山地质环境治理包括矿山地质环境保护与恢复治理、矿山土地复垦。

第三条　矿山地质环境治理坚持保护优先、预防为主、综合治理、公众参与、损害担责的原则。

第四条　旗县级以上人民政府国土资源主管部门负责本行政区域内矿山地质环境治理工作的监督管理。

其他有关部门按照各自职责，做好矿山地质环境治理相关工作。

第五条　采矿权人是矿山地质环境治理责任主体，全面履行矿山地质环境保护与恢复治理和矿山土地复垦义务，治理费用列入生产成本。

第六条　自治区鼓励矿山地质环境治理科学技术研究，普及相关科学技术知识，推广应用先进技术和方法。

鼓励公民、法人和其他组织对已经关闭或者废弃矿山的地质环境投资治理。

矿山地质环境治理后，具有观赏价值、科学研究价值的矿山遗迹，鼓励开发为矿山公园。

第二章　矿山地质环境治理

第七条　旗县级以上人民政府国土资源主管部门负责编制本行政区域的矿山地质环境治理规划，报本级人民政府批准实施。

矿山地质环境治理规划应当符合土地利用总体规划、城乡规划和矿产资源总体规划，并与地质灾害防治规划、土地整治规划等相协调。

第八条　采矿权申请人申请办理采矿许可证应当提交矿山地质环境治理方案。

矿山地质环境治理方案应当委托具有相应资质的单位编制，并报具有批准权的国土资源主管部门审查。

矿山地质环境治理方案包括矿山地质环境保护与恢复治理方案和矿山土地复垦方案。

第九条　采矿权申请人未编制矿山地质环境治理方案或者矿山地质环境治理方案不符合要求的，有批准权的国土资源主管部门不得颁发采矿许可证。

第十条　国土资源部颁发采矿许可证的，采矿权人应当将审查通过的矿山地质环境保护与治理恢复方案和矿山土地复垦方案报矿山所在地盟行政公署、设区的市人民政府国土资源主管部门备案。

第十一条　本办法施行前已经领取采矿许可证，且本办法施行后继续从事矿产资源开发的采矿权人，应当自本办法施行之日起一年内，按照本办法规定补充编制矿山地质环境治理方案。

第十二条 采矿权人应当根据矿山地质环境治理方案编制矿山地质环境保护与治理恢复和矿山土地复垦分期治理方案（以下简称分期治理方案）。

分期治理方案应当委托具有相应资质的单位编制，并报具有批准权的国土资源主管部门审查。

第十三条 鼓励相邻矿山在矿山地质环境治理过程中实施联合治理，编制联合分期治理方案，经国土资源主管部门审查后实施。已编制联合分期治理方案的，不再编制单个矿山分期治理方案。

第十四条 矿山地质环境治理每三年为一个治理周期。

矿山剩余服务年限在三年以下的，采矿权人应当根据治理方案一次性完成矿山地质环境闭坑治理。矿山剩余服务年限超过三年的，采矿权人应当根据分期治理方案实施矿山地质环境治理。

第十五条 采矿权人应当在矿山开采前首先对拟损毁的耕地、林地、牧草地进行表土剥离并单独存放，剥离的表土用于矿山地质环境恢复治理。

第十六条 旗县级以上人民政府应当采取措施，对历史遗留的、政策性关闭的矿山地质环境进行治理。

第十七条 旗县级以上人民政府国土资源主管部门应当建立年度检查制度，对全区矿山地质环境治理方案的落实进行监督检查。

第三章　保证金缴存与管理

第十八条 在自治区行政区域内从事矿产资源开采的采矿权人，应当缴存矿山地质环境治理保证金。

第十九条 矿山地质环境治理保证金属于矿山地质环境保护与恢复治理和矿山土地复垦担保资金。

已缴存矿山地质环境治理保证金的，不再缴纳土地复垦费。

第二十条 矿山地质环境治理保证金实行企业所有、政府监管、专户储存、专账核算。任何单位和个人不得截留、挤占、挪用。

第二十一条 盟行政公署、设区的市人民政府国土资源主管部门为矿山地质环境治理保证金缴存管理机关，负责保证金的缴存和管理。

第二十二条 矿山地质环境治理保证金实行属地管理。采矿权范围跨行政区域的，保证金应当向负责采矿权日常监督管理的国土资源主管部门缴存。

第二十三条 盟行政公署、设区的市人民政府国土资源主管部门可以将普通建筑材料使用砂、石、黏土矿的矿山地质环境治理保证金缴存和管理，委托旗县级人民政府国土资源行政主管部门实施。

第二十四条 旗县级以上人民政府国土资源主管部门应当会同同级财政部门对矿山地质环境治理保证金的管理实施监督。

第二十五条 采矿权人在缴存矿山地质环境治理保证金时，应当与所在地盟行政公署、设区的市人民政府国土资源主管部门签订矿山地质环境治理责任书。

第二十六条 矿山地质环境治理保证金缴存标准应当按照不低于矿山地质环境治理费用的原则，根据本办法所附的《矿山地质环境治理保证金缴存标准及影响系数表》，以因素法计算与治理方案综合比较，按就高原则确定。

第二十七条 开采普通建筑材料使用砂、石、黏土矿和矿山剩余服务年限在三年以下的，应当一次性全额缴存保证金；矿山剩余服务年限超过三年的，采矿权人出具缴款计划和承诺书后，可以分期缴存，每期缴存额不得低于三年应缴额。

第二十八条　矿山开采方式、矿区范围、生产规模、主要开采矿种发生变更的，采矿权人应当重新编制矿山地质环境治理方案、签订矿山地质环境治理责任书、核定并缴存矿山地质环境治理保证金。

采矿权转让的，矿山地质环境治理责任和已缴存的矿山地质环境治理保证金一并转让；保证金无法转让的，应当重新缴存，并重新签订矿山地质环境治理责任书。

第二十九条　每期矿山地质环境治理工程完成后，采矿权人应当申请对矿山地质环境治理工程进行验收。国土资源主管部门应当自接到验收申请之日起三十日内完成验收，验收合格的，矿山地质环境治理保证金结转到下一个治理周期。

连续两期矿山地质环境治理验收合格的生产矿山，经矿山地质环境治理保证金缴存管理机关同意，可以提取部分矿山地质环境治理保证金，专项用于矿山地质环境治理。

第三十条　采矿权人终止采矿活动或者矿山闭坑前，应当申请对矿山地质环境治理工程进行验收。验收合格的，国土资源主管部门应当在七日内返还保证金和利息。

第四章　法律责任

第三十一条　编制单位编制矿山地质环境治理方案或者分期治理方案弄虚作假的，由旗县级以上人民政府国土资源主管部门处以 3 万元罚款，给他人造成损失的，依法承担赔偿责任。

第三十二条　本办法施行前已经领取采矿许可证，本办法施行后继续从事矿业开发的采矿权人未按照规定补充编制矿山地质环境治理方案的，依据《土地复垦条例》第三十七条规定，由旗县级以上人民政府国土资源主管部门责令限期改正；逾期不改正的，处以 10 万元以上 20 万元以下罚款。

第三十三条　违反本办法规定，采矿权人未对拟损毁的耕地、林地、牧草地进行表土剥离的，根据《土地复垦条例》第三十九条规定，由旗县级以上人民政府国土资源主管部门责令限期改正；逾期不改正的，按照应当进行表土剥离的土地面积处以每公顷 1 万元的罚款。

第三十四条　违反本办法规定，采矿权人未履行矿山地质环境治理和矿山土地复垦义务的，根据《土地复垦条例》第二十条规定，由旗县级以上人民政府国土资源主管部门责令限期履行；逾期不履行的，在申请新的采矿许可证或者申请采矿许可证延续、变更时，有批准权的国土资源主管部门不得批准，并将其违法行为纳入社会信用体系，列入矿山地质环境治理诚信档案黑名单，与企业信用信息公示系统资源共享。

第三十五条　违反本办法规定，采矿权人拒绝、阻碍国土资源主管部门监督检查，或者在接受监督检查时弄虚作假的，根据《土地复垦条例》第四十三条规定，由国土资源主管部门责令改正，处以 2 万元以上 5 万元以下罚款。

第三十六条　国土资源主管部门及其工作人员在矿山地质环境治理监督管理中玩忽职守、滥用职权、徇私舞弊的，依法给予行政处分；构成犯罪的，依法追究刑事责任。

第三十七条　本办法自 2015 年 5 月 1 日起施行。2013 年 2 月 22 日发布的《内蒙古自治区矿山地质环境治理保证金管理办法》（内政发〔2013〕23 号）同时废止。

内蒙古自治区地质环境保护条例

第一章 总 则

第一条 为了保护和合理利用地质环境，防治地质灾害，保护公共财产和公民生命财产安全，促进自治区经济建设和社会发展，根据国家有关法律、法规，结合自治区实际，制定本条例。

第二条 在自治区行政区域内从事与地质环境有关活动的单位和个人，必须遵守本条例。

第三条 地质环境管理坚持积极保护与合理开发利用的原则。

任何单位和个人都有保护地质环境的义务，有权对破坏地质环境的行为进行制止、检举和控告。

第四条 旗县级以上人民政府应当加强本行政区域地质环境保护工作的领导，制定地质环境保护与利用规划，并纳入本地区国民经济和社会发展计划。

旗县级以上人民政府国土资源行政主管部门负责本行政区域地质环境保护工作的监督管理。其他有关部门按照各自的职责，做好有关地质环境保护管理工作。

第二章 地质环境评价与监测

第五条 制定区域国土综合开发规划必须按照国家规定进行地质环境影响评价。

对可能造成地质环境破坏的项目建设，应当由具有相应资质的单位进行地质环境影响评价，编制地质环境影响评价报告，经自治区人民政府国土资源行政主管部门审核同意后，列为环境影响评价报告的重要组成部分。

第六条 自治区人民政府国土资源行政主管部门应当组织开展区域地质环境调查评价，建立和完善地质环境监测网络以及地质灾害预警系统，设置相应的监测设施，对地质环境实行动态监测、监督。

第七条 自治区人民政府国土资源行政主管部门负责制定全区地质环境监测站网发展规划，统一协调区域性和专门性地质环境监测站网的部署，统一制定技术要求，组织开展地质环境监测工作。

第八条 自治区人民政府国土资源行政主管部门应当定期发布全区地质环境状况公报。

第三章 地质灾害防治

第九条 旗县级以上人民政府国土资源行政主管部门应当定期对地质灾害现状进行调查，组织编制本行政区域地质灾害防治规划和年度防灾预案，报本级人民政府批准后实施，并报上一级国土资源行政主管部门备案。

各级人民政府应当根据地质灾害防治规划安排必要的防治经费，用于地质灾害的监测、应急调查和防治。

第十条 旗县级以上人民政府应当根据地质灾害防治规划，划定地质灾害危险区、地质灾害易发区，并予以公告。

地质灾害危险区边界应当设立明显标志。

第十一条　禁止在地质灾害危险区内进行采矿、建筑、削坡和开采、抽取地下水等容易诱发地质灾害发生的活动。

第十二条　在地质灾害易发区内进行工程建设，在项目选址阶段必须由具有相应资质的单位进行地质灾害危险性评估。评估结果由自治区人民政府国土资源行政主管部门聘请有资格的专家组成专家组审查认定，并作为该建设项目用地审查报批的必备条件之一。未经认定的，不予办理建设用地预审及审批手续。

第十三条　旗县级以上人民政府国土资源行政主管部门应当对本行政区域内可能造成地质环境破坏、诱发地质灾害的行为进行监督检查。接受检查的单位和个人应当如实反映情况，并按要求提供有关资料。

第十四条　旗县级以上人民政府国土资源行政主管部门应当建立地质灾害监测网络和预报制度，对地质灾害及时做出预测，并会同有关部门采取必要的避险措施。

地质灾害长期预报和重要灾害点的中期预报，由自治区人民政府国土资源行政主管部门提出，报自治区人民政府发布；地质灾害临灾预报、短期预报以及一般灾害点的中期预报，由旗县级以上人民政府国土资源行政主管部门提出，报本级人民政府发布，同时报上一级国土资源行政主管部门备案。其他任何单位和个人不得发布地质灾害预报。

第十五条　地质灾害发生后，由所在地人民政府组织国土资源行政主管部门和其他有关部门进行勘查界定。跨区域的地质灾害的成因和治理责任，由其共同的上级国土资源行政主管部门按照规定的程序进行勘查界定。

属于人为活动诱发的地质灾害，其界定工作费用和治理责任均由诱发地质灾害的单位和个人承担；属于自然形成的地质灾害，由所在地人民政府组织治理。

第十六条　诱发地质灾害的单位和个人提出的地质灾害治理方案，应当符合国家规定的地质灾害治理设计规范，经旗县级以上人民政府国土资源行政主管部门审批后实施。治理责任人应当按批准的治理方案施工。

地质灾害治理工程竣工后，应当经治理方案的审批机关组织验收。

第四章　矿山地质环境保护

第十七条　采矿权人新建、改建、扩建矿山要严格执行地质环境影响评价制度，必须由具有相应资质的单位进行地质灾害危险性评估。

矿山设计或者开发利用方案，应当包括地质环境保护和地质灾害防治的内容。

第十八条　采矿权人应当按照批准的矿山设计或者开发利用方案和施工规范进行建设、开采，防止因采矿造成地面塌陷、地面沉降、滑坡、泥石流等地质灾害。

第十九条　勘查、开采矿产资源造成地质环境破坏或者诱发地质灾害的，应当及时向所在地人民政府国土资源行政主管部门报告，并采取必要的恢复和治理措施，防止灾害扩大。

采矿权人向旗县级以上人民政府国土资源行政主管部门报送的矿产资源开发利用情况年度报告，应当如实反映地质环境保护情况，并接受国土资源行政主管部门的监督检查。

第二十条　采矿权人停办或者关闭矿山，应当按期完成矿山地质环境的恢复和地质灾害的治理工作，并接受所在地人民政府国土资源行政主管部门的监督检查。

第二十一条　矿山地质环境治理实行保证金制度。采矿权人应当缴纳矿山地质环境保证金，专户管理。地质环境保证金归采矿权人所有，专项用于该采矿权人采矿破坏地质环境的治理。保证金收取、使用和管理的具体办法由自治区人民政府制定。

第五章 地质遗迹的保护

第二十二条 地质遗迹由自治区人民政府国土资源行政主管部门认定。开发利用地质遗迹，应当进行地质调查与地质环境影响评价。

第二十三条 下列地质遗迹应当予以保护，并建立地质遗迹自然保护区：

（一）对追溯地质历史具有重大科学价值的典型地层剖面、地质构造；

（二）对地球演化和生物进化具有重要科学文化价值的古生物化石及其产地和重要古生物活动遗迹；

（三）具有重大科学研究和观赏价值的火山、奇峰、瀑布、鸣沙、冰川遗迹等奇特地质景观；

（四）具有特殊学科研究价值的岩石、矿物、宝玉石及其典型产地；

（五）具有独特医疗、保健作用或者科学研究价值的温泉、矿泉；

（六）典型地质灾害遗迹；

（七）法律、法规规定应当保护的其他地质遗迹。

地质遗迹自然保护区的报批、建设、保护等，按照国家和自治区自然保护区的有关规定执行。

对有保护价值独立存在的地质遗迹应当采取措施加以保护。

第二十四条 在地质遗迹自然保护区内或者未建立保护区的地质遗迹，可以建立地质公园。地质公园的建立和管理，按照国家和自治区的有关规定执行。

第二十五条 国家级地质遗迹自然保护区的管理按照国家的有关规定执行。自治区级地质遗迹自然保护区，由自治区人民政府国土资源行政主管部门管理。其他地质遗迹自然保护区和独立存在的地质遗迹，由其所在地人民政府国土资源行政主管部门管理。

对分布在其他类型自然保护区的地质遗迹自然保护区，由保护区所在地人民政府国土资源行政主管部门，根据地质遗迹自然保护区审批机关提出的保护要求，在原自然保护区管理机构的协助下，对地质遗迹自然保护区实施管理。

地质遗迹自然保护区管理经费，由旗县级以上人民政府按照管理权限予以安排。

第二十六条 任何单位和个人不得擅自挖掘、买卖或者以其他形式转让被保护的地质遗迹。

在地质遗迹自然保护区内和独立存在的地质遗迹保护的范围内，禁止从事采石、开矿、取土、垦荒、砍伐等活动，禁止修建与地质遗迹保护无关的建筑设施。对已建成并对地质遗迹造成污染或者破坏的设施，应当限期治理或者外迁。

第二十七条 科学研究机构、高等院校在地质遗迹自然保护区内和独立存在的地质遗迹保护的范围内从事科学研究、教学实习以及采集、挖掘标本和古生物化石等活动，应当事先提交申请和活动计划，经批准设立该地质遗迹自然保护区和独立存在的地质遗迹的国土资源行政主管部门同意，方可从事相应活动。

科学研究机构、高等院校在采集、挖掘活动结束后三十日内，将采集、挖掘的所有标本和古生物化石清单报采集、挖掘所在地人民政府国土资源行政主管部门备案；采集、挖掘获得的重要标本和古生物化石应当交由符合规定保存条件的馆藏机构保存，经自治区人民政府国土资源行政主管部门批准，也可以由有关科学研究机构或者高等院校保存。

第二十八条 在国家级地质遗迹自然保护区内开辟旅游景点、兴建旅游设施的，按照国家有关规定执行。在其他地质遗迹自然保护区内开辟旅游景点、兴建旅游设施的，报批准设立该地质遗迹自然保护区的人民政府国土资源行政主管部门批准。

在地质遗迹自然保护区内开展旅游活动，应当服从所在地人民政府国土资源行政主管部门的管理。

第六章　法律责任

第二十九条　勘查、开采矿产资源造成地质环境破坏或者诱发地质灾害的，由旗县级以上人民政府国土资源行政主管部门责令其限期恢复、治理；逾期不治理的，处以1万元以上5万元以下的罚款，情节严重的，由国土资源行政主管部门吊销勘查许可证、采矿许可证；构成犯罪的，依法追究刑事责任。

从事工程建设造成地质环境破坏或者诱发地质灾害的，由旗县级以上人民政府国土资源行政主管部门责令其限期恢复、治理；逾期不治理的，处以1万元以上5万元以下的罚款；构成犯罪的，依法追究刑事责任。

第三十条　违反本条例规定，有下列行为之一的，由旗县级以上人民政府国土资源行政主管部门责令改正或者责令停止违法行为，并处以5000元以上3万元以下的罚款：

（一）在地质灾害危险区内从事采矿、建筑、削坡和开采、抽取地下水等容易诱发地质灾害发生的活动的；

（二）未按照国土资源行政主管部门批准的治理方案治理地质灾害的；

（三）未按照批准的矿山设计或者开发利用方案和施工规范进行建设、开采，造成地质灾害的。

第三十一条　违反本条例规定，在地质遗迹自然保护区和独立存在的地质遗迹保护的范围内有下列行为之一的，由旗县级以上人民政府国土资源行政主管部门责令停止违法行为，没收违法所得，并可处以1000元以上1万元以下的罚款：

（一）破坏、挖掘、买卖或者以其他形式转让被保护的地质遗迹的；

（二）进行采石、开矿、取土、垦荒、砍伐以及修建与地质遗迹保护无关的建筑设施的；

（三）擅自采集、挖掘标本和古生物化石的。

第三十二条　违反本条例规定，擅自发布地质灾害预报的，或者不具备规定的资质条件，从事地质环境影响评价、地质灾害危险性评估或者地质灾害工程勘查、设计、施工和监理的，由旗县级以上人民政府国土资源行政主管部门责令停止违法行为，没收违法所得，并处以5000元以上2万元以下的罚款。

第三十三条　违反本条例规定，拒不接受国土资源行政主管部门的监督检查或者在被检查时拒报、谎报有关资料的，由旗县级以上人民政府国土资源行政主管部门责令限期改正，逾期不改正的，处以300元以上3000元以下的罚款。

第三十四条　接受委托进行地质环境影响评价和地质灾害危险性评估的机构，在工作中不负责任或者弄虚作假，致使地质环境影响评价文件或者地质灾害危险性评估结果失实的，根据有关规定，降低其资质等级或者吊销其资质证书，并处所收费用一倍以上三倍以下的罚款；构成犯罪的，依法追究刑事责任。

第三十五条　国土资源行政主管部门及其工作人员违反本条例规定，有下列行为之一的，由有关部门对直接负责的主管人员和其他直接责任人员依法给予行政处分；造成损失的，依法承担赔偿责任；构成犯罪的，依法追究刑事责任：

（一）不按照要求定期公布地质环境状况公报的；

（二）对已经发现的重大地质灾害隐患未及时向本级人民政府报告的；

（三）对已经发现应当保护的地质遗迹没有采取必要保护措施的；

（四）擅自批准或者超越管理权限批准在地质遗迹自然保护区和独立存在的地质遗迹保护的范围内进行采集、挖掘或者旅游活动的；

（五）对检举和控告的违法行为应当查处而未予查处的；

（六）贪污、挪用矿山地质环境保证金的；

（七）对不符合资质条件的评估机构提交的地质灾害危险性评估报告，或者专家评审的条件和程序不合法，而对评审结果予以认定的；

（八）违反本条例的其他行为。

第七章　附　则

第三十六条　本条例中有关用语的含义：

（一）地质环境是指影响人类生存和发展的各种地质体和地质作用的总和；

（二）地质遗迹是指在地球演化的漫长地质历史时期，由于各种内外动力地质作用，形成、发展并遗留下来珍贵的、不可再生的地质自然遗产；

（三）本条例所称古生物化石是指除文物部门管理的古猿、古人类化石及其与人类活动有关的第四纪古脊椎化石之外的所有古生物化石；

（四）地质灾害是指由于自然产生和人为诱发的崩塌、滑坡、泥石流、地面塌陷、地裂缝、地面沉降等对人民生命和财产安全造成危害的地质现象；

（五）地质灾害易发区是指容易产生地质灾害的区域；

（六）地质灾害危险区是指明显可能发生地质灾害且将可能造成较多人员伤亡和严重经济损失的地区。

第三十七条　本条例自 2003 年 9 月 1 日起施行。

内蒙古自治区矿山地质环境治理工程验收标准（试行）

前 言

为了适应内蒙古自治区矿山地质环境治理工作的需要，根据《内蒙古自治区地质环境保护条例》和《内蒙古自治区矿山地质环境治理保证金管理办法》的有关规定，结合我区矿山地质环境治理工作实际，在调研基础上制定本标准。

1 总则

1.1 适用范围

本标准适用于内蒙古自治区行政区内各类能源矿产、金属矿产、非金属矿产、水汽矿产的在建矿山、生产矿山、关闭矿山、闭坑矿山建设与采矿活动影响而产生的地质环境问题治理工程验收。内蒙古自治区内各级财政投资的矿山地质环境治理项目的治理工程验收可参照本标准。矿山涉及放射性矿产的，依据相关规定执行。

矿山地质环境治理工程除应符合本标准的要求外，还应符合国家、相关行业和内蒙古自治区现行的规范和标准的规定。

1.2 规范性引用文件

下列文件中的条款通过本标准的引用而成为本标准的条款。凡是注日期的引用文件，其随后所有的修改单（不包括勘误的内容）或修订版均不适用于本标准。然而，鼓励根据本标准达成协议的各方研究是否可使用这些文件的最新版本。凡是不注日期的引用文件，其最新版本适用于本标准。

DZ/T 0223—2011 矿山地质环境保护与恢复治理方案编制规范

DZ 0238—2004 地质灾害分类分级（试行）

DZ/T 0222—2006 地质灾害防治工程监理规范

DZ/T 0219—2006 滑坡防治工程设计与施工技术规范

DZ/T 0239—2004 泥石流灾害防治工程设计规范

GB 50021—2001 岩土工程勘察规范

GB 50330—2002 建筑边坡工程技术规范

UDC—TD 土地复垦技术标准（试行）

TD/T 1012—2000 土地开发整理项目规划设计规范

SL 204—98 开发建设项目水土保护方案技术规范

GB/T 15776—2006 造林技术规范

GB/T 18337.3—2001 生态公益林建设技术规程

GB 5084—2005 农田灌溉水质标准

GB 5749—2006 生活饮用水卫生标准

GB/T 144848—93 地下水质量标准

GB 3838—2002 地下水环境质量标准

GB 11607—1989 渔业水质标准

GB 12941—91 景观娱乐用水水质标准

GBJ 137—1990 城市建设用地分类与规划建设用地标准

DZ/T 0133 地下水动态监测规程

DZ/T 0223—2004 《滑坡崩塌泥石流监测规范》

CJJ 17—2004 城市生活垃圾卫生填埋技术规范

GB/T 12719 矿区水文地质工程地质勘探规范

GB 15618 土壤环境质量标准

1.3 基本术语

下列术语和定义适用于本规程

1.4.1 矿山地质环境

矿山地质环境是指自然因素与采矿活动影响到矿区及周边一定范围内的地质环境，包括该范围内岩石圈、水圈、生物圈、大气圈的客观实体的集合。

1.4.2 矿山地质环境问题

是指受矿山建设与采矿活动影响而产生的地质环境变异或破坏的事件。主要包括因矿产资源勘查开采等活动造成的地质灾害（地面塌陷、地面沉降、地裂缝、崩塌、滑坡，泥石流）、含水层破坏、土地资源破坏、地形地貌景观破坏等。

1.4.3 矿山地质灾害

是指矿山建设与采矿活动影响而引发的危害矿区人民生命和财产安全的崩塌、滑坡、泥石流、地面塌陷、地面沉降、地裂缝等灾害。

1.4.4 含水层破坏

是指矿山建设与采矿活动导致的地下含水层结构改变、地下水位下降、水量减少或疏干、水质恶化等破坏现象。

1.4.5 地形地貌景观破坏

是指矿山建设与采矿活动改变了原有的地形地质条件与地貌特征，造成土地毁坏、山体破损、岩石裸露、植被破坏等现象。

1.4.6 矿山土地复垦

对采矿活动过程中因挖损、塌陷、压占与污染等造成破坏的土地采取整治措施，使其恢复可供利用状态的活动。

1.4.7 矿山地质环境调查

矿山地质环境调查是指根据不同任务，按照经济技术合理的原则，运用各种技术方法，揭示矿山地质环境基本状况和背景条件，为矿山地质环境保护与综合治理、建立矿山地质环境监测体系、矿山地质环境监督管理提供基础资料。

1.4.8 矿山地质环境保护规划

为促进本行政区内矿产资源开发与地质环境保护协调发展，最大限度地减少或避免因矿山开发引发的地质环境问题，从而保护和改善矿山地质环境，促进经济社会可持续发展而制定的专项规划。

1.4.9　矿山地质环境治理

矿山地质环境治理，包括矿山地质环境保护、监测、恢复治理与矿山土地复垦。

1.4.10　矿山地质环境保护与恢复治理及土地复垦方案

是指为消除矿山建设、采矿活动与环境之间相互作用和影响而产生的矿山地质环境问题所编制的矿山地质环境治理并进行矿山土地复垦的技术方案。简称矿山地质环境治理方案。

1.4.11　表土剥离

是指将矿山用地所涉及的表土剥离出来用于原地或异地土地复垦、土壤改良、造地及其他用途的剥离、存放、搬运等一系列相关活动。

1.4.12　矿山地质环境监测

是指对主要矿山地质环境要素与矿山地质环境问题进行周期性的监视和测定，并按照有关规定向国土资源部门提交监测资料。

2　矿山地质环境治理的范围

是指矿山地质环境保护与恢复治理及矿山土地复垦的范围，包括矿区和受采矿影响产生地质环境问题或地质灾害的区域。

3　矿山地质环境治理应解决的地质环境问题

3.1　露天开采矿区应解决的地质环境问题

3.1.1　露天采矿形成的露采坑或边坡、植被破坏、土地破坏和景观影响。

3.1.2　露天开采砂矿床造成的田土破坏、河道堵塞。

3.1.3　露采坑（场）、固体废弃物堆场破坏的土地，引发的泥石流和导致的水土流失或土地荒漠化。

3.1.4　露天采矿与选矿过程中形成的有毒废水、废液和废矿石堆淋滤水。

3.1.5　露采导致的危及人民生命财产安全的崩塌、滑坡、地裂缝。

3.1.6　凹陷坑露天采矿导致地下水位下降，引起的地表井泉干涸。

3.2　地下开采矿区应解决的地质环境问题

3.2.1　地下采矿引起地表水漏失、地下水资源枯竭、区域地下水均衡破坏，直接导致当地生活、生产用水困难或严重缺水。

3.2.2　地下采矿引起的采空区地面塌陷（沉陷）、塌陷裂缝、崩塌、滑坡等地质灾害或隐患，对人居环境、铁路、公路、水库、地下管道、电力、通讯等重要基础设施和土地资源造成影响或破坏。

3.2.3　废石、废渣堆场压占土地或者形成的泥石流灾害隐患以及地下卤水开采区形成的盐渍化土壤。

3.2.4　地下采矿产生的有毒矿坑水以及废石、废渣堆场或采空区充填物的淋滤水或溶滤水导致地表、地下水环境与土石环境的污染。

4　矿山地质环境治理与验收对象

4.1　对采矿活动损毁的地质地貌景观进行修复，对遭受破坏或者废弃的土地进行整治，使之恢复到适宜植物生长或者恢复到自然地形地貌条件状态。

4.2　对露天采矿形成的边坡、断面进行整修，消除滑坡、崩塌、泥石流等安全隐患，并实施坡面绿化。

4.3　对矿山固体废弃物堆场经恢复治理或综合利用，已达稳定状态，含有毒、有害或放射性成分的固体废弃物已采取妥善处理。

4.4　对采矿活动形成的废水进行有效处置，使之达到国家规定的排放标准，矿山开采导致的水资源、水环境问题经过治理，受污染的地表水、地下水水质得到恢复。

4.5　生态环境和景观环境与周围环境相协调，基本消除了视觉污染。

4.6　对具有观赏价值、研究价值的矿山遗迹，开发为地质地貌景观保护区、旅游区或者矿山公园。

4.7　矿山地质灾害危害与地质环境影响严重，难于恢复治理的，受威胁居（村）民已实施搬迁避让，妥善安置。

5　矿山地质环境治理基本原则

5.1　坚持“谁开发谁保护、谁破坏谁治理、谁投资谁受益”和“在保护中开发，在开发中保护”“因地制宜，边开采边治理”的原则。由矿山企业对矿山地质环境负责恢复治理。对地质环境的恢复治理应以不再产生新的危及人民生命财产安全与社会经济发展的地质环境问题或地质灾害隐患为基本原则。

5.2　坚持资源充分利用和无害化原则。矿山企业应按照发展循环经济的要求，对矿山排泄物（废渣、废水）进行无害化处理。

5.3　坚持环境协调原则。矿山地质环境治理应与当地社会、经济、环境发展相适应，与当地的城市（镇）建设、生态建设、土地利用等规划相结合，并与当地环境相协调。

5.4　坚持规划、方案、设计相衔接原则。矿山地质环境的治理，应符合所辖行政区域内的矿山地质环境保护规划，依据《矿山地质环境保护与恢复治理及土地复垦方案》，科学制定分期（或闭坑）治理方案，鼓励推广使用先进技术和方法，使治理工程达到安全可靠、经济合理、美观适用。

5.5　坚持工程实物与资料档案相一致原则。矿山地质环境治理工程验收时除竣工的实物外，须提供手续合法完备的所有相关资料作为验收内容，主要包括矿山地质环境保护与恢复治理及土地复垦方案、分期治理方案、施工记录、竣工报告或施工总结、治理前后对比影像资料等。

5.6　坚持规范化、标准化原则。矿山地质环境治理工程除应符合本验收标准要求外，还应符合国家及内蒙古自治区现行的相关规范、规程和标准的规定。

6　矿山地质环境治理验收依据

在建、扩建、新建矿山采矿权人对矿山地质环境治理实行分阶段、分区治理，关闭矿山、闭坑矿山采矿权人对矿山地质环境保护与恢复治理实行一次性治理，治理内容须根据已经国土资源行政主管部门批准的《矿山地质环境保护与恢复治理及土地复垦方案》中的矿山地质环境治理工程为基本依据，前三年治理工程执行治理方案中近期工程安排，以后按分期治理方案执行，闭坑矿山按最后一期的分期治理方案执行，治理验收合格程度执行本标准的相关要求。

7　矿山地质环境治理的总体要求

7.1　矿业活动引发的各类地质灾害得到治理，受损土地得到恢复，不存在危及人民生命财产与重要基础设施的不安全因素或隐患。

7.2　矿山固体废弃物堆场已因地制宜进行了综合治理，堆场已达稳定状态，被占用、破坏、污染的土地进行了复垦和利用，生态环境和景观环境与周围环境相协调。

7.3　露天采坑深度不大，在有条件的情况下可全部回填，对于回填费用大，采坑深度大、面积大的露天采坑可采用削坡或垫坡处理，根据当地自然条件采坑坑壁坡度应达到恢复植被的立地条件。

7.4　矿山开采导致的水资源、水环境问题已采取措施进行了综合防治，水资源得到保护和可持续利用。当地生活、生产用水已基本恢复或者优于矿山开采前的水平。

7.5　因矿业活动影响受损的地面建（构）筑物和重大基础设施已经治理。对论证难于恢复治理的，受威胁居（村）民已实施搬迁避让，妥善安置。

7.6　矿山保存有实施工程验收等相关的档案资料。

8　矿山地质环境治理分类验收标准

根据矿山地质环境治理对象，将矿山地质环境治理类型分为五类：矿山地质灾害类、矿山土地资源与土石环境类、矿山水资源与水环境类、矿山植被类、矿山地质环境监测类。

8.1　矿山地质灾害治理验收标准

8.1.1　矿山崩塌、滑坡治理验收标准

8.1.1.1　因矿业活动导致地面斜坡失稳或露采边坡失稳而发生的对人民生命财产与建筑物、重要基础设施、主要农耕区、环境景观等造成危害或潜在危险性的崩塌、滑坡（包括隐患点）必须进行治理。

8.1.1.2　采矿引起的不稳定边坡或滑坡、崩塌的治理，已采用与其类型、规模、稳定状态、危害程度及工程地质条件及相适应的防治措施，边坡得到加固，滑坡、崩塌得到治理，消除了不稳定因素。

8.1.1.3　地表与地下防排水工程、支拦（挡）工程、锚固、抗滑桩与注浆工程、护坡工程、减压与压脚工程等防治工程的选用条件和防治工程的安全等级、防治工程及荷载强度以及防治工程的稳定性评价安全系数选用的技术标准、施工工程质量等必须符合《滑坡防治工程设计与施工技术规范》（DZ/T 0219—2006）。

8.1.1.4　经工程治理后的地面与斜坡或露采边坡处于稳定状态，在工程设计有效期内，不发生危及人民生命财产安全的事件。

8.1.1.5　因滑坡、崩塌受损的建（构）筑物已修复处理，受损土地已进行恢复治理，受其影响的生态环境已恢复，景观视觉污染已消除，并与周边环境相协调。

8.1.1.6　滑坡、崩塌对人居安全造成严重危害，经论证不宜治理的，已采取搬迁避让措施，妥善解决了群众搬迁后的生产生活问题，并在隐患区设置有警示牌、围栏等安全措施与监测预警措施，能确保人民生命财产的安全。

8.1.2　矿山采空塌陷治理验收标准

8.1.2.1　矿山开采引起的采空塌陷坑、塌陷裂缝等，对人居环境、地面基础设施或景观环境造成危害或影响的，应采取有效方法治理。

8.1.2.2　矿山采矿为保护地面人居安全与基础设施留设的永久安全岩矿柱或禁采区，其确定范围合理可靠，能有效防止或减小地面塌陷破坏。矿山闭坑或关闭，其矿井留设的永久安全岩矿柱应予保留，或者进行了必要的充填或稳定性处理，矿区内无塌陷或塌陷隐患。

8.1.2.3　矿山引发地面塌陷破坏的采空区已进行充填或放顶崩落处理，塌陷得到监控，地表移动基本稳定；地表塌陷坑、塌陷裂缝等已回填、夯实或在地裂缝发育地段采取灌注水泥砂浆或尾矿砂浆密实等措施，地面塌陷变形已得到有效治理。

8.1.2.4　对于方案预测的地面塌陷区如未发生地面塌陷等不可预见情况时，原设计方案中利用废石（矸石）回填工程要进行调整，并对矿区没有回填及存在的废石（矸石）进行治理，验收专家组要提出高于原方案的治理措施并验收。

8.1.2.5　采矿引起的采空塌陷坑、裂缝经回填土地复垦或已开发为水面养殖，已达到土地新用途的标准，经治理后塌陷区生态环境恢复与周边环境相协调。

8.1.2.6　采空塌陷影响区内的房屋、基础设施受损的，已根据受损程度进行修复，使其能继续使用，若受损严重不能修复的，对受损群众已采取搬迁避让妥善安置。

8.1.2.7　对采空塌陷规模大，难以治理或存在塌陷隐患的地段，应论证确定禁入范围，设立有警示牌与围栏等安全设施。

8.1.3　矿山泥石流治理验收标准

8.1.3.1　矿山固体废弃物堆场（包括废土石堆、煤矸石堆、废矿渣堆等），在外界水流的作用下失稳引发的泥石流（废石流、矸石流、矿渣流等），对人居环境、基础设施、耕地以及生态景观造成灾害或灾害隐患的应采取有效方法进行治理。

8.1.3.2　生产矿山固体废弃物堆场，边坡已进行了加固、护坡或分层碾压密实等工程措施治理，堆积边坡处于稳定状态；杂乱分布在坡岗上的废渣弃土，已填入采坑或适当地点进行了土地复垦，对可能产生泥石流的物源条件已进行了有效处置。

8.1.3.3　新建矿山事先设计有矿山固体废弃物安全存放地带与存放方案，修建有规范的固体废弃物堆放场，能有效防止矿山泥石流物源的产生。

8.1.3.4　矿山固体废弃物堆场下缘有居民点或耕地、重要基础设施以及对地表景观有影响的已修建有拦挡工程（堆砌块石或浆砌块石挡墙等）或排导工程，其工程质量牢固，能有效防止堆场垮塌形成泥石流灾害。

8.1.3.5　矿山已因地制宜修建有疏排水系统，在固体废弃物堆场上缘及旁侧修建有截水沟、排水沟，能有效疏导地表水流，防止暴雨洪流对废渣弃土地段的冲刷，同时做好护坡防治水土流失。

8.1.3.6　当地农田、地表景观因矿山泥石流受到冲毁、掩埋、污染或破坏的，已进行恢复治理，对因泥石流灾害受损的当地人居环境或重要设施，已予以修复或搬迁。

8.1.3.7　因矿山固体废弃物堵塞、淤积的河道，已进行疏通，河溪水流畅通，生态环境已恢复。

8.1.3.8　矿山泥石流灾害防治的工作程序、防护工程类别的选用、设计、技术标准、施工验收，参照执行《泥石流灾害工程设计规范》（DZ/T 0239—2004）。

8.2　矿山土地资源与土石环境治理验收标准

8.2.1　矿业活动过程中因地表直接挖损、地下采矿与抽排地下水引起的地面塌陷破坏和矿山开采排放的固体废弃物（废土石、废矿渣等）压占、污染的土地，均应进行土地复垦，使其恢复到可供重新利用状态。

8.2.2　矿山土地复垦应根据受挖损、塌陷、压占、污染破坏土地所处的位置、规模、地形地貌、水源条件等因地制宜于农、林、牧、渔以及建设用地用途的土地综合整治，使之达到新用途利用的质量标准。

矿山土地复垦整治的标准，应符合《土地复垦条例》和《土地复垦技术标准（试行）》（UDC—TD）及相关规定的要求。

8.2.3　表土资源是植被恢复的重要保证，矿山建设与生产过程中，对地表造成挖损、压占等形式造成破坏的区域必须先进行表土剥离与专门存放，设表土存放场地，存放过程中要注意表土的保护。

8.2.4　表土剥离厚度一般不小于40～50 cm，对于后期覆土量较大，矿区上部土层较厚的矿区，表土剥离厚度可适当增大，对于矿区上部土层较薄的矿区要全部剥离。

8.2.5　恢复治理成耕地的验收标准

8.2.5.1　土层厚度，覆土自然沉实厚度 50 cm 以上，其中耕作层厚度不得少于 30 cm。

8.2.5.2　耕作层有机质含量，不得低于当地平均耕作层有机质含量的 80%。

8.2.5.3　土壤的碱度和含盐量，一般耕地 pH 值 6～8 之间，耕作层含盐量不得超过当地轻盐化土壤含盐量标准。

8.2.5.4　土壤质地为砂壤至壤土，不能是极端的砂或黏土。

8.2.5.5　排灌保障率，一般旱地不小于 70%。

8.2.6　恢复治理成园地的验收标准

8.2.6.1　土层厚度，一般园地，岩石或者其他基质层次上的土体自然沉实厚度在60 cm 以上，表层土厚度至少在 30 cm 以上。

8.2.6.2　土地坡度，整理后的园地坡度小于 15 度。

8.2.6.3　土壤酸碱度，一般土壤 pH 值 6～8 之间，根据树种生理特点和地区差异可适当放宽。

8.2.6.4　土壤质地为砂壤土，不能是极端的砂或黏土。

8.2.6.5　排灌保障率，建设有排灌设施，一般园地灌水保障率在75%以上，排水标准达到一年一遇的涝旱水平。

8.2.7　恢复治理成林地的验收标准

8.2.7.1　复垦林地应适于种植当地相似立地类型生长的树种。

8.2.7.2　土层厚度，覆土自然沉实厚度一般速生林应在60 cm 以上，其他林地土层厚度可适当放宽到 30 cm 以上。

8.2.7.3　土壤酸碱度 pH 值 6～8 之间，地形坡度小于 20 度，应适合相应树种的生长。

8.2.7.4　复垦林地造林成活率，当年成活率应大于 80%，3 年后保存率达到 70%以上。

8.2.7.5　林地恢复治理的其他指标可参照执行《森林土壤测定方法》[GB 78（30—92）—87]、《造林技术规程》（GB/T 15776—2006）等相关标准。

8.2.8　恢复治理成牧草地的验收标准

8.2.8.1　复垦牧草地应适于种植当地中等品质以上的牧草，且单位平均产量达到当地草地平均产草量以上。

8.2.8.2　部分浅采场覆土自然沉实土壤厚度在 50 cm 以上，其场地平整坡度小于 25 度。

8.2.8.3　排土（石）场用于牧草地，排土（石）场台阶稳定后，覆土厚度在 20 cm 以上，边坡坡度小于 30 度。

8.2.8.4　废石堆中易风化类型复土厚度在 30 cm 以上，不易风化类型复土厚度在 50 cm 以上。

8.2.8.5　建设有牲畜可饮水设施，水源保证率为 100%。

8.2.9　恢复治理成水域的验收标准

8.2.9.1　适于水域开发（包括养殖水域、景观水域、娱乐水域、水库及山塘水域等）的露采坑已进行防渗漏工程处理，确保蓄水不渗漏。

8.2.9.2　开发水域水质应达到相应用途的水质标准，用于景观、娱乐水域水质应符合《景观娱乐用水水质标准》（GB 12941—91）要求；用作养殖水面的要达到当地水面养殖用水的基本条件，其水质要达到《渔业水质标准》（GB 11607—1989）所规定的限制指标；用作灌溉的水质应符合《农田灌溉水质标准》（GB 5084—2005）要求；用于人畜饮用水的水质应符合《生活饮用水卫生标准》（GB 5749—2006）要求。

8.2.9.3 蓄水场区及周边的有毒有害或放射性污染源已进行清除，不会对蓄水区水质造成污染。

8.2.9.4 蓄水场区应修建有规范的防洪设施，并符合相关技术要求，不会产生水害危及周边环境。

8.2.9.5 蓄水区有充足的水源，能够满足蓄水、养殖等需求。

8.2.9.6 多用途水域开发应符合当地城镇或乡镇规划，并与周围环境协调一致。对于我区西部干旱地区，土地类型在采矿前多为其他草地或裸地的区域，治理后应达到其他草地或采矿前土地利用现状水平。

8.2.10 恢复治理成建设用地的验收标准

8.2.10.1 露天采场建设用地，边坡稳定或失稳边坡经工程治理，坡比合适，不存在滑坡、崩塌及危岩灾害隐患，场区稳定，不存在地面塌陷。

8.2.10.2 塌（沉）陷区建设用地，采空区已经治理，经监测证实基本达到稳定，地面变形依据建（构）筑物防护等规定、标准满足稳定性要求。

8.2.10.3 固体废弃物堆场建设用地，具备了三年以上的自然沉实过程或植被稳定措施，或进行人工处置等技术措施，经监测证实场地稳定性符合相关技术标准。

8.2.10.4 建设用地基标高符合当地防洪标准，满足防洪、排涝要求。

8.2.10.5 开发整理建设用地的回填土进行分层夯实，其密实度已达到相应建设用地的要求，填料中无淤泥、膨胀土及有机质含量大于8%的物料。

8.2.10.6 存在重金属污染、酸碱污染和放射性污染的场地，没有消除污染危害前不能作为民用建设用地。

8.2.10.7 矿山露采场（坑）、采矿地面塌（沉）陷区、固体废弃物堆场等开发整理为建设用地时，其土地条件要达到《城市建设用地分类与规划建设用地标准》（GB 137—1990）和《村镇规划标准》（GB 50188—1993）所规定限制指标。

8.2.11 矿山废土石、废矿渣堆（区）的重金属、氰化物、酸碱或放射性污染较重或严重的，土地整理恢复用作耕地、园地、牧草地、水域以及建设用地时，必须采取有效措施设置防污染隔离层或清除污染源。其中对放射性污染的治理尚须符合国家放射性防护的相关要求。

8.2.12 矿山工业场地、进口场地等在废弃后要及时对临时建筑物等进行拆除、清理等治理，对于已征用为建设用地的建筑物在依法使用期内可不拆除。

8.3 矿山水资源与水环境类治理验收标准

8.3.1 因矿山采矿导致地表水漏失、地下水资源枯竭，对当地生活、生产用水及社会经济发展影响较严重或严重的地区，已进行水资源的恢复治理。

8.3.2 矿山采空区地面塌陷、地裂缝导致地表水体露失或地下水位下降的地段，已采取了碎石回填夯实、浆彻片石、防渗铺垫、注浆固结等防参工程措施，其工程治理技术标准，符合相关规定。

8.3.3 矿山内河流，因采空区塌陷变形受损严重，防渗堵露效果差的河床地段，已修建了过水渠道，或河流改道。

8.3.4 矿山地表水漏失或矿坑疏排地下水导致地下水水位下降，井泉干涸，经采取工程措施后，地表、地下水资源难以恢复的，已修建管网供水或引水渠道供水工程，确保了当地生活、生产与农田灌溉用水的基本需求。

8.3.5 矿坑水、选矿废水以及选冶产生的固体废弃物（废石堆、废渣堆等）淋滤水所含水量有毒有害组份或元素对地表、地下水环境与土石环境造成污染影响较重或严重的地区，已采取有效措施对水、土石环境进行治理。

8.3.6　矿山建设有矿坑水、选矿废水、废石废矿渣堆淋滤水以及生活废水的污水净化处理工程。污水净化处理工程的选址、规模、工艺技术应符合有关工程设计与施工规范。

8.3.7　矿山已针对废水、废液中不同类型的污染物（重金属污染型、有机质污染型与无机质污染型）采取了物理、化学与生物防治技术进行了净化治理，闭路循环利用，未经循环利用的废水、废液已收集并经再治理达标后排放，不产生新的环境污染。

8.3.8　矿山已采取有效措施对固体废弃物中有毒有害进行了治理。如对含硫高的废石堆场采用撒放石灰降解废石堆的酸度；对物质成分含氰化物废石堆喷撒漂白粉（液）降解氰化物含量至达标程度；对含汞、铅、锌、镉、铬、砷等有毒有害元素的废石堆，应采取覆土深埋，并有防渗漏措施；对含放射性物质的废石堆，应按国家对放射性防护的要求进行治理。

8.3.9　矿山废石废渣堆场等修建有排水沟、引水渠、防渗漏等集排水工程措施，防止污水、废液对土石环境与地表水、地下水的污染。

8.3.10　严禁用渗井、废坑、废矿井（及坑道、采空区等）排放或充填有毒、有害的废液或固体废弃物，对存放含有毒、有害物质的废水、废液的淋浸池、贮存池、沉淀池必须设置有防水、防渗漏、防流失等措施。

8.3.11　矿区内的工业垃圾，生活垃圾的处理已参照《城市生活垃圾禁烧处理工程项目建设标准》（GBWBH002）和《城市生活垃圾卫生填埋技术规范》（GJJ 17—2004）的要求采取了相应措施，防止造成二次环境污染。

8.4　矿山植被类治理验收标准

8.4.1　矿山露采场（坑）、露采边坡以及井下开采引起的地面塌陷变形破坏等矿山地质灾害以及矿山废土石、废渣堆等压占所导致的植被资源破坏的已进行植被的恢复与重建。

8.4.2　矿山植被恢复所选择的植物和群落类型应与矿区所处的地理位置、气候条件、土石环境相匹配，确保植被重建的成效和与当地景观相协调。

8.4.3　矿山植被恢复验收分为林地型与草地型进行。其植被恢复效果验收判断标准按 8.2.7、8.2.8 条执行。

8.5　矿山地质环境监测工程验收标准

8.5.1　监测内容和项目、监测方法、监测频率、监测点网的布设应与方案设计一致或基本一致。

8.5.2　监测仪器设备、量器进行了质量检验、标定和准确安装。

8.5.3　监测记录无涂改现象，监测采集的资料完整。

8.5.4　监测资料已及时整理和建档，编制相应分析图件和监测报告。

内蒙古自治区矿产资源管理条例

第一章 总 则

第一条 为了加强矿产资源的勘查、开发利用和保护工作，促进自治区矿业经济可持续发展，根据《中华人民共和国矿产资源法》等有关法律、法规，结合自治区实际，制定本条例。

第二条 凡在自治区内勘查、开采矿产资源，必须遵守本条例。

第三条 矿产资源属于国家所有。各级人民政府必须加强对本行政区域内矿产资源的保护工作，维护矿产资源的国家所有权。

禁止任何单位和个人侵占、破坏矿产资源。

第四条 自治区地质矿产行政主管部门根据全国矿产资源规划组织编制全区矿产资源规划，经自治区人民政府批准后实施。

根据法律规定和国家的统一规划，对可以由自治区开发的矿产资源，应当优先合理开发利用。

第五条 勘查、开采矿产资源必须经审批登记，领取勘查许可证、采矿许可证，依法取得探矿权、采矿权。

自治区保障合法的探矿权、采矿权不受侵犯。

禁止无证勘查、开采矿产资源。

第六条 勘查、开采矿产资源，必须遵守有关矿山安全、环境保护、水土保持和土地复垦的法律、法规。

第七条 探矿权和采矿权实行有偿取得制度。探矿权、采矿权可以依法转让。采矿权可以出租、抵押。个人出资取得的探矿权和采矿权可以继承、赠与。

开采矿产资源必须按照国家和自治区有关规定缴纳资源税和资源补偿费。

第八条 自治区鼓励国内外投资者在自治区内依法投资勘查、开采矿产资源，保障投资者的合法权益不受侵犯。

第九条 自治区地质矿产行政主管部门主管全区矿产资源勘查、开采的监督管理工作。自治区有关主管部门协助同级地质矿产行政主管部门进行矿产资源勘查、开采的监督管理工作。

盟市、旗县地质矿产行政主管部门主管本行政区域内矿产资源勘查、开采的监督管理工作。盟市、旗县有关主管部门协助同级地质矿产行政主管部门进行矿产资源勘查、开采的监督管理工作。

第十条 上级地质矿产行政主管部门对下级地质矿产行政主管部门违法或者不适当的行政行为有权予以改变或者撤销。下级地质矿产行政主管部门不履行法定职责的，上级地质矿产行政主管部门可以直接调查处理或者责令下级地质矿产行政主管部门履行法定职责。

第二章 矿产资源勘查审批登记

第十一条 勘查矿产资源，必须依法审批登记，领取勘查许可证，成为探矿权人。

第十二条 自治区矿产资源勘查实行统一的区块登记管理制度。

自治区地质矿产行政主管部门按照规定权限负责自治区内的矿产资源勘查审批登记工作，为自治区矿产资源勘查登记管理机关。

第十三条　探矿权申请人申请由自治区登记管理的探矿权时，应当向自治区地质矿产行政主管部门提交下列材料：

（一）申请登记书和申请的区块范围图；

（二）勘查单位资格证书复印件；

（三）勘查工作计划、勘查合同或者委托勘查证明文件；

（四）勘查实施方案及其附件；

（五）勘查项目资金来源证明；

（六）勘查登记管理机关规定提交的其他材料。

第十四条　自治区地质矿产行政主管部门对申请登记的勘查项目按照国家有关规定进行审查，自受理之日起40日内作出准予登记或者不予登记的决定，并通知申请人。不予登记的，应当告知理由。

申请人在接到准予登记通知之日起30日内，按照国家有关规定缴纳探矿权使用费和国家出资勘查形成的探矿权价款，领取勘查许可证。逾期不办理的，视为放弃申请。

第十五条　探矿权人在勘查许可证有效期间内享有法律、行政法规规定的权利，必须履行法律、行政法规规定的义务。

第三章　矿产资源开采审批登记

第十六条　开采矿产资源，必须依法审批登记，领取采矿许可证，成为采矿权人。

第十七条　矿产资源开采实行自治区和盟市地质矿产行政主管部门两级审批登记制度。自治区和盟市地质矿产行政主管部门为自治区矿产资源开采登记管理机关。

第十八条　开采下列矿产资源，由自治区地质矿产行政主管部门审批登记，并颁发采矿许可证：

（一）国务院《矿产资源开采登记管理办法》第三条第一款、第二款规定以外的可供开采的矿产储量规模为中型以上的矿产资源；

（二）国务院地质矿产行政主管部门授权审批登记的矿产资源。

开采前款以外的矿产储量规模为小型以下的矿产资源，由盟市地质矿产行政主管部门审批登记，并颁发采矿许可证。开采用作普遍建筑材料的砂、石、黏土矿产资源的，盟市地质矿产行政主管部门可以委托旗县地质矿产行政主管部门审批登记，并颁发采矿许可证。

矿区范围跨两个以上行政区域的，由所涉及行政区域的共同上一级地质矿产行政主管部门审批登记，颁发采矿许可证。

第十九条　登记管理机关应当在颁发采矿许可证之日起30日内，逐级向上一级地质矿产行政主管部门备案。

第二十条　采矿权申请人在提出采矿权申请前，持经批准的地质勘查储量报告或者相应的地质资料，向登记管理机关申请划定矿区范围。

登记管理机关自收到申请之日起30日内，作出是否同意划定矿区范围的决定。

第二十一条　矿区范围划定后，登记管理机关在规定的期限内，在该区域内不再受理新的申请。

采矿权申请人应当自收到划定矿区范围决定之日起1年内，完成办理立项、企业设立的审批手续，以及领取采矿许可证所需要的其他资料，向登记管理机关申请办理采矿审批登记，领取采矿许可证。逾期不办理且未申请延期的，视为放弃划定的矿区范围。

第二十二条　采矿权申请人申请办理采矿许可证时，应当向登记管理机关提交国务院《矿产资源开采登记管理办法》规定的资料。

开采用作普通建筑材料的砂、石、黏土和零星分散的矿产资源，申请登记的资料可以简化，具体办法由自治区地质矿产行政主管部门制定。

第二十三条　采矿登记管理机关对采矿登记申请按照有关规定进行审查，自受理之日起40日内作出准予登记或者不予登记的决定，并通知申请人。申请人在接到准予登记的通知后，按照国家规定缴纳采矿权使用费和国家出资勘查形成的采矿权价款，办理占用矿产储量登记，领取采矿许可证。

第二十四条　开采中型规模矿产资源的，采矿许可证有效期最长为20年；开采小型规模矿产资源的，采矿许可证有效期最长为10年；开采用作普通建筑材料的砂、石、黏土和零星分散矿产资源的，采矿许可证有效期最长为3年。需要继续采矿的，应当在采矿许可证有效期满30日前申请办理延续手续；逾期不办理延续手续的，采矿许可证自行废止。

第二十五条　采矿权人在领取采矿许可证之日起1年内，无正当理由且未向登记管理机关报告不进行矿山建设的，视为放弃采矿权，原登记管理机关注销采矿许可证。

第四章　探矿权和采矿权转让、出租、抵押

第二十六条　探矿权人、采矿权人可以依法将有偿取得的探矿权、采矿权以出售、作价入股等方式转让。

不得以转让荒山、荒地等土地使用权的名义转让探矿权和采矿权。

第二十七条　转让探矿权、采矿权必须符合法律、行政法规规定的条件和程序，报国务院或者自治区的地质矿产行政主管部门审批。

第二十八条　转让国家出资勘查所形成的探矿权、采矿权的，必须进行评估。

依法变更企业资产产权的，必须对国家出资勘查形成的探矿权、采矿权价款进行评估和确认，在办理探矿权、采矿权变更手续时，一次或者分期缴纳探矿权、采矿权价款。

第二十九条　采矿权人可以将有偿取得的采矿权出租。出租采矿权必须经登记管理机关批准。登记管理机关应当自收到出租采矿权申请之日起15日内，作出批准或者不予批准的决定。

第三十条　出租采矿权应当具备下列条件：

（一）在采矿许可证有效期内；

（二）按照国家有关规定已经结清有偿取得采矿权的费用和矿产资源补偿费；

（三）采矿权属无争议；

（四）承租人有与所开采的矿种和开采规模相适应的资金、技术条件；

（五）矿山投产1年以上；

（六）登记管理机关规定的其他条件。

第三十一条　采矿权出租期间，出租人仍为采矿权人。开采矿产资源应当缴纳的有关费用由采矿权人缴纳，或者由承租人代扣代缴。

承租人不得将采矿权转租或者承包给他人。

第三十二条　采矿权人可以将有偿取得的采矿权抵押。

采矿权人应当自抵押采矿权之日起30日内向登记管理机关备案。

第三十三条　抵押采矿权应当具备下列条件：

（一）确需以抵押采矿权筹措资金；

（二）担保金额不得高于采矿权人实际投入的资金；

（三）按照国家有关规定已经结清有偿取得采矿权的费用和矿产资源补偿费；

（四）在采矿许可证有效期内；

（五）采矿权属无争议；

（六）法律、行政法规规定的其他条件。

第三十四条　抵押合同变更、终止或者解除的，采矿权人应当在事实发生之日起30日内，书面报告登记管理机关。

抵押人到期未能清偿债务，或者在抵押期间宣告解散、破产，需要转让或者终止采矿权的，应当依法办理采矿权转让或者注销审批手续。

第三十五条　个人出资取得的探矿权和采矿权可以继承、赠与。

继承、赠与探矿权和采矿权的，凭继承、赠与的公证或者证明文件，向登记管理机关办理变更登记手续。

第五章　监督管理

第三十六条　勘查、开采矿产资源，必须接受旗县级以上地质矿产行政主管部门的监督管理。

第三十七条　旗县级以上地质矿产行政主管部门调查了解勘查投入、勘查工作进展情况，对矿山企业和个体开采矿产资源的情况进行检查时，探矿权人或者采矿权人应当如实报告并提供有关资料，不得拒绝、阻碍检查，不得虚报或者瞒报。

探矿权人、采矿权人应当按照有关规定，填写矿产资源勘查或者开发利用情况统计报表，并按时报送地质矿产行政主管部门。

第三十八条　自治区对矿产储量实行统一登记管理制度。探矿权人、采矿权人按照国家规定向地质矿产行政主管部门填报年度基层矿产储量表。

第三十九条　开采矿产资源，必须采取合理的开采顺序、开采方法和选矿工艺。矿山企业的开采回采率、采矿贫化率和选矿回收率应当达到设计要求。

开采矿产资源，必须按照登记管理机关批准的矿产资源开发利用方案进行开采，不得随意增设井口或者改变开采方案，不准采富弃贫或者任意丢弃矿体。

开采矿产资源，必须按照规定测绘采矿工程平面图或者井上井下工程对照图。

第四十条　禁止在行洪的河床、滩地和岸坡堆放贮存矿石、废碴或者尾矿，防止造成行洪不畅或者堤岸破坏。边坡的开挖和矿石、废碴的堆放，应当符合边坡稳定的要求。禁止开采或者毁坏预留安全矿柱或者岩柱，防止造成滑坡、崩塌、泥石流以及地面开裂、塌陷、沉降等地质灾害。

禁止采用污染和破坏矿山环境的方法开采矿产资源。

第四十一条　采矿权人必须在终止采矿前3个月内向登记管理机关提交闭坑申请报告，办理审批手续。

采矿权人终止采矿后，应当依照土地管理法律法规进行土地复垦。土地复垦必须达到国家规定的标准，并经土地管理部门会同有关行业管理部门验收合格。没有条件复垦或者复垦不符合要求的，应当缴纳土地复垦费，专项用于土地复垦或者恢复植被。

第四十二条　自治区地质矿产行政主管部门根据需要，可以向重点矿山企业派驻矿产督查员或者向矿山企业集中的地区派驻巡回矿产督查员，对矿山企业和个体采矿开发利用情况进行监督检查。

第四十三条　矿产资源开采实行年检制度。年检的内容包括：

（一）矿山企业依法开采情况；

（二）矿产资源开发利用情况；

（三）地质测量机构或者人员的设置、配备以及规章制度的建立情况；

（四）矿产资源开采法定费用缴纳情况；

（五）登记管理机关规定年检的其他内容。

采矿权人必须按照规定报送有关资料，办理采矿许可证年检手续。

第六章　法律责任

第四十四条　未取得采矿许可证擅自采矿的，擅自进入国家规划矿区、对国民经济具有重要价值的矿区范围采矿的，擅自开采国家规定实行保护性开采的特定矿种的，责令停止开采、赔偿损失，没收采出的矿产品和违法所得，可以并处20万元以下罚款。

单位和个人进入他人依法设立的国有矿山企业和其他矿山企业矿区范围内采矿的，依照前款规定处罚。

第四十五条　超越批准的矿区范围采矿的，责令退回本矿区范围内开采、赔偿损失、没收越界开采的矿产品和违法所得，可以并处10万元以下罚款。

第四十六条　买卖、出租或者以其他形式转让矿产资源的，没收违法所得，并处10万元以下罚款。

将探矿权、采矿权倒卖牟利的，吊销其勘查许可证、采矿许可证，没收违法所得，并处违法所得50%以下的罚款。

第四十七条　采取破坏性方法开采矿产资源的，处10万元以下的罚款，可以吊销采矿许可证。

第四十八条　未取得采矿许可证，以采矿为目的擅自进行矿山建设的，责令停止施工并恢复地形地貌，可以并处10万元以下的罚款。

第四十九条　未经批准，擅自出租采矿权的，责令限期改正，没收违法所得，可以并处违法所得50%以下罚款。

抵押采矿权未向登记管理机关备案的，责令限期备案，可以处1万元以下罚款。

第五十条　不按时规定测绘采矿工程平面图或者井上井下工程对照图的，责令限期改正，处3万元以下的罚款。

第五十一条　违反本条例第四十条第一款规定，造成滑坡、崩塌、泥石流以及地面开裂、塌陷、沉降等地质灾害的，责令限期治理，并处10万元以下的罚款。

第五十二条　本条例第四十四条、第四十五条、第四十六条、第四十八条、第四十九条、第五十条、第五十一条规定的行政处罚，由旗县级以上地质矿产行政主管部门决定。第四十七条规定的行政处罚，由自治区地质矿产行政主管部门决定。给予吊销勘查许可证或者采矿许可证处罚的，由原发证机关决定。

第五十三条　当事人对行政处罚决定不服的，可以依法申请复议，或者向人民法院提起诉讼。

当事人逾期不申请复议、不向人民法院起诉，又不履行处罚决定的，由作出处罚决定的机关申请人民法院强制执行。

第五十四条　负责矿产资源勘查、开采监督管理工作的国家工作人员和其他国家工作人员徇私舞弊、滥用职权或者玩忽职守，违法批准勘查、开采矿产资源和颁发勘查许可证、采矿许可证，或者对违法勘查、采矿行为不依法予以制止、处罚，不构成犯罪的，由其所在单位或者上级主管部门给予行政处分；构成犯罪的，依法追究刑事责任。

第七章　附　则

第五十五条　本条例自公布之日起施行。1989 年 11 月 17 日内蒙古自治区第七届人民代表大会常务委员会第九次会议通过的《内蒙古自治区矿产资源管理条例》同时废止。

第十六章　部门规章

地质灾害防治条例

第一章　总　则

第一条　为了防治地质灾害，避免和减轻地质灾害造成的损失，维护人民生命和财产安全，促进经济和社会的可持续发展，制定本条例。

第二条　本条例所称地质灾害，包括自然因素或者人为活动引发的危害人民生命和财产安全的山体崩塌、滑坡、泥石流、地面塌陷、地裂缝、地面沉降等与地质作用有关的灾害。

第三条　地质灾害防治工作，应当坚持预防为主、避让与治理相结合和全面规划、突出重点的原则。

第四条　地质灾害按照人员伤亡、经济损失的大小，分为四个等级：

（一）特大型：因灾死亡 30 人以上或者直接经济损失 1000 万元以上的；

（二）大型：因灾死亡 10 人以上 30 人以下或者直接经济损失 500 万元以上 1000 万元以下的；

（三）中型：因灾死亡 3 人以上 10 人以下或者直接经济损失 100 万元以上 500 万元以下的；

（四）小型：因灾死亡 3 人以下或者直接经济损失 100 万元以下的。

第五条　地质灾害防治工作，应当纳入国民经济和社会发展计划。

因自然因素造成的地质灾害的防治经费，在划分中央和地方事权和财权的基础上，分别列入中央和地方有关人民政府的财政预算。具体办法由国务院财政部门会同国务院国土资源主管部门制定。

因工程建设等人为活动引发的地质灾害的治理费用，按照谁引发、谁治理的原则由责任单位承担。

第六条　县级以上人民政府应当加强对地质灾害防治工作的领导，组织有关部门采取措施，做好地质灾害防治工作。

县级以上人民政府应当组织有关部门开展地质灾害防治知识的宣传教育，增强公众的地质灾害防治意识和自救、互救能力。

第七条　国务院国土资源主管部门负责全国地质灾害防治的组织、协调、指导和监督工作。国务院其他有关部门按照各自的职责负责有关的地质灾害防治工作。

县级以上地方人民政府国土资源主管部门负责本行政区域内地质灾害防治的组织、协调、指导和监督工作。县级以上地方人民政府其他有关部门按照各自的职责负责有关的地质灾害防治工作。

第八条　国家鼓励和支持地质灾害防治科学技术研究，推广先进的地质灾害防治技术，普及地质灾害防治的科学知识。

第九条　任何单位和个人对地质灾害防治工作中的违法行为都有权检举和控告。

在地质灾害防治工作中做出突出贡献的单位和个人，由人民政府给予奖励。

第二章　地质灾害防治规划

第十条　国家实行地质灾害调查制度。

国务院国土资源主管部门会同国务院建设、水利、铁路、交通等部门结合地质环境状况组织开展全国的地质灾害调查。

县级以上地方人民政府国土资源主管部门会同同级建设、水利、交通等部门结合地质环境状况组织开展本行政区域的地质灾害调查。

第十一条 国务院国土资源主管部门会同国务院建设、水利、铁路、交通等部门，依据全国地质灾害调查结果，编制全国地质灾害防治规划，经专家论证后报国务院批准公布。

县级以上地方人民政府国土资源主管部门会同同级建设、水利、交通等部门，依据本行政区域的地质灾害调查结果和上一级地质灾害防治规划，编制本行政区域的地质灾害防治规划，经专家论证后报本级人民政府批准公布，并报上一级人民政府国土资源主管部门备案。

修改地质灾害防治规划，应当报经原批准机关批准。

第十二条 地质灾害防治规划包括以下内容：

（一）地质灾害现状和发展趋势预测；

（二）地质灾害的防治原则和目标；

（三）地质灾害易发区、重点防治区；

（四）地质灾害防治项目；

（五）地质灾害防治措施等。

县级以上人民政府应当将城镇、人口集中居住区、风景名胜区、大中型工矿企业所在地和交通干线、重点水利电力工程等基础设施作为地质灾害重点防治区中的防护重点。

第十三条 编制和实施土地利用总体规划、矿产资源规划以及水利、铁路、交通、能源等重大建设工程项目规划，应当充分考虑地质灾害防治要求，避免和减轻地质灾害造成的损失。

编制城市总体规划、村庄和集镇规划，应当将地质灾害防治规划作为其组成部分。

第三章 地质灾害预防

第十四条 国家建立地质灾害监测网络和预警信息系统。

县级以上人民政府国土资源主管部门应当会同建设、水利、交通等部门加强对地质灾害险情的动态监测。

因工程建设可能引发地质灾害的，建设单位应当加强地质灾害监测。

第十五条 地质灾害易发区的县、乡、村应当加强地质灾害的群测群防工作。在地质灾害重点防范期内，乡镇人民政府、基层群众自治组织应当加强地质灾害险情的巡回检查，发现险情及时处理和报告。

国家鼓励单位和个人提供地质灾害前兆信息。

第十六条 国家保护地质灾害监测设施。任何单位和个人不得侵占、损毁、损坏地质灾害监测设施。

第十七条 国家实行地质灾害预报制度。预报内容主要包括地质灾害可能发生的时间、地点、成灾范围和影响程度等。

地质灾害预报由县级以上人民政府国土资源主管部门会同气象主管机构发布。

任何单位和个人不得擅自向社会发布地质灾害预报。

第十八条 县级以上地方人民政府国土资源主管部门会同同级建设、水利、交通等部门依据地质灾害防治规划，拟订年度地质灾害防治方案，报本级人民政府批准后公布。

年度地质灾害防治方案包括下列内容：

（一）主要灾害点的分布；

（二）地质灾害的威胁对象、范围；

（三）重点防范期；

（四）地质灾害防治措施；

（五）地质灾害的监测、预防责任人。

第十九条　对出现地质灾害前兆、可能造成人员伤亡或者重大财产损失的区域和地段，县级人民政府应当及时划定为地质灾害危险区，予以公告，并在地质灾害危险区的边界设置明显警示标志。

在地质灾害危险区内，禁止爆破、削坡、进行工程建设以及从事其他可能引发地质灾害的活动。

县级以上人民政府应当组织有关部门及时采取工程治理或者搬迁避让措施，保证地质灾害危险区内居民的生命和财产安全。

第二十条　地质灾害险情已经消除或者得到有效控制的，县级人民政府应当及时撤销原划定的地质灾害危险区，并予以公告。

第二十一条　在地质灾害易发区内进行工程建设应当在可行性研究阶段进行地质灾害危险性评估，并将评估结果作为可行性研究报告的组成部分；可行性研究报告未包含地质灾害危险性评估结果的，不得批准其可行性研究报告。

编制地质灾害易发区内的城市总体规划、村庄和集镇规划时，应当对规划区进行地质灾害危险性评估。

第二十二条　国家对从事地质灾害危险性评估的单位实行资质管理制度。地质灾害危险性评估单位应当具备下列条件，经省级以上人民政府国土资源主管部门资质审查合格，取得国土资源主管部门颁发的相应等级的资质证书后，方可在资质等级许可的范围内从事地质灾害危险性评估业务：

（一）有独立的法人资格；

（二）有一定数量的工程地质、环境地质和岩土工程等相应专业的技术人员；

（三）有相应的技术装备。

地质灾害危险性评估单位进行评估时，应当对建设工程遭受地质灾害危害的可能性和该工程建设中、建成后引发地质灾害的可能性做出评价，提出具体的预防治理措施，并对评估结果负责。

第二十三条　禁止地质灾害危险性评估单位超越其资质等级许可的范围或者以其他地质灾害危险性评估单位的名义承揽地质灾害危险性评估业务。

禁止地质灾害危险性评估单位允许其他单位以本单位的名义承揽地质灾害危险性评估业务。

禁止任何单位和个人伪造、变造、买卖地质灾害危险性评估资质证书。

第二十四条　对经评估认为可能引发地质灾害或者可能遭受地质灾害危害的建设工程，应当配套建设地质灾害治理工程。地质灾害治理工程的设计、施工和验收应当与主体工程的设计、施工、验收同时进行。

配套的地质灾害治理工程未经验收或者经验收不合格的，主体工程不得投入生产或者使用。

第四章　地质灾害应急

第二十五条　国务院国土资源主管部门会同国务院建设、水利、铁路、交通等部门拟订全国突发性地质灾害应急预案，报国务院批准后公布。

县级以上地方人民政府国土资源主管部门会同同级建设、水利、交通等部门拟订本行政区域的突发性地质灾害应急预案，报本级人民政府批准后公布。

第二十六条　突发性地质灾害应急预案包括下列内容：

（一）应急机构和有关部门的职责分工；

（二）抢险救援人员的组织和应急、救助装备、资金、物资的准备；

（三）地质灾害的等级与影响分析准备；

（四）地质灾害调查、报告和处理程序；

（五）发生地质灾害时的预警信号、应急通信保障；

（六）人员财产撤离、转移路线、医疗救治、疾病控制等应急行动方案。

第二十七条　发生特大型或者大型地质灾害时，有关省、自治区、直辖市人民政府应当成立地质灾害抢险救灾指挥机构。必要时，国务院可以成立地质灾害抢险救灾指挥机构。

发生其他地质灾害或者出现地质灾害险情时，有关市、县人民政府可以根据地质灾害抢险救灾工作的需要，成立地质灾害抢险救灾指挥机构。

地质灾害抢险救灾指挥机构由政府领导负责、有关部门组成，在本级人民政府的领导下，统一指挥和组织地质灾害的抢险救灾工作。

第二十八条　发现地质灾害险情或者灾情的单位和个人，应当立即向当地人民政府或者国土资源主管部门报告。其他部门或者基层群众自治组织接到报告的，应当立即转报当地人民政府。

当地人民政府或者县级人民政府国土资源主管部门接到报告后，应当立即派人赶赴现场，进行现场调查，采取有效措施，防止灾害发生或者灾情扩大，并按照国务院国土资源主管部门关于地质灾害灾情分级报告的规定，向上级人民政府和国土资源主管部门报告。

第二十九条　接到地质灾害险情报告的当地人民政府、基层群众自治组织应当根据实际情况，及时动员受到地质灾害威胁的居民以及其他人员转移到安全地带；情况紧急时，可以强行组织避灾疏散。

第三十条　地质灾害发生后，县级以上人民政府应当启动并组织实施相应的突发性地质灾害应急预案。有关地方人民政府应当及时将灾情及其发展趋势等信息报告上级人民政府。

禁止隐瞒、谎报或者授意他人隐瞒、谎报地质灾害灾情。

第三十一条　县级以上人民政府有关部门应当按照突发性地质灾害应急预案的分工，做好相应的应急工作。

国土资源主管部门应当会同同级建设、水利、交通等部门尽快查明地质灾害发生原因、影响范围等情况，提出应急治理措施，减轻和控制地质灾害灾情。

民政、卫生、食品药品监督管理、商务、公安部门，应当及时设置避难场所和救济物资供应点，妥善安排灾民生活，做好医疗救护、卫生防疫、药品供应、社会治安工作；气象主管机构应当做好气象服务保障工作；通信、航空、铁路、交通部门应当保证地质灾害应急的通信畅通和救灾物资、设备、药物、食品的运送。

第三十二条　根据地质灾害应急处理的需要，县级以上人民政府应当紧急调集人员，调用物资、交通工具和相关的设施、设备；必要时，可以根据需要在抢险救灾区域范围内采取交通管制等措施。

因救灾需要，临时调用单位和个人的物资、设施、设备或者占用其房屋、土地的，事后应当及时归还；无法归还或者造成损失的，应当给予相应的补偿。

第三十三条　县级以上地方人民政府应当根据地质灾害灾情和地质灾害防治需要，统筹规划、安排受灾地区的重建工作。

第五章 地质灾害治理

第三十四条 因自然因素造成的特大型地质灾害，确需治理的，由国务院国土资源主管部门会同灾害发生地的省、自治区、直辖市人民政府组织治理。

因自然因素造成的其他地质灾害，确需治理的，在县级以上地方人民政府的领导下，由本级人民政府国土资源主管部门组织治理。

因自然因素造成的跨行政区域的地质灾害，确需治理的，由所跨行政区域的地方人民政府国土资源主管部门共同组织治理。

第三十五条 因工程建设等人为活动引发的地质灾害，由责任单位承担治理责任。

责任单位由地质灾害发生地的县级以上人民政府国土资源主管部门负责组织专家对地质灾害的成因进行分析论证后认定。

对地质灾害的治理责任认定结果有异议的，可以依法申请行政复议或者提起行政诉讼。

第三十六条 地质灾害治理工程的确定，应当与地质灾害形成的原因、规模以及对人民生命和财产安全的危害程度相适应。

承担专项地质灾害治理工程勘查、设计、施工和监理的单位，应当具备下列条件，经省级以上人民政府国土资源主管部门资质审查合格，取得国土资源主管部门颁发的相应等级的资质证书后，方可在资质等级许可的范围内从事地质灾害治理工程的勘查、设计、施工和监理活动，并承担相应的责任：

（一）有独立的法人资格；

（二）有一定数量的水文地质、环境地质、工程地质等相应专业的技术人员；

（三）有相应的技术装备；

（四）有完善的工程质量管理制度。

地质灾害治理工程的勘查、设计、施工和监理应当符合国家有关标准和技术规范。

第三十七条 禁止地质灾害治理工程勘查、设计、施工和监理单位超越其资质等级许可的范围或者以其他地质灾害治理工程勘查、设计、施工和监理单位的名义承揽地质灾害治理工程勘查、设计、施工和监理业务。

禁止地质灾害治理工程勘查、设计、施工和监理单位允许其他单位以本单位的名义承揽地质灾害治理工程勘查、设计、施工和监理业务。

禁止任何单位和个人伪造、变造、买卖地质灾害治理工程勘查、设计、施工和监理资质证书。

第三十八条 政府投资的地质灾害治理工程竣工后，由县级以上人民政府国土资源主管部门组织竣工验收。其他地质灾害治理工程竣工后，由责任单位组织竣工验收；竣工验收时，应当有国土资源主管部门参加。

第三十九条 政府投资的地质灾害治理工程经竣工验收合格后，由县级以上人民政府国土资源主管部门指定的单位负责管理和维护；其他地质灾害治理工程经竣工验收合格后，由负责治理的责任单位负责管理和维护。

任何单位和个人不得侵占、损毁、损坏地质灾害治理工程设施。

第六章 法律责任

第四十条 违反本条例规定，有关县级以上地方人民政府、国土资源主管部门和其他有关部门有下列行为之一的，对直接负责的主管人员和其他直接责任人员，依法给予降级或者撤职的行政处分；造成地质灾害导致人员伤亡和重大财产损失的，依法给予开除的行政处分；构成犯罪的，依法追究刑事责任：

（一）未按照规定编制突发性地质灾害应急预案，或者未按照突发性地质灾害应急预案的要求采取有关措施、履行有关义务的；

（二）在编制地质灾害易发区内的城市总体规划、村庄和集镇规划时，未按照规定对规划区进行地质灾害危险性评估的；

（三）批准未包含地质灾害危险性评估结果的可行性研究报告的；

（四）隐瞒、谎报或者授意他人隐瞒、谎报地质灾害灾情，或者擅自发布地质灾害预报的；

（五）给不符合条件的单位颁发地质灾害危险性评估资质证书或者地质灾害治理工程勘查、设计、施工、监理资质证书的；

（六）在地质灾害防治工作中有其他渎职行为的。

第四十一条 违反本条例规定，建设单位有下列行为之一的，由县级以上地方人民政府国土资源主管部门责令限期改正；逾期不改正的，责令停止生产、施工或者使用，处10万元以上50万元以下的罚款；构成犯罪的，依法追究刑事责任：

（一）未按照规定对地质灾害易发区内的建设工程进行地质灾害危险性评估的；

（二）配套的地质灾害治理工程未经验收或者经验收不合格，主体工程即投入生产或者使用的。

第四十二条 违反本条例规定，对工程建设等人为活动引发的地质灾害不予治理的，由县级以上人民政府国土资源主管部门责令限期治理；逾期不治理或者治理不符合要求的，由责令限期治理的国土资源主管部门组织治理，所需费用由责任单位承担，处10万元以上50万元以下的罚款；给他人造成损失的，依法承担赔偿责任。

第四十三条 违反本条例规定，在地质灾害危险区内爆破、削坡、进行工程建设以及从事其他可能引发地质灾害活动的，由县级以上地方人民政府国土资源主管部门责令停止违法行为，对单位处5万元以上20万元以下的罚款，对个人处1万元以上5万元以下的罚款；构成犯罪的，依法追究刑事责任；给他人造成损失的，依法承担赔偿责任。

第四十四条 违反本条例规定，有下列行为之一的，由县级以上人民政府国土资源主管部门或者其他部门依据职责责令停止违法行为，对地质灾害危险性评估单位、地质灾害治理工程勘查、设计或者监理单位处合同约定的评估费、勘查费、设计费或者监理酬金1倍以上2倍以下的罚款，对地质灾害治理工程施工单位处工程价款2%以上4%以下的罚款，并可以责令停业整顿，降低资质等级；有违法所得的，没收违法所得；情节严重的，吊销其资质证书；构成犯罪的，依法追究刑事责任；给他人造成损失的，依法承担赔偿责任：

（一）在地质灾害危险性评估中弄虚作假或者故意隐瞒地质灾害真实情况的；

（二）在地质灾害治理工程勘查、设计、施工以及监理活动中弄虚作假、降低工程质量的；

（三）无资质证书或者超越其资质等级许可的范围承揽地质灾害危险性评估、地质灾害治理工程勘查、设计、施工及监理业务的；

（四）以其他单位的名义或者允许其他单位以本单位的名义承揽地质灾害危险性评估、地质灾害治理工程勘查、设计、施工和监理业务的。

第四十五条 违反本条例规定，伪造、变造、买卖地质灾害危险性评估资质证书、地质灾害治理工程勘查、设计、施工和监理资质证书的，由省级以上人民政府国土资源主管部门收缴或者吊销其资质证书，没收违法所得，并处5万元以上10万元以下的罚款；构成犯罪的，依法追究刑事责任。

第四十六条　违反本条例规定，侵占、损毁、损坏地质灾害监测设施或者地质灾害治理工程设施的，由县级以上地方人民政府国土资源主管部门责令停止违法行为，限期恢复原状或者采取补救措施，可以处5万元以下的罚款；构成犯罪的，依法追究刑事责任。

第七章　附　则

第四十七条　在地质灾害防治工作中形成的地质资料，应当按照《地质资料管理条例》的规定汇交。

第四十八条　地震灾害的防御和减轻依照防震减灾的法律、行政法规的规定执行。

防洪法律、行政法规对洪水引发的崩塌、滑坡、泥石流的防治有规定的，从其规定。

第四十九条　本条例自2004年3月1日起施行。

矿山地质环境保护规定

第一章　总　则

第一条　为保护矿山地质环境，减少矿产资源勘查开采活动造成的矿山地质环境破坏，保护人民生命和财产安全，促进矿产资源的合理开发利用和经济社会、资源环境的协调发展，根据《中华人民共和国矿产资源法》《地质灾害防治条例》《土地复垦条例》，制定本规定。

第二条　因矿产资源勘查开采等活动造成矿区地面塌陷、地裂缝、崩塌、滑坡，含水层破坏，地形地貌景观破坏等的预防和治理恢复，适用本规定。

开采矿产资源涉及土地复垦的，依照国家有关土地复垦的法律法规执行。

第三条　矿山地质环境保护，坚持预防为主、防治结合，谁开发谁保护、谁破坏谁治理、谁投资谁受益的原则。

第四条　自然资源部负责全国矿山地质环境的保护工作。

县级以上地方自然资源主管部门负责本行政区的矿山地质环境保护工作。

第五条　国家鼓励开展矿山地质环境保护科学技术研究，普及相关科学技术知识，推广先进技术和方法，制定有关技术标准，提高矿山地质环境保护的科学技术水平。

第六条　国家鼓励企业、社会团体或者个人投资，对已关闭或者废弃矿山的地质环境进行治理恢复。

第七条　任何单位和个人对破坏矿山地质环境的违法行为都有权进行检举和控告。

第二章　规　划

第八条　自然资源部负责全国矿山地质环境的调查评价工作。

省、自治区、直辖市自然资源主管部门负责本行政区域内的矿山地质环境调查评价工作。

市、县自然资源主管部门根据本地区的实际情况，开展本行政区域的矿山地质环境调查评价工作。

第九条　自然资源部依据全国矿山地质环境调查评价结果，编制全国矿山地质环境保护规划。

省、自治区、直辖市自然资源主管部门依据全国矿山地质环境保护规划，结合本行政区域的矿山地质环境调查评价结果，编制省、自治区、直辖市的矿山地质环境保护规划，报省、自治区、直辖市人民政府批准实施。

市、县级矿山地质环境保护规划的编制和审批，由省、自治区、直辖市自然资源主管部门规定。

第十条　矿山地质环境保护规划应当包括下列内容：

（一）矿山地质环境现状和发展趋势；

（二）矿山地质环境保护的指导思想、原则和目标；

（三）矿山地质环境保护的主要任务；

（四）矿山地质环境保护的重点工程；

（五）规划实施保障措施。

第十一条 矿山地质环境保护规划应当符合矿产资源规划，并与土地利用总体规划、地质灾害防治规划等相协调。

第三章 治理恢复

第十二条 采矿权申请人申请办理采矿许可证时，应当编制矿山地质环境保护与土地复垦方案，报有批准权的自然资源主管部门批准。

矿山地质环境保护与土地复垦方案应当包括下列内容：

（一）矿山基本情况；

（二）矿区基础信息；

（三）矿山地质环境影响和土地损毁评估；

（四）矿山地质环境治理与土地复垦可行性分析；

（五）矿山地质环境治理与土地复垦工程；

（六）矿山地质环境治理与土地复垦工作部署；

（七）经费估算与进度安排；

（八）保障措施与效益分析。

第十三条 采矿权申请人未编制矿山地质环境保护与土地复垦方案，或者编制的矿山地质环境保护与土地复垦方案不符合要求的，有批准权的自然资源主管部门应当告知申请人补正；逾期不补正的，不予受理其采矿权申请。

第十四条 采矿权人扩大开采规模、变更矿区范围或者开采方式的，应当重新编制矿山地质环境保护与土地复垦方案，并报原批准机关批准。

第十五条 采矿权人应当严格执行经批准的矿山地质环境保护与土地复垦方案。

矿山地质环境保护与治理恢复工程的设计和施工，应当与矿产资源开采活动同步进行。

第十六条 开采矿产资源造成矿山地质环境破坏的，由采矿权人负责治理恢复，治理恢复费用列入生产成本。

矿山地质环境治理恢复责任人灭失的，由矿山所在地的市、县自然资源主管部门，使用经市、县人民政府批准设立的政府专项资金进行治理恢复。

自然资源部，省、自治区、直辖市自然资源主管部门依据矿山地质环境保护规划，按照矿山地质环境治理工程项目管理制度的要求，对市、县自然资源主管部门给予资金补助。

第十七条 采矿权人应当依照国家有关规定，计提矿山地质环境治理恢复基金。基金由企业自主使用，根据其矿山地质环境保护与土地复垦方案确定的经费预算、工程实施计划、进度安排等，统筹用于开展矿山地质环境治理恢复和土地复垦。

第十八条 采矿权人应当按照矿山地质环境保护与土地复垦方案的要求履行矿山地质环境保护与土地复垦义务。

采矿权人未履行矿山地质环境保护与土地复垦义务，或者未达到矿山地质环境保护与土地复垦方案要求，有关自然资源主管部门应当责令采矿权人限期履行矿山地质环境保护与土地复垦义务。

第十九条 矿山关闭前，采矿权人应当完成矿山地质环境保护与土地复垦义务。采矿权人在申请办理闭坑手续时，应当经自然资源主管部门验收合格，并提交验收合格文件。

第二十条 采矿权转让的，矿山地质环境保护与土地复垦的义务同时转让。采矿权受让人应当依照本规定，履行矿山地质环境保护与土地复垦的义务。

第二十一条　以槽探、坑探方式勘查矿产资源，探矿权人在矿产资源勘查活动结束后未申请采矿权的，应当采取相应的治理恢复措施，对其勘查矿产资源遗留的钻孔、探井、探槽、巷道进行回填、封闭，对形成的危岩、危坡等进行治理恢复，消除安全隐患。

第四章　监督管理

第二十二条　县级以上自然资源主管部门对采矿权人履行矿山地质环境保护与土地复垦义务的情况进行监督检查。

相关责任人应当配合县级以上自然资源主管部门的监督检查，并提供必要的资料，如实反映情况。

第二十三条　县级以上自然资源主管部门应当建立本行政区域内的矿山地质环境监测工作体系，健全监测网络，对矿山地质环境进行动态监测，指导、监督采矿权人开展矿山地质环境监测。

采矿权人应当定期向矿山所在地的县级自然资源主管部门报告矿山地质环境情况，如实提交监测资料。

县级自然资源主管部门应当定期将汇总的矿山地质环境监测资料报上一级自然资源主管部门。

第二十四条　县级以上自然资源主管部门在履行矿山地质环境保护的监督检查职责时，有权对矿山地质环境与土地复垦方案确立的治理恢复措施落实情况和矿山地质环境监测情况进行现场检查，对违反本规定的行为有权制止并依法查处。

第二十五条　开采矿产资源等活动造成矿山地质环境突发事件的，有关责任人应当采取应急措施，并立即向当地人民政府报告。

第五章　法律责任

第二十六条　违反本规定，应当编制矿山地质环境保护与土地复垦方案而未编制的，或者扩大开采规模、变更矿区范围或者开采方式，未重新编制矿山地质环境保护与土地复垦方案并经原审批机关批准的，责令限期改正，并列入矿业权人异常名录或严重违法名单；逾期不改正的，处 3 万元以下的罚款，不受理其申请新的采矿许可证或者申请采矿许可证延续、变更、注销。

第二十七条　违反本规定，未按照批准的矿山地质环境保护与土地复垦方案治理的，或者在矿山被批准关闭、闭坑前未完成治理恢复的，责令限期改正，并列入矿业权人异常名录或严重违法名单；逾期拒不改正的或整改不到位的，处 3 万元以下的罚款，不受理其申请新的采矿权许可证或者申请采矿权许可证延续、变更、注销。

第二十八条　违反本规定，未按规定计提矿山地质环境治理恢复基金的，由县级以上自然资源主管部门责令限期计提；逾期不计提的，处 3 万元以下的罚款。颁发采矿许可证的自然资源主管部门不得通过其采矿活动年度报告，不受理其采矿权延续变更申请。

第二十九条　违反本规定第二十一条规定，探矿权人未采取治理恢复措施的，由县级以上自然资源主管部门责令限期改正；逾期拒不改正的，处 3 万元以下的罚款，5 年内不受理其新的探矿权、采矿权申请。

第三十条　违反本规定，扰乱、阻碍矿山地质环境保护与治理恢复工作，侵占、损坏、损毁矿山地质环境监测设施或者矿山地质环境保护与治理恢复设施的，由县级以上自然资源主管部门责令停止违法行为，限期恢复原状或者采取补救措施，并处 3 万元以下的罚款；构成犯罪的，依法追究刑事责任。

第三十一条　县级以上自然资源主管部门工作人员违反本规定，在矿山地质环境保护与治理恢复监督管理中玩忽职守、滥用职权、徇私舞弊的，对相关责任人依法给予处分；构成犯罪的，依法追究刑事责任。

第六章　附　则

第三十二条　本规定实施前已建和在建矿山，采矿权人应当依照本规定编制矿山地质环境保护与土地复垦方案，报原采矿许可证审批机关批准。

第三十三条　本规定自 2009 年 5 月 1 日起施行。

地质灾害治理工程勘查设计施工单位资质管理办法

第一章 总 则

第一条 为加强地质灾害治理工程勘查、设计和施工单位资质管理，保证地质灾害治理工程质量，有效减轻地质灾害造成的危害，保障人民生命和财产安全，根据《地质灾害防治条例》，制定本办法。

第二条 在中华人民共和国境内申请地质灾害治理工程勘查、设计和施工单位资质，实施对地质灾害治理工程勘查、设计和施工单位资质管理，适用本办法。

本办法所称地质灾害治理工程，是指对山体崩塌、滑坡、泥石流、地面塌陷、地裂缝、地面沉降等地质灾害或者地质灾害隐患，采取专项地质工程措施，控制或者减轻地质灾害的工程活动。

第三条 地质灾害治理工程勘查、设计和施工单位资质，均分为甲、乙、丙三个等级。

第四条 自然资源部负责甲级地质灾害治理工程勘查、设计和施工单位资质的审批和管理。

省、自治区、直辖市自然资源主管部门负责乙级和丙级地质灾害治理工程勘查、设计和施工单位资质的审批和管理。

第五条 从事地质灾害治理工程勘查、设计和施工活动的单位，应当按照本办法的规定取得相应的资质证书，在资质证书许可的范围内承担地质灾害治理工程项目。

县级以上自然资源主管部门负责对本行政区域内从事地质灾害治理工程勘查、设计和施工的单位进行监督检查。

第二章 资质等级与业务范围

第六条 地质灾害治理工程勘查单位的各等级资质条件如下：

（一）甲级资质

1 技术人员总数不少于五十名，其中水文地质、工程地质、环境地质专业技术人员不少于三十名且具备高级职称的人员不少于十名；

2 近三年内独立承担过五项以上中型地质灾害勘查项目，有优良的工作业绩；

3 具有与承担大型地质灾害勘查项目相适应的钻探、物探、测量、测试、计算机等设备。

（二）乙级资质

1 技术人员总数不少于三十名，其中水文地质、工程地质、环境地质专业技术人员不少于十五名且具备高级职称的人员不少于五名；

2 近三年内独立承担过五项以上小型地质灾害勘查项目，有良好的工作业绩；

3 具有与承担中型地质灾害勘查项目相适应的钻探、物探、测量、测试、计算机等设备。

（三）丙级资质

1 单位技术人员总数不少于二十名，其中水文地质、工程地质、环境地质专业技术人员不少于十名且具备高级职称的人员不少于三名；

2　具有与承担小型地质灾害勘查项目相适应的钻探、物探、测量、测试、计算机等设备。

第七条　地质灾害治理工程设计单位的各等级资质条件如下：

（一）甲级资质

1　技术人员总数不少于三十名，其中岩土工程设计、结构设计、工程地质专业技术人员不少于十五名且具有高级职称的人员不少于八名；

2　近三年内承担过五项以上中型地质灾害治理工程设计任务，有优良的工作业绩；

3　具有与承担大型地质灾害防治工程设计相适应的设计、测试、制图与文档整理设备。

（二）乙级资质

1　技术人员总数不少于二十名，其中岩土工程设计、结构设计、工程地质专业技术人员不少于十名且具有高级职称的人员不少于 5 名；

2　近三年内承担过五项以上小型地质灾害治理工程设计任务，有良好的工作业绩；

3　具有与承担中型地质灾害防治工程设计相适应的设计、测试、制图与文档整理设备。

（三）丙级资质

1　技术人员总数不少于十名，其中岩土工程设计、结构设计、工程地质专业技术人员不少于五名且具有高级职称的人员不少于三名；

2　具有与承担小型地质灾害防治工程设计相适应的设计、测试、制图与文档整理设备。

第八条　地质灾害治理工程施工单位的各等级资质条件如下：

（一）甲级资质

1　岩土工程、工程地质、工程测量、工程预算专业技术人员和项目经理、施工员、安全员、质检员等管理人员总数不少于五十名；

2　近三年内独立承担过五项以上中型地质灾害治理工程施工项目，有优良的工作业绩；

3　具有与承担大型地质灾害防治工程施工相适应的施工机械、测量、测试与质量检测设备。

（二）乙级资质

1　岩土工程、工程地质、工程测量、工程预算专业技术人员和项目经理、施工员、安全员、质检员等管理人员总数不少于三十名；

2　近三年内独立承担过五项以上小型地质灾害治理工程施工项目，有良好的工作业绩；

3　具有与承担中型地质灾害防治工程施工相适应的施工机械、测量、测试与质量检测设备。

（三）丙级资质

1　岩土工程、工程地质、工程测量、工程预算专业技术人员和项目经理、施工员、安全员、质检员等管理人员总数不少于二十名；

2　具有与承担小型地质灾害防治工程施工相适应的施工机械、测量、测试与质量检测设备。

第九条　除本办法第六条、第七条、第八条规定的资质条件外，申请地质灾害治理工程勘查、设计和施工资质的单位，还应当同时具备以下条件：

（一）有独立的法人资格，其中申请施工资质的单位必须具备企业法人资格；

（二）有健全的安全和质量管理监控体系，近五年内未发生过重大安全、质量事故；

（三）技术人员中外聘人员不超过百分之十。

第十条　甲级地质灾害治理工程勘查、设计和施工资质单位，可以相应承揽大、中、小型地质灾害治理工程的勘查、设计和施工业务。

乙级地质灾害治理工程勘查、设计和施工资质单位，可以相应承揽中、小型地质灾害治理工程的勘查、设计和施工业务。

丙级地质灾害治理工程勘查、设计和施工资质单位，可以相应承揽小型地质灾害治理工程的勘查、设计和施工业务。

第十一条 地质灾害治理工程分为大、中、小三个类型。

（一）符合下列条件之一的，为大型地质灾害治理工程：

1 治理工程总投资在人民币二千万元以上，或者单独立项的地质灾害勘查项目，项目经费在人民币五十万元以上；

2 治理工程所保护的人员在五百人以上；

3 治理工程所保护的财产在人民币五千万元以上。

（二）符合下列条件之一的，为中型地质灾害治理工程：

1 治理工程总投资在人民币五百万元以上、二千万元以下，或者单独立项的地质灾害勘查项目，项目经费在人民币三十万元以上、五十万元以下；

2 治理工程所保护的人员在一百人以上、五百人以下；

3 治理工程所保护的财产在人民币五百万元以上、五千万元以下。

上述两种情况之外的，属于小型地质灾害治理工程。

第三章 申请和审批

第十二条 地质灾害治理工程勘查、设计和施工单位资质的审批机关为自然资源部和省、自治区、直辖市自然资源主管部门。

第十三条 申请地质灾害治理工程勘查、设计和施工资质的单位，应当向审批机关提出申请，并提交以下材料：

（一）资质申请表；

（二）单位法人资格证明文件和设立单位的批准文件；

（三）在当地工商部门注册或者有关部门登记的证明材料；

（四）法定代表人和主要技术负责人任命或者聘任文件；

（五）当年在职人员的统计表、中级职称以上的工程技术和经济管理人员名单、身份证明、职称证明；

（六）承担过的主要地质灾害治理工程项目有关证明材料，包括任务书、委托书或者合同，工程管理部门验收意见；

（七）单位主要机械设备清单；

（八）质量管理体系和安全管理的有关材料。

上述材料应当提供符合规定格式的电子文档一份。

资质申请表可以从自然资源部的门户网站上下载。

第十四条 申请地质灾害治理工程勘查、设计和施工资质的单位，应当如实提供有关材料，并对申请材料的真实性负责。

资质单位在申请资质时弄虚作假的，资质证书自始无效。

第十五条 申请甲级地质灾害治理工程勘查、设计和施工单位资质的，向自然资源部申请。

申请乙级和丙级地质灾害治理工程勘查、设计和施工单位资质的，向单位所在地的省、自治区、直辖市自然资源主管部门申请。

第十六条　审批机关应当在受理申请之日起二十日内完成审批工作。逾期不能完成的，经审批机关负责人批准，可以再延长十日。

第十七条　审批机关受理资质申请材料后，应当组织专家进行评审。专家评审所需时间不计算在审批时限内。

对经过评审后拟批准的资质单位，审批机关应当在媒体上进行公示。公示时间不得少于七日。

公示期满，对公示无异议的，审批机关应当予以批准，并颁发资质证书；对公示有异议的，审批机关应当对其申请材料予以复核。

审批机关应当将审批结果在媒体上予以公告。

省、自治区、直辖市自然资源主管部门审批的乙级和丙级资质，应当在批准后的六十日内报自然资源部备案。

第十八条　地质灾害治理工程勘查、设计和施工单位资质证书分为正本和副本，正本和副本具有同等的法律效力。

地质灾害治理工程勘查、设计和施工单位资质证书，由自然资源部统一监制。

第十九条　地质灾害治理工程勘查、设计和施工单位资质证书有效期为三年。

有效期届满需要继续从业的，应当于资质证书有效期届满三个月前，向原审批机关提出延续申请。

审批机关应当对申请延续的资质单位的从业活动进行审核。符合原资质条件的，换发新的资质证书，有效期从换发之日起计算。经审核，发现达不到原资质条件的，不予办理延续手续。

符合上一级资质条件的单位，可以在取得资质证书两年后或者在申请延续的同时，申请升级。经审核，符合本办法规定的上一级资质条件的，审批机关应当换发相应等级的资质证书。

第二十条　资质证书遗失的，可以向原审批机关申请补领。

第二十一条　资质单位发生合并或者分立的，应当及时到原审批机关办理资质证书注销手续。需要继续从业的，应当重新申请。

资质单位名称、地址、法定代表人、技术负责人等事项发生变更的，应当在变更后三十日内，到原审批机关办理资质证书变更手续。

资质单位破产、歇业或者因其他原因终止业务活动的，应当在办理营业执照注销手续后十五日内，到原审批机关办理资质证书注销手续。

第四章　监督管理

第二十二条　自然资源主管部门对本行政区域内的地质灾害治理工程勘查、设计和施工活动进行监督检查时，被检查的单位应当配合，并如实提供相关材料。

县级以上自然资源主管部门在检查中发现资质单位的资质条件与其资质等级不符的，应当报原审批机关对其资质进行重新核定。

第二十三条　地质灾害治理工程勘查、设计和施工单位，应当建立地质灾害治理工程勘查、设计和施工业务手册，如实记载其工作业绩和存在的主要问题。

第二十四条　地质灾害治理工程勘查、设计和施工单位，应当建立严格的技术成果和资质图章管理制度。资质证书的类别和等级编号，应当在地质灾害治理工程的有关技术文件上注明。

第二十五条 地质灾害治理工程勘查、设计和施工单位承担的地质灾害治理工程发生重大质量事故的，事故责任单位应当停止从业活动，并由原审批机关对其资质条件进行重新核定。

第二十六条 资质单位的技术负责人或者其他技术人员应当参加地质灾害治理工程勘查、设计和施工业务培训。

第二十七条 承担地质灾害治理工程项目的资质单位，应当在项目合同签订后十日内，到工程所在地的县级自然资源主管部门备案。

地质灾害治理工程项目跨行政区域的，资质单位应当向项目所跨行政区域共同的上一级自然资源主管部门备案。

第五章 法律责任

第二十八条 资质单位不按照本办法第二十一条的规定及时办理资质证书变更、注销手续的，由县级以上自然资源主管部门责令限期改正；逾期不改的，可以处五千元以下罚款。

第二十九条 资质单位不按照本办法第二十七条的规定进行备案的，由县级以上自然资源主管部门责令限期改正；逾期仍不改正的，可以处一万元以下罚款。

第三十条 审批机关或者负有监督管理职责的县级以上自然资源主管部门有下列情形之一的，对直接负责的主管人员和其他直接责任人员依法给予处分；构成犯罪的，依法追究刑事责任：

（一）对不符合法定条件的单位颁发资质证书的；

（二）对符合法定条件的单位不予颁发资质证书的；

（三）利用职务上的便利，收受他人财物或者其他好处的；

（四）不履行监督管理职责，或者发现违法行为不予查处的。

第六章 附 则

第三十一条 本办法实施前已经取得地质灾害防治工程勘查、设计和施工资质证书的单位，应当于本办法实施后六个月内，依照本办法的规定到审批机关申请换领新证。逾期没有申请领取新的资质证书的，原资质证书一律无效。

第三十二条 本办法自2005年7月1日起施行。

地质灾害治理工程监理单位资质管理办法

第一章 总 则

第一条 为保证地质灾害治理工程质量，控制治理工程工期，充分发挥治理工程投资效益，加强对治理工程监理单位的资质管理，根据《地质灾害防治条例》，制定本办法。

第二条 在中华人民共和国境内申请地质灾害治理工程监理单位资质，实施对地质灾害治理工程监理单位资质管理，适用本办法。

第三条 从事地质灾害治理工程监理活动的单位，应当在取得相应等级的资质证书后，在其资质证书许可的范围内从事地质灾害治理工程监理活动。

第四条 地质灾害治理工程监理单位资质分为甲、乙、丙三个等级。

自然资源部负责甲级地质灾害治理工程监理单位资质的审批和管理。

省、自治区、直辖市自然资源主管部门负责乙级和丙级地质灾害治理工程监理单位资质的审批和管理。

第二章 资质等级和业务范围

第五条 地质灾害治理工程监理单位资质分级标准如下：

（一）甲级资质

1 地质灾害治理工程监理技术人员总数不少于三十人，其中具有水文地质、工程地质、环境地质、岩土工程、工程预算等专业技术人员不少于二十人；

2 近三年内独立承担过五项以上中型地质灾害治理工程的监理项目，有优良的工作业绩。

（二）乙级资质

1 地质灾害治理工程监理技术人员总数不少于二十人，其中具有水文地质、工程地质、环境地质、岩土工程、工程预算等专业技术人员不少于十人；

2 近三年内独立承担过五项以上小型地质灾害治理工程的监理项目，有良好的工作业绩。

（三）丙级资质

地质灾害治理工程监理技术人员总数不少于十人，其中具有水文地质、工程地质、环境地质、岩土工程、工程预算等专业技术人员不少于五人。

第六条 除本办法第五条规定的资质条件外，申请地质灾害治理工程监理资质的单位，还应当同时具备以下条件：

（一）具有独立的法人资格；

（二）具有健全的安全和质量管理监控体系，近五年内未发生过重大安全、质量事故；

（三）技术人员中外聘人员的数量不超过百分之十。

第七条 同一资质单位不能同时持有地质灾害治理工程监理资质和地质灾害治理工程施工资质。

第八条 甲级地质灾害治理工程监理资质单位，可以承揽大、中、小型地质灾害治理工程的监理业务。

乙级地质灾害治理工程监理资质单位，可以承揽中、小型地质灾害治理工程的监理业务。

丙级地质灾害治理工程监理资质单位，可以承揽小型地质灾害治理工程的监理业务。

第三章 审批和管理

第九条 地质灾害治理工程监理单位资质的审批机关为自然资源部和省、自治区、直辖市自然资源主管部门。

第十条 申请地质灾害治理工程监理资质的单位，应当向审批机关提出申请，并提交以下材料：

（一）资质申请表；

（二）法人资格证明或者有关部门登记的证明文件；

（三）法定代表人和主要技术负责人任命或者聘任文件；

（四）当年在职人员的统计表、中级职称以上工程技术和经济管理人员名单、身份证明、职称证明；

（五）承担过的主要地质灾害治理工程监理项目有关证明材料，包括任务书、委托书、合同，工程管理部门验收意见；

（六）单位主要监理设备清单；

（七）质量管理体系的有关材料。

上述材料应当提供符合规定格式的电子文档一份。

资质申请表可以从自然资源部门户网站上下载。

第十一条 申请地质灾害治理工程监理资质的单位，应当如实提供有关材料，并对申请材料的真实性负责。

资质单位在申请资质时弄虚作假的，资质证书自始无效。

第十二条 申请甲级地质灾害治理工程监理单位资质的，向自然资源部申请。

申请乙级和丙级地质灾害治理工程监理单位资质的，向单位所在地的省、自治区、直辖市自然资源主管部门申请。

第十三条 审批机关应当自受理资质申请之日起二十日内完成审批工作。逾期不能完成的，经审批机关负责人批准，可以延长十日。

第十四条 审批机关受理资质申请材料后，应当组织专家进行评审，专家评审所需时间不计算在审批时限内。

对经过评审后拟批准的资质单位，应当在媒体上进行公示。公示时间不得少于七日。

公示期满，对公示无异议的，审批机关应当予以审批，并颁发资质证书；对公示有异议的，审批机关应当对其申请材料予以复核。

审批机关应当将审批结果在媒体上予以公告。

省、自治区、直辖市自然资源主管部门审批的乙级和丙级资质，应当在批准后的六十日内报自然资源部备案。

第十五条 地质灾害治理工程监理单位资质证书分为正本和副本，正本和副本具有同等的法律效力。

地质灾害治理工程监理单位资质证书，由自然资源部统一监制。

第十六条　地质灾害治理工程监理单位资质证书有效期为三年。

有效期届满需要继续从业的，应当于资质证书有效期届满三个月前，向原审批机关提出延续申请。

审批机关应当对申请延续的资质单位的从业活动进行审核。符合原资质等级条件的，由审批机关换发新的监理资质证书，有效期从换发之日起计算。经审核，不符合原定资质条件的，不予办理延续手续。

符合上一级资质等级条件的资质单位，可以在获得资质证书两年后或者在申请延续的同时申请升级。符合本办法规定的资质条件的，审批机关应当重新审批，并颁发相应的资质证书。

第十七条　资质证书遗失的，可以向原审批机关申请补领。

第十八条　资质单位发生合并或者分立的，应当及时到原审批机关办理资质证书注销手续。需要继续从业的，重新申请。

第十九条　资质单位名称、地址、法定代表人、技术负责人等事项发生变更的，应当在变更后三十日内，到原审批机关办理资质证书变更手续。

第二十条　资质单位破产、歇业或者因其他原因终止业务活动的，应当在办理营业执照注销手续后十五日内，到原审批机关办理资质证书注销手续。

第四章　监督管理

第二十一条　县级以上自然资源主管部门负责对本行政区域内的地质灾害治理工程监理活动进行监督检查。被检查的单位应当配合，并如实提供相关材料。

第二十二条　地质灾害治理工程监理资质单位，应当建立监理业务手册，如实记载其工作业绩和存在的主要问题。

第二十三条　地质灾害治理工程监理资质单位，应当建立严格的技术成果和资质图章管理制度。资质证书的类别和等级编号，应当在地质灾害治理工程的有关监理技术文件上注明。

第二十四条　资质单位的技术负责人或者其他技术人员应当定期参加地质灾害治理工程监理业务培训。

第二十五条　地质灾害治理工程监理资质单位，对承担的监理项目，应当在监理合同签订后十日内，到工程所在地县级自然资源主管部门备案。

监理项目跨行政区域的，向项目所跨行政区域共同的上一级自然资源主管部门备案。

第五章　法律责任

第二十六条　资质单位不按照本办法第十八条、第十九条和第二十条的规定及时办理资质证书变更、注销手续的，由县级以上自然资源主管部门责令限期改正；逾期不改的，可以处五千元以下罚款。

第二十七条　资质单位不按照本办法第二十五条的规定进行备案的，由县级以上自然资源主管部门责令限期改正；逾期不改的，可以处一万元以下罚款。

第二十八条　县级以上自然资源主管部门在地质灾害治理工程监理单位资质审批及管理过程中徇私舞弊、玩忽职守、滥用职权，对直接负责的主管人员和其他直接责任人员依法给予处分；构成犯罪的，依法追究刑事责任。

第六章　附　则

第二十九条　本办法实施前已经取得地质灾害防治工程监理资质证书的单位，应当于本办法实施后六个月内，依照本办法的规定到审批机关申请领取新的资质证书。逾期不申领的，原资质证书一律无效。

第三十条　本办法中的地质灾害治理工程及其分级标准，依照《地质灾害治理工程勘查设计施工单位资质管理办法》的有关规定执行。

第三十一条　本办法自 2005 年 7 月 1 日起施行。

矿山生态环境保护与污染防治技术政策

一、总则

（一）目的和依据

为了实现矿产资源开发与生态环境保护协调发展，提高矿产资源开发利用效率，避免和减少矿区生态环境破坏和污染，根据《中华人民共和国固体废物污染环境防治法》《中华人民共和国水污染防治法》《中华人民共和国清洁生产促进法》《中华人民共和国矿产资源法》《全国生态环境保护纲要》等有关的法律、法规和政策文件，制定本技术政策。

（二）适用范围

本技术政策适用于从事固体矿产资源开发的企业，不包括从事放射性矿产、海洋矿产开发的企业。

本技术政策适用于矿产资源开发规划与设计、矿山基建、采矿、选矿和废弃地复垦等阶段的生态环境保护与污染防治。

（三）指导方针和技术原则

1．矿产资源的开发应贯彻“污染防治与生态环境保护并重，生态环境保护与生态环境建设并举；以及预防为主、防治结合、过程控制、综合治理”的指导方针。

2．矿产资源的开发应推行循环经济的“污染物减量、资源再利用和循环利用”的技术原则，具体包括：

（1）发展绿色开采技术，实现矿区生态环境无损或受损最小；

（2）发展干法或节水的工艺技术，减少水的使用量；

（3）发展无废或少废的工艺技术，最大限度地减少废弃物的产生；

（4）矿山废物按照先提取有价金属、组分或利用能源，再选择用于建材或其他用途，最后进行无害化处理处置的技术原则。

（四）实现目标

1．2010年应达到的阶段性目标

（1）新、扩、改建选煤和黑色冶金选矿的水重复利用率应达到90%以上；新、扩、改建有色金属系统选矿的水重复利用率应达到75%以上；

（2）大中型煤矿矿井水重复利用率力求达到65%以上；

（3）已建立地面永久瓦斯抽放系统的大中型煤矿，其瓦斯利用率应达到当年抽放量的85%以上；

（4）煤矸石的利用率达到55%以上，尾矿的利用率达到10%以上；

（5）历史遗留矿山开采破坏土地复垦率达到20%以上，新建矿山应做到边开采、边复垦，破坏土地复垦率达到75%以上。

2．2015年应达到的阶段性目标

（1）选煤厂、冶金选矿厂和有色金属选矿厂的选矿水循环利用率在2010年基础上分别提高3%；

（2）大中型煤矿矿井水重复利用率、大中型煤矿瓦斯利用率、煤矸石的利用率、尾矿的利用率在2010年基础上分别提高5%；

（3）历史遗留矿山开采破坏土地复垦率达到45%以上，新建矿山应做到边开采、边复垦，破坏土地复垦率达到85%以上。

（五）考核指标体系

政府主管部门应建立和完善矿山生态环境保护与污染防治的考核指标体系，将下述指标纳入考核指标体系：

（1）采矿回采率、贫化率、选矿回收率、综合利用率等矿产资源综合开发利用指标；

（2）固体废物综合利用率、煤矿瓦斯抽放利用率、水重复利用率等废物资源化利用指标；

（3）土地复垦率、矿山次生地质灾害治理率等生态环境修复指标。

（六）清洁生产

鼓励矿山企业开展清洁生产审核，优先选用采、选矿清洁生产工艺，杜绝落后工艺与设备向新开发矿区和落后地区转移。

二、矿产资源开发规划与设计

（一）禁止的矿产资源开发活动

1. 禁止在依法划定的自然保护区（核心区、缓冲区）、风景名胜区、森林公园、饮用水水源保护区、重要湖泊周边、文物古迹所在地、地质遗迹保护区、基本农田保护区等区域内采矿。

2. 禁止在铁路、国道、省道两侧的直观可视范围内进行露天开采。

3. 禁止在地质灾害危险区开采矿产资源。

4. 禁止土法采、选冶金矿和土法冶炼汞、砷、铅、锌、焦、硫、钒等矿产资源开发活动。

5. 禁止新建对生态环境产生不可恢复利用的、产生破坏性影响的矿产资源开发项目。

6. 禁止新建煤层含硫量大于3%的煤矿。

（二）限制的矿产资源开发活动

1. 限制在生态功能保护区和自然保护区（过渡区）内开采矿产资源。生态功能保护区内的开采活动必须符合当地的环境功能区规划，并按规定进行控制性开采，开采活动不得影响本功能区内的主导生态功能。

2. 限制在地质灾害易发区、水土流失严重区域等生态脆弱区内开采矿产资源。

（三）矿产资源开发规划

1. 矿产资源开发应符合国家产业政策要求，选址、布局应符合所在地的区域发展规划。

2. 矿产资源开发企业应制定矿产资源综合开发规划，并应进行环境影响评价，规划内容包括资源开发利用、生态环境保护、地质灾害防治、水土保持、废弃地复垦等。

3. 在矿产资源的开发规划阶段，应对矿区内的生态环境进行充分调查，建立矿区的水文、地质、土壤和动植物等生态环境和人文环境基础状况数据库。同时，应对矿床开采可能产生的区域地质环境问题进行预测和评价。

4. 矿产资源开发规划阶段还应注重对矿山所在区域生态环境的保护。

（四）矿产资源开发设计

1. 应优先选择废物产生量少、水重复利用率高，对矿区生态环境影响小的采、选矿生产工艺与技术。

2. 应考虑低污染、高附加值的产业链延伸建设，把资源优势转化为经济优势。提倡煤—电、煤—化工、煤—焦、煤—建材、铁矿石—铁精矿—球团矿等低污染、高附加值的产业链延伸建设。

3. 矿井水、选矿水和矿山其他外排水应统筹规划、分类管理、综合利用。

4. 选矿厂设计时，应考虑最大限度地提高矿产资源的回收利用率，并同时考虑共、伴生资源的综合利用。

5. 地面运输系统设计时，宜考虑采用封闭运输通道运输矿物和固体废物。

三、矿山基建

1. 对矿山勘探性钻孔应采取封闭等措施进行处理，以确保生产安全。

2. 对矿山基建可能影响的具有保护价值的动、植物资源，应优先采取就地、就近保护措施。

3. 对矿山基建产生的表土、底土和岩石等应分类堆放、分类管理和充分利用。对表土、底土和适于植物生长的地层物质均应进行保护性堆存和利用，可优先用作废弃地复垦时的土壤重构用土。

4. 矿山基建应尽量少占用农田和耕地，矿山基建临时性占地应及时恢复。

四、采矿

（一）鼓励采用的采矿技术

1. 对于露天开采的矿山，宜推广剥离—排土—造地—复垦一体化技术。

2. 对于水力开采的矿山，宜推广水重复利用率高的开采技术。

3. 推广应用充填采矿工艺技术，提倡废石不出井，利用尾砂、废石充填采空区。

4. 推广减轻地表沉陷的开采技术，如条带开采、分层间隙开采等技术。

5. 对于有色、稀土等矿山，宜研究推广溶浸采矿工艺技术，发展集采、选、冶于一体，直接从矿床中获取金属的工艺技术。

6. 加大煤炭地下气化与开采技术的研究力度，推广煤层气开发技术，提高煤层气的开发利用水平。

7. 在不能对基础设施、道路、河流、湖泊、林木等进行拆迁或异地补偿的情况下，在矿山开采中应保留安全矿柱，确保地面塌陷在允许范围内。

（二）矿坑水的综合利用和废水、废气的处理

1. 鼓励将矿坑水优先利用为生产用水，作为辅助水源加以利用。在干旱缺水地区，鼓励将外排矿坑水用于农林灌溉，其水质应达到相应标准要求。

2. 宜采取修筑排水沟、引流渠，预先截堵水，防渗漏处理等措施，防止或减少各种水源进入露天采场和地下井巷。

3. 宜采取灌浆等工程措施，避免和减少采矿活动破坏地下水均衡系统。

4. 研究推广酸性矿坑废水、高矿化度矿坑废水和含氟、锰等特殊污染物矿坑水的高效处理工艺与技术。

5. 积极推广煤矿瓦斯抽放回收利用技术，将其用于发电、制造炭黑、民用燃料、制造化工产品等。

6. 宜采用安装除尘装置，湿式作业，个体防护等措施，防治凿岩、铲装、运输等采矿作业中的粉尘污染。

（三）固体废物贮存和综合利用

1. 对采矿活动所产生的固体废物，应使用专用场所堆放，并采取有效措施防止二次环境污染及诱发次生地质灾害。

（1）应根据采矿固体废物的性质、贮存场所的工程地质情况，采用完善的防渗、集排水措施，防止淋溶水污染地表水和地下水；

（2）宜采用水覆盖法、湿地法、碱性物料回填等方法，预防和降低废石场的酸性废水污染；

（3）煤矸石堆存时，宜采取分层压实，黏土覆盖，快速建立植被等措施，防止矸石山氧化自燃。

2. 大力推广采矿固体废物的综合利用技术。

（1）推广表外矿和废石中有价元素和矿物的回收技术，如采用生物浸出—溶剂萃取—电积技术回收废石中的铜等；

（2）推广利用采矿固体废物加工生产建筑材料及制品技术，如生产铺路材料、制砖等；

（3）推广煤矸石的综合利用技术，如利用煤矸石发电、生产水泥和肥料、制砖等。

五、选矿

（一）鼓励采用的选矿技术

1. 开发推广高效无（低）毒的浮选新药剂产品。

2. 在干旱缺水地区，宜推广干选工艺或节水型选矿工艺，如煤炭干选、大块干选抛尾等工艺技术。

3. 推广高效脱硫降灰技术，有效去除和降低煤炭中的硫分和灰分。

4. 采用先进的洗选技术和设备，推广洁净煤技术，逐步降低直接销售、使用原煤的比率。

5. 积极研究推广共、伴生矿产资源中有价元素的分离回收技术，为共、伴生矿产资源的深加工创造条件。

（二）选矿废水、废气的处理

1. 选矿废水（含尾矿库溢流水）应循环利用，力求实现闭路循环。未循环利用的部分应进行收集，处理达标后排放。

2. 研究推广含氰、含重金属选矿废水的高效处理工艺与技术。

3. 宜采用尘源密闭、局部抽风、安装除尘装置等措施，防治破碎、筛分等选矿作业中的粉尘污染。

（三）尾矿的贮存和综合利用

1. 应建造专用的尾矿库，并采取措施防止尾矿库的二次环境污染及诱发次生地质灾害。

（1）采用防渗、集排水措施，防止尾矿库溢流水污染地表水和地下水；

（2）尾矿库坝面、坝坡应采取种植植物和覆盖等措施，防止扬尘、滑坡和水土流失。

2. 推广选矿固体废物的综合利用技术。

（1）尾矿再选和共伴生矿物及有价元素的回收技术；

（2）利用尾矿加工生产建筑材料及制品技术，如作水泥添加剂、尾矿制砖等；

（3）推广利用尾矿、废石作充填料，充填采空区或塌陷地的工艺技术；

（4）利用选煤煤泥开发生物有机肥料技术。

六、废弃地复垦

1．矿山开采企业应将废弃地复垦纳入矿山日常生产与管理，提倡采用采（选）矿—排土（尾）—造地—复垦一体化技术。

2．矿山废弃地复垦应做可垦性试验，采取最合理的方式进行废弃地复垦。

对于存在污染的矿山废弃地，不宜复垦作为农牧业生产用地；对于可开发为农牧业用地的矿山废弃地，应对其进行全面的监测与评估。

3．矿山生产过程中应采取种植植物和覆盖等复垦措施，对露天坑、废石场、尾矿库、矸石山等永久性坡面进行稳定化处理，防止水土流失和滑坡。

废石场、尾矿库、矸石山等固废堆场服务期满后，应及时封场和复垦，防止水土流失及风蚀扬尘等。

4．鼓励推广采用覆岩离层注浆，利用尾矿、废石充填采空区等技术，减轻采空区上覆岩层塌陷。

5．采用生物工程进行废弃地复垦时，宜对土壤重构、地形、景观进行优化设计，对物种选择、配置及种植方式进行优化。

第十七章　相关规范

《矿山地质环境保护与恢复治理方案编制规范》（略）
《矿山生态环境保护与恢复治理技术规范（试行）》（略）
《地质灾害防治工程设计规范》（略）
《地质灾害治理工程质量检验评定标准（试行）》（略）
《滑坡崩塌防治削方减载工程设计规范（试行）》（略）
《滑坡防治回填压脚治理工程设计规范（试行）》（略）
《地质灾害防治排水工程施工技术规程（试行）》（略）
《地面沉降防治工程施工规范（试行）》（略）
《采空塌陷防治工程施工规范（试行）》（略）
《地质灾害拦石墙工程设计规范（试行）》（略）
《泥石流防治工程施工技术规范（试行）》（略）
《地质灾害拦石墙工程施工技术规程（试行）》（略）
《突发地质灾害点应急预案编制要求（试行）》（略）
《地质灾害监测预警信息发布规程（试行）》（略）
《地质灾害防治工程概（估）算编制规范（试行）》（略）
《地质灾害防治工程工程量清单计价规范（试行）》（略）
《地质灾害防治工程预算定额（试行）（上册）》（略）
《地质灾害防治工程预算定额（试行）（中册）》（略）
《地质灾害防治工程预算定额（试行）（下册）》（略）
《地质灾害防治工程施工机械台时费定额及混凝土、砂浆配合比（试行）》（略）
《危岩落石柔性防护网工程技术规范（试行）》（略）
《社区地质灾害减灾能力建设指南（试行）》（略）
《地质灾害监测通信协议（试行）》（略）
《地质灾害群测群防监测规范（试行）》（略）

第五篇

水土保持建设工程

第十八章　法律、行政法规

中华人民共和国水土保持法

第一章 总 则

第一条 为了预防和治理水土流失，保护和合理利用水土资源，减轻水、旱、风沙灾害，改善生态环境，保障经济社会可持续发展，制定本法。

第二条 在中华人民共和国境内从事水土保持活动，应当遵守本法。

本法所称水土保持，是指对自然因素和人为活动造成水土流失所采取的预防和治理措施。

第三条 水土保持工作实行预防为主、保护优先、全面规划、综合治理、因地制宜、突出重点、科学管理、注重效益的方针。

第四条 县级以上人民政府应当加强对水土保持工作的统一领导，将水土保持工作纳入本级国民经济和社会发展规划，对水土保持规划确定的任务，安排专项资金，并组织实施。

国家在水土流失重点预防区和重点治理区，实行地方各级人民政府水土保持目标责任制和考核奖惩制度。

第五条 国务院水行政主管部门主管全国的水土保持工作。

国务院水行政主管部门在国家确定的重要江河、湖泊设立的流域管理机构（以下简称流域管理机构），在所管辖范围内依法承担水土保持监督管理职责。

县级以上地方人民政府水行政主管部门主管本行政区域的水土保持工作。

县级以上人民政府林业、农业、国土资源等有关部门按照各自职责，做好有关的水土流失预防和治理工作。

第六条 各级人民政府及其有关部门应当加强水土保持宣传和教育工作，普及水土保持科学知识，增强公众的水土保持意识。

第七条 国家鼓励和支持水土保持科学技术研究，提高水土保持科学技术水平，推广先进的水土保持技术，培养水土保持科学技术人才。

第八条 任何单位和个人都有保护水土资源、预防和治理水土流失的义务，并有权对破坏水土资源、造成水土流失的行为进行举报。

第九条 国家鼓励和支持社会力量参与水土保持工作。

对水土保持工作中成绩显著的单位和个人，由县级以上人民政府给予表彰和奖励。

第二章 规 划

第十条 水土保持规划应当在水土流失调查结果及水土流失重点预防区和重点治理区划定的基础上，遵循统筹协调、分类指导的原则编制。

第十一条 国务院水行政主管部门应当定期组织全国水土流失调查并公告调查结果。

省、自治区、直辖市人民政府水行政主管部门负责本行政区域的水土流失调查并公告调查结果，公告前应当将调查结果报国务院水行政主管部门备案。

第十二条 县级以上人民政府应当依据水土流失调查结果划定并公告水土流失重点预防区和重点治理区。

对水土流失潜在危险较大的区域，应当划定为水土流失重点预防区；对水土流失严重的区域，应当划定为水土流失重点治理区。

第十三条 水土保持规划的内容应当包括水土流失状况、水土流失类型区划分、水土流失防治目标、任务和措施等。

水土保持规划包括对流域或者区域预防和治理水土流失、保护和合理利用水土资源作出的整体部署，以及根据整体部署对水土保持专项工作或者特定区域预防和治理水土流失作出的专项部署。

水土保持规划应当与土地利用总体规划、水资源规划、城乡规划和环境保护规划等相协调。

编制水土保持规划，应当征求专家和公众的意见。

第十四条 县级以上人民政府水行政主管部门会同同级人民政府有关部门编制水土保持规划，报本级人民政府或者其授权的部门批准后，由水行政主管部门组织实施。

水土保持规划一经批准，应当严格执行；经批准的规划根据实际情况需要修改的，应当按照规划编制程序报原批准机关批准。

第十五条 有关基础设施建设、矿产资源开发、城镇建设、公共服务设施建设等方面的规划，在实施过程中可能造成水土流失的，规划的组织编制机关应当在规划中提出水土流失预防和治理的对策和措施，并在规划报请审批前征求本级人民政府水行政主管部门的意见。

第三章 预 防

第十六条 地方各级人民政府应当按照水土保持规划，采取封育保护、自然修复等措施，组织单位和个人植树种草，扩大林草覆盖面积，涵养水源，预防和减轻水土流失。

第十七条 地方各级人民政府应当加强对取土、挖砂、采石等活动的管理，预防和减轻水土流失。

禁止在崩塌、滑坡危险区和泥石流易发区从事取土、挖砂、采石等可能造成水土流失的活动。崩塌、滑坡危险区和泥石流易发区的范围，由县级以上地方人民政府划定并公告。崩塌、滑坡危险区和泥石流易发区的划定，应当与地质灾害防治规划确定的地质灾害易发区、重点防治区相衔接。

第十八条 水土流失严重、生态脆弱的地区，应当限制或者禁止可能造成水土流失的生产建设活动，严格保护植物、沙壳、结皮、地衣等。

在侵蚀沟的沟坡和沟岸、河流的两岸以及湖泊和水库的周边，土地所有权人、使用权人或者有关管理单位应当营造植物保护带。禁止开垦、开发植物保护带。

第十九条 水土保持设施的所有权人或者使用权人应当加强对水土保持设施的管理与维护，落实管护责任，保障其功能正常发挥。

第二十条 禁止在二十五度以上陡坡地开垦种植农作物。在二十五度以上陡坡地种植经济林的，应当科学选择树种，合理确定规模，采取水土保持措施，防止造成水土流失。

省、自治区、直辖市根据本行政区域的实际情况，可以规定小于二十五度的禁止开垦坡度。禁止开垦的陡坡地的范围由当地县级人民政府划定并公告。

第二十一条 禁止毁林、毁草开垦和采集发菜。禁止在水土流失重点预防区和重点治理区铲草皮、挖树兜或者滥挖虫草、甘草、麻黄等。

第二十二条 林木采伐应当采用合理方式，严格控制皆伐；对水源涵养林、水土保持林、防风固沙林等防护林只能进行抚育和更新性质的采伐；对采伐区和集材道应当采取防止水土流失的措施，并在采伐后及时更新造林。

在林区采伐林木的，采伐方案中应当有水土保持措施。采伐方案经林业主管部门批准后，由林业主管部门和水行政主管部门监督实施。

第二十三条 在五度以上坡地植树造林、抚育幼林、种植中药材等，应当采取水土保持措施。

在禁止开垦坡度以下、五度以上的荒坡地开垦种植农作物，应当采取水土保持措施。具体办法由省、自治区、直辖市根据本行政区域的实际情况规定。

第二十四条 生产建设项目选址、选线应当避让水土流失重点预防区和重点治理区；无法避让的，应当提高防治标准，优化施工工艺，减少地表扰动和植被损坏范围，有效控制可能造成的水土流失。

第二十五条 在山区、丘陵区、风沙区以及水土保持规划确定的容易发生水土流失的其他区域开办可能造成水土流失的生产建设项目，生产建设单位应当编制水土保持方案，报县级以上人民政府水行政主管部门审批，并按照经批准的水土保持方案，采取水土流失预防和治理措施。没有能力编制水土保持方案的，应当委托具备相应技术条件的机构编制。

水土保持方案应当包括水土流失预防和治理的范围、目标、措施和投资等内容。

水土保持方案经批准后，生产建设项目的地点、规模发生重大变化的，应当补充或者修改水土保持方案并报原审批机关批准。水土保持方案实施过程中，水土保持措施需要作出重大变更的，应当经原审批机关批准。

生产建设项目水土保持方案的编制和审批办法，由国务院水行政主管部门制定。

第二十六条 依法应当编制水土保持方案的生产建设项目，生产建设单位未编制水土保持方案或者水土保持方案未经水行政主管部门批准的，生产建设项目不得开工建设。

第二十七条 依法应当编制水土保持方案的生产建设项目中的水土保持设施，应当与主体工程同时设计、同时施工、同时投产使用；生产建设项目竣工验收，应当验收水土保持设施；水土保持设施未经验收或者验收不合格的，生产建设项目不得投产使用。

第二十八条 依法应当编制水土保持方案的生产建设项目，其生产建设活动中排弃的砂、石、土、矸石、尾矿、废渣等应当综合利用；不能综合利用，确需废弃的，应当堆放在水土保持方案确定的专门存放地，并采取措施保证不产生新的危害。

第二十九条 县级以上人民政府水行政主管部门、流域管理机构，应当对生产建设项目水土保持方案的实施情况进行跟踪检查，发现问题及时处理。

第四章 治 理

第三十条 国家加强水土流失重点预防区和重点治理区的坡耕地改梯田、淤地坝等水土保持重点工程建设，加大生态修复力度。

县级以上人民政府水行政主管部门应当加强对水土保持重点工程的建设管理，建立和完善运行管护制度。

第三十一条 国家加强江河源头区、饮用水水源保护区和水源涵养区水土流失的预防和治理工作，多渠道筹集资金，将水土保持生态效益补偿纳入国家建立的生态效益补偿制度。

第三十二条 开办生产建设项目或者从事其他生产建设活动造成水土流失的，应当进行治理。

在山区、丘陵区、风沙区以及水土保持规划确定的容易发生水土流失的其他区域开办生产建设项目或者从事其他生产建设活动，损坏水土保持设施、地貌植被，不能恢复原有水土保持功能的，应当缴纳水土保持补偿费，专项用于水土流失预防和治理。专项水土流失预防和治理由水行政主管部门负责组织实施。水土保持补偿费的收取使用管理办法由国务院财政部门、国务院价格主管部门会同国务院水行政主管部门制定。

生产建设项目在建设过程中和生产过程中发生的水土保持费用，按照国家统一的财务会计制度处理。

第三十三条 国家鼓励单位和个人按照水土保持规划参与水土流失治理，并在资金、技术、税收等方面予以扶持。

第三十四条 国家鼓励和支持承包治理荒山、荒沟、荒丘、荒滩，防治水土流失，保护和改善生态环境，促进土地资源的合理开发和可持续利用，并依法保护土地承包合同当事人的合法权益。

承包治理荒山、荒沟、荒丘、荒滩和承包水土流失严重地区农村土地的，在依法签订的土地承包合同中应当包括预防和治理水土流失责任的内容。

第三十五条 在水力侵蚀地区，地方各级人民政府及其有关部门应当组织单位和个人，以天然沟壑及其两侧山坡地形成的小流域为单元，因地制宜地采取工程措施、植物措施和保护性耕作等措施，进行坡耕地和沟道水土流失综合治理。

在风力侵蚀地区，地方各级人民政府及其有关部门应当组织单位和个人，因地制宜地采取轮封轮牧、植树种草、设置人工沙障和网格林带等措施，建立防风固沙防护体系。

在重力侵蚀地区，地方各级人民政府及其有关部门应当组织单位和个人，采取监测、径流排导、削坡减载、支挡固坡、修建拦挡工程等措施，建立监测、预报、预警体系。

第三十六条 在饮用水水源保护区，地方各级人民政府及其有关部门应当组织单位和个人，采取预防保护、自然修复和综合治理措施，配套建设植物过滤带，积极推广沼气，开展清洁小流域建设，严格控制化肥和农药的使用，减少水土流失引起的面源污染，保护饮用水水源。

第三十七条 已在禁止开垦的陡坡地上开垦种植农作物的，应当按照国家有关规定退耕，植树种草；耕地短缺、退耕确有困难的，应当修建梯田或者采取其他水土保持措施。

在禁止开垦坡度以下的坡耕地上开垦种植农作物的，应当根据不同情况，采取修建梯田、坡面水系整治、蓄水保土耕作或者退耕等措施。

第三十八条 对生产建设活动所占用土地的地表土应当进行分层剥离、保存和利用，做到土石方挖填平衡，减少地表扰动范围；对废弃的砂、石、土、矸石、尾矿、废渣等存放地，应当采取拦挡、坡面防护、防洪排导等措施。生产建设活动结束后，应当及时在取土场、开挖面和存放地的裸露土地上植树种草、恢复植被，对闭库的尾矿库进行复垦。

在干旱缺水地区从事生产建设活动，应当采取防止风力侵蚀措施，设置降水蓄渗设施，充分利用降水资源。

第三十九条 国家鼓励和支持在山区、丘陵区、风沙区以及容易发生水土流失的其他区域，采取下列有利于水土保持的措施：

（一）免耕、等高耕作、轮耕轮作、草田轮作、间作套种等；

（二）封禁抚育、轮封轮牧、舍饲圈养；

（三）发展沼气、节柴灶，利用太阳能、风能和水能，以煤、电、气代替薪柴等；

（四）从生态脆弱地区向外移民；

（五）其他有利于水土保持的措施。

第五章　监测和监督

第四十条　县级以上人民政府水行政主管部门应当加强水土保持监测工作，发挥水土保持监测工作在政府决策、经济社会发展和社会公众服务中的作用。县级以上人民政府应当保障水土保持监测工作经费。

国务院水行政主管部门应当完善全国水土保持监测网络，对全国水土流失进行动态监测。

第四十一条　对可能造成严重水土流失的大中型生产建设项目，生产建设单位应当自行或者委托具备水土保持监测资质的机构，对生产建设活动造成的水土流失进行监测，并将监测情况定期上报当地水行政主管部门。

从事水土保持监测活动应当遵守国家有关技术标准、规范和规程，保证监测质量。

第四十二条　国务院水行政主管部门和省、自治区、直辖市人民政府水行政主管部门应当根据水土保持监测情况，定期对下列事项进行公告：

（一）水土流失类型、面积、强度、分布状况和变化趋势；

（二）水土流失造成的危害；

（三）水土流失预防和治理情况。

第四十三条　县级以上人民政府水行政主管部门负责对水土保持情况进行监督检查。流域管理机构在其管辖范围内可以行使国务院水行政主管部门的监督检查职权。

第四十四条　水政监督检查人员依法履行监督检查职责时，有权采取下列措施：

（一）要求被检查单位或者个人提供有关文件、证照、资料；

（二）要求被检查单位或者个人就预防和治理水土流失的有关情况作出说明；

（三）进入现场进行调查、取证。

被检查单位或者个人拒不停止违法行为，造成严重水土流失的，报经水行政主管部门批准，可以查封、扣押实施违法行为的工具及施工机械、设备等。

第四十五条　水政监督检查人员依法履行监督检查职责时，应当出示执法证件。被检查单位或者个人对水土保持监督检查工作应当给予配合，如实报告情况，提供有关文件、证照、资料；不得拒绝或者阻碍水政监督检查人员依法执行公务。

第四十六条　不同行政区域之间发生水土流失纠纷应当协商解决；协商不成的，由共同的上一级人民政府裁决。

第六章　法律责任

第四十七条　水行政主管部门或者其他依照本法规定行使监督管理权的部门，不依法作出行政许可决定或者办理批准文件的，发现违法行为或者接到对违法行为的举报不予查处的，或者有其他未依照本法规定履行职责的行为的，对直接负责的主管人员和其他直接责任人员依法给予处分。

第四十八条　违反本法规定，在崩塌、滑坡危险区或者泥石流易发区从事取土、挖砂、采石等可能造成水土流失的活动的，由县级以上地方人民政府水行政主管部门责令停止违法行为，没收违法所得，对个人处一千元以上一万元以下的罚款，对单位处二万元以上二十万元以下的罚款。

第四十九条　违反本法规定，在禁止开垦坡度以上陡坡地开垦种植农作物，或者在禁止开垦、开发的植物保护带内开垦、开发的，由县级以上地方人民政府水行政主管部门责令停止违法行为，采取退耕、恢复植被等补救措施；按照开垦或者开发面积，可以对个人处每平方米二元以下的罚款、对单位处每平方米十元以下的罚款。

第五十条　违反本法规定，毁林、毁草开垦的，依照《中华人民共和国森林法》《中华人民共和国草原法》的有关规定处罚。

第五十一条　违反本法规定，采集发菜，或者在水土流失重点预防区和重点治理区铲草皮、挖树兜、滥挖虫草、甘草、麻黄等的，由县级以上地方人民政府水行政主管部门责令停止违法行为，采取补救措施，没收违法所得，并处违法所得一倍以上五倍以下的罚款；没有违法所得的，可以处五万元以下的罚款。

在草原地区有前款规定违法行为的，依照《中华人民共和国草原法》的有关规定处罚。

第五十二条　在林区采伐林木不依法采取防止水土流失措施的，由县级以上地方人民政府林业主管部门、水行政主管部门责令限期改正，采取补救措施；造成水土流失的，由水行政主管部门按照造成水土流失的面积处每平方米二元以上十元以下的罚款。

第五十三条　违反本法规定，有下列行为之一的，由县级以上人民政府水行政主管部门责令停止违法行为，限期补办手续；逾期不补办手续的，处五万元以上五十万元以下的罚款；对生产建设单位直接负责的主管人员和其他直接责任人员依法给予处分：

（一）依法应当编制水土保持方案的生产建设项目，未编制水土保持方案或者编制的水土保持方案未经批准而开工建设的；

（二）生产建设项目的地点、规模发生重大变化，未补充、修改水土保持方案或者补充、修改的水土保持方案未经原审批机关批准的；

（三）水土保持方案实施过程中，未经原审批机关批准，对水土保持措施作出重大变更的。

第五十四条　违反本法规定，水土保持设施未经验收或者验收不合格将生产建设项目投产使用的，由县级以上人民政府水行政主管部门责令停止生产或者使用，直至验收合格，并处五万元以上五十万元以下的罚款。

第五十五条　违反本法规定，在水土保持方案确定的专门存放地以外的区域倾倒砂、石、土、矸石、尾矿、废渣等的，由县级以上地方人民政府水行政主管部门责令停止违法行为，限期清理，按照倾倒数量处每立方米十元以上二十元以下的罚款；逾期仍不清理的，县级以上地方人民政府水行政主管部门可以指定有清理能力的单位代为清理，所需费用由违法行为人承担。

第五十六条　违反本法规定，开办生产建设项目或者从事其他生产建设活动造成水土流失，不进行治理的，由县级以上人民政府水行政主管部门责令限期治理；逾期仍不治理的，县级以上人民政府水行政主管部门可以指定有治理能力的单位代为治理，所需费用由违法行为人承担。

第五十七条　违反本法规定，拒不缴纳水土保持补偿费的，由县级以上人民政府水行政主管部门责令限期缴纳；逾期不缴纳的，自滞纳之日起按日加收滞纳部分万分之五的滞纳金，可以处应缴水土保持补偿费三倍以下的罚款。

第五十八条　违反本法规定，造成水土流失危害的，依法承担民事责任；构成违反治安管理行为的，由公安机关依法给予治安管理处罚；构成犯罪的，依法追究刑事责任。

第七章　附　则

第五十九条　县级以上地方人民政府根据当地实际情况确定的负责水土保持工作的机构，行使本法规定的水行政主管部门水土保持工作的职责。

第六十条　本法自2011年3月1日起施行。

中华人民共和国水土保持法实施条例

第一章 总 则

第一条 根据《中华人民共和国水土保持法》(以下简称《水土保持法》)的规定，制定本条例。

第二条 一切单位和个人都有权对有下列破坏水土资源、造成水土流失的行为之一的单位和个人，向县级以上人民政府水行政主管部门或者其他有关部门进行检举：

(一)违法毁林或者毁草场开荒，破坏植被的；

(二)违法开垦荒坡地的；

(三)向江河、湖泊、水库和专门存放地以外的沟渠倾倒废弃砂、石、土或者尾矿废渣的；

(四)破坏水土保持设施的；

(五)有破坏水土资源、造成水土流失的其他行为的。

第三条 水土流失防治区的地方人民政府应当实行水土流失防治目标责任制。

第四条 地方人民政府根据当地实际情况设立的水土保持机构，可以行使《水土保持法》和本条例规定的水行政主管部门对水土保持工作的职权。

第五条 县级以上人民政府应当将批准的水土保持规划确定的任务，纳入国民经济和社会发展计划，安排专项资金，组织实施，并可以按照有关规定，安排水土流失地区的部分扶贫资金、以工代赈资金和农业发展基金等资金，用于水土保持。

第六条 水土流失重点防治区按国家、省、县三级划分，具体范围由县级以上人民政府水行政主管部门提出，报同级人民政府批准并公告。

水土流失重点防治区可以分为重点预防保护区、重点监督区和重点治理区。

第七条 水土流失严重的省、自治区、直辖市，可以根据需要，设置水土保持中等专业学校或者在有关院校开设水土保持专业。中小学的有关课程，应当包含水土保持方面的内容。

第二章 预 防

第八条 山区、丘陵区、风沙区的地方人民政府，对从事挖药材、养柞蚕、烧木炭、烧砖瓦等副业生产的单位和个人，必须根据水土保持的要求，加强管理，采取水土保持措施，防止水土流失和生态环境恶化。

第九条 在水土流失严重、草场少的地区，地方人民政府及其有关主管部门应当采取措施，推行舍饲，改变野外放牧习惯。

第十条 地方人民政府及其有关主管部门应当因地制宜，组织营造薪炭林，发展小水电、风力发电，发展沼气，利用太阳能，推广节能灶。

第十一条 《水土保持法》施行前已在禁止开垦的陡坡地上开垦种植农作物的，应当在平地或者缓坡地建设基本农田，提高单位面积产量，将已开垦的陡坡耕地逐步退耕，植树种草；退耕确有困难的，由县级人民政府限期修成梯田，或者采取其他水土保持措施。

第十二条 依法申请开垦荒坡地的，必须同时提出防止水土流失的措施，报县级人民政府水行政主管部门或者其所属的水土保持监督管理机构批准。

第十三条 在林区采伐林木的，采伐方案中必须有采伐区水土保持措施。林业行政主管部门批准采伐方案后，应当将采伐方案抄送水行政主管部门，共同监督实施采伐区水土保持措施。

第十四条 在山区、丘陵区、风沙区修建铁路、公路、水工程，开办矿山企业、电力企业和其他大中型工业企业，其环境影响报告书中的水土保持方案，必须先经水行政主管部门审查同意。

在山区、丘陵区、风沙区依法开办乡镇集体矿山企业和个体申请采矿，必须填写“水土保持方案报告表”，经县级以上地方人民政府水行政主管部门批准后，方可申请办理采矿批准手续。

建设工程中的水土保持设施竣工验收，应当有水行政主管部门参加并签署意见。水土保持设施经验收不合格的，建设工程不得投产使用。

水土保持方案的具体报批办法，由国务院水行政主管部门会同国务院有关主管部门制定。

第十五条 《水土保持法》施行前已建或者在建并造成水土流失的生产建设项目，生产建设单位必须向县级以上地方人民政府水行政主管部门提出水土流失防治措施。

第三章 治 理

第十六条 县级以上地方人民政府应当组织国有农场、林场、牧场和农业集体经济组织及农民，在禁止开垦坡度以下的坡耕地，按照水土保持规划，修筑水平梯田和蓄水保土工程，整治排水系统，治理水土流失。

第十七条 水土流失地区的集体所有的土地承包给个人使用的，应当将治理水土流失的责任列入承包合同。当地乡、民族乡、镇的人民政府和农业集体经济组织应当监督承包合同的履行。

第十八条 荒山、荒沟、荒丘、荒滩的水土流失，可以由农民个人、联户或者专业队承包治理，也可以由企业事业单位或者个人投资投劳入股治理。

实行承包治理的，发包方和承包方应当签订承包治理合同。在承包期内，承包方经发包方同意，可以将承包治理合同转让给第三者。

第十九条 企业事业单位在建设和生产过程中造成水土流失的，应当负责治理。因技术等原因无力自行治理的，可以交纳防治费，由水行政主管部门组织治理。防治费的收取标准和使用管理办法由省级以上人民政府财政部门、主管物价的部门会同水行政主管部门制定。

第二十条 对水行政主管部门投资营造的水土保持林、水源涵养林和防风固沙林进行抚育和更新性质的采伐时，所提取的育林基金应当用于营造水土保持林、水源涵养林和防风固沙林。

第二十一条 建成的水土保持设施和种植的林草，应当按照国家技术标准进行检查验收；验收合格的，应当建立档案，设立标志，落实管护责任制。

任何单位和个人不得破坏或者侵占水土保持设施。企业事业单位在建设和生产过程中损坏水土保持设施的，应当给予补偿。

第四章 监 督

第二十二条 《水土保持法》第二十九条所称水土保持监测网络，是指全国水土保持监测中心，大江大河流域水土保持中心站，省、自治区、直辖市水土保持监测站以及省、自治区、直辖市重点防治区水土保持监测分站。

水土保持监测网络的具体管理办法，由国务院水行政主管部门制定。

第二十三条　国务院水行政主管部门和省、自治区、直辖市人民政府水行政主管部门应当定期分别公告水土保持监测情况。公告应当包括下列事项：

（一）水土流失的面积、分布状况和流失程度；

（二）水土流失造成的危害及其发展趋势；

（三）水土流失防治情况及其效益。

第二十四条　有水土流失防治任务的企业事业单位，应当定期向县级以上地方人民政府水行政主管部门通报本单位水土流失防治工作的情况。

第二十五条　县级以上地方人民政府水行政主管部门及其所属的水土保持监督管理机构，应当对《水土保持法》和本条例的执行情况实施监督检查。水土保持监督人员依法执行公务时，应当持有县级以上人民政府颁发的水土保持监督检查证件。

第五章　法律责任

第二十六条　依照《水土保持法》第三十二条的规定处以罚款的，罚款幅度为非法开垦的陡坡地每平方米 1 元至 2 元。

第二十七条　依照《水土保持法》第三十三条的规定处以罚款的，罚款幅度为擅自开垦的荒坡地每平方米 0.5 元至 1 元。

第二十八条　依照《水土保持法》第三十四条的规定处以罚款的，罚款幅度为 500 元以上、5000 元以下。

第二十九条　依照《水土保持法》第三十五条的规定处以罚款的，罚款幅度为造成的水土流失面积每平方米 2 元至 5 元。

第三十条　依照《水土保持法》第三十六条的规定处以罚款的，罚款幅度为 1000 元以上、1 万元以下。

第三十一条　破坏水土保持设施，尚不够刑事处罚的，由公安机关依照《中华人民共和国治安管理处罚法》的有关规定予以处罚。

第三十二条　依照《水土保持法》第三十九条第二款的规定，请求水行政主管部门处理赔偿责任和赔偿金额纠纷的，应当提出申请报告。申请报告应当包括下列事项：

（一）当事人的基本情况；

（二）受到水土流失危害的时间、地点、范围；

（三）损失清单；

（四）证据。

第三十三条　由于发生不可抗拒的自然灾害而造成水土流失时，有关单位和个人应当向水行政主管部门报告不可抗拒的自然灾害的种类、程度、时间和已采取的措施等情况，经水行政主管部门查实并作出“不能避免造成水土流失危害”认定的，免予承担责任。

第六章　附　则

第三十四条　本条例由国务院水行政主管部门负责解释。

第三十五条　本条例自发布之日起施行。

第十九章　地方性法规、政府规章

内蒙古自治区地下水管理办法

第一章　总　则

第一条　为了有效保护和合理开发地下水，根据《中华人民共和国水法》《取水许可和水资源费征收管理条例》《内蒙古自治区实施〈中华人民共和国水法〉办法》等有关法律、法规，结合自治区实际，制定本办法。

第二条　自治区行政区域内地下水规划、保护、利用、监测以及监督管理，应当遵守本办法。

本办法所称地下水，是指赋存于地面以下含水层中的水。

第三条　地下水管理应当遵循保护优先、统一规划、厉行节约、综合利用、最严格管理的原则。

第四条　旗县级以上人民政府应当建立地下水保护和管理考核体系，鼓励和支持地下水替代水源工程建设、地下水保护和节约先进科学技术的研究、推广和应用。

第五条　各级人民政府应当采取最严格的措施，确保符合生活饮用水标准的地下水优先用于城乡居民生活用水。

第六条　旗县级以上人民政府水行政主管部门按照分级管理权限，负责本行政区域内地下水统一管理和监督工作。

旗县级以上人民政府环境保护、国土资源、住房城乡建设等部门按照职责分工，负责本行政区域内地下水保护和利用的相关工作。

第七条　任何单位和个人都有保护和节约地下水的义务，有权对污染、违法开发、破坏和浪费地下水的行为进行监督和检举。

第二章　地下水规划

第八条　旗县级以上人民政府水行政主管部门应当会同同级有关部门组织开展地下水资源调查评价。

第九条　旗县级以上人民政府水行政主管部门应当依据上一级水行政主管部门的地下水规划，编制本行政区域的地下水规划，征求同级其他有关部门意见后，经上一级水行政主管部门审核，报本级人民政府批准后实施。

地下水规划应当服从流域、区域水资源综合规划，并与发展改革、环境保护、国土资源、住房城乡建设等部门编制的相关规划相协调。

第十条　经批准的地下水规划是保护、节约、利用和管理地下水的依据。地下水规划的变更应当按照规划编制程序报原审批机关批准。

第十一条　自治区人民政府水行政主管部门应当会同同级有关部门划定自治区地下水功能区和禁止开采区、限制开采区，报自治区人民政府批准后实施。

地下水保护和开发利用应当符合自治区地下水功能区划和地下水超采地区的管理要求。

第十二条　涉及取用地下水或者可能对地下水保护产生影响的各类规划，应当开展水资源论证。

第三章　地下水保护

第十三条　自治区人民政府水行政主管部门负责编制自治区地下水超采地区治理规划和自治区地下水保护行动计划，经自治区人民政府批准后由地下水超采地区所在地的盟行政公署、设区的市人民政府，旗县级人民政府组织实施，所需经费纳入同级财政预算。

第十四条　盟行政公署、设区的市人民政府，旗县级人民政府应当组织划定本行政区域内的地下水饮用水水源地保护区，报上一级人民政府批准执行。

旗县级以上人民政府应当在地下水饮用水水源地保护区的边界，设立地理界标和警示标志。

第十五条　旗县级以上人民政府应当有计划地关闭自来水管网覆盖区域内的自备井。

对水质有特殊要求的企业使用自备井的，应当经有管理权限的水行政主管部门批准。

第十六条　取用地下水或者从事其他生产经营活动的，应当采取有效预防措施，防止污染地下水。

开采矿藏、建筑施工等对含水层有影响的生产活动，应当采取保护和补救措施，减小对地下水的破坏。

开发利用地下水时，应当做好不同含水层的止水措施，不得多层混合开采，潜水和承压水不得混合开采。

第十七条　鼓励、支持单位和个人因地制宜，采取人工回灌、雨水渗透等措施，增加地下水的有效补给。

城乡硬化地面应当采用透水性强的建筑材料和结构形式，增加雨水入渗对地下水的补给。

第十八条　对以人工回灌方式进行地下水回灌的，回灌水水质应当优于含水层地下水水质和地下水功能区的目标水质。

禁止将废污水用于地下水回灌。

第十九条　禁止在地下水饮用水水源地保护区、地下水超采地区以及深层承压含水层，利用地源热泵取用地下水。

新建地源热泵应当采用闭路循环技术，已建成但未采用的，应当限期进行技术改造。

第四章　地下水利用

第二十条　自治区对地下水实行总量控制和水位控制管理。

各行政区域内年度开采地下水总量不得超出批准的地下水开采总量控制指标。

地下水超采地区和重要地下水水源地年度开采地下水总量不得超出批准的地下水开采总量控制指标，地下水水位不得低于水位控制指标。

第二十一条　旗县级以上人民政府水行政主管部门应当根据上一级水行政主管部门分解的地下水开采总量控制指标，确定本行政区域内年度地下水开采总量控制指标。

地下水超采地区的开采总量和水位控制指标由盟行政公署、设区的市人民政府水行政主管部门制定，报自治区人民政府水行政主管部门批准。

饮用水水源地以及重要地下水水源地的开采总量和水位控制指标由具有取水许可管理权限的水行政主管部门制定。

第二十二条　旗县级以上人民政府应当在容易发生盐碱化和渍害的地区采取措施，控制和降低地下水的水位。

第二十三条　旗县级以上人民政府应当有计划地逐年减少地下水超采地区地下水开采量，逐步达到采补平衡。

城乡居民生活用水确需增加取用地下水的，盟行政公署、设区的市人民政府应当压减其他用水户地下水取用量，确保地下水超采地区地下水总取水量不增加。

第二十四条　新建、改建、扩建的高耗水工业项目，禁止擅自使用地下水。食品、制药等项目经有管理权限的水行政主管部门批准后可以取用地下水。

农牧业灌溉严禁开采深层承压地下水。

第二十五条　取用地下水的新建、改建、扩建建设项目应当开展水资源论证。建设项目水资源论证报告书或者水资源论证报告表应当由具备建设项目水资源论证相应资质的单位编制，并经有管理权限的水行政主管部门审批，依法办理取水许可审批手续。

第二十六条　水井工程竣工后，取水单位或者个人应当向有取水许可管理权限的水行政主管部门提交水井工程验收申请，并提交以下资料：

（一）水井工程所在位置的地理坐标、高程和平面位置图；

（二）单井实际井深、井径和水文地质钻孔柱状图；

（三）抽水试验报告和水质化验报告；

（四）水井工程取水设备性能以及计量设备装置情况；

（五）水行政主管部门要求提供的其他有关资料。

水行政主管部门应当自收到取水单位或者个人提交的水井工程验收申请之日起 15 日内，组织现场验收。

第二十七条　开采矿藏或者建设地下工程必须疏干排水的，应当向具有管理权限的水行政主管部门报送疏干排水方案，并按照批准的疏干排水方案进行疏干、回收利用或者排放，不得擅自扩大疏干区域和变更排放地点。

建设或者生产单位应当采取回灌补源以及回收利用措施。因疏干排水导致地下水位下降、水源枯竭或者地面塌陷，给他人生活和生产造成损失的，由建设或者生产单位依法给予补偿。

第二十八条　对地下水依法实行取水许可和水资源费征收管理制度。

对地热水、矿泉水同时依法实行采矿许可制度和矿产资源有偿使用管理制度。

取水许可、采矿许可的审批权限、程序、监督管理和水资源费、矿产资源补偿费等有偿使用税费的征收管理，依照国家和自治区有关规定执行。

第二十九条　直接取用地下水资源从事农牧业生产的，对超过自治区规定的农牧业生产用水限额部分的水资源，由取水单位或者个人根据取水口所在地水资源费征收标准和实际取水量缴纳水资源费；符合规定的农牧业生产用水限额内的取水，不缴纳水资源费。

第三十条　取用地下水的取用水户应当安装经依法检定合格的取水计量设施，并按照计量水量缴纳水资源费。超计划或者超定额取用水的，对超计划或者超定额部分累进收取水资源费。

第三十一条　特殊干旱年和突发事件等需要临时取用地下水的，取水单位或者个人应当在水井工程所在地盟行政公署、设区的市人民政府水行政主管部门办理告知性备案手续。应急期结束后水井工程应当停止使用，由盟行政公署、设区的市人民政府水行政主管部门统一封存管理。

第五章　地下水监测

第三十二条　自治区人民政府水行政主管部门负责组织地下水动态监测站网的统一规划和技术

标准的制定。地下水动态监测站网的建设和监测按照分级管理的原则进行。

国家级监测站网配套资金和运行费用、自治区级监测站网建设和运行费用由自治区财政承担。盟行政公署、设区的市人民政府，旗县级人民政府建设的监测站网，其建设资金和运行费用由同级财政承担。

第三十三条 自治区水文部门负责国家、自治区监测站网的长期动态监测。

盟行政公署、设区的市人民政府，旗县级人民政府水行政主管部门按照相关规划组织建设其地下水监测站网，并负责长期动态监测。

旗县级以上人民政府其他有关部门按照职责分工，开展地下水监测工作。

地下水监测内容包括水量、水位、水质和水温等。

第三十四条 开采矿藏或者建设地下工程必须疏干排水以及集中开采地下水的，应当安装地下水监测设施，并接入自治区地下水监测站网。

第三十五条 旗县级以上人民政府水行政主管部门发现地下水水质发生重大变化，或者受到污染源威胁以及出现区域地下水水位明显下降的，应当及时向本级人民政府和上一级水行政主管部门报告。所在地人民政府应当及时采取补救和预防措施。

第三十六条 各级水行政主管部门应当会同有关部门建立地下水管理通报制度，定期通报地下水的取水许可审批、开采量、水质、水位动态以及凿井等情况。

第六章 法律责任

第三十七条 违反本办法规定的行为，《中华人民共和国水法》《取水许可和水资源费征收管理条例》《内蒙古自治区实施〈中华人民共和国水法〉办法》等有关法律法规已经作出具体处罚规定的，从其规定。

第三十八条 违反本办法规定，有下列行为之一的，由旗县级以上人民政府水行政主管部门责令限期改正；逾期不改正的，处以1万元以上3万元以下罚款：

（一）未经有管理权限的水行政主管部门批准，对水质有特殊要求的企业擅自使用自备井的；

（二）未按照要求安装地下水监测设施的；

（三）特殊干旱年和突发事件等需要临时取用地下水，应急期结束后水井工程继续使用的。

第七章 附 则

第三十九条 本办法所称重要地下水水源地，是指日取水量1万立方米以上的地下水水源地。

第四十条 本办法自2013年10月1日起施行。

内蒙古自治区水土保持条例

第一章 总 则

第一条 为了预防和治理水土流失，保护和合理利用水土资源，改善生态环境，促进生态文明建设，保障经济社会可持续发展，根据《中华人民共和国水土保持法》和国家有关法律、法规，结合自治区实际，制定本条例。

第二条 在自治区行政区域内从事水土保持及其相关活动，应当遵守本条例。

第三条 水土保持工作实行预防为主、保护优先，全面规划、综合治理，因地制宜、突出重点，科学管理、注重效益的方针；坚持谁利用谁保护，谁造成水土流失谁治理的原则。

第四条 旗县级以上人民政府应当加强对水土保持工作的统一领导，将水土保持工作纳入本级国民经济和社会发展规划，组织实施水土保持规划确定的任务，保障水土保持专项资金和工作经费。

旗县级以上人民政府应当建立和完善水土流失防治目标责任制，上级人民政府应当每年对下一级人民政府落实水土保持责任制情况进行考核。

第五条 旗县级以上人民政府水行政主管部门主管本行政区域的水土保持工作。

旗县级以上人民政府发展和改革、经济和信息化、财政、国土资源、环境保护、住房与城乡建设、交通运输、农牧业、林业等部门，按照各自职责做好水土保持相关工作。

苏木乡镇人民政府应当组织做好本行政区域的水土保持工作。

嘎查村民委员会应当督促村民履行保护水土资源、防治水土流失的义务。

第六条 旗县级以上人民政府应当鼓励、支持社会力量和民间资本参与水土流失预防和治理，并在资金、技术等方面予以扶持。

第七条 旗县级以上人民政府应当鼓励、支持水土保持科学技术研究，推广新技术、新工艺、新材料，培养水土保持科学技术人才。

第八条 各级人民政府及其有关部门应当加强水土保持教育和宣传工作，普及水土保持科学知识，增强公众的水土保持和生态环境保护意识。

中、小学校应当将水土保持基本知识纳入教育内容。

新闻媒体应当做好水土保持的公益宣传。

第九条 任何单位和个人都有保护水土资源和水土保持设施、预防和治理水土流失的义务，并有权对破坏水土资源和水土保持设施以及造成水土流失的行为进行举报。

第二章 规 划

第十条 自治区人民政府水行政主管部门应当根据国家统一部署和自治区发展需要组织开展全区水土流失调查，水土流失调查结果报国务院水行政主管部门备案后向社会公告。

水土流失调查内容包括水土流失的分布、类型、强度、面积、成因、危害以及变化趋势、预防治理情况及其效果等。

有关单位和个人应当积极支持和配合水土流失调查工作。

第十一条 旗县级以上人民政府应当依据水土流失调查结果划定并公告本行政区域水土流失重点预防区和重点治理区，同时报上一级人民政府水行政主管部门备案。

下列区域应当划定为水土流失重点预防区：

（一）潜在退化的草原地区；

（二）江河源头区、饮用水水源保护区、水源涵养区；

（三）水库库区、湖泊、重要湿地；

（四）自然保护区、风景名胜区、森林公园、地质公园；

（五）水土流失潜在危险较大的其他区域。

下列区域应当划定为水土流失重点治理区：

（一）水土流失严重的荒山、荒沟、荒丘、荒滩；

（二）侵蚀沟道密集、植被严重退化、土地沙化、水旱风沙灾害严重的区域；

（三）矿产资源开发等人为活动造成水土流失严重的区域；

（四）对河流湖库淤积影响较大，严重威胁土地资源的区域；

（五）水土流失严重的其他区域。

第十二条 旗县级以上人民政府水行政主管部门应当会同同级人民政府有关部门，在水土流失调查结果以及水土流失重点预防区和重点治理区划定的基础上，编制本行政区域水土保持规划，报本级人民政府或者其授权的部门批准后组织实施。

第十三条 水行政主管部门在编制水土保持规划时，应当组织有关单位和专家进行论证，并将规划草案向社会公告，征求公众意见，公告时间不得少于三十日。

第十四条 有关基础设施建设、矿产资源开发、城乡建设、公共服务设施建设、开发区建设、旅游景区开发、土地整理等方面的规划，在实施过程中可能造成水土流失的，规划组织编制机关应当在规划中提出水土流失预防和治理的对策和措施，并在规划报请审批前征求本级人民政府水行政主管部门的意见。

第三章　预　防

第十五条 各级人民政府应当按照水土保持规划，采取禁牧休牧轮牧、舍饲圈养、封育保护、自然修复等措施，组织单位和个人植树种草，扩大林草覆盖面积，涵养水源，预防和减轻水土流失。

第十六条 禁止在崩塌、滑坡危险区和泥石流易发区从事取土、挖砂、采石等可能造成水土流失的活动。

抢险救灾等紧急情况下确需在上述区域抢修铁路、公路、水工程等应急项目，进行取土、挖砂、采石的，建设单位事后应当及时采取水土保持措施，并将处理结果告知当地水行政主管部门。

崩塌、滑坡危险区和泥石流易发区的范围，由旗县级以上人民政府划定并公告。崩塌、滑坡危险区和泥石流易发区的划定应当与地质灾害防治规划确定的地质灾害易发区、重点防治区相衔接。

第十七条 水土保持设施的所有权人或者使用权人应当加强对水土保持设施的管理与维护，建立和完善运行管理制度，落实管护责任，保障其功能正常发挥。

任何单位和个人不得破坏、侵占水土保持设施或者擅自改变水土保持设施的用途。

单位和个人因生产建设活动确需占用、拆除水土保持设施的，应当按照同等功能予以重建或者补偿。

第十八条　禁止在十五度以上陡坡地开垦种植农作物，禁止开垦的范围由旗县级人民政府划定并公告。已经开垦种植农作物的，应当按照国家有关规定逐步退耕还林还草；耕地短缺或者已经签订农村土地承包合同、退耕确有困难的，应当根据实际采取相应的水土保持措施。

在十五度以上陡坡地种植经济林的，应当科学选择树种，采取水土保持措施。

在十五度以下坡耕地开垦种植农作物的，应当根据不同情况采取坡改梯、等高耕作、带状间作、免耕、保护性耕作等措施。

第十九条　禁止毁林、毁草开垦和采集发菜。禁止在水土流失重点预防区和重点治理区铲草皮、挖树兜或者滥挖苁蓉、锁阳、甘草、麻黄等植物。

在林区进行林下种植的，应当采取保护枯枝落叶层和土壤、植被的措施。

在草原牧区生产建设的，应当不占或者少占草原，不得随意开辟道路碾压草原，不得破坏草原植被。

在戈壁、沙漠、沙地、黄土丘陵沟壑区、东北黑土区等水土流失严重、生态脆弱的地区，应当限制或者禁止可能造成水土流失的生产建设活动，严格保护植物、沙壳、结皮、地衣等。

第二十条　生产建设单位应当加强对建设施工和生产过程的管理，严格控制施工生产活动扰动土地的范围，合理安排施工工序，减少土石方重复倒运和地表裸露时间，保护地貌植被。

矿产资源开发、生产建设项目施工等生产活动占压的林草植被，能够移植、移栽的，生产建设单位应当进行移植、移栽。

第二十一条　依法在水土流失重点预防区和重点治理区内开办下列生产建设项目，生产建设单位应当编制水土保持方案，报水行政主管部门审批：

（一）矿产和石油天然气开采以及冶炼、电力、化工、建材、输油输气管道等能源、工业项目；

（二）公路、铁路、机场、市政、水利水电枢纽等基础设施项目；

（三）其他可能造成水土流失的生产建设项目。

分期建设以及改建、扩建的生产建设项目，水土保持方案应当分期编制。

第二十二条　依法应当编制水土保持方案的生产建设项目，按照下列规定完成水土保持方案审批程序：

（一）审批制项目应当在报送项目可行性研究报告前完成；

（二）核准制项目应当在提交项目申请报告前完成；

（三）备案制项目应当在办理备案手续后、项目开工前完成；

（四）其他生产建设项目应当在项目开工前完成。

第二十三条　依法应当编制水土保持方案的生产建设项目，生产建设单位未编制水土保持方案或者水土保持方案未经水行政主管部门批准的，生产建设项目不得开工建设。

第二十四条　水土保持方案经批准后，生产建设项目发生以下重大变化的，应当补充或者修改水土保持方案并报原审批部门批准：

（一）建设地点、规模发生变化的；

（二）实际征占地面积增加超过百分之二十的；

（三）取弃土（石、渣）场位置变化以及设置数量超过百分之二十，土石方量超过百分之四十的；

（四）法律、法规规定的其他重大变化的情形。

第二十五条　在生产建设项目投产使用前，生产建设单位应当依据经批复的水土保持方案及批复意见，组织第三方机构编制水土保持设施验收报告，向社会公开并向水土保持方案审批机关备案。

第二十六条 旗县级以上人民政府水行政主管部门应当对生产建设项目水土保持方案的实施情况进行跟踪检查，发现问题及时处理。对未及时落实水土保持方案的生产建设单位或者个人，可以采取约谈、限期整改等措施，并进行诚信记录。

第四章 治 理

第二十七条 旗县级以上人民政府应当加强江河源头区、饮用水水源保护区和水源涵养区水土流失的预防和治理工作，多渠道筹集资金，将水土保持生态效益补偿纳入国家和自治区生态效益补偿制度。

第二十八条 开办生产建设项目或者从事其他生产建设活动造成水土流失的，应当及时进行治理。

依法在水土流失重点预防区和重点治理区内开办生产建设项目或者从事其他生产建设活动，扰动、占压、损坏水土保持设施和地貌植被，不能恢复原有水土保持功能的，应当缴纳水土保持补偿费，专项用于水土流失预防和治理。水土保持补偿费的征收标准和使用管理按照国家和自治区有关规定执行。

第二十九条 旗县级以上人民政府应当制定资金补助、项目扶持等方面的优惠政策，加强水土保持技术推广，鼓励单位和个人采取投资入股、承包、租赁等方式，治理荒山、荒沟、荒丘、荒滩的水土流失。

第三十条 各级人民政府及其有关部门应当组织单位和个人，根据水土流失类型以及特点，开展水土流失综合治理。

在水力侵蚀地区，以小流域为单元，采取工程措施、植物措施和保护性耕作等措施，建立水土流失综合防护体系。

在风力侵蚀地区，采取禁牧休牧轮牧、植树种草、设置人工沙障和网格林带等措施，建立防风固沙防护体系。

在重力侵蚀地区，结合地质灾害防治，采取封山育林、植物护坡、径流排导、削坡减载、支挡固坡、修建拦挡工程等措施，建立监测、预报、预警体系。

第三十一条 对生产建设活动所占用的土地，生产建设单位应当对其地表土进行分层剥离、保存和利用。

生产建设项目设计中应当采取措施，减少取弃土（石、渣）场设置和土石方数量。

生产建设项目施工中，建设单位对施工生产场地应当采取拦挡、苫盖、砾石压盖、洒水降尘、排水、沉沙等临时措施，防止水土流失。

生产建设活动结束后，建设单位应当及时采取植树种草、恢复植被、复垦等治理措施。

第三十二条 生产建设项目停工、停产期间，建设单位应当对已经形成的路堤、堑坡、施工场地、材料堆场、堆土弃渣、施工道路等采取防治水土流失的措施。

第三十三条 财政资金扶持建设的水土保持工程竣工后，水行政主管部门应当按照国家和自治区有关技术规范组织验收，并设立标志，建立档案，明确管理主体。

第五章 监测和监督

第三十四条 旗县级以上人民政府应当保障水土保持监测工作经费。

旗县级以上人民政府水行政主管部门应当合理布局监测站点，健全完善本行政区域水土保持监测网络，并充分利用气象、国土资源、环境保护、农牧业和林业等部门的监测成果，对水土流失进行动态监测。

第三十五条　自治区人民政府水行政主管部门应当根据水土保持监测情况，对下列事项每两年进行一次公告：

（一）水土流失类型、面积、强度、分布状况和变化趋势；

（二）水土流失造成的危害；

（三）水土流失预防和治理情况。

旗县级以上人民政府水行政主管部门应当根据水土流失动态，及时向社会发布本行政区域水土保持监测公告。

第三十六条　对依法应当编制水土保持方案的大中型生产建设项目，建设单位应当自行或者委托具备资质的水土保持监测机构对生产建设活动造成的水土流失进行监测，并每季度向所在地水行政主管部门书面报告一次监测情况。

第三十七条　从事水土保持监测工作的单位应当定期向所在地水行政主管部门上报监测数据。任何单位和个人不得拒报、瞒报和伪造水土保持监测数据。

第三十八条　旗县级以上人民政府水行政主管部门负责对水土保持情况进行监督检查。

旗县级以上人民政府水行政主管部门应当建立水土保持工作信息平台，向社会公开并接受群众监督；制定和完善举报、投诉受理制度，公开举报电话、网上举报平台，依法及时处理举报、投诉。

第六章　法律责任

第三十九条　违反本条例规定的行为，《中华人民共和国水土保持法》等国家有关法律、法规已经作出具体处罚规定的，从其规定。

第四十条　违反本条例第十六条第一款规定，在禁止区域从事取土、挖砂、采石等可能造成水土流失活动的，由旗县级以上人民政府水行政主管部门责令停止违法行为，没收违法所得，并处以罚款：

（一）对个人取土、挖砂、采石等不足一百立方米的，处以1000元以上5000元以下罚款；一百立方米以上的，处以5000元以上1万元以下罚款；

（二）对单位取土、挖砂、采石等不足一百立方米的，处以2万元以上5万元以下罚款；一百立方米以上不足五百立方米的，处以5万元以上10万元以下罚款；五百立方米以上不足一千立方米的，处以10万元以上15万元以下罚款；一千立方米以上的，处以15万元以上20万元以下罚款。

第四十一条　违反本条例第十八条第一款规定，在十五度以上陡坡地开垦种植农作物，由旗县级以上人民政府水行政主管部门责令停止违法行为，采取退耕、恢复植被等补救措施，并按照开垦面积，对个人处以每平方米2元以下罚款；对单位处以每平方米10元以下罚款。

第四十二条　违反本条例第十九条第一款规定，采集发菜，在水土流失重点预防区和重点治理区铲草皮、挖树兜和滥挖苁蓉、锁阳、甘草、麻黄等植物的，由旗县级以上人民政府水行政主管部门责令停止违法行为，采取补救措施，没收违法所得，并处以罚款：

（一）破坏地表和植被面积不足五十平方米的，处以违法所得一倍以上三倍以下罚款；没有违法所得，可以处3万元以下罚款；

（二）破坏地表植被面积五十平方米以上的，处以违法所得三倍以上五倍以下罚款；没有违法所得，可以处5万元以下罚款。

第四十三条 生产建设单位违反本条例第二十三条、第二十四条规定，未编制水土保持方案或者水土保持方案未经水行政主管部门批准而开工建设的；生产建设项目发生重大变化未补充修改水土保持方案或者补充修改未报原审批部门批准的，由旗县级以上人民政府水行政主管部门责令停止违法行为，限期补办手续；逾期不补办手续的，按照生产建设项目占地面积处以罚款：

（一）占地面积不足五公顷的，处以 5 万元以上 10 万元以下罚款；

（二）占地面积在五公顷以上不足十公顷的，处以 10 万元以上 20 万元以下罚款；

（三）占地面积在十公顷以上不足二十公顷的，处以 20 万元以上 30 万元以下罚款；

（四）占地面积在二十公顷以上不足三十公顷的，处以 30 万元以上 40 万元以下罚款；

（五）占地面积在三十公顷以上的，处以 40 万元以上 50 万元以下罚款。

有本条第一款所列情形的，对生产建设单位直接负责的主管人员和其他直接责任人员依法给予处分。

第四十四条 水行政主管部门及其工作人员有下列行为之一的，对直接负责的主管人员和其他直接责任人员依法给予行政处分；构成犯罪的，依法追究刑事责任：

（一）未按照规定发布水土流失调查结果、水土保持监测公告的；

（二）未按照规定划定、公告水土流失重点预防区和重点治理区的；

（三）未依法审批水土保持方案或者办理批准文件的；

（四）未依法履行监督管理职责或者发现违法行为不予查处的；

（五）其他玩忽职守、滥用职权、徇私舞弊的行为。

第七章 附 则

第四十五条 本条例下列用语的含义：

水土保持，是指对自然因素和人为活动造成水土流失采取的预防和治理措施。

水土流失，是指在水力、风力、重力和冻融等自然营力和不合理的人为活动作用下，水土资源和土地生产力的破坏和损失，包括土地表层侵蚀和水的损失。

水土保持设施，是指具有防治水土流失功能的各类人工建筑物、自然和人工植被以及自然地物的总称。

地貌植被，是指原地貌、人工植被和天然植被。

第四十六条 旗县级以上人民政府根据当地实际情况确定的负责水土保持工作的机构，行使《中华人民共和国水土保持法》和本条例规定的水行政主管部门水土保持工作的职责。

第四十七条 本条例自 2015 年 10 月 1 日起施行。1993 年 10 月 30 日内蒙古自治区第八届人民代表大会常务委员会第四次会议通过、根据 1997 年 9 月 24 日内蒙古自治区第八届人民代表大会常务委员会第二十八次会议关于修改《内蒙古自治区实施〈中华人民共和国水土保持法〉办法》的决定第一次修正、根据 2010 年 3 月 25 日内蒙古自治区第十一届人民代表大会常务委员会第十三次会议《关于修改部分地方性法规的决定（一）》第二次修正、根据 2012 年 3 月 31 日内蒙古自治区第十一届人民代表大会常务委员会第二十八次会议《关于修改部分地方性法规的决定（五）》第三次修正的《内蒙古自治区实施〈中华人民共和国水土保持法〉办法》同时废止。

内蒙古自治区节约用水条例

第一章　总　则

第一条　为加强节约用水管理，科学合理利用水资源，保障和促进经济社会可持续发展，根据《中华人民共和国水法》和国家有关法律、法规，结合自治区实际，制定本条例。

第二条　自治区行政区域内节约用水及其监督管理活动，适用本条例。

第三条　节约用水应当坚持统一规划、统筹兼顾、合理调配、高效利用的原则，实行总量控制和定额管理相结合的制度。

第四条　旗县级以上人民政府应当将节约用水工作纳入国民经济和社会发展规划，建立健全节约用水社会化服务体系，支持节约用水技术的研究和推广，培育和发展节水产业，鼓励对再生水、雨洪水、矿区疏干水、施工降排水等非常规水源的开发和利用，限制高耗水项目，建设节水型社会。

国民经济和社会发展规划、城市总体规划、重大建设项目的布局，应当从当地水资源状况出发，与当地水资源条件相适应。

第五条　旗县级以上人民政府水行政主管部门负责本行政区域节约用水的监督管理工作。

住房和城乡建设、发展和改革、质量技术监督、经济和信息化、环境保护等部门按照各自职责，负责节约用水的相关工作。

苏木乡镇人民政府和街道办事处应当做好本辖区内的节约用水工作。

第六条　旗县级以上人民政府及其有关部门应当加强节水教育和宣传，将节水教育纳入国民素质教育体系，制定节约用水的公益性宣传计划，定期开展宣传活动，提高全民节水意识。

新闻媒体应当将节约用水宣传纳入公益性宣传范围，配合水行政主管部门开展节约用水公益宣传，对浪费用水的行为进行舆论监督。

第七条　任何单位和个人都有节约用水的义务，有权制止、举报或者投诉浪费用水的行为。

第八条　旗县级以上人民政府应当对节约用水有突出贡献的单位和个人给予表彰奖励。

第九条　旗县级以上人民政府水行政主管部门应当根据上一级节约用水规划和本行政区域水资源状况，编制本行政区域节约用水规划，征求同级发展和改革、住房和城乡建设、经济和信息化等部门意见后，报本级人民政府批准后公布实施。

第十条　自治区人民政府水行政主管部门和盟行政公署、设区的市人民政府水行政主管部门应当根据上一级水量分配方案，制定本行政区域水量分配方案，报本级人民政府批准后实施。

第十一条　自治区人民政府有关行业主管部门应当制定本行业用水定额，经自治区人民政府水行政主管部门和质量技术监督行政主管部门审核同意后，由自治区人民政府公布实施，并报国务院水行政主管部门和国务院质量监督检验行政主管部门备案。

无行业主管部门的用水定额由自治区人民政府水行政主管部门会同有关部门制定，由自治区人民政府公布实施，并报国务院水行政主管部门和国务院质量监督检验行政主管部门备案。

行业用水定额应当根据水资源状况和经济社会发展水平适时修订。

第十二条 旗县级以上人民政府发展和改革行政主管部门应当会同同级水行政主管部门，根据行业用水定额、经济技术条件以及水量分配方案确定的可供本行政区域使用的水量，制定年度用水计划，对本行政区域内的年度用水实行总量控制。

第十三条 取得取水许可的单位和个人应当在每年12月31日前向有管辖权的旗县级以上人民政府水行政主管部门报送本年度取水情况和下一年度取水计划建议。

有管辖权的旗县级以上人民政府水行政主管部门应当根据取水许可量、行业用水定额、取水单位或者个人申请和本行政区域年度用水计划等因素，核定取水单位或者个人年度取用水计划，并于每年1月31日前下达本年度取用水计划。

第十四条 取水单位或者个人应当按照核定的年度取用水计划取用水。

因特殊原因需要调整年度取用水计划的，取水单位或者个人应当经原审批机关同意。

第十五条 因建设施工等非生活用水临时取水的，建设单位应当提前三十日向有管辖权的旗县级以上人民政府水行政主管部门提出临时取水申请，确需施工降排水的，应当编制施工降排水方案，按照批准的方案和计划取水，并缴纳水资源费。

第十六条 旗县级以上人民政府水行政主管部门应当将非常规水源的开发和利用纳入节约用水规划，实行水资源统一配置。

第十七条 取水单位或者个人应当缴纳水资源费。超计划或者超定额取水的，对超计划或者超定额部分累进收取水资源费。

任何单位和个人不得擅自减免、缓征或者停征水资源费。

水资源费征收标准按照国家和自治区有关规定执行。

第十八条 用水实行计量收费，禁止实行包费制。居民生活用水实行阶梯式水价制度，非居民生活用水实行超计划、超定额累进加价制度。

居民生活用水阶梯式水价标准由自治区人民政府价格主管部门和盟行政公署、设区的市人民政府价格主管部门按照规定的权限和程序制定；非居民生活用水超计划、超定额累进加价标准由自治区人民政府价格主管部门按照规定的权限和程序制定。

第十九条 自治区对非常规水源利用项目实行水资源费和水价优惠政策。

第二十条 旗县级以上人民政府水行政主管部门应当建立用水情况通报制度，定期公布区域和行业用水情况，引导企事业单位和社会节约用水。

第二章 节约用水

第二十一条 各级人民政府应当推广应用微灌、喷灌、管道输水、渠道防渗等农业节水灌溉技术，提高用水效率。

农业用水管理和具体节水措施，依照《内蒙古自治区农业节水灌溉条例》的有关规定执行。

第二十二条 新建、改建、扩建的建设项目，应当制定节水措施方案，配套建设节水设施。节水设施应当与主体工程同时设计，同时施工，同时投产。

建设单位组织建设项目竣工验收时，应当验收节水设施；未经验收或者验收不合格的节水设施，不得投入使用。

节水设施包括节水器具、工艺、设备、计量设施、再生水回用系统和雨水收集利用系统。

第二十三条 取水单位或者个人应当采用节水型工艺、设备和产品。已安装使用国家明令淘汰耗水量高的工艺、设备和产品的，应当及时更换或者对其进行节水改造。

第二十四条 旗县级以上人民政府应当使本行政区域工业布局和产业结构与当地水资源条件、水环境容量相适应。

新建、改建、扩建的高耗水工业项目，禁止擅自使用地下水。

已建高耗水工业项目使用地下水的，应当采取节水措施，逐步减少地下水开采量。有条件的，应当将地下水水源替换为非常规水源或者地表水水源。

第二十五条 工业企业应当采取循环用水、分质用水以及废污水处理回用等措施，降低用水单耗，提高水的重复利用率，减少废污水排放量。

工业企业的设备冷却水、空调冷却水、锅炉冷凝水应当循环使用或者回收利用，不得直接排放。

第二十六条 生产纯净水、矿泉水、饮料、酒类等产品的企业应当采取节水措施，减少水的损耗，产水率不得低于国家标准；尾水应当回收利用，不得直接排放。

第二十七条 采矿企业应当制定节水方案，安装计量设施。具备条件的地区，疏干水应当回收利用。

采矿企业应当对因疏干排水导致地下水水位下降、水源枯竭或者地面塌陷采取补救措施；对他人生活和生产造成损失的，依法给予补偿。

第二十八条 建设施工单位应当采取工程和技术措施，减少施工降排水。具备条件的，施工降排水应当回收利用。

第二十九条 用水企业应当每三至五年进行一次水平衡测试。产品结构或者生产、用水工艺发生变化时，用水企业应当在半年内进行复测。测试结果应当报有管辖权的旗县级以上人民政府水行政主管部门。

第三十条 工业园区、经济技术开发区、高新技术开发区等各类开发区应当编制规划水资源论证报告书，实行供水、用水、排水统一管理。

第三十一条 服务业应当采取一水多用，循环用水等节约用水措施。

在水资源短缺或者地下水超采区域，限制高耗水服务业项目。

洗浴、洗车、水上娱乐、游泳场馆、高尔夫球场和人工滑雪场等经营场所应当采用节水技术和安装节水设施。

第三十二条 自来水供水企业和自建供水设施的企业对其管理的供水专用水库、引水渠道、取水口、泵站、井群、输（配）水管网、进户总水表、净（配）水厂、公用水站等设施，应当定期检查维修，降低供水设施漏失率。

第三十三条 园林绿化、环境卫生、消防、建设施工用水应当优先使用再生水和雨洪水。

园林绿化应当选用与当地气候条件相适应的耐旱型树木、花草，推广采用喷灌、微灌等节水灌溉方式，不得采用漫灌等高耗水灌溉方式。

禁止将地下水、自来水作为景观河、人工湖用水。

第三十四条 宾馆、饭店、住宅小区、学校、企事业单位和国家机关等，应当逐步建设中水回用系统和雨水集蓄利用设施。

用水单位和个人应当加强用水设施的维护保养，防止水的漏失。

第三十五条 旗县级以上人民政府应当加强城镇污水处理和再生水利用设施建设，完善公共再生水回用管网建设，根据不同用水需求，逐步实行分质供水。

城镇新区建设、旧城改造和市政基础设施建设，应当建设渗水地面和雨水集蓄利用设施。

第三十六条 自治区鼓励和扶持企事业单位和个人投资建设污水处理、再生水利用、矿区疏干水利用、施工降排水利用和雨水集蓄利用工程，提高非常规水源利用率。

第三十七条 自治区鼓励依法取得取水权的单位或者个人，通过调整产业、产品结构和改革工艺等节水措施节约水资源，并依法进行水的使用权有偿转让。

第三章 保障措施

第三十八条 旗县级以上人民政府应当将节约用水工作纳入政府工作目标责任制，逐级逐部门落实工作责任。

第三十九条 旗县级以上人民政府应当加大节约用水投入力度，建立健全节约用水投入机制，完善政府、企业、社会多元化投融资渠道，引导鼓励社会资金、民间资本投入节水产业。

旗县级以上人民政府应当鼓励支持节水技术研究开发、节水技术和产品的推广与应用。

第四十条 旗县级以上人民政府对非常规水源利用项目，应当优先立项。

销售再生水等资源综合利用产品，依照国家规定享受增值税优惠政策；企业从事符合条件的节水项目所得，以及购置节水专用设备的投资额，依法享受企业所得税优惠政策。

第四十一条 旗县级以上人民政府应当根据本行政区域实际情况，对农牧业节水项目和工业节水项目贷款安排财政贴息。

金融机构应当对符合贷款条件、具有偿还能力的节水项目，按照国家和自治区的相关规定优先安排贷款。

第四十二条 旗县级以上人民政府鼓励农民参与灌区管理，建立农民用水者协会，形成政府扶持、农民参与的农业供用水管理体制。

第四十三条 旗县级以上人民政府应当对农牧业节水项目优先立项，逐年增加农牧业节水灌溉投入，统一规划、建设节水灌溉工程。

旗县级以上人民政府应当将土地出让收益按照国家规定的比例用于农田草牧场水利建设。

第四十四条 旗县级以上人民政府水行政主管部门应当依法对取水单位或者个人取用水情况进行监督检查。有关单位或者个人应当给予配合，不得拒绝、阻碍。

第四章 法律责任

第四十五条 违反本条例规定的行为，《中华人民共和国水法》和国家有关法律、法规已经作出具体处罚规定的，从其规定。

第四十六条 违反本条例规定，有下列行为之一的，由旗县级以上人民政府水行政主管部门责令限期改正，并处以5万元以上10万元以下罚款：

（一）建设项目节水设施未经验收或者验收不合格，擅自投入使用的；

（二）新建、改建、扩建的高耗水工业项目擅自使用地下水的；

（三）工业企业的设备冷却水、空调冷却水、锅炉冷凝水未循环使用或者回收使用，直接排放的；

（四）生产纯净水、矿泉水、饮料、酒类等产品的企业未采取节水措施或者未将尾水回收利用的；

（五）水上娱乐、游泳场馆、高尔夫球场和人工滑雪场等经营场所未安装节水设施的；

（六）景观河、人工湖使用地下水、自来水的。

第四十七条 洗浴、洗车等经营场所未采用节水技术或者未安装节水设施的，由旗县级以上人民政府水行政主管部门责令限期改正，并处5000元以上2万元以下罚款。

第四十八条 水行政主管部门和其他有关部门工作人员有下列情形之一的，由其所在单位或者上级主管部门对直接负责的主管人员和其他直接责任人员，依法给予行政处分；构成犯罪的，依法追究刑事责任：

（一）未按照水量分配方案分配水量的；

（二）未依法核定、下达年度取用水计划的；

（三）不履行监督检查职责或者发现违法行为不予查处，造成严重后果的；

（四）有其他玩忽职守、滥用职权、徇私舞弊行为的。

第五章　附　则

第四十九条　本条例自2012年12月1日起施行。

内蒙古自治区实施《中华人民共和国水法》办法

第一章 总 则

第一条 根据《中华人民共和国水法》，结合自治区实际，制定本办法。

第二条 在自治区行政区域内开发、利用、节约、保护和管理水资源，防治水害，适用本办法。

本办法所称水资源，包括地表水和地下水。

第三条 水资源属于国家所有。水资源的所有权与使用权可以依法分离。农村牧区集体经济组织的水塘和由农村牧区集体经济组织修建管理的水库中的水，归各该农村牧区集体经济组织使用。

自治区对水资源依法实行取水许可制度和有偿使用制度。但是，农村牧区集体经济组织及其成员使用本集体经济组织的水塘、水库中的水的除外。

第四条 旗县级以上人民政府应当加强水资源开发、利用、节约、保护和水污染防治工作，将其纳入本级国民经济和社会发展计划，增加水利基础设施建设资金投入，加强防治水土流失和水资源保护工作，发展节水型工业、农业和服务业，建立节水型社会。

单位和个人有保护水资源和节约用水的义务。鼓励单位和个人参与水资源的开发、利用，其合法权益受法律保护。

第五条 自治区人民政府水行政主管部门负责自治区行政区域内水资源的统一管理和监督工作。

旗县级以上人民政府水行政主管部门按照规定权限，负责本行政区域内水资源统一管理和监督工作。

旗县级以上人民政府有关部门按照职责分工，负责本行政区域内水资源开发、利用、节约和保护的有关工作。

第二章 水资源规划与配置

第六条 开发、利用、节约、保护水资源和防治水害，应当进行水资源综合科学考察和调查评价，按照流域、区域统一制定规划。流域、区域规划包括综合规划和专业规划。

综合规划按下列规定进行编制：

（一）黄河、辽河、嫩江内蒙古段重要一级支流及自治区重要湖泊的综合规划，由自治区人民政府水行政主管部门会同有关部门和地区编制，报自治区人民政府批准，并报国务院水行政主管部门备案；

（二）自治区内跨行政区域的江河、湖泊综合规划，由共同的上一级人民政府水行政主管部门会同江河、湖泊所在地的人民政府水行政主管部门和有关部门编制，分别经江河、湖泊所在地人民政府审核同意，报共同的上一级人民政府批准；

（三）其他江河、湖泊的综合规划，由江河、湖泊所在地的旗县级人民政府水行政主管部门会同有关部门编制，报本级人民政府批准，并报上一级水行政主管部门备案。

专业规划的编制，按照有关法律、法规规定执行。

第七条 自治区人民政府发展改革行政主管部门和水行政主管部门负责全区水资源的宏观调配。

旗县级以上人民政府水行政主管部门应当会同有关部门依据上一级水中长期供求规划和本地区的实际情况，制订本行政区域的水中长期供求规划，经本级人民政府发展改革行政主管部门审查批准后执行。

第八条 旗县级以上人民政府水行政主管部门应当依据流域、区域规划和水中长期供求规划，编制江河径流调蓄计划和水量分配方案，报本级人民政府批准。自治区内跨行政区域的江河径流调蓄计划、水量分配方案和旱情紧急情况下的水量调度预案，由共同的上一级水行政主管部门征求有关地区和部门的意见后编制，报本级人民政府批准。

有调蓄功能的水工程应当按照径流调蓄计划和水量分配方案蓄水和泄水。

第三章 水资源开发利用与管理

第九条 开发、利用水资源，应当首先满足城乡居民生活用水，并兼顾农业、工业、生态环境用水的需要。

在干旱和半干旱地区开发、利用水资源，应当充分考虑生态环境用水需要，鼓励对雨水和微咸水的收集、开发、利用。

城市人民政府应当加强城市污水集中处理，鼓励使用再生水，实现污水处理再利用。

第十条 各级人民政府应当采取措施，加强农村牧区人畜饮水及城镇供水工程的建设与管理，保证工程质量，提高经营管理水平，改善城乡居民的饮用水条件，提供安全、洁净的生活饮用水。

第十一条 牧区开发、利用水资源，应当优先满足人畜饮水，兼顾饲草料基地用水，促进生产方式的转变和生态环境的改善，增强水资源可持续利用的能力。

牧区水利建设资金按照国家和自治区扶持与受益者合理承担相结合的方式筹集。各级人民政府及其有关部门应当加强牧区水利建设，保证建设资金足额落实。

第十二条 从事钻凿供排水井的单位应当具有相应的技术等级，并按照水行政主管部门批准的井点布局、取水层位施工。

第十三条 直接从江河、湖泊或者地下取用水资源的单位和个人，应当申请领取取水许可证，并按照国家和自治区有关规定缴纳水资源费。但是，家庭生活和零星散养、圈养畜禽饮用等少量取水的除外。

取水许可证实行分级管理，具体办法由自治区人民政府制定。

水资源费按照分级管理的权限由水行政主管部门组织征收，纳入财政专户，实行收支两条线管理。

第十四条 直接从江河、湖泊或者地下取用水资源并需申请取水许可证的新建、改建、扩建的建设项目，建设单位应当委托具有相应资质的单位进行建设项目水资源论证。建设项目水资源论证报告书是建设项目立项和办理取水许可的技术依据。未提交取水许可（预）申请的审查意见及经审定的建设项目水资源论证报告书的，建设项目不予批准立项。

第十五条 需要申请或者重新申请取水许可的新建、改建、扩建的建设项目，列入国家基本建设管理程序的，项目法人应当在报送建设项目设计任务书前，按照取水许可审批权限向旗县级以上人民政府水行政主管部门提出取水许可预申请。建设项目经批准后，再办理申请取水许可手续。

不列入国家基本建设管理程序的建设项目，可以直接向有权审批的水行政主管部门提出取水许可申请。

第十六条　取用水单位和个人应当按照取水许可证规定的水量、地点和用途取用水，水行政主管部门检查取用水情况时，应当如实提供取用水量测定数据等有关资料。取用水单位和个人需要变更取水许可事项的，必须按照有关规定重新办理取水许可申请，经原审批机关批准。

取水许可证实行年度审验制度。

第十七条　鼓励获得取水权的单位和个人，通过调整产业、产品结构和改革工艺等节水措施节约水资源，并依法逐步进行水的使用权有偿转让。

第四章　水资源、水域和水工程保护

第十八条　开发利用地表水，应当维持江河的合理流量和湖泊、水库的合理水位，维护水体的自然净化能力，防止对生态环境造成破坏。

第十九条　开采地下水应当在水资源评价的基础上，实行统一规划，科学利用。开采地下水应当符合地下水开发利用规划和年度计划中确定的可开采总量、井点布局和取水层次的要求，防止水体污染、水源枯竭和地面沉降、地面塌陷等地质灾害的发生。造成地下水超采、地面沉降、水体污染的，应当承担治理责任。

地下水超采区应当优先利用地表水，严格限制开采地下水，充分利用雨洪资源和处理回用的污水资源，促进水资源的可持续利用。

第二十条　开采矿藏或者建设地下工程必须疏干排水的，应当按照水行政主管部门批准的疏干排水方案进行，不得擅自扩大疏干排水区域。

建设或者生产单位应当采取回灌补源及回收利用措施。因疏干排水导致地下水位下降、水源枯竭或者地面塌陷，给他人生活和生产造成损失的，由建设或者生产单位依法给予补偿。

第二十一条　取用地热水资源的单位，应当依法办理取水许可证和采矿许可证，并按照确定的开采限量和节水方案开采。

地热水资源利用后符合回灌标准的应当进行回灌。

第二十二条　各级人民政府应当加强江河源头保护，涵养水源，防治水土流失，改善生态环境。

禁止向河道、湖泊、水库等水域弃倒垃圾和其他污染水源的物品。

第二十三条　对生活饮用水地下水源应当加强保护，饮用水水源保护区由自治区人民政府依法划定。在饮用水水源保护区内禁止设置排污口。

在江河、湖泊、水库、渠道新建、改建或者扩大排污口，应当经有管辖权的水行政主管部门或者水工程管理单位同意，由环境保护行政主管部门负责对建设项目的环境影响报告书进行审批。

第二十四条　各级人民政府及有关部门和单位应当加强污水处理工程建设。工业污水、城乡居民生活污水应当按照排污的有关规定进行处理。

畜禽养殖和农副产品加工单位产生的废水、污水未经处理达标，不得直接排入河道、湖泊、水库等水域。

第二十五条　旗县级以上人民政府水行政主管部门和环境保护行政主管部门的水质监测结果应当按照国家规定向社会公布。

旗县级以上人民政府水行政主管部门应当按照水功能区对水质的要求和水体的自然净化能力，核定该水域的纳污能力，向环境保护行政主管部门提出该水域的限制排污总量意见。

旗县级以上人民政府应当加强水资源信息系统建设和水资源的动态监测工作，定期发布水资源信息。

第二十六条　利用水域从事旅游开发的，应当符合水功能区划和水环境保护功能区划的要求，不得污染水体和影响行洪安全。

第二十七条　旗县级以上人民政府应当加强水工程的管理保护，按照自治区有关规定划定水工程的管理和保护范围。

在河道管理范围内进行工程建设，应当依照有关规定报经水行政主管部门审查同意。

单位和个人有保护水工程的义务，不得侵占、毁坏水工程及堤防、护岸等有关设施。不得从事影响水工程运行和危害水工程安全的活动。

第五章　节约用水

第二十八条　旗县级以上人民政府水行政主管部门负责拟定节水政策，编制节水规划，会同有关部门制定节水有关标准，组织、指导和监督节约用水工作。

第二十九条　旗县级以上人民政府水行政主管部门应当会同有关部门编制本行政区域的节水规划，报本级人民政府批准，并报上一级水行政主管部门或者流域管理机构备案。

旗县级以上人民政府应当建立节水投入专项资金，从水资源费和超计划、超定额加价水费等收费中提取一定比例资金，作为节水管理专项资金。通过节水专项奖励、财政补贴或者制定相应的政策支持节水技术发展。

第三十条　自治区对用水实行总量控制和定额管理相结合的制度。

旗县级以上人民政府发展改革行政主管部门应当会同同级水行政主管部门，根据用水定额、经济技术条件、水中长期供求计划和区域水资源规划，制定年度用水计划，并报上一级水行政主管部门备案，对本行政区域内的年度用水实行总量控制。

自治区行业用水定额不得超过国家有关技术标准和技术通则要求，用水定额根据节水技术的推广应用和产业结构、产品结构的调整，由自治区人民政府适时修订。

第三十一条　用水实行计量收费和超定额累进加价制度，禁止实行包费制。

第三十二条　在城市公共供水管网覆盖范围内，禁止批准新建自备水源。对原有的自备水源应当加强节水监督管理，并逐步压减地下水取水量。

城镇供水企业、用水单位应当对供水和用水设施、设备、器具进行定期维修、保养，加强供水管网的管理与技术改造，防止输水过程中的漏失。

供水经营管理单位应当定期向用水户公开用水量和用水价。

第三十三条　各级人民政府应当通过工程措施和非工程措施，发展节水型农业，提高水的利用效率和效益。

工业企业应当通过节水技术改造，发展节水型工业。在水资源短缺的地区，严格限制引进高耗水、高污染的工业项目及设备。

服务业全面实行计划用水，推广节水设施、设备。鼓励营业性洗车场（点）使用符合国家标准的再生水。

第三十四条　新建、改建、扩建建设项目应当制定节水措施方案，配套建设节水设施。节水设施应当与主体工程同时设计、同时施工、同时验收使用。

已经建成的建设项目，未配套节水设施的，应当限期进行节水设施的配套建设；逐步更换改造城镇公共与民用建筑已安装使用的不符合节水标准的用水器具、设备。

第三十五条　自治区实行用水企业水平衡测试制度。主要用水企业要定期选择具有相应资质的单位进行测试，其测试报告须经水行政主管部门审定。

第三十六条　规划建设城市生活污水集中排放和处理设施时，应当同时安排污水处理回用设施的建设。

第六章　水事纠纷处理与执法监督检查

第三十七条　各级人民政府及有关部门应当采取措施，预防和制止水事纠纷。

旗县级以上人民政府或者其授权的部门在处理水纠纷时，依法采取临时处置措施，有关各方或者当事人必须服从。

在水事纠纷解决前，当事人不得单方面改变现状。

第三十八条　旗县级以上人民政府水行政主管部门应当建立水政监察制度，配备必要的执法装备和人员，依法实施监督检查。

水行政主管部门在其法定权限内可以委托符合条件的水政监察专职执法队伍实施有关水政监察工作。

第三十九条　有关单位和个人对水政监察人员的监督检查工作应当给予配合，不得拒绝或者阻碍水政监察人员依法执行职务。

水政监察人员在履行监督检查职责时，应当出示有关执法证件，依照法定程序执法。

第四十条　旗县级以上人民政府或者上级水行政主管部门发现本级或者下级水行政主管部门在监督检查工作中有违法或者失职行为的，应当责令其限期改正。

第七章　法律责任

第四十一条　违反本办法规定，有下列情形之一的，按照《中华人民共和国水法》的规定予以处罚：

（一）在饮用水水源保护区内设置排污口的；

（二）未经水行政主管部门同意，擅自在江河、湖泊、水库、渠道新建、改建或者扩建排污口的；

（三）未经批准擅自取水的；

（四）未按照批准的取水许可规定条件取水的；

（五）侵占、毁坏水工程及堤防、护岸等有关设施的；

（六）从事影响水工程运行和危害水工程安全活动的；

（七）拒不缴纳、拖延缴纳或者拖欠水资源费的；

（八）建设项目的节水设施没有建成或者没有达到国家规定的要求，擅自投入使用的。

第四十二条　水行政主管部门或者其他有关部门以及水工程管理单位及其工作人员，违反本办法有关规定，有下列行为之一的，由有关部门按管理权限对直接负责的主管人员和其他直接责任人员依法给予行政处分；构成犯罪的，依法追究刑事责任：

（一）对不符合法定条件的单位或者个人核发许可证、签署审查同意意见的；

（二）对符合法定条件的取水申请单位和个人，未在规定期限内办理许可审批手续的；

（三）不按照规定收取水资源费的；

（四）拒不执行水量分配方案和水量调度预案的；

（五）不按照径流调蓄计划或者水量分配方案蓄水或者泄水的；
（六）不履行监督检查职责或者发现违法行为不予查处，造成严重后果的；
（七）利用职务便利收取他人财物或者其他好处的。

第八章　附　则

第四十三条　本办法自 2004 年 8 月 1 日起施行。

第二十章　部门规章

开发建设项目水土保持方案编报审批管理规定

第一条　为了加强水土保持方案编制、申报、审批的管理，根据《中华人民共和国水土保持法》《中华人民共和国水土保持法实施条例》和国家计委、水利部、国家环保局发布的《开发建设项目水土保持方案管理办法》，制定本规定。

第二条　凡从事有可能造成水土流失的开发建设单位和个人，必须编报水土保持方案。其中，审批制项目，在报送可行性研究报告前完成水土保持方案报批手续；核准制项目，在提交项目申请报告前完成水土保持方案报批手续；备案制项目，在办理备案手续后、项目开工前完成水土保持方案报批手续。经批准的水土保持方案应当纳入下阶段设计文件中。

第三条　开发建设项目的初步设计，应当依据水土保持技术标准和经批准的水土保持方案，编制水土保持篇章，落实水土流失防治措施和投资概算。初步设计审查时应当有水土保持方案审批机关参加。

第四条　水土保持方案分为水土保持方案报告书和水土保持方案报告表。

凡征占地面积在一公顷以上或者挖填土石方总量在一万立方米以上的开发建设项目，应当编报水土保持方案报告书；其他开发建设项目应当编报水土保持方案报告表。

水土保持方案报告书、水土保持方案报告表的内容和格式应当符合《开发建设项目水土保持方案技术规范》和有关规定。

第五条　水土保持方案的编报工作由开发建设单位或者个人负责。具体编制水土保持方案的单位和人员，应当具有相应的技术能力和业务水平，并由有关行业组织实施管理，具体管理办法由该行业组织制定。

第六条　编制水土保持方案所需费用应当根据编制工作量确定，并纳入项目前期费用。

第七条　水土保持方案经过水行政主管部门审查批准，开发建设项目方可开工建设。

第八条　水行政主管部门审批水土保持方案实行分级审批制度，县级以上地方人民政府水行政主管部门审批的水土保持方案，应报上一级人民政府水行政主管部门备案。

中央立项，且征占地面积在五十公顷以上或者挖填土石方总量在五十万立方米以上的开发建设项目或者限额以上技术改造项目，水土保持方案报告书由国务院水行政主管部门审批。中央立项，征占地面积不足五十公顷且挖填土石方总量不足五十万立方米的开发建设项目，水土保持方案报告书由省级水行政主管部门审批。

地方立项的开发建设项目和限额以下技术改造项目，水土保持方案报告书由相应级别的水行政主管部门审批。

水土保持方案报告表由开发建设项目所在地县级水行政主管部门审批。

跨地区项目的水土保持方案，报上一级水行政主管部门审批。

第九条　开发建设单位或者个人要求审批水土保持方案的，应当向有审批权的水行政主管部门提交书面申请和水土保持方案报告书或者水土保持方案报告表各一式三份。

有审批权的水行政主管部门受理申请后，应当依据有关法律、法规和技术规范组织审查，或者委托有关机构进行技术评审。水行政主管部门应当自受理水土保持方案报告书审批申请之日起二十日内，或者应当自受理水土保持方案报告表审批申请之日起十日内，作出审查决定。但是，技术评审时间除外。对于特殊性质或者特大型开发建设项目的水土保持方案报告书，二十日内不能作出审查决定的，经本行政机关负责人批准，可以延长十日，并应当将延长期限的理由告知申请单位或者个人。

第十条 水土保持方案报告的审批条件如下：

（一）符合有关法律、法规、规章和规范性文件规定；

（二）符合《开发建设项目水土保持方案技术规范》等国家、行业的水土保持技术规范、标准；

（三）水土流失防治责任范围明确；

（四）水土流失防治措施合理、有效，与周边环境相协调，并达到主体工程设计深度；

（五）水土保持投资估算编制依据可靠、方法合理、结果正确；

（六）水土保持监测的内容和方法得当。

第十一条 经审批的项目，如性质、规模、建设地点等发生变化时，项目单位或个人应及时修改水土保持方案，并按照本规定的程序报原批准单位审批。

第十二条 项目单位必须严格按照水行政主管部门批准的水土保持方案进行设计、施工。项目工程竣工验收时，必须由水行政主管部门同时验收水土保持设施。水土保持设施验收不合格的，项目工程不得投产使用。

第十三条 水土保持方案未经审批擅自开工建设或者进行施工准备的，由县级以上人民政府水行政主管部门责令停止违法行为，采取补救措施。当事人从事非经营活动的，可以处一千元以下罚款；当事人从事经营活动，有违法所得的，可以处违法所得三倍以下罚款，但是最高不得超过三万元，没有违法所得的，可以处一万元以下罚款，法律、法规另有规定的除外。

第十四条 地方人民政府根据当地实际情况设立的水土保持机构，可行使本规定中水行政主管部门的职权。

第十五条 本规定由水利部负责解释。

第十六条 本规定自发布之日起施行。

水土保持生态环境监测网络管理办法

第一章　总　则

第一条　为加强水土保持生态环境监测网络管理的建设和管理，规范水土保持生态环境监测工作，根据《中华人民共和国水土保持》《中华人民共和国水土保持法实施条例》，制定本办法。

第二条　水土保持生态生态环境工作应遵守本办法的规定。

第三条　水土保持生态环境监测工作的任务是通过建立全国水土保持生态环境监测站网，对全国水土流失和水土保持状况实施监测，为国家制定水土保持生态环境政策和宏观决策提供科学依据，为实现国民经济和社会的可持续发展服务。

第四条　水土保持生态环境监测工作实行统一管理，分级负责的原则。

水利部统一管理全国的水土保持生态环境监测工作，负责制订有关规章、规程和技术标准，组织全国水土保持生态环境监测、国内外技术与交流，发布全国水土保持公告。

水利部各流域机构在授权范围内管理水土保持生态环境监测工作。

县级以上水行政方管部门或地方政府设立的水土保持机构以及授权的水土保持监督管理机构，对辖区的水土保持生态环境监测实施管理。

第五条　水土保持生态环境监测工作按水利部制定的技术规范和标准进行。

第六条　省级以上水土保持生态环境监测管理机构编制水土保持生态环境监测规划，作为水土保持生态环境建设规划的重要组成部分，经同级人民政府批准组织实施。对水土保持生态环境监测规划进行修订的，须经原批准机关审查同意。

第七条　在水土保持生态环境监测工作中心成绩显著的单位和个人，由水土保持生态环境监测管理机构或报请同级人民政府给予奖励。

第二章　监测站网的建设

第八条　在水土保持生态环境监测规划的指导下，按基本建设程序全国水土保持生态环境监测站网，其运行实行分级负责制。

第九条　全国水土保持生态环境监测站网由以下四级监测机构组成：一级为水利部水土保持生态环境监测中心，二级为大江大河（长江、黄河、海河、珠江、松花江及辽河、太湖等）流域水土保持生态环境监测中心站，三级为省级水土保持生态环境监测总站，四级为省级重点防治区监测分站。

省组重点防护区监测分站，根据全国及省水土保持生态环境监测规划，设立相应监测点。具体布设应结合目前水土保持科研所（站、点）及水文站点的布设情况建设，避免重复，部分监测项目可委托相关站进行监测。

国家负责一、二级监测机构的建设和管理，省（自治区、直辖市）负责三、四级及监测点的建设和管理。按水土保持生态环境监测规划建设的监测站点不得随意变更，确需调整的须经规划批准机关的审查同意。

第十条 有水土流失防治任务的开发建设项目，建设和管理单位应设立专项监测点对水土流失状况进行监测，并定期向项目所在地县级监测管理机构报告监测成果。

第十一条 下级监测机构应接受上级监测机构的业务指导。

第十二条 水土保持生态环境监测工作，须由具有相应监测能力的单位承担。

第十三条 从事水土保持生态环境监测的专业技术人员须经专门技术培训，具备相应的工作能力。

第三章 监测机构职责

第十四条 省级以上水土保持生态环境监测机构的主要职责是：编制水土保持生态环境监测规划和实施计划，建立水土保持生态环境监测信息网，承担并完成水土保持生态环境监测任务，负责对监测工作的技术指导、技术培训和质量保证，开展监测技术、监测方法的研究及国内外科技合作和交流，负责汇总和管理监测数据，对下级监测成果进行鉴定和质量认证，及时掌握和预报水土流失动态，编制水土保持生态环境监测报告。除本款规定的职责外，各级监测机构还有以下职责：

水利部水土保持生态环境监测中心对全国水土保持生态环境监测工作实施具体管理。负责拟定水土保持生态环境监测技术规范、标准，组织对全国性、重点区域、重大开发建设项目的水土保持监测，负责对监测仪器、设备的质量和技术认证，承担对申报水土保持生态环境监测资质单位的考核、验证工作。

大江大河流域水土保持生态环境监测中心站参与国家水土保持生态环境监测、管理和协调工作，负责组织和开展跨省际区域、对生态环境有较大影响的开发建设项目的监测工作。

省级水土保持生态环境监测总站负责对重点防治区监测分站的管理，承担国家及省级开发建设项目水土保持设施的验收监测工作。

第十五条 省组重点防治区监测分站的主要职责：按国家、流域及省级水土保持生态环境监测规划和计划，对列入国家省级水土流失重点预防保护区、重点治理区、重点监督区的水土保持动态变化进行监测，汇总和管理监测数据，编制监测报告。

监测点的主要职责：按有关技术规程对监测区域进行长期定位观测，整编监测数据，编报监测报告。

第十六条 开发建设项目的专项监测点，依据批准的水土保持方案，对建设和生产过程中的水土流失进行监测，接受水土保持生态环境监测管理机构的业务指导和管理。

第四章 监测数据和成果的管理

第十七条 水土保持生态环境监测数据和成果由水土保持生态环境监测管理机构统一管理。

第十八条 水土保持生态环境监测数据实行年报制度，上报时间为次年元月底前。

下级监测机构向上级监测机构报告本年度监测数据及其整编成果。开发建设项目的监测数据和成果，向当地水土保持生态环境监测机构报告。

年报内容按有关技术规范编制。

第十九条 国家和省级水土保持生态环境监测成果实行定期公告制度，监测公告分别由水利部和省级水行政主管部门依法发布。省级监测公告发布前经国家水土保持生态环境监测机构的审查。

监测公告的主要内容：水土流失面积、分布状况和流失程度，水土流失危害及发展趋势，水土保持情况及效益等。

国家水土保持公告每五年发布一次，重点省、重点区域、重大开发建设项目的监测成果根据实际需要发布。

第二十条　各级水土保持生态环境监测机构对外提供监测数据须经同级水土保持生态环境监测管理机构同意。

第二十一条　对在水土保持生态环境监测中无故不上报监测数据，不按规定开展监测工作，在监测工作中弄虚作假，未经同意擅自对外提供监测数据的，按有关规定处理。

第五章　附　则

第二十二条　本办法由水利部负责解释。

第二十三条　本办法自发布之日起实施。

水量分配暂行办法

第一条 为实施水量分配，促进水资源优化配置，合理开发、利用和节约、保护水资源，根据《中华人民共和国水法》，制定本办法。

第二条 水量分配是对水资源可利用总量或者可分配的水量向行政区域进行逐级分配，确定行政区域生活、生产可消耗的水量份额或者取用水水量份额（以下简称水量份额）。

水资源可利用总量包括地表水资源可利用量和地下水资源可开采量，扣除两者的重复量。地表水资源可利用量是指在保护生态与环境和水资源可持续利用的前提下，通过经济合理、技术可行的措施，在当地地表水资源中可供河道外消耗利用的最大水量；地下水资源可开采量是指在可预见的时期内，通过经济合理、技术可行的措施，在不引起生态与环境恶化的条件下，以凿井的方式从地下含水层中获取的可持续利用的水量。

可分配的水量是指在水资源开发利用程度已经很高或者水资源丰富的流域和行政区域或者水流条件复杂的河网地区以及其他不适合以水资源可利用总量进行水量分配的流域和行政区域，按照方便管理、利于操作和水资源节约与保护、供需协调的原则，统筹考虑生活、生产和生态与环境用水，确定的用于分配的水量。

经水量分配确定的行政区域水量份额是实施用水总量控制和定额管理相结合制度的基础。

第三条 本办法适用于跨省、自治区、直辖市的水量分配和省、自治区、直辖市以下其他跨行政区域的水量分配。

跨省、自治区、直辖市的水量分配是指以流域为单元向省、自治区、直辖市进行的水量分配。省、自治区、直辖市以下其他跨行政区域的水量分配是指以省、自治区、直辖市或者地市级行政区域为单元，向下一级行政区域进行的水量分配。

国际河流（含跨界、边界河流和湖泊）的水量分配不适用本办法。

第四条 跨省、自治区、直辖市的水量分配方案由水利部所属流域管理机构（以下简称流域管理机构）商有关省、自治区、直辖市人民政府制订，报国务院或者其授权的部门批准。

省、自治区、直辖市以下其他跨行政区域的水量分配方案由共同的上一级人民政府水行政主管部门商有关地方人民政府制订，报本级人民政府批准。

经批准的水量分配方案需修改或调整时，应当按照方案制定程序经原批准机关批准。

第五条 水量分配应当遵循公平和公正的原则，充分考虑流域与行政区域水资源条件、供用水历史和现状、未来发展的供水能力和用水需求、节水型社会建设的要求，妥善处理上下游、左右岸的用水关系，协调地表水与地下水、河道内与河道外用水，统筹安排生活、生产、生态与环境用水。

第六条 水量分配应当以水资源综合规划为基础。

尚未制定水资源综合规划的，可以在进行水资源及其开发利用的调查评价、供需水预测和供需平衡分析的基础上，进行水量分配试点工作。跨省、自治区、直辖市河流的试点方案，经流域管理机构审查，报水利部批准；省、自治区、直辖市境内河流的试点方案，经流域管理机构审核后，由省级水行政主管部门批准。水资源综合规划制定或者本行政区域的水量份额确定后，试点水量分配方案不符合要求的，应当及时进行调整。

第七条 省、自治区、直辖市人民政府公布的行业用水定额是本行政区域实施水量分配的重要依据。

流域管理机构在制订流域水量分配方案时，可以结合流域及各行政区域用水实际和经济技术条件，考虑先进合理的用水水平，参考流域内有关省、自治区、直辖市的用水定额标准，经流域综合协调平衡，与有关省、自治区、直辖市人民政府协商确定行政区域水量份额的核算指标。

第八条 为满足未来发展用水需求和国家重大发展战略用水需求，根据流域或者行政区域的水资源条件，水量分配方案制订机关可以与有关行政区域人民政府协商预留一定的水量份额。预留水量的管理权限，由水量分配方案批准机关决定。

预留水量份额尚未分配前，可以将其相应的水量合理分配到年度水量分配方案和调度计划中。

第九条 水量分配应当建立科学论证、民主协商和行政决策相结合的分配机制。

水量分配方案制订机关应当进行方案比选，广泛听取意见，在民主协商、综合平衡的基础上，确定各行政区域水量份额和相应的流量、水位、水质等控制性指标，提出水量分配方案，报批准机关审批。

第十条 水量分配方案包括以下主要内容：

（一）流域或者行政区域水资源可利用总量或者可分配的水量。

（二）各行政区域的水量份额及其相应的河段、水库、湖泊和地下水开采区域。

（三）对应于不同来水频率或保证率的各行政区域年度用水量的调整和相应调度原则。

（四）预留的水量份额及其相应的河段、水库、湖泊和地下水开采区域。

（五）跨行政区域河流、湖泊的边界断面流量、径流量、湖泊水位、水质，以及跨行政区域地下水水源地地下水水位和水质等控制指标。

第十一条 各行政区域使用跨行政区域河流、湖泊和地下水水源地的水量通过河流的边界断面流量、径流量和湖泊水位以及地下水水位监控。监测水量或者水位的同时，应当监测水体的水质。

第十二条 流域管理机构或者县级以上地方人民政府水行政主管部门应当根据批准的水量分配方案和年度预测来水量以及用水需求，结合水工程运行情况，制定年度水量分配方案和调度计划，确定用水时段和用水量，实施年度总量控制和水量统一调度。

当出现旱情紧急情况或者其他突发公共事件时，应当按照经批准的旱情紧急情况下的水量调度预案或者突发公共事件应急处置预案进行调度或处置。

第十三条 为预防省际水事纠纷的发生，在省际边界河流、湖泊和跨省、自治区、直辖市河段的取用水量，由流域管理机构会同有关省、自治区、直辖市人民政府水行政主管部门根据批准的水量分配方案和省际边界河流（河段、湖泊）水利规划确定，并落实调度计划、计量设施以及监控措施。

跨省、自治区、直辖市地下水水源地的取用水量，由流域管理机构会同有关省、自治区、直辖市人民政府水行政主管部门根据批准的水量分配方案和省际边界地区地下水开发利用规划确定，并落实开采计划、计量设施以及监控措施。

第十四条 流域管理机构和各级水行政主管部门应当加强水资源管理监控信息系统建设，提高水量、水质监控信息采集、传输的时效性，保障水量分配方案的有效实施。

第十五条 已经实施或者批准的跨流域调水工程调入的水量，按照规划或者有关协议实施分配。

第十六条 流域管理机构和各省、自治区、直辖市人民政府水行政主管部门可以根据本办法制定实施细则，报水利部备案。

第十七条 本办法自 2008 年 2 月 1 日起施行。

第二十一章　相关规范

《水土保持工程设计规范》（GB 51018—2014）（略）
《水土保持试验规程》（SL 419—2007）（略）
《水土保持信息管理技术规程》（SL 341—2006）（略）
《水土保持监测设施通用技术条件》（SL 342—2006）（略）
《水土保持工程质量评定规程》（SL 336—2006）（略）
《水土保持工程运行技术管理规程》（SL 312—2005）（略）

第六篇

水利工程

第二十二章　法律、行政法规

中华人民共和国防洪法

第一章 总 则

第一条 为了防治洪水，防御、减轻洪涝灾害，维护人民的生命和财产安全，保障社会主义现代化建设顺利进行，制定本法。

第二条 防洪工作实行全面规划、统筹兼顾、预防为主、综合治理、局部利益服从全局利益的原则。

第三条 防洪工程设施建设，应当纳入国民经济和社会发展计划。

防洪费用按照政府投入同受益者合理承担相结合的原则筹集。

第四条 开发利用和保护水资源，应当服从防洪总体安排，实行兴利与除害相结合的原则。

江河、湖泊治理以及防洪工程设施建设，应当符合流域综合规划，与流域水资源的综合开发相结合。

本法所称综合规划是指开发利用水资源和防治水害的综合规划。

第五条 防洪工作按照流域或者区域实行统一规划、分级实施和流域管理与行政区域管理相结合的制度。

第六条 任何单位和个人都有保护防洪工程设施和依法参加防汛抗洪的义务。

第七条 各级人民政府应当加强对防洪工作的统一领导，组织有关部门、单位，动员社会力量，依靠科技进步，有计划地进行江河、湖泊治理，采取措施加强防洪工程设施建设，巩固、提高防洪能力。

各级人民政府应当组织有关部门、单位，动员社会力量，做好防汛抗洪和洪涝灾害后的恢复与救济工作。

各级人民政府应当对蓄滞洪区予以扶持；蓄滞洪后，应当依照国家规定予以补偿或者救助。

第八条 国务院水行政主管部门在国务院的领导下，负责全国防洪的组织、协调、监督、指导等日常工作。国务院水行政主管部门在国家确定的重要江河、湖泊设立的流域管理机构，在所管辖的范围内行使法律、行政法规规定和国务院水行政主管部门授权的防洪协调和监督管理职责。

国务院建设行政主管部门和其他有关部门在国务院的领导下，按照各自的职责，负责有关的防洪工作。

县级以上地方人民政府水行政主管部门在本级人民政府的领导下，负责本行政区域内防洪的组织、协调、监督、指导等日常工作。县级以上地方人民政府建设行政主管部门和其他有关部门在本级人民政府的领导下，按照各自的职责，负责有关的防洪工作。

第二章 防洪规划

第九条 防洪规划是指为防治某一流域、河段或者区域的洪涝灾害而制定的总体部署，包括国家确定的重要江河、湖泊的流域防洪规划，其他江河、河段、湖泊的防洪规划以及区域防洪规划。

防洪规划应当服从所在流域、区域的综合规划；区域防洪规划应当服从所在流域的流域防洪规划。

防洪规划是江河、湖泊治理和防洪工程设施建设的基本依据。

第十条 国家确定的重要江河、湖泊的防洪规划，由国务院水行政主管部门依据该江河、湖泊的流域综合规划，会同有关部门和有关省、自治区、直辖市人民政府编制，报国务院批准。

其他江河、河段、湖泊的防洪规划或者区域防洪规划，由县级以上地方人民政府水行政主管部门分别依据流域综合规划、区域综合规划，会同有关部门和有关地区编制，报本级人民政府批准，并报上一级人民政府水行政主管部门备案；跨省、自治区、直辖市的江河、河段、湖泊的防洪规划由有关流域管理机构会同江河、河段、湖泊所在地的省、自治区、直辖市人民政府水行政主管部门、有关主管部门拟定，分别经有关省、自治区、直辖市人民政府审查提出意见后，报国务院水行政主管部门批准。

城市防洪规划，由城市人民政府组织水行政主管部门、建设行政主管部门和其他有关部门依据流域防洪规划、上一级人民政府区域防洪规划编制，按照国务院规定的审批程序批准后纳入城市总体规划。

修改防洪规划，应当报经原批准机关批准。

第十一条 编制防洪规划，应当遵循确保重点、兼顾一般，以及防汛和抗旱相结合、工程措施和非工程措施相结合的原则，充分考虑洪涝规律和上下游、左右岸的关系以及国民经济对防洪的要求，并与国土规划和土地利用总体规划相协调。

防洪规划应当确定防护对象、治理目标和任务、防洪措施和实施方案，划定洪泛区、蓄滞洪区和防洪保护区的范围，规定蓄滞洪区的使用原则。

第十二条 受风暴潮威胁的沿海地区的县级以上地方人民政府，应当把防御风暴潮纳入本地区的防洪规划，加强海堤（海塘）、挡潮闸和沿海防护林等防御风暴潮工程体系建设，监督建筑物、构筑物的设计和施工符合防御风暴潮的需要。

第十三条 山洪可能诱发山体滑坡、崩塌和泥石流的地区以及其他山洪多发地区的县级以上地方人民政府，应当组织负责地质矿产管理工作的部门、水行政主管部门和其他有关部门对山体滑坡、崩塌和泥石流隐患进行全面调查，划定重点防治区，采取防治措施。

城市、村镇和其他居民点以及工厂、矿山、铁路和公路干线的布局，应当避开山洪威胁；已经建在受山洪威胁的地方的，应当采取防御措施。

第十四条 平原、洼地、水网圩区、山谷、盆地等易涝地区的有关地方人民政府，应当制定除涝治涝规划，组织有关部门、单位采取相应的治理措施，完善排水系统，发展耐涝农作物种类和品种，开展洪涝、干旱、盐碱综合治理。

城市人民政府应当加强对城区排涝管网、泵站的建设和管理。

第十五条 国务院水行政主管部门应当会同有关部门和省、自治区、直辖市人民政府制定长江、黄河、珠江、辽河、淮河、海河入海河口的整治规划。

在前款入海河口围海造地，应当符合河口整治规划。

第十六条 防洪规划确定的河道整治计划用地和规划建设的堤防用地范围内的土地，经土地管理部门和水行政主管部门会同有关地区核定，报经县级以上人民政府按照国务院规定的权限批准后，可以划定为规划保留区；该规划保留区范围内的土地涉及其他项目用地的，有关土地管理部门和水行政主管部门核定时，应当征求有关部门的意见。

规划保留区依照前款规定划定后，应当公告。

前款规划保留区内不得建设与防洪无关的工矿工程设施；在特殊情况下，国家工矿建设项目确需占用前款规划保留区内的土地的，应当按照国家规定的基本建设程序报请批准，并征求有关水行政主管部门的意见。

防洪规划确定的扩大或者开辟的人工排洪道用地范围内的土地，经省级以上人民政府土地管理部门和水行政主管部门会同有关部门、有关地区核定，报省级以上人民政府按照国务院规定的权限批准后，可以划定为规划保留区，适用前款规定。

第十七条 在江河、湖泊上建设防洪工程和其他水工程、水电站等，应当符合防洪规划的要求；水库应当按照防洪规划的要求留足防洪库容。

前款规定的防洪工程和其他水工程、水电站未取得有关水行政主管部门签署的符合防洪规划要求的规划同意书的，建设单位不得开工建设。

第三章 治理与防护

第十八条 防治江河洪水，应当蓄泄兼施，充分发挥河道行洪能力和水库、洼淀、湖泊调蓄洪水的功能，加强河道防护，因地制宜地采取定期清淤疏浚等措施，保持行洪畅通。

防治江河洪水，应当保护、扩大流域林草植被，涵养水源，加强流域水土保持综合治理。

第十九条 整治河道和修建控制引导河水流向、保护堤岸等工程，应当兼顾上下游、左右岸的关系，按照规划治导线实施，不得任意改变河水流向。

国家确定的重要江河的规划治导线由流域管理机构拟定，报国务院水行政主管部门批准。

其他江河、河段的规划治导线由县级以上地方人民政府水行政主管部门拟定，报本级人民政府批准；跨省、自治区、直辖市的江河、河段和省、自治区、直辖市之间的省界河道的规划治导线由有关流域管理机构组织江河、河段所在地的省、自治区、直辖市人民政府水行政主管部门拟定，经有关省、自治区、直辖市人民政府审查提出意见后，报国务院水行政主管部门批准。

第二十条 整治河道、湖泊，涉及航道的，应当兼顾航运需要，并事先征求交通主管部门的意见。整治航道，应当符合江河、湖泊防洪安全要求，并事先征求水行政主管部门的意见。

在竹木流放的河流和渔业水域整治河道的，应当兼顾竹木水运和渔业发展的需要，并事先征求林业、渔业行政主管部门的意见。在河道中流放竹木，不得影响行洪和防洪工程设施的安全。

第二十一条 河道、湖泊管理实行按水系统一管理和分级管理相结合的原则，加强防护，确保畅通。

国家确定的重要江河、湖泊的主要河段，跨省、自治区、直辖市的重要河段、湖泊，省、自治区、直辖市之间的省界河道、湖泊以及国（边）界河道、湖泊，由流域管理机构和江河、湖泊所在地的省、自治区、直辖市人民政府水行政主管部门按照国务院水行政主管部门的划定依法实施管理。其他河道、湖泊，由县级以上地方人民政府水行政主管部门按照国务院水行政主管部门或者国务院水行政主管部门授权的机构的划定依法实施管理。

有堤防的河道、湖泊，其管理范围为两岸堤防之间的水域、沙洲、滩地、行洪区和堤防及护堤地；无堤防的河道、湖泊，其管理范围为历史最高洪水位或者设计洪水位之间的水域、沙洲、滩地和行洪区。

流域管理机构直接管理的河道、湖泊管理范围，由流域管理机构会同有关县级以上地方人民政府依照前款规定界定；其他河道、湖泊管理范围，由有关县级以上地方人民政府依照前款规定界定。

第二十二条 河道、湖泊管理范围内的土地和岸线的利用，应当符合行洪、输水的要求。

禁止在河道、湖泊管理范围内建设妨碍行洪的建筑物、构筑物，倾倒垃圾、渣土，从事影响河势稳定、危害河岸堤防安全和其他妨碍河道行洪的活动。

禁止在行洪河道内种植阻碍行洪的林木和高秆作物。

在船舶航行可能危及堤岸安全的河段，应当限定航速。限定航速的标志，由交通主管部门与水行政主管部门商定后设置。

第二十三条 禁止围湖造地。已经围垦的，应当按照国家规定的防洪标准进行治理，有计划地退地还湖。

禁止围垦河道。确需围垦的，应当进行科学论证，经水行政主管部门确认不妨碍行洪、输水后，报省级以上人民政府批准。

第二十四条 对居住在行洪河道内的居民，当地人民政府应当有计划地组织外迁。

第二十五条 护堤护岸的林木，由河道、湖泊管理机构组织营造和管理。护堤护岸林木，不得任意砍伐。采伐护堤护岸林木的，应当依法办理采伐许可手续，并完成规定的更新补种任务。

第二十六条 对壅水、阻水严重的桥梁、引道、码头和其他跨河工程设施，根据防洪标准，有关水行政主管部门可以报请县级以上人民政府按照国务院规定的权限责令建设单位限期改建或者拆除。

第二十七条 建设跨河、穿河、穿堤、临河的桥梁、码头、道路、渡口、管道、缆线、取水、排水等工程设施，应当符合防洪标准、岸线规划、航运要求和其他技术要求，不得危害堤防安全、影响河势稳定、妨碍行洪畅通；其工程建设方案未经有关水行政主管部门根据前述防洪要求审查同意的，建设单位不得开工建设。

前款工程设施需要占用河道、湖泊管理范围内土地，跨越河道、湖泊空间或者穿越河床的，建设单位应当经有关水行政主管部门对该工程设施建设的位置和界限审查批准后，方可依法办理开工手续；安排施工时，应当按照水行政主管部门审查批准的位置和界限进行。

第二十八条 对于河道、湖泊管理范围内依照本法规定建设的工程设施，水行政主管部门有权依法检查；水行政主管部门检查时，被检查者应当如实提供有关的情况和资料。

前款规定的工程设施竣工验收时，应当有水行政主管部门参加。

第四章 防洪区和防洪工程设施的管理

第二十九条 防洪区是指洪水泛滥可能淹及的地区，分为洪泛区、蓄滞洪区和防洪保护区。

洪泛区是指尚无工程设施保护的洪水泛滥所及的地区。

蓄滞洪区是指包括分洪口在内的河堤背水面以外临时贮存洪水的低洼地区及湖泊等。

防洪保护区是指在防洪标准内受防洪工程设施保护的地区。

洪泛区、蓄滞洪区和防洪保护区的范围，在防洪规划或者防御洪水方案中划定，并报请省级以上人民政府按照国务院规定的权限批准后予以公告。

第三十条 各级人民政府应当按照防洪规划对防洪区内的土地利用实行分区管理。

第三十一条 地方各级人民政府应当加强对防洪区安全建设工作的领导，组织有关部门、单位对防洪区内的单位和居民进行防洪教育，普及防洪知识，提高水患意识；按照防洪规划和防御洪水方案建立并完善防洪体系和水文、气象、通信、预警以及洪涝灾害监测系统，提高防御洪水能力；组织防洪区内的单位和居民积极参加防洪工作，因地制宜地采取防洪避洪措施。

第三十二条　洪泛区、蓄滞洪区所在地的省、自治区、直辖市人民政府应当组织有关地区和部门，按照防洪规划的要求，制定洪泛区、蓄滞洪区安全建设计划，控制蓄滞洪区人口增长，对居住在经常使用的蓄滞洪区的居民，有计划地组织外迁，并采取其他必要的安全保护措施。

因蓄滞洪区而直接受益的地区和单位，应当对蓄滞洪区承担国家规定的补偿、救助义务。国务院和有关的省、自治区、直辖市人民政府应当建立对蓄滞洪区的扶持和补偿、救助制度。

国务院和有关的省、自治区、直辖市人民政府可以制定洪泛区、蓄滞洪区安全建设管理办法以及对蓄滞洪区的扶持和补偿、救助办法。

第三十三条　在洪泛区、蓄滞洪区内建设非防洪建设项目，应当就洪水对建设项目可能产生的影响和建设项目对防洪可能产生的影响作出评价，编制洪水影响评价报告，提出防御措施。洪水影响评价报告未经有关水行政主管部门审查批准的，建设单位不得开工建设。

在蓄滞洪区内建设的油田、铁路、公路、矿山、电厂、电信设施和管道，其洪水影响评价报告应当包括建设单位自行安排的防洪避洪方案。建设项目投入生产或者使用时，其防洪工程设施应当经水行政主管部门验收。

在蓄滞洪区内建造房屋应当采用平顶式结构。

第三十四条　大中城市，重要的铁路、公路干线，大型骨干企业，应当列为防洪重点，确保安全。

受洪水威胁的城市、经济开发区、工矿区和国家重要的农业生产基地等，应当重点保护，建设必要的防洪工程设施。

城市建设不得擅自填堵原有河道沟叉、贮水湖塘洼淀和废除原有防洪围堤。确需填堵或者废除的，应当经城市人民政府批准。

第三十五条　属于国家所有的防洪工程设施，应当按照经批准的设计，在竣工验收前由县级以上人民政府按照国家规定，划定管理和保护范围。

属于集体所有的防洪工程设施，应当按照省、自治区、直辖市人民政府的规定，划定保护范围。

在防洪工程设施保护范围内，禁止进行爆破、打井、采石、取土等危害防洪工程设施安全的活动。

第三十六条　各级人民政府应当组织有关部门加强对水库大坝的定期检查和监督管理。对未达到设计洪水标准、抗震设防要求或者有严重质量缺陷的险坝，大坝主管部门应当组织有关单位采取除险加固措施，限期消除危险或者重建，有关人民政府应当优先安排所需资金。对可能出现垮坝的水库，应当事先制定应急抢险和居民临时撤离方案。

各级人民政府和有关主管部门应当加强对尾矿坝的监督管理，采取措施，避免因洪水导致垮坝。

第三十七条　任何单位和个人不得破坏、侵占、毁损水库大坝、堤防、水闸、护岸、抽水站、排水渠系等防洪工程和水文、通信设施以及防汛备用的器材、物料等。

第五章　防汛抗洪

第三十八条　防汛抗洪工作实行各级人民政府行政首长负责制，统一指挥、分级分部门负责。

第三十九条　国务院设立国家防汛指挥机构，负责领导、组织全国的防汛抗洪工作，其办事机构设在国务院水行政主管部门。

在国家确定的重要江河、湖泊可以设立由有关省、自治区、直辖市人民政府和该江河、湖泊的流域管理机构负责人等组成的防汛指挥机构，指挥所管辖范围内的防汛抗洪工作，其办事机构设在流域管理机构。

有防汛抗洪任务的县级以上地方人民政府设立由有关部门、当地驻军、人民武装部负责人等组成的防汛指挥机构，在上级防汛指挥机构和本级人民政府的领导下，指挥本地区的防汛抗洪工作，其办事机构设在同级水行政主管部门；必要时，经城市人民政府决定，防汛指挥机构也可以在建设行政主管部门设城市市区办事机构，在防汛指挥机构的统一领导下，负责城市市区的防汛抗洪日常工作。

第四十条 有防汛抗洪任务的县级以上地方人民政府根据流域综合规划、防洪工程实际状况和国家规定的防洪标准，制定防御洪水方案（包括对特大洪水的处置措施）。

长江、黄河、淮河、海河的防御洪水方案，由国家防汛指挥机构制定，报国务院批准；跨省、自治区、直辖市的其他江河的防御洪水方案，由有关流域管理机构会同有关省、自治区、直辖市人民政府制定，报国务院或者国务院授权的有关部门批准。防御洪水方案经批准后，有关地方人民政府必须执行。

各级防汛指挥机构和承担防汛抗洪任务的部门和单位，必须根据防御洪水方案做好防汛抗洪准备工作。

第四十一条 省、自治区、直辖市人民政府防汛指挥机构根据当地的洪水规律，规定汛期起止日期。

当江河、湖泊的水情接近保证水位或者安全流量，水库水位接近设计洪水位，或者防洪工程设施发生重大险情时，有关县级以上人民政府防汛指挥机构可以宣布进入紧急防汛期。

第四十二条 对河道、湖泊范围内阻碍行洪的障碍物，按照谁设障、谁清除的原则，由防汛指挥机构责令限期清除；逾期不清除的，由防汛指挥机构组织强行清除，所需费用由设障者承担。

在紧急防汛期，国家防汛指挥机构或者其授权的流域、省、自治区、直辖市防汛指挥机构有权对壅水、阻水严重的桥梁、引道、码头和其他跨河工程设施作出紧急处置。

第四十三条 在汛期，气象、水文、海洋等有关部门应当按照各自的职责，及时向有关防汛指挥机构提供天气、水文等实时信息和风暴潮预报；电信部门应当优先提供防汛抗洪通信的服务；运输、电力、物资材料供应等有关部门应当优先为防汛抗洪服务。

中国人民解放军、中国人民武装警察部队和民兵应当执行国家赋予的抗洪抢险任务。

第四十四条 在汛期，水库、闸坝和其他水工程设施的运用，必须服从有关的防汛指挥机构的调度指挥和监督。

在汛期，水库不得擅自在汛期限制水位以上蓄水，其汛期限制水位以上的防洪库容的运用，必须服从防汛指挥机构的调度指挥和监督。

在凌汛期，有防凌汛任务的江河的上游水库的下泄水量必须征得有关的防汛指挥机构的同意，并接受其监督。

第四十五条 在紧急防汛期，防汛指挥机构根据防汛抗洪的需要，有权在其管辖范围内调用物资、设备、交通运输工具和人力，决定采取取土占地、砍伐林木、清除阻水障碍物和其他必要的紧急措施；必要时，公安、交通等有关部门按照防汛指挥机构的决定，依法实施陆地和水面交通管制。

依照前款规定调用的物资、设备、交通运输工具等，在汛期结束后应当及时归还；造成损坏或者无法归还的，按照国务院有关规定给予适当补偿或者作其他处理。取土占地、砍伐林木的，在汛期结束后依法向有关部门补办手续；有关地方人民政府对取土后的土地组织复垦，对砍伐的林木组织补种。

第四十六条 江河、湖泊水位或者流量达到国家规定的分洪标准，需要启用蓄滞洪区时，国务院，国家防汛指挥机构，流域防汛指挥机构，省、自治区、直辖市人民政府，省、自治区、直辖市防汛指挥机构，按照依法经批准的防御洪水方案中规定的启用条件和批准程序，决定启用蓄滞洪区。依法启用蓄滞洪区，任何单位和个人不得阻拦、拖延；遇到阻拦、拖延时，由有关县级以上地方人民政府强制实施。

第四十七条　发生洪涝灾害后，有关人民政府应当组织有关部门、单位做好灾区的生活供给、卫生防疫、救灾物资供应、治安管理、学校复课、恢复生产和重建家园等救灾工作以及所管辖地区的各项水毁工程设施修复工作。水毁防洪工程设施的修复，应当优先列入有关部门的年度建设计划。

国家鼓励、扶持开展洪水保险。

第六章　保障措施

第四十八条　各级人民政府应当采取措施，提高防洪投入的总体水平。

第四十九条　江河、湖泊的治理和防洪工程设施的建设和维护所需投资，按照事权和财权相统一的原则，分级负责，由中央和地方财政承担。城市防洪工程设施的建设和维护所需投资，由城市人民政府承担。

受洪水威胁地区的油田、管道、铁路、公路、矿山、电力、电信等企业、事业单位应当自筹资金，兴建必要的防洪自保工程。

第五十条　中央财政应当安排资金，用于国家确定的重要江河、湖泊的堤坝遭受特大洪涝灾害时的抗洪抢险和水毁防洪工程修复。省、自治区、直辖市人民政府应当在本级财政预算中安排资金，用于本行政区域内遭受特大洪涝灾害地区的抗洪抢险和水毁防洪工程修复。

第五十一条　国家设立水利建设基金，用于防洪工程和水利工程的维护和建设。具体办法由国务院规定。

受洪水威胁的省、自治区、直辖市为加强本行政区域内防洪工程设施建设，提高防御洪水能力，按照国务院的有关规定，可以规定在防洪保护区范围内征收河道工程修建维护管理费。

第五十二条　任何单位和个人不得截留、挪用防洪、救灾资金和物资。

各级人民政府审计机关应当加强对防洪、救灾资金使用情况的审计监督。

第七章　法律责任

第五十三条　违反本法第十七条规定，未经水行政主管部门签署规划同意书，擅自在江河、湖泊上建设防洪工程和其他水工程、水电站的，责令停止违法行为，补办规划同意书手续；违反规划同意书的要求，严重影响防洪的，责令限期拆除；违反规划同意书的要求，影响防洪但尚可采取补救措施的，责令限期采取补救措施，可以处一万元以上十万元以下的罚款。

第五十四条　违反本法第十九条规定，未按照规划治导线整治河道和修建控制引导河水流向、保护堤岸等工程，影响防洪的，责令停止违法行为，恢复原状或者采取其他补救措施，可以处一万元以上十万元以下的罚款。

第五十五条　违反本法第二十二条第二款、第三款规定，有下列行为之一的，责令停止违法行为，排除阻碍或者采取其他补救措施，可以处五万元以下的罚款：

（一）在河道、湖泊管理范围内建设妨碍行洪的建筑物、构筑物的；

（二）在河道、湖泊管理范围内倾倒垃圾、渣土，从事影响河势稳定、危害河岸堤防安全和其他妨碍河道行洪的活动的；

（三）在行洪河道内种植阻碍行洪的林木和高秆作物的。

第五十六条 违反本法第十五条第二款、第二十三条规定，围海造地、围湖造地、围垦河道的，责令停止违法行为，恢复原状或者采取其他补救措施，可以处五万元以下的罚款；既不恢复原状也不采取其他补救措施的，代为恢复原状或者采取其他补救措施，所需费用由违法者承担。

第五十七条 违反本法第二十七条规定，未经水行政主管部门对其工程建设方案审查同意或者未按照有关水行政主管部门审查批准的位置、界限，在河道、湖泊管理范围内从事工程设施建设活动的，责令停止违法行为，补办审查同意或者审查批准手续；工程设施建设严重影响防洪的，责令限期拆除，逾期不拆除的，强行拆除，所需费用由建设单位承担；影响行洪但尚可采取补救措施的，责令限期采取补救措施，可以处一万元以上十万元以下的罚款。

第五十八条 违反本法第三十三条第一款规定，在洪泛区、蓄滞洪区内建设非防洪建设项目，未编制洪水影响评价报告或者洪水影响评价报告未经审查批准开工建设的，责令限期改正；逾期不改正的，处五万元以下的罚款。

违反本法第三十三条第二款规定，防洪工程设施未经验收，即将建设项目投入生产或者使用的，责令停止生产或者使用，限期验收防洪工程设施，可以处五万元以下的罚款。

第五十九条 违反本法第三十四条规定，因城市建设擅自填堵原有河道沟叉、贮水湖塘洼淀和废除原有防洪围堤的，城市人民政府应当责令停止违法行为，限期恢复原状或者采取其他补救措施。

第六十条 违反本法规定，破坏、侵占、毁损堤防、水闸、护岸、抽水站、排水渠系等防洪工程和水文、通信设施以及防汛备用的器材、物料的，责令停止违法行为，采取补救措施，可以处五万元以下的罚款；造成损坏的，依法承担民事责任；应当给予治安管理处罚的，依照治安管理处罚法的规定处罚；构成犯罪的，依法追究刑事责任。

第六十一条 阻碍、威胁防汛指挥机构、水行政主管部门或者流域管理机构的工作人员依法执行职务，构成犯罪的，依法追究刑事责任；尚不构成犯罪，应当给予治安管理处罚的，依照治安管理处罚法的规定处罚。

第六十二条 截留、挪用防洪、救灾资金和物资，构成犯罪的，依法追究刑事责任；尚不构成犯罪的，给予行政处分。

第六十三条 除本法第五十九条的规定外，本章规定的行政处罚和行政措施，由县级以上人民政府水行政主管部门决定，或者由流域管理机构按照国务院水行政主管部门规定的权限决定。但是，本法第六十条、第六十一条规定的治安管理处罚的决定机关，按照治安管理处罚法的规定执行。

第六十四条 国家工作人员，有下列行为之一，构成犯罪的，依法追究刑事责任；尚不构成犯罪的，给予行政处分：

（一）违反本法第十七条、第十九条、第二十二条第二款、第二十二条第三款、第二十七条或者第三十四条规定，严重影响防洪的；

（二）滥用职权，玩忽职守，徇私舞弊，致使防汛抗洪工作遭受重大损失的；

（三）拒不执行防御洪水方案、防汛抢险指令或者蓄滞洪方案、措施、汛期调度运用计划等防汛调度方案的；

（四）违反本法规定，导致或者加重毗邻地区或者其他单位洪灾损失的。

第八章 附 则

第六十五条 本法自 1998 年 1 月 1 日起施行。

中华人民共和国抗旱条例

第一章　总　则

第一条　为了预防和减轻干旱灾害及其造成的损失，保障生活用水，协调生产、生态用水，促进经济社会全面、协调、可持续发展，根据《中华人民共和国水法》，制定本条例。

第二条　在中华人民共和国境内从事预防和减轻干旱灾害的活动，应当遵守本条例。

本条例所称干旱灾害，是指由于降水减少、水工程供水不足引起的用水短缺，并对生活、生产和生态造成危害的事件。

第三条　抗旱工作坚持以人为本、预防为主、防抗结合和因地制宜、统筹兼顾、局部利益服从全局利益的原则。

第四条　县级以上人民政府应当将抗旱工作纳入本级国民经济和社会发展规划，所需经费纳入本级财政预算，保障抗旱工作的正常开展。

第五条　抗旱工作实行各级人民政府行政首长负责制，统一指挥、部门协作、分级负责。

第六条　国家防汛抗旱总指挥部负责组织、领导全国的抗旱工作。

国务院水行政主管部门负责全国抗旱的指导、监督、管理工作，承担国家防汛抗旱总指挥部的具体工作。国家防汛抗旱总指挥部的其他成员单位按照各自职责，负责有关抗旱工作。

第七条　国家确定的重要江河、湖泊的防汛抗旱指挥机构，由有关省、自治区、直辖市人民政府和该江河、湖泊的流域管理机构组成，负责协调所辖范围内的抗旱工作；流域管理机构承担流域防汛抗旱指挥机构的具体工作。

第八条　县级以上地方人民政府防汛抗旱指挥机构，在上级防汛抗旱指挥机构和本级人民政府的领导下，负责组织、指挥本行政区域内的抗旱工作。

县级以上地方人民政府水行政主管部门负责本行政区域内抗旱的指导、监督、管理工作，承担本级人民政府防汛抗旱指挥机构的具体工作。县级以上地方人民政府防汛抗旱指挥机构的其他成员单位按照各自职责，负责有关抗旱工作。

第九条　县级以上人民政府应当加强水利基础设施建设，完善抗旱工程体系，提高抗旱减灾能力。

第十条　各级人民政府、有关部门应当开展抗旱宣传教育活动，增强全社会抗旱减灾意识，鼓励和支持各种抗旱科学技术研究及其成果的推广应用。

第十一条　任何单位和个人都有保护抗旱设施和依法参加抗旱的义务。

第十二条　对在抗旱工作中做出突出贡献的单位和个人，按照国家有关规定给予表彰和奖励。

第二章　旱灾预防

第十三条　县级以上地方人民政府水行政主管部门会同同级有关部门编制本行政区域的抗旱规划，报本级人民政府批准后实施，并抄送上一级人民政府水行政主管部门。

第十四条 编制抗旱规划应当充分考虑本行政区域的国民经济和社会发展水平、水资源综合开发利用情况、干旱规律和特点、可供水资源量和抗旱能力以及城乡居民生活用水、工农业生产和生态用水的需求。

抗旱规划应当与水资源开发利用等规划相衔接。

下级抗旱规划应当与上一级的抗旱规划相协调。

第十五条 抗旱规划应当主要包括抗旱组织体系建设、抗旱应急水源建设、抗旱应急设施建设、抗旱物资储备、抗旱服务组织建设、旱情监测网络建设以及保障措施等。

第十六条 县级以上人民政府应当加强农田水利基础设施建设和农村饮水工程建设，组织做好抗旱应急工程及其配套设施建设和节水改造，提高抗旱供水能力和水资源利用效率。

县级以上人民政府水行政主管部门应当组织做好农田水利基础设施和农村饮水工程的管理和维护，确保其正常运行。

干旱缺水地区的地方人民政府及有关集体经济组织应当因地制宜修建中小微型蓄水、引水、提水工程和雨水集蓄利用工程。

第十七条 国家鼓励和扶持研发、使用抗旱节水机械和装备，推广农田节水技术，支持旱作地区修建抗旱设施，发展旱作节水农业。

国家鼓励、引导、扶持社会组织和个人建设、经营抗旱设施，并保护其合法权益。

第十八条 县级以上地方人民政府应当做好干旱期城乡居民生活供水的应急水源贮备保障工作。

第十九条 干旱灾害频繁发生地区的县级以上地方人民政府，应当根据抗旱工作需要储备必要的抗旱物资，并加强日常管理。

第二十条 县级以上人民政府应当根据水资源和水环境的承载能力，调整、优化经济结构和产业布局，合理配置水资源。

第二十一条 各级人民政府应当开展节约用水宣传教育，推行节约用水措施，推广节约用水新技术、新工艺，建设节水型社会。

第二十二条 县级以上人民政府水行政主管部门应当做好水资源的分配、调度和保护工作，组织建设抗旱应急水源工程和集雨设施。

县级以上人民政府水行政主管部门和其他有关部门应当及时向人民政府防汛抗旱指挥机构提供水情、雨情和墒情信息。

第二十三条 各级气象主管机构应当加强气象科学技术研究，提高气象监测和预报水平，及时向人民政府防汛抗旱指挥机构提供气象干旱及其他与抗旱有关的气象信息。

第二十四条 县级以上人民政府农业主管部门应当做好农用抗旱物资的储备和管理工作，指导干旱地区农业种植结构的调整，培育和推广应用耐旱品种，及时向人民政府防汛抗旱指挥机构提供农业旱情信息。

第二十五条 供水管理部门应当组织有关单位，加强供水管网的建设和维护，提高供水能力，保障居民生活用水，及时向人民政府防汛抗旱指挥机构提供供水、用水信息。

第二十六条 县级以上人民政府应当组织有关部门，充分利用现有资源，建设完善旱情监测网络，加强对干旱灾害的监测。

县级以上人民政府防汛抗旱指挥机构应当组织完善抗旱信息系统，实现成员单位之间的信息共享，为抗旱指挥决策提供依据。

第二十七条　国家防汛抗旱总指挥部组织其成员单位编制国家防汛抗旱预案，经国务院批准后实施。

县级以上地方人民政府防汛抗旱指挥机构组织其成员单位编制抗旱预案，经上一级人民政府防汛抗旱指挥机构审查同意，报本级人民政府批准后实施。

经批准的抗旱预案，有关部门和单位必须执行。修改抗旱预案，应当按照原批准程序报原批准机关批准。

第二十八条　抗旱预案应当包括预案的执行机构以及有关部门的职责、干旱灾害预警、干旱等级划分和按不同等级采取的应急措施、旱情紧急情况下水量调度预案和保障措施等内容。

干旱灾害按照区域耕地和作物受旱的面积与程度以及因干旱导致饮水困难人口的数量，分为轻度干旱、中度干旱、严重干旱、特大干旱四级。

第二十九条　县级人民政府和乡镇人民政府根据抗旱工作的需要，加强抗旱服务组织的建设。县级以上地方各级人民政府应当加强对抗旱服务组织的扶持。

国家鼓励社会组织和个人兴办抗旱服务组织。

第三十条　各级人民政府应当对抗旱责任制落实、抗旱预案编制、抗旱设施建设和维护、抗旱物资储备等情况加强监督检查，发现问题应当及时处理或者责成有关部门和单位限期处理。

第三十一条　水工程管理单位应当定期对管护范围内的抗旱设施进行检查和维护。

第三十二条　禁止非法引水、截水和侵占、破坏、污染水源。

禁止破坏、侵占、毁损抗旱设施。

第三章　抗旱减灾

第三十三条　发生干旱灾害，县级以上人民政府防汛抗旱指挥机构应当按照抗旱预案规定的权限，启动抗旱预案，组织开展抗旱减灾工作。

第三十四条　发生轻度干旱和中度干旱，县级以上地方人民政府防汛抗旱指挥机构应当按照抗旱预案的规定，采取下列措施：

（一）启用应急备用水源或者应急打井、挖泉；

（二）设置临时抽水泵站，开挖输水渠道或者临时在江河沟渠内截水；

（三）使用再生水、微咸水、海水等非常规水源，组织实施人工增雨；

（四）组织向人畜饮水困难地区送水。

采取前款规定的措施，涉及其他行政区域的，应当报共同的上一级人民政府防汛抗旱指挥机构或者流域防汛抗旱指挥机构批准；涉及其他有关部门的，应当提前通知有关部门。旱情解除后，应当及时拆除临时取水和截水设施，并及时通报有关部门。

第三十五条　发生严重干旱和特大干旱，国家防汛抗旱总指挥部应当启动国家防汛抗旱预案，总指挥部各成员单位应当按照防汛抗旱预案的分工，做好相关工作。

严重干旱和特大干旱发生地的县级以上地方人民政府在防汛抗旱指挥机构采取本条例第三十四条规定的措施外，还可以采取下列措施：

（一）压减供水指标；

（二）限制或者暂停高耗水行业用水；

（三）限制或者暂停排放工业污水；

（四）缩小农业供水范围或者减少农业供水量；

（五）限时或者限量供应城镇居民生活用水。

第三十六条　发生干旱灾害，县级以上地方人民政府应当按照统一调度、保证重点、兼顾一般的原则对水源进行调配，优先保障城乡居民生活用水，合理安排生产和生态用水。

第三十七条　发生干旱灾害，县级以上人民政府防汛抗旱指挥机构或者流域防汛抗旱指挥机构可以按照批准的抗旱预案，制订应急水量调度实施方案，统一调度辖区内的水库、水电站、闸坝、湖泊等所蓄的水量。有关地方人民政府、单位和个人必须服从统一调度和指挥，严格执行调度指令。

第三十八条　发生干旱灾害，县级以上地方人民政府防汛抗旱指挥机构应当及时组织抗旱服务组织，解决农村人畜饮水困难，提供抗旱技术咨询等方面的服务。

第三十九条　发生干旱灾害，各级气象主管机构应当做好气象干旱监测和预报工作，并适时实施人工增雨作业。

第四十条　发生干旱灾害，县级以上人民政府卫生主管部门应当做好干旱灾害发生地区疾病预防控制、医疗救护和卫生监督执法工作，监督、检测饮用水水源卫生状况，确保饮水卫生安全，防止干旱灾害导致重大传染病疫情的发生。

第四十一条　发生干旱灾害，县级以上人民政府民政部门应当做好干旱灾害的救助工作，妥善安排受灾地区群众基本生活。

第四十二条　干旱灾害发生地区的乡镇人民政府、街道办事处、村民委员会、居民委员会应当组织力量，向村民、居民宣传节水抗旱知识，协助做好抗旱措施的落实工作。

第四十三条　发生干旱灾害，供水企事业单位应当加强对供水、水源和抗旱设施的管理与维护，按要求启用应急备用水源，确保城乡供水安全。

第四十四条　干旱灾害发生地区的单位和个人应当自觉节约用水，服从当地人民政府发布的决定，配合落实人民政府采取的抗旱措施，积极参加抗旱减灾活动。

第四十五条　发生特大干旱，严重危及城乡居民生活、生产用水安全，可能影响社会稳定的，有关省、自治区、直辖市人民政府防汛抗旱指挥机构经本级人民政府批准，可以宣布本辖区内的相关行政区域进入紧急抗旱期，并及时报告国家防汛抗旱总指挥部。

特大干旱旱情缓解后，有关省、自治区、直辖市人民政府防汛抗旱指挥机构应当宣布结束紧急抗旱期，并及时报告国家防汛抗旱总指挥部。

第四十六条　在紧急抗旱期，有关地方人民政府防汛抗旱指挥机构应当组织动员本行政区域内各有关单位和个人投入抗旱工作。所有单位和个人必须服从指挥，承担人民政府防汛抗旱指挥机构分配的抗旱工作任务。

第四十七条　在紧急抗旱期，有关地方人民政府防汛抗旱指挥机构根据抗旱工作的需要，有权在其管辖范围内征用物资、设备、交通运输工具。

第四十八条　县级以上地方人民政府防汛抗旱指挥机构应当组织有关部门，按照干旱灾害统计报表的要求，及时核实和统计所管辖范围内的旱情、干旱灾害和抗旱情况等信息，报上一级人民政府防汛抗旱指挥机构和本级人民政府。

第四十九条　国家建立抗旱信息统一发布制度。旱情由县级以上人民政府防汛抗旱指挥机构统一审核、发布；旱灾由县级以上人民政府水行政主管部门会同同级民政部门审核、发布；农业灾情由县级以上人民政府农业主管部门发布；与抗旱有关的气象信息由气象主管机构发布。

报刊、广播、电视和互联网等媒体，应当及时刊播抗旱信息并标明发布机构名称和发布时间。

第五十条　各级人民政府应当建立和完善与经济社会发展水平以及抗旱减灾要求相适应的资金

投入机制，在本级财政预算中安排必要的资金，保障抗旱减灾投入。

第五十一条　因抗旱发生的水事纠纷，依照《中华人民共和国水法》的有关规定处理。

第四章　灾后恢复

第五十二条　旱情缓解后，各级人民政府、有关主管部门应当帮助受灾群众恢复生产和灾后自救。

第五十三条　旱情缓解后，县级以上人民政府水行政主管部门应当对水利工程进行检查评估，并及时组织修复遭受干旱灾害损坏的水利工程；县级以上人民政府有关主管部门应当将遭受干旱灾害损坏的水利工程，优先列入年度修复建设计划。

第五十四条　旱情缓解后，有关地方人民政府防汛抗旱指挥机构应当及时归还紧急抗旱期征用的物资、设备、交通运输工具等，并按照有关法律规定给予补偿。

第五十五条　旱情缓解后，县级以上人民政府防汛抗旱指挥机构应当及时组织有关部门对干旱灾害影响、损失情况以及抗旱工作效果进行分析和评估；有关部门和单位应当予以配合，主动向本级人民政府防汛抗旱指挥机构报告相关情况，不得虚报、瞒报。

县级以上人民政府防汛抗旱指挥机构也可以委托具有灾害评估专业资质的单位进行分析和评估。

第五十六条　抗旱经费和抗旱物资必须专项使用，任何单位和个人不得截留、挤占、挪用和私分。

各级财政和审计部门应当加强对抗旱经费和物资管理的监督、检查和审计。

第五十七条　国家鼓励在易旱地区逐步建立和推行旱灾保险制度。

第五章　法律责任

第五十八条　违反本条例规定，有下列行为之一的，由所在单位或者上级主管机关、监察机关责令改正；对直接负责的主管人员和其他直接责任人员依法给予处分；构成犯罪的，依法追究刑事责任：

（一）拒不承担抗旱救灾任务的；

（二）擅自向社会发布抗旱信息的；

（三）虚报、瞒报旱情、灾情的；

（四）拒不执行抗旱预案或者旱情紧急情况下的水量调度预案以及应急水量调度实施方案的；

（五）旱情解除后，拒不拆除临时取水和截水设施的；

（六）滥用职权、徇私舞弊、玩忽职守的其他行为。

第五十九条　截留、挤占、挪用、私分抗旱经费的，依照有关财政违法行为处罚处分等法律、行政法规的规定处罚；构成犯罪的，依法追究刑事责任。

第六十条　违反本条例规定，水库、水电站、拦河闸坝等工程的管理单位以及其他经营工程设施的经营者拒不服从统一调度和指挥的，由县级以上人民政府水行政主管部门或者流域管理机构责令改正，给予警告；拒不改正的，强制执行，处1万元以上5万元以下的罚款。

第六十一条　违反本条例规定，侵占、破坏水源和抗旱设施的，由县级以上人民政府水行政主管部门或者流域管理机构责令停止违法行为，采取补救措施，处1万元以上5万元以下的罚款；造成损坏的，依法承担民事责任；构成违反治安管理行为的，依照《中华人民共和国治安管理处罚法》

的规定处罚；构成犯罪的，依法追究刑事责任。

第六十二条 违反本条例规定，抢水、非法引水、截水或者哄抢抗旱物资的，由县级以上人民政府水行政主管部门或者流域管理机构责令停止违法行为，予以警告；构成违反治安管理行为的，依照《中华人民共和国治安管理处罚法》的规定处罚；构成犯罪的，依法追究刑事责任。

第六十三条 违反本条例规定，阻碍、威胁防汛抗旱指挥机构、水行政主管部门或者流域管理机构的工作人员依法执行职务的，由县级以上人民政府水行政主管部门或者流域管理机构责令改正，予以警告；构成违反治安管理行为的，依照《中华人民共和国治安管理处罚法》的规定处罚；构成犯罪的，依法追究刑事责任。

第六章 附 则

第六十四条 中国人民解放军和中国人民武装警察部队参加抗旱救灾，依照《军队参加抢险救灾条例》的有关规定执行。

第六十五条 本条例自公布之日起施行。

中华人民共和国水文条例

第一章 总 则

第一条 为了加强水文管理，规范水文工作，为开发、利用、节约、保护水资源和防灾减灾服务，促进经济社会的可持续发展，根据《中华人民共和国水法》和《中华人民共和国防洪法》，制定本条例。

第二条 在中华人民共和国领域内从事水文站网规划与建设，水文监测与预报，水资源调查评价，水文监测资料汇交、保管与使用，水文设施与水文监测环境的保护等活动，应当遵守本条例。

第三条 水文事业是国民经济和社会发展的基础性公益事业。县级以上人民政府应当将水文事业纳入本级国民经济和社会发展规划，所需经费纳入本级财政预算，保障水文监测工作的正常开展，充分发挥水文工作在政府决策、经济社会发展和社会公众服务中的作用。

县级以上人民政府应当关心和支持少数民族地区、边远贫困地区和艰苦地区水文基础设施的建设和运行。

第四条 国务院水行政主管部门主管全国的水文工作，其直属的水文机构具体负责组织实施管理工作。

国务院水行政主管部门在国家确定的重要江河、湖泊设立的流域管理机构（以下简称流域管理机构），在所管辖范围内按照法律、本条例规定和国务院水行政主管部门规定的权限，组织实施管理有关水文工作。

省、自治区、直辖市人民政府水行政主管部门主管本行政区域内的水文工作，其直属的水文机构接受上级业务主管部门的指导，并在当地人民政府的领导下具体负责组织实施管理工作。

第五条 国家鼓励和支持水文科学技术的研究、推广和应用，保护水文科技成果，培养水文科技人才，加强水文国际合作与交流。

第六条 县级以上人民政府对在水文工作中做出突出贡献的单位和个人，按照国家有关规定给予表彰和奖励。

第七条 外国组织或者个人在中华人民共和国领域内从事水文活动的，应当经国务院水行政主管部门会同有关部门批准，并遵守中华人民共和国的法律、法规；在中华人民共和国与邻国交界的跨界河流上从事水文活动的，应当遵守中华人民共和国与相关国家缔结的有关条约、协定。

第二章 规划与建设

第八条 国务院水行政主管部门负责编制全国水文事业发展规划，在征求国务院有关部门意见后，报国务院或者其授权的部门批准实施。

流域管理机构根据全国水文事业发展规划编制流域水文事业发展规划，报国务院水行政主管部门批准实施。

省、自治区、直辖市人民政府水行政主管部门根据全国水文事业发展规划和流域水文事业发展规划编制本行政区域的水文事业发展规划，报本级人民政府批准实施，并报国务院水行政主管部门备案。

第九条 水文事业发展规划是开展水文工作的依据。修改水文事业发展规划，应当按照规划编制程序经原批准机关批准。

第十条 水文事业发展规划主要包括水文事业发展目标、水文站网建设、水文监测和情报预报设施建设、水文信息网络和业务系统建设以及保障措施等内容。

第十一条 国家对水文站网建设实行统一规划。水文站网建设应当坚持流域与区域相结合、区域服从流域，布局合理、防止重复，兼顾当前和长远需要的原则。

第十二条 水文站网的建设应当依据水文事业发展规划，按照国家固定资产投资项目建设程序组织实施。

为国家水利、水电等基础工程设施提供服务的水文站网的建设和运行管理经费，应当分别纳入工程建设概算和运行管理经费。

本条例所称水文站网，是指在流域或者区域内，由适当数量的各类水文测站构成的水文监测资料收集系统。

第十三条 国家对水文测站实行分类分级管理。

水文测站分为国家基本水文测站和专用水文测站。国家基本水文测站分为国家重要水文测站和一般水文测站。

第十四条 国家重要水文测站和流域管理机构管理的一般水文测站的设立和调整，由省、自治区、直辖市人民政府水行政主管部门或者流域管理机构报国务院水行政主管部门直属水文机构批准。其他一般水文测站的设立和调整，由省、自治区、直辖市人民政府水行政主管部门批准，报国务院水行政主管部门直属水文机构备案。

第十五条 设立专用水文测站，不得与国家基本水文测站重复；在国家基本水文测站覆盖的区域，确需设立专用水文测站的，应当按照管理权限报流域管理机构或者省、自治区、直辖市人民政府水行政主管部门直属水文机构批准。其中，因交通、航运、环境保护等需要设立专用水文测站的，有关主管部门批准前，应当征求流域管理机构或者省、自治区、直辖市人民政府水行政主管部门直属水文机构的意见。

撤销专用水文测站，应当报原批准机关批准。

第十六条 专用水文测站和从事水文活动的其他单位，应当接受水行政主管部门直属水文机构的行业管理。

第十七条 省、自治区、直辖市人民政府水行政主管部门管理的水文测站，对流域水资源管理和防灾减灾有重大作用的，业务上应当同时接受流域管理机构的指导和监督。

第三章 监测与预报

第十八条 从事水文监测活动应当遵守国家水文技术标准、规范和规程，保证监测质量。未经批准，不得中止水文监测。

国家水文技术标准、规范和规程，由国务院水行政主管部门会同国务院标准化行政主管部门制定。

第十九条 水文监测所使用的专用技术装备应当符合国务院水行政主管部门规定的技术要求。

水文监测所使用的计量器具应当依法经检定合格。水文监测所使用的计量器具的检定规程，由国务院水行政主管部门制定，报国务院计量行政主管部门备案。

第二十条 水文机构应当加强水资源的动态监测工作，发现被监测水体的水量、水质等情况发生变化可能危及用水安全的，应当加强跟踪监测和调查，及时将监测、调查情况和处理建议报所在地人民政府及其水行政主管部门；发现水质变化，可能发生突发性水体污染事件的，应当及时将监测、调查情况报所在地人民政府水行政主管部门和环境保护行政主管部门。

有关单位和个人对水资源动态监测工作应当予以配合。

第二十一条 承担水文情报预报任务的水文测站，应当及时、准确地向县级以上人民政府防汛抗旱指挥机构和水行政主管部门报告有关水文情报预报。

第二十二条 水文情报预报由县级以上人民政府防汛抗旱指挥机构、水行政主管部门或者水文机构按照规定权限向社会统一发布。禁止任何其他单位和个人向社会发布水文情报预报。

广播、电视、报纸和网络等新闻媒体，应当按照国家有关规定和防汛抗旱要求，及时播发、刊登水文情报预报，并标明发布机构和发布时间。

第二十三条 信息产业部门应当根据水文工作的需要，按照国家有关规定提供通信保障。

第二十四条 县级以上人民政府水行政主管部门应当根据经济社会的发展要求，会同有关部门组织相关单位开展水资源调查评价工作。

从事水文、水资源调查评价的单位，应当具备下列条件：

（一）具有法人资格和固定的工作场所；

（二）具有与所从事水文活动相适应的专业技术人员；

（三）具有与所从事水文活动相适应的专业技术装备；

（四）具有健全的管理制度；

（五）符合国务院水行政主管部门规定的其他条件。

第四章 资料的汇交保管与使用

第二十五条 国家对水文监测资料实行统一汇交制度。从事地表水和地下水资源、水量、水质监测的单位以及其他从事水文监测的单位，应当按照资料管理权限向有关水文机构汇交监测资料。

重要地下水源地、超采区的地下水资源监测资料和重要引（退）水口、在江河和湖泊设置的排污口、重要断面的监测资料，由从事水文监测的单位向流域管理机构或者省、自治区、直辖市人民政府水行政主管部门直属水文机构汇交。

取用水工程的取（退）水、蓄（泄）水资料，由取用水工程管理单位向工程所在地水文机构汇交。

第二十六条 国家建立水文监测资料共享制度。水文机构应当妥善存储和保管水文监测资料，根据国民经济建设和社会发展需要对水文监测资料进行加工整理形成水文监测成果，予以刊印。国务院水行政主管部门直属的水文机构应当建立国家水文数据库。

基本水文监测资料应当依法公开，水文监测资料属于国家秘密的，对其密级的确定、变更、解密以及对资料的使用、管理，依照国家有关规定执行。

第二十七条 编制重要规划、进行重点项目建设和水资源管理等使用的水文监测资料应当完整、可靠、一致。

第二十八条 国家机关决策和防灾减灾、国防建设、公共安全、环境保护等公益事业需要使用水文监测资料和成果的，应当无偿提供。

除前款规定的情形外，需要使用水文监测资料和成果的，按照国家有关规定收取费用，并实行收支两条线管理。

因经营性活动需要提供水文专项咨询服务的，当事人双方应当签订有偿服务合同，明确双方的权利和义务。

第五章 设施与监测环境保护

第二十九条 国家依法保护水文监测设施。任何单位和个人不得侵占、毁坏、擅自移动或者擅自使用水文监测设施，不得干扰水文监测。

国家基本水文测站因不可抗力遭受破坏的，所在地人民政府和有关水行政主管部门应当采取措施，组织力量修复，确保其正常运行。

第三十条 未经批准，任何单位和个人不得迁移国家基本水文测站；因重大工程建设确需迁移的，建设单位应当在建设项目立项前，报请对该站有管理权限的水行政主管部门批准，所需费用由建设单位承担。

第三十一条 国家依法保护水文监测环境。县级人民政府应当按照国务院水行政主管部门确定的标准划定水文监测环境保护范围，并在保护范围边界设立地面标志。

任何单位和个人都有保护水文监测环境的义务。

第三十二条 禁止在水文监测环境保护范围内从事下列活动：

（一）种植高秆作物、堆放物料、修建建筑物、停靠船只；

（二）取土、挖砂、采石、淘金、爆破和倾倒废弃物；

（三）在监测断面取水、排污或者在过河设备、气象观测场、监测断面的上空架设线路；

（四）其他对水文监测有影响的活动。

第三十三条 在国家基本水文测站上下游建设影响水文监测的工程，建设单位应当采取相应措施，在征得对该站有管理权限的水行政主管部门同意后方可建设。因工程建设致使水文测站改建的，所需费用由建设单位承担。

第三十四条 在通航河道中或者桥上进行水文监测作业时，应当依法设置警示标志。

第三十五条 水文机构依法取得的无线电频率使用权和通信线路使用权受国家保护。任何单位和个人不得挤占、干扰水文机构使用的无线电频率，不得破坏水文机构使用的通信线路。

第六章 法律责任

第三十六条 违反本条例规定，有下列行为之一的，对直接负责的主管人员和其他直接责任人员依法给予处分；构成犯罪的，依法追究刑事责任：

（一）错报水文监测信息造成严重经济损失的；

（二）汛期漏报、迟报水文监测信息的；

（三）擅自发布水文情报预报的；

（四）丢失、毁坏、伪造水文监测资料的；

（五）擅自转让、转借水文监测资料的；

（六）不依法履行职责的其他行为。

第三十七条 未经批准擅自设立水文测站或者未经同意擅自在国家基本水文测站上下游建设影响水文监测的工程的，责令停止违法行为，限期采取补救措施，补办有关手续；无法采取补救措施、逾期不补办或者补办未被批准的，责令限期拆除违法建筑物；逾期不拆除的，强行拆除，所需费用由违法单位或者个人承担。

第三十八条　不符合本条例第二十四条规定的条件从事水文活动的，责令停止违法行为，没收违法所得，并处5万元以上10万元以下罚款。

第三十九条　违反本条例规定，使用不符合规定的水文专用技术装备和水文计量器具的，责令限期改正。

第四十条　违反本条例规定，有下列行为之一的，责令停止违法行为，处1万元以上5万元以下罚款：

（一）拒不汇交水文监测资料的；

（二）非法向社会传播水文情报预报，造成严重经济损失和不良影响的。

第四十一条　违反本条例规定，侵占、毁坏水文监测设施或者未经批准擅自移动、擅自使用水文监测设施的，责令停止违法行为，限期恢复原状或者采取其他补救措施，可以处5万元以下罚款；构成违反治安管理行为的，依法给予治安管理处罚；构成犯罪的，依法追究刑事责任。

第四十二条　违反本条例规定，从事本条例第三十二条所列活动的，责令停止违法行为，限期恢复原状或者采取其他补救措施，可以处1万元以下罚款；构成违反治安管理行为的，依法给予治安管理处罚；构成犯罪的，依法追究刑事责任。

第四十三条　本条例规定的行政处罚，由县级以上人民政府水行政主管部门或者流域管理机构依据职权决定。

第七章　附　则

第四十四条　本条例中下列用语的含义是：

水文监测，是指通过水文站网对江河、湖泊、渠道、水库的水位、流量、水质、水温、泥沙、冰情、水下地形和地下水资源，以及降水量、蒸发量、墒情、风暴潮等实施监测，并进行分析和计算的活动。

水文测站，是指为收集水文监测资料在江河、湖泊、渠道、水库和流域内设立的各种水文观测场所的总称。

国家基本水文测站，是指为公益目的统一规划设立的对江河、湖泊、渠道、水库和流域基本水文要素进行长期连续观测的水文测站。

国家重要水文测站，是指对防灾减灾或者对流域和区域水资源管理等有重要作用的基本水文测站。

专用水文测站，是指为特定目的设立的水文测站。

基本水文监测资料，是指由国家基本水文测站监测并经过整编后的资料。

水文情报预报，是指对江河、湖泊、渠道、水库和其他水体的水文要素实时情况的报告和未来情况的预告。

水文监测设施，是指水文站房、水文缆道、测船、测船码头、监测场地、监测井、监测标志、专用道路、仪器设备、水文通信设施以及附属设施等。

水文监测环境，是指为确保监测到准确水文信息所必需的区域构成的立体空间。

第四十五条　中国人民解放军的水文工作，按照中央军事委员会的规定执行。

第四十六条　本条例自2007年6月1日起施行。

农田水利条例

第一章　总　则

第一条　为了加快农田水利发展，提高农业综合生产能力，保障国家粮食安全，制定本条例。

第二条　农田水利规划的编制实施、农田水利工程建设和运行维护、农田灌溉和排水等活动，适用本条例。

本条例所称农田水利，是指为防治农田旱、涝、渍和盐碱灾害，改善农业生产条件，采取的灌溉、排水等工程措施和其他相关措施。

第三条　发展农田水利，坚持政府主导、科学规划、因地制宜、节水高效、建管并重的原则。

县级以上人民政府应当加强对农田水利工作的组织领导，采取措施保障农田水利发展。

第四条　国务院水行政主管部门负责全国农田水利的管理和监督工作。国务院有关部门按照职责分工做好农田水利相关工作。

县级以上地方人民政府水行政主管部门负责本行政区域农田水利的管理和监督工作。县级以上地方人民政府有关部门按照职责分工做好农田水利相关工作。

乡镇人民政府应当协助上级人民政府及其有关部门做好本行政区域农田水利工程建设和运行维护等方面的工作。

第五条　国家鼓励和引导农村集体经济组织、农民用水合作组织、农民和其他社会力量进行农田水利工程建设、经营和运行维护，保护农田水利工程设施，节约用水，保护生态环境。

国家依法保护农田水利工程投资者的合法权益。

第二章　规　划

第六条　国务院水行政主管部门负责编制全国农田水利规划，征求国务院有关部门意见后，报国务院或者国务院授权的部门批准公布。

县级以上地方人民政府水行政主管部门负责编制本行政区域农田水利规划，征求本级人民政府有关部门意见后，报本级人民政府批准公布。

第七条　编制农田水利规划应当统筹考虑经济社会发展水平、水土资源供需平衡、农业生产需求、灌溉排水发展需求、环境保护等因素。

农田水利规划应当包括发展思路、总体任务、区域布局、保障措施等内容；县级农田水利规划还应当包括水源保障、工程布局、工程规模、生态环境影响、工程建设和运行维护、技术推广、资金筹措等内容。

第八条　县级以上人民政府应当组织开展农田水利调查。农田水利调查结果是编制农田水利规划的依据。

县级人民政府水行政主管部门编制农田水利规划，应当征求农村集体经济组织、农民用水合作组织、农民等方面的意见。

第九条 下级农田水利规划应当根据上级农田水利规划编制，并向上一级人民政府水行政主管部门备案。

经批准的农田水利规划是农田水利建设和管理的依据。农田水利规划确需修改的，应当按照原审批程序报送审批。

第十条 县级以上人民政府水行政主管部门和其他有关部门按照职责分工负责实施农田水利规划。

县级以上人民政府水行政主管部门应当会同本级人民政府有关部门对农田水利规划实施情况进行评估，并将评估结果向本级人民政府报告。

第十一条 编制土地整治、农业综合开发等规划涉及农田水利，应当与农田水利规划相衔接，并征求本级人民政府水行政主管部门的意见。

第三章 工程建设

第十二条 县级人民政府应当根据农田水利规划组织制定农田水利工程建设年度实施计划，统筹协调有关部门和单位安排的与农田水利有关的各类工程建设项目。

乡镇人民政府应当协调农村集体经济组织、农民用水合作组织以及其他社会力量开展农田水利工程建设的有关工作。

第十三条 农田水利工程建设应当符合国家有关农田水利标准。

农田水利标准由国务院标准化主管部门、水行政主管部门以及省、自治区、直辖市人民政府标准化主管部门、水行政主管部门依照法定程序和权限组织制定。

第十四条 农田水利工程建设应当节约集约使用土地。县级以上人民政府应当根据农田水利规划，保障农田水利工程建设用地需求。

第十五条 农田水利工程建设单位应当建立健全工程质量安全管理制度，对工程质量安全负责，并公示工程建设情况。

县级以上人民政府水行政主管部门和其他有关部门应当按照职责分工加强对农田水利工程建设的监督管理。

第十六条 政府投资建设的农田水利工程由县级以上人民政府有关部门组织竣工验收，并邀请有关专家和农村集体经济组织、农民用水合作组织、农民代表参加。社会力量投资建设的农田水利工程由投资者或者受益者组织竣工验收。政府与社会力量共同投资的农田水利工程，由县级以上人民政府有关部门、社会投资者或者受益者共同组织竣工验收。

大中型农田水利工程应当按照水利建设工程验收规程组织竣工验收。小型农田水利工程验收办法由省、自治区、直辖市人民政府水行政主管部门会同有关部门制定。

农田水利工程验收合格后，由县级以上地方人民政府水行政主管部门组织造册存档。

第十七条 县级以上人民政府水行政主管部门应当会同有关部门加强农田水利信息系统建设，收集与发布农田水利规划、农田水利工程建设和运行维护等信息。

第四章 工程运行维护

第十八条 农田水利工程按照下列规定确定运行维护主体：

（一）政府投资建设的大中型农田水利工程，由县级以上人民政府按照工程管理权限确定的单位负责运行维护，鼓励通过政府购买服务等方式引进社会力量参与运行维护；

（二）政府投资建设或者财政补助建设的小型农田水利工程，按照规定交由受益农村集体经济组织、农民用水合作组织、农民等使用和管理的，由受益者或者其委托的单位、个人负责运行维护；

（三）农村集体经济组织筹资筹劳建设的农田水利工程，由农村集体经济组织或者其委托的单位、个人负责运行维护；

（四）农民或者其他社会力量投资建设的农田水利工程，由投资者或者其委托的单位、个人负责运行维护；

（五）政府与社会力量共同投资建设的农田水利工程，由投资者按照约定确定运行维护主体。

农村土地承包经营权依法流转的，应当同时明确该土地上农田水利工程的运行维护主体。

第十九条 灌区农田水利工程实行灌区管理单位管理与受益农村集体经济组织、农民用水合作组织、农民等管理相结合的方式。灌区管理办法由国务院水行政主管部门会同有关部门制定。

第二十条 县级以上人民政府应当建立农田水利工程运行维护经费合理负担机制。

农田水利工程所有权人应当落实农田水利工程运行维护经费，保障运行维护工作正常进行。

第二十一条 负责农田水利工程运行维护的单位和个人应当建立健全运行维护制度，加强对农田水利工程的日常巡查、维修和养护，按照有关规定进行调度，保障农田水利工程正常运行。

农田水利工程水量调度涉及航道通航的，应当符合《中华人民共和国航道法》的有关规定。

第二十二条 县级以上人民政府水行政主管部门和农田水利工程所有权人应当加强对农田水利工程运行维护工作的监督，督促负责运行维护的单位和个人履行运行维护责任。

农村集体经济组织、农民用水合作组织、农民等发现影响农田水利工程正常运行的情形的，有权向县级以上人民政府水行政主管部门和农田水利工程所有权人报告。接到报告的县级以上人民政府水行政主管部门和农田水利工程所有权人应当督促负责运行维护的单位和个人及时处理。

第二十三条 禁止危害农田水利工程设施的下列行为：

（一）侵占、损毁农田水利工程设施；

（二）危害农田水利工程设施安全的爆破、打井、采石、取土等活动；

（三）堆放阻碍蓄水、输水、排水的物体；

（四）建设妨碍蓄水、输水、排水的建筑物和构筑物；

（五）向塘坝、沟渠排放污水、倾倒垃圾以及其他废弃物。

第二十四条 任何单位和个人不得擅自占用农业灌溉水源、农田水利工程设施。

新建、改建、扩建建设工程确需占用农业灌溉水源、农田水利工程设施的，应当与取用水的单位、个人或者农田水利工程所有权人协商，并报经有管辖权的县级以上地方人民政府水行政主管部门同意。

占用者应当建设与被占用的农田水利工程设施效益和功能相当的替代工程；不具备建设替代工程条件的，应当按照建设替代工程的总投资额支付占用补偿费；造成运行成本增加等其他损失的，应当依法给予补偿。补偿标准由省、自治区、直辖市制定。

第二十五条 农田水利工程设施因超过设计使用年限、灌溉排水功能基本丧失或者严重毁坏而无法继续使用的，工程所有权人或者管理单位应当按照有关规定及时处置，消除安全隐患，并将相关情况告知县级以上地方人民政府水行政主管部门。

第五章 灌溉排水管理

第二十六条 县级以上人民政府水行政主管部门应当加强对农田灌溉排水的监督和指导，做好技术服务。

第二十七条 农田灌溉用水实行总量控制和定额管理相结合的制度。

农作物灌溉用水定额依照《中华人民共和国水法》规定的权限和程序制定并公布。

农田灌溉用水应当合理确定水价，实行有偿使用、计量收费。

第二十八条 灌区管理单位应当根据有管辖权的县级以上人民政府水行政主管部门核定的年度取用水计划，制定灌区内用水计划和调度方案，与用水户签订用水协议。

第二十九条 农田灌溉用水应当符合相应的水质标准。县级以上地方人民政府环境保护主管部门应当会同水行政主管部门、农业主管部门加强对农田灌溉用水的水质监测。

第三十条 国家鼓励采取先进适用的农田排水技术和措施，促进盐碱地和中低产田改造；控制和合理利用农田排水，减少肥料流失，防止农业面源污染。

第三十一条 省、自治区、直辖市人民政府水行政主管部门应当组织做好本行政区域农田灌溉排水试验工作。灌溉试验站应当做好农田灌溉排水试验研究，加强科技成果示范推广，指导用水户科学灌溉排水。

第三十二条 国家鼓励推广应用喷灌、微灌、管道输水灌溉、渠道防渗输水灌溉等节水灌溉技术，以及先进的农机、农艺和生物技术等，提高灌溉用水效率。

第三十三条 粮食主产区和严重缺水、生态环境脆弱地区以及地下水超采地区应当优先发展节水灌溉。

国家鼓励企业、农村集体经济组织、农民用水合作组织等单位和个人投资建设节水灌溉设施，采取财政补助等方式鼓励购买节水灌溉设备。

第三十四条 规划建设商品粮、棉、油、菜等农业生产基地，应当充分考虑当地水资源条件。水资源短缺地区，限制发展高耗水作物；地下水超采区，禁止农田灌溉新增取用地下水。

第六章 保障与扶持

第三十五条 农田水利工程建设实行政府投入和社会力量投入相结合的方式。

县级以上人民政府应当多渠道筹措农田水利工程建设资金，保障农田水利建设投入。

第三十六条 县级人民政府应当及时公布农田水利工程建设年度实施计划、建设条件、补助标准等信息，引导社会力量参与建设农田水利工程。

县级以上地方人民政府应当支持社会力量通过提供农田灌溉服务、收取供水水费等方式，开展农田水利工程经营活动，保障其合法经营收益。

县级以上地方人民政府水行政主管部门应当为社会力量参与建设、经营农田水利工程提供指导和技术支持。

第三十七条 国家引导金融机构推出符合农田水利工程项目特点的金融产品和服务方式，加大对农田水利工程建设的信贷支持力度。

农田灌溉和排水的用电执行农业生产用电价格。

第三十八条 县级人民政府应当建立健全基层水利服务体系，将基层水利服务机构公益性业务经费纳入本级政府预算。基层水利服务机构应当履行农田水利建设管理、科技推广等公益性职能。

国家通过政府购买服务等方式，支持专业化服务组织开展农田灌溉和排水、农田水利工程设施维修等公益性工作。

第三十九条 县级以上人民政府水行政主管部门应当会同本级人民政府有关部门，制定农田水利新技术推广目录和培训计划，加强对基层水利服务人员和农民的培训。

第四十条 对农田水利工作中成绩显著的单位和个人，按照国家有关规定给予表彰。

第七章 法律责任

第四十一条 违反本条例规定，县级以上人民政府水行政主管部门和其他有关部门不依法履行农田水利管理和监督职责的，对负有责任的领导人员和直接责任人员依法给予处分；负有责任的领导人员和直接责任人员构成犯罪的，依法追究刑事责任。

第四十二条 违反本条例规定，县级以上人民政府确定的农田水利工程运行维护单位不按照规定进行维修养护和调度、不执行年度取用水计划的，由县级以上地方人民政府水行政主管部门责令改正；发生责任事故或者造成其他重大损失的，对直接负责的主管人员和其他直接责任人员依法给予处分；直接负责的主管人员和其他直接责任人员构成犯罪的，依法追究刑事责任。

第四十三条 违反本条例规定，有下列行为之一的，由县级以上地方人民政府水行政主管部门责令停止违法行为，限期恢复原状或者采取补救措施；逾期不恢复原状或者采取补救措施的，依法强制执行；造成损失的，依法承担民事责任；构成违反治安管理行为的，依法给予治安管理处罚；构成犯罪的，依法追究刑事责任：

（一）堆放阻碍农田水利工程设施蓄水、输水、排水的物体；

（二）建设妨碍农田水利工程设施蓄水、输水、排水的建筑物和构筑物；

（三）擅自占用农业灌溉水源、农田水利工程设施。

第四十四条 违反本条例规定，侵占、损毁农田水利工程设施，以及有危害农田水利工程设施安全的爆破、打井、采石、取土等行为的，依照《中华人民共和国水法》的规定处理。

违反本条例规定，向塘坝、沟渠排放污水、倾倒垃圾以及其他废弃物的，依照环境保护有关法律、行政法规的规定处理。

第八章 附 则

第四十五条 本条例自2016年7月1日起施行。

第二十三章　地方性法规、政府规章

内蒙古自治区实施《中华人民共和国防洪法》办法

第一章 总 则

第一条 根据《中华人民共和国防洪法》（以下简称《防洪法》）和有关法律、法规，结合我区实际，制定本办法。

第二条 本办法所称防洪是指防御和减轻洪涝、冰凌灾害的各项活动。

第三条 防洪工作按照流域或者区域实行统一规划、分级实施和流域管理与行政区域管理相结合的制度。

第四条 各级人民政府应当将防洪工作纳入国民经济与社会发展计划，按照全面规划、统筹兼顾、预防为主、综合治理的原则，对防洪工作实行统一领导。

各级人民政府应当加强防洪宣传，普及防洪知识，提高全社会的防洪意识。

第五条 旗县级以上人民政府水行政主管部门在本级人民政府的领导下，负责本行政区域内防洪的组织、协调、监督、指导等日常工作；其他有关部门在本级人民政府的领导下，按照各自职责，负责有关的防洪工作。

第六条 任何单位和个人都有保护防洪工程设施和依法参加防汛抗洪的义务，并有权制止和检举破坏防洪工程设施的行为。

对在防洪工程建设和防汛抗洪中做出显著成绩的单位和个人，各级人民政府应当给予表彰和奖励。

第二章 防洪规划

第七条 防洪规划按照以下程序编制和批准：

黄河、辽河、嫩江内蒙古段和跨省区江河、河段防洪规划的编制，按照《防洪法》第十条第一款规定执行。

黄河、辽河、嫩江内蒙古段重要一级支流及自治区重要湖泊、水库的防洪规划，由自治区水行政主管部门会同有关部门和地区编制，报自治区人民政府批准，并报国务院水行政主管部门备案。

跨行政区域河流的防洪规划，由其共同的上一级人民政府水行政主管部门会同江河、河段所在地的人民政府水行政主管部门和有关部门编制，分别经江河、河段所在地的人民政府审查提出意见后，报同级人民政府批准。

其他河流的防洪规划，由河流所在地的旗县级人民政府水行政主管部门会同有关部门编制，报本级人民政府批准，并报上一级水行政主管部门备案。

旗县级以上人民政府应当安排专项经费，按期完成防洪规划的编制。全区重点河流、湖泊、水库的防洪规划编制的期限由自治区水行政主管部门确定。

第八条 受凌汛威胁地区的旗县级以上人民政府，应当把防御凌汛纳入本地区的防洪规划，加强江河堤防护岸、穿堤建筑物和护堤林等防御凌汛工程体系建设，确保建筑物、构筑物符合防凌的需要。

第九条 山洪多发地区的旗县级以上人民政府，应当组织水行政主管部门和有关部门划定重点防治区，采取生态建设和工程防护措施，治理隐患，并加强水文、气象观测、预警、预报，制定和落实避险方案。

在山洪重点防治区内不得兴建城市、村镇、居民点以及工厂、矿山、铁路、公路干线和其他建设项目；必须兴建时，应当征得当地水行政主管部门的同意；已经建在受山洪威胁地区的，必须采取防御措施。

第十条 经批准的防洪规划，各级人民政府应当组织有关部门和地区分级、分步实施，确保完成。跨行政区域的防洪规划，由其共同的上一级人民政府组织实施。

第十一条 防洪规划确定的河道整治用地、规划建设的堤防用地及扩大或者开辟的人工排洪道用地，应当依照《防洪法》第十六条划定为规划保留区，并予以公告。

规划保留区内，不得建设与防洪无关的工矿工程设施和其他建设项目及扩展居民区；国家工矿建设项目确需占用规划保留区内土地的，应当按照国家规定的基本建设程序报请批准，并征求有关水行政主管部门的意见，经确认不妨碍防洪规划的实施后，方可依法办理土地征占用手续。

对妨碍防洪规划实施的规划保留区内现有工矿工程设施及村屯，由旗县级以上人民政府按照管理权限有计划地组织外迁。

第三章 治理、防护与管理

第十二条 防治洪水应当蓄泄兼施，标本兼治，工程与生物措施并用。

各级人民政府应当组织水行政主管部门和有关部门有计划地开展流域林草植被建设，在山区、沙区积极实行退耕还林还草，加强流域特别是水土流失严重的中上游地区水土保持综合治理。

第十三条 旗县级以上人民政府水行政主管部门应当会同其他有关部门根据防洪规划制定河道整治、涝区治理、病险水库和水利枢纽除险加固、河流控制性工程和城市防洪排涝设施建设及水土保持治理的年度计划，报本级人民政府批准后组织实施。对严重影响防洪排涝的河段及工程，应当制定应急措施，报本级人民政府批准后，及时安排资金进行整治。

第十四条 整治河道和修建堤防工程，应当按照规划治导线实施。江河、河段规划治导线的拟定与批准，按照本办法第七条规定的防洪规划编制与批准权限执行。

第十五条 河道管理按照水系统一管理和分级管理相结合的原则实施。

黄河、辽河、嫩江内蒙古段干流，在上级有关部门的统一领导下，由自治区水行政主管部门依法实施管理；黄河、辽河、嫩江的重要一级支流由河流所在地的盟市水行政主管部门负责管理；其他河流由河流所在地的旗县级水行政主管部门负责管理。

跨盟市河流的重要河段，由自治区水行政主管部门负责管理，跨旗县河流的重要河段，由所在盟市水行政主管部门负责管理。

自治区水行政主管部门管理的江河、河段，可以授权盟市水行政主管部门管理。

第十六条 河道、湖泊及水利工程的管理范围由旗县级以上人民政府按照国家和自治区的有关规定划定，并予以公告。

第十七条 在河道管理范围内采砂、淘金、取土必须服从河道整治规划，保障行洪安全，按照《中华人民共和国河道管理条例》有关规定办理许可证，并依法交纳管理费。

第十八条 禁止围垦河道、库区及蓄滞洪区。在防洪法实施前已围垦的，必须服从防洪需要，围垦的土地不得作为承包地，因防洪造成损失的，不予补偿。

第十九条 占用河道、湖泊管理范围内的土地，建设跨河、穿河、穿堤、临河的桥梁、码头、道路、渡口、管道、缆线、取水、排水等工程设施，应当按照水行政主管部门批准的位置和界线安排施工；工程设施竣工后，建设单位应当及时清理现场，恢复原状，保证行洪安全畅通。

第二十条 黄河、辽河、嫩江内蒙古段沿河地区为自治区重点防洪区。按照自治区防洪规划要求，由自治区人民政府水行政主管部门划定重点防洪对象，报自治区人民政府批准，并予以公告。

盟市、旗县应当结合本地区实际，确定重点防洪地区和对象。

第二十一条 防洪工程建设项目的勘察、设计、施工、监理及重要设备、材料的采购，应当依法实行公开招标、投标。

防洪工程实行项目建设单位负责，监理单位监控，施工单位保证，设计单位配合，人民政府统一监督的质量管理体制。

各级人民政府水行政主管部门要加强对防洪工程设施质量的监督管理，防洪工程建设项目的设计、建设、施工、监理单位应当建立健全内部质量管理制度，保证防洪工程的建设质量。

第二十二条 各级人民政府应当组织水行政主管部门和有关部门加强防洪设施的定期检查和监督管理。对病险水库、险闸、险堤，水行政主管部门和有关部门应当组织进行除险加固，有关人民政府应当优先安排所需资金。

第四章　防汛抗洪

第二十三条 防汛抗洪工作实行政府行政首长负责制，统一指挥、分级分部门负责。

各级人民政府应当将防汛抗洪任务逐级落实到有关部门、单位和个人。对重点险工险段、险库险闸及与防汛抗洪有关的水利工程，要具体明确各有关领导的责任，并报上一级防汛指挥机构备案。

第二十四条 旗县级以上人民政府设立防汛指挥机构，负责领导、组织、指挥本行政区域的防汛抗洪工作，在本级水行政主管部门设立常设防汛办事机构，具体负责防汛指挥的日常工作。

同一流域内的有关地区要建立防洪协调制度，根据洪涝规律和上下游、左右岸的关系，共同采取措施，互相配合，形成流域联合防洪体系。

第二十五条 各级防汛指挥机构的主要职责：

（一）在上级防汛指挥机构和本级人民政府的领导下，统一指挥本地区的防汛抗洪工作，协调处理有关问题；

（二）部署和组织本地区的防汛检查和各项准备工作，督促检查水毁工程修复，依法清除阻水障碍及处理影响安全度汛的有关问题；

（三）制定和组织实施防御洪水方案及防洪工程汛期调度运用计划，贯彻执行上级防汛调度指令；

（四）及时掌握汛情信息，组织指挥抗洪抢险，负责发布本地区的汛情、灾情通告；

（五）负责防汛经费和物资的计划、管理和调度，以及防汛抢险队伍的组织、调配；

（六）开展防汛宣传教育，组织抢险技术培训和演练。

第二十六条 在汛期，气象、水文、城建、交通运输、邮电通讯、电力、民政、卫生防疫、新闻宣传、公安、石油、物资等部门应当在本级防汛指挥机构的统一指挥下，做好各自职责范围内的防汛抗洪工作。

第二十七条 旗县级以上人民政府根据流域综合规划、防洪工程实际情况和国家规定的防洪标准，制定防御洪水方案和防洪工程的汛期调度运用计划，其制定和批准权限按下列规定执行：

（一）属国家规定由国家防汛指挥机构和流域管理机构制定的防御洪水方案，按照《防洪法》第四十条规定执行。

（二）跨行政区域江河的防御洪水方案，由其共同的上一级人民政府防汛指挥机构会同有关地方人民政府制定，报共同的上一级人民政府批准。

（三）其他江河的防御洪水方案，由江河所在地旗县级人民政府防汛指挥机构制定，报同级人民政府批准。

（四）红山水库和三盛公水利枢纽的防御洪水方案，由自治区人民政府防汛指挥机构制定，报自治区人民政府批准；其他水库及水利枢纽的防御洪水方案，按照分级管理权限由旗县级以上防汛指挥机构制定，报同级人民政府批准。

第二十八条 各级人民政府应当组织有关部门做好防汛物资的储备工作，在险情多发地段，应当按工程建设用料加倍储备抢险物资。受洪水威胁的单位要储备必要的防汛抢险物资。

第二十九条 自治区汛期分为洪汛期和凌汛期。洪汛期为每年的六月中旬至九月中旬，凌汛期为每年十一月中旬至翌年四月中旬。旗县级以上人民政府防汛指挥机构可以根据汛情宣布提前或者延长本行政区域的防汛期，并报上一级人民政府防汛指挥机构。

第三十条 各级人民政府防汛指挥机构、水行政主管部门或者授权的水文机构负责向社会发布水文预报和汛情公告，其他部门和单位不得发布。

气象部门和水文部门及水利工程管理单位，应当建立并完善洪涝、冰凌灾害监测、预报系统，及时准确地向防汛指挥机构提供雨情、水情、凌情预报和工作情况等信息。

第三十一条 在紧急防汛期，防汛指挥机构行使《防洪法》第四十五条规定的物资调用权和紧急处置权时，有关单位和个人必须服从。

第三十二条 在汛期，防汛指挥车辆和抢险救灾车辆免交过路（桥）费。防汛车辆标志按行政区域由防汛指挥机构制发，通行证由交通部门统一办理。

第三十三条 各级人民政府应当加强水行政执法队伍建设。各级水政监察组织受水行政主管部门的委托，负责所辖区域内的防洪执法监督管理。

第三十四条 河道、湖泊、库区管理范围内阻碍行洪的建筑物、构筑物和林木、高杆作物等，按照谁设障、谁清除的原则，由旗县级以上人民政府防汛指挥机构责令限期清除；逾期不清除的，由防汛指挥机构组织有关部门强行清除，所需费用由设障者承担；涉及两个以上行政区域的阻水障碍物，由上一级人民政府防汛指挥机构组织清除。

第三十五条 与防洪有关的水利工程采取承包、租赁、股份制或股份合作制等方式经营的，应当明确防汛责任。经营者必须服从水行政主管部门的监督管理和防汛调度，保证工程的安全运行和防洪排涝等功能的正常发挥。

第三十六条 中国人民解放军、警察部队和民兵在自治区执行防汛抗洪任务时，各级人民政府和防汛指挥机构应当为其提供便利条件，做好有关的后勤保障工作。

第五章 保障措施

第三十七条 防洪资金按照政府投入为主同受益者合理承担相结合的原则，多层次、多渠道筹集。

各级人民政府应当将河道、湖泊治理和防洪工程设施的建设、维护列为基本建设的重点，纳入财政预算，并随着经济发展，逐步提高财政投入水平。

城市防洪工程设施建设和维护所需资金，由城市人民政府筹集，并优先予以保证。

旗县级以上人民政府应当设立水利建设基金，用于防洪工程和水利工程的建设与维护。具体办法由自治区人民政府规定。

依照防洪法和国务院有关规定，在防洪保护区范围内，征收河道工程修建维护管理费。具体征收使用管理办法由自治区人民政府规定。

第三十八条　防洪资金的使用范围：

（一）防洪工程设施建设、维护和修复；

（二）防洪的水文测报及通信、电力、气象设施等的建设、维护和修复；

（三）遭受洪涝灾害地区的抗洪抢险和水毁工程的修复；

（四）防汛工作经费；

（五）储备防汛物资。

第三十九条　各级财政、计划和水利部门要加强防洪资金的管理，保证防洪工程设施建设维护资金及时到位和配套资金的足额落实。

防洪资金必须专款专用，不得截留、挪用。审计机关要严格审计监督。

第六章　法律责任

第四十条　违反本办法第十四条、第十八条、第十九条规定的，按照《防洪法》的有关规定追究法律责任。

第四十一条　因设计、建设、施工、监理单位的违法行为造成防洪工程质量事故的，按照《中华人民共和国建筑法》的有关规定给予行政处罚；构成犯罪的，依法追究其刑事责任。

第四十二条　截留、挪用防洪、救灾资金和物资，尚不构成犯罪的，给予行政处分；构成犯罪的，依法追究刑事责任。

第四十三条　本办法规定的行政处罚和行政措施，由旗县级以上人民政府或者水行政主管部门决定。应当给予治安处罚的，按照《中华人民共和国治安管理处罚法》的规定执行。

第四十四条　国家工作人员在防洪工作中，滥用职权，玩忽职守，徇私舞弊，严重影响防洪或者造成人身和财产重大损失的；拒不执行防御洪水方案、防汛抢险指令或者蓄滞洪方案、汛期调度运用计划等防汛调度方案的，不构成犯罪的，给予行政处分；构成犯罪的，依法追究刑事责任。

第七章　附　则

第四十五条　本办法自公布之日起施行。

内蒙古自治区水工程管理保护办法

第一条　为了加强水工程的管理保护，充分发挥其国民经济基础设施的作用，促进自治区经济和社会发展，根据《中华人民共和国水法》和有关法律、法规的规定，结合自治区实际，制定本办法。

第二条　本办法适用于自治区行政区域内国有水工程的管理保护。

第三条　本办法所称水工程是指水工建筑物及其附属设施。包括：水库、水利枢纽工程；防洪排涝工程；农田草牧场灌排工程；水力发电工程；供水工程；水土保持治沟骨干工程以及水工程附属的防汛设施、观测设施、水文监测设施、水文地质监测设施和导航、助航设施等。

第四条　各级人民政府应当加强对水工程管理保护工作的领导。

旗县级以上人民政府水行政主管部门负责水工程的管理保护工作。

土地、环保、城建、公安、农业、畜牧、林业等部门按照各自的职责分工做好水工程的管理保护工作。

第五条　任何单位和个人都有保护水工程的义务，对破坏水工程的行为，有权制止和举报。

对在水工程管理保护工作中做出突出贡献的单位和个人，由旗县级以上人民政府给予表彰和奖励。

第六条　水工程应当划定必要的管理范围和保护范围。

水工程管理范围系指根据水工程管理需要划定的，由水工程管理单位使用的水土资源范围。

水工程保护范围系指为保证水工程安全，在管理范围之外所划定的区域。

第七条　新建水工程的管理范围和保护范围，由建设单位按照批准的设计，提请旗县级以上人民政府依照国家或者自治区人民政府规定的标准划定。

已建水工程的管理范围和保护范围，已划定的，维持原划定范围；尚未划定的，按照水工程管理单位的隶属关系，由其行政主管部门会同土地管理等部门提出方案，报旗县级以上人民政府依照国家或者自治区人民政府规定的标准结合实际情况划定。

水工程管理范围、保护范围与国家其他生产、建设用地发生交叉时，由水工程主管部门会同有关部门依照有关法律、法规和本条例的规定协商并提出解决方案，报旗县级以上人民政府批准。

第八条　国有水工程管理范围内的土地属全民所有，使用权属水工程管理单位。

管理范围内的土地所有权或者使用权属于集体的或者使用权属于个人的，按照国家和自治区有关法律、法规的规定办理征地和权属变更手续。

对水工程管理范围内可利用的土地，在保证水工程安全运行的前提下，经旗县级以上水行政主管部门批准，可以种植农作物。

国有水工程保护范围内土地的所有权、使用权不变。

第九条　水工程管理范围内的土地权属确定后，由旗县级以上人民政府发给水工程管理单位土地使用证书，水工程管理单位应当制图划界，树立标志。

各级水行政主管部门应当将本行政区域内的水工程的分布及其管理范围、保护范围和有关情况通报同级土地、环保、公安、农业、畜牧、林业、交通、地矿、电力、城建及其他有关部门，并在水工程所在地公告。

第十条 水工程管理单位必须加强水工程的管理保护。

大中型水库、水利枢纽工程和需要加强保护的重点水工程的管理单位，经过公安部门批准可以配备经济民警负责水工程的保卫工作。

第十一条 禁止下列损害、毁坏水工程的行为：

（一）挖掘、拆卸、爆炸、撞击水工程；

（二）在堤防、土坝的顶、坡、戗台取土、晒场、开挖道口、挖窖；

（三）超重车辆、履带拖拉机不采取保护措施在水工程交通桥上行驶；

（四）在防汛和工程管理通讯线路上搭挂广播线、输电线；

（五）盗窃、毁坏、侵占工程设备、器材物资；

（六）盗窃、毁坏、堵塞、移动水文气象、测量、科学试验、观测试验等设施。

第十二条 在水工程管理范围内禁止下列行为：

（一）爆破、钻探、采矿、采石、采砂、挖掘、垦植、葬坟；

（二）在河滩、蓄滞洪区、水库库区内围垦，修筑堤坝，堆置废土、废渣、废物；

（三）在水库、河道、渠道、治沟骨干工程内设置阻水障碍物；

（四）侵占水工程管理范围内土地的其他行为。

第十三条 在水工程保护范围内爆破、采石、采砂、挖筑鱼塘、打井、考古挖掘、采矿、排污、兴建地下工程，须经旗县级以上水行政主管部门批准，并应当采取相应的净化和安全保护措施方可以进行。

第十四条 水行政主管部门的水政监察人员执行公务时，应当持证，佩戴标志。责令停止违法行为，应当填发《责令停止水事违法行为通知书》，责令赔偿应当填发《违反水法规赔偿通知书》，罚款应当填发《违反水法规行政处罚决定通知书》。

第十五条 违反本办法第十一条、第十二条、第十三条的，由旗县级以上水行政主管部门或者有关主管部门会同旗县级以上水行政主管部门责令其停止违法行为；造成损失的，应当承担赔偿责任；情节严重的，应当依照水利部发布的《违反水法规行政处罚暂行规定》处以罚款。

违反本办法第十二条第二项、第三项规定的，由水行政主管部门责令其限期清障；逾期不清障的，由防汛指挥部组织强行清障，并由设障者负担清障费用。

违反本办法，应当给予治安管理处罚的，由公安机关依照《中华人民共和国治安管理处罚法》的规定处罚；构成犯罪的，由司法机关依法追究刑事责任。

第十六条 当事人对行政处罚决定不服的，可以在接到处罚通知之日起十五日内，向作出行政处罚决定机关的上一级机关申请复议；对复议决定不服的，可以在接到复议决定之日起十五日内，向人民法院起诉。当事人也可以在接到处罚通知之日起十五日内直接向人民法院起诉。当事人逾期不申请复议，也不向人民法院起诉，又不履行行政处罚决定的，作出行政处罚决定的机关可以申请人民法院强制执行。

第十七条 水行政主管部门或水工程管理单位的工作人员要严格执行本办法的规定，对滥用职权，玩忽职守，徇私舞弊的，由其所在单位或上级主管部门给予行政处分；构成犯罪的，由司法机关依法追究刑事责任。

第十八条　集体和个人兴建的水工程的管理保护参照本办法执行。

第十九条　本办法应用中的具体问题由自治区水行政主管部门负责解释。

第二十条　本办法自 1995 年 6 月 1 日起施行。

内蒙古自治区农业节水灌溉条例

第一章 总 则

第一条 为了发展节水型农业，提高用水效率，促进水资源可持续利用，根据《中华人民共和国水法》和国家有关法律、法规，结合自治区实际，制定本条例。

第二条 本条例所称农业节水灌溉，是指在农田、草牧场、林地等灌溉过程中，采取工程措施、技术措施和行政、经济手段节约用水，提高水利用率的活动。

第三条 各级人民政府应当实行计划用水、节约用水和科学用水，建设节水型农业。

农业节水灌溉设施建设应当纳入本地区国民经济和社会发展计划，增加投入，保障农业节水灌溉持续发展。

第四条 农业节水灌溉要按照流域或者行政区域进行统一规划，分期实施。

第五条 旗县级以上人民政府水行政主管部门负责本行政区域内农业节水灌溉的统一管理和水政监察。

第六条 各级人民政府应当支持和鼓励科研、生产单位和个人研究、开发、推广和利用先进的农业节水灌溉技术，降低水的消耗，提高水的利用率和水分生产率。

第七条 农业灌溉用水实施取水许可制度和有偿使用制度。

第八条 供水经营管理单位应当不断完善供水体制和经营机制，降低运行成本，提高供水效益，促进节约用水和科学用水。

依据法律、法规的规定可以进行水的使用权有偿转让。

第二章 农业节水灌溉规划

第九条 旗县级以上人民政府水行政主管部门根据当地国民经济和社会发展规划，负责组织编制本地区农业节水灌溉规划。跨行政区域的农业节水灌溉规划，由其共同的上一级水行政主管部门组织编制。在制定农业节水灌溉规划时，应当征求同级计划、农业、畜牧业、林业等部门的意见。

农业节水灌溉规划应当由具有相应资质的勘察设计单位编制，报同级人民政府审核，并报上一级水行政主管部门批准。

第十条 各级人民政府应当依据批准的农业节水灌溉规划，组织有关部门和地区分步实施。

农业节水灌溉规划的修改必须经原批准机关核准。

第十一条 旗县级以上人民政府水行政主管部门应当依据批准的农业节水灌溉规划，会同有关部门和地区制定农业节水灌溉年度实施计划，报同级人民政府批准，并报上一级水行政主管部门备案。

第三章 农业节水灌溉工程建设

第十二条 新建、改建、扩建的农业灌溉建设项目，在向水行政主管部门报送取水许可申请时，必须附有节水措施或者经批准的农业节水灌溉工程项目建议书。

第十三条 农业节水灌溉建设项目，由项目建设单位依照批准的农业节水灌溉规划，做好项目立项、可行性研究、设计等前期工作。前期工作必须由具有相应资质的勘测设计单位承担。

农业节水灌溉建设项目的申报与审批按照国家和自治区有关基本建设程序和标准执行。

第十四条 列入国家和自治区计划的大中型农业灌溉建设项目，节水设施必须与主体工程同时设计、同时施工、同时启用。建设项目节水设施未按设计要求完成的，不得验收启用。

第十五条 农田水利建设项目，应当优先安排农业节水灌溉建设项目和节水改造项目。

第十六条 农业节水灌溉工程建设要实行项目法人责任制、招标投标制、施工监理制和工程质量终身负责制。

第四章 农业灌溉用水管理

第十七条 农业灌溉实行灌溉用水总量控制和定额管理相结合的制度。

旗县级以上人民政府水行政主管部门根据本地区用水状况、年度水源的预测、农业节水灌溉规划及上一级水行政主管部门下达的取水控制总量，制定本地区年度取水计划。

旗县级以上人民政府水行政主管部门根据本地区经济技术条件和水资源状况，按照国家和自治区的有关规定，会同有关部门制定地方农业灌溉用水定额，报本级人民政府批准，并报上级水行政主管部门备案。

第十八条 灌溉用水单位和个人应当安装计量设施，按照批准的灌溉用水定额实行计划用水，并按照规定向供水单位缴纳水费。

第十九条 供水经营管理单位应当健全水费收取制度，定期向用户公开用水量、水价和水费。推广基本水价和计量水价相结合的水价制度，禁止实行包费制；对超计划用水实行累进加价制；对采取节水措施在灌溉用水定额内实现节水的单位和个人要给予鼓励。

第二十条 集体、个人投资兴建的小型农业节水灌溉工程，实行自建、自有、自管、自用。

受益农户较多的灌溉工程，提倡按照水系或者渠系的受益范围，组建农牧民用水者协会等多种形式的自管组织，落实节水责任，加强自我管理和监督。

第五章 农业节水灌溉保障措施

第二十一条 各级人民政府应当加强农业节水宣传教育工作，提高干部群众农业灌溉节水意识。

第二十二条 各级人民政府应当支持和鼓励有关部门，研究推广渠系衬砌、管道输水、喷灌、滴灌与渗灌等农业节水灌溉技术，为发展农业节水灌溉提供新技术、新材料、新设备。

第二十三条 旗县级以上人民政府水行政主管部门及有关单位应当配备农业节水灌溉专业技术人员，做好农业节水灌溉工程设计、施工、管理、设备修理和零配件供应服务。

第二十四条 旗县级以上人民政府水行政主管部门要定期组织从事农业节水灌溉工程规划、设计、施工和管理的人员进行专业技术培训，坚持持证上岗。

第二十五条 坚持水利节水措施与农艺节水措施相结合，加强农田水利基本建设，推行平整土地、缩块改畦、深耕深松、少耕免耕、耙耱保墒、地膜覆盖、化学保水等农艺措施，全面提高农业节水效益。

第二十六条 农业节水灌溉水源工程的新建、改建与扩建，必须按照国家规定申请取水许可，取得水的使用权。

第二十七条 农业节水灌溉建设所需资金按照受益者合理负担与政府扶持相结合的原则筹集。

农业、畜牧业、林业、水利、农业开发、扶贫等项目建设资金或者基金，要逐年增加用于节水灌溉建设的比例；财政、金融部门要通过划拨专项资金、贴息贷款等办法，支持集体和个人发展节水灌溉。具全办法由自治区人民政府制定。

第二十八条 鼓励采取租赁、承包和股份合作等形式，经营管理小型农田水利工程。小型农田水利工程可以有偿转让，有偿转让回收的资金用于发展农业节水灌溉。

第二十九条 农业节水灌溉资金必须专款专用，主要用于：（一）大中型农业节水灌溉工程建设投资和小型农业节水灌溉工程建设补助；（二）农业节水灌溉工程更新改造、续建配套补助；（三）修复自然灾害毁损的农业节水灌溉工程；（四）节水设备、物料、配件周转金；（五）节水贷款贴息；（六）农业节水灌溉规划、设计、试验、示范、推广和管理费用。

第三十条 各级人民政府计划、财政、水行政主管部门要保证农业节水灌溉建设资金足额落实，加强资金的管理。任何单位和个人不得截留、挤占、挪用农业节水灌溉建设资金。各级人民政府审计部门要加强对农业节水灌溉建设资金管理、使用情况的审计监督。

第六章 法律责任

第三十一条 违反本条例第七条、第八条、第十八条规定，有下列行为之一的，由旗县级以上人民政府水行政主管部门责令停止违法行为，限期改正；逾期不改正的，处以500元以上5000元以下罚款。

（一）未获得取水许可证擅自取水的；

（二）擅自转让水使用权的；

（三）未按照规定安装计量设施的。

第三十二条 违反本条例第十四条规定，由旗县级以上人民政府水行政主管部门责令停止使用，限期改正，并可以处2万元以下罚款。

第三十三条 违反本条例第十八条规定，拒不缴纳或者拖欠水费的，由旗县级以上人民政府水行政主管部门责令其限期缴纳；逾期不缴纳的，自滞纳之日起按日加收滞纳部分千分之二的滞纳金。

第三十四条 违反本条例第二十九条、第三十条规定，截留、挤占、挪用农业节水灌溉工程建设资金的，责令其限期归还，并由其所在单位或者上级主管部门对直接责任人员依法给予行政处分；构成犯罪的，依法追究刑事责任。

第三十五条 水行政主管部门及农业灌溉管理工作人员玩忽职守、滥用职权、徇私舞弊的，由其所在单位或者上级主管部门对直接负责的主管人员和直接责任人员依法给予行政处分；构成犯罪的，依法追究刑事责任。

第七章 附 则

第三十六条 本条例自2002年5月1日起施行。

内蒙古自治区取水许可和水资源费征收管理实施办法

第一章 总 则

第一条 为实现水资源的合理开发、优化配置和可持续利用，促进水资源的节约和保护，根据《中华人民共和国水法》和国务院《取水许可和水资源费征收管理条例》（以下简称《条例》）等法律法规，结合自治区实际，制定本办法。

第二条 自治区境内利用取水工程或者设施直接从江河、湖泊或者地下取用水资源的单位和个人，除本办法第六条规定情形外，都应当申请领取取水许可证，并缴纳水资源费。

第三条 旗县级以上人民政府水行政主管部门按照分级管理权限，负责本行政区域内取水许可制度的组织实施和监督管理。

第四条 实施取水许可应当统筹水量水质、地表地下水、生活生产生态用水，坚持开源与节流、总量控制与定额管理相结合的原则，鼓励使用再生水、疏干水、雨洪水、苦咸水等非常规水源。

对节约和保护水资源有突出贡献的单位和个人，由旗县级以上人民政府给予表彰和奖励。

第二章 取水的申请和受理

第五条 申请取水的单位或者个人（以下简称申请人），应当向具有审批权限的旗县级以上人民政府水行政主管部门提出取水申请，其中取水许可审批权限属于流域管理机构的，应当向自治区水行政主管部门提出申请。

申请取用多种水源，且各种水源的取水许可审批机关不同的，应当向其中最高一级审批机关提出申请。

跨行政区域或者在界河取水的，申请人应当向共同具有取水审批权限的上一级人民政府水行政主管部门提出取水申请。

取水审批机关应当按照《条例》规定受理或者不予受理。

第六条 下列情形不需要申请领取取水许可证：

（一）用人力或者畜力等非机电方式取水的；

（二）为家庭生活和零星散养、圈养畜禽饮用年取水 1000 立方米以下的。

第七条 申请人应当按照《条例》规定填写取水许可申请书并提交有关材料。

需要编制建设项目水资源论证报告书的，申请人还应当提交建设项目水资源论证报告书。报告书包括取水水源、用水合理性分析以及对生态与环境的影响等内容。

第八条 申请取水并需要设置入河排污口的，申请人在办理取水许可申请时，应当按照国家有关规定提出入河排污口设置申请，并提交有关材料。

第九条 实行审批、核准、备案制的建设项目，取水申请人应当按照各建设项目不同的程序要求，向具有审批权限的旗县级以上人民政府水行政主管部门提出取水申请。

第三章 取水许可审批

第十条 自治区行政区域内取水许可实行分级审批。国家有规定的，从其规定。

（一）自治区人民政府投资主管部门审批、核准和备案的建设项目，工业用水年取水300万立方米以上的，农业、生态用水年取地下水1000万立方米以上或者地表水3000万立方米以上的，由自治区人民政府水行政主管部门审批；工业用水年取水不足300万立方米的，农业、生态用水年取地下水不足1000万立方米或者地表水不足3000万立方米的，由盟行政公署、设区的市人民政府水行政主管部门审批。

（二）盟行政公署、设区的市人民政府和旗县级人民政府投资主管部门审批、核准和备案的建设项目，由同级人民政府水行政主管部门负责取水许可审批。

（三）盟行政公署、设区的市人民政府所在地的城市生活用水，由盟行政公署、设区的市人民政府水行政主管部门审批；旗县级人民政府所在地或者实行集中统一供水乡镇的生活用水，由旗县级人民政府水行政主管部门审批。

第十一条 地下水限制开采区应当严格限制审批新增加地下水开采量的取水申请；地下水禁止开采区应当严禁审批新建地下水取水工程，对已建取用地下水的项目，应当依据地下水开发利用规划，加强节水配套措施，制定合理的水资源费征收标准，有计划地逐步削减已审批的取水量。

地下水禁止开采区和限制开采区，由自治区人民政府水行政主管部门负责划定，报自治区人民政府批准后公告。

第十二条 取水申请经审批机关批准，申请人方可兴建取水工程或者设施。

第十三条 取退水工程或者设施竣工后，申请人应当按照规定向取水审批机关申请组织验收，并提交以下材料：

（一）经批准的取退水工程或者设施的设计报告；

（二）建设项目的批准或者核准文件；

（三）取退水工程和计量设施的试运行情况；

（四）建设项目试运行期间的水量和水质情况；

（五）需要提交的其他材料。

取水审批机关在收到上述材料的20个工作日内，应当进行现场审验。经验收合格的出具验收意见，并核发取水许可证。

第十四条 取水许可证有效期为5年，有效期届满后需要延续的，取水单位或者个人应当在有效期届满45日前向原取水审批机关提出申请，并提交以下材料：

（一）水平衡测试报告或者取用水合理性分析报告及审查意见；

（二）取退水和水资源费缴纳情况；

（三）节水设施、污水处理设施运行情况；

（四）原取水许可事项的变更说明；

（五）其他与取水许可延续有关的材料。

取水审批机关对上述材料进行评估后，在取水许可证届满前决定延续或者不延续。

第十五条 取水许可证有效期限内，出现下列情形之一的，取水单位或者个人应当向原取水审批机关提出申请，经批准后办理有关变更手续。

（一）取水水源、取水方式或者取水地点发生较大改变的；

（二）取水量发生较大变化的；

（三）取水用途发生较大变化的；

（四）退水地点、退水方式或者退水量发生较大变化的；

（五）退水污染物种类或者排放浓度发生较大变化的。

第四章 水资源费的征收和使用管理

第十六条 取水单位或者个人应当按照取水量和水资源费征收标准缴纳水资源费。

农村牧区的农牧民在用水计划内或者定额内的农业灌溉用水和饮用水免征水资源费。

第十七条 水资源费由取水审批机关负责征收。其中流域管理机构审批的，水资源费由自治区人民政府水行政主管部门代为征收。

取水审批机关可以委托所属水政监察机构或者取水口所在地水行政主管部门征收水资源费。

第十八条 水资源费实行分级按月征收，征收机关应当按月向取水单位或者个人送达水资源费缴纳通知单。

第十九条 水资源费应当以法人为计收单位统一缴纳。不具有法人资格的，以财务独立核算组织或者个人为计收单位缴纳水资源费。

农牧民农业灌溉用水超计划或者超定额水量的水资源费，由供水工程单位或者灌区管理单位在征收水费时一并征收，统一向水资源费征收机关缴纳。

城镇公共供水价格应当包含水资源费，供水管理单位统一向水资源费征收机关缴纳。

第二十条 企业缴纳的水资源费应当计入生产、经营成本或者费用，行政事业单位缴纳的水资源费在行政事业费中列支。但取水单位超计划或者超定额用水量的水资源费和滞纳金，不得计入成本或者费用。

第二十一条 任何单位和个人不得减收或者免收取用水单位和个人的水资源费。擅自减免水资源费的，由上一级水行政主管部门直接征收并解缴同级国库。

第二十二条 征收水资源费应当使用自治区人民政府财政部门统一印制的专用票据。征收的水资源费应当全额缴入同级国库，实行财政预算管理，专户储存，“收支两条线”管理，由财政部门按照批准的部门财政预算统筹安排。

第二十三条 水资源费主要用于水资源的节约、保护和管理，也可以用于水资源的合理开发。具体使用范围如下：

（一）水资源调查评价、信息采集、水中长期供求规划及政策法规研究；

（二）水资源监督管理能力建设及其运行维护；

（三）水资源管理和技术人员培训及水法规的宣传教育；

（四）水资源节约、保护和管理的奖励以及水资源费征收的经费补助；

（五）取水口所在地水资源监测和水源地保护；

（六）国家规定的其他使用范围。

第二十四条 水资源费的使用由水行政主管部门编制年度使用计划，报同级财政部门核定后，由水行政主管部门按照财政部门下达的计划使用。

第五章 监督管理

第二十五条 取水审批机关应当建立取水许可监督检查制度，对其审批的取水许可以及下级实施取水许可制度情况进行监督管理。

第二十六条 旗县级以上人民政府水行政主管部门，应当有计划地指导取水单位或者个人按照国家和自治区技术标准进行水平衡测试，改进用水工艺，提高水的循环利用率和废污水回用率。

第二十七条 公共和民用建筑等建设项目应当配套建设节水设施，安装节水器具，工程竣工后由项目所在地节约用水主管部门组织节水专项验收。

第二十八条 取水单位或者个人不按规定进行退水水质监测的，可由取水审批机关指定符合资质要求的监测单位进行监测，其费用由取水单位或者个人承担。

第二十九条 取水单位或者个人应当安装符合国家技术标准的取水计量设施，并定期进行检查核验，保证取水计量设施正常使用与科学计量，不得擅自拆除或者更换取水计量设施。

第三十条 有下列情形之一的，取水审批机关可以按取水设施设计最大取水能力计算取水量：

（一）未安装取水计量设施或者取水计量设施不能正常运行的。

（二）取水单位或者个人拒不提供或者伪造取水计量数据资料的。

第三十一条 旗县级以上地方人民政府水行政主管部门应当建立取水登记制度，每年定期向社会公告其取水审批发证情况，并抄送上一级人民政府水行政主管部门或者流域管理机构。

第六章 法律责任

第三十二条 旗县级以上人民政府水行政主管部门和其他有关部门违反规定实施取水许可，或者未按规定征收、管理和使用水资源费的，依照《条例》规定处理。

第三十三条 取水单位或者个人有下列行为之一的，取水许可审批机关应当责令其限期改正，并可处以5000元以上3万元以下罚款：

（一）擅自停止使用节水设施和取水计量设施的。

（二）未按规定提供或者提供虚假取水计量数据资料的。

（三）未按规定进行退水水质监测或者提供虚假监测数据的。

第七章 附 则

第三十四条 本办法自2008年3月1日起施行。2000年10月31日自治区人民政府发布的《内蒙古自治区取水许可制度实施细则》（第106号令）同时废止。

内蒙古自治区水利工程建设项目勘察（测）设计招标投标管理规定（试行）

第一章　总　则

第一条　为规范自治区水利工程建设项目勘察（测）设计招标投标活动，提高投资效益，保证工程质量，保护招标投标者的合法权益，根据《中华人民共和国招标投标法》《内蒙古自治区实施〈中华人民共和国招标投标法〉办法》《水利工程建设项目招标投标管理规定》《水利工程建设项目勘察（测）设计招标投标管理办法》和国家有关法律、法规、规章，结合我区特点，制定本规定。

第二条　在内蒙古自治区行政区域内进行的水利工程建设项目勘察（测）设计招标投标活动，适用本规定。

第三条　符合下列具体范围并达到规模标准之一的水利工程建设项目勘察（测）设计必须进行招标。

（一）具体范围

1．关系社会公共利益、公共安全的防洪、排涝、灌溉、水力发电、引（供）水、水土保持、水资源保护等水利工程建设项目；

2．使用国有资金投资或者国家、自治区融资的水利工程建设项目；

3．使用国际组织或者外国政府贷款、援助资金的水利工程建设项目。

（二）规模标准

1．勘察（测）设计单项合同估算价在20万元人民币以上的；

2．项目总投资额在1000万元人民币以上的。

第四条　招标投标活动应当遵循公开、公平、公正和诚实信用的原则。任何单位和个人不得将依法必须进行招标的项目化整为零或者以其他任何方式规避招标。

第二章　行政监督与管理

第五条　水利厅是自治区水利工程建设项目勘察（测）设计招标投标活动的行政监督与管理部门，其主要职责是：

（一）贯彻执行国家、自治区有关水利工程建设项目勘察（测）设计招标投标的法律、法规、规章和政策；

（二）依据国家、自治区有关招标投标法律、法规和政策，制定自治区水利工程建设项目勘察（测）设计招标投标的管理规定和办法；

（三）组建并管理自治区级水利工程建设项目勘察（测）设计评标专家库；

（四）对自治区内水利工程建设项目勘察（测）设计招标代理活动进行监督；

（五）受理自治区内有关水利工程建设项目勘察（测）设计招标投标活动的投诉，依法查处招标投标活动中的违法违规行为；

（六）负责自治区内地方水利工程建设项目勘察（测）设计招标投标活动的行政监督。

第六条 水行政主管部门依法对水利工程建设项目勘察（测）设计招标投标活动进行行政监督，内容包括：

（一）接受招标人招标前提交备案的招标报告。

（二）可派人监督开标、评标、定标等活动。对发现的招标投标活动的违法违规行为，应当立即责令改正，必要时可做出包括暂停开标或评标以及宣布开标、评标结果无效的决定，对违法的中标结果予以否决。

（三）接受招标人提交备案的招标投标情况书面总结报告。

第三章 招 标

第七条 招标工作由招标人负责，任何单位和个人不得以任何方式非法干涉招标投标活动。

第八条 水利工程建设项目勘察（测）设计招标应当具备以下条件：

（一）勘察（测）设计项目已经确定；

（二）勘察（测）设计所需资金来源已落实；

（三）必需的勘察（测）设计基础资料已收集完成；

（四）法律、法规、规章规定的其他条件。

第九条 招标分为公开招标和邀请招标。依法必须招标的项目中，全部使用国有资金投资或者国有资金投资占控股或者主导地位的项目及国家重点水利项目、地方重点水利项目勘察（测）设计应当公开招标。

第十条 有下列情形之一的，按照国家、自治区有关规定，根据项目审批程序和权限，经批准后可采用邀请招标：

（一）项目的技术性、专业性较强，或者环境资源条件特殊，符合条件的潜在投标人数量有限的；

（二）如采用公开招标，所需费用占工程建设项目总投资的比例过大的；

（三）使用国际组织或者外国政府贷款，提供贷款方要求进行邀请招标的；

（四）法律、法规规定其他情形的。

招标人采用邀请招标方式的，应保证有三个以上具备承担水利工程建设项目勘察（测）设计的能力，并具有相应水利勘察（测）设计资质的特定法人或者其他组织参加投标。

第十一条 第三条中规定必须进行水利工程建设项目勘察（测）设计招标的水利工程建设项目，有下列情形之一的，按照国家、自治区有关规定，根据项目审批程序和权限，经批准后可不进行招标：

（一）涉及国家安全、国家秘密的；

（二）抢险救灾或紧急防汛的；

（三）采用特定的专利或者专有技术的；

（四）技术复杂或专业性强，能够满足条件的勘察（测）设计单位少于三家，不能形成有效竞争的。

第十二条 招标人自行办理招标事宜或委托符合相应条件的招标代理机构办理招标事宜、招标工作程序及有关招标工作的各项工作要求，按照国家、自治区现行的有关规定执行。

第四章 投 标

第十三条 投标人是响应招标，参加投标竞争的法人或者其他组织。国家有关规定对投标人资格条件或者招标文件对投标人资格条件有规定的，投标人应当具备规定的资格条件。

第十四条 投标人按照招标文件的要求编写的投标文件及投标文件包括的主要内容、投标保证金等事项按照国家、自治区现行的有关规定执行。

第十五条 两个或两个以上单位联合投标的，应当按资质等级较低的单位确定联合体资质（资格）等级。招标人不得强制投标人组成联合体共同投标。

第十六条 投标人在投标文件有关技术方案和要求中不得指定与工程建设项目有关的重要设备、材料的生产供应者，或者含有倾向或者排斥特定生产供应者的内容。

第五章 开标、评标和中标

第十七条 开标由招标人主持，邀请所有投标人参加。为了保证招标投标活动的公正性，必须有水行政监督部门参加。

第十八条 开标的时间和地点、开标人员、开标程序等事项按照国家、自治区现行的有关规定执行。

第十九条 评标工作由评标委员会负责。评标委员会的专家选择及评标委员会的组成、评标标准和方法、评标工作程序等事项按照国家、自治区现行的有关规定执行。

第二十条 评标委员会经过评审，从合格的投标人中排序推荐中标候选人，一般应当限定在一至三人，并标明排列顺序。能够最大限度地满足招标文件中规定的各项综合评价标准的投标人，应当推荐为中标候选人。

第二十一条 使用国有资金或国家、自治区融资的水利工程建设项目，招标人应当确定排名第一的中标候选人为中标人。

排名第一的中标候选人放弃中标、因不可抗力提出不能履行合同，或者招标文件规定应当提交履约保证金而在规定的期限内未能提交的，招标人可以确定排名第二的中标候选人为中标人。

排名第二的中标候选人因前款规定的同样原因不能签订合同的，招标人可以确定排名第三的中标候选人为中标人。

第二十二条 招标人在确定中标人后，应当在15日之内按项目管理权限向水行政主管部门提交招标投标情况的书面报告。书面报告应包括的内容按照国家、自治区现行的有关规定执行。

第六章 附 则

第二十三条 在招标投标活动中出现的违法违规行为，按照《中华人民共和国招标投标法》和国家、自治区的有关规定予以处罚。

第二十四条 国家及地方重点水利工程项目建议书、可行性研究阶段等前期工作的招标投标活动可参照本规定执行。

第二十五条 本办法自印发之日起施行。原《水利工程建设项目勘察（测）设计招标投标管理规定（试行）》（内水政〔2010〕34号）同时废止。

内蒙古自治区水利工程建设项目招标投标行政监督管理办法

第一条 为维护招标投标活动当事人合法权益，规范行政监督行为，明确行政监督权利和义务，落实监管责任，保证招标投标活动依法进行，根据《中华人民共和国招标投标法》《中华人民共和国招标投标法实施条例》《自治区实施〈中华人民共和国招标投标法〉办法》和水利部《水利工程建设项目招标投标管理规定》《水利工程建设项目招标投标行政监督暂行规定》，结合我区实际，制定本办法。

第二条 在自治区行政区域内依法必须招标的水利工程建设项目的勘察、设计、施工、监理以及与水利工程建设有关的重要设备、材料采购等招标投标活动，适用本办法。

依法必须招标的范围和规模标准按国家和自治区有关规定执行。

第三条 水利工程建设项目招标投标活动应按照属地管理或权限管理原则进入公共资源交易市场交易。

鼓励利用信息网络进行电子招标投标。

第四条 旗县级以上水行政主管部门是水利工程建设项目招标投标活动的行政监督部门。

公共资源交易中心对招标投标活动的管理不能代替行业行政监督。各级水行政主管部门要按照职责分工，依法进行招标投标行政监督管理，对招投标活动中出现的违法违规行为，加强行政执法，加大查处力度。

第五条 自治区水利厅是全区水利工程建设项目招标投标活动的行政监督与管理部门，对全区依法必须招标的水利工程建设项目招标投标活动进行业务指导和监督检查，其办事机构为自治区水利厅水利工程招标投标管理办公室，具体负责日常工作。

盟市、旗县（区）水行政主管部门是辖区内水利工程建设项目招投标活动的行政监督部门，并接受上级水行政主管部门的监督、指导。

第六条 按照分级负责的原则，自治区水利厅负责全区大中型水利工程建设项目和厅直属单位组织实施的水利工程建设项目招标投标活动的行政监督或者由自治区、盟市水行政主管部门联合监督；盟市水行政主管部门负责其辖区内中小型水利工程建设项目以及自治区水利厅负责监督以外的其他项目招标投标活动的行政监督。具体项目的行政监督实施主体，在项目招标审批中应给予明确。盟市、旗县（区）水行政主管部门对招标投标活动行政监督权限划分，由盟市水行政主管部门制定。

第七条 与水利工程建设项目招标投标活动有关的单位和个人必须自觉接受行政监督部门的行政监督。水利工程建设项目的招标工作由招标人负责，任何单位和个人不得以任何方式非法干涉招标投标活动。

第八条 行政监督部门主要职责：

（一）贯彻执行有关招标投标的法律、法规、规章和政策；

（二）依照有关法律、法规和规章，制定地方水利工程建设项目招标投标的管理办法；

（三）对本行政区域内的水利工程建设项目的招标投标活动实施监督和管理；

（四）对水利工程建设项目招标代理活动进行监督；

（五）组建并管理自治区水利工程建设项目评标专家库；

（六）受理管理权限范围内的水利工程建设项目招标投标活动的投诉，依法查处招标投标活动中的违法违规行为。

第九条 水利工程建设项目招标投标活动的行政监督一般采取事前报告、事中监督和事后备案的方式进行。

（一）事前报告。招标人应在发布招标信息前向行政监督部门提交招标报告（含招标文件），行政监督部门发现违法违规内容时，应责令招标人及时修改。

（二）事中监督。招标人在开标前，须提前2日向行政监督部门报告开标的具体时间、地点，行政监督部门应派人到现场监督开标、评标活动，对发现的违法违规行为，应立即责令改正，必要时可做出包括暂停开标或评标以及宣布开标、评标结果无效的决定，对违法的中标结果予以否决。

（三）事后备案。招标人应当自发出中标通知书之日起十五日内，向行政监督部门提交招标投标情况的书面报告（包括投诉及违法违规处理情况），报告的内容和格式按照有关规定执行。行政监督部门对发现的违法违规内容应及时进行处理。

第十条 行政监督的主要内容：

（一）对招标准备工作的监督

1. 招标工作应具备的条件是否满足有关规定和要求；

2. 招标前的各项准备工作（包括招标方式、招标组织形式、招标代理的选取、分标方案、招标计划安排、投标人的资质、人员资格、评标办法、评标委员会组建方案以及开标、评标工作具体安排等）是否符合有关规定；

3. 采取邀请招标方式的是否按规定履行了审批、核准手续，邀请的潜在投标人的数量、资质要求等内容是否满足有关规定；

4. 招标公告的内容、发布方式及媒介是否符合有关规定；

5. 招标文件（含资格审查文件）的内容是否符合有关规定；

6. 评标标准和评标办法是否符合国家及自治区有关规定。

（二）对资格审查（含预审和后审）的监督

1. 投标人资格条件是否符合招标文件要求和国家和自治区有关规定；

2. 招标人或其代理人是否对投标人仍在处罚期限内被禁止参加投标或在工程质量、安全生产和信用信息等方面存在的不良行为或劣迹进行核查；

3. 是否存在歧视、限制或者排斥潜在投标人的行为。

（三）对开标活动的监督

1. 开标时间、地点是否符合有关规定；

2. 投标人递交投标文件是否符合招标文件规定；

3. 开标程序是否符合有关规定；

4. 对开标活动有异议的，是否现场提出、答复和记录。

（四）对评标的监督

1. 评标专家的抽取和评标委员会的组建是否符合有关规定；

2. 评标程序是否符合有关规定；

3. 评标方法、标准是否与招标文件一致；

4. 招标人或其代理人是否向评标委员会提交从水行政主管部门网站上下载或查阅的所有投标人的信用档案资料；

5. 评委赋分、计分是否符合评标标准、是否与审查意见一致、是否存在明显不公平；评委评审意见是否客观、翔实、公正；

6. 评标报告是否由评标委员会全体成员签字，对评标委员会成员的不同意见是否有书面形式说明，在评标报告中是否记载其不同意见；

7. 评标报告的讨论及通过、推荐的中标候选人及其排序是否符合有关规定。

（五）对确定中标人的监督

1. 确定中标人的原则是否符合国家规定和招标文件约定；

2. 确定中标人的时间是否符合有关规定；

3. 确定中标人结果是否与评标委员会推荐的中标候选人顺序一致并符合招标文件约定；

4. 发出中标通知书是否符合规定要求，是否有在中标候选人以外确定中标人的情形。

第十一条 参与招标投标活动的行政监督人员的职责：

（一）参与招标投标全过程监督（现场监督人员一般为 2 人，联合监督现场监督人员不超过 4 人）；

（二）监督招标人、招标代理机构、投标人及评标委员会的行为，对有违纪违规行为的有关人员应及时予以制止并责令改正，视情节轻重，采取相应措施进行处理。

1. 在开标过程中，发现严重违规行为时，监督人员有权要求招标人暂停开标或依法宣布开标结果无效；

2. 监督评标委员会的依法组建及其成员的合法抽取，评标委员会的专家成员应当从自治区水利厅组建的自治区水利工程评标专家库中随机抽取，特殊项目可以从自治区政府有关行政主管部门组建的专家库中随机抽取；

3. 在评标过程中，监督人员有权检查评委的打分结果，必要时可要求评委对有疑问的打分予以解释。发现评标委员会成员和相关工作人员有违规行为时，监督人员有权取消违规人员的评标资格和停止相关人员的工作。如有严重违规行为，有权要求招标人或评标委员会中止或取消评标活动，另行组织评标或做出评标结果无效的决定。

（三）有下列情况之一的，监督人员可以要求招标人重新招标：

1. 未按招标文件要求进行招标的；

2. 在投标文件递交截止时间内接受的投标文件不足 3 家的；

3. 在开标过程中出现无效标、废标，有效投标不足三个使得投标明显缺乏竞争的；

4. 评标过程中评标委员会否决所有投标的；

5. 在招标过程中出现其他违法、违规行为的。

第十二条 各级水行政主管部门负责受理水利工程建设项目招标投标相关投诉。投标人或者其他利害关系人认为招标投标活动中的违法违规行为，可以依法向有关行政监督部门投诉，投诉人应当有明确的请求和必要的书面证明材料。

第十三条 行政监督部门受理投诉处理依据《工程建设项目招标投标投诉处理办法》（七部委令 11 号，2013 年 9 部委 23 号令修改）执行。

第十四条 对不按规定提交招标报告、招标文件、招标投标总结报告以及不接受行政监督的招标人，行政监督部门可以对其通报批评，责令限期改正；对全部或者部分使用国有资金、不接受行政监督的招标人，行政监督部门可以对单位负责人和其他直接责任人提出处理建议。

第十五条 对招标人或其代理人、投标人、评标专家和相关工作人员违反有关法律、法规及相关规章制度的其他行为，行政监督部门应当按照有关规定进行处罚。

第十六条 有关行政监督部门、行政监督人员、招标人（项目业主）及有关工作人员要遵守各项纪律规定，严肃查处违规违纪行为，特别是滥用职权、玩忽职守、不履行或不正确履行职责的行为，严格按照有关规定对相关责任人实施责任追究和行政效能问责。构成犯罪的，依法追究刑事责任。

第十七条 本办法有效期 5 年，自印发之日起施行。国家、自治区另有规定的从其规定，我厅此前有关规定与本办法不一致的，按本办法执行。

内蒙古自治区水利行政处罚自由裁量基准制度

第一条 为了规范我区水行政处罚自由裁量权的行使，依法维护公民、法人和其他组织的合法权益，确保水行政处罚自由裁量权行使的合法性和合理性，促进依法行政，根据《中华人民共和国行政处罚法》等有关法律、法规、规章的规定，结合我区水行政管理实际，制定本制度。

第二条 自治区各级水行政主管部门，法律、法规授权的组织和依法受委托的组织（以下统称水行政处罚机关）在作出水行政处罚行为行使自由裁量权时，适用本制度。

第三条 本制度所称水行政处罚自由裁量权，是指自治区各级水行政处罚机关依据水法律、法规、规章的规定进行行政处罚时，行使选择作出行政处罚行为的种类、范围和幅度的权力。

第四条 行使水行政处罚自由裁量权应当遵循公正、公平原则。同一水行政处罚机关对违法事实、性质、情节和社会危害程度等因素基本相同的同类违法行为在实施行政处罚时，适用的法律依据、处罚种类和幅度应当基本相当。

第五条 行使水行政处罚自由裁量权应当遵循过罚相当原则。根据违法行为的事实、性质、情节和社会危害程度等因素，在法律、法规、规章设定的行政处罚的种类、范围、幅度内给予相当的行政处罚，不得以事实和法律原则以外的因素给予偏私或者歧视。

第六条 水行政处罚机关选择行政处罚的种类、范围、幅度时，应当遵守以下规定：

（一）法律、法规、规章规定“应当”适用的，必须适用，不得选择适用；

（二）法律、法规、规章规定“可以”选择适用的，应当依据行政处罚行为自由裁量标准，结合事实决定适用。

第七条 当事人有下列情形之一的，水行政处罚裁量时应当依法从重处罚：

（一）危及公共安全、人身健康和生命财产安全并造成严重后果的；

（二）造成重大社会不良影响或者重大损失的；

（三）同一当事人曾因相同或类似违法行为受过行政处罚的；

（四）同一违法事实涉及两类以上违法行为的；

（五）在发生重大自然灾害或者其他非常事件的情况下，实施与之相关的违法行为的；

（六）故意隐瞒事实、弄虚作假、阻挠查处的；

（七）其他依法从重行政处罚的。

第八条 当事人有下列违法行为情形之一的，水行政处罚裁量时应当依法从轻或者减轻行政处罚：

（一）主动消除或者减轻违法行为危害后果的；

（二）受他人胁迫有违法行为的；

（三）积极配合水行政处罚机关查处违法行为有立功表现的；

（四）已满十四周岁不满十八周岁的人有违法行为的；

（五）其他依法从轻或者减轻行政处罚的。

第九条 当事人有下列情形之一的，依法不予水行政处罚：

（一）违法行为轻微并及时纠正，没有造成危害后果的；

（二）违法行为轻微，依法可以不予行政处罚的；

（三）不满十四周岁的人有违法行为的；

（四）精神病人在不能辨认或者不能控制自己行为时有违法行为的；

（五）违法行为在二年内未被发现的，但法律另有规定的除外；

（六）其他依法不予行政处罚的。

第十条 法律、法规、规章规定应当责令改正的违法行为，必须要求水行政管理相对人限期改正。对责令改正的具体期限，水行政处罚机关可根据具体情况自行确定。

第十一条 行使水行政处罚自由裁量权时，对当事人的违法行为可以分为轻微违法行为、一般违法行为和严重违法行为三类。

轻微违法行为是指违法事实简单、性质一般、情节轻微，并且造成的社会危害程度较小的违法行为；一般违法行为是指违法事实较复杂、性质较恶劣、情节较严重，并且造成的社会危害程度较大的违法行为；严重违法行为是指违法事实复杂、性质恶劣、情节严重，并且造成的社会危害程度大的违法行为。

第十二条 水行政处罚中适用罚款的，较小数额的罚款占法定罚款幅度30%以下、一般数额罚款占法定罚款幅度30%～70%、较大数额的罚款占法定罚款幅度70%直至法定幅度的上限。

第十三条 水行政处罚裁量时可以按照下列原则选择适用：

（一）轻微违法行为适用的行政处罚种类为警告和较小数额的罚款，依法不予行政处罚的除外；

（二）一般违法行为适用的行政处罚种类为一般数额罚款、没收违法所得、没收非法财物；

（三）严重违法行为适用的行政处罚种类为较大数额的罚款、没收违法所得、没收非法财物、责令停产停业、暂扣或者吊销许可证。

第十四条 法律、法规、规章规定的水行政处罚种类可以单处也可以并处的，轻微违法行为优先适用单处的行政处罚种类；一般违法行为和严重违法行为，优先适用并处的行政处罚种类。

依法应当并处的，不得选择单处。

第十五条 有从重、从轻、减轻处罚情节的，应当在案卷讨论记录和水行政处罚决定书中说明理由。

第十六条 各级水行政主管部门应当加强内部监督，规范行政处罚自由裁量权的行使。水行政处罚决定在作出前，应当经本机关法制工作机构审查。发现行政处罚自由裁量权行使不当，侵害公民、法人和其他组织合法权益的，应当主动纠正；造成不良影响和后果的，应当追究相关人员的责任。

第十七条 各级水行政处罚机关可以选择典型案例，指导、规范本机关行政执法人员公正、合理行使行政处罚自由裁量权。

第十八条 水行政执法人员徇私舞弊、滥用行政处罚自由裁量权的，由本级水行政主管部门暂扣直接责任人员执法证件；情节严重的，取消直接责任人员执法资格，调离执法工作岗位。

第十九条 自治区各级水行政主管部门应当加强对行使行政处罚自由裁量权的层级监督，并将规范行政处罚自由裁量权工作纳入依法行政年度考核内容。

第二十条 本办法由自治区水利厅负责解释。

第二十一条 本办法自印发之日起施行。

内蒙古自治区水利建设市场主体信用信息管理暂行办法

第一条　为推进我区水利建设行业信用体系建设，进一步规范水利建设市场主体行为，根据国务院办公厅《关于社会信用体系建设的若干意见》（国发〔2007〕17号）、水利部《水利建设市场主体信用信息管理暂行办法》（水建管〔2009〕496号）等法律、法规和规章，结合我区水利建设行业实际，制定本办法。

第二条　本办法适用于我区水利建设市场主体信用信息采集、审核、发布、更正和使用的管理。

第三条　本办法所称水利建设市场主体，是指参与自治区水利工程建设活动的建设、勘察、设计、施工、监理、咨询、供货、招标代理、质量检测、安全评价等企（事）单位及相关执（从）业人员。

第四条　水利建设市场主体信用信息管理遵循依法、公开、公正、准确、及时的原则，实行动态管理，维护水利建设市场主体的合法权益，保守国家秘密，保护商业秘密和个人隐私。

第五条　自治区各级水行政主管部门按照职责分工，负责全区或辖区内水利建设市场主体信用信息管理工作。

（一）自治区水行政主管部门负责全区水利建设市场主体信用信息统一管理工作，建立全区水利建设市场主体信用信息平台，采集和发布水利建设市场主体信用信息，负责并指导全区水利建设市场主体信用评价、良好行为及不良行为信息认定等信用信息管理工作，并按有关规定予以公告或报送水利部。

（二）盟市（旗、县、区）水行政主管部门分别负责其辖区内水利建设市场主体信用信息管理工作，采集和发布其辖区内水利建设市场主体信用信息，建立本辖内水利建设市场主体信用档案，负责辖区内的市场主体不良行为记录信息调查确认以及采集各有关部门对从业单位作出奖励确认和及时报送工作；结合日常监督检查、稽查情况，加强对水利建设市场主体的动态监管，推进水利建设市场主体信用信息的互联互通，配合自治区水行政主管部门建立健全全区水利建设市场主体信用信息平台。

（三）自治区水利厅委托内蒙古水利工程协会，承担全区水利建设市场主体信用信息报送备案受理工作，具体负责建立全区水利建设市场主体信用信息平台，收集、记录和管理信用信息；组织开展水利建设市场主体信用知识培训教育，加强行业自律，提高各水利建设市场主体及相关执（从）业人员的信用意识。

第六条　水利建设市场主体信用信息包括基本信息、良好行为记录信息和不良行为记录信息。

（一）基本信息是指水利建设市场主体的名称、注册地址、资质、业绩、主营业务范围和从业人员基本情况等相关信息，以及在我区承担的水利建设项目情况等。

（二）良好行为记录信息是指水利建设市场主体在参与工程建设活动中遵守有关法律、法规和规章，受到旗县级以上人民政府、水行政主管部门或相关专业部门、水利有关社会团体的奖励和表彰等，所形成的信用信息。

（三）不良行为记录信息是指水利建设市场主体在参与工程建设活动中违反有关法律、法规和规章，受到司法机关追究的违法行为，违反水利行业现行规程、规范和技术标准，以及合同履行不到位，及受到旗县级以上人民政府、水行政主管部门或相关专业部门的行政处理，或者未受到行政处理但造成不良影响或后果的行为等，所形成的信用信息。

第七条　水利建设市场主体基本信息实行报送备案制度。凡在自治区境内从事水利工程建设活动的水利建设市场主体，应按有关规定在自治区水行政主管部门完成信用信息报送备案。

工商注册地为自治区境内或工商注册地为自治区境外但准备到自治区承接水利建设业务的水利建设市场主体都应报送相关基本信息。基本信息包括以下几类信息：

（一）单位信息，包括单位的基本信息、资质信息等。

（二）从业人员信息，包括人员基本信息（工商注册地为区外的企业只需报送拟派进入自治区人员基本信息）、所持有的水利从业资格证书类别、各类证书的相关信息等。

（三）在建项目信息（以自治区境内工程为主），包括在建项目的合同主要内容、主要管理人员信息等。在建项目是指施工单项合同额在 400 万元以上；重要设备、材料等单项合同额在 200 万元以上；勘测、设计、监理等服务单项合同额在 100 万元以上的项目。在建项目完工的证明材料为验收鉴定书（合同工程完工验收鉴定书或单位工程验收鉴定书或竣工验收鉴定书）或质量监督机构出具的单位工程验收质量结论的核定意见或竣工验收质量监督工作报告。

第八条　水利建设市场主体基本信用信息报送程序包括申报、审核、发布等三个环节。

（一）申报

水利建设市场主体信用信息按照信用信息平台的设置自主填报，并到备案受理单位进行信用信息登记备案。信用信息的真实性和合法性由市场主体负责，各类信息一经登录，不得撤回和修改。申报时需填写《内蒙古自治区水利建设市场主体信用信息申报表》，并提供相关证照原件（含有效副本）等具有法律效力的文书作为佐证材料以备查验。各从业单位初始报送信用信息备案时，其法定代表人须持中华人民共和国居民身份证，到备案受理单位签署在内蒙古自治区水利建设市场信用备案的承诺书，备案时必须明确法定代表人的委托代理人（一般 2～3 人），负责在我区进行信用信息报送及招标投标等活动，其他人员以单位名义参与其活动的，不予认可。授权委托人应为本单位职工，需提供相应书面证明材料，企业单位需提交其企业缴纳的一年以上时间的社会保险缴费书面证明材料。

区外施工、监理企业进入内蒙古自治区承担水利工程施工、监理业务的应设立驻内蒙古自治区机构，备案时应提供该企业驻内蒙古自治区机构主要负责人和技术负责人任命书或聘任书、办公地址等材料。

（二）审核

内蒙古水利工程协会负责对各水利建设市场主体报送的信用信息进行检查。对符合条件的市场主体信用信息，及时予以登录；对不符合条件的，要求报送单位补充完善。

（三）发布

内蒙古自治区水行政主管部门通过“内蒙古自治区水利建设市场主体信用信息平台”定期公布水利建设市场主体的信用信息。

第九条　良好行为记录和不良行为记录的报送程序：

良好行为记录信息由水利建设市场主体向自治区水行政主管部门报送。

不良行为记录信息由旗县级以上水行政主管部门向自治区水行政主管部门报送。

良好行为记录信息报送材料应当明确记载奖励或者表彰颁发机构，接受奖励或者表彰的主体、时间、地点及简要情况说明等；不良行为记录信息报送材料应当明确记载不良行为的责任主体、责任人、时间、地点以及不良行为事实、处理机构、处理结果等。

第十条 建立水利建设市场主体不良行为记录公告制度。对市场主体在工程建设过程中违反有关法律、法规和规章，受到旗县级以上人民政府或者水行政主管部门的行政处理决定所形成的不良行为信息应及时予以公告，做到公开透明，接受社会监督。

不良行为信息发布及认定标准按照水利部《水利建设市场主体不良行为记录公告暂行办法》（水建管〔2009〕518号）执行。

第十一条 积极推进信用评价，水利建设市场主体信用等级分为诚信（AAA级、AA级、A级）、守信（BBB级）、失信（CCC级）三等五级。水利建设市场主体信用等级评价标准参照水利部《全国水利建设市场主体信用评价办法》执行。

第十二条 水利建设市场主体信用信息实行实时动态更新管理。市场主体信用信息发生新增、变更等情况时，须每月定期报送有关情况。报送时需提供相关佐证材料原件，或提供加盖鲜章的复印件并现场审核原件。

水利建设市场主体基本信息发布时间为长期；良好行为记录信息发布期限为3年，受省部级以上奖励的为5年；不良行为信息公告期限按特别严重、严重和轻微三个级别确定，具体为12个月、6个月和3个月，法律、法规另有规定的除外。公告期后，相关良好行为和不良行为记录信息长期在公告平台后台保存备查。

第十三条 任何单位和个人对水利建设市场主体信用信息有异议的，可向信用信息管理部门提出书面更正申请或投诉，并提供相关证明材料。信用信息管理部门应当及时进行核实，对确认发布有误的信息，及时予以更正，并告知申请人或投诉人；对确认无误的信息，将告知申请人或投诉人。

信用信息的采集、审核、更正，必须以具有法律效力的文书为依据。

第十四条 各级水行政主管部门应依据有关法律、法规和规章，按照诚信激励和失信惩戒的原则，逐步建立信用奖惩机制，在市场准入、招标投标、资质（资格）管理、信用评价、表彰评优等工作中，利用已公布的水利建设市场主体的信用信息，依法对守信行为给予激励，对失信行为进行惩处。

第十五条 水利建筑市场主体信用档案向社会公开，接受社会监督。鼓励社会各界监督我区水利建设市场主体信用信息管理工作。市场主体获取备案资格后，应主动接受各级水行政主管部门监管、考核。对存在违法、违规行为的单位和从业人员，一经查实，我厅将按有关规定给予处罚，并将处罚结果向社会公布；情节严重的采取限制性措施或取消其备案资格。

第十六条 各级水行政主管部门要结合政务信息化工程建设，加快信用信息平台建设，实现自治区、盟市、旗县水行政主管部门水利建设市场主体信用信息的互联互通，建立畅通的信息数据交换系统实现网络互联、信息共享和实时发布，维护水利建设市场的统一开放、竞争有序。

第十七条 各级水行政主管部门要加强对水利建设市场主体信用信息管理工作的监督检查，明确分管负责人和承办部门、人员及职责，保证信息收集、公告、传送及时准确。

第十八条 各级水行政主管部门和信用信息管理部门及其工作人员，应遵守相关法规，秉公办事、廉洁自律。有弄虚作假行为的，依法追究其相关责任。

第十九条 本办法自2014年9月1日起施行。

内蒙古自治区水利建设质量专家库专家管理办法

第一条　为进一步加强我区水利工程建设项目事中、事后监督管理，充实质量监督管理专业技术力量，提升水利工程质量监督管理效率，结合我区实际，决定建立全区水利建设质量专家库，为规范专家管理，特制定本办法。

第二条　水利建设质量专家库专家是指水行政主管部门及相关单位开展水利工程质量安全监督检查、专项巡查、质量事故调查、咨询等活动中聘用的专家。

第三条　自治区水利厅负责建立全区统一的质量专家库，自治区水利工程建设质量与安全监督中心站负责专家库的日常维护与管理工作。

第四条　专家库的专业分类。专家库分为勘察设计、建设管理、质量管理、运行管理四类。其中勘察设计专家分为地质、水工、金属结构和电气等专业。

专家库专家原则上从自治区水利行业中推荐选聘产生。根据专业需要，可吸收自治区水利行业外相关专业工程技术人员。

第五条　专家库专家应当具备以下条件：

1．具有副高级以上（含）专业技术职称或者相应注册执业资格，具有较高学术专业水平，在本行业有一定影响力；

2．熟悉水利工程建设管理相关法律、法规、规章、技术标准及规范，具有10年以上水利工程设计、施工、质量管理、质量检测、工程运行管理等方面工作经验；

3．年龄原则上不超过65周岁，身体健康，能够胜任所从事的业务工作；

4．具有良好的职业道德，工作认真负责，坚持原则，秉公办事，廉洁自律；

5．能够按时参加水行政主管部门及有关单位组织的各类监督执法检查、考核、质量事故和问题的调查处理等工作。

第六条　专家的主要工作：

（一）参与水行政主管部门及有关单位组织开展水利工程质量方面的监督检查、巡查、评估、验收等；

（二）参与水行政主管部门开展的对有关部门和单位的质量工作考核；

（三）参与水利建设工程质量事故的调查、分析和处理；

（四）对有关水利工程质量管理方面的政策法规和地方技术标准的研究制定提供咨询服务；

（五）担当有关水利工程质量管理的培训师资。

第七条　质量专家选聘程序：

（一）入库人选采取单位推荐或本人自荐方式进行。推荐或自荐人选应填报《自治区水利工程质量专家库专家推荐表》（附件），并提交相关工作经历证明材料。

（二）由水利工程建设质量和安全监督中心站负责质量专家资格审核，并提出入库人选建议名单，水利厅对入选专家库专家资格确认后，并予以公布。

特殊条件下，可对特殊人才直接聘请入选。

第八条 质量专家库专家实行动态管理，专家实行年度考核制度。水利工程建设质量和安全监督中心站负责组织对入库专家进行考核，根据工作需要，按照有关条件和程序，适时对专家库成员进行调整和充实。

第九条 自治区水利厅和有关部门（单位）组织开展水利工程质量方面的监督检查、咨询等活动，需要专家提供服务的，应当从质量专家库中选取。

第十条 专家所在单位应积极支持质量专家参加专家活动，并保证必要的活动时间和提供工作中的便利。

第十一条 质量专家在参加指派的检查或咨询工作任务时，应服从工作安排，严格执行国家法律法规，遵守工作纪律和保密规定，公正、客观、实事求是地开展工作，及时提交其工作成果，完成工作任务。

第十二条 质量专家在指派参加工作任务期间发生的差旅费由指派或委托单位按照财务管理相关规定报销，并给予一定的工作津贴。

第十三条 本办法自印发之日起施行。

内蒙古自治区水利科技创新实施意见

为深入贯彻落实国家创新驱动发展战略和全国全区科技创新大会精神，根据《内蒙古自治区党委和政府关于印发〈内蒙古自治区深化科技体制改革实施方案〉的通知》（内党办发〔2015〕60号）等文件精神，为加快我区水利科技创新工作，激发广大水利工作者科技创新的积极性，充分发挥创新在水利改革发展中的科技支撑作用，有力促进自治区水利现代化，现就水利科技创新提出如下实施意见。

一、科技创新对促进水利发展的重要意义

科技是国家强盛之基，创新是民族进步之魂，科技创新是提高社会生产力和综合国力的战略支撑，水利科技创新是推进水利现代化和保障水安全的重要引擎。我区干旱少雨，水资源短缺且时空分布不均，信息化水平低，在贯彻落实中央新时期水利工作方针和自治区“五大基地”“两个屏障”“一个桥头堡”的建设中，既要考虑水资源的开发利用，又要考虑水资源的节约保护；既要考虑经济社会发展对水资源的需求，也要考虑水资源水环境的承载能力。要统筹解决好水短缺、水灾害、水生态问题，必须依靠科学治水和科技兴水，运用先进实用科学技术和管理机制改造传统落后水利，缓解经济社会发展与水资源、水环境之间的突出矛盾，促进水利现代化建设。当前，我区正按照“节水优先、空间均衡、系统治理、两手发力”的新时期水利工作方针，以确保防洪安全、供水安全和水生态安全为目标，加快构建水利综合网络体系。水利已进入深化改革和加快发展的关键时期，科技作为第一生产力，必须充分发挥其在水利改革发展中的支撑作用。全区各级水利部门一定要深刻认识科技创新对促进水利改革发展的重要意义，进一步增强工作责任感、紧迫感和使命感，从全局和战略的高度去谋划和推进水利科技工作，努力提高全区水利科技创新的整体实力和水平。

二、指导思想、基本原则和主要目标

（一）指导思想

全面贯彻实施党的十八大和十八届三中、四中、五中全会精神，认真学习践行习近平总书记在全国科技创新大会等系列重要讲话精神，牢固树立“五大发展理念”，始终坚持科技创新的“三个面向”，全面贯彻新时期水利工作方针，把科技创新摆在水利改革发展的核心位置，大力推进创新驱动发展战略，落实最严格的水资源管理制度，紧扣自治区水利发展的重大科技需求，加大科技成果转化力度，不断提升自主创新能力，逐步提高科研经费在水利建设资金中的比重，科学规划、统筹兼顾、突出重点，促进水利科技创新的健康发展，为我区的经济发展、社会进步和生态文明建设提供强有力的水利科技支撑。

（二）基本原则

——坚持 “五大理念”“三个面向”，全面创新。贯彻落实“创新、协调、绿色、开放、共享”五大发展理念，“面向世界科技前沿、面向经济主战场、面向国家重大需求”，对自治区农牧业高效节水、洪涝干旱灾害、饮水安全、水生态安全、水资源节约与保护、水工程建设与管理、信息化建

设等重点领域进行科技创新，凝炼出一批具有应用价值的重大研究课题和关键技术成果。

——坚持需求牵引、应用至上，务实创新。面对全区水资源需求不断增长，水资源供需矛盾日趋突出，落实最严格水资源管理制度的任务更加艰巨，要紧扣自治区水利改革发展中的重大科技需求，充分调动水利科技资源精准攻关，加大技术引进、消化吸收再创新和水利科技创新成果转化力度，提高水利科技服务水平。

——坚持科研与人才并举、培养与引进结合，激励创新。人才是科技创新的第一资源，围绕水利科技创新人才培养目标，更加注重培养、用好、吸引科技人才，充分激发科技创新活力。针对水利科技队伍老化、后备人才严重不足的现状，加大对科技人员的培养引进力度，培养中青年学术带头人与技术骨干，全面加强水利科技队伍建设。

——坚持统筹兼顾、联合攻关，协同创新。把握科学研究规律，创造良好创新环境，发挥市场优化配置资源手段，突出企业创新主体地位，健全产学研用协同创新体系。注重多部门、跨学科联合攻关，坚持基础研究、应用研究与技术推广相结合，原始创新、集成创新与引进消化吸收再创新相结合，提高水利科技自主创新能力。

——坚持转变观念、放管服结合，管理创新。“推动政府职能从研发管理向创新服务管理转变”，转变传统科技管理观念和组织方式，充分发挥专业机构管理项目作用。以服务科技发展、科学决策为目标，以客观中立、开放实用为导向，充分发挥水利学会在科技评价中的独立第三方作用，促进科技评价公平、公开、公正。

（三）主要目标

自治区水利科技创新发展的总体目标：到 2020 年，基本完成水利科技体制机制改革任务，完善水利科技创新投入机制，大幅增加科技投入；广泛开展国内外科技合作与交流，进一步提高科技管理效率和水平；大力推进水利科技创新平台、信息化平台建设和重点领域、关键环节的技术研究，优化科技资源共享机制，水利科技创新能力进入自治区创新型行列。

到 2030 年，积极推动新技术、新工艺、新产品、新材料在水利建设和管理中的应用，提高科技含量；建立适应创新驱动发展战略要求、符合水利重大需求的科技创新体系；建立一支结构合理、职业素质高、专业能力强的水利科技创新人才队伍；建立产学研用协同创新机制，不断强化企业在水利科技创新中的主体地位；水利科技创新成效明显提高，综合创新能力达到自治区中等以上水平。

到 2050 年，发力攻克事关自治区水利改革发展的重大技术“瓶颈”和科技难题，成果推广转化率明显提高；创新驱动力进一步增强，自主创新能力大幅提升，力争使我区水利科技创新能力进入自治区先进行列，强力支撑自治区经济社会发展和水利现代化建设。

三、突出重点，全面提升水利科技创新能力

1. 把握国内外水利科技发展趋势，跟踪自治区水利发展前沿的难点热点问题，围绕“五大基地”“两个屏障”“一个桥头堡”建设和水利改革发展中的技术“瓶颈”，着力解决制约水利发展的科技创新问题。以创新驱动发展战略为指导，以全面提升水利科技创新能力为核心，突出重点任务，组织开展水利科技重大专项、重点领域关键技术的联合攻关，力争取得新突破，获得具有较大实用价值的研究成果。

2. 对自治区农牧业高效节水、防汛（凌）抗旱减灾、饮水安全、水资源节约保护、水生态安全等重点领域的关键技术进行科技创新，在农灌用水计量和中小河流洪水预警预报的技术及设备上实现重大突破，加强对自治区水利工程建设项目的科学论证和科技咨询，强化科技成果的推广应用和

技术服务，为打造祖国北疆亮丽风景线提供水利科技支撑。

3．充分发挥现有水利科技创新体系作用，以水利科研单位为中心，广泛吸纳行业内外、区内外专家学者的智力支持，共同为构建水安全保障体系建言献策，协同水利设计、施工、管理等企事业单位及高等院校开展联合攻关，走产学研用相结合的协同创新道路，形成科技兴水合力。

4．鼓励科研单位和高等院校成立技术入股合作的科技型中小企业，通过技术合作、专利许可或建立战略联盟等方式，加快科研成果的推广。支持建设产学研用合作基地和重点实验室、研究中心、试验站、示范区等水利科技创新平台，努力提升行业的集成创新与自主创新能力。

5．营造创新良好生态，激发水利科技创新活力。发挥好科技人员骨干作用，发挥广大水利工作者的智慧，形成“大众创业、万众创新”的局面。要依托“互联网+”平台，打通科技成果转化通道，促进以互联网、云计算、大数据等信息技术在水利工程中的应用研究，搭建好各类实验平台、信息共享平台、科技服务平台，实现创新链与产业链有效对接，实现行业数据的快速采集与处理、远程调控与监测，促进行业资源整合共享。

6．加快应用技术研究。以需求为导向，以水利工程为依托，积极落实“工程带科研，科研为工程”的政策措施，充分利用工程投资中的科研费用，组织有关单位和各参建方合作开展应用研究与技术攻关，研究成果直接应用于水利工程，提高工程建设的技术水平和科技含量。

7．加强水利信息化数字化建设，充分利用遥感技术、无人机技术开展洪涝干旱灾害监测与预警分析、水土保持后评估技术研究以及洪水过程模拟、安全供水等方面的技术研究和工程监控体系研究，完善防汛（凌）抗旱减灾指挥信息系统建设，提升科学决策水平。

四、深化科技体制改革，创新水利科技工作机制

（一）创新体制机制，营造水利科技创新的良好环境

8．各级水行政主管部门要深化科技体制改革，转变职能、简政放权、放管结合、优化服务，推进科技投入机制、经费管理、科技计划和项目管理改革，培育建立专业机构管理科技项目机制，开展第三方评估。

9．加强水利科技计划项目管理制度建设，改进项目管理流程和科技成果评价机制，完善水利科技项目管理办法，健全项目决策、立项、执行、评估相对独立、相互制约的运行机制，实施项目立项公示制度。

10．建立水利科技项目的绩效评价体系和评价方法，确保项目实施效果。强化水利科技项目承担单位的法人责任，加强立项评估、中期检查和目标考核、绩效评价、经费决算审计等结题验收。研究建立水利科技项目执行情况评估指标体系与方法，促进水利科技创新发展。

11．建立健全自治区各级水利科研和科技推广机构，并配备相应的科技人员和科研经费，为科研工作创造良好条件，激发水利科技工作者的创新积极性。

12．建立依托专业机构管理科研项目的机制，行政部门不再直接管理具体项目，主要负责科技发展战略、规划、政策、布局、评估、监管。建立水利科技社团的服务体系建设，通过委托或购买服务方式，对科技中介服务予以资助。

（二）完善科技创新体系建设与运行机制

13．建设结构合理、功能完善、特色鲜明的“水利互联网+”新型科技服务体系，创新科技评估、成果推广、实用技术培训等多项服务，健全自治区、盟市、旗县、乡镇苏木四级科技联动推广服务体系，充分利用创新资源，加强创新基础能力建设。

14．制定水利科技服务业发展规划，完善支持科技服务业发展的政策措施。大力发展研究开发、技术转移等专业科技服务和综合科技服务，提升科技服务业对科技创新和产业发展的支撑能力。

15．加大对科技成果的辐射带动和宣传力度，利用新技术推广会、新设备展示会、新产品推介会，推动水利新技术、新产品的应用。要充分发挥水利学会等社团组织中介服务作用，创办“水利论坛”学术研讨，开展科技咨询、学术交流、科技下乡、科普讲座、技术培训等工作，广泛传播水利科学知识，增强水利科技影响力，营造创新良好生态，为自治区水利现代化建设提供科技支撑。

16．完善水利地方标准体系建设。成立内蒙古自治区水利标准化技术委员会，针对我区地域特点和行业标准的实际需要，结合自治区水利建设与管理创新的要求，逐步完善水利地方标准体系建设，做到设计有规范、建设有标准、管理有规程。

（三）优化研发平台资源的开放共享机制

17．推进自治区水利（水环境、水平衡）测试中心实验室、节水工程技术研发中心、水文实验站等建设，配备一批先进测试仪器与设备，开展水工模拟实验、节水灌溉工程测试、水土保持和水循环等方面的模拟试验，逐步提高试验测试水平。

18．优化全区水利技术研究中心、科研实验室、试验示范基地，按功能定位分类整合，强化服务功能，推进大型科研仪器和基础设施等资源开放共享，探索市场化运作模式共享机制，提升水利科技创新能力。

19．加强科研基础设施、科研基地（站）、科研信息网络建设，创造有利于科技创新的良好工作环境。建设管理好国家灌溉试验内蒙古中心及重点试验站，形成灌溉试验、演示示范、教学培训为一体的水利科技重点示范基地，促进科技资源优化配置和高效利用。

20．依托自治区水文总局、水利科学研究院、水利信息中心，建立和完善水利科技情报信息网、数据库，形成科技成果与大数据、实验室和试验基地、大型仪器设备、大型灌溉预报信息系统、土壤旱情监测分析平台、大江大河大湖大库水情动态监测、洪涝干旱灾害预警监测服务网络，实现远程水利科技信息网络服务平台开放共享。

21．充分发挥各级水利科研院所优势，支持与高校、企业建立长效合作机制，组建产业技术创新联盟、新型研发机构等研发应用平台，开展多种形式的跨领域、跨地区联合攻关、技术示范和成果转化，服务和带动全区水利科技创新。

（四）落实科技成果转化激励政策

22．完善科研成果转化激励机制，落实自治区科技成果转化激励政策。职务发明成果转让收益在重要贡献人员、所属单位之间合理分配，对用于奖励科研负责人、骨干技术人员等重要贡献人员和团队的收益比例不低于50%。

23．结合事业单位分类改革要求，落实自治区科技成果改革政策。将财政资金支持形成的，不涉及国防、国家安全、国家利益、重大社会公共利益的科技成果的使用权、处置权和收益权，下放给符合条件的项目承担单位。科技成果转移转化所得收入全部留归单位，纳入预算，统一管理，处置收入不上缴国库。

24．落实国有企业事业单位成果转化奖励的相关政策，对职务发明完成人、科技成果转化重要贡献人员和团队的奖励，计入当年单位工资总额，不作为工资总额基数。

25．加强知识产权保护和宣传培训，落实知识产权法律法规和相关政策，增强知识产权意识，加大发明专利费用资助和奖励力度。

（五）强化企业创新主体地位

26．积极推动企业成为创新决策、研发投入、科研组织和成果应用的主体，促进资源要素高效配置。注重政府引导和政策支持，增强市场机制内生动力，弘扬企业家精神，形成社会支持、崇尚创新型企业家的良好氛围。

27．鼓励企业组建新型研发机构或创新平台载体，引入核心技术和研发团队；鼓励民营企业参与水利科技创新，经费补贴和税费优惠可参照《内蒙古自治区鼓励和支持非公有制经济加快发展若干规定》（内政发〔2016〕80号）执行。

28．推动水利科技创新资源向企业倾斜，建立企业牵头组织实施的水利科技创新项目机制，注重引导形成一批拥有自主知识产权、自主品牌和持续创新能力的创新型企业。

29．对科研院所等事业单位以科技成果作价入股的企业，放宽股权奖励、股权出售对企业设立年限和盈利水平的限制。鼓励各类企业通过股权、期权、分红等方式，对创新中作出重要贡献的科技人员进行物质奖励。

五、改进科技创新人才的培养和使用机制

（一）造就一流创新团队，完善人才培养机制

30．科技创新，人才为先。进一步树立“人才是第一资源”的思想，大力实施“人才强区工程”，认真研究培养人才、吸引人才、留住人才、用好人才的长效机制，建设一支富有创新精神、敢于承担风险的创新型人才队伍，实现人尽其才、才尽其用、用有所成，全面加强水利科技创新人才队伍建设。

31．着力培养水利科技创新领军人才。系统培养和积极引进水利科技创新人才，大力培养和造就一批不同层次的水利科技领军人才，建设一支年龄结构合理、业务素质较高、爱岗敬业的水利科技创新队伍，培养一批具有自治区领先水平、国内有一定影响力的学科带头人。

32．大力培养和重视引进水利科技创新素质高、能力强的高层次复合型人才，加快水利科技创新团队建设。鼓励、支持科技人员参加继续教育，引导跨专业教育学习，有计划地培养复合型人才。通过水利科技创新平台、研发中心、试验基地建设，组建创新团队，加强水利专业领域的科学研究，力争打造在区内外有影响力的水利专业创新团队。

（二）加大人才引进力度，激活创新人才流动机制

33．按照“尊重知识、尊重人才”的创新发展理念，以重大水利工程或科研专项为依托，大力引进与重点培养相结合，着力培养一批优秀后备人才，建立一支专业能力强、职业道德高的水利科技人才队伍。

34．科研单位应加大引进科研人才，特别是优秀的中青年科技人才。各级水利人事部门要积极配合科研单位疏通进人渠道，解决优秀年轻人才的编制问题，以扭转水利科技人才断档、青黄不接的局面；同时要以优惠条件积极引进区内外多年从事科研工作的创新人才和复合型领军人才，以解决科研院所科技骨干人才严重不足的难题。

35．倡导高校、科研机构及其他水利单位之间根据各自需要进行人才互聘，重大水利科技项目应当聘请不同单位专家参与研究，鼓励科技专家与基层水利部门合作开展有地域特色的技术研究及应用推广，指导当地水利科技创新发展，促进水利科研人员的合理流动。

（三）建立水利科技创新人才长效激励机制

36．紧紧围绕自治区水利科技发展需求健全人才激励机制，深入实施自治区“人才强区工程”

和水利部“水利科技英才工程”，重点奖励对水利科技贡献突出和高层次创新人才，促进创新人才脱颖而出。

37．推进科研事业单位分类改革，落实编制管理、人员聘用、职称评定、绩效工资分配等方面的自主权。人事部门要认真分析研究人才评价和岗位考核方式，制定综合的人才考核评价机制，将创新成效、专利成果、标准制定、成果转化等作为职称评审、轮岗交流和干部提拔的重要依据之一。

38．用人单位要积极帮助解决现有及引进科技人才的户籍、住房、岗位聘用、职称评审、配偶安置、子女入学、社会保障等方面的切身利益问题，免除其后顾之忧，创造有利于科技人才成长的良好环境。

39．建立鼓励科技创新的分配制度，健全科技人才的引进、培养、使用机制。完善高层次人才队伍建设目标考核责任制，改进科研人员薪酬和岗位管理制度，重点向关键岗位、业务骨干和作出突出贡献的科研人员倾斜，保障其合理的工资待遇水平。

（四）建立健全水利科技创新人才培养使用机制

40．加大对水利科技人员的培养力度。支持科技人员自主选题、独立主持科研项目、开展科技创新研究，鼓励青年科研人员发扬务实奉献、善于创新、敢于创新的行业精神，强化对创新人才的发现、引进、使用和培养，加强对基层水利科技人员的培训力度。

41．加强对中青年水利科技人员的培养和使用。通过重大科研项目的实施，培养一批有创新能力和发展潜力的水利科技创新人才，使之成为区内外有影响力的学术带头人。

42．建立长期稳定的水利科技队伍，逐步完善培养使用机制，加强团队间的技术和人员交流，共享科技创新信息，为我区水利事业发展提供有力的科技支撑。

六、强化水利科技创新保障措施

（一）创新水利科技资金投入机制

43．不断完善多渠道、多层次、多元化的水利科技投入增长机制，加大对水利科技创新的投入力度，逐步提高水利科技经费在水利建设资金中的比重，有效提高资金的使用效益，确保真金白银用在科技创新的刀刃上。

44．各级水利部门和科研单位要努力争取国家和自治区财政资金对水利科技的支持，积极参与国家和自治区实施的重大水利科技项目。水利厅将逐步加大科技创新经费的投入力度，盟市、旗县水利部门要积极争取本级和上级财政经费支持，多方筹措资金推广先进实用技术在本地区的应用。

45．改进科技项目结转结余资金留用处理方式。项目实施期间，年度剩余资金可结转下一年度继续使用。项目完成任务目标并通过验收后，结余资金按规定留归项目承担单位使用，在 2 年内由项目承担单位统筹安排用于科研活动的直接支出；2 年后未使用完的，按规定收回。

46．完善科研项目间接费用管理制度，提高间接费用比重，加大绩效激励力度，绩效支出安排与科研人员在项目工作中的实际贡献挂钩。明确劳务费开支范围，不设比例限制，由项目承担单位和科研人员据实编制，参与项目的研究生、博士后及聘用的研究人员、科研辅助人员等，均可按规定标准开支劳务费。

47．完善多渠道筹措水利科技创新资金机制，全力落实“工程带科研，科研为工程”的政策措施，合理开支水利工程建设中的科学研究试验费，提高工程的科技含量和技术水平。在政府投资水利项目中，对确有研究需要的，按工程直接费用的一定比例计列新技术推广费用，专项用于新技术、新产品的推广应用，以解决水利工程建设中的技术难题。

48．运用财政后补助机制，引导企业建立研发准备金，逐步完善技术创新市场导向机制，强化企业技术创新主体地位，调动企业参与科技研发和推广的积极性。

49．探索多元投入水利科技创新机制，尝试创新成果提供股权的融资服务方式。积极发挥财政科技资金的引导作用，带动企业、金融机构和社会资本加大水利科技创新投入。

50．完善科技资金使用机制，建立公平、公正、公开的水利科技创新专项资金使用制度，加强对各环节的监督和管理，提高科技资金使用效益。

（二）加强水利科技创新工作的组织领导

51．各级水利部门要把水利科技创新工作作为主要任务，纳入水利改革发展的重要议事日程，统筹谋划，系统部署，精心组织，扎实推进。各盟市水行政主管部门要建立健全水利科技工作机构，配备科技人员，落实科研经费。水利厅将水利科技创新工作成效，纳入对盟市水行政主管部门和厅属各单位的实绩考核内容，并加大考核指标权重。

52．进一步加强和完善水利科技项目管理，各有关部门要充分认识水利科技创新的重要性，进一步增强责任感、使命感和紧迫感，明确职责，密切配合，按照任务分工和职能要求，结合本单位本处室实际制定具体方案，明确责任人、时间表和路线图，形成水利科技创新工作合力。

53．自治区水利厅成立主要负责人为组长的水利科技创新工作领导小组，办公室设在科技处，分管领导兼主任。研究制定水利科技发展规划、制度建设、创新举措，统筹协调、研究解决创新工作中的问题，提高科学决策和管理水平。

（三）积极改善创新氛围，努力营造创新生态。

54．加强水利科技创新的宣传力度，形成鼓励创新的舆论引导，积极改善创新氛围，努力营造创新生态环境。提高创新意识，形成尊重知识、尊重人才、尊重创造的创新环境，宽容创新失败，大兴识才爱才敬才用才之风，促进水利人才想创新、敢创新、争创新的良好局面。树立创新时不我待的责任感和紧迫感，营造敢为人先、大胆质疑的创新自信氛围，形成鼓励创新、追求技术进步的创新文化，使创新意识深入人心、创新工作成为常态，为创新营造良好的社会氛围。

55．各盟市各单位要紧紧围绕总目标，结合自治区“十三五”水利科技发展规划，科学制定本地区本部门的水利科技创新工作方案，突出重点、明确目标、攻坚克难，为水利科技创新工作添彩鼓劲、精准发力、再立新功。

内蒙古自治区水利科技项目管理办法

第一章 总 则

第一条 为了进一步加强我区水利科技项目管理，促进水利科技项目管理工作的规范化、科学化、制度化，提高水利科技管理水平，为自治区水利可持续发展提供科技支撑，有效实施科技创新驱动发展战略，根据国家水利部、自治区科技厅有关规定，特制订本办法。

第二条 本办法所称水利科技项目，是指有关我区水利改革发展的先进技术的研究、引进、集成、开发与示范推广、成果转化和条件平台建设等水利科研课题。

第三条 水利科技投入是驱动创新、科学发展的必要条件，是实施科教兴区战略和科学治水方针的基本保证。要大力采取“工程带科研”的措施，切实加大水利科技投入力度。

第四条 水利科技项目实行决策、执行、评价、监督和立项审查制、专家评估制、合同管理制和项目负责人制的运行机制，项目完成后应组织结题验收和财务审计。

第五条 对涉及国家秘密的水利科技项目应加强保密管理，严格落实保密责任，确保国家秘密安全。

第六条 水利厅科技主管部门是水利科技项目的归口管理机构，负责水利科技项目的计划编制、组织实施和监督管理。水利厅各有关业务部门协助做好相关项目的实施和监督工作。

第二章 组织管理

第七条 水利厅科技主管部门的主要职责：

（一）加强项目规范化管理，组织编制水利科技规划、评审立项、任务书审查、项目验收以及成果管理等；

（二）加强科技项目实施的全过程管理，强化监督检查；

（三）推进科研诚信制度的建设，建立水利科技项目立项公告、计划执行与管理信用制度等；

（四）认真审查项目承担单位和项目负责人提交的材料；

（五）加强各级科技管理和技术人员的培训。

第八条 水利厅计划财务主管部门的主要职责：

（一）负责科技项目资金的预算审查、申报、批复；

（二）组织重大科技项目的财务审计；

（三）加强科研项目财务的管理、督查和培训。

第九条 项目承担单位和盟市水利科技主管部门主要职责：

（一）加强本单位或本地区所承担项目全过程的监督管理，为承担的水利科技项目提供必要的科研条件；

（二）严格审查本单位或本地区所承担或管理的各类水利科技项目，保证科研人员投入足够的时间参与项目的研究，并对科研人员报送的执行进度、研究成果、经费使用的真实性负责；

（三）积极配合相关部门的监督检查，确保项目按时保质完成，如发生项目调整情况，应及时报告上级水利科技主管部门，并提出处理意见或建议；

（四）加强科技和财务人员的管理和培训。

第十条 项目负责人主要职责：

（一）按有关管理办法规定要求，组织精干团队，合理分配工作时间，严格执行项目任务书和实施方案确定的工作任务。

（二）确保项目的执行进度和经费使用合规，按时高质量完成项目的各项目标任务。

（三）如实报告承担项目的科研工作量、实施进展、经费使用等情况，积极主动配合相关部门的监督检查工作。

第十一条 项目负责人原则上应为该项目主体研究思路的提出者和实际主持研究的科技人员，并具有中级（含）以上专业技术职务，保证在其主持项目上投入的工作时间和精力能够达到自身实际工作量的50%以上。

项目负责人只能承担水利厅同期立项的一个水利科技项目，公务人员、退休人员及外籍人员不得作为项目负责人。

第三章 申报立项

第十二条 凡具有一定的科技人员、较为完备的研究场所和试验设施等科研基础条件，且运行管理规范，具有独立法人资格的科研院所、高等院校和企事业单位均可申报水利科技项目。

第十三条 项目立项包括申请、审批、签约三个基本程序，实行专家评审与行政决策相结合的制度。申请项目应当符合自治区经济、社会和科技发展战略，符合自治区水利改革发展的总体部署和科技规划。

第十四条 项目立项应符合以下基本条件：

（一）凡符合项目承担资格的单位均可申报水利科技项目，支持鼓励科研院所、高等院校和企业单位发挥各自专长联合攻关、协同创新，强化产学研用紧密结合。

（二）研究内容应是我区水利改革发展中需要解决的科技问题，研究成果实用，有较好的经济、社会和生态效益，具有推广转化价值或创新性。

（三）目标任务明确具体，技术指标可考核，并能形成国家或自治区级的科技论文、自主知识产权、相应技术标准等成果。

（四）发表论文的第一标注应是“水利科技项目资助”，成果鉴定要根据资金组成排序加以标注，出版专著和申请专利都要体现第一标注。

第十五条 项目实行立项审查制。申报水利科技项目，需填报《水利科技项目建议书》，重大项目提供《水利科技项目可行性研究报告》，申报材料于每年8月底前报水利厅科技主管部门。水利厅科技主管部门根据水利科技发展规划和年度水利科技工作重点，组织专家对申报项目进行立项审查，提出评审意见。依据专家审查意见提出立项计划并公告后，由水利厅根据年度资金安排情况确定下达。

第十六条 国家部委和自治区科技厅批准立项的水利科技项目，承担单位应在实施前报送水利厅科技主管部门备案。

第十七条 项目实行合同管理制。项目批准立项后，项目承担单位应提交《水利科技项目计划任务书》及《水利科技项目经费预算实施方案》，并与水利厅科技主管部门签订《水利科技项目合同书》。

第四章　项目实施

第十八条　项目下达部门、归口管理部门和项目承担单位要各负其责，互相合作，密切配合，共同组织好项目的实施工作，必要时成立协调领导小组，加强对重大项目的领导和协调。

第十九条　项目承担单位应严格按照合同规定的内容和要求，认真组织技术力量，确保各项目标任务的完成。跨年度项目必须在每年 12 月底前报送项目计划实施报告，反映项目进展情况、经费投入情况以及存在问题和解决办法。

第二十条　实行项目负责人制。项目承担单位应与项目负责人签订合同书，明确各自的职责权限。项目负责人对项目的研究内容、研究计划、项目管理、完成时间、成果质量和资金使用负全责。项目完成后接受验收和审计。

第二十一条　项目实行专家评估制。项目实施年限一般不超过三年，执行期二年以上的项目，实行滚动管理。项目在实施过程中，水利厅科技主管部门将组织专家进行中期评估或检查，中期评估结论作为项目滚动支持和调整变更的参考依据，对执行不力的项目，要及时予以调整或撤销，并对造成损失的项目追究承担单位和项目负责人的责任。

第二十二条　项目实施过程中，由于出现无法克服的技术困难，或者需要变更项目负责人，或者需调整研究目标、内容和进度时，由项目承担单位提出申请报水利厅科技主管部门。经水利厅科技主管部门审核同意后，方可进行调整计划和变更合同。对于未经批准，自行变更不按计划执行以及终止的，停止下拨该项目经费，并收回已下拨的科技经费。

第五章　项目验收

第二十三条　凡水利厅立项的水利科技项目均需进行结题验收。验收以批准的计划任务书和合同文本约定的内容、确定的考核指标为基本依据，对项目完成情况做出客观的、实事求是的评价，并做出验收意见。

第二十四条　项目完成后承担单位应及时申请结题验收，水利厅科技主管部门在收到验收申请报告后应尽快组织专家验收。

第二十五条　申请验收项目，需提交验收申请报告、项目技术及工作总结报告、财务审核意见或审计报告、财务决算报告等材料。水利厅科技主管部门初审后，即可组织有关部门和专家按照合同要求进行验收。

第二十六条　项目需在合同完成后半年内进行验收，严禁无故拖延项目验收期限。出现下列情形的验收不予通过：

（一）由于承担单位组织不力或项目负责人不认真履行职责，致使项目不能按任务书要求的内容、目标、质量、时间完成的；

（二）提供的文件、资料、数据不真实，存在弄虚作假的；

（三）未经批准擅自变更项目承担单位、项目负责人、考核指标、研究内容、技术路线的；

（四）经费使用存在严重问题的；

（五）专家意见争议较大或研究结果存在纠纷等。

第二十七条　对验收不合格、或者未按合同约定如期验收、或者财务审计发现问题的项目，承担单位和项目负责人应当继续履行合同并及时整改。如果未按期整改或整改不到位，承担单位和项目负责人三年内不得再申报或承担新的科技项目，同时追究相关人员的责任。

第二十八条 通过验收的项目可以申请科技成果鉴定。经水利厅科技主管部门审核后，按照科技成果鉴定相关规定报送自治区科技厅组织鉴定。

第六章 经费管理

第二十九条 项目承担单位应按照国家和自治区有关财务管理规定，健全科技项目经费内部财务管理制度，明确财务与项目负责人在项目经费使用与管理中的职责与权限。项目经费必须纳入单位财务统一管理，单独核算，专款专用，不得挪用、滞留。承担单位的配套经费也应按进度及时、足额到位。对违反经费使用规定，不按照项目批复预算执行的，将停止拨款直至追回已拨资金，予以通报。

第三十条 水利科技经费，应按照相关规定、年度计划与合同约定分年度下拨，可以跨年度使用。项目经费的预算和开支范围应当按照国家和自治区有关科技项目资金管理办法执行。

第三十一条 水利科技项目应当依据有关财务规定和合同约定进行审核或审计。项目经费在50万元（含）以下的，盟市、旗县承担项目由盟市水行政主管部门组织审核并出具审核意见，自治区级的由承担单位组织审核并出具审核意见；项目经费在50万～100万元（含）的，盟市、旗县承担项目由盟市水行政主管部门委托审计，自治区级的由承担单位委托审计；100万元以上的重大科技项目由自治区水利厅组织审核或委托审计；审计费用均由项目经费支出。

第七章 成果管理

第三十二条 项目成果归承担单位所有，其知识产权及相应权益按国家有关法律法规进行管理。取得成果的单位和个人不得对项目委托单位进行成果封锁，应积极促进推广和应用，也可按规定进行有偿转让。

第三十三条 项目完成后，承担单位必须按照水利部《水利科学技术档案管理规定》，将所有成果资料及时归档保存，同时按规定办理科技成果登记，并向水利厅科技主管部门提交一份完整的纸质和电子成果资料。

第三十四条 水利科技成果登记后，将由水利厅科技主管部门及时录入水利信息数据库。未经登记和备案的水利科技成果，原则上不得推荐申报各类水利科技奖励和列入水利科技推广与转让计划。

第八章 附 则

第三十五条 各单位应切实加强科技项目执行与管理，严格按照项目任务书规定的要求和目标，按时保质地完成项目工作任务。违反相关规定者，其失信行为将计入水利科技计划项目执行与管理信用档案，并按照《内蒙古自治区社会法人失信惩戒办法（试行）》（内政办发〔2014〕42号）和水利部《水利科技计划实施中失信行为处理办法（试行）》进行处理。

第三十六条 本办法自发布之日起执行。原《内蒙古自治区水利科技项目管理办法》（内水科〔2007〕4号）同时废止。

第三十七条 本办法由内蒙古自治区水利厅负责解释。

内蒙古自治区水利前期工作技术审查与行政审批管理办法

第一章 总 则

第一条 为了推进行政审批制度改革，加快水利前期工作审查和审批进度，保证行政决策的科学性、民主性、合法性，转变政府职能，创新管理方式，构建权责一致、分工合理、决策科学、执行顺畅、监督有力的行政管理体制。根据《国务院办公厅转发监察部等部门关于深入推进行政审批制度改革意见的通知》（国办发〔2008〕115号）精神，制定本办法。

第二条 自治区水利厅负责法律、法规规定的水利前期工作的行政审批，受水利厅委托的技术审查单位（以下简称"审查单位"）承担除本单位（含所属技术服务公司）编制的水利前期技术审查工作。但符合以下情形之一的，由水利厅总工程师主持技术审查，并指定相关部门或者单位具体负责审查组织工作。

（一）水利发展综合规划和专业规划；

（二）估算投资在3000万元以上的水利建设项目和跨行政区域重点水资源配置工程的项目建议书、可行性研究报告和初步设计报告；

（三）水权转换工程项目可行性研究报告和水资源论证报告，规划（工业园区）水资源论证报告以及重点地区的水资源评价报告。

第三条 审查单位是技术审查的责任单位。经商水利厅有关业务主管处室，结合审查工作专业需要，按照有关规定选聘专家组成专家评审组，并指定专家评审组组长，依据国家、自治区有关经济技术政策、专业规程规范开展技术审查工作，对水利前期技术工作的可行性、合理性负责。

第四条 项目建设单位应当委托符合资质要求的单位承担相应的前期工作。受委托的单位在规定的业务范围内开展技术服务工作，不得承揽与技术工作无关的内容。

第二章 技术审查

第五条 需要提交水利厅审批的水利前期工作技术报告，由项目建设单位或者盟市水行政主管部门按规定提出申请，连同技术报告报送水利厅办公室。厅办公室按照"一门受理、统筹协调、规范审批、限时督办"的运作方式，根据技术报告专业性质、重要程度，决定呈送厅领导、总工程师批阅或直接分办有关业务主管处室。

业务主管处室和审查单位应当确定专人负责接收技术报告等材料，确保及时高效，为申请人提供优质服务。

第六条 除法律、法规和自治区水利厅有特殊规定外，各审查单位依照自治区编制部门批准的工作职责，承担水利前期工作技术审查业务范围如下：

内蒙古水利水电勘测设计院承担水利基本建设项目前期工作、防洪影响评价报告等前期工作的技术审查。

内蒙古水利建设工程质量与安全监督中心站承担灌区续建配套与节水改造工程、农牧水利项目、节水灌溉示范工程等前期工作的技术审查。

内蒙古灌溉排水发展中心承担农村牧区饮水安全工程前期工作的技术审查。

内蒙古水土保持工作站承担水土保持项目前期工作和开发建设项目水土保持方案的技术审查。

以上审查单位承担的技术审查事项实行动态管理，不能按时完成审查任务、技术审查把关不严或者有其他影响公正审查行为的，取消委托审查资格。

第七条 建设项目水资源论证报告由水利厅组织专家审查或委托有资质的单位进行技术咨询。

审查单位实行技术审查回避制度，审查单位编制的属于审查业务范围的前期技术报告，由水利厅组织专家审查或委托有资质的单位进行技术咨询。

第八条 水利厅有关业务主管处室收到厅办公室批转的技术审查材料，应当对建设项目进行受理审查。符合有关政策法规的，应当在5个工作日内提出决定受理的意见；不符合有关法规政策的，应当在5个工作日内提出不予受理的意见，书面通知项目建设单位，并反馈厅办公室。

水利厅决定受理的水利前期工作技术报告，审查单位应当在收到技术报告15个工作日内完成技术审查工作，但不包括外业勘察、技术报告修改等所需时间。

审查单位认为不能进行技术审查的，应当向申请单位以书面形式说明理由，并抄报水利厅办公室按程序处理。

需要修改完善的技术报告，经技术审查后，报告编制单位在30个工作日内仍未提交修改报告的，可以组织重新审查，并将相关情况报水利厅备案。

第九条 专家评审组审查意见是水利前期工作行政审批的技术依据。

技术审查一般以召开会议形式进行。评审专家参加会议应当提出署名的专家评审意见，专家评审组应当当场出具由专家组组长署名的专家评审组意见。

审查单位根据专家组意见提出书面审查意见，加盖单位公章后，连同审定的技术报告及相关支持性材料送水利厅有关业务主管处室。业务主管处室经审核后，提出行政审批意见。

第十条 对未通过技术审查的项目，审查单位应将存在问题和不予通过的理由书面告知项目建设单位，并报水利厅办公室备案。

第十一条 审查单位可以依据本办法规定制定审查实施细则，报水利厅备案审查。

第三章 行政审批

第十二条 行政审批由水利厅有关处室按照职责分工承办，由厅领导签发。由水利厅总工程师主持审查的重大项目或者需要集体研究决定的水利前期项目，应提交厅长办公会审议。

第十三条 水利厅有关职能处室应对审查单位出具的审查意见和审定的技术报告进行审核。需要补正材料或不予审批的，应当在5个工作日内书面告知申报单位，并抄送水利厅办公室。

有关业务主管处室在审核技术报告时，对审查单位审定的报告有不同意见，且未能协商一致的，应当提请水利厅总工程师决定是否主持复审。

第十四条 水利厅有关业务主管处室应当在收到审查单位的审查意见后15个工作日内，出具行政审批意见，按照公文处理程序作出行政审批。

如因重大复杂事项不能在规定期限内完成审批的，承办处室报经厅领导批准，可以延长10个工作日，并将延长期限的理由告知申报单位。

第十五条 法律、法规、规章规定应当听证的事项，或者涉及公共利益重大事项，水利厅认为需要听证的，应当向社会公告，并举行听证，行政审批时限相应顺延。

第四章 专家管理

第十六条 水利前期工作审查实行专家库选聘制度。水利厅办公室经商水利厅有关业务主管处室提出各专业评审专家名单，报厅长办公会议决定，建立评审专家库。

评审专家应当选择各行业政策水平高、专业技术水平强、经验丰富、作风正派的副高级职称以上人员担任。评审专家应当遵守职业道德，客观、公正、实事求是地参加审查活动，评审行为不受行政部门、审查单位干预。

水利前期工作审查专家库实行动态管理，根据评审工作需要和专家从事评审工作表现适时调整。

第十七条 水利前期工作技术评审组为单数，人员组成应当符合审查项目的专业要求。其中从专家库中选聘的专家人数不得少于评审组总人数的三分之二，审查单位人员进入专家组人数不得超过二分之一，并从严控制评审组专家人数。

第十八条 水利前期工作评审实行专家回避制度。参与技术报告编制咨询工作以及其他有利害关系需要回避的专家不得参加审查工作。

第十九条 评审专家依据国家、自治区有关规定和技术标准、规程规范对技术报告存有疑义或者认为存在重大问题，可向建设单位或者技术报告编制单位提出质疑。建设单位或者技术报告编制单位应如实反映情况，并提供相关原始资料。

评审专家应当维护建设单位和报告编制单位的知识产权和技术秘密，妥善保存技术报告和相关技术资料。

第五章 信息公开与监督

第二十条 按照《中华人民共和国政府信息公开条例》的有关规定，水利厅有关职能处室和审查单位应当制定办事指南，公开审查与审批的依据、条件、程序、时限，审查与审批办理情况，技术审查意见和行政审批意见。所有公开内容应在内蒙古水利网上公布，但需要保密的事项除外。

第二十一条 为了保证审查工作公正、公开、公平，审查意见应当符合法规及政策要求，水利厅相关处室要对技术审查进行全程政策指导和监督，并派员参加审查会。有关业务主管处室的代表行使与评审专家同等的权利，并负责监督报告编制单位和评审专家的履行职责情况。

水利厅办公室、水政与安全监督处、监察室按照各自的职责分工做好监督检查工作。

第六章 工作纪律

第二十二条 水利厅机关公务人员在指导和监督技术审查时，不得担任审查组成员，不得以任何形式领取评审费或咨询费。

第二十三条 厅机关公务员应当遵守有关廉洁从政的规定，不得利用工作及职务便利干扰专家评审和为他人承揽业务。

第二十四条 审查单位、评审专家不得以技术审查为条件和依托，利用工作便利承揽勘察、设计项目或者与此相关的监理、监测、招标代理等有关业务。审查单位的工作人员和评审专家不得收受审查服务费以外的财物或者其他好处。

第二十五条 审查单位负责组织技术报告评审工作。在实施相关费用未列入财政预算前，因技术审查发生的直接费用由申请人承担。各审查单位不得向申请人收取与技术审查无关的费用，并接受审计监督。

第七章 审查后评估

第二十六条 水利厅有关职能处室应当按照政务公开的规定，定期将行政审批情况报送水利厅办公室，经审核汇总后，按信息发布程序在内蒙古水利网上公布。

第二十七条 水利厅水政与安全监督处要会同有关处室定期对水利技术审查和行政审批情况进行督查评估，并反馈技术审查和行政审批评估情况。

第八章 责任追究

第二十八条 水利前期工作技术审查实行审查单位和评审专家负责制。审查单位应当对技术审查负全面责任，专家对个人提出的审查意见负技术责任。

第二十九条 审查单位违反有关规定组织审查工作，造成严重后果的，给予严肃处理；审查意见严重失真或出现重大失误的，按照有关法律规定追究直接责任人和审查单位的责任，并取消审查资格。

审查单位、评审专家违反本办法第二十四条规定，利用工作便利承揽勘察、设计项目或者与此相关的监理、监测、招标代理等有关业务，或者收受审查服务费以外的财物、其他好处的，一经发现并查证属实，立即取消审查单位或者评审专家的资格，并追究相关人员的责任。

第三十条 从事水利前期工作的评审专家徇私舞弊，弄虚作假，玩忽职守的，由水利厅有关处室提出或者审查单位直接停止其审查活动。属于评审专家库的专家，水利厅视情节轻重，予以通报批评或者取消其评审专家资格。

第三十一条 水利厅有关职能处室及其公务员在行政审批和技术审查的指导、监督中出现重大失误的，按照有关规定追究相关人员责任。

内蒙古自治区水利厅关于进一步规范水利工程建设项目招标投标工作的通知

当前，我区水利工程建设项目呈现点多、面广、量大，建设任务重、专业人员不足、实施主体基层化、监管难度增大等特点。在历次开展的审计、稽察中，水利工程建设项目招标投标环节仍然存在较为突出的问题，特别是中小型建设项目，主要表现在：一是招标公告发布不规范，工程设计不招标和个别工程先实施后招标；二是工程招标投标管理不严格，围标串标、挂靠资质投标、转包和违法分包；三是评标标准和方法不科学合理，低于成本价中标问题时有发生；四是评标委员会组建和评标不规范；五是工程招标投标监管不到位、对投标人资格条件的审查不严等问题还不同程度地存在。为进一步规范我区水利工程建设项目招标投标活动，切实有效解决招标投标活动中存在的突出问题，推动招标投标市场健康发展，根据《中华人民共和国招标投标法》《中华人民共和国招标投标法实施条例》、水利部《水利工程施工转包违法分包等违法行为认定查处管理暂行办法》（水建管〔2016〕420号）等法律、法规和规章，现就我区水利工程建设项目招标投标工作提出如下要求，请认真贯彻执行。

一、提高认识，切实规范招标投标工作

（一）严格依法依规招标。水利工程建设项目招标投标工作应严格执行国家及自治区相关法律法规，遵循公开、公平、公正和诚实信用的原则，严格履行招标投标程序，规范招标投标行为，确保招标投标制度的统一性和严肃性。招标工作由招标人（项目法人）负责，任何单位和个人不得以任何方式非法干涉招标投标活动。凡是达到国家规定必须招标的水利工程建设项目均应实行公开招标，对于邀请招标和不招标项目要依法履行批准程序。对于地方设置的与《中华人民共和国招标投标法》和《中华人民共和国行政许可法》相抵触的规定，以及带有地方保护倾向的不恰当的做法，要立即予以纠正或撤销。要积极探索和推行电子招标投标，完善水利建设招投标管理制度，从制度上有效预防各类违法违规和腐败行为的发生。各级水行政主管部门要按照职责分工，切实加强招标投标行业行政监管。

（二）严格核准招标范围和规模标准。按照国家有关规定需要履行项目审批、核准手续的必须依法进行招标项目，其招标范围、招标方式、招标组织形式应当报项目审批、核准部门审批、核准。一经批准，招标人不得随意改变。确需改变的，须重新报原项目审批或核准部门批准。招标前，招标人按项目管理权限，向水行政主管部门提交招标报告备案。备案内容包括：招标已具备的条件（项目审批、核准文件、项目法人组建方案等）、招标方式、分标方案、招标计划安排、投标人资质（资格）条件、评标方法、评标委员会组建方案以及开标、评标的工作具体安排等。

对施工单项合同估算价在200万元人民币以上的；重要设备、材料等货物的采购，单项合同估算价在100万元人民币以上的；勘察、设计、监理等服务的采购，单项合同估算价在50万元人民币以上的；或单项合同估算价低于上述规定的标准，但项目总投资额在3000万元人民币以上的，必须按照规定进行招标，水利工程建设项目招标投标活动应全部进入公共资源交易市场交易。

（三）严格按规定公开招标信息。为保证投标人及时、便捷地获取招标信息，依法必须招标的建设项目，应按照《招标投标法》《招标公告发布暂行办法》《水利工程建设项目招标投标管理规定》（水利部令第 14 号）和自治区政府的要求在规定的媒介统一发布。同时，按有关规定和要求对中标候选人进行公示。各级水行政主管部门要全面公开项目建设信息，拓宽信息公开渠道，要充分利用政府门户网站和各种媒体进行整合发布，逐步实现水利建设信息共建共享。

（四）切实规范评标行为。严格执行《评标委员会和评标方法暂行规定》《评标专家和评标专家库管理暂行办法》等规定，进一步规范招标文件的编制，制订科学合理的评标标准和方法，不得含有倾向或者排斥潜在投标人的内容，建立防范低于成本价中标行为的机制，有效控制围标串标；建立评标专家培训、考核评价制度，规范评标专家的评标行为，特别是要规范项目法人委派的专家的评标行为，健全评标专家退出机制；评标委员会必须严格按照招标文件中载明的评标办法进行评标，在评标过程中要形成包括专家独立评价、要素信息对比、评标委员会专家讨论、问题澄清和综合定性评价等程序完整、科学、高效的评标规则，科学进行综合定量评价，保证相对最优候选人中标。

（五）加快市场主体信用体系建设。进一步完善全区水利建设市场主体信用信息平台，及时发布水利建设市场各方主体信用信息，完善水利建设市场主体信用信息库。建立招标投标违法行为和市场主体不良行为记录公告制度，研究出台水利建设市场主体信用信息应用的指导性意见，逐步建立企业和个人失信惩戒和守信激励制度。凡未在自治区水利建设市场主体信用信息平台建立信用档案的，或提交的材料与信用信息平台登录的信息不符的，其主要人员资历、代表业绩等在招标投标活动中可不予认定。水行政主管部门和有关单位在水利工程招标投标活动中直接查阅使用市场主体信用记录，建立与市场主体信用信息的关联管理机制。

（六）切实加强合同履行管理。一是中标人应当按照合同约定履行义务，完成中标项目。中标人不得向他人转让中标项目，也不得将中标项目肢解后分别向他人转让。中标人派驻现场的主要管理人员、技术人员数量及资格应与投标文件承诺一致。中标单位现场管理人员因特殊情况确需变更的，须经项目法人同意确认并批准。拟变更的人员应为本单位人员，且不得低于原投标承诺人员所具有的资格和条件。二是项目法人要切实加强对中标单位的履约管理，加强施工现场监督检查，要建立中标单位项目经理、总监等主要管理人员到位履约承诺制度和主要管理人员考勤考核制度，按投标文件承诺保证月驻工地时间，严厉查处施工、监理人员空挂、长期不到岗及擅自变更施工、监理人员等行为，发现施工、监理有挂靠、转包、违法分包行为时，应及时整改并作出相应处理，报送有关行政监督部门和行业主管部门。

（七）完善招标投标行政监督机制，加大处罚力度。各级水行政主管部门按照事权划分和分级管理的原则，加强事中事后的监管，落实监管责任，建立健全科学、高效的监督机制和监控体系，对违规和不良行为，要及时组织调查和查处，将检查结果及时上报，并将有关情况记入其信用档案，向社会公示，建立守信激励失信惩戒机制。按照水利部《水利建设市场主体不良行为记录公告暂行办法》和《水利工程施工转包违法分包等违法行为认定查处管理暂行办法》（水建管〔2016〕420 号），加大对违法违纪行为的处罚力度。

（八）建立完善招标投标活动投诉处理机制。各级水行政主管部门要建立健全招标投标投诉处理机制，畅通举报投诉渠道，确定本部门负责受理投诉的机构及其电话、传真、电子信箱和通信地址，并向社会公布。投标人或者其他利害关系人认为招标投标活动中的违法违规行为，可以依法向有关行政监督部门投诉，投诉人应当有明确的请求和必要的书面证明材料，对实名举报的要明确答复投诉人并作好书面记录。对投诉问题要认真调查核实，及时处理并通报处理结果，切实保护国家利益、社会公共利益和招标投标当事人的合法权益。

二、深入排查，整改突出问题

（一）深入排查问题（2017 年 3 月至 5 月）

自治区水利厅有关处室和各盟市水务（水利）局，要结合水利工程建设招标投标活动中存在的问题，开展招标投标活动专项治理工作，选择重点项目、重点环节组织重点督查和抽查，并根据业务管辖范围做好指导工作；水利工程建设项目法人要组织自查自纠，认真查找水利工程建设项目招标投标中存在的突出问题，要对照有关法律法规和政策规定，深刻分析原因，查找存在的漏洞和薄弱环节，提出整改措施和办法，作出处理。

（二）认真进行整改（2017 年 6 月至 8 月）

各级水行政主管部门要针对自查、抽查中发现的问题，制定和完善整改措施，落实整改责任，及时纠正；对招标人、投标人和评标专家在招标投标活动中违规、违纪和不良行为，由水行政主管部门依照职权依法处罚，记入不良行为档案并在网站公开曝光。对在招标投标活动中串标、围标和出借资质的企业，限制其 1～2 年不得参与水利工程建设项目的投标。各级水行政主管部门要切实落实监管责任，健全有效联动、密切监控的监督机制，进一步加大招标投标监督力度，强化标后履约行为监管。

（三）巩固治理成果（2017 年 9 月至 11 月）

各级水行政主管部门及有关部门在抓好整改的同时，也要及时把规范招标投标工作中的有效措施和经验转化为法规制度，进一步提出需要完善的制度和加强日常监管的工作措施，逐步建立健全加强水利工程建设招标投标工作的长效机制。

内蒙古自治区水利厅关于进一步规范水利行业资质申报和审批（核）工作的通知

为进一步规范我区水利行业资质申报和审批（核）工作，推进简政放权、放管结合、优化服务改革。根据国务院《关于建立完善守信联合激励和失信联合惩戒制度加快推进社会诚信建设的指导意见》和国家发改委、水利部《关于加快水利建设市场信用体系建设的实施意见》及有关政策法规，促进企业诚信守法，现就进一步规范水利行业资质申报和审批（核）工作通知如下：

一、规范企业资质申报工作

（一）资质申报。申请或延续须由水行政主管部门审批（核）的水利行业施工、监理、质量检测等相关资质的企业（以下简称申报企业），要按照相关规定和资质标准要求，依法提供有关材料，并对填报的人员信息或代表工程业绩信息的真实性、完整性和及时性负责。

（二）公开企业信息。申报企业应在自治区水利建设市场信用信息平台和全国水利建设市场信用信息平台建立信用档案，公开企业信用信息，接受社会监督。

二、加强企业资质审批（核）前核查

（一）各级资质受理部门对申请人提交的申请材料应当依据法律、法规、规章规定和资质标准的有关要求，对申请材料的实质内容进行核实，审核部门应充分利用水利建设市场信用信息平台已公布的企业信用信息直接查阅，建立与市场主体信用信息的关联管理机制。

（二）申报企业提交的资质申报纸质材料应与水利建设市场信用信息平台公示的信息一致。信息不符的，视为隐瞒真实情况、弄虚作假，其人员信息或代表工程业绩在资质审批（核）中不予认定。未在信用信息平台登录的人员信息或代表工程业绩不予认定。

（三）资质受理部门对企业申报材料齐全、符合法定形式的，要即时受理，无正当理由不得拒收符合要求的申请材料；对申请材料不齐全或者不符合法定形式的，应及时一次性告知申请人需要补正的全部内容；对受理或者不予受理的资质申请，应当作出书面决定，说明理由，并告知申请人有依法申请行政复议或者提出行政诉讼的权利。

（四）申报企业在资质申报中弄虚作假的，资质受理部门将视情况依规做出不予行政许可、给予警告、通报处理，并提出 1 年内不得再次申请水利行业资质的建议意见。对帮助申报企业弄虚作假出具业绩证明的单位和个人，予以全区通报，并提请有关部门依法追究责任。

三、健全完善投诉举报处理机制

（一）对实名举报件，按相关规定办理。提供基本事实线索和证据材料的，认真调查核实，并将核实情况及审批（核）结果反馈举报人；未提供线索和证据的，经与举报人联系沟通，仍未能提供线索证据的，或无法与举报人取得联系的，不进行核实。

（二）对匿名或假冒他人姓名的举报件，无基本事实线索和证据材料的，不予调查核实；有线索和证据材料的，认真调查核实，并将核实和处理结果进行通报。

（三）对上级机关或有关部门转来的举报件，按上述办法处理，将调查处理情况、审批情况反馈上级机关或有关部门，以及核实举报人。

四、加强资质审批（核）动态监管

企业申报水利行业相关资质过程中或资质获得批准后被举报，经调查核实存在弄虚作假行为，或者在主管部门监督检查、抽查中发现资质申报存在弄虚作假行为的，撤销行政许可或将调查事实报送行政许可部门，按弄虚作假予以处理，并作为不良行为记入诚信档案或列入诚信黑名单，同时在全国水利建设市场信用信息平台和自治区水利建设市场信用信息平台公布。

五、关于企业信用证明

各有关单位在行政管理、市场监督、公共服务等活动中，请直接查阅使用水利建设市场信用信息平台公示的市场主体信用记录信息。

内蒙古自治区水利厅关于进一步加强工程建设标准强制性条文贯彻落实的通知

《工程建设强制性条文》颁布实施以来，我区水利工程建设中贯彻执行强制性条文的意识不断增强，有效地促进了水利工程建设质量与安全管理水平的提高。但在近年来的质量工作考核、稽察及强制性条文监督检查中也发现，我区在强制性条文贯彻实施、宣传培训和监督检查方面执行还不够到位，不同程度地存在问题和不足，与水利部、自治区政府的有关要求还有差距。为切实做好强制性条文的执行与监督等工作，保证我区水利建设工程质量和安全。依据《建设工程质量管理条例》（国务院令第 279 号）、《建设工程勘察设计管理条例》（国务院令第 293 号）、《建设工程安全生产管理条例》（国务院令第 393 号）、《水利工程建设标准强制性条文管理办法（试行）》（水国科〔2012〕546 号）等有关规定，为进一步强化 2016 版《工程建设标准强制性条文》（水利工程部分）的宣贯、实施与监督工作，现就进一步贯彻落实强制性条文通知如下。

一、充分认识贯彻实施强制性条文的重要性

《工程建设强制性条文》是现行工程建设国家标准和行业标准中，直接涉及人民生命财产安全、人身健康、工程安全、环境保护、能源和资源节约及其他公众利益等方面，在水利工程建设中必须强制执行的技术条款。强制性条文是工程建设参建单位从事水利工程建设活动必须执行的强制性技术要求，也是政府对工程建设强制性标准实施监督的技术依据。

目前，2016 版《工程建设标准强制性条文》（水利工程部分）已发布实施。各级水行政主管部门和项目法人、勘测、设计、施工、监理、检测等工程建设参建单位，要牢固树立质量第一、安全至上的理念，切实提高对强制性条文重要性的认识，应当本着对工程质量、安全负责的精神，系统学习和掌握强制性条文的内容，全面贯彻落实强制性条文的要求。工程各参建单位应当切实承担强制性条文贯彻执行的主体责任。各级水行政主管部门要切实履行强制性条文监督检查的主体责任，在全区水利工程建设中，形成全面贯彻落实强制性条文的良好氛围。

二、认真抓好强制性条文的贯彻执行

贯彻执行好强制性条文，是保障水利工程建设质量和安全的基础，工程建设各参建单位应当在质量管理体系文件中明确设置执行和检查强制性条文的环节与要求。

项目法人单位在组织工程建设时应遵守强制性条文，对各参建单位强制性条文贯彻执行情况定期或不定期开展检查，对不符合强制性条文的违规行为坚决制止，并形成检查记录。项目法人单位不得明示、暗示设计单位或施工单位违反强制性条文。工程建设中拟采用新技术、新工艺、新材料、新装备的，应当由拟采用单位提请项目法人进行论证，项目法人应当组织相关专家对其质量、安全与强制性条文符合性开展专题技术论证，并按程序履行相关手续。

勘测、设计单位在开展工作时应遵守强制性条文，对规划、勘测、设计及变更成果进行强制性条文执行情况检查，不符合强制性条文的成果不得批准。检查应当形成《工程勘察设计文件强制性

条文执行情况检查记录表》（附表 1）。在提交规划、勘测、设计及变更成果时，应当附具检查记录表。

施工单位在组织工程施工时应遵守强制性条文，在主体工程开工前，施工单位应当编制《工程施工强制性条文执行计划表》（附表 2），经监理单位审核后执行。工程施工过程中，施工单位应当形成《工程施工强制性条文执行情况检查记录表》（附表 3），并经监理单位复核。施工单位发现工程勘测、设计文件不符合强制性条文的，应当及时报告项目法人或监理单位。

监理单位在实施监理时应遵守强制性条文，并对强制性条文贯彻执行情况定期或不定期开展检查，并形成检查记录。监理单位发现工程勘测设计文件不符合强制性条文的，应当及时报告项目法人单位；监理单位应当审查施工组织设计中的安全技术措施或者专项施工方案是否符合强制性条文，发现施工作业不符合强制性条文的，应当及时予以制止、改正，并报告项目法人单位。

检测单位开展检测工作时应遵守强制性条文，确保检测成果质量。

工程阶段验收、竣工验收前，设计单位、施工单位应当分别向项目法人单位提交《工程勘察设计文件强制性条文执行情况检查记录表》和《工程施工强制性条文执行情况检查记录表》。验收时，建设管理、设计、施工、监理等工作报告中，应当包含强制性条文贯彻执行情况及检查内容。

三、着力做好强制性条文的培训教育

开展强制性条文的培训工作是贯彻执行强制性条文的前提。各级水行政主管部门必须采取有效措施，结合各自实际情况，制定强制性条文培训计划和具体实施步骤，组织本地区的有关人员认真学习和掌握《强制性条文》的内容。工程建设各参建单位应当高度重视强制性条文培训工作，每年应制订培训计划，组织本单位相关管理人员、技术人员、主要作业人员进行强制性条文的培训，新的强制性条文颁布后应当及时组织培训。新录用人员的岗前培训应当包括强制性条文内容，培训应当形成记录。未经培训的人员不得从事相关工作和作业。

四、严格落实强制性条文的监督检查

开展强制性条文监督检查，是水行政主管部门质量工作考核的重要内容之一。强制性条文监督检查工作实行分级负责制，上级水行政主管部门应当对下级水行政主管部门的监督检查工作给予指导。设计文件审查机构负责对工程建设项目的规划、勘测、设计及其变更所涉及的强制性条文执行情况实施监督。质量与安全监督机构负责对涉及施工质量和安全的强制性条文执行情况实施监督。稽察机构应当将强制性条文执行情况列入稽察工作内容。

监督检查的内容主要包括：质量管理体系文件中是否有明确要求执行和检查强制性条文的环节；有关工程技术和作业人员是否熟悉、掌握强制性条文；工程项目的规划、勘测、设计、施工、检测、验收等是否符合强制性条文的规定；工程项目采用的材料、设备是否符合强制性条文的规定；工程项目的质量、安全是否符合强制性条文的规定；工程中采用的导则、指南、手册、计算软件的内容是否符合强制性条文的规定；有关单位对强制性条文执行情况的检查是否符合要求。

设计文件审查机构对设计成果和施工图等进行审查时，应重点检查强制性条文执行情况，并在审查意见和文件中做出评价。质量和安全监督机构在开展监督活动时，应重点对施工过程中强制性条文执行情况进行检查，并在监督意见、监督报告中做出评价。阶段验收、竣工验收时，验收主持单位应当对参建单位的强制性条文执行情况进行核查，并在验收鉴定书中做出评价。进行竣工验收技术鉴定时，技术鉴定单位应当对各参建单位的强制性条文执行情况做出评价。各级水行政主管部门在处理重大质量安全事故时，应当邀请建设标准方面的专家参加，事故报告应当包括强制性条文执行情况的内容。

项目法人、勘测、设计、施工、监理等单位应当对监督检查所提出的问题进行整改。违反强制性条文要求的，应当按照《建设工程质量管理条例》《建设工程勘察设计管理条例》《建设工程安全生产管理条例》《实施工程建设强制性标准监督规定》等有关规定进行处理。

内蒙古自治区水利厅关于印发《内蒙古自治区重大水利工程建设安全生产巡查工作制度实施细则》的通知

为加强我区重大水利工程建设安全管理，确保工程建设生产安全，根据水利部《重大水利工程建设安全生产巡查工作制度》（水安监〔2016〕221号）规定和2017年水利厅安全生产领导小组第一次会议部署，制定本实施细则。

一、目标任务

认真贯彻落实水利部、自治区安委会关于加强安全生产工作的决策部署，坚持“安全第一、预防为主、综合治理”方针，按照“管行业必须管安全，管业务必须管安全，管生产经营必须管安全”要求，督促各级水行政主管部门和工程参建单位严格落实安全生产责任，切实加强安全防范措施，不断提高安全生产管理水平，全面防范生产安全事故发生，确保重大水利工程建设顺利实施。

二、巡查对象和巡查组织

（一）巡查对象：列入国家重大项目规划的由自治区批复初步设计的水利工程项目。

（二）巡查组织：按照综合监管、专业监管分工，水政与安全监督处负责进行重点抽查，农牧处、建管处等业务处室制定巡查计划，分头组织各自业务范围内的巡查工作，年内完成全覆盖巡查任务。具体分工如下：

水政与安全监督处：负责组成有关人员和专家，从综合监管角度开展抽查工作。

农牧处：组织有关人员和专家从专业监管角度负责对灌区等工程开展巡查。

建管处：组织有关人员和专家从专业监管角度负责对河道治理等工程开展巡查。

三、巡查内容

（一）对水行政主管部门安全生产监督管理工作巡查内容

1．贯彻落实水利部关于重大水利工程建设安全生产决策部署情况；

2．重大水利工程建设安全生产监督责任体系建立情况；

3．重大水利工程建设安全生产监督工作机制建立情况，监管机构、人员落实情况；

4．重大水利工程建设安全生产工作巡查落实情况；

5．重大水利工程建设生产安全事故重大隐患治理督办制度建立及落实情况，监督检查中发现隐患及问题的整改落实情况；

6．重大水利工程建设“打非治违”、专项整治、安全风险辨识、重大危险源管控等情况；

7．推动水利安全生产标准化建设情况；

8．其他需要巡查的内容。

（二）对项目法人安全生产工作巡查内容

1．安全生产管理制度建立情况；

2．安全生产管理机构设立及人员配置情况；

3．安全生产责任制建立及落实情况；

4．安全生产例会制度、安全生产检查制度、教育培训制度、职业卫生制度、事故报告制度等执行情况；

5．安全生产措施方案的制定、备案与执行情况；

6．危险性较大单项工程、拆除爆破工程施工方案的审核及备案情况；

7．工程度汛方案和超标准洪水应急预案的制定、批准或备案、落实情况；

8．施工单位安全生产许可证、安全生产“三类人员”和特种作业人员持证上岗等核查情况；

9．安全生产措施费用落实及管理情况；

10．安全生产应急处置能力建设情况；

11．事故隐患排查治理、重大危险源辨识管控等情况；

12．开展水利安全生产标准化建设情况；

13．其他需要巡查的内容。

（三）对勘察（测）设计单位安全生产工作巡查内容

1．安全生产措施费用计列情况；

2．设计交底涉及安全生产的情况；

3．对工程重点部位和关键环节防范生产安全事故的指导意见或建议；

4．新结构、新材料、新工艺及特殊结构防范生产安全事故措施建议；

5．其他需要巡查的内容。

（四）对建设监理单位安全生产工作巡查内容

1．安全生产管理制度建立情况；

2．安全生产责任制落实情况；

3．监理例会制度、教育培训制度、事故报告制度等执行情况；

4．施工组织设计中的安全技术措施及专项施工方案审查和监督落实情况；

5．监理大纲、监理规划、监理细则中有关安全生产措施执行情况；

6．监理巡视检查记录和对历次检查发现隐患整改落实的督促情况；

7．其他需要巡查的内容。

（五）对施工单位安全生产工作巡查内容

1．安全生产管理制度建立情况；

2．安全生产许可证的有效性；

3．安全生产管理机构设立及人员配置情况；

4．安全生产责任制落实情况；

5．安全生产例会制度、安全生产检查制度、教育培训制度、职业卫生制度、事故报告制度等执行情况；

6．安全生产有关操作规程制定及执行情况；

7．施工组织设计中的安全技术措施及专项施工方案制定和审查情况；

8．安全施工交底情况；

9．安全生产“三类人员”和特种作业人员持证上岗情况；

10．安全生产措施费用提取及使用情况；

11．安全生产应急处置能力建设情况；

12．隐患排查治理、重大危险源辨识管控等情况；

13．其他需要巡查的内容。

（六）对施工现场安全生产工作巡查内容

1．安全技术措施及专项施工方案落实情况；

2．施工支护、脚手架、爆破、吊装、临时用电、安全防护设施和文明施工等情况；

3．安全生产操作规程执行情况；

4．安全生产“三类人员”和特种作业人员持证上岗情况；

5．个体防护与劳动防护用品使用情况；

6．应急预案中有关救援设备、物资落实情况；

7．特种设备检验与维护状况；

8．消防、防汛设施等落实及完好情况；

9．其他需要巡查的内容。

四、巡查程序

（一）巡查组召开座谈会，听取被巡查单位安全生产工作汇报，对有关情况进行问询；

（二）巡查组查阅有关文件、档案、会议记录等资料；

（三）巡查组现场检查工程建设安全生产情况；

（四）巡查组及时向被巡查单位（工程）反馈相关巡查情况，指出问题和隐患，有针对性地提出整改意见；

（五）巡查工作结束后15日内，各业务处向水利厅安全生产领导小组书面汇报巡查工作；

（六）根据巡查工作报告，各业务处下达巡查整改工作通知，提出整改意见，督促整改落实。

五、工作要求

（一）巡查工作要坚持原则、深入细致、严谨求实、客观公正。巡查人员应严格执行工作纪律，不得擅自泄露巡查检查掌握的内部资料和情况，并严守廉洁自律各项规定。

（二）有关业务处应认真组织做好巡查发现的重大事故隐患挂牌督办工作。对于隐患排除前或排除过程中无法保证安全的，应责令从危险区域内撤出作业人员、暂时停工或停止使用相关设施设备等。

（三）有关业务处对巡查发现的问题和隐患要督促整改落实，问题严重、整改不力的要依法依规追究相关单位和人员的责任。

（四）被巡查单位及上级水行政主管部门要自觉接受巡查，积极配合，如实反映工程建设管理实际情况，认真提供工作资料，对巡查发现的问题和隐患，立即组织整改，并按要求将整改情况及时报送水利厅安全生产领导小组办公室。

内蒙古自治区水文监测资料使用审查办法（试行）

第一条 为了加强自治区水文监测资料使用的监督管理，确保水文监测资料使用的完整、可靠、一致，合理开发、科学利用和有效保护水资源，根据《中华人民共和国水文条例》和《内蒙古自治区人民政府关于公布第二批自治区本级行政执法部门执法依据的通知》（内政发〔2007〕105 号），制定本办法。

第二条 本办法所涉及的水文监测资料，是指自治区水文站网对江河、湖泊、渠道、水库的水位、流量、水质、水温、泥沙、冰情、水下地形和地下水资源，以及降水量、蒸发量、墒情、风暴潮等实施监测和调查，并进行分析、统计和计算，经过整编后形成的资料。

第三条 内蒙古自治区水文总局负责实施编制重要规划、进行重点项目建设和水资源管理使用水文监测资料的审查。

自治区水行政主管部门对实施水文监测资料使用审查情况进行监督检查。

第四条 水文监测资料使用审查是对使用的水文监测资料是否完整、可靠、一致进行技术上的把关，是重要规划和重点建设项目审查、审批的基础。自治区水文部门对使用水文监测资料的规划、工程设计和项目论证等成果出具书面审查意见，是有关部门审查、审批项目的必要依据。

第五条 下列规划、项目所使用的水文监测资料应当依法进行审查：

（一）由国家或者自治区批准的国民经济发展规划、区域和流域规划以及城镇建设等重要规划；

（二）由国家或者自治区批准、核准、备案的重点建设项目的可行性研究、论证、初步设计等专题报告；

（三）水利厅认为需要审查的水资源管理项目。

第六条 使用水文监测资料需要审查的，由使用单位或者个人向审查单位提出书面申请并提供以下资料：

（一）有关申请审查事项的基本情况包括项目的名称、规模、地点、性质、审批程序等；

（二）提供水文监测资料单位的资质证书复印件并加盖公章；

（三）水文监测资料使用单位的法人资格证明材料；

（四）使用的水文监测资料内容。

审查单位应当自受理水文监测资料使用申请之日起 2 个工作日内，作出是否受理的决定。对申请材料不齐全或者不符合规定要求的，应当以书面形式告知，受理日期以补齐资料之日算起。

第七条 审查单位收到申请后，应当对下列事项进行审核：

（一）申请使用水文监测资料的来源；

（二）申请使用水文监测资料的用途和范围；

（三）申请人提出的水文监测资料的使用方式；

（四）申请人的申请材料是否齐全、符合规定要求。

第八条 审查单位应当在受理申请 10 个工作日内完成技术审查并出具加盖印章的书面审查意

见。审查意见的内容应当包括对资料的完整性、可靠性、一致性的综合评价，对存在的问题进行处理或者提出处理意见。

对于性质特殊或者特大型事项水文监测资料使用审查，需要进行咨询论证，在规定期限内不能做出审查决定的，可以延长5个工作日，并将延长期限的理由告知申请单位或者个人。

第九条 同一使用单位对同一建设项目不同前期阶段的专题报告所使用的同一水文监测站点相同水文系列的水文监测资料不得重复审查。

第十条 水文监测资料使用审查，必须严格遵照国家有关水文测验、水文监测资料整编、水利水电工程水文计算、水利水电工程设计洪水计算等相关规范和技术标准。

第十一条 通过审查使用的水文监测资料，审查单位应当对资料的完整性、可靠性、一致性负责。

第十二条 经审查使用的水文监测资料，审查事项发生重大变化，原水文监测资料不能满足需要的，项目单位或者个人应当及时采用新的水文监测资料，并按照本办法规定的程序重新申报审查。

第十三条 审查水文监测资料不得收费。

第十四条 对于擅自转让、转借审查的水文监测资料或者使用未经审定的水文监测资料的单位或者个人，应当按照《水文条例》相关规定追究法律责任。

第十五条 本办法由自治区水利厅负责解释。

内蒙古自治区水利厅关于进一步明确水利工程建设质量与安全监督责任的实施意见

（内水建〔2016〕112号）

各盟市水务（水利）局，满洲里、二连浩特市水务局，各有关单位，各盟市质量与安全监督站：

为深入贯彻落实党的十八大和十八届三中、四中全会精神和自治区人民政府质量强区决定，进一步转变政府职能，推进依法行政，合理划分自治区、盟市、旗县（区）水利工程建设质量与安全监督事权，建立健全责任明确、权责一致、上下协调、运转高效的水利工程建设质量与安全监督工作机制，全面提升全区水利工程建设的质量与安全水平，根据《建设工程质量管理条例》（国务院令279号）、《水利部印发〈关于进一步明确水利工程建设质量与安全监督责任的意见〉的通知》（水建管〔2014〕408号）等有关规定和要求，结合我区实际，现就进一步明确我区水利工程建设质量与安全监督责任提出以下实施意见：

一、基本原则

（一）分级管理的原则。我区水利工程建设质量与安全监督实行分级管理。自治区水行政主管部门负责对全区水利工程建设质量与安全实施行业监督管理，盟市、旗县水行政主管部门分别负责对本地区的水利工程建设质量与安全实施监督管理。

（二）权责一致的原则。自治区、盟市、旗县（区）水行政主管部门是水利工程建设质量与安全监督管理的责任主体，各级水行政主管部门必须在法律法规赋予的职权范围内对水利工程建设质量与安全履行监督职责，依法实施监督工作，并承担相应责任。

（三）分工协作的原则。各级水行政主管部门按照职责分工、相互配合原则，做好水利工程建设质量与安全监督工作，上级水行政主管部门要加强对下级水行政主管部门质量与安全监督工作的监督检查和业务指导。在明确和落实责任的基础上，各级水行政主管部门要加强协作配合，避免监管脱节，杜绝监管漏洞。

（四）全面覆盖的原则。按照或参照国家基本建设程序实施项目管理的水利工程（包括新建、扩建、改建），均要落实政府质量与安全监督责任，实现水利工程建设质量与安全监督全覆盖。

（五）委托实施监督的原则。水利工程质量和安全监督管理的具体工作可以由自治区、盟市、旗县（区）水行政主管部门成立的质量与安全监督机构负责实施，旗县（区）水行政主管部门未成立质量与安全监督机构的，其水利工程质量与安全监督工作由旗县（区）水行政主管部门落实专门机构负责或由盟市水利工程质量与安全监督机构代理。

二、全区水利工程建设质量与安全监督责任划分

（一）自治区水行政主管部门责任

1．贯彻执行国家、水利部和自治区有关工程建设质量与安全管理的法律法规、规范规程和技术标准。

2．依法制定自治区水利工程质量与安全管理的规章制度、规范性文件及地方技术标准。

3．负责对全区水利工程建设质量与安全实施监督管理，督促和指导盟市、旗县水行政主管部门的质量与安全监督工作，组织对全区有关水利工程建设质量与安全的法律法规和技术标准执行情况的监督检查。组织开展全区水利工程建设质量与安全检查，隐患排查，组织开展第三方质量检测工作，掌握全区水利工程质量与安全动态和工作情况。

4．负责本地区水利工程建设质量与安全监督管理的能力建设，加强对盟市、旗县质量与安全监督管理人员的培训，提高质量与安全监督的执行能力。

5．组织对全区水利工程建设质量和安全工作进行考核。

6．组织实施以下水利工程建设项目质量与安全监督工作：

（1）自治区水利厅直属单位组建项目法人的水利工程建设项目（工程建设由盟市、旗县实施的项目除外）。

（2）自治区级以上（含自治区级）批复立项的下列水利工程项目：

①水库工程：总库容在100万立方米（台）以上的大中型新建水库工程；

②堤防工程：跨盟市大江大河治理工程；

③灌区工程：30万亩（含）以上新建大型灌区；

④引调水工程：跨流域、跨盟市引调水工程。

（3）其他工程：水利部及流域机构需要协助开展质量和安全监督的相关水利工程。

（二）盟市水行政主管部门责任

1．贯彻执行国家、水利部和自治区有关工程建设质量与安全管理的法律法规、规范规程和技术标准，制定本地区的质量与安全管理实施细则等。

2．负责对本地区水利工程建设质量与安全实施监督管理，督促和指导旗县（区）水行政主管部门的质量与安全监督工作，组织对本地区有关水利工程建设质量与安全的法律法规和技术标准执行情况的监督检查，组织开展本地区水利工程建设质量与安全检查、隐患排查，组织开展第三方质量检测工作，掌握本地区水利工程质量与安全动态和工作情况。

3．负责本地区水利工程建设质量与安全监督管理的能力建设，加强对旗县（区）质量与安全监督管理人员的培训，提高旗县（区）质量与安全监督的执行能力。指导旗县（区）水行政主管部门积极推进水利工程建设质量与安全监督机构建议，建立工作经费保障机制，确保质量与安全监督机构独立开展工作，履行监督职责，保障大规模水利工程建设的质量与安全。

4．组织对旗县（区）水利工程建设质量和安全工作进行考核。

5．组织实施以下水利工程建设项目质量与安全监督工作：

（1）盟市人民政府或委托盟市水行政主管部门组建项目法人的水利工程建设项目。

（2）盟市水行政主管部门直属单位组建项目法人的水利工程项目。

（3）自治区、盟市级重点水利工程：1）新建小型水库，改建、扩建的中小型水库；2）旗县城镇以上堤防工程；3）重点城镇供水工程；4）大中型灌区续建配套与节水改造工程。具体实施监督项目划分可由盟市结合本地区实际进行划分。

（4）上级水行政主管部门委托或协助开展质量与安全监督的相关水利工程。

（三）旗县（区）水行政主管部门责任

1．贯彻执行国家、水利部、自治区和盟市有关工程建设质量与安全管理的法律法规、规范规程和技术标准。

2. 负责对本旗县（区）行政区域内水利工程建设质量与安全实施监督管理，组织开展质量与安全检查、隐患排查等。

3. 负责本辖区水利工程建设质量与安全监督管理的能力建设，加强对质量与安全监督管理人员培训，提高质量与安全监督的执法能力。

4. 掌握本旗县水利工程质量动态，及时向盟市水行政主管部门报告工程质量动态情况。

5. 负责辖区内上级主管部门监督以外的项目，实行水利工程建设项目质量与安全监督全覆盖。

三、工作要求

（一）提高认识，加强领导。进一步明确水利工程建设质量与安全监督责任，是深入贯彻党的十八届三中、四中、五中全会精神、自治区人民政府质量强区决定的具体体现，是全面深化水利改革、加快政府职能转变、推进依法行政的重要举措。各级水行政主管部门要牢固树立质量第一、安全至上的理念，切实加强领导，帮助解决实际，精心组织，确保水利工程建设质量与安全监督工作落实到位，坚决杜绝较大以上质量与安全事故发生。

（二）明确职责，强化监督。各盟市水行政主管部门应根据本意见要求，结合本地实际，进一步划分本辖区水利工程建设质量与安全监督的责任和范围。要切实加强对旗县（区）水利工程建设质量与安全监督管理，加强对旗县（区）级水行政主管部门质量与安全监督工作的督促指导，进一步健全监督工作机制，加大监督工作力度，提高监督工作效能。

（三）健全机构，提升能力。水利工程建设质量与安全监督的具体工作是由水利工程建设质量与安全监督机构进行组织实施。各级水行政主管部门要建立健全水利工程建设质量与安全监督机构，大力推进旗县（区）级质量与安全监督机构建设，调整和落实监督人员，落实质量监督检查检测费用及仪器设备。机构设置、人员配备、监督经费应满足水利工程建设质量与安全监督工作的需要，增强监督工作的强制性和权威性，保障水利工程建设质量与安全。

（四）转变方式，突出重点。各级水利工程质量与安全监督机构要不断改进和创新质量与安全监督模式，既要注重实体工程质量与安全监督，还要注重参建各方质量与安全体系，质量与安全管理行为监督，要进一步推行分类监督和差别化监督，加强对重点工程和民生工程的质量和安全监督，突出对质量与安全管理薄弱的项目和质量与安全信用较差的市场主体的监督，突出对工程重要部位、隐蔽工程的质量与安全监督。创新水利建设市场监管方式，进一步建立和完善建设市场主体信用档案制度、信用公示制度和质量“红黑”名单制度。建立监督检查与市场主体信用关联机制，建立守信激励失信惩戒机制，营造水利建设行业诚信为荣，失信可耻的良好氛围。

（五）加强检查，落实整改。监督检查是确保工程质量与安全的重要手段。各级水行政主管部门要切实加强对本地区水利工程建设质量与安全的监督管理，要科学制定监督计划和检查方案，定期或不定期开展质量与安全大检查和隐患排查，确保质量与安全检查纵向到底，横向到边，不留死角。对监督检查发现的单位和责任人，细化落实整改任务，限定整改时限，确保质量与安全问题及时、全面整改到位，对不及时整改的实行挂牌监督机制。

（六）加强检测，科学评价。质量检测是水利工程施工过程质量控制的重要环节，是质量监督的重要手段。各级水行政主管部门要进一步强化质量检测在质量监督中的关键作用，不断加强对施工单位自检、监理平行检测的监督检查，积极组织开展第三方质量检测，对工程质量进行科学评估，确保工程质量真实可控。要将第三方质量检测结果作为质量等级核定，企业信用等级评价和行政处罚判定的重要依据。要充分利用检测数据，科学评价工程质量。工程质量达到核定要求时，方可通过验收；工程质量达不到要求时，应及时采取措施，直至符合工程相关质量验收标准。

（七）落实责任，强化问责。各级水行政主管部门要根据本实施意见的要求，进一步落实质量与安全责任，切实加强本地区水利工程建设质量与安全的监督管理，在落实监督责任的基础上，要进一步健全监督工作机制，加大监督工作力度，提高监督工作效能，严格实施建设工程质量与安全责任终身制。要不断加大对行政不作为、乱作为的监督行为的问责力度，对因监督不到位造成水利工程质量与安全事故的单位和个人要严格实行责任追究。

内蒙古自治区水利厅关于转发水利部促进市场公平竞争维护水利建设市场正常秩序实施意见的通知

（内水便函〔2017〕67号）

各盟市水务（水利）局，各有关单位：

为深入贯彻落实《国务院关于促进市场公平竞争维护市场正常秩序的若干意见》（国发〔2014〕20号）和简政放权、放管结合、优化服务工作部署，近日，水利部印发《关于促进市场公平竞争维护水利建设市场正常秩序的实施意见》（水建管〔2017〕123号）（以下简称《实施意见》）。《实施意见》在放宽市场准入、减轻企业负担、规范招标投标、加强事中事后监管、严格依法依规监管等方面提出18条具体措施。现将《实施意见》转发给你们，请认真贯彻落实。

内蒙古自治区水利厅

2017年4月25日

关于促进市场公平竞争维护水利建设市场正常秩序的实施意见

（水建管〔2017〕123号）

各流域机构，各省、自治区、直辖市水利（水务）厅（局），各计划单列市水利（水务）局，新疆生产建设兵团水利局，各有关单位：

根据《国务院关于促进市场公平竞争维护市场正常秩序的若干意见》（国发〔2014〕20号）精神，按照简政放权、放管结合、优化服务的工作要求，结合水利建设市场实际，现就促进市场公平竞争、维护水利建设市场正常秩序提出以下意见。

一、总体要求

认真贯彻落实党中央、国务院关于全面深化改革的重大决策部署，按照水利部深化水利改革要求，充分发挥市场在资源配置中的决定性作用，把转变政府职能与创新管理方式相结合，坚持放管并重，激发市场活力，加快构建统一开放、竞争有序、诚信守法、监管有力的水利建设市场体系，为大规模水利建设顺利实施提供可靠保障。

二、规范市场准入

（一）规范市场准入条件。凡取得国家水利工程建设相应类别资质资格许可的各类市场主体（以下简称市场主体），均可依法在全国范围内参与相应水利工程建设。任何部门和单位不得设置法律法规之外的市场准入门槛，不得抬高或降低招标工程对应的资质资格等级，不得自行设置或变相设置从业人员资格。

（二）消除地区保护。严禁违法违规设置市场壁垒，打破区域限制，消除地方保护。各级水行政主管部门不得以备案、登记、注册等形式排斥、限制外地注册企业进入本地区承揽水利建设业务，不得将在本地区注册设立独立子公司或分公司、参加本地区培训等作为外地注册企业进入本地区水利建设市场的准入条件。不得要求企业注册所在地水行政主管部门出具企业无不良行为记录、无重特大质量安全事故等证明。不得强制要求市场主体法定代表人现场办理相关业务等。

（三）减轻市场主体负担。要加强放管结合、优化服务，切实减轻市场主体负担。各级水行政主管部门不得以市场准入违法违规设定收费项目或变相实施收费、有偿服务，除投标保证金、履约保证金、工程质量保证金、农民工工资保证金外，不得收取其他费用或保证金。对保留的各项保证金，市场主体可以以银行保函缴纳，并严格按规定及时返还。建设单位不得在收取履约保证金的同时，预留工程质量保证金。不得强制扣押企业和人员相关证照证件。

三、规范招标投标行为

（四）防范规避招标行为。严格按照国家法律法规和项目审批、核准确定的招标方式组织招标工作，依法必须招标的水利建设工程不得直接发包。对技术要求不高、村民能够自行建设，依法不需招标的农村小型水利工程、水土保持工程可直接由实施主体组织建设。

（五）保障招标人权益。招标人有权自行选择招标代理机构，各级水行政主管部门不得强制要求招标人以摇号、抽签等方式选择招标代理机构。严格执行国家法律法规规定的工程建设项目招标范围和规模标准，对达不到必须招标标准的水利建设项目，不得强制要求招标。

（六）科学确定评标办法。结合水利建设项目实际，以择优竞争的原则科学确定评标办法。对技术复杂、专业性强的水利工程推行综合评标法，统筹考虑投标人的综合实力、信用状况、技术方案和工程报价等因素，对技术简单、具有通用技术性能标准的水利工程，可采用合理低价中标法确定中标人（低于成本价的除外）。

（七）依法订立工程合同。项目法人应按照国家发布的招标文件标准文本编制招标文件，严禁增加影响市场公平竞争的不合理条款；按照招标文件和中标的投标文件订立承包合同，不得强行增加附加条款，不得另行订立背离合同实质性内容的其他协议。

四、强化履约监管

（八）加强水利建设现场管理。项目法人应加强对参建各方合同履约情况的监督检查，特别是关键岗位人员到位、履职情况的监督检查，对严重违约的市场主体，应采取警告、责令改正直至解除合同等处理措施，并纳入市场主体信用管理体系。有条件的省份，水行政主管部门可建立市场主体合同履约评估机制。

（九）加强质量和安全管理。科学制定质量安全管理目标，健全质量安全管理体系，加强质量安全监督，规范质量安全管理行为，落实质量终身责任制和安全生产责任制。加强质量检测，严格执行质量检验与评定规程，保证检测数据和评定资料的真实准确。

（十）加强设计变更管理。严格执行设计变更有关规定，履行设计变更审批程序。严禁将重大设计变更按一般设计变更处理，对需要进行紧急抢险的重大设计变更，项目法人在通报主管部门的同时，可先组织紧急抢险处理，并办理设计变更审批手续，对不能停工，或不继续施工会造成安全事故或重大质量事故的重大设计变更，经项目法人、监理单位、设计单位同意并签字认可后可以施工，但应当及时办理审批手续。

（十一）严厉打击各类违法违规行为。严肃查处出借借用资质、围标串标、转包、违法分包、行贿受贿等违法违规行为。清理职称、执业资格证书挂靠，禁止一人多证多家单位执业。市场主体有严重失信行为的，列入水利建设市场黑名单。

五、加快信用体系建设

（十二）实现各级信用平台互联互通。逐步实现全国、流域管理机构、省级水利建设信用信息平台与全国信用信息共享平台互联互通和数据实时交换，推动建立项目信息和信用信息的关联机制。

（十三）健全水利建设市场主体信用档案。所有水利建设市场主体应在全国水利建设市场主体信用信息平台建立信用档案，并及时更新相关信息。市场主体对信用信息的真实性、完整性、及时性负责。对在公开信息中隐瞒真实情况、弄虚作假的，作为严重失信行为列入黑名单。对未建立信用档案的市场主体，各级水行政主管部门可依据有关规定采取相应处理措施。

（十四）加大行政处罚曝光力度。各级水行政主管部门应在对水利建设市场主体的行政处罚决定作出之日起 20 个工作日内对外进行记录公告，同时上报水利部，并通过“信用中国”网站公开受到行政处罚的市场主体，应主动在公告后 20 个工作日内在全国水利建设市场信用信息平台更新信用档案。

（十五）全面应用市场主体信用信息。建立市场监管与市场主体信用信息的关联管理，将市场主体信用信息全面应用于资质审核、评优评奖等日常监管工作。将市场主体信用信息、信用评价等级和不良行为记录作为评标要素，纳入评标办法。对取得全国水利建设市场信用评价等级的市场主体，任何单位在市场活动中不得任意提高或降低其信用等级。

六、完善市场监管体系

（十六）落实市场监管责任。进一步明确各级水行政主管部门在水利建设市场监管中的事权。水利部负责全国水利建设市场监管方面政策、规章、标准制定和行业指导、行政监督，负责部直属水利工程建设的市场监管工作，省级水行政主管部门应结合当地实际，按照分级管理的原则合理划分和落实本地区水利建设市场的监管责任。

（十七）改进市场监管手段。创新监管方式，科学制定监管规则，建立健全日常监督检查和“双随机”抽查制度。通过政府购买服务等方式，充分利用社会专业化队伍力量，发挥行业自律组织作用，切实提高行业监管能力。畅通投诉举报渠道健全投诉举报处理工作机制。广泛运用大数据技术和资源，提高监管效能。

（十八）强化依法依规监管。法定职责必须为，法无授权不可为。各级水行政主管部门必须严格依法依规履行监管职责，不得擅自设立没有法律法规依据的监管事项。加强水行政执法，严肃查处违法违规行为。加强廉政风险防控，增强执法人员廉洁意识，主动接受各方面的监督。

第二十四章　部门规章

水利工程质量管理规定

第一章　总　则

第一条　根据《建筑法》《建设工程质量管理条例》等有关规定，为了加强对水利工程的质量管理，保证工程质量，制定本规定。

第二条　凡在中华人民共和国境内从事水利工程建设活动的单位［包括项目法人（建设单位）、监理、设计、施工等单位］或个人，必须遵守本规定。

第三条　本规定所称水利工程是指由国家投资、中央和地方合资、地方投资以及其他投资方式兴建的防洪、除涝、灌溉、水力发电、供水、围垦等（包括配套与附属工程）各类水利工程。

第四条　本规定所称水利工程质量是指在国家和水利行业现行的有关法律、法规、技术标准和批准的设计文件及工程合同中，对兴建的水利工程的安全、适用、经济、美观等特性的综合要求。

第五条　水利部负责全国水利工程质量管理工作。

各流域机构负责本流域由流域机构管辖的水利工程的质量管理工作，指导地方水行政主管部门的质量管理工作。

各省、自治区、直辖市水行政主管部门负责本行政区域内水利工程质量管理工作。

第六条　水利工程质量实行项目法人（建设单位）负责、监理单位控制、施工单位保证和政府监督相结合的质量管理体制。

水利工程质量由项目法人（建设单位）负全面责任。监理、施工、设计单位按照合同及有关规定对各自承担的工作负责。质量监督机构履行政府部门监督职能，不代替项目法人（建设单位）、监理、设计、施工单位的质量管理工作。水利工程建设各方均有责任和权利向有关部门和质量监督机构反映工程质量问题。

第七条　水利工程项目法人（建设单位）、监理、设计、施工等单位的负责人，对本单位的质量工作负领导责任。各单位在工程现场的项目负责人对本单位在工程现场的质量工作负直接领导责任。各单位的工程技术负责人对质量工作负技术责任。具体工作人员为直接责任人。

第八条　水利工程建设各单位要积极推行全面质量管理，采用先进的质量管理模式和管理手段，推广先进的科学技术和施工工艺，依靠科技进步和加强管理，努力创建优质工程，不断提高工程质量。

各级水行政主管部门要对提高工程质量做出贡献的单位和个人实行奖励。

第九条　水利工程建设各单位要加强质量法制教育，增强质量法制观念，把提高劳动者的素质作为提高质量的重要环节，加强对管理人员和职工的质量意识和质量管理知识的教育，建立和完善质量管理的激励机制，积极开展群众性质量管理和合理化建议活动。

第二章　工程质量监督管理

第十条　政府对水利工程的质量实行监督的制度。

水利工程按照分级管理的原则由相应水行政主管部门授权的质量监督机构实施质量监督。

第十一条 各级水利工程质量监督机构，必须建立健全质量监督工作机制，完善监督手段，增强质量监督的权威性和有效性。

各级水利工程质量监督机构，要加强对贯彻执行国家和水利部有关质量法规、规范情况的检查，坚决查处有法不依、执法不严、违法不究以及滥用职权的行为。

第十二条 水利工程质量监督机构负责监督设计、监理、施工单位在其资质等级允许范围内从事水利工程建设的质量工作；负责检查、督促建设、监理、设计、施工单位建立健全质量体系。

水利工程质量监督机构，按照国家和水利行业有关工程建设法规、技术标准和设计文件实施工程质量监督，对施工现场影响工程质量的行为进行监督检查。

第十三条 水利工程质量监督实施以抽查为主的监督方式，运用法律和行政手段，做好监督抽查后的处理工作。工程竣工验收前，质量监督机构应对工程质量结论进行核备。未经质量核备的工程，项目法人不得报验，工程主管部门不得验收。

第十四条 根据需要，质量监督机构可委托具有相应资质的检测单位，对水利工程有关部位以及所采用的建筑材料和工程设备进行抽样检测。

第三章 项目法人（建设单位）质量管理

第十五条 项目法人（建设单位）应根据国家和水利部有关规定依法设立，主动接受水利工程质量监督机构对其质量体系的监督检查。

第十六条 项目法人（建设单位）应根据工程规模和工程特点，按照水利部有关规定，通过资质审查招标选择勘测设计、施工、监理单位并实行合同管理。在合同文件中，必须有工程质量条款，明确图纸、资料、工程、材料、设备等的质量标准及合同双方的质量责任。

第十七条 项目法人（建设单位）要加强工程质量管理，建立健全施工质量检查体系，根据工程特点建立质量管理机构和质量管理制度。

第十八条 项目法人（建设单位）在工程开工前，应按规定向水利工程质量监督机构办理工程质量监督手续。在工程施工过程中，应主动接受质量监督机构对工程质量的监督检查。

第十九条 项目法人（建设单位）应组织设计和施工单位进行设计交底；施工中应对工程质量进行检查，工程完工后，应及时组织有关单位进行工程质量验收、签证。

第四章 监理单位质量管理

第二十条 监理单位必须持有水利部颁发的监理单位资格等级证书，依照核定的监理范围承担相应水利工程的监理任务。监理单位必须接受水利工程质量监督机构对其监理资格质量检查体系及质量监理工作的监督检查。

第二十一条 监理单位必须严格执行国家法律、水利行业法规、技术标准，严格履行监理合同。

第二十二条 监理单位根据所承担的监理任务向水利工程施工现场派出相应的监理机构，人员配备必须满足项目要求。监理工程师应当持证上岗。

第二十三条 监理单位应根据监理合同参与招标工作，从保证工程质量全面履行工程承建合同出发，签发施工图纸；审查施工单位的施工组织设计和技术措施；指导监督合同中有关质量标准、要求的实施；参加工程质量检查、工程质量事故调查处理和工程验收工作。

第五章　设计单位质量管理

第二十四条　设计单位必须按其资质等级及业务范围承担勘测设计任务，并应主动接受水利工程质量监督机构对其资质等级及质量体系的监督检查。

第二十五条　设计单位必须建立健全设计质量保证体系，加强设计过程质量控制，健全设计文件的审核、会签批准制度，做好设计文件的技术交底工作。

第二十六条　设计文件必须符合下列基本要求：

（一）设计文件应当符合国家、水利行业有关工程建设法规、工程勘测设计技术规程、标准和合同的要求。

（二）设计依据的基本资料应完整、准确、可靠，设计论证充分，计算成果可靠。

（三）设计文件的深度应满足相应设计阶段有关规定要求，设计质量必须满足工程质量、安全需要并符合设计规范的要求。

第二十七条　设计单位应按合同规定及时提供设计文件及施工图纸，在施工过程中要随时掌握施工现场情况，优化设计，解决有关设计问题。对大中型工程，设计单位应按合同规定在施工现场设立设计代表机构或派驻设计代表。

第二十八条　设计单位应按水利部有关规定在阶段验收、单位工程验收和竣工验收中，对施工质量是否满足设计要求提出评价意见。

第六章　施工单位质量管理

第二十九条　施工单位必须按其资质等级和业务范围承揽工程施工任务，接受水利工程质量监督机构对其资质和质量保证体系的监督检查。

第三十条　施工单位必须依据国家、水利行业有关工程建设法规、技术规程、技术标准的规定以及设计文件和施工合同的要求进行施工，并对其施工的工程质量负责。

第三十一条　施工单位不得将其承接的水利建设项目的主体工程进行转包。对工程的分包，分包单位必须具备相应资质等级，并对其分包工程的施工质量向总包单位负责，总包单位对全部工程质量向项目法人（建设单位）负责。工程分包必须经过项目法人（建设单位）的认可。

第三十二条　施工单位要推行全面质量管理，建立健全质量保证体系，制定和完善岗位质量规范、质量责任及考核办法，落实质量责任制。在施工过程中要加强质量检验工作，认真执行“三检制”，切实做好工程质量的全过程控制。

第三十三条　工程发生质量事故，施工单位必须按照有关规定向监理单位、项目法人（建设单位）及有关部门报告，并保护好现场，接受工程质量事故调查，认真进行事故处理。

第三十四条　竣工工程质量必须符合国家和水利行业现行的工程标准及设计文件要求，并应向项目法人（建设单位）提交完整的技术档案、试验成果及有关资料。

第七章　建筑材料、设备采购的质量管理和工程保修

第三十五条　建筑材料和工程设备的质量由采购单位承担相应责任。凡进入施工现场的建筑材料和工程设备均应按有关规定进行检验。经检验不合格的产品不得用于工程。

第三十六条　建筑材料和工程设备的采购单位具有按合同规定自主采购的权利，其他单位或个人不得干预。

第三十七条 建筑材料或工程设备应当符合下列要求：

（一）有产品质量检验合格证明；

（二）有中文标明的产品名称、生产厂名和厂址；

（三）产品包装和商标式样符合国家有关规定和标准要求；

（四）工程设备应有产品详细的使用说明书，电气设备还应附有线路图；

（五）实施生产许可证或实行质量认证的产品，应当具有相应的许可证或认证证书。

第三十八条 水利工程保修期从通过单项合同工程完工验收之日算起，保修期限按法律法规和合同约定执行。

工程质量出现永久性缺陷的，承担责任的期限不受以上保修期限制。

第三十九条 水利工程在规定的保修期内，出现工程质量问题，一般由原施工单位承担保修，所需费用由责任方承担。

第八章 罚 则

第四十条 水利工程发生重大工程质量事故，应严肃处理。对责任单位予以通报批评、降低资质等级或收缴资质证书；对责任人给予行政纪律处分，构成犯罪的，移交司法机关进行处理。

第四十一条 因水利工程质量事故造成人身伤亡及财产损失的，责任单位应按有关规定，给予受损方经济赔偿。

第四十二条 项目法人（建设单位）有下列行为之一的，由其主管部门予以通报批评或其他纪律处理。

（一）未按规定选择相应资质等级的勘测设计、施工、监理单位的；

（二）未按规定办理工程质量监督手续的；

（三）未按规定及时进行已完工程验收就进行下一阶段施工和未经竣工或阶段验收，而将工程交付使用的；

（四）发生重大工程质量事故没有按有关规定及时向有关部门报告的。

第四十三条 勘测设计、施工、监理单位有下列行为之一的，根据情节轻重，予以通报批评、降低资质等级直至收缴资质证书，经济处理按合同规定办理，触犯法律的，按国家有关法律处理：

（一）无证或超越资质等级承接任务的；

（二）不接受水利工程质量监督机构监督的；

（三）设计文件不符合本规定第二十七条要求的；

（四）竣工交付使用的工程不符合本规定第三十五条要求的；

（五）未按规定实行质量保修的；

（六）使用未经检验或检验不合格的建筑材料和工程设备，或在工程施工中粗制滥造、偷工减料、伪造记录的；

（七）发生重大工程质量事故没有及时按有关规定向有关部门报告的；

（八）工程质量等级评定为不合格，或者工程需加固、拆除的。

第四十四条 检测单位伪造检验数据或伪造检验结论的，根据情节轻重，予以通报批评、降低资质等级直至收缴资质证书。因伪造行为造成严重后果的，按国家有关规定处理。

第四十五条 对不认真履行水利工程质量监督职责的质量监督机构，由相应水行政主管部门或其上一级水利工程质量监督机构给予通报批评、撤换负责人或撤销授权并进行机构改组。

从事工程质量监督的工作人员执法不严，违法不究或者滥用职权、贪污受贿，由其所在单位或上级主管部门给予行政处分，构成犯罪的，依法追究刑事责任。

第九章 附 则

第四十六条 本规定由水利部负责解释。

第四十七条 本规定自发布之日起施行。

水利工程质量检测管理规定

第一条 为加强水利工程质量检测管理，规范水利工程质量检测行为，根据《建设工程质量管理条例》《国务院对确需保留的行政审批项目设定行政许可的决定》，制定本规定。

第二条 从事水利工程质量检测活动以及对水利工程质量检测实施监督管理，适用本规定。

本规定所称水利工程质量检测（以下简称质量检测），是指水利工程质量检测单位（以下简称检测单位）依据国家有关法律、法规和标准，对水利工程实体以及用于水利工程的原材料、中间产品、金属结构和机电设备等进行的检查、测量、试验或者度量，并将结果与有关标准、要求进行比较以确定工程质量是否合格所进行的活动。

第三条 检测单位应当按照本规定取得资质，并在资质等级许可的范围内承担质量检测业务。

检测单位资质分为岩土工程、混凝土工程、金属结构、机械电气和量测共 5 个类别，每个类别分为甲级、乙级 2 个等级。检测单位资质等级标准由水利部另行制定并向社会公告。

取得甲级资质的检测单位可以承担各等级水利工程的质量检测业务。大型水利工程（含一级堤防）主要建筑物以及水利工程质量与安全事故鉴定的质量检测业务，必须由具有甲级资质的检测单位承担。取得乙级资质的检测单位可以承担除大型水利工程（含一级堤防）主要建筑物以外的其他各等级水利工程的质量检测业务。

前款所称主要建筑物是指失事以后将造成下游灾害或者严重影响工程功能和效益的建筑物，如堤坝、泄洪建筑物、输水建筑物、电站厂房和泵站等。

第四条 从事水利工程质量检测的专业技术人员（以下简称检测人员），应当具备相应的质量检测知识和能力，并按照国家职业资格管理的规定取得从业资格。

第五条 水利部负责审批检测单位甲级资质；省、自治区、直辖市人民政府水行政主管部门负责审批检测单位乙级资质。

检测单位资质原则上采用集中审批方式，受理时间由审批机关提前三个月向社会公告。

第六条 检测单位应当向审批机关提交下列申请材料：

（一）《水利工程质量检测单位资质等级申请表》；

（二）计量认证资质证书和证书附表复印件；

（三）主要试验检测仪器、设备清单；

（四）主要负责人、技术负责人的职称证书复印件；

（五）管理制度及质量控制措施。

具有乙级资质的检测单位申请甲级资质的，还需提交近三年承担质量检测业务的业绩及相关证明材料。

检测单位可以同时申请不同专业类别的资质。

第七条 审批机关收到检测单位的申请材料后，应当依法作出是否受理的决定，并向检测单位出具书面凭证；申请材料不齐全或者不符合法定形式的，应当在 5 日内一次告知检测单位需要补正的全部内容。

审批机关应当在法定期限内作出批准或者不予批准的决定。听证、专家评审及公示所需时间不计算在法定期限内，行政机关应当将所需时间书面告知申请人。决定予以批准的，颁发《水利工程质量检测单位资质等级证书》（以下简称《资质等级证书》）；不予批准的，应当书面通知检测单位并说明理由。

第八条　审批机关在作出决定前，应当组织对申请材料进行评审，必要时可以组织专家进行现场评审，并将评审结果公示，公示时间不少于7日。

第九条　《资质等级证书》有效期为3年。有效期届满，需要延续的，检测单位应当在有效期届满30日前，向原审批机关提出申请。原审批机关应当在有效期届满前作出是否延续的决定。

原审批机关应当重点核查检测单位仪器设备、检测人员、场所的变动情况，检测工作的开展情况以及质量保证体系的执行情况，必要时，可以组织专家进行现场核查。

第十条　检测单位变更名称、地址、法定代表人、技术负责人的，应当自发生变更之日起60日内到原审批机关办理资质等级证书变更手续。

第十一条　检测单位发生分立的，应当按照本规定重新申请资质等级。

第十二条　任何单位和个人不得涂改、倒卖、出租、出借或者以其他形式非法转让《资质等级证书》。

第十三条　检测单位应当建立健全质量保证体系，采用先进、实用的检测设备和工艺，完善检测手段，提高检测人员的技术水平，确保质量检测工作的科学、准确和公正。

第十四条　检测单位不得转包质量检测业务；未经委托方同意，不得分包质量检测业务。

第十五条　检测单位应当按照国家和行业标准开展质量检测活动；没有国家和行业标准的，由检测单位提出方案，经委托方确认后实施。

检测单位违反法律、法规和强制性标准，给他人造成损失的，应当依法承担赔偿责任。

第十六条　质量检测试样的取样应当严格执行国家和行业标准以及有关规定。

提供质量检测试样的单位和个人，应当对试样的真实性负责。

第十七条　检测单位应当按照合同和有关标准及时、准确地向委托方提交质量检测报告并对质量检测报告负责。

任何单位和个人不得明示或者暗示检测单位出具虚假质量检测报告，不得篡改或者伪造质量检测报告。

第十八条　检测单位应当将存在工程安全问题、可能形成质量隐患或者影响工程正常运行的检测结果以及检测过程中发现的项目法人（建设单位）、勘测设计单位、施工单位、监理单位违反法律、法规和强制性标准的情况，及时报告委托方和具有管辖权的水行政主管部门或者流域管理机构。

第十九条　检测单位应当建立档案管理制度。检测合同、委托单、原始记录、质量检测报告应当按年度统一编号，编号应当连续，不得随意抽撤、涂改。

检测单位应当单独建立检测结果不合格项目台账。

第二十条　检测人员应当按照法律、法规和标准开展质量检测工作，并对质量检测结果负责。

第二十一条　县级以上人民政府水行政主管部门应当加强对检测单位及其质量检测活动的监督检查，主要检查下列内容：

（一）是否符合资质等级标准；

（二）是否有涂改、倒卖、出租、出借或者以其他形式非法转让《资质等级证书》的行为；

（三）是否存在转包、违规分包检测业务及租借、挂靠资质等违规行为；

（四）是否按照有关标准和规定进行检测；

（五）是否按照规定在质量检测报告上签字盖章，质量检测报告是否真实；

（六）仪器设备的运行、检定和校准情况；

（七）法律、法规规定的其他事项。

流域管理机构应当加强对所管辖的水利工程的质量检测活动的监督检查。

第二十二条 县级以上人民政府水行政主管部门和流域管理机构实施监督检查时，有权采取下列措施：

（一）要求检测单位或者委托方提供相关的文件和资料；

（二）进入检测单位的工作场地（包括施工现场）进行抽查；

（三）组织进行比对试验以验证检测单位的检测能力；

（四）发现有不符合国家有关法律、法规和标准的检测行为时，责令改正。

第二十三条 县级以上人民政府水行政主管部门和流域管理机构在监督检查中，可以根据需要对有关试样和检测资料采取抽样取证的方法；在证据可能灭失或者以后难以取得的情况下，经负责人批准，可以先行登记保存，并在 5 日内作出处理，在此期间，当事人和其他有关人员不得销毁或者转移试样和检测资料。

第二十四条 违反本规定，未取得相应的资质，擅自承担检测业务的，其检测报告无效，由县级以上人民政府水行政主管部门责令改正，可并处 1 万元以上 3 万元以下的罚款。

第二十五条 隐瞒有关情况或者提供虚假材料申请资质的，审批机关不予受理或者不予批准，并给予警告或者通报批评，二年之内不得再次申请资质。

第二十六条 以欺骗、贿赂等不正当手段取得《资质等级证书》的，由审批机关予以撤销，3 年内不得再次申请，可并处 1 万元以上 3 万元以下的罚款；构成犯罪的，依法追究刑事责任。

第二十七条 检测单位违反本规定，有下列行为之一的，由县级以上人民政府水行政主管部门责令改正，有违法所得的，没收违法所得，可并处 1 万元以上 3 万元以下的罚款；构成犯罪的，依法追究刑事责任：

（一）超出资质等级范围从事检测活动的；

（二）涂改、倒卖、出租、出借或者以其他形式非法转让《资质等级证书》的；

（三）使用不符合条件的检测人员的；

（四）未按规定上报发现的违法违规行为和检测不合格事项的；

（五）未按规定在质量检测报告上签字盖章的；

（六）未按照国家和行业标准进行检测的；

（七）档案资料管理混乱，造成检测数据无法追溯的；

（八）转包、违规分包检测业务的。

第二十八条 检测单位伪造检测数据，出具虚假质量检测报告的，由县级以上人民政府水行政主管部门给予警告，并处 3 万元罚款；给他人造成损失的，依法承担赔偿责任；构成犯罪的，依法追究刑事责任。

第二十九条 违反本规定，委托方有下列行为之一的，由县级以上人民政府水行政主管部门责令改正，可并处 1 万元以上 3 万元以下的罚款：

（一）委托未取得相应资质的检测单位进行检测的；

（二）明示或暗示检测单位出具虚假检测报告，篡改或伪造检测报告的；

（三）送检试样弄虚作假的。

第三十条　检测人员从事质量检测活动中，有下列行为之一的，由县级以上人民政府水行政主管部门责令改正，给予警告，可并处1千元以下罚款：

（一）不如实记录，随意取舍检测数据的；

（二）弄虚作假、伪造数据的；

（三）未执行法律、法规和强制性标准的。

第三十一条　县级以上人民政府水行政主管部门、流域管理机构及其工作人员，有下列行为之一的，由其上级行政机关或者监察机关责令改正；情节严重的，对直接负责的主管人员和其他直接责任人员依法给予行政处分；构成犯罪的，依法追究刑事责任：

（一）对符合法定条件的申请不予受理或者不在法定期限内批准的；

（二）对不符合法定条件的申请人签发《资质等级证书》的；

（三）利用职务上的便利，收受他人财物或者其他好处的；

（四）不依法履行监督管理职责，或者发现违法行为不予查处的。

第三十二条　本规定自2009年1月1日起施行。2000年1月4日水利部发布的《水利工程质量检测管理规定》（水建管〔2000〕2号）同时废止。

水利工程建设安全生产管理规定

第一章 总 则

第一条 为了加强水利工程建设安全生产监督管理，明确安全生产责任，防止和减少安全生产事故，保障人民群众生命和财产安全，根据《中华人民共和国安全生产法》《建设工程安全生产管理条例》等法律、法规，结合水利工程的特点，制定本规定。

第二条 本规定适用于水利工程的新建、扩建、改建、加固和拆除等活动及水利工程建设安全生产的监督管理。

前款所称水利工程，是指防洪、除涝、灌溉、水力发电、供水、围垦等（包括配套与附属工程）各类水利工程。

第三条 水利工程建设安全生产管理，坚持安全第一，预防为主的方针。

第四条 发生生产安全事故，必须查清事故原因，查明事故责任，落实整改措施，做好事故处理工作，并依法追究有关人员的责任。

第五条 项目法人（或者建设单位，下同）、勘察（测）单位、设计单位、施工单位、建设监理单位及其他与水利工程建设安全生产有关的单位，必须遵守安全生产法律、法规和本规定，保证水利工程建设安全生产，依法承担水利工程建设安全生产责任。

第二章 项目法人的安全责任

第六条 项目法人在对施工投标单位进行资格审查时，应当对投标单位的主要负责人、项目负责人以及专职安全生产管理人员是否经水行政主管部门安全生产考核合格进行审查。有关人员未经考核合格的，不得认定投标单位的投标资格。

第七条 项目法人应当向施工单位提供施工现场及施工可能影响的毗邻区域内供水、排水、供电、供气、供热、通讯、广播电视等地下管线资料，气象和水文观测资料，拟建工程可能影响的相邻建筑物和构筑物、地下工程的有关资料，并保证有关资料的真实、准确、完整，满足有关技术规范的要求。对可能影响施工报价的资料，应当在招标时提供。

第八条 项目法人不得调减或挪用批准概算中所确定的水利工程建设有关安全作业环境及安全施工措施等所需费用。工程承包合同中应当明确安全作业环境及安全施工措施所需费用。

第九条 项目法人应当组织编制保证安全生产的措施方案，并自工程开工之日起15个工作日内报有管辖权的水行政主管部门、流域管理机构或者其委托的水利工程建设安全生产监督机构（以下简称安全生产监督机构）备案。建设过程中安全生产的情况发生变化时，应当及时对保证安全生产的措施方案进行调整，并报原备案机关。

保证安全生产的措施方案应当根据有关法律法规、强制性标准和技术规范的要求并结合工程的具体情况编制，应当包括以下内容：

（一）项目概况；

（二）编制依据；

（三）安全生产管理机构及相关负责人；

（四）安全生产的有关规章制度制定情况；

（五）安全生产管理人员及特种作业人员持证上岗情况等；

（六）生产安全事故的应急救援预案；

（七）工程度汛方案、措施；

（八）其他有关事项。

第十条　项目法人在水利工程开工前，应当就落实保证安全生产的措施进行全面系统的布置，明确施工单位的安全生产责任。

第十一条　项目法人应当将水利工程中的拆除工程和爆破工程发包给具有相应水利水电工程施工资质等级的施工单位。

项目法人应当在拆除工程或者爆破工程施工 15 日前，将下列资料报送水行政主管部门、流域管理机构或者其委托的安全生产监督机构备案：

（一）拟拆除或拟爆破的工程及可能危及毗邻建筑物的说明；

（二）施工组织方案；

（三）堆放、清除废弃物的措施；

（四）生产安全事故的应急救援预案。

第三章　勘察（测）、设计、建设监理及其他有关单位的安全责任

第十二条　勘察（测）单位应当按照法律、法规和工程建设强制性标准进行勘察（测），提供的勘察（测）文件必须真实、准确，满足水利工程建设安全生产的需要。

勘察（测）单位在勘察（测）作业时，应当严格执行操作规程，采取措施保证各类管线、设施和周边建筑物、构筑物的安全。

勘察（测）单位和有关勘察（测）人员应当对其勘察（测）成果负责。

第十三条　设计单位应当按照法律、法规和工程建设强制性标准进行设计，并考虑项目周边环境对施工安全的影响，防止因设计不合理导致生产安全事故的发生。

设计单位应当考虑施工安全操作和防护的需要，对涉及施工安全的重点部位和环节在设计文件中注明，并对防范生产安全事故提出指导意见。

采用新结构、新材料、新工艺以及特殊结构的水利工程，设计单位应当在设计中提出保障施工作业人员安全和预防生产安全事故的措施建议。

设计单位和有关设计人员应当对其设计成果负责。

设计单位应当参与与设计有关的生产安全事故分析，并承担相应的责任。

第十四条　建设监理单位和监理人员应当按照法律、法规和工程建设强制性标准实施监理，并对水利工程建设安全生产承担监理责任。

建设监理单位应当审查施工组织设计中的安全技术措施或者专项施工方案是否符合工程建设强制性标准。

建设监理单位在实施监理过程中，发现存在生产安全事故隐患的，应当要求施工单位整改；对情况严重的，应当要求施工单位暂时停止施工，并及时向水行政主管部门、流域管理机构或者其委托的安全生产监督机构以及项目法人报告。

第十五条 为水利工程提供机械设备和配件的单位，应当按照安全施工的要求提供机械设备和配件，配备齐全有效的保险、限位等安全设施和装置，提供有关安全操作的说明，保证其提供的机械设备和配件等产品的质量和安全性能达到国家有关技术标准。

第四章 施工单位的安全责任

第十六条 施工单位从事水利工程的新建、扩建、改建、加固和拆除等活动，应当具备国家规定的注册资本、专业技术人员、技术装备和安全生产等条件，依法取得相应等级的资质证书，并在其资质等级许可的范围内承揽工程。

第十七条 施工单位应当依法取得安全生产许可证后，方可从事水利工程施工活动。

第十八条 施工单位主要负责人依法对本单位的安全生产工作全面负责。施工单位应当建立健全安全生产责任制度和安全生产教育培训制度，制定安全生产规章制度和操作规程，保证本单位建立和完善安全生产条件所需资金的投入，对所承担的水利工程进行定期和专项安全检查，并做好安全检查记录。

施工单位的项目负责人应当由取得相应执业资格的人员担任，对水利工程建设项目的安全施工负责，落实安全生产责任制度、安全生产规章制度和操作规程，确保安全生产费用的有效使用，并根据工程的特点组织制定安全施工措施，消除安全事故隐患，及时、如实报告生产安全事故。

第十九条 施工单位在工程报价中应当包含工程施工的安全作业环境及安全施工措施所需费用。对列入建设工程概算的上述费用，应当用于施工安全防护用具及设施的采购和更新、安全施工措施的落实、安全生产条件的改善，不得挪作他用。

第二十条 施工单位应当设立安全生产管理机构，按照国家有关规定配备专职安全生产管理人员。施工现场必须有专职安全生产管理人员。

专职安全生产管理人员负责对安全生产进行现场监督检查。发现生产安全事故隐患，应当及时向项目负责人和安全生产管理机构报告；对违章指挥、违章操作的，应当立即制止。

第二十一条 施工单位在建设有度汛要求的水利工程时，应当根据项目法人编制的工程度汛方案、措施制定相应的度汛方案，报项目法人批准；涉及防汛调度或者影响其他工程、设施度汛安全的，由项目法人报有管辖权的防汛指挥机构批准。

第二十二条 垂直运输机械作业人员、安装拆卸工、爆破作业人员、起重信号工、登高架设作业人员等特种作业人员，必须按照国家有关规定经过专门的安全作业培训，并取得特种作业操作资格证书后，方可上岗作业。

第二十三条 施工单位应当在施工组织设计中编制安全技术措施和施工现场临时用电方案，对下列达到一定规模的危险性较大的工程应当编制专项施工方案，并附具安全验算结果，经施工单位技术负责人签字以及总监理工程师核签后实施，由专职安全生产管理人员进行现场监督：

（一）基坑支护与降水工程；

（二）土方和石方开挖工程；

（三）模板工程；

（四）起重吊装工程；

（五）脚手架工程；

（六）拆除、爆破工程；

（七）围堰工程；

（八）其他危险性较大的工程。

对前款所列工程中涉及高边坡、深基坑、地下暗挖工程、高大模板工程的专项施工方案，施工单位还应当组织专家进行论证、审查。

第二十四条　施工单位在使用施工起重机械和整体提升脚手架、模板等自升式架设设施前，应当组织有关单位进行验收，也可以委托具有相应资质的检验检测机构进行验收；使用承租的机械设备和施工机具及配件的，由施工总承包单位、分包单位、出租单位和安装单位共同进行验收。验收合格的方可使用。

第二十五条　施工单位的主要负责人、项目负责人、专职安全生产管理人员应当经水行政主管部门安全生产考核合格后方可任职。

施工单位应当对管理人员和作业人员每年至少进行一次安全生产教育培训，其教育培训情况记入个人工作档案。安全生产教育培训考核不合格的人员，不得上岗。

施工单位在采用新技术、新工艺、新设备、新材料时，应当对作业人员进行相应的安全生产教育培训。

第五章　监督管理

第二十六条　水行政主管部门和流域管理机构按照分级管理权限，负责水利工程建设安全生产的监督管理。水行政主管部门或者流域管理机构委托的安全生产监督机构，负责水利工程施工现场的具体监督检查工作。

第二十七条　水利部负责全国水利工程建设安全生产的监督管理工作，其主要职责是：

（一）贯彻、执行国家有关安全生产的法律、法规和政策，制定有关水利工程建设安全生产的规章、规范性文件和技术标准；

（二）监督、指导全国水利工程建设安全生产工作，组织开展对全国水利工程建设安全生产情况的监督检查；

（三）组织、指导全国水利工程建设安全生产监督机构的建设、考核和安全生产监督人员的考核工作以及水利水电工程施工单位的主要负责人、项目负责人和专职安全生产管理人员的安全生产考核工作。

第二十八条　流域管理机构负责所管辖的水利工程建设项目的安全生产监督工作。

第二十九条　省、自治区、直辖市人民政府水行政主管部门负责本行政区域内所管辖的水利工程建设安全生产的监督管理工作，其主要职责是：

（一）贯彻、执行有关安全生产的法律、法规、规章、政策和技术标准，制定地方有关水利工程建设安全生产的规范性文件；

（二）监督、指导本行政区域内所管辖的水利工程建设安全生产工作，组织开展对本行政区域内所管辖的水利工程建设安全生产情况的监督检查；

（三）组织、指导本行政区域内水利工程建设安全生产监督机构的建设工作以及有关的水利水电工程施工单位的主要负责人、项目负责人和专职安全生产管理人员的安全生产考核工作。

市、县级人民政府水行政主管部门水利工程建设安全生产的监督管理职责，由省、自治区、直辖市人民政府水行政主管部门规定。

第三十条　水行政主管部门或者流域管理机构委托的安全生产监督机构，应当严格按照有关安全生产的法律、法规、规章和技术标准，对水利工程施工现场实施监督检查。

安全生产监督机构应当配备一定数量的专职安全生产监督人员。安全生产监督机构以及安全生产监督人员应当经水利部考核合格。

第三十一条 水行政主管部门或者其委托的安全生产监督机构应当自收到本规定第九条和第十一条规定的有关备案资料后20日内，将有关备案资料抄送同级安全生产监督管理部门。流域管理机构抄送项目所在地省级安全生产监督管理部门，并报水利部备案。

第三十二条 水行政主管部门、流域管理机构或者其委托的安全生产监督机构依法履行安全生产监督检查职责时，有权采取下列措施：

（一）要求被检查单位提供有关安全生产的文件和资料；

（二）进入被检查单位施工现场进行检查；

（三）纠正施工中违反安全生产要求的行为；

（四）对检查中发现的安全事故隐患，责令立即排除；重大安全事故隐患排除前或者排除过程中无法保证安全的，责令从危险区域内撤出作业人员或者暂时停止施工。

第三十三条 各级水行政主管部门和流域管理机构应当建立举报制度，及时受理对水利工程建设生产安全事故及安全事故隐患的检举、控告和投诉；对超出管理权限的，应当及时转送有管理权限的部门。举报制度应当包括以下内容：

（一）公布举报电话、信箱或者电子邮件地址，受理对水利工程建设安全生产的举报；

（二）对举报事项进行调查核实，并形成书面材料；

（三）督促落实整顿措施，依法作出处理。

第六章 生产安全事故的应急救援和调查处理

第三十四条 各级地方人民政府水行政主管部门应当根据本级人民政府的要求，制定本行政区域内水利工程建设特大生产安全事故应急救援预案，并报上一级人民政府水行政主管部门备案。流域管理机构应当编制所管辖的水利工程建设特大生产安全事故应急救援预案，并报水利部备案。

第三十五条 项目法人应当组织制定本建设项目的生产安全事故应急救援预案，并定期组织演练。应急救援预案应当包括紧急救援的组织机构、人员配备、物资准备、人员财产救援措施、事故分析与报告等方面的方案。

第三十六条 施工单位应当根据水利工程施工的特点和范围，对施工现场易发生重大事故的部位、环节进行监控，制定施工现场生产安全事故应急救援预案。实行施工总承包的，由总承包单位统一组织编制水利工程建设生产安全事故应急救援预案，工程总承包单位和分包单位按照应急救援预案，各自建立应急救援组织或者配备应急救援人员，配备救援器材、设备，并定期组织演练。

第三十七条 施工单位发生生产安全事故，应当按照国家有关伤亡事故报告和调查处理的规定，及时、如实地向负责安全生产监督管理的部门以及水行政主管部门或者流域管理机构报告；特种设备发生事故的，还应当同时向特种设备安全监督管理部门报告。接到报告的部门应当按照国家有关规定，如实上报。

实行施工总承包的建设工程，由总承包单位负责上报事故。

发生生产安全事故，项目法人及其他有关单位应当及时、如实地向负责安全生产监督管理的部门以及水行政主管部门或者流域管理机构报告。

第三十八条 发生生产安全事故后，有关单位应当采取措施防止事故扩大，保护事故现场。需要移动现场物品时，应当做出标记和书面记录，妥善保管有关证物。

第三十九条　水利工程建设生产安全事故的调查、对事故责任单位和责任人的处罚与处理，按照有关法律、法规的规定执行。

第七章　附　则

第四十条　违反本规定，需要实施行政处罚的，由水行政主管部门或者流域管理机构按照《建设工程安全生产管理条例》的规定执行。

第四十一条　省、自治区、直辖市人民政府水行政主管部门可以结合本地区实际制定本规定的实施办法，报水利部备案。

第四十二条　本规定自2005年9月1日起施行。

水利工程建设程序管理暂行规定

第一条 为加强水利建设市场管理，进一步规范水利工程建设程序，推进项目法人责任制、建设监理制、招标投标制的实施，促进水利建设实现经济体制和经济增长方式的两个根本性转变，根据国家有关法律、法规，制定本规定。

第二条 水利工程建设程序，按《水利工程建设项目管理规定》（水利部水建〔1995〕128号）明确的建设程序执行，水利工程建设程序一般分为：项目建议书、可行性研究报告、施工准备、初步设计、建设实施、生产准备、竣工验收、后评价等阶段。

第三条 本暂行规定适用于由国家投资、中央和地方合资、企事业单位独资或合资以及其他投资方式兴建的防洪、除涝、灌溉、发电、供水、围垦等大中型（包括新建、续建、改建、加固、修复）工程建设项目。小型水利工程建设项目可以参照执行。利用外资项目的建设程序，同时还应执行有关外资项目管理的规定。

第四条 项目建议书阶段

1. 项目建议书应根据国民经济和社会发展长远规划、流域综合规划、区域综合规划、专业规划，按照国家产业政策和国家有关投资建设方针进行编制，是对拟进行建设项目的初步说明。

2. 项目建议书应按照《水利水电工程项目建议书编制暂行规定》（水利部水规计〔1996〕608号）编制。

3. 项目建议书编制一般由政府委托有相应资格的设计单位承担，并按国家现行规定权限向主管部门申报审批。项目建议书被批准后，由政府向社会公布，若有投资建设意向，应及时组建项目法人筹备机构，开展下一建设程序工作。

第五条 可行性研究报告阶段

1. 可行性研究应对项目进行方案比较，在技术上是否可行和经济上是否合理进行科学的分析和论证。经过批准的可行性研究报告，是项目决策和进行初步设计的依据。可行性研究报告，由项目法人（或筹备机构）组织编制。

2. 可行性研究报告应按照《水利水电工程可行性研究报告编制规程》（电力部、水利部电办〔1993〕112号）编制。

3. 可行性研究报告，按国家现行规定的审批权限报批。申报项目可行性研究报告，必须同时提出项目法人组建方案及运行机制、资金筹措方案、资金结构及回收资金的办法。

4. 可行性研究报告经批准后，不得随意修改和变更，在主要内容上有重要变动，应经原批准机关复审同意。项目可行性报告批准后，应正式成立项目法人，并按项目法人责任制实行项目管理。

第六条 施工准备阶段

1. 项目可行性研究报告已经批准，年度水利投资计划下达后，项目法人即可开展施工准备工作，其主要内容包括：

（1）施工现场的征地、拆迁；

（2）完成施工用水、电、通信、路和场地平整等工程；

（3）必须的生产、生活临时建筑工程；

（4）实施经批准的应急工程、试验工程等专项工程；

（5）组织招标设计、咨询、设备和物资采购等服务；

（6）组织相关监理招标，组织主体工程招标准备工作。

2．工程建设项目施工，除某些不适应招标的特殊工程项目外（须经水行政主管部门批准），均须实行招标投标。水利工程建设项目的招标投标，按有关法律、行政法规和《水利工程建设项目招标投标管理规定》等规章规定执行。

第七条 初步设计阶段

1. 初步设计是根据批准的可行性研究报告和必要而准确的设计资料，对设计对象进行通盘研究，阐明拟建工程在技术上的可行性和经济上的合理性，规定项目的各项基本技术参数，编制项目的总概算。初步设计任务应择优选择有项目相应资格的设计单位承担，依照有关初步设计编制规定进行编制。

2．初步设计报告应按照《水利水电工程初步设计报告编制规程》（电力部、水利部电办〔1993〕113 号）编制。

3．初步设计文件报批前，一般须由项目法人委托有相应资格的工程咨询机构或组织行业各方面（包括管理、设计、施工、咨询等方面）的专家，对初步设计中的重大问题，进行咨询论证。设计单位根据咨询论证意见，对初步设计文件进行补充、修改、优化。初步设计由项目法人组织审查后，按国家现行规定权限向主管部门申报审批。

4．设计单位必须严格保证设计质量，承担初步设计的合同责任。初步设计文件经批准后，主要内容不得随意修改、变更，并作为项目建设实施的技术文件基础。如有重要修改、变更，须经原审批机关复审同意。

第八条 建设实施阶段

1．建设实施阶段是指主体工程的建设实施，项目法人按照批准的建设文件，组织工程建设，保证项目建设目标的实现。

2．水利工程具备《水利工程建设项目管理规定（试行）》规定的开工条件后，主体工程方可开工建设。项目法人或者建设单位应当自工程开工之日起 15 个工作日内，将开工情况的书面报告报项目主管单位和上一级主管单位备案。

3．项目法人要充分发挥建设管理的主导作用，为施工创造良好的建设条件。项目法人要充分授权工程监理，使之能独立负责项目的建设二期、质量、投资的控制和观场施工的组织协调。监理单位选择必须符合《水利工程建设监理规定》（水利部水建〔1996〕396 号）的要求。

4．要按照“政府监督、项目法人负责、社会监理、企业保证”的要求，建立健全质量管理体系，重要建设项目，须设立质量监督项目站，行使政府对项目建设的监督职能。

第九条 生产准备阶段

1．生产准备是项目投产前所要进行的一项重要工作，是建设阶段转入生产经营的必要条件。项目法人应按照建管结合和项目法人责任制的要求，适时做好有关生产准备工作。

2．生产准备应根据不同类型的工程要求确定，一般应包括如下主要内容：

（1）生产组织准备。建立生产经营的管理机构及相应管理制度。

（2）招收和培训人员。按照生产运营的要求，配备生产管理人员，并通过多种形式的培训，提高人员素质，使之能满足运营要求。生产管理人员要尽早介入工程的施工建设，参加设备的安装调试，熟悉情况，掌握好生产技术和工艺流程，为顺利衔接基本建设和生产经营阶段做好准备。

（3）生产技术准备。主要包括技术资料的汇总、运行技术方案的制定、岗位操作规程制定和新技术准备。

（4）生产的物资准备。主要是落实投产运营所需要的原材料、协作产品、工器具、备品备件和其他协作配合条件的准备。

（5）正常的生活福利设施准备。

3. 及时具体落实产品销售合同协议的签订，提高生产经济效益，为偿还债务和资产的保值增值创造条件。

第十条 竣工验收

1. 竣工验收是工程完成建设目标的标志，是全面考核基本建设成果、检验设计和工程质量的重要步骤。竣工验收合格的项目即从基本建设转入生产或使用。

2. 当建设项目的建设内容全部完成，并经过单位工程验收（包括工程档案资料的验收），符合设计要求并按《水利基本建设项目（工程）档案资料管理暂行规定》（水利部水办〔1997〕275 号）的要求完成了档案资料的整理工作；完成竣工报告、竣工决算等必须文件的编制后，项目法人按《水利工程建设项目管理规定（试行）》（水利部水建〔1995〕128 号）的规定，向验收主管部门提出申请，根据国家和水利部颁布的验收规程，组织验收。

3. 竣工决算编制完成后，须由审计机关组织竣工审计，其审计报告作为竣工验收的基本资料。

4. 工程规模较大、技术较复杂的建设项目可先进行初步验收。不合格的工程不予验收；有遗留问题的项目，对遗留问题必须有具体处理意见，且有限期处理的明确要求并落实责任人。

第十一条 后评价

1. 建设项目竣工投产后，一般经过 1 至 2 年生产运营后，要进行一次系统的项目后评价，主要内容包括：影响评价——项目投产后对各方面的影响进行评价；经济效益评价——项目投资、国民经济效益、财务效益、技术进步和规模效益、可行性研究深度等进行评价；过程评价——对项目的立项、设计施工、建设管理、竣工投产、生产运营等全过程进行评价。

2. 项目后评价一般按 3 个层次组织实施，即项目法人的自我评价、项目行业的评价、计划部门（或主要投资方）的评价。

3. 建设项目后评价工作必须遵循客观、公正、科学的原则，做到分析合理、评价公正。通过建设项目的后评价以达到肯定成绩、总结经验、研究问题、吸取教训、提出建议、改进工作，不断提高项目决策水平和投资效果的目的。

第十二条 凡违反工程建设程序管理规定的，按照有关法律、法规、规章的规定，由项目行业主管部门，根据情节轻重，对责任者进行处理。

第十三条 本暂行规定是《水利工程建设项目管理规定（试行）》（水利部水建〔1995〕128 号）的补充。

第十四条 本暂行规定由水利部负责解释。

第十五条 本暂行规定自发布之日起试行。

水利工程建设项目验收管理规定

第一章　总　则

第一条　为加强水利工程建设项目验收管理，明确验收责任，规范验收行为，结合水利工程建设项目的特点，制定本规定。

第二条　本规定适用于由中央或者地方财政全部投资或者部分投资建设的大中型水利工程建设项目（含 1、2、3 级堤防工程）的验收活动。

第三条　水利工程建设项目验收，按验收主持单位性质不同分为法人验收和政府验收两类。

法人验收是指在项目建设过程中由项目法人组织进行的验收。法人验收是政府验收的基础。

政府验收是指由有关人民政府、水行政主管部门或者其他有关部门组织进行的验收，包括专项验收、阶段验收和竣工验收。

第四条　水利工程建设项目具备验收条件时，应当及时组织验收。未经验收或者验收不合格的，不得交付使用或者进行后续工程施工。

第五条　水利工程建设项目验收的依据是：

（一）国家有关法律、法规、规章和技术标准；

（二）有关主管部门的规定；

（三）经批准的工程立项文件、初步设计文件、调整概算文件；

（四）经批准的设计文件及相应的工程变更文件；

（五）施工图纸及主要设备技术说明书等。

法人验收还应当以施工合同为验收依据。

第六条　验收主持单位应当成立验收委员会（验收工作组）进行验收，验收结论应当经三分之二以上验收委员会（验收工作组）成员同意。

验收委员会（验收工作组）成员应当在验收鉴定书上签字。验收委员会（验收工作组）成员对验收结论持有异议的，应当将保留意见在验收鉴定书上明确记载并签字。

第七条　验收中发现的问题，其处理原则由验收委员会（验收工作组）协商确定。主任委员（组长）对争议问题有裁决权。但是，半数以上验收委员会（验收工作组）成员不同意裁决意见的，法人验收应当报请验收监督管理机关决定，政府验收应当报请竣工验收主持单位决定。

第八条　验收委员会（验收工作组）对工程验收不予通过的，应当明确不予通过的理由并提出整改意见。有关单位应当及时组织处理有关问题，完成整改，并按照程序重新申请验收。

第九条　项目法人以及其他参建单位应当提交真实、完整的验收资料，并对提交的资料负责。

第十条　水利部负责全国水利工程建设项目验收的监督管理工作。

水利部所属流域管理机构（以下简称流域管理机构）按照水利部授权，负责流域内水利工程建设项目验收的监督管理工作。

县级以上地方人民政府水行政主管部门按照规定权限负责本行政区域内水利工程建设项目验收

的监督管理工作。

第十一条 法人验收监督管理机关对项目的法人验收工作实施监督管理。

由水行政主管部门或者流域管理机构组建项目法人的，该水行政主管部门或者流域管理机构是本项目的法人验收监督管理机关；由地方人民政府组建项目法人的，该地方人民政府水行政主管部门是本项目的法人验收监督管理机关。

第二章 法人验收

第十二条 工程建设完成分部工程、单位工程、单项合同工程，或者中间机组启动前，应当组织法人验收。项目法人可以根据工程建设的需要增设法人验收的环节。

第十三条 项目法人应当自工程开工之日起60个工作日内，制定法人验收工作计划，报法人验收监督管理机关和竣工验收主持单位备案。

第十四条 施工单位在完成相应工程后，应当向项目法人提出验收申请。项目法人经检查认为建设项目具备相应的验收条件的，应当及时组织验收。

第十五条 法人验收由项目法人主持。验收工作组由项目法人、设计、施工、监理等单位的代表组成；必要时可以邀请工程运行管理单位等参建单位以外的代表及专家参加。

项目法人可以委托监理单位主持分部工程验收，有关委托权限应当在监理合同或者委托书中明确。

第十六条 分部工程验收的质量结论应当报该项目的质量监督机构核备；未经核备的，项目法人不得组织下一阶段的验收。

单位工程以及大型枢纽主要建筑物的分部工程验收的质量结论应当报该项目的质量监督机构核定；未经核定的，项目法人不得通过法人验收；核定不合格的，项目法人应当重新组织验收。质量监督机构应当自收到核定材料之日起20个工作日内完成核定。

第十七条 项目法人应当自法人验收通过之日起30个工作日内，制作法人验收鉴定书，发送参加验收单位并报送法人验收监督管理机关备案。

法人验收鉴定书是政府验收的备查资料。

第十八条 单位工程投入使用验收和单项合同工程完工验收通过后，项目法人应当与施工单位办理工程的有关交接手续。

工程保修期从通过单项合同工程完工验收之日算起，保修期限按合同约定执行。

第三章 政府验收

第一节 验收主持单位

第十九条 阶段验收、竣工验收由竣工验收主持单位主持。竣工验收主持单位可以根据工作需要委托其他单位主持阶段验收。

专项验收依照国家有关规定执行。

第二十条 国家重点水利工程建设项目，竣工验收主持单位依照国家有关规定确定。

除前款规定以外，在国家确定的重要江河、湖泊建设的流域控制性工程、流域重大骨干工程建设项目，竣工验收主持单位为水利部。

除前两款规定以外的其他水利工程建设项目，竣工验收主持单位按照以下原则确定：

（一）水利部或者流域管理机构负责初步设计审批的中央项目，竣工验收主持单位为水利部或者流域管理机构；

（二）水利部负责初步设计审批的地方项目，以中央投资为主的，竣工验收主持单位为水利部或者流域管理机构，以地方投资为主的，竣工验收主持单位为省级人民政府（或者其委托的单位）或者省级人民政府水行政主管部门（或者其委托的单位）；

（三）地方负责初步设计审批的项目，竣工验收主持单位为省级人民政府水行政主管部门（或者其委托的单位）。

竣工验收主持单位为水利部或者流域管理机构的，可以根据工程实际情况，会同省级人民政府或者有关部门共同主持。

竣工验收主持单位应当在工程初步设计的批准文件中明确。

第二节　专项验收

第二十一条　枢纽工程导（截）流、水库下闸蓄水等阶段验收前，涉及移民安置的，应当完成相应的移民安置专项验收。

工程竣工验收前，应当按照国家有关规定，进行环境保护、水土保持、移民安置以及工程档案等专项验收。经商有关部门同意，专项验收可以与竣工验收一并进行。

第二十二条　项目法人应当自收到专项验收成果文件之日起10个工作日内，将专项验收成果文件报送竣工验收主持单位备案。

专项验收成果文件是阶段验收或者竣工验收成果文件的组成部分。

第三节　阶段验收

第二十三条　工程建设进入枢纽工程导（截）流、水库下闸蓄水、引（调）排水工程通水、首（末）台机组启动等关键阶段，应当组织进行阶段验收。

竣工验收主持单位根据工程建设的实际需要，可以增设阶段验收的环节。

第二十四条　阶段验收的验收委员会由验收主持单位、该项目的质量监督机构和安全监督机构、运行管理单位的代表以及有关专家组成。必要时，应当邀请项目所在地的地方人民政府以及有关部门参加。

工程参建单位是被验收单位，应当派代表参加阶段验收工作。

第二十五条　大型水利工程在进行阶段验收前，可以根据需要进行技术预验收。技术预验收参照本章第四节有关竣工技术预验收的规定进行。

第二十六条　水库下闸蓄水验收前，项目法人应当按照有关规定完成蓄水安全鉴定。

第二十七条　验收主持单位应当自阶段验收通过之日起30个工作日内，制作阶段验收鉴定书，发送参加验收的单位并报送竣工验收主持单位备案。

阶段验收鉴定书是竣工验收的备查资料。

第四节　竣工验收

第二十八条　竣工验收应当在工程建设项目全部完成并满足一定运行条件后1年内进行。不能按期进行竣工验收的，经竣工验收主持单位同意，可以适当延长期限，但最长不得超过6个月。逾期仍不能进行竣工验收的，项目法人应当向竣工验收主持单位作出专题报告。

第二十九条 竣工财务决算应当由竣工验收主持单位组织审查和审计。竣工财务决算审计通过15日后，方可进行竣工验收。

第三十条 工程具备竣工验收条件的，项目法人应当提出竣工验收申请，经法人验收监督管理机关审查后报竣工验收主持单位。竣工验收主持单位应当自收到竣工验收申请之日起20个工作日内决定是否同意进行竣工验收。

第三十一条 竣工验收原则上按照经批准的初步设计所确定的标准和内容进行。

项目有总体初步设计又有单项工程初步设计的，原则上按照总体初步设计的标准和内容进行，也可以先进行单项工程竣工验收，最后按照总体初步设计进行总体竣工验收。

项目有总体可行性研究但没有总体初步设计而有单项工程初步设计的，原则上按照单项工程初步设计的标准和内容进行竣工验收。

建设周期长或者因故无法继续实施的项目，对已完成的部分工程可以按单项工程或者分期进行竣工验收。

第三十二条 竣工验收分为竣工技术预验收和竣工验收两个阶段。

第三十三条 大型水利工程在竣工技术预验收前，项目法人应当按照有关规定对工程建设情况进行竣工验收技术鉴定。中型水利工程在竣工技术预验收前，竣工验收主持单位可以根据需要决定是否进行竣工验收技术鉴定。

第三十四条 竣工技术预验收由竣工验收主持单位以及有关专家组成的技术预验收专家组负责。

工程参建单位的代表应当参加技术预验收，汇报并解答有关问题。

第三十五条 竣工验收的验收委员会由竣工验收主持单位、有关水行政主管部门和流域管理机构、有关地方人民政府和部门、该项目的质量监督机构和安全监督机构、工程运行管理单位的代表以及有关专家组成。工程投资方代表可以参加竣工验收委员会。

第三十六条 竣工验收主持单位可以根据竣工验收的需要，委托具有相应资质的工程质量检测机构对工程质量进行检测。

第三十七条 项目法人全面负责竣工验收前的各项准备工作，设计、施工、监理等工程参建单位应当做好有关验收准备和配合工作，派代表出席竣工验收会议，负责解答验收委员会提出的问题，并作为被验收单位在竣工验收鉴定书上签字。

第三十八条 竣工验收主持单位应当自竣工验收通过之日起30个工作日内，制作竣工验收鉴定书，并发送有关单位。

竣工验收鉴定书是项目法人完成工程建设任务的凭据。

第五节 验收遗留问题处理与工程移交

第三十九条 项目法人和其他有关单位应当按照竣工验收鉴定书的要求妥善处理竣工验收遗留问题和完成尾工。

验收遗留问题处理完毕和尾工完成并通过验收后，项目法人应当将处理情况和验收成果报送竣工验收主持单位。

第四十条 工程通过竣工验收，验收遗留问题处理完毕和尾工完成并通过验收的，竣工验收主持单位向项目法人颁发工程竣工证书。

工程竣工证书格式由水利部统一制定。

第四十一条 项目法人与工程运行管理单位不同的，工程通过竣工验收后，应当及时办理移交手续。

工程移交后，项目法人以及其他参建单位应当按照法律法规的规定和合同约定，承担后续的相关质量责任。项目法人已经撤销的，由撤销该项目法人的部门承接相关的责任。

第四章 罚 则

第四十二条 违反本规定，项目法人不按时限要求组织法人验收或者不具备验收条件而组织法人验收的，由法人验收监督管理机关责令改正。

第四十三条 项目法人以及其他参建单位提交验收资料不真实导致验收结论有误的，由提交不真实验收资料的单位承担责任。竣工验收主持单位收回验收鉴定书，对责任单位予以通报批评；造成严重后果的，依照有关法律法规处罚。

第四十四条 参加验收的专家在验收工作中玩忽职守、徇私舞弊的，由验收监督管理机关予以通报批评；情节严重的，取消其参加验收的资格；构成犯罪的，依法追究刑事责任。

第四十五条 国家机关工作人员在验收工作中玩忽职守、滥用职权、徇私舞弊，尚不构成犯罪的，依法给予行政处分；构成犯罪的，依法追究刑事责任。

第五章 附 则

第四十六条 本规定所称项目法人，包括实行代建制项目中，经项目法人委托的项目代建机构。

第四十七条 水利工程建设项目验收应当具备的条件、验收程序、验收主要工作以及有关验收资料和成果性文件等具体要求，按照有关验收规程执行。

第四十八条 政府验收所需费用应当列入工程投资，由项目法人列支。

第四十九条 其他水利工程建设项目的验收活动，可以参照本规定执行。

第五十条 流域管理机构、省级人民政府水行政主管部门可以根据本规定制定验收管理实施细则。

第五十一条 现行水利工程建设项目有关验收规定以及标准与本规定不一致的，按照本规定执行。

第五十二条 本规定自2007年4月1日起施行。

水利工程建设项目招标投标管理规定

第一章 总 则

第一条 为加强水利工程建设项目招标投标工作的管理，规范招标投标活动，根据《中华人民共和国招标投标法》和国家有关规定，结合水利工程建设的特点，制定本规定。

第二条 本规定适用于水利工程建设项目的勘察设计、施工、监理以及与水利工程建设有关的重要设备、材料采购等的招标投标活动。

第三条 符合下列具体范围并达到规模标准之一的水利工程建设项目必须进行招标。

（一）具体范围

1．关系社会公共利益、公共安全的防洪、排涝、灌溉、水力发电、引（供）水、滩涂治理、水土保持、水资源保护等水利工程建设项目；

2．使用国有资金投资或者国家融资的水利工程建设项目；

3．使用国际组织或者外国政府贷款、援助资金的水利工程建设项目。

（二）规模标准

1．施工单项合同估算价在200万元人民币以上的；

2．重要设备、材料等货物的采购，单项合同估算价在100万元人民币以上的；

3．勘察设计、监理等服务的采购，单项合同估算价在50万元人民币以上的；

4．项目总投资额在3000万元人民币以上，但分标单项合同估算价低于本项第1、2、3目规定的标准的项目原则上都必须招标。

第四条 招标投标活动应当遵循公开、公平、公正和诚实信用的原则。建设项目的招标工作由招标人负责，任何单位和个人不得以任何方式非法干涉招标投标活动。

第二章 行政监督与管理

第五条 水利部是全国水利工程建设项目招标投标活动的行政监督与管理部门，其主要职责是：

（一）负责组织、指导、监督全国水利行业贯彻执行国家有关招标投标的法律、法规、规章和政策；

（二）依据国家有关招标投标法律、法规和政策，制定水利工程建设项目招标投标的管理规定和办法；

（三）受理有关水利工程建设项目招标投标活动的投诉，依法查处招标投标活动中的违法违规行为；

（四）对水利工程建设项目招标代理活动进行监督；

（五）对水利工程建设项目评标专家资格进行监督与管理；

（六）负责国家重点水利项目和水利部所属流域管理机构（以下简称流域管理机构）主要负责人兼任项目法人代表的中央项目的招标投标活动的行政监督。

第六条 流域管理机构受水利部委托，对除第五条第六项规定以外的中央项目的招标投标活动进行行政监督。

第七条 省、自治区、直辖市人民政府水行政主管部门是本行政区域内地方水利工程建设项目招标投标活动的行政监督与管理部门，其主要职责是：

（一）贯彻执行有关招标投标的法律、法规、规章和政策；

（二）依照有关法律、法规和规章，制定地方水利工程建设项目招标投标的管理办法；

（三）受理管理权限范围内的水利工程建设项目招标投标活动的投诉，依法查处招标投标活动中的违法违规行为；

（四）对本行政区域内地方水利工程建设项目招标代理活动进行监督；

（五）组建并管理省级水利工程建设项目评标专家库；

（六）负责本行政区域内除第五条第六项规定以外的地方项目的招标投标活动的行政监督。

第八条 水行政主管部门依法对水利工程建设项目的招标投标活动进行行政监督，内容包括：

（一）接受招标人招标前提交备案的招标报告。

（二）可派员监督开标、评标、定标等活动。对发现的招标投标活动的违法违规行为，应当立即责令改正，必要时可做出包括暂停开标或评标以及宣布开标、评标结果无效的决定，对违法的中标结果予以否决。

（三）接受招标人提交备案的招标投标情况书面总结报告。

第三章 招 标

第九条 招标分为公开招标和邀请招标。

第十条 依法必须招标的项目中，国家重点水利项目、地方重点水利项目及全部使用国有资金投资或者国有资金投资占控股或者主导地位的项目应当公开招标，但有下列情况之一的，按第十一条的规定经批准后可采用邀请招标：

（一）属于第三条第二项第 4 目规定的项目；

（二）项目技术复杂，有特殊要求或涉及专利权保护，受自然资源或环境限制，新技术或技术规格事先难以确定的项目；

（三）应急度汛项目；

（四）其他特殊项目。

第十一条 符合第十条规定，采用邀请招标的，招标前招标人必须履行下列批准手续：

（一）国家重点水利项目经水利部初审后，报国家发展计划委员会批准；其他中央项目报水利部或其委托的流域管理机构批准；

（二）地方重点水利项目经省、自治区、直辖市人民政府水行政主管部门会同同级发展计划行政主管部门审核后，报本级人民政府批准；其他地方项目报省、自治区、直辖市人民政府水行政主管部门批准。

第十二条 下列项目可不进行招标，但须经项目主管部门批准：

（一）涉及国家安全、国家秘密的项目；

（二）应急防汛、抗旱、抢险、救灾等项目；

（三）项目中经批准使用农民投工、投劳施工的部分（不包括该部分中勘察设计、监理和重要设备、材料采购）；

（四）不具备招标条件的公益性水利工程建设项目的项目建议书和可行性研究报告；

（五）采用特定专利技术或特有技术的；

（六）其他特殊项目。

第十三条 当招标人具备以下条件时，按有关规定和管理权限经核准可自行办理招标事宜：

（一）具有项目法人资格（或法人资格）；

（二）具有与招标项目规模和复杂程度相适应的工程技术、概预算、财务和工程管理等方面专业技术力量；

（三）具有编制招标文件和组织评标的能力；

（四）具有从事同类工程建设项目招标的经验；

（五）设有专门的招标机构或者拥有 3 名以上专职招标业务人员；

（六）熟悉和掌握招标投标法律、法规、规章。

第十四条 当招标人不具备第十三条的条件时，应当委托符合相应条件的招标代理机构办理招标事宜。

第十五条 招标人申请自行办理招标事宜时，应当报送以下书面材料：

（一）项目法人营业执照、法人证书或者项目法人组建文件；

（二）与招标项目相适应的专业技术力量情况；

（三）内设的招标机构或者专职招标业务人员的基本情况；

（四）拟使用的评标专家库情况；

（五）以往编制的同类工程建设项目招标文件和评标报告，以及招标业绩的证明材料；

（六）其他材料。

第十六条 水利工程建设项目招标应当具备以下条件：

（一）勘察设计招标应当具备的条件

1．勘察设计项目已经确定；

2．勘察设计所需资金已落实；

3．必需的勘察设计基础资料已收集完成。

（二）监理招标应当具备的条件

1．初步设计已经批准；

2．监理所需资金已落实；

3．项目已列入年度计划。

（三）施工招标应当具备的条件

1．初步设计已经批准；

2．建设资金来源已落实，年度投资计划已经安排；

3．监理单位已确定；

4．具有能满足招标要求的设计文件，已与设计单位签订适应施工进度要求的图纸交付合同或协议；

5．有关建设项目永久征地、临时征地和移民搬迁的实施、安置工作已经落实或已有明确安排。

（四）重要设备、材料招标应当具备的条件

1．初步设计已经批准；

2．重要设备、材料技术经济指标已基本确定；

3．设备、材料所需资金已落实。

第十七条 招标工作一般按下列程序进行：

（一）招标前，按项目管理权限向水行政主管部门提交招标报告备案。报告具体内容应当包括：招标已具备的条件、招标方式、分标方案、招标计划安排、投标人资质（资格）条件、评标方法、评标委员会组建方案以及开标、评标的工作具体安排等。

（二）编制招标文件。

（三）发布招标信息（招标公告或投标邀请书）。

（四）发售资格预审文件。

（五）按规定日期接受潜在投标人编制的资格预审文件。

（六）组织对潜在投标人资格预审文件进行审核。

（七）向资格预审合格的潜在投标人发售招标文件。

（八）组织购买招标文件的潜在投标人现场踏勘。

（九）接受投标人对招标文件有关问题要求澄清的函件，对问题进行澄清，并书面通知所有潜在投标人。

（十）组织成立评标委员会，并在中标结果确定前保密。

（十一）在规定时间和地点，接受符合招标文件要求的投标文件。

（十二）组织开标评标会。

（十三）在评标委员会推荐的中标候选人中，确定中标人。

（十四）向水行政主管部门提交招标投标情况的书面总结报告。

（十五）发中标通知书，并将中标结果通知所有投标人。

（十六）进行合同谈判，并与中标人订立书面合同。

第十八条 采用公开招标方式的项目，招标人应当在国家发展计划委员会指定的媒介发布招标公告，其中大型水利工程建设项目以及国家重点项目、中央项目、地方重点项目同时还应当在《中国水利报》发布招标公告，公告正式媒介发布至发售资格预审文件（或招标文件）的时间间隔一般不少于 10 日。招标人应当对招标公告的真实性负责。招标公告不得限制潜在投标人的数量。

采用邀请招标方式的，招标人应当向 3 个以上有投标资格的法人或其他组织发出投标邀请书。

投标人少于 3 个的，招标人应当依照本规定重新招标。

第十九条 招标人应当根据国家有关规定，结合项目特点和需要编制招标文件。

第二十条 招标人应当对投标人进行资格审查，并提出资格审查报告，经参审人员签字后存档备查。

第二十一条 在一个项目中，招标人应当以相同条件对所有潜在投标人的资格进行审查，不得以任何理由限制或者排斥部分潜在投标人。

第二十二条 招标人对已发出的招标文件进行必要澄清或者修改的，应当在招标文件要求提交投标文件截止日期至少 15 日前，以书面形式通知所有投标人。该澄清或者修改的内容为招标文件的组成部分。

第二十三条 依法必须进行招标的项目，自招标文件开始发出之日起至投标人提交投标文件截止之日止，最短不应当少于 20 日。

第二十四条 招标文件应当按其制作成本确定售价，一般可按 1000 元至 3000 元人民币标准控制。

第二十五条 招标文件中应当明确投标保证金金额，一般可按以下标准控制：

（一）合同估算价 10000 万元人民币以上，投标保证金金额不超过合同估算价的千分之五；

（二）合同估算价 3000 万元至 10000 万元人民币之间，投标保证金金额不超过合同估算价的千分之六；

（三）合同估算价 3000 万元人民币以下，投标保证金金额不超过合同估算价的千分之七，但最低不得少于 1 万元人民币。

第四章 投 标

第二十六条 投标人必须具备水利工程建设项目所需的资质（资格）。

第二十七条 投标人应当按照招标文件的要求编写投标文件，并在招标文件规定的投标截止时间之前密封送达招标人。在投标截止时间之前，投标人可以撤回已递交的投标文件或进行更正和补充，但应当符合招标文件的要求。

第二十八条 投标人必须按招标文件规定投标，也可附加提出“替代方案”，且应当在其封面上注明“替代方案”字样，供招标人选用，但不作为评标的主要依据。

第二十九条 两个或两个以上单位联合投标的，应当按资质等级较低的单位确定联合体资质（资格）等级。招标人不得强制投标人组成联合体共同投标。

第三十条 投标人在递交投标文件的同时，应当递交投标保证金。招标人与中标人签订合同后 5 个工作日内，应当退还投标保证金。

第三十一条 投标人应当对递交的资质（资格）预审文件及投标文件中有关资料的真实性负责。

第五章 评标标准与方法

第三十二条 评标标准和方法应当在招标文件中载明，在评标时不得另行制定或修改、补充任何评标标准和方法。

第三十三条 招标人在一个项目中，对所有投标人评标标准和方法必须相同。

第三十四条 评标标准分为技术标准和商务标准，一般包含以下内容：

（一）勘察设计评标标准

1．投标人的业绩和资信；

2．勘察总工程师、设计总工程师的经历；

3．人力资源配备；

4．技术方案和技术创新；

5．质量标准及质量管理措施；

6．技术支持与保障；

7．投标价格和评标价格；

8．财务状况；

9．组织实施方案及进度安排。

（二）监理评标标准

1．投标人的业绩和资信；

2．项目总监理工程师经历及主要监理人员情况；

3．监理规划（大纲）；

4．投标价格和评标价格；
5．财务状况。
（三）施工评标标准
1．施工方案（或施工组织设计）与工期；
2．投标价格和评标价格；
3．施工项目经理及技术负责人的经历；
4．组织机构及主要管理人员；
5．主要施工设备；
6．质量标准、质量和安全管理措施；
7．投标人的业绩、类似工程经历和资信；
8．财务状况。
（四）设备、材料评标标准
1．投标价格和评标价格；
2．质量标准及质量管理措施；
3．组织供应计划；
4．售后服务；
5．投标人的业绩和资信；
6．财务状况。

第三十五条 评标方法可采用综合评分法、综合最低评标价法、合理最低投标价法、综合评议法及两阶段评标法。

第三十六条 施工招标设有标底的，评标标底可采用：
（一）招标人组织编制的标底A；
（二）以全部或部分投标人报价的平均值作为标底B；
（三）以标底A和标底B的加权平均值作为标底；
（四）以标底A值作为确定有效标的标准，以进入有效标内投标人的报价平均值作为标底。
施工招标未设标底的，按不低于成本价的有效标进行评审。

第六章 开标、评标和中标

第三十七条 开标由招标人主持，邀请所有投标人参加。

第三十八条 开标应当按招标文件中确定的时间和地点进行。开标人员至少由主持人、监标人、开标人、唱标人、记录人组成，上述人员对开标负责。

第三十九条 开标一般按以下程序进行：
（一）主持人在招标文件确定的时间停止接收投标文件，开始开标；
（二）宣布开标人员名单；
（三）确认投标人法定代表人或授权代表人是否在场；
（四）宣布投标文件开启顺序；
（五）依开标顺序，先检查投标文件密封是否完好，再启封投标文件；
（六）宣布投标要素，并作记录，同时由投标人代表签字确认；
（七）对上述工作进行纪录，存档备查。

第四十条 评标工作由评标委员会负责。评标委员会由招标人的代表和有关技术、经济、合同管理等方面的专家组成，成员人数为七人以上单数，其中专家（不含招标人代表人数）不得少于成员总数的三分之二。

第四十一条 公益性水利工程建设项目中，中央项目的评标专家应当从水利部或流域管理机构组建的评标专家库中抽取；地方项目的评标专家应当从省、自治区、直辖市人民政府水行政主管部门组建的评标专家库中抽取，也可从水利部或流域管理机构组建的评标专家库中抽取。

第四十二条 评标专家的选择应当采取随机的方式抽取。根据工程特殊专业技术需要，经水行政主管部门批准，招标人可以指定部分评标专家，但不得超过专家人数的三分之一。

第四十三条 评标委员会成员不得与投标人有利害关系。所指利害关系包括：是投标人或其代理人的近亲属；在5年内与投标人曾有工作关系；或有其他社会关系或经济利益关系。

评标委员会成员名单在招标结果确定前应当保密。

第四十四条 评标工作一般按以下程序进行：

（一）招标人宣布评标委员会成员名单并确定主任委员；

（二）招标人宣布有关评标纪律；

（三）在主任委员主持下，根据需要，讨论通过成立有关专业组和工作组；

（四）听取招标人介绍招标文件；

（五）组织评标人员学习评标标准和方法；

（六）经评标委员会讨论，并经二分之一以上委员同意，提出需投标人澄清的问题，以书面形式送达投标人；

（七）对需要文字澄清的问题，投标人应当以书面形式送达评标委员会；

（八）评标委员会按招标文件确定的评标标准和方法，对投标文件进行评审，确定中标候选人推荐顺序；

（九）在评标委员会三分之二以上委员同意并签字的情况下，通过评标委员会工作报告，并报招标人。评标委员会工作报告附件包括有关评标的往来澄清函、有关评标资料及推荐意见等。

第四十五条 招标人对有下列情况之一的投标文件，可以拒绝或按无效标处理：

（一）投标文件密封不符合招标文件要求的；

（二）逾期送达的；

（三）投标人法定代表人或授权代表人未参加开标会议的；

（四）未按招标文件规定加盖单位公章和法定代表人（或其授权人）的签字（或印鉴）的；

（五）招标文件规定不得标明投标人名称，但投标文件上标明投标人名称或有任何可能透露投标人名称的标记的；

（六）未按招标文件要求编写或字迹模糊导致无法确认关键技术方案、关键工期、关键工程质量保证措施、投标价格的；

（七）未按规定交纳投标保证金的；

（八）超出招标文件规定，违反国家有关规定的；

（九）投标人提供虚假资料的。

第四十六条 评标委员会经过评审，认为所有投标文件都不符合招标文件要求时，可以否决所有投标，招标人应当重新组织招标。对已参加本次投标的单位，重新参加投标不应当再收取招标文件费。

第四十七条 评标委员会应当进行秘密评审，不得泄露评审过程、中标候选人的推荐情况以及与评标有关的其他情况。

第四十八条 在评标过程中，评标委员会可以要求投标人对投标文件中含义不明确的内容采取书面方式作出必要的澄清或说明，但不得超出投标文件的范围或改变投标文件的实质性内容。

第四十九条 评标委员会经过评审，从合格的投标人中排序推荐中标候选人。

第五十条 中标人的投标应当符合下列条件之一：

（一）能够最大限度地满足招标文件中规定的各项综合评价标准；

（二）能够满足招标文件的实质性要求，并且经评审的投标价格合理最低，但投标价格低于成本的除外。

第五十一条 招标人可授权评标委员会直接确定中标人，也可根据评标委员会提出的书面评标报告和推荐的中标候选人顺序确定中标人。当招标人确定的中标人与评标委员会推荐的中标候选人顺序不一致时，应当有充足的理由，并按项目管理权限报水行政主管部门备案。

第五十二条 自中标通知书发出之日起30日内，招标人和中标人应当按照招标文件和中标人的投标文件订立书面合同，中标人提交履约保函。招标人和中标人不得另行订立背离招标文件实质性内容的其他协议。

第五十三条 招标人在确定中标人后，应当在15日之内按项目管理权限向水行政主管部门提交招标投标情况的书面报告。

第五十四条 当确定的中标人拒绝签订合同时，招标人可与确定的候补中标人签订合同，并按项目管理权限向水行政主管部门备案。

第五十五条 由于招标人自身原因致使招标工作失败（包括未能如期签订合同），招标人应当按投标保证金双倍的金额赔偿投标人，同时退还投标保证金。

第七章 附 则

第五十六条 在招标投标活动中出现的违法违规行为，按照《中华人民共和国招标投标法》和国务院的有关规定进行处罚。

第五十七条 各省、自治区、直辖市可以根据本规定，结合本地区实际制订相应的实施办法。

第五十八条 本规定由水利部负责解释。

第五十九条 本规定自2002年1月1日起施行，《水利工程建设项目施工招标投标管理规定》（水建〔1994〕130号1995年4月21日颁发，水政资〔1998〕51号1998年2月9日修正）同时废止。

水利工程建设项目管理规定（试行）

第一章 总 则

第一条 为适应建立社会主义市场经济体制的需要，进一步加强水利工程建设的行业管理，使水利工程建设项目管理逐步走上法制化、规范化的道路，保证水利工程建设的工期、质量、安全和投资效益。根据国家有关政策法规，结合水利水电行业特点，制定本规定。

第二条 本管理规定适用于由国家投资、中央和地方合资、企事业单位独资、合资以及其他投资方式兴建的防洪、除涝、灌溉、发电、供水、围垦等大中型（包括新建、续建、改建、加固、修复）工程建设项目，小型水利工程建设项目可以参照执行。

第三条 水利工程建设项目管理实行统一管理、分级管理和目标管理。逐步建立水利部、流域机构和地方水行政主管部门以及建设项目法人分级、分层次管理的管理体系。

第四条 水利工程建设项目管理要严格按建设程序进行，实行全过程的管理、监督、服务。

第五条 水利工程建设要推行项目法人责任制、招标投标制和建设监理制，积极推行项目管理。

第二章 管理体制及职责

第六条 水利部是国务院水行政主管部门，对全国水利工程建设实行宏观管理。水利部建设司是水利部主管水利建设的综合管理部门，在水利工程建设项目管理方法，其主要管理职责是：

1．贯彻执行国家的方针政策，研究制订水利工程建设的政策法规，并组织实施；

2．对全国水利工程建设项目进行行业管理；

3．组织和协调部属重点水利工程的建设；

4．积极推行水利建设管理体制的改革，培育有完善水利建设市场；

5．指导或参与省属重点大中型工程、中央参与投资的地方大中型工程建设的项目管理。

第七条 流域机构是水利部的派出机构，对其所在流域行使水行政主管部门的职责。负责本流域水利工程建设的行业管理。

1．以水利部投资为主的水利工程建设项目，除少数特别重大项目由水利部直接管理外，其余项目均由所在流域机构负责组织建设和管理。逐步实现按流域综合规划、组织建设、生产经营、滚动开发。

2．流域机构按照国家投资政策，通过多渠道筹集资金，逐步建立流域水利建设投资主体，从而实现国家对流域水利建设项目的管理。

第八条 省（自治区、直辖市）水利（水电）厅（局）是本地区的水行政主管部门，负责本地区水利工程建设的行业管理。

1．负责本地区以地方投资为主的大中型水利工程建设项目的组织建设和管理；

2．支持本地区的国家和部属重点水利工程建设，积极为工程创造良好的建设环境。

第九条 水利工程项目法人对建设项目的立项、筹资、建设、生产经营、还本付息以及资产保值增值的全过程负责，并承担投资风险。代表项目法人对建设项目进行管理的建设单位是项目建设的直接组织者和实施者。负责按项目的建设规模、投资总额、建设工期、工程质量，实行项目建设的全过程管理，对国家或投资各方负责。

第三章　建设程序

第十条　水利是国民经济的基础设施和基础产业。水利工程建设要严格按建设程序进行。水利工程建设程序一般分为：项目建议书、可行性研究报告、施工准备、初步设计、建设实施、生产准备、竣工验收、后评价等阶段。

第十一条　建设前期根据国家总体规划以及流域综合规划，开展前期工作，包括提出项目建议书、可行性研究报告和初步设计（或扩大初步设计）。

第十二条　水利工程建设项目可行性研究报告已经批准，年度水利投资计划下达后，项目法人即可开展施工准备。

第十三条　水利工程具备开工条件后，主体工程方可开工建设。项目法人或者建设单位应当自工程开工之日起15个工作日内，将开工情况的书面报告报项目主管单位和上一级主管单位备案。

主体工程开工，必须具备以下条件：

1．项目法人或者建设单位已经设立；

2．初步设计已经批准，施工详图设计满足主体工程施工需要；

3．建设资金已经落实；

4．主体工程施工单位和监理单位已经确定，并分别订立了合同；

5．质量安全监督单位已经确定，并办理了质量安全监督手续；

6．主要设备和材料已经落实来源；

7．施工准备和征地移民等工作满足主体工程开工需要。

第十四条　项目建设单位要按批准的建设文件，充分发挥管理的主导作用，协调设计、监理、施工以及地方等各方面的关系，实行目标管理。建设单位与设计、监理、工程承包单位是合同关系，各方面应严格履行合同。

1. 项目建设单位要建立严格的现场协调或调度制度。及时研究解决设计、施工的关键技术问题。从整体效益出发，认真履行合同，积极处理好工程建设各方的关系，为施工创造良好的外部条件。

2. 监理单位受项目建设单位委托，按合同规定在现场从事组织、管理、协调、监督工作。同时，监理单位要站在独立公正的立场上，协调建设单位与设计、施工等单位之间的关系。

3．设计单位应按合同及时提供施工详图，并确保设计质量。按工程规模，派出设计代表组进驻施工现场解决施工中出现的设计问题。

施工详图经监理单位审核后交施工单位施工。设计单位对不涉及重大设计原则问题的合理意见应当采纳并修改设计。若有分歧意见，由建设单位决定。如涉及初步设计重大变更问题，应由原初步设计批准部门审定。

4. 施工企业要切实加强管理，认真履行签定的承包合同。在施工过程中，要将所编制的施工计划、技术措施及组织管理情况报项目建设单位。

第十五条　工程验收要严格按国家和水利部颁布的验收规程进行。

1．工程阶段验收：

阶段验收是工程竣工验收的基础和重要内容，凡能独立发挥作用的单项工程均应进行阶段验收，如：截流（包括分期导流）、下闸蓄水、机组起动、通水等是重要的阶段验收。

2．工程竣工验收：

（1）工程基本竣工时，项目建设单位应按验收规程要求组织监理、设计、施工等单位提出有关报告，并按规定将施工过程中的有关资料、文件、图纸造册归档。

（2）在正式竣工验收之前，应根据工程规模由主管部门或由主管部门委托项目建设单位组织初步验收，对初验查出的问题应在正式验收前解决。

（3）质量监督机构要对工程质量提出评价意见。

（4）根据初验情况和项目建设单位的申请验收报告，决定竣工验收有关事宜。

国家重点水利建设项目由国家计委会同水利部主持验收。

部属重点水利建设项目由水利部主持验收。部属其他水利建设项目由流域机构主持验收，水利部进行指导。

中央参与投资的地方重点水利建设项目由省（自治区、直辖市）政府会同水利部或流域机构主持验收。

地方水利建设项目由地方水利主管部门主持验收。其中，大型建设项目验收，水利部或流域机构派员参加；重要中型建设项目验收，流域机构派员参加。

第四章　实行“三项制度”改革

第十六条　对生产经营性的水利工程建设项目要积极推行项目法人责任制；其他类型的项目应积极创造条件，逐步实行项目法人责任制。

1. 工程建设现场的管理可由项目法人直接负责，也可由项目法人组建或委托一个组织具体负责。负责现场建设管理的机构履行建设单位职能。

2．组建建设单位由项目主管部门或投资各方负责。

建设单位需具备下列条件：

（1）具有相对独立的组织形式。内部机构设置，人员配备能满足工程建设的需要。

（2）经济上独立核算或分级核算。

（3）主要行政和技术、经济负责人是专职人员，并保持相对稳定。

第十七条　凡符合本规定第二条要求的大中型水利建设项目都要实行招标投标制：

1．水利建设项目施工招标投标工作按国家有关规定或国际采购导则进行，并根据工程的规模，投资方式以及工程特点，决定招标方式。

2．主体工程施工招标应具备的必要条件：

（1）项目的初步设计已经批准，项目建设已列入计划，投资基本落实；

（2）项目建设单位已经组建，并具备应有的建设管理能力；

（3）招标文件已经编制完成，施工招标申请书已经批准；

（4）施工准备工作已满足主体工程开工的要求。

3．水利建设项目招标工作，由项目建设单位具体组织实施。招标管理按第二章明确的分级管理原则和管理范围，划分如下：

（1）水利部负责招标工作的行业管理，直接参与或组织少数特别重大建设项目的招标工作，并做好国家有关部门的协调工作；

（2）其他国家和部属重点建设项目以及中央参与投资的地方水利建设项目的招标工作，由流域机构负责管理；

（3）地方大中型水利建设项目的招标工作，由地方水行政主管部门负责管理。

第十八条　水利工程建设，要全面推行建设监理制。

1．水利部主管全国水利工程的建设监理工作。

2．水利工程建设监理单位的选择，应采取招标投标的方式确定。

3．要加强对建设监理单位的管理，监理工程师必须持证上岗，监理单位必须持证营业。

第十九条　水利施工企业要积极推行项目管理。项目管理是施工企业走向市场，深化内部改革，转换经营机制，提高管理水平的一种科学的管理方式。

1．施工企业要按项目管理的原则和要求组织施工，在组织结构上，实行项目经理负责制；在经营管理上，建立以经济效益为目标的项目独立核算管理体制；在生产要素配置上，实行优化配置，动态管理；在施工管理上，实行目标管理。

2．项目经理是项目实施过程中的最高组织者和责任者。项目经理必须按国家有关规定，经过专门培训、持证上岗。

第五章　其他管理制度

第二十条　水利建设项目要贯彻“百年大计，质量第一”的方针，建立健全质量管理体系。

1．水利部水利工程质量监督总站及各级质量监督机构，要认真履行质量监督职责，项目建设各方（建设、监理、设计、施工）必须接受和尊重其监督，支持质量监督机构的工作；

2．建设单位要建立健全施工质量检查体系，按国家和行业技术标准、设计合同文件，检查和控制工程施工质量；

3．施工单位在施工中要推行全面质量管理，建立健全施工质量保证体系，严格执行国家行业技术标准和水利部施工质量管理规定、质量评定标准；

4．发生施工质量事故，必须认真严肃处理。严重质量事故，应由建设单位（或监理单位）组织有关各方联合分析处理，并及时向主管部门报告。

第二十一条　水利工程建设必须贯彻“安全第一，预防为主”的方针。项目主管单位要加强检查、监督；项目建设单位要加强安全宣传和教育工作，督促参加工程建设的各有关单位搞好安全生产。所有的工程合同都要有安全管理条款，所有的工作计划都要有安全生产措施。

第二十二条　要加强水利工程建设的信息交流管理工作。

1．积极利用和发挥中国水利学会水利建设管理专业委员会等学术团体作用，组织学术活动，开展调查研究，推动管理体制改革和科技进步，加强水利建设队伍联络和管理。

2．建立水利工程建设情况报告制度。

（1）项目建设单位定期向主管部门报送工程项目的建设情况。其中：重点工程情况应在水利部月生产协调会 5 天前报告工程完成情况，包括完成实物工作量，关键进度、投资到位情况和存在的主要问题，月报和年报按有关统计报表规定及时报送，年报内容应增加建设管理情况总结。

（2）部属大中型水利工程建设情况，由项目建设单位定期向流域机构和水利部直接报告；地方大型水利工程建设情况，项目建设单位在报地方水行政主管部门的同时抄报水利部；各流域机构和水利（水电）厅（局）应将所属水利工程建设概况，工程进度和建设管理经验总结，于每年年终向水利部报告一次。

第六章　附　则

第二十三条　本规定由水利部负责解释。

第二十四条　本规定自公布之日起试行。

水利工程建设监理规定

第一章　总　则

第一条　为规范水利工程建设监理活动，确保工程建设质量，根据《中华人民共和国招标投标法》《建设工程质量管理条例》《建设工程安全生产管理条例》等法律法规，结合水利工程建设实际，制定本规定。

第二条　从事水利工程建设监理以及对水利工程建设监理实施监督管理，适用本规定。

本规定所称水利工程是指防洪、排涝、灌溉、水力发电、引（供）水、滩涂治理、水土保持、水资源保护等各类工程（包括新建、扩建、改建、加固、修复、拆除等项目）及其配套和附属工程。

本规定所称水利工程建设监理，是指具有相应资质的水利工程建设监理单位（以下简称监理单位），受项目法人（建设单位，下同）委托，按照监理合同对水利工程建设项目实施中的质量、进度、资金、安全生产、环境保护等进行的管理活动，包括水利工程施工监理、水土保持工程施工监理、机电及金属结构设备制造监理、水利工程建设环境保护监理。

第三条　水利工程建设项目依法实行建设监理。

总投资200万元以上且符合下列条件之一的水利工程建设项目，必须实行建设监理：

（一）关系社会公共利益或者公共安全的；

（二）使用国有资金投资或者国家融资的；

（三）使用外国政府或者国际组织贷款、援助资金的。

铁路、公路、城镇建设、矿山、电力、石油天然气、建材等开发建设项目的配套水土保持工程，符合前款规定条件的，应当按照本规定开展水土保持工程施工监理。

其他水利工程建设项目可以参照本规定执行。

第四条　水利部对全国水利工程建设监理实施统一监督管理。

水利部所属流域管理机构（以下简称流域管理机构）和县级以上地方人民政府水行政主管部门对其所管辖的水利工程建设监理实施监督管理。

第二章　监理业务委托与承接

第五条　按照本规定必须实施建设监理的水利工程建设项目，项目法人应当按照水利工程建设项目招标投标管理的规定，确定具有相应资质的监理单位，并报项目主管部门备案。

项目法人和监理单位应当依法签订监理合同。

第六条　项目法人委托监理业务，合同价格不得低于成本。监理单位不得违反标准规范规定或合同约定，通过降低服务质量、减少服务内容等手段进行恶性竞争，扰乱正常市场秩序。

项目法人及其工作人员不得索取、收受监理单位的财物或者其他不正当利益。

第七条　监理单位应当按照水利部的规定，取得《水利工程建设监理单位资质等级证书》，并在其资质等级许可的范围内承揽水利工程建设监理业务。

两个以上具有资质的监理单位，可以组成一个联合体承接监理业务。联合体各方应当签订协议，明确各方拟承担的工作和责任，并将协议提交项目法人。联合体的资质等级，按照同一专业内资质等级较低的一方确定。联合体中标的，联合体各方应当共同与项目法人签订监理合同，就中标项目向项目法人承担连带责任。

第八条 监理单位与被监理单位以及建筑材料、建筑构配件和设备供应单位有隶属关系或者其他利害关系的，不得承担该项工程的建设监理业务。

监理单位不得以串通、欺诈、胁迫、贿赂等不正当竞争手段承揽水利工程建设监理业务。

第九条 监理单位不得允许其他单位或者个人以本单位名义承揽水利工程建设监理业务。

监理单位不得转让监理业务。

第三章 监理业务实施

第十条 监理单位应当聘用一定数量的监理人员从事水利工程建设监理业务。监理人员包括总监理工程师、监理工程师和监理员。总监理工程师、监理工程师应当具有监理工程师职业资格，总监理工程师还应当具有工程类高级专业技术职称。

监理工程师应当由其聘用监理单位（以下简称注册监理单位）报水利部注册备案，并在其注册监理单位从事监理业务；需要临时到其他监理单位从事监理业务的，应当由该监理单位与注册监理单位签订协议，明确监理责任等有关事宜。

监理人员应当保守执（从）业秘密，并不得同时在两个以上水利工程项目从事监理业务，不得与被监理单位以及建筑材料、建筑构配件和设备供应单位发生经济利益关系。

第十一条 监理单位应当按下列程序实施建设监理：

（一）按照监理合同，选派满足监理工作要求的总监理工程师、监理工程师和监理员组建项目监理机构，进驻现场；

（二）编制监理规划，明确项目监理机构的工作范围、内容、目标和依据，确定监理工作制度、程序、方法和措施，并报项目法人备案；

（三）按照工程建设进度计划，分专业编制监理实施细则；

（四）按照监理规划和监理实施细则开展监理工作，编制并提交监理报告；

（五）监理业务完成后，按照监理合同向项目法人提交监理工作报告、移交档案资料。

第十二条 水利工程建设监理实行总监理工程师负责制。

总监理工程师负责全面履行监理合同约定的监理单位职责，发布有关指令，签署监理文件，协调有关各方之间的关系。

监理工程师在总监理工程师授权范围内开展监理工作，具体负责所承担的监理工作，并对总监理工程师负责。

监理员在监理工程师或者总监理工程师授权范围内从事监理辅助工作。

第十三条 监理单位应当将项目监理机构及其人员名单、监理工程师和监理员的授权范围书面通知被监理单位。监理实施期间监理人员有变化的，应当及时通知被监理单位。

监理单位更换总监理工程师和其他主要监理人员的，应当符合监理合同的约定。

第十四条 监理单位应当按照监理合同，组织设计单位等进行现场设计交底，核查并签发施工图。未经总监理工程师签字的施工图不得用于施工。

监理单位不得修改工程设计文件。

第十五条 监理单位应当按照监理规范的要求，采取旁站、巡视、跟踪检测和平行检测等方式实施监理，发现问题应当及时纠正、报告。

监理单位不得与项目法人或者被监理单位串通，弄虚作假、降低工程或者设备质量。

监理人员不得将质量检测或者检验不合格的建设工程、建筑材料、建筑构配件和设备按照合格签字。

未经监理工程师签字，建筑材料、建筑构配件和设备不得在工程上使用或者安装，不得进行下一道工序的施工。

第十六条 监理单位应当协助项目法人编制控制性总进度计划，审查被监理单位编制的施工组织设计和进度计划，并督促被监理单位实施。

第十七条 监理单位应当协助项目法人编制付款计划，审查被监理单位提交的资金流计划，按照合同约定核定工程量，签发付款凭证。

未经总监理工程师签字，项目法人不得支付工程款。

第十八条 监理单位应当审查被监理单位提出的安全技术措施、专项施工方案和环境保护措施是否符合工程建设强制性标准和环境保护要求，并监督实施。

监理单位在实施监理过程中，发现存在安全事故隐患的，应当要求被监理单位整改；情况严重的，应当要求被监理单位暂时停止施工，并及时报告项目法人。被监理单位拒不整改或者不停止施工的，监理单位应当及时向有关水行政主管部门或者流域管理机构报告。

第十九条 项目法人应当向监理单位提供必要的工作条件，支持监理单位独立开展监理业务，不得明示或者暗示监理单位违反法律法规和工程建设强制性标准，不得更改总监理工程师指令。

第二十条 项目法人应当按照监理合同，及时、足额支付监理单位报酬，不得无故削减或者拖延支付。

项目法人可以对监理单位提出并落实的合理化建议给予奖励。奖励标准由项目法人与监理单位协商确定。

第四章 监督管理

第二十一条 县级以上人民政府水行政主管部门和流域管理机构应当加强对水利工程建设监理活动的监督管理，对项目法人和监理单位执行国家法律法规、工程建设强制性标准以及履行监理合同的情况进行监督检查。

项目法人应当依据监理合同对监理活动进行检查。

第二十二条 县级以上人民政府水行政主管部门和流域管理机构在履行监督检查职责时，有关单位和人员应当客观、如实反映情况，提供相关材料。

县级以上人民政府水行政主管部门和流域管理机构实施监督检查时，不得妨碍监理单位和监理人员正常的监理活动，不得索取或者收受被监督检查单位和人员的财物，不得谋取其他不正当利益。

第二十三条 县级以上人民政府水行政主管部门和流域管理机构在监督检查中，发现监理单位和监理人员有违规行为的，应当责令纠正，并依法查处。

第二十四条 任何单位和个人有权对水利工程建设监理活动中的违法违规行为进行检举和控告。有关水行政主管部门和流域管理机构以及有关单位应当及时核实、处理。

第五章 罚 则

第二十五条 项目法人将水利工程建设监理业务委托给不具有相应资质的监理单位，或者必须实行建设监理而未实行的，依照《建设工程质量管理条例》第五十四条、第五十六条处罚。

项目法人对监理单位提出不符合安全生产法律、法规和工程建设强制性标准要求的，依照《建设工程安全生产管理条例》第五十五条处罚。

第二十六条 项目法人及其工作人员收受监理单位贿赂、索取回扣或者其他不正当利益的，予以追缴，并处违法所得 3 倍以下且不超过 3 万元的罚款；构成犯罪的，依法追究有关责任人员的刑事责任。

第二十七条 监理单位有下列行为之一的，依照《建设工程质量管理条例》第六十条、第六十一条、第六十二条、第六十七条、第六十八条处罚：

（一）超越本单位资质等级许可的业务范围承揽监理业务的；

（二）未取得相应资质等级证书承揽监理业务的；

（三）以欺骗手段取得的资质等级证书承揽监理业务的；

（四）允许其他单位或者个人以本单位名义承揽监理业务的；

（五）转让监理业务的；

（六）与项目法人或者被监理单位串通，弄虚作假、降低工程质量的；

（七）将不合格的建设工程、建筑材料、建筑构配件和设备按照合格签字的；

（八）与被监理单位以及建筑材料、建筑构配件和设备供应单位有隶属关系或者其他利害关系承担该项工程建设监理业务的。

第二十八条 监理单位有下列行为之一的，责令改正，给予警告；无违法所得的，处 1 万元以下罚款，有违法所得的，予以追缴，处违法所得 3 倍以下且不超过 3 万元罚款；情节严重的，降低资质等级；构成犯罪的，依法追究有关责任人员的刑事责任：

（一）以串通、欺诈、胁迫、贿赂等不正当竞争手段承揽监理业务的；

（二）利用工作便利与项目法人、被监理单位以及建筑材料、建筑构配件和设备供应单位串通，谋取不正当利益的。

第二十九条 监理单位有下列行为之一的，依照《建设工程安全生产管理条例》第五十七条处罚：

（一）未对施工组织设计中的安全技术措施或者专项施工方案进行审查的；

（二）发现安全事故隐患未及时要求施工单位整改或者暂时停止施工的；

（三）施工单位拒不整改或者不停止施工，未及时向有关水行政主管部门或者流域管理机构报告的；

（四）未依照法律、法规和工程建设强制性标准实施监理的。

第三十条 监理单位有下列行为之一的，责令改正，给予警告；情节严重的，降低资质等级：

（一）聘用无相应监理人员资格的人员从事监理业务的；

（二）隐瞒有关情况、拒绝提供材料或者提供虚假材料的。

第三十一条 监理人员从事水利工程建设监理活动，有下列行为之一的，责令改正，给予警告；其中，监理工程师违规情节严重的，注销注册证书，2 年内不予注册；有违法所得的，予以追缴，并处 1 万元以下罚款；造成损失的，依法承担赔偿责任；构成犯罪的，依法追究刑事责任：

（一）利用执（从）业上的便利，索取或者收受项目法人、被监理单位以及建筑材料、建筑构配件和设备供应单位财物的；

（二）与被监理单位以及建筑材料、建筑构配件和设备供应单位串通，谋取不正当利益的；

（三）非法泄露执（从）业中应当保守的秘密的。

第三十二条　监理人员因过错造成质量事故的，责令停止执（从）业 1 年，其中，监理工程师因过错造成重大质量事故的，注销注册证书，5 年内不予注册，情节特别严重的，终身不予注册。

监理人员未执行法律、法规和工程建设强制性标准的，责令停止执（从）业 3 个月以上 1 年以下，其中，监理工程师违规情节严重的，注销注册证书，5 年内不予注册，造成重大安全事故的，终身不予注册；构成犯罪的，依法追究刑事责任。

第三十三条　水行政主管部门和流域管理机构的工作人员在工程建设监理活动的监督管理中玩忽职守、滥用职权、徇私舞弊的，依法给予处分；构成犯罪的，依法追究刑事责任。

第三十四条　依法给予监理单位罚款处罚的，对单位直接负责的主管人员和其他直接责任人员处单位罚款数额百分之五以上、百分之十以下的罚款。

监理单位的工作人员因调动工作、退休等原因离开该单位后，被发现在该单位工作期间违反国家有关工程建设质量管理规定，造成重大工程质量事故的，仍应当依法追究法律责任。

第三十五条　降低监理单位资质等级、吊销监理单位资质等级证书的处罚以及注销监理工程师注册证书，由水利部决定；其他行政处罚，由有关水行政主管部门依照法定职权决定。

第六章　附　则

第三十六条　本规定所称机电及金属结构设备制造监理是指对安装于水利工程的发电机组、水轮机组及其附属设施，以及闸门、压力钢管、拦污设备、起重设备等机电及金属结构设备生产制造过程中的质量、进度等进行的管理活动。

本规定所称水利工程建设环境保护监理是指对水利工程建设项目实施中产生的废（污）水、垃圾、废渣、废气、粉尘、噪声等采取的控制措施所进行的管理活动。

本规定所称被监理单位是指承担水利工程施工任务的单位，以及从事水利工程的机电及金属结构设备制造的单位。

第三十七条　监理单位分立、合并、改制、转让的，由继承其监理业绩的单位承担相应的监理责任。

第三十八条　有关水利工程建设监理的技术规范，由水利部另行制定。

第三十九条　本规定自 2007 年 2 月 1 日起施行。《水利工程建设监理规定》（水建管〔1999〕637 号）、《水土保持生态建设工程监理管理暂行办法》（水建管〔2003〕79 号）同时废止。

《水利工程设备制造监理规定》（水建管〔2001〕217 号）与本规定不一致的，依照本规定执行。

水利工程建设监理单位资质管理办法

第一章 总 则

第一条 为加强水利工程建设监理单位的资质管理，规范水利工程建设市场秩序，保证水利工程建设质量，根据《建设工程质量管理条例》《国务院对确需保留的行政审批项目设定行政许可的决定》等规定，制定本办法。

第二条 水利工程建设监理单位（以下简称监理单位）资质的认定与管理，适用本办法。

第三条 从事水利工程建设监理业务的单位，应当按照本办法取得资质，并在资质等级许可的范围内承揽水利工程建设监理业务。

第四条 申请监理资质的单位（以下简称申请人），应当按照其拥有的技术负责人、专业技术人员和工程监理业绩等条件，申请相应的资质等级。

第五条 水利部负责监理单位资质的认定与管理工作。

水利部所属流域管理机构（以下简称流域管理机构）和省、自治区、直辖市人民政府水行政主管部门依照管理权限，负责有关的监理单位资质申请材料的接收、转报以及相关管理工作。

第二章 资质等级和业务范围

第六条 监理单位资质分为水利工程施工监理、水土保持工程施工监理、机电及金属结构设备制造监理和水利工程建设环境保护监理四个专业。其中，水利工程施工监理专业资质和水土保持工程施工监理专业资质分为甲级、乙级和丙级三个等级，机电及金属结构设备制造监理专业资质分为甲级、乙级两个等级，水利工程建设环境保护监理专业资质暂不分级。

第七条 各专业资质等级可以承担的业务范围如下：

（一）水利工程施工监理专业资质

甲级可以承担各等级水利工程的施工监理业务。

乙级可以承担Ⅱ等（堤防 2 级）以下各等级水利工程的施工监理业务。

丙级可以承担Ⅲ等（堤防 3 级）以下各等级水利工程的施工监理业务。

适用本办法的水利工程等级划分标准按照《水利水电工程等级划分及洪水标准》（SL 252—2017）执行。

（二）水土保持工程施工监理专业资质

甲级可以承担各等级水土保持工程的施工监理业务。

乙级可以承担Ⅱ等以下各等级水土保持工程的施工监理业务。

丙级可以承担Ⅲ等水土保持工程的施工监理业务。

同时具备水利工程施工监理专业资质和乙级以上水土保持工程施工监理专业资质的，方可承担淤地坝中的骨干坝施工监理业务。

适用本办法的水土保持工程等级划分标准见附件二。

（三）机电及金属结构设备制造监理专业资质

甲级可以承担水利工程中的各类型机电及金属结构设备制造监理业务。

乙级可以承担水利工程中的中、小型机电及金属结构设备制造监理业务。

适用本办法的机电及金属结构设备等级划分标准见附件三。

（四）水利工程建设环境保护监理专业资质

可以承担各类各等级水利工程建设环境保护监理业务。

第三章　资质的申请、受理和认定

第八条　申请监理单位资质，应当具备“水利工程建设监理单位资质等级标准”（附件一）规定的资质条件。

监理单位资质一般按照专业逐级申请。

申请人可以申请一个或者两个以上专业资质。

第九条　监理单位资质每年集中认定一次，受理时间由水利部提前三个月向社会公告。

监理单位分立后申请重新认定监理单位资质以及监理单位申请资质证书变更或者资质延续的，不适用前款规定。

第十条　申请人应当向其注册地的省、自治区、直辖市人民政府水行政主管部门提交申请材料。但是，水利部直属单位独资或者控股成立的企业申请监理单位资质的，应当向水利部提交申请材料；流域管理机构直属单位独资或者控股成立的企业申请监理单位资质的，应当向该流域管理机构提交申请材料。

省、自治区、直辖市人民政府水行政主管部门和流域管理机构应当自收到申请材料之日起20个工作日内提出意见，并连同申请材料转报水利部。水利部按照《中华人民共和国行政许可法》第三十二条的规定办理受理手续。

第十一条　首次申请监理单位资质，申请人应当提交以下材料：

（一）《水利工程建设监理单位资质等级申请表》；

（二）企业章程；

（三）法定代表人身份证明；

（四）《水利工程建设监理单位资质等级申请表》中所列监理工程师、造价工程师的申请人同意注册证明文件（已在其他单位注册的，还需提供原注册单位同意变更注册的证明），以及上述人员的劳动合同和社会保险凭证。

申请晋升、重新认定、延续监理单位资质等级的，除提交前款规定的材料外，还应当提交以下材料：

（一）原《水利工程建设监理单位资质等级证书》（副本）；

（二）近三年承担的水利工程建设监理合同书，以及已完工程的建设单位评价意见。

申请人应当如实提交有关材料和反映真实情况，并对申请材料的真实性负责。

第十二条　水利部应当自受理申请之日起20个工作日内作出认定或者不予认定的决定；20个工作日内不能作出决定的，经本机关负责人批准，可以延长10个工作日。决定予以认定的，应当在10个工作日内颁发《水利工程建设监理单位资质等级证书》；不予认定的，应当书面通知申请人并说明理由。

第十三条　水利部在作出决定前，应当组织对申请材料进行评审，并将评审结果在水利部网站公示，公示时间不少于7日。

水利部应当制作《水行政许可除外时间告知书》，将评审和公示时间告知申请人。

第十四条 《水利工程建设监理单位资质等级证书》包括正本一份、副本四份，正本和副本具有同等法律效力，有效期为5年。

第十五条 资质等级证书有效期内，监理单位的名称、地址、法定代表人等工商注册事项发生变更的，应当在变更后30个工作日内向水利部提交水利工程监理单位资质等级证书变更申请并附工商注册事项变更的证明材料，办理资质等级证书变更手续。水利部自收到变更申请材料之日起3个工作日内办理变更手续。

第十六条 监理单位发生合并、重组、分立的，可以确定由一家单位承继原单位资质，该单位应当自合并、重组、分立之日起30个工作日内，按照本办法第十条、第十一条的规定，提交有关申请材料以及合并、重组、分立决议和监理业绩分割协议。经审核，注册人员等事项满足资质标准要求的，直接进行证书变更。重组、分立后其他单位申请获得水利工程建设监理单位资质的，按照首次申请办理。

第十七条 资质等级证书有效期届满，需要延续的，监理单位应当在有效期届满30个工作日前，按照本办法第十条、第十一条的规定，向水利部提出延续资质等级的申请。水利部在资质等级证书有效期届满前，作出是否准予延续的决定。

第十八条 水利部应当将资质等级证书的发放、变更、延续等情况及时通知有关省、自治区、直辖市人民政府水行政主管部门或者流域管理机构，并定期在水利部网站公告。

第四章 监督管理

第十九条 水利部建立监理单位资质监督检查制度，对监理单位资质实行动态管理。

第二十条 水利部履行监督检查职责时，有关单位和人员应当客观、如实反映情况，提供相关材料。

第二十一条 县级以上地方人民政府水行政主管部门和流域管理机构发现监理单位资质条件不符合相应资质等级标准的，应当向水利部报告，水利部按照本办法核定其资质等级。

第二十二条 违反本办法应当给予处罚的，依照《中华人民共和国行政许可法》《建设工程质量管理条例》《水利工程建设监理规定》的有关规定执行。

第二十三条 监理单位被吊销资质等级证书的，三年内不得重新申请；因违法违规行为被降低资质等级的，两年内不得申请晋升资质等级；受到其他行政处罚，受到通报批评、情节严重，被计入不良行为档案，或者在审计、监察、稽查、检查中发现存在严重问题的，一年内不得申请晋升资质等级。法律法规另有规定的，从其规定。

第五章 附 则

第二十四条 水利工程建设监理单位资质等级申请表、受理凭证、申请材料补正通知书、不予受理告知书等文书格式由水利部统一制定，《水利工程建设监理单位资质等级证书》由水利部统一印制。

第二十五条 本办法施行前已经取得的水利工程建设监理单位资质等级证书，本办法施行后在有效期内继续有效。本办法施行后申请晋升、变更、延续和重新认定资质等级的，依照本办法执行。

第二十六条 本办法自2007年2月1日起施行。《水利工程建设监理单位管理办法》（水建管〔1999〕637号）同时废止。

附件一：

水利工程建设监理单位资质等级标准

一、甲级监理单位资质条件

（一）具有健全的组织机构、完善的组织章程和管理制度。技术负责人具有高级专业技术职称，并取得监理工程师资格证书。

（二）专业技术人员。监理工程师以及其中具有高级专业技术职称的人员，均不少于附表 1 规定的人数。造价工程师不少于 3 人。

（三）具有五年以上水利工程建设监理经历，且近三年监理业绩分别为：

1．申请水利工程施工监理专业资质，应当承担过（含正在承担，下同）1 项Ⅱ等水利枢纽工程，或者 2 项Ⅱ等（堤防 2 级）其他水利工程的施工监理业务；该专业资质许可的监理范围内的近三年累计合同额不少于 600 万元。

承担过水利枢纽工程中的挡、泄、导流、发电工程之一的，可视为承担过水利枢纽工程。

2．申请水土保持工程施工监理专业资质，应当承担过 2 项Ⅱ等水土保持工程的施工监理业务；该专业资质许可的监理范围内的近三年累计合同额不少于 350 万元。

3．申请机电及金属结构设备制造监理专业资质，应当承担过 4 项中型机电及金属结构设备制造监理业务；该专业资质许可的监理范围内的近三年累计合同额不少于 300 万元。

（四）能运用先进技术和科学管理方法完成建设监理任务。

二、乙级监理单位资质条件

（一）具有健全的组织机构、完善的组织章程和管理制度。技术负责人具有高级专业技术职称，并取得监理工程师资格证书。

（二）专业技术人员。监理工程师以及其中具有高级专业技术职称的人员，均不少于附表 1 规定的人数。造价工程师不少于 2 人。

（三）具有三年以上水利工程建设监理经历，且近三年监理业绩分别为：

1．申请水利工程施工监理专业资质，应当承担过 3 项Ⅲ等(堤防 3 级)水利工程的施工监理业务；该专业资质许可的监理范围内的近三年累计合同额不少于 400 万元。

2．申请水土保持工程施工监理专业资质，应当承担过 4 项Ⅲ等水土保持工程的施工监理业务；该专业资质许可的监理范围内的近三年累计合同额不少于 200 万元。

（四）能运用先进技术和科学管理方法完成建设监理任务。

首次申请机电及金属结构设备制造监理专业乙级资质，只需满足第（一）、（二）、（四）项；申请重新认定、延续或者核定机电及金属结构设备制造监理专业乙级资质，还须该专业资质许可的监理范围内的近三年年均监理合同额不少于 30 万元。

三、丙级和不定级监理单位资质条件

（一）具有健全的组织机构、完善的组织章程和管理制度。技术负责人具有高级专业技术职称，并取得监理工程师资格证书。

（二）专业技术人员。监理工程师以及其中具有高级专业技术职称的人员，均不少于附表1规定的人数。造价工程师不少于1人。

（三）能运用先进技术和科学管理方法完成建设监理任务。

申请重新认定、延续或者核定丙级（或者不定级）监理单位资质，还须专业资质许可的监理范围内的近三年年均监理合同额不少于30万元。

附表1：

各专业资质等级配备监理工程师一览表

监理单位资质等级	水利工程施工监理专业资质		水土保持工程施工监理专业资质		机电及金属结构设备制造监理专业资质		水利工程建设环境保护监理专业资质	
	监理工程师	其中高级职称人员	监理工程师	其中高级职称人员	监理工程师	其中高级职称人员	监理工程师	其中高级职称人员
甲级	40	8	25	5	25	5	—	—
乙级	25	5	15	3	12	3	—	—
丙级	10	3	10	3	—	—	—	—
不定级	—	—	—	—	—	—	10	3

注：1. 监理工程师的监理专业必须为各专业资质要求的相关专业。

2. 具有两个以上不同类别监理专业的监理工程师，监理单位申请不同专业资质等级时可分别计算人数。

附件二：

适用本办法的水土保持工程等级划分标准

Ⅰ等：500平方公里以上的水土保持综合治理项目；总库容100万立方米以上、小于500万立方米的沟道治理工程；征占地面积500公顷以上的开发建设项目的水土保持工程。

Ⅱ等：150平方公里以上、小于500平方公里的水土保持综合治理项目；总库容50万立方米以上、小于100万立方米的沟道治理工程：征占地面积50公顷以上、小于500公顷的开发建设项目的水土保持工程。

Ⅲ等：小于150平方公里的水土保持综合治理项目；总库容小于50万立方米的沟道治理工程；征占地面积小于50公顷的开发建设项目的水土保持工程。

附件三：

适用本办法的机电及金属结构设备等级划分标准

一、发电机组、水轮机组等级划分标准

工程规模	划分标准（装机容量10^4 kW）
大型	≥30
中型	5～30
小型	＜5

二、水工金属结构设备(闸门、压力钢管、拦污设备)等级划分标准

闸门	规格分档	参数标准 FH＝门叶面积（m^2）×设计水头（m）	
	大型	FH≥1000	
	中型	200≤FH＜1000	
	小型	FH＜200	
压力钢管	规格分档	参数标准 DH＝直径（m）×设计水头（m）	
	大型	DH≥300	
	中型	50≤DH＜300	
	小型	DH＜50	
拦污设备	规格分档	参数标准	
		耙斗式	回转式
	大型	耙斗容积≥3 m^3	齿耙宽度（m）×清污深度（m）≥100
	中型	1 m^3 ≤耙斗容积＜3 m^3	30≤齿耙宽度（m）×清污深度（m）＜100
	小型	耙斗容积＜1 m^3	齿耙宽度（m）×清污深度（m）＜30

三、起重设备等级划分标准

规格分档	划分标准（起重量 G）
大型	G≥100 T
中型	30 T≤G＜100 T
小型	G＜30 T

水利工程建设监理人员资格管理办法

第一章 总 则

第一条 为提高建设监理工作水平，实施水利工程建设监理人员资格管理，依据《水利工程建设监理规定》和《中国水利工程协会章程》，制定本办法。

第二条 申请水利工程建设监理人员（以下简称监理人员）资格，对监理人员实施资格管理，适用本办法。

第三条 监理人员资格管理实行行业自律管理制度。中国水利工程协会负责全国水利工程建设监理人员的行业自律管理工作。

第四条 从事水利工程建设监理活动的人员，应当按照本办法规定，取得相应的资格（岗位）证书。

监理人员分为总监理工程师、监理工程师、监理员。总监理工程师实行岗位资格管理制度，监理工程师实行执业资格管理制度，监理员实行从业资格管理制度。

第五条 监理员、监理工程师的监理专业分为水利工程施工、水土保持工程施工、机电及金属结构设备制造、水利工程建设环境保护 4 类。其中，水利工程施工类设水工建筑、机电设备安装、金属结构设备安装、地质勘察、工程测量 5 个专业，水土保持工程施工类设水土保持 1 个专业，机电及金属结构设备制造类设机电设备制造、金属结构设备制造 2 个专业，水利工程建设环境保护类设环境保护 1 个专业。

总监理工程师不分类别、专业。

第六条 监理人员资格管理工作内容包括监理人员资格考试、考核、审批、培训和监督检查等。

中国水利工程协会负责全国水利工程建设监理人员资格管理工作。负责全国总监理工程师资格审批；负责全国监理工程师资格审批；归口管理全国监理员资格审批，负责水利部直属单位的监理员资格审批工作。

流域管理机构指定的行业自律组织或中介机构受中国水利工程协会委托，负责本流域管理机构所属单位的监理员资格审批工作。

省级水行政主管部门指定的行业自律组织或中介机构受中国水利工程协会委托，负责本行政区域内的监理员资格审批工作。

第二章 监理人员资格取得

第七条 取得监理员从业资格，须由中国水利工程协会审批，或者由具有审批管辖权的行业自律组织或中介机构审批并报中国水利工程协会备案后，颁发《全国水利工程建设监理员资格证书》。取得监理工程师资格，须经中国水利工程协会组织的资格考试合格，并颁发《全国水利工程建设监理工程师资格证书》。取得总监理工程师岗位资格，须持有《水利工程建设监理工程师注册证书》并经培训合格后，由中国水利工程协会审批并颁发《全国水利工程建设总监理工程师岗位证书》。

第八条 申请监理员资格应同时具备以下条件：

（一）取得工程类初级专业技术职务任职资格，或者具有工程类相关专业学习和工作经历（中专毕业且工作5年以上、大专毕业且工作3年以上、本科及以上学历毕业且工作1年以上）；

（二）经培训合格；

（三）年龄不超过60周岁。

第九条 申请监理员资格，由监理单位签署意见后向具有审批管辖权的单位申报，并提交以下有关材料：

（一）《水利工程建设监理员资格申请表》；

（二）身份证、学历证书或专业技术职务任职资格证书、监理员培训合格证书。

第十条 审批单位自收到监理员资格申请材料后，应当在20个工作日内完成审批，审批结果报中国水利工程协会备案后，颁发《全国水利工程建设监理员资格证书》。

监理员资格证书由中国水利工程协会统一印制、统一编号，由审批单位加盖中国水利工程协会统一规格的资格管理专用章。监理员资格证书有效期一般为3年。

中国水利工程协会定期向社会公布取得监理员资格的人员名单，接受社会监督。

第十一条 监理工程师资格考试，一般每年举行一次，全国统一考试。

第十二条 申请监理工程师资格考试者，应同时具备以下条件：

（一）取得工程类中级专业技术职务任职资格，或者具有工程类相关专业学习和工作经历（大专毕业且工作8年以上、本科毕业且工作5年以上、硕士研究生毕业且工作3年以上）；

（二）年龄不超过60周岁；

（三）有一定的专业技术水平、组织协调能力和管理能力。

第十三条 申请监理工程师资格考试，应当向中国水利工程协会申报，并提交以下材料：

（一）《水利工程建设监理工程师资格考试申请表》；

（二）身份证、学历证书或专业技术职务任职资格证书。

第十四条 中国水利工程协会对申请材料组织审查，对审查合格者准予参加考试。

第十五条 中国水利工程协会向考生公布考试结果，公示合格者名单，向考试合格者颁发《全国水利工程建设监理工程师资格证书》。

对监理工程师考试结果公示有异议的，可向中国水利工程协会申诉或举报。

第十六条 申请总监理工程师岗位资格应同时具备以下条件：

（一）具有工程类高级专业技术职务任职资格并在监理工程师岗位从事水利工程建设监理工作的经历不少于2年；

（二）已取得《水利工程建设监理工程师注册证书》；

（三）经总监理工程师岗位培训合格；

（四）年龄不超过65周岁；

（五）具有较高的专业技术水平、组织协调能力和管理能力。

第十七条 申请总监理工程师岗位资格，应由其注册的监理单位签署意见后向中国水利工程协会申报，并提交以下材料：

（一）《水利工程建设总监理工程师岗位资格申请表》；

（二）《水利工程建设监理工程师注册证书》、专业技术职务任职资格证书、总监理工程师岗位培训合格证书；

（三）由监理单位和建设单位共同出具近两年监理工作经历证明材料。

第十八条 中国水利工程协会组织评审总监理工程师申请材料，并将评审结果公示，公示期满后向合格者颁发《全国水利工程建设总监理工程师岗位证书》，证书有效期一般为3年。

对总监理工程师岗位资格评审结果有异议的，可在公示期内向中国水利工程协会申诉或举报。

第十九条 中国水利工程协会负责监理人员有关培训管理工作，统一颁发培训合格证书。

第三章 监理人员资格管理

第二十条 《全国水利工程建设监理员资格证书》有效期满需继续从业的，应在有效期满前30个工作日内，由监理单位到有审批管辖权的单位申请办理延续手续，并报中国水利工程协会备案。

监理员允许从业时间不足3年的，应当按其实际可从业期限确定资格证书有效期。

监理员在证书有效期内至少参加一次由中国水利工程协会组织的教育培训。

第二十一条 取得《全国水利工程建设监理工程师资格证书》，未按照《水利工程建设监理工程师注册管理办法》进行注册的，在3年内至少参加一次由中国水利工程协会组织的教育培训，以保持其资格的有效性。

第二十二条 《全国水利工程建设总监理工程师岗位证书》有效期满需继续从事本岗位工作的，应当在有效期满前30个工作日内，由监理单位到中国水利工程协会申请办理延续手续。

总监理工程师允许从事本岗位工作时间不足3年的，应当按其实际可从事本岗位工作的期限确定岗位证书有效期。

第二十三条 监理人员资格申请人应对其提交申请材料内容的真实性负责，禁止提供虚假材料或以欺骗等不正当手段取得相应的资格（岗位）证书。

第二十四条 监理人员资格（岗位）证书应当由本人保管。任何单位和个人不得涂改、伪造、出借、倒卖、转让监理人员资格（岗位）证书，不得非法扣压、没收监理人员资格（岗位）证书。

第二十五条 资格管理人员在进行监理人员资格管理过程中，应遵守下列规定：

（一）不得违反监理人员资格管理有关规定；

（二）不得滥用职权、玩忽职守、徇私舞弊；

（三）应当依法维护监理人员的知情权、申诉权和诉讼权；

（四）不得索取、接受监理单位或监理人员的财物或其他好处。

第二十六条 有下列情形之一的，中国水利工程协会撤销已批准的监理人员资格：

（一）违反本办法规定程序批准的；

（二）不具备本办法规定条件批准的；

（三）有关单位超越职权范围批准的；

（四）以欺骗等不正当手段取得资格的；

（五）严重违反行业自律规定的；

（六）应当撤销的其他情形。

第二十七条 取得监理人员资格后有下列情形之一的，中国水利工程协会注销其相应的资格（岗位）证书。

（一）完全丧失民事行为能力的；

（二）死亡或者依法宣告死亡的；

（三）超过本办法规定的监理人员年龄限制的；

（四）超过资格（岗位）证书有效期而未延续的；

（五）监理人员资格批准决定被依法撤销、撤回或资格（岗位）证书被依法吊销的；

（六）应当注销的其他情形。

第二十八条　监理人员遗失资格（岗位）证书，应当在资格审批单位指定的媒体声明后，向资格审批单位申请补发相应的资格（岗位）证书。

第二十九条　中国水利工程协会对监理人员资格实行动态管理。监理单位应当每年将本单位监理人员的从业情况，向中国水利工程协会申报备案，并对备案材料内容的真实性负责。

在监督检查中，发现监理人员不符合资格条件的，由中国水利工程协会依据行业自律有关规定予以查处。

第四章　罚　则

第三十条　隐瞒有关情况或者提供虚假材料申请监理人员资格的，不予受理或者不予认定，并给予警告，且一年内不得重新申请。

以欺骗等不正当手段取得监理人员资格（岗位）证书的，吊销相应的资格（岗位）证书，三年内不得重新申请。

第三十一条　监理人员涂改、倒卖、出租、出借、伪造资格（岗位）证书，或者以其他形式非法转让资格（岗位）证书的，吊销相应的资格（岗位）证书。

第三十二条　监理人员从事工程建设监理活动，有下列行为之一，情节严重的，吊销相应的资格（岗位）证书：

（一）利用执（从）业上的便利，索取或收受项目法人、被监理单位以及建筑材料、建筑构配件和设备供应单位财物的；

（二）与被监理单位以及建筑材料、建筑构配件和设备供应单位串通，谋取不正当利益或损害他人利益的；

（三）将质量不合格的建设工程、建筑材料、建筑构配件和设备按照合格签字的；

（四）泄露执（从）业中应当保守的秘密的；

（五）从事工程建设监理活动中，不严格履行监理职责，造成重大损失的。

监理工程师从事工程建设监理活动，因违规被水行政主管部门处以吊销注册证书的，吊销相应的资格证书。

第三十三条　监理人员因过错造成质量事故的，责令停止执（从）业一年；造成重大质量事故的，吊销相应的资格（岗位）证书，五年内不得重新申请；情节特别恶劣的，终身不得申请。

监理人员未执行法律、法规和工程建设强制性条文且情节严重的，吊销相应的资格（岗位）证书，五年内不得重新申请；造成重大安全事故的，终身不得申请。

第三十四条　资格管理工作人员在管理监理人员的资格活动中玩忽职守、滥用职权、徇私舞弊的，按行业自律有关规定给予处罚；构成犯罪的，依法追究刑事责任。

第三十五条　监理人员被吊销相应的资格（岗位）证书，除已明确规定外，三年内不得重新申请。

第三十六条　当事人对处罚决定不服的，可以向中国水利工程协会申请复议或向有关主管部门申诉。

第三十七条　本规定的吊销资格（岗位）证书的处罚，由中国水利工程协会作出。

第五章 附 则

第三十八条 监理人员资格申请材料的格式由中国水利工程协会统一规定；监理人员资格（岗位）证书由中国水利工程协会统一印制。

第三十九条 本办法自2007年2月1日起施行。

水利工程管理考核办法及其考核标准

第一条 为加强水利工程管理，科学评价工程管理水平，保障工程安全，充分发挥工程效益，根据《中华人民共和国水法》《中华人民共和国防洪法》《中华人民共和国河道管理条例》《水库大坝安全管理条例》《农田水利条例》《南水北调工程供用水管理条例》等法律、法规和有关规定，制定本办法。

第二条 水利工程管理考核的对象是水利工程管理单位（指直接管理水利工程的法人，以下简称水管单位），重点考核水利工程的管理工作，包括组织管理、安全管理、运行管理和经济管理四类。

第三条 本办法适用的水利工程是指：大中型水库、水闸、泵站、灌区、调水工程，七大江河干流堤防，流域管理机构所属和省级管理的河道堤防、海堤，以及其他河道Ⅲ级以上堤防等工程。其他水库、水闸、堤防、泵站、灌区和调水等工程参照执行。

第四条 水利工程管理考核工作按照分级负责的原则进行，各级水行政主管部门应组织所属水管单位开展水利工程年度自检和考核工作。

水利部负责全国水利工程管理考核工作。县级以上地方各级水行政主管部门负责所管辖的水利工程管理考核工作。流域管理机构负责所属水利工程管理考核工作；部直管水利工程管理考核工作由水利部负责。

第五条 水利工程管理考核，按水库、水闸、堤防、泵站、灌区等工程类别分别执行相应的考核标准。调水工程按照上述相关工程的考核标准执行。

第六条 水利工程管理考核实行千分制。水管单位和各级水行政主管部门依据水利部制订的考核标准对水管单位管理状况进行考核赋分。

第七条 水利工程管理考核分水管单位年度自检和上级水行政主管部门年度考核两个阶段。考核结果达到水利部验收标准的，可自愿申报水利部验收。

第八条 水管单位应加强日常管理，根据考核标准每年进行年度自检，并将年度自检结果报上级水行政主管部门。上级水行政主管部门应及时组织年度考核，并将年度考核结果反馈水管单位，水管单位应采取相应措施，加强整改，努力提高管理水平。

通过水利部验收的水管单位，年度考核结果需于次年一月底前由省级水行政主管部门或流域管理机构汇总报水利部备案。

第九条 通过水利部验收，考核结果总分应达到920分（含）以上，且其中各类考核得分均不低于该类总分的85%。通过省级及其以下考核验收，考核结果由相应水行政主管部门确定。

第十条 申报水利部验收的，需具备以下条件：

1．完成水管体制改革并通过验收。新成立水管单位的管理体制机制应符合水管体制改革要求。

2．工程通过竣工验收（包括新建工程、除险加固工程、更新改造和续建配套工程等）。

3．水库、水闸工程按照《水库大坝注册登记办法》和《水闸注册登记管理办法》的要求进行注册登记。

4．水库、水闸、泵站工程按照《水库大坝安全鉴定办法》《水闸安全鉴定管理办法》和《泵站安全鉴定规程》的要求进行安全鉴定，鉴定结果达到Ⅰ类标准或完成除险加固。

河道堤防工程（包括湖堤、海堤）、灌区工程达到设计标准。

5．水库工程的调度规程和大坝安全管理应急预案经相关单位批准。

6．工程管理范围和保护范围已划定。

第十一条 申报水利部验收的水管单位，将考核结果逐级报至省级水行政主管部门。流域管理机构所属水管单位、水利系统外水管单位，将考核结果逐级报至流域管理机构；部直管水管单位自检后，将考核结果报水利部。

第十二条 省级水行政主管部门负责本行政区域内申报水利部验收的水管单位的初验、申报工作。对自检、考核结果符合水利部验收标准的组织初验；初验符合水利部验收标准的，向水利部申报验收，并抄送相关流域管理机构。

流域管理机构负责所属工程、水利系统外工程申报水利部验收的水管单位的初验、申报工作。对自检、考核结果符合水利部验收标准的组织初验；初验符合水利部验收标准的，向水利部申报验收。

部直管工程自检结果符合水利部验收标准的，由水利部直接组织考核和验收。

第十三条 申报水利部验收的水管单位，由水利部或其委托的有关单位组织验收。

第十四条 水利部建立水管单位考核验收专家库，水利部验收专家组从专家库抽取验收专家的人数不得少于验收专家组成员的三分之二；被验收单位所在省（自治区、直辖市）或流域管理机构的验收专家不得担任验收专家组成员。

第十五条 通过水利部验收的水管单位，由水利部通报。各级水行政主管部门可对通过水利部验收的水管单位和有关人员给予奖励。

第十六条 通过水利部验收的水管单位，由流域管理机构每五年组织一次复核，水利部进行不定期抽查；部直管工程和流域管理机构所属工程由水利部或其委托机构组织复核。对复核或抽查结果，水利部予以通报。

第十七条 通过水利部验收的水管单位，凡出现以下情况之一的，予以取消。

1．未开展年度自检和考核工作；

2．未通过复核或抽查发现突出问题未按期整改；

3．工程安全鉴定为Ⅲ类及以下（不可抗力造成的险情除外）；

4．发生较大及以上安全生产事故；

5．发生其他造成社会不良影响的重大事件。

第十八条 省级水行政主管部门可根据本办法制订本地区的考核实施细则。

第十九条 本办法由水利部负责解释。

第二十条 本办法自发布之日起施行。水利部发布的《水利工程管理考核办法》及其考核标准（水建管〔2016〕361号）同时废止。

水工程建设规划同意书制度管理办法（试行）

第一条 为加强对水工程建设的监督管理，保障水工程建设符合流域综合规划和防洪规划的要求，根据《中华人民共和国水法》《中华人民共和国防洪法》和《中华人民共和国行政许可法》，制定本办法。

第二条 在江河、湖泊上新建、扩建以及改建并调整原有功能的水工程，适用本办法。

本办法所称水工程，是指水库、拦河闸坝、引（调、提）水工程、堤防、水电站（含航运水电枢纽工程）等在江河、湖泊上开发、利用、控制、调配和保护水资源的各类工程。

第三条 水利部负责水工程建设规划同意书制度实施的监督管理。

水利部所属流域管理机构（以下简称流域管理机构）和县级以上地方人民政府水行政主管部门按照分级管理权限，具体负责水工程建设规划同意书制度的实施和监督管理。

第四条 水工程未取得流域管理机构或者县级以上地方人民政府水行政主管部门按照管理权限审查签署的水工程建设规划同意书的，建设单位不得开工建设。

水工程建设规划同意书的内容，包括对水工程建设是否符合流域综合规划和防洪规划审查并签署的意见。

第五条 下列水工程建设规划同意书，由流域管理机构负责审查并签署：

（一）长江、黄河、淮河、海河、珠江、松花江、辽河的干流及其主要一级支流和太湖以及其他跨省、自治区、直辖市的重要江河上建设的水工程；

（二）省际边界河流（河段）、湖泊上建设的水工程；

（三）国际河流（含跨界、边界河流和湖泊）及其主要支流上建设的水工程；

（四）流域管理机构直接管理的河流（河段）、湖泊上建设的水工程。

前款第一项中的主要一级支流和其他跨省、自治区、直辖市的重要江河，第三项中的主要支流以及第四项中的流域管理机构直接管理的河流（河段）、湖泊的名录和范围由水利部规定。

本条第一款规定以外的其他水工程建设规划同意书，由县级以上地方人民政府水行政主管部门按照省、自治区、直辖市人民政府水行政主管部门规定的管理权限负责审查并签署。

第六条 水工程建设单位（以下简称建设单位）应当向有水工程建设规划同意书审查签署权限的流域管理机构或者县级以上地方人民政府水行政主管部门（以下简称审查签署机关）提出水工程建设规划同意书申请，并提交下列材料：

（一）水工程建设规划同意书申请表；

（二）拟报批水工程的（预）可行性研究报告（项目申请报告、备案材料）；

（三）与第三者利害关系的相关说明；

（四）审查签署机关要求的其他材料。

第七条 审查签署机关应当自收到申请之日起 5 个工作日内对申请材料进行审查，并根据下列情况分别作出处理：

（一）属于本机关受理范围，申请材料齐全、符合法定形式的，应当予以受理，并出具书面受理凭证；

（二）申请材料不齐全或者不符合法定形式的，应当一次告知建设单位予以补正；

（三）不属于本机关受理范围的，应当作出不予受理的决定，并告知建设单位向有受理权限的机关提出申请。

第八条 审查签署机关对受理的水工程建设规划同意书申请，应当依据有关法律、法规以及流域综合规划和防洪规划进行审查；对符合下列条件的，作出批准的决定，并签署水工程建设规划同意书：

（一）水工程建设规模、任务符合流域综合规划和防洪规划的总体要求；

（二）建设规模等级（别）和标准符合《防洪标准》及其他有关技术和管理规定的要求；

（三）不影响其他水工程，或者有消除影响的补救措施。

水工程建设不符合前款规定条件之一的，审查签署机关应当作出不予批准的决定，并下达水工程建设规划同意书不予签署通知书。

水工程建设规划同意书可以对水工程的设计方案和管理措施提出有关要求。

审查签署机关签署的水工程建设规划同意书，应当抄送与水工程有关的下一级水行政主管部门。流域管理机构签署的水工程建设规划同意书，应当抄送与水工程有关的省、自治区、直辖市人民政府水行政主管部门。

第九条 水工程所在江河、湖泊的流域综合规划或者防洪规划尚未编制或者批复的，建设单位应当就水工程是否符合流域治理、开发、保护的要求或者防洪的要求编制专题论证报告。建设单位可以委托流域综合规划、防洪规划的编制单位或者其他有关单位承担专题论证报告编制工作。

审查签署机关应当组织专家对专题论证报告进行审查，水工程符合流域治理、开发、保护和防洪要求的，作出批准的决定，并签署水工程建设规划同意书。

第十条 审查签署机关在审查过程中，必要时应当征求与水工程有关的下一级水行政主管部门的意见。流域管理机构在审查过程中，必要时应当征求与水工程有关的省、自治区、直辖市人民政府水行政主管部门的意见。

第十一条 审查签署机关应当自受理水工程建设规划同意书申请之日起 20 个工作日内作出决定。20 个工作日内不能作出决定的，经本机关负责人批准，可以延长 10 个工作日，并应当将延长期限的理由告知建设单位。

执行本办法第九条规定所需的时间不计算在前款规定的审查期限内，但审查签署机关应当将所需时间告知建设单位。

第十二条 水工程建设规划同意书签署后，水工程的（预）可行性研究报告（项目申请报告、备案材料）未获得审批（核准、备案）需要重新编制的，建设单位应当重新申请水工程建设规划同意书。

第十三条 省级人民政府水行政主管部门应当在每年的 3 月 1 日前，向流域管理机构报送本行政区域内上一年度水工程建设规划同意书审查签署情况。流域管理机构应当在每年的 4 月 1 日前，向水利部报送本流域内上一年度水工程建设规划同意书审查签署情况。

第十四条 审查签署机关应当对其审查签署水工程建设规划同意书的水工程的建设情况进行监督管理。审查签署机关在进行监督检查时，有权进行实地调查，建设单位应当给予配合，如实提供有关情况和材料。

第十五条 审查签署机关及其工作人员违反本办法规定的，按照《中华人民共和国水法》《中华人民共和国防洪法》和《中华人民共和国行政许可法》的有关规定予以处理。

第十六条 建设单位未取得水工程建设规划同意书擅自建设水工程，或者违反水工程建设规划同意书的要求建设水工程的，按照《中华人民共和国水法》和《中华人民共和国防洪法》的有关规定予以处罚。

第十七条 水工程建设规划同意书申请表、水工程建设规划同意书、水工程建设规划同意书不予签署通知书的格式见附录。

第十八条 省、自治区、直辖市人民政府水行政主管部门或者流域管理机构，可以依据本办法制定实施细则。

第十九条 本办法自公布之日起施行。

取水许可管理办法

第一章　总　则

第一条　为加强取水许可管理，规范取水的申请、审批和监督管理，根据《中华人民共和国水法》和《取水许可和水资源费征收管理条例》（以下简称《取水条例》）等法律法规，制定本办法。

第二条　取用水资源的单位和个人以及从事取水许可管理活动的水行政主管部门和流域管理机构及其工作人员，应当遵守本办法。

第三条　水利部负责全国取水许可制度的组织实施和监督管理。

水利部所属流域管理机构（以下简称流域管理机构），依照法律法规和水利部规定的管理权限，负责所管辖范围内取水许可制度的组织实施和监督管理。

县级以上地方人民政府水行政主管部门按照省、自治区、直辖市人民政府规定的分级管理权限，负责本行政区域内取水许可制度的组织实施和监督管理。

第四条　流域内批准取水的总耗水量不得超过国家批准的本流域水资源可利用量。

行政区域内批准取水的总水量，不得超过流域管理机构或者上一级水行政主管部门下达的可供本行政区域取用的水量。

第二章　取水的申请和受理

第五条　建设项目取得取水许可申请批准文件，申请人方可兴建取水工程或者设施。

第六条　申请取水并需要设置入河排污口的，申请人在提出取水申请的同时，应当按照《入河排污口监督管理办法》的有关规定一并提出入河排污口设置申请。

第七条　直接取用其他取水单位或者个人的退水或者排水的，应当依法办理取水许可申请。

第八条　需要申请取水的建设项目，申请人应当按照《建设项目水资源论证管理办法》要求，自行或者委托有关单位编制建设项目水资源论证报告书。其中，取水量较少且对周边环境影响较小的建设项目，申请人可不编制建设项目水资源论证报告书，但应当填写建设项目水资源论证表。

不需要编制建设项目水资源论证报告书的情形以及建设项目水资源论证表的格式及填报要求，由水利部规定。

第九条　县级以上人民政府水行政主管部门或者流域管理机构应当组织有关专家对建设项目水资源论证报告书进行审查，并提出书面审查意见，作为审批取水申请的技术依据。

第十条　《取水条例》第十一条第一款第四项所称的国务院水行政主管部门规定的其他材料包括：

（一）取水单位或者个人的法定身份证明文件；

（二）有利害关系第三者的承诺书或者其他文件；

（三）建设项目水资源论证报告书；

（四）不需要编制建设项目水资源论证报告书的，应当提交建设项目水资源论证表；

（五）利用已批准的入河排污口退水的，应当出具具有管辖权的县级以上地方人民政府水行政主管部门或者流域管理机构的同意文件。

第十一条　申请人应当向具有审批权限的审批机关提出申请。申请利用多种水源，且各种水源的取水审批机关不同的，应当向其中最高一级审批机关提出申请。

申请在地下水限制开采区开采利用地下水的，应当向取水口所在地的省、自治区、直辖市人民政府水行政主管部门提出申请。

取水许可权限属于流域管理机构的，应当向取水口所在地的省、自治区、直辖市人民政府水行政主管部门提出申请；其中，取水口跨省、自治区、直辖市的，应当分别向相关省、自治区、直辖市人民政府水行政主管部门提出申请。

第十二条　取水许可权限属于流域管理机构的，接受申请材料的省、自治区、直辖市人民政府水行政主管部门应当自收到申请之日起20个工作日内提出初审意见，并连同全部申请材料转报流域管理机构。申请利用多种水源，且各种水源的取水审批机关为不同流域管理机构的，接受申请材料的省、自治区、直辖市人民政府水行政主管部门应当同时分别转报有关流域管理机构。

初审意见应当包括建议审批水量、取水和退水的水质指标要求，以及申请取水项目所在水系本行政区域已审批取水许可总量、水功能区水质状况等内容。

第十三条　县级以上地方人民政府水行政主管部门或者流域管理机构，应当按照《取水条例》第十三条的规定对申请材料进行审查，并作出处理决定。

第十四条　《取水条例》第四条规定的为保障矿井等地下工程施工安全和生产安全必须进行临时应急取（排）水的以及为消除对公共安全或者公共利益的危害临时应急取水的，取水单位或者个人应当在危险排除或者事后10日内，将取水情况报取水口所在地县级以上地方人民政府水行政主管部门或者流域管理机构备案。

第十五条　《取水条例》第四条规定的为农业抗旱和维护生态与环境必须临时应急取水的，取水单位或者个人应当在开始取水前向取水口所在地县级人民政府水行政主管提出申请，经其同意后方可取水；涉及到跨行政区域的，须经共同的上一级地方人民政府水行政主管部门或者流域管理机构同意后方可取水。

第三章　取水许可的审查和决定

第十六条　申请在地下水限制开采区开采利用地下水的，由取水口所在地的省、自治区、直辖市人民政府水行政主管部门负责审批；其中，由国务院或者国务院投资主管部门审批、核准的大型建设项目取用地下水限制开采区地下水的，由流域管理机构负责审批。

第十七条　取水审批机关审批的取水总量，不得超过本流域或者本行政区域的取水许可总量控制指标。

在审批的取水总量已经达到取水许可总量控制指标的流域和行政区域，不得再审批新增取水。

第十八条　取水审批机关应当根据本流域或者本行政区域的取水许可总量控制指标，按照统筹协调、综合平衡、留有余地的原则核定申请人的取水量。所核定的取水量不得超过按照行业用水定额核定的取水量。

第十九条　取水审批机关在审查取水申请过程中，需要征求取水口所在地有关地方人民政府水行政主管部门或者流域管理机构意见的，被征求意见的地方人民政府水行政主管部门或者流域管理机构应当自收到征求意见材料之日起10个工作日内提出书面意见并转送取水审批机关。

第二十条 《取水条例》第二十条第一款第三项、第四项规定的不予批准的情形包括：

（一）因取水造成水量减少可能使取水口所在水域达不到水功能区水质标准的；

（二）在饮用水水源保护区内设置入河排污口的；

（三）退水中所含主要污染物浓度超过国家或者地方规定的污染物排放标准的；

（四）退水可能使排入水域达不到水功能区水质标准的；

（五）退水不符合排入水域限制排污总量控制要求的；

（六）退水不符合地下水回补要求的。

第二十一条 取水审批机关决定批准取水申请的，应当签发取水申请批准文件。取水申请批准文件应当包括下列内容：

（一）水源地水量水质状况，取水用途，取水量及其对应的保证率；

（二）退水地点、退水量和退水水质要求；

（三）用水定额及有关节水要求；

（四）计量设施的要求；

（五）特殊情况下的取水限制措施；

（六）蓄水工程或者水力发电工程的水量调度和合理下泄流量的要求；

（七）申请核发取水许可证的事项；

（八）其他注意事项。

申请利用多种水源，且各种水源的取水审批机关为不同流域管理机构的，有关流域管理机构应当联合签发取水申请批准文件。

第四章 取水许可证的发放和公告

第二十二条 取水工程或者设施建成并试运行满30日的，申请人应当向取水审批机关报送以下材料，申请核发取水许可证：

（一）建设项目的批准或者核准文件；

（二）取水申请批准文件；

（三）取水工程或者设施的建设和试运行情况；

（四）取水计量设施的计量认证情况；

（五）节水设施的建设和试运行情况；

（六）污水处理措施落实情况；

（七）试运行期间的取水、退水监测结果。

拦河闸坝等蓄水工程，还应当提交经地方人民政府水行政主管部门或者流域管理机构批准的蓄水调度运行方案。

地下水取水工程，还应当提交包括成井抽水试验综合成果图、水质分析报告等内容的施工报告。

取水申请批准文件由不同流域管理机构联合签发的，申请人可以向其中任何一个流域管理机构报送材料。

第二十三条 取水审批机关应当自收到前条规定的有关材料后20日内，对取水工程或者设施进行现场核验，出具验收意见；对验收合格的，应当核发取水许可证。

取水申请批准文件由不同流域管理机构联合签发的，有关流域管理机构应当联合核验取水工程或者设施；对验收合格的，应当联合核发取水许可证。

第二十四条 同一申请人申请取用多种水源的，经统一审批后，取水审批机关应当区分不同的水源，分别核发取水许可证。

第二十五条 取水审批机关在核发取水许可证时，应当同时明确取水许可监督管理机关，并书面通知取水单位或者个人取水许可监督管理和水资源费征收管理的有关事项。

第二十六条 按照《取水条例》第二十五条规定，取水单位或者个人向原取水审批机关提出延续取水申请时应当提交下列材料：

（一）延续取水申请书；

（二）原取水申请批准文件和取水许可证。

取水审批机关应当对原批准的取水量、实际取水量、节水水平和退水水质状况以及取水单位或者个人所在行业的平均用水水平、当地水资源供需状况等进行全面评估，在取水许可证届满前决定是否批准延续。批准延续的，应当核发新的取水许可证；不批准延续的，应当书面说明理由。

第二十七条 在取水许可证有效期限内，取水单位或者个人需要变更其名称（姓名）的或者因取水权转让需要办理取水权变更手续的，应当持法定身份证明文件和有关取水权转让的批准文件，向原取水审批机关提出变更申请。取水审批机关审查同意的，应当核发新的取水许可证；其中，仅变更取水单位或者个人名称（姓名）的，可以在原取水许可证上注明。

第二十八条 在取水许可证有效期限内出现下列情形之一的，取水单位或者个人应当重新提出取水申请：

（一）取水量或者取水用途发生改变的（因取水权转让引起的取水量改变的情形除外）；

（二）取水水源或者取水地点发生改变的；

（三）退水地点、退水量或者退水方式发生改变的；

（四）退水中所含主要污染物及污水处理措施发生变化的。

第二十九条 连续停止取水满 2 年的，由原取水审批机关注销取水许可证。由于不可抗力或者进行重大技术改造等原因造成停止取水满 2 年且取水许可证有效期尚未届满的，经原取水审批机关同意，可以保留取水许可证。

第三十条 取水审批机关应当于每年的 1 月 31 日前向社会公告其上一年度新发放取水许可证以及注销和吊销取水许可证的情况。

第五章　监督管理

第三十一条 流域管理机构审批的取水，可以委托其所属管理机构或者取水口所在地省、自治区、直辖市人民政府水行政主管部门实施日常监督管理。

县级以上地方人民政府水行政主管部门审批的取水，可以委托其所属具有管理公共事务职能的单位或者下级地方人民政府水行政主管部门实施日常监督管理。

第三十二条 县级以上地方人民政府水行政主管部门应当按照上一级地方人民政府水行政主管部门规定的时间，向其报送本行政区域下一年度取水计划建议。

省、自治区、直辖市人民政府水行政主管部门应当按照流域管理机构规定的时间，按水系向所在流域管理机构报送本行政区域该水系下一年度取水计划建议。

第三十三条 流域管理机构应当会同有关省、自治区、直辖市人民政府水行政主管部门制定国家确定的重要江河、湖泊的流域年度水量分配方案和年度取水计划，并报水利部备案。

县级以上地方人民政府水行政主管部门应当根据上一级地方人民政府水行政主管部门或者流域

管理机构下达的年度水量分配方案和年度取水计划，制定本行政区域的年度水量分配方案和年度取水计划，并报上一级人民政府水行政主管部门或者流域管理机构备案。

第三十四条　取水单位或者个人应当在每年的 12 月 31 日前向取水审批机关报送其本年度的取水情况总结（表）和下一年度的取水计划建议（表）。

水力发电工程，还应当报送其下一年度发电计划。

公共供水工程，还应当附具供水范围内重要用水户下一年度用水需求计划。

取水情况总结（表）和取水计划建议（表）的格式及填报要求，由省、自治区、直辖市水行政主管部门或者流域管理机构制定。

第三十五条　取水审批机关应当于每年的 1 月 31 日前向取水单位或者个人下达当年取水计划。

取水审批机关下达的年度取水计划的取水总量不得超过取水许可证批准的取水量，并应当明确可能依法采取的限制措施。

第三十六条　新建、改建、扩建建设项目，取水单位或者个人应当在取水工程或者设施经验收合格后、开始取水前 30 日内，向取水审批机关提出其该年度的取水计划建议。取水审批机关批准后，应当及时向取水单位或者个人下达年度取水计划。

第三十七条　取水单位或者个人应当严格按照批准的年度取水计划取水。因扩大生产等特殊原因需要调整年度取水计划的，应当报经原取水审批机关同意。

第三十八条　取水单位或者个人应当按照取水审批机关下达的年度取水计划核定的退水量，在规定的退水地点退水。

因取水单位或者个人的责任，致使退水量减少的，取水审批机关应当责令其限期改正；期满无正当理由不改正的，取水审批机关可以根据年度取水计划核定的应当退水量相应核减其取水量。

第三十九条　流域管理机构应当商相关省、自治区、直辖市人民政府水行政主管部门及其他相关单位，根据流域下一年度水量分配方案和年度预测来水量、水库蓄水量，按照总量控制、丰增枯减、以丰补枯的原则，统筹考虑地表水和地下水，制订本流域重要水系的年度水量调度计划或者枯水时段的调度方案。

县级以上地方人民政府水行政主管部门应当根据上一级地方人民政府水行政主管部门或者流域管理机构下达的年度水量分配方案和年度水量调度计划，制订本行政区域的年度水量调度计划或者枯水时段的调度方案，并报上一级人民政府水行政主管部门或者流域管理机构备案。

第四十条　县级以上地方人民政府水行政主管部门和流域管理机构按照管理权限，负责所辖范围内的水量调度工作。

蓄水工程或者水力发电工程，应当服从下达的调度计划或者调度方案，确保下泄流量达到规定的控制指标。

第四十一条　取水单位或者个人应当安装符合国家法律法规或者技术标准要求的计量设施，对取水量和退水量进行计量，并定期进行检定或者核准，保证计量设施正常使用和量值的准确、可靠。

利用闸坝等水工建筑物系数或者泵站开机时间、电表度数计算水量的，应当由具有相应资质的单位进行率定。

第四十二条　有下列情形之一的，可以按照取水设施日最大取水能力计算取（退）水量：

（一）未安装取（退）水计量设施的；

（二）取（退）水计量设施不合格或者不能正常运行的；

（三）取水单位或者个人拒不提供或者伪造取（退）水数据资料的。

第四十三条　取水许可监督管理机关应当按月或者按季抄录取水单位或者个人的实际取水量、退水量或者实际发电量，一式两份，双方签字认可，取水许可监督管理机关和取水单位或者个人各持一份。

取水单位或者个人拒绝签字的，取水许可监督管理机关应当派两名以上工作人员到现场查验，记录存档，并当场留置一份给取水单位或者个人。

第四十四条　取水单位或者个人应当根据国家技术标准对用水情况进行水平衡测试，改进用水工艺或者方法，提高水的重复利用率和再生水利用率。

第四十五条　省、自治区、直辖市人民政府水行政主管部门应当按照流域管理机构的要求，定期报送由其负责监督管理的取水单位或者个人的取用水情况；流域管理机构应当定期将由其所属管理机构负责监督管理的取水单位或者个人的取用水情况抄送省、自治区、直辖市人民政府水行政主管部门。

第四十六条　省、自治区、直辖市人民政府水行政主管部门应当于每年的 2 月 25 日前向流域管理机构报送本行政区域相关水系上一年度保有的、新发放的和吊销的取水许可证数量以及审批的取水总量等取水审批的情况。

流域管理机构应当按流域水系分区建立取水许可登记簿，于每年的 4 月 15 日前向水利部报送本流域水系分区取水审批情况和取水许可证发放情况。

第六章　罚　则

第四十七条　水行政主管部门和流域管理机构及其工作人员，违反本办法规定的，按照《中华人民共和国水法》和《取水条例》的有关规定予以处理。

第四十八条　取水单位或者个人违反本办法规定的，按照《中华人民共和国水法》和《取水条例》的有关规定予以处罚。

第四十九条　取水单位或者个人违反本办法规定，有下列行为之一的，由取水审批机关责令其限期改正，并可处 1000 元以下罚款：

（一）擅自停止使用节水设施的；

（二）擅自停止使用取退水计量设施的；

（三）不按规定提供取水、退水计量资料的。

第七章　附　则

第五十条　本办法自公布之日起施行。1994 年 6 月 9 日水利部发布的《取水许可申请审批程序规定》（水利部令第 4 号）、1996 年 7 月 29 日水利部发布的《取水许可监督管理办法》（水利部令第 6 号）以及 1995 年 12 月 23 日水利部发布并经 1997 年 12 月 23 日水利部修正的《取水许可水质管理规定》（水政资〔1995〕485 号、水政资〔1997〕525 号）同时废止。

水利工程供水价格管理办法

第一章 总 则

第一条 为健全水利工程供水价格形成机制，规范水利工程供水价格管理，保护和合理利用水资源，促进节约用水，保障水利事业的健康发展，根据《中华人民共和国价格法》《中华人民共和国水法》制定本办法。

第二条 本办法适用于中华人民共和国境内的水利工程供水价格管理。

第三条 本办法所称水利工程供水价格，是指供水经营者通过拦、蓄、引、提等水利工程设施销售给用户的天然水价格。

第四条 水利工程供水价格由供水生产成本、费用、利润和税金构成。

供水生产成本是指正常供水生产过程中发生的直接工资、直接材料费、其他直接支出以及固定资产折旧费、修理费、水资源费等制造费用。供水生产费用是指为组织和管理供水生产经营而发生的合理销售费用、管理费用和财务费用。

利润是指供水经营者从事正常供水生产经营获得的合理收益，按净资产利润率核定。

税金是指供水经营者按国家税法规定应该缴纳，并可计入水价的税金。

第五条 水利工程供水价格采取统一政策、分级管理方式，区分不同情况实行政府指导价或政府定价。政府鼓励发展的民办民营水利工程供水价格，实行政府指导价；其他水利工程供水价格实行政府定价。

第二章 水价核定原则及办法

第六条 水利工程供水价格按照补偿成本、合理收益、优质优价、公平负担的原则制定，并根据供水成本、费用及市场供求的变化情况适时调整。

第七条 同一供水区域内工程状况、地理环境和水资源条件相近的水利工程，供水价格按区域统一核定。供水区域的具体范围由省级水行政主管部门商价格主管部门确定。其他水利工程供水价格按单个工程核定。

第八条 水利工程的资产和成本、费用，应在供水、发电、防洪等各项用途中合理分摊、分类补偿。水利工程供水所分摊的成本、费用由供水价格补偿。具体分摊和核算办法，按国务院财政、价格和水行政主管部门的有关规定执行。

第九条 利用贷款、债券建设的水利供水工程，供水价格应使供水经营者在经营期内具备补偿成本、费用和偿还贷款、债券本息的能力并获得合理的利润。经营期是指供水工程的经济寿命周期，按照国家财政主管部门规定的分类折旧年限加权平均确定。

第十条 根据国家经济政策以及用水户的承受能力，水利工程供水实行分类定价。水利工程供水价格按供水对象分为农业用水价格和非农业用水价格。农业用水是指由水利工程直接供应的粮食作物、经济作物用水和水产养殖用水；非农业用水是指由水利工程直接供应的工业、自来水厂、水力发电和其他用水。

农业用水价格按补偿供水生产成本、费用的原则核定，不计利润和税金。非农业用水价格在补偿供水生产成本、费用和依法计税的基础上，按供水净资产计提利润，利润率按国内商业银行长期贷款利率加2至3个百分点确定。

第十一条 水利工程用于水力发电并在发电后还用于其他兴利目的的用水，发电用水价格（元/立方米）按照用水水电站所在电网销售电价（元/千瓦时）的0.8%核定，发电后其他用水价格按照低于本办法第十条规定的标准核定。水利工程仅用于水力发电的用水价格（元/立方米），按照用水水电站所在电网销售电价（元/千瓦时）的1.6%～2.4%核定。

利用同一水利工程供水发电的梯级电站，第一级用水价格按上述原则核定，第二级及以下各级用水价格应逐级递减。

第十二条 在特殊情况下动用水利工程死库容的供水价格，可按正常供水价格的2至3倍核定。

第三章 水价制度

第十三条 水利工程供水应逐步推行基本水价和计量水价相结合的两部制水价。具体实施范围和步骤由各省、自治区、直辖市价格主管部门确定。

基本水价按补偿供水直接工资、管理费用和50%的折旧费、修理费的原则核定。

计量水价按补偿基本水价以外的水资源费、材料费等其他成本、费用以及计入规定利润和税金的原则核定。

第十四条 各类用水均应实行定额管理，超定额用水实行累进加价。超定额加价办法由有管理权限的价格主管部门会同水行政主管部门确定。

第十五条 供水水源受季节影响较大的水利工程，供水价格可实行丰枯季节水价或季节浮动价格。

第四章 管理权限

第十六条 中央直属和跨省、自治区、直辖市水利工程的供水价格，由国务院价格主管部门商水行政主管部门审批。

第十七条 地方水利工程供水价格的管理权限和申报审批程序，由各省、自治区、直辖市人民政府价格主管部门商水行政主管部门规定。

第十八条 列入价格听证目录的水利工程供水价格，在制定或调整价格时应实行价格听证，充分听取有关方面的意见。

第五章 权利义务及法律责任

第十九条 供水经营者申请制定和调整供水价格时，应如实向价格主管部门提供供水生产经营及成本情况，并出具有关账簿、文件以及其他相关资料。

第二十条 水利工程供水实行计量收费。尚未实行计量收费的，应积极创造条件，实行计量收费。暂无计量设施、仪器的，由有管理权限的价格主管部门会同水行政主管部门确定合适的计价单位。

实行两部制水价的水利工程，基本水费按用水户的用水需求量或工程供水容量收取，计量水费按计量点的实际供水量收取。

第二十一条 水利工程供水应实行价格公示制度。供水经营者和用水户必须严格执行国家水价政策，不得擅自变更水价。

水费由供水经营者或其委托的单位、个人计收，其他单位或个人无权收取水费。

第二十二条 供水经营者与用水户应根据国家有关法律、法规和水价政策，签订供用水合同。除无法抗拒的自然因素外，供水经营者未按合同规定正常供水，造成用水户损失的，应当承担损害赔偿责任。

第二十三条 用水户应当按照国家有关规定及时交付水费。用水户逾期不交付水费的，应当按照规定支付违约金。用水户在合理期限内经催告仍不交付水费和违约金的，供水经营者可以按照国家规定的程序中止供水。

第二十四条 任何单位和个人不得违反规定在水价外加收任何名目的费用或减免水费。严禁任何单位和个人截留、平调和挪用水费。

第二十五条 各级人民政府价格主管部门应当对水利工程供水价格执行情况进行监督检查，对违反价格法规、政策的单位和个人要依照《价格法》和《价格违法行为行政处罚规定》进行查处。

第六章 附 则

第二十六条 水利工程水费是供水经营者从事供水生产取得的经营收入，其使用和管理，按国务院财政主管部门和水行政主管部门有关财务会计制度执行。

第二十七条 除农民受益的农田排涝工程外，受益范围明确的水利排涝工程，管理单位可向受益的单位和个人收取排水费，标准由有管理权限的价格主管部门按略低于供水价格的原则核定。

供排兼用的水利工程，排水费应单独核定标准，与供水水费分别计收。

第二十八条 各省、自治区、直辖市价格主管部门会同水行政主管部门根据本办法并结合本地实际情况制定实施办法，报国务院价格主管部门和水行政主管部门备案。

第二十九条 本办法自 2004 年 1 月 1 日起施行。本办法发布前有关规定与本办法相抵触的，以本办法为准。

第三十条 本办法由国务院价格主管部门会同水行政主管部门负责解释。

水行政许可实施办法

第一章　总　则

第一条　为了规范水行政许可，保护公民、法人和其他组织的合法权益，维护公共利益和社会秩序，保障和监督水行政许可实施机关有效实施水行政管理，根据《中华人民共和国行政许可法》《中华人民共和国水法》《中华人民共和国防洪法》《中华人民共和国水土保持法》等法律法规，制定本办法。

第二条　本办法所称水行政许可，是指水行政许可实施机关根据公民、法人或者其他组织的申请，经依法审查，准予其从事特定水事活动的行为。

本办法所称水行政许可实施机关，是指县级以上人民政府水行政主管部门、法律法规授权的流域管理机构或者其他行使水行政许可权的组织。

第三条　水行政许可的规定、实施和监督检查，适用本办法。

上级水行政主管部门对下级水行政主管部门，以及水行政主管部门对其直接管理的事业单位的人事、财务、外事等事项的审批，不属于水行政许可，不适用本办法。

第四条　实施水行政许可，应当依照有关法律、法规、规章和本办法规定的权限、范围、条件、程序和期限。

第五条　实施水行政许可，应当遵循公开、公平、公正的原则。

水行政许可实施机关应当公布水行政许可的权限、范围、条件、程序和期限等规定；应当公开水行政许可的实施过程和水行政许可决定的内容。但是，涉及国家秘密、商业秘密或者个人隐私的除外。

水行政许可实施机关应当建立核查、回避、听证、科学决策等制度，保障实施水行政许可的公平和公正。符合法定条件、标准的，申请人有依法取得水行政许可的平等权利，水行政许可实施机关不得歧视。

第六条　实施水行政许可，应当遵循便民、高效的原则。

水行政许可实施机关应当精简办事环节，推行便民措施，提高办事效率，提供优质服务。

第七条　实施水行政许可，应当为公民、法人或者其他组织依法行使陈述权、申辩权、损害赔偿权、申请行政复议权提供便利条件。

公民、法人或者其他组织有权就水行政许可的实施情况向有关水行政许可实施机关或者其他机关提出意见、建议、投诉、批评、检举或者控告；水行政许可实施机关应当认真进行审查，发现水行政许可有错的，应当主动改正。

第八条　水行政许可实施机关实施水行政许可，应当自觉接受县级以上人民政府和上级水行政主管部门的监督以及社会监督。

水行政许可实施机关应当对公民、法人或者其他组织从事水行政许可事项的活动实施有效监督。

第二章 水行政许可的规定

第九条 在法律、行政法规和国务院决定设定的水行政许可事项范围内，国务院水行政主管部门可以制定规章，对实施该水行政许可的程序、条件、期限、须提交的材料目录等作出具体规定。

水行政许可实施机关可以根据法律、行政法规、国务院决定和有关规章，以规范性文件的形式对水行政许可执行中的具体问题予以明确。

规章和规范性文件对实施上位法规定的行政许可作出的具体规定，不得增设水行政许可和增设违反上位法的其他条件。

第十条 县级以上地方人民政府水行政主管部门或者流域管理机构认为需要增设新的在全国统一实施的水行政许可，或者认为法律、行政法规、国务院决定设定的水行政许可不必要、不合理，需要修改或者废止的，可以向国务院水行政主管部门提出意见和建议。

国务院水行政主管部门认为需要增设新的水行政许可，或者认为法律、行政法规、国务院决定设定的水行政许可不必要、不合理，需要修改或者废止的，可以向国务院提出立法建议。

第十一条 起草法律草案、法规草案和省、自治区、直辖市人民政府规章草案，拟设定水行政许可的，承担起草任务的水行政主管部门应当采取听证会、论证会等形式听取意见，全面评价设定该水行政许可的必要性、可行性、对经济和社会可能产生的影响，并向制定机关说明评价意见以及听取和采纳意见的情况。

水行政许可实施机关应当对水行政许可的实施情况及存在的必要性适时进行评价，并将评价意见报送该水行政许可的设定机关。

水行政许可评价管理办法由国务院水行政主管部门另行制定。

第三章 水行政许可的实施机关

第十二条 水行政许可由县级以上人民政府水行政主管部门在其法定职权范围内实施。

国务院水行政主管部门在国家确定的重要江河、湖泊设立的流域管理机构以及其他法律法规授权的组织，在法律、法规授权范围内，以自己的名义实施水行政许可。

水行政许可实施机关的内设机构不得以自己的名义实施水行政许可。

第十三条 水行政许可实施机关在其法定职权范围内，依照法律、法规、规章的规定，可以委托其他县级以上人民政府水行政主管部门等行政机关实施水行政许可。委托机关应当将受委托机关和受委托实施水行政许可的内容予以公告。

委托机关对受委托机关实施水行政许可的行为应当负责监督，并对该行为的后果承担法律责任。

受委托机关在委托范围内，以委托机关名义实施水行政许可；不得再委托其他组织或者个人实施水行政许可。

第十四条 水行政许可需要水行政许可实施机关内设的多个机构办理的，应当确定一个机构统一受理水行政许可申请、统一送达水行政许可决定，或者设立专门的水行政许可办事机构，集中办理水行政许可事项。

第十五条 水行政许可实施机关的法制工作机构归口管理水行政许可工作。但是，水行政许可实施机关另有规定的除外。

第十六条 水行政许可实施机关的法制工作机构或者其他水行政许可归口管理机构，承办下列事项：

（一）组织制订水行政许可制度；

（二）审查涉及水行政许可的法律、法规、规章和规范性文件草案；

（三）审查和评价水行政许可的设定；

（四）指导、协调、监督检查水行政许可的实施情况；

（五）承办有关水行政许可的行政复议、行政应诉案件；

（六）法律、法规、规章规定和水行政许可实施机关交办的其他水行政许可归口管理工作。

第四章　水行政许可的申请和受理

第十七条　公民、法人或者其他组织从事特定水事活动，依法需要取得水行政许可的，应当直接向有水行政许可权的水行政许可实施机关提出申请。但是，本办法第三十三条第二款规定的情形除外。

第十八条　申请水行政许可，可以由申请人到水行政许可实施机关的办公场所，以书面形式提出，也可以通过信函、电报、电传、传真、电子数据交换和电子邮件等方式提出。以电报、电传、传真、电子数据交换和电子邮件等方式提出的，申请人应当自提交申请之日起 3 日内提供能够证明其申请文件效力的材料；逾期未能提供的，视为放弃本次申请。

第十九条　申请水行政许可，需要使用格式文本的，水行政许可实施机关应当向申请人提供，格式文本中不得包含与申请水行政许可事项没有直接关系的内容。

第二十条　申请人可以委托代理人提出水行政许可申请。但是，依照法律、法规、规章应当由申请人本人到水行政许可实施机关的办公场所提出水行政许可申请的除外。

申请人委托代理人提出水行政许可申请的，应当出具授权委托书。委托人为自然人的，应当在授权委托书上签名；委托人为法人或者其他组织的，应当由法定代表人或者主要负责人在授权委托书上签名并加盖公章。授权委托书应当载明下列事项：

（一）委托人和代理人的基本情况；

（二）代为提出水行政许可申请、递交有关材料、收受法律文书、接受询问等代理事项和代理权限；

（三）代理起止日期。

第二十一条　水行政许可实施机关应当将法律、法规、规章规定的有关水行政许可的事项、依据、条件、数量、程序、期限、需要提交的全部材料的目录、申请书和授权委托书等格式文本及填写说明在办公场所公示。

水行政许可实施机关应当逐步推行电子政务，在网站上公示前款所列事项，为申请人采取数据电文等方式提出水行政许可申请、查询水行政许可办理情况和结果等提供必要便利。

水行政许可实施机关应当根据申请人的要求，对公示内容予以说明、解释。

第二十二条　申请人应当按照有关法律、法规、规章要求如实提交申请书、有关证明文件和其他相关材料，并对其申请材料实质内容的真实性负责。水行政许可实施机关不得要求申请人提交与其申请的水行政许可事项无关的技术资料和其他材料。

第二十三条　水行政许可实施机关收到水行政许可申请后，应当对下列事项进行审查：

（一）申请事项是否依法需要取得水行政许可；

（二）申请事项是否属于本机关的职权范围；

（三）申请人是否具有依法不得提出水行政许可申请的情形；

（四）申请材料是否齐全、符合法定形式。

第二十四条 水行政许可实施机关对水行政许可申请审查后，应当根据下列情况分别作出处理：

（一）申请事项依法不需要取得水行政许可的，应当即时制作《水行政许可申请不受理告知书》，告知申请人不受理。

（二）申请事项依法不属于本机关职权范围或者具有依法不得提出水行政许可申请的情形的，应当即时制作《水行政许可申请不予受理决定书》。其中，申请事项依法不属于本机关职权范围的，应当告知申请人向有关行政机关申请。

（三）申请材料存在文字、计算、装订等非实质内容错误的，应当允许申请人当场更正，但应当对更正内容签字或者盖章确认。

（四）申请材料不齐全或者不符合法定形式的，应当当场或者在 5 日内制作《水行政许可申请补正通知书》，1 次告知申请人需要补正的全部内容，逾期不告知的，自收到申请材料之日起即为受理。

（五）申请事项属于本机关职权范围，申请材料齐全、符合法定形式，或者申请人按照要求提交全部补正申请材料的，应当制作《水行政许可申请受理通知书》。

水行政许可实施机关作出的《水行政许可申请受理通知书》《水行政许可申请不受理告知书》和《水行政许可申请补正通知书》等文书，应当加盖本机关专用印章和注明日期。

第二十五条 省级以上人民政府水行政主管部门可以根据特定水行政许可的特点，规定在本行政区域内，在一定期限内集中受理水行政许可申请，并将受理期限予以公告。

流域管理机构参照前款执行。

第二十六条 流域管理机构可以根据水行政许可的具体情况和便民的需要，委托其所属管理机构或者地方水行政主管部门代为受理水行政许可申请，并予以公告。

第五章 水行政许可的审查、决定、变更和延续

第二十七条 水行政许可实施机关受理水行政许可申请后应当进行审查。审查一般以书面形式进行。

除能够当场作出水行政许可决定的外，根据法定条件和程序，需要对申请材料的实质内容进行核查的，应当指派 2 名以上工作人员进行。核查过程中需要进行现场检查或者调查询问有关人员的，应当制作笔录，由核查方与被核查方签字确认；被核查方拒绝签字的，应当在笔录中记明。

第二十八条 水行政许可实施机关审查水行政许可申请时，发现该水行政许可事项直接关系他人重大利益的，应当告知申请人和利害关系人。其中，对于申请人和能够确定的利害关系人，应当直接送达《水行政许可陈述和申辩告知书》；利害关系人为不确定多数人的，应当公告告知。

告知书或者公告应当确定申请人和利害关系人陈述和申辩的合理期限，并说明该水行政许可的有关情况，但涉及国家秘密、商业秘密或者个人隐私的部分除外。申请人、利害关系人要求陈述和申辩的，应当听取，并制作笔录。申请人、利害关系人提出的事实、理由经审核成立的，应当采纳。

第二十九条 法律、法规、规章规定实施水行政许可应当听证的事项，或者水行政许可实施机关认为需要听证的其他涉及公共利益的重大水行政许可事项，水行政许可实施机关应当向社会公告，并举行听证。

水行政许可直接涉及申请人与他人之间重大利益关系的，水行政许可实施机关在作出水行政许可决定前，应当制作《水行政许可听证告知书》，告知申请人、利害关系人享有要求听证的权利。

水行政许可听证的具体规定由国务院水行政主管部门另行制定。

第三十条 办理水行政许可事项的工作人员是申请人、利害关系人的近亲属，或者与申请人、利害关系人有其他关系，可能影响公正的，应当自行申请回避。

申请人认为办理水行政许可事项的工作人员是水行政许可事项的利害关系人或者是利害关系人的近亲属，或者与利害关系人有其他关系，可能影响公正的，有权申请其回避。

利害关系人认为办理水行政许可事项的工作人员是申请人的近亲属，或者与申请人有其他关系，可能影响公正的，有权申请其回避。

办理水行政许可事项的工作人员的回避由水行政许可实施机关内承办该水行政许可的机构负责人决定，承办机构负责人的回避由水行政许可实施机关负责人决定。

第三十一条 水行政许可实施机关可以根据法律、法规、规章的规定和水行政许可的需要，对水行政许可事项进行专家评审或者技术评估，并将评审或者评估意见作为水行政许可决定的参考依据。

水行政许可实施机关可以根据法律、法规、规章的规定和水行政许可的需要，征求有关水行政主管部门或者其他行政机关的意见。

第三十二条 水行政许可实施机关审查水行政许可申请后，除当场作出水行政许可决定的外，应当在法定期限内按照法律、法规、规章和本办法规定的程序作出如下水行政许可决定：

（一）水行政许可申请符合法律、法规、规章规定的条件、标准的，依法作出准予水行政许可的书面决定，制作《准予水行政许可决定书》，并应当在办公场所、指定报刊或者网站上公开，公众有权查阅；

（二）水行政许可申请不符合法律、法规、规章规定的条件、标准的，依法作出不予水行政许可的书面决定，制作《不予水行政许可决定书》，应当说明理由，并告知申请人享有依法申请行政复议或者提起行政诉讼的权利和复议机关、受诉法院、时效等具体事项。

第三十三条 除可以当场作出水行政许可决定的外，水行政许可实施机关应当自受理水行政许可申请之日起20日内作出水行政许可决定。因水行政许可事项重大、复杂或者具有其他正当理由，20日内不能作出决定的，经本机关负责人批准，可以延长10日，并应当制作《水行政许可延期告知书》，将延长期限的理由告知申请人。

依照法律、法规、规章规定，应当先经下级水行政许可实施机关审查后，报送上级水行政许可实施机关决定的水行政许可，下级水行政许可实施机关应当按照本办法的规定受理和审查，并应当自受理之日起20日内将审查意见和全部申请材料，直接报送上级水行政许可实施机关审查决定。上级水行政许可实施机关不得要求申请人重复提供申请材料，并应当自收到下级水行政许可实施机关报送的初步审查意见和全部申请材料之日起20日内作出水行政许可决定。

法律、法规对水行政许可期限另有规定的，依照其规定。

第三十四条 申请人在水行政许可实施机关作出水行政许可决定之前，可以书面申请撤回水行政许可申请。

第三十五条 水行政许可实施机关作出准予水行政许可的决定，需要颁发水行政许可证件、证书的，应当自作出水行政许可决定之日起10日内向申请人颁发、送达。

第三十六条 水行政许可实施机关作出水行政许可决定，依法需要听证、招标、拍卖、检验、检测、鉴定、评估和专家评审的，所需时间不计算在本办法规定的期限内，但应当制作《水行政许可除外时间告知书》，将所需时间书面告知申请人。

第三十七条 水行政许可的适用范围没有地域限制的，申请人取得的水行政许可在全国范围内有效；水行政许可的适用范围有地域限制的，《准予水行政许可决定书》或者水行政许可证件、证书上应当注明。

水行政许可有期限的，《准予水行政许可决定书》或者水行政许可证件、证书上应当注明其有效期限。

第三十八条 水行政许可实施机关应当依照民事诉讼法的有关规定，送达水行政许可法律文书、证件和证书。

第三十九条 被许可人在取得水行政许可后，因姓名（名称）、住所、法定代表人（主要负责人）等发生变化，要求变更水行政许可事项的，应当向作出水行政许可决定的水行政许可实施机关提出变更申请，并提交有关证明文件。

水行政许可实施机关应当对变更申请进行审查，并于收到变更申请之日起10日内作出决定。符合法定条件、标准的，应当准予变更，制作《准予变更水行政许可决定书》，并依法办理变更手续；因有关事项的变更，会导致被许可人不再符合法律、法规、规章规定的准予水行政许可的条件、标准的，水行政许可实施机关不得准予变更，并制作《不予变更水行政许可决定书》。

依法取得的水行政许可，不得转让。法律、法规另有规定的除外。

第四十条 被许可人需要延续依法取得的水行政许可的有效期限的，应当在该水行政许可有效期届满30日前向作出水行政许可决定的水行政许可实施机关提出申请。但是，法律、法规、规章另有规定的，依照其规定。

水行政许可实施机关对延续申请进行审查后，应当作出决定。仍符合取得水行政许可的条件的，准予延续，制作《准予延续水行政许可决定书》；不再符合取得水行政许可的条件的，不予延续，制作《不予延续水行政许可决定书》。

前款决定应当在该水行政许可有效期届满前作出；逾期未作决定的，视为准予延续。

第四十一条 水行政许可实施机关不得擅自改变已经生效的水行政许可。

水行政许可所依据的法律、法规、规章修改或者废止，或者准予水行政许可所依据的客观情况发生重大变化的，为了公共利益的需要，水行政许可实施机关可以依法变更或者撤回已经生效的水行政许可。由此给公民、法人或者其他组织造成财产损失的，应当依法给予补偿。

第六章 水行政许可的费用

第四十二条 水行政许可实施机关实施水行政许可和对水行政许可事项进行监督检查，不得收取任何费用。但是，法律、行政法规另有规定的，依照其规定。

水行政许可实施机关提供水行政许可申请书等格式文本，不得收费。

水行政许可实施机关实施水行政许可所需经费，应当列入本机关年度预算，实行预算管理。

第四十三条 水行政许可实施机关实施水行政许可，依照法律、行政法规收取费用的，应当按照公布的法定项目和标准收费；所收取的费用必须全部上缴国库，不得以任何形式截留、挪用、私分或者变相私分。

第七章 水行政许可的监督检查

第四十四条 上级水行政主管部门应当采取执法检查、处理投诉、责任追究或者个案督办等方式加强对下级水行政许可实施机关实施水行政许可的监督检查，及时纠正水行政许可实施中的违法行为。

第四十五条　水行政许可实施机关应当建立健全监督制度，按照管理权限和职责分工，对公民、法人或者其他组织从事水行政许可事项的活动履行监督检查责任。

省、自治区、直辖市人民政府水行政主管部门应当依法明确本行政区域内各级水行政主管部门的具体监督检查职责，流域管理机构应当依法明确其下属管理机构的具体监督检查职责。

第四十六条　监督检查一般采用核查反映被许可人从事水行政许可事项活动情况的有关材料进行。可以根据监督检查的需要对被许可人生产经营场所依法进行实地检查。检查时，可以依法查阅或者要求被许可人报送有关材料；被许可人应当如实提供有关情况和材料。

水行政许可实施机关依法实施监督检查时，应当将监督检查的情况和处理结果予以记录，由监督检查人员签字后归档，公众有权查阅。

第四十七条　水行政许可实施机关实施监督检查，不得妨碍被许可人正常的生产经营活动，不得索取或者收受被许可人的财物，不得谋取其他利益，并应当保守与此有关的国家秘密、商业秘密和个人隐私。

第四十八条　被许可人在作出水行政许可决定的水行政许可实施机关管辖区域外违法从事水行政许可事项活动的，由违法行为发生地的水行政许可实施机关按照管辖权限依法进行处理，并于 5 日内将被许可人的违法事实、处理结果抄告作出水行政许可决定的水行政许可实施机关。

第四十九条　任何个人和组织发现违法从事水行政许可事项的活动，有权向水行政许可实施机关举报，水行政许可实施机关应当及时核实、处理。

第五十条　有下列情形之一的，作出水行政许可决定的水行政许可实施机关，或者其上级水行政主管部门，根据利害关系人的请求或者依据职权，可以撤销水行政许可：

（一）水行政许可实施机关工作人员滥用职权、玩忽职守作出准予水行政许可决定的；

（二）超越法定职权作出准予水行政许可决定的；

（三）违反法定程序作出准予水行政许可决定的；

（四）对不具备申请资格或者不符合法定条件的申请人准予水行政许可的；

（五）依照法律、法规、规章可以撤销水行政许可的其他情形。

被许可人以欺骗、贿赂等不正当手段取得水行政许可的，应当予以撤销。

依照前两款的规定撤销水行政许可，可能对公共利益造成重大损害的，不予撤销。

依照本条第一款的规定撤销水行政许可，被许可人的合法权益受到损害的，应当依法给予赔偿。依照本条第二款的规定撤销水行政许可的，被许可人基于水行政许可取得的利益不受保护。

第五十一条　有下列情形之一的，水行政许可实施机关应当依法办理有关水行政许可的注销手续：

（一）水行政许可有效期届满未申请延续或者未获准延续的；

（二）赋予公民特定资格的水行政许可，该公民死亡或者丧失行为能力的；

（三）法人或者其他组织依法终止的；

（四）水行政许可依法被撤销、撤回，或者水行政许可证件、证书等依法被吊销的；

（五）因不可抗力导致水行政许可事项无法实施的；

（六）法律、法规规定的应当注销水行政许可的其他情形。

第八章　法律责任

第五十二条　县级以上地方人民政府水行政主管部门，违反《行政许可法》第十七条规定设定水行政许可的，有关机关应当责令其限期改正或者依法予以撤销。

流域管理机构有前款行为的，由国务院水行政主管部门依照前款处理。

第五十三条 水行政许可实施机关及其工作人员违法实施水行政许可的，依照《行政许可法》第七十二条、第七十三条、第七十四条、第七十五条、第七十七条规定予以处理。

第五十四条 水行政许可实施机关违法实施水行政许可，给当事人的合法权益造成损害的，应当依照国家赔偿法的规定给予赔偿。

水行政许可实施机关因违法实施水行政许可承担赔偿责任的，可以责令有故意或者重大过失的主管人员以及直接责任人员承担部分或者全部赔偿费用。

第五十五条 水行政许可申请人隐瞒有关情况或者提供虚假材料申请水行政许可的，水行政许可实施机关应当不予受理或者不予水行政许可，并给予警告；水行政许可申请属于直接关系防洪安全、水利工程安全、水生态环境安全、人民群众生命财产安全事项的，申请人在 1 年内不得再次申请该水行政许可。

第五十六条 被许可人以欺骗、贿赂等不正当手段取得水行政许可的，除可能对公共利益造成重大损害的，水行政许可实施机关应当予以撤销，并给予警告。被许可人从事非经营活动的，可以处 1 千元以下罚款；被许可人从事经营活动，有违法所得的，可以处违法所得 3 倍以下罚款，但是最高不得超过 3 万元，没有违法所得的，可以处 1 万元以下罚款，法律、法规另有规定的除外。取得的水行政许可属于直接关系防洪安全、水利工程安全、水生态环境安全、人民群众生命财产安全事项的，申请人在 3 年内不得再次申请该水行政许可；构成犯罪的，依法追究刑事责任。

第五十七条 被许可人有《行政许可法》第八十条规定的行为之一的，水行政许可实施机关根据情节轻重，应当给予警告或者降低水行政许可资格（质）等级。被许可人从事非经营活动的，可以处 1 千元以下罚款；被许可人从事经营活动，有违法所得的，可以处违法所得 3 倍以下罚款，但是最高不得超过 3 万元，没有违法所得的，可以处 1 万元以下罚款，法律、法规另有规定的除外；构成犯罪的，依法追究刑事责任。

第五十八条 公民、法人或者其他组织未经水行政许可，擅自从事依法应当取得水行政许可的活动的，水行政许可实施机关应当责令停止违法行为，并给予警告。当事人从事非经营活动的，可以处 1 千元以下罚款；当事人从事经营活动，有违法所得的，可以处违法所得 3 倍以下罚款，但是最高不得超过 3 万元，没有违法所得的，可以处 1 万元以下罚款，法律、法规另有规定的除外；构成犯罪的，依法追究刑事责任。

第九章 附 则

第五十九条 本办法规定的水行政许可实施机关实施水行政许可的期限以工作日计算，不含法定节假日。

第六十条 水行政许可法律文书示范格式文本由国务院水行政主管部门另行制定。

第六十一条 本办法由国务院水行政主管部门负责解释。

第六十二条 本办法自发布之日起施行。

水行政处罚实施办法

第一章　总　则

第一条　为规范水行政处罚行为，保障和监督水行政主管部门有效实施水行政管理，保护公民、法人或者其他组织的合法权益，维护公共利益和社会秩序，根据《中华人民共和国行政处罚法》（以下简称《行政处罚法》）、《中华人民共和国水法》《中华人民共和国水土保持法》《中华人民共和国防洪法》《中华人民共和国电力法》及有关法律、法规，制定本办法。

第二条　公民、法人或者其他组织违反水行政管理秩序的行为，依法应当给予水行政处罚的，由县级以上人民政府水行政主管部门或者法律、法规授权的组织（以下统称水行政处罚机关）依照法律、法规和本办法的规定实施。

第三条　水行政处罚遵循公正、公开的原则。实施水行政处罚必须以事实为依据，与违法行为的事实、性质、情节以及社会危害程度相当。实施水行政处罚，纠正违法行为，应当坚持处罚与教育相结合，教育公民、法人或者其他组织自觉守法。

第二章　水行政处罚的种类和适用

第四条　水行政处罚的种类有：警告、罚款、吊销许可证、没收非法所得以及法律、法规规定其他水行政处罚。

第五条　当事人有下列情形之一的，应当依法从轻或者减轻水行政处罚：

（一）主动消除或者减轻违法行为危害后果的；

（二）受他人胁迫有违法行为的；

（三）配合水行政处罚机关查处违法行为有立功表现的；

（四）其他依法从轻或者减轻水行政处罚的。违法行为轻微并及时纠正，没有造成危害后果的，不予水行政处罚。

第六条　对当事人的同一个违法行为，不得给予两次以上罚款的水行政处罚。两个以上当事人共同实施违法行为的，应当根据各自的违法情节，分别给予水行政处罚。

第七条　违法行为在二年内未被发现的，不再给予水行政处罚。法律另有规定的除外。前款规定的期限，从违法行为发生之日起计算；违法行为有连续或者继续状态的，从行为终了之日起计算。

第八条　依据法律、法规设定的罚款实施水行政处罚的；罚款限额按法律、法规的规定执行。依据国务院水行政主管部门规章设定的罚款实施水行政处罚的，罚款限额按以下标准执行：

（一）对非经营活动中的违法行为，罚款不得超过一千元；

（二）对经营活动中的违法行为，有违法所得的，罚款不得超过违法所得的三倍，但是最高不得超过三万元；没有违法所得的，罚款不得超过一万元。国务院另有规定或者特别批准的除外。

第三章　水行政处罚的实施机关和执法人员

第九条　依照法律、法规的规定，下列机关以自己的名义独立行使水行政处罚权：

（一）县级以上人民政府水行政主管部门；

（二）法律、法规授权的流域管理机构；

（三）地方性法规授权的水利管理单位；

（四）地方人民政府设立的水土保持机构；

（五）法律、法规授权的其他组织。

第十条　县级以上人民政府水行政主管部门可以在其法定权限内委托符合本办法第十一条规定条件的水政监察专职执法队伍或者其他组织实施水行政处罚。委托实施水行政处罚，委托水行政主管部门必须公布。

第十一条　受委托的组织应当符合下列条件：

（一）依法成立的管理水利事务的事业组织；

（二）具有熟悉有关法律、法规、规章和水利业务的工作人员；

（三）对违法行为需要进行技术检查或者技术鉴定的，应当有条件组织进行相应的技术检查或者技术鉴定。

第十二条　委托实施水行政处罚，委托水行政主管部门应当同受委托组织签署委托书。

委托书应当载明下列事项：

（一）委托水行政主管部门和受委托组织的名称、地址、法定代表人姓名；

（二）委托实施水行政处罚的权限和委托期限；

（三）违反委托事项的责任；

（四）其他需载明的事项。

委托书自双方盖章之日起生效。

委托书应当报上一级水行政主管部门备案。

第十三条　受委托组织在委托权限内应当以委托水行政主管部门的名义，依照法律、法规和本办法的规定实施水行政处罚。

受委托组织实施水行政处罚，不得超越委托书载明的权限和期限；超越权限和期限进行处罚的，水行政处罚无效。受委托组织不得再委托其他组织或者个人实施水行政处罚。

第十四条　委托水行政主管部门应当对受委托组织实施水行政处罚的行为负责监督，并对受委托组织在委托权限和期限内行为的后果承担法律责任。委托不免除委托水行政主管部门的水行政处罚权。

第十五条　委托水行政主管部门发现受委托组织不符合委托条件的，应当解除委托，收回委托书。

第十六条　水政监察人员是水行政处罚机关和受委托组织实施水行政处罚的执法人员。

第四章　水行政处罚的管辖

第十七条　国务院水行政主管部门及其所属的流域管理机构管辖法律、行政法规规定的水行政处罚。

第十八条　除法律、行政法规另有规定的外，水行政处罚由违法行为发生地的县级以上地方人民政府水行政主管部门管辖。上级水行政主管部门有权管辖下级水行政主管部门管辖的水行政处罚。下一级水行政主管部门对其管辖的水行政处罚，认为需要由上一级行政主管部门管辖的，可以报请上一级水行政主管部门决定。对管辖发生争议的，应当协商解决或者报请共同的上一级水行政主管部门指定管辖。

第十九条 法律、法规授权组织管辖其职权范围内的水行政处罚。

第五章 水行政处罚的决定

第二十条 公民、法人或者其他组织违反水行政管理秩序的行为，依法应当给予水行政处罚的，水行政处罚机关应当全面、公正、客观地调查，收集有关证据，查明事实。

第二十一条 证据有以下几种：

（一）书证；

（二）物证；

（三）视听资料；

（四）证人证言；

（五）当事人的陈述；

（六）鉴定结论；

（七）勘验笔录、现场笔录。证据未经查证核实，不得作为论定事实的依据。

第一节 简易程序

第二十二条 违法事实确凿并有法定依据，对公民处以五十元以下、对法人或者其他组织处以一千元以下罚款或者警告的，可以当场作出水行政处罚决定。当场作出水行政处罚决定的，水政监察人员应当遵守下列程序：

（一）向当事人出示水政监察证件。

（二）口头告知当事人违法事实、处罚理由和依据，并告知当事人依法享有陈述和申辩权利。

（三）听取当事人的陈述和申辩。对当事人提出的事实、理由和证据进行复核（当事人放弃陈述或者申辩权利的除外）。

（四）填写预定格式、编有号码的水行政处罚决定书。

（五）将水行政处罚决定书当场交当事人。

（六）在五日内（在水上当场处罚，自抵岸之日起五日内）将水行政处罚决定报所属水行政处罚机关备案。

第二十三条 当场作出的水行政处罚决定书须载明下列事项：

（一）当事人的姓名或者名称；

（二）违法事实；

（三）水行政处罚的种类、罚款数额和依据；

（四）罚款的履行方式和期限；

（五）不服水行政处罚决定，申请行政复议或者提起行政诉讼的途径和期限；

（六）水政监察人员的签名或者盖章；

（七）作出水行政处罚决定的日期、地点和水行政处罚机关名称。

第二节　一般程序

第二十四条　除依法可以当场作出水行政处罚决定的以外，公民、法人或者其他组织有符合下列条件的违法行为的，水行政处罚机关应当立案查处：

（一）具有违反水法规事实的；

（二）依照法律、法规、规章的规定应当给予水行政处罚的；

（三）属水行政处罚机关管辖的；

（四）违法行为未超过追究时效的。

第二十五条　对立案查处的案件，水行政处罚机关应当及时指派两名以上水政监察人员进行调查；必要时，依据法律、法规的规定，可以进行检查。

第二十六条　调查人员与本案有直接利害关系的，应当回避。被调查人认为调查人员与本案有直接利害关系的，可以向水行政处罚机关申请其回避；是否回避，由水行政处罚机关决定。

第二十七条　水政监察人员依法调查案件，应当遵守下列程序：

（一）向被调查人出示水政监察证件；

（二）告知被调查人要调查的范围或者事项；

（三）进行调查（包括询问当事人、证人、进行现场勘验、检查等）；

（四）制作调查笔录，笔录由被调查人核对后签名或者盖章。被调查人拒绝签名或者盖章的，应当有两名以上水政监察人员在笔录上注明情况并签名。

第二十八条　水政监察人员收集证据时，可以采取抽样取证的方法。在证据可能灭失或者以后难以取得的情况下，经水行政处罚机关负责人批准，可以先行登记保存。水行政处罚机关对先行登记保存的证据，应当在七日内作出下列处理决定：

（一）需要进行技术检验或者鉴定的送交检验或者鉴定；

（二）依法应当移送有关部门处理的，移送有关部门；

（三）依法需退还当事人的，退还当事人；

（四）法律、法规规定的其他处理方式。

第二十九条　水政监察人员进行取证或者登记保存，应当有当事人在场。当事人不在场或者拒绝到场的，水政监察人员可以邀请有关人员参加。对抽样取证或者登记保存的物品应当开列清单，一式两份，写明物品名称、数量、规格等事项，由水政监察人员、当事人签名或者盖章，一份清单交当事人。当事人不在场或者拒绝到场的，应有邀请的有关人员签名或者盖章；当事人拒绝签名、盖章或者接收的，应当有两名以上水政监察人员在清单上注明情况。登记保存物品时，在原地保存可能妨害公共秩序、公共安全或者对证据保存不利的可以异地保存。

第三十条　对违法行为调查终结，水政监察人员应当就案件的事实、证据、处罚依据和处罚意见等，向水行政处罚机关提出书面报告，水行政处罚机关应当对调查结果进行审查，并根据情况分别作出如下决定：

（一）确有应受水行政处罚的违法行为的，根据情节轻重及具体情况，作出水行政处罚决定；

（二）违法行为轻微，依法可以不予水行政处罚的，不予水行政处罚；

（三）违法事实不能成立的，不得给予水行政处罚；

（四）违法行为依法应当给予治安管理处罚的，移送公安机关；违法行为已构成犯罪的，移送司法机关。法律、法规、规章规定应当经有关部门批准的水行政处罚，报经批准后决定。对情节复杂或者重大违法行为给予较重的水行政处罚，水行政处罚机关负责人应当集体讨论决定。前款所称较重的水行政处罚是指对公民处以超过三千元罚款、对法人或者其他组织处以超过三万元罚款、吊销许可证等。

第三十一条 水行政处罚机关在作出水行政处罚决定之前，应当口头或者书面告知当事人给予水行政处罚的事实、理由、依据和拟作出的水行政处罚决定，并告知当事人依法享有的权利。当事人有权进行陈述和申辩。水行政处罚机关应当充分听取当事人的意见，对当事人提出的事实、理由和证据进行复核。水行政处罚机关不得因当事人申辩而加重处罚。

第三十二条 水行政处罚机关作出水行政处罚决定，应当制作水行政处罚决定书。水行政处罚决定书须载明下列事项：

（一）当事人的姓名或者名称、地址；

（二）违法事实和认定违法事实的证据；

（三）水行政处罚的种类和依据；

（四）水行政处罚的履行方式和期限；

（五）不服水行政处罚决定，申请行政复议或者提起行政诉讼的途径和期限；

（六）作出水行政处罚决定的水行政处罚机关名称和日期。水行政处罚决定书应盖有水行政处罚机关印章。经有关部门批准的水行政处罚，应当在水行政处罚决定书中写明。

第三十三条 水行政处罚决定应当向当事人宣告，并当场交付当事人；当事人不在场的，应当在七日内按照民事诉讼法的有关规定送达当事人。

第三节 听证程序

第三十四条 水行政处罚机关作出对公民处以超过五千元、对法人或者其他组织处以超过五万元罚款以及吊销许可证等水行政处罚之前，应当告知当事人有要求举行听证的权利；当事人要求听证的，水行政处罚机关应当组织听证。

第三十五条 听证由作出水行政处罚决定的水行政处罚机关负责，具体工作由水政机构组织。

第三十六条 水行政处罚机关向当事人告知听证权利时，应当送达听证告知书。听证告知书应当载明认定当事人违法的基本事实、给予水行政处罚的依据、拟作出的水行政处罚决定和当事人要求听证的期限。当事人要求听证的，可以在听证告知书的送达回证上签署意见，也可以在收到告知书三日内以其他书面方式向水行政处罚机关提出听证要求。水行政处罚机关应当在听证的七日前，通知当事人举行听证的时间、地点。当事人逾期未提出听证要求的，视为放弃听证权利。当事人放弃听证权利的，不得对本案再次提出听证要求。

第三十七条 除涉及国家秘密、商业秘密或者个人隐私外，听证应当公开举行。举行听证的三日前，水行政处罚机关应当将听证的内容、时间、地点以及有关事项，予以公告。

第三十八条 听证参加人包括听证主持人、听证记录人、案件当事人及其委托代理人、案件调查人员、证人以及与案件处理结果有直接利害关系的第三人等。当事人委托代理人参加听证的，应当在举行听证前向水行政处罚机关提交委托书。当事人无正当理由不参加听证又不委托代理人参加听证的或者当事人及委托代理人在听证中无正当理由退场的，视为放弃听证权利。

第三十九条 听证主持人由水行政处罚机关指定水政机构非本案调查人员担任。听证记录人由听证主持人指定非本案调查人员担任。听证记录人负责听证记录和协助听证主持人办理有关事务。当事人认为听证主持人、听证记录人与本案有直接利害关系，可以向水行政处罚机关提出回避申请；

听证主持人是否回避，由水行政处罚机关决定；听证记录人是否回避，由听证主持人决定。

第四十条 案件当事人在听证中的权利和义务：

（一）对案件涉及的事实、适用法律及有关情况进行陈述和申辩；

（二）对案件调查人员提出的证据进行质证和提出新的证据；

（三）如实陈述案件事实和回答听证主持人的提问；

（四）遵守听证会场纪律；

（五）对听证笔录进行核对、签字或者盖章；

（六）法律、法规规定的其他权利和义务。

第四十一条 听证按下列步骤进行：

（一）听证主持人宣布听证事由和听证纪律。

（二）听证主持人核对案件调查人和当事人身份。

（三）听证主持人宣布听证组成人员，告知当事人在听证中的权利和义务，询问当事人是否申请回避。当事人申请听证主持人回避的，听证主持人应当宣布暂停听证，报请水行政。处罚机关负责人决定是否回避；申请其他人员回避的，由听证主持人当场决定；宣布听证开始。

（四）案件调查人提出当事人的违法事实、证据、法律依据和水行政处罚建议。

（五）当事人进行陈述、申辩和质证。

（六）听证主持人就案件事实、证据和法律依据进行询问。

（七）案件调查人、当事人作最后陈述。

（八）听证主持人宣布听证结束。听证主持人在听证中有权对参加人的不当言行予以制止，维护正常的听证秩序。

第四十二条 听证应当制作听证笔录。听证笔录应当载明下列事项：

（一）案由；

（二）当事人的姓名或者名称、法定代理人及委托代理人、案件调查人的姓名；

（三）听证主持人、听证记录人姓名；

（四）举行听证的时间、地点和方式；

（五）案件调查人提出的事实、证据、法律依据和水行政处罚建议；

（六）当事人陈述、申辩和质证的内容；

（七）其他需要载明的事项。

听证笔录交当事人和调查人员核对后签名或者盖章。听证笔录中有关证人证言部分应当经证人核对后签名或者盖章。听证笔录应经听证主持人审核后由听证主持人和记录人签名或者盖章。

第四十三条 听证主持人可以根据情况，作出延期、中止或者终止听证的决定。

第四十四条 听证结束后，听证主持人应当依据听证情况，向水行政处罚机关提出书面意见，书面意见应包括案件的事实、证据、处罚依据和处罚建议。水行政处罚机关按照本办法第三十条的规定，作出决定。

第四十五条 水行政处罚机关举行听证，不得向当事人收取费用。

第六章 水行政处罚的执行

第四十六条 水行政处罚决定作出后，当事人应当履行。

第四十七条 当事人对水行政处罚决定不服的，可以依法申请行政复议或者提起行政诉讼。复议或者行政诉讼期间，水行政处罚不停止执行。法律另有规定的除外。

第四十八条 当场处罚时，依法给予二十元以下罚款或者不当场收缴罚款事后难以执行的，水政监察人员可以当场收缴罚款。当事人提出异议的，不停止当场执行。法律、法规另有规定的除外。

第四十九条 在边远、水上、交通不便地区，水行政处罚机关及其水政监察人员依法作出罚款的决定后，当事人向指定银行缴纳罚款确有困难的，经当事人提出，水行政处罚机关及其水政监察人员可以当场收缴罚款。

第五十条 除依法可以当场收缴罚款的外，决定罚款的水行政处罚机关应当书面告之当事人向指定银行缴纳罚款。银行代收罚款的具体办法，按照国务院《罚款决定与罚款收缴分离实施办法》的规定执行。

第五十一条 当事人逾期不履行水行政处罚决定的，作出水行政处罚决定的水行政处罚机关可以申请人民法院强制执行。当事人到期不缴纳罚款的，作出水行政处罚决定的水行政处罚机关可以从到期之日起每日按罚款数额的百分之三加处罚款。

第五十二条 当事人确有经济困难，需要延期或者分期缴纳罚款的，应当提出书面申请，经作出水行政处罚决定的水行政处罚机关批准后，可以暂缓或者分期缴纳。

第五十三条 水行政处罚机关及其水政监察人员违反《行政处罚法》和本办法实施水行政处罚的，按照《行政处罚法》的规定，追究法律责任。

第七章 附 则

第五十四条 本办法由水利部负责解释。

第五十五条 本办法自发布之日起施行。

1990 年 8 月 15 日水利部发布的《违反水法规行政处罚暂行规定》和《违反水法规行政处罚程序暂行规定》同时废止。

建设项目水资源论证管理办法

第一条 为促进水资源的优化配置和可持续利用，保障建设项目的合理用水要求，根据《取水许可和水资源费征收管理条例》，制定本办法。

第二条 对于直接从江河、湖泊或地下取水并需申请取水许可证的新建、改建、扩建的建设项目（以下简称建设项目），建设项目业主单位（以下简称业主单位）应当按照本办法的规定进行建设项目水资源论证，编制建设项目水资源论证报告书。

第三条 建设项目利用水资源，必须遵循合理开发、节约使用、有效保护的原则；符合江河流域或区域的综合规划及水资源保护规划等专项规划；遵守经批准的水量分配方案或协议。

第四条 县级以上人民政府水行政主管部门负责建设项目水资源论证工作的组织实施和监督管理。

第五条 业主单位应当按照建设项目水资源论证报告书编制基本要求，自行或者委托有关单位对其建设项目进行水资源论证。

第六条 建设项目水资源论证报告书，应当包括下列主要内容：

（一）建设项目概况；

（二）取水水源论证；

（三）用水合理性论证；

（四）退（排）水情况及其对水环境影响分析；

（五）对其他用水户权益的影响分析；

（六）其他事项。

建设项目水资源论证报告书编制基本要求见附件。

第七条 业主单位在向具有审批权限的取水许可审批机关提交取水许可申请材料时，应当一并提交建设项目水资源论证报告书，作为取水许可审批的重要依据。未提交建设项目水资源论证报告书且经一次告知仍不补正的，视为放弃取水许可申请。

第八条 建设项目水资源论证报告书，由具有审查权限的水行政主管部门或流域管理机构组织有关专家和单位进行审查，并根据取水的急需程度适时提出审查意见。

建设项目水资源论证报告书技术审查意见和审定后的报告书是审批取水许可申请的重要依据。

第九条 水利部或流域管理机构负责对以下建设项目水资源论证报告书进行审查：

（一）水利部授权流域管理机构审批取水许可申请的建设项目；

（二）兴建大型地下水集中供水水源地（日取水量 5 万吨以上）的建设项目。

其他建设项目水资源论证报告书的分级审查权限，由省、自治区、直辖市人民政府水行政主管部门确定。

第十条 水行政主管部门或流域管理机构应严格依据国家发布的有关政策法规、技术标准、规程和规范，客观、公正、合理地组织报告书审查工作，提出技术审查意见，并对审查结论的真实性、科学性负责。

第十一条　建设项目水资源论证报告书审查通过后，有下列情况之一的，业主单位应重新或补充编制水资源论证报告书，并提交原审查机关重新审查：

（一）建设项目的性质、规模、地点或取水标的发生重大变化的；

（二）自审查通过之日起满三年，建设项目未批准的。

第十二条　业主单位或者其委托的从事建设项目水资源论证工作的单位，在建设项目水资源论证工作中弄虚作假的，由水行政主管部门处违法所得3倍以下，最高不超过3万元的罚款。违反《取水许可和水资源费征收管理条例》第五十条的，依照其规定处罚。

第十三条　从事建设项目水资源论证报告书审查的工作人员滥用职权，玩忽职守，造成重大损失的，依法给予行政处分；构成犯罪的，依法追究刑事责任。

第十四条　建设项目取水量较少且对周边影响较小的，可不编制建设项目水资源论证报告书。具体要求由省、自治区、直辖市人民政府水行政主管部门规定。

第十五条　本办法由水利部负责解释。

第十六条　本办法自2002年5月1日起施行。

附件：

建设项目水资源论证报告书编制基本要求

本附件是对建设项目水资源论证报告书编制的基本要求。由于建设项目规模不等，取水水源类型不同，水资源论证的内容也有区别。承担建设项目水资源论证报告书编制的单位，可根据项目及取水水源类型，选择其中相应内容开展论证工作。

一、总论

1．编制论证报告书的目的；

2．编制依据；

3．项目选址情况，有关部门审查意见；

4．项目建议书中提出的取水水源与取水地点；

5．论证委托书或合同，委托单位与承担单位。

二、建设项目概况

1．建设项目名称、项目性质；

2．建设地点，占地面积和土地利用情况；

3．建设规模及分期实施意见，职工人数与生活区建设；

4．主要产品及用水工艺；

5．建设项目用水保证率及水位、水量、水质、水温等要求，取水地点，水源类型，取水口设置情况；

6．建设项目废污水浓度、排放方式、排放总量、排污口设置情况。

三、建设项目所在流域或区域水资源开发利用现状

1．水文及水文地质条件，地表水、地下水及水资源总量时空分布特征，地表、地下水质概述；
2．现状供水工程系统，现状供用水情况及开发利用程度；
3．水资源开发利用中存在的主要问题。

四、建设项目取水水源论证

1．地表水源论证
（1）地表水源论证必须依据实测水文资料系列；
（2）依据水文资料系列，分析不同保证率的来水量、可供水量及取水可靠程度；
（3）分析不同时段取水对周边水资源状况及其他取水户的影响；
（4）论证地表水源取水口的设置是否合理。
2．地下水源论证
（1）地下水源论证必须在区域水资源评价和水文地质详查的基础上进行；
（2）中型以上的地下水源地论证必须进行水文地质勘察工作；
（3）分析区域水文地质条件，含水层特征，地下水补给、径流、排泄条件，分析地下水资源量、可开采量及取水的可靠性；
（4）分析取水量及取水层位对周边水资源状况、环境地质的影响；
（5）论证取水井布设是否合理，可能受到的影响。

五、建设项目用水量合理性分析

1．建设项目用水过程及水平衡分析；
2．产品用水定额、生活区生活用水定额及用水水平分析；
3．节水措施与节水潜力分析。

六、建设项目退水情况及其对水环境影响分析

1．退水系统及其组成概况；
2．污染物排放浓度、总量及达标情况；
3．污染物排放时间变化情况；
4．对附近河段环境的影响；
5．论证排污口设置是否合理。

七、建设项目开发利用水资源对水资源状况及其他取水户的影响分析

1．建设项目开发利用水资源对区域水资源状况影响；
2．建设项目开发利用水资源对其他用水户的影响。

八、水资源保护措施

根据水资源保护规划提出水资源量、质保护措施。

九、影响其他用水户权益的补偿方案

1．周边地区及有关单位对建设项目取水和退水的意见；

2．对其他用水户影响的补偿方案。

十、水资源论证结论

1．建设项目取水的合理性；

2．取水水源量、质的可靠性及允许取水量意见；

3．退水情况及水资源保护措施。

中国水利工程优质（大禹）奖评选管理办法

第一章 总 则

第一条 根据中共中央、国务院《关于开展质量提升行动的指导意见》和水利部有关规定，为促进“水利工程补短板、水利行业强监管”水利改革发展总基调得到更好的落实，推动我国水利工程建设质量和运行管理水平的提高，规范中国水利工程优质（大禹）奖（简称大禹奖）评选活动，制定本办法。

第二条 大禹奖是全国水利行业优质工程的最高奖项，是经国家批准的评比达标表彰项目。获奖工程应是建设规范、设计优秀、施工先进、质量优良、运行可靠、效益显著的工程，达到国内领先水平。

第三条 大禹奖评选对象为我国境内已经建成并投入使用的水利工程，原则上以一个批准的初步设计工程为申报项目参加评选。评选工作按申报、初审、现场复核、评审和奖励等程序进行。评选活动在水利部指导下由中国水利工程协会（简称工程协会）组织实施。

第四条 大禹奖每年组织申报，两年表彰、颁奖一次，对为获奖工程作出主要贡献的单位和个人进行表彰。

第二章 评选范围与申报条件

第五条 在中华人民共和国境内新建、改建、扩建的大中型水利工程，具备申报条件的均可申报。

第六条 申报工程应具备以下条件：

（一）符合申报工程范围及规模要求；

（二）符合基本建设程序，且工程按照有关行业要求通过竣工验收；

（三）工程施工质量评定达到优良等级；

（四）工程投入使用运行一年以上，原则上应达到设计标准的运行考验。

第七条 下列工程不得申报：

（一）发生过较大及以上工程质量事故、安全事故的工程，或在移民安置、水土保持、环境保护等方面造成不良社会影响的工程；

（二）工程建设期间，因质量安全问题被全行业通报批评一次或被省级水行政主管部门通报批评二次及以上的工程；

（三）涉及保密的工程；

（四）已参加过大禹奖评选而未获奖的工程。

第三章 申 报

第八条 申报工程原则上以工程项目法人（或建设单位）为申报主体；工程投入运行后，可由工程管理单位作为申报主体。申报主体也可委托主要贡献单位申报。

第九条 申报单位应提交以下资料：

（一）大禹奖申报表；

（二）申请报告及证明材料；

（三）反映工程建设与管理情况的图片及视频材料。

第十条 申报单位应按以下程序进行申报：

（一）在“大禹奖网上申报系统”填报有关信息；

（二）完成网上申报后，按照工程的管理权限和申报系统规定格式，书面报相应的流域管理机构、省级水行政主管部门或由其书面委托的相关行业协会审查，签署推荐意见，加盖公章；

（三）在规定时间内将大禹奖申报表和申请报告及证明材料等纸质资料、多媒体视频资料各一份报至工程协会。

第四章 初审和现场复核

第十一条 工程协会组建专家组，负责申报项目的初审和现场复核。专家组由水利行业若干专家组成。

第十二条 专家组按照申报条件对申报项目进行初审。对符合申报条件的项目，由专家组分若干小组进行现场复核并形成复核意见。每个专家小组由 3 到 5 名专家组成。现场复核工作实行回避制度，复核专家不得参与本单位参与申报的工程。

第十三条 专家组现场复核内容：

（一）听取申报单位情况汇报并质询；

（二）实地查看工程；

（三）查阅工程有关原始档案资料；

（四）按《中国水利工程优质（大禹）奖评审要点》对复核工程给予赋分、评价；

（五）完成复核报告，并提出推荐意见。

第十四条 工程协会组织召开专家组全体会议，对现场复核成果进行审核，提出最终推荐评审工程名单。

第五章 评 审

第十五条 工程协会设立大禹奖评审委员会（简称评委会）。评委会的主要职责为：

（一）召开评审会议，对专家组审核推荐评审的工程进行评审，选出获奖工程；

（二）对评选工作提出指导性意见。

第十六条 评委会由水利行业相关业务主管部门人员和有关专家组成，其中设主任委员 1 人，副主任委员若干人。

第十七条 评委会会议需有三分之二以上的委员出席方可召开。获得到会评委会委员三分之二以上同意选票的工程方可通过评审。

第十八条 评审程序为：

（一）宣布评委会组成名单；

（二）评委会主任宣布评选原则；

（三）由工程协会秘书处汇报评选基本情况，专家组介绍项目现场复核情况，评委会委员观看推荐参评项目视频资料、查看申报资料并质询；

（四）评委会委员以记名投票方式表决；

（五）评委会主任宣布评审结果。

第十九条 评委会评审结果在相关公开媒体上公示，接受社会公众监督。

第二十条 经公示无异议后，工程协会颁布获奖工程决定，并报水利部备案。

第六章 奖 励

第二十一条 工程协会对获奖工程的主要贡献单位授予大禹奖奖牌（杯）、荣誉证书；对主要贡献人授予荣誉证书。

获奖者范围、名额及条件详见附件3。

第二十二条 获奖工程可在其显要位置上设置获奖标牌或标志。获奖工程将编入大禹奖获奖工程专辑，并在有关媒体上进行宣传、报道。

第二十三条 获奖单位的上级单位可根据具体情况对其给予奖励。各获奖单位可根据具体情况，对主要贡献人给予奖励。

第二十四条 有关部门或有关方面可根据实际情况对获奖工程的获奖单位在其资信评级、参与类似工程投标中给予适当方式的鼓励。

第七章 工作纪律

第二十五条 申报单位在评选工作中，不得以弄虚作假等不正当手段谋取大禹奖。对违反者，视其情节轻重，给予警告、直至撤销申报和获奖资格。

第二十六条 评委会委员、专家要秉公办事，严守纪律，自觉抵制不正之风。对违反者，视其情节轻重，给予警告或撤销其评选工作资格。

有关工作人员在评选工作中玩忽职守、滥用职权、徇私舞弊的，按行业自律有关规定给予处罚；构成犯罪的，依法追究其刑事责任。

第八章 附 则

第二十七条 对已获奖工程，如发现有弄虚作假、骗取奖项等问题，工程协会有权做出撤销该工程获奖称号（包括获奖单位和人员）的决定。

第二十八条 本办法自颁布之日起施行。原《中国水利工程优质（大禹）奖评选管理办法》（中水协〔2013〕43号）同时废止。

附件1

申报工程项目范围及规模要求

一、水库工程、水闸工程、泵站工程、供水工程、引调水工程等应满足《水利水电工程等级划分及洪水标准》（SL 252—2017）大型和中型工程规模要求。

二、堤防工程等级需达到2级及以上。

三、城乡水系整治工程需达到 50 年一遇及以上防洪标准。

四、城乡水务工程（净配水厂、污水处理等）符合下列条件之一者：

1. 净配水厂工程，日处理原水 30 万 m^3/d（含）以上；

2. 污水处理工程，日处理污水 20 万 m^3/d（含）以上。

五、其他水利工程

以上所有申报工程，在满足规模要求的同时，工程投资额原则上达到 1 亿元。

附件 2

中国水利工程优质（大禹）奖评审要点

依据《中国水利工程优质（大禹）奖评选管理办法》，为保障评选工作的科学性和公正性，制定中国水利工程优质（大禹）奖评审要点，为项目创优和大禹奖评选提供依据。竣工验收五年（含）以内的申报项目重点考核工程建设质量；竣工验收五年以上的申报项目，在重点考核工程建设质量的同时，加大考核工程运行管理质量的权重。

一、建设规范方面

1. 按照基本建设程序实施。

2. 建设管理规范。实行项目法人责任制、招标投标制、建设监理制、合同管理制等；项目法人安全生产责任落实，工程质量管理体系健全。

3. 按照行业规定进行竣工验收。按照竣工验收鉴定书的要求妥善处理竣工验收遗留问题和完成尾工。

4. 有创优规划（方案），创优配套措施完备、有效，执行效果良好。

二、设计优秀方面

5. 设计采用新理念、新思路，有创新成果。

6. 设计方案合理、先进，设计成果（含专利成果等）质量优秀，工程设计成果得到相关部门的认可或嘉奖。

7. 设计变更上报、审批程序符合有关规定。

8. 设计现场服务及时、周到。

三、施工先进方面

9. 结合施工技术难点、特点、重点，制定相应的专项施工技术方案或措施，并经过审批，落实情况良好。

10. 积极采用“四新技术”，使用效果好，获得相关部门的认可或奖励。

11. 施工中积极进行工法创新或推广使用；积极开展 QC 小组活动，取得一定成果。

12. 严格按照有关规定进行施工合同管理，履行情况良好。

13. 施工安全管理体系健全，安全管理到位，安全措施完备；未发生较大及以上安全生产责任事故（含工伤事故、设备事故）。

14. 文明施工有创建计划、实施方案；创建实施方案和措施合理有效；文明工地创建获得相关部门认可或奖励。

四、质量优良方面

15. 质量管理体系和质量监督体制健全，质量奖惩机制落实；政府质量监督机构监督到位。
16. 工程项目划分合理，并经质量监督部门确认。
17. 工程质量评定及时、准确、合规，施工质量优良；按规定进行了质量检测。
18. 工程外观质量评定优良，工程现状外观良好。
19. 主要水工建筑物和工程管理单位建筑物内外建筑处理（包括细部处理效果）实用、整洁、美观，与周边环境相融合，现状保持良好。
20. 工程管理范围内环境景观设计合理，环境优美、整洁。
21. 历次质量、安全检查发现的问题处理及时，效果好。
22. 工程质量事故、质量缺陷能及时发现、处理和备案，处理效果好。
23. 质量监督部门对工程施工质量有明确的评价结论。水利工程建设标准强制性条文执行良好。
24. 工程施工质量优良，获得相关部门的认可或奖励。

五、运行可靠方面

25. 运行管理单位管理体制顺畅，管理权限明确；机构设置、人员、资源配置合理。
26. 各项管理规章制度健全，执行效果良好。
27. 管理范围明确；工程按规定进行了注册登记、安全鉴定等。
28. 按规定开展工程检查、观测、监测等，观测设施、监测仪器设备完好率高；观测、监测数据分析及时，成果可靠；异常情况处理及时。
29. 工程维修养护及时，工程状态完好，运行可靠。
30. 安全生产责任制落实，按规定编制了工程安全管理应急预案、调度规程等。
31. 工程运行管理现代化程度高；经过达到或接近设计标准的运行考验。

六、效益显著方面

32. 工程建设目标的实现程度高。
33. 工程在除涝、防洪减灾等方面的社会效益显著。
34. 工程发电、供水、航运、灌溉等直接经济效益与间接经济效益高。
35. 工程建成后产生的生态、环境效益高。
36. 工程无其他不良社会影响。

附件 3

获奖者范围、名额及条件

一、获奖者范围、名额

1. 工程项目法人（或建设单位），限报 1 家单位。

主要贡献人为该单位负责申报项目建设的主要管理人员，大型工程限报 5 人，中型工程限报 3 人。

2. 工程管理单位，限报 1 家单位。

主要贡献人为该单位负责申报项目运行管理的主要管理人员，大型工程限报 5 人，中型工程限报 3 人。

3. 施工单位，为承建申报项目主体工程施工的施工单位。大型工程限报 5 家单位，中型工程限报 3 家单位。

主要贡献人为该单位负责申报项目的项目经理、现场技术负责人等，每单位限报 3 人。

4. 设计单位，为承担申报项目主体工程设计的设计单位。大型工程限报 2 家单位，中型工程限报 1 家单位。

主要贡献人为该单位负责申报项目的设计总工程师、项目负责人、现场技术负责人等，每单位限报 3 人。

5. 监理单位，为承担申报项目主体工程监理的监理单位。大型工程限报 3 家单位，中型工程限报 2 家单位。

主要贡献人为该单位负责申报项目的总监理工程师、现场主要监理人员等，每单位限报 2 人。

6. 科研单位、咨询单位或质量检测单位，限报其中 2 家单位。

主要贡献人为该单位参与申报项目建设，有突出贡献的主要人员，每单位限报 2 人。

二、主要贡献人条件

1. 从事水利工程建设相关工作五年以上，并在申报项目中工作满 1 年；

2. 在所申报项目中从事主要管理或负责主要技术工作，并在较复杂技术难题解决，或新产品、新工艺、新材料、新方法的推广和应用，或主要技术方案和报告编写，或专项验收和竣工验收等方面有突出贡献。

三、推荐方式

1. 申报主体的主要贡献人由本单位推荐，并经上级主管部门确认。

2. 申报主体负责主要贡献单位的确定和排序；各单位负责推荐本单位的主要贡献人，并按贡献大小排序；主要贡献人须经申报主体确认。

3. 申报单位应在“大禹奖网上申报系统”上填写《主要贡献人备案表》，并另附参与本工程建设和运行管理的相关证明材料复印件（原件备查），如任职文件、主要技术成果文件等。

中国水利工程协会标准管理办法

第一章 总 则

第一条 为推动行业自主创新和科技进步，满足行业发展需要，提升行业竞争力，根据国务院《深化标准化工作改革方案》（国发〔2015〕13 号）、质检总局 国家标准委《关于培育和发展团体标准的指导意见》（国质检标联〔2016〕109 号）和《中国水利工程协会章程》制定本办法。

第二条 本办法适用于中国水利工程协会标准（以下简称“协会标准”）的制定、发布、实施和管理。

第三条 协会标准是指中国水利工程协会（以下简称“工程协会”）为满足市场和创新需要，通过快速、灵活、高效的市场化工作机制，汇集会员自主创新、科技进步和行业自律成果，组织制定和发布的标准，是国家标准和行业标准的有效补充。

第四条 工程协会理事会负责标准的批准和发布。工程协会组建标准审查委员会（以下简称“委员会”），负责审查、审定标准；工程协会秘书处负责标准的日常管理工作。

第五条 工程协会制定标准体系，主要包括管理类、服务类、评价类、方法类、技术类等。

第六条 协会标准的编写格式应符合 GB/T 1.1《标准化工作导则 第 1 部分：标准的结构和编写》或 SL1《水利技术标准编写规定》的相关要求。

第二章 标准制修订

第七条 协会标准制修订管理应遵循公开、公平、公正和协商一致的原则，内容应：

突出水利特色；

反映技术创新；

适应市场需求；

体现行业自律；

坚持绿色可持续发展理念。

第八条 协会标准制修订程序主要包括：立项、起草、征求意见、审查、批准、发布和复审等。

第九条 下列情况之一，可申请标准立项：

（一）会员根据需要提出立项申请；

（二）工程协会秘书处根据行业发展需要提出立项建议；

（三）相关政府部门提出立项要求。

第十条 协会标准编制工作实行主编单位负责制，主编单位负责组建标准编制组，并对标准的规范性、准确性、实效性负责。

第十一条 委员会审查通过的标准，经理事会表决通过后批准发布。标准编号规则由工程协会统一制定。

第十二条 对于技术成熟、基础工作扎实、技术文件较完善的标准，可进入快速程序，由工程协会秘书处直接组织征求意见或审查。

第十三条 鼓励将成熟的专利技术根据需要转化为协会标准。对于拟申请专利的技术，在专利申请受理后方可写入协会标准。

协会标准涉及专利按照 GB/T 20003.1—2014《标准制定的特殊程序 第 1 部分：涉及专利的标准》的规定处理。

第十四条 协会标准制定周期一般为 12 个月，采用快速程序的制定周期一般为 3 个月。

特殊情况下，经秘书处批准变更的申请最多可延长 6 个月，超过 18 个月未能批准发布的标准自动撤销。

第十五条 工程协会秘书处根据需要组织对标准进行复审或实施效果评价，以确认标准继续有效、修订或废止。复审和实施效果评价遵循客观公正、公开透明、广泛参与、注重实效的原则。标准复审周期一般不超过 5 年。需修订的标准，修订周期一般不超过 6 个月，特殊情况可延长至 12 个月。

第十六条 协会标准制修订经费原则上由主编单位负责筹措，有关单位或个人可提供支持。必要时，工程协会可给予适当补助。

第三章 标准实施与推广

第十七条 鼓励行业使用协会标准，工程协会会员有推广使用协会标准的义务。

第十八条 工程协会根据实际需求，统一组织标准的出版、发行、实施、宣贯、推广和应用工作。

第十九条 工程协会实施激励机制，对在标准编制工作中做出突出贡献的单位和个人予以表彰和奖励。

第二十条 任何单位和个人均可对标准实施过程中发现的问题，向工程协会秘书处反馈。

第四章 附 则

第二十一条 工程协会鼓励会员参与标准的制定、推广和使用工作，指导会员参照本办法制定企业标准。

第二十二条 工程协会对标准实施信息化管理，并接受企业标准备案。

第二十三条 协会标准的版权和解释权归工程协会所有。

第二十四条 工程协会制定和发布协会标准管理工作细则。

第二十五条 本办法自公布之日起实施。

中国水利工程协会标准管理工作细则

第一章 总 则

第一条 根据《中国水利工程协会标准管理办法》制定本细则。

第二条 中国水利工程协会标准（以下简称“协会标准”）涉及以下范围：

（一）水利行业制度创新、管理创新、自律管理相关标准；

（二）水利工程建设设计、施工、质量、安全和效益等评价、考核、管理相关标准；

（三）水利行业试验、实验、量测、检测、检验相关标准；

（四）水利市场主体信用体系建设相关标准；

（五）水利市场主体及从业人员能力水平评价相关标准；

（六）水利工程运行管理、维修养护相关标准；

（七）水资源、水生态、水环境、水处理、节水产品相关标准；

（八）水利信息化、智能化相关标准；

（九）水利行业新技术、新材料、新工艺、新产品相关标准；

（十）不适合以行业标准发布，但仍需要行业社会团体统一规范与自律的管理与技术要求相关标准；

（十一）其他涉水领域相关标准。

第三条 中国水利工程协会（以下简称“工程协会”）是协会标准工作的领导机构，主要职责：

（一）指导协会标准管理工作；

（二）召开会长办公会，对协会标准进行审定；

（三）批准协会标准发布；

（四）研究决定协会标准工作中的其他重大事项。

第四条 工程协会秘书处是协会标准的日常管理机构，其主要职责：

（一）组建各类协会标准审查委员会；

（二）批准协会标准立项；

（三）组建协会标准编制组，组织协会标准编制、审查、发布、宣贯和复审等日常工作；

（四）对协会标准实施进行监督管理；

（五）负责协会标准归档、信息发布、企业标准备案和咨询等工作；

（六）组织开展协会标准国际化活动；

（七）开展标准化人才培训和管理活动；

（八）其他有关工作。

第五条 工程协会秘书处按协会标准体系组建相应类别标准审查委员会（以下简称“委员会”），负责协会标准立项和发布之前的技术审查工作。委员会组成原则如下：

（一）由工程协会相关理事单位推荐的代表和行业专家组成，每类委员会设 7～11 人；

（二）每个理事单位限推荐 1 名委员，理事单位推荐的委员最多可参加两个类别的委员会；

（三）行业有关专家可参加两个以上类别的委员会；

（四）委员应具有高级及以上专业技术职称，熟悉相应类别的专业知识，并具有丰富的实践经验；

（五）审查委员实行回避制度，主编、参编单位人员不得担任审查委员。

第二章 立 项

第六条 协会标准申请立项单位应为工程协会会员单位，鼓励相关会员单位联合提出申请。申请立项应填写《中国水利工程协会标准立项申请表》（见附件 1）并附协会标准编制大纲或初稿。

第七条 由会员单位提出的立项申请，经工程协会秘书处形式审查符合要求的，提交委员会审查，获得三分之二以上委员赞成的，由工程协会秘书处批准立项。

第八条 由政府有关部门或工程协会秘书处提出的标准项目，可直接批准立项。

第三章 起 草

第九条 工程协会秘书处批准立项申请后，负责组建协会标准编制组，确定主编、参编单位。原则上立项申请单位为主编单位，参编单位由主编单位推荐或在会员内征集。编制组的构成应符合利益相关方代表均衡的原则，鼓励吸纳生产、科研、用户等相关方共同参与协会标准编制工作。

由政府有关部门或工程协会秘书处提出的立项，由工程协会作为主编单位，或由工程协会指定主编单位。

第十条 主编单位应是本专业领域内具有领先技术水平的法人单位，并具备团体标准编制所需的人员、设备、资金等相关条件。

第十一条 主编单位的主要职责：

（一）确定主编及主要起草人，并报工程协会秘书处批准；

（二）组织协会标准编制工作，按计划提交各阶段成果；

（三）负责协会标准质量和进度；

（四）负责协会标准解释和跟踪标准实施情况。

第十二条 主编应具备以下条件：

（一）具有广博、扎实的专业知识和丰富的实践经验；

（二）具有高级及以上专业技术职称，有较好的文字表达和组织协调能力；

（三）熟悉标准编制的有关规定，有标准编制经历。

第四章 征求意见

第十三条 征求意见稿完成后，主编单位应将征求意见稿、编制说明等有关材料报工程协会秘书处，由工程协会秘书处通过全国团体标准信息平台、工程协会官方网站、发函等形式公开征求意见，公开征求意见的时间一般为 30 天。

第十四条 公开征求意见结束后，主编单位应对反馈意见进行汇总和处理，形成协会标准送审稿和《中国水利工程协会标准征求意见汇总表》（见附件 2），并逐条注明处理意见，对不予采纳的意见应说明理由。

第十五条 送审稿完成后，主编单位应将送审稿、编制说明和《中国水利工程协会标准征求意见汇总表》一并报工程协会秘书处，必要时应附专项报告。

第五章 审 查

第十六条 送审稿审查一般由工程协会组织采用会议审查的形式进行，具体程序为：

（一）工程协会秘书处从相应类别委员中选取7～11名（人数为单数）委员组成会议审查专家组，组长由工程协会秘书处推荐、专家组成员讨论同意后产生；

（二）会议审查按照协商一致、共同确定的原则，并形成客观、公正、恰当的结论性意见。

第十七条 特殊情况下，也可采用函审的方式进行，工程协会秘书处通过标准管理平台发送函审材料和收集审查意见。委员应在函审通知发出之日起15天内完成审查，并提出客观、完整、明确的书面意见。

函审结束后，由工程协会秘书处汇总审查结论，形成《中国水利工程协会标准审查意见汇总表》（见附件 3）。函审回函率应不少于三分之二，并有不少于四分之三赞同意见方为通过；函审回函率不足三分之二时，应重新组织审查。

第十八条 通过审查的协会标准，由主编单位根据审查意见修改完善后形成报批稿，经工程协会会长办公会审定后提请协会理事会投票表决；未通过审查的标准，退回主编单位进行修改完善，之后再行审查程序。

第六章 批准和发布

第十九条 报批稿经工程协会会长办公会审定后提请协会理事会投票表决，通过后正式发布。

第二十条 协会标准的编号由工程协会秘书处负责，编号规则如下：

（一）编号由标准代号T、工程协会代号CWEA、顺序号和发布年号组成。

（二）编号格式为：T/工程协会代号、协会标准顺序号、年号。

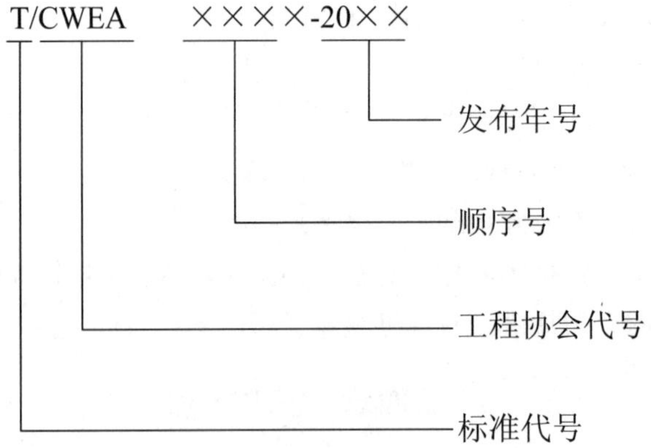

（三）协会标准顺序号从“1”开始计数，按发布时间先后顺序依次编号，修订后的协会标准顺序号不变，年号更改为批准后的发布年号。

第二十一条 协会标准内部编号由工程协会秘书处根据协会标准类别进行编号。

第二十二条 协会标准的发布时间为工程协会批准时间，开始实施时间不应超过其后的3个月。

第七章 快速程序

第二十三条 下列条件之一，可申请快速程序立项：

（一）国家有关部门已形成的行业规范性文件；

（二）由行业标准转化为协会标准的；

（三）等同采用的国际标准、国外标准；

（四）经实践应用证实技术成熟，并具有省级以上行政主管部门、权威机构出具的鉴定、验收或审定意见。

第二十四条 快速程序工作步骤如下：

（一）会员单位提交《中国水利工程协会标准立项申请表》，并附协会标准送审稿、编制说明、审定意见和专项报告等；

（二）工程协会秘书处对材料进行形式审查；

（三）工程协会秘书处将符合条件的立项申请提交委员会进行审查；

（四）审查通过的，经会长办公会审定后提请理事会表决通过后发布。

第八章 调整、撤销与废止

第二十五条 协会标准的名称、技术内容、参编单位、人员组成等，在编制过程中需进行调整的，或存在无法克服困难需撤销申请的，应填写《中国水利工程协会标准变更申请表》（见附件4），经工程协会秘书处批准后方可执行。

第二十六条 特殊情况需延长协会标准制修订时间的，由主编单位填写《中国水利工程协会标准变更申请表》，经批准后最多可延长6个月，累计18个月未完成的立项申请自动撤销。

第二十七条 送审稿未通过审查的，退回主编单位修改完善，可自动延长6个月；再次提交后仍未通过审查的，予以撤销。

第二十八条 对落后、过时、应用面不广以及出现严重缺陷的协会标准，应及时废止。

第九章 实施推广

第二十九条 工程协会负责协会标准的推广和应用。鼓励单位开展协会标准贯彻实施和技术交流活动。

第三十条 建立协会标准信息反馈和跟踪评估机制，根据情况对协会标准进行复审。

第三十一条 鼓励开展协会标准英文翻译出版工作，主要包括翻译、审查、发布等。英文翻译工作原则上由主编单位承担，委员会负责英文译本的技术审查工作。

第三十二条 工程协会可向第三方机构申请开展协会标准良好行为评价。

第三十三条 对符合政府主导制定标准要求的协会标准，积极申请转化为国家标准、行业标准。

第十章 复 审

第三十四条 协会标准实施后，由工程协会秘书处根据复审工作要求统一组织复审。复审工作原则上每年集中开展一次，复审结论应作为修订、废止相关协会标准的依据。

第三十五条 工程协会秘书处定期开展协会标准复审工作。应广泛征求意见后报委员会进行审定，形成复审结论。

第三十六条 复审结论为继续有效的协会标准，由工程协会秘书处通过工程协会官方网站向社会公告。

第三十七条 复审结论为修订的，由工程协会秘书处作为修订协会标准直接批准立项，原则上由原主编单位组织对协会标准进行修改，修订程序同制定程序。修订的协会标准顺序号不变，年号改为新批准的年号。

第三十八条 复审结论为废止的，由工程协会秘书处报协会理事会批准后，通过工程协会官方网站向社会公告。

第十一章 经费管理

第三十九条 协会标准制修订经费原则上由工程协会、主编单位和参编单位共同承担，有关单位或个人可提供赞助。主要包括：

（一）工程协会会费；

（二）主编单位、参编单位出资费用；

（三）社会团体、企事业单位或会员单位的赞助；

（四）其他合法经费来源。

第四十条 工程协会根据协会标准的难易程度及篇幅等因素给予相应的经费补贴，并与主编单位签订标准编制合同。

第四十一条 协会标准经费的使用应遵循合理安排、专款专用的原则，同时应符合国家财务管理有关要求。

第十二章 附 则

第四十二条 本细则由工程协会负责解释。

第四十三条 本细则自公布之日起实施。原《中国水利工程协会标准管理工作细则》（中水协〔2016〕18 号）废止。

附件：1. 中国水利工程协会标准立项申请表

2. 中国水利工程协会标准征求意见汇总表

3. 中国水利工程协会标准审查意见汇总表

4. 中国水利工程协会标准变更申请表

附件 1

中国水利工程协会标准立项申请表

编号： 申请时间： 年 月 日

标准名称（中文）			
标准名称（英文）			
标准类别	□管理类 □服务类 □评价类 □方法类 □技术类 □产品类 □其他		
编制类型	制定□		
	修订□	原标准号	
是否涉及专利	是□ 否□	名称及专利号	
是否申请快速程序	是 □ 否 □		
申请单位名称			
联系人姓名		电话	
联系地址		邮箱	

依据和背景：

目的和意义：

主要技术内容和范围（修订的标准应注明拟修订的主要内容和框架，必要时另附说明）：

国内外情况简要说明：

单位意见：

我单位已了解《中国水利工程协会标准管理办法》和《中国水利工程协会标准制修订工作细则》全部条款和内容，同意遵守。

经我单位审查，本项目符合以上规定，同意向中国水利工程协会正式提交立项申请。

单位负责人签字： 年 月 日

（盖章）

备注：

附件 2

中国水利工程协会标准征求意见汇总表

标准项目名称（中文）：

标准项目名称（英文）：

一、征求意见处理情况概况：

提出建议或意见条数： 条
采纳： 条
部分采纳： 条
不采纳： 条
说明理由： 条
未说明理由： 条
沟通： 条
未沟通： 条

二、征求意见汇总处理

序号	原条款号	原文内容	建议修改内容	提出意见的单位或个人	处理结果	处理理由

注：1. 意见汇总处理表按照条文顺序依次排列，针对同一条款的不同意见应分别列出。
2. 处理结果包括采纳、部分采纳和不采纳。

联系人： 电话： 邮箱： 填表日期：

附件 3

中国水利工程协会标准审查意见汇总表
（标准阶段）

标准名称（中文）	
标准名称（英文）	
主编单位	

参与投票总人数： 人

赞成：共 人

不赞成：共 人

弃 权：共 人

审查结论：

主编单位意见： 负责人： 年 月 日 （单位盖章）	中国水利工程协会意见： 负责人： 年 月 日 （单位盖章）

承办人：

日期： 年 月 日

附件 4

中国水利工程协会标准变更申请表

标准名称（中文）		项目编号	
申请调整的内容			
理由和依据	项目负责人（签字）： 年 月 日		
主编单位意见	（盖章） 年 月 日		
中国水利工程协会审批意见	负责人（签字） 年 月 日		

承办人：

日期： 年 月 日

水利工程施工转包违法分包等违法行为认定查处管理暂行办法

第一条 为维护水利建设市场秩序，规范水利工程施工转包、违法分包、出借借用资质等违法行为的认定查处工作，根据《招标投标法》《合同法》以及《建设工程质量管理条例》《建设工程安全生产管理条例》《招标投标法实施条例》等法律法规，结合水利工程实际，制定本办法。

第二条 本办法适用于依法必须进行招标的水利工程建设项目。

第三条 水利部负责全国水利工程施工转包、违法分包、出借借用资质等违法行为认定查处的监督管理工作。

县级以上地方人民政府水行政主管部门负责本行政区域内有管辖权的水利工程施工转包、违法分包、出借借用资质等违法行为的认定查处和监督管理工作。

第四条 本办法所称转包，是指施工单位承包工程后，不履行合同约定的责任和义务，将其承包的工程全部转给他人施工的行为。

第五条 具有下列情形之一的，认定为转包：

（一）承包人将其承包的全部工程转给其他单位或个人施工的；

（二）承包人将其承包的全部工程肢解以后以分包的名义转给其他单位或个人施工的；

（三）承包人将其承包的全部工程以内部承包合同等形式交由分公司施工，但分公司成立未履行合法手续的；

（四）采取联营合作等形式的承包人，其中一方将应由其实施的全部工程交由联营合作方施工的；

（五）全部工程由劳务作业分包单位实施，劳务作业分包单位计取报酬是除上缴给承包人管理费之外全部工程价款的；

（六）承包人未设立现场管理机构的；

（七）承包人未派驻项目负责人、技术负责人、财务负责人、质量管理负责人、安全管理负责人等主要管理人员或者派驻的上述人员中全部不是本单位人员的；

（八）承包人不履行管理义务，只向实际施工单位收取管理费的；

（九）法律法规规定的其他转包行为。

本办法所称本单位人员，是指在本单位工作，并与本单位签订劳动合同，由本单位支付劳动报酬、缴纳社会保险的人员。

第六条 本办法所称违法分包，是指施工单位承包工程后违反法律法规规定或者施工合同关于分包的约定，把部分工程或劳务作业分包给其他单位或个人施工的行为。

第七条 具有下列情形之一的，认定为违法分包：

（一）承包人将工程分包给不具备相应资质或安全生产许可的单位或个人施工的；

（二）施工合同中没有约定，又未经项目法人书面同意，承包人将其承包的部分工程分包给其他单位施工的；

（三）承包人将主要建筑物的主体结构工程分包的；

（四）工程分包单位将其承包的工程中非劳务作业部分再分包的；

（五）劳务作业分包单位将其承包的劳务作业再分包的；

（六）劳务作业分包单位除计取劳务作业费用外，还计取主要建筑材料款和大中型机械设备费用的；

（七）承包人未与分包人签订分包合同，或分包合同未遵循承包合同的各项原则，不满足承包合同中相应要求的；

（八）法律法规规定的其他违法分包行为。

本办法所称主要建筑物是指失事以后将造成下游灾害或严重影响工程功能和效益的建筑物，如堤防、穿堤建筑物、大坝等挡水建筑物、泄水建筑物、输水建筑物、电站厂房、泵站等；主要建筑物的主体结构，由项目法人要求设计单位在设计文件或招标文件中明确。

本办法所称主要建筑材料是指混凝土工程中的钢筋、水泥、砂石料，土石方工程中的石料，金属结构工程中的钢材，防渗工程中的土工织物等对工程质量影响较大、占工程造价比重较高的材料。

本办法所称大中型机械设备是指工程施工中的大中型起重设备，混凝土工程施工中的大中型拌和、输送设备，土石方工程施工中的大中型挖掘设备、运输车辆、碾压机械等。

第八条　本办法所称出借借用资质，是指允许其他单位、个人以本单位名义承揽工程或者单位、个人以其他单位的名义承揽工程的行为。

前款所称承揽工程，包括参与投标、订立合同、办理有关施工手续、从事施工等活动。

第九条　具有下列情形之一的，认定为出借借用资质：

（一）单位或个人借用其他单位的资质承揽工程的；

（二）投标人法定代表人的授权代表人不是投标人本单位人员的；

（三）实际施工单位使用承包人资质中标后，以承包人分公司、项目部等名义组织实施，但两者无实质产权、人事、财务关系的；

（四）工程分包的发包单位不是该工程的承包人的，但项目法人依约作为发包单位的除外；

（五）劳务作业分包的发包单位不是该工程的承包人或工程分包单位的；

（六）承包人派驻施工现场的项目负责人、技术负责人、财务负责人、质量管理负责人、安全管理负责人中部分人员不是本单位人员的；

（七）承包人与项目法人之间没有工程款收付关系，或者工程款支付凭证上载明的单位与施工合同中载明的承包单位不一致的；

（八）合同约定由承包人负责采购、租赁的主要建筑材料、工程设备等，由其他单位或个人采购、租赁，或者承包人不能提供有关采购、租赁合同及发票等证明，又不能进行合理解释并提供材料证明的；

（九）法律法规规定的其他出借借用资质行为。

第十条　项目法人及监理单位发现施工单位有转包、违法分包、出借借用资质等违法行为的，应立即制止、责令改正、督促履行合同并及时向相关水行政主管部门报告。

承包人发现分包单位有转包、违法分包、出借借用资质等违法行为，应立即制止、责令改正、督促履行合同并及时向项目法人和相关水行政主管部门报告。

任何单位和个人发现转包、违法分包、出借借用资质等违法行为的，均可向相关水行政主管部门进行举报并提供有效证据或线索。

第十一条 各级水行政主管部门应加大执法力度，对在实施水利建设市场监督管理等工作中发现的转包、违法分包、出借借用资质等违法行为，应当依法进行调查，按照本办法进行认定，并依据《招标投标法》《合同法》《建设工程质量管理条例》《招标投标法实施条例》等法律法规进行处罚。接到转包、违法分包、出借借用资质等违法行为举报的水行政主管部门，应当依法受理、调查、认定和处理，除无法告知举报人的情况外，应当将查处结果告知举报人。

第十二条 各省级人民政府水行政主管部门对转包、违法分包、出借借用资质等违法行为作出的行政处罚决定应于20个工作日内报水利部；市、县级人民政府水行政主管部门对转包、违法分包、出借借用资质等违法行为作出的行政处罚应于20个工作日内报上一级水行政主管部门，并同时抄送水利部。

水利部将处罚记录记入单位或个人信用档案，列入失信黑名单，在全国水利建设市场信用信息平台向社会公示。

第十三条 本办法由水利部负责解释。

第十四条 本办法自公布之日起施行。水利部之前发布的有关规定与本办法不一致的，以本办法为准。

关于印发 2017—2018 年度水利建设质量工作考核评分细则的通知

（办建管〔2017〕72 号）

各流域管理机构，各省、自治区、直辖市水利（水务）厅（局），新疆生产建设兵团水利局，各有关单位：

为贯彻落实《中共中央　国务院关于开展质量提升行动的指导意见》《国务院关于印发质量发展纲要（2011—2020）的通知》《国务院办公厅关于印发质量工作考核办法的通知》《国务院办公厅关于促进建筑业持续健康发展的意见》和《水利部关于修订印发水利建设质量工作考核办法的通知》，确保 2017—2018 年度水利建设质量工作考核顺利实施，我部制定了《2017—2018 年度水利建设质量工作总体考核评分细则》《2017—2018 年度水利建设质量工作项目考核评分细则》。现印发给你们，请认真贯彻执行。

水利部办公厅

2018 年 5 月 24 日

附件 1：2017—2018 年度水利建设质量工作总体考核评分细则

附件 2：2017—2018 年度水利建设质量工作项目考核评分细则

附件 1

2017—2018 年度水利建设质量工作总体考核评分细则

考核指标	序号	考核要点	考核内容	分值	评分标准
质量目标（9 分）	1	水利工程竣工验收	各地水利建设项目应按批复工期如期完工，并按照《水利工程建设项目竣工验收管理规定》及时组织竣工验收。建设周期长或者因故无法继续实施的项目，其已完成的工程可按单项工程或者分期进行竣工验收。	3	按照批复工期、工程开工时间和合同约定完工时间，应在 2015 年年底以前完工的水利建设项目竣工验收完成率： （1）竣工验收完成率未达到 80%的，扣 1 分。 （3）竣工验收完成率未达到 60%的，扣 2 分。 （4）竣工验收完成率未达到 40%的，扣 3 分。
	2	水利工程质量创优	省级水行政主管部门应完善质量激励政策，开展质量奖评选表彰，树立质量标杆，弘扬质量先进。	3	（1）未开展省级水利优质工程评选工作，或未开展激励表彰工作的，扣 2 分。 （2）未对从业人员及管理单位进行表扬的，扣 1 分。 （3）2016—2018 年之间，行政区域内的水利工程未获得省部级及以上质量奖项的，扣 1 分。
	3	水利工程质量发展	省级水行政主管部门应积极开展水利工程质量提升等相关活动；限制和淘汰落后、危险工艺工法，保障施工安全；组织质量提升关键技术攻关，推动企业积极应用新技术、新工艺、新材料。	3	（1）未开展质量提升等相关活动的，扣 1.5 分。 （2）2016—2018 年度内未出台支持技术创新以及积极应用新技术、新工艺、新材料相关政策制度的，扣 1.5 分。 （3）2016—2018 年度内无技术创新相关成果以及新技术、新工艺、新材料相关应用实例的，扣 1 分。

考核指标	序号	考核要点	考核内容	分值	评分标准
质量规章制度（12分）	4	地方规章制度和技术标准	省级水行政主管部门应结合地方实际，建立健全地方水利建设质量规章制度和技术标准体系。	2	(1) 2016—2018年之间，未出台省级水利建设质量管理规章制度的，扣1.5分。 (2) 2016—2018年之间，未出台地方水利建设质量技术标准的，扣1.5分。
	5	促进市场公平竞争维护市场正常秩序	省级水行政主管部门应结合当地实际，贯彻落实《水利部关于促进市场公平竞争维护水利建设市场正常秩序的实施意见》，按照分级管理的原则合理划分和落实本地区水利建设市场的监管责任。不得设置法律法规之外的市场准入门槛，不得抬高或降低招标工程对应的资质资格等级，不得自行设置或变相设置从业人员资格。不得以备案、登记、注册等形式排斥、限制外地注册企业进入本地区承揽水利建设业务，不得将在本地区注册设立独立子公司或分公司、参加本地区培训等作为外地注册企业进入本地区水利建设市场的准入条件。不得以市场准入违法违规设定收费项目或变相实施收费、有偿服务。	6	(1) 2017年以来未出台贯彻落实制度办法，未见相关制度、文件修订及清理材料，也未采取加强水利建设市场监督管理相关措施的，扣6分。 (2) 制度办法中未明确划分或落实本地区水利建设市场监管责任的，扣2分。 (3) 设置法律法规之外的水利建设市场准入门槛的，扣2分。 (4) 设置水利建设市场准入地方保护壁垒的，扣2分。 (5) 设置增加水利建设市场主体负担条件的，扣2分。
	6	地方水利建设质量工作考核	省级水行政主管部门应结合当地实际，建立地方水利建设质量工作考核制度，对本行政区域内水利建设质量工作进行考核。	4	(1) 未根据地方实际制定省级质量工作考核制度的，扣4分。 (2) 未对本行政区域内水利建设开展年度质量工作考核的，扣2分。 (3) 开展了质量工作考核但未通报考核结果的，扣1分。
质量监督管理（20分）	7	省级质量监督能力建设	各级水行政主管部门应加强工程质量监督队伍建设，监督机构履行职能所需经费由同级财政预算全额保障，监督机构能力应与大规模水利建设相适应；可采取购买服务的方式，委托具备条件的社会力量进行工程质量监督检查。	12	(1) 无水利工程质量监督机构的，扣5分。 (2) 无专职质量监督工作人员的，扣3分。 (3) 专职质量监督工作人员数量、专业不满足监督工作需要的，扣2分。 (4) 未明确质量监督工作机构负责人的，扣2分。 (5) 质量监督工作经费未纳入同级财政预算的，扣2分。 (6) 质量监督工作经费纳入预算但不满足工作需要的，扣1分。
	8	市、县级质量监督能力建设		5	(1) 承担水利建设任务的市、县，其水行政主管部门无履行质量监督职能机构的，每个市(县)扣1分。 (2) 无水利工程专职质量监督工作人员的，每个市（县）扣0.5分。 (3) 质量监督工作经费未纳入同级财政预算的，每个市（县）扣0.5分。
	9	新开工项目质量监督率	水利建设工程开工前应按规定办理工程质量监督手续。	3	(1) 应由省级质量监督机构监督的在建项目质量监督率未达到100%的，扣3分。 (2) 未制定质量监督机构分级监督文件的或制定了但未执行的，扣1分。

考核指标	序号	考核要点	考核内容	分值	评分标准
质量检测管理（9分）	10	质量检测管理	省级水行政主管部门应及时审批检测单位乙级资质，受理时间由审批机关提前三个月向社会公告。 改进市场监管手段，创新监管方式，制定监管规则。积极推行“双随机、一公开”监管。大力推进工程建设项目法人抽检。	9	(1) 未开展质量检测乙级资质审批工作的，扣3分。 (2) 资质审批工作不规范的，扣1分。 (3) 未组织开展乙级检测单位“双随机、一公开”抽查的，扣1分。 (4) 未采取措施推进项目法人抽检工作的，扣2分。 (5) 重大水利工程未开展项目法人抽检工作的，扣2分。
质量诚信建设（12分）	11	信用体系建设	按照《关于加快水利建设市场信用体系建设的实施意见》，省级水行政主管部门应制定本地区水利建设市场信用信息应用管理办法。加大信息公开力度，全面公开企业信用信息和本地区在建项目信息。提高信息公开的及时性，各类行政处罚信息应在行政处罚作出之日起20个工作日内对外发布。 按照《水利部办公厅关于全国水利建设市场监管服务平台上线运行的通知》要求，积极组织市场主体在监管服务平台填报信息，并做好本年度水利市场监管中各类处罚信息报送工作。加快省级监管平台或信用信息平台和全国水利建设市场监管服务平台的互联互通建设。	12	未制定本地区水利建设市场主体信用信息应用管理办法的，扣2分。
					加大信息公开： (1) 未发布企业信用信息或发布信用信息不全的，扣1～2分。 (2) 未发布在建项目信息或发布在建项目信息不全的，扣1～2分。 (3) 未按规定时间公布行政处理决定的，扣2分。
					积极组织各市场主体在全国水利建设市场监管服务平台填报信息，做好本地区各类行政处罚信息报送工作： (1) 未组织市场主体在监管服务平台填报信息的，扣2分。 (2) 市场主体在全国水利建设市场监管服务平台活跃度低于50%的，扣1～2分。 (3) 报送各类行政处罚信息少于3条，扣1分。
质量问题处理（6分）	12	质量事故调查处理和责任追究	质量事故发生后，按照国家和水利部有关规定，根据管理权限组织调查组进行调查，查明事故原因，提交调查报告；造成质量事故的，要依法追究有关从业人员的责任；因调动工作、退休等原因离开原单位的相关人员，如在原单位工作期间违反工程质量管理有关规定，或未切实履行相应职责，造成重大质量事故的，也要依法追究其终身责任。	3	对发生的质量事故： (1) 未按规定开展调查处理的，扣3分。 (2) 调查处理和责任追究不及时的，扣1分。 (3) 未按“三不放过”原则调查处理的，扣1分。
	13	质量举报投诉受理	省级水行政主管部门应设立水利工程质量举报投诉电话、传真、信箱，运用现代信息技术完善质量投诉举报信息平台，并向社会公开。	3	(1) 未设立质量举报投诉电话、传真、信箱或平台的，扣2分。 (2) 投诉受理渠道未向社会公开或不畅通的，扣1分。 (3) 举报投诉受理后未开展调查处理工作的，扣1分。

考核指标	序号	考核要点	考核内容	分值	评分标准
质量基础工作（32分）	14	落实质量终身责任制	省级水行政主管部门应严格执行工程质量终身责任制，项目法人、勘察、设计、施工、监理、质量检测等参建单位工作人员，按各自职责对相应工程质量负终身责任。明确项目法人首要责任和勘察、设计、施工主体责任；在水利工程建筑物明显部位设置永久性标牌，公示质量责任主体和主要责任人。	6	（1）未制订落实水利工程建设质量终身责任制相关制度办法的，扣6分。 （2）现行有关制度办法对落实质量终身责任制的要求不具体、不明确的，扣2分。 （3）未监督检查在建项目参建单位落实质量责任制的，扣2分。
	15	市场监督管理	各级水行政主管部门应加大执法力度，对在水利建设市场监督管理等工作中发现的转包、违法分包、出借借用资质等违法行为，应当依法进行调查和处罚。接到转包、违法分包、出借借用资质等违法行为举报的水行政主管部门，应当依法受理、调查、认定和处理，除无法告知举报人的情况外，应当将查处结果告知举报人。强化措施，有效预防和解决拖欠农民工工资问题，切实保障农民工劳动报酬权益。	9	（1）未部署开展在建项目市场主体履约情况监督检查的，扣3分。 （2）未部署开展打击出借借用资质、围标串标、转包、违法分包等违法违规行为的，扣2分。 （3）接到出借借用资质、围标串标、转包、违法分包等举报未依法受理、调查、认定和处理的，扣2分。 （4）未见农民工工资清欠相关工作文件或检查活动材料的，扣2分。
	16	质量监督检查	省级水行政主管部门或质量监督机构应严格按照法律法规加强质量监管，采取巡查、抽查等方式，实行分类、差别化监管，对水利工程从业单位和从业人员的质量行为及工程实体质量进行检查，督促各单位建立健全质量保证体系。及时开展强制性条文执行情况监督检查。	10	对在建项目参建单位质量保证体系、强制性条文执行、质量行为和工程实体质量开展监督检查的情况： （1）对省级组建项目法人的在建水利工程和本行政区域管辖的节水供水重大水利工程，未开展监督检查的，或开展的监督检查未全覆盖或检查记录不全的，扣3～4分。 （2）对市级组建项目法人的在建水利工程开展监督抽查占比未达到10%或无监督检查记录的，扣2分。 （3）对县级组建项目法人的在建水利工程开展监督抽查占比未达到5%或无监督检查记录的，扣2分。
					考核年度内委托质量检测机构对监督检查的在建项目开展质量抽样检测工作情况： （1）质量抽样检测未涵盖省、市、县实施项目的，扣2分。 （2）对省级组建项目法人的在建水利工程和本行政区域管辖的节水供水重大水利工程，质量抽样检测未全覆盖的，扣1分。
	17	信息管理系统建设	省级水行政主管部门应加快水利工程质量管理信息化建设，加强对水利工程质量信息的采集、追踪、分析和处理，提高质量控制和质量管理的信息化水平。	3	（1）未建设质量信息管理系统的，扣3分。 （2）在建项目质量信息动态监控粗放或质量信息管理不规范的，扣1分。

考核指标	序号	考核要点	考核内容	分值	评分标准
质量基础工作（32分）	18	质量宣传教育和培训	省级水行政主管部门应采取多种宣传形式，加大宣传力度，增强人们对水利工程质量重要性的认识，提升全行业质量意识，努力形成政府重视质量、企业追求质量、行业崇尚质量、人人关心质量的良好氛围。各级水行政主管部门要定期组织工程质量教育培训，推动全行业人员素质不断提升。	4	未开展强制性条文宣贯的，扣2分。 未开展行业质量管理业务技能等培训的，扣2分。
其他扣分项	19	1. 发生一般质量事故的，每发生一起扣5分。 2. 发生较大质量事故的，每发生一起扣20分。 3. 发生重（特）大质量事故的，或存在弄虚作假、故意隐瞒情况的，总体考核得分为0。			

说明：1. 本表打分采用扣分制，每项要点扣分不超过该项分值，无扣分该项得满分。
2. 水利建设质量工作考核总体考核得分占考核得分的60%。

附件2

2017—2018年度水利建设质量工作项目考核评分细则

考核指标	序号	考核要点	考核内容	分值	评分标准
项目法人质量管理（25分）	1	质量管理体系建立情况	项目法人应在工程开工前组建完成，全面负起管理责任，建立健全工程质量管理体系，应落实内设机构质量责任和质量管理岗位责任，明确质量责任主体和责任人，按职责对其经手的工程质量负终身责任，严格执行工程质量终身责任制，在明显部位设置标牌，公示质量责任主体和主要责任人；质量管理人员应满足工程建设要求，应建立健全质量管理制度；在管理体系文件中明确设置执行、检查强制性条文的环节和要求。	5	项目法人组建情况： （1）未组建项目法人或项目法人组建不及时的，扣1分。 （2）未明确法定代表人或技术负责人的，扣1分。 （3）无内设质量管理机构或内设质量管理机构人员配备不能满足工程建设需要的，扣1分。 质量责任终身制落实情况： （1）未采取措施落实质量终身责任制的，扣2分。 （2）未在施工现场设置公示质量责任主体和主要责任人的标牌，扣1分。 质量管理制度建立情况： （1）未建立质量管理制度的，扣2分。 （2）质量管理制度不健全的，扣0.5分。 （3）未明确设置检查其他参建单位强制性条文执行情况的环节和要求，扣0.5分。
	2	质量管理程序报备情况	项目法人在工程开工前，应按有关规定办理质量监督手续；应及时报送开工备案手续；主体工程开工前应将项目划分表及说明书面报质量监督机构，项目划分进行调整时应重新报送质量监督机构；主体工程开工初期应将单位工程外观质量评定标准及标准分报质量监督机构，将法人验收计划报法人验收监督管理机关和竣工验收主持单位；重大设计变更文件应按原报审程序报原初步设计审批部门审批；质量缺陷备案表应及时报送质量监督机构；发生质量事故后，应及时开展质量事故应急处置，做好安全防护和相关记录，对质量事故责任单位与责任人员调查处理和责任追究；工程质量核备材料应在规定时间内以书面形式报送质量监督机构，将验收鉴定书在规定时间内报法人验收监督管理机关，并对报送材料的真实性负责。	5	质量监督手续办理情况： （1）未办理质量监督手续的，扣2分。 （2）先开工后办理质量监督手续的，扣0.5分。 开工备案手续办理情况： （1）未报送开工备案手续的，扣1分。 （2）开工备案手续报送不及时的，扣0.5分。 法人验收计划报送情况： （1）未制定法人验收计划的，扣1分。 （2）法人验收计划报送不及时的，扣0.5分。 项目划分方案报送情况： （1）未报送项目划分方案或调整后未重新报送的，扣1分。 （2）项目划分方案报送不及时的，扣0.5分。 （3）项目划分有缺漏项的，扣0.5分。 单位工程外观质量评定标准及标准分报送情况： （1）未报送单位工程外观质量评定标准及标准分的，扣1分。 （2）单位工程外观质量评定标准及标准分报送不及时的，扣0.5分。

考核指标	序号	考核要点	考核内容	分值	评分标准
项目法人质量管理（25分）	2	质量管理程序报备情况			设计变更报送情况： （1）重大设计变更文件未报批的，扣2分。 （2）重大设计变更文件报送不及时的，扣0.5分。
					质量缺陷报备情况： （1）质量缺陷备案表未报送质量监督机构的，扣1分。 （2）质量缺陷备案表报送不及时或内容不齐全的，扣0.5分。
					质量事故报告和处理情况： （1）发生质量事故未报告的，扣2分。 （2）未有效开展质量事故应急处置的，扣1分。 （3）未按有关规定开展质量事故调查，或未开展责任追究的，扣1分。
					质量核备或验收材料报送情况： （1）工程质量核备材料未报质量监督机构的，扣1分。 （2）工程质量核备材料未及时报质量监督机构或材料不齐全的，扣0.5分。 （3）验收鉴定书未及时报法人验收监督管理机关或材料不齐全的，扣0.5分。
	3	质量主体责任履行情况	项目法人应对施工、监理等现场管理机构主要人员变更进行审批；一般设计变更文件由项目法人组织审查确认后实施，并报项目主管部门核备，必要时报项目主管部门审批。设计变更文件批准后由项目法人负责组织实施；按相关规定要求组织（或委托监理）对重要隐蔽单元工程及关键部位单元工程、分部工程、单位工程、合同工程完工等验收。	7	对施工、监理等现场管理机构主要人员变更审批情况： （1）未对施工、监理等单位主要人员变更进行审批的，扣2分。 （2）审批同意变更的施工、监理主要人员不满足合同约定的，扣1分。
					一般设计变更审批情况： （1）一般设计变更未履行审批程序的，扣2分。 （2）一般设计变更程序不规范的，扣0.5分。
					质量等级结论认定情况： （1）质量评定资料不齐全或结论不符合规范要求的，扣2分。 （2）质量评定工作不及时的，扣0.5分。
					法人验收开展情况： （1）验收工作程序不规范的，扣1分。 （2）验收资料不齐全的，扣0.5分。 （3）验收工作不及时的，扣0.5分。
	4	参建单位质量检查情况	项目法人与参建单位签订委托合同，应对工程质量以及相应的责任和义务作出明确约定，并督促参建单位履行质量义务；对强制性条文执行情况进行检查，检查情况应作为验收资料的组成部分；积极推进项目法人抽检。	5	督促其他参建单位履行质量义务情况： （1）未对其他参建单位质量终身责任制落实情况进行检查的，扣2分。 （2）对其他参建单位的履约情况、强制性条文执行等质量行为检查不及时、检查内容或记录不完整的，扣0.5分。 （3）检查发现问题督促整改不到位的，扣0.5分。
					质量抽检开展情况： （1）未开展项目法人抽检工作的，扣2分。 （2）委托的检测机构资质、检测人员资格不符合要求的，或委托的检测机构与施工单位自检机构同体的，扣2分。 （3）质量检测报告内容不翔实的，扣0.5分。 （4）质量抽检工作不规范的，扣0.5分。

考核指标	序号	考核要点	考核内容	分值	评分标准
项目法人质量管理（25分）	4	参建单位质量检查情况			对施工现场和实体质量管理情况： （1）未开展施工现场和实体质量检查或发现问题未采取有效处理措施的，扣3分。 （2）对施工现场和实体质量检查不及时、检查内容或记录不完整的，扣1分。 （3）检查发现问题督促整改不到位的，扣1分。
	5	历次稽察、检查、巡查提出质量问题整改	针对考核年度内历次稽察、检查、巡查等发现的质量问题，项目法人应组织有关参建单位制定整改方案，落实整改责任，明确处理标准和时限，建立整改台账，及时整改到位。	3	（1）质量问题整改不及时、不到位的，扣2分。 （2）未建立整改台账或记录的，扣1分。
勘察设计质量保证（10分）	6	现场服务体系建立情况	勘察设计单位应结合工程实际设立现场设计代表机构或派驻设计代表，配备满足工作需要的设计代表；建立设计质量管理制度，加强设计过程质量控制，健全设计文件的审核、会签批准制度；在全国水利建设市场监管服务平台建立信用档案，及时公开信用信息；明确质量责任主体和责任人，承担工程质量终身责任。	5	现场设计代表机构设立和设计代表配置情况： （1）未设立现场设计代表机构（大型工程）或未派驻设计代表（中小型工程）的，扣3分。 （2）现场设计代表机构（大型工程）或派驻的设计代表（中小型工程）技术力量不满足工作需要的，扣1分。 （3）设计代表未按要求到岗的，扣1分。
					现场设计服务质量管理制度建立情况： （1）未建立现场设计服务质量管理制度的，扣2分。 （2）现场设计服务质量管理制度建立不完善的，扣0.5分。
					未采取措施落实质量终身责任制，扣1分。
					未在全国水利建设市场监管服务平台填报信用信息的，扣1分。
	7	现场设计服务情况	勘察设计单位应按有关规定和合同要求及时向项目法人提供设计文件及图纸、设计变更报告，按有关规定提供验收所需的设计工作报告；必须按照强制性条文开展工作，对强制性条文执行情况进行自查，并对其完成的成果质量负责；不符合强制性条文的勘察、设计等成果，不得批准。加强工程现场服务，做好设计文件的技术交底工作，参加工程验收，在施工过程中要随时掌握施工现场情况，优化设计，及时解决有关设计问题，并做好相关记录。	5	勘测设计成果提供情况： （1）未及时提供勘察设计成果的，扣2分。 （2）提供的勘察设计成果明显存在不符合技术标准、现场实际或内容不齐全的，扣1分。
					设计成果中存在不符合强制性条文要求的内容的，扣2分。
					现场设计服务情况： （1）勘察设计文件审核、签批不规范的，扣2分。 （2）未开展设计文件技术交底工作的，扣1分。 （3）未及时提供验收专题报告等资料，扣0.5分。 （4）未参加相关验收的，扣0.5分。 （5）现场服务工作记录不规范的，扣0.5分。

考核指标	序号	考核要点	考核内容	分值	评分标准
监理质量控制（18分）	8	质量控制体系建立情况	监理单位应依照有关规定和合同约定组建项目监理机构，配置满足监理工作需要的监理人员，更换总监理工程师和其他主要监理人员应向项目法人报告并经其同意；应建立健全监理工作制度，严格按照现行法律、法规以及有关技术标准、设计文件和合同约定，制定完善监理规划和监理实施细则；在管理体系文件中明确设置执行、检查强制性条文的环节和要求；明确质量责任主体和责任人，承担工程质量终身责任；在全国水利建设市场监管服务平台建立信用档案，及时公开信用信息。	4	现场监理机构设立情况： （1）未设立现场监理机构或未派驻监理人员的，扣3分。 （2）未按要求派驻总监理工程师的，扣2分。 （3）总监理工程师及主要监理人员变更未经项目法人批准的，扣1分。 （4）总监理工程师或主要监理人员驻场不满足合同约定的，扣1分。 （5）派驻的监理人员不满足工程建设需要的，扣1分。 质量控制制度和技术文件制定情况： （1）未制定质量控制制度和技术文件的，扣2分。 （2）制定的监理规划、监理实施细则等内容不完善或缺乏可操作性的，扣1分。 （3）未设置执行检查强制性条文环节和要求的，扣0.5分。 未采取措施落实质量终身责任制，扣2分。 未在全国水利建设市场监管服务平台填报信用信息的，扣1分。
	9	监理控制相关材料报送情况	监理单位应按有关规定或合同约定及时向项目法人报送对承包人拟选择的分包项目和分包人的审查材料，报告检查、检测发现存在的质量问题，报送监理控制相关材料，提供工程质量结论及有关材料，提供验收所需的监理工作报告等。	4	相关材料报送情况： （1）未及时报告检查和检测发现的质量问题的，扣2分。 （2）未及时提供验收监理工作报告及相关资料的，扣1分。 （3）未及时报送审查施工单位拟选择的分包项目和分包人相关材料的，扣1分。 （4）未及时报送监理规划、监理实施细则、监理月报的，扣1分。 （5）未及时报送工程质量结论相关材料的，扣1分。
	10	监理控制责任履行情况	监理单位应根据合同和相关规定核查、审核或审批由发包人或承包人提供的施工图纸、技术文件、施工组织设计、生产工艺试验方案、专项检测方案及成果、专项施工方案、质量安全事故应急预案等文件；签发监理指示、通知、批复、纪要等文件；组织填写工程质量缺陷备案表。 监理单位应根据合同和相关规定参加或主持设计交底；对用于工程的原材料、中间产品、工程设备、施工设备等进行核验、验收或检查；对施工人员、设备投入等施工准备进行检查，采取旁站、巡视、跟踪检测和平行检测等方式，对工程实施监理；对执行强制性条文情况进行检查，检查情况应作为验收资料的组成部分；对施工单位的质量自评结果进行复核；做好监理相关记录。	10	核查并签发施工图纸、技术文件等不及时或不规范的，扣1分。 审批施工准备情况资料（施工组织设计，专项施工方案等），施工工艺试验方案、专项检测方案及成果，质量安全事故应急预案等不及时或不规范的，扣1分。 签发监理指示、通知、批复、纪要等文件不及时或不规范的，扣0.5分。 未及时组织填写工程质量缺陷备案表的，扣0.5分 未参加或主持设计交底的，扣0.5分。 原材料、中间产品、工程设备、施工设备核验、验收或检查情况： （1）未对原材料、中间产品、工程设备、施工设备进行核验、验收或检查的，扣3分。 （2）对原材料、中间产品、工程设备、施工设备核验、验收或检查不规范或不及时的，扣2分。 旁站监理、巡视检查、施工单位强制性条文执行情况检查等： （1）旁站监理、巡视检查、施工单位强制性条文检查执行情况等工作开展不规范或记录资料不齐全的，扣2分。 （2）旁站监理、巡视检查等发现的施工现场管理、实体质量、施工单位强制性条文检查执行等问题未督促整改到位的，扣2分。 跟踪或平行检测开展情况： （1）未开展跟踪或平行检测的，扣2分。 （2）委托的检测机构资质、人员资格不符合要求，或委托的检测机构与施工单位自检机构同体的，扣2分。 （3）检测报告内容不翔实的，扣1分。 （4）跟踪或平行检测项目和频次不满足规范要求的，扣0.5分。 （5）未建立检测不合格项目台账的，扣0.5分。

考核指标	序号	考核要点	考核内容	分值	评分标准
施工质量保证（31分）	11	质量保证体系建立情况	施工单位应按照合同约定，设置现场施工管理机构，配备满足施工需要的管理人员。变更项目经理、技术负责人、质量负责人等有关负责人，应征得项目法人同意。应加强全面质量管理，建立质量保证体系，制定和完善岗位质量规范、质量责任及考核办法，落实质量责任制；在管理体系文件中明确设置执行、检查强制性条文的环节和要求；在全国水利建设市场监管服务平台建立信用档案，及时公开信用信息。	11	现场施工管理机构建立情况： （1）未明确项目经理、技术负责人、质量负责人的，扣3分。 （2）未按投标承诺配备项目经理、技术负责人、质量负责人，或变更后的项目经理、技术负责人、质量负责人的执业资格和技术职称不满足合同约定的，或变更项目经理、技术负责人、质量负责人未报请项目法人批准的，扣2分。 （3）变更项目经理、技术负责人、质量负责人报请不及时的，扣1分。 （4）项目经理、技术负责人、质量负责人未按合同约定及工作需要驻工地的，扣1分。 （5）无内设质量管理机构的，扣1分。 （6）质量管理技术人员配备不能满足工程建设需要的，扣1分。
					质量管理制度建立情况： （1）未建立施工质量管理制度的，扣2分。 （2）质量管理制度不完善或未以正式文件发布的，扣1分。 （3）质量管理制度缺乏针对性的，扣0.5分。 （4）未设置执行检查强制性条文的环节和要求的，扣0.5分。
					未采取措施落实质量终身责任制，扣2分。
					未在全国水利建设市场监管服务平台填报信用信息的，扣1分。
	12	施工过程质量控制情况	施工单位必须依据国家、水利行业有关工程建设法规、技术标准的规定以及设计文件和施工合同的要求进行施工，并对其施工的工程质量负责。在施工过程中要加强质量检验工作，认真执行“三检制”，检验项目、检验数量、检验方法应符合有关规定和施工合同的约定，严格工序管理，切实做好工程质量的全过程控制，并认真做好工程原始记录管理。施工单位应加强原材料、中间产品、构配件等的质量检验，有关参建单位要按照合同对采购的水工金属结构设备、启闭机及机电产品进行交货检查验收，检查产品出厂合格证、安装说明及有关技术文件，不得将不合格的建筑材料用于工程，不得将无出厂合格证或不符合质量标准的产品用于工程。及时对质量缺陷进行修复处理，未能及时进行处理的，或处理后部分质量指标仍达不到设计要求的，或经加固补强后改变了外形尺寸等工程质量缺陷问题，必须以工程质量缺陷备案形式进行记录备案	20	施工准备资料（施工组织设计、专项施工方案等）和施工工艺试验方案、专项检测方案编制及成果、质量事故应急预案报验情况： （1）未报验施工准备情况资料和施工工艺试验方案、专项检测方案及成果、质量事故应急预案的，扣1分。 （2）施工准备情况资料和施工工艺试验方案、专项检测方案及成果、质量事故应急预案等报验不规范或不及时的，扣0.5分。
					单元（工序）质量验收评定情况： （1）未开展单元（工序）质量验收评定工作的，扣4分。 （2）将质量不合格的单元（工序）工程评定为合格的，扣3分。 （3）单元（工序）质量验收评定工作不规范或不及时的，扣2分。 （4）单元（工序）质量验收评定结果未经监理单位复核或复核不合格就进入下一单元（工序）施工的，扣3分。
					施工自检质量检测机构设置情况： （1）委托或内设质量检测机构资质、检测人员资格不符合要求的，扣2分。 （2）现场试验室设立不满足合同约定和工程实际需求的，扣1分。 （3）现场试验室环境条件不满足规范要求的，扣0.5分。 （4）未建立检测不合格项目台账的，扣0.5分。
					施工单位的施工质量检查、检验原始记录与审核等不规范的，扣1分。
					原材料、中间产品质量检验情况： （1）未开展原材料、中间产品质量检验的，扣3分。 （2）原材料、中间产品质量检验的项目、频次不满足规范要求的，或质量检验结果未报监理单位复核的，扣1分。

考核指标	序号	考核要点	考核内容	分值	评分标准
施工质量保证（31分）	12	施工过程质量控制情况			未按采购合同对水工金属结构、启闭机及机电产品进行交货检查和验收的，扣2分。 将未报验或检验核验不合格的原材料、中间产品用于工程的，或将无出厂合格证或不符合质量标准的金结、启闭机及机电产品用于工程的，扣3分。 工程质量缺陷处理情况： （1）工程实体质量缺陷均未处理的，扣2分。 （2）工程实体质量缺陷仅部分处理的，扣1分。 （3）未建立质量缺陷台账或台账记录不规范，也未按有关规定备案的，扣1分。 用于工程的原材料、中间产品、构配件、设备等登记管理不规范的，扣1分。
政府验收、质量监督（6分）	13	政府验收	阶段验收、竣工验收由政府组织验收，验收条件、验收程序、验收内容以及验收资料和成果性文件等应符合相关规定要求。	2	（1）验收工作不及时的，扣1分。 （2）验收工作程序不规范的，扣0.5分。 （3）验收资料不齐全的，扣0.5分。
	14	质量监督计划	质量监督机构应根据工程规模、重要性等，制订质量监督计划，确定质量监督方式。	1	（1）未编制质量监督计划的，扣1分。 （2）质量监督计划内容不规范、不完善的，扣0.5分。
	15	参建单位质量行为和实体质量检查	各级水行政主管部门按照分级负责的原则开展水利工程质量监督工作。质量监督机构要对参建单位和人员的质量行为、强制性条文执行情况和工程实体质量进行抽查。	2	（1）未开展质量抽查工作的，扣2分。 （2）抽查工作不到位、无检查记录或记录不规范的，扣1分。
	16	工程质量核备	质量监督机构按照相关规定及时对工程质量检验评定标准、重要隐蔽（关键部位）单元工程质量等级、分部工程验收质量结论、单位工程验收质量结论、外观质量评定结果、工程项目质量等级进行核备。	1	（1）未及时开展质量结论核备工作的，扣1分。 （2）质量核备工作不规范，不符合有关规程规范的，扣0.5分。
施工现场管理、实体质量（10分）	17	施工现场管理情况	施工单位应规范存放原材料、中间产品、构配件、设备等，按施工规范和技术要求组织施工。	5	（1）原材料、中间产品、构配件、设备等管理不规范的，扣2分。 （2）未按施工规范和技术要求组织现场施工的，扣3分。
		已完工程实体质量情况	参建单位应严格质量管理，切实保证工程实体质量。	5	（1）已完工程实体质量存在质量通病的，扣3分。 （2）工程外观质量存在明显缺陷的，扣2分。
其他扣分项	18	1. 发生违法违规行为的，每发生一起扣10分； 2. 发生一般质量事故的，每发生一起扣10分； 3. 发生较大及以上质量事故或存在弄虚作假、故意隐瞒情况的，该项目考核得分为0。			

说明：1. 本表打分采用扣分制，每项要点扣分不超过该项分值，无扣分该项得满分。

2. 水利建设质量工作考核项目考核得分占考核得分的40%（每省共选取5个项目，其中大型项目1个，占考核得分的16%，中小型项目各2个，每个占考核得分的6%；无大型项目的省份，所抽查的5个项目中投资额最大的项目得分占考核得分的16%）。

第二十五章　相关规范

《水利水电工程施工质量检验与评定规程》（SL 176—2007）（略）
《水利水电建设工程验收规程》（SL 223—2008）（略）
《水利水电工程施工通用安全技术规程》（SL 398—2007）（略）
《水利水电工程土建施工安全技术规程》（SL 399—2007）（略）
《水电水利工程模板施工规范》（DLT 5110—2013）（略）
《疏浚与吹填工程质量检验标准》（JTJ 324—2006）（略）

第七篇

农牧业污染减排工程

中共中央　国务院关于坚持农业农村优先发展做好“三农”工作的若干意见

今明两年是全面建成小康社会的决胜期，“三农”领域有不少必须完成的硬任务。党中央认为，在经济下行压力加大、外部环境发生深刻变化的复杂形势下，做好“三农”工作具有特殊重要性。必须坚持把解决好“三农”问题作为全党工作重中之重不动摇，进一步统一思想、坚定信心、落实工作，巩固发展农业农村好形势，发挥“三农”压舱石作用，为有效应对各种风险挑战赢得主动，为确保经济持续健康发展和社会大局稳定、如期实现第一个百年奋斗目标奠定基础。

做好“三农”工作，要以习近平新时代中国特色社会主义思想为指导，全面贯彻党的十九大和十九届二中、三中全会以及中央经济工作会议精神，紧紧围绕统筹推进“五位一体”总体布局和协调推进“四个全面”战略布局，牢牢把握稳中求进工作总基调，落实高质量发展要求，坚持农业农村优先发展总方针，以实施乡村振兴战略为总抓手，对标全面建成小康社会“三农”工作必须完成的硬任务，适应国内外复杂形势变化对农村改革发展提出的新要求，抓重点、补短板、强基础，围绕“巩固、增强、提升、畅通”深化农业供给侧结构性改革，坚决打赢脱贫攻坚战，充分发挥农村基层党组织战斗堡垒作用，全面推进乡村振兴，确保顺利完成到2020年承诺的农村改革发展目标任务。

一、聚力精准施策，决战决胜脱贫攻坚

（一）不折不扣完成脱贫攻坚任务。咬定既定脱贫目标，落实已有政策部署，到2020年确保现行标准下农村贫困人口实现脱贫、贫困县全部摘帽、解决区域性整体贫困。坚持现行扶贫标准，全面排查解决影响“两不愁三保障”实现的突出问题，防止盲目拔高标准、吊高胃口，杜绝数字脱贫、虚假脱贫。加强脱贫监测。进一步压实脱贫攻坚责任，落实最严格的考核评估，精准问责问效。继续加强东西部扶贫协作和中央单位定点扶贫。深入推进抓党建促脱贫攻坚。组织开展常态化约谈，发现问题随时约谈。用好脱贫攻坚专项巡视成果，推动落实脱贫攻坚政治责任。

（二）主攻深度贫困地区。瞄准制约深度贫困地区精准脱贫的重点难点问题，列出清单，逐项明确责任，对账销号。重大工程建设项目继续向深度贫困地区倾斜，特色产业扶贫、易地扶贫搬迁、生态扶贫、金融扶贫、社会帮扶、干部人才等政策措施向深度贫困地区倾斜。各级财政优先加大“三区三州”脱贫攻坚资金投入。对“三区三州”外贫困人口多、贫困发生率高、脱贫难度大的深度贫困地区，也要统筹资金项目，加大扶持力度。

（三）着力解决突出问题。注重发展长效扶贫产业，着力解决产销脱节、风险保障不足等问题，提高贫困人口参与度和直接受益水平。强化易地扶贫搬迁后续措施，着力解决重搬迁、轻后续帮扶问题，确保搬迁一户、稳定脱贫一户。加强贫困地区义务教育控辍保学，避免因贫失学辍学。落实基本医疗保险、大病保险、医疗救助等多重保障措施，筑牢乡村卫生服务网底，保障贫困人口基本医疗需求。扎实推进生态扶贫，促进扶贫开发与生态保护相协调。坚持扶贫与扶志扶智相结合，加强贫困地区职业教育和技能培训，加强开发式扶贫与保障性扶贫统筹衔接，着力解决“一兜了之”

和部分贫困人口等靠要问题，增强贫困群众内生动力和自我发展能力。切实加强一线精准帮扶力量，选优配强驻村工作队伍。关心关爱扶贫干部，加大工作支持力度，帮助解决实际困难，解除后顾之忧。持续开展扶贫领域腐败和作风问题专项治理，严厉查处虚报冒领、贪占挪用和优亲厚友、吃拿卡要等问题。

（四）巩固和扩大脱贫攻坚成果。攻坚期内贫困县、贫困村、贫困人口退出后，相关扶贫政策保持稳定，减少和防止贫困人口返贫。研究解决收入水平略高于建档立卡贫困户的群众缺乏政策支持等新问题。坚持和推广脱贫攻坚中的好经验好做法好路子。做好脱贫攻坚与乡村振兴的衔接，对摘帽后的贫困县要通过实施乡村振兴战略巩固发展成果，接续推动经济社会发展和群众生活改善。总结脱贫攻坚的实践创造和伟大精神。及早谋划脱贫攻坚目标任务2020年完成后的战略思路。

二、夯实农业基础，保障重要农产品有效供给

（一）稳定粮食产量。毫不放松抓好粮食生产，推动藏粮于地、藏粮于技落实落地，确保粮食播种面积稳定在16.5亿亩。稳定完善扶持粮食生产政策举措，挖掘品种、技术、减灾等稳产增产潜力，保障农民种粮基本收益。发挥粮食主产区优势，完善粮食主产区利益补偿机制，健全产粮大县奖补政策。压实主销区和产销平衡区稳定粮食生产责任。严守18亿亩耕地红线，全面落实永久基本农田特殊保护制度，确保永久基本农田保持在15.46亿亩以上。建设现代气象为农服务体系。强化粮食安全省长责任制考核。

（二）完成高标准农田建设任务。巩固和提高粮食生产能力，到2020年确保建成8亿亩高标准农田。修编全国高标准农田建设总体规划，统一规划布局、建设标准、组织实施、验收考核、上图入库。加强资金整合，创新投融资模式，建立多元筹资机制。实施区域化整体建设，推进田水林路电综合配套，同步发展高效节水灌溉。全面完成粮食生产功能区和重要农产品生产保护区划定任务，高标准农田建设项目优先向“两区”安排。恢复启动新疆优质棉生产基地建设，将糖料蔗“双高”基地建设范围覆盖到划定的所有保护区。进一步加强农田水利建设。推进大中型灌区续建配套节水改造与现代化建设。加大东北黑土地保护力度。加强华北地区地下水超采综合治理。推进重金属污染耕地治理修复和种植结构调整试点。

（三）调整优化农业结构。大力发展紧缺和绿色优质农产品生产，推进农业由增产导向转向提质导向。深入推进优质粮食工程。实施大豆振兴计划，多途径扩大种植面积。支持长江流域油菜生产，推进新品种新技术示范推广和全程机械化。积极发展木本油料。实施奶业振兴行动，加强优质奶源基地建设，升级改造中小奶牛养殖场，实施婴幼儿配方奶粉提升行动。合理调整粮经饲结构，发展青贮玉米、苜蓿等优质饲草料生产。合理确定内陆水域养殖规模，压减近海、湖库过密网箱养殖，推进海洋牧场建设，规范有序发展远洋渔业。降低江河湖泊和近海渔业捕捞强度，全面实施长江水生生物保护区禁捕。实施农产品质量安全保障工程，健全监管体系、监测体系、追溯体系。加大非洲猪瘟等动物疫情监测防控力度，严格落实防控举措，确保产业安全。

（四）加快突破农业关键核心技术。强化创新驱动发展，实施农业关键核心技术攻关行动，培育一批农业战略科技创新力量，推动生物种业、重型农机、智慧农业、绿色投入品等领域自主创新。建设农业领域国家重点实验室等科技创新平台基地，打造产学研深度融合平台，加强国家现代农业产业技术体系、科技创新联盟、产业创新中心、高新技术产业示范区、科技园区等建设。强化企业技术创新主体地位，培育农业科技创新型企业，支持符合条件的企业牵头实施技术创新项目。继续组织实施水稻、小麦、玉米、大豆和畜禽良种联合攻关，加快选育和推广优质草种。支持薄弱环节

适用农机研发，促进农机装备产业转型升级，加快推进农业机械化。加强农业领域知识产权创造与应用。加快先进实用技术集成创新与推广应用。建立健全农业科研成果产权制度，赋予科研人员科技成果所有权，完善人才评价和流动保障机制，落实兼职兼薪、成果权益分配政策。

（五）实施重要农产品保障战略。加强顶层设计和系统规划，立足国内保障粮食等重要农产品供给，统筹用好国际国内两个市场、两种资源，科学确定国内重要农产品保障水平，健全保障体系，提高国内安全保障能力。将稻谷、小麦作为必保品种，稳定玉米生产，确保谷物基本自给、口粮绝对安全。加快推进粮食安全保障立法进程。在提质增效基础上，巩固棉花、油料、糖料、天然橡胶生产能力。加快推进并支持农业走出去，加强“一带一路”农业国际合作，主动扩大国内紧缺农产品进口，拓展多元化进口渠道，培育一批跨国农业企业集团，提高农业对外合作水平。加大农产品反走私综合治理力度。

三、扎实推进乡村建设，加快补齐农村人居环境和公共服务短板

（一）抓好农村人居环境整治三年行动。深入学习推广浙江“千村示范、万村整治”工程经验，全面推开以农村垃圾污水治理、厕所革命和村容村貌提升为重点的农村人居环境整治，确保到2020年实现农村人居环境阶段性明显改善，村庄环境基本干净整洁有序，村民环境与健康意识普遍增强。鼓励各地立足实际、因地制宜，合理选择简便易行、长期管用的整治模式，集中攻克技术难题。建立地方为主、中央补助的政府投入机制。中央财政对农村厕所革命整村推进等给予补助，对农村人居环境整治先进县给予奖励。中央预算内投资安排专门资金支持农村人居环境整治。允许县级按规定统筹整合相关资金，集中用于农村人居环境整治。鼓励社会力量积极参与，将农村人居环境整治与发展乡村休闲旅游等有机结合。广泛开展村庄清洁行动。开展美丽宜居村庄和最美庭院创建活动。农村人居环境整治工作要同农村经济发展水平相适应、同当地文化和风土人情相协调，注重实效，防止做表面文章。

（二）实施村庄基础设施建设工程。推进农村饮水安全巩固提升工程，加强农村饮用水水源地保护，加快解决农村“吃水难”和饮水不安全问题。全面推进“四好农村路”建设，加大“路长制”和示范县实施力度，实现具备条件的建制村全部通硬化路，有条件的地区向自然村延伸。加强村内道路建设。全面实施乡村电气化提升工程，加快完成新一轮农村电网改造。完善县乡村物流基础设施网络，支持产地建设农产品贮藏保鲜、分级包装等设施，鼓励企业在县乡和具备条件的村建立物流配送网点。加快推进宽带网络向村庄延伸，推进提速降费。继续推进农村危房改造。健全村庄基础设施建管长效机制，明确各方管护责任，鼓励地方将管护费用纳入财政预算。

（三）提升农村公共服务水平。全面提升农村教育、医疗卫生、社会保障、养老、文化体育等公共服务水平，加快推进城乡基本公共服务均等化。推动城乡义务教育一体化发展，深入实施农村义务教育学生营养改善计划。实施高中阶段教育普及攻坚计划，加强农村儿童健康改善和早期教育、学前教育。加快标准化村卫生室建设，实施全科医生特岗计划。建立健全统一的城乡居民基本医疗保险制度，同步整合城乡居民大病保险。完善城乡居民基本养老保险待遇确定和基础养老金正常调整机制。统筹城乡社会救助体系，完善最低生活保障制度、优抚安置制度。加快推进农村基层综合性文化服务中心建设。完善农村留守儿童和妇女、老年人关爱服务体系，支持多层次农村养老事业发展，加强和改善农村残疾人服务。推动建立城乡统筹的基本公共服务经费投入机制，完善农村基本公共服务标准。

（四）加强农村污染治理和生态环境保护。统筹推进山水林田湖草系统治理，推动农业农村绿色

发展。加大农业面源污染治理力度，开展农业节肥节药行动，实现化肥农药使用量负增长。发展生态循环农业，推进畜禽粪污、秸秆、农膜等农业废弃物资源化利用，实现畜牧养殖大县粪污资源化利用整县治理全覆盖，下大力气治理白色污染。扩大轮作休耕制度试点。创建农业绿色发展先行区。实施乡村绿化美化行动，建设一批森林乡村，保护古树名木，开展湿地生态效益补偿和退耕还湿。全面保护天然林。加强“三北”地区退化防护林修复。扩大退耕还林还草，稳步实施退牧还草。实施新一轮草原生态保护补助奖励政策。落实河长制、湖长制，推进农村水环境治理，严格乡村河湖水域岸线等水生态空间管理。

（五）强化乡村规划引领。把加强规划管理作为乡村振兴的基础性工作，实现规划管理全覆盖。以县为单位抓紧编制或修编村庄布局规划，县级党委和政府要统筹推进乡村规划工作。按照先规划后建设的原则，通盘考虑土地利用、产业发展、居民点建设、人居环境整治、生态保护和历史文化传承，注重保持乡土风貌，编制多规合一的实用性村庄规划。加强农村建房许可管理。

四、发展壮大乡村产业，拓宽农民增收渠道

（一）加快发展乡村特色产业。因地制宜发展多样性特色农业，倡导“一村一品”“一县一业”。积极发展果菜茶、食用菌、杂粮杂豆、薯类、中药材、特色养殖、林特花卉苗木等产业。支持建设一批特色农产品优势区。创新发展具有民族和地域特色的乡村手工业，大力挖掘农村能工巧匠，培育一批家庭工场、手工作坊、乡村车间。健全特色农产品质量标准体系，强化农产品地理标志和商标保护，创响一批“土字号”“乡字号”特色产品品牌。

（二）大力发展现代农产品加工业。以“粮头食尾”“农头工尾”为抓手，支持主产区依托县域形成农产品加工产业集群，尽可能把产业链留在县域，改变农村卖原料、城市搞加工的格局。支持发展适合家庭农场和农民合作社经营的农产品初加工，支持县域发展农产品精深加工，建成一批农产品专业村镇和加工强县。统筹农产品产地、集散地、销地批发市场建设，加强农产品物流骨干网络和冷链物流体系建设。培育农业产业化龙头企业和联合体，推进现代农业产业园、农村产业融合发展示范园、农业产业强镇建设。健全农村一二三产业融合发展利益联结机制，让农民更多分享产业增值收益。

（三）发展乡村新型服务业。支持供销、邮政、农业服务公司、农民合作社等开展农技推广、土地托管、代耕代种、统防统治、烘干收储等农业生产性服务。充分发挥乡村资源、生态和文化优势，发展适应城乡居民需要的休闲旅游、餐饮民宿、文化体验、健康养生、养老服务等产业。加强乡村旅游基础设施建设，改善卫生、交通、信息、邮政等公共服务设施。

（四）实施数字乡村战略。深入推进“互联网+农业”，扩大农业物联网示范应用。推进重要农产品全产业链大数据建设，加强国家数字农业农村系统建设。继续开展电子商务进农村综合示范，实施“互联网+”农产品出村进城工程。全面推进信息进村入户，依托“互联网+”推动公共服务向农村延伸。

（五）促进农村劳动力转移就业。落实更加积极的就业政策，加强就业服务和职业技能培训，促进农村劳动力多渠道转移就业和增收。发展壮大县域经济，引导产业有序梯度转移，支持适宜产业向小城镇集聚发展，扶持发展吸纳就业能力强的乡村企业，支持企业在乡村兴办生产车间、就业基地，增加农民就地就近就业岗位。稳定农民工就业，保障工资及时足额发放。加快农业转移人口市民化，推进城镇基本公共服务常住人口全覆盖。

（六）支持乡村创新创业。鼓励外出农民工、高校毕业生、退伍军人、城市各类人才返乡下乡创

新创业，支持建立多种形式的创业支撑服务平台，完善乡村创新创业支持服务体系。落实好减税降费政策，鼓励地方设立乡村就业创业引导基金，加快解决用地、信贷等困难。加强创新创业孵化平台建设，支持创建一批返乡创业园，支持发展小微企业。

五、全面深化农村改革，激发乡村发展活力

（一）巩固和完善农村基本经营制度。坚持家庭经营基础性地位，赋予双层经营体制新的内涵。突出抓好家庭农场和农民合作社两类新型农业经营主体，启动家庭农场培育计划，开展农民合作社规范提升行动，深入推进示范合作社建设，建立健全支持家庭农场、农民合作社发展的政策体系和管理制度。落实扶持小农户和现代农业发展有机衔接的政策，完善“农户+合作社”“农户+公司”利益联结机制。加快培育各类社会化服务组织，为一家一户提供全程社会化服务。加快出台完善草原承包经营制度的意见。加快推进农业水价综合改革，健全节水激励机制。继续深化供销合作社综合改革，制定供销合作社条例。深化集体林权制度和国有林区林场改革。大力推进农垦垦区集团化、农场企业化改革。

（二）深化农村土地制度改革。保持农村土地承包关系稳定并长久不变，研究出台配套政策，指导各地明确第二轮土地承包到期后延包的具体办法，确保政策衔接平稳过渡。完善落实集体所有权、稳定农户承包权、放活土地经营权的法律法规和政策体系。在基本完成承包地确权登记颁证工作的基础上，开展“回头看”，做好收尾工作，妥善化解遗留问题，将土地承包经营权证书发放至农户手中。健全土地流转规范管理制度，发展多种形式农业适度规模经营，允许承包土地的经营权担保融资。总结好农村土地制度三项改革试点经验，巩固改革成果。坚持农村土地集体所有、不搞私有化，坚持农地农用、防止非农化，坚持保障农民土地权益、不得以退出承包地和宅基地作为农民进城落户条件，进一步深化农村土地制度改革。在修改相关法律的基础上，完善配套制度，全面推开农村土地征收制度改革和农村集体经营性建设用地入市改革，加快建立城乡统一的建设用地市场。加快推进宅基地使用权确权登记颁证工作，力争2020年基本完成。稳慎推进农村宅基地制度改革，拓展改革试点，丰富试点内容，完善制度设计。抓紧制定加强农村宅基地管理指导意见。研究起草农村宅基地使用条例。开展闲置宅基地复垦试点。允许在县域内开展全域乡村闲置校舍、厂房、废弃地等整治，盘活建设用地重点用于支持乡村新产业新业态和返乡下乡创业。严格农业设施用地管理，满足合理需求。巩固“大棚房”问题整治成果。按照“取之于农，主要用之于农”的要求，调整完善土地出让收入使用范围，提高农业农村投入比例，重点用于农村人居环境整治、村庄基础设施建设和高标准农田建设。扎实开展新增耕地指标和城乡建设用地增减挂钩节余指标跨省域调剂使用，调剂收益全部用于巩固脱贫攻坚成果和支持乡村振兴。加快修订土地管理法、物权法等法律法规。

（三）深入推进农村集体产权制度改革。按期完成全国农村集体资产清产核资，加快农村集体资产监督管理平台建设，建立健全集体资产各项管理制度。指导农村集体经济组织在民主协商的基础上，做好成员身份确认，注重保护外嫁女等特殊人群的合法权利，加快推进农村集体经营性资产股份合作制改革，继续扩大试点范围。总结推广资源变资产、资金变股金、农民变股东经验。完善农村集体产权权能，积极探索集体资产股权质押贷款办法。研究制定农村集体经济组织法。健全农村产权流转交易市场，推动农村各类产权流转交易公开规范运行。研究完善适合农村集体经济组织特点的税收优惠政策。

（四）完善农业支持保护制度。按照增加总量、优化存量、提高效能的原则，强化高质量绿色发展导向，加快构建新型农业补贴政策体系。按照适应世贸组织规则、保护农民利益、支持农业发展

的原则，抓紧研究制定完善农业支持保护政策的意见。调整改进“黄箱”政策，扩大“绿箱”政策使用范围。按照更好发挥市场机制作用取向，完善稻谷和小麦最低收购价政策。完善玉米和大豆生产者补贴政策。健全农业信贷担保费率补助和以奖代补机制，研究制定担保机构业务考核的具体办法，加快做大担保规模。按照扩面增品提标的要求，完善农业保险政策。推进稻谷、小麦、玉米完全成本保险和收入保险试点。扩大农业大灾保险试点和“保险+期货”试点。探索对地方优势特色农产品保险实施以奖代补试点。打通金融服务“三农”各个环节，建立县域银行业金融机构服务“三农”的激励约束机制，实现普惠性涉农贷款增速总体高于各项贷款平均增速。推动农村商业银行、农村合作银行、农村信用社逐步回归本源，为本地“三农”服务。研究制定商业银行“三农”事业部绩效考核和激励的具体办法。用好差别化准备金率和差异化监管等政策，切实降低“三农”信贷担保服务门槛，鼓励银行业金融机构加大对乡村振兴和脱贫攻坚中长期信贷支持力度。支持重点领域特色农产品期货期权品种上市。

六、完善乡村治理机制，保持农村社会和谐稳定

（一）增强乡村治理能力。建立健全党组织领导的自治、法治、德治相结合的领导体制和工作机制，发挥群众参与治理主体作用。开展乡村治理体系建设试点和乡村治理示范村镇创建。加强自治组织规范化制度化建设，健全村级议事协商制度，推进村级事务公开，加强村级权力有效监督。指导农村普遍制定或修订村规民约。推进农村基层依法治理，建立健全公共法律服务体系。加强农业综合执法。

（二）加强农村精神文明建设。引导农民践行社会主义核心价值观，巩固党在农村的思想阵地。加强宣传教育，做好农民群众的思想工作，宣传党的路线方针和强农惠农富农政策，引导农民听党话、感党恩、跟党走。开展新时代文明实践中心建设试点，抓好县级融媒体中心建设。深化拓展群众性精神文明创建活动，推出一批农村精神文明建设示范县、文明村镇、最美家庭，挖掘和树立道德榜样典型，发挥示范引领作用。支持建设文化礼堂、文化广场等设施，培育特色文化村镇、村寨。持续推进农村移风易俗工作，引导和鼓励农村基层群众性自治组织采取约束性强的措施，对婚丧陋习、天价彩礼、孝道式微、老无所养等不良社会风气进行治理。

（三）持续推进平安乡村建设。深入推进扫黑除恶专项斗争，严厉打击农村黑恶势力，杜绝“村霸”等黑恶势力对基层政权的侵蚀。严厉打击敌对势力、邪教组织、非法宗教活动向农村地区的渗透。推进纪检监察工作向基层延伸，坚决查处发生在农民身边的不正之风和腐败问题。健全落实社会治安综合治理领导责任制。深化拓展网格化服务管理，整合配优基层一线平安建设力量，把更多资源、服务、管理放到农村社区。加强乡村交通、消防、公共卫生、食品药品安全、地质灾害等公共安全事件易发领域隐患排查和专项治理。加快建设信息化、智能化农村社会治安防控体系，继续推进农村“雪亮工程”建设。坚持发展新时代“枫桥经验”，完善农村矛盾纠纷排查调处化解机制，提高服务群众、维护稳定的能力和水平。

七、发挥农村党支部战斗堡垒作用，全面加强农村基层组织建设

（一）强化农村基层党组织领导作用。抓实建强农村基层党组织，以提升组织力为重点，突出政治功能，持续加强农村基层党组织体系建设。增加先进支部、提升中间支部、整顿后进支部，以县为单位对软弱涣散村党组织“一村一策”逐个整顿。对村“两委”换届进行一次“回头看”，坚决把受过刑事处罚、存在“村霸”和涉黑涉恶等问题的村“两委”班子成员清理出去。实施村党组织带

头人整体优化提升行动，配齐配强班子。全面落实村党组织书记县级党委备案管理制度。建立第一书记派驻长效工作机制，全面向贫困村、软弱涣散村和集体经济空壳村派出第一书记，并向乡村振兴任务重的村拓展。加大从高校毕业生、农民工、退伍军人、机关事业单位优秀党员中培养选拔村党组织书记力度。健全从优秀村党组织书记中选拔乡镇领导干部、考录乡镇公务员、招聘乡镇事业编制人员的常态化机制。落实村党组织 5 年任期规定，推动全国村“两委”换届与县乡换届同步进行。优化农村党员队伍结构，加大从青年农民、农村外出务工人员中发展党员力度。健全县级党委抓乡促村责任制，县乡党委要定期排查并及时解决基层组织建设突出问题。加强和改善村党组织对村级各类组织的领导，健全以党组织为领导的村级组织体系。全面推行村党组织书记通过法定程序担任村委会主任，推行村“两委”班子成员交叉任职，提高村委会成员和村民代表中党员的比例。加强党支部对村级集体经济组织的领导。全面落实“四议两公开”，健全村级重要事项、重大问题由村党组织研究讨论机制。

（二）发挥村级各类组织作用。理清村级各类组织功能定位，实现各类基层组织按需设置、按职履责、有人办事、有章理事。村民委员会要履行好基层群众性自治组织功能，增强村民自我管理、自我教育、自我服务能力。全面建立健全村务监督委员会，发挥在村务决策和公开、财产管理、工程项目建设、惠农政策措施落实等事项上的监督作用。强化集体经济组织服务功能，发挥在管理集体资产、合理开发集体资源、服务集体成员等方面的作用。发挥农村社会组织在服务农民、树立新风等方面的积极作用。

（三）强化村级组织服务功能。按照有利于村级组织建设、有利于服务群众的原则，将适合村级组织代办或承接的工作事项交由村级组织，并保障必要工作条件。规范村级组织协助政府工作事项，防止随意增加村级组织工作负担。统筹乡镇站所改革，强化乡镇为农服务体系建设，确保乡镇有队伍、有资源为农服务。

（四）完善村级组织运转经费保障机制。健全以财政投入为主的稳定的村级组织运转经费保障制度，全面落实村干部报酬待遇和村级组织办公经费，建立正常增长机制，保障村级公共服务运行维护等其他必要支出。把发展壮大村级集体经济作为发挥农村基层党组织领导作用的重要举措，加大政策扶持和统筹推进力度，因地制宜发展壮大村级集体经济，增强村级组织自我保障和服务农民能力。

八、加强党对“三农”工作的领导，落实农业农村优先发展总方针

（一）强化五级书记抓乡村振兴的制度保障。实行中央统筹、省负总责、市县乡抓落实的农村工作机制，制定落实五级书记抓乡村振兴责任的实施细则，严格督查考核。加强乡村振兴统计监测工作。2019 年各省（自治区、直辖市）党委要结合本地实际，出台市县党政领导班子和领导干部推进乡村振兴战略的实绩考核意见，并加强考核结果应用。各地区各部门要抓紧梳理全面建成小康社会必须完成的硬任务，强化工作举措，确保 2020 年圆满完成各项任务。

（二）牢固树立农业农村优先发展政策导向。各级党委和政府必须把落实“四个优先”的要求作为做好“三农”工作的头等大事，扛在肩上、抓在手上，同政绩考核联系到一起，层层落实责任。优先考虑“三农”干部配备，把优秀干部充实到“三农”战线，把精锐力量充实到基层一线，注重选拔熟悉“三农”工作的干部充实地方各级党政班子。优先满足“三农”发展要素配置，坚决破除妨碍城乡要素自由流动、平等交换的体制机制壁垒，改变农村要素单向流出格局，推动资源要素向农村流动。优先保障“三农”资金投入，坚持把农业农村作为财政优先保障领域和金融优先服务领

域，公共财政更大力度向“三农”倾斜，县域新增贷款主要用于支持乡村振兴。地方政府债券资金要安排一定比例用于支持农村人居环境整治、村庄基础设施建设等重点领域。优先安排农村公共服务，推进城乡基本公共服务标准统一、制度并轨，实现从形式上的普惠向实质上的公平转变。完善落实农业农村优先发展的顶层设计，抓紧研究出台指导意见和具体实施办法。

（三）培养懂农业、爱农村、爱农民的“三农”工作队伍。建立“三农”工作干部队伍培养、配备、管理、使用机制，落实关爱激励政策。引导教育“三农”干部大兴调查研究之风，倡导求真务实精神，密切与群众联系，加深对农民的感情。坚决纠正脱贫攻坚和乡村振兴工作中的形式主义、官僚主义，清理规范各类检查评比、考核督导事项，切实解决基层疲于迎评迎检问题，让基层干部把精力集中到为群众办实事办好事上来。把乡村人才纳入各级人才培养计划予以重点支持。建立县域人才统筹使用制度和乡村人才定向委托培养制度，探索通过岗编适度分离、在岗学历教育、创新职称评定等多种方式，引导各类人才投身乡村振兴。对作出突出贡献的各类人才给予表彰和奖励。实施新型职业农民培育工程。大力发展面向乡村需求的职业教育，加强高等学校涉农专业建设。抓紧出台培养懂农业、爱农村、爱农民“三农”工作队伍的政策意见。

（四）发挥好农民主体作用。加强制度建设、政策激励、教育引导，把发动群众、组织群众、服务群众贯穿乡村振兴全过程，充分尊重农民意愿，弘扬自力更生、艰苦奋斗精神，激发和调动农民群众的积极性和主动性。发挥政府投资的带动作用，通过民办公助、筹资筹劳、以奖代补、以工代赈等形式，引导和支持村集体和农民自主组织实施或参与直接受益的村庄基础设施建设和农村人居环境整治。加强筹资筹劳使用监管，防止增加农民负担。出台村庄建设项目简易审批办法，规范和缩小招投标适用范围，让农民更多参与并从中获益。

当前，做好“三农”工作意义重大、任务艰巨、要求迫切，除上述 8 个方面工作之外，党中央、国务院部署的其他各项工作必须久久为功、狠抓落实、务求实效。

让我们紧密团结在以习近平同志为核心的党中央周围，全面贯彻落实习近平总书记关于做好“三农”工作的重要论述，锐意进取、攻坚克难、扎实工作，为决胜全面建成小康社会、推进乡村全面振兴作出新的贡献。

第二十六章　法律、行政法规

中华人民共和国渔业法

第一章　总　则

第一条　为了加强渔业资源的保护、增殖、开发和合理利用，发展人工养殖，保障渔业生产者的合法权益，促进渔业生产的发展，适应社会主义建设和人民生活的需要，特制定本法。

第二条　在中华人民共和国的内水、滩涂、领海、专属经济区以及中华人民共和国管辖的一切其他海域从事养殖和捕捞水生动物、水生植物等渔业生产活动，都必须遵守本法。

第三条　国家对渔业生产实行以养殖为主，养殖、捕捞、加工并举，因地制宜，各有侧重的方针。

各级人民政府应当把渔业生产纳入国民经济发展计划，采取措施，加强水域的统一规划和综合利用。

第四条　国家鼓励渔业科学技术研究，推广先进技术，提高渔业科学技术水平。

第五条　在增殖和保护渔业资源、发展渔业生产、进行渔业科学技术研究等方面成绩显著的单位和个人，由各级人民政府给予精神的或者物质的奖励。

第六条　国务院渔业行政主管部门主管全国的渔业工作。县级以上地方人民政府渔业行政主管部门主管本行政区域内的渔业工作。县级以上人民政府渔业行政主管部门可以在重要渔业水域、渔港设渔政监督管理机构。

县级以上人民政府渔业行政主管部门及其所属的渔政监督管理机构可以设渔政检查人员。渔政检查人员执行渔业行政主管部门及其所属的渔政监督管理机构交付的任务。

第七条　国家对渔业的监督管理，实行统一领导、分级管理。

海洋渔业，除国务院划定由国务院渔业行政主管部门及其所属的渔政监督管理机构监督管理的海域和特定渔业资源渔场外，由毗邻海域的省、自治区、直辖市人民政府渔业行政主管部门监督管理。

江河、湖泊等水域的渔业，按照行政区划由有关县级以上人民政府渔业行政主管部门监督管理；跨行政区域的，由有关县级以上地方人民政府协商制定管理办法，或者由上一级人民政府渔业行政主管部门及其所属的渔政监督管理机构监督管理。

第八条　外国人、外国渔业船舶进入中华人民共和国管辖水域，从事渔业生产或者渔业资源调查活动，必须经国务院有关主管部门批准，并遵守本法和中华人民共和国其他有关法律、法规的规定；同中华人民共和国订有条约、协定的，按照条约、协定办理。

国家渔政渔港监督管理机构对外行使渔政渔港监督管理权。

第九条　渔业行政主管部门和其所属的渔政监督管理机构及其工作人员不得参与和从事渔业生产经营活动。

第二章 养殖业

第十条 国家鼓励全民所有制单位、集体所有制单位和个人充分利用适于养殖的水域、滩涂，发展养殖业。

第十一条 国家对水域利用进行统一规划，确定可以用于养殖业的水域和滩涂。单位和个人使用国家规划确定用于养殖业的全民所有的水域、滩涂的，使用者应当向县级以上地方人民政府渔业行政主管部门提出申请，由本级人民政府核发养殖证，许可其使用该水域、滩涂从事养殖生产。核发养殖证的具体办法由国务院规定。

集体所有的或者全民所有由农业集体经济组织使用的水域、滩涂，可以由个人或者集体承包，从事养殖生产。

第十二条 县级以上地方人民政府在核发养殖证时，应当优先安排当地的渔业生产者。

第十三条 当事人因使用国家规划确定用于养殖业的水域、滩涂从事养殖生产发生争议的，按照有关法律规定的程序处理。在争议解决以前，任何一方不得破坏养殖生产。

第十四条 国家建设征用集体所有的水域、滩涂，按照《中华人民共和国土地管理法》有关征地的规定办理。

第十五条 县级以上地方人民政府应当采取措施，加强对商品鱼生产基地和城市郊区重要养殖水域的保护。

第十六条 国家鼓励和支持水产优良品种的选育、培育和推广。水产新品种必须经全国水产原种和良种审定委员会审定，由国务院渔业行政主管部门公告后推广。

水产苗种的进口、出口由国务院渔业行政主管部门或者省、自治区、直辖市人民政府渔业行政主管部门审批。

水产苗种的生产由县级以上地方人民政府渔业行政主管部门审批。但是，渔业生产者自育、自用水产苗种的除外。

第十七条 水产苗种的进口、出口必须实施检疫，防止病害传入境内和传出境外，具体检疫工作按照有关动植物进出境检疫法律、行政法规的规定执行。

引进转基因水产苗种必须进行安全性评价，具体管理工作按照国务院有关规定执行。

第十八条 县级以上人民政府渔业行政主管部门应当加强对养殖生产的技术指导和病害防治工作。

第十九条 从事养殖生产不得使用含有毒有害物质的饵料、饲料。

第二十条 从事养殖生产应当保护水域生态环境，科学确定养殖密度，合理投饵、施肥、使用药物，不得造成水域的环境污染。

第三章 捕捞业

第二十一条 国家在财政、信贷和税收等方面采取措施，鼓励、扶持远洋捕捞业的发展，并根据渔业资源的可捕捞量，安排内水和近海捕捞力量。

第二十二条 国家根据捕捞量低于渔业资源增长量的原则，确定渔业资源的总可捕捞量，实行捕捞限额制度。国务院渔业行政主管部门负责组织渔业资源的调查和评估，为实行捕捞限额制度提供科学依据。中华人民共和国内海、领海、专属经济区和其他管辖海域的捕捞限额总量由国务院渔业行政主管部门确定，报国务院批准后逐级分解下达；国家确定的重要江河、湖泊的捕捞限额总量由有关省、自治区、直辖市人民政府确定或者协商确定，逐级分解下达。捕捞限额总量的分配应当体现公平、公正的原则，分配办法和分配结果必须向社会公开，并接受监督。

国务院渔业行政主管部门和省、自治区、直辖市人民政府渔业行政主管部门应当加强对捕捞限额制度实施情况的监督检查，对超过上级下达的捕捞限额指标的，应当在其次年捕捞限额指标中予以核减。

第二十三条　国家对捕捞业实行捕捞许可证制度。

到中华人民共和国与有关国家缔结的协定确定的共同管理的渔区或者公海从事捕捞作业的捕捞许可证，由国务院渔业行政主管部门批准发放。海洋大型拖网、围网作业的捕捞许可证，由省、自治区、直辖市人民政府渔业行政主管部门批准发放。其他作业的捕捞许可证，由县级以上地方人民政府渔业行政主管部门批准发放；但是，批准发放海洋作业的捕捞许可证不得超过国家下达的船网工具控制指标，具体办法由省、自治区、直辖市人民政府规定。

捕捞许可证不得买卖、出租和以其他形式转让，不得涂改、伪造、变造。

到他国管辖海域从事捕捞作业的，应当经国务院渔业行政主管部门批准，并遵守中华人民共和国缔结的或者参加的有关条约、协定和有关国家的法律。

第二十四条　具备下列条件的，方可发给捕捞许可证：

（一）有渔业船舶检验证书；

（二）有渔业船舶登记证书；

（三）符合国务院渔业行政主管部门规定的其他条件。

县级以上地方人民政府渔业行政主管部门批准发放的捕捞许可证，应当与上级人民政府渔业行政主管部门下达的捕捞限额指标相适应。

第二十五条　从事捕捞作业的单位和个人，必须按照捕捞许可证关于作业类型、场所、时限、渔具数量和捕捞限额的规定进行作业，并遵守国家有关保护渔业资源的规定，大中型渔船应当填写渔捞日志。

第二十六条　制造、更新改造、购置、进口的从事捕捞作业的船舶必须经渔业船舶检验部门检验合格后，方可下水作业。具体管理办法由国务院规定。

第二十七条　渔港建设应当遵守国家的统一规划，实行谁投资谁受益的原则。县级以上地方人民政府应当对位于本行政区域内的渔港加强监督管理，维护渔港的正常秩序。

第四章　渔业资源的增殖和保护

第二十八条　县级以上人民政府渔业行政主管部门应当对其管理的渔业水域统一规划，采取措施，增殖渔业资源。县级以上人民政府渔业行政主管部门可以向受益的单位和个人征收渔业资源增殖保护费，专门用于增殖和保护渔业资源。渔业资源增殖保护费的征收办法由国务院渔业行政主管部门会同财政部门制定，报国务院批准后施行。

第二十九条　国家保护水产种质资源及其生存环境，并在具有较高经济价值和遗传育种价值的水产种质资源的主要生长繁育区域建立水产种质资源保护区。未经国务院渔业行政主管部门批准，任何单位或者个人不得在水产种质资源保护区内从事捕捞活动。

第三十条　禁止使用炸鱼、毒鱼、电鱼等破坏渔业资源的方法进行捕捞。禁止制造、销售、使用禁用的渔具。禁止在禁渔区、禁渔期进行捕捞。禁止使用小于最小网目尺寸的网具进行捕捞。捕捞的渔获物中幼鱼不得超过规定的比例。在禁渔区或者禁渔期内禁止销售非法捕捞的渔获物。

重点保护的渔业资源品种及其可捕捞标准，禁渔区和禁渔期，禁止使用或者限制使用的渔具和捕捞方法，最小网目尺寸以及其他保护渔业资源的措施，由国务院渔业行政主管部门或者省、自治区、直辖市人民政府渔业行政主管部门规定。

第三十一条 禁止捕捞有重要经济价值的水生动物苗种。因养殖或者其他特殊需要，捕捞有重要经济价值的苗种或者禁捕的怀卵亲体的，必须经国务院渔业行政主管部门或者省、自治区、直辖市人民政府渔业行政主管部门批准，在指定的区域和时间内，按照限额捕捞。

在水生动物苗种重点产区引水用水时，应当采取措施，保护苗种。

第三十二条 在鱼、虾、蟹洄游通道建闸、筑坝，对渔业资源有严重影响的，建设单位应当建造过鱼设施或者采取其他补救措施。

第三十三条 用于渔业并兼有调蓄、灌溉等功能的水体，有关主管部门应当确定渔业生产所需的最低水位线。

第三十四条 禁止围湖造田。沿海滩涂未经县级以上人民政府批准，不得围垦；重要的苗种基地和养殖场所不得围垦。

第三十五条 进行水下爆破、勘探、施工作业，对渔业资源有严重影响的，作业单位应当事先同有关县级以上人民政府渔业行政主管部门协商，采取措施，防止或者减少对渔业资源的损害；造成渔业资源损失的，由有关县级以上人民政府责令赔偿。

第三十六条 各级人民政府应当采取措施，保护和改善渔业水域的生态环境，防治污染。

渔业水域生态环境的监督管理和渔业污染事故的调查处理，依照《中华人民共和国海洋环境保护法》和《中华人民共和国水污染防治法》的有关规定执行

第三十七条 国家对白鳍豚等珍贵、濒危水生野生动物实行重点保护，防止其灭绝。禁止捕杀、伤害国家重点保护的水生野生动物。因科学研究、驯养繁殖、展览或者其他特殊情况，需要捕捞国家重点保护的水生野生动物的，依照《中华人民共和国野生动物保护法》的规定执行。

第五章 法律责任

第三十八条 使用炸鱼、毒鱼、电鱼等破坏渔业资源方法进行捕捞的，违反关于禁渔区、禁渔期的规定进行捕捞的，或者使用禁用的渔具、捕捞方法和小于最小网目尺寸的网具进行捕捞或者渔获物中幼鱼超过规定比例的，没收渔获物和违法所得，处五万元以下的罚款；情节严重的，没收渔具，吊销捕捞许可证；情节特别严重的，可以没收渔船；构成犯罪的，依法追究刑事责任。

在禁渔区或者禁渔期内销售非法捕捞的渔获物的，县级以上地方人民政府渔业行政主管部门应当及时进行调查处理。

制造、销售禁用的渔具的，没收非法制造、销售的渔具和违法所得，并处一万元以下的罚款。

第三十九条 偷捕、抢夺他人养殖的水产品的，或者破坏他人养殖水体、养殖设施的，责令改正，可以处二万元以下的罚款；造成他人损失的，依法承担赔偿责任；构成犯罪的，依法追究刑事责任。

第四十条 使用全民所有的水域、滩涂从事养殖生产，无正当理由使水域、滩涂荒芜满一年的，由发放养殖证的机关责令限期开发利用；逾期未开发利用的，吊销养殖证，可以并处一万元以下的罚款。

未依法取得养殖证擅自在全民所有的水域从事养殖生产的，责令改正，补办养殖证或者限期拆除养殖设施。

未依法取得养殖证或者超越养殖证许可范围在全民所有的水域从事养殖生产，妨碍航运、行洪的，责令限期拆除养殖设施，可以并处一万元以下的罚款。

第四十一条 未依法取得捕捞许可证擅自进行捕捞的，没收渔获物和违法所得，并处十万元以下的罚款；情节严重的，并可以没收渔具和渔船。

第四十二条 违反捕捞许可证关于作业类型、场所、时限和渔具数量的规定进行捕捞的，没收渔获物和违法所得，可以并处五万元以下的罚款；情节严重的，并可以没收渔具，吊销捕捞许可证。

第四十三条 涂改、买卖、出租或者以其他形式转让捕捞许可证的，没收违法所得，吊销捕捞许可证，可以并处一万元以下的罚款；伪造、变造、买卖捕捞许可证，构成犯罪的，依法追究刑事责任。

第四十四条 非法生产、进口、出口水产苗种的，没收苗种和违法所得，并处五万元以下的罚款。

经营未经审定的水产苗种的，责令立即停止经营，没收违法所得，可以并处五万元以下的罚款。

第四十五条 未经批准在水产种质资源保护区内从事捕捞活动的，责令立即停止捕捞，没收渔获物和渔具，可以并处一万元以下的罚款。

第四十六条 外国人、外国渔船违反本法规定，擅自进入中华人民共和国管辖水域从事渔业生产和渔业资源调查活动的，责令其离开或者将其驱逐，可以没收渔获物、渔具，并处五十万元以下的罚款；情节严重的，可以没收渔船；构成犯罪的，依法追究刑事责任。

第四十七条 造成渔业水域生态环境破坏或者渔业污染事故的，依照《中华人民共和国海洋环境保护法》和《中华人民共和国水污染防治法》的规定追究法律责任。

第四十八条 本法规定的行政处罚，由县级以上人民政府渔业行政主管部门或者其所属的渔政监督管理机构决定。但是，本法已对处罚机关作出规定的除外。

在海上执法时，对违反禁渔区、禁渔期的规定或者使用禁用的渔具、捕捞方法进行捕捞，以及未取得捕捞许可证进行捕捞的，事实清楚、证据充分，但是当场不能按照法定程序作出和执行行政处罚决定的，可以先暂时扣押捕捞许可证、渔具或者渔船，回港后依法作出和执行行政处罚决定。

第四十九条 渔业行政主管部门和其所属的渔政监督管理机构及其工作人员违反本法规定核发许可证、分配捕捞限额或者从事渔业生产经营活动的，或者有其他玩忽职守不履行法定义务、滥用职权、徇私舞弊的行为的，依法给予行政处分；构成犯罪的，依法追究刑事责任。

第六章 附 则

第五十条 本法自 1986 年 7 月 1 日起施行。

中华人民共和国种子法

第一章 总 则

第一条 为了保护和合理利用种质资源，规范品种选育、种子生产经营和管理行为，保护植物新品种权，维护种子生产经营者、使用者的合法权益，提高种子质量，推动种子产业化，发展现代种业，保障国家粮食安全，促进农业和林业的发展，制定本法。

第二条 在中华人民共和国境内从事品种选育、种子生产经营和管理等活动，适用本法。

本法所称种子，是指农作物和林木的种植材料或者繁殖材料，包括籽粒、果实、根、茎、苗、芽、叶、花等。

第三条 国务院农业、林业主管部门分别主管全国农作物种子和林木种子工作；县级以上地方人民政府农业、林业主管部门分别主管本行政区域内农作物种子和林木种子工作。

各级人民政府及其有关部门应当采取措施，加强种子执法和监督，依法惩处侵害农民权益的种子违法行为。

第四条 国家扶持种质资源保护工作和选育、生产、更新、推广使用良种，鼓励品种选育和种子生产经营相结合，奖励在种质资源保护工作和良种选育、推广等工作中成绩显著的单位和个人。

第五条 省级以上人民政府应当根据科教兴农方针和农业、林业发展的需要制定种业发展规划并组织实施。

第六条 省级以上人民政府建立种子储备制度，主要用于发生灾害时的生产需要及余缺调剂，保障农业和林业生产安全。对储备的种子应当定期检验和更新。种子储备的具体办法由国务院规定。

第七条 转基因植物品种的选育、试验、审定和推广应当进行安全性评价，并采取严格的安全控制措施。国务院农业、林业主管部门应当加强跟踪监管并及时公告有关转基因植物品种审定和推广的信息。具体办法由国务院规定。

第二章 种质资源保护

第八条 国家依法保护种质资源，任何单位和个人不得侵占和破坏种质资源。

禁止采集或者采伐国家重点保护的天然种质资源。因科研等特殊情况需要采集或者采伐的，应当经国务院或者省、自治区、直辖市人民政府的农业、林业主管部门批准。

第九条 国家有计划地普查、收集、整理、鉴定、登记、保存、交流和利用种质资源，定期公布可供利用的种质资源目录。具体办法由国务院农业、林业主管部门规定。

第十条 国务院农业、林业主管部门应当建立种质资源库、种质资源保护区或者种质资源保护地。省、自治区、直辖市人民政府农业、林业主管部门可以根据需要建立种质资源库、种质资源保护区、种质资源保护地。种质资源库、种质资源保护区、种质资源保护地的种质资源属公共资源，依法开放利用。

占用种质资源库、种质资源保护区或者种质资源保护地的，需经原设立机关同意。

第十一条　国家对种质资源享有主权，任何单位和个人向境外提供种质资源，或者与境外机构、个人开展合作研究利用种质资源的，应当向省、自治区、直辖市人民政府农业、林业主管部门提出申请，并提交国家共享惠益的方案；受理申请的农业、林业主管部门经审核，报国务院农业、林业主管部门批准。

从境外引进种质资源的，依照国务院农业、林业主管部门的有关规定办理。

第三章　品种选育、审定与登记

第十二条　国家支持科研院所及高等院校重点开展育种的基础性、前沿性和应用技术研究，以及常规作物、主要造林树种育种和无性繁殖材料选育等公益性研究。

国家鼓励种子企业充分利用公益性研究成果，培育具有自主知识产权的优良品种；鼓励种子企业与科研院所及高等院校构建技术研发平台，建立以市场为导向、资本为纽带、利益共享、风险共担的产学研相结合的种业技术创新体系。

国家加强种业科技创新能力建设，促进种业科技成果转化，维护种业科技人员的合法权益。

第十三条　由财政资金支持形成的育种发明专利权和植物新品种权，除涉及国家安全、国家利益和重大社会公共利益的外，授权项目承担者依法取得。

由财政资金支持为主形成的育种成果的转让、许可等应当依法公开进行，禁止私自交易。

第十四条　单位和个人因林业主管部门为选育林木良种建立测定林、试验林、优树收集区、基因库等而减少经济收入的，批准建立的林业主管部门应当按照国家有关规定给予经济补偿。

第十五条　国家对主要农作物和主要林木实行品种审定制度。主要农作物品种和主要林木品种在推广前应当通过国家级或者省级审定。由省、自治区、直辖市人民政府林业主管部门确定的主要林木品种实行省级审定。

申请审定的品种应当符合特异性、一致性、稳定性要求。

主要农作物品种和主要林木品种的审定办法由国务院农业、林业主管部门规定。审定办法应当体现公正、公开、科学、效率的原则，有利于产量、品质、抗性等的提高与协调，有利于适应市场和生活消费需要的品种的推广。在制定、修改审定办法时，应当充分听取育种者、种子使用者、生产经营者和相关行业代表意见。

第十六条　国务院和省、自治区、直辖市人民政府的农业、林业主管部门分别设立由专业人员组成的农作物品种和林木品种审定委员会。品种审定委员会承担主要农作物品种和主要林木品种的审定工作，建立包括申请文件、品种审定试验数据、种子样品、审定意见和审定结论等内容的审定档案，保证可追溯。在审定通过的品种依法公布的相关信息中应当包括审定意见情况，接受监督。

品种审定实行回避制度。品种审定委员会委员、工作人员及相关测试、试验人员应当忠于职守，公正廉洁。对单位和个人举报或者监督检查发现的上述人员的违法行为，省级以上人民政府农业、林业主管部门和有关机关应当及时依法处理。

第十七条　实行选育生产经营相结合，符合国务院农业、林业主管部门规定条件的种子企业，对其自主研发的主要农作物品种、主要林木品种可以按照审定办法自行完成试验，达到审定标准的，品种审定委员会应当颁发审定证书。种子企业对试验数据的真实性负责，保证可追溯，接受省级以上人民政府农业、林业主管部门和社会的监督。

第十八条　审定未通过的农作物品种和林木品种，申请人有异议的，可以向原审定委员会或者国家级审定委员会申请复审。

第十九条 通过国家级审定的农作物品种和林木良种由国务院农业、林业主管部门公告，可以在全国适宜的生态区域推广。通过省级审定的农作物品种和林木良种由省、自治区、直辖市人民政府农业、林业主管部门公告，可以在本行政区域内适宜的生态区域推广；其他省、自治区、直辖市属于同一适宜生态区的地域引种农作物品种、林木良种的，引种者应当将引种的品种和区域报所在省、自治区、直辖市人民政府农业、林业主管部门备案。

引种本地区没有自然分布的林木品种，应当按照国家引种标准通过试验。

第二十条 省、自治区、直辖市人民政府农业、林业主管部门应当完善品种选育、审定工作的区域协作机制，促进优良品种的选育和推广。

第二十一条 审定通过的农作物品种和林木良种出现不可克服的严重缺陷等情形不宜继续推广、销售的，经原审定委员会审核确认后，撤销审定，由原公告部门发布公告，停止推广、销售。

第二十二条 国家对部分非主要农作物实行品种登记制度。列入非主要农作物登记目录的品种在推广前应当登记。

实行品种登记的农作物范围应当严格控制，并根据保护生物多样性、保证消费安全和用种安全的原则确定。登记目录由国务院农业主管部门制定和调整。

申请者申请品种登记应当向省、自治区、直辖市人民政府农业主管部门提交申请文件和种子样品，并对其真实性负责，保证可追溯，接受监督检查。申请文件包括品种的种类、名称、来源、特性、育种过程以及特异性、一致性、稳定性测试报告等。

省、自治区、直辖市人民政府农业主管部门自受理品种登记申请之日起二十个工作日内，对申请者提交的申请文件进行书面审查，符合要求的，报国务院农业主管部门予以登记公告。

对已登记品种存在申请文件、种子样品不实的，由国务院农业主管部门撤销该品种登记，并将该申请者的违法信息记入社会诚信档案，向社会公布；给种子使用者和其他种子生产经营者造成损失的，依法承担赔偿责任。

对已登记品种出现不可克服的严重缺陷等情形的，由国务院农业主管部门撤销登记，并发布公告，停止推广。

非主要农作物品种登记办法由国务院农业主管部门规定

第二十三条 应当审定的农作物品种未经审定的，不得发布广告、推广、销售。

应当审定的林木品种未经审定通过的，不得作为良种推广、销售，但生产确需使用的，应当经林木品种审定委员会认定。

应当登记的农作物品种未经登记的，不得发布广告、推广，不得以登记品种的名义销售。

第二十四条 在中国境内没有经常居所或者营业场所的境外机构、个人在境内申请品种审定或者登记的，应当委托具有法人资格的境内种子企业代理。

第四章 新品种保护

第二十五条 国家实行植物新品种保护制度。对国家植物品种保护名录内经过人工选育或者发现的野生植物加以改良，具备新颖性、特异性、一致性、稳定性和适当命名的植物品种，由国务院农业、林业主管部门授予植物新品种权，保护植物新品种权所有人的合法权益。植物新品种权的内容和归属、授予条件、申请和受理、审查与批准，以及期限、终止和无效等依照本法、有关法律和行政法规规定执行。

国家鼓励和支持种业科技创新、植物新品种培育及成果转化。取得植物新品种权的品种得到推广应用的，育种者依法获得相应的经济利益。

第二十六条 一个植物新品种只能授予一项植物新品种权。两个以上的申请人分别就同一个品种申请植物新品种权的，植物新品种权授予最先申请的人；同时申请的，植物新品种权授予最先完成该品种育种的人。

对违反法律，危害社会公共利益、生态环境的植物新品种，不授予植物新品种权。

第二十七条 授予植物新品种权的植物新品种名称，应当与相同或者相近的植物属或者种中已知品种的名称相区别。该名称经授权后即为该植物新品种的通用名称。

下列名称不得用于授权品种的命名：

（一）仅以数字表示的；

（二）违反社会公德的；

（三）对植物新品种的特征、特性或者育种者身份等容易引起误解的。

同一植物品种在申请新品种保护、品种审定、品种登记、推广、销售时只能使用同一个名称。生产推广、销售的种子应当与申请植物新品种保护、品种审定、品种登记时提供的样品相符。

第二十八条 完成育种的单位或者个人对其授权品种，享有排他的独占权。任何单位或者个人未经植物新品种权所有人许可，不得生产、繁殖或者销售该授权品种的繁殖材料，不得为商业目的将该授权品种的繁殖材料重复使用于生产另一品种的繁殖材料；但是本法、有关法律、行政法规另有规定的除外。

第二十九条 在下列情况下使用授权品种的，可以不经植物新品种权所有人许可，不向其支付使用费，但不得侵犯植物新品种权所有人依照本法、有关法律、行政法规享有的其他权利：

（一）利用授权品种进行育种及其他科研活动；

（二）农民自繁自用授权品种的繁殖材料。

第三十条 为了国家利益或者社会公共利益，国务院农业、林业主管部门可以作出实施植物新品种权强制许可的决定，并予以登记和公告。

取得实施强制许可的单位或者个人不享有独占的实施权，并且无权允许他人实施。

第五章 种子生产经营

第三十一条 从事种子进出口业务的种子生产经营许可证，由省、自治区、直辖市人民政府农业、林业主管部门审核，国务院农业、林业主管部门核发。

从事主要农作物杂交种子及其亲本种子、林木良种种子的生产经营以及实行选育生产经营相结合，符合国务院农业、林业主管部门规定条件的种子企业的种子生产经营许可证，由生产经营者所在地县级人民政府农业、林业主管部门审核，省、自治区、直辖市人民政府农业、林业主管部门核发。

前两款规定以外的其他种子的生产经营许可证，由生产经营者所在地县级以上地方人民政府农业、林业主管部门核发。

只从事非主要农作物种子和非主要林木种子生产的，不需要办理种子生产经营许可证。

第三十二条 申请取得种子生产经营许可证的，应当具有与种子生产经营相适应的生产经营设施、设备及专业技术人员，以及法规和国务院农业、林业主管部门规定的其他条件。

从事种子生产的，还应当同时具有繁殖种子的隔离和培育条件，具有无检疫性有害生物的种子生产地点或者县级以上人民政府林业主管部门确定的采种林。

申请领取具有植物新品种权的种子生产经营许可证的，应当征得植物新品种权所有人的书面同意。

第三十三条 种子生产经营许可证应当载明生产经营者名称、地址、法定代表人、生产种子的品种、地点和种子经营的范围、有效期限、有效区域等事项。

前款事项发生变更的，应当自变更之日起三十日内，向原核发许可证机关申请变更登记。

除本法另有规定外，禁止任何单位和个人无种子生产经营许可证或者违反种子生产经营许可证的规定生产、经营种子。禁止伪造、变造、买卖、租借种子生产经营许可证。

第三十四条 种子生产应当执行种子生产技术规程和种子检验、检疫规程。

第三十五条 在林木种子生产基地内采集种子的，由种子生产基地的经营者组织进行，采集种子应当按照国家有关标准进行。

禁止抢采掠青、损坏母树，禁止在劣质林内、劣质母树上采集种子。

第三十六条 种子生产经营者应当建立和保存包括种子来源、产地、数量、质量、销售去向、销售日期和有关责任人员等内容的生产经营档案，保证可追溯。种子生产经营档案的具体载明事项，种子生产经营档案及种子样品的保存期限由国务院农业、林业主管部门规定。

第三十七条 农民个人自繁自用的常规种子有剩余的，可以在当地集贸市场上出售、串换，不需要办理种子生产经营许可证。

第三十八条 种子生产经营许可证的有效区域由发证机关在其管辖范围内确定。种子生产经营者在种子生产经营许可证载明的有效区域设立分支机构的，专门经营不再分装的包装种子的，或者受具有种子生产经营许可证的种子生产经营者以书面委托生产、代销其种子的，不需要办理种子生产经营许可证，但应当向当地农业、林业主管部门备案。

实行选育生产经营相结合，符合国务院农业、林业主管部门规定条件的种子企业的生产经营许可证的有效区域为全国。

第三十九条 未经省、自治区、直辖市人民政府林业主管部门批准，不得收购珍贵树木种子和本级人民政府规定限制收购的林木种子。

第四十条 销售的种子应当加工、分级、包装。但是不能加工、包装的除外。

大包装或者进口种子可以分装；实行分装的，应当标注分装单位，并对种子质量负责。

第四十一条 销售的种子应当符合国家或者行业标准，附有标签和使用说明。标签和使用说明标注的内容应当与销售的种子相符。种子生产经营者对标注内容的真实性和种子质量负责。

标签应当标注种子类别、品种名称、品种审定或者登记编号、品种适宜种植区域及季节、生产经营者及注册地、质量指标、检疫证明编号、种子生产经营许可证编号和信息代码，以及国务院农业、林业主管部门规定的其他事项。

销售授权品种种子的，应当标注品种权号。

销售进口种子的，应当附有进口审批文号和中文标签。

销售转基因植物品种种子的，必须用明显的文字标注，并应当提示使用时的安全控制措施。

种子生产经营者应当遵守有关法律、法规的规定，诚实守信，向种子使用者提供种子生产者信息、种子的主要性状、主要栽培措施、适应性等使用条件的说明、风险提示与有关咨询服务，不得作虚假或者引人误解的宣传。

任何单位和个人不得非法干预种子生产经营者的生产经营自主权。

第四十二条 种子广告的内容应当符合本法和有关广告的法律、法规的规定，主要性状描述等应当与审定、登记公告一致。

第四十三条　运输或者邮寄种子应当依照有关法律、行政法规的规定进行检疫。

第四十四条　种子使用者有权按照自己的意愿购买种子，任何单位和个人不得非法干预。

第四十五条　国家对推广使用林木良种造林给予扶持。国家投资或者国家投资为主的造林项目和国有林业单位造林，应当根据林业主管部门制定的计划使用林木良种。

第四十六条　种子使用者因种子质量问题或者因种子的标签和使用说明标注的内容不真实，遭受损失的，种子使用者可以向出售种子的经营者要求赔偿，也可以向种子生产者或者其他经营者要求赔偿。赔偿额包括购种价款、可得利益损失和其他损失。属于种子生产者或者其他经营者责任的，出售种子的经营者赔偿后，有权向种子生产者或者其他经营者追偿；属于出售种子的经营者责任的，种子生产者或者其他经营者赔偿后，有权向出售种子的经营者追偿。

第六章　种子监督管理

第四十七条　农业、林业主管部门应当加强对种子质量的监督检查。种子质量管理办法、行业标准和检验方法，由国务院农业、林业主管部门制定。

农业、林业主管部门可以采用国家规定的快速检测方法对生产经营的种子品种进行检测，检测结果可以作为行政处罚依据。被检查人对检测结果有异议的，可以申请复检，复检不得采用同一检测方法。因检测结果错误给当事人造成损失的，依法承担赔偿责任。

第四十八条　农业、林业主管部门可以委托种子质量检验机构对种子质量进行检验。

承担种子质量检验的机构应当具备相应的检测条件、能力，并经省级以上人民政府有关主管部门考核合格。

种子质量检验机构应当配备种子检验员。种子检验员应当具有中专以上有关专业学历，具备相应的种子检验技术能力和水平。

第四十九条　禁止生产经营假、劣种子。农业、林业主管部门和有关部门依法打击生产经营假、劣种子的违法行为，保护农民合法权益，维护公平竞争的市场秩序。

下列种子为假种子：

（一）以非种子冒充种子或者以此种品种种子冒充其他品种种子的；

（二）种子种类、品种与标签标注的内容不符或者没有标签的。

下列种子为劣种子：

（一）质量低于国家规定标准的；

（二）质量低于标签标注指标的；

（三）带有国家规定的检疫性有害生物的。

第五十条　农业、林业主管部门是种子行政执法机关。种子执法人员依法执行公务时应当出示行政执法证件。农业、林业主管部门依法履行种子监督检查职责时，有权采取下列措施：

（一）进入生产经营场所进行现场检查；

（二）对种子进行取样测试、试验或者检验；

（三）查阅、复制有关合同、票据、账簿、生产经营档案及其他有关资料；

（四）查封、扣押有证据证明违法生产经营的种子，以及用于违法生产经营的工具、设备及运输工具等；

（五）查封违法从事种子生产经营活动的场所。

农业、林业主管部门依照本法规定行使职权，当事人应当协助、配合，不得拒绝、阻挠。

农业、林业主管部门所属的综合执法机构或者受其委托的种子管理机构，可以开展种子执法相关工作。

第五十一条　种子生产经营者依法自愿成立种子行业协会，加强行业自律管理，维护成员合法权益，为成员和行业发展提供信息交流、技术培训、信用建设、市场营销和咨询等服务。

第五十二条　种子生产经营者可自愿向具有资质的认证机构申请种子质量认证。经认证合格的，可以在包装上使用认证标识。

第五十三条　由于不可抗力原因，为生产需要必须使用低于国家或者地方规定标准的农作物种子的，应当经用种地县级以上地方人民政府批准；林木种子应当经用种地省、自治区、直辖市人民政府批准。

第五十四条　从事品种选育和种子生产经营以及管理的单位和个人应当遵守有关植物检疫法律、行政法规的规定，防止植物危险性病、虫、杂草及其他有害生物的传播和蔓延。

禁止任何单位和个人在种子生产基地从事检疫性有害生物接种试验。

第五十五条　省级以上人民政府农业、林业主管部门应当在统一的政府信息发布平台上发布品种审定、品种登记、新品种保护、种子生产经营许可、监督管理等信息。

国务院农业、林业主管部门建立植物品种标准样品库，为种子监督管理提供依据。

第五十六条　农业、林业主管部门及其工作人员，不得参与和从事种子生产经营活动。

第七章　种子进出口和对外合作

第五十七条　进口种子和出口种子必须实施检疫，防止植物危险性病、虫、杂草及其他有害生物传入境内和传出境外，具体检疫工作按照有关植物进出境检疫法律、行政法规的规定执行。

第五十八条　从事种子进出口业务的，除具备种子生产经营许可证外，还应当依照国家有关规定取得种子进出口许可。

从境外引进农作物、林木种子的审定权限，农作物、林木种子的进口审批办法，引进转基因植物品种的管理办法，由国务院规定。

第五十九条　进口种子的质量，应当达到国家标准或者行业标准。没有国家标准或者行业标准的，可以按照合同约定的标准执行

第六十条　为境外制种进口种子的，可以不受本法第五十八条第一款的限制，但应当具有对外制种合同，进口的种子只能用于制种，其产品不得在境内销售。

从境外引进农作物或者林木试验用种，应当隔离栽培，收获物也不得作为种子销售。

第六十一条　禁止进出口假、劣种子以及属于国家规定不得进出口的种子。

第六十二条　国家建立种业国家安全审查机制。境外机构、个人投资、并购境内种子企业，或者与境内科研院所、种子企业开展技术合作，从事品种研发、种子生产经营的审批管理依照有关法律、行政法规的规定执行。

第八章　扶持措施

第六十三条　国家加大对种业发展的支持。对品种选育、生产、示范推广、种质资源保护、种子储备以及制种大县给予扶持。

国家鼓励推广使用高效、安全制种采种技术和先进适用的制种采种机械，将先进适用的制种采

种机械纳入农机具购置补贴范围。

国家积极引导社会资金投资种业。

第六十四条　国家加强种业公益性基础设施建设。

对优势种子繁育基地内的耕地，划入基本农田保护区，实行永久保护。优势种子繁育基地由国务院农业主管部门商所在省、自治区、直辖市人民政府确定。

第六十五条　对从事农作物和林木品种选育、生产的种子企业，按照国家有关规定给予扶持。

第六十六条　国家鼓励和引导金融机构为种子生产经营和收储提供信贷支持。

第六十七条　国家支持保险机构开展种子生产保险。省级以上人民政府可以采取保险费补贴等措施，支持发展种业生产保险。

第六十八条　国家鼓励科研院所及高等院校与种子企业开展育种科技人员交流，支持本单位的科技人员到种子企业从事育种成果转化活动；鼓励育种科研人才创新创业。

第六十九条　国务院农业、林业主管部门和异地繁育种子所在地的省、自治区、直辖市人民政府应当加强对异地繁育种子工作的管理和协调，交通运输部门应当优先保证种子的运输。

第九章　法律责任

第七十条　农业、林业主管部门不依法作出行政许可决定，发现违法行为或者接到对违法行为的举报不予查处，或者有其他未依照本法规定履行职责的行为的，由本级人民政府或者上级人民政府有关部门责令改正，对负有责任的主管人员和其他直接责任人员依法给予处分。

违反本法第五十六条规定，农业、林业主管部门工作人员从事种子生产经营活动的，依法给予处分。

第七十一条　违反本法第十六条规定，品种审定委员会委员和工作人员不依法履行职责，弄虚作假、徇私舞弊的，依法给予处分；自处分决定作出之日起五年内不得从事品种审定工作。

第七十二条　品种测试、试验和种子质量检验机构伪造测试、试验、检验数据或者出具虚假证明的，由县级以上人民政府农业、林业主管部门责令改正，对单位处五万元以上十万元以下罚款，对直接负责的主管人员和其他直接责任人员处一万元以上五万元以下罚款；有违法所得的，并处没收违法所得；给种子使用者和其他种子生产经营者造成损失的，与种子生产经营者承担连带责任；情节严重的，由省级以上人民政府有关主管部门取消种子质量检验资格。

第七十三条　违反本法第二十八条规定，有侵犯植物新品种权行为的，由当事人协商解决，不愿协商或者协商不成的，植物新品种权所有人或者利害关系人可以请求县级以上人民政府农业、林业主管部门进行处理，也可以直接向人民法院提起诉讼。

县级以上人民政府农业、林业主管部门，根据当事人自愿的原则，对侵犯植物新品种权所造成的损害赔偿可以进行调解。调解达成协议的，当事人应当履行；当事人不履行协议或者调解未达成协议的，植物新品种权所有人或者利害关系人可以依法向人民法院提起诉讼。

侵犯植物新品种权的赔偿数额按照权利人因被侵权所受到的实际损失确定；实际损失难以确定的，可以按照侵权人因侵权所获得的利益确定。权利人的损失或者侵权人获得的利益难以确定的，可以参照该植物新品种权许可使用费的倍数合理确定。赔偿数额应当包括权利人为制止侵权行为所支付的合理开支。侵犯植物新品种权，情节严重的，可以在按照上述方法确定数额的一倍以上三倍以下确定赔偿数额。

权利人的损失、侵权人获得的利益和植物新品种权许可使用费均难以确定的，人民法院可以根据植物新品种权的类型、侵权行为的性质和情节等因素，确定给予三百万元以下的赔偿。

县级以上人民政府农业、林业主管部门处理侵犯植物新品种权案件时，为了维护社会公共利益，责令侵权人停止侵权行为，没收违法所得和种子；货值金额不足五万元的，并处一万元以上二十五万元以下罚款；货值金额五万元以上的，并处货值金额五倍以上十倍以下罚款。

假冒授权品种的，由县级以上人民政府农业、林业主管部门责令停止假冒行为，没收违法所得和种子；货值金额不足五万元的，并处一万元以上二十五万元以下罚款；货值金额五万元以上的，并处货值金额五倍以上十倍以下罚款。

第七十四条 当事人就植物新品种的申请权和植物新品种权的权属发生争议的，可以向人民法院提起诉讼。

第七十五条 违反本法第四十九条规定，生产经营假种子的，由县级以上人民政府农业、林业主管部门责令停止生产经营，没收违法所得和种子，吊销种子生产经营许可证；违法生产经营的货值金额不足一万元的，并处一万元以上十万元以下罚款；货值金额一万元以上的，并处货值金额十倍以上二十倍以下罚款。

因生产经营假种子犯罪被判处有期徒刑以上刑罚的，种子企业或者其他单位的法定代表人、直接负责的主管人员自刑罚执行完毕之日起五年内不得担任种子企业的法定代表人、高级管理人员。

第七十六条 违反本法第四十九条规定，生产经营劣种子的，由县级以上人民政府农业、林业主管部门责令停止生产经营，没收违法所得和种子；违法生产经营的货值金额不足一万元的，并处五千元以上五万元以下罚款；货值金额一万元以上的，并处货值金额五倍以上十倍以下罚款；情节严重的，吊销种子生产经营许可证。

因生产经营劣种子犯罪被判处有期徒刑以上刑罚的，种子企业或者其他单位的法定代表人、直接负责的主管人员自刑罚执行完毕之日起五年内不得担任种子企业的法定代表人、高级管理人员。

第七十七条 违反本法第三十二条、第三十三条规定，有下列行为之一的，由县级以上人民政府农业、林业主管部门责令改正，没收违法所得和种子；违法生产经营的货值金额不足一万元的，并处三千元以上三万元以下罚款；货值金额一万元以上的，并处货值金额三倍以上五倍以下罚款；可以吊销种子生产经营许可证：

（一）未取得种子生产经营许可证生产经营种子的；

（二）以欺骗、贿赂等不正当手段取得种子生产经营许可证的；

（三）未按照种子生产经营许可证的规定生产经营种子的；

（四）伪造、变造、买卖、租借种子生产经营许可证的。

被吊销种子生产经营许可证的单位，其法定代表人、直接负责的主管人员自处罚决定作出之日起五年内不得担任种子企业的法定代表人、高级管理人员。

第七十八条 违反本法第二十一条、第二十二条、第二十三条规定，有下列行为之一的，由县级以上人民政府农业、林业主管部门责令停止违法行为，没收违法所得和种子，并处二万元以上二十万元以下罚款：

（一）对应当审定未经审定的农作物品种进行推广、销售的；

（二）作为良种推广、销售应当审定未经审定的林木品种的；

（三）推广、销售应当停止推广、销售的农作物品种或者林木良种的；

（四）对应当登记未经登记的农作物品种进行推广，或者以登记品种的名义进行销售的；

（五）对已撤销登记的农作物品种进行推广，或者以登记品种的名义进行销售的。

违反本法第二十三条、第四十二条规定，对应当审定未经审定或者应当登记未经登记的农作物品种发布广告，或者广告中有关品种的主要性状描述的内容与审定、登记公告不一致的，依照《中华人民共和国广告法》的有关规定追究法律责任。

第七十九条 违反本法第五十八条、第六十条、第六十一条规定，有下列行为之一的，由县级以上人民政府农业、林业主管部门责令改正，没收违法所得和种子；违法生产经营的货值金额不足一万元的，并处三千元以上三万元以下罚款；货值金额一万元以上的，并处货值金额三倍以上五倍以下罚款；情节严重的，吊销种子生产经营许可证：

（一）未经许可进出口种子的；

（二）为境外制种的种子在境内销售的；

（三）从境外引进农作物或者林木种子进行引种试验的收获物作为种子在境内销售的；

（四）进出口假、劣种子或者属于国家规定不得进出口的种子的。

第八十条 违反本法第三十六条、第三十八条、第四十条、第四十一条规定，有下列行为之一的，由县级以上人民政府农业、林业主管部门责令改正，处二千元以上二万元以下罚款：

（一）销售的种子应当包装而没有包装的；

（二）销售的种子没有使用说明或者标签内容不符合规定的；

（三）涂改标签的；

（四）未按规定建立、保存种子生产经营档案的；

（五）种子生产经营者在异地设立分支机构、专门经营不再分装的包装种子或者受委托生产、代销种子，未按规定备案的。

第八十一条 违反本法第八条规定，侵占、破坏种质资源，私自采集或者采伐国家重点保护的天然种质资源的，由县级以上人民政府农业、林业主管部门责令停止违法行为，没收种质资源和违法所得，并处五千元以上五万元以下罚款；造成损失的，依法承担赔偿责任。

第八十二条 违反本法第十一条规定，向境外提供或者从境外引进种质资源，或者与境外机构、个人开展合作研究利用种质资源的，由国务院或者省、自治区、直辖市人民政府的农业、林业主管部门没收种质资源和违法所得，并处二万元以上二十万元以下罚款。

未取得农业、林业主管部门的批准文件携带、运输种质资源出境的，海关应当将该种质资源扣留，并移送省、自治区、直辖市人民政府农业、林业主管部门处理。

第八十三条 违反本法第三十五条规定，抢采掠青、损坏母树或者在劣质林内、劣质母树上采种的，由县级以上人民政府林业主管部门责令停止采种行为，没收所采种子，并处所采种子货值金额二倍以上五倍以下罚款。

第八十四条 违反本法第三十九条规定，收购珍贵树木种子或者限制收购的林木种子的，由县级以上人民政府林业主管部门没收所收购的种子，并处收购种子货值金额二倍以上五倍以下罚款。

第八十五条 违反本法第十七条规定，种子企业有造假行为的，由省级以上人民政府农业、林业主管部门处一百万元以上五百万元以下罚款；不得再依照本法第十七条的规定申请品种审定；给种子使用者和其他种子生产经营者造成损失的，依法承担赔偿责任。

第八十六条 违反本法第四十五条规定，未根据林业主管部门制定的计划使用林木良种的，由同级人民政府林业主管部门责令限期改正；逾期未改正的，处三千元以上三万元以下罚款。

第八十七条 违反本法第五十四条规定，在种子生产基地进行检疫性有害生物接种试验的，由县级以上人民政府农业、林业主管部门责令停止试验，处五千元以上五万元以下罚款。

第八十八条 违反本法第五十条规定，拒绝、阻挠农业、林业主管部门依法实施监督检查的，处二千元以上五万元以下罚款，可以责令停产停业整顿；构成违反治安管理行为的，由公安机关依法给予治安管理处罚。

第八十九条 违反本法第十三条规定，私自交易育种成果，给本单位造成经济损失的，依法承担赔偿责任。

第九十条 违反本法第四十四条规定，强迫种子使用者违背自己的意愿购买、使用种子，给使用者造成损失的，应当承担赔偿责任。

第九十一条 违反本法规定，构成犯罪的，依法追究刑事责任。

第十章 附 则

第九十二条 本法下列用语的含义是：

（一）种质资源是指选育植物新品种的基础材料，包括各种植物的栽培种、野生种的繁殖材料以及利用上述繁殖材料人工创造的各种植物的遗传材料。

（二）品种是指经过人工选育或者发现并经过改良，形态特征和生物学特性一致，遗传性状相对稳定的植物群体。

（三）主要农作物是指稻、小麦、玉米、棉花、大豆。

（四）主要林木由国务院林业主管部门确定并公布；省、自治区、直辖市人民政府林业主管部门可以在国务院林业主管部门确定的主要林木之外确定其他八种以下的主要林木。

（五）林木良种是指通过审定的主要林木品种，在一定的区域内，其产量、适应性、抗性等方面明显优于当前主栽材料的繁殖材料和种植材料。

（六）新颖性是指申请植物新品种权的品种在申请日前，经申请权人自行或者同意销售、推广其种子，在中国境内未超过一年；在境外，木本或者藤本植物未超过六年，其他植物未超过四年。

本法施行后新列入国家植物品种保护名录的植物的属或者种，从名录公布之日起一年内提出植物新品种权申请的，在境内销售、推广该品种种子未超过四年的，具备新颖性。

除销售、推广行为丧失新颖性外，下列情形视为已丧失新颖性：

1．品种经省、自治区、直辖市人民政府农业、林业主管部门依据播种面积确认已经形成事实扩散的；

2．农作物品种已审定或者登记两年以上未申请植物新品种权的。

（七）特异性是指一个植物品种有一个以上性状明显区别于已知品种。

（八）一致性是指一个植物品种的特性除可预期的自然变异外，群体内个体间相关的特征或者特性表现一致。

（九）稳定性是指一个植物品种经过反复繁殖后或者在特定繁殖周期结束时，其主要性状保持不变。

（十）已知品种是指已受理申请或者已通过品种审定、品种登记、新品种保护，或者已经销售、推广的植物品种。

（十一）标签是指印制、粘贴、固定或者附着在种子、种子包装物表面的特定图案及文字说明。

第九十三条 草种、烟草种、中药材种、食用菌菌种的种质资源管理和选育、生产经营、管理等活动，参照本法执行。

第九十四条 本法自2016年1月1日起施行。

中华人民共和国水污染防治法

第一章　总　则

第一条　为了保护和改善环境，防治水污染，保护水生态，保障饮用水安全，维护公众健康，推进生态文明建设，促进经济社会可持续发展，制定本法。

第二条　本法适用于中华人民共和国领域内的江河、湖泊、运河、渠道、水库等地表水体以及地下水体的污染防治。

海洋污染防治适用《中华人民共和国海洋环境保护法》。

第三条　水污染防治应当坚持预防为主、防治结合、综合治理的原则，优先保护饮用水水源，严格控制工业污染、城镇生活污染，防治农业面源污染，积极推进生态治理工程建设，预防、控制和减少水环境污染和生态破坏。

第四条　县级以上人民政府应当将水环境保护工作纳入国民经济和社会发展规划。

地方各级人民政府对本行政区域的水环境质量负责，应当及时采取措施防治水污染。

第五条　省、市、县、乡建立河长制，分级分段组织领导本行政区域内江河、湖泊的水资源保护、水域岸线管理、水污染防治、水环境治理等工作。

第六条　国家实行水环境保护目标责任制和考核评价制度，将水环境保护目标完成情况作为对地方人民政府及其负责人考核评价的内容。

第七条　国家鼓励、支持水污染防治的科学技术研究和先进适用技术的推广应用，加强水环境保护的宣传教育。

第八条　国家通过财政转移支付等方式，建立健全对位于饮用水水源保护区区域和江河、湖泊、水库上游地区的水环境生态保护补偿机制。

第九条　县级以上人民政府环境保护主管部门对水污染防治实施统一监督管理。

交通主管部门的海事管理机构对船舶污染水域的防治实施监督管理。

县级以上人民政府水行政、国土资源、卫生、建设、农业、渔业等部门以及重要江河、湖泊的流域水资源保护机构，在各自的职责范围内，对有关水污染防治实施监督管理。

第十条　排放水污染物，不得超过国家或者地方规定的水污染物排放标准和重点水污染物排放总量控制指标。

第十一条　任何单位和个人都有义务保护水环境，并有权对污染损害水环境的行为进行检举。

县级以上人民政府及其有关主管部门对在水污染防治工作中做出显著成绩的单位和个人给予表彰和奖励。

第二章　水污染防治的标准和规划

第十二条　国务院环境保护主管部门制定国家水环境质量标准。

省、自治区、直辖市人民政府可以对国家水环境质量标准中未作规定的项目，制定地方标准，并报国务院环境保护主管部门备案。

第十三条 国务院环境保护主管部门会同国务院水行政主管部门和有关省、自治区、直辖市人民政府，可以根据国家确定的重要江河、湖泊流域水体的使用功能以及有关地区的经济、技术条件，确定该重要江河、湖泊流域的省界水体适用的水环境质量标准，报国务院批准后施行。

第十四条 国务院环境保护主管部门根据国家水环境质量标准和国家经济、技术条件，制定国家水污染物排放标准。

省、自治区、直辖市人民政府对国家水污染物排放标准中未作规定的项目，可以制定地方水污染物排放标准；对国家水污染物排放标准中已作规定的项目，可以制定严于国家水污染物排放标准的地方水污染物排放标准。地方水污染物排放标准须报国务院环境保护主管部门备案。

向已有地方水污染物排放标准的水体排放污染物的，应当执行地方水污染物排放标准。

第十五条 国务院环境保护主管部门和省、自治区、直辖市人民政府，应当根据水污染防治的要求和国家或者地方的经济、技术条件，适时修订水环境质量标准和水污染物排放标准。

第十六条 防治水污染应当按流域或者按区域进行统一规划。国家确定的重要江河、湖泊的流域水污染防治规划，由国务院环境保护主管部门会同国务院经济综合宏观调控、水行政等部门和有关省、自治区、直辖市人民政府编制，报国务院批准。

前款规定外的其他跨省、自治区、直辖市江河、湖泊的流域水污染防治规划，根据国家确定的重要江河、湖泊的流域水污染防治规划和本地实际情况，由有关省、自治区、直辖市人民政府环境保护主管部门会同同级水行政等部门和有关市、县人民政府编制，经有关省、自治区、直辖市人民政府审核，报国务院批准。

省、自治区、直辖市内跨县江河、湖泊的流域水污染防治规划，根据国家确定的重要江河、湖泊的流域水污染防治规划和本地实际情况，由省、自治区、直辖市人民政府环境保护主管部门会同同级水行政等部门编制，报省、自治区、直辖市人民政府批准，并报国务院备案。

经批准的水污染防治规划是防治水污染的基本依据，规划的修订须经原批准机关批准。

县级以上地方人民政府应当根据依法批准的江河、湖泊的流域水污染防治规划，组织制定本行政区域的水污染防治规划。

第十七条 有关市、县级人民政府应当按照水污染防治规划确定的水环境质量改善目标的要求，制定限期达标规划，采取措施按期达标。

有关市、县级人民政府应当将限期达标规划报上一级人民政府备案，并向社会公开。

第十八条 市、县级人民政府每年在向本级人民代表大会或者其常务委员会报告环境状况和环境保护目标完成情况时，应当报告水环境质量限期达标规划执行情况，并向社会公开。

第三章 水污染防治的监督管理

第十九条 新建、改建、扩建直接或者间接向水体排放污染物的建设项目和其他水上设施，应当依法进行环境影响评价。

建设单位在江河、湖泊新建、改建、扩建排污口的，应当取得水行政主管部门或者流域管理机构同意；涉及通航、渔业水域的，环境保护主管部门在审批环境影响评价文件时，应当征求交通、渔业主管部门的意见。

建设项目的水污染防治设施，应当与主体工程同时设计、同时施工、同时投入使用。水污染防治设施应当符合经批准或者备案的环境影响评价文件的要求。

第二十条　国家对重点水污染物排放实施总量控制制度。

重点水污染物排放总量控制指标，由国务院环境保护主管部门在征求国务院有关部门和各省、自治区、直辖市人民政府意见后，会同国务院经济综合宏观调控部门报国务院批准并下达实施。

省、自治区、直辖市人民政府应当按照国务院的规定削减和控制本行政区域的重点水污染物排放总量。具体办法由国务院环境保护主管部门会同国务院有关部门规定。

省、自治区、直辖市人民政府可以根据本行政区域水环境质量状况和水污染防治工作的需要，对国家重点水污染物之外的其他水污染物排放实行总量控制。

对超过重点水污染物排放总量控制指标或者未完成水环境质量改善目标的地区，省级以上人民政府环境保护主管部门应当会同有关部门约谈该地区人民政府的主要负责人，并暂停审批新增重点水污染物排放总量的建设项目的环境影响评价文件。约谈情况应当向社会公开。

第二十一条　直接或者间接向水体排放工业废水和医疗污水以及其他按照规定应当取得排污许可证方可排放的废水、污水的企业事业单位和其他生产经营者，应当取得排污许可证；城镇污水集中处理设施的运营单位，也应当取得排污许可证。排污许可证应当明确排放水污染物的种类、浓度、总量和排放去向等要求。排污许可的具体办法由国务院规定。

禁止企业事业单位和其他生产经营者无排污许可证或者违反排污许可证的规定向水体排放前款规定的废水、污水。

第二十二条　向水体排放污染物的企业事业单位和其他生产经营者，应当按照法律、行政法规和国务院环境保护主管部门的规定设置排污口；在江河、湖泊设置排污口的，还应当遵守国务院水行政主管部门的规定。

第二十三条　实行排污许可管理的企业事业单位和其他生产经营者应当按照国家有关规定和监测规范，对所排放的水污染物自行监测，并保存原始监测记录。重点排污单位还应当安装水污染物排放自动监测设备，与环境保护主管部门的监控设备联网，并保证监测设备正常运行。具体办法由国务院环境保护主管部门规定。

应当安装水污染物排放自动监测设备的重点排污单位名录，由设区的市级以上地方人民政府环境保护主管部门根据本行政区域的环境容量、重点水污染物排放总量控制指标的要求以及排污单位排放水污染物的种类、数量和浓度等因素，商同级有关部门确定。

第二十四条　实行排污许可管理的企业事业单位和其他生产经营者应当对监测数据的真实性和准确性负责。

环境保护主管部门发现重点排污单位的水污染物排放自动监测设备传输数据异常，应当及时进行调查。

第二十五条　国家建立水环境质量监测和水污染物排放监测制度。国务院环境保护主管部门负责制定水环境监测规范，统一发布国家水环境状况信息，会同国务院水行政等部门组织监测网络，统一规划国家水环境质量监测站（点）的设置，建立监测数据共享机制，加强对水环境监测的管理。

第二十六条　国家确定的重要江河、湖泊流域的水资源保护工作机构负责监测其所在流域的省界水体的水环境质量状况，并将监测结果及时报国务院环境保护主管部门和国务院水行政主管部门；有经国务院批准成立的流域水资源保护领导机构的，应当将监测结果及时报告流域水资源保护领导机构。

第二十七条　国务院有关部门和县级以上地方人民政府开发、利用和调节、调度水资源时，应当统筹兼顾，维持江河的合理流量和湖泊、水库以及地下水体的合理水位，保障基本生态用水，维护水体的生态功能。

第二十八条 国务院环境保护主管部门应当会同国务院水行政等部门和有关省、自治区、直辖市人民政府，建立重要江河、湖泊的流域水环境保护联合协调机制，实行统一规划、统一标准、统一监测、统一的防治措施。

第二十九条 国务院环境保护主管部门和省、自治区、直辖市人民政府环境保护主管部门应当会同同级有关部门根据流域生态环境功能需要，明确流域生态环境保护要求，组织开展流域环境资源承载能力监测、评价，实施流域环境资源承载能力预警。

县级以上地方人民政府应当根据流域生态环境功能需要，组织开展江河、湖泊、湿地保护与修复，因地制宜建设人工湿地、水源涵养林、沿河沿湖植被缓冲带和隔离带等生态环境治理与保护工程，整治黑臭水体，提高流域环境资源承载能力。

从事开发建设活动，应当采取有效措施，维护流域生态环境功能，严守生态保护红线。

第三十条 环境保护主管部门和其他依照本法规定行使监督管理权的部门，有权对管辖范围内的排污单位进行现场检查，被检查的单位应当如实反映情况，提供必要的资料。检查机关有义务为被检查的单位保守在检查中获取的商业秘密。

第三十一条 跨行政区域的水污染纠纷，由有关地方人民政府协商解决，或者由其共同的上级人民政府协调解决。

第四章 水污染防治措施

第一节 一般规定

第三十二条 国务院环境保护主管部门应当会同国务院卫生主管部门，根据对公众健康和生态环境的危害和影响程度，公布有毒有害水污染物名录，实行风险管理。

排放前款规定名录中所列有毒有害水污染物的企业事业单位和其他生产经营者，应当对排污口和周边环境进行监测，评估环境风险，排查环境安全隐患，并公开有毒有害水污染物信息，采取有效措施防范环境风险。

第三十三条 禁止向水体排放油类、酸液、碱液或者剧毒废液。

禁止在水体清洗装贮过油类或者有毒污染物的车辆和容器。

第三十四条 禁止向水体排放、倾倒放射性固体废物或者含有高放射性和中放射性物质的废水。

向水体排放含低放射性物质的废水，应当符合国家有关放射性污染防治的规定和标准。

第三十五条 向水体排放含热废水，应当采取措施，保证水体的水温符合水环境质量标准。

第三十六条 含病原体的污水应当经过消毒处理；符合国家有关标准后，方可排放。

第三十七条 禁止向水体排放、倾倒工业废渣、城镇垃圾和其他废弃物。

禁止将含有汞、镉、砷、铬、铅、氰化物、黄磷等的可溶性剧毒废渣向水体排放、倾倒或者直接埋入地下。

存放可溶性剧毒废渣的场所，应当采取防水、防渗漏、防流失的措施。

第三十八条 禁止在江河、湖泊、运河、渠道、水库最高水位线以下的滩地和岸坡堆放、存贮固体废弃物和其他污染物。

第三十九条 禁止利用渗井、渗坑、裂隙、溶洞，私设暗管，篡改、伪造监测数据，或者不正常运行水污染防治设施等逃避监管的方式排放水污染物。

第四十条　化学品生产企业以及工业集聚区、矿山开采区、尾矿库、危险废物处置场、垃圾填埋场等的运营、管理单位，应当采取防渗漏等措施，并建设地下水水质监测井进行监测，防止地下水污染。

加油站等的地下油罐应当使用双层罐或者采取建造防渗池等其他有效措施，并进行防渗漏监测，防止地下水污染。

禁止利用无防渗漏措施的沟渠、坑塘等输送或者存贮含有毒污染物的废水、含病原体的污水和其他废弃物。

第四十一条　多层地下水的含水层水质差异大的，应当分层开采；对已受污染的潜水和承压水，不得混合开采。

第四十二条　兴建地下工程设施或者进行地下勘探、采矿等活动，应当采取防护性措施，防止地下水污染。

报废矿井、钻井或者取水井等，应当实施封井或者回填。

第四十三条　人工回灌补给地下水，不得恶化地下水质。

第二节　工业水污染防治

第四十四条　国务院有关部门和县级以上地方人民政府应当合理规划工业布局，要求造成水污染的企业进行技术改造，采取综合防治措施，提高水的重复利用率，减少废水和污染物排放量。

第四十五条　排放工业废水的企业应当采取有效措施，收集和处理产生的全部废水，防止污染环境。含有毒有害水污染物的工业废水应当分类收集和处理，不得稀释排放。

工业集聚区应当配套建设相应的污水集中处理设施，安装自动监测设备，与环境保护主管部门的监控设备联网，并保证监测设备正常运行。

向污水集中处理设施排放工业废水的，应当按照国家有关规定进行预处理，达到集中处理设施处理工艺要求后方可排放。

第四十六条　国家对严重污染水环境的落后工艺和设备实行淘汰制度。

国务院经济综合宏观调控部门会同国务院有关部门，公布限期禁止采用的严重污染水环境的工艺名录和限期禁止生产、销售、进口、使用的严重污染水环境的设备名录。

生产者、销售者、进口者或者使用者应当在规定的期限内停止生产、销售、进口或者使用列入前款规定的设备名录中的设备。工艺的采用者应当在规定的期限内停止采用列入前款规定的工艺名录中的工艺。

依照本条第二款、第三款规定被淘汰的设备，不得转让给他人使用。

第四十七条　国家禁止新建不符合国家产业政策的小型造纸、制革、印染、染料、炼焦、炼硫、炼砷、炼汞、炼油、电镀、农药、石棉、水泥、玻璃、钢铁、火电以及其他严重污染水环境的生产项目。

第四十八条　企业应当采用原材料利用效率高、污染物排放量少的清洁工艺，并加强管理，减少水污染物的产生。

第三节　城镇水污染防治

第四十九条　城镇污水应当集中处理。

县级以上地方人民政府应当通过财政预算和其他渠道筹集资金，统筹安排建设城镇污水集中处理设施及配套管网，提高本行政区域城镇污水的收集率和处理率。

国务院建设主管部门应当会同国务院经济综合宏观调控、环境保护主管部门，根据城乡规划和水污染防治规划，组织编制全国城镇污水处理设施建设规划。县级以上地方人民政府组织建设、经济综合宏观调控、环境保护、水行政等部门编制本行政区域的城镇污水处理设施建设规划。县级以上地方人民政府建设主管部门应当按照城镇污水处理设施建设规划，组织建设城镇污水集中处理设施及配套管网，并加强对城镇污水集中处理设施运营的监督管理。

城镇污水集中处理设施的运营单位按照国家规定向排污者提供污水处理的有偿服务，收取污水处理费用，保证污水集中处理设施的正常运行。收取的污水处理费用应当用于城镇污水集中处理设施的建设运行和污泥处理处置，不得挪作他用。

城镇污水集中处理设施的污水处理收费、管理以及使用的具体办法，由国务院规定。

第五十条 向城镇污水集中处理设施排放水污染物，应当符合国家或者地方规定的水污染物排放标准。

城镇污水集中处理设施的运营单位，应当对城镇污水集中处理设施的出水水质负责。

环境保护主管部门应当对城镇污水集中处理设施的出水水质和水量进行监督检查。

第五十一条 城镇污水集中处理设施的运营单位或者污泥处理处置单位应当安全处理处置污泥，保证处理处置后的污泥符合国家标准，并对污泥的去向等进行记录。

第四节 农业和农村水污染防治

第五十二条 国家支持农村污水、垃圾处理设施的建设，推进农村污水、垃圾集中处理。

地方各级人民政府应当统筹规划建设农村污水、垃圾处理设施，并保障其正常运行。

第五十三条 制定化肥、农药等产品的质量标准和使用标准，应当适应水环境保护要求。

第五十四条 使用农药，应当符合国家有关农药安全使用的规定和标准。

运输、存贮农药和处置过期失效农药，应当加强管理，防止造成水污染。

第五十五条 县级以上地方人民政府农业主管部门和其他有关部门，应当采取措施，指导农业生产者科学、合理地施用化肥和农药，推广测土配方施肥技术和高效低毒低残留农药，控制化肥和农药的过量使用，防止造成水污染。

第五十六条 国家支持畜禽养殖场、养殖小区建设畜禽粪便、废水的综合利用或者无害化处理设施。

畜禽养殖场、养殖小区应当保证其畜禽粪便、废水的综合利用或者无害化处理设施正常运转，保证污水达标排放，防止污染水环境。

畜禽散养密集区所在地县、乡级人民政府应当组织对畜禽粪便污水进行分户收集、集中处理利用。

第五十七条 从事水产养殖应当保护水域生态环境，科学确定养殖密度，合理投饵和使用药物，防止污染水环境。

第五十八条 农田灌溉用水应当符合相应的水质标准，防止污染土壤、地下水和农产品。

禁止向农田灌溉渠道排放工业废水或者医疗污水。向农田灌溉渠道排放城镇污水以及未综合利用的畜禽养殖废水、农产品加工废水的，应当保证其下游最近的灌溉取水点的水质符合农田灌溉水质标准。

第五节 船舶水污染防治

第五十九条 船舶排放含油污水、生活污水，应当符合船舶污染物排放标准。从事海洋航运的船舶进入内河和港口的，应当遵守内河的船舶污染物排放标准。

船舶的残油、废油应当回收，禁止排入水体。

禁止向水体倾倒船舶垃圾。

船舶装载运输油类或者有毒货物，应当采取防止溢流和渗漏的措施，防止货物落水造成水污染。

进入中华人民共和国内河的国际航线船舶排放压载水的，应当采用压载水处理装置或者采取其他等效措施，对压载水进行灭活等处理。禁止排放不符合规定的船舶压载水。

第六十条 船舶应当按照国家有关规定配置相应的防污设备和器材，并持有合法有效的防止水域环境污染的证书与文书。

船舶进行涉及污染物排放的作业，应当严格遵守操作规程，并在相应的记录簿上如实记载。

第六十一条 港口、码头、装卸站和船舶修造厂所在地市、县级人民政府应当统筹规划建设船舶污染物、废弃物的接收、转运及处理处置设施。

港口、码头、装卸站和船舶修造厂应当备有足够的船舶污染物、废弃物的接收设施。从事船舶污染物、废弃物接收作业，或者从事装载油类、污染危害性货物船舱清洗作业的单位，应当具备与其运营规模相适应的接收处理能力。

第六十二条 船舶及有关作业单位从事有污染风险的作业活动，应当按照有关法律法规和标准，采取有效措施，防止造成水污染。海事管理机构、渔业主管部门应当加强对船舶及有关作业活动的监督管理。

船舶进行散装液体污染危害性货物的过驳作业，应当编制作业方案，采取有效的安全和污染防治措施，并报作业地海事管理机构批准。

禁止采取冲滩方式进行船舶拆解作业。

第五章 饮用水水源和其他特殊水体保护

第六十三条 国家建立饮用水水源保护区制度。饮用水水源保护区分为一级保护区和二级保护区；必要时，可以在饮用水水源保护区外围划定一定的区域作为准保护区。

饮用水水源保护区的划定，由有关市、县人民政府提出划定方案，报省、自治区、直辖市人民政府批准；跨市、县饮用水水源保护区的划定，由有关市、县人民政府协商提出划定方案，报省、自治区、直辖市人民政府批准；协商不成的，由省、自治区、直辖市人民政府环境保护主管部门会同同级水行政、国土资源、卫生、建设等部门提出划定方案，征求同级有关部门的意见后，报省、自治区、直辖市人民政府批准。

跨省、自治区、直辖市的饮用水水源保护区，由有关省、自治区、直辖市人民政府商有关流域管理机构划定；协商不成的，由国务院环境保护主管部门会同同级水行政、国土资源、卫生、建设等部门提出划定方案，征求国务院有关部门的意见后，报国务院批准。

国务院和省、自治区、直辖市人民政府可以根据保护饮用水水源的实际需要，调整饮用水水源保护区的范围，确保饮用水安全。有关地方人民政府应当在饮用水水源保护区的边界设立明确的地理界标和明显的警示标志。

第六十四条 在饮用水水源保护区内，禁止设置排污口。

第六十五条 禁止在饮用水水源一级保护区内新建、改建、扩建与供水设施和保护水源无关的建设项目；已建成的与供水设施和保护水源无关的建设项目，由县级以上人民政府责令拆除或者关闭。

禁止在饮用水水源一级保护区内从事网箱养殖、旅游、游泳、垂钓或者其他可能污染饮用水水体的活动。

第六十六条 禁止在饮用水水源二级保护区内新建、改建、扩建排放污染物的建设项目；已建成的排放污染物的建设项目，由县级以上人民政府责令拆除或者关闭。

在饮用水水源二级保护区内从事网箱养殖、旅游等活动的，应当按照规定采取措施，防止污染饮用水水体。

第六十七条 禁止在饮用水水源准保护区内新建、扩建对水体污染严重的建设项目；改建建设项目，不得增加排污量。

第六十八条 县级以上地方人民政府应当根据保护饮用水水源的实际需要，在准保护区内采取工程措施或者建造湿地、水源涵养林等生态保护措施，防止水污染物直接排入饮用水水体，确保饮用水安全。

第六十九条 县级以上地方人民政府应当组织环境保护等部门，对饮用水水源保护区、地下水型饮用水源的补给区及供水单位周边区域的环境状况和污染风险进行调查评估，筛查可能存在的污染风险因素，并采取相应的风险防范措施。

饮用水水源受到污染可能威胁供水安全的，环境保护主管部门应当责令有关企业事业单位和其他生产经营者采取停止排放水污染物等措施，并通报饮用水供水单位和供水、卫生、水行政等部门；跨行政区域的，还应当通报相关地方人民政府。

第七十条 单一水源供水城市的人民政府应当建设应急水源或者备用水源，有条件的地区可以开展区域联网供水。

县级以上地方人民政府应当合理安排、布局农村饮用水水源，有条件的地区可以采取城镇供水管网延伸或者建设跨村、跨乡镇联片集中供水工程等方式，发展规模集中供水。

第七十一条 饮用水供水单位应当做好取水口和出水口的水质检测工作。发现取水口水质不符合饮用水水源水质标准或者出水口水质不符合饮用水卫生标准的，应当及时采取相应措施，并向所在地市、县级人民政府供水主管部门报告。供水主管部门接到报告后，应当通报环境保护、卫生、水行政等部门。

饮用水供水单位应当对供水水质负责，确保供水设施安全可靠运行，保证供水水质符合国家有关标准。

第七十二条 县级以上地方人民政府应当组织有关部门监测、评估本行政区域内饮用水水源、供水单位供水和用户水龙头出水的水质等饮用水安全状况。

县级以上地方人民政府有关部门应当至少每季度向社会公开一次饮用水安全状况信息。

第七十三条 国务院和省、自治区、直辖市人民政府根据水环境保护的需要，可以规定在饮用水水源保护区内，采取禁止或者限制使用含磷洗涤剂、化肥、农药以及限制种植养殖等措施。

第七十四条 县级以上人民政府可以对风景名胜区水体、重要渔业水体和其他具有特殊经济文化价值的水体划定保护区，并采取措施，保证保护区的水质符合规定用途的水环境质量标准。

第七十五条 在风景名胜区水体、重要渔业水体和其他具有特殊经济文化价值的水体的保护区内，不得新建排污口。在保护区附近新建排污口，应当保证保护区水体不受污染。

第六章　水污染事故处置

第七十六条　各级人民政府及其有关部门，可能发生水污染事故的企业事业单位，应当依照《中华人民共和国突发事件应对法》的规定，做好突发水污染事故的应急准备、应急处置和事后恢复等工作。

第七十七条　可能发生水污染事故的企业事业单位，应当制定有关水污染事故的应急方案，做好应急准备，并定期进行演练。

生产、储存危险化学品的企业事业单位，应当采取措施，防止在处理安全生产事故过程中产生的可能严重污染水体的消防废水、废液直接排入水体。

第七十八条　企业事业单位发生事故或者其他突发性事件，造成或者可能造成水污染事故的，应当立即启动本单位的应急方案，采取隔离等应急措施，防止水污染物进入水体，并向事故发生地的县级以上地方人民政府或者环境保护主管部门报告。环境保护主管部门接到报告后，应当及时向本级人民政府报告，并抄送有关部门。

造成渔业污染事故或者渔业船舶造成水污染事故的，应当向事故发生地的渔业主管部门报告，接受调查处理。其他船舶造成水污染事故的，应当向事故发生地的海事管理机构报告，接受调查处理；给渔业造成损害的，海事管理机构应当通知渔业主管部门参与调查处理。

第七十九条　市、县级人民政府应当组织编制饮用水安全突发事件应急预案。

饮用水供水单位应当根据所在地饮用水安全突发事件应急预案，制定相应的突发事件应急方案，报所在地市、县级人民政府备案，并定期进行演练。

饮用水水源发生水污染事故，或者发生其他可能影响饮用水安全的突发性事件，饮用水供水单位应当采取应急处理措施，向所在地市、县级人民政府报告，并向社会公开。有关人民政府应当根据情况及时启动应急预案，采取有效措施，保障供水安全。

第七章　法律责任

第八十条　环境保护主管部门或者其他依照本法规定行使监督管理权的部门，不依法作出行政许可或者办理批准文件的，发现违法行为或者接到对违法行为的举报后不予查处的，或者有其他未依照本法规定履行职责的行为的，对直接负责的主管人员和其他直接责任人员依法给予处分。

第八十一条　以拖延、围堵、滞留执法人员等方式拒绝、阻挠环境保护主管部门或者其他依照本法规定行使监督管理权的部门的监督检查，或者在接受监督检查时弄虚作假的，由县级以上人民政府环境保护主管部门或者其他依照本法规定行使监督管理权的部门责令改正，处二万元以上二十万元以下的罚款。

第八十二条　违反本法规定，有下列行为之一的，由县级以上人民政府环境保护主管部门责令限期改正，处二万元以上二十万元以下的罚款；逾期不改正的，责令停产整治：

（一）未按照规定对所排放的水污染物自行监测，或者未保存原始监测记录的；

（二）未按照规定安装水污染物排放自动监测设备，未按照规定与环境保护主管部门的监控设备联网，或者未保证监测设备正常运行的；

（三）未按照规定对有毒有害水污染物的排污口和周边环境进行监测，或者未公开有毒有害水污染物信息的。

第八十三条　违反本法规定，有下列行为之一的，由县级以上人民政府环境保护主管部门责令改正或者责令限制生产、停产整治，并处十万元以上一百万元以下的罚款；情节严重的，报经有批准权的人民政府批准，责令停业、关闭：

（一）未依法取得排污许可证排放水污染物的；

（二）超过水污染物排放标准或者超过重点水污染物排放总量控制指标排放水污染物的；

（三）利用渗井、渗坑、裂隙、溶洞，私设暗管，篡改、伪造监测数据，或者不正常运行水污染防治设施等逃避监管的方式排放水污染物的；

（四）未按照规定进行预处理，向污水集中处理设施排放不符合处理工艺要求的工业废水的。

第八十四条 在饮用水水源保护区内设置排污口的，由县级以上地方人民政府责令限期拆除，处十万元以上五十万元以下的罚款；逾期不拆除的，强制拆除，所需费用由违法者承担，处五十万元以上一百万元以下的罚款，并可以责令停产整治。

除前款规定外，违反法律、行政法规和国务院环境保护主管部门的规定设置排污口的，由县级以上地方人民政府环境保护主管部门责令限期拆除，处二万元以上十万元以下的罚款；逾期不拆除的，强制拆除，所需费用由违法者承担，处十万元以上五十万元以下的罚款；情节严重的，可以责令停产整治。

未经水行政主管部门或者流域管理机构同意，在江河、湖泊新建、改建、扩建排污口的，由县级以上人民政府水行政主管部门或者流域管理机构依据职权，依照前款规定采取措施、给予处罚。

第八十五条 有下列行为之一的，由县级以上地方人民政府环境保护主管部门责令停止违法行为，限期采取治理措施，消除污染，处以罚款；逾期不采取治理措施的，环境保护主管部门可以指定有治理能力的单位代为治理，所需费用由违法者承担：

（一）向水体排放油类、酸液、碱液的；

（二）向水体排放剧毒废液，或者将含有汞、镉、砷、铬、铅、氰化物、黄磷等的可溶性剧毒废渣向水体排放、倾倒或者直接埋入地下的；

（三）在水体清洗装贮过油类、有毒污染物的车辆或者容器的；

（四）向水体排放、倾倒工业废渣、城镇垃圾或者其他废弃物，或者在江河、湖泊、运河、渠道、水库最高水位线以下的滩地、岸坡堆放、存贮固体废弃物或者其他污染物的；

（五）向水体排放、倾倒放射性固体废物或者含有高放射性、中放射性物质的废水的；

（六）违反国家有关规定或者标准，向水体排放含低放射性物质的废水、热废水或者含病原体的污水的；

（七）未采取防渗漏等措施，或者未建设地下水水质监测井进行监测的；

（八）加油站等的地下油罐未使用双层罐或者采取建造防渗池等其他有效措施，或者未进行防渗漏监测的；

（九）未按照规定采取防护性措施，或者利用无防渗漏措施的沟渠、坑塘等输送或者存贮含有毒污染物的废水、含病原体的污水或者其他废弃物的。

有前款第三项、第四项、第六项、第七项、第八项行为之一的，处二万元以上二十万元以下的罚款。有前款第一项、第二项、第五项、第九项行为之一的，处十万元以上一百万元以下的罚款；情节严重的，报经有批准权的人民政府批准，责令停业、关闭。

第八十六条 违反本法规定，生产、销售、进口或者使用列入禁止生产、销售、进口、使用的严重污染水环境的设备名录中的设备，或者采用列入禁止采用的严重污染水环境的工艺名录中的工艺的，由县级以上人民政府经济综合宏观调控部门责令改正，处五万元以上二十万元以下的罚款；

情节严重的，由县级以上人民政府经济综合宏观调控部门提出意见，报请本级人民政府责令停业、关闭。

第八十七条 违反本法规定，建设不符合国家产业政策的小型造纸、制革、印染、染料、炼焦、炼硫、炼砷、炼汞、炼油、电镀、农药、石棉、水泥、玻璃、钢铁、火电以及其他严重污染水环境的生产项目的，由所在地的市、县人民政府责令关闭。

第八十八条 城镇污水集中处理设施的运营单位或者污泥处理处置单位，处理处置后的污泥不符合国家标准，或者对污泥去向等未进行记录的，由城镇排水主管部门责令限期采取治理措施，给予警告；造成严重后果的，处十万元以上二十万元以下的罚款；逾期不采取治理措施的，城镇排水主管部门可以指定有治理能力的单位代为治理，所需费用由违法者承担。

第八十九条 船舶未配置相应的防污染设备和器材，或者未持有合法有效的防止水域环境污染的证书与文书的，由海事管理机构、渔业主管部门按照职责分工责令限期改正，处二千元以上二万元以下的罚款；逾期不改正的，责令船舶临时停航。

船舶进行涉及污染物排放的作业，未遵守操作规程或者未在相应的记录簿上如实记载的，由海事管理机构、渔业主管部门按照职责分工责令改正，处二千元以上二万元以下的罚款。

第九十条 违反本法规定，有下列行为之一的，由海事管理机构、渔业主管部门按照职责分工责令停止违法行为，处一万元以上十万元以下的罚款；造成水污染的，责令限期采取治理措施，消除污染，处二万元以上二十万元以下的罚款；逾期不采取治理措施的，海事管理机构、渔业主管部门按照职责分工可以指定有治理能力的单位代为治理，所需费用由船舶承担：

（一）向水体倾倒船舶垃圾或者排放船舶的残油、废油的；

（二）未经作业地海事管理机构批准，船舶进行散装液体污染危害性货物的过驳作业的；

（三）船舶及有关作业单位从事有污染风险的作业活动，未按照规定采取污染防治措施的；

（四）以冲滩方式进行船舶拆解的；

（五）进入中华人民共和国内河的国际航线船舶，排放不符合规定的船舶压载水的。

第九十一条 有下列行为之一的，由县级以上地方人民政府环境保护主管部门责令停止违法行为，处十万元以上五十万元以下的罚款；并报经有批准权的人民政府批准，责令拆除或者关闭：

（一）在饮用水水源一级保护区内新建、改建、扩建与供水设施和保护水源无关的建设项目的；

（二）在饮用水水源二级保护区内新建、改建、扩建排放污染物的建设项目的；

（三）在饮用水水源准保护区内新建、扩建对水体污染严重的建设项目，或者改建建设项目增加排污量的。

在饮用水水源一级保护区内从事网箱养殖或者组织进行旅游、垂钓或者其他可能污染饮用水水体的活动的，由县级以上地方人民政府环境保护主管部门责令停止违法行为，处二万元以上十万元以下的罚款。个人在饮用水水源一级保护区内游泳、垂钓或者从事其他可能污染饮用水水体的活动的，由县级以上地方人民政府环境保护主管部门责令停止违法行为，可以处五百元以下的罚款。

第九十二条 饮用水供水单位供水水质不符合国家规定标准的，由所在地市、县级人民政府供水主管部门责令改正，处二万元以上二十万元以下的罚款；情节严重的，报经有批准权的人民政府批准，可以责令停业整顿；对直接负责的主管人员和其他直接责任人员依法给予处分。

第九十三条 企业事业单位有下列行为之一的，由县级以上人民政府环境保护主管部门责令改正；情节严重的，处二万元以上十万元以下的罚款：

（一）不按照规定制定水污染事故的应急方案的；

（二）水污染事故发生后，未及时启动水污染事故的应急方案，采取有关应急措施的。

第九十四条 企业事业单位违反本法规定，造成水污染事故的，除依法承担赔偿责任外，由县级以上人民政府环境保护主管部门依照本条第二款的规定处以罚款，责令限期采取治理措施，消除污染；未按照要求采取治理措施或者不具备治理能力的，由环境保护主管部门指定有治理能力的单位代为治理，所需费用由违法者承担；对造成重大或者特大水污染事故的，还可以报经有批准权的人民政府批准，责令关闭；对直接负责的主管人员和其他直接责任人员可以处上一年度从本单位取得的收入百分之五十以下的罚款；有《中华人民共和国环境保护法》第六十三条规定的违法排放水污染物等行为之一，尚不构成犯罪的，由公安机关对直接负责的主管人员和其他直接责任人员处十日以上十五日以下的拘留；情节较轻的，处五日以上十日以下的拘留。

对造成一般或者较大水污染事故的，按照水污染事故造成的直接损失的百分之二十计算罚款；对造成重大或者特大水污染事故的，按照水污染事故造成的直接损失的百分之三十计算罚款。

造成渔业污染事故或者渔业船舶造成水污染事故的，由渔业主管部门进行处罚；其他船舶造成水污染事故的，由海事管理机构进行处罚。

第九十五条 企业事业单位和其他生产经营者违法排放水污染物，受到罚款处罚，被责令改正的，依法作出处罚决定的行政机关应当组织复查，发现其继续违法排放水污染物或者拒绝、阻挠复查的，依照《中华人民共和国环境保护法》的规定按日连续处罚。

第九十六条 因水污染受到损害的当事人，有权要求排污方排除危害和赔偿损失。

由于不可抗力造成水污染损害的，排污方不承担赔偿责任；法律另有规定的除外。

水污染损害是由受害人故意造成的，排污方不承担赔偿责任。水污染损害是由受害人重大过失造成的，可以减轻排污方的赔偿责任。

水污染损害是由第三人造成的，排污方承担赔偿责任后，有权向第三人追偿。

第九十七条 因水污染引起的损害赔偿责任和赔偿金额的纠纷，可以根据当事人的请求，由环境保护主管部门或者海事管理机构、渔业主管部门按照职责分工调解处理；调解不成的，当事人可以向人民法院提起诉讼。当事人也可以直接向人民法院提起诉讼。

第九十八条 因水污染引起的损害赔偿诉讼，由排污方就法律规定的免责事由及其行为与损害结果之间不存在因果关系承担举证责任。

第九十九条 因水污染受到损害的当事人人数众多的，可以依法由当事人推选代表人进行共同诉讼。

环境保护主管部门和有关社会团体可以依法支持因水污染受到损害的当事人向人民法院提起诉讼。

国家鼓励法律服务机构和律师为水污染损害诉讼中的受害人提供法律援助。

第一百条 因水污染引起的损害赔偿责任和赔偿金额的纠纷，当事人可以委托环境监测机构提供监测数据。环境监测机构应当接受委托，如实提供有关监测数据。

第一百零一条 违反本法规定，构成犯罪的，依法追究刑事责任。

第八章 附 则

第一百零二条 本法中下列用语的含义：

（一）水污染，是指水体因某种物质的介入，而导致其化学、物理、生物或者放射性等方面特性的改变，从而影响水的有效利用，危害人体健康或者破坏生态环境，造成水质恶化的现象。

（二）水污染物，是指直接或者间接向水体排放的，能导致水体污染的物质。

（三）有毒污染物，是指那些直接或者间接被生物摄入体内后，可能导致该生物或者其后代发病、行为反常、遗传异变、生理机能失常、机体变形或者死亡的污染物。

（四）污泥，是指污水处理过程中产生的半固态或者固态物质。

（五）渔业水体，是指划定的鱼虾类的产卵场、索饵场、越冬场、洄游通道和鱼虾贝藻类的养殖场的水体。

第一百零三条 本法自2008年6月1日起施行。

中华人民共和国农业机械化促进法

第一章 总 则

第一条 为了鼓励、扶持农民和农业生产经营组织使用先进适用的农业机械，促进农业机械化，建设现代农业，制定本法。

第二条 本法所称农业机械化，是指运用先进适用的农业机械装备农业，改善农业生产经营条件，不断提高农业的生产技术水平和经济效益、生态效益的过程。

本法所称农业机械，是指用于农业生产及其产品初加工等相关农事活动的机械、设备。

第三条 县级以上人民政府应当把推进农业机械化纳入国民经济和社会发展计划，采取财政支持和实施国家规定的税收优惠政策以及金融扶持等措施，逐步提高对农业机械化的资金投入，充分发挥市场机制的作用，按照因地制宜、经济有效、保障安全、保护环境的原则，促进农业机械化的发展。

第四条 国家引导、支持农民和农业生产经营组织自主选择先进适用的农业机械。任何单位和个人不得强迫农民和农业生产经营组织购买其指定的农业机械产品。

第五条 国家采取措施，开展农业机械化科技知识的宣传和教育，培养农业机械化专业人才，推进农业机械化信息服务，提高农业机械化水平。

第六条 国务院农业行政主管部门和其他负责农业机械化有关工作的部门，按照各自的职责分工，密切配合，共同做好农业机械化促进工作。

县级以上地方人民政府主管农业机械化工作的部门和其他有关部门，按照各自的职责分工，密切配合，共同做好本行政区域的农业机械化促进工作。

第二章 科研开发

第七条 省级以上人民政府及其有关部门应当组织有关单位采取技术攻关、试验、示范等措施，促进基础性、关键性、公益性农业机械科学研究和先进适用的农业机械的推广应用。

第八条 国家支持有关科研机构和院校加强农业机械化科学技术研究，根据不同的农业生产条件和农民需求，研究开发先进适用的农业机械；支持农业机械科研、教学与生产、推广相结合，促进农业机械与农业生产技术的发展要求相适应。

第九条 国家支持农业机械生产者开发先进适用的农业机械，采用先进技术、先进工艺和先进材料，提高农业机械产品的质量和技术水平，降低生产成本，提供系列化、标准化、多功能和质量优良、节约能源、价格合理的农业机械产品。

第十条 国家支持引进、利用先进的农业机械、关键零配件和技术，鼓励引进外资从事农业机械的研究、开发、生产和经营。

第三章　质量保障

第十一条　国家加强农业机械化标准体系建设，制定和完善农业机械产品质量、维修质量和作业质量等标准。对农业机械产品涉及人身安全、农产品质量安全和环境保护的技术要求，应当按照有关法律、行政法规的规定制定强制执行的技术规范。

第十二条　市场监督管理部门应当依法组织对农业机械产品质量的监督抽查，加强对农业机械产品市场的监督管理工作。

国务院农业行政主管部门和省级人民政府主管农业机械化工作的部门根据农业机械使用者的投诉情况和农业生产的实际需要，可以组织对在用的特定种类农业机械产品的适用性、安全性、可靠性和售后服务状况进行调查，并公布调查结果。

第十三条　农业机械生产者、销售者应当对其生产、销售的农业机械产品质量负责，并按照国家有关规定承担零配件供应和培训等售后服务责任。

农业机械生产者应当按照国家标准、行业标准和保障人身安全的要求，在其生产的农业机械产品上设置必要的安全防护装置、警示标志和中文警示说明。

第十四条　农业机械产品不符合质量要求的，农业机械生产者、销售者应当负责修理、更换、退货；给农业机械使用者造成农业生产损失或者其他损失的，应当依法赔偿损失。农业机械使用者有权要求农业机械销售者先予赔偿。农业机械销售者赔偿后，属于农业机械生产者的责任的，农业机械销售者有权向农业机械生产者追偿。

因农业机械存在缺陷造成人身伤害、财产损失的，农业机械生产者、销售者应当依法赔偿损失。

第十五条　列入依法必须经过认证的产品目录的农业机械产品，未经认证并标注认证标志，禁止出厂、销售和进口。

禁止生产、销售不符合国家技术规范强制性要求的农业机械产品。

禁止利用残次零配件和报废机具的部件拼装农业机械产品。

第四章　推广使用

第十六条　国家支持向农民和农业生产经营组织推广先进适用的农业机械产品。推广农业机械产品，应当适应当地农业发展的需要，并依照农业技术推广法的规定，在推广地区经过试验证明具有先进性和适用性。

农业机械生产者或者销售者，可以委托农业机械试验鉴定机构，对其定型生产或者销售的农业机械产品进行适用性、安全性和可靠性检测，作出技术评价。农业机械试验鉴定机构应当公布具有适用性、安全性和可靠性的农业机械产品的检测结果，为农民和农业生产经营组织选购先进适用的农业机械提供信息。

第十七条　县级以上人民政府可以根据实际情况，在不同的农业区域建立农业机械化示范基地，并鼓励农业机械生产者、经营者等建立农业机械示范点，引导农民和农业生产经营组织使用先进适用的农业机械。

第十八条　国务院农业行政主管部门会同国务院财政部门、经济综合宏观调控部门，根据促进农业结构调整、保护自然资源与生态环境、推广农业新技术与加快农机具更新的原则，确定、公布国家支持推广的先进适用的农业机械产品目录，并定期调整。省级人民政府主管农业机械化工作的部门会同同级财政部门、经济综合宏观调控部门根据上述原则，确定、公布省级人民政府支持推广的先进适用的农业机械产品目录，并定期调整。

列入前款目录的产品，应当由农业机械生产者自愿提出申请，并通过农业机械试验鉴定机构进行的先进性、适用性、安全性和可靠性鉴定。

第十九条 国家鼓励和支持农民合作使用农业机械，提高农业机械利用率和作业效率，降低作业成本。

国家支持和保护农民在坚持家庭承包经营的基础上，自愿组织区域化、标准化种植，提高农业机械的作业水平。任何单位和个人不得以区域化、标准化种植为借口，侵犯农民的土地承包经营权。

第二十条 国务院农业行政主管部门和县级以上地方人民政府主管农业机械化工作的部门，应当按照安全生产、预防为主的方针，加强对农业机械安全使用的宣传、教育和管理。

农业机械使用者作业时，应当按照安全操作规程操作农业机械，在有危险的部位和作业现场设置防护装置或者警示标志。

第五章 社会化服务

第二十一条 农民、农业机械作业组织可以按照双方自愿、平等协商的原则，为本地或者外地的农民和农业生产经营组织提供各项有偿农业机械作业服务。有偿农业机械作业应当符合国家或者地方规定的农业机械作业质量标准。

国家鼓励跨行政区域开展农业机械作业服务。各级人民政府及其有关部门应当支持农业机械跨行政区域作业，维护作业秩序，提供便利和服务，并依法实施安全监督管理。

第二十二条 各级人民政府应当采取措施，鼓励和扶持发展多种形式的农业机械服务组织，推进农业机械化信息网络建设，完善农业机械化服务体系。农业机械服务组织应当根据农民、农业生产经营组织的需求，提供农业机械示范推广、实用技术培训、维修、信息、中介等社会化服务。

第二十三条 国家设立的基层农业机械技术推广机构应当以试验示范基地为依托，为农民和农业生产经营组织无偿提供公益性农业机械技术的推广、培训等服务。

第二十四条 从事农业机械维修，应当具备与维修业务相适应的仪器、设备和具有农业机械维修职业技能的技术人员，保证维修质量。维修质量不合格的，维修者应当免费重新修理；造成人身伤害或者财产损失的，维修者应当依法承担赔偿责任。

第二十五条 农业机械生产者、经营者、维修者可以依照法律、行政法规的规定，自愿成立行业协会，实行行业自律，为会员提供服务，维护会员的合法权益。

第六章 扶持措施

第二十六条 国家采取措施，鼓励和支持农业机械生产者增加新产品、新技术、新工艺的研究开发投入，并对农业机械的科研开发和制造实施税收优惠政策。

中央和地方财政预算安排的科技开发资金应当对农业机械工业的技术创新给予支持。

第二十七条 中央财政、省级财政应当分别安排专项资金，对农民和农业生产经营组织购买国家支持推广的先进适用的农业机械给予补贴。补贴资金的使用应当遵循公开、公正、及时、有效的原则，可以向农民和农业生产经营组织发放，也可以采用贴息方式支持金融机构向农民和农业生产经营组织购买先进适用的农业机械提供贷款。具体办法由国务院规定。

第二十八条 从事农业机械生产作业服务的收入，按照国家规定给予税收优惠。

国家根据农业和农村经济发展的需要，对农业机械的农业生产作业用燃油安排财政补贴。燃油补贴应当向直接从事农业机械作业的农民和农业生产经营组织发放。具体办法由国务院规定。

第二十九条 地方各级人民政府应当采取措施加强农村机耕道路等农业机械化基础设施的建设和维护，为农业机械化创造条件。

县级以上地方人民政府主管农业机械化工作的部门应当建立农业机械化信息搜集、整理、发布制度，为农民和农业生产经营组织免费提供信息服务。

第七章 法律责任

第三十条 违反本法第十五条规定的，依照产品质量法的有关规定予以处罚；构成犯罪的，依法追究刑事责任。

第三十一条 农业机械驾驶、操作人员违反国家规定的安全操作规程，违章作业的，责令改正，依照有关法律、行政法规的规定予以处罚；构成犯罪的，依法追究刑事责任。

第三十二条 农业机械试验鉴定机构在鉴定工作中不按照规定为农业机械生产者、销售者进行鉴定，或者伪造鉴定结果、出具虚假证明，给农业机械使用者造成损失的，依法承担赔偿责任。

第三十三条 国务院农业行政主管部门和县级以上地方人民政府主管农业机械化工作的部门违反本法规定，强制或者变相强制农业机械生产者、销售者对其生产、销售的农业机械产品进行鉴定的，由上级主管机关或者监察机关责令限期改正，并对直接负责的主管人员和其他直接责任人员给予行政处分。

第三十四条 违反本法第二十七条、第二十八条规定，截留、挪用有关补贴资金的，由上级主管机关责令限期归还被截留、挪用的资金，没收非法所得，并由上级主管机关、监察机关或者所在单位对直接负责的主管人员和其他直接责任人员给予行政处分；构成犯罪的，依法追究刑事责任。

第八章 附 则

第三十五条 本法自 2004 年 11 月 1 日起施行。

大中型水利水电工程建设征地补偿和移民安置条例

第一章　总　则

第一条　为了做好大中型水利水电工程建设征地补偿和移民安置工作，维护移民合法权益，保障工程建设的顺利进行，根据《中华人民共和国土地管理法》和《中华人民共和国水法》，制定本条例。

第二条　大中型水利水电工程的征地补偿和移民安置，适用本条例。

第三条　国家实行开发性移民方针，采取前期补偿、补助与后期扶持相结合的办法，使移民生活达到或者超过原有水平。

第四条　大中型水利水电工程建设征地补偿和移民安置应当遵循下列原则：

（一）以人为本，保障移民的合法权益，满足移民生存与发展的需求；

（二）顾全大局，服从国家整体安排，兼顾国家、集体、个人利益；

（三）节约利用土地，合理规划工程占地，控制移民规模；

（四）可持续发展，与资源综合开发利用、生态环境保护相协调；

（五）因地制宜，统筹规划。

第五条　移民安置工作实行政府领导、分级负责、县为基础、项目法人参与的管理体制。

国务院水利水电工程移民行政管理机构（以下简称国务院移民管理机构）负责全国大中型水利水电工程移民安置工作的管理和监督。

县级以上地方人民政府负责本行政区域内大中型水利水电工程移民安置工作的组织和领导；省、自治区、直辖市人民政府规定的移民管理机构，负责本行政区域内大中型水利水电工程移民安置工作的管理和监督。

第二章　移民安置规划

第六条　已经成立项目法人的大中型水利水电工程，由项目法人编制移民安置规划大纲，按照审批权限报省、自治区、直辖市人民政府或者国务院移民管理机构审批；省、自治区、直辖市人民政府或者国务院移民管理机构在审批前应当征求移民区和移民安置区县级以上地方人民政府的意见。

没有成立项目法人的大中型水利水电工程，项目主管部门应当会同移民区和移民安置区县级以上地方人民政府编制移民安置规划大纲，按照审批权限报省、自治区、直辖市人民政府或者国务院移民管理机构审批。

第七条　移民安置规划大纲应当根据工程占地和淹没区实物调查结果以及移民区、移民安置区经济社会情况和资源环境承载能力编制。

工程占地和淹没区实物调查，由项目主管部门或者项目法人会同工程占地和淹没区所在地的地方人民政府实施；实物调查应当全面准确，调查结果经调查者和被调查者签字认可并公示后，由有关地方人民政府签署意见。实物调查工作开始前，工程占地和淹没区所在地的省级人民政府应当发布通告，禁止在工程占地和淹没区新增建设项目和迁入人口，并对实物调查工作作出安排。

第八条　移民安置规划大纲应当主要包括移民安置的任务、去向、标准和农村移民生产安置方式以及移民生活水平评价和搬迁后生活水平预测、水库移民后期扶持政策、淹没线以上受影响范围的划定原则、移民安置规划编制原则等内容。

第九条　编制移民安置规划大纲应当广泛听取移民和移民安置区居民的意见；必要时，应当采取听证的方式。

经批准的移民安置规划大纲是编制移民安置规划的基本依据，应当严格执行，不得随意调整或者修改；确需调整或者修改的，应当报原批准机关批准。

第十条　已经成立项目法人的，由项目法人根据经批准的移民安置规划大纲编制移民安置规划；没有成立项目法人的，项目主管部门应当会同移民区和移民安置区县级以上地方人民政府，根据经批准的移民安置规划大纲编制移民安置规划。

大中型水利水电工程的移民安置规划，按照审批权限经省、自治区、直辖市人民政府移民管理机构或者国务院移民管理机构审核后，由项目法人或者项目主管部门报项目审批或者核准部门，与可行性研究报告或者项目申请报告一并审批或者核准。

省、自治区、直辖市人民政府移民管理机构或者国务院移民管理机构审核移民安置规划，应当征求本级人民政府有关部门以及移民区和移民安置区县级以上地方人民政府的意见。

第十一条　编制移民安置规划应当以资源环境承载能力为基础，遵循本地安置与异地安置、集中安置与分散安置、政府安置与移民自找门路安置相结合的原则。

编制移民安置规划应当尊重少数民族的生产、生活方式和风俗习惯。

移民安置规划应当与国民经济和社会发展规划以及土地利用总体规划、城市总体规划、村庄和集镇规划相衔接。

第十二条　移民安置规划应当对农村移民安置、城（集）镇迁建、工矿企业迁建、专项设施迁建或者复建、防护工程建设、水库水域开发利用、水库移民后期扶持措施、征地补偿和移民安置资金概（估）算等作出安排。

对淹没线以上受影响范围内因水库蓄水造成的居民生产、生活困难问题，应当纳入移民安置规划，按照经济合理的原则，妥善处理。

第十三条　对农村移民安置进行规划，应当坚持以农业生产安置为主，遵循因地制宜、有利生产、方便生活、保护生态的原则，合理规划农村移民安置点；有条件的地方，可以结合小城镇建设进行。

农村移民安置后，应当使移民拥有与移民安置区居民基本相当的土地等农业生产资料。

第十四条　对城（集）镇移民安置进行规划，应当以城（集）镇现状为基础，节约用地，合理布局。

工矿企业的迁建，应当符合国家的产业政策，结合技术改造和结构调整进行；对技术落后、浪费资源、产品质量低劣、污染严重、不具备安全生产条件的企业，应当依法关闭。

第十五条　编制移民安置规划应当广泛听取移民和移民安置区居民的意见；必要时，应当采取听证的方式。

经批准的移民安置规划是组织实施移民安置工作的基本依据，应当严格执行，不得随意调整或者修改；确需调整或者修改的，应当依照本条例第十条的规定重新报批。

未编制移民安置规划或者移民安置规划未经审核的大中型水利水电工程建设项目，有关部门不得批准或者核准其建设，不得为其办理用地等有关手续。

第十六条 征地补偿和移民安置资金、依法应当缴纳的耕地占用税和耕地开垦费以及依照国务院有关规定缴纳的森林植被恢复费等应当列入大中型水利水电工程概算。

征地补偿和移民安置资金包括土地补偿费，安置补助费，农村居民点迁建、城（集）镇迁建、工矿企业迁建以及专项设施迁建或者复建补偿费（含有关地上附着物补偿费），移民个人财产补偿费（含地上附着物和青苗补偿费）和搬迁费，库底清理费，淹没区文物保护费和国家规定的其他费用。

第十七条 农村移民集中安置的农村居民点、城（集）镇、工矿企业以及专项设施等基础设施的迁建或者复建选址，应当依法做好环境影响评价、水文地质与工程地质勘察、地质灾害防治和地质灾害危险性评估。

第十八条 对淹没区内的居民点、耕地等，具备防护条件的，应当在经济合理的前提下，采取修建防护工程等防护措施，减少淹没损失。

防护工程的建设费用由项目法人承担，运行管理费用由大中型水利水电工程管理单位负责。

第十九条 对工程占地和淹没区内的文物，应当查清分布，确认保护价值，坚持保护为主、抢救第一的方针，实行重点保护、重点发掘。

第三章 征地补偿

第二十条 依法批准的流域规划中确定的大中型水利水电工程建设项目的用地，应当纳入项目所在地的土地利用总体规划。

大中型水利水电工程建设项目核准或者可行性研究报告批准后，项目用地应当列入土地利用年度计划。

属于国家重点扶持的水利、能源基础设施的大中型水利水电工程建设项目，其用地可以以划拨方式取得。

第二十一条 大中型水利水电工程建设项目用地，应当依法申请并办理审批手续，实行一次报批、分期征收，按期支付征地补偿费。

对于应急的防洪、治涝等工程，经有批准权的人民政府决定，可以先行使用土地，事后补办用地手续。

第二十二条 大中型水利水电工程建设征收土地的土地补偿费和安置补助费，实行与铁路等基础设施项目用地同等补偿标准，按照被征收土地所在省、自治区、直辖市规定的标准执行。

被征收土地上的零星树木、青苗等补偿标准，按照被征收土地所在省、自治区、直辖市规定的标准执行。

被征收土地上的附着建筑物按照其原规模、原标准或者恢复原功能的原则补偿；对补偿费用不足以修建基本用房的贫困移民，应当给予适当补助。

使用其他单位或者个人依法使用的国有耕地，参照征收耕地的补偿标准给予补偿；使用未确定给单位或者个人使用的国有未利用地，不予补偿。

移民远迁后，在水库周边淹没线以上属于移民个人所有的零星树木、房屋等应当分别依照本条第二款、第三款规定的标准给予补偿。

第二十三条 大中型水利水电工程建设临时用地，由县级以上人民政府土地主管部门批准。

第二十四条 工矿企业和交通、电力、电信、广播电视等专项设施以及中小学的迁建或者复建，应当按照其原规模、原标准或者恢复原功能的原则补偿。

第二十五条　大中型水利水电工程建设占用耕地的，应当执行占补平衡的规定。为安置移民开垦的耕地、因大中型水利水电工程建设而进行土地整理新增的耕地、工程施工新造的耕地可以抵扣或者折抵建设占用耕地的数量。

大中型水利水电工程建设占用25度以上坡耕地的，不计入需要补充耕地的范围。

第四章　移民安置

第二十六条　移民区和移民安置区县级以上地方人民政府负责移民安置规划的组织实施。

第二十七条　大中型水利水电工程开工前，项目法人应当根据经批准的移民安置规划，与移民区和移民安置区所在的省、自治区、直辖市人民政府或者市、县人民政府签订移民安置协议；签订协议的省、自治区、直辖市人民政府或者市人民政府，可以与下一级有移民或者移民安置任务的人民政府签订移民安置协议。

第二十八条　项目法人应当根据大中型水利水电工程建设的要求和移民安置规划，在每年汛期结束后60日内，向与其签订移民安置协议的地方人民政府提出下年度移民安置计划建议；签订移民安置协议的地方人民政府，应当根据移民安置规划和项目法人的年度移民安置计划建议，在与项目法人充分协商的基础上，组织编制并下达本行政区域的下年度移民安置年度计划。

第二十九条　项目法人应当根据移民安置年度计划，按照移民安置实施进度将征地补偿和移民安置资金支付给与其签订移民安置协议的地方人民政府。

第三十条　农村移民在本县通过新开发土地或者调剂土地集中安置的，县级人民政府应当将土地补偿费、安置补助费和集体财产补偿费直接全额兑付给该村集体经济组织或者村民委员会。

农村移民分散安置到本县内其他村集体经济组织或者村民委员会的，应当由移民安置村集体经济组织或者村民委员会与县级人民政府签订协议，按照协议安排移民的生产和生活。

第三十一条　农村移民在本省行政区域内其他县安置的，与项目法人签订移民安置协议的地方人民政府，应当及时将相应的征地补偿和移民安置资金交给移民安置区县级人民政府，用于安排移民的生产和生活。

农村移民跨省安置的，项目法人应当及时将相应的征地补偿和移民安置资金交给移民安置区省、自治区、直辖市人民政府，用于安排移民的生产和生活。

第三十二条　搬迁费以及移民个人房屋和附属建筑物、个人所有的零星树木、青苗、农副业设施等个人财产补偿费，由移民区县级人民政府直接全额兑付给移民。

第三十三条　移民自愿投亲靠友的，应当由本人向移民区县级人民政府提出申请，并提交接收地县级人民政府出具的接收证明；移民区县级人民政府确认其具有土地等农业生产资料后，应当与接收地县级人民政府和移民共同签订协议，将土地补偿费、安置补助费交给接收地县级人民政府，统筹安排移民的生产和生活，将个人财产补偿费和搬迁费发给移民个人。

第三十四条　城（集）镇迁建、工矿企业迁建、专项设施迁建或者复建补偿费，由移民区县级以上地方人民政府交给当地人民政府或者有关单位。因扩大规模、提高标准增加的费用，由有关地方人民政府或者有关单位自行解决。

第三十五条　农村移民集中安置的农村居民点应当按照经批准的移民安置规划确定的规模和标准迁建。

农村移民集中安置的农村居民点的道路、供水、供电等基础设施，由乡（镇）、村统一组织建设。

农村移民住房，应当由移民自主建造。有关地方人民政府或者村民委员会应当统一规划宅基地，但不得强行规定建房标准。

第三十六条 农村移民安置用地应当依照《中华人民共和国土地管理法》和《中华人民共和国农村土地承包法》办理有关手续。

第三十七条 移民安置达到阶段性目标和移民安置工作完毕后，省、自治区、直辖市人民政府或者国务院移民管理机构应当组织有关单位进行验收；移民安置未经验收或者验收不合格的，不得对大中型水利水电工程进行阶段性验收和竣工验收。

第五章 后期扶持

第三十八条 移民安置区县级以上地方人民政府应当编制水库移民后期扶持规划，报上一级人民政府或者其移民管理机构批准后实施。

编制水库移民后期扶持规划应当广泛听取移民的意见；必要时，应当采取听证的方式。

经批准的水库移民后期扶持规划是水库移民后期扶持工作的基本依据，应当严格执行，不得随意调整或者修改；确需调整或者修改的，应当报原批准机关批准。

未编制水库移民后期扶持规划或者水库移民后期扶持规划未经批准，有关单位不得拨付水库移民后期扶持资金。

第三十九条 水库移民后期扶持规划应当包括后期扶持的范围、期限、具体措施和预期达到的目标等内容。水库移民安置区县级以上地方人民政府应当采取建立责任制等有效措施，做好后期扶持规划的落实工作。

第四十条 水库移民后期扶持资金应当按照水库移民后期扶持规划，主要作为生产生活补助发放给移民个人；必要时可以实行项目扶持，用于解决移民村生产生活中存在的突出问题，或者采取生产生活补助和项目扶持相结合的方式。具体扶持标准、期限和资金的筹集、使用管理依照国务院有关规定执行。

省、自治区、直辖市人民政府根据国家规定的原则，结合本行政区域实际情况，制定水库移民后期扶持具体实施办法，报国务院批准后执行。

第四十一条 各级人民政府应当加强移民安置区的交通、能源、水利、环保、通信、文化、教育、卫生、广播电视等基础设施建设，扶持移民安置区发展。

移民安置区地方人民政府应当将水库移民后期扶持纳入本级人民政府国民经济和社会发展规划。

第四十二条 国家在移民安置区和大中型水利水电工程受益地区兴办的生产建设项目，应当优先吸收符合条件的移民就业。

第四十三条 大中型水利水电工程建成后形成的水面和水库消落区土地属于国家所有，由该工程管理单位负责管理，并可以在服从水库统一调度和保证工程安全、符合水土保持和水质保护要求的前提下，通过当地县级人民政府优先安排给当地农村移民使用。

第四十四条 国家在安排基本农田和水利建设资金时，应当对移民安置区所在县优先予以扶持。

第四十五条 各级人民政府及其有关部门应当加强对移民的科学文化知识和实用技术的培训，加强法制宣传教育，提高移民素质，增强移民就业能力。

第四十六条 大中型水利水电工程受益地区的各级地方人民政府及其有关部门应当按照优势互补、互惠互利、长期合作、共同发展的原则，采取多种形式对移民安置区给予支持。

第六章　监督管理

第四十七条　国家对移民安置和水库移民后期扶持实行全过程监督。省、自治区、直辖市人民政府和国务院移民管理机构应当加强对移民安置和水库移民后期扶持的监督，发现问题应当及时采取措施。

第四十八条　国家对征地补偿和移民安置资金、水库移民后期扶持资金的拨付、使用和管理实行稽察制度，对拨付、使用和管理征地补偿和移民安置资金、水库移民后期扶持资金的有关地方人民政府及其有关部门的负责人依法实行任期经济责任审计。

第四十九条　县级以上人民政府应当加强对下级人民政府及其财政、发展改革、移民等有关部门或者机构拨付、使用和管理征地补偿和移民安置资金、水库移民后期扶持资金的监督。

县级以上地方人民政府或者其移民管理机构应当加强对征地补偿和移民安置资金、水库移民后期扶持资金的管理，定期向上一级人民政府或者其移民管理机构报告并向项目法人通报有关资金拨付、使用和管理情况。

第五十条　各级审计、监察机关应当依法加强对征地补偿和移民安置资金、水库移民后期扶持资金拨付、使用和管理情况的审计和监察。

县级以上人民政府财政部门应当加强对征地补偿和移民安置资金、水库移民后期扶持资金拨付、使用和管理情况的监督。

审计、监察机关和财政部门进行审计、监察和监督时，有关单位和个人应当予以配合，及时提供有关资料。

第五十一条　国家对移民安置实行全过程监督评估。签订移民安置协议的地方人民政府和项目法人应当采取招标的方式，共同委托移民安置监督评估单位对移民搬迁进度、移民安置质量、移民资金的拨付和使用情况以及移民生活水平的恢复情况进行监督评估；被委托方应当将监督评估的情况及时向委托方报告。

第五十二条　征地补偿和移民安置资金应当专户存储、专账核算，存储期间的孳息，应当纳入征地补偿和移民安置资金，不得挪作他用。

第五十三条　移民区和移民安置区县级人民政府，应当以村为单位将大中型水利水电工程征收的土地数量、土地种类和实物调查结果、补偿范围、补偿标准和金额以及安置方案等向群众公布。群众提出异议的，县级人民政府应当及时核查，并对统计调查结果不准确的事项进行改正；经核查无误的，应当及时向群众解释。

有移民安置任务的乡（镇）、村应当建立健全征地补偿和移民安置资金的财务管理制度，并将征地补偿和移民安置资金收支情况张榜公布，接受群众监督；土地补偿费和集体财产补偿费的使用方案应当经村民会议或者村民代表会议讨论通过。

移民安置区乡（镇）人民政府、村（居）民委员会应当采取有效措施帮助移民适应当地的生产、生活，及时调处矛盾纠纷。

第五十四条　县级以上地方人民政府或者其移民管理机构以及项目法人应当建立移民工作档案，并按照国家有关规定进行管理。

第五十五条　国家切实维护移民的合法权益。

在征地补偿和移民安置过程中，移民认为其合法权益受到侵害的，可以依法向县级以上人民政府或者其移民管理机构反映，县级以上人民政府或者其移民管理机构应当对移民反映的问题进行核实并妥善解决。移民也可以依法向人民法院提起诉讼。

移民安置后，移民与移民安置区当地居民享有同等的权利，承担同等的义务。

第五十六条 按照移民安置规划必须搬迁的移民，无正当理由不得拖延搬迁或者拒迁。已经安置的移民不得返迁。

第七章 法律责任

第五十七条 违反本条例规定，有关地方人民政府、移民管理机构、项目审批部门及其他有关部门有下列行为之一的，对直接负责的主管人员和其他直接责任人员依法给予行政处分；造成严重后果，有关责任人员构成犯罪的，依法追究刑事责任：

（一）违反规定批准移民安置规划大纲、移民安置规划或者水库移民后期扶持规划的；

（二）违反规定批准或者核准未编制移民安置规划或者移民安置规划未经审核的大中型水利水电工程建设项目的；

（三）移民安置未经验收或者验收不合格而对大中型水利水电工程进行阶段性验收或者竣工验收的；

（四）未编制水库移民后期扶持规划，有关单位拨付水库移民后期扶持资金的；

（五）移民安置管理、监督和组织实施过程中发现违法行为不予查处的；

（六）在移民安置过程中发现问题不及时处理，造成严重后果以及有其他滥用职权、玩忽职守等违法行为的。

第五十八条 违反本条例规定，项目主管部门或者有关地方人民政府及其有关部门调整或者修改移民安置规划大纲、移民安置规划或者水库移民后期扶持规划的，由批准该规划大纲、规划的有关人民政府或者其有关部门、机构责令改正，对直接负责的主管人员和其他直接责任人员依法给予行政处分；造成重大损失，有关责任人员构成犯罪的，依法追究刑事责任。

违反本条例规定，项目法人调整或者修改移民安置规划大纲、移民安置规划的，由批准该规划大纲、规划的有关人民政府或者其有关部门、机构责令改正，处 10 万元以上 50 万元以下的罚款；对直接负责的主管人员和其他直接责任人员处 1 万元以上 5 万元以下的罚款；造成重大损失，有关责任人员构成犯罪的，依法追究刑事责任。

第五十九条 违反本条例规定，在编制移民安置规划大纲、移民安置规划、水库移民后期扶持规划，或者进行实物调查、移民安置监督评估中弄虚作假的，由批准该规划大纲、规划的有关人民政府或者其有关部门、机构责令改正，对有关单位处 10 万元以上 50 万元以下的罚款；对直接负责的主管人员和其他直接责任人员处 1 万元以上 5 万元以下的罚款；给他人造成损失的，依法承担赔偿责任。

第六十条 违反本条例规定，侵占、截留、挪用征地补偿和移民安置资金、水库移民后期扶持资金的，责令退赔，并处侵占、截留、挪用资金额 3 倍以下的罚款，对直接负责的主管人员和其他责任人员依法给予行政处分；构成犯罪的，依法追究有关责任人员的刑事责任。

第六十一条 违反本条例规定，拖延搬迁或者拒迁的，当地人民政府或者其移民管理机构可以申请人民法院强制执行；违反治安管理法律、法规的，依法给予治安管理处罚；构成犯罪的，依法追究有关责任人员的刑事责任。

第八章 附 则

第六十二条 长江三峡工程的移民工作，依照《长江三峡工程建设移民条例》执行。

南水北调工程的征地补偿和移民安置工作，依照本条例执行。但是，南水北调工程中线、东线一期工程的移民安置规划的编制审批，依照国务院的规定执行。

第六十三条 本条例自2006年9月1日起施行。1991年2月15日国务院发布的《大中型水利水电工程建设征地补偿和移民安置条例》同时废止。

农药管理条例

第一章 总 则

第一条 为了加强农药管理，保证农药质量，保障农产品质量安全和人畜安全，保护农业、林业生产和生态环境，制定本条例。

第二条 本条例所称农药，是指用于预防、控制危害农业、林业的病、虫、草、鼠和其他有害生物以及有目的地调节植物、昆虫生长的化学合成或者来源于生物、其他天然物质的一种物质或者几种物质的混合物及其制剂。

前款规定的农药包括用于不同目的、场所的下列各类：

（一）预防、控制危害农业、林业的病、虫（包括昆虫、蜱、螨）、草、鼠、软体动物和其他有害生物；

（二）预防、控制仓储以及加工场所的病、虫、鼠和其他有害生物；

（三）调节植物、昆虫生长；

（四）农业、林业产品防腐或者保鲜；

（五）预防、控制蚊、蝇、蜚蠊、鼠和其他有害生物；

（六）预防、控制危害河流堤坝、铁路、码头、机场、建筑物和其他场所的有害生物。

第三条 国务院农业主管部门负责全国的农药监督管理工作。

县级以上地方人民政府农业主管部门负责本行政区域的农药监督管理工作。

县级以上人民政府其他有关部门在各自职责范围内负责有关的农药监督管理工作。

第四条 县级以上地方人民政府应当加强对农药监督管理工作的组织领导，将农药监督管理经费列入本级政府预算，保障农药监督管理工作的开展。

第五条 农药生产企业、农药经营者应当对其生产、经营的农药的安全性、有效性负责，自觉接受政府监管和社会监督。

农药生产企业、农药经营者应当加强行业自律，规范生产、经营行为。

第六条 国家鼓励和支持研制、生产、使用安全、高效、经济的农药，推进农药专业化使用，促进农药产业升级。

对在农药研制、推广和监督管理等工作中作出突出贡献的单位和个人，按照国家有关规定予以表彰或者奖励。

第二章 农药登记

第七条 国家实行农药登记制度。农药生产企业、向中国出口农药的企业应当依照本条例的规定申请农药登记，新农药研制者可以依照本条例的规定申请农药登记。

国务院农业主管部门所属的负责农药检定工作的机构负责农药登记具体工作。省、自治区、直辖市人民政府农业主管部门所属的负责农药检定工作的机构协助做好本行政区域的农药登记具体工作。

第八条 国务院农业主管部门组织成立农药登记评审委员会，负责农药登记评审。

农药登记评审委员会由下列人员组成：

（一）国务院农业、林业、卫生、环境保护、粮食、工业行业管理、安全生产监督管理等有关部门和供销合作总社等单位推荐的农药产品化学、药效、毒理、残留、环境、质量标准和检测等方面的专家；

（二）国家食品安全风险评估专家委员会的有关专家；

（三）国务院农业、林业、卫生、环境保护、粮食、工业行业管理、安全生产监督管理等有关部门和供销合作总社等单位的代表。

农药登记评审规则由国务院农业主管部门制定。

第九条 申请农药登记的，应当进行登记试验。

农药的登记试验应当报所在地省、自治区、直辖市人民政府农业主管部门备案。

新农药的登记试验应当向国务院农业主管部门提出申请。国务院农业主管部门应当自受理申请之日起40个工作日内对试验的安全风险及其防范措施进行审查，符合条件的，准予登记试验；不符合条件的，书面通知申请人并说明理由。

第十条 登记试验应当由国务院农业主管部门认定的登记试验单位按照国务院农业主管部门的规定进行。

与已取得中国农药登记的农药组成成分、使用范围和使用方法相同的农药，免予残留、环境试验，但已取得中国农药登记的农药依照本条例第十五条的规定在登记资料保护期内的，应当经农药登记证持有人授权同意。

登记试验单位应当对登记试验报告的真实性负责。

第十一条 登记试验结束后，申请人应当向所在地省、自治区、直辖市人民政府农业主管部门提出农药登记申请，并提交登记试验报告、标签样张和农药产品质量标准及其检验方法等申请资料；申请新农药登记的，还应当提供农药标准品。

省、自治区、直辖市人民政府农业主管部门应当自受理申请之日起20个工作日内提出初审意见，并报送国务院农业主管部门。

向中国出口农药的企业申请农药登记的，应当持本条第一款规定的资料、农药标准品以及在有关国家（地区）登记、使用的证明材料，向国务院农业主管部门提出申请。

第十二条 国务院农业主管部门受理申请或者收到省、自治区、直辖市人民政府农业主管部门报送的申请资料后，应当组织审查和登记评审，并自收到评审意见之日起20个工作日内作出审批决定，符合条件的，核发农药登记证；不符合条件的，书面通知申请人并说明理由。

第十三条 农药登记证应当载明农药名称、剂型、有效成分及其含量、毒性、使用范围、使用方法和剂量、登记证持有人、登记证号以及有效期等事项。

农药登记证有效期为5年。有效期届满，需要继续生产农药或者向中国出口农药的，农药登记证持有人应当在有效期届满90日前向国务院农业主管部门申请延续。

农药登记证载明事项发生变化的，农药登记证持有人应当按照国务院农业主管部门的规定申请变更农药登记证。

国务院农业主管部门应当及时公告农药登记证核发、延续、变更情况以及有关的农药产品质量标准号、残留限量规定、检验方法、经核准的标签等信息。

第十四条 新农药研制者可以转让其已取得登记的新农药的登记资料；农药生产企业可以向具

有相应生产能力的农药生产企业转让其已取得登记的农药的登记资料。

第十五条 国家对取得首次登记的、含有新化合物的农药的申请人提交的其自己所取得且未披露的试验数据和其他数据实施保护。

自登记之日起 6 年内，对其他申请人未经已取得登记的申请人同意，使用前款规定的数据申请农药登记的，登记机关不予登记；但是，其他申请人提交其自己所取得的数据的除外。

除下列情况外，登记机关不得披露本条第一款规定的数据：

（一）公共利益需要；

（二）已采取措施确保该类信息不会被不正当地进行商业使用。

第三章 农药生产

第十六条 农药生产应当符合国家产业政策。国家鼓励和支持农药生产企业采用先进技术和先进管理规范，提高农药的安全性、有效性。

第十七条 国家实行农药生产许可制度。农药生产企业应当具备下列条件，并按照国务院农业主管部门的规定向省、自治区、直辖市人民政府农业主管部门申请农药生产许可证：

（一）有与所申请生产农药相适应的技术人员；

（二）有与所申请生产农药相适应的厂房、设施；

（三）有对所申请生产农药进行质量管理和质量检验的人员、仪器和设备；

（四）有保证所申请生产农药质量的规章制度。

省、自治区、直辖市人民政府农业主管部门应当自受理申请之日起 20 个工作日内作出审批决定，必要时应当进行实地核查。符合条件的，核发农药生产许可证；不符合条件的，书面通知申请人并说明理由。

安全生产、环境保护等法律、行政法规对企业生产条件有其他规定的，农药生产企业还应当遵守其规定。

第十八条 农药生产许可证应当载明农药生产企业名称、住所、法定代表人（负责人）、生产范围、生产地址以及有效期等事项。

农药生产许可证有效期为 5 年。有效期届满，需要继续生产农药的，农药生产企业应当在有效期届满 90 日前向省、自治区、直辖市人民政府农业主管部门申请延续。

农药生产许可证载明事项发生变化的，农药生产企业应当按照国务院农业主管部门的规定申请变更农药生产许可证。

第十九条 委托加工、分装农药的，委托人应当取得相应的农药登记证，受托人应当取得农药生产许可证。

委托人应当对委托加工、分装的农药质量负责。

第二十条 农药生产企业采购原材料，应当查验产品质量检验合格证和有关许可证明文件，不得采购、使用未依法附具产品质量检验合格证、未依法取得有关许可证明文件的原材料。

农药生产企业应当建立原材料进货记录制度，如实记录原材料的名称、有关许可证明文件编号、规格、数量、供货人名称及其联系方式、进货日期等内容。原材料进货记录应当保存 2 年以上。

第二十一条 农药生产企业应当严格按照产品质量标准进行生产，确保农药产品与登记农药一致。农药出厂销售，应当经质量检验合格并附具产品质量检验合格证。

农药生产企业应当建立农药出厂销售记录制度，如实记录农药的名称、规格、数量、生产日期和批号、产品质量检验信息、购货人名称及其联系方式、销售日期等内容。农药出厂销售记录应当保存 2 年以上。

第二十二条　农药包装应当符合国家有关规定，并印制或者贴有标签。国家鼓励农药生产企业使用可回收的农药包装材料。

农药标签应当按照国务院农业主管部门的规定，以中文标注农药的名称、剂型、有效成分及其含量、毒性及其标识、使用范围、使用方法和剂量、使用技术要求和注意事项、生产日期、可追溯电子信息码等内容。

剧毒、高毒农药以及使用技术要求严格的其他农药等限制使用农药的标签还应当标注“限制使用”字样，并注明使用的特别限制和特殊要求。用于食用农产品的农药的标签还应当标注安全间隔期。

第二十三条　农药生产企业不得擅自改变经核准的农药的标签内容，不得在农药的标签中标注虚假、误导使用者的内容。

农药包装过小，标签不能标注全部内容的，应当同时附具说明书，说明书的内容应当与经核准的标签内容一致。

第四章　农药经营

第二十四条　国家实行农药经营许可制度，但经营卫生用农药的除外。农药经营者应当具备下列条件，并按照国务院农业主管部门的规定向县级以上地方人民政府农业主管部门申请农药经营许可证：

（一）有具备农药和病虫害防治专业知识，熟悉农药管理规定，能够指导安全合理使用农药的经营人员；

（二）有与其他商品以及饮用水水源、生活区域等有效隔离的营业场所和仓储场所，并配备与所申请经营农药相适应的防护设施；

（三）有与所申请经营农药相适应的质量管理、台账记录、安全防护、应急处置、仓储管理等制度。

经营限制使用农药的，还应当配备相应的用药指导和病虫害防治专业技术人员，并按照所在地省、自治区、直辖市人民政府农业主管部门的规定实行定点经营。

县级以上地方人民政府农业主管部门应当自受理申请之日起 20 个工作日内作出审批决定。符合条件的，核发农药经营许可证；不符合条件的，书面通知申请人并说明理由。

第二十五条　农药经营许可证应当载明农药经营者名称、住所、负责人、经营范围以及有效期等事项。

农药经营许可证有效期为 5 年。有效期届满，需要继续经营农药的，农药经营者应当在有效期届满 90 日前向发证机关申请延续。

农药经营许可证载明事项发生变化的，农药经营者应当按照国务院农业主管部门的规定申请变更农药经营许可证。

取得农药经营许可证的农药经营者设立分支机构的，应当依法申请变更农药经营许可证，并向分支机构所在地县级以上地方人民政府农业主管部门备案，其分支机构免予办理农药经营许可证。农药经营者应当对其分支机构的经营活动负责。

第二十六条　农药经营者采购农药应当查验产品包装、标签、产品质量检验合格证以及有关许可证明文件，不得向未取得农药生产许可证的农药生产企业或者未取得农药经营许可证的其他农药经营者采购农药。

农药经营者应当建立采购台账，如实记录农药的名称、有关许可证明文件编号、规格、数量、生产企业和供货人名称及其联系方式、进货日期等内容。采购台账应当保存 2 年以上。

第二十七条 农药经营者应当建立销售台账，如实记录销售农药的名称、规格、数量、生产企业、购买人、销售日期等内容。销售台账应当保存 2 年以上。

农药经营者应当向购买人询问病虫害发生情况并科学推荐农药，必要时应当实地查看病虫害发生情况，并正确说明农药的使用范围、使用方法和剂量、使用技术要求和注意事项，不得误导购买人。

经营卫生用农药的，不适用本条第一款、第二款的规定。

第二十八条 农药经营者不得加工、分装农药，不得在农药中添加任何物质，不得采购、销售包装和标签不符合规定，未附具产品质量检验合格证，未取得有关许可证明文件的农药。

经营卫生用农药的，应当将卫生用农药与其他商品分柜销售；经营其他农药的，不得在农药经营场所内经营食品、食用农产品、饲料等。

第二十九条 境外企业不得直接在中国销售农药。境外企业在中国销售农药的，应当依法在中国设立销售机构或者委托符合条件的中国代理机构销售。

向中国出口的农药应当附具中文标签、说明书，符合产品质量标准，并经出入境检验检疫部门依法检验合格。禁止进口未取得农药登记证的农药。

办理农药进出口海关申报手续，应当按照海关总署的规定出示相关证明文件。

第五章 农药使用

第三十条 县级以上人民政府农业主管部门应当加强农药使用指导、服务工作，建立健全农药安全、合理使用制度，并按照预防为主、综合防治的要求，组织推广农药科学使用技术，规范农药使用行为。林业、粮食、卫生等部门应当加强对林业、储粮、卫生用农药安全、合理使用的技术指导，环境保护主管部门应当加强对农药使用过程中环境保护和污染防治的技术指导。

第三十一条 县级人民政府农业主管部门应当组织植物保护、农业技术推广等机构向农药使用者提供免费技术培训，提高农药安全、合理使用水平。

国家鼓励农业科研单位、有关学校、农民专业合作社、供销合作社、农业社会化服务组织和专业人员为农药使用者提供技术服务。

第三十二条 国家通过推广生物防治、物理防治、先进施药器械等措施，逐步减少农药使用量。

县级人民政府应当制定并组织实施本行政区域的农药减量计划；对实施农药减量计划、自愿减少农药使用量的农药使用者，给予鼓励和扶持。

县级人民政府农业主管部门应当鼓励和扶持设立专业化病虫害防治服务组织，并对专业化病虫害防治和限制使用农药的配药、用药进行指导、规范和管理，提高病虫害防治水平。

县级人民政府农业主管部门应当指导农药使用者有计划地轮换使用农药，减缓危害农业、林业的病、虫、草、鼠和其他有害生物的抗药性。

乡、镇人民政府应当协助开展农药使用指导、服务工作。

第三十三条 农药使用者应当遵守国家有关农药安全、合理使用制度，妥善保管农药，并在配药、用药过程中采取必要的防护措施，避免发生农药使用事故。

限制使用农药的经营者应当为农药使用者提供用药指导，并逐步提供统一用药服务。

第三十四条　农药使用者应当严格按照农药的标签标注的使用范围、使用方法和剂量、使用技术要求和注意事项使用农药，不得扩大使用范围、加大用药剂量或者改变使用方法。

农药使用者不得使用禁用的农药。

标签标注安全间隔期的农药，在农产品收获前应当按照安全间隔期的要求停止使用。

剧毒、高毒农药不得用于防治卫生害虫，不得用于蔬菜、瓜果、茶叶、菌类、中草药材的生产，不得用于水生植物的病虫害防治。

第三十五条　农药使用者应当保护环境，保护有益生物和珍稀物种，不得在饮用水水源保护区、河道内丢弃农药、农药包装物或者清洗施药器械。

严禁在饮用水水源保护区内使用农药，严禁使用农药毒鱼、虾、鸟、兽等。

第三十六条　农产品生产企业、食品和食用农产品仓储企业、专业化病虫害防治服务组织和从事农产品生产的农民专业合作社等应当建立农药使用记录，如实记录使用农药的时间、地点、对象以及农药名称、用量、生产企业等。农药使用记录应当保存2年以上。

国家鼓励其他农药使用者建立农药使用记录。

第三十七条　国家鼓励农药使用者妥善收集农药包装物等废弃物；农药生产企业、农药经营者应当回收农药废弃物，防止农药污染环境和农药中毒事故的发生。具体办法由国务院环境保护主管部门会同国务院农业主管部门、国务院财政部门等部门制定。

第三十八条　发生农药使用事故，农药使用者、农药生产企业、农药经营者和其他有关人员应当及时报告当地农业主管部门。

接到报告的农业主管部门应当立即采取措施，防止事故扩大，同时通知有关部门采取相应措施。造成农药中毒事故的，由农业主管部门和公安机关依照职责权限组织调查处理，卫生主管部门应当按照国家有关规定立即对受到伤害的人员组织医疗救治；造成环境污染事故的，由环境保护等有关部门依法组织调查处理；造成储粮药剂使用事故和农作物药害事故的，分别由粮食、农业等部门组织技术鉴定和调查处理。

第三十九条　因防治突发重大病虫害等紧急需要，国务院农业主管部门可以决定临时生产、使用规定数量的未取得登记或者禁用、限制使用的农药，必要时应当会同国务院对外贸易主管部门决定临时限制出口或者临时进口规定数量、品种的农药。

前款规定的农药，应当在使用地县级人民政府农业主管部门的监督和指导下使用。

第六章　监督管理

第四十条　县级以上人民政府农业主管部门应当定期调查统计农药生产、销售、使用情况，并及时通报本级人民政府有关部门。

县级以上地方人民政府农业主管部门应当建立农药生产、经营诚信档案并予以公布；发现违法生产、经营农药的行为涉嫌犯罪的，应当依法移送公安机关查处。

第四十一条　县级以上人民政府农业主管部门履行农药监督管理职责，可以依法采取下列措施：

（一）进入农药生产、经营、使用场所实施现场检查；

（二）对生产、经营、使用的农药实施抽查检测；

（三）向有关人员调查了解有关情况；

（四）查阅、复制合同、票据、账簿以及其他有关资料；

（五）查封、扣押违法生产、经营、使用的农药，以及用于违法生产、经营、使用农药的工具、设备、原材料等；

（六）查封违法生产、经营、使用农药的场所。

第四十二条 国家建立农药召回制度。农药生产企业发现其生产的农药对农业、林业、人畜安全、农产品质量安全、生态环境等有严重危害或者较大风险的，应当立即停止生产，通知有关经营者和使用者，向所在地农业主管部门报告，主动召回产品，并记录通知和召回情况。

农药经营者发现其经营的农药有前款规定的情形的，应当立即停止销售，通知有关生产企业、供货人和购买人，向所在地农业主管部门报告，并记录停止销售和通知情况。

农药使用者发现其使用的农药有本条第一款规定的情形的，应当立即停止使用，通知经营者，并向所在地农业主管部门报告。

第四十三条 国务院农业主管部门和省、自治区、直辖市人民政府农业主管部门应当组织负责农药检定工作的机构、植物保护机构对已登记农药的安全性和有效性进行监测。

发现已登记农药对农业、林业、人畜安全、农产品质量安全、生态环境等有严重危害或者较大风险的，国务院农业主管部门应当组织农药登记评审委员会进行评审，根据评审结果撤销、变更相应的农药登记证，必要时应当决定禁用或者限制使用并予以公告。

第四十四条 有下列情形之一的，认定为假农药：

（一）以非农药冒充农药；

（二）以此种农药冒充他种农药；

（三）农药所含有效成分种类与农药的标签、说明书标注的有效成分不符。

禁用的农药，未依法取得农药登记证而生产、进口的农药，以及未附具标签的农药，按照假农药处理。

第四十五条 有下列情形之一的，认定为劣质农药：

（一）不符合农药产品质量标准；

（二）混有导致药害等有害成分。

超过农药质量保证期的农药，按照劣质农药处理。

第四十六条 假农药、劣质农药和回收的农药废弃物等应当交由具有危险废物经营资质的单位集中处置，处置费用由相应的农药生产企业、农药经营者承担；农药生产企业、农药经营者不明确的，处置费用由所在地县级人民政府财政列支。

第四十七条 禁止伪造、变造、转让、出租、出借农药登记证、农药生产许可证、农药经营许可证等许可证明文件。

第四十八条 县级以上人民政府农业主管部门及其工作人员和负责农药检定工作的机构及其工作人员，不得参与农药生产、经营活动。

第七章 法律责任

第四十九条 县级以上人民政府农业主管部门及其工作人员有下列行为之一的，由本级人民政府责令改正；对负有责任的领导人员和直接责任人员，依法给予处分；负有责任的领导人员和直接责任人员构成犯罪的，依法追究刑事责任：

（一）不履行监督管理职责，所辖行政区域的违法农药生产、经营活动造成重大损失或者恶劣社会影响；

（二）对不符合条件的申请人准予许可或者对符合条件的申请人拒不准予许可；

（三）参与农药生产、经营活动；

（四）有其他徇私舞弊、滥用职权、玩忽职守行为。

第五十条 农药登记评审委员会组成人员在农药登记评审中谋取不正当利益的，由国务院农业主管部门从农药登记评审委员会除名；属于国家工作人员的，依法给予处分；构成犯罪的，依法追究刑事责任。

第五十一条 登记试验单位出具虚假登记试验报告的，由省、自治区、直辖市人民政府农业主管部门没收违法所得，并处5万元以上10万元以下罚款；由国务院农业主管部门从登记试验单位中除名，5年内不再受理其登记试验单位认定申请；构成犯罪的，依法追究刑事责任。

第五十二条 未取得农药生产许可证生产农药或者生产假农药的，由县级以上地方人民政府农业主管部门责令停止生产，没收违法所得、违法生产的产品和用于违法生产的工具、设备、原材料等，违法生产的产品货值金额不足1万元的，并处5万元以上10万元以下罚款，货值金额1万元以上的，并处货值金额10倍以上20倍以下罚款，由发证机关吊销农药生产许可证和相应的农药登记证；构成犯罪的，依法追究刑事责任。

取得农药生产许可证的农药生产企业不再符合规定条件继续生产农药的，由县级以上地方人民政府农业主管部门责令限期整改；逾期拒不整改或者整改后仍不符合规定条件的，由发证机关吊销农药生产许可证。

农药生产企业生产劣质农药的，由县级以上地方人民政府农业主管部门责令停止生产，没收违法所得、违法生产的产品和用于违法生产的工具、设备、原材料等，违法生产的产品货值金额不足1万元的，并处1万元以上5万元以下罚款，货值金额1万元以上的，并处货值金额5倍以上10倍以下罚款；情节严重的，由发证机关吊销农药生产许可证和相应的农药登记证；构成犯罪的，依法追究刑事责任。

委托未取得农药生产许可证的受托人加工、分装农药，或者委托加工、分装假农药、劣质农药的，对委托人和受托人均依照本条第一款、第三款的规定处罚。

第五十三条 农药生产企业有下列行为之一的，由县级以上地方人民政府农业主管部门责令改正，没收违法所得、违法生产的产品和用于违法生产的原材料等，违法生产的产品货值金额不足1万元的，并处1万元以上2万元以下罚款，货值金额1万元以上的，并处货值金额2倍以上5倍以下罚款；拒不改正或者情节严重的，由发证机关吊销农药生产许可证和相应的农药登记证：

（一）采购、使用未依法附具产品质量检验合格证、未依法取得有关许可证明文件的原材料；

（二）出厂销售未经质量检验合格并附具产品质量检验合格证的农药；

（三）生产的农药包装、标签、说明书不符合规定；

（四）不召回依法应当召回的农药。

第五十四条 农药生产企业不执行原材料进货、农药出厂销售记录制度，或者不履行农药废弃物回收义务的，由县级以上地方人民政府农业主管部门责令改正，处1万元以上5万元以下罚款；拒不改正或者情节严重的，由发证机关吊销农药生产许可证和相应的农药登记证。

第五十五条 农药经营者有下列行为之一的，由县级以上地方人民政府农业主管部门责令停止经营，没收违法所得、违法经营的农药和用于违法经营的工具、设备等，违法经营的农药货值金额不足1万元的，并处5000元以上5万元以下罚款，货值金额1万元以上的，并处货值金额5倍以上10倍以下罚款；构成犯罪的，依法追究刑事责任：

（一）违反本条例规定，未取得农药经营许可证经营农药；

（二）经营假农药；

（三）在农药中添加物质。

有前款第二项、第三项规定的行为，情节严重的，还应当由发证机关吊销农药经营许可证。

取得农药经营许可证的农药经营者不再符合规定条件继续经营农药的，由县级以上地方人民政府农业主管部门责令限期整改；逾期拒不整改或者整改后仍不符合规定条件的，由发证机关吊销农药经营许可证。

第五十六条 农药经营者经营劣质农药的，由县级以上地方人民政府农业主管部门责令停止经营，没收违法所得、违法经营的农药和用于违法经营的工具、设备等，违法经营的农药货值金额不足1万元的，并处2000元以上2万元以下罚款，货值金额1万元以上的，并处货值金额2倍以上5倍以下罚款；情节严重的，由发证机关吊销农药经营许可证；构成犯罪的，依法追究刑事责任。

第五十七条 农药经营者有下列行为之一的，由县级以上地方人民政府农业主管部门责令改正，没收违法所得和违法经营的农药，并处5000元以上5万元以下罚款；拒不改正或者情节严重的，由发证机关吊销农药经营许可证：

（一）设立分支机构未依法变更农药经营许可证，或者未向分支机构所在地县级以上地方人民政府农业主管部门备案；

（二）向未取得农药生产许可证的农药生产企业或者未取得农药经营许可证的其他农药经营者采购农药；

（三）采购、销售未附具产品质量检验合格证或者包装、标签不符合规定的农药；

（四）不停止销售依法应当召回的农药。

第五十八条 农药经营者有下列行为之一的，由县级以上地方人民政府农业主管部门责令改正；拒不改正或者情节严重的，处2000元以上2万元以下罚款，并由发证机关吊销农药经营许可证：

（一）不执行农药采购台账、销售台账制度；

（二）在卫生用农药以外的农药经营场所内经营食品、食用农产品、饲料等；

（三）未将卫生用农药与其他商品分柜销售；

（四）不履行农药废弃物回收义务。

第五十九条 境外企业直接在中国销售农药的，由县级以上地方人民政府农业主管部门责令停止销售，没收违法所得、违法经营的农药和用于违法经营的工具、设备等，违法经营的农药货值金额不足5万元的，并处5万元以上50万元以下罚款，货值金额5万元以上的，并处货值金额10倍以上20倍以下罚款，由发证机关吊销农药登记证。

取得农药登记证的境外企业向中国出口劣质农药情节严重或者出口假农药的，由国务院农业主管部门吊销相应的农药登记证。

第六十条 农药使用者有下列行为之一的，由县级人民政府农业主管部门责令改正，农药使用者为农产品生产企业、食品和食用农产品仓储企业、专业化病虫害防治服务组织和从事农产品生产的农民专业合作社等单位的，处5万元以上10万元以下罚款，农药使用者为个人的，处1万元以下罚款；构成犯罪的，依法追究刑事责任：

（一）不按照农药的标签标注的使用范围、使用方法和剂量、使用技术要求和注意事项、安全间隔期使用农药；

（二）使用禁用的农药；

（三）将剧毒、高毒农药用于防治卫生害虫，用于蔬菜、瓜果、茶叶、菌类、中草药材生产或者用于水生植物的病虫害防治；

（四）在饮用水水源保护区内使用农药；

（五）使用农药毒鱼、虾、鸟、兽等；

（六）在饮用水水源保护区、河道内丢弃农药、农药包装物或者清洗施药器械。

有前款第二项规定的行为的，县级人民政府农业主管部门还应当没收禁用的农药。

第六十一条 农产品生产企业、食品和食用农产品仓储企业、专业化病虫害防治服务组织和从事农产品生产的农民专业合作社等不执行农药使用记录制度的，由县级人民政府农业主管部门责令改正；拒不改正或者情节严重的，处2000元以上2万元以下罚款。

第六十二条 伪造、变造、转让、出租、出借农药登记证、农药生产许可证、农药经营许可证等许可证明文件的，由发证机关收缴或者予以吊销，没收违法所得，并处1万元以上5万元以下罚款；构成犯罪的，依法追究刑事责任。

第六十三条 未取得农药生产许可证生产农药，未取得农药经营许可证经营农药，或者被吊销农药登记证、农药生产许可证、农药经营许可证的，其直接负责的主管人员10年内不得从事农药生产、经营活动。

农药生产企业、农药经营者招用前款规定的人员从事农药生产、经营活动的，由发证机关吊销农药生产许可证、农药经营许可证。

被吊销农药登记证的，国务院农业主管部门5年内不再受理其农药登记申请。

第六十四条 生产、经营的农药造成农药使用者人身、财产损害的，农药使用者可以向农药生产企业要求赔偿，也可以向农药经营者要求赔偿。属于农药生产企业责任的，农药经营者赔偿后有权向农药生产企业追偿；属于农药经营者责任的，农药生产企业赔偿后有权向农药经营者追偿。

第八章 附 则

第六十五条 申请农药登记的，申请人应当按照自愿有偿的原则，与登记试验单位协商确定登记试验费用。

第六十六条 本条例自2017年6月1日起施行。

农田水利条例

第一章 总 则

第一条 为了加快农田水利发展，提高农业综合生产能力，保障国家粮食安全，制定本条例。

第二条 农田水利规划的编制实施、农田水利工程建设和运行维护、农田灌溉和排水等活动，适用本条例。

本条例所称农田水利，是指为防治农田旱、涝、渍和盐碱灾害，改善农业生产条件，采取的灌溉、排水等工程措施和其他相关措施。

第三条 发展农田水利，坚持政府主导、科学规划、因地制宜、节水高效、建管并重的原则。

县级以上人民政府应当加强对农田水利工作的组织领导，采取措施保障农田水利发展。

第四条 国务院水行政主管部门负责全国农田水利的管理和监督工作。国务院有关部门按照职责分工做好农田水利相关工作。

县级以上地方人民政府水行政主管部门负责本行政区域农田水利的管理和监督工作。县级以上地方人民政府有关部门按照职责分工做好农田水利相关工作。

乡镇人民政府应当协助上级人民政府及其有关部门做好本行政区域农田水利工程建设和运行维护等方面的工作。

第五条 国家鼓励和引导农村集体经济组织、农民用水合作组织、农民和其他社会力量进行农田水利工程建设、经营和运行维护，保护农田水利工程设施，节约用水，保护生态环境。

国家依法保护农田水利工程投资者的合法权益。

第二章 规 划

第六条 国务院水行政主管部门负责编制全国农田水利规划，征求国务院有关部门意见后，报国务院或者国务院授权的部门批准公布。

县级以上地方人民政府水行政主管部门负责编制本行政区域农田水利规划，征求本级人民政府有关部门意见后，报本级人民政府批准公布。

第七条 编制农田水利规划应当统筹考虑经济社会发展水平、水土资源供需平衡、农业生产需求、灌溉排水发展需求、环境保护等因素。

农田水利规划应当包括发展思路、总体任务、区域布局、保障措施等内容；县级农田水利规划还应当包括水源保障、工程布局、工程规模、生态环境影响、工程建设和运行维护、技术推广、资金筹措等内容。

第八条 县级以上人民政府应当组织开展农田水利调查。农田水利调查结果是编制农田水利规划的依据。

县级人民政府水行政主管部门编制农田水利规划，应当征求农村集体经济组织、农民用水合作组织、农民等方面的意见。

第九条　下级农田水利规划应当根据上级农田水利规划编制，并向上一级人民政府水行政主管部门备案。

经批准的农田水利规划是农田水利建设和管理的依据。农田水利规划确需修改的，应当按照原审批程序报送审批。

第十条　县级以上人民政府水行政主管部门和其他有关部门按照职责分工负责实施农田水利规划。

县级以上人民政府水行政主管部门应当会同本级人民政府有关部门对农田水利规划实施情况进行评估，并将评估结果向本级人民政府报告。

第十一条　编制土地整治、农业综合开发等规划涉及农田水利，应当与农田水利规划相衔接，并征求本级人民政府水行政主管部门的意见。

第三章　工程建设

第十二条　县级人民政府应当根据农田水利规划组织制定农田水利工程建设年度实施计划，统筹协调有关部门和单位安排的与农田水利有关的各类工程建设项目。

乡镇人民政府应当协调农村集体经济组织、农民用水合作组织以及其他社会力量开展农田水利工程建设的有关工作。

第十三条　农田水利工程建设应当符合国家有关农田水利标准。

农田水利标准由国务院标准化主管部门、水行政主管部门以及省、自治区、直辖市人民政府标准化主管部门、水行政主管部门依照法定程序和权限组织制定。

第十四条　农田水利工程建设应当节约集约使用土地。县级以上人民政府应当根据农田水利规划，保障农田水利工程建设用地需求。

第十五条　农田水利工程建设单位应当建立健全工程质量安全管理制度，对工程质量安全负责，并公示工程建设情况。

县级以上人民政府水行政主管部门和其他有关部门应当按照职责分工加强对农田水利工程建设的监督管理。

第十六条　政府投资建设的农田水利工程由县级以上人民政府有关部门组织竣工验收，并邀请有关专家和农村集体经济组织、农民用水合作组织、农民代表参加。社会力量投资建设的农田水利工程由投资者或者受益者组织竣工验收。政府与社会力量共同投资的农田水利工程，由县级以上人民政府有关部门、社会投资者或者受益者共同组织竣工验收。

大中型农田水利工程应当按照水利建设工程验收规程组织竣工验收。小型农田水利工程验收办法由省、自治区、直辖市人民政府水行政主管部门会同有关部门制定。

农田水利工程验收合格后，由县级以上地方人民政府水行政主管部门组织造册存档。

第十七条　县级以上人民政府水行政主管部门应当会同有关部门加强农田水利信息系统建设，收集与发布农田水利规划、农田水利工程建设和运行维护等信息。

第四章　工程运行维护

第十八条　农田水利工程按照下列规定确定运行维护主体：

（一）政府投资建设的大中型农田水利工程，由县级以上人民政府按照工程管理权限确定的单位负责运行维护，鼓励通过政府购买服务等方式引进社会力量参与运行维护；

（二）政府投资建设或者财政补助建设的小型农田水利工程，按照规定交由受益农村集体经济组织、农民用水合作组织、农民等使用和管理的，由受益者或者其委托的单位、个人负责运行维护；

（三）农村集体经济组织筹资筹劳建设的农田水利工程，由农村集体经济组织或者其委托的单位、个人负责运行维护；

（四）农民或者其他社会力量投资建设的农田水利工程，由投资者或者其委托的单位、个人负责运行维护；

（五）政府与社会力量共同投资建设的农田水利工程，由投资者按照约定确定运行维护主体。

农村土地承包经营权依法流转的，应当同时明确该土地上农田水利工程的运行维护主体。

第十九条 灌区农田水利工程实行灌区管理单位管理与受益农村集体经济组织、农民用水合作组织、农民等管理相结合的方式。灌区管理办法由国务院水行政主管部门会同有关部门制定。

第二十条 县级以上人民政府应当建立农田水利工程运行维护经费合理负担机制。

农田水利工程所有权人应当落实农田水利工程运行维护经费，保障运行维护工作正常进行。

第二十一条 负责农田水利工程运行维护的单位和个人应当建立健全运行维护制度，加强对农田水利工程的日常巡查、维修和养护，按照有关规定进行调度，保障农田水利工程正常运行。

农田水利工程水量调度涉及航道通航的，应当符合《中华人民共和国航道法》的有关规定。

第二十二条 县级以上人民政府水行政主管部门和农田水利工程所有权人应当加强对农田水利工程运行维护工作的监督，督促负责运行维护的单位和个人履行运行维护责任。

农村集体经济组织、农民用水合作组织、农民等发现影响农田水利工程正常运行的情形的，有权向县级以上人民政府水行政主管部门和农田水利工程所有权人报告。接到报告的县级以上人民政府水行政主管部门和农田水利工程所有权人应当督促负责运行维护的单位和个人及时处理。

第二十三条 禁止危害农田水利工程设施的下列行为：

（一）侵占、损毁农田水利工程设施；

（二）危害农田水利工程设施安全的爆破、打井、采石、取土等活动；

（三）堆放阻碍蓄水、输水、排水的物体；

（四）建设妨碍蓄水、输水、排水的建筑物和构筑物；

（五）向塘坝、沟渠排放污水、倾倒垃圾以及其他废弃物。

第二十四条 任何单位和个人不得擅自占用农业灌溉水源、农田水利工程设施。

新建、改建、扩建建设工程确需占用农业灌溉水源、农田水利工程设施的，应当与取用水的单位、个人或者农田水利工程所有权人协商，并报经有管辖权的县级以上地方人民政府水行政主管部门同意。

占用者应当建设与被占用的农田水利工程设施效益和功能相当的替代工程；不具备建设替代工程条件的，应当按照建设替代工程的总投资额支付占用补偿费；造成运行成本增加等其他损失的，应当依法给予补偿。补偿标准由省、自治区、直辖市制定。

第二十五条 农田水利工程设施因超过设计使用年限、灌溉排水功能基本丧失或者严重毁坏而无法继续使用的，工程所有权人或者管理单位应当按照有关规定及时处置，消除安全隐患，并将相关情况告知县级以上地方人民政府水行政主管部门。

第五章 灌溉排水管

第二十六条 县级以上人民政府水行政主管部门应当加强对农田灌溉排水的监督和指导，做好技术服务。

第二十七条　农田灌溉用水实行总量控制和定额管理相结合的制度。

农作物灌溉用水定额依照《中华人民共和国水法》规定的权限和程序制定并公布。

农田灌溉用水应当合理确定水价，实行有偿使用、计量收费。

第二十八条　灌区管理单位应当根据有管辖权的县级以上人民政府水行政主管部门核定的年度取用水计划，制定灌区内用水计划和调度方案，与用水户签订用水协议。

第二十九条　农田灌溉用水应当符合相应的水质标准。县级以上地方人民政府环境保护主管部门应当会同水行政主管部门、农业主管部门加强对农田灌溉用水的水质监测。

第三十条　国家鼓励采取先进适用的农田排水技术和措施，促进盐碱地和中低产田改造；控制和合理利用农田排水，减少肥料流失，防止农业面源污染。

第三十一条　省、自治区、直辖市人民政府水行政主管部门应当组织做好本行政区域农田灌溉排水试验工作。灌溉试验站应当做好农田灌溉排水试验研究，加强科技成果示范推广，指导用水户科学灌溉排水。

第三十二条　国家鼓励推广应用喷灌、微灌、管道输水灌溉、渠道防渗输水灌溉等节水灌溉技术，以及先进的农机、农艺和生物技术等，提高灌溉用水效率。

第三十三条　粮食主产区和严重缺水、生态环境脆弱地区以及地下水超采地区应当优先发展节水灌溉。

国家鼓励企业、农村集体经济组织、农民用水合作组织等单位和个人投资建设节水灌溉设施，采取财政补助等方式鼓励购买节水灌溉设备。

第三十四条　规划建设商品粮、棉、油、菜等农业生产基地，应当充分考虑当地水资源条件。水资源短缺地区，限制发展高耗水作物；地下水超采区，禁止农田灌溉新增取用地下水。

第六章　保障与扶持

第三十五条　农田水利工程建设实行政府投入和社会力量投入相结合的方式。

县级以上人民政府应当多渠道筹措农田水利工程建设资金，保障农田水利建设投入。

第三十六条　县级人民政府应当及时公布农田水利工程建设年度实施计划、建设条件、补助标准等信息，引导社会力量参与建设农田水利工程。

县级以上地方人民政府应当支持社会力量通过提供农田灌溉服务、收取供水水费等方式，开展农田水利工程经营活动，保障其合法经营收益。

县级以上地方人民政府水行政主管部门应当为社会力量参与建设、经营农田水利工程提供指导和技术支持。

第三十七条　国家引导金融机构推出符合农田水利工程项目特点的金融产品和服务方式，加大对农田水利工程建设的信贷支持力度。

农田灌溉和排水的用电执行农业生产用电价格。

第三十八条　县级人民政府应当建立健全基层水利服务体系，将基层水利服务机构公益性业务经费纳入本级政府预算。基层水利服务机构应当履行农田水利建设管理、科技推广等公益性职能。

国家通过政府购买服务等方式，支持专业化服务组织开展农田灌溉和排水、农田水利工程设施维修等公益性工作。

第三十九条　县级以上人民政府水行政主管部门应当会同本级人民政府有关部门，制定农田水利新技术推广目录和培训计划，加强对基层水利服务人员和农民的培训。

第四十条 对农田水利工作中成绩显著的单位和个人，按照国家有关规定给予表彰。

第七章 法律责任

第四十一条 违反本条例规定，县级以上人民政府水行政主管部门和其他有关部门不依法履行农田水利管理和监督职责的，对负有责任的领导人员和直接责任人员依法给予处分；负有责任的领导人员和直接责任人员构成犯罪的，依法追究刑事责任。

第四十二条 违反本条例规定，县级以上人民政府确定的农田水利工程运行维护单位不按照规定进行维修养护和调度、不执行年度取用水计划的，由县级以上地方人民政府水行政主管部门责令改正；发生责任事故或者造成其他重大损失的，对直接负责的主管人员和其他直接责任人员依法给予处分；直接负责的主管人员和其他直接责任人员构成犯罪的，依法追究刑事责任。

第四十三条 违反本条例规定，有下列行为之一的，由县级以上地方人民政府水行政主管部门责令停止违法行为，限期恢复原状或者采取补救措施；逾期不恢复原状或者采取补救措施的，依法强制执行；造成损失的，依法承担民事责任；构成违反治安管理行为的，依法给予治安管理处罚；构成犯罪的，依法追究刑事责任：

（一）堆放阻碍农田水利工程设施蓄水、输水、排水的物体；

（二）建设妨碍农田水利工程设施蓄水、输水、排水的建筑物和构筑物；

（三）擅自占用农业灌溉水源、农田水利工程设施。

第四十四条 违反本条例规定，侵占、损毁农田水利工程设施，以及有危害农田水利工程设施安全的爆破、打井、采石、取土等行为的，依照《中华人民共和国水法》的规定处理。

违反本条例规定，向塘坝、沟渠排放污水、倾倒垃圾以及其他废弃物的，依照环境保护有关法律、行政法规的规定处理。

第八章 附 则

第四十五条 本条例自 2016 年 7 月 1 日起施行。

兽药管理条例

第一章　总　则

第一条　为了加强兽药管理，保证兽药质量，防治动物疾病，促进养殖业的发展，维护人体健康，制定本条例。

第二条　在中华人民共和国境内从事兽药的研制、生产、经营、进出口、使用和监督管理，应当遵守本条例。

第三条　国务院兽医行政管理部门负责全国的兽药监督管理工作。

县级以上地方人民政府兽医行政管理部门负责本行政区域内的兽药监督管理工作。

第四条　国家实行兽用处方药和非处方药分类管理制度。兽用处方药和非处方药分类管理的办法和具体实施步骤，由国务院兽医行政管理部门规定。

第五条　国家实行兽药储备制度。

发生重大动物疫情、灾情或者其他突发事件时，国务院兽医行政管理部门可以紧急调用国家储备的兽药；必要时，也可以调用国家储备以外的兽药。

第二章　新兽药研制

第六条　国家鼓励研制新兽药，依法保护研制者的合法权益。

第七条　研制新兽药，应当具有与研制相适应的场所、仪器设备、专业技术人员、安全管理规范和措施。

研制新兽药，应当进行安全性评价。从事兽药安全性评价的单位，应当经国务院兽医行政管理部门认定，并遵守兽药非临床研究质量管理规范和兽药临床试验质量管理规范。

第八条　研制新兽药，应当在临床试验前向临床试验场所所在地省、自治区、直辖市人民政府兽医行政管理部门备案，并附具该新兽药实验室阶段安全性评价报告及其他临床前研究资料。

研制的新兽药属于生物制品的，应当在临床试验前向国务院兽医行政管理部门提出申请，国务院兽医行政管理部门应当自收到申请之日起 60 个工作日内将审查结果书面通知申请人。

研制新兽药需要使用一类病原微生物的，还应当具备国务院兽医行政管理部门规定的条件，并在实验室阶段前报国务院兽医行政管理部门批准。

第九条　临床试验完成后，新兽药研制者向国务院兽医行政管理部门提出新兽药注册申请时，应当提交该新兽药的样品和下列资料：

（一）名称、主要成分、理化性质；

（二）研制方法、生产工艺、质量标准和检测方法；

（三）药理和毒理试验结果、临床试验报告和稳定性试验报告；

（四）环境影响报告和污染防治措施。

研制的新兽药属于生物制品的，还应当提供菌（毒、虫）种、细胞等有关材料和资料。菌（毒、虫）种、细胞由国务院兽医行政管理部门指定的机构保藏。

研制用于食用动物的新兽药，还应当按照国务院兽医行政管理部门的规定进行兽药残留试验并提供休药期、最高残留限量标准、残留检测方法及其制定依据等资料。

国务院兽医行政管理部门应当自收到申请之日起10个工作日内，将决定受理的新兽药资料送其设立的兽药评审机构进行评审，将新兽药样品送其指定的检验机构复核检验，并自收到评审和复核检验结论之日起60个工作日内完成审查。审查合格的，发给新兽药注册证书，并发布该兽药的质量标准；不合格的，应当书面通知申请人。

第十条 国家对依法获得注册的、含有新化合物的兽药的申请人提交的其自己所取得且未披露的试验数据和其他数据实施保护。

自注册之日起6年内，对其他申请人未经已获得注册兽药的申请人同意，使用前款规定的数据申请兽药注册的，兽药注册机关不予注册；但是，其他申请人提交其自己所取得的数据的除外。

除下列情况外，兽药注册机关不得披露本条第一款规定的数据：

（一）公共利益需要；

（二）已采取措施确保该类信息不会被不正当地进行商业使用。

第三章 兽药生产

第十一条 从事兽药生产的企业，应当符合国家兽药行业发展规划和产业政策，并具备下列条件：

（一）与所生产的兽药相适应的兽医学、药学或者相关专业的技术人员；

（二）与所生产的兽药相适应的厂房、设施；

（三）与所生产的兽药相适应的兽药质量管理和质量检验的机构、人员、仪器设备；

（四）符合安全、卫生要求的生产环境；

（五）兽药生产质量管理规范规定的其他生产条件。

符合前款规定条件的，申请人方可向省、自治区、直辖市人民政府兽医行政管理部门提出申请，并附具符合前款规定条件的证明材料；省、自治区、直辖市人民政府兽医行政管理部门应当自收到申请之日起40个工作日内完成审查。经审查合格的，发给兽药生产许可证；不合格的，应当书面通知申请人。

第十二条 兽药生产许可证应当载明生产范围、生产地点、有效期和法定代表人姓名、住址等事项。

兽药生产许可证有效期为5年。有效期届满，需要继续生产兽药的，应当在许可证有效期届满前6个月到发证机关申请换发兽药生产许可证。

第十三条 兽药生产企业变更生产范围、生产地点的，应当依照本条例第十一条的规定申请换发兽药生产许可证；变更企业名称、法定代表人的，应当在办理工商变更登记手续后15个工作日内，到发证机关申请换发兽药生产许可证。

第十四条 兽药生产企业应当按照国务院兽医行政管理部门制定的兽药生产质量管理规范组织生产。

省级以上人民政府兽医行政管理部门，应当对兽药生产企业是否符合兽药生产质量管理规范的要求进行监督检查，并公布检查结果。

第十五条 兽药生产企业生产兽药，应当取得国务院兽医行政管理部门核发的产品批准文号，产品批准文号的有效期为5年。兽药产品批准文号的核发办法由国务院兽医行政管理部门制定。

第十六条　兽药生产企业应当按照兽药国家标准和国务院兽医行政管理部门批准的生产工艺进行生产。兽药生产企业改变影响兽药质量的生产工艺的，应当报原批准部门审核批准。

兽药生产企业应当建立生产记录，生产记录应当完整、准确。

第十七条　生产兽药所需的原料、辅料，应当符合国家标准或者所生产兽药的质量要求。

直接接触兽药的包装材料和容器应当符合药用要求。

第十八条　兽药出厂前应当经过质量检验，不符合质量标准的不得出厂。

兽药出厂应当附有产品质量合格证。

禁止生产假、劣兽药。

第十九条　兽药生产企业生产的每批兽用生物制品，在出厂前应当由国务院兽医行政管理部门指定的检验机构审查核对，并在必要时进行抽查检验；未经审查核对或者抽查检验不合格的，不得销售。

强制免疫所需兽用生物制品，由国务院兽医行政管理部门指定的企业生产。

第二十条　兽药包装应当按照规定印有或者贴有标签，附具说明书，并在显著位置注明“兽用”字样。

兽药的标签和说明书经国务院兽医行政管理部门批准并公布后，方可使用。

兽药的标签或者说明书，应当以中文注明兽药的通用名称、成分及其含量、规格、生产企业、产品批准文号（进口兽药注册证号）、产品批号、生产日期、有效期、适应症或者功能主治、用法、用量、休药期、禁忌、不良反应、注意事项、运输贮存保管条件及其他应当说明的内容。有商品名称的，还应当注明商品名称。

除前款规定的内容外，兽用处方药的标签或者说明书还应当印有国务院兽医行政管理部门规定的警示内容，其中兽用麻醉药品、精神药品、毒性药品和放射性药品还应当印有国务院兽医行政管理部门规定的特殊标志；兽用非处方药的标签或者说明书还应当印有国务院兽医行政管理部门规定的非处方药标志。

第二十一条　国务院兽医行政管理部门，根据保证动物产品质量安全和人体健康的需要，可以对新兽药设立不超过 5 年的监测期；在监测期内，不得批准其他企业生产或者进口该新兽药。生产企业应当在监测期内收集该新兽药的疗效、不良反应等资料，并及时报送国务院兽医行政管理部门。

第四章　兽药经营

第二十二条　经营兽药的企业，应当具备下列条件：

（一）与所经营的兽药相适应的兽药技术人员；

（二）与所经营的兽药相适应的营业场所、设备、仓库设施；

（三）与所经营的兽药相适应的质量管理机构或者人员；

（四）兽药经营质量管理规范规定的其他经营条件。

符合前款规定条件的，申请人方可向市、县人民政府兽医行政管理部门提出申请，并附具符合前款规定条件的证明材料；经营兽用生物制品的，应当向省、自治区、直辖市人民政府兽医行政管理部门提出申请，并附具符合前款规定条件的证明材料。

县级以上地方人民政府兽医行政管理部门，应当自收到申请之日起 30 个工作日内完成审查。审查合格的，发给兽药经营许可证；不合格的，应当书面通知申请人。

第二十三条　兽药经营许可证应当载明经营范围、经营地点、有效期和法定代表人姓名、住址等事项。

兽药经营许可证有效期为 5 年。有效期届满，需要继续经营兽药的，应当在许可证有效期届满前 6 个月到发证机关申请换发兽药经营许可证。

第二十四条 兽药经营企业变更经营范围、经营地点的，应当依照本条例第二十二条的规定申请换发兽药经营许可证；变更企业名称、法定代表人的，应当在办理工商变更登记手续后 15 个工作日内，到发证机关申请换发兽药经营许可证。

第二十五条 兽药经营企业，应当遵守国务院兽医行政管理部门制定的兽药经营质量管理规范。

县级以上地方人民政府兽医行政管理部门，应当对兽药经营企业是否符合兽药经营质量管理规范的要求进行监督检查，并公布检查结果。

第二十六条 兽药经营企业购进兽药，应当将兽药产品与产品标签或者说明书、产品质量合格证核对无误。

第二十七条 兽药经营企业，应当向购买者说明兽药的功能主治、用法、用量和注意事项。销售兽用处方药的，应当遵守兽用处方药管理办法。

兽药经营企业销售兽用中药材的，应当注明产地。

禁止兽药经营企业经营人用药品和假、劣兽药。

第二十八条 兽药经营企业购销兽药，应当建立购销记录。购销记录应当载明兽药的商品名称、通用名称、剂型、规格、批号、有效期、生产厂商、购销单位、购销数量、购销日期和国务院兽医行政管理部门规定的其他事项。

第二十九条 兽药经营企业，应当建立兽药保管制度，采取必要的冷藏、防冻、防潮、防虫、防鼠等措施，保持所经营兽药的质量。

兽药入库、出库，应当执行检查验收制度，并有准确记录。

第三十条 强制免疫所需兽用生物制品的经营，应当符合国务院兽医行政管理部门的规定。

第三十一条 兽药广告的内容应当与兽药说明书内容相一致，在全国重点媒体发布兽药广告的，应当经国务院兽医行政管理部门审查批准，取得兽药广告审查批准文号。在地方媒体发布兽药广告的，应当经省、自治区、直辖市人民政府兽医行政管理部门审查批准，取得兽药广告审查批准文号；未经批准的，不得发布。

第五章 兽药进出口

第三十二条 首次向中国出口的兽药，由出口方驻中国境内的办事机构或者其委托的中国境内代理机构向国务院兽医行政管理部门申请注册，并提交下列资料和物品：

（一）生产企业所在国家（地区）兽药管理部门批准生产、销售的证明文件。

（二）生产企业所在国家（地区）兽药管理部门颁发的符合兽药生产质量管理规范的证明文件。

（三）兽药的制造方法、生产工艺、质量标准、检测方法、药理和毒理试验结果、临床试验报告、稳定性试验报告及其他相关资料；用于食用动物的兽药的休药期、最高残留限量标准、残留检测方法及其制定依据等资料。

（四）兽药的标签和说明书样本。

（五）兽药的样品、对照品、标准品。

（六）环境影响报告和污染防治措施。

（七）涉及兽药安全性的其他资料。

申请向中国出口兽用生物制品的，还应当提供菌（毒、虫）种、细胞等有关材料和资料。

第三十三条　国务院兽医行政管理部门，应当自收到申请之日起10个工作日内组织初步审查。经初步审查合格的，应当将决定受理的兽药资料送其设立的兽药评审机构进行评审，将该兽药样品送其指定的检验机构复核检验，并自收到评审和复核检验结论之日起60个工作日内完成审查。经审查合格的，发给进口兽药注册证书，并发布该兽药的质量标准；不合格的，应当书面通知申请人。

在审查过程中，国务院兽医行政管理部门可以对向中国出口兽药的企业是否符合兽药生产质量管理规范的要求进行考查，并有权要求该企业在国务院兽医行政管理部门指定的机构进行该兽药的安全性和有效性试验。

国内急需兽药、少量科研用兽药或者注册兽药的样品、对照品、标准品的进口，按照国务院兽医行政管理部门的规定办理。

第三十四条　进口兽药注册证书的有效期为5年。有效期届满，需要继续向中国出口兽药的，应当在有效期届满前6个月到发证机关申请再注册。

第三十五条　境外企业不得在中国直接销售兽药。境外企业在中国销售兽药，应当依法在中国境内设立销售机构或者委托符合条件的中国境内代理机构。

进口在中国已取得进口兽药注册证书的兽药的，中国境内代理机构凭进口兽药注册证书到口岸所在地人民政府兽医行政管理部门办理进口兽药通关单。海关凭进口兽药通关单放行。兽药进口管理办法由国务院兽医行政管理部门会同海关总署制定。

兽用生物制品进口后，应当依照本条例第十九条的规定进行审查核对和抽查检验。其他兽药进口后，由当地兽医行政管理部门通知兽药检验机构进行抽查检验。

第三十六条　禁止进口下列兽药：

（一）药效不确定、不良反应大以及可能对养殖业、人体健康造成危害或者存在潜在风险的；

（二）来自疫区可能造成疫病在中国境内传播的兽用生物制品；

（三）经考查生产条件不符合规定的；

（四）国务院兽医行政管理部门禁止生产、经营和使用的。

第三十七条　向中国境外出口兽药，进口方要求提供兽药出口证明文件的，国务院兽医行政管理部门或者企业所在地的省、自治区、直辖市人民政府兽医行政管理部门可以出具出口兽药证明文件。

国内防疫急需的疫苗，国务院兽医行政管理部门可以限制或者禁止出口。

第六章　兽药使用

第三十八条　兽药使用单位，应当遵守国务院兽医行政管理部门制定的兽药安全使用规定，并建立用药记录。

第三十九条　禁止使用假、劣兽药以及国务院兽医行政管理部门规定禁止使用的药品和其他化合物。禁止使用的药品和其他化合物目录由国务院兽医行政管理部门制定公布。

第四十条　有休药期规定的兽药用于食用动物时，饲养者应当向购买者或者屠宰者提供准确、真实的用药记录；购买者或者屠宰者应当确保动物及其产品在用药期、休药期内不被用于食品消费。

第四十一条　国务院兽医行政管理部门，负责制定公布在饲料中允许添加的药物饲料添加剂品种目录。

禁止在饲料和动物饮用水中添加激素类药品和国务院兽医行政管理部门规定的其他禁用药品。

经批准可以在饲料中添加的兽药，应当由兽药生产企业制成药物饲料添加剂后方可添加。禁止将原料药直接添加到饲料及动物饮用水中或者直接饲喂动物。

禁止将人用药品用于动物。

第四十二条　国务院兽医行政管理部门，应当制定并组织实施国家动物及动物产品兽药残留监控计划。

县级以上人民政府兽医行政管理部门，负责组织对动物产品中兽药残留量的检测。兽药残留检测结果，由国务院兽医行政管理部门或者省、自治区、直辖市人民政府兽医行政管理部门按照权限予以公布。

动物产品的生产者、销售者对检测结果有异议的，可以自收到检测结果之日起 7 个工作日内向组织实施兽药残留检测的兽医行政管理部门或者其上级兽医行政管理部门提出申请，由受理申请的兽医行政管理部门指定检验机构进行复检。

兽药残留限量标准和残留检测方法，由国务院兽医行政管理部门制定发布。

第四十三条　禁止销售含有违禁药物或者兽药残留量超过标准的食用动物产品。

第七章　兽药监督管理

第四十四条　县级以上人民政府兽医行政管理部门行使兽药监督管理权。

兽药检验工作由国务院兽医行政管理部门和省、自治区、直辖市人民政府兽医行政管理部门设立的兽药检验机构承担。国务院兽医行政管理部门，可以根据需要认定其他检验机构承担兽药检验工作。

当事人对兽药检验结果有异议的，可以自收到检验结果之日起 7 个工作日内向实施检验的机构或者上级兽医行政管理部门设立的检验机构申请复检。

第四十五条　兽药应当符合兽药国家标准。

国家兽药典委员会拟定的、国务院兽医行政管理部门发布的《中华人民共和国兽药典》和国务院兽医行政管理部门发布的其他兽药质量标准为兽药国家标准。

兽药国家标准的标准品和对照品的标定工作由国务院兽医行政管理部门设立的兽药检验机构负责。

第四十六条　兽医行政管理部门依法进行监督检查时，对有证据证明可能是假、劣兽药的，应当采取查封、扣押的行政强制措施，并自采取行政强制措施之日起 7 个工作日内作出是否立案的决定；需要检验的，应当自检验报告书发出之日起 15 个工作日内作出是否立案的决定；不符合立案条件的，应当解除行政强制措施；需要暂停生产的，由国务院兽医行政管理部门或者省、自治区、直辖市人民政府兽医行政管理部门按照权限作出决定；需要暂停经营、使用的，由县级以上人民政府兽医行政管理部门按照权限作出决定。

未经行政强制措施决定机关或者其上级机关批准，不得擅自转移、使用、销毁、销售被查封或者扣押的兽药及有关材料。

第四十七条　有下列情形之一的，为假兽药：

（一）以非兽药冒充兽药或者以他种兽药冒充此种兽药的；

（二）兽药所含成分的种类、名称与兽药国家标准不符合的。

有下列情形之一的，按照假兽药处理：

（一）国务院兽医行政管理部门规定禁止使用的；

（二）依照本条例规定应当经审查批准而未经审查批准即生产、进口的，或者依照本条例规定应当经抽查检验、审查核对而未经抽查检验、审查核对即销售、进口的；

（三）变质的；

（四）被污染的；

（五）所标明的适应症或者功能主治超出规定范围的。

第四十八条　有下列情形之一的，为劣兽药：

（一）成分含量不符合兽药国家标准或者不标明有效成分的；

（二）不标明或者更改有效期或者超过有效期的；

（三）不标明或者更改产品批号的；

（四）其他不符合兽药国家标准，但不属于假兽药的。

第四十九条　禁止将兽用原料药拆零销售或者销售给兽药生产企业以外的单位和个人。

禁止未经兽医开具处方销售、购买、使用国务院兽医行政管理部门规定实行处方药管理的兽药。

第五十条　国家实行兽药不良反应报告制度。

兽药生产企业、经营企业、兽药使用单位和开具处方的兽医人员发现可能与兽药使用有关的严重不良反应，应当立即向所在地人民政府兽医行政管理部门报告。

第五十一条　兽药生产企业、经营企业停止生产、经营超过 6 个月或者关闭的，由发证机关责令其交回兽药生产许可证、兽药经营许可证。

第五十二条　禁止买卖、出租、出借兽药生产许可证、兽药经营许可证和兽药批准证明文件。

第五十三条　兽药评审检验的收费项目和标准，由国务院财政部门会同国务院价格主管部门制定，并予以公告。

第五十四条　各级兽医行政管理部门、兽药检验机构及其工作人员，不得参与兽药生产、经营活动，不得以其名义推荐或者监制、监销兽药。

第八章　法律责任

第五十五条　兽医行政管理部门及其工作人员利用职务上的便利收取他人财物或者谋取其他利益，对不符合法定条件的单位和个人核发许可证、签署审查同意意见，不履行监督职责，或者发现违法行为不予查处，造成严重后果，构成犯罪的，依法追究刑事责任；尚不构成犯罪的，依法给予行政处分。

第五十六条　违反本条例规定，无兽药生产许可证、兽药经营许可证生产、经营兽药的，或者虽有兽药生产许可证、兽药经营许可证，生产、经营假、劣兽药的，或者兽药经营企业经营人用药品的，责令其停止生产、经营，没收用于违法生产的原料、辅料、包装材料及生产、经营的兽药和违法所得，并处违法生产、经营的兽药（包括已出售的和未出售的兽药，下同）货值金额 2 倍以上 5 倍以下罚款，货值金额无法查证核实的，处 10 万元以上 20 万元以下罚款；无兽药生产许可证生产兽药，情节严重的，没收其生产设备；生产、经营假、劣兽药，情节严重的，吊销兽药生产许可证、兽药经营许可证；构成犯罪的，依法追究刑事责任；给他人造成损失的，依法承担赔偿责任。生产、经营企业的主要负责人和直接负责的主管人员终身不得从事兽药的生产、经营活动。

擅自生产强制免疫所需兽用生物制品的，按照无兽药生产许可证生产兽药处罚。

第五十七条　违反本条例规定，提供虚假的资料、样品或者采取其他欺骗手段取得兽药生产许可证、兽药经营许可证或者兽药批准证明文件的，吊销兽药生产许可证、兽药经营许可证或者撤销兽药批准证明文件，并处5万元以上10万元以下罚款；给他人造成损失的，依法承担赔偿责任。其主要负责人和直接负责的主管人员终身不得从事兽药的生产、经营和进出口活动。

第五十八条 买卖、出租、出借兽药生产许可证、兽药经营许可证和兽药批准证明文件的，没收违法所得，并处1万元以上10万元以下罚款；情节严重的，吊销兽药生产许可证、兽药经营许可证或者撤销兽药批准证明文件；构成犯罪的，依法追究刑事责任；给他人造成损失的，依法承担赔偿责任。

第五十九条 违反本条例规定，兽药安全性评价单位、临床试验单位、生产和经营企业未按照规定实施兽药研究试验、生产、经营质量管理规范的，给予警告，责令其限期改正；逾期不改正的，责令停止兽药研究试验、生产、经营活动，并处5万元以下罚款；情节严重的，吊销兽药生产许可证、兽药经营许可证；给他人造成损失的，依法承担赔偿责任。

违反本条例规定，研制新兽药不具备规定的条件擅自使用一类病原微生物或者在实验室阶段前未经批准的，责令其停止实验，并处5万元以上10万元以下罚款；构成犯罪的，依法追究刑事责任；给他人造成损失的，依法承担赔偿责任。

违反本条例规定，开展新兽药临床试验应当备案而未备案的，责令其立即改正，给予警告，并处5万元以上10万元以下罚款；给他人造成损失的，依法承担赔偿责任。

第六十条 违反本条例规定，兽药的标签和说明书未经批准的，责令其限期改正；逾期不改正的，按照生产、经营假兽药处罚；有兽药产品批准文号的，撤销兽药产品批准文号；给他人造成损失的，依法承担赔偿责任。

兽药包装上未附有标签和说明书，或者标签和说明书与批准的内容不一致的，责令其限期改正；情节严重的，依照前款规定处罚。

第六十一条 违反本条例规定，境外企业在中国直接销售兽药的，责令其限期改正，没收直接销售的兽药和违法所得，并处5万元以上10万元以下罚款；情节严重的，吊销进口兽药注册证书；给他人造成损失的，依法承担赔偿责任。

第六十二条 违反本条例规定，未按照国家有关兽药安全使用规定使用兽药的、未建立用药记录或者记录不完整真实的，或者使用禁止使用的药品和其他化合物的，或者将人用药品用于动物的，责令其立即改正，并对饲喂了违禁药物及其他化合物的动物及其产品进行无害化处理；对违法单位处1万元以上5万元以下罚款；给他人造成损失的，依法承担赔偿责任。

第六十三条 违反本条例规定，销售尚在用药期、休药期内的动物及其产品用于食品消费的，或者销售含有违禁药物和兽药残留超标的动物产品用于食品消费的，责令其对含有违禁药物和兽药残留超标的动物产品进行无害化处理，没收违法所得，并处3万元以上10万元以下罚款；构成犯罪的，依法追究刑事责任；给他人造成损失的，依法承担赔偿责任。

第六十四条 违反本条例规定，擅自转移、使用、销毁、销售被查封或者扣押的兽药及有关材料的，责令其停止违法行为，给予警告，并处5万元以上10万元以下罚款。

第六十五条 违反本条例规定，兽药生产企业、经营企业、兽药使用单位和开具处方的兽医人员发现可能与兽药使用有关的严重不良反应，不向所在地人民政府兽医行政管理部门报告的，给予警告，并处5000元以上1万元以下罚款。

生产企业在新兽药监测期内不收集或者不及时报送该新兽药的疗效、不良反应等资料的，责令其限期改正，并处1万元以上5万元以下罚款；情节严重的，撤销该新兽药的产品批准文号。

第六十六条　违反本条例规定，未经兽医开具处方销售、购买、使用兽用处方药的，责令其限期改正，没收违法所得，并处 5 万元以下罚款；给他人造成损失的，依法承担赔偿责任。

第六十七条　违反本条例规定，兽药生产、经营企业把原料药销售给兽药生产企业以外的单位和个人的，或者兽药经营企业拆零销售原料药的，责令其立即改正，给予警告，没收违法所得，并处 2 万元以上 5 万元以下罚款；情节严重的，吊销兽药生产许可证、兽药经营许可证；给他人造成损失的，依法承担赔偿责任。

第六十八条　违反本条例规定，在饲料和动物饮用水中添加激素类药品和国务院兽医行政管理部门规定的其他禁用药品，依照《饲料和饲料添加剂管理条例》的有关规定处罚；直接将原料药添加到饲料及动物饮用水中，或者饲喂动物的，责令其立即改正，并处 1 万元以上 3 万元以下罚款；给他人造成损失的，依法承担赔偿责任。

第六十九条　有下列情形之一的，撤销兽药的产品批准文号或者吊销进口兽药注册证书：

（一）抽查检验连续 2 次不合格的；

（二）药效不确定、不良反应大以及可能对养殖业、人体健康造成危害或者存在潜在风险的；

（三）国务院兽医行政管理部门禁止生产、经营和使用的兽药。

被撤销产品批准文号或者被吊销进口兽药注册证书的兽药，不得继续生产、进口、经营和使用。已经生产、进口的，由所在地兽医行政管理部门监督销毁，所需费用由违法行为人承担；给他人造成损失的，依法承担赔偿责任。

第七十条　本条例规定的行政处罚由县级以上人民政府兽医行政管理部门决定；其中吊销兽药生产许可证、兽药经营许可证，撤销兽药批准证明文件或者责令停止兽药研究试验的，由发证、批准、备案部门决定。

上级兽医行政管理部门对下级兽医行政管理部门违反本条例的行政行为，应当责令限期改正；逾期不改正的，有权予以改变或者撤销。

第七十一条　本条例规定的货值金额以违法生产、经营兽药的标价计算；没有标价的，按照同类兽药的市场价格计算。

第九章　附　则

第七十二条　本条例下列用语的含义是：

（一）兽药，是指用于预防、治疗、诊断动物疾病或者有目的地调节动物生理机能的物质（含药物饲料添加剂），主要包括：血清制品、疫苗、诊断制品、微生态制品、中药材、中成药、化学药品、抗生素、生化药品、放射性药品及外用杀虫剂、消毒剂等。

（二）兽用处方药，是指凭兽医处方方可购买和使用的兽药。

（三）兽用非处方药，是指由国务院兽医行政管理部门公布的、不需要凭兽医处方就可以自行购买并按照说明书使用的兽药。

（四）兽药生产企业，是指专门生产兽药的企业和兼产兽药的企业，包括从事兽药分装的企业。

（五）兽药经营企业，是指经营兽药的专营企业或者兼营企业。

（六）新兽药，是指未曾在中国境内上市销售的兽用药品。

（七）兽药批准证明文件，是指兽药产品批准文号、进口兽药注册证书、出口兽药证明文件、新兽药注册证书等文件。

第七十三条　兽用麻醉药品、精神药品、毒性药品和放射性药品等特殊药品，依照国家有关规定管理。

第七十四条 水产养殖中的兽药使用、兽药残留检测和监督管理以及水产养殖过程中违法用药的行政处罚，由县级以上人民政府渔业主管部门及其所属的渔政监督管理机构负责。

第七十五条 本条例自 2004 年 11 月 1 日起施行。

饲料和饲料添加剂管理条例

第一章　总　则

第一条　为了加强对饲料、饲料添加剂的管理，提高饲料、饲料添加剂的质量，保障动物产品质量安全，维护公众健康，制定本条例。

第二条　本条例所称饲料，是指经工业化加工、制作的供动物食用的产品，包括单一饲料、添加剂预混合饲料、浓缩饲料、配合饲料和精料补充料。

本条例所称饲料添加剂，是指在饲料加工、制作、使用过程中添加的少量或者微量物质，包括营养性饲料添加剂和一般饲料添加剂。

饲料原料目录和饲料添加剂品种目录由国务院农业行政主管部门制定并公布。

第三条　国务院农业行政主管部门负责全国饲料、饲料添加剂的监督管理工作。

县级以上地方人民政府负责饲料、饲料添加剂管理的部门（以下简称饲料管理部门），负责本行政区域饲料、饲料添加剂的监督管理工作。

第四条　县级以上地方人民政府统一领导本行政区域饲料、饲料添加剂的监督管理工作，建立健全监督管理机制，保障监督管理工作的开展。

第五条　饲料、饲料添加剂生产企业、经营者应当建立健全质量安全制度，对其生产、经营的饲料、饲料添加剂的质量安全负责。

第六条　任何组织或者个人有权举报在饲料、饲料添加剂生产、经营、使用过程中违反本条例的行为，有权对饲料、饲料添加剂监督管理工作提出意见和建议。

第二章　审定和登记

第七条　国家鼓励研制新饲料、新饲料添加剂。

研制新饲料、新饲料添加剂，应当遵循科学、安全、有效、环保的原则，保证新饲料、新饲料添加剂的质量安全。

第八条　研制的新饲料、新饲料添加剂投入生产前，研制者或者生产企业应当向国务院农业行政主管部门提出审定申请，并提供该新饲料、新饲料添加剂的样品和下列资料：

（一）名称、主要成分、理化性质、研制方法、生产工艺、质量标准、检测方法、检验报告、稳定性试验报告、环境影响报告和污染防治措施；

（二）国务院农业行政主管部门指定的试验机构出具的该新饲料、新饲料添加剂的饲喂效果、残留消解动态以及毒理学安全性评价报告。

申请新饲料添加剂审定的，还应当说明该新饲料添加剂的添加目的、使用方法，并提供该饲料添加剂残留可能对人体健康造成影响的分析评价报告。

第九条　国务院农业行政主管部门应当自受理申请之日起 5 个工作日内，将新饲料、新饲料添加剂的样品和申请资料交全国饲料评审委员会，对该新饲料、新饲料添加剂的安全性、有效性及其对环境的影响进行评审。

全国饲料评审委员会由养殖、饲料加工、动物营养、毒理、药理、代谢、卫生、化工合成、生物技术、质量标准、环境保护、食品安全风险评估等方面的专家组成。全国饲料评审委员会对新饲料、新饲料添加剂的评审采取评审会议的形式，评审会议应当有 9 名以上全国饲料评审委员会专家参加，根据需要也可以邀请 1 至 2 名全国饲料评审委员会专家以外的专家参加，参加评审的专家对评审事项具有表决权。评审会议应当形成评审意见和会议纪要，并由参加评审的专家审核签字；有不同意见的，应当注明。参加评审的专家应当依法公平、公正履行职责，对评审资料保密，存在回避事由的，应当主动回避。

全国饲料评审委员会应当自收到新饲料、新饲料添加剂的样品和申请资料之日起 9 个月内出具评审结果并提交国务院农业行政主管部门；但是，全国饲料评审委员会决定由申请人进行相关试验的，经国务院农业行政主管部门同意，评审时间可以延长 3 个月。

国务院农业行政主管部门应当自收到评审结果之日起 10 个工作日内作出是否核发新饲料、新饲料添加剂证书的决定；决定不予核发的，应当书面通知申请人并说明理由。

第十条 国务院农业行政主管部门核发新饲料、新饲料添加剂证书，应当同时按照职责权限公布该新饲料、新饲料添加剂的产品质量标准。

第十一条 新饲料、新饲料添加剂的监测期为 5 年。新饲料、新饲料添加剂处于监测期的，不受理其他就该新饲料、新饲料添加剂的生产申请和进口登记申请，但超过 3 年不投入生产的除外。

生产企业应当收集处于监测期的新饲料、新饲料添加剂的质量稳定性及其对动物产品质量安全的影响等信息，并向国务院农业行政主管部门报告；国务院农业行政主管部门应当对新饲料、新饲料添加剂的质量安全状况组织跟踪监测，证实其存在安全问题的，应当撤销新饲料、新饲料添加剂证书并予以公告。

第十二条 向中国出口中国境内尚未使用但出口国已经批准生产和使用的饲料、饲料添加剂的，由出口方驻中国境内的办事机构或者其委托的中国境内代理机构向国务院农业行政主管部门申请登记，并提供该饲料、饲料添加剂的样品和下列资料：

（一）商标、标签和推广应用情况；

（二）生产地批准生产、使用的证明和生产地以外其他国家、地区的登记资料；

（三）主要成分、理化性质、研制方法、生产工艺、质量标准、检测方法、检验报告、稳定性试验报告、环境影响报告和污染防治措施；

（四）国务院农业行政主管部门指定的试验机构出具的该饲料、饲料添加剂的饲喂效果、残留消解动态以及毒理学安全性评价报告。

申请饲料添加剂进口登记的，还应当说明该饲料添加剂的添加目的、使用方法，并提供该饲料添加剂残留可能对人体健康造成影响的分析评价报告。

国务院农业行政主管部门应当依照本条例第九条规定的新饲料、新饲料添加剂的评审程序组织评审，并决定是否核发饲料、饲料添加剂进口登记证。

首次向中国出口中国境内已经使用且出口国已经批准生产和使用的饲料、饲料添加剂的，应当依照本条第一款、第二款的规定申请登记。国务院农业行政主管部门应当自受理申请之日起 10 个工作日内对申请资料进行审查；审查合格的，将样品交由指定的机构进行复核检测；复核检测合格的，国务院农业行政主管部门应当在 10 个工作日内核发饲料、饲料添加剂进口登记证。

饲料、饲料添加剂进口登记证有效期为 5 年。进口登记证有效期满需要继续向中国出口饲料、饲料添加剂的，应当在有效期届满 6 个月前申请续展。

禁止进口未取得饲料、饲料添加剂进口登记证的饲料、饲料添加剂。

第十三条　国家对已经取得新饲料、新饲料添加剂证书或者饲料、饲料添加剂进口登记证的、含有新化合物的饲料、饲料添加剂的申请人提交的其自己所取得且未披露的试验数据和其他数据实施保护。

自核发证书之日起 6 年内，对其他申请人未经已取得新饲料、新饲料添加剂证书或者饲料、饲料添加剂进口登记证的申请人同意，使用前款规定的数据申请新饲料、新饲料添加剂审定或者饲料、饲料添加剂进口登记的，国务院农业行政主管部门不予审定或者登记；但是，其他申请人提交其自己所取得的数据的除外。

除下列情形外，国务院农业行政主管部门不得披露本条第一款规定的数据：

（一）公共利益需要；

（二）已采取措施确保该类信息不会被不正当地进行商业使用。

第三章　生产、经营和使用

第十四条　设立饲料、饲料添加剂生产企业，应当符合饲料工业发展规划和产业政策，并具备下列条件：

（一）有与生产饲料、饲料添加剂相适应的厂房、设备和仓储设施；

（二）有与生产饲料、饲料添加剂相适应的专职技术人员；

（三）有必要的产品质量检验机构、人员、设施和质量管理制度；

（四）有符合国家规定的安全、卫生要求的生产环境；

（五）有符合国家环境保护要求的污染防治措施；

（六）国务院农业行政主管部门制定的饲料、饲料添加剂质量安全管理规范规定的其他条件。

第十五条　申请从事饲料、饲料添加剂生产的企业，申请人应当向省、自治区、直辖市人民政府饲料管理部门提出申请。省、自治区、直辖市人民政府饲料管理部门应当自受理申请之日起 10 个工作日内进行书面审查；审查合格的，组织进行现场审核，并根据审核结果在 10 个工作日内作出是否核发生产许可证的决定。

生产许可证有效期为 5 年。生产许可证有效期满需要继续生产饲料、饲料添加剂的，应当在有效期届满 6 个月前申请续展。

第十六条　饲料添加剂、添加剂预混合饲料生产企业取得生产许可证后，由省、自治区、直辖市人民政府饲料管理部门按照国务院农业行政主管部门的规定，核发相应的产品批准文号。

第十七条　饲料、饲料添加剂生产企业应当按照国务院农业行政主管部门的规定和有关标准，对采购的饲料原料、单一饲料、饲料添加剂、药物饲料添加剂、添加剂预混合饲料和用于饲料添加剂生产的原料进行查验或者检验。

饲料生产企业使用限制使用的饲料原料、单一饲料、饲料添加剂、药物饲料添加剂、添加剂预混合饲料生产饲料的，应当遵守国务院农业行政主管部门的限制性规定。禁止使用国务院农业行政主管部门公布的饲料原料目录、饲料添加剂品种目录和药物饲料添加剂品种目录以外的任何物质生产饲料。

饲料、饲料添加剂生产企业应当如实记录采购的饲料原料、单一饲料、饲料添加剂、药物饲料添加剂、添加剂预混合饲料和用于饲料添加剂生产的原料的名称、产地、数量、保质期、许可证明文件编号、质量检验信息、生产企业名称或者供货者名称及其联系方式、进货日期等。记录保存期限不得少于2年。

第十八条 饲料、饲料添加剂生产企业，应当按照产品质量标准以及国务院农业行政主管部门制定的饲料、饲料添加剂质量安全管理规范和饲料添加剂安全使用规范组织生产，对生产过程实施有效控制并实行生产记录和产品留样观察制度。

第十九条 饲料、饲料添加剂生产企业应当对生产的饲料、饲料添加剂进行产品质量检验；检验合格的，应当附具产品质量检验合格证。未经产品质量检验、检验不合格或者未附具产品质量检验合格证的，不得出厂销售。

饲料、饲料添加剂生产企业应当如实记录出厂销售的饲料、饲料添加剂的名称、数量、生产日期、生产批次、质量检验信息、购货者名称及其联系方式、销售日期等。记录保存期限不得少于2年。

第二十条 出厂销售的饲料、饲料添加剂应当包装，包装应当符合国家有关安全、卫生的规定。

饲料生产企业直接销售给养殖者的饲料可以使用罐装车运输。罐装车应当符合国家有关安全、卫生的规定，并随罐装车附具符合本条例第二十一条规定的标签。

易燃或者其他特殊的饲料、饲料添加剂的包装应当有警示标志或者说明，并注明储运注意事项。

第二十一条 饲料、饲料添加剂的包装上应当附具标签。标签应当以中文或者适用符号标明产品名称、原料组成、产品成分分析保证值、净重或者净含量、贮存条件、使用说明、注意事项、生产日期、保质期、生产企业名称以及地址、许可证明文件编号和产品质量标准等。加入药物饲料添加剂的，还应当标明“加入药物饲料添加剂”字样，并标明其通用名称、含量和休药期。乳和乳制品以外的动物源性饲料，还应当标明“本产品不得饲喂反刍动物”字样。

第二十二条 饲料、饲料添加剂经营者应当符合下列条件：

（一）有与经营饲料、饲料添加剂相适应的经营场所和仓储设施；

（二）有具备饲料、饲料添加剂使用、贮存等知识的技术人员；

（三）有必要的产品质量管理和安全管理制度。

第二十三条 饲料、饲料添加剂经营者进货时应当查验产品标签、产品质量检验合格证和相应的许可证明文件。

饲料、饲料添加剂经营者不得对饲料、饲料添加剂进行拆包、分装，不得对饲料、饲料添加剂进行再加工或者添加任何物质。

禁止经营用国务院农业行政主管部门公布的饲料原料目录、饲料添加剂品种目录和药物饲料添加剂品种目录以外的任何物质生产的饲料。

饲料、饲料添加剂经营者应当建立产品购销台账，如实记录购销产品的名称、许可证明文件编号、规格、数量、保质期、生产企业名称或者供货者名称及其联系方式、购销时间等。购销台账保存期限不得少于2年。

第二十四条 向中国出口的饲料、饲料添加剂应当包装，包装应当符合中国有关安全、卫生的规定，并附具符合本条例第二十一条规定的标签。

向中国出口的饲料、饲料添加剂应当符合中国有关检验检疫的要求，由出入境检验检疫机构依法实施检验检疫，并对其包装和标签进行核查。包装和标签不符合要求的，不得入境。

境外企业不得直接在中国销售饲料、饲料添加剂。境外企业在中国销售饲料、饲料添加剂的，应当依法在中国境内设立销售机构或者委托符合条件的中国境内代理机构销售。

第二十五条 养殖者应当按照产品使用说明和注意事项使用饲料。在饲料或者动物饮用水中添加饲料添加剂的，应当符合饲料添加剂使用说明和注意事项的要求，遵守国务院农业行政主管部门制定的饲料添加剂安全使用规范。

养殖者使用自行配制的饲料的，应当遵守国务院农业行政主管部门制定的自行配制饲料使用规范，并不得对外提供自行配制的饲料。

使用限制使用的物质养殖动物的，应当遵守国务院农业行政主管部门的限制性规定。禁止在饲料、动物饮用水中添加国务院农业行政主管部门公布禁用的物质以及对人体具有直接或者潜在危害的其他物质，或者直接使用上述物质养殖动物。禁止在反刍动物饲料中添加乳和乳制品以外的动物源性成分。

第二十六条 国务院农业行政主管部门和县级以上地方人民政府饲料管理部门应当加强饲料、饲料添加剂质量安全知识的宣传，提高养殖者的质量安全意识，指导养殖者安全、合理使用饲料、饲料添加剂。

第二十七条 饲料、饲料添加剂在使用过程中被证实对养殖动物、人体健康或者环境有害的，由国务院农业行政主管部门决定禁用并予以公布。

第二十八条 饲料、饲料添加剂生产企业发现其生产的饲料、饲料添加剂对养殖动物、人体健康有害或者存在其他安全隐患的，应当立即停止生产，通知经营者、使用者，向饲料管理部门报告，主动召回产品，并记录召回和通知情况。召回的产品应当在饲料管理部门监督下予以无害化处理或者销毁。

饲料、饲料添加剂经营者发现其销售的饲料、饲料添加剂具有前款规定情形的，应当立即停止销售，通知生产企业、供货者和使用者，向饲料管理部门报告，并记录通知情况。

养殖者发现其使用的饲料、饲料添加剂具有本条第一款规定情形的，应当立即停止使用，通知供货者，并向饲料管理部门报告。

第二十九条 禁止生产、经营、使用未取得新饲料、新饲料添加剂证书的新饲料、新饲料添加剂以及禁用的饲料、饲料添加剂。

禁止经营、使用无产品标签、无生产许可证、无产品质量标准、无产品质量检验合格证的饲料、饲料添加剂。禁止经营、使用无产品批准文号的饲料添加剂、添加剂预混合饲料。禁止经营、使用未取得饲料、饲料添加剂进口登记证的进口饲料、进口饲料添加剂。

第三十条 禁止对饲料、饲料添加剂作具有预防或者治疗动物疾病作用的说明或者宣传。但是，饲料中添加药物饲料添加剂的，可以对所添加的药物饲料添加剂的作用加以说明。

第三十一条 国务院农业行政主管部门和省、自治区、直辖市人民政府饲料管理部门应当按照职责权限对全国或者本行政区域饲料、饲料添加剂的质量安全状况进行监测，并根据监测情况发布饲料、饲料添加剂质量安全预警信息。

第三十二条 国务院农业行政主管部门和县级以上地方人民政府饲料管理部门，应当根据需要定期或者不定期组织实施饲料、饲料添加剂监督抽查；饲料、饲料添加剂监督抽查检测工作由国务院农业行政主管部门或者省、自治区、直辖市人民政府饲料管理部门指定的具有相应技术条件的机构承担。饲料、饲料添加剂监督抽查不得收费。

国务院农业行政主管部门和省、自治区、直辖市人民政府饲料管理部门应当按照职责权限公布监督抽查结果，并可以公布具有不良记录的饲料、饲料添加剂生产企业、经营者名单。

第三十三条 县级以上地方人民政府饲料管理部门应当建立饲料、饲料添加剂监督管理档案，记录日常监督检查、违法行为查处等情况。

第三十四条　国务院农业行政主管部门和县级以上地方人民政府饲料管理部门在监督检查中可以采取下列措施：

（一）对饲料、饲料添加剂生产、经营、使用场所实施现场检查；

（二）查阅、复制有关合同、票据、账簿和其他相关资料；

（三）查封、扣押有证据证明用于违法生产饲料的饲料原料、单一饲料、饲料添加剂、药物饲料添加剂、添加剂预混合饲料，用于违法生产饲料添加剂的原料，用于违法生产饲料、饲料添加剂的工具、设施，违法生产、经营、使用的饲料、饲料添加剂；

（四）查封违法生产、经营饲料、饲料添加剂的场所。

第四章　法律责任

第三十五条　国务院农业行政主管部门、县级以上地方人民政府饲料管理部门或者其他依照本条例规定行使监督管理权的部门及其工作人员，不履行本条例规定的职责或者滥用职权、玩忽职守、徇私舞弊的，对直接负责的主管人员和其他直接责任人员，依法给予处分；直接负责的主管人员和其他直接责任人员构成犯罪的，依法追究刑事责任。

第三十六条　提供虚假的资料、样品或者采取其他欺骗方式取得许可证明文件的，由发证机关撤销相关许可证明文件，处5万元以上10万元以下罚款，申请人3年内不得就同一事项申请行政许可。以欺骗方式取得许可证明文件给他人造成损失的，依法承担赔偿责任。

第三十七条　假冒、伪造或者买卖许可证明文件的，由国务院农业行政主管部门或者县级以上地方人民政府饲料管理部门按照职责权限收缴或者吊销、撤销相关许可证明文件；构成犯罪的，依法追究刑事责任。

第三十八条　未取得生产许可证生产饲料、饲料添加剂的，由县级以上地方人民政府饲料管理部门责令停止生产，没收违法所得、违法生产的产品和用于违法生产饲料的饲料原料、单一饲料、饲料添加剂、药物饲料添加剂、添加剂预混合饲料以及用于违法生产饲料添加剂的原料，违法生产的产品货值金额不足1万元的，并处1万元以上5万元以下罚款，货值金额1万元以上的，并处货值金额5倍以上10倍以下罚款；情节严重的，没收其生产设备，生产企业的主要负责人和直接负责的主管人员10年内不得从事饲料、饲料添加剂生产、经营活动。

已经取得生产许可证，但不再具备本条例第十四条规定的条件而继续生产饲料、饲料添加剂的，由县级以上地方人民政府饲料管理部门责令停止生产、限期改正，并处1万元以上5万元以下罚款；逾期不改正的，由发证机关吊销生产许可证。

已经取得生产许可证，但未取得产品批准文号而生产饲料添加剂、添加剂预混合饲料的，由县级以上地方人民政府饲料管理部门责令停止生产，没收违法所得、违法生产的产品和用于违法生产饲料的饲料原料、单一饲料、饲料添加剂、药物饲料添加剂以及用于违法生产饲料添加剂的原料，限期补办产品批准文号，并处违法生产的产品货值金额1倍以上3倍以下罚款；情节严重的，由发证机关吊销生产许可证。

第三十九条　饲料、饲料添加剂生产企业有下列行为之一的，由县级以上地方人民政府饲料管理部门责令改正，没收违法所得、违法生产的产品和用于违法生产饲料的饲料原料、单一饲料、饲料添加剂、药物饲料添加剂、添加剂预混合饲料以及用于违法生产饲料添加剂的原料，违法生产的产品货值金额不足1万元的，并处1万元以上5万元以下罚款，货值金额1万元以上的，并处货值金额5倍以上10倍以下罚款；情节严重的，由发证机关吊销、撤销相关许可证明文件，生产企业的主要负责人和直接负责的主管人员10年内不得从事饲料、饲料添加剂生产、经营活动；构成犯罪的，依法追究刑事责任：

（一）使用限制使用的饲料原料、单一饲料、饲料添加剂、药物饲料添加剂、添加剂预混合饲料生产饲料，不遵守国务院农业行政主管部门的限制性规定的；

（二）使用国务院农业行政主管部门公布的饲料原料目录、饲料添加剂品种目录和药物饲料添加剂品种目录以外的物质生产饲料的；

（三）生产未取得新饲料、新饲料添加剂证书的新饲料、新饲料添加剂或者禁用的饲料、饲料添加剂的。

第四十条 饲料、饲料添加剂生产企业有下列行为之一的，由县级以上地方人民政府饲料管理部门责令改正，处1万元以上2万元以下罚款；拒不改正的，没收违法所得、违法生产的产品和用于违法生产饲料的饲料原料、单一饲料、饲料添加剂、药物饲料添加剂、添加剂预混合饲料以及用于违法生产饲料添加剂的原料，并处5万元以上10万元以下罚款；情节严重的，责令停止生产，可以由发证机关吊销、撤销相关许可证明文件：

（一）不按照国务院农业行政主管部门的规定和有关标准对采购的饲料原料、单一饲料、饲料添加剂、药物饲料添加剂、添加剂预混合饲料和用于饲料添加剂生产的原料进行查验或者检验的；

（二）饲料、饲料添加剂生产过程中不遵守国务院农业行政主管部门制定的饲料、饲料添加剂质量安全管理规范和饲料添加剂安全使用规范的；

（三）生产的饲料、饲料添加剂未经产品质量检验的。

第四十一条 饲料、饲料添加剂生产企业不依照本条例规定实行采购、生产、销售记录制度或者产品留样观察制度的，由县级以上地方人民政府饲料管理部门责令改正，处1万元以上2万元以下罚款；拒不改正的，没收违法所得、违法生产的产品和用于违法生产饲料的饲料原料、单一饲料、饲料添加剂、药物饲料添加剂、添加剂预混合饲料以及用于违法生产饲料添加剂的原料，处2万元以上5万元以下罚款，并可以由发证机关吊销、撤销相关许可证明文件。

饲料、饲料添加剂生产企业销售的饲料、饲料添加剂未附具产品质量检验合格证或者包装、标签不符合规定的，由县级以上地方人民政府饲料管理部门责令改正；情节严重的，没收违法所得和违法销售的产品，可以处违法销售的产品货值金额30%以下罚款。

第四十二条 不符合本条例第二十二条规定的条件经营饲料、饲料添加剂的，由县级人民政府饲料管理部门责令限期改正；逾期不改正的，没收违法所得和违法经营的产品，违法经营的产品货值金额不足1万元的，并处2000元以上2万元以下罚款，货值金额1万元以上的，并处货值金额2倍以上5倍以下罚款；情节严重的，责令停止经营，并通知工商行政管理部门，由工商行政管理部门吊销营业执照。

第四十三条 饲料、饲料添加剂经营者有下列行为之一的，由县级人民政府饲料管理部门责令改正，没收违法所得和违法经营的产品，违法经营的产品货值金额不足1万元的，并处2000元以上2万元以下罚款，货值金额1万元以上的，并处货值金额2倍以上5倍以下罚款；情节严重的，责令停止经营，并通知工商行政管理部门，由工商行政管理部门吊销营业执照；构成犯罪的，依法追究刑事责任：

（一）对饲料、饲料添加剂进行再加工或者添加物质的；

（二）经营无产品标签、无生产许可证、无产品质量检验合格证的饲料、饲料添加剂的；

（三）经营无产品批准文号的饲料添加剂、添加剂预混合饲料的；

（四）经营用国务院农业行政主管部门公布的饲料原料目录、饲料添加剂品种目录和药物饲料添加剂品种目录以外的物质生产的饲料的；

（五）经营未取得新饲料、新饲料添加剂证书的新饲料、新饲料添加剂或者未取得饲料、饲料添加剂进口登记证的进口饲料、进口饲料添加剂以及禁用的饲料、饲料添加剂的。

第四十四条 饲料、饲料添加剂经营者有下列行为之一的，由县级人民政府饲料管理部门责令改正，没收违法所得和违法经营的产品，并处 2000 元以上 1 万元以下罚款：

（一）对饲料、饲料添加剂进行拆包、分装的；

（二）不依照本条例规定实行产品购销台账制度的；

（三）经营的饲料、饲料添加剂失效、霉变或者超过保质期的。

第四十五条 对本条例第二十八条规定的饲料、饲料添加剂，生产企业不主动召回的，由县级以上地方人民政府饲料管理部门责令召回，并监督生产企业对召回的产品予以无害化处理或者销毁；情节严重的，没收违法所得，并处应召回的产品货值金额 1 倍以上 3 倍以下罚款，可以由发证机关吊销、撤销相关许可证明文件；生产企业对召回的产品不予以无害化处理或者销毁的，由县级人民政府饲料管理部门代为销毁，所需费用由生产企业承担。

对本条例第二十八条规定的饲料、饲料添加剂，经营者不停止销售的，由县级以上地方人民政府饲料管理部门责令停止销售；拒不停止销售的，没收违法所得，处 1000 元以上 5 万元以下罚款；情节严重的，责令停止经营，并通知工商行政管理部门，由工商行政管理部门吊销营业执照。

第四十六条 饲料、饲料添加剂生产企业、经营者有下列行为之一的，由县级以上地方人民政府饲料管理部门责令停止生产、经营，没收违法所得和违法生产、经营的产品，违法生产、经营的产品货值金额不足 1 万元的，并处 2000 元以上 2 万元以下罚款，货值金额 1 万元以上的，并处货值金额 2 倍以上 5 倍以下罚款；构成犯罪的，依法追究刑事责任：

（一）在生产、经营过程中，以非饲料、非饲料添加剂冒充饲料、饲料添加剂或者以此种饲料、饲料添加剂冒充他种饲料、饲料添加剂的；

（二）生产、经营无产品质量标准或者不符合产品质量标准的饲料、饲料添加剂的；

（三）生产、经营的饲料、饲料添加剂与标签标示的内容不一致的。

饲料、饲料添加剂生产企业有前款规定的行为，情节严重的，由发证机关吊销、撤销相关许可证明文件；饲料、饲料添加剂经营者有前款规定的行为，情节严重的，通知工商行政管理部门，由工商行政管理部门吊销营业执照。

第四十七条 养殖者有下列行为之一的，由县级人民政府饲料管理部门没收违法使用的产品和非法添加物质，对单位处 1 万元以上 5 万元以下罚款，对个人处 5000 元以下罚款；构成犯罪的，依法追究刑事责任：

（一）使用未取得新饲料、新饲料添加剂证书的新饲料、新饲料添加剂或者未取得饲料、饲料添加剂进口登记证的进口饲料、进口饲料添加剂的；

（二）使用无产品标签、无生产许可证、无产品质量标准、无产品质量检验合格证的饲料、饲料添加剂的；

（三）使用无产品批准文号的饲料添加剂、添加剂预混合饲料的；

（四）在饲料或者动物饮用水中添加饲料添加剂，不遵守国务院农业行政主管部门制定的饲料添加剂安全使用规范的；

（五）使用自行配制的饲料，不遵守国务院农业行政主管部门制定的自行配制饲料使用规范的；

（六）使用限制使用的物质养殖动物，不遵守国务院农业行政主管部门的限制性规定的；

（七）在反刍动物饲料中添加乳和乳制品以外的动物源性成分的。

在饲料或者动物饮用水中添加国务院农业行政主管部门公布禁用的物质以及对人体具有直接或者潜在危害的其他物质，或者直接使用上述物质养殖动物的，由县级以上地方人民政府饲料管理部门责令其对饲喂了违禁物质的动物进行无害化处理，处 3 万元以上 10 万元以下罚款；构成犯罪的，依法追究刑事责任。

第四十八条　养殖者对外提供自行配制的饲料的，由县级人民政府饲料管理部门责令改正，处 2000 元以上 2 万元以下罚款。

第五章　附　则

第四十九条　本条例下列用语的含义：

（一）饲料原料，是指来源于动物、植物、微生物或者矿物质，用于加工制作饲料但不属于饲料添加剂的饲用物质。

（二）单一饲料，是指来源于一种动物、植物、微生物或者矿物质，用于饲料产品生产的饲料。

（三）添加剂预混合饲料，是指由两种（类）或者两种（类）以上营养性饲料添加剂为主，与载体或者稀释剂按照一定比例配制的饲料，包括复合预混合饲料、微量元素预混合饲料、维生素预混合饲料。

（四）浓缩饲料，是指主要由蛋白质、矿物质和饲料添加剂按照一定比例配制的饲料。

（五）配合饲料，是指根据养殖动物营养需要，将多种饲料原料和饲料添加剂按照一定比例配制的饲料。

（六）精料补充料，是指为补充草食动物的营养，将多种饲料原料和饲料添加剂按照一定比例配制的饲料。

（七）营养性饲料添加剂，是指为补充饲料营养成分而掺入饲料中的少量或者微量物质，包括饲料级氨基酸、维生素、矿物质微量元素、酶制剂、非蛋白氮等。

（八）一般饲料添加剂，是指为保证或者改善饲料品质、提高饲料利用率而掺入饲料中的少量或者微量物质。

（九）药物饲料添加剂，是指为预防、治疗动物疾病而掺入载体或者稀释剂的兽药的预混合物质。

（十）许可证明文件，是指新饲料、新饲料添加剂证书，饲料、饲料添加剂进口登记证，饲料、饲料添加剂生产许可证，饲料添加剂、添加剂预混合饲料产品批准文号。

第五十条　药物饲料添加剂的管理，依照《兽药管理条例》的规定执行。

第五十一条　本条例自 2012 年 5 月 1 日起施行。

第二十七章　地方性法规、政府规章

内蒙古自治区农作物种子条例

第一章　总　则

第一条　为了保护和合理利用种质资源，规范品种选育、种子生产经营和管理行为，保护植物新品种权，维护种子使用者、生产经营者的合法权益，提高种子质量，推动种子产业化，发展现代种业，保障粮食安全，促进农业绿色高质量可持续发展，根据《中华人民共和国种子法》和国家有关法律、法规，结合自治区实际，制定本条例。

第二条　在自治区行政区域内从事农作物种质资源保护利用、品种选育、引进、推广和种子生产经营、使用、检验、监督管理等活动，应当遵守本条例。

第三条　旗县级以上人民政府农牧主管部门主管本行政区域内的农作物种子工作，其所属的综合执法机构或者受其委托的种子管理机构依法开展农作物种子管理、服务与监督的具体工作。

第四条　各级人民政府及其有关部门应当在各自的法定职责范围内，加强种子执法和监督，依法惩处侵害种子使用者、生产经营者权益和侵犯植物新品种权的违法行为。

第五条　自治区扶持种质资源的收集、保护和开发利用，奖励在种质资源保护、基础研究、绿色新品种选育中成绩显著的单位和个人。

第六条　旗县级以上人民政府应当在预算内统筹安排资金，用于农作物种质资源保护、品种选育、引进、试验、示范、推广、跟踪评价、质量检验、市场监管等工作。

第七条　自治区人民政府建立种子储备制度，主要用于发生灾害时的生产需要及余缺调剂，保障农业生产安全。种子储备经费列入自治区财政预算。

第八条　自治区人民政府将南繁科研育种资金列入财政预算予以保障。

自治区人民政府农牧主管部门具体负责南繁科研育种管理工作。

第二章　品种审定、登记与备案

第九条　主要农作物实行品种审定制度。

自治区人民政府农牧主管部门设立农作物品种审定委员会，负责主要农作物品种审定工作。审定委员会由科研、教学、生产、推广、管理等方面的专业人员组成。

第十条　主要农作物品种在推广前应当通过审定，可以申请自治区级审定，也可以申请国家级审定。

第十一条　自治区农作物品种审定委员会制定本辖区主要农作物品种审定标准，并向社会公布。

第十二条　自治区审定通过的农作物品种，由自治区农作物品种审定委员会颁发品种审定证书，并由自治区人民政府农牧主管部门予以公告。

第十三条　通过省级审定的农作物品种，从同一适宜生态区的地域引种的，引种者应当按照规定报自治区人民政府农牧主管部门备案。

自治区人民政府农牧主管部门应当及时发布引种备案公告。

第十四条 列入非主要农作物登记目录的品种在推广前应当登记。

第十五条 经营、推广通过审定、登记的农作物品种，应当使用审定、登记公告确定的品种名称。

第十六条 应当审定的农作物品种未审定通过的，不得发布广告、推广、销售。

通过审定、引种备案的农作物品种，不得在非公告适宜种植区域内推广、销售。

应当登记的农作物品种未经登记的，不得发布广告、推广，不得以登记品种的名义销售。

第十七条 通过审定的农作物品种，有下列情形之一的，经自治区农作物品种审定委员会审核确认后撤销审定，由自治区人民政府农牧主管部门发布公告，停止推广、销售。

（一）在使用过程中出现不可克服严重缺陷的；

（二）种性严重退化或者失去生产利用价值的；

（三）未按照要求提供品种标准样品或者标准样品不真实的；

（四）以欺骗、伪造试验数据等不正当方式通过审定的。

第十八条 引种备案的农作物品种，有下列情形之一的，由自治区人民政府农牧主管部门撤销备案，并发布公告，停止推广、销售。

（一）在使用过程中出现不可克服严重缺陷的；

（二）种性严重退化或者失去生产利用价值的；

（三）被原品种审定机构撤销审定的；

（四）以弄虚作假等不正当方式通过备案的。

第十九条 未列入国家非主要农作物登记目录的品种在推广应用前，种子生产经营者必须在推广地区经过试验，证明其具有适用性和安全性，在推广过程中应当提供配套的栽培技术和风险提示。

第三章 种子生产经营

第二十条 农作物种子生产经营实行许可制度。申请领取种子生产经营许可证应当符合国务院农业农村主管部门的相关规定。

第二十一条 转基因农作物种子品种的选育、试验、审定、生产经营和推广，应当依照国家有关法律、法规规定执行。

未经国家有关法律、法规规定的许可程序，禁止生产、加工、销售转基因种子。

旗县级以上人民政府农牧主管部门应当加强本行政区域内的转基因农作物种子安全的监督管理工作。

第二十二条 农作物种子生产经营许可证实行分级核发管理制度。

从事主要农作物杂交种子及其亲本种子以及实行选育生产经营相结合、有效区域为全国的种子企业的生产经营许可证，由自治区人民政府农牧主管部门核发。

从事主要农作物常规种子及非主要农作物种子、有效区域为全区的种子企业的生产经营许可证，由生产经营者所在地盟行政公署、设区的市人民政府农牧主管部门核发。

前两款规定以外的其他种子的生产经营许可证，由生产经营者所在地旗县级人民政府农牧主管部门核发。

第二十三条 种子生产经营者在种子生产经营许可证载明的有效区域设立分支机构的，专门经营不再分装的包装种子的，或者受具有种子生产经营许可证的种子经营者书面委托生产、代销种子的，不需要办理种子生产经营许可证，但应当到经营所在地旗县级人民政府农牧主管部门备案，备案的品种应当在品种审定、引种备案、品种登记的适宜区域内。

专门经营不再分装的包装种子或者受具有种子生产经营许可证的种子经营者书面委托代销种子的，应当建立包括购种人、品种名称、数量、联系方式、种子来源和种子去向等内容的销售台账，保存两个生产周期。

第二十四条　通过互联网等信息网络销售农作物种子的，经营者应当依法取得农作物种子生产经营许可证或者依法备案，建立和保存包括种子来源、产地、数量、质量、销售去向、销售日期和有关负责人员等内容的经营档案，保证可追溯。

第二十五条　专业合作组织或者个人从事以营利为目的的代购、团购、统一供种等活动，应当办理农作物种子生产经营许可证或者经营备案。

第二十六条　通过农业生产订单形式向农民或者专业合作组织等供种的，应当符合有关法律法规的规定。供种者应当建立和保存包括种子来源、品种、名称、产地、数量、供种去向、有关责任人等内容的经营档案。

第二十七条　销售的种子应当加工、分级、包装，不能加工、分级、包装的除外。有性繁殖作物的籽粒、果实以及马铃薯种薯的加工、分级包装应当符合国家标准、行业标准或者地方标准。

第二十八条　销售的种子应当附有标签和使用说明。标签和使用说明内容的制作和使用应当符合国家《农作物种子标签和使用说明管理办法》等相关规定。

销售的种子标签上位置显著、字号最大的文字为种子品种名称。

种子种类、品种与标签标注的内容不符或者没有标签的为假种子。

销售转基因种子的，应当用明显的文字标注并提示使用时的安全控制措施。

第二十九条　种子生产经营者应当建立规范的生产经营档案，每一批次的种子生产经营档案保存期限不得少于五年。

第三十条　种子生产经营者不得故意关闭经营场所躲避执法检查，不得拒绝、阻挠执法人员检查生产经营场所，不得故意隐瞒或者拒绝提供种子生产经营信息。

第四章　服务与扶持

第三十一条　种子使用者在种植后出现问题的，可以及时向种植地旗县级种子管理机构申请田间现场技术鉴定，并保持种植农作物的田间自然状态。种子管理机构应当按照有关规定组织田间现场技术鉴定，技术鉴定结果可以作为种子使用者、生产经营者主张权利的依据。

第三十二条　种子管理机构应当积极开展农作物新品种试验、示范、推广、跟踪评价工作，引导生产经营和使用绿色、优质、高产、抗病、抗逆性强的农作物新品种。

第三十三条　种子管理机构应当无偿为种子生产经营者、使用者提供信息、咨询、技术等服务。

第三十四条　旗县级以上人民政府应当加大对种业发展的支持，鼓励种子企业开展新品种选育的科学研究和技术创新，培育具有自主知识产权的种子科技成果；对品种选育、品种示范推广、种质资源保护、种子储备以及育种制种基地建设等方面给予扶持。

鼓励推广使用高效、安全制种采种技术和先进适用的制种采种机械，种子生产经营企业、种子生产基地农户购置先进适用的制种采种机械的，按照国家有关规定给予农机具购置补贴。

鼓励和引导社会资金投资种业，扶持种子企业扩大规模，提高竞争力。

第三十五条　自治区人民政府及有关部门支持和引导金融机构为种子生产经营和收储提供信贷支持。

第三十六条　自治区人民政府及有关部门支持保险机构开展种子生产保险业务，通过政策性保险等措施支持种业发展。

第三十七条　自治区人民政府鼓励科研院所、高等院校与种子企业开展育种科研交流与合作，引导和支持育种科研人员创新创业。

第五章　法律责任

第三十八条　违反本条例规定的行为，《中华人民共和国种子法》等国家法律、法规已经作出具体处罚规定的，从其规定。

第三十九条　违反本条例第十六条第二款规定的，由旗县级以上人民政府农牧主管部门责令停止违法行为，没收种子和违法所得，并处 2 万元以上 20 万元以下罚款。

第四十条　违反本条例第二十一条第二款规定的，由自治区人民政府农牧主管部门依据职权，责令停止生产或者加工，没收违法生产或者加工的产品及违法所得；违法所得 10 万元以上的，并处违法所得一倍以上五倍以下的罚款；没有违法所得或者违法所得不足 10 万元的，并处 10 万元以上 20 万元以下的罚款。

第四十一条　违反本条例第三十条规定的，由旗县级以上人民政府农牧主管部门处 5000 元以上 5 万元以下罚款，可以责令停产停业整顿；构成违反治安管理行为的，由公安机关依法给予治安管理处罚。

第四十二条　有下列行为之一的，由旗县级以上人民政府农牧主管部门责令改正，没收种子和违法所得，并处违法所得二倍的罚款；没有违法所得的，处 2000 元以上 2 万元以下罚款：

（一）生产经营农作物种子未按照规定备案的；

（二）未按照规定办理生产经营许可证变更登记的；

（三）未按照种子生产技术规程和种子检验、检疫规程生产种子的。

第四十三条　旗县级以上人民政府农牧主管部门及其工作人员有下列行为之一的，责令改正，对直接负责的主管人员和其他直接责任人员依法给予行政处分；构成犯罪的，依法追究刑事责任：

（一）未按照规定核发种子生产经营许可证的；

（二）未按照规定办理备案或者受理登记的；

（三）参与或者从事种子生产经营活动的；

（四）擅自公开或者泄露被检查者商业秘密的；

（五）非法干预种子生产经营者、使用者自主权的；

（六）发现违法行为或者接到对违法行为的举报不予查处的；

（七）其他玩忽职守、滥用职权、徇私舞弊的行为。

第六章　附　则

第四十四条　本条例所称南繁是指利用南方冬季光温适宜的气候条件进行农作物加代、繁育、制种。

第四十五条　本条例自 2019 年 7 月 1 日起施行。

第二十八章　部门规章

农业农村部、国家发展改革委、工业和信息化部、财政部、生态环境部、国家市场监督管理总局关于加快推进农用地膜污染防治的意见

各省、自治区、直辖市农业农村（农牧）厅（局、委）、发展改革委、工业和信息化主管部门、财政厅（局）、生态环境厅（局）、市场监管局（厅、委），新疆生产建设兵团农业农村局、发展改革委、工业和信息化委员会、财政局、生态环境局、市场监督管理局：

地膜是重要的农业生产资料。我国地膜覆盖面积大、应用范围广，在增加农作物产量、提高作物品质、丰富农产品供给结构等方面发挥了重要作用。但长期以来重使用、轻回收，造成部分地区地膜残留污染问题日益严重。为加快推进地膜污染防治，推动农业绿色发展，现提出以下意见。

一、总体要求

（一）指导思想

以习近平新时代中国特色社会主义思想为指导，全面贯彻党的十九大及十九届二中、三中全会精神，牢固树立新发展理念，认真落实中央一号文件关于下大力气治理白色污染的要求，以主要覆膜地区为治理重点，以回收利用、减量使用传统地膜和推广应用安全可控替代产品为主要治理方式，健全制度体系，强化责任落实，完善扶持政策，严格执法监管，加强科技支撑，全面推进地膜污染治理，加快建设农业绿色发展新格局，为全面建成小康社会提供有力支撑。

（二）基本原则

统筹兼顾，重点推进。统筹地膜污染的环境压力、农产品供给保障能力和废旧地膜回收利用能力，协同推进生产发展和环境保护，奖惩并举，疏堵结合，重点推进覆膜面积大、残留量高地区的农业绿色发展，保障产业稳定、环境改善。

因地制宜，多措并举。根据不同区域、不同覆膜类型、不同残留程度，以回收利用为主要手段，同时探索源头不用、少用的减量化措施，在部分地区适宜作物上开展安全可控替代产品的推广应用，有效解决地膜污染问题。

强化管理，落实责任。地膜污染治理由地方人民政府负责。各有关部门在本级人民政府的统一领导下，健全工作机制，加强工作督导，做好协同配合，监督指导地膜生产、销售、使用等各主体切实履行主体责任。

政府引导，多方参与。完善以绿色生态为导向的农业补贴制度，发挥市场配置资源的决定性作用，政府重点在地膜使用和回收环节进行引导和支持，在循环利用环节鼓励社会资本投入，培育废旧地膜资源化利用循环产业。

（三）主要目标

到2020年建立工作机制，明确主体责任，回收体系基本建立，农膜回收率达到80%以上，全国地膜覆盖面积基本实现零增长。到2025年，农膜基本实现全回收，全国地膜残留量实现负增长，农

田白色污染得到有效防控。

二、完善农田地膜污染防治制度建设

（四）加快法律法规制定

落实严格的农膜管理制度，对农膜生产、销售、使用、回收、再利用等环节加强管理。农业农村部、工业和信息化部、生态环境部、国家市场监督管理总局联合制定农用薄膜管理办法，建立全程监管体系，加强农膜回收利用的法律保障。同时，对地方制定相应办法和规定提出要求。

（五）建立地方负责制度

地方各级人民政府要对本行政区域内的地膜污染防治工作负责，压实地方政府主体责任，明确地膜污染防治的第一责任主体。要结合本地实际，细化任务分工，健全工作机制，加大资金投入，完善政策措施，强化日常监管，确保各项任务落实到位。

（六）建立使用管控制度

加强地膜使用控制，开展地膜覆盖技术适宜性评价，因地制宜调减部分作物覆膜面积，促进地膜覆盖技术合理利用。完善可降解地膜评价认证和降解产物检测评估体系，加强可降解地膜产品操作性、功能性、可控性等的农田适宜性评价，开展新产品的对比试验，进一步降低产品成本，在符合标准基础上开展可降解地膜示范推广。

（七）建立监测统计制度

研究制定农田地膜残留调查技术规范和回收率、残留量等测算方法，进一步完善农田地膜残留和回收利用监测网络，建立健全农田地膜残留监测点，开展常态化、制度化的监测评估。加强地膜使用和回收利用统计工作。

（八）建立绩效考核制度

把地膜污染治理纳入地方政府有关农业绿色发展的考核指标，加强对地膜污染防治的监督和考核，定期通报考核结果，层层传导压力。强化考核结果应用，建立激励和责任追究机制。

三、做好农田地膜污染防治工作落实

（九）规范企业生产行为

地膜生产者应具备产品质量检测能力和相关设备，不得利用再生料进行生产，禁止生产厚度、强度、耐候性能等不符合国家强制性标准的地膜，产品质量检验合格证应当标注地膜推荐使用时间。各地工业和信息化部门负责地膜生产指导工作，市场监督管理部门负责地膜质量监督管理工作。

（十）强化市场监管

地膜销售者采购和销售地膜应当依法查验产品包装、标签、产品质量检验合格证，不得采购和销售不符合国家强制性标准的地膜。各地市场监督管理部门负责地膜流通领域的监督管理工作，依法打击非标地膜的生产和销售。

（十一）推动减量增效

示范推广一膜多用、行间覆盖等技术，加强粮棉、菜棉轮作等轮作倒茬制度探索，降低地膜覆盖依赖度，减少地膜用量。推广机械捡拾、适时揭膜等技术，降低地膜残留风险。鼓励和支持农业生产者使用生物可降解农膜。对利用政府性资金采购的或政府组织集中采购的地膜，有关单位要加强需求确定和履约验收管理，不得采购不合格地膜产品。各地农业农村部门负责指导地膜的科学合理使用工作。

（十二）强化回收利用

坚持政府引导、部门联动、公众参与、多方回收，因地制宜建立政府扶持、市场主导的地膜回收利用体系。推进地膜专业化回收利用，完善废旧地膜回收网络，盘活已有地膜加工再利用能力。明确种植大户、农民合作社、龙头企业等新型经营主体在地膜回收方面的约束性责任，引导相关主体开展废弃地膜回收，鼓励地膜回收利用体系与可再生资源、垃圾处理、农资销售体系等相结合，就近就地、合理布局，确保环保达标。探索推动地膜生产者责任延伸制度试点。对地膜重度污染农田，各地要通过农田综合整治等方式开展存量残膜专项治理。各地农业农村部门负责指导地膜回收利用工作，生态环境部门负责地膜回收利用过程的环境污染防治监督管理工作。

四、加强农田地膜污染防治政策保障

（十三）加大政策扶持力度

中央财政继续支持地方开展废弃地膜回收利用工作，继续推动农膜回收示范县建设。地膜使用量大、污染严重的地区，省级政府可根据当地实际安排地膜回收利用资金，对从事废弃地膜回收的网点、资源化利用主体等给予支持，对机械化捡拾作业等给予适当补贴。

（十四）加强科技支撑

加大对地膜回收捡拾机具、符合国家标准的可降解地膜及其配套农艺技术、高强度地膜、地膜资源化利用等关键技术和设备研发的支持力度。加大符合标准的可降解地膜试验示范力度，针对其可操作性、可控性、经济性、安全性及全生命周期环境影响做好性能验证和技术评价，优先在重点用膜地区开展验证性推广。开展主要农作物地膜覆盖适宜性研究，促进地膜覆盖技术合理利用。

（十五）强化组织保障

各地区、各有关部门要根据本意见精神，明确目标任务、职责分工和具体要求，建立协同推进机制，确保各项政策措施落到实处。农业农村部要会同有关部门对本意见落实情况进行跟踪评估。各地要强化宣传发动，引导公众参与，切实增强农膜生产者、销售者、使用者、回收者自觉履行生态环境责任的积极性和主动性，形成多方参与、共同治理的良好局面。

农业农村部办公厅 生态环境部办公厅 关于进一步做好受污染耕地安全利用工作的通知

各省、自治区、直辖市农业农村（农牧）厅（局、委）、生态环境厅（局），新疆生产建设兵团农业农村局、环境保护局：

2016 年以来，各地区、各部门全面实施《土壤污染防治行动计划》（以下简称“土十条”），取得阶段性进展，一些地区耕地污染加重趋势得到初步遏制，耕地土壤环境风险得到进一步管控。但各地区进展不平衡，部分地区在耕地土壤污染防治上存在责任不清、任务压实不够、资金途径不畅、实施进度滞后等问题。为进一步统一思想认识，明确主体责任，狠抓各项措施落实，确保完成“土十条”有关目标和任务，现就有关事项通知如下。

一、切实提高思想认识

习近平总书记指出，把住生产环境安全关，就要治地治水，净化农产品产地环境；要全面落实土壤污染防治行动计划，强化土壤污染管控和修复，让老百姓吃得放心。各级农业农村部门和生态环境部门要坚决贯彻党中央决策部署，进一步提高政治站位，切实把耕地土壤污染治理摆在工作重要位置。

各级农业农村部门和生态环境部门要统筹农产品产地环境质量安全、粮食安全和农产品质量安全，对标“土十条”目标任务，强化责任担当，狠抓措施落地，确保到 2020 年年底，完成“土十条”规定的“421”任务（轻中度污染耕地实现安全利用面积达到 4000 万亩，治理修复面积达到 1000 万亩；重度污染耕地种植结构调整或退耕还林还草面积力争达到 2000 万亩），受污染耕地安全利用率达到 90%左右，全国耕地土壤环境状况总体保持稳定，农用地土壤环境安全得到基本保障，对粮食生产和农业可持续发展的支撑能力明显提高。

二、进一步分解落实受污染耕地安全利用任务

现阶段基于全国农产品产地土壤重金属污染普查和相关调查结果，进一步明确细化各省受污染耕地安全利用（包括严格管控和治理修复）目标任务。全国土壤污染状况详查结果出来后，再根据详查结果进行适当调整。

各级农业农村部门要会同生态环境部门根据实地情况，完善或编制受污染耕地安全利用总体方案，明确 2020 年年底前完成本行政区域“421”相关目标任务的具体措施，并报农业农村部和生态环境部备案。

要因地制宜选用安全利用类、治理修复类、严格管控类措施。安全利用类措施主要为农艺调控类措施，包括低吸收品种替代、调节土壤酸度、开展水肥调控等。治理修复类措施是在农艺调控的基础上，进一步实施土壤调理、开展原位钝化、实施生物修复等。安全利用类与治理修复类措施在实施时可以统筹考虑，合并计算。需退耕的重度污染耕地属于永久基本农田的，会同有关部门以实际退耕面积核减有关省份的耕地保有量和永久基本农田保护面积，在国土空间规划修编时予以调整。

三、建设受污染耕地安全利用集中推进区

根据全国农产品产地土壤重金属污染普查结果，各省在本行政区域耕地污染集中连片地区，建设受污染耕地安全利用集中推进区（包括安全利用、严格管控和治理修复），不少于本省土壤污染防治责任书目标任务的10%。

各省农业农村部门会同生态环境部门，系统梳理总结本地区已开展的受污染耕地安全利用试点示范的经验，在受污染耕地安全利用集中推进区内以乡镇为单元，根据相关技术规范，进一步加强技术应用和示范推广，总结适宜于当地的技术模式，创新工作推进机制，为全省受污染耕地安全利用提供治理规模化样板。各地要统筹受污染耕地安全利用集中推进区建设任务和总体任务，确保“421”目标任务按时按质按量完成。

四、强化重金属等污染源管控

各级生态环境部门要会同农业农村等部门，深入推进涉镉等重金属重点行业企业排查整治，打击非法排污，切断镉等重金属污染物进入农田的途径，并切实防止边治理边污染。对于难以有效切断重金属污染途径，且土壤重金属污染严重、农产品重金属超标问题突出的耕地，各地农业农村部门应当加快实施种植结构调整或退耕还林还草等严格管控措施，降低农产品超标风险。

各级农业农村部门要会同生态环境等部门持续推进化肥、农药减量增效，大力治理白色污染，加强秸秆资源化利用，推进畜禽粪污资源化利用，促进养殖生产清洁化和产业模式生态化。

五、推进耕地土壤环境质量类别划分

以全国农产品产地土壤重金属污染普查结果，结合农用地土壤污染状况详查初步结果、国家土壤环境监测网农产品产地土壤环境监测等调查监测数据，以及各地根据实际情况安排部署的相关土壤环境调查监测数据，综合考虑利用方式、地形地貌、污染程度、集中连片度等因素，以乡镇为单元，结合实际情况和相关技术规范，统筹开展耕地土壤环境类别划分，按照“土十条”要求全面划分为优先保护、安全利用和严格管控三个类别，整县推进。

2019年年底前，江苏、河南、湖南3省实现全省类别划分，其他省在20%的县（不少于2个）开展试点工作。2020年年底前，全面落实类别划分任务，建立分类清单。

六、加强资金筹措

加快建立以绿色生态为导向的农业补贴制度，鼓励各地统筹涉农相关资金，将受污染耕地安全利用纳入种植结构调整等任务，加大资金支持力度。

在中央下达到各省的2016—2017年度土壤污染防治专项资金中，结余资金以及未执行的结转资金优先用于受污染耕地安全利用集中推进区建设。2018—2019年土壤污染防治专项资金要向保障受污染耕地安全利用倾斜，包括农用地周边涉镉等重金属行业企业提标改造、截断污染物进入农田途径，受污染耕地安全利用等。

各省应加大对土壤污染防治的财政投入力度，加快建立省级土壤污染防治基金，主要用于农用地土壤污染防治和土壤污染责任人或者土地使用权无法认定的土壤污染风险管控和修复以及政府规定的其他事项。要充分发挥财政资金的引导功能，创新资金筹集方式，完善多元化投融资机制，因地制宜探索通过政府购买服务、第三方治理、政府和社会资本合作（PPP）、事后补贴等形式，吸引

社会资本主动投资参与耕地污染治理修复工作，建立健全耕地污染治理修复社会化服务体系；要创新金融、保险、税收等支持政策，对开展耕地污染治理的农业经营主体或市场主体优先实施信用担保、贴息贷款或税收减免，完善耕地污染防治保险产品和服务。

七、核算受污染耕地安全利用率

各省农业农村部门会同生态环境保护部门，根据相关标准，对本地区受污染耕地安全利用率开展自评估，并分别于 2019 年年底和 2020 年年底，将核算的年度受污染耕地安全利用率与核算过程报送农业农村部和生态环境部。2021 年起，农业农村部将会同生态环境部等部门，根据《土壤污染防治行动计划实施情况评估考核规定（试行）》（环土壤〔2018〕41号），对受污染耕地安全利用总体效果开展考核。

为做好受污染耕地安全利用率核算，我们组织制定了具体核算方法，请各省参照使用。《受污染耕地安全利用率核算方法（试行）》详见附件。

八、强化工作推进

农业农村部门和生态环境部门要充分认识到受污染耕地安全利用的重要意义，切实将耕地污染防治纳入当年重点工作之中，创新工作机制，统筹协调资源，加强工作调度，明确责任分工，定期总结任务落实情况，及时发现并解决存在的问题，确保取得成效。

要综合分析土壤污染类型、程度和区域代表性，比选形成一批成本低、效果好、易推广的安全利用适用技术，编制发布技术规范。各地要因地制宜选择可适用技术模式，加强专业队伍建设，开展技术培训，提供技术指导。

要充分利用报纸、广播、电视、网络等各类新闻媒体，加大宣传引导，总结推广好的经验做法。深入开展耕地污染防治知识普及和教育培训活动，积极营造全社会关心、参与土壤防治的良好氛围。

附件：受污染耕地安全利用率核算方法（试行）（略）

关于实施家庭农场培育计划的指导意见

各省、自治区、直辖市人民政府，国务院各部委、各直属机构：

家庭农场以家庭成员为主要劳动力，以家庭为基本经营单元，从事农业规模化、标准化、集约化生产经营，是现代农业的主要经营方式。党的十八大以来，各地区各部门按照党中央、国务院决策部署，积极引导扶持农林牧渔等各类家庭农场发展，取得了初步成效，但家庭农场仍处于起步发展阶段，发展质量不高、带动能力不强，还面临政策体系不健全、管理制度不规范、服务体系不完善等问题。为贯彻落实习近平总书记重要指示精神，加快培育发展家庭农场，发挥好其在乡村振兴中的重要作用，经国务院同意，现就实施家庭农场培育计划提出以下意见。

一、总体要求

（一）指导思想。以习近平新时代中国特色社会主义思想为指导，全面贯彻党的十九大和十九届二中、三中全会精神，紧紧围绕统筹推进“五位一体”总体布局和协调推进“四个全面”战略布局，落实新发展理念，坚持高质量发展，以开展家庭农场示范创建为抓手，以建立健全指导服务机制为支撑，以完善政策支持体系为保障，实施家庭农场培育计划，按照“发展一批、规范一批、提升一批、推介一批”的思路，加快培育出一大批规模适度、生产集约、管理先进、效益明显的家庭农场，为促进乡村全面振兴、实现农业农村现代化夯实基础。

（二）基本原则。

坚持农户主体。坚持家庭经营在农村基本经营制度中的基础性地位，鼓励有长期稳定务农意愿的农户适度扩大经营规模，发展多种类型的家庭农场，开展多种形式合作与联合。

坚持规模适度。引导家庭农场根据产业特点和自身经营管理能力，实现最佳规模效益，防止片面追求土地等生产资料过度集中，防止“垒大户”。

坚持市场导向。遵循家庭农场发展规律，充分发挥市场在推动家庭农场发展中的决定性作用，加强政府对家庭农场的引导和支持。

坚持因地制宜。鼓励各地立足实际，确定发展重点，创新家庭农场发展思路，务求实效，不搞“一刀切”，不搞强迫命令。

坚持示范引领。发挥典型示范作用，以点带面，以示范促发展，总结推广不同类型家庭农场的示范典型，提升家庭农场发展质量。

（三）发展目标。到 2020 年，支持家庭农场发展的政策体系基本建立，管理制度更加健全，指导服务机制逐步完善，家庭农场数量稳步提升，经营管理更加规范，经营产业更加多元，发展模式更加多样。到 2022 年，支持家庭农场发展的政策体系和管理制度进一步完善，家庭农场生产经营能力和带动能力得到巩固提升。

二、完善登记和名录管理制度

（四）合理确定经营规模。各地要以县（市、区）为单位，综合考虑当地资源条件、行业特征、农产品品种特点等，引导本地区家庭农场适度规模经营，取得最佳规模效益。把符合条件的种养大户、专业大户纳入家庭农场范围。（农业农村部牵头，林草局等参与）

（五）优化登记注册服务。市场监管部门要加强指导，提供优质高效的登记注册服务，按照自愿原则依法开展家庭农场登记。建立市场监管部门与农业农村部门家庭农场数据信息共享机制。（市场监管总局、农业农村部牵头）

（六）健全家庭农场名录系统。完善家庭农场名录信息，把农林牧渔等各类家庭农场纳入名录并动态更新，逐步规范数据采集、示范评定、运行分析等工作，为指导家庭农场发展提供支持和服务。（农业农村部牵头，林草局等参与）

三、强化示范创建引领

（七）加强示范家庭农场创建。各地要按照“自愿申报、择优推荐、逐级审核、动态管理”的原则，健全工作机制，开展示范家庭农场创建，引导其在发展适度规模经营、应用先进技术、实施标准化生产、纵向延伸农业产业链价值链以及带动小农户发展等方面发挥示范作用。（农业农村部牵头，林草局等参与）

（八）开展家庭农场示范县创建。依托乡村振兴示范县、农业绿色发展先行区、现代农业示范区等，支持有条件的地方开展家庭农场示范县创建，探索系统推进家庭农场发展的政策体系和工作机制，促进家庭农场培育工作整县推进，整体提升家庭农场发展水平。（农业农村部牵头，林草局等参与）

（九）强化典型引领带动。及时总结推广各地培育家庭农场的好经验好模式，按照可学习、易推广、能复制的要求，树立一批家庭农场发展范例。鼓励各地结合实际发展种养结合、生态循环、机农一体、产业融合等多种模式和农林牧渔等多种类型的家庭农场。按照国家有关规定，对为家庭农场发展作出突出贡献的单位、个人进行表彰。（农业农村部牵头，人力资源社会保障部、林草局等参与）

（十）鼓励各类人才创办家庭农场。总结各地经验，鼓励乡村本土能人、有返乡创业意愿和回报家乡愿望的外出农民工、优秀农村生源大中专毕业生以及科技人员等人才创办家庭农场。实施青年农场主培养计划，对青年农场主进行重点培养和创业支持。（农业农村部牵头，教育部、科技部、林草局等参与）

（十一）积极引导家庭农场发展合作经营。积极引导家庭农场领办或加入农民合作社，开展统一生产经营。探索推广家庭农场与龙头企业、社会化服务组织的合作方式，创新利益联结机制。鼓励组建家庭农场协会或联盟。（农业农村部牵头，林草局等参与）

四、建立健全政策支持体系

（十二）依法保障家庭农场土地经营权。健全土地经营权流转服务体系，鼓励土地经营权有序向家庭农场流转。推广使用统一土地流转合同示范文本。健全县乡两级土地流转服务平台，做好政策咨询、信息发布、价格评估、合同签订等服务工作。健全纠纷调解仲裁体系，有效化解土地流转纠纷。依法保护土地流转双方权利，引导土地流转双方合理确定租金水平，稳定土地流转关系，有效防范家庭农场租地风险。家庭农场通过流转取得的土地经营权，经承包方书面同意并向发包方备案，可以向金融机构融资担保。（农业农村部牵头，人民银行、银保监会、林草局等参与）

（十三）加强基础设施建设。鼓励家庭农场参与粮食生产功能区、重要农产品生产保护区、特色农产品优势区和现代农业产业园建设。支持家庭农场开展农产品产地初加工、精深加工、主食加工和综合利用加工，自建或与其他农业经营主体共建集中育秧、仓储、烘干、晾晒以及保鲜库、冷链运输、农机库棚、畜禽养殖等农业设施，开展田头市场建设。支持家庭农场参与高标准农田建设，促进集中连片经营。（农业农村部牵头，发展改革委、财政部、林草局等参与）

（十四）健全面向家庭农场的社会化服务。公益性服务机构要把家庭农场作为重点，提供技术推广、质量检测检验、疫病防控等公益性服务。鼓励农业科研人员、农技推广人员通过技术培训、定向帮扶等方式，为家庭农场提供先进适用技术。支持各类社会化服务组织为家庭农场提供耕种防收等生产性服务。鼓励和支持供销合作社发挥自身组织优势，通过多种形式服务家庭农场。探索发展农业专业化人力资源中介服务组织，解决家庭农场临时性用工需求。（农业农村部牵头，科技部、人力资源社会保障部、林草局、供销合作总社等参与）

（十五）健全家庭农场经营者培训制度。国家和省级农业农村部门要编制培训规划，县级农业农村部门要制定培训计划，使家庭农场经营者至少每三年轮训一次。在农村实用人才带头人等相关涉农培训中加大对家庭农场经营者培训力度。支持各地依托涉农院校和科研院所、农业产业化龙头企业、各类农业科技和产业园区等，采取田间学校等形式开展培训。（农业农村部牵头，教育部、林草局等参与）

（十六）强化用地保障。利用规划和标准引导家庭农场发展设施农业。鼓励各地通过多种方式加大对家庭农场建设仓储、晾晒场、保鲜库、农机库棚等设施用地支持。坚决查处违法违规在耕地上进行非农建设的行为。（自然资源部牵头，农业农村部等参与）

（十七）完善和落实财政税收政策。鼓励有条件的地方通过现有渠道安排资金，采取以奖代补等方式，积极扶持家庭农场发展，扩大家庭农场受益面。支持符合条件的家庭农场作为项目申报和实施主体参与涉农项目建设。支持家庭农场开展绿色食品、有机食品、地理标志农产品认证和品牌建设。对符合条件的家庭农场给予农业用水精准补贴和节水奖励。家庭农场生产经营活动按照规定享受相应的农业和小微企业减免税收政策。（财政部牵头，水利部、农业农村部、税务总局、林草局等参与）

（十八）加强金融保险服务。鼓励金融机构针对家庭农场开发专门的信贷产品，在商业可持续的基础上优化贷款审批流程，合理确定贷款的额度、利率和期限，拓宽抵质押物范围。开展家庭农场信用等级评价工作，鼓励金融机构对资信良好、资金周转量大的家庭农场发放信用贷款。全国农业信贷担保体系要在加强风险防控的前提下，加快对家庭农场的业务覆盖，增强家庭农场贷款的可得性。继续实施农业大灾保险、三大粮食作物完全成本保险和收入保险试点，探索开展中央财政对地方特色优势农产品保险以奖代补政策试点，有效满足家庭农场的风险保障需求。鼓励开展家庭农场综合保险试点。（人民银行、财政部、银保监会牵头，农业农村部、林草局等参与）

（十九）支持发展“互联网+”家庭农场。提升家庭农场经营者互联网应用水平，推动电子商务平台通过降低入驻和促销费用等方式，支持家庭农场发展农村电子商务。鼓励市场主体开发适用的数据产品，为家庭农场提供专业化、精准化的信息服务。鼓励发展互联网云农场等模式，帮助家庭农场合理安排生产计划、优化配置生产要素。（商务部、农业农村部分别负责）

（二十）探索适合家庭农场的社会保障政策。鼓励有条件的地方引导家庭农场经营者参加城镇职工社会保险。有条件的地方可开展对自愿退出土地承包经营权的老年农民给予养老补助试点。（人力资源社会保障部、农业农村部分别负责）

五、健全保障措施

（二十一）加强组织领导。地方各级政府要将促进家庭农场发展列入重要议事日程，制定本地区家庭农场培育计划并部署实施。县乡政府要积极采取措施，加强工作力量，及时解决家庭农场发展面临的困难和问题，确保各项政策落到实处。（农业农村部牵头）

（二十二）强化部门协作。县级以上地方政府要建立促进家庭农场发展的综合协调工作机制，加强部门配合，形成合力。农业农村部门要认真履行指导职责，牵头承担综合协调工作，会同财政部门统筹做好家庭农场财政支持政策；自然资源部门负责落实家庭农场设施用地等政策支持；市场监管部门负责在家庭农场注册登记、市场监管等方面提供支撑；金融部门负责在信贷、保险等方面提供政策支持；其他有关部门依据各自职责，加强对家庭农场支持和服务。（各有关部门分别负责）

（二十三）加强宣传引导。充分运用各类新闻媒体，加大力度宣传好发展家庭农场的重要意义和任务要求。密切跟踪家庭农场发展状况，宣传好家庭农场发展中出现的好典型、好案例以及各地发展家庭农场的好经验、好做法，为家庭农场发展营造良好社会舆论氛围。（农业农村部牵头）

（二十四）推进家庭农场立法。加强促进家庭农场发展的立法研究，加快家庭农场立法进程，为家庭农场发展提供法律保障。鼓励各地出台规范性文件或相关法规，推进家庭农场发展制度化和法制化。（农业农村部牵头，司法部等参与）

农业农村部办公厅
关于规范稻渔综合种养产业发展的通知

近年来，我国稻渔综合种养产业快速发展，在促进乡村振兴、脱贫攻坚和渔业高质量发展等方面发挥了重要作用。但是个别地区或从业者片面追求经济利益，忽视社会效益，出现稻渔综合种养沟坑面积过大、种养环境不达标、稻米产量偏低、产品抽检不合格等情况，影响了产业的健康发展。为进一步促进稻渔综合种养产业规范发展，现就有关要求通知如下。

一、开展全面摸底调查，对存在问题抓紧整改

各地要加强对稻渔综合种养主体的管理，按照2017年发布的行业标准《稻渔综合种养技术规范通则》中的技术指标和要求（沟坑占比不超过总种养面积的10%，水稻平原地区亩产量不低于500 kg、丘陵山区亩产量不低于当地水稻单作平均单产），对本省（区、市）稻渔综合种养产地和产品开展全面摸底调查。对存在沟坑占比超过标准上限，种养环境、水稻亩产量或产品质量安全不达标等问题的，要抓紧进行整改。

二、强化指导监督，提高新发展主体质量

各地要对近期拟发展的稻渔综合种养主体加强指导和监督，以“稳粮增收”为根本前提，以“不与人争粮，不与粮争地”为基本原则，按照《稻渔综合种养技术规范　通则》的有关要求对沟坑占比和水稻产量等指标进行严格控制。对不符合标准要求的，要及时报告同级人民政府，会同有关职能部门开展相应措施，确保新上的稻渔综合种养主体在沟坑占比、种养环境、水稻产量和产品质量等方面符合要求。

三、建立长效管理机制，确保规范有序发展

各地要完善管理制度，联合有关职能部门，对稻渔综合种养产业建立长效管理机制。对已创建的省、市级示范区要加强动态管理，实施退出机制，对于达不到标准的示范区，省级渔业主管部门要及时取消其称号。各级渔业主管部门要开展调查研究，掌握本区域稻渔综合种养发展现状和潜力空间，科学制定发展规划，因地制宜，积极有序推进稻渔综合种养产业发展。

四、加强支持引导，推动三产融合发展

各地要积极争取政府及发改、财政等部门的支持，将稻渔综合种养纳入绿色循环优质高效特色农业促进项目、扶贫开发等政策支持范围。充分发挥科研高校推广机构作用，广泛开展技术指导和培训工作。积极打造地理标志农产品、水产品和区域公共产品品牌，促进稻渔综合种养与美食餐饮、特色民宿、渔事体验、休闲垂钓和科普教育等旅游业态充分融合，提升稻渔综合种养经济效益和产业竞争力。

肥料登记管理办法

第一章 总 则

第一条 为了加强肥料管理，保护生态环境，保障人畜安全，促进农业生产，根据《中华人民共和国农业法》等法律、法规，制定本办法。

第二条 在中华人民共和国境内生产、经营、使用和宣传肥料产品，应当遵守本办法。

第三条 本办法所称肥料，是指用于提供、保持或改善植物营养和土壤物理、化学性能以及生物活性，能提高农产品产量，或改善农产品品质，或增强植物抗逆性的有机、无机、微生物及其混合物料。

第四条 国家鼓励研制、生产和使用安全、高效、经济的肥料产品。

第五条 实行肥料产品登记管理制度，未经登记的肥料产品不得进口、生产、销售和使用，不得进行广告宣传。

第六条 农业部负责全国肥料登记和监督管理工作。

省、自治区、直辖市人民政府农业行政主管部门协助农业部做好本行政区域内的肥料登记工作。

县级以上地方人民政府农业行政主管部门负责本行政区域内的肥料监督管理工作。

第二章 登记申请

第七条 凡经工商注册，具有独立法人资格的肥料生产者均可提出肥料登记申请。

第八条 农业部制定并发布《肥料登记资料要求》。

肥料生产者申请肥料登记，应按照《肥料登记资料要求》提供产品化学、肥效、安全性、标签等方面资料和有代表性的肥料样品。

第九条 农业部负责办理肥料登记受理手续，并审查登记申请资料是否齐全。

境内生产者申请肥料登记，其申请登记资料应经其所在地省级农业行政主管部门初审后，向农业部提出申请。

第十条 生产者申请肥料登记前，须在中国境内进行规范的田间试验。

对有国家标准或行业标准，或肥料登记评审委员会建议经农业部认定的产品类型，可相应减免田间试验。

第十一条 生产者可按要求自行开展肥料田间试验，也可委托有关单位开展，生产者和试验单位对所出具的试验报告的真实性承担法律责任。

第十二条 有下列情形的肥料产品，登记申请不予受理：

（一）没有生产国使用证明（登记注册）的国外产品；

（二）不符合国家产业政策的产品；

（三）知识产权有争议的产品；

（四）不符合国家有关安全、卫生、环保等国家或行业标准要求的产品。

第十三条 对经农田长期使用，有国家或行业标准的下列产品免予登记：

硫酸铵，尿素，硝酸铵，氰氨化钙，磷酸铵（磷酸一铵、二铵），硝酸磷肥，过磷酸钙，氯化钾，硫酸钾，硝酸钾，氯化铵，碳酸氢铵，钙镁磷肥，磷酸二氢钾，单一微量元素肥，高浓度复合肥。

第三章 登记审批

第十四条 农业部负责全国肥料的登记审批、登记证发放和公告工作。

第十五条 农业部聘请技术专家和管理专家组织成立肥料登记评审委员会，负责对申请登记肥料产品的产品化学、肥效和安全性等资料进行综合评审。

第十六条 农业部根据肥料登记评审委员会的综合评审意见，在评审结束后20日内作出是否颁发肥料登记证的决定。

肥料登记证使用《中华人民共和国农业部肥料审批专用章》。

第十七条 农业部对符合下列条件的产品直接审批、发放肥料登记证：

（一）有国家或行业标准，经检验质量合格的产品；

（二）经肥料登记评审委员会建议并由农业部认定的产品类型，申请登记资料齐全，经检验质量合格的产品。

第十八条 农业部根据具体情况决定召开肥料登记评审委员会全体会议。

第十九条 肥料商品名称的命名应规范，不得有误导作用。

第二十条 肥料正式登记证有效期为五年。肥料正式登记证有效期满，需要继续生产、销售该产品的，应当在有效期满六个月前提出续展登记申请，符合条件的经农业部批准续展登记。续展有效期为五年。

登记证有效期满没有提出续展登记申请的，视为自动撤销登记。登记证有效期满后提出续展登记申请的，应重新办理登记。

第二十一条 经登记的肥料产品，在登记有效期内改变使用范围、商品名称、企业名称的，应申请变更登记；改变成分、剂型的，应重新申请登记。

第四章 登记管理

第二十二条 肥料产品包装应有标签、说明书和产品质量检验合格证。标签和使用说明书应当使用中文，并符合下列要求：

（一）标明产品名称、生产企业名称和地址；

（二）标明肥料登记证号、产品标准号、有效成分名称和含量、净重、生产日期及质量保证期；

（三）标明产品适用作物、适用区域、使用方法和注意事项；

（四）产品名称和推荐适用作物、区域应与登记批准的一致。

禁止擅自修改经过登记批准的标签内容。

第二十三条 取得登记证的肥料产品，在登记有效期内证实对人、畜、作物有害，经肥料登记评审委员会审议，由农业部宣布限制使用或禁止使用。

第二十四条 农业行政主管部门应当按照规定对辖区内的肥料生产、经营和使用单位的肥料进行定期或不定期监督、检查，必要时按照规定抽取样品和索取有关资料，有关单位不得拒绝和隐瞒。对质量不合格的产品，要限期改进。对质量连续不合格的产品，肥料登记证有效期满后不予续展。

第二十五条　肥料登记受理和审批单位及有关人员应为生产者提供的资料和样品保守技术秘密。

第五章　罚　则

第二十六条　有下列情形之一的，由县级以上农业行政主管部门给予警告，并处违法所得 3 倍以下罚款，但最高不得超过 30000 元；没有违法所得的，处 10000 元以下罚款：

（一）生产、销售未取得登记证的肥料产品；

（二）假冒、伪造肥料登记证、登记证号的；

（三）生产、销售的肥料产品有效成分或含量与登记批准的内容不符的。

第二十七条　有下列情形之一的，由县级以上农业行政主管部门给予警告，并处违法所得 3 倍以下罚款，但最高不得超过 20000 元；没有违法所得的，处 10000 元以下罚款：

（一）转让肥料登记证或登记证号的；

（二）登记证有效期满未经批准续展登记而继续生产该肥料产品的；

（三）生产、销售包装上未附标签、标签残缺不清或者擅自修改标签内容的。

第二十八条　肥料登记管理工作人员滥用职权、玩忽职守、徇私舞弊、索贿受贿，构成犯罪的，依法追究刑事责任；尚不构成犯罪的，依法给予行政处分。

第六章　附　则

第二十九条　生产者进行田间试验，应按规定提供有代表性的试验样品。试验样品须经法定质量检测机构检测确认样品有效成分及其含量与标明值相符，方可进行试验。

第三十条　省、自治区、直辖市人民政府农业行政主管部门负责本行政区域内的复混肥、配方肥（不含叶面肥）、精制有机肥、床土调酸剂的登记审批、登记证发放和公告工作。省、自治区、直辖市人民政府农业行政主管部门不得越权审批登记。

省、自治区、直辖市人民政府农业行政主管部门参照本办法制定有关复混肥、配方肥（不含叶面肥）、精制有机肥、床土调酸剂的具体登记管理办法，并报农业部备案。

省、自治区、直辖市人民政府农业行政主管部门可委托所属的土肥机构承担本行政区域内的具体肥料登记工作。

第三十一条　下列产品适用本办法：

（一）在生产、积造有机肥料过程中，添加的用于分解、熟化有机物的生物和化学制剂；

（二）来源于天然物质，经物理或生物发酵过程加工提炼的，具有特定效应的有机或有机无机混合制品，这种效应不仅包括土壤、环境及植物营养元素的供应，还包括对植物生长的促进作用。

第三十二条　下列产品不适用本办法：

（一）肥料和农药的混合物；

（二）农民自制自用的有机肥料。

（三）植物生长调节剂。

第三十三条　本办法下列用语定义为：

（一）配方肥是指利用测土配方技术，根据不同作物的营养需要、土壤养分含量及供肥特点，以各种单质化肥为原料，有针对性地添加适量中、微量元素或特定有机肥料，采用掺混或造粒工艺加工而成的，具有很强的针对性和地域性的专用肥料；

（二）叶面肥是指施于植物叶片并能被其吸收利用的肥料；

（三）床土调酸剂是指在农作物育苗期，用于调节育苗床土酸度（或 pH 值）的制剂；

（四）微生物肥料是指应用于农业生产中，能够获得特定肥料效应的含有特定微生物活体的制品，这种效应不仅包括了土壤、环境及植物营养元素的供应，还包括了其所产生的代谢产物对植物的有益作用；

（五）有机肥料是指来源于植物和/或动物，经发酵、腐熟后，施于土壤以提供植物养分为其主要功效的含碳物料；

（六）精制有机肥是指经工厂化生产的，不含特定肥料效应微生物的，商品化的有机肥料；

（七）复混肥是指氮、磷、钾三种养分中，至少有两种养分标明量的肥料，由化学方法和/或物理加工制成；

（八）复合肥是指仅由化学方法制成的复混肥。

第三十四条 本办法所称“违法所得”是指违法生产、经营肥料的销售收入。

第三十五条 本办法由农业部负责解释。

第三十六条 本办法自发布之日起施行。农业部1989年发布、1997年修订的《中华人民共和国农业部关于肥料、土壤调理剂及植物生长调节剂检验登记的暂行规定》同时废止。

第八篇

建筑和市政工程

第二十九章　法律、行政法规

中华人民共和国城乡规划法

第一章　总　则

第一条　为了加强城乡规划管理，协调城乡空间布局，改善人居环境，促进城乡经济社会全面协调可持续发展，制定本法。

第二条　制定和实施城乡规划，在规划区内进行建设活动，必须遵守本法。

本法所称城乡规划，包括城镇体系规划、城市规划、镇规划、乡规划和村庄规划。城市规划、镇规划分为总体规划和详细规划。详细规划分为控制性详细规划和修建性详细规划。

本法所称规划区，是指城市、镇和村庄的建成区以及因城乡建设和发展需要，必须实行规划控制的区域。规划区的具体范围由有关人民政府在组织编制的城市总体规划、镇总体规划、乡规划和村庄规划中，根据城乡经济社会发展水平和统筹城乡发展的需要划定。

第三条　城市和镇应当依照本法制定城市规划和镇规划。城市、镇规划区内的建设活动应当符合规划要求。

县级以上地方人民政府根据本地农村经济社会发展水平，按照因地制宜、切实可行的原则，确定应当制定乡规划、村庄规划的区域。在确定区域内的乡、村庄，应当依照本法制定规划，规划区内的乡、村庄建设应当符合规划要求。

县级以上地方人民政府鼓励、指导前款规定以外的区域的乡、村庄制定和实施乡规划、村庄规划。

第四条　制定和实施城乡规划，应当遵循城乡统筹、合理布局、节约土地、集约发展和先规划后建设的原则，改善生态环境，促进资源、能源节约和综合利用，保护耕地等自然资源和历史文化遗产，保持地方特色、民族特色和传统风貌，防止污染和其他公害，并符合区域人口发展、国防建设、防灾减灾和公共卫生、公共安全的需要。

在规划区内进行建设活动，应当遵守土地管理、自然资源和环境保护等法律、法规的规定。

县级以上地方人民政府应当根据当地经济社会发展的实际，在城市总体规划、镇总体规划中合理确定城市、镇的发展规模、步骤和建设标准。

第五条　城市总体规划、镇总体规划以及乡规划和村庄规划的编制，应当依据国民经济和社会发展规划，并与土地利用总体规划相衔接。

第六条　各级人民政府应当将城乡规划的编制和管理经费纳入本级财政预算。

第七条　经依法批准的城乡规划，是城乡建设和规划管理的依据，未经法定程序不得修改。

第八条　城乡规划组织编制机关应当及时公布经依法批准的城乡规划。但是，法律、行政法规规定不得公开的内容除外。

第九条　任何单位和个人都应当遵守经依法批准并公布的城乡规划，服从规划管理，并有权就涉及其利害关系的建设活动是否符合规划的要求向城乡规划主管部门查询。

任何单位和个人都有权向城乡规划主管部门或者其他有关部门举报或者控告违反城乡规划的行

为。城乡规划主管部门或者其他有关部门对举报或者控告，应当及时受理并组织核查、处理。

第十条　国家鼓励采用先进的科学技术，增强城乡规划的科学性，提高城乡规划实施及监督管理的效能。

第十一条　国务院城乡规划主管部门负责全国的城乡规划管理工作。

县级以上地方人民政府城乡规划主管部门负责本行政区域内的城乡规划管理工作。

第二章　城乡规划的制定

第十二条　国务院城乡规划主管部门会同国务院有关部门组织编制全国城镇体系规划，用于指导省域城镇体系规划、城市总体规划的编制。

全国城镇体系规划由国务院城乡规划主管部门报国务院审批。

第十三条　省、自治区人民政府组织编制省域城镇体系规划，报国务院审批。

省域城镇体系规划的内容应当包括：城镇空间布局和规模控制，重大基础设施的布局，为保护生态环境、资源等需要严格控制的区域。

第十四条　城市人民政府组织编制城市总体规划。

直辖市的城市总体规划由直辖市人民政府报国务院审批。省、自治区人民政府所在地的城市以及国务院确定的城市的总体规划，由省、自治区人民政府审查同意后，报国务院审批。其他城市的总体规划，由城市人民政府报省、自治区人民政府审批。

第十五条　县人民政府组织编制县人民政府所在地镇的总体规划，报上一级人民政府审批。其他镇的总体规划由镇人民政府组织编制，报上一级人民政府审批。

第十六条　省、自治区人民政府组织编制的省域城镇体系规划，城市、县人民政府组织编制的总体规划，在报上一级人民政府审批前，应当先经本级人民代表大会常务委员会审议，常务委员会组成人员的审议意见交由本级人民政府研究处理。

镇人民政府组织编制的镇总体规划，在报上一级人民政府审批前，应当先经镇人民代表大会审议，代表的审议意见交由本级人民政府研究处理。

规划的组织编制机关报送审批省域城镇体系规划、城市总体规划或者镇总体规划，应当将本级人民代表大会常务委员会组成人员或者镇人民代表大会代表的审议意见和根据审议意见修改规划的情况一并报送。

第十七条　城市总体规划、镇总体规划的内容应当包括：城市、镇的发展布局，功能分区，用地布局，综合交通体系，禁止、限制和适宜建设的地域范围，各类专项规划等。

规划区范围、规划区内建设用地规模、基础设施和公共服务设施用地、水源地和水系、基本农田和绿化用地、环境保护、自然与历史文化遗产保护以及防灾减灾等内容，应当作为城市总体规划、镇总体规划的强制性内容。

城市总体规划、镇总体规划的规划期限一般为二十年。城市总体规划还应当对城市更长远的发展作出预测性安排。

第十八条　乡规划、村庄规划应当从农村实际出发，尊重村民意愿，体现地方和农村特色。

乡规划、村庄规划的内容应当包括：规划区范围，住宅、道路、供水、排水、供电、垃圾收集、畜禽养殖场所等农村生产、生活服务设施、公益事业等各项建设的用地布局、建设要求，以及对耕地等自然资源和历史文化遗产保护、防灾减灾等的具体安排。乡规划还应当包括本行政区域内的村庄发展布局。

第十九条 城市人民政府城乡规划主管部门根据城市总体规划的要求，组织编制城市的控制性详细规划，经本级人民政府批准后，报本级人民代表大会常务委员会和上一级人民政府备案。

第二十条 镇人民政府根据镇总体规划的要求，组织编制镇的控制性详细规划，报上一级人民政府审批。县人民政府所在地镇的控制性详细规划，由县人民政府城乡规划主管部门根据镇总体规划的要求组织编制，经县人民政府批准后，报本级人民代表大会常务委员会和上一级人民政府备案。

第二十一条 城市、县人民政府城乡规划主管部门和镇人民政府可以组织编制重要地块的修建性详细规划。修建性详细规划应当符合控制性详细规划。

第二十二条 乡、镇人民政府组织编制乡规划、村庄规划，报上一级人民政府审批。村庄规划在报送审批前，应当经村民会议或者村民代表会议讨论同意。

第二十三条 首都的总体规划、详细规划应当统筹考虑中央国家机关用地布局和空间安排的需要。

第二十四条 城乡规划组织编制机关应当委托具有相应资质等级的单位承担城乡规划的具体编制工作。

从事城乡规划编制工作应当具备下列条件，并经国务院城乡规划主管部门或者省、自治区、直辖市人民政府城乡规划主管部门依法审查合格，取得相应等级的资质证书后，方可在资质等级许可的范围内从事城乡规划编制工作：

（一）有法人资格；

（二）有规定数量的经相关行业协会注册的规划师；

（三）有规定数量的相关专业技术人员；

（四）有相应的技术装备；

（五）有健全的技术、质量、财务管理制度。

编制城乡规划必须遵守国家有关标准。

第二十五条 编制城乡规划，应当具备国家规定的勘察、测绘、气象、地震、水文、环境等基础资料。

县级以上地方人民政府有关主管部门应当根据编制城乡规划的需要，及时提供有关基础资料。

第二十六条 城乡规划报送审批前，组织编制机关应当依法将城乡规划草案予以公告，并采取论证会、听证会或者其他方式征求专家和公众的意见。公告的时间不得少于三十日。

组织编制机关应当充分考虑专家和公众的意见，并在报送审批的材料中附具意见采纳情况及理由。

第二十七条 省域城镇体系规划、城市总体规划、镇总体规划批准前，审批机关应当组织专家和有关部门进行审查。

第三章 城乡规划的实施

第二十八条 地方各级人民政府应当根据当地经济社会发展水平，量力而行，尊重群众意愿，有计划、分步骤地组织实施城乡规划。

第二十九条 城市的建设和发展，应当优先安排基础设施以及公共服务设施的建设，妥善处理新区开发与旧区改建的关系，统筹兼顾进城务工人员生活和周边农村经济社会发展、村民生产与生活的需要。

镇的建设和发展，应当结合农村经济社会发展和产业结构调整，优先安排供水、排水、供电、供气、道路、通信、广播电视等基础设施和学校、卫生院、文化站、幼儿园、福利院等公共服务设施的建设，为周边农村提供服务。

乡、村庄的建设和发展，应当因地制宜、节约用地，发挥村民自治组织的作用，引导村民合理进行建设，改善农村生产、生活条件。

第三十条 城市新区的开发和建设，应当合理确定建设规模和时序，充分利用现有市政基础设施和公共服务设施，严格保护自然资源和生态环境，体现地方特色。

在城市总体规划、镇总体规划确定的建设用地范围以外，不得设立各类开发区和城市新区。

第三十一条 旧城区的改建，应当保护历史文化遗产和传统风貌，合理确定拆迁和建设规模，有计划地对危房集中、基础设施落后等地段进行改建。

历史文化名城、名镇、名村的保护以及受保护建筑物的维护和使用，应当遵守有关法律、行政法规和国务院的规定。

第三十二条 城乡建设和发展，应当依法保护和合理利用风景名胜资源，统筹安排风景名胜区及周边乡、镇、村庄的建设。

风景名胜区的规划、建设和管理，应当遵守有关法律、行政法规和国务院的规定。

第三十三条 城市地下空间的开发和利用，应当与经济和技术发展水平相适应，遵循统筹安排、综合开发、合理利用的原则，充分考虑防灾减灾、人民防空和通信等需要，并符合城市规划，履行规划审批手续。

第三十四条 城市、县、镇人民政府应当根据城市总体规划、镇总体规划、土地利用总体规划和年度计划以及国民经济和社会发展规划，制定近期建设规划，报总体规划审批机关备案。

近期建设规划应当以重要基础设施、公共服务设施和中低收入居民住房建设以及生态环境保护为重点内容，明确近期建设的时序、发展方向和空间布局。近期建设规划的规划期限为五年。

第三十五条 城乡规划确定的铁路、公路、港口、机场、道路、绿地、输配电设施及输电线路走廊、通信设施、广播电视设施、管道设施、河道、水库、水源地、自然保护区、防汛通道、消防通道、核电站、垃圾填埋场及焚烧厂、污水处理厂和公共服务设施的用地以及其他需要依法保护的用地，禁止擅自改变用途。

第三十六条 按照国家规定需要有关部门批准或者核准的建设项目，以划拨方式提供国有土地使用权的，建设单位在报送有关部门批准或者核准前，应当向城乡规划主管部门申请核发选址意见书。

前款规定以外的建设项目不需要申请选址意见书。

第三十七条 在城市、镇规划区内以划拨方式提供国有土地使用权的建设项目，经有关部门批准、核准、备案后，建设单位应当向城市、县人民政府城乡规划主管部门提出建设用地规划许可申请，由城市、县人民政府城乡规划主管部门依据控制性详细规划核定建设用地的位置、面积、允许建设的范围，核发建设用地规划许可证。

建设单位在取得建设用地规划许可证后，方可向县级以上地方人民政府土地主管部门申请用地，经县级以上人民政府审批后，由土地主管部门划拨土地。

第三十八条 在城市、镇规划区内以出让方式提供国有土地使用权的，在国有土地使用权出让前，城市、县人民政府城乡规划主管部门应当依据控制性详细规划，提出出让地块的位置、使用性质、开发强度等规划条件，作为国有土地使用权出让合同的组成部分。未确定规划条件的地块，不得出让国有土地使用权。

以出让方式取得国有土地使用权的建设项目，建设单位在取得建设项目的批准、核准、备案文件和签订国有土地使用权出让合同后，向城市、县人民政府城乡规划主管部门领取建设用地规划许可证。

城市、县人民政府城乡规划主管部门不得在建设用地规划许可证中，擅自改变作为国有土地使用权出让合同组成部分的规划条件。

第三十九条 规划条件未纳入国有土地使用权出让合同的，该国有土地使用权出让合同无效；对未取得建设用地规划许可证的建设单位批准用地的，由县级以上人民政府撤销有关批准文件；占用土地的，应当及时退回；给当事人造成损失的，应当依法给予赔偿。

第四十条 在城市、镇规划区内进行建筑物、构筑物、道路、管线和其他工程建设的，建设单位或者个人应当向城市、县人民政府城乡规划主管部门或者省、自治区、直辖市人民政府确定的镇人民政府申请办理建设工程规划许可证。

申请办理建设工程规划许可证，应当提交使用土地的有关证明文件、建设工程设计方案等材料。需要建设单位编制修建性详细规划的建设项目，还应当提交修建性详细规划。对符合控制性详细规划和规划条件的，由城市、县人民政府城乡规划主管部门或者省、自治区、直辖市人民政府确定的镇人民政府核发建设工程规划许可证。

城市、县人民政府城乡规划主管部门或者省、自治区、直辖市人民政府确定的镇人民政府应当依法将经审定的修建性详细规划、建设工程设计方案的总平面图予以公布。

第四十一条 在乡、村庄规划区内进行乡镇企业、乡村公共设施和公益事业建设的，建设单位或者个人应当向乡、镇人民政府提出申请，由乡、镇人民政府报城市、县人民政府城乡规划主管部门核发乡村建设规划许可证。

在乡、村庄规划区内使用原有宅基地进行农村村民住宅建设的规划管理办法，由省、自治区、直辖市制定。

在乡、村庄规划区内进行乡镇企业、乡村公共设施和公益事业建设以及农村村民住宅建设，不得占用农用地；确需占用农用地的，应当依照《中华人民共和国土地管理法》有关规定办理农用地转用审批手续后，由城市、县人民政府城乡规划主管部门核发乡村建设规划许可证。

建设单位或者个人在取得乡村建设规划许可证后，方可办理用地审批手续。

第四十二条 城乡规划主管部门不得在城乡规划确定的建设用地范围以外作出规划许可。

第四十三条 建设单位应当按照规划条件进行建设；确需变更的，必须向城市、县人民政府城乡规划主管部门提出申请。变更内容不符合控制性详细规划的，城乡规划主管部门不得批准。城市、县人民政府城乡规划主管部门应当及时将依法变更后的规划条件通报同级土地主管部门并公示。

建设单位应当及时将依法变更后的规划条件报有关人民政府土地主管部门备案。

第四十四条 在城市、镇规划区内进行临时建设的，应当经城市、县人民政府城乡规划主管部门批准。临时建设影响近期建设规划或者控制性详细规划的实施以及交通、市容、安全等的，不得批准。

临时建设应当在批准的使用期限内自行拆除。

临时建设和临时用地规划管理的具体办法，由省、自治区、直辖市人民政府制定。

第四十五条 县级以上地方人民政府城乡规划主管部门按照国务院规定对建设工程是否符合规划条件予以核实。未经核实或者经核实不符合规划条件的，建设单位不得组织竣工验收。

建设单位应当在竣工验收后六个月内向城乡规划主管部门报送有关竣工验收资料。

第四章 城乡规划的修改

第四十六条 省域城镇体系规划、城市总体规划、镇总体规划的组织编制机关，应当组织有关部门和专家定期对规划实施情况进行评估，并采取论证会、听证会或者其他方式征求公众意见。组织编制机关应当向本级人民代表大会常务委员会、镇人民代表大会和原审批机关提出评估报告并附具征求意见的情况。

第四十七条 有下列情形之一的，组织编制机关方可按照规定的权限和程序修改省域城镇体系规划、城市总体规划、镇总体规划：

（一）上级人民政府制定的城乡规划发生变更，提出修改规划要求的；

（二）行政区划调整确需修改规划的；

（三）因国务院批准重大建设工程确需修改规划的；

（四）经评估确需修改规划的；

（五）城乡规划的审批机关认为应当修改规划的其他情形。

修改省域城镇体系规划、城市总体规划、镇总体规划前，组织编制机关应当对原规划的实施情况进行总结，并向原审批机关报告；修改涉及城市总体规划、镇总体规划强制性内容的，应当先向原审批机关提出专题报告，经同意后，方可编制修改方案。

修改后的省域城镇体系规划、城市总体规划、镇总体规划，应当依照本法第十三条、第十四条、第十五条和第十六条规定的审批程序报批。

第四十八条 修改控制性详细规划的，组织编制机关应当对修改的必要性进行论证，征求规划地段内利害关系人的意见，并向原审批机关提出专题报告，经原审批机关同意后，方可编制修改方案。修改后的控制性详细规划，应当依照本法第十九条、第二十条规定的审批程序报批。控制性详细规划修改涉及城市总体规划、镇总体规划的强制性内容的，应当先修改总体规划。

修改乡规划、村庄规划的，应当依照本法第二十二条规定的审批程序报批。

第四十九条 城市、县、镇人民政府修改近期建设规划的，应当将修改后的近期建设规划报总体规划审批机关备案。

第五十条 在选址意见书、建设用地规划许可证、建设工程规划许可证或者乡村建设规划许可证发放后，因依法修改城乡规划给被许可人合法权益造成损失的，应当依法给予补偿。

经依法审定的修建性详细规划、建设工程设计方案的总平面图不得随意修改；确需修改的，城乡规划主管部门应当采取听证会等形式，听取利害关系人的意见；因修改给利害关系人合法权益造成损失的，应当依法给予补偿。

第五章 监督检查

第五十一条 县级以上人民政府及其城乡规划主管部门应当加强对城乡规划编制、审批、实施、修改的监督检查。

第五十二条 地方各级人民政府应当向本级人民代表大会常务委员会或者乡、镇人民代表大会报告城乡规划的实施情况，并接受监督。

第五十三条 县级以上人民政府城乡规划主管部门对城乡规划的实施情况进行监督检查，有权采取以下措施：

（一）要求有关单位和人员提供与监督事项有关的文件、资料，并进行复制；

（二）要求有关单位和人员就监督事项涉及的问题作出解释和说明，并根据需要进入现场进行勘测；

（三）责令有关单位和人员停止违反有关城乡规划的法律、法规的行为。

城乡规划主管部门的工作人员履行前款规定的监督检查职责，应当出示执法证件。被监督检查的单位和人员应当予以配合，不得妨碍和阻挠依法进行的监督检查活动。

第五十四条　监督检查情况和处理结果应当依法公开，供公众查阅和监督。

第五十五条　城乡规划主管部门在查处违反本法规定的行为时，发现国家机关工作人员依法应当给予行政处分的，应当向其任免机关或者监察机关提出处分建议。

第五十六条　依照本法规定应当给予行政处罚，而有关城乡规划主管部门不给予行政处罚的，上级人民政府城乡规划主管部门有权责令其作出行政处罚决定或者建议有关人民政府责令其给予行政处罚。

第五十七条　城乡规划主管部门违反本法规定作出行政许可的，上级人民政府城乡规划主管部门有权责令其撤销或者直接撤销该行政许可。因撤销行政许可给当事人合法权益造成损失的，应当依法给予赔偿。

第六章　法律责任

第五十八条　对依法应当编制城乡规划而未组织编制，或者未按法定程序编制、审批、修改城乡规划的，由上级人民政府责令改正，通报批评；对有关人民政府负责人和其他直接责任人员依法给予处分。

第五十九条　城乡规划组织编制机关委托不具有相应资质等级的单位编制城乡规划的，由上级人民政府责令改正，通报批评；对有关人民政府负责人和其他直接责任人员依法给予处分。

第六十条　镇人民政府或者县级以上人民政府城乡规划主管部门有下列行为之一的，由本级人民政府、上级人民政府城乡规划主管部门或者监察机关依据职权责令改正，通报批评；对直接负责的主管人员和其他直接责任人员依法给予处分：

（一）未依法组织编制城市的控制性详细规划、县人民政府所在地镇的控制性详细规划的；

（二）超越职权或者对不符合法定条件的申请人核发选址意见书、建设用地规划许可证、建设工程规划许可证、乡村建设规划许可证的；

（三）对符合法定条件的申请人未在法定期限内核发选址意见书、建设用地规划许可证、建设工程规划许可证、乡村建设规划许可证的；

（四）未依法对经审定的修建性详细规划、建设工程设计方案的总平面图予以公布的；

（五）同意修改修建性详细规划、建设工程设计方案的总平面图前未采取听证会等形式听取利害关系人的意见的；

（六）发现未依法取得规划许可或者违反规划许可的规定在规划区内进行建设的行为，而不予查处或者接到举报后不依法处理的。

第六十一条　县级以上人民政府有关部门有下列行为之一的，由本级人民政府或者上级人民政府有关部门责令改正，通报批评；对直接负责的主管人员和其他直接责任人员依法给予处分：

（一）对未依法取得选址意见书的建设项目核发建设项目批准文件的；

（二）未依法在国有土地使用权出让合同中确定规划条件或者改变国有土地使用权出让合同中依法确定的规划条件的；

（三）对未依法取得建设用地规划许可证的建设单位划拨国有土地使用权的。

第六十二条 城乡规划编制单位有下列行为之一的，由所在地城市、县人民政府城乡规划主管部门责令限期改正，处合同约定的规划编制费一倍以上二倍以下的罚款；情节严重的，责令停业整顿，由原发证机关降低资质等级或者吊销资质证书；造成损失的，依法承担赔偿责任：

（一）超越资质等级许可的范围承揽城乡规划编制工作的；

（二）违反国家有关标准编制城乡规划的。

未依法取得资质证书承揽城乡规划编制工作的，由县级以上地方人民政府城乡规划主管部门责令停止违法行为，依照前款规定处以罚款；造成损失的，依法承担赔偿责任。

以欺骗手段取得资质证书承揽城乡规划编制工作的，由原发证机关吊销资质证书，依照本条第一款规定处以罚款；造成损失的，依法承担赔偿责任。

第六十三条 城乡规划编制单位取得资质证书后，不再符合相应的资质条件的，由原发证机关责令限期改正；逾期不改正的，降低资质等级或者吊销资质证书。

第六十四条 未取得建设工程规划许可证或者未按照建设工程规划许可证的规定进行建设的，由县级以上地方人民政府城乡规划主管部门责令停止建设；尚可采取改正措施消除对规划实施的影响的，限期改正，处建设工程造价百分之五以上百分之十以下的罚款；无法采取改正措施消除影响的，限期拆除，不能拆除的，没收实物或者违法收入，可以并处建设工程造价百分之十以下的罚款。

第六十五条 在乡、村庄规划区内未依法取得乡村建设规划许可证或者未按照乡村建设规划许可证的规定进行建设的，由乡、镇人民政府责令停止建设、限期改正；逾期不改正的，可以拆除。

第六十六条 建设单位或者个人有下列行为之一的，由所在地城市、县人民政府城乡规划主管部门责令限期拆除，可以并处临时建设工程造价一倍以下的罚款：

（一）未经批准进行临时建设的；

（二）未按照批准内容进行临时建设的；

（三）临时建筑物、构筑物超过批准期限不拆除的。

第六十七条 建设单位未在建设工程竣工验收后六个月内向城乡规划主管部门报送有关竣工验收资料的，由所在地城市、县人民政府城乡规划主管部门责令限期补报；逾期不补报的，处一万元以上五万元以下的罚款。

第六十八条 城乡规划主管部门作出责令停止建设或者限期拆除的决定后，当事人不停止建设或者逾期不拆除的，建设工程所在地县级以上地方人民政府可以责成有关部门采取查封施工现场、强制拆除等措施。

第六十九条 违反本法规定，构成犯罪的，依法追究刑事责任。

第七章 附 则

第七十条 本法自 2008 年 1 月 1 日起施行。《中华人民共和国城市规划法》同时废止。

中华人民共和国城市房地产管理法

第一章　总　则

第一条　为了加强对城市房地产的管理，维护房地产市场秩序，保障房地产权利人的合法权益，促进房地产业的健康发展，制定本法。

第二条　在中华人民共和国城市规划区国有土地（以下简称国有土地）范围内取得房地产开发用地的土地使用权，从事房地产开发、房地产交易，实施房地产管理，应当遵守本法。

本法所称房屋，是指土地上的房屋等建筑物及构筑物。

本法所称房地产开发，是指在依据本法取得国有土地使用权的土地上进行基础设施、房屋建设的行为。

本法所称房地产交易，包括房地产转让、房地产抵押和房屋租赁。

第三条　国家依法实行国有土地有偿、有限期使用制度。但是，国家在本法规定的范围内划拨国有土地使用权的除外。

第四条　国家根据社会、经济发展水平，扶持发展居民住宅建设，逐步改善居民的居住条件。

第五条　房地产权利人应当遵守法律和行政法规，依法纳税。房地产权利人的合法权益受法律保护，任何单位和个人不得侵犯。

第六条　为了公共利益的需要，国家可以征收国有土地上单位和个人的房屋，并依法给予拆迁补偿，维护被征收人的合法权益；征收个人住宅的，还应当保障被征收人的居住条件。具体办法由国务院规定。

第七条　国务院建设行政主管部门、土地管理部门依照国务院规定的职权划分，各司其职，密切配合，管理全国房地产工作。

第二章　房地产开发用地

第一节　土地使用权出让

第八条　土地使用权出让，是指国家将国有土地使用权（以下简称土地使用权）在一定年限内出让给土地使用者，由土地使用者向国家支付土地使用权出让金的行为。

第九条　城市规划区内的集体所有的土地，经依法征收转为国有土地后，该幅国有土地的使用权方可有偿出让，但法律另有规定的除外。

第十条　土地使用权出让，必须符合土地利用总体规划、城市规划和年度建设用地计划。

第十一条　县级以上地方人民政府出让土地使用权用于房地产开发的，须根据省级以上人民政府下达的控制指标拟订年度出让土地使用权总面积方案，按照国务院规定，报国务院或者省级人民政府批准。

第十二条　土地使用权出让，由市、县人民政府有计划、有步骤地进行。出让的每幅地块、用途、年限和其他条件，由市、县人民政府土地管理部门会同城市规划、建设、房产管理部门共同拟定方案，按照国务院规定，报经有批准权的人民政府批准后，由市、县人民政府土地管理部门实施。

直辖市的县人民政府及其有关部门行使前款规定的权限，由直辖市人民政府规定。

第十三条 土地使用权出让，可以采取拍卖、招标或者双方协议的方式。

商业、旅游、娱乐和豪华住宅用地，有条件的，必须采取拍卖、招标方式；没有条件，不能采取拍卖、招标方式的，可以采取双方协议的方式。

采取双方协议方式出让土地使用权的出让金不得低于按国家规定所确定的最低价。

第十四条 土地使用权出让最高年限由国务院规定。

第十五条 土地使用权出让，应当签订书面出让合同。

土地使用权出让合同由市、县人民政府土地管理部门与土地使用者签订。

第十六条 土地使用者必须按照出让合同约定，支付土地使用权出让金；未按照出让合同约定支付土地使用权出让金的，土地管理部门有权解除合同，并可以请求违约赔偿。

第十七条 土地使用者按照出让合同约定支付土地使用权出让金的，市、县人民政府土地管理部门必须按照出让合同约定，提供出让的土地；未按照出让合同约定提供出让的土地的，土地使用者有权解除合同，由土地管理部门返还土地使用权出让金，土地使用者并可以请求违约赔偿。

第十八条 土地使用者需要改变土地使用权出让合同约定的土地用途的，必须取得出让方和市、县人民政府城市规划行政主管部门的同意，签订土地使用权出让合同变更协议或者重新签订土地使用权出让合同，相应调整土地使用权出让金。

第十九条 土地使用权出让金应当全部上缴财政，列入预算，用于城市基础设施建设和土地开发。土地使用权出让金上缴和使用的具体办法由国务院规定。

第二十条 国家对土地使用者依法取得的土地使用权，在出让合同约定的使用年限届满前不收回；在特殊情况下，根据社会公共利益的需要，可以依照法律程序提前收回，并根据土地使用者使用土地的实际年限和开发土地的实际情况给予相应的补偿。

第二十一条 土地使用权因土地灭失而终止。

第二十二条 土地使用权出让合同约定的使用年限届满，土地使用者需要继续使用土地的，应当至迟于届满前一年申请续期，除根据社会公共利益需要收回该幅土地的，应当予以批准。经批准准予续期的，应当重新签订土地使用权出让合同，依照规定支付土地使用权出让金。

土地使用权出让合同约定的使用年限届满，土地使用者未申请续期或者虽申请续期但依照前款规定未获批准的，土地使用权由国家无偿收回。

第二节 土地使用权划拨

第二十三条 土地使用权划拨，是指县级以上人民政府依法批准，在土地使用者缴纳补偿、安置等费用后将该幅土地交付其使用，或者将土地使用权无偿交付给土地使用者使用的行为。

依照本法规定以划拨方式取得土地使用权的，除法律、行政法规另有规定外，没有使用期限的限制。

第二十四条 下列建设用地的土地使用权，确属必需的，可以由县级以上人民政府依法批准划拨：

（一）国家机关用地和军事用地；

（二）城市基础设施用地和公益事业用地；

（三）国家重点扶持的能源、交通、水利等项目用地。

第三章　房地产开发

第二十五条　房地产开发必须严格执行城市规划，按照经济效益、社会效益、环境效益相统一的原则，实行全面规划、合理布局、综合开发、配套建设。

第二十六条　以出让方式取得土地使用权进行房地产开发的，必须按照土地使用权出让合同约定的土地用途、动工开发期限开发土地。超过出让合同约定的动工开发日期满一年未动工开发的，可以征收相当于土地使用权出让金百分之二十以下的土地闲置费；满二年未动工开发的，可以无偿收回土地使用权；但是，因不可抗力或者政府、政府有关部门的行为或者动工开发必需的前期工作造成动工开发迟延的除外。

第二十七条　房地产开发项目的设计、施工，必须符合国家的有关标准和规范。

房地产开发项目竣工，经验收合格后，方可交付使用。

第二十八条　依法取得的土地使用权，可以依照本法和有关法律、行政法规的规定，作价入股，合资、合作开发经营房地产。

第二十九条　国家采取税收等方面的优惠措施鼓励和扶持房地产开发企业开发建设居民住宅。

第三十条　房地产开发企业是以营利为目的，从事房地产开发和经营的企业。设立房地产开发企业，应当具备下列条件：

（一）有自己的名称和组织机构；

（二）有固定的经营场所；

（三）有符合国务院规定的注册资本；

（四）有足够的专业技术人员；

（五）法律、行政法规规定的其他条件。

设立房地产开发企业，应当向工商行政管理部门申请设立登记。工商行政管理部门对符合本法规定条件的，应当予以登记，发给营业执照；对不符合本法规定条件的，不予登记。

设立有限责任公司、股份有限公司，从事房地产开发经营的，还应当执行公司法的有关规定。

房地产开发企业在领取营业执照后的一个月内，应当到登记机关所在地的县级以上地方人民政府规定的部门备案。

第三十一条　房地产开发企业的注册资本与投资总额的比例应当符合国家有关规定。

第四章　房地产交易

第一节　一般规定

第三十二条　房地产转让、抵押时，房屋的所有权和该房屋占用范围内的土地使用权同时转让、抵押。

第三十三条　基准地价、标定地价和各类房屋的重置价格应当定期确定并公布。具体办法由国务院规定。

第三十四条　国家实行房地产价格评估制度。

房地产价格评估，应当遵循公正、公平、公开的原则，按照国家规定的技术标准和评估程序，以基准地价、标定地价和各类房屋的重置价格为基础，参照当地的市场价格进行评估。

第三十五条　国家实行房地产成交价格申报制度。

房地产权利人转让房地产，应当向县级以上地方人民政府规定的部门如实申报成交价，不得瞒报或者作不实的申报。

第三十六条 房地产转让、抵押，当事人应当依照本法第五章的规定办理权属登记。

第二节 房地产转让

第三十七条 房地产转让，是指房地产权利人通过买卖、赠与或者其他合法方式将其房地产转移给他人的行为。

第三十八条 下列房地产，不得转让：

（一）以出让方式取得土地使用权的，不符合本法第三十九条规定的条件的；

（二）司法机关和行政机关依法裁定、决定查封或者以其他形式限制房地产权利的；

（三）依法收回土地使用权的；

（四）共有房地产，未经其他共有人书面同意的；

（五）权属有争议的；

（六）未依法登记领取权属证书的；

（七）法律、行政法规规定禁止转让的其他情形。

第三十九条 以出让方式取得土地使用权的，转让房地产时，应当符合下列条件：

（一）按照出让合同约定已经支付全部土地使用权出让金，并取得土地使用权证书；

（二）按照出让合同约定进行投资开发，属于房屋建设工程的，完成开发投资总额的百分之二十五以上，属于成片开发土地的，形成工业用地或者其他建设用地条件。

转让房地产时房屋已经建成的，还应当持有房屋所有权证书。

第四十条 以划拨方式取得土地使用权的，转让房地产时，应当按照国务院规定，报有批准权的人民政府审批。有批准权的人民政府准予转让的，应当由受让方办理土地使用权出让手续，并依照国家有关规定缴纳土地使用权出让金。

以划拨方式取得土地使用权的，转让房地产报批时，有批准权的人民政府按照国务院规定决定可以不办理土地使用权出让手续的，转让方应当按照国务院规定将转让房地产所获收益中的土地收益上缴国家或者作其他处理。

第四十一条 房地产转让，应当签订书面转让合同，合同中应当载明土地使用权取得的方式。

第四十二条 房地产转让时，土地使用权出让合同载明的权利、义务随之转移。

第四十三条 以出让方式取得土地使用权的，转让房地产后，其土地使用权的使用年限为原土地使用权出让合同约定的使用年限减去原土地使用者已经使用年限后的剩余年限。

第四十四条 以出让方式取得土地使用权的，转让房地产后，受让人改变原土地使用权出让合同约定的土地用途的，必须取得原出让方和市、县人民政府城市规划行政主管部门的同意，签订土地使用权出让合同变更协议或者重新签订土地使用权出让合同，相应调整土地使用权出让金。

第四十五条 商品房预售，应当符合下列条件：

（一）已交付全部土地使用权出让金，取得土地使用权证书；

（二）持有建设工程规划许可证；

（三）按提供预售的商品房计算，投入开发建设的资金达到工程建设总投资的百分之二十五以上，并已经确定施工进度和竣工交付日期；

（四）向县级以上人民政府房产管理部门办理预售登记，取得商品房预售许可证明。

商品房预售人应当按照国家有关规定将预售合同报县级以上人民政府房产管理部门和土地管理部门登记备案。

商品房预售所得款项，必须用于有关的工程建设。

第四十六条　商品房预售的，商品房预购人将购买的未竣工的预售商品房再行转让的问题，由国务院规定。

第三节　房地产抵押

第四十七条　房地产抵押，是指抵押人以其合法的房地产以不转移占有的方式向抵押权人提供债务履行担保的行为。债务人不履行债务时，抵押权人有权依法以抵押的房地产拍卖所得的价款优先受偿。

第四十八条　依法取得的房屋所有权连同该房屋占用范围内的土地使用权，可以设定抵押权。

以出让方式取得的土地使用权，可以设定抵押权。

第四十九条　房地产抵押，应当凭土地使用权证书、房屋所有权证书办理。

第五十条　房地产抵押，抵押人和抵押权人应当签订书面抵押合同。

第五十一条　设定房地产抵押权的土地使用权是以划拨方式取得的，依法拍卖该房地产后，应当从拍卖所得的价款中缴纳相当于应缴纳的土地使用权出让金的款额后，抵押权人方可优先受偿。

第五十二条　房地产抵押合同签订后，土地上新增的房屋不属于抵押财产。需要拍卖该抵押的房地产时，可以依法将土地上新增的房屋与抵押财产一同拍卖，但对拍卖新增房屋所得，抵押权人无权优先受偿。

第四节　房屋租赁

第五十三条　房屋租赁，是指房屋所有权人作为出租人将其房屋出租给承租人使用，由承租人向出租人支付租金的行为。

第五十四条　房屋租赁，出租人和承租人应当签订书面租赁合同，约定租赁期限、租赁用途、租赁价格、修缮责任等条款，以及双方的其他权利和义务，并向房产管理部门登记备案。

第五十五条　住宅用房的租赁，应当执行国家和房屋所在城市人民政府规定的租赁政策。租用房屋从事生产、经营活动的，由租赁双方协商议定租金和其他租赁条款。

第五十六条　以营利为目的，房屋所有权人将以划拨方式取得使用权的国有土地上建成的房屋出租的，应当将租金中所含土地收益上缴国家。具体办法由国务院规定。

第五节　中介服务机构

第五十七条　房地产中介服务机构包括房地产咨询机构、房地产价格评估机构、房地产经纪机构等。

第五十八条　房地产中介服务机构应当具备下列条件：

（一）有自己的名称和组织机构；

（二）有固定的服务场所；

（三）有必要的财产和经费；

（四）有足够数量的专业人员；

（五）法律、行政法规规定的其他条件。

设立房地产中介服务机构，应当向工商行政管理部门申请设立登记，领取营业执照后，方可开业。

第五十九条　国家实行房地产价格评估人员资格认证制度。

第五章　房地产权属登记管理

第六十条　国家实行土地使用权和房屋所有权登记发证制度。

第六十一条　以出让或者划拨方式取得土地使用权，应当向县级以上地方人民政府土地管理部门申请登记，经县级以上地方人民政府土地管理部门核实，由同级人民政府颁发土地使用权证书。

在依法取得的房地产开发用地上建成房屋的，应当凭土地使用权证书向县级以上地方人民政府房产管理部门申请登记，由县级以上地方人民政府房产管理部门核实并颁发房屋所有权证书。

房地产转让或者变更时，应当向县级以上地方人民政府房产管理部门申请房产变更登记，并凭变更后的房屋所有权证书向同级人民政府土地管理部门申请土地使用权变更登记，经同级人民政府土地管理部门核实，由同级人民政府更换或者更改土地使用权证书。

法律另有规定的，依照有关法律的规定办理。

第六十二条　房地产抵押时，应当向县级以上地方人民政府规定的部门办理抵押登记。

因处分抵押房地产而取得土地使用权和房屋所有权的，应当依照本章规定办理过户登记。

第六十三条　经省、自治区、直辖市人民政府确定，县级以上地方人民政府由一个部门统一负责房产管理和土地管理工作，可以制作、颁发统一的房地产权证书，依照本法第六十一条的规定，将房屋的所有权和该房屋占用范围的土地使用权的确认和变更，分别载入房地产权证书。

第六章　法律责任

第六十四条　违反本法第十一条、第十二条的规定，擅自批准出让或者擅自出让土地使用权用于房地产开发的，由上级机关或者所在单位给予有关责任人员行政处分。

第六十五条　违反本法第三十条的规定，未取得营业执照擅自从事房地产开发业务的，由县级以上人民政府工商行政管理部门责令停止房地产开发业务活动，没收违法所得，可以并处罚款。

第六十六条　违反本法第三十九条第一款的规定转让土地使用权的，由县级以上人民政府土地管理部门没收违法所得，可以并处罚款。

第六十七条　违反本法第四十条第一款的规定转让房地产的，由县级以上人民政府土地管理部门责令缴纳土地使用权出让金，没收违法所得，可以并处罚款。

第六十八条　违反本法第四十五条第一款的规定预售商品房的，由县级以上人民政府房产管理部门责令停止预售活动，没收违法所得，可以并处罚款。

第六十九条　违反本法第五十八条的规定，未取得营业执照擅自从事房地产中介服务业务的，由县级以上人民政府工商行政管理部门责令停止房地产中介服务业务活动，没收违法所得，可以并处罚款。

第七十条　没有法律、法规的依据，向房地产开发企业收费的，上级机关应当责令退回所收取的钱款；情节严重的，由上级机关或者所在单位给予直接责任人员行政处分。

第七十一条　房产管理部门、土地管理部门工作人员玩忽职守、滥用职权，构成犯罪的，依法追究刑事责任；不构成犯罪的，给予行政处分。

第七章　附　则

第七十二条　在城市规划区外的国有土地范围内取得房地产开发用地的土地使用权，从事房地产开发、交易活动以及实施房地产管理，参照本法执行。

第七十三条　本法自 1995 年 1 月 1 日起施行。

中华人民共和国建筑法

第一章 总 则

第一条 为了加强对建筑活动的监督管理，维护建筑市场秩序，保证建筑工程的质量和安全，促进建筑业健康发展，制定本法。

第二条 在中华人民共和国境内从事建筑活动，实施对建筑活动的监督管理，应当遵守本法。本法所称建筑活动，是指各类房屋建筑及其附属设施的建造和与其配套的线路、管道、设备的安装活动。

第三条 建筑活动应当确保建筑工程质量和安全，符合国家的建筑工程安全标准。

第四条 国家扶持建筑业的发展，支持建筑科学技术研究，提高房屋建筑设计水平，鼓励节约能源和保护环境，提倡采用先进技术、先进设备、先进工艺、新型建筑材料和现代管理方式。

第五条 从事建筑活动应当遵守法律、法规，不得损害社会公共利益和他人的合法权益。

任何单位和个人都不得妨碍和阻挠依法进行的建筑活动。

第六条 国务院建设行政主管部门对全国的建筑活动实施统一监督管理。

第二章 建筑许可

第一节 建筑工程施工许可

第七条 建筑工程开工前，建设单位应当按照国家有关规定向工程所在地县级以上人民政府建设行政主管部门申请领取施工许可证；但是，国务院建设行政主管部门确定的限额以下的小型工程除外。

按照国务院规定的权限和程序批准开工报告的建筑工程，不再领取施工许可证。

第八条 申请领取施工许可证，应当具备下列条件：

（一）已经办理该建筑工程用地批准手续；

（二）依法应当办理建设工程规划许可证的，已经取得建设工程规划许可证；

（三）需要拆迁的，其拆迁进度符合施工要求；

（四）已经确定建筑施工企业；

（五）有满足施工需要的资金安排、施工图纸及技术资料；

（六）有保证工程质量和安全的具体措施。

建设行政主管部门应当自收到申请之日起七日内，对符合条件的申请颁发施工许可证。

第九条 建设单位应当自领取施工许可证之日起三个月内开工。因故不能按期开工的，应当向发证机关申请延期；延期以两次为限，每次不超过三个月。既不开工又不申请延期或者超过延期时限的，施工许可证自行废止。

第十条 在建的建筑工程因故中止施工的，建设单位应当自中止施工之日起一个月内，向发证机关报告，并按照规定做好建筑工程的维护管理工作。

建筑工程恢复施工时，应当向发证机关报告；中止施工满一年的工程恢复施工前，建设单位应当报发证机关核验施工许可证。

第十一条 按照国务院有关规定批准开工报告的建筑工程，因故不能按期开工或者中止施工的，应当及时向批准机关报告情况。因故不能按期开工超过六个月的，应当重新办理开工报告的批准手续。

第二节 从业资格

第十二条 从事建筑活动的建筑施工企业、勘察单位、设计单位和工程监理单位，应当具备下列条件：

（一）有符合国家规定的注册资本；

（二）有与其从事的建筑活动相适应的具有法定执业资格的专业技术人员；

（三）有从事相关建筑活动所应有的技术装备；

（四）法律、行政法规规定的其他条件。

第十三条 从事建筑活动的建筑施工企业、勘察单位、设计单位和工程监理单位，按照其拥有的注册资本、专业技术人员、技术装备和已完成的建筑工程业绩等资质条件，划分为不同的资质等级，经资质审查合格，取得相应等级的资质证书后，方可在其资质等级许可的范围内从事建筑活动。

第十四条 从事建筑活动的专业技术人员，应当依法取得相应的执业资格证书，并在执业资格证书许可的范围内从事建筑活动。

第三章 建筑工程发包与承包

第一节 一般规定

第十五条 建筑工程的发包单位与承包单位应当依法订立书面合同，明确双方的权利和义务。发包单位和承包单位应当全面履行合同约定的义务。不按照合同约定履行义务的，依法承担违约责任。

第十六条 建筑工程发包与承包的招标投标活动，应当遵循公开、公正、平等竞争的原则，择优选择承包单位。

建筑工程的招标投标，本法没有规定的，适用有关招标投标法律的规定。

第十七条 发包单位及其工作人员在建筑工程发包中不得收受贿赂、回扣或者索取其他好处。

承包单位及其工作人员不得利用向发包单位及其工作人员行贿、提供回扣或者给予其他好处等不正当手段承揽工程。

第十八条 建筑工程造价应当按照国家有关规定，由发包单位与承包单位在合同中约定。公开招标发包的，其造价的约定，须遵守招标投标法律的规定。

发包单位应当按照合同的约定，及时拨付工程款项。

第二节 发 包

第十九条 建筑工程依法实行招标发包，对不适于招标发包的可以直接发包。

第二十条 建筑工程实行公开招标的，发包单位应当依照法定程序和方式，发布招标公告，提供载有招标工程的主要技术要求、主要的合同条款、评标的标准和方法以及开标、评标、定标的程序等内容的招标文件。

开标应当在招标文件规定的时间、地点公开进行。开标后应当按照招标文件规定的评标标准和程序对标书进行评价、比较，在具备相应资质条件的投标者中，择优选定中标者。

第二十一条 建筑工程招标的开标、评标、定标由建设单位依法组织实施，并接受有关行政主管部门的监督。

第二十二条 建筑工程实行招标发包的，发包单位应当将建筑工程发包给依法中标的承包单位。建筑工程实行直接发包的，发包单位应当将建筑工程发包给具有相应资质条件的承包单位。

第二十三条 政府及其所属部门不得滥用行政权力，限定发包单位将招标发包的建筑工程发包给指定的承包单位。

第二十四条 提倡对建筑工程实行总承包，禁止将建筑工程肢解发包。

建筑工程的发包单位可以将建筑工程的勘察、设计、施工、设备采购一并发包给一个工程总承包单位，也可以将建筑工程勘察、设计、施工、设备采购的一项或者多项发包给一个工程总承包单位；但是，不得将应当由一个承包单位完成的建筑工程肢解成若干部分发包给几个承包单位。

第二十五条 按照合同约定，建筑材料、建筑构配件和设备由工程承包单位采购的，发包单位不得指定承包单位购入用于工程的建筑材料、建筑构配件和设备或者指定生产厂、供应商。

第三节 承 包

第二十六条 承包建筑工程的单位应当持有依法取得的资质证书，并在其资质等级许可的业务范围内承揽工程。

禁止建筑施工企业超越本企业资质等级许可的业务范围或者以任何形式用其他建筑施工企业的名义承揽工程。禁止建筑施工企业以任何形式允许其他单位或者个人使用本企业的资质证书、营业执照，以本企业的名义承揽工程。

第二十七条 大型建筑工程或者结构复杂的建筑工程，可以由两个以上的承包单位联合共同承包。共同承包的各方对承包合同的履行承担连带责任。

两个以上不同资质等级的单位实行联合共同承包的，应当按照资质等级低的单位的业务许可范围承揽工程。

第二十八条 禁止承包单位将其承包的全部建筑工程转包给他人，禁止承包单位将其承包的全部建筑工程肢解以后以分包的名义分别转包给他人。

第二十九条 建筑工程总承包单位可以将承包工程中的部分工程发包给具有相应资质条件的分包单位；但是，除总承包合同中约定的分包外，必须经建设单位认可。施工总承包的，建筑工程主体结构的施工必须由总承包单位自行完成。

建筑工程总承包单位按照总承包合同的约定对建设单位负责；分包单位按照分包合同的约定对总承包单位负责。总承包单位和分包单位就分包工程对建设单位承担连带责任。

禁止总承包单位将工程分包给不具备相应资质条件的单位。禁止分包单位将其承包的工程再分包。

第四章 建筑工程监理

第三十条 国家推行建筑工程监理制度。

国务院可以规定实行强制监理的建筑工程的范围。

第三十一条　实行监理的建筑工程，由建设单位委托具有相应资质条件的工程监理单位监理。建设单位与其委托的工程监理单位应当订立书面委托监理合同。

第三十二条　建筑工程监理应当依照法律、行政法规及有关的技术标准、设计文件和建筑工程承包合同，对承包单位在施工质量、建设工期和建设资金使用等方面，代表建设单位实施监督。

工程监理人员认为工程施工不符合工程设计要求、施工技术标准和合同约定的，有权要求建筑施工企业改正。

工程监理人员发现工程设计不符合建筑工程质量标准或者合同约定的质量要求的，应当报告建设单位要求设计单位改正。

第三十三条　实施建筑工程监理前，建设单位应当将委托的工程监理单位、监理的内容及监理权限，书面通知被监理的建筑施工企业。

第三十四条　工程监理单位应当在其资质等级许可的监理范围内，承担工程监理业务。

工程监理单位应当根据建设单位的委托，客观、公正地执行监理任务。

工程监理单位与被监理工程的承包单位以及建筑材料、建筑构配件和设备供应单位不得有隶属关系或者其他利害关系。

工程监理不得转让工程监理业务。

第三十五条　工程监理单位不按照委托监理合同的约定履行监理义务，对应当监督检查的项目不检查或者不按规定检查，给建设单位造成损失的，应当承担相应的赔偿责任。

工程监理单位与承包单位串通，为承包单位谋取非法利益，给建设单位造成损失的，应当与承包单位承担连带赔偿责任。

第五章　建筑安全生产管理

第三十六条　建筑工程安全生产管理必须坚持安全第一、预防为主的方针，建立健全安全生产的责任制度和群防群治制度。

第三十七条　建筑工程设计应当符合按照国家规定制定的建筑安全规程和技术规范，保证工程的安全性能。

第三十八条　建筑施工企业在编制施工组织设计时，应当根据建筑工程的特点制定相应的安全技术措施；对专业性较强的工程项目，应当编制专项安全施工组织设计，并采取安全技术措施。

第三十九条　建筑施工企业应当在施工现场采取维护安全、防范危险、预防火灾等措施；有条件的，应当对施工现场实行封闭管理。

施工现场对毗邻的建筑物、构筑物和特殊作业环境可能造成损害的，建筑施工企业应当采取安全防护措施。

第四十条　建设单位应当向建筑施工企业提供与施工现场相关的地下管线资料，建筑施工企业应当采取措施加以保护。

第四十一条　建筑施工企业应当遵守有关环境保护和安全生产的法律、法规的规定。采取控制和处理施工现场的各种粉尘、废气、废水、固体废物以及噪声、振动对环境的污染和危害的措施。

第四十二条　有下列情形之一的，建筑单位应当按照国家有关规定办理申请批准手续：

（一）需要临时占用规划批准范围以外场地的；

（二）可能损坏道路、管线、电力、邮电通讯等公共设施的；

（三）需要临时停水、停电、中断道路交通的；

（四）需要进行爆破作业的；

（五）法律、法规规定需要办理报批手续的其他情形。

第四十三条　建设行政主管部门负责建筑安全生产的管理，并依法接受劳动行政主管部门对建筑安全生产的指导和监督。

第四十四条　建筑施工企业必须依法加强对建筑安全生产的管理，执行安全生产责任制度，采取有效措施，防止伤亡和其他安全生产事故的发生。

建筑施工企业的法定代表人对本企业的安全生产负责。

第四十五条　施工现场安全由建筑施工企业负责。实行施工总承包的，由总承包单位负责。分包单位向总承包单位负责，服从总承包单位对施工现场的安全生产管理。

第四十六条　建筑施工企业应当建立健全劳动安全生产教育培训制度，加强对职工安全生产的教育培训；未经安全生产教育培训的人员，不得上岗作业。

第四十七条　建筑施工企业和作业人员在施工过程中，应当遵守有关安全生产的法律、法规和建筑行业安全规章、规程，不得违章指挥或者违章作业。作业人员有权对影响人身健康的作业程序和作业条件提出改进意见，有权获得安全生产所需的防护用品。作业人员对危及生命安全和人身健康的行为有权提出批评、检举和控告。

第四十八条　建筑施工企业应当依法为职工参加工伤保险缴纳工伤保险费。鼓励企业为从事危险作业的职工办理意外伤害保险，支付保险费。

第四十九条　涉及建筑主体和承重结构变动的装修工程，建设单位应当在施工前委托原设计单位或者具有相应资质条件的设计单位提出设计方案；没有设计方案的，不得施工。

第五十条　房屋拆除应当由具备保证安全条件的建筑施工单位承担，由建筑施工单位负责人对安全负责。

第五十一条　施工中发生事故时，建筑施工企业应当采取紧急措施减少人员伤亡和事故损失，并按照国家有关规定及时向有关部门报告。

第六章　建筑工程质量管理

第五十二条　建筑工程勘察、设计、施工的质量必须符合国家有关建筑工程安全标准的要求，具体管理办法由国务院规定。

有关建筑工程安全的国家标准不能适应确保建筑安全的要求时，应当及时修订。

第五十三条　国家对从事建筑活动的单位推行质量体系认证制度。从事建筑活动的单位根据自愿原则可以向国务院产品质量监督管理部门或者国务院产品质量监督管理部门授权的部门认可的认证机构申请质量体系认证。经认证合格的，由认证机构颁发质量体系认证证书。

第五十四条　建设单位不得以任何理由，要求建筑设计单位或者建筑施工企业在工程设计或者施工作业中，违反法律、行政法规和建筑工程质量、安全标准，降低工程质量。

建筑设计单位和建筑施工企业对建设单位违反前款规定提出的降低工程质量的要求，应当予以拒绝。

第五十五条　建筑工程实行总承包的，工程质量由工程总承包单位负责，总承包单位将建筑工程分包给其他单位的，应当对分包工程的质量与分包单位承担连带责任。分包单位应当接受总承包单位的质量管理。

第五十六条 建筑工程的勘察、设计单位必须对其勘察、设计的质量负责。勘察、设计文件应当符合有关法律、行政法规的规定和建筑工程质量、安全标准、建筑工程勘察、设计技术规范以及合同的约定。设计文件选用的建筑材料、建筑构配件和设备，应当注明其规格、型号、性能等技术指标，其质量要求必须符合国家规定的标准。

第五十七条 建筑设计单位对设计文件选用的建筑材料、建筑构配件和设备，不得指定生产厂、供应商。

第五十八条 建筑施工企业对工程的施工质量负责。

建筑施工企业必须按照工程设计图纸和施工技术标准施工，不得偷工减料。工程设计的修改由原设计单位负责，建筑施工企业不得擅自修改工程设计。

第五十九条 建筑施工企业必须按照工程设计要求、施工技术标准和合同的约定，对建筑材料、建筑构配件和设备进行检验，不合格的不得使用。

第六十条 建筑物在合理使用寿命内，必须确保地基基础工程和主体结构的质量。

建筑工程竣工时，屋顶、墙面不得留有渗漏、开裂等质量缺陷；对已发现的质量缺陷，建筑施工企业应当修复。

第六十一条 支付竣工验收的建筑工程，必须符合规定的建筑工程质量标准，有完整的工程技术经济资料和经签署的工程保修书，并具备国家规定的其他竣工条件。

建筑工程竣工经验收合格后，方可交付使用；未经验收或者验收不合格的，不得交付使用。

第六十二条 建筑工程实行质量保修制度。

建筑工程的保修范围应当包括地基基础工程、主体结构工程、屋面防水工程和其他土建工程，以及电气管线、上下水管线的安装工程，供热、供冷系统工程等项目；保修的期限应当按照保证建筑物合理寿命年限内正常使用，维护使用者合法权益的原则确定。具体的保修范围和最低保修期限由国务院规定。

第六十三条 任何单位和个人对建筑工程的质量事故、质量缺陷都有权向建设行政主管部门或者其他有关部门进行检举、控告、投诉。

第七章 法律责任

第六十四条 违反本法规定，未取得施工许可证或者开工报告未经批准擅自施工的，责令改正，对不符合开工条件的责令停止施工，可以处以罚款。

第六十五条 发包单位将工程发包给不具有相应资质条件的承包单位的，或者违反本法规定将建筑工程肢解发包的，责令改正，处以罚款。

超越本单位资质等级承揽工程的，责令停止违法行为，处以罚款，可以责令停业整顿，降低资质等级；情节严重的，吊销资质证书；有违法所得的，予以没收。

未取得资质证书承揽工程的，予以取缔，并处罚款；有违法所得的，予以没收。

以欺骗手段取得资质证书的，吊销资质证书，处以罚款；构成犯罪的，依法追究刑事责任。

第六十六条 建筑施工企业转让、出借资质证书或者以其他方式允许他人以本企业的名义承揽工程的，责令改正，没收违法所得，并处罚款，可以责令停业整顿，降低资质等级；情节严重的，吊销资质证书。对因该项承揽工程不符合规定的质量标准造成的损失，建筑施工企业与使用本企业名义的单位或者个人承担连带赔偿责任。

第六十七条 承包单位将承包的工程转包的，或者违反本法规定进行分包的，责令改正，没收违法所得，并处罚款，可以责令停业整顿，降低资质等级；情节严重的，吊销资质证书。

承包单位有前款规定的违法行为的，对因转包工程或者违法分包的工程不符合规定的质量标准造成的损失，与接受转包或者分包的单位承担连带赔偿责任。

第六十八条　在工程发包与承包中索贿、受贿、行贿，构成犯罪的，依法追究刑事责任；不构成犯罪的，分别处以罚款，没收贿赂的财物，对直接负责的主管人员和其他直接责任人员给予处分。

对在工程承包中行贿的承包单位，除依照前款规定处罚外，可以责令停业整顿，降低资质等级或者吊销资质证书。

第六十九条　工程监理单位与建设单位或者建筑施工企业串通，弄虚作假、降低工程质量的，责令改正，处以罚款，降低资质等级或者吊销资质证书；有违法所得的，予以没收；造成损失的，承担连带赔偿责任；构成犯罪的，依法追究刑事责任。

工程监理单位转让监理业务的，责令改正，没收违法所得，可以责令停业整顿，降低资质等级；情节严重的，吊销资质证书。

第七十条　违反本法规定，涉及建筑主体或者承重结构变动的装修工程擅自施工的，责令改正，处以罚款；造成损失的，承担赔偿责任；构成犯罪的，依法追究刑事责任。

第七十一条　建筑施工企业违反本法规定，对建筑安全事故隐患不采取措施予以消除的，责令改正，可以处以罚款；情节严重的，责令停业整顿，降低资质等级或者吊销资质证书；构成犯罪的，依法追究刑事责任。

建筑施工企业的管理人员违章指挥、强令职工冒险作业，因而发生重大伤亡事故或者造成其他严重后果的，依法追究刑事责任。

第七十二条　建设单位违反本法规定，要求建筑设计单位或者建筑施工企业违反建筑工程质量、安全标准，降低工程质量的，责令改正，可以处以罚款；构成犯罪的，依法追究刑事责任。

第七十三条　建筑设计单位不按照建筑工程质量、安全标准进行设计的，责令改正，处以罚款；造成工程质量事故的，责令停业整顿，降低资质等级或者吊销资质证书，没收违法所得，并处罚款；造成损失的，承担赔偿责任；构成犯罪的，依法追究刑事责任。

第七十四条　建筑施工企业在施工中偷工减料的，使用不合格的建筑材料、建筑构配件和设备的，或者有其他不按照工程设计图纸或者施工技术标准施工的行为的，责令改正，处以罚款；情节严重的，责令停业整顿，降低资质等级或者吊销资质证书；造成建筑工程质量不符合规定的质量标准的，负责返工、修理，并赔偿因此造成的损失；构成犯罪的，依法追究刑事责任。

第七十五条　建筑施工企业违反本法规定，不履行保修义务或者拖延履行保修义务的，责令改正，可以处以罚款，并对在保修期内因屋顶、墙面渗漏、开裂等质量缺陷造成的损失，承担赔偿责任。

第七十六条　本法规定的责令停业整顿、降低资质等级和吊销资质证书的行政处罚，由颁发资质证书的机关决定；其他行政处罚，由建设行政主管部门或者有关部门依照法律和国务院规定的职权范围决定。

依照本法规定被吊销资质证书的，由工商行政管理部门吊销其营业执照。

第七十七条　违反本法规定，对不具备相应资质等级条件的单位颁发该等级资质证书的，由其上级机关责令收回所发的资质证书，对直接负责的主管人员和其他直接责任人员给予行政处分；构成犯罪的，依法追究刑事责任。

第七十八条　政府及其所属部门的工作人员违反本法规定，限定发包单位将招标发包的工程发包给指定的承包单位的，由上级机关责令改正；构成犯罪的，依法追究刑事责任。

第七十九条 负责颁发建筑工程施工许可证的部门及其工作人员对不符合施工条件的建筑工程颁发施工许可证的，负责工程质量监督检查或者竣工验收的部门及其工作人员对不合格的建筑工程出具质量合格文件或者按合格工程验收的，由上级机关责令改正，对责任人员给予行政处分；构成犯罪的，依法追究刑事责任；造成损失的，由该部门承担相应的赔偿责任。

第八十条 在建筑物的合理使用寿命内。因建筑工程质量不合格受到损害的，有权向责任者要求赔偿。

第八章 附 则

第八十一条 本法关于施工许可、建筑施工企业资质审查和建筑工程发包、承包、禁止转包，以及建筑工程监理、建筑工程安全和质量管理的规定，适用于其他专业建筑工程的建筑活动，具体办法由国务院规定。

第八十二条 建设行政主管部门和其他有关部门在对建筑活动实施监督管理中，除按照国务院有关规定收取费用外，不得收取其他费用。

第八十三条 省、自治区、直辖市人民政府确定的小型房屋建筑工程的建筑活动，参照本法执行。

依法核定作为文物保护的纪念建筑物和古建筑等的修缮，依照文物保护的有关法律规定执行。

抢险救灾及其他临时性房屋建筑和农民自建低层住宅的建筑活动，不适用本法。

第八十四条 军用房屋建筑工程建筑活动的具体管理办法，由国务院、中央军事委员会依据本法制定。

第八十五条 本法自 1998 年 3 月 1 日起施行。

城市道路管理条例

第一章　总　则

第一条　为了加强城市道路管理，保障城市道路完好，充分发挥城市道路功能，促进城市经济和社会发展，制定本条例。

第二条　本条例所称城市道路，是指城市供车辆、行人通行的，具备一定技术条件的道路、桥梁及其附属设施。

第三条　本条例适用于城市道路规划、建设、养护、维修和路政管理。

第四条　城市道路管理实行统一规划、配套建设、协调发展和建设、养护、管理并重的原则。

第五条　国家鼓励和支持城市道路科学技术研究，推广先进技术，提高城市道路管理的科学技术水平。

第六条　国务院建设行政主管部门主管全国城市道路管理工作。

省、自治区人民政府城市建设行政主管部门主管本行政区域内的城市道路管理工作。

县级以上城市人民政府市政工程行政主管部门主管本行政区域内的城市道路管理工作。

第二章　规划和建设

第七条　县级以上城市人民政府应当组织市政工程、城市规划、公安交通等部门，根据城市总体规划编制城市道路发展规划。

市政工程行政主管部门应当根据城市道路发展规划，制定城市道路年度建设计划，经城市人民政府批准后实施。

第八条　城市道路建设资金可以按照国家有关规定，采取政府投资、集资、国内外贷款、国有土地有偿使用收入、发行债券等多种渠道筹集。

第九条　城市道路的建设应当符合城市道路技术规范。

第十条　政府投资建设城市道路的，应当根据城市道路发展规划和年度建设计划，由市政工程行政主管部门组织建设。

单位投资建设城市道路的，应当符合城市道路发展规划。

城市住宅小区、开发区内的道路建设，应当分别纳入住宅小区、开发区的开发建设计划配套建设。

第十一条　国家鼓励国内外企业和其他组织以及个人按照城市道路发展规划，投资建设城市道路。

第十二条　城市供水、排水、燃气、热力、供电、通信、消防等依附于城市道路的各种管线、杆线等设施的建设计划，应当与城市道路发展规划和年度建设计划相协调，坚持先地下、后地上的施工原则，与城市道路同步建设。

第十三条　新建的城市道路与铁路干线相交的，应当根据需要在城市规划中预留立体交通设施的建设位置。

城市道路与铁路相交的道口建设应当符合国家有关技术规范，并根据需要逐步建设立体交通设施。建设立体交通设施所需投资，按照国家规定由有关部门协商确定。

第十四条 建设跨越江河的桥梁和隧道，应当符合国家规定的防洪、通航标准和其他有关技术规范。

第十五条 县级以上城市人民政府应当有计划地按照城市道路技术规范改建、拓宽城市道路和公路的结合部，公路行政主管部门可以按照国家有关规定在资金上给予补助。

第十六条 承担城市道路设计、施工的单位，应当具有相应的资质等级，并按照资质等级承担相应的城市道路的设计、施工任务。

第十七条 城市道路的设计、施工，应当严格执行国家和地方规定的城市道路设计、施工的技术规范。

城市道路施工，实行工程质量监督制度。

城市道路工程竣工，经验收合格后，方可交付使用；未经验收或者验收不合格的，不得交付使用。

第十八条 城市道路实行工程质量保修制度。城市道路的保修期为 1 年，自交付使用之日起计算。保修期内出现工程质量问题，由有关责任单位负责保修。

第十九条 市政工程行政主管部门对利用贷款或者集资建设的大型桥梁、隧道等，可以在一定期限内向过往车辆（军用车辆除外）收取通行费，用于偿还贷款或者集资款，不得挪作他用。

收取通行费的范围和期限，由省、自治区、直辖市人民政府规定。

第三章 养护和维修

第二十条 市政工程行政主管部门对其组织建设和管理的城市道路，按照城市道路的等级、数量及养护和维修的定额，逐年核定养护、维修经费，统一安排养护、维修资金。

第二十一条 承担城市道路养护、维修的单位，应当严格执行城市道路养护、维修的技术规范，定期对城市道路进行养护、维修，确保养护、维修工程的质量。

市政工程行政主管部门负责对养护、维修工程的质量进行监督检查，保障城市道路完好。

第二十二条 市政工程行政主管部门组织建设和管理的道路，由其委托的城市道路养护、维修单位负责养护、维修。单位投资建设和管理的道路，由投资建设的单位或者其委托的单位负责养护、维修。城市住宅小区、开发区内的道路，由建设单位或者其委托的单位负责养护、维修。

第二十三条 设在城市道路上的各类管线的检查井、箱盖或者城市道路附属设施，应当符合城市道路养护规范。因缺损影响交通和安全时，有关产权单位应当及时补缺或者修复。

第二十四条 城市道路的养护、维修工程应当按照规定的期限修复竣工，并在养护、维修工程施工现场设置明显标志和安全防围设施，保障行人和交通车辆安全。

第二十五条 城市道路养护、维修的专用车辆应当使用统一标志；执行任务时，在保证交通安全畅通的情况下，不受行驶路线和行驶方向的限制。

第四章 路政管理

第二十六条 市政工程行政主管部门执行路政管理的人员执行公务，应当按照有关规定佩戴标志，持证上岗。

第二十七条　城市道路范围内禁止下列行为：

（一）擅自占用或者挖掘城市道路；

（二）履带车、铁轮车或者超重、超高、超长车辆擅自在城市道路上行驶；

（三）机动车在桥梁或者非指定的城市道路上试刹车；

（四）擅自在城市道路上建设建筑物、构筑物；

（五）在桥梁上架设压力在4公斤/平方厘米（0.4兆帕）以上的煤气管道、10千伏以上的高压电力线和其他易燃易爆管线；

（六）擅自在桥梁或者路灯设施上设置广告牌或者其他挂浮物；

（七）其他损害、侵占城市道路的行为。

第二十八条　履带车、铁轮车或者超重、超高、超长车辆需要在城市道路上行驶的，事先须征得市政工程行政主管部门同意，并按照公安交通管理部门指定的时间、路线行驶。

军用车辆执行任务需要在城市道路上行驶的，可以不受前款限制，但是应当按照规定采取安全保护措施。

第二十九条　依附于城市道路建设各种管线、杆线等设施的，应当经市政工程行政主管部门批准，方可建设。

第三十条　未经市政工程行政主管部门和公安交通管理部门批准，任何单位或者个人不得占用或者挖掘城市道路。

第三十一条　因特殊情况需要临时占用城市道路的，须经市政工程行政主管部门和公安交通管理部门批准，方可按照规定占用。

经批准临时占用城市道路的，不得损坏城市道路；占用期满后，应当及时清理占用现场，恢复城市道路原状；损坏城市道路的，应当修复或者给予赔偿。

第三十二条　城市人民政府应当严格控制占用城市道路作为集贸市场。

第三十三条　因工程建设需要挖掘城市道路的，应当提交城市规划部门批准签发的文件和有关设计文件，经市政工程行政主管部门和公安交通管理部门批准，方可按照规定挖掘。

新建、扩建、改建的城市道路交付使用后5年内、大修的城市道路竣工后3年内不得挖掘；因特殊情况需要挖掘的，须经县级以上城市人民政府批准。

第三十四条　埋设在城市道路下的管线发生故障需要紧急抢修的，可以先行破路抢修，并同时通知市政工程行政主管部门和公安交通管理部门，在24小时内按照规定补办批准手续。

第三十五条　经批准挖掘城市道路的，应当在施工现场设置明显标志和安全防围设施；竣工后，应当及时清理现场，通知市政工程行政主管部门检查验收。

第三十六条　经批准占用或者挖掘城市道路的，应当按照批准的位置、面积、期限占用或者挖掘。需要移动位置、扩大面积、延长时间的，应当提前办理变更审批手续。

第三十七条　占用或者挖掘由市政工程行政主管部门管理的城市道路的，应当向市政工程行政主管部门交纳城市道路占用费或者城市道路挖掘修复费。

城市道路占用费的收费标准，由省、自治区人民政府的建设行政主管部门、直辖市人民政府的市政工程行政主管部门拟订，报同级财政、物价主管部门核定；城市道路挖掘修复费的收费标准，由省、自治区人民政府的建设行政主管部门、直辖市人民政府的市政工程行政主管部门制定，报同级财政、物价主管部门备案。

第三十八条　根据城市建设或者其他特殊需要，市政工程行政主管部门可以对临时占用城市道路的单位或者个人决定缩小占用面积、缩短占用时间或者停止占用，并根据具体情况退还部分城市道路占用费。

第五章 罚 则

第三十九条 违反本条例的规定，有下列行为之一的，由市政工程行政主管部门责令停止设计、施工，限期改正，可以并处 3 万元以下的罚款；已经取得设计、施工资格证书，情节严重的，提请原发证机关吊销设计、施工资格证书：

（一）未取得设计、施工资格或者未按照资质等级承担城市道路的设计、施工任务的；

（二）未按照城市道路设计、施工技术规范设计、施工的；

（三）未按照设计图纸施工或者擅自修改图纸的。

第四十条 违反本条例第十七条规定，擅自使用未经验收或者验收不合格的城市道路的，由市政工程行政主管部门责令限期改正，给予警告，可以并处工程造价 2%以下的罚款。

第四十一条 承担城市道路养护、维修的单位违反本条例的规定，未定期对城市道路进行养护、维修或者未按照规定的期限修复竣工，并拒绝接受市政工程行政主管部门监督、检查的，由市政工程行政主管部门责令限期改正，给予警告；对负有直接责任的主管人员和其他直接责任人员，依法给予行政处分。

第四十二条 违反本条例第二十七条规定，或者有下列行为之一的，由市政工程行政主管部门或者其他有关部门责令限期改正，可以处以 2 万元以下的罚款；造成损失的，应当依法承担赔偿责任：

（一）未对设在城市道路上的各种管线的检查井、箱盖或者城市道路附属设施的缺损及时补缺或者修复的；

（二）未在城市道路施工现场设置明显标志和安全防围设施的；

（三）占用城市道路期满或者挖掘城市道路后，不及时清理现场的；

（四）依附于城市道路建设各种管线、杆线等设施，不按照规定办理批准手续的；

（五）紧急抢修埋设在城市道路下的管线，不按照规定补办批准手续的；

（六）未按照批准的位置、面积、期限占用或者挖掘城市道路，或者需要移动位置、扩大面积、延长时间，未提前办理变更审批手续的。

第四十三条 违反本条例，构成犯罪的，由司法机关依法追究刑事责任；尚不构成犯罪，应当给予治安管理处罚的，依照治安管理处罚法的规定给予处罚。

第四十四条 市政工程行政主管部门人员玩忽职守、滥用职权、徇私舞弊，构成犯罪的，依法追究刑事责任；尚不构成犯罪的，依法给予行政处分。

第六章 附 则

第四十五条 本条例自 1996 年 10 月 1 日起施行。

建设工程质量管理条例

第一章 总 则

第一条 为了加强对建设工程质量的管理，保证建设工程质量，保护人民生命和财产安全，根据《中华人民共和国建筑法》，制定本条例。

第二条 凡在中华人民共和国境内从事建设工程的新建、扩建、改建等有关活动及实施对建设工程质量监督管理的，必须遵守本条例。

本条例所称建设工程，是指土木工程、建筑工程、线路管道和设备安装工程及装修工程。

第三条 建设单位、勘察单位、设计单位、施工单位、工程监理单位依法对建设工程质量负责。

第四条 县级以上人民政府建设行政主管部门和其他有关部门应当加强对建设工程质量的监督管理。

第五条 从事建设工程活动，必须严格执行基本建设程序，坚持先勘察、后设计、再施工的原则。

县级以上人民政府及其有关部门不得超越权限审批建设项目或者擅自简化基本建设程序。

第六条 国家鼓励采用先进的科学技术和管理方法，提高建设工程质量。

第二章 建设单位的质量责任和义务

第七条 建设单位应当将工程发包给具有相应资质等级的单位。

建设单位不得将建设工程肢解发包。

第八条 建设单位应当依法对工程建设项目的勘察、设计、施工、监理以及与工程建设有关的重要设备、材料等的采购进行招标。

第九条 建设单位必须向有关的勘察、设计、施工、工程监理等单位提供与建设工程有关的原始资料。

原始资料必须真实、准确、齐全。

第十条 建设工程发包单位，不得迫使承包方以低于成本的价格竞标，不得任意压缩合理工期。

建设单位不得明示或者暗示设计单位或者施工单位违反工程建设强制性标准，降低建设工程质量。

第十一条 施工图设计文件审查的具体办法，由国务院建设行政主管部门、国务院其他有关部门制定。

施工图设计文件未经审查批准的，不得使用。

第十二条 实行监理的建设工程，建设单位应当委托具有相应资质等级的工程监理单位进行监理，也可以委托具有工程监理相应资质等级并与被监理工程的施工承包单位没有隶属关系或者其他利害关系的该工程的设计单位进行监理。

下列建设工程必须实行监理：

（一）国家重点建设工程；
（二）大中型公用事业工程；
（三）成片开发建设的住宅小区工程；
（四）利用外国政府或者国际组织贷款、援助资金的工程；
（五）国家规定必须实行监理的其他工程。

第十三条 建设单位在开工前，应当按照国家有关规定办理工程质量监督手续，工程质量监督手续可以与施工许可证或者开工报告合并办理。

第十四条 按照合同约定，由建设单位采购建筑材料、建筑构配件和设备的，建设单位应当保证建筑材料、建筑构配件和设备符合设计文件和合同要求。

建设单位不得明示或者暗示施工单位使用不合格的建筑材料、建筑构配件和设备。

第十五条 涉及建筑主体和承重结构变动的装修工程，建设单位应当在施工前委托原设计单位或者具有相应资质等级的设计单位提出设计方案；没有设计方案的，不得施工。

房屋建筑使用者在装修过程中，不得擅自变动房屋建筑主体和承重结构。

第十六条 建设单位收到建设工程竣工报告后，应当组织设计、施工、工程监理等有关单位进行竣工验收。

建设工程竣工验收应当具备下列条件：
（一）完成建设工程设计和合同约定的各项内容；
（二）有完整的技术档案和施工管理资料；
（三）有工程使用的主要建筑材料、建筑构配件和设备的进场试验报告；
（四）有勘察、设计、施工、工程监理等单位分别签署的质量合格文件；
（五）有施工单位签署的工程保修书。

建设工程经验收合格的，方可交付使用。

第十七条 建设单位应当严格按照国家有关档案管理的规定，及时收集、整理建设项目各环节的文件资料，建立、健全建设项目档案，并在建设工程竣工验收后，及时向建设行政主管部门或者其他有关部门移交建设项目档案。

第三章 勘察、设计单位的质量责任和义务

第十八条 从事建设工程勘察、设计的单位应当依法取得相应等级的资质证书，并在其资质等级许可的范围内承揽工程。

禁止勘察、设计单位超越其资质等级许可的范围或者以其他勘察、设计单位的名义承揽工程。禁止勘察、设计单位允许其他单位或者个人以本单位的名义承揽工程。

勘察、设计单位不得转包或者违法分包所承揽的工程。

第十九条 勘察、设计单位必须按照工程建设强制性标准进行勘察、设计，并对其勘察、设计的质量负责。

注册建筑师、注册结构工程师等注册执业人员应当在设计文件上签字，对设计文件负责。

第二十条 勘察单位提供的地质、测量、水文等勘察成果必须真实、准确。

第二十一条 设计单位应当根据勘察成果文件进行建设工程设计。

设计文件应当符合国家规定的设计深度要求，注明工程合理使用年限。

第二十二条 设计单位在设计文件中选用的建筑材料、建筑构配件和设备，应当注明规格、型

号、性能等技术指标，其质量要求必须符合国家规定的标准。

除有特殊要求的建筑材料、专用设备、工艺生产线等外，设计单位不得指定生产厂、供应商。

第二十三条　设计单位应当就审查合格的施工图设计文件向施工单位作出详细说明。

第二十四条　设计单位应当参与建设工程质量事故分析，并对因设计造成的质量事故，提出相应的技术处理方案。

第四章　施工单位的质量责任和义务

第二十五条　施工单位应当依法取得相应等级的资质证书，并在其资质等级许可的范围内承揽工程。

禁止施工单位超越本单位资质等级许可的业务范围或者以其他施工单位的名义承揽工程。禁止施工单位允许其他单位或者个人以本单位的名义承揽工程。

施工单位不得转包或者违法分包工程。

第二十六条　施工单位对建设工程的施工质量负责。

施工单位应当建立质量责任制，确定工程项目的项目经理、技术负责人和施工管理负责人。

建设工程实行总承包的，总承包单位应当对全部建设工程质量负责；建设工程勘察、设计、施工、设备采购的一项或者多项实行总承包的，总承包单位应当对其承包的建设工程或者采购的设备的质量负责。

第二十七条　总承包单位依法将建设工程分包给其他单位的，分包单位应当按照分包合同的约定对其分包工程的质量向总承包单位负责，总承包单位与分包单位对分包工程的质量承担连带责任。

第二十八条　施工单位必须按照工程设计图纸和施工技术标准施工，不得擅自修改工程设计，不得偷工减料。

施工单位在施工过程中发现设计文件和图纸有差错的，应当及时提出意见和建议。

第二十九条　施工单位必须按照工程设计要求、施工技术标准和合同约定，对建筑材料、建筑构配件、设备和商品混凝土进行检验，检验应当有书面记录和专人签字；未经检验或者检验不合格的，不得使用。

第三十条　施工单位必须建立、健全施工质量的检验制度，严格工序管理，作好隐蔽工程的质量检查和记录。隐蔽工程在隐蔽前，施工单位应当通知建设单位和建设工程质量监督机构。

第三十一条　施工人员对涉及结构安全的试块、试件以及有关材料，应当在建设单位或者工程监理单位监督下现场取样，并送具有相应资质等级的质量检测单位进行检测。

第三十二条　施工单位对施工中出现质量问题的建设工程或者竣工验收不合格的建设工程，应当负责返修。

第三十三条　施工单位应当建立、健全教育培训制度，加强对职工的教育培训；未经教育培训或者考核不合格的人员，不得上岗作业。

第五章　工程监理单位的质量责任和义务

第三十四条　工程监理单位应当依法取得相应等级的资质证书，并在其资质等级许可的范围内承担工程监理业务。

禁止工程监理单位超越本单位资质等级许可的范围或者以其他工程监理单位的名义承担工程监理业务。禁止工程监理单位允许其他单位或者个人以本单位的名义承担工程监理业务。

工程监理单位不得转让工程监理业务。

第三十五条 工程监理单位与被监理工程的施工承包单位以及建筑材料、建筑构配件和设备供应单位有隶属关系或者其他利害关系的，不得承担该项建设工程的监理业务。

第三十六条 工程监理单位应当依照法律、法规以及有关技术标准、设计文件和建设工程承包合同，代表建设单位对施工质量实施监理，并对施工质量承担监理责任。

第三十七条 工程监理单位应当选派具备相应资格的总监理工程师和监理工程师进驻施工现场。

未经监理工程师签字，建筑材料、建筑构配件和设备不得在工程上使用或者安装，施工单位不得进行下一道工序的施工。未经总监理工程师签字，建设单位不拨付工程款，不进行竣工验收。

第三十八条 监理工程师应当按照工程监理规范的要求，采取旁站、巡视和平行检验等形式，对建设工程实施监理。

第六章 建设工程质量保修

第三十九条 建设工程实行质量保修制度。

建设工程承包单位在向建设单位提交工程竣工验收报告时，应当向建设单位出具质量保修书。质量保修书中应当明确建设工程的保修范围、保修期限和保修责任等。

第四十条 在正常使用条件下，建设工程的最低保修期限为：

（一）基础设施工程、房屋建筑的地基基础工程和主体结构工程，为设计文件规定的该工程的合理使用年限；

（二）屋面防水工程、有防水要求的卫生间、房间和外墙面的防渗漏，为5年；

（三）供热与供冷系统，为2个采暖期、供冷期；

（四）电气管线、给排水管道、设备安装和装修工程，为2年。

其他项目的保修期限由发包方与承包方约定。

建设工程的保修期，自竣工验收合格之日起计算。

第四十一条 建设工程在保修范围和保修期限内发生质量问题的，施工单位应当履行保修义务，并对造成的损失承担赔偿责任。

第四十二条 建设工程在超过合理使用年限后需要继续使用的，产权所有人应当委托具有相应资质等级的勘察、设计单位鉴定，并根据鉴定结果采取加固、维修等措施，重新界定使用期。

第七章 监督管理

第四十三条 国家实行建设工程质量监督管理制度。

国务院建设行政主管部门对全国的建设工程质量实施统一监督管理。国务院铁路、交通、水利等有关部门按照国务院规定的职责分工，负责对全国的有关专业建设工程质量的监督管理。

县级以上地方人民政府建设行政主管部门对本行政区域内的建设工程质量实施监督管理。县级以上地方人民政府交通、水利等有关部门在各自的职责范围内，负责对本行政区域内的专业建设工程质量的监督管理。

第四十四条 国务院建设行政主管部门和国务院铁路、交通、水利等有关部门应当加强对有关建设工程质量的法律、法规和强制性标准执行情况的监督检查。

第四十五条 国务院发展计划部门按照国务院规定的职责，组织稽察特派员，对国家出资的重大建设项目实施监督检查。

国务院经济贸易主管部门按照国务院规定的职责，对国家重大技术改造项目实施监督检查。

第四十六条 建设工程质量监督管理，可以由建设行政主管部门或者其他有关部门委托的建设工程质量监督机构具体实施。

从事房屋建筑工程和市政基础设施工程质量监督的机构，必须按照国家有关规定经国务院建设行政主管部门或者省、自治区、直辖市人民政府建设行政主管部门考核；从事专业建设工程质量监督的机构，必须按照国家有关规定经国务院有关部门或者省、自治区、直辖市人民政府有关部门考核。经考核合格后，方可实施质量监督。

第四十七条 县级以上地方人民政府建设行政主管部门和其他有关部门应当加强对有关建设工程质量的法律、法规和强制性标准执行情况的监督检查。

第四十八条 县级以上人民政府建设行政主管部门和其他有关部门履行监督检查职责时，有权采取下列措施：

（一）要求被检查的单位提供有关工程质量的文件和资料；

（二）进入被检查单位的施工现场进行检查；

（三）发现有影响工程质量的问题时，责令改正。

第四十九条 建设单位应当自建设工程竣工验收合格之日起15日内，将建设工程竣工验收报告和规划、公安消防、环保等部门出具的认可文件或者准许使用文件报建设行政主管部门或者其他有关部门备案。

建设行政主管部门或者其他有关部门发现建设单位在竣工验收过程中有违反国家有关建设工程质量管理规定行为的，责令停止使用，重新组织竣工验收。

第五十条 有关单位和个人对县级以上人民政府建设行政主管部门和其他有关部门进行的监督检查应当支持与配合，不得拒绝或者阻碍建设工程质量监督检查人员依法执行职务。

第五十一条 供水、供电、供气、公安消防等部门或者单位不得明示或者暗示建设单位、施工单位购买其指定的生产供应单位的建筑材料、建筑构配件和设备。

第五十二条 建设工程发生质量事故，有关单位应当在24小时内向当地建设行政主管部门和其他有关部门报告。对重大质量事故，事故发生地的建设行政主管部门和其他有关部门应当按照事故类别和等级向当地人民政府和上级建设行政主管部门和其他有关部门报告。

特别重大质量事故的调查程序按照国务院有关规定办理。

第五十三条 任何单位和个人对建设工程的质量事故、质量缺陷都有权检举、控告、投诉。

第八章 罚 则

第五十四条 违反本条例规定，建设单位将建设工程发包给不具有相应资质等级的勘察、设计、施工单位或者委托给不具有相应资质等级的工程监理单位的，责令改正，处50万元以上100万元以下的罚款。

第五十五条 违反本条例规定，建设单位将建设工程肢解发包的，责令改正，处工程合同价款0.5%以上1%以下的罚款；对全部或者部分使用国有资金的项目，并可以暂停项目执行或者暂停资金拨付。

第五十六条 违反本条例规定，建设单位有下列行为之一的，责令改正，处20万元以上50万元以下的罚款：

（一）迫使承包方以低于成本的价格竞标的；

（二）任意压缩合理工期的；

（三）明示或者暗示设计单位或者施工单位违反工程建设强制性标准，降低工程质量的；

（四）施工图设计文件未经审查或者审查不合格，擅自施工的；

（五）建设项目必须实行工程监理而未实行工程监理的；

（六）未按照国家规定办理工程质量监督手续的；

（七）明示或者暗示施工单位使用不合格的建筑材料、建筑构配件和设备的；

（八）未按照国家规定将竣工验收报告、有关认可文件或者准许使用文件报送备案的。

第五十七条 违反本条例规定，建设单位未取得施工许可证或者开工报告未经批准，擅自施工的，责令停止施工，限期改正，处工程合同价款1%以上2%以下的罚款。

第五十八条 违反本条例规定，建设单位有下列行为之一的，责令改正，处工程合同价款2%以上4%以下的罚款；造成损失的，依法承担赔偿责任；

（一）未组织竣工验收，擅自交付使用的；

（二）验收不合格，擅自交付使用的；

（三）对不合格的建设工程按照合格工程验收的。

第五十九条 违反本条例规定，建设工程竣工验收后，建设单位未向建设行政主管部门或者其他有关部门移交建设项目档案的，责令改正，处1万元以上10万元以下的罚款。

第六十条 违反本条例规定，勘察、设计、施工、工程监理单位超越本单位资质等级承揽工程的，责令停止违法行为，对勘察、设计单位或者工程监理单位处合同约定的勘察费、设计费或者监理酬金1倍以上2倍以下的罚款；对施工单位处工程合同价款2%以上4%以下的罚款，可以责令停业整顿，降低资质等级；情节严重的，吊销资质证书；有违法所得的，予以没收。

未取得资质证书承揽工程的，予以取缔，依照前款规定处以罚款；有违法所得的，予以没收。

以欺骗手段取得资质证书承揽工程的，吊销资质证书，依照本条第一款规定处以罚款；有违法所得的，予以没收。

第六十一条 违反本条例规定，勘察、设计、施工、工程监理单位允许其他单位或者个人以本单位名义承揽工程的，责令改正，没收违法所得，对勘察、设计单位和工程监理单位处合同约定的勘察费、设计费和监理酬金1倍以上2倍以下的罚款；对施工单位处工程合同价款2%以上4%以下的罚款；可以责令停业整顿，降低资质等级；情节严重的，吊销资质证书。

第六十二条 违反本条例规定，承包单位将承包的工程转包或者违法分包的，责令改正，没收违法所得，对勘察、设计单位处合同约定的勘察费、设计费25%以上50%以下的罚款；对施工单位处工程合同价款0.5%以上1%以下的罚款；可以责令停业整顿，降低资质等级；情节严重的，吊销资质证书。

工程监理单位转让工程监理业务的，责令改正，没收违法所得，处合同约定的监理酬金25%以上50%以下的罚款；可以责令停业整顿，降低资质等级；情节严重的，吊销资质证书。

第六十三条 违反本条例规定，有下列行为之一的，责令改正，处10万元以上30万元以下的罚款：

（一）勘察单位未按照工程建设强制性标准进行勘察的；

（二）设计单位未根据勘察成果文件进行工程设计的；

（三）设计单位指定建筑材料、建筑构配件的生产厂、供应商的；

（四）设计单位未按照工程建设强制性标准进行设计的。

有前款所列行为，造成工程质量事故的，责令停业整顿，降低资质等级；情节严重的，吊销资质证书；造成损失的，依法承担赔偿责任。

第六十四条 违反本条例规定，施工单位在施工中偷工减料的，使用不合格的建筑材料、建筑构配件和设备的，或者有不按照工程设计图纸或者施工技术标准施工的其他行为的，责令改正，处工程合同价款2%以上4%以下的罚款；造成建设工程质量不符合规定的质量标准的，负责返工、修理，并赔偿因此造成的损失；情节严重的，责令停业整顿，降低资质等级或者吊销资质证书。

第六十五条 违反本条例规定，施工单位未对建筑材料、建筑构配件、设备和商品混凝土进行检验，或者未对涉及结构安全的试块、试件以及有关材料取样检测的，责令改正，处10万元以上20万元以下的罚款；情节严重的，责令停业整顿，降低资质等级或者吊销资质证书；造成损失的，依法承担赔偿责任。

第六十六条 违反本条例规定，施工单位不履行保修义务或者拖延履行保修义务的，责令改正，处10万元以上20万元以下的罚款，并对在保修期内因质量缺陷造成的损失承担赔偿责任。

第六十七条 工程监理单位有下列行为之一的，责令改正，处50万元以上100万元以下的罚款，降低资质等级或者吊销资质证书；有违法所得的，予以没收；造成损失的，承担连带赔偿责任：

（一）与建设单位或者施工单位串通，弄虚作假、降低工程质量的；

（二）将不合格的建设工程、建筑材料、建筑构配件和设备按照合格签字的。

第六十八条 违反本条例规定，工程监理单位与被监理工程的施工承包单位以及建筑材料、建筑构配件和设备供应单位有隶属关系或者其他利害关系承担该项建设工程的监理业务的，责令改正，处5万元以上10万元以下的罚款，降低资质等级或者吊销资质证书；有违法所得的，予以没收。

第六十九条 违反本条例规定，涉及建筑主体或者承重结构变动的装修工程，没有设计方案擅自施工的，责令改正，处50万元以上100万元以下的罚款；房屋建筑使用者在装修过程中擅自变动房屋建筑主体和承重结构的，责令改正，处5万元以上10万元以下的罚款。

有前款所列行为，造成损失的，依法承担赔偿责任。

第七十条 发生重大工程质量事故隐瞒不报、谎报或者拖延报告期限的，对直接负责的主管人员和其他责任人员依法给予行政处分。

第七十一条 违反本条例规定，供水、供电、供气、公安消防等部门或者单位明示或者暗示建设单位或者施工单位购买其指定的生产供应单位的建筑材料、建筑构配件和设备的，责令改正。

第七十二条 违反本条例规定，注册建筑师、注册结构工程师、监理工程师等注册执业人员因过错造成质量事故的，责令停止执业1年；造成重大质量事故的，吊销执业资格证书，5年以内不予注册；情节特别恶劣的，终身不予注册。

第七十三条 依照本条例规定，给予单位罚款处罚的，对单位直接负责的主管人员和其他直接责任人员处单位罚款数额5%以上10%以下的罚款。

第七十四条 建设单位、设计单位、施工单位、工程监理单位违反国家规定，降低工程质量标准，造成重大安全事故，构成犯罪的，对直接责任人员依法追究刑事责任。

第七十五条 本条例规定的责令停业整顿，降低资质等级和吊销资质证书的行政处罚，由颁发资质证书的机关决定；其他行政处罚，由建设行政主管部门或者其他有关部门依照法定职权决定。

依照本条例规定被吊销资质证书的，由工商行政管理部门吊销其营业执照。

第七十六条 国家机关工作人员在建设工程质量监督管理工作中玩忽职守、滥用职权、徇私舞弊，构成犯罪的，依法追究刑事责任；尚不构成犯罪的，依法给予行政处分。

第七十七条 建设、勘察、设计、施工、工程监理单位的工作人员因调动工作、退休等原因离开该单位后，被发现在该单位工作期间违反国家有关建设工程质量管理规定，造成重大工程质量事故的，仍应当依法追究法律责任。

第九章 附 则

第七十八条 本条例所称肢解发包，是指建设单位将应当由一个承包单位完成的建设工程分解成若干部分发包给不同的承包单位的行为。

本条例所称违法分包，是指下列行为：

（一）总承包单位将建设工程分包给不具备相应资质条件的单位的；

（二）建设工程总承包合同中未有约定，又未经建设单位认可，承包单位将其承包的部分建设工程交由其他单位完成的；

（三）施工总承包单位将建设工程主体结构的施工分包给其他单位的；

（四）分包单位将其承包的建设工程再分包的。

本条例所称转包，是指承包单位承包建设工程后，不履行合同约定的责任和义务，将其承包的全部建设工程转给他人或者将其承包的全部建设工程肢解以后以分包的名义分别转给其他单位承包的行为。

第七十九条 本条例规定的罚款和没收的违法所得，必须全部上缴国库。

第八十条 抢险救灾及其他临时性房屋建筑和农民自建低层住宅的建设活动，不适用本条例。

第八十一条 军事建设工程的管理，按照中央军事委员会的有关规定执行。

第八十二条 本条例自发布之日起施行。

第三十章　地方性法规、政府规章

内蒙古自治区城乡规划条例

第一章　总　则

第一条　为了加强城乡规划管理，协调城乡空间布局，改善人居环境，促进城乡经济社会全面协调可持续发展，根据《中华人民共和国城乡规划法》和国家有关法律、法规，结合自治区实际，制定本条例。

第二条　自治区行政区域内制定、实施、修改城乡规划，在规划区内进行建设活动，应当遵守本条例。

第三条　本条例所称城乡规划，包括城镇体系规划、城市规划、镇规划、苏木乡规划和嘎查村庄规划。城镇体系规划分为自治区域城镇体系规划、盟域城镇体系规划。城市规划、镇规划分为总体规划和详细规划。详细规划分为控制性详细规划和修建性详细规划。

本条例所称规划区，是指城市、镇、嘎查村庄的建成区以及因城乡建设和发展需要，必须实行规划控制的区域。规划区的具体范围由有关人民政府在组织编制的城市总体规划、镇总体规划、苏木乡规划和嘎查村庄规划中划定。城市规划区内的苏木乡镇、嘎查村庄以及苏木乡镇规划区内的嘎查村庄不再另行划定规划区。本条例所称城市，是指按照行政建制设立的设区的市和县级市。

第四条　制定和实施城乡规划时，应当遵循《中华人民共和国城乡规划法》确定的各项原则和要求。

第五条　城市总体规划、镇总体规划、苏木乡规划和嘎查村庄规划，应当依据国民经济和社会发展规划编制，并与土地利用总体规划相衔接。

第六条　国家或者自治区确定的重点发展区域为特定地区。特定地区的规划，经法定程序审批后，纳入城镇体系规划、城市总体规划、镇总体规划。前款所称特定地区，包括开发区、边境口岸、独立工矿区、农林牧场区等。开发区，包括高新技术开发区、经济技术开发区、保税区、工业园区、物流园区等。

第七条　单独编制的各类专项规划，经法定程序审批后，纳入城镇体系规划、城市总体规划、镇总体规划。

第八条　经依法批准的城乡规划，是城乡建设和规划管理的依据，未经法定程序不得修改。

第九条　各级人民政府应当将城乡规划的编制和管理经费纳入本级人民政府财政预算。

第十条　旗县级以上人民政府城乡规划主管部门负责本行政区域内城乡规划的管理工作。旗县级以上人民政府其他有关部门应当按照各自职责，做好城乡规划的相关管理工作。

第十一条　各级人民政府应当建立由政府及其相关部门负责人、专家学者和公众代表组成的城乡规划委员会，对城乡规划编制和实施的重大事项进行审议。

第十二条　旗县级以上人民政府应当建立城乡规划地理信息系统，促进各有关部门之间的信息共享。

第十三条　城乡规划的编制和实施应当遵守国家、自治区有关技术标准、规范和规定。

第二章　城乡规划的制定

第十四条　自治区人民政府组织编制自治区域城镇体系规划，报国务院审批。盟行政公署组织编制盟域城镇体系规划，报自治区人民政府审批。城镇体系规划的规划期限一般为二十年。

第十五条　城镇体系规划应当包括下列内容：

（一）区域城乡统筹发展总体要求；

（二）资源利用与资源生态环境保护的目标、要求和措施；

（三）城乡空间和规模控制要求；

（四）与城乡空间布局相协调的区域综合交通体系；

（五）城乡基础设施支撑体系；

（六）空间开发管制要求；

（七）对下层次城乡规划编制的要求；

（八）保障规划实施的政策措施。

限制建设区和禁止建设区的管制要求、重要资源和生态环境保护目标、区域性重大基础设施布局等应当作为城镇体系规划的强制性内容。

第十六条　城市人民政府组织编制城市总体规划。自治区人民政府所在地的城市以及国务院确定的城市的总体规划，由自治区人民政府审查同意后，报国务院审批。其他城市的总体规划，由城市人民政府报自治区人民政府审批。

旗县人民政府组织编制旗县人民政府所在地镇的总体规划，报上一级人民政府审批。盟辖旗县人民政府所在地镇的总体规划，经盟行政公署审查同意后，报自治区人民政府审批。设区的市所辖旗县人民政府所在地镇的总体规划，报自治区人民政府城乡规划主管部门备案。其他镇的总体规划由镇人民政府组织编制，报城市、旗县人民政府审批。

城市总体规划、镇总体规划的规划期限一般为二十年。

第十七条　自治区人民政府组织编制的自治区域城镇体系规划，城市、旗县人民政府组织编制的总体规划，在报上一级人民政府审批前，应当先经本级人民代表大会常务委员会审议，常务委员会组成人员的审议意见交由本级人民政府研究处理，研究处理情况应当及时报告本级人民代表大会常务委员会。

镇人民政府组织编制的镇总体规划，在报城市、旗县人民政府审批前，应当先经镇人民代表大会审议，代表的审议意见交由本级人民政府研究处理，研究处理情况应当及时报告镇人民代表大会。

第十八条　城市总体规划、镇总体规划应当包括：城市、镇的发展布局，功能分区，用地布局，综合交通体系，禁止、限制和适宜建设的地域范围，各类专项规划等。

规划区范围、规划区内建设用地规模、基础设施和公共服务设施用地、水源地和水系、基本农田和绿化用地、环境保护、自然与历史文化遗产保护以及防灾减灾等内容，应当作为城市总体规划、镇总体规划的强制性内容。

第十九条　城市人民政府城乡规划主管部门根据城市总体规划的要求，组织编制城市的控制性详细规划，经本级人民政府批准后，报本级人民代表大会常务委员会和上一级人民政府备案。

镇人民政府根据镇总体规划的要求，组织编制镇的控制性详细规划，报城市、旗县人民政府审批。旗县人民政府所在地镇的控制性详细规划，由旗县人民政府城乡规划主管部门根据镇总体规划的要求组织编制，经旗县人民政府批准后，报本级人民代表大会常务委员会和上一级人民政府备案。

城市、旗县人民政府城乡规划主管部门和镇人民政府可以组织编制重要地块的修建性详细规划、城市设计；其他修建性详细规划、城市设计，报城市、旗县人民政府城乡规划主管部门审定。修建性详细规划、城市设计应当符合控制性详细规划。

第二十条 控制性详细规划应当包括下列内容：

（一）土地使用性质及其兼容性等用地功能控制要求；

（二）容积率、建筑高度、建筑密度、绿地率等用地指标；

（三）基础设施、公共服务设施、公共安全设施的用地规模、范围及具体控制要求，地下管线控制要求；

（四）基础设施用地的控制界限、各类绿地范围的控制线、历史文化街区和历史建筑的保护范围界线、地表水体保护和控制的地域界线及控制要求。

地块的主要用途，建筑密度、建筑高度、容积率、绿地率、基础设施和公共服务设施配套规定应当作为控制性详细规划的强制性内容。

第二十一条 旗县级以上人民政府确定需要编制规划的苏木乡和嘎查村庄，应当编制苏木乡规划和嘎查村庄规划。

苏木乡、镇人民政府组织编制苏木乡规划、嘎查村庄规划，报城市、旗县人民政府审批。苏木乡规划和嘎查村庄规划的规划期限，由自治区人民政府根据本地区实际情况规定。

嘎查村庄规划在报送审批前，应当经嘎查村民会议或者嘎查村民代表会议讨论同意。

第二十二条 城乡规划组织编制机关应当委托具有相应资质等级的单位承担城乡规划的具体编制工作。

第二十三条 旗县级以上人民政府有关主管部门应当根据编制城乡规划的需要，及时向城乡规划组织编制机关提供有关基础资料，并依法做好城镇勘测工作。

第二十四条 城乡规划报送审批前，城乡规划组织编制机关应当依法将城乡规划草案予以公告，并采取论证会、听证会或者其他方式征求专家和公众的意见。公告期限不得少于三十日。

城乡规划组织编制机关应当充分考虑专家和公众意见，并在报送审批的材料中附具意见采纳情况以及理由。

第二十五条 城乡规划组织编制机关应当公布依法批准的城乡规划。法律、行政法规规定不得公开的内容除外。

城乡规划组织编制机关应当将依法批准的城乡规划，按照国家和自治区有关规定，报送同级城镇建设档案机构存档。

任何单位和个人可以依法查询经批准公布的城乡规划。

第三章　城乡规划的实施

第一节　一般规定

第二十六条 特定地区、城市或者镇新区的设立，应当符合城镇体系规划和城市总体规划、镇总体规划。

第二十七条 历史文化名城、名镇、名村依法批准公布后，城市、旗县人民政府应当组织编制历史文化名城、名镇、名村保护规划，报自治区人民政府批准。

第二十八条 城市人民政府应当根据城市发展的需要，组织编制城市地下空间开发利用规划，对地下的交通、人民防空、防洪排涝、市政管线等基础设施和公共服务设施、需要保护的文物以及其他地下建筑物、构筑物进行统筹安排。城市地下空间开发利用规划应当符合城市总体规划，并与其他专项规划相衔接。城市地下空间开发利用规划由本级人民政府审批，报总体规划审批机关备案。

第二十九条 城市、旗县、镇人民政府应当根据城市总体规划、镇总体规划、土地利用总体规划和年度计划以及国民经济和社会发展规划、主体功能区规划，制定近期建设规划，报总体规划审批机关备案。近期建设规划的规划期限为五年。

第三十条 各项建设用地和建设工程应当符合城乡规划，依法取得建设项目选址意见书、建设用地规划许可证、建设工程规划许可证、乡村建设规划许可证和临时规划许可证。

第二节 建设项目选址规划管理

第三十一条 根据国家规定需要批准或者核准的建设项目，以划拨方式提供国有土地使用权的，建设单位应当在报送有关部门批准或者核准前，按照下列规定向有关城乡规划主管部门申请核发选址意见书：

（一）国家和自治区有关部门批准或者核准的建设项目，建设项目所在地盟市、旗县人民政府城乡规划主管部门，提出初审意见，并逐级上报，由自治区人民政府城乡规划主管部门核发选址意见书；

（二）城市、旗县人民政府有关部门批准或者核准的建设项目，由同级人民政府城乡规划主管部门核发选址意见书。

第三十二条 申请核发选址意见书，建设单位应当提交下列材料：

（一）选址申请文件；

（二）有关部门同意建设项目开展前期工作的文件或者项目建议书批复文件；

（三）具有相应资质等级的城乡规划编制单位编制的建设项目选址研究报告；

（四）选址位置图、平面布置图；

（五）法律、法规规定的其他材料。

第三十三条 未依法取得选址意见书或者选址意见书过期的，有关部门不得批准或者核准建设项目。

选址意见书有效期为一年。确需延期的，建设单位应当在期满前三十日内向核发机关提出申请，经批准可以延期一次，期限不得超过一年。

第三节 建设用地规划管理

第三十四条 在城市、镇规划区内以划拨方式提供国有土地使用权的建设项目，经有关部门批准、核准、备案后，建设单位应当向建设项目所在地的城市、旗县人民政府城乡规划主管部门提出建设用地规划许可申请，由城市、旗县人民政府城乡规划主管部门依据控制性详细规划核定建设用地的位置、面积、允许建设的范围，核发建设用地规划许可证。

建设单位在取得建设用地规划许可证后，方可向旗县级以上人民政府土地主管部门申请用地，经旗县级以上人民政府审批后，由土地主管部门划拨土地。

第三十五条 在城市、镇规划区内以出让方式提供国有土地使用权的，在国有土地使用权出让前，城市、旗县人民政府城乡规划主管部门应当依据控制性详细规划，提出出让地块的位置、使用性质、开发强度等规划条件，并制发规划条件书，作为国有土地使用权出让合同的组成部分。未确定规划条件的地块，不得出让国有土地使用权。

以出让方式取得国有土地使用权的建设项目，建设单位在取得建设项目的批准、核准、备案文件和签订国有土地使用权出让合同后，向城市、旗县人民政府城乡规划主管部门领取建设用地规划许可证。

城市、旗县人民政府城乡规划主管部门不得在建设用地规划许可证中，擅自改变作为国有土地使用权出让合同组成部分的规划条件。

第三十六条 规划条件应当包括地块的位置、界线、面积、使用性质、容积率、建筑密度、建筑高度、日照要求、绿地率、停车位指标、主要出入口方位、道路控制点标高、各类规划控制线、必须配置的基础设施、公共服务设施等内容。

工业、仓储、基础设施、公共服务设施等用地的规划条件，可以根据具体情况确定。

规划条件应当符合节能要求。

第三十七条 城乡规划编制单位在编制修建性详细规划时，应当按照规划条件编制。

工程设计单位在编制建设工程设计方案和施工图时，应当按照规划条件编制。

第三十八条 国有土地使用权经依法转让后，受让方应当持转让合同等材料，向原核发建设用地规划许可证的城乡规划主管部门申请办理变更登记。

转让国有土地使用权，不得擅自改变原出让合同的规划条件。

第三十九条 规划条件书、建设用地规划许可证有效期为一年。确需延期的，建设单位应当在期满前三十日内向城乡规划主管部门提出申请，经批准可以延期一次，期限不得超过一年。

第四节 建设工程规划管理

第四十条 在城市、镇规划区内进行建筑物、构筑物、道路、管线和其他工程建设的，建设单位或者个人应当向城市、旗县人民政府城乡规划主管部门或者自治区人民政府确定的镇人民政府申请办理建设工程规划许可证。

申请办理建设工程规划许可证，应当提交使用土地的有关证明文件、建设工程设计方案、建设工程档案报送责任书等材料。需要建设单位编制修建性详细规划的建设项目，还应当提交修建性详细规划。对符合控制性详细规划和规划条件的，由城市、旗县人民政府城乡规划主管部门或者自治区人民政府确定的镇人民政府核发建设工程规划许可证。

城市、旗县人民政府城乡规划主管部门或者自治区人民政府确定的镇人民政府应当依法将经审定的修建性详细规划、建设工程设计方案的总平面图通过展馆、公示栏或者网站、报刊等予以公布。

第四十一条 在苏木乡、嘎查村庄规划区内进行乡镇企业、乡村公共设施和公益事业建设的，建设单位或者个人应当向苏木乡、镇人民政府提出申请，由苏木乡、镇人民政府报城市、旗县人民政府城乡规划主管部门核发乡村建设规划许可证。

在苏木乡、嘎查村庄规划区内使用原有宅基地进行农牧民住宅建设的规划管理办法，由自治区人民政府制定。

第四十二条 需要分期建设的项目，建设单位或者个人应当组织编制建设项目整体的修建性详细规划，提出分期建设计划，经城市、旗县人民政府城乡规划主管部门审定后，分期申请办理建设工程规划许可证或者乡村建设规划许可证。

第四十三条 建设工程规划许可证、乡村建设规划许可证有效期为二年。确需延期的，建设单位或者个人应当在期满前三十日内向城乡规划主管部门提出申请，经批准可以延期一次，期限不得超过一年。

第四十四条　建设工程开工前以及基础工程或者隐蔽工程施工前，建设单位或者个人应当向城市、旗县人民政府城乡规划主管部门申请验线，城市、旗县人民政府城乡规划主管部门应当在五个工作日内进行验线。经验线合格确认后，方可进行工程建设。

建设工程验线前，建设单位或者个人应当在施工现场醒目位置设置公示牌，公开建设项目规划许可内容。施工期间，应当保持公示内容的完整。

第四十五条　旗县级以上人民政府城乡规划主管部门按照国务院规定对建设工程是否符合规划条件予以核实。符合规划条件的，核发建设工程竣工规划核实合格证；未经核实或者经核实不符合规划条件的，建设单位不得组织竣工验收，产权登记机关不予办理产权登记手续。

建设单位未按照规划条件建设或者未按照时序建设基础设施、公共服务设施的，城乡规划主管部门对该建设项目不予规划核实。

建设单位应当在竣工验收后六个月内向城乡规划主管部门报送有关竣工验收资料，并报送同级城镇建设档案机构存档。

第五节　临时用地和临时建设工程规划管理

第四十六条　建设单位或者个人在城市、镇规划区内进行临时建设，应当经城市、旗县人民政府城乡规划主管部门核发临时建设用地规划许可证后，向同级人民政府土地主管部门申请办理临时用地手续。

建设单位或者个人应当在办理临时用地手续后，向城市、旗县人民政府城乡规划主管部门申请办理临时建设工程规划许可证。

土地使用权属于建设单位或者个人的，进行临时建设时，可以直接办理临时建设工程规划许可证。

临时建设影响近期建设或者控制性详细规划的实施以及交通、市容、安全等的，不得批准。

第四十七条　临时建设工程规划许可证的使用期限不得超过二年。确需延期的，建设单位或者个人应当在期满前三十日内向批准机关提出申请，经批准可以延期一次，期限不得超过一年。

第四十八条　建设单位或者个人应当在临时建设、临时用地批准期满前，自行拆除建筑物、构筑物，清理场地。

第四十九条　临时建设不得擅自改变使用性质，不得办理房屋产权登记。

第四章　城乡规划的评估和修改

第五十条　城镇体系规划、城市总体规划、镇总体规划的组织编制机关，应当组织有关部门和专家每两年对规划实施情况进行评估，并采取论证会、听证会或者其他方式征求公众意见。组织编制机关应当向本级人民代表大会常务委员会、镇人民代表大会和原审批机关提出评估报告并附具征求意见的情况。

第五十一条　有下列情形之一的，组织编制机关方可按照规定权限和程序修改城镇体系规划、城市总体规划、镇总体规划：

（一）上级人民政府制定的城乡规划发生变更，提出修改规划要求的；

（二）行政区划调整确需修改规划的；

（三）因国务院批准重大建设工程确需修改规划的；

（四）经评估确需修改规划的；

（五）城乡规划的审批机关认为应当修改规划的其他情形。

修改城镇体系规划、城市总体规划、镇总体规划前，组织编制机关应当对原规划的实施情况进行总结，并向原审批机关报告；修改涉及城市总体规划、镇总体规划强制性内容的，应当先向原审批机关提出专题报告，经同意后，方可编制修改方案。

盟辖旗县人民政府所在地镇的总体规划需要修改的，应当经盟行政公署审查同意后，向原审批机关报告。

修改后的城镇体系规划、城市总体规划、镇总体规划，应当依照本条例第十四条、第十六条、第十七条规定的审批程序报批。

第五十二条 有下列情形之一的，组织编制机关方可按照规定权限和程序修改控制性详细规划：

（一）因总体规划修改对城镇布局和功能产生重大影响的；

（二）规划实施中经论证认为确需修改并经原审批机关审查同意的；

（三）因实施国家、自治区、盟市重点工程项目涉及公共利益需要修改的；

（四）法律、法规规定的其他情形。

第五十三条 修改苏木乡、嘎查村庄规划的，应当依照本条例第二十一条规定的审批程序报批。

第五章 监督检查

第五十四条 各级人民政府应当将城乡规划的实施情况向本级人民代表大会常务委员会或者苏木乡镇人民代表大会报告，并接受监督。

第五十五条 自治区人民政府应当建立城乡规划督察员制度。城乡规划督察员依照有关法律、法规，对派驻地的城乡规划编制、审批、修改和实施情况进行督察。

第五十六条 城乡规划主管部门应当建立城乡规划监督检查、信息公开和查询制度，依法公布建设工程规划许可证的核发情况，方便利害关系人和公众查阅监督。

第五十七条 城乡规划主管部门应当建立日常巡查制度，对本行政区域内的各类建设活动进行城乡规划执法检查，及时制止违反城乡规划管理的建设行为。苏木乡镇人民政府、街道办事处对城乡规划主管部门查处本辖区内违法建设的行为应当予以配合。

第五十八条 任何单位和个人都有权向城乡规划主管部门或者其他有关部门举报或者控告违反城乡规划的行为。城乡规划主管部门或者其他有关部门对举报或者控告，应当及时予以受理并组织核查、处理；核查、处理结果应当公开，并告知举报人或者控告人。

第六章 法律责任

第五十九条 违反本条例规定的行为，《中华人民共和国城乡规划法》和国家有关法律、法规已经作出具体处罚规定的，从其规定。

第六十条 镇人民政府、旗县级以上人民政府应当编制城乡规划而未组织编制，或者未按照法定程序编制、审批、修改城乡规划的，由上级人民政府责令改正，通报批评；对有关人民政府负责人和其他直接责任人员依法给予处分。

第六十一条 旗县级以上人民政府城乡规划主管部门或者有关部门有下列行为之一的，由本级人民政府、上级人民政府城乡规划主管部门或者有关部门、监察机关依据职权责令改正，通报批评；对直接负责的主管人员和其他直接责任人员依法给予处分；构成犯罪的，依法追究刑事责任：

（一）未按照法定权限、依据、程序组织编制、修改城乡规划或者专项规划的；

（二）未依法核发选址意见书、规划条件书、建设用地规划许可证、建设工程规划许可证、乡村建设规划许可证、建设工程竣工规划核实合格证的；

（三）未依法将经审定的修建性详细规划、建设工程设计方案的总平面图予以公布的；

（四）对未经规划条件核实或者经核实不符合要求的建设项目办理产权登记手续的；

（五）对违反城乡规划行为不及时予以查处或者接到举报、控告不依法处理的；

（六）其他玩忽职守、滥用职权、徇私舞弊的行为。

第六十二条　城乡规划编制单位违反国家、自治区有关技术标准、规范、规定编制城乡规划或者违反规划条件编制修建性详细规划的，由所在地城市、旗县人民政府城乡规划主管部门责令限期改正，处以合同约定的规划编制费一倍以上二倍以下的罚款；情节严重的，责令停业整顿，由原发证机关降低资质等级或者吊销资质证书；造成损失的，依法承担赔偿责任。

第六十三条　工程设计单位违反规划条件编制建设工程设计方案和施工图的，由所在地城市、旗县人民政府城乡规划主管部门责令限期改正；情节严重的，处以合同约定的设计费的一倍以上二倍以下的罚款，并由原发证机关依法降低资质等级。

第六十四条　建设单位或者个人未经验线，擅自开工建设的，由建设项目所在地城市、旗县人民政府城乡规划主管部门责令停止建设，限期改正。

第七章　附　则

第六十五条　本条例自2013年7月1日起施行。

内蒙古自治区城镇供热条例

第一章　总　则

第一条　为了规范城镇供用热管理，维护和保障供热、用热双方的合法权益，根据国家有关法律、法规，结合自治区实际，制定本条例。

第二条　在自治区行政区域内从事城镇供热规划、设计、建设、经营、使用及相关管理活动，适用本条例。

第三条　本条例所称供热，是指利用热电联产、区域锅炉等所产生的蒸汽、热水和工业余热、地热等热源，通过管网为热用户有偿提供生产和生活用热的行为。

本条例所称热源单位，是指为供热单位提供热能的单位。

本条例所称供热单位，是指利用热源单位提供或者本单位生产的热能，从事供热经营活动的单位。

本条例所称热用户，是指有偿使用供热单位热能的单位或者个人。

第四条　城镇供热管理应当遵循统一规划、保障安全、规范服务、节能环保的原则。

第五条　旗县级以上人民政府应当将城镇供热事业的发展纳入国民经济和社会发展规划，建立完善的供热保障体系和供热管理协调机制，提高供热保障能力，发展集中供热，逐步淘汰分散锅炉供热。

第六条　旗县级以上人民政府供热行政主管部门负责本行政区域内的供热管理工作。

旗县级以上人民政府规划、发展和改革、财政、国土资源、环境保护、质量技术监督、水务及电力等有关部门按照各自职责，做好供热管理的相关工作。

第七条　自治区鼓励利用清洁能源和可再生能源发展供热事业，推广应用节能、高效、环保、安全的供热新技术、新工艺、新设备、新材料。

第二章　规划与建设

第八条　旗县级以上人民政府供热行政主管部门应当会同有关部门，根据城乡规划，编制本行政区域供热专项规划，经技术论证，按照规定程序批准后组织实施。

经批准的供热专项规划，任何单位和个人不得擅自变更；确需变更的，应当报原批准机关批准。

第九条　新建、改建、扩建供热工程，应当符合供热专项规划，并依法办理工程项目审批手续。

规划部门在核发供热工程的建设工程规划许可证前，应当征求同级供热行政主管部门的意见。

第十条　从事供热工程的勘察、设计、施工、监理等活动的单位，应当依法取得相应等级的资质证书。

第十一条　供热工程竣工后，建设单位应当依法组织竣工验收。未经验收或者验收不合格的，不得投入使用。

第十二条　在集中供热管网覆盖的区域，不得新建分散燃煤锅炉；集中供热管网覆盖前已建成使用的分散燃煤锅炉，应当限期停止使用，并将供热系统接入集中供热管网。

第十三条 城镇新区建设和旧区改建，应当按照城乡规划和供热专项规划的要求，配套建设供热设施，或者预留供热设施建设用地。

预留的供热设施建设用地，任何单位和个人不得擅自占用。

第十四条 新建建筑应当符合国家建筑节能标准。供热系统应当安装分户控制装置、温度调控装置和热计量装置。

既有建筑不符合国家建筑节能标准的，由旗县级以上人民政府制定建筑节能改造计划，对供热系统逐步安装分户控制装置、温度调控装置和热计量装置。

热计量装置应当依法检定合格。

第十五条 新建建筑的施工单位应当依法承担供热系统的保修责任。

供热系统的保修期为五个采暖期。保修责任未履行或者拖延履行的，供热系统的保修期不受五个采暖期的限制。

第三章 供热保障

第十六条 从事供热经营活动的供热单位，应当依法取得供热经营许可证，取得供热经营许可证应当符合下列条件：

（一）有稳定的热源；

（二）有与供热规模相适应且符合国家标准的供热设施；

（三）有与供热规模相适应的资金；

（四）有固定的、符合安全条件的经营场所；

（五）有与供热规模相适应并有相应资格的专业技术人员；

（六）有与供热规模相适应的维护检修队伍及设备；

（七）有可行的经营方案、完善的管理制度和服务规范；

（八）法律、法规规定的其他条件。

第十七条 从事供热经营活动的供热单位，应当向所在地旗县级以上人民政府供热行政主管部门书面提出申请。供热行政主管部门应当自受理申请之日起二十日内作出决定。符合条件的，应当核发供热经营许可证；不符合条件的，应当书面说明理由。

供热许可经营期限最长不得超过三十年。

第十八条 供热单位不得擅自停业、歇业。确需停业或者歇业的，供热单位应当在采暖期开始六个月前向所在地旗县级以上人民政府供热行政主管部门提出申请，并对供热范围内的热用户用热作出妥善安排。供热主管部门应当自收到申请之日起二十日内作出是否批准的决定。准予停业或者歇业的，应当收回供热经营许可证；不准予停业或者歇业的，应当书面说明理由。

第十九条 旗县级以上人民政府应当根据当地实际确定和公布采暖期起止时间。

旗县级以上人民政府可以根据气象等实际情况调整采暖期起止时间。

第二十条 热源单位与供热单位、供热单位与热用户之间应当分别签订供用热合同。

供用热合同示范文本应当由自治区供热行政主管部门制定，自治区工商行政管理部门监制。

第二十一条 热源单位和供热单位在采暖期内应当安全、稳定、连续、保质保量供热，不得擅自停止供热。

热源单位和供热单位进行年度供热设施检修应当避开采暖期，并提前十五日通知相关热用户。

第二十二条 在采暖期内因供热设施发生故障不能正常供热，确需连续停热二十四小时以上的，热源单位或者供热单位应当及时通知热用户，并报告所在地供热行政主管部门。连续停热四十八小时以上不能恢复供热的，应当以适当方式给予热用户补偿。

第二十三条 采暖期内，对符合国家建筑节能标准的民用建筑，供热单位应当保证热用户室内温度达到18℃以上。

因供热单位责任导致室内温度低于18℃，四十八小时仍未改正的，供热单位应当退还室内温度未达到规定温度期间的热费。

热用户对采暖期起止时间、采暖温度有特殊要求的，可以与供热单位另行约定。

第二十四条 供热单位应当建立热用户室温检测制度，按照国家相关技术规范对热用户室温随机进行检测。检测结果应当经热用户签字后建档，并报所在地供热行政主管部门备案。

第二十五条 热用户认为室内温度未达到规定温度的，可以向所在地供热行政主管部门或者具备资质的检测机构申请温度检测。检测机构收取的检测费用由责任方承担。

检测室内温度时，应当以房屋对角线中心点距地面高1.2米至1.5米处为检测点，以二十四小时为一个检测时段。

第二十六条 供热价格实行政府定价。

供热价格的调整，由价格主管部门按照规定权限和程序审批。

调整居民供热价格，价格主管部门应当采取举行听证会和向社会公示等方式听取意见。

第二十七条 新建建筑实行供热计量收费；既有建筑应当通过节能改造，逐步实行供热计量收费。

供热计量收费按照基本热价和计量热价收取。

第二十八条 既有建筑未安装热计量装置的，热费应当按照房屋的建筑面积计收。

第二十九条 供热单位工作人员进行供热设施维护、抢修以及室温检测、查表及收费等工作时，应当出示有效证件，热用户和物业服务企业应当予以配合。

供热单位应当根据热用户的分布状况，设立方便热用户交费的收费点。

第三十条 供热单位无法保障正常供热，严重影响公共利益的，供热行政主管部门协调、督促后仍无法保障正常供热，经旗县级以上人民政府批准，旗县级以上人民政府供热行政主管部门应当对该供热单位的供热设施进行应急接管，并委托符合条件的供热单位实施正常供热。

对该供热单位的供热设施实施应急接管的，应当听取被接管单位的陈述申辩，并在供热范围内公告。当地乡镇人民政府或者街道办事处、物业服务企业等单位和有关部门应当予以配合。

第三十一条 供热行政主管部门应当加强对供热单位供热质量和服务质量的监督检查，公开投诉电话、信箱，受理有关供热质量和服务质量的投诉，并及时予以处理。

第四章 用热管理

第三十二条 热费以预付方式交纳。热用户应当在每年采暖期开始前三十日内交纳本采暖期的热费。热用户一次性交纳热费确有困难的，可以与供热单位约定，在本采暖期内分期交纳。

实行供热计量收费的热用户，按照基本热价和计量热价交纳热费。具体办法由自治区人民政府供热行政主管部门会同有关部门按照国家相关规定制定。

第三十三条 热用户应当按照本条例规定和供用热合同约定及时交纳热费。热用户逾期三十日未交纳热费，经催告在合理期限内仍不交纳的，供热单位可以对其暂缓供热、限制供热或者停止供热，但不得损害其他热用户的用热权益。

第三十四条　热用户需要停止或者恢复用热的，应当在停止或者恢复用热三十日前向供热单位提出申请，并办理相关手续。

停止用热期限由供用热双方约定。停止用热后，在约定期限内热用户不得擅自恢复用热。

第三十五条　停止用热的热用户应当向供热单位按照热费总额的一定比例交纳基本热费。具体标准由旗县级以上人民政府制定。

第三十六条　热用户有下列情形之一的，不得停止用热：

（一）在新建建筑交付使用后第一个采暖期内的；

（二）危害共用设施安全运行或者影响相邻热用户正常用热的。

第三十七条　旗县级以上人民政府应当采取措施保证享受城镇居民最低生活保障待遇等困难用户的正常用热。

第三十八条　热用户更名的，应当到供热单位办理供用热合同变更手续。

第三十九条　热用户不得实施下列行为：

（一）在室内供热设施上安装换热装置；

（二）从供热设施中取用供热循环水；

（三）未经供热单位同意，擅自改动供热管道、增设散热器或者改变用热性质；

（四）在供热管道上安装管道泵等改变供热运行方式；

（五）其他妨碍供热设施正常运行的行为。

第四十条　热用户违反本条例第三十九条规定或者有下列行为之一，导致室内温度低于本条例规定温度或者供用热合同约定温度的，供热单位不予承担责任：

（一）未按照规定交纳热费的；

（二）擅自改变房屋结构的；

（三）室内装修遮挡散热器严重影响供热效果的；

（四）未采取正常保温措施的。

因上述原因给其他热用户造成损失的，由责任人负责赔偿。

第四十一条　热用户有权就经营收费、供热服务等事项向供热单位、供热行政主管部门及行业组织查询或者投诉；相关部门接到查询或者投诉后，应当在五日内予以答复或者解决。

第五章　设施管理

第四十二条　旗县级以上人民政府应当建立供热管网维修、养护、更新保障资金制度。

维修、养护、更新保障资金由供热行政主管部门统一管理，专项用于下列供热设施的维修、养护和更新：

（一）热力站出口到采用分户控制供热的热用户的入户阀门（包括阀门、热计量表等）；

（二）热力站出口到尚未实施分户供热（单管循环管网供热）的热用户的单元或者楼栋入户阀门井（包括阀门）。

供热管网维修、养护、更新保障资金的筹集、使用和管理办法，由自治区人民政府制定。

第四十三条　供热单位应当对供热范围内热用户的室外供热设施和室内共用供热设施承担管理、维护、抢修的责任。

热用户发现室内供热设施异常、泄漏等情况时，应当及时向供热单位或者物业服务企业报修，供热单位或者物业服务企业应当及时组织抢修，所发生的费用由相关责任方承担。

第四十四条 热源单位和供热单位应当按照规定对其维护管理的重要供热设施，设置明显、统一的安全警示识别标志，并采取相应的安全保障措施。

任何单位和个人不得擅自改装、移动、覆盖、拆除、损坏供热设施和供热安全警示识别标志。

第四十五条 在供热管道及其附属设施安全保护距离范围内，任何单位和个人不得从事下列活动：

（一）建造建筑物、构筑物、敷设管线；

（二）开挖沟渠、挖坑取土；

（三）进行打桩、顶进作业；

（四）堆放垃圾、杂物、易燃易爆物品；

（五）倾倒腐蚀性物品，排放污水、废水；

（六）从事爆破作业；

（七）其他可能危害供热设施安全的行为。

第四十六条 建设单位在建设工程开工前，应当向所在地城建档案管理机构或者热源单位、供热单位查明有关地下供热设施情况。相关单位应当予以配合。

建设工程施工可能影响供热设施安全的，施工单位应当采取安全保护措施。建设工程施工中确需改动供热设施的，建设单位应当与热源单位或者供热单位商定改动方案。

第四十七条 旗县级以上人民政府供热行政主管部门应当制定并组织实施本行政区域的供热事故应急预案。发生供热事故造成人员伤亡、财产损失的，按照国家和自治区有关规定调查处理。

第四十八条 供热单位应当制定供热事故应急专项预案，公布维修、抢险和供热服务电话，并实行二十四小时值班制度。

供热单位发现供热事故或者接到供热事故报告后，应当立即到达现场组织抢险抢修，并按照规定及时报告有关部门。

第四十九条 供热设施发生故障需要抢修时，热源单位或者供热单位可以先行施工，后补办有关手续。

发生供热设施泄漏等紧急情况时，供热单位确需实施入户抢修的，在履行通知义务后，热用户不能在规定时间内及时赶赴抢修现场的，经供热单位负责人批准，并书面通知当地居民委员会和公安派出所，由当地居民委员会和公安派出所派人予以配合，方可入户抢修。抢修后，在现场的抢修负责人和配合人员应当在抢修单上签字。因抢修人员故意或者重大过失给热用户造成损失的，由抢修单位依法承担赔偿责任。

第六章　法律责任

第五十条 违反本条例规定，国家有关法律、法规作出具体处罚规定的，从其规定。

第五十一条 违反本条例规定，未取得供热经营许可证从事供热经营活动的，由供热行政主管部门责令停止违法行为，限期改正，并处以 1 万元以上 5 万元以下的罚款。

第五十二条 热源单位或者供热单位违反本条例规定，有下列行为之一的，由供热行政主管部门责令停止违法行为，限期改正，并处以 5 万元以上 10 万元以下的罚款；造成热用户损失的，依法承担赔偿责任：

（一）未经批准擅自停业或者歇业的；

（二）在采暖期内未安全、稳定、连续、保质保量供热或者擅自停止供热的；

（三）未按照规定给予热用户补偿或者退还热费的。

第五十三条 违反本条例规定，发现供热事故或者接到供热事故报告后未立即抢修的，由供热行政主管部门责令改正，并处以5000元以上2万元以下的罚款；造成热用户损失的，依法承担赔偿责任。

第五十四条 违反本条例规定，热用户有下列行为之一的，由供热行政主管部门责令限期改正；逾期未改正的，对个人处以500元以下的罚款，对单位处以5000元以下的罚款；造成损失的，依法承担赔偿责任：

（一）在室内供热设施上安装换热装置的；

（二）从供热设施中取用供热循环水的；

（三）未经供热单位同意，擅自改动供热管道、增设散热器或者改变用热性质的；

（四）在供热管道上安装管道泵等改变用热运行方式的。

第五十五条 违反本条例规定，新建建筑供热系统未安装分户控制装置、温度调控装置和热计量装置的，由供热行政主管部门给予警告，责令限期改正，并处以5000元以上3万元以下的罚款。

第五十六条 任何单位或者个人违反本条例规定，擅自改装、移动、覆盖、拆除、损坏供热设施和供热安全警示识别标志的，由供热行政主管部门责令停止违法行为，限期改正；逾期未改正的，对个人处以500元以上5000元以下的罚款，对单位处以1万元以上5万元以下的罚款；造成损失的，依法承担赔偿责任。

第五十七条 违反本条例规定，建设工程施工可能影响供热设施安全而未采取相应安全保护措施的，由供热行政主管部门责令限期改正，并对施工单位处以5000元以上1万元以下的罚款；造成损失的，依法承担赔偿责任。

第五十八条 供热行政主管部门或者其他有关部门的工作人员违反本条例规定，有下列行为之一的，由其所在单位或者上级主管部门对直接负责的主管人员和其他直接责任人员，依法给予行政处分；构成犯罪的，依法追究刑事责任：

（一）擅自变更经批准的供热专项规划的；

（二）未依法审批供热工程项目和供热经营许可证的；

（三）未依法审批供热单位停业、歇业的；

（四）未依法履行对供热单位的监督检查职责的；

（五）未依法受理有关供热质量和服务质量投诉以及发现违法行为未及时查处的；

（六）贪污、挪用供热管网维修、养护、更新保障资金的；

（七）有其他滥用职权、玩忽职守、徇私舞弊行为的。

第七章 附 则

第五十九条 本条例自2011年7月1日起施行。

内蒙古自治区国有土地上房屋征收与补偿条例

第一章　总　则

第一条　为了规范国有土地上房屋征收与补偿活动，维护公共利益，保障被征收房屋所有权人（以下称被征收人）的合法权益，根据国务院《国有土地上房屋征收与补偿条例》和国家有关法律、法规，结合自治区实际，制定本条例。

第二条　自治区行政区域内因公共利益需要实施的国有土地上房屋征收与补偿活动，适用本条例。

第三条　房屋征收与补偿应当遵循决策民主、程序正当、补偿公平、结果公开的原则。

第四条　设区的市人民政府、旗县级人民政府负责本行政区域内的房屋征收与补偿工作。

设区的市人民政府、旗县级人民政府确定的房屋征收部门（以下称房屋征收部门）组织实施本行政区域内的房屋征收与补偿工作。

盟行政公署、设区的市人民政府、旗县级人民政府住房和城乡建设、规划、财政、国土资源、发展和改革、人力资源和社会保障、文物保护、公安、工商行政管理、税务等部门应当依照本条例的规定和本级人民政府规定的职责分工，互相配合，保障房屋征收与补偿工作的顺利进行。

被征收房屋所在地的街道办事处、镇人民政府，应当配合做好房屋征收与补偿相关工作。

第五条　房屋征收部门可以依法委托房屋征收实施单位承担房屋征收与补偿的具体工作。房屋征收实施单位不得以营利为目的，所需工作经费由设区的市人民政府、旗县级人民政府予以保障。

房屋征收部门负责对房屋征收实施单位在委托范围内实施的房屋征收与补偿行为进行指导、监督和检查，并对其在委托范围内的行为后果承担法律责任。

第六条　上级人民政府应当加强对下级人民政府房屋征收与补偿工作的监督。

自治区人民政府住房和城乡建设主管部门会同同级财政、国土资源、发展和改革等有关部门，指导本行政区域内的房屋征收与补偿实施工作。

监察机关应当加强对参与房屋征收与补偿工作的人民政府和有关部门或者单位及其工作人员的监察。审计机关应当加强对征收补偿费用管理和使用情况的监督，并公布审计结果。

第七条　任何组织和个人对违反本条例的行为，都有权向有关人民政府、房屋征收部门和其他有关部门举报。接到举报的有关人民政府、房屋征收部门和其他有关部门对举报应当及时核实、处理。

第二章　征收决定

第八条　根据公共利益需要，有下列情形之一，确需征收房屋的，应当由设区的市人民政府、旗县级人民政府常务会议讨论通过后作出房屋征收决定：

（一）国防和外交的需要；

（二）由政府组织实施的能源、交通、水利等基础设施建设的需要；

（三）由政府组织实施的科技、教育、文化、卫生、体育、环境和资源保护、防灾减灾、文物保护、社会福利、市政公用等公共事业的需要；

（四）由政府组织实施的保障性安居工程建设的需要；

（五）由政府依照城乡规划法有关规定组织实施的对危房集中、基础设施落后等地段进行旧城区改建的需要；

（六）法律、行政法规规定的其他公共利益的需要。

房屋征收决定应当包括以下内容：

（一）项目名称；

（二）房屋征收范围；

（三）征收补偿方案；

（四）启征日期；

（五）行政复议、行政诉讼权利等事项。

第九条 作出房屋征收决定前，由房屋征收部门提出拟征收房屋范围，说明符合公共利益的具体情形，报设区的市人民政府、旗县级人民政府审核后予以公布。

确需征收房屋的各项建设活动，应当符合国民经济和社会发展规划、土地利用总体规划、城乡规划和专项规划。保障性安居工程建设、旧城区改建，应当纳入设区的市、旗县级国民经济和社会发展年度计划。

第十条 作出房屋征收决定前，房屋征收部门应当对房屋征收范围内房屋的权属、区位、用途、建筑面积等情况（包括被征收房屋的影像资料）组织调查登记，被征收人应当予以配合。调查结果应当在房屋征收范围内向被征收人公布。

被征收房屋设有合法抵押权的，房屋征收部门应当告知抵押权人。

第十一条 房屋征收范围确定后，不得在房屋征收范围内实施新建、扩建、改建房屋和改变房屋用途等不当增加补偿费用的行为，违反规定实施的，不予补偿。

房屋征收部门应当将前款所列事项书面通知住房和城乡建设、规划、国土资源、公安、工商行政管理、税务等有关部门，暂停办理相关手续。暂停办理的书面通知应当载明暂停期限，暂停期限最长不得超过一年。

第十二条 因旧城区改建需要征收房屋的，房屋征收范围确定后，房屋征收部门应当组织征询被征收人的改建意愿；百分之八十以上被征收人同意改建的，方可进行旧城区改建。

第十三条 房屋征收部门拟定征收补偿方案，报设区的市人民政府、旗县级人民政府。设区的市人民政府、旗县级人民政府应当组织有关部门对征收补偿方案进行论证后予以公布，并在房屋征收范围内张贴，通过政府门户网站或者报纸等媒体发布，征求公众意见，期限不得少于三十日。

征收补偿方案应当包括以下内容：

（一）房屋征收的目的、依据、范围；

（二）房屋征收补偿方式、补偿标准、安置地点、搬迁过渡方式、奖励办法等事项；

（三）搬迁期限、临时过渡期限和征收补偿签约期限；

（四）其他应当纳入补偿方案的内容。

房屋征收部门应当做好房屋征收与补偿的宣传、解释工作。

第十四条 因旧城区改建需要征收房屋的，超过半数的被征收人认为征收补偿方案不符合本条例规定的，设区的市人民政府、旗县级人民政府应当组织由被征收人和公众代表参加的听证会，并根据听证会的情况修改方案。

设区的市人民政府、旗县级人民政府确定的部门或者机构应当在听证会召开七日前将时间、地点通知被征收人和公众代表，必要时可以公告通知。听证会应当公开举行。

设区的市人民政府、旗县级人民政府应当将征收补偿方案征求意见情况、听证情况和根据被征收人、公众意见修改的情况及时公布。

第十五条 作出房屋征收决定前，设区的市人民政府、旗县级人民政府应当组织召开社会稳定风险评估论证会，就房屋征收的合法性、合理性、可行性和可能存在的社会稳定风险进行评估论证，形成社会稳定风险评估报告。

社会稳定风险评估报告应当作为是否作出房屋征收决定的重要依据。

第十六条 设区的市人民政府确定由市辖区人民政府作出房屋征收决定的，市辖区人民政府在作出房屋征收决定前，应当将社会稳定风险评估报告、征收补偿方案、补偿资金和产权调换房源落实情况等相关资料报设区的市人民政府后，方可作出征收决定。

第十七条 作出房屋征收决定前，补偿费用应当足额到位。由房屋征收部门设立专户存储、专款专用，不得挪作他用。

第十八条 设区的市人民政府、旗县级人民政府作出房屋征收决定后，应当在三日内予以公告。公告应当载明征收补偿方案和行政复议、行政诉讼权利等事项。

房屋被依法征收的，国有土地使用权同时收回。

第三章 补 偿

第十九条 作出房屋征收决定的设区的市人民政府、旗县级人民政府对被征收人给予的补偿包括：

（一）被征收房屋价值的补偿；

（二）因征收房屋造成的搬迁、临时安置的补偿；

（三）因征收房屋造成的停产停业损失的补偿。

设区的市人民政府、旗县级人民政府应当制定补助和奖励办法，对被征收人给予补助和奖励。

第二十条 被征收人可以选择货币补偿，也可以选择房屋产权调换。

第二十一条 被征收房屋的价值，由具有相应资质的房地产价格评估机构按照住房和城乡建设部《国有土地上房屋征收评估办法》评估确定。

被征收房屋和用于产权调换房屋的价值评估时点为房屋征收决定公告之日。

第二十二条 房地产价格评估机构由被征收人协商选定；自房屋征收部门公布房地产价格评估机构名单之日起十日内仍不能协商选定的，由房屋征收部门组织被征收人按照少数服从多数的原则投票确定或者采取摇号、抽签等方式随机确定。

通过投票确定或者随机确定房地产价格评估机构，备选的房地产价格评估机构不得少于三家。通过投票确定的房地产价格评估机构，应当有过半数的被征收人参加投票并获得参加投票的被征收人的过半数票。

投票确定或者随机确定房地产价格评估机构应当由公证机构现场公证。公证费用由房屋征收部门承担。

第二十三条 房地产价格评估机构被选定或者确定后，由房屋征收部门作为委托人与房地产价格评估机构签订房屋征收评估委托合同。

第二十四条　被征收人或者房屋征收部门对评估确定的被征收房屋价值有异议的，可以在收到评估报告十日内向房地产价格评估机构申请复核评估，评估机构应当自收到复核申请之日起十日内无偿予以复核评估；对复核结果有异议的，可以在收到复核结果十日内向盟行政公署、设区的市房地产价格评估专家委员会申请鉴定，房地产价格评估专家委员会应当在十日内出具鉴定意见；对房地产价格评估专家委员会的鉴定意见仍有异议的，按照本条例第三十七条规定处理。

被征收房屋评估费用由委托人承担，鉴定费用由申请人承担。鉴定改变原评估结果的，鉴定费用由原房地产价格评估机构承担。

房地产价格评估专家委员会由房地产估价师以及价格、房产、土地、城乡规划、法律、会计等方面的专家组成。

第二十五条　被征收房屋的性质和面积以房屋权属证书标明的为准；被征收房屋没有房屋权属证书的，以房屋登记簿的记载为准。房屋权属证书与房屋登记簿的记载不一致的，除有证据证明房屋登记簿确有错误外，以房屋登记簿为准。

房屋征收范围内未经产权登记的房屋，应当由设区的市人民政府、旗县级人民政府组织住房和城乡建设、规划、国土资源等有关部门依法进行调查、认定和处理。对违法建筑和超过批准期限的临时建筑，不予补偿。

第二十六条　征收个人住宅，被征收人选择货币补偿的，应当按照同等建筑面积、类似新建商品住宅市场价格予以补偿。被征收人有异议的，可以委托房地产价格评估机构对被征收房屋的价值进行评估。

第二十七条　征收个人住宅，被征收人选择产权调换的，设区的市人民政府、旗县级人民政府应当提供用于产权调换的房屋，并与被征收人计算、结清被征收房屋价值与用于产权调换房屋价值的差价。

因旧城区改建征收个人住宅，被征收人选择在改建地段进行房屋产权调换的，作出房屋征收决定的设区的市人民政府、旗县级人民政府应当提供改建地段或者就近地段的房屋。由平房调换至多层住宅或者高层住宅的，分别按照建筑面积不低于 1∶1.2 和 1∶1.3 比例调换。具体调换比例由设区的市人民政府、旗县级人民政府根据当地实际情况确定。

被征收房屋的附属物按照房地产价格评估机构的评估结果确定货币补偿金额。

第二十八条　被征收房屋属于公有住房，公有住房承租人符合房改政策的，可以按照房改政策购买被征收房屋，设区的市人民政府、旗县级人民政府应当对其按照被征收人予以补偿。

第二十九条　征收个人住宅，被征收人符合住房保障条件的，作出房屋征收决定的设区的市人民政府、旗县级人民政府应当优先给予住房保障。住房保障条件的具体标准按照自治区人民政府规定执行。

第三十条　被征收人住宅房屋建筑面积低于五十平方米，且在本市（镇）只有该套住房的，产权调换面积不得低于五十平方米，五十平方米以内不找差价；选择货币补偿的，最低补偿金额不得低于房地产价格评估机构确定的类似新建商品住宅市场价格平均售价购买五十平方米住宅的金额。

第三十一条　建设用于产权调换的住宅房屋，应当按照不低于国家绿色建筑最低标准进行设计和建设。安置住房应当按照全装修技术标准进行装修。

第三十二条　签订住宅房屋产权调换协议后，建设单位不得随意变更安置住房建筑面积。擅自更改面积超过补偿协议面积百分之三部分，被征收人无偿取得该面积的产权；低于补偿协议面积且不超过百分之三部分，征收部门按照征收决定公告之日类似新建商品住宅市场价格补偿被征收人；

低于补偿协议面积且超过百分之三部分，征收部门按照征收决定公告之日类似新建商品住宅市场价格的二倍补偿被征收人。

类似新建商品住宅市场价格应当在产权调换协议中予以明确。

第三十三条　征收非住宅房屋的，按照房地产价格评估机构确定的被征收房屋评估价格进行补偿。

被征收人选择房屋产权调换的，作出房屋征收决定的设区的市人民政府、旗县级人民政府有条件提供产权调换房屋的，应当提供用于产权调换的房屋，并与被征收人结清被征收房屋价值与用于产权调换房屋价值的差价。

第三十四条　征收非住宅房屋造成停产停业损失的，应当根据房屋被征收前的效益、停产停业期限等因素给予补偿。补偿标准不低于被征收房屋价值的百分之三。

被征收人认为其停产停业损失超过依照前款规定计算的补偿费的，应当向房屋征收部门提供房屋被征收前三年的效益、纳税凭证、停产停业期限等相关证明材料。房屋征收部门应当与被征收人共同委托依法设立的评估机构对停产停业损失进行评估，并按照评估结果支付补偿费。

第三十五条　作出房屋征收决定的设区的市人民政府、旗县级人民政府提供的周转用房，应当符合有关质量和安全标准。

因征收房屋造成搬迁的，房屋征收部门应当向被征收人支付搬迁费；选择房屋产权调换的，产权调换房屋交付前，房屋征收部门应当向被征收人支付临时安置补助费或者提供周转用房。

超过约定过渡期限的，对自行过渡的被征收人，房屋征收部门应当自逾期之日起按照原规定标准的二倍支付临时安置补助费；房屋征收部门已经提供周转用房的，除继续提供周转用房外，还应当自逾期之日起支付临时安置补助费。

搬迁费和临时安置补助费标准由设区的市人民政府、旗县级人民政府制定，并向社会公布。

第三十六条　房屋征收部门与被征收人依照本条例的规定，就补偿方式、补偿金额和支付期限、用于产权调换房屋的地点和面积、搬迁费、临时安置补助费或者周转用房、停产停业损失、搬迁期限、过渡方式和过渡期限等事项，订立补偿协议。

第三十七条　房屋征收部门与被征收人在征收补偿方案确定的签约期限内达不成补偿协议，或者被征收房屋所有权人不明确的，由作出房屋征收决定的设区的市人民政府、旗县级人民政府按照征收补偿方案作出补偿决定，并在房屋征收范围内予以公告。补偿决定规定的搬迁期限不得少于十五日。

被征收人对补偿决定不服的，可以依法申请行政复议，也可以依法提起行政诉讼。

第三十八条　实施房屋征收应当先补偿、后搬迁。

作出房屋征收决定的设区的市人民政府、旗县级人民政府对被征收人给予补偿后，被征收人应当在补偿协议约定或者补偿决定确定的搬迁期限内完成搬迁。

任何单位和个人不得采取暴力、威胁或者违反规定中断供水、供热、供气、供电和道路通行等非法方式迫使被征收人搬迁。禁止建设单位参与搬迁活动。

第三十九条　房屋征收中涉及军事设施、教堂、寺庙、文物、历史文化街区等，依照有关法律、法规的规定办理。

第四十条　被征收人在法定期限内不申请行政复议或者不提起行政诉讼，在补偿决定规定的期限内不予搬迁且经依法书面催告仍不搬迁的，由作出房屋征收决定的设区的市人民政府、旗县级人民政府依法申请人民法院强制执行。

第四十一条　房屋征收部门应当依法建立房屋征收补偿档案，并将分户补偿情况在房屋征收范围内向被征收人公布。

房屋征收补偿档案应当包括：

（一）作出房屋征收决定前调查摸底相关资料；

（二）作出房屋征收决定前的相关会议纪要；

（三）作出房屋征收决定所依据的相关规划；

（四）作出房屋征收决定前的听证和征求意见资料；

（五）征收补偿方案、征收决定及公告；

（六）房屋征收部门与征收实施单位、房地产价格评估机构签定的委托合同；

（七）整体评估报告和分户评估报告；

（八）告知有关部门停止办理相关手续的书面通知；

（九）分户补偿资料和补偿协议；

（十）设区的市人民政府、旗县级人民政府对达不成协议的被征收人作出的补偿决定及有关资料；

（十一）申请人民法院强制执行的材料；

（十二）监察和审计机关对征收工作进行监督检查与审计的材料；

（十三）其他与征收有关的档案资料。

第四章　法律责任

第四十二条　设区的市人民政府、旗县级人民政府及其房屋征收部门的工作人员有下列情形之一的，由上级人民政府或者本级人民政府责令改正，通报批评；造成损失的，依法承担赔偿责任；对直接负责的主管人员和其他直接责任人员，依法给予处分；构成犯罪的，依法追究刑事责任：

（一）不符合公共利益情形或者违反本条例规定的程序作出房屋征收决定的；

（二）违反本条例规定确定房地产价格评估机构的；

（三）违反本条例规定签订补偿协议的；

（四）违反本条例规定作出补偿决定的；

（五）未按照补偿协议或者补偿决定给予补偿的；

（六）其他滥用职权、玩忽职守、徇私舞弊的行为。

第四十三条　采取暴力、威胁或者违反规定中断供水、供热、供气、供电和道路通行等非法方式迫使被征收人搬迁，造成损失的，依法承担赔偿责任；对直接负责的主管人员和其他直接责任人员，构成犯罪的，依法追究刑事责任；尚不构成犯罪的，依法给予处分；构成违反治安管理行为的，依法给予治安管理处罚。

第四十四条　采取暴力、威胁等方法阻碍依法进行的房屋征收与补偿工作，构成犯罪的，依法追究刑事责任；构成违反治安管理行为的，依法给予治安管理处罚。

第四十五条　贪污、挪用、私分、截留、拖欠房屋征收补偿费用的，责令改正，追回有关款项，限期退还违法所得，对有关责任单位通报批评、给予警告；造成损失的，依法承担赔偿责任；对直接负责的主管人员和其他直接责任人员，构成犯罪的，依法追究刑事责任；尚不构成犯罪的，依法给予处分。

第四十六条 房地产价格评估机构或者房地产估价师出具虚假或者有重大差错的评估报告的，由发证机关责令限期改正，给予警告，对房地产价格评估机构并处5万元以上20万元以下罚款，对房地产估价师并处1万元以上3万元以下罚款，并记入信用档案；情节严重的，吊销资质证书、注册证书；造成损失的，依法承担赔偿责任；构成犯罪的，依法追究刑事责任。

第五章 附 则

第四十七条 本条例自2016年3月1日起施行。本条例施行前设区的市人民政府、旗县级人民政府已经作出征收决定的，继续沿用原有的规定办理。

内蒙古自治区建设工程质量管理条例

第一章　总　则

第一条　为加强对建设工程质量的管理，明确建设工程质量责任，保证建设工程质量，维护建设工程各方和使用者的合法权益，根据《中华人民共和国建筑法》等有关法律、法规，结合自治区实际，制定本条例。

第二条　自治区行政区域内的建设工程质量管理适用本条例。

本条例所称建设工程是指房屋建筑、土木工程、设备安装、管线敷设等工程。

本条例所称建设工程质量是指在国家现行的有关法律、法规、规章、技术标准、设计文件和合同中，对工程的安全、适用、经济、美观等特性的综合要求。

第三条　建设工程质量实行建设单位负责、勘察设计和施工单位保证、工程监理单位监理、政府监督相结合的管理制度。

第四条　自治区鼓励实行科学的建设工程质量管理方法，采用先进的科学技术；推行企业质量体系认证制度和建筑材料质量认证制度。

自治区鼓励创建优质工程，提倡优质优价。

第五条　旗县级以上建设行政主管部门负责本行政区域内的建设工程质量管理工作。

第六条　建设工程质量的行政领导责任人，项目法定代表人，勘察设计、施工、监理等单位的法定代表人，要按照各自的职责对其经手的工程质量负终身责任。

第二章　建设工程质量监督

第七条　自治区实行建设工程质量监督制度。从事建设工程活动的单位和个人，必须接受建设行政主管部门和建设工程质量监督机构的管理和监督。

第八条　自治区建设工程质量监督机构对盟市、旗县建设工程质量监督机构和专业工程质量监督机构实行监督和指导。

专业工程质量监督机构在其职责范围内，对专业工程质量实施监督。

第九条　建设工程质量监督机构必须经自治区建设行政主管部门进行资质审查。工程质量监督人员应当具备相应的专业技术知识和法律知识，经考核合格发给技术岗位资格证书和行政执法证书，凭证进行现场监督检查。

第十条　建设工程质量监督机构依据有关法律、法规、技术标准以及设计文件、合同，按照下列程序对建设工程质量以及施工现场影响建设工程质量的行为实施监督，有关单位应当协助和配合。

（一）开工前，审查勘察设计单位、工程监理单位、施工单位和建筑构配件生产单位的资质等级是否与承接任务相符，审查设计文件签审是否符合规定，审查施工单位的质量保证措施是否完善。

（二）施工中，以抽查为主的方式检查施工质量，重点检查地基基础、主体结构、隐蔽工程、特殊部位，重要建筑材料、构配件和设备安装等影响结构安全和使用功能的施工质量；发现影响工程质量的情况时，可以采取责令暂时停止施工的强制措施。

（三）竣工后，按照国家建设工程竣工验收制度对申报竣工的工程进行质量核验。

第十一条 建设工程竣工申请质量核验，应当符合下列条件，

（一）经勘察设计单位签证，确认完成工程设计文件中规定的内容，工程质量符合国家、自治区有关建设工程质量标准；

（二）经施工单位和建设单位或者工程监理单位签证，确认完成工程承包合同中规定的内容，工程质量符合国家、自治区有关建设工程质量标准；

（三）有完整的工程技术资料、管理资料、经签署的工程保修书以及使用说明书；

（四）具备国家和自治区规定的其他工程质量核验条件。

第十二条 未经建设工程质量监督机构质量核验或者核验不合格的工程，施工单位不得交付竣工验收，有关单位不得进行竣工验收和使用。

第十三条 建设工程质量检测试验单位必须经自治区技术监督行政主管部门计量认证合格，并经自治区建设行政主管部门审查合格和取得资质证书后，方可在核定的业务范围内进行检测试验。建设工程质量检测试验单位对出具的检测、试验报告负责。

第三章 建设单位和工程监理单位的质量责任

第十四条 建设单位应当加强对工程质量的管理。

建设单位与工程监理单位、勘察设计单位、施工单位签订合同时，应当明确质量要求和违约责任。

建设单位在进行设有煤气、有线电视、通讯管线、供电、供热、消防以及其他配套设施的工程建设时，应当将配套设施的工程与主体工程同时设计，同时施工，有关单位应当予以配合。

涉及建筑主体工程和承重结构变动的装修工程，建设单位应当在施工前委托原设计单位或者具有相应资质条件的设计单位提出设计文件；没有设计文件的，不得施工。

建设单位要严格履行建设程序，禁止边勘察、边设计、边施工和不合理缩短工期。

第十五条 建设单位应当设置与建设工程相适应的工程质量管理机构或者配备工程质量管理人员。不具备工程质量管理能力和按照规定实行强制监理的，必须委托具备相应资质条件的工程监理单位进行监理。

严禁在同一经营实体或同一行政单位直接管辖范围内搞设计、施工和监理。

第十六条 建设单位在开工前，必须申办工程质量监督手续。

建设单位或者工程监理单位在开工前，应当组织勘察设计单位和施工单位进行设计交底和图纸会审。施工中，应当按照有关的法律、法规、技术标准以及设计文件、合同，对工程质量进行检查。工程竣工后，应当及时报建设工程质量监督机构核验工程质量，并申请有关单位进行竣工验收。

第十七条 建设单位按照合同约定向施工单位供应的建筑材料、建筑构配件和设备等，必须符合设计文件要求和技术标准，并承担主要质量责任；

建设单位或者工程监理单位不得要求施工单位使用不合格建筑材料、建筑构配件和设备，不得指定生产厂、供应商，不得擅自更改设计文件。

第十八条 房地产开发企业承担本条例规定的建设单位质量责任，对开发建设的房地产项目的质量承担责任，并建立工程质量保证体系，遵守房地产管理法律、法规的工程质量管理规定。

第十九条 工程监理单位应当根据工程项目的规模、性质以及委托监理合同，确定工程项目总

监理工程师，配备与监理业务相适应的工程监理人员，并进驻施工现场对工程质量实施监理。

第二十条 工程监理单位应当制定工程项目监理计划和监理实施方案，明确对工程质量的要求和监理措施，在监理前交建设单位和施工单位。

第二十一条 建设单位或者工程监理单位对工程质量和施工现场影响工程质量的行为实施监理。对隐蔽工程和重要的工程部位必须按规定实行旁站监理，并审签验收记录。

建设单位或者工程监理单位必须对施工现场的建筑材料、建筑构配件和设备的合格证、质量证明进行审核，参加和监督施工单位的检验，并做签证。

第二十二条 建设单位要建立健全建设工程档案。从工程筹划到工程竣工验收各环节的文件资料，都要严格按照规定收集、整理、归档。

第四章 勘察设计单位的质量责任

第二十三条 勘察设计单位必须按照设计任务书以及合同进行勘察、设计，并对编制的勘察设计文件质量负责。

第二十四条 勘察设计文件应当符合有关法律、法规、规章、技术标准、规范和合同的规定。勘察文件应当评价准确，技术指标数据可靠完整；设计文件深度应当符合相应设计阶段的要求。

第二十五条 勘察设计单位应当参加建设单位或者工程监理单位组织的施工图纸会审，并负责设计交底；参加工程地基基础、主体结构和竣工质量核验；及时处理施工中出现的与设计有关的技术问题和质量问题；参加工程质量事故调查，并提出技术处理方案。

第二十六条 对大中型建设工程、超高层建筑以及采用新技术、新结构的工程，设计单位应当向施工现场派驻设计代表，并在合同中约定。

第五章 施工单位的质量责任

第二十七条 施工单位对工程的施工质量负责。

施工单位应当建立健全质量保证体系，落实质量责任制，编制工程施工组织设计，对施工全过程进行质量控制。

第二十八条 施工单位必须按照设计图纸、施工技术标准和合同施工，不得偷工减料。工程设计的修改由原设计单位负责，施工单位不得擅自修改工程设计。

施工单位对建设单位违反规定提出的降低工程质量的要求，应当予以拒绝。

第二十九条 施工单位应当按照技术标准、设计文件和合同，采购和使用建筑材料、建筑构配件和设备。

施工单位对进入施工现场的建筑材料、建筑构配件和设备，必须按规定进行检验，不合格的不得使用。

第三十条 施工单位在施工中发生重大质量事故，应当采取措施防止事故扩大，并按照规定向有关部门报告。

第三十一条 建筑构配件、预拌混凝土生产单位必须具备相应的生产条件、技术装备和质量保证体系。

第三十二条 生产建筑构配件、预拌混凝土的单位，应当提供产品合格证明、质量检测报告以及安装、使用、保养说明，并对产品质量负责。

第六章 工程质量保修和质量投诉

第三十三条 建设工程实行质量保修制度。

建设工程办理交工验收手续后，在国家规定的保修期限和保修范围内出现的质量缺陷，由施工单位负责维修，商品房由房地产开发企业负责组织施工单位维修。维修费用由造成质量缺陷的责任方承担。

第三十四条 因建筑材料、建筑构配件和设备质量不合格引起的质量缺陷，施工单位采购的，由施工单位承担主要责任；建设单位采购、施工单位未提出书面异议的，由建设单位和施工单位共同承担责任；建设单位采购、施工单位提出书面异议而建设单位坚持使用的，由建设单位承担主要责任。

第三十五条 建设工程因用户使用不当或者自行装修造成损坏和质量隐患的，由责任方承担责任。

第三十六条 建设工程在竣工验收前，建设单位将不超过3%的工程承包价款作为工程质量保修金，存入建设工程质量监督机构专门账户。工程竣工验收满一年未发生施工质量问题的，建设工程质量监督机构应当将工程质量保修金连同利息返还施工单位。

第三十七条 建设行政主管部门或者其他有关部门对任何单位、个人提出的工程质量投诉，应当在30日内提出处理意见。

第三十八条 因建设工程质量责任发生纠纷的，当事人可以协商解决，也可以申请建设行政部门调解。调解无效的，可以依法申请仲裁或者向人民法院起诉。

第七章 法律责任

第三十九条 建设单位开工前不办理工程质量监督手续，不按规定设置工程质量管理机构或者配备工程质量管理人员的，责令改正，并处以5000元至50000元罚款。

第四十条 建设单位违反本条例规定，要求勘察设计单位或者施工单位违反建设工程质量、安全标准，降低工程质量的，责令改正，并处以工程造价2%以下罚款。

建设单位和工程监理单位违反本条例规定，要求施工单位使用不合格建筑材料、建筑构配件和设备，指定生产厂、供应商，降低工程质量等行为的，责令停止施工并改正；有违法所得的，予以没收，并处以该项材料费2倍以下罚款。

第四十一条 工程监理单位与建设单位或者施工单位串通，弄虚作假，降低工程质量的，责令改正，并处以工程造价2%以下罚款，降低资质等级或者吊销资质证书；有违法所得的，予以没收；造成损失的，承担连带赔偿责任；构成犯罪的，依法追究刑事责任。

第四十二条 擅自对涉及建筑工程主体结构或者承重结构变动的装修工程施工的，责令改正，并处以20000元以下罚款；造成损失的，承担赔偿责任。

第四十三条 勘察设计单位不按照建设工程质量、安全标准进行勘察设计的，责令改正，并处以单位工程勘察设计费1倍以下罚款；造成工程质量事故的，责令停业整顿，降低资质等级或者吊销资质证书，没收违法所得，并处以单位工程勘察设计费3倍以下罚款；造成损失的，承担赔偿责任。

第四十四条 施工单位在施工中偷工减料，使用不合格的建筑材料、建筑构配件和设备，或者有其他不按照工程设计图纸、施工技术标准施工的行为的，责令改正，并处以5000元至50000元罚款；情节严重的，责令停业整顿，降低资质等级或者吊销资质证书；造成建设工程质量不符合规定的质量标准的，负责返工、修理，并赔偿因此造成的损失。

第四十五条 施工单位不履行保修义务或者拖延履行保修义务的，责令改正，并处以5000元至50000元罚款；并对在保修期内因屋顶、墙面渗漏、开裂等质量缺陷造成的损失，承担赔偿责任。

第四十六条 工程竣工后，建设单位不申请质量核验投入使用的，或者施工单位将质量核验不合格的工程交付使用的，责令改正，并分别处以5000元至50000元罚款。

第四十七条 建设工程质量检测试验单位出据虚假检测、试验报告的，责令改正，没收违法所得，并处以检测、试验费2倍至5倍罚款；情节严重的，可以降低资质等级或者吊销资质证书；造成损失的，承担赔偿责任。

第四十八条 本条例规定的责令停业整顿、降低资质等级和吊销资质证书的行政处罚，由颁发资质证书的机关决定；其他行政处罚，由建设行政主管部门或者有关部门依照法律和规定的职责范围决定。

建设行政主管部门可以依法委托建设工程质量监督机构实施行政处罚。

第四十九条 拒绝、阻碍工程质量监督人员依法执行公务的，依照《中华人民共和国治安管理处罚条例》予以处罚；构成犯罪的，依法追究刑事责任。

第五十条 当事人对行政处罚决定不服的，可以依法申请行政复议或者向人民法院起诉。

第五十一条 建设行政主管部门和工程质量监督机构的工作人员滥用职权、玩忽职守、徇私舞弊的，给予行政处分；构成犯罪的，依法追究刑事责任。

第八章 附 则

第五十二条 自治区人民政府确定的小型建设工程，参照本条例执行。

临时性建筑和农牧民自建二层以下住宅的建筑活动，不适用本条例。

第五十三条 本条例自公布之日起施行。

内蒙古自治区建筑施工安全管理条例

第一条 为了加强建筑施工安全管理，预防事故发生，保护国家财产和职工人身安全，根据《中华人民共和国劳动法》等有关法律、法规，结合自治区实际，制定本条例。

第二条 在自治区内从事土木建筑、管线敷设和设备安装、装饰装修工程的新建、改建、扩建、拆除等生产活动的施工安全管理，必须遵守本条例。

第三条 旗县级以上人民政府建设行政主管部门负责本行政区内建筑施工安全的行政管理工作。

旗县级以上人民政府劳动行政主管部门对本行政区内建筑施工安全工作实行国家监察，定期对建筑业企业安全工作实行检查和抽查。

第四条 旗县级以上人民政府建设行政主管部门根据国家和自治区有关法律、法规，做好本行政区域内建筑施工安全管理工作。具体职责是：

（一）宣传贯彻安全管理法律、法规；

（二）对建筑施工安全工作实行分级管理；

（三）审查建设项目开工前的安全技术措施；

（四）审定建筑业企业施工资质等级；

（五）监督建设单位、施工单位按照自治区有关规定和定额支付、使用安全技术措施经费；

（六）根据国家有关规定，负责职责范围内的安全技术教育和培训；

（七）对竣工工程的施工安全管理进行考评验收；

（八）调查、处理建筑施工中的事故，对死亡及重大事故按照规定会同劳动、公安、检察、工会等部门和组织调查、处理。

第五条 建筑业企业在建筑施工中必须做到：

（一）企业法定代表人、工程项目负责人分别对企业、工程项目的施工安全负责；

（二）企业要实行安全生产责任制，根据需要设立安全管理机构或者配备安全管理人员；

（三）按照规定使用安全技术措施经费；

（四）对职工进行实用安全技术教育、培训、考核，对新录用人员和其他劳务人员进行上岗前的三级安全教育；

（五）对施工安全管理人员进行严格考核，持有关部门核发的证件上岗；

（六）用于工程的建筑材料、构配件、安全防护用品、安全设施、机具、机械设备和电气装置等，必须符合建筑施工安全和其他有关技术规范、标准的要求，不符合建筑安全施工和其他有关技术规范、标准的，不得投入使用；

（七）施工现场的垂直运输机械、起重吊装设备、脚手架、架设高度在2米以上的操作平台和地下工程的安全设施安装、设置后，须经建筑业企业的安全管理机构检验合格，方可使用；

（八）无能力对本条第六项、第七项规定内容进行安全技术性能检测、检验的，应当委托有资格的单位检测或者检验，检测、检验单位要对其检测、检验结果负责；

（九）施工现场周边要设置围挡设施，实行封闭管理，悬挂张贴醒目的标志或者告示，阻止无关人员进入施工现场；

（十）施工现场必须符合文明施工的规定，不得违章指挥、违章作业，生产和生活设施必须符合安全要求和卫生标准；

（十一）按照有关规定报告、调查、处理施工事故；

（十二）向职工大会或者职工代表大会报告施工安全工作。

第六条 建设单位（或者其委托的建设工程监理单位）在建筑施工中必须做到：

（一）向施工企业提供保障施工安全的水文、地质、地下管线等基础资料以及必要的安全防护条件；

（二）按照国家和自治区的有关法规，通过招投标选择与建设项目的性质和规模等级相适应的施工企业，并监督其按照国家技术规范、规程、标准组织施工；

（三）监督建筑施工单位的安全工作，发现问题提出整改意见，对拒不改正的，可向同级建设行政主管部门反映情况，要求调查处理；

（四）按照规定支付安全技术措施经费，因缩短工期或者特殊需要追加安全技术措施经费的，要由原审批部门批准；

（五）不得任意降低工程类别、压低工程造价，影响建筑施工安全。

第七条 工程设计单位必须做到：

（一）按照设计规范、标准提供设计图纸，保证工程安全性能；

（二）协助施工企业提出施工安全技术措施；

（三）施工中发现设计图纸有碍作业人员安全的，根据施工单位的要求，经建设行政主管部门批准，由建设单位组织及时进行设计变更；

（四）设计中不得硬性规定使用某一厂家的设备、材料和产品。

第八条 企业职工必须遵守劳动安全法律、法规、规章和制度，按照施工安全技术标准和安全操作规程进行作业，发现不安全隐患，应当主动采取防护措施并及时向安全管理负责人员报告。

企业职工对违章指挥和违章作业，有权拒绝和制止。

第九条 各级地方工会、建筑行业工会和企业职工对施工安全依法进行监督。

企业工会应当依法维护职工在施工中的健康和安全。

第十条 对在建筑施工安全工作中做出显著成绩的单位和个人，各级人民政府及其建设行政主管部门或者有关单位，应当给予表彰和奖励。

第十一条 有下列情形之一的，由旗县级以上建设行政主管部门责令限期改正并给予处罚：

（一）违反本条例第五条第二项、第三项、第四顶、第五项、第九项、第十项、第十一项、第十二项，第六条第一项、第三项、第四项和第七条规定的，给予警告，可以并处责任单位 5000 元以上 20000 元以下罚款，同时处以单位负责人 1000 元、直接责任人 3000 元的罚款；

（二）违反本条例第六条第二项和第五项的，给予警告，处建设单位工程造价百分之二以下的罚款和单位负责人、直接责任人 3000 元的罚款；

（三）违反本条例第五条第六项、第七项和第八项规定的，处责任单位 10000 元以上 30000 元以下罚款；情节严重的责令停业整顿或者暂扣资质证书，处企业法定代表人，检测、检验单位负责人 2000 元、项目负责人和直接责任人各 5000 元的罚款；经整顿仍不符合有关规定的，降低企业资质等级，依法取消检测、检验单位资格。

第十二条 在建筑施工中发生重大事故造成严重后果的，对责任人由其所在单位或者上级主管部门给予行政处分，可以并处5000元以上10000元以下罚款；构成犯罪的，依法追究刑事责任。

第十三条 建筑业企业在施工中由于防护不当给其他单位、个人造成财产损失、人身伤亡的，依法承担民事责任。

第十四条 建设行政主管部门和其他有关部门的工作人员，在建筑施工安全监督和管理工作中不履行职责、滥用职权、玩忽职守、徇私舞弊、索贿受贿的，由其所在单位或者上级主管机关给予行政处分；构成犯罪的，依法追究刑事责任。

第十五条 当事人对处罚决定不服的，可以依法申请复议或者提起诉讼。逾期不申请复议或者不提起诉讼，又不履行处罚决定的，由作出处罚决定的机关申请人民法院强制执行。

第十六条 本条例自公布之日起施行。

内蒙古自治区建筑市场管理条例

第一章　总　则

第一条　为了加强对建筑市场的管理，维护建筑市场秩序，促进建筑业健康发展，根据《中华人民共和国建筑法》和国家有关法律、法规，结合自治区实际，制定本条例。

第二条　在自治区行政区域内从事建设工程的生产、交易和服务活动，实施建设工程活动监督管理，应当遵守本条例。

本条例所称的建设工程，是指土木工程、建筑工程、线路管道工程、设备安装工程和装饰装修工程。

本条例所称的有形建筑市场，是指为建设工程交易活动提供服务的场所。

第三条　旗县级以上人民政府建设行政主管部门按照分级管理规定负责对建筑市场的监督管理。

第四条　建筑市场管理应当遵循统一、开放、有序的原则。建设工程发包、承包应当坚持公开、公正、公平的原则，不受地区、部门和行业的限制。

第五条　建设工程的设计和施工应当符合法律、法规的规定和有关技术规范，建立健全安全生产责任制度。

建设、勘察、设计、施工、工程监理等单位应当建立和完善建设工程质量责任制，依法对建设工程质量负责。

第二章　建设工程程序

第六条　从事建设工程活动，应当严格执行工程报建、规划许可、初步设计审查、施工图设计文件审查、招标投标、合同管理、工程监理、工程质量与施工安全监督、施工许可（开工报告）、工程竣工验收和备案等基本建设程序。

第七条　建设单位应当将建设工程项目的初步设计文件报旗县级以上人民政府建设行政主管部门，由旗县级以上人民政府建设行政主管部门组织有关部门审查批准后，方可进行施工图设计。

第八条　建设工程开工前，建设单位应当持有关资料领取施工许可证。对符合法定条件的施工许可申请，建设行政主管部门应当自收到申请之日起十日内核发施工许可证。

国务院及其有关行政主管部门批准开工的建设工程，不再领取施工许可证，但应当向自治区人民政府建设行政主管部门备案

第三章　从业资格

第九条　从事建设工程活动的建筑施工企业、勘察单位、设计单位、工程监理单位、造价咨询单位和招标代理单位，应当具备下列条件：

（一）有符合国家规定的注册资本；

（二）有与其从事的建设工程活动相适应的具有法定执业资格的专业技术人员；

（三）有从事相关建设工程活动所应有的技术装备；

（四）法律、行政法规规定的其他条件。

第十条 从事建设工程活动的单位应当依法取得国家或者自治区人民政府建设行政主管部门颁发的资质证书，并在其资质等级许可的范围内从事建设工程活动。

第十一条 专业技术人员、关键岗位的专业管理人员和技术工人在取得执业和岗位资格证书后，应当向自治区人民政府建设行政主管部门申请执业注册或者从业资格认定。经自治区人民政府建设行政主管部门注册或者认定后，方可从事相关建设工程活动。

建设工程勘察、设计、造价咨询、监理等注册执业人员和其他专业技术人员只能受聘于一个单位；未受聘于建设工程勘察、设计、造价咨询和监理单位的，不得从事相关活动。

第四章 建设工程发包与承包

第十二条 建设单位应当在建设工程立项文件获得批准后，到旗县级以上人民政府建设行政主管部门办理工程报建手续。不办理工程报建手续的建设工程，不得发包或者组织施工。

第十三条 建设工程实行招标发包的，发包单位应当将建设工程发包给依法中标的承包单位；对法律、法规规定不适于招标发包的，可以直接发包，发包单位应当将建设工程发包给具有相应资质条件的承包单位。

第十四条 国家和自治区规定必须公开招标发包的建设工程和专业建设工程，应当进入有形建筑市场交易，由有关行政管理部门进行监督。

第十五条 招标发包的方式分为公开招标和邀请招标。

自治区确定的重点建设工程，全部使用国有资金投资、国有资金投资占控股或者主导地位的建设工程，使用国际组织或者外国政府贷款、援助资金的建设工程，应当依法公开招标。

符合法律、法规规定邀请招标条件的，经自治区人民政府批准，可以依法采取邀请招标方式。全部使用国有资金投资或者国有资金投资占控股或者主导地位并需要审批的建设工程的邀请招标，应当经项目审批部门批准，项目审批部门只审批立项的，由有关行政监督部门批准。

第十六条 建设工程应当以工程项目的单位工程为施工发包的最小标段，建设单位不得肢解工程发包。

第十七条 建设单位发包工程应当具有相应的资金或者资金来源已经落实，不得以承包单位带资承包或者垫资施工作为投标或者中标条件。

第十八条 政府及其所属部门不得滥用行政权力，限定发包单位将招标发包的建设工程发包给指定的承包单位。

供水、供电、供气、公安消防等部门或者单位不得明示或者暗示建设单位、施工单位购买其指定的生产供应单位的建筑材料、建筑构配件和设备。

第十九条 建设工程应当使用符合国家或者自治区质量安全标准的建筑材料、建筑构配件和设备。建设工程使用的新型建筑材料、产品在工程应用前，应当到建设行政主管部门进行登记。

第二十条 禁止转包和违法分包建设工程。

建设工程设计承包单位应当自主完成建设工程主体部分的设计，经发包方书面同意，可以将建设工程其他部分的设计任务分包给其他具有相应资质的建设工程设计单位。

第二十一条 施工总承包单位将建设工程分包的，应当与建设单位在建设工程总承包合同中约定，或者经建设单位书面认可，进入有形建筑市场，择优确定施工分包单位，并订立书面分包合同。

第二十二条 施工总承包单位或者专业承包单位承包建设工程后，应当确定与工程规模和技术复杂程度相适应的项目经理、技术负责人和施工管理负责人，对工程进行全面管理。

第二十三条 自治区外的勘察、设计、施工、监理、招标代理、造价咨询单位进入自治区承包工程的，应当在签订承发包合同之日起三十日内到自治区人民政府建设行政主管部门办理资质备案手续。

第五章 有形建筑市场

第二十四条 自治区、盟、设区的市设立有形建筑市场，应当经自治区人民政府建设行政主管部门初审后报国务院建设行政主管部门审批。旗、县、不设区的市设立有形建筑市场，应当经自治区人民政府建设行政主管部门审批。

第二十五条 有形建筑市场的设立，应当符合下列条件：

（一）与建设行政主管部门及其所属机构分立；

（二）有固定的交易场所和相应的服务设施；

（三）有健全的工作规则、办事程序和内部管理制度；

（四）有熟悉相关法律、法规和业务知识的工作人员。

第二十六条 有形建筑市场应当为发包、承包、分包交易活动的当事人提供设施齐全的场所；收集、存贮和发布与招标投标相关的信息；为建设工程交易的当事人提供规范的咨询服务。

第二十七条 有形建筑市场的开办者应当遵守下列规定：

（一）不得从事建设工程招标代理活动，不得与任何招标代理机构有隶属关系或者经济利益；

（二）不得以任何方式限制和排斥符合条件的企业参加投标活动或者非法干涉招标投标活动；

（三）不得违反规定收取费用；

（四）不得泄露当事人的商业秘密。

第二十八条 有形建筑市场工作人员应当遵守下列规定：

（一）不得参与评标、定标等活动；

（二）不得向建设单位推荐投标单位；

（三）不得以任何方式泄露招标投标活动的内部信息；

（四）在履行职责时，与本人或者其直系亲属有利害关系的，应当回避。

第二十九条 旗县级以上人民政府建设行政主管部门及相关部门可以在有形建筑市场内设立办公场所，办理建设工程相关手续，并建立建筑市场监管信息档案系统。

第六章 建设工程造价与合同

第三十条 建设工程实行以工程量清单计价为主、预算定额计价等方法为补充的建设工程造价计价制度。

国有资金投资或者国有资金投资为主的大中型建设项目招标投标，应当实行工程量清单计价制度。

第三十一条 自治区人民政府建设行政主管部门应当依照国家有关规定，组织编制和发布全区统一的工程量计算规则、工程项目划分规则和计价办法，会同有关部门对国有资金投资或者国家融资的建设工程的造价实施监督管理。

第三十二条 自治区人民政府、盟行政公署、设区的市人民政府建设行政主管部门或者委托的工程造价管理机构应当定期采集、整理、分析、测算和发布有关建设工程的人工、材料、机械台班的单位消耗量、市场价格、技术经济指标、造价指数等信息。

第三十三条 招标人不具备编制工程量清单条件的，应当委托具备资质条件的工程造价咨询单位或者招标代理机构编制。

第三十四条 建设单位和承包单位不得拖欠工程款和务工人员劳动报酬。

建设单位违反合同约定拖欠工程款的，建设行政主管部门应当根据有关规定，对其新建工程项目不予颁发施工许可证。

承包单位违反劳动用工合同约定，恶意拖欠务工人员劳动报酬的，建设行政主管部门应当将其记入企业不良行为档案，并定期向社会公布。

第三十五条 订立建设工程合同时，发包单位和承包单位可以依法签订工程款支付担保和履约担保合同。

第三十六条 全部使用国有资金投资、国有资金投资占控股或者主导地位的建设工程，建设单位应当自工程竣工验收合格之日起三十日内，将工程竣工结算资料报旗县级以上人民政府建设行政主管部门备案。

第三十七条 工程勘察、设计、监理和建设中介服务收费应当执行国家或者自治区人民政府价格主管部门的收费标准。未作明确规定的，由当事人协商议定。

第七章 法律责任

第三十八条 违反本条例第十二条规定，建设单位未办理工程报建手续的，由建设行政主管部门责令改正，并可处以5000元以上3万元以下的罚款。

第三十九条 违反本条例第十四条规定，建设单位不在有形建筑市场公开交易的，由建设行政主管部门或者有关行政管理部门责令改正，并可处以1万元以上5万元以下的罚款。

第四十条 违反本条例第十五条第二款规定，建设单位不依法公开招标的，由建设行政主管部门责令改正，并可处以建设工程合同价款千分之五以上千分之十以下的罚款。

第四十一条 违反本条例第十七条规定，建设单位以承包单位带资承包或者垫资施工作为投标或者中标条件的，由建设行政主管部门责令重新招标。

第四十二条 违反本条例第十八条第二款规定，供水、供电、供气、公安消防等部门或者单位，明示或者暗示建设单位或者施工单位购买其指定的生产供应单位的建筑材料、建筑构配件和设备的，由有关行政管理部门责令改正，并依法予以处罚。

第四十三条 违反本条例规定，施工单位在施工中使用不合格的建筑材料、建筑构配件和设备的，由建设行政主管部门责令改正，处工程合同价款百分之二以上百分之四以下的罚款；造成建设工程质量不符合规定的质量标准的，负责返工、修理，并赔偿因此造成的损失；情节严重的，责令停业整顿，降低资质等级或者吊销资质证书。

第四十四条 自治区外的勘察、设计、施工、监理、招标代理、造价咨询单位违反本条例第二十三条规定的，由建设行政主管部门责令改正；逾期不改正的，处以1万元以上5万元以下的罚款。

第四十五条 建设单位不依法进行分包认可管理或者强行指定转包、违法分包的，由建设行政主管部门责令改正，并建议有关部门对直接负责的主管人员和其他直接责任人员依法给予行政处分。

第四十六条 有形建筑市场开办者及其工作人员违反本条例第二十七条、第二十八条规定的，由建设行政主管部门责令改正，对开办者可处以 1 万元以上 5 万元以下的罚款；对责任人员可处以 5000 元以下的罚款；给当事人造成损失的，依法承担赔偿责任；构成犯罪的，依法追究刑事责任。

第四十七条　违反本条例第三十六条规定，建设单位不报送工程竣工结算资料的，由建设行政主管部门责令限期改正；逾期不改正的，处 1 万元以上 5 万元以下的罚款。

第四十八条　建设行政主管部门和有关行政管理部门或者其委托机构的工作人员违反本条例规定，有下列行为之一的，由有关部门对直接负责的主管人员和其他直接责任人员依法给予行政处分；构成犯罪的，依法追究刑事责任：

（一）为建设单位或者施工单位指定承包单位、分包单位的；

（二）滥用行政权力，限定发包单位将招标发包的建设工程发包给指定的承包单位的；

（三）故意拖延办理有关手续的；

（四）利用职务之便索取钱物、收受贿赂、徇私舞弊的；

（五）对违法行为应当查处而未查处的；

（六）违反本条例的其他行为。

第八章　附　则

第四十九条　法律、行政法规对交通、水利等专业建设工程的监督管理另有规定的，从其规定。

第五十条　本条例自 2004 年 1 月 1 日起施行。

内蒙古自治区建筑业企业资质管理实施办法

第一章 总 则

第一条 为规范和加强全区建筑业企业资质管理，依据《建筑业企业资质管理规定》(住房城乡建设部第22号令，以下简称《规定》)和《建筑业企业资质管理规定和资质标准实施意见》(建市〔2015〕20号，以下简称《实施意见》)等行政法规和资质标准，制定本办法。

第二条 在内蒙古自治区境内申请建筑业企业资质，实施对建筑业企业资质监督管理，适用本办法。

第三条 自治区人民政府住房城乡建设主管部门（以下简称自治区住建部门）负责全区建筑业企业资质的统一监督管理。自治区人民政府交通运输、水利等有关部门（以下简称自治区交通运输、水利等有关部门）配合自治区住建部门实施相关资质类别建筑业企业资质的管理工作。

各盟行政公署、市人民政府住房城乡建设主管部门（以下简称盟市住建部门）负责本行政区域内建筑业企业资质管理。各盟行政公署、市人民政府交通运输、水利等有关部门（以下简称盟市交通运输、水利等有关部门）配合盟市住建部门实施相关资质类别建筑业企业资质的管理工作。

第二章 资质许可范围

第四条 自治区住建部门实施下列建筑业企业资质的许可：

（一）施工总承包资质序列二级（铁路工程施工总承包二级除外）；

（二）铁路、通信工程施工总承包资质三级；

（三）专业承包资质序列一级（公路、水运、水利、铁路、民航方面及桥梁、隧道、核工程、海洋石油、输变电、钢结构专业承包一级除外）；

（四）专业承包资质序列二级（铁路、民航方面的专业承包二级资质除外）；

（五）铁路方面专业承包资质三级；

（六）特种工程专业承包资质。

第五条 盟市住建部门实施下列建筑业企业资质的许可：

（一）施工总承包资质序列三级（铁路、通信工程施工总承包资质三级除外）；

（二）专业承包资质序列三级（铁路工程方面专业承包资质除外）；

（三）预拌混凝土、模板脚手架专业承包资质；

（四）施工劳务资质；

（五）燃气燃烧器具安装、维修企业资质。

第三章 资质申请与受理

第六条 依法取得工商行政管理部门颁发的公司法人《营业执照》的企业，可申请建筑业企业资质。

企业申请建筑业企业资质，应向工商注册所在地的盟市住建部门提出申请。

企业申请由盟市住建部门许可的建筑业企业资质，许可程序由盟市住建部门依法确定。

第七条　企业可以申请一项或多项建筑业企业资质，申请资质类别和数量不受限制；申请多项资质的，应分别满足所申请类别资质的条件。

企业申请资质升级不受年限限制。

第八条　企业申请资质升级、资质增项的，资质许可机关应对其既有全部建筑业企业资质要求的资产和主要人员是否满足标准要求进行检查。

第九条　企业首次申请、增项申请及资质升级申请，应按照《规定》第十四条、《实施意见》附件 2 提交有关材料。

受理资质申请的部门，应当依法出具申请材料接收凭证。

第十条　建筑业企业资质申请材料包括《建筑业企业资质申请表》及相应的电子文档、附件材料（具体内容详见《规定》第十四条、《实施意见》附件 2）、建设工程企业基本信息表电子文档（建市资函〔2010〕93 号附件 3）。申请表一式一份，附件材料一套。其中涉及公路、水运、水利、通信、铁路、民航等方面专业资质，每涉及一个方面专业增加申请表一份、附件材料一套。

需要上报国务院住房城乡建设主管部门（以下简称住房城乡建设部）许可的，另增加申请表一份、附件材料一套。其中涉及公路、水运、水利、通信、铁路、民航等方面专业资质，每涉及一个方面专业再增加申请表一份、附件材料一套。

第四章　资质审查与许可

第十一条　由上级主管部门审核许可的资质，盟市和自治区住建部门应分别自受理申请之日起 20 个工作日内完成初审，并将初审意见和申请材料一同报上级住建部门。

第十二条　由自治区住建部门许可的建筑业企业资质，自治区住建部门应在受理盟市上报的申请材料之日起 20 个工作日内完成审查（不包括会同自治区交通运输、水利等部门审核时间）。

第十三条　企业申请由住房城乡建设部或自治区住建部门许可的资质，申请材料的原件由盟市住建部门进行审验，并对此负责。上级资质许可机关对材料原件可进行抽验。

第十四条　由住房城乡建设部许可资质的中级及以上职称人员（涉及公路、水运、水利、通信、铁路、民航等方面资质除外）、现场管理人员、技术工人、企业资产，由各盟市住建部门初审后报自治区住建部门审核。审核结果与企业申报材料一并上报住房城乡建设部。

由自治区住建部门许可资质的中级及以上职称人员（涉及公路、水运、水利、通信、铁路、民航等方面资质除外）、现场管理人员、技术工人、企业资产，由各盟市住建部门负责审核，自治区住建部门进行抽验。

第十五条　企业资质审查意见应在许可机关门户网站予以公示，公示时间为 10 个工作日。公示期间，任何单位和个人对审查意见持有疑义，均可向许可机关反映。申请资质的企业如对审查意见持有不同意见，可通过资质初审部门向资质许可机关进行书面陈述。

资质许可机关对核准的建筑业企业资质，在核准机关门户网站予以公告。

第十六条　企业申请建筑业企业资质升级、资质增项，在申请之日起前一年至资质许可决定做出前，有《建筑业企业资质管理规定》第二十三条所列情形之一的，资质许可机关不予批准其申请。

第五章　资质延续与变更

第十七条　建筑业企业资质证书有效期为 5 年。有效期届满继续从事建筑施工活动的，应在有效期届满 3 个月前向原资质许可机关提出延续申请。企业净资产和主要人员满足现有资质标准要求的，经资质许可机关核准，更换有效期 5 年的资质证书，有效期从批准延续之日起计算。

企业在有效期届满 3 个月前向原资质许可机关提出延续申请的，资质许可机关应在有效期满前做出是否准予延续的决定；逾期未做出决定的，视为准予延续。

企业在有效期满前 3 个月内申请资质延续的，资质受理部门应受理其申请。资质证书有效期满之日至批准延续之日，企业不得承接相应资质范围内的工程。

资质证书有效期届满，企业仍未提出延续申请的，资质证书自动失效。如需继续开展施工活动，应从最低等级资质申请。

第十八条　企业不再满足资质标准要求的，资质许可机关不批准其相应资质延续，企业可在资质许可结果公布后 3 个月内申请重新核定低于原资质等级的同类别资质。超过 3 个月仍未提出申请的，从最低等级资质重新申请。

第十九条　资质证书有效期从企业取得本套证书的首项建筑业企业资质起算，期间除资质延续、资质重新核定外，证书有效期不变。重新核定资质的，有效期自核定之日起重新计算（按简化审批手续办理的除外）。

第二十条　企业在建筑业企业资质证书有效期内名称、地址（自治区区域内）、注册资本、法定代表人等发生变更的，由自治区住建部门或住房城乡建设部颁发的资质证书，应通过盟市住建部门提出申请，分别由自治区住建部门或通过自治区住建部门报住房城乡建设部办理；由盟市住建部门颁发的资质证书需要变更的，由盟市住建部门负责办理。办理变更按照简单变更要求（建市函〔2005〕375 号附件 1、附件 3）提交材料。

盟市及自治区住建部门应在受理变更申请之日起 2 个工作日内办理变更手续，并在变更后 15 个工作日内将变更结果报自治区住建部门及住房城乡建设部备案（备案表参照建市函〔2005〕375号附件 4）。

涉及公路、水运、水利等方面的建筑业企业资质证书的变更，办理变更手续的部门应将变更情况告知同级有关部门。

第二十一条　企业发生合并、分立、改制、重组以及跨省变更等事项，企业性质由内资变为外商投资或由外商投资变为内资的，承接原资质的企业应同时申请资质核定，并按照《住房城乡建设部关于建设工程企业发生重组、合并、分立等情况资质核定有关问题的通知》（建市〔2014〕79 号）有关规定办理。

企业发生跨盟市变更的，申报材料参照跨省变更执行。

第六章　资质证书打印与申报材料存档

第二十二条　建筑业企业资质证书分为正本和副本，每套证书包括 1 个正本和 1 个副本，正、副本具有同等法律效力。

第二十三条　资质证书实行全国统一编码，由证书管理系统自动生成。同一资质许可机关许可的资质打印在一套证书上，不同资质许可机关做出许可决定后，分别打印证书。

资质证书副本数量不得增加。

第二十四条　企业领取新的资质证书时，应将原资质证书交原发证机关予以销毁。

第二十五条　企业资质申请材料受理后，不得修改更换，不再退还。资质许可机关应妥善保存企业资质申请材料，专人负责，谨防丢损，不可外借。对建筑业企业的所有申请、审查等书面材料应至少保存5年。

第七章　资质监督管理

第二十六条　旗县级以上人民政府住建部门和其他有关部门，可依照有关法律、法规和规章，对企业申请建筑业企业资质的条件进行核查。对取得建筑业企业资质后的市场行为及资产和主要人员是否满足资质标准，应进行定期或不定期核查。

第二十七条　企业应当接受资质许可机关以及企业注册所在地、承接项目所在地住建部门和其他有关部门的监督管理。有关企业和个人对依法进行的监督检查应当协助和配合，不得拒绝和阻挠。

第二十八条　旗县级以上人民政府住建部门和其他有关部门在履行监督检查职责时，应按照《规定》等相关规定执行。对监督检查中发现的违法违规问题，应按照规定予以相应的处理。监督检查结果及有关处罚信息应及时向社会公布，并报上一级主管部门备案。

第二十九条　有关部门应当将监督检查情况和处理意见及时告知资质许可机关。资质许可机关应将涉及公路、水运、水利等方面建筑业企业资质许可被撤回、撤销、吊销和注销的情况告知同级有关部门。

第三十条　资质许可机关应当建立本辖区内建筑业企业信用档案及档案管理制度，根据企业诚信情况，运用信息化手段实施动态监管和差别化管理。建筑业企业应当按照有关规定向资质许可机关提供真实、准确、完整的企业信用档案信息。

企业的信用档案信息应按照有关规定向社会公开。

第八章　资质申报与审核的法律责任

第三十一条　企业在申请建筑业企业资质中，有《规定》第三十五条至四十条行为的，应按照相应的条款规定予以处罚。

第三十二条　旗县级以上人民政府住建部门依法给予建筑业企业行政处罚的，应将处罚决定以及处罚的事实、理由和依据逐级上报，并通过自治区住建部门报住房城乡建设部备案，处罚结果记入自治区建筑业企业信用档案。

第三十三条　旗县级以上人民政府住建部门及其工作人员，违反《规定》的，按照《规定》第四十一条进行相应的处理。

第九章　附　则

第三十四条　自治区扩权强县试点旗县（市、区）所辖企业申请建筑业企业资质，将按照自治区党委、政府相关规定另行确定。

第三十五条　企业申请燃气燃烧器具安装、维修企业资质，仍按《关于燃气燃烧器具安装、维修企业资质管理有关事项的通知》（建城〔2007〕250号）有关规定执行。

第三十六条　本办法自2015年6月5日起施行，有效期至2020年6月4日。2008年3月5日印发的《内蒙古自治区建筑业企业资质管理实施办法》（内建建〔2008〕76号）同时废止。

内蒙古自治区实施《中华人民共和国招标投标法》办法

第一章 总 则

第一条 根据《中华人民共和国招标投标法》《中华人民共和国招标投标法实施条例》，结合自治区实际，制定本办法。

第二条 自治区行政区域内的招标投标活动及其监督管理，适用本办法。

第三条 招标投标活动应当遵循公开、公平、公正和诚实信用的原则。

第四条 旗县级以上人民政府发展和改革部门指导和协调本行政区域的招标投标工作。自治区人民政府发展和改革部门对自治区重大建设项目的工程招标投标活动实施监督检查。

旗县级以上人民政府经济和信息化、住房和城乡建设、交通运输、农牧业、水利、商务等部门，按照规定的职责分工对招标投标活动实施监督，依法查处招标投标活动中的违法行为。

第五条 盟行政公署、设区的市级以上人民政府应当建立统一规范的招标投标交易场所，为招标投标活动提供载体。招标投标交易场所不得与行政监督部门存在隶属关系，不得以营利为目的。

自治区鼓励利用信息网络进行电子招标投标。

第六条 任何单位和个人不得违法设定限制性条件阻碍或者排斥其他地区、其他行业潜在投标人参加本地区、本行业的招标投标活动。

任何单位和个人不得非法干涉招标投标活动，不得非法侵犯招标人、投标人在招标投标活动中的自主权。

第七条 招标投标行业协会应当加强行业自律，推进行业诚信体系建设，促进招标投标活动的公开、公平和公正进行。

第二章 招标方式和范围

第八条 招标方式分为公开招标和邀请招标。国家和自治区规定必须采用公开招标方式的，招标人应当公开招标。

第九条 下列工程建设项目，包括项目的勘察、设计、施工、监理以及与工程建设有关的重要设备、材料等的采购，符合国家规定的规模标准之一的，必须进行招标：

（一）大型基础设施、公用事业等关系社会公共利益、公众安全的项目；

（二）全部或者部分使用财政预算资金或者纳入财政管理的政府性专项建设基金的项目；

（三）政府融资的项目；

（四）国有资金占控股或者主导地位的项目；

（五）使用国际组织或者外国政府贷款、援助资金的项目；

（六）法律、法规规定应当进行招标的其他项目。

前款所列项目的具体范围和规模标准，按照国家有关规定执行。

第十条 需要履行审批、核准手续的依法必须进行招标的项目，应当将包括招标范围、招标方式、招标组织形式的书面材料报送项目审批、核准部门审批、核准。项目审批、核准部门应当及时将审批、核准确定的招标范围、招标方式、招标组织形式通报有关行政监督部门。

招标人应当按照经审批、核准的招标内容组织招标，确实需要改变已经审批、核准的招标内容的，在招标公告发布前应当由原审批、核准部门重新办理审批、核准手续。

第十一条 国有资金占控股或者主导地位的依法必须进行招标的项目，应当公开招标，但有下列情形之一的，可以邀请招标：

（一）技术复杂、有特殊要求或者受自然环境限制，只有少量潜在投标人可供选择的；

（二）采用公开招标方式的费用占项目合同金额的比例过大的。

有前款第二项所列情形，按照国家有关规定需要履行项目审批、核准手续的项目，由项目审批、核准部门在审批、核准时作出认定；其他项目由招标人申请有关行政监督部门作出认定。

涉及国家安全、国家秘密或者抢险救灾，适宜招标但是不宜公开招标的，可以邀请招标。

第十二条 有下列情形之一的，可以不进行招标：

（一）利用扶贫资金实行以工代赈的；

（二）需要采用不可替代的专利或者专有技术的；

（三）采购人依法能够自行建设、生产或者提供的；

（四）已通过招标方式选定的特许经营项目投资人依法能够自行建设、生产或者提供的；

（五）需要向原中标人采购工程、货物或者服务，否则将影响施工或者功能配套要求的；

（六）国家和自治区规定的其他特殊情形。

前款所列的项目，属于国家规定需要履行项目审批、核准手续的，应当经项目审批、核准部门批准；其他项目由招标人申请有关行政监督部门批准；自治区人民政府确定的地方重点项目，应当经自治区人民政府批准。

第十三条 依法必须进行招标项目的投标人、通过资格预审的申请人不足三个或者所有投标被否决的，招标人应当重新进行招标。重新招标后投标人、通过资格预审的申请人仍不足三个或者所有投标人均没有响应招标文件提出的实质性要求和条件的，报经原审批、核准部门批准后可以不再进行招标；自治区人民政府确定的地方重点项目，应当经自治区人民政府批准。

第三章 招标、投标

第十四条 招标人采用公开招标方式的，应当发布招标公告。

依法必须进行招标的项目的资格预审公告和招标公告，应当在国务院发展和改革部门依法指定的媒介和内蒙古招标投标网站上发布。在不同媒介发布的同一招标项目的资格预审公告或者招标公告的内容应当一致。

第十五条 招标人采用邀请招标方式的，应当向三个以上具备承担招标项目能力、资信良好的特定的法人或者其他组织发出投标邀请书。

第十六条 依法必须进行招标的项目，招标人自行办理招标事宜的，应当向有关行政监督部门备案，并具备以下条件：

（一）具有项目法人资格或者法人资格；

（二）具有与招标项目规模和复杂程度相适应的工程技术、造价、财务和工程管理等方面专业技术人员；

（三）拥有取得招标职业资格的专职招标业务人员不得少于三名。

招标人近三年内在招标活动中受到相关处罚的，不得自行办理招标事宜，应当实行委托招标。

第十七条 招标人委托招标的，应当委托具备法定资质条件的招标代理机构，并与其签订书面委托合同，明确双方的权利义务。

招标人有权自行选择招标代理机构，委托其办理招标事宜。任何单位和个人不得以任何方式为招标人指定招标代理机构，不得以登记备案等方式变相限制招标代理机构跨区域开展业务。

第十八条 招标人不得对招标代理机构提出不符合招标投标法律、法规规定的要求，不得与招标代理机构相互串通损害国家利益、社会公共利益和他人合法权益。

第十九条 招标代理机构应当在招标人委托范围内依法办理招标事宜，承担相应责任，不得转让招标代理业务，不得接受同一招标代理项目的投标代理或者投标咨询业务。

招标代理机构为招标活动提供服务，应当遵循自愿平等原则，按照国家和自治区的有关规定收费，不得强制投标人接受服务，不得擅自增加收费项目和提高收费标准。

第二十条 招标人在招标文件中要求投标人提交投标保证金的，投标保证金不得超过招标项目估算价的百分之二。投标保证金有效期应当与投标有效期一致。

招标人不得挪用投标保证金。

第二十一条 招标人或者招标代理机构不得有下列行为：

（一）以地域、行业、所有制形式等为条件限制、排斥潜在投标人的；

（二）以获得本地区、本行业奖项作为投标条件的；

（三）强制投标人组成联合体或者总分包关系共同投标的；

（四）在开标前开启投标文件，并将投标文件内容告知其他投标人，或者开标后协助投标人撤换、更改投标文件的；

（五）直接或者间接向投标人泄露标底、评标委员会成员名单等应当保密信息的；

（六）与投标人商定投标时压低或者抬高标价，中标后再给投标人、招标人额外补偿的；

（七）内定中标人的；

（八）明示或者暗示投标人压低或者抬高投标报价，或者对投标文件的其他内容进行授意的；

（九）组织、授意或者暗示其他投标人为特定投标人中标创造条件或者提供方便的；

（十）授意或者故意引导评标委员会对投标人进行区别对待的。

第二十二条 投标人应当在招标文件要求提交投标文件的截止时间前，将投标文件送达投标地点。

投标人在招标文件要求的截止时间前，可以补充、修改或者撤回已经提交的投标文件，并书面通知招标人。补充、修改的内容为投标文件的组成部分。

第二十三条 禁止投标人有下列串通投标的行为：

（一）投标人之间协商投标报价，相互约定抬高或者压低投标报价的；

（二）投标人之间事先约定中标人的；

（三）投标人之间约定部分投标人放弃投标或者中标的；

（四）属于同一集团、协会、商会等组织成员的投标人按照该组织要求协同投标的；

（五）投标人之间为谋取中标或者排斥特定投标人而采取的其他联合行动的。

第二十四条 禁止投标人有下列弄虚作假的行为：

（一）使用伪造、变造或者无效的许可证件、印鉴的；

（二）伪造或者虚报财务状况、业绩的；

（三）伪造项目负责人或者主要技术人员简历、劳动关系证明，或者中标后无正当理由不按照承诺配备项目负责人或者主要技术人员的；

（四）提供虚假信用状况的；

（五）提供虚假、引人误解信息的；

（六）其他弄虚作假的行为。

第二十五条　禁止投标人有下列以他人名义投标的行为：

（一）通过受让或者租借等方式获取资格或者资质证书的；

（二）由其他单位或者其他单位负责人在投标人编制的投标文件上加盖印章或者签字的；

（三）其他以他人名义投标的行为。

第四章　开标、评标和中标

第二十六条　开标由招标人或者招标人委托的招标代理机构主持。

投标人或者其委托代理人应当出席开标会，未出席开标会的，视为认可现场唱标结果并承担相应法律后果。

第二十七条　开标记录应当如实载明下列内容：

（一）招标项目的名称、规模等基本情况；

（二）开标时间和地点；

（三）参加开标的单位和人员；

（四）投标人的名称及其投标报价；

（五）其他应当记录的内容。

开标记录由招标人代表、投标人代表、记录员以及有关监督人员签字确认，并存档备查。

第二十八条　自治区人民政府应当组建跨部门、跨地区的综合评标专家库，并实行动态管理。评标专家应当从综合评标专家库中随机确定。具体组建方案和管理办法由自治区人民政府发展和改革部门会同有关部门制定，报自治区人民政府批准后实施。

旗县级以上人民政府发展和改革部门或者旗县级以上人民政府建立的招标投标交易场所，应当设立从自治区综合评标专家库中抽取评标专家的网络终端。

第二十九条　评标由招标人依法组建的评标委员会负责。

招标人应当在评标前二十四小时内组成评标委员会，评标前不得将评标内容告知评标委员会成员。

依法必须进行招标的项目，其评标委员会由招标人的代表和有关技术、经济等方面的专家组成，成员人数为五人以上单数，其中技术、经济等方面的专家不得少于成员总数的三分之二。技术、经济等方面的专家应当从评标专家库中随机抽取确定；技术复杂、专业性强或者国家有特殊要求的项目，采取随机抽取方式确定的专家难以胜任的，可以由招标人直接确定。

评标委员会成员名单在中标结果确定前应当保密。

第三十条　有下列情形之一的，不得担任评标委员会成员：

（一）投标人或者投标人主要负责人的近亲属；

（二）项目主管部门或者行政监督部门的人员；

（三）与投标人有经济利益关系，可能影响对投标公正评审的；

（四）曾因在招标、评标以及其他与招标投标有关活动中从事违法行为而受过行政处罚或者刑事处罚的。

评标委员会成员与投标人有利害关系的，应当主动提出回避。

第三十一条 评标专家在评标活动中，依法对投标文件独立进行评审，评审意见不受任何单位和个人的干预。评标专家参加评标活动可以依法取得劳务报酬。

评标专家应当履行下列义务：

（一）客观、公正地评标；

（二）对评标项目保密；

（三）依法提出回避申请；

（四）不得与投标人及其利害关系人私下接触；

（五）不得收受投标人财物；

（六）对本人提出的评审意见承担相应的法律责任；

（七）对行政监督部门的监督、检查活动予以协助和配合。

第三十二条 属于下列情形之一的，评标委员会应当否决其投标：

（一）投标书未加盖本单位公章以及未经法定代表人或者法定代表人委托的代理人签字的；

（二）同一投标人提交两个以上不同的投标文件或者投标报价的，但招标文件要求提交备选投标的除外；

（三）投标人未能按照要求提交投标保证金的；

（四）投标联合体没有提交共同投标协议的；

（五）投标人不符合国家、自治区或者招标文件规定的资格条件的；

（六）投标报价低于成本或者高于招标文件设定的最高投标限价的；

（七）投标文件没有对招标文件的实质性要求和条件作出响应的；

（八）投标人有串通投标、弄虚作假、行贿等违法行为的；

（九）其他不符合有关法律、法规规定情形的。

第三十三条 中标人确定后，招标人应当向中标人发出中标通知书，并同时将中标结果通知所有未中标的投标人。

第三十四条 招标人和中标人应当自中标通知书发出之日起三十日内，按照招标文件和中标人的投标文件订立书面合同。招标人和中标人不得再行订立背离合同实质性内容的其他协议。

第三十五条 招标文件要求中标人提交履约保证金的，签定书面合同时，中标人应当向招标人送交由开户银行出具的履约保证金证书。履约保证金不得超过中标合同总价额的百分之十。

第三十六条 招标人应当自确定中标人之日起十五日内，向有关行政监督部门提交招标投标情况的书面报告和电子文档。书面报告和电子文档应当包含以下主要内容：

（一）招标范围；

（二）招标文件和中标人投标文件的主要内容；

（三）招标方式和发布招标公告的媒介；

（四）投标人的资格审查情况；

（五）评标委员会的组成和评标报告；

（六）中标结果。

第三十七条 中标人应当按照合同约定履行义务，完成中标项目。中标人不得向他人转让中标项目，也不得将中标项目肢解后分别向他人转让。

第五章 监督管理

第三十八条 有关行政监督部门应当对招标人的招标活动、招标代理机构的代理行为和评标委员会的评标活动依法进行监督。

第三十九条 招标项目审批、核准部门应当将审批、核准结果通报有关行政监督部门。

有关行政监督部门在监督过程中发现有违反招标投标法律、法规规定行为的，应当依法处理并及时通知项目审批、核准部门，由项目审批、核准部门依法暂停项目执行或者暂停资金拨付。

第四十条 自治区人民政府应当建立招标投标信用档案制度，对全区范围内的招标投标活动进行信用记录，对不良行为和违法行为予以公示。

第四十一条 投标人或者其他利害关系人对招标投标活动中的违法行为，可以自知道或者应当知道之日起十日内向有关行政监督部门投诉。投诉应当有明确的请求和必要的证明材料。

第四十二条 行政监督部门应当向社会公开其受理投诉的渠道、范围和条件，并为投诉人保密。

行政监督部门接到投诉后，应当在三个工作日内告知投诉人是否受理；不受理的应当书面说明理由。超过三个工作日不告知的，视为受理。

第四十三条 行政监督部门应当自受理之日起三十日内，根据下列情况分别作出处理：

（一）投诉内容属实、确实存在违法行为的，依法对有关责任人作出处理决定并及时通知投诉人；

（二）经调查、核实不存在招标投标违法行为的，书面向投诉人说明调查结果。在规定时间内不能作出处理的，行政监督部门应当向投诉人书面说明理由。

第四十四条 有关行政监督部门有权依法查阅、复制相关文件和调查、核实相关情况，有关单位和个人应当予以配合。

有关行政监督部门查阅、复制、核实相关文件和调查、核实相关情况，应当为被监督人保守商业秘密。

第六章 法律责任

第四十五条 违反本办法规定的，依照《中华人民共和国招标投标法》《中华人民共和国招标投标法实施条例》的有关规定予以处罚。

第四十六条 国家工作人员有下列情形之一的，由其所在单位或者上级主管部门对直接负责的主管人员和其他直接责任人员依法给予行政处分；构成犯罪的，依法追究刑事责任：

（一）违法决定不招标或者邀请招标的；

（二）不依法履行审批、核准以及监督管理职责的；

（三）非法干涉招标人选择招标代理机构、组建评标委员会或者确定中标人的；

（四）干涉资格审查、评标的；

（五）违法收取费用的；

（六）未按照规定处理投诉的；

（七）其他玩忽职守、滥用职权、徇私舞弊的行为。

第七章 附 则

第四十七条 本办法自 2014 年 7 月 1 日起施行。

第三十一章　部门规章

城市地下管线工程档案管理办法

第一条 为了加强城市地下管线工程档案的管理，根据《中华人民共和国城乡规划法》《中华人民共和国档案法》《建设工程质量管理条例》等有关法律、行政法规，制定本办法。

第二条 本办法适用于城市规划区内地下管线工程档案的管理。

本办法所称城市地下管线工程，是指城市新建、扩建、改建的各类地下管线（含城市供水、排水、燃气、热力、电力、电信、工业等的地下管线）及相关的人防、地铁等工程。

第三条 国务院建设主管部门对全国城市地下管线工程档案管理工作实施指导、监督。

省、自治区人民政府建设主管部门负责本行政区域内城市地下管线工程档案的管理工作，并接受国务院建设主管部门的指导、监督。

县级以上城市人民政府建设主管部门或者规划主管部门负责本行政区域内城市地下管线工程档案的管理工作，并接受上一级建设主管部门的指导、监督。

城市地下管线工程档案的收集、保管、利用等具体工作，由城建档案馆或者城建档案室（以下简称城建档案管理机构）负责。

各级城建档案管理机构同时接受同级档案行政管理部门的业务指导、监督。

第四条 建设单位在申请领取建设工程规划许可证前，应当到城建档案管理机构查询施工地段的地下管线工程档案，取得该施工地段地下管线现状资料。

第五条 建设单位在申请领取建设工程规划许可证时，应当向规划主管部门报送地下管线现状资料。

第六条 在建设单位办理地下管线工程施工许可手续时，城建档案管理机构应当将工程竣工后需移交的工程档案内容和要求告知建设单位。

第七条 施工单位在地下管线工程施工前应当取得施工地段地下管线现状资料；施工中发现未建档的管线，应当及时通过建设单位向当地县级以上人民政府建设主管部门或者规划主管部门报告。

建设主管部门、规划主管部门接到报告后，应当查明未建档的管线性质、权属，责令地下管线产权单位测定其坐标、标高及走向，地下管线产权单位应当及时将测量的材料向城建档案管理机构报送。

第八条 地下管线工程覆土前，建设单位应当委托具有相应资质的工程测量单位，按照《城市地下管线探测技术规程》（CJJ61）进行竣工测量，形成准确的竣工测量数据文件和管线工程测量图。

第九条 地下管线工程竣工验收前，建设单位应当提请城建档案管理机构对地下管线工程档案进行专项预验收。

第十条 建设单位在地下管线工程竣工验收备案前，应当向城建档案管理机构移交下列档案资料：

（一）地下管线工程项目准备阶段文件、监理文件、施工文件、竣工验收文件和竣工图；

（二）地下管线竣工测量成果；

（三）其他应当归档的文件资料（电子文件、工程照片、录像等）。

城市供水、排水、燃气、热力、电力、电讯等地下管线专业管理单位（以下简称地下管线专业管理单位）应当及时向城建档案管理机构移交地下专业管线图。

第十一条 建设单位向城建档案管理机构移交的档案资料应当符合《建设工程文件归档整理规范》（GB/T 50328）的要求。

第十二条 地下管线专业管理单位应当将更改、报废、漏测部分的地下管线工程档案，及时修改补充到本单位的地下管线专业图上，并将修改补充的地下管线专业图及有关资料向城建档案管理机构移交。

第十三条 工程测量单位应当及时向城建档案管理机构移交有关地下管线工程的1∶500城市地形图和控制成果。

对于工程测量单位移交的城市地形图和控制成果，城建档案管理机构不得出售、转让。

第十四条 城建档案管理机构应当绘制城市地下管线综合图，建立城市地下管线信息系统，并及时接收普查和补测、补绘所形成的地下管线成果。

城建档案管理机构应当依据地下管线专业图等有关的地下管线工程档案资料和工程测量单位移交的城市地形图和控制成果，及时修改城市地下管线综合图，并输入城市地下管线信息系统。

第十五条 城建档案管理机构应当建立、健全科学的管理制度，依法做好地下管线工程档案的接收、整理、鉴定、统计、保管、利用和保密工作。

第十六条 城建档案管理机构应当建立地下管线工程档案资料的使用制度，积极开发地下管线工程档案资源，为城市规划、建设和管理提供服务。

第十七条 建设单位违反本办法规定，未移交地下管线工程档案的，由建设主管部门责令改正，处1万元以上10万元以下的罚款；对单位直接负责的主管人员和其他直接责任人员，处单位罚款数额5%以上10%以下的罚款；因建设单位未移交地下管线工程档案，造成施工单位在施工中损坏地下管线的，建设单位依法承担相应的责任。

第十八条 地下管线专业管理单位违反本办法规定，未移交地下管线工程档案的，由建设主管部门责令改正，处1万元以下的罚款；因地下管线专业管理单位未移交地下管线工程档案，造成施工单位在施工中损坏地下管线的，地下管线专业管理单位依法承担相应的责任。

第十九条 建设单位和施工单位未按照规定查询和取得施工地段的地下管线资料而擅自组织施工，损坏地下管线给他人造成损失的，依法承担赔偿责任。

第二十条 工程测量单位未按照规定提供准确的地下管线测量成果，致使施工时损坏地下管线给他人造成损失的，依法承担赔偿责任。

第二十一条 城建档案管理机构因保管不善，致使档案丢失，或者因汇总管线信息资料错误致使在施工中造成损失的，依法承担赔偿责任；对有关责任人员，依法给予行政处分。

第二十二条 本办法自2005年5月1日起施行。

房屋建筑和市政基础设施工程竣工验收备案管理办法

第一条　为了加强房屋建筑和市政基础设施工程质量的管理，根据《建设工程质量管理条例》，制定本办法。

第二条　在中华人民共和国境内新建、扩建、改建各类房屋建筑和市政基础设施工程的竣工验收备案，适用本办法。

第三条　国务院住房和城乡建设主管部门负责全国房屋建筑和市政基础设施工程（以下统称工程）的竣工验收备案管理工作。

县级以上地方人民政府建设主管部门负责本行政区域内工程的竣工验收备案管理工作。

第四条　建设单位应当自工程竣工验收合格之日起 15 日内，依照本办法规定，向工程所在地的县级以上地方人民政府建设主管部门（以下简称备案机关）备案。

第五条　建设单位办理工程竣工验收备案应当提交下列文件

（一）工程竣工验收备案表。

（二）工程竣工验收报告。竣工验收报告应当包括工程报建日期，施工许可证号，施工图设计文件审查意见，勘察、设计、施工、工程监理等单位分别签署的质量合格文件及验收人员签署的竣工验收原始文件，市政基础设施的有关质量检测和功能性试验资料以及备案机关认为需要提供的有关资料。

（三）法律、行政法规规定应当由规划、环保等部门出具的认可文件或者准许使用文件。

（四）法律规定应当由公安消防部门出具的对大型的人员密集场所和其他特殊建设工程验收合格的证明文件。

（五）施工单位签署的工程质量保修书。

（六）法规、规章规定必须提供的其他文件。

住宅工程还应当提交《住宅质量保证书》和《住宅使用说明书》。

第六条　备案机关收到建设单位报送的竣工验收备案文件，验证文件齐全应当在工程竣工验收备案表上签署文件收讫。

工程竣工验收备案表一式两份，一份由建设单位保存，一份留备案机关存档。

第七条　工程质量监督机构应当在工程竣工验收之日起 5 日内，向备案机关提交工程质量监督报告。

第八条　备案机关发现建设单位在竣工验收过程中有违反国家有关建设工程质量管理规定行为的，应当在收讫竣工验收备案文件 15 日内，责令停止使用，重新组织竣工验收。

第九条　建设单位在工程竣工验收合格之日起 15 日内未办理工程竣工验收备案的，备案机关责令限期改正，处 20 万元以上 50 万元以下罚款。

第十条　建设单位将备案机关决定重新组织竣工验收的工程，在重新组织竣工验收前，擅自使用的，备案机关责令停止使用，处工程合同价款 2%以上 4%以下罚款。

第十一条　建设单位采用虚假证明文件办理工程竣工验收备案的，工程竣工验收无效，备案机关责令停止使用，重新组织竣工验收，处 20 万元以上 50 万元以下罚款；构成犯罪的，依法追究刑事责任。

第十二条 备案机关决定重新组织竣工验收并责令停止使用的工程，建设单位在备案之前已投入使用或者建设单位擅自继续使用造成使用人损失的，由建设单位依法承担赔偿责任。

第十三条 竣工验收备案文件齐全，备案机关及其工作人员不办理备案手续的，由有关机关责令改正，对直接责任人员给予行政处分。

第十四条 抢险救灾工程、临时性房屋建筑工程和农民自建低层住宅工程，不适用本办法。

第十五条 军用房屋建筑工程竣工验收备案，按照中央军事委员会的有关规定执行。

第十六条 省、自治区、直辖市人民政府住房和城乡建设主管部门可以根据本办法制定实施细则。

第十七条 本办法自发布之日起施行。

城市建设档案管理规定

第一条　为了加强城市建设档案（以下简称城建档案）管理，充分发挥城建档案在城市规划、建设、管理中的作用，根据《中华人民共和国档案法》《中华人民共和国城乡规划法》《建设工程质量管理条例》《科学技术档案工作条例》，制定本规定。

第二条　本规定适用于城市内（包括城市各类开发区）的城建档案的管理。

本规定所称城建档案，是指在城市规划、建设及其管理活动中直接形成的对国家和社会具有保存价值的文字、图纸、图表、声像等各种载体的文件材料。

第三条　国务院建设行政主管部门负责全国城建档案管理工作，业务上受国家档案部门的监督、指导。

县级以上地方人民政府建设行政主管部门负责本行政区域内的城建档案管理工作，业务上受同级档案部门的监督、指导。

城市的建设行政主管部门应当设置城建档案工作管理机构或者配备城建档案管理人员，负责全市城建档案工作。城市的建设行政主管部门也可以委托城建档案馆负责城建档案工作的日常管理工作。

第四条　城建档案馆的建设资金按照国家或者地方的有关规定，采取多种渠道解决。城建档案馆的设计应当符合档案馆建筑设计规范要求。城建档案的管理应当逐步采用新技术，实现管理现代化。

第五条　城建档案馆重点管理下列档案资料：

（一）各类城市建设工程档案：

1．工业、民用建筑工程；

2．市政基础设施工程；

3．公用基础设施工程；

4．交通基础设施工程；

5．园林建设、风景名胜建设工程；

6．市容环境卫生设施建设工程；

7．城市防洪、抗震、人防工程；

8．军事工程档案资料中，除军事禁区和军事管理区以外的穿越市区的地下管线走向和有关隐蔽工程的位置图。

（二）建设系统各专业管理部门（包括城市规划、勘测、设计、施工、监理、园林、风景名胜、环卫、市政、公用、房地产管理、人防等部门）形成的业务管理和业务技术档案。

（三）有关城市规划、建设及其管理的方针、政策、法规、计划方面的文件、科学研究成果和城市历史、自然、经济等方面的基础资料。

第六条　建设单位应当在工程竣工验收后三个月内，向城建档案馆报送一套符合规定的建设工程档案。凡建设工程档案不齐全的，应当限期补充。

停建、缓建工程的档案，暂由建设单位保管。

撤销单位的建设工程档案，应当向上级主管机关或者城建档案馆移交。

第七条 对改建、扩建和重要部位维修的工程，建设单位应当组织设计、施工单位据实修改、补充和完善原建设工程档案。凡结构和平面布置等改变的，应当重新编制建设工程档案，并在工程竣工后三个月内向城建档案馆报送。

第八条 列入城建档案馆档案接收范围的工程，建设单位在组织竣工验收前，应当提请城建档案管理机构对工程档案进行预验收。预验收合格后，由城建档案管理机构出具工程档案认可文件。

第九条 建设单位在取得工程档案认可文件后，方可组织工程竣工验收。建设行政主管部门在办理竣工验收备案时，应当查验工程档案认可文件。

第十条 建设系统各专业管理部门形成的业务管理和业务技术档案，凡具有永久保存价值的，在本单位保管使用一至五年后，按本规定全部向城建档案馆移交。有长期保存价值的档案，由城建档案馆根据城市建设的需要选择接收。

城市地下管线普查和补测补绘形成的地下管线档案应当在普查、测绘结束后三个月内接收进馆。地下管线专业管理单位每年应当向城建档案馆报送更改、报废、漏测部分的管线现状图和资料。

房地产权属档案的管理，由国务院建设行政主管部门另行规定。

第十一条 城建档案馆对接收的档案应当及时登记、整理，编制检索工具。做好档案的保管、保护工作，对破损或者变质的档案应当及时抢救。特别重要的城建档案应当采取有效措施，确保其安全无损。

城建档案馆应当积极开发档案信息资源，并按照国家的有关规定，向社会提供服务。

第十二条 建设行政主管部门对在城建档案工作中做出显著成绩的单位和个人，应当给予表彰和奖励。

第十三条 违反本规定有下列行为之一的，由建设行政主管部门对直接负责的主管人员或者其他直接责任人员依法给予行政处分；构成犯罪的，由司法机关依法追究刑事责任：

（一）无故延期或者不按照规定归档、报送的；

（二）涂改、伪造档案的；

（三）档案工作人员玩忽职守，造成档案损失的。

第十四条 建设工程竣工验收后，建设单位未按照本规定移交建设工程档案的，依照《建设工程质量管理条例》的规定处罚。

第十五条 省、自治区、直辖市人民政府建设行政主管部门可以根据本规定制定实施细则。

第十六条 本规定由国务院建设行政主管部门负责解释。

第十七条 本规定自 1998 年 1 月 1 日起施行。以前发布的有关规定与本规定不符的，按本规定执行。

房屋建筑和市政基础设施项目工程总承包管理办法

第一章 总 则

第一条 为规范房屋建筑和市政基础设施项目工程总承包活动，提升工程建设质量和效益，根据相关法律法规，制定本办法。

第二条 从事房屋建筑和市政基础设施项目工程总承包活动，实施对房屋建筑和市政基础设施项目工程总承包活动的监督管理，适用本办法。

第三条 本办法所称工程总承包，是指承包单位按照与建设单位签订的合同，对工程设计、采购、施工或者设计、施工等阶段实行总承包，并对工程的质量、安全、工期和造价等全面负责的工程建设组织实施方式。

第四条 工程总承包活动应当遵循合法、公平、诚实守信的原则，合理分担风险，保证工程质量和安全，节约能源，保护生态环境，不得损害社会公共利益和他人的合法权益。

第五条 国务院住房和城乡建设主管部门对全国房屋建筑和市政基础设施项目工程总承包活动实施监督管理。国务院发展改革部门依据固定资产投资建设管理的相关法律法规履行相应的管理职责。

县级以上地方人民政府住房和城乡建设主管部门负责本行政区域内房屋建筑和市政基础设施项目工程总承包（以下简称工程总承包）活动的监督管理。县级以上地方人民政府发展改革部门依据固定资产投资建设管理的相关法律法规在本行政区域内履行相应的管理职责。

第二章 工程总承包项目的发包和承包

第六条 建设单位应当根据项目情况和自身管理能力等，合理选择工程建设组织实施方式。

建设内容明确、技术方案成熟的项目，适宜采用工程总承包方式。

第七条 建设单位应当在发包前完成项目审批、核准或者备案程序。采用工程总承包方式的企业投资项目，应当在核准或者备案后进行工程总承包项目发包。采用工程总承包方式的政府投资项目，原则上应当在初步设计审批完成后进行工程总承包项目发包；其中，按照国家有关规定简化报批文件和审批程序的政府投资项目，应当在完成相应的投资决策审批后进行工程总承包项目发包。

第八条 建设单位依法采用招标或者直接发包等方式选择工程总承包单位。

工程总承包项目范围内的设计、采购或者施工中，有任一项属于依法必须进行招标的项目范围且达到国家规定规模标准的，应当采用招标的方式选择工程总承包单位。

第九条 建设单位应当根据招标项目的特点和需要编制工程总承包项目招标文件，主要包括以下内容：

（一）投标人须知；

（二）评标办法和标准；

（三）拟签订合同的主要条款；

（四）发包人要求，列明项目的目标、范围、设计和其他技术标准，包括对项目的内容、范围、规模、标准、功能、质量、安全、节约能源、生态环境保护、工期、验收等的明确要求；

（五）建设单位提供的资料和条件，包括发包前完成的水文地质、工程地质、地形等勘察资料，以及可行性研究报告、方案设计文件或者初步设计文件等；

（六）投标文件格式；

（七）要求投标人提交的其他材料。

建设单位可以在招标文件中提出对履约担保的要求，依法要求投标文件载明拟分包的内容；对于设有最高投标限价的，应当明确最高投标限价或者最高投标限价的计算方法。

推荐使用由住房和城乡建设部会同有关部门制定的工程总承包合同示范文本。

第十条　工程总承包单位应当同时具有与工程规模相适应的工程设计资质和施工资质，或者由具有相应资质的设计单位和施工单位组成联合体。工程总承包单位应当具有相应的项目管理体系和项目管理能力、财务和风险承担能力，以及与发包工程相类似的设计、施工或者工程总承包业绩。

设计单位和施工单位组成联合体的，应当根据项目的特点和复杂程度，合理确定牵头单位，并在联合体协议中明确联合体成员单位的责任和权利。联合体各方应当共同与建设单位签订工程总承包合同，就工程总承包项目承担连带责任。

第十一条　工程总承包单位不得是工程总承包项目的代建单位、项目管理单位、监理单位、造价咨询单位、招标代理单位。

政府投资项目的项目建议书、可行性研究报告、初步设计文件编制单位及其评估单位，一般不得成为该项目的工程总承包单位。政府投资项目招标人公开已经完成的项目建议书、可行性研究报告、初步设计文件的，上述单位可以参与该工程总承包项目的投标，经依法评标、定标，成为工程总承包单位。

第十二条　鼓励设计单位申请取得施工资质，已取得工程设计综合资质、行业甲级资质、建筑工程专业甲级资质的单位，可以直接申请相应类别施工总承包一级资质。鼓励施工单位申请取得工程设计资质，具有一级及以上施工总承包资质的单位可以直接申请相应类别的工程设计甲级资质。完成的相应规模工程总承包业绩可以作为设计、施工业绩申报。

第十三条　建设单位应当依法确定投标人编制工程总承包项目投标文件所需要的合理时间。

第十四条　评标委员会应当依照法律规定和项目特点，由建设单位代表、具有工程总承包项目管理经验的专家，以及从事设计、施工、造价等方面的专家组成。

第十五条　建设单位和工程总承包单位应当加强风险管理，合理分担风险。

建设单位承担的风险主要包括：

（一）主要工程材料、设备、人工价格与招标时基期价相比，波动幅度超过合同约定幅度的部分；

（二）因国家法律法规政策变化引起的合同价格的变化；

（三）不可预见的地质条件造成的工程费用和工期的变化；

（四）因建设单位原因产生的工程费用和工期的变化；

（五）不可抗力造成的工程费用和工期的变化。

具体风险分担内容由双方在合同中约定。

鼓励建设单位和工程总承包单位运用保险手段增强防范风险能力。

第十六条　企业投资项目的工程总承包宜采用总价合同，政府投资项目的工程总承包应当合理确定合同价格形式。采用总价合同的，除合同约定可以调整的情形外，合同总价一般不予调整。

建设单位和工程总承包单位可以在合同中约定工程总承包计量规则和计价方法。

依法必须进行招标的项目，合同价格应当在充分竞争的基础上合理确定。

第三章 工程总承包项目实施

第十七条 建设单位根据自身资源和能力，可以自行对工程总承包项目进行管理，也可以委托勘察设计单位、代建单位等项目管理单位，赋予相应权利，依照合同对工程总承包项目进行管理。

第十八条 工程总承包单位应当建立与工程总承包相适应的组织机构和管理制度，形成项目设计、采购、施工、试运行管理以及质量、安全、工期、造价、节约能源和生态环境保护管理等工程总承包综合管理能力。

第十九条 工程总承包单位应当设立项目管理机构，设置项目经理，配备相应管理人员，加强设计、采购与施工的协调，完善和优化设计，改进施工方案，实现对工程总承包项目的有效管理控制。

第二十条 工程总承包项目经理应当具备下列条件：

（一）取得相应工程建设类注册执业资格，包括注册建筑师、勘察设计注册工程师、注册建造师或者注册监理工程师等；未实施注册执业资格的，取得高级专业技术职称；

（二）担任过与拟建项目相类似的工程总承包项目经理、设计项目负责人、施工项目负责人或者项目总监理工程师；

（三）熟悉工程技术和工程总承包项目管理知识以及相关法律法规、标准规范；

（四）具有较强的组织协调能力和良好的职业道德。

工程总承包项目经理不得同时在两个或者两个以上工程项目担任工程总承包项目经理、施工项目负责人。

第二十一条 工程总承包单位可以采用直接发包的方式进行分包。但以暂估价形式包括在总承包范围内的工程、货物、服务分包时，属于依法必须进行招标的项目范围且达到国家规定规模标准的，应当依法招标。

第二十二条 建设单位不得迫使工程总承包单位以低于成本的价格竞标，不得明示或者暗示工程总承包单位违反工程建设强制性标准、降低建设工程质量，不得明示或者暗示工程总承包单位使用不合格的建筑材料、建筑构配件和设备。

工程总承包单位应当对其承包的全部建设工程质量负责，分包单位对其分包工程的质量负责，分包不免除工程总承包单位对其承包的全部建设工程所负的质量责任。

工程总承包单位、工程总承包项目经理依法承担质量终身责任。

第二十三条 建设单位不得对工程总承包单位提出不符合建设工程安全生产法律、法规和强制性标准规定的要求，不得明示或者暗示工程总承包单位购买、租赁、使用不符合安全施工要求的安全防护用具、机械设备、施工机具及配件、消防设施和器材。

工程总承包单位对承包范围内工程的安全生产负总责。分包单位应当服从工程总承包单位的安全生产管理，分包单位不服从管理导致生产安全事故的，由分包单位承担主要责任，分包不免除工程总承包单位的安全责任。

第二十四条 建设单位不得设置不合理工期，不得任意压缩合理工期。

工程总承包单位应当依据合同对工期全面负责，对项目总进度和各阶段的进度进行控制管理，确保工程按期竣工。

第二十五条　工程保修书由建设单位与工程总承包单位签署，保修期内工程总承包单位应当根据法律法规规定以及合同约定承担保修责任，工程总承包单位不得以其与分包单位之间保修责任划分而拒绝履行保修责任。

第二十六条　建设单位和工程总承包单位应当加强设计、施工等环节管理，确保建设地点、建设规模、建设内容等符合项目审批、核准、备案要求。

政府投资项目所需资金应当按照国家有关规定确保落实到位，不得由工程总承包单位或者分包单位垫资建设。政府投资项目建设投资原则上不得超过经核定的投资概算。

第二十七条　工程总承包单位和工程总承包项目经理在设计、施工活动中有转包违法分包等违法违规行为或者造成工程质量安全事故的，按照法律法规对设计、施工单位及其项目负责人相同违法违规行为的规定追究责任。

第四章　附　则

第二十八条　本办法自 2020 年 3 月 1 日起施行。

城镇污水排入排水管网许可管理办法

第一章　总　则

第一条　为了加强对污水排入城镇排水管网的管理，保障城镇排水与污水处理设施安全运行，防治城镇水污染，根据《中华人民共和国行政许可法》《城镇排水与污水处理条例》等法律法规，制定本办法。

第二条　在中华人民共和国境内申请污水排入排水管网许可（以下称排水许可），对从事工业、建筑、餐饮、医疗等活动的企业事业单位、个体工商户（以下称排水户）向城镇排水设施排放污水的活动实施监督管理，适用本办法。

第三条　国务院住房城乡建设主管部门负责全国排水许可工作的指导监督。

省、自治区人民政府住房城乡建设主管部门负责本行政区域内排水许可工作的指导监督。

直辖市、市、县人民政府城镇排水与污水处理主管部门（以下简称城镇排水主管部门）负责本行政区域内排水许可证书的颁发和监督管理。城镇排水主管部门可以委托专门机构承担排水许可审核管理的具体工作。

第四条　城镇排水设施覆盖范围内的排水户应当按照国家有关规定，将污水排入城镇排水设施。排水户向城镇排水设施排放污水，应当按照本办法的规定，申请领取排水许可证。未取得排水许可证，排水户不得向城镇排水设施排放污水。城镇居民排放生活污水不需要申请领取排水许可证。

在雨水、污水分流排放的地区，不得将污水排入雨水管网。

第五条　城镇排水主管部门会同环境保护主管部门依法确定并向社会公布列入重点排污单位名录的排水户。

第二章　许可申请与审查

第六条　排水户向所在地城镇排水主管部门申请领取排水许可证。城镇排水主管部门应当自受理申请之日起20日内作出决定。

集中管理的建筑或者单位内有多个排水户的，可以由产权单位或者其委托的物业服务企业统一申请领取排水许可证，并由领证单位对排水户的排水行为负责。

各类施工作业需要排水的，由建设单位申请领取排水许可证。

第七条　申请领取排水许可证，应当如实提交下列材料：

（一）排水许可申请表。

（二）排水户内部排水管网、专用检测井、污水排放口位置和口径的图纸及说明等材料。

（三）按规定建设污水预处理设施的有关材料。

（四）排水隐蔽工程竣工报告。

（五）排水许可申请受理之日前一个月内由具有计量认证资质的水质检测机构出具的排水水质、水量检测报告；拟排放污水的排水户提交水质、水量预测报告。

（六）列入重点排污单位名录的排水户应当提供已安装的主要水污染物排放自动监测设备有关材料。

（七）法律、法规规定的其他材料。

第八条 符合以下条件的，由城镇排水主管部门核发排水许可证：

（一）污水排放口的设置符合城镇排水与污水处理规划的要求。

（二）排放污水的水质符合国家或者地方的污水排入城镇下水道水质标准等有关标准。

（三）按照国家有关规定建设相应的预处理设施。

（四）按照国家有关规定在排放口设置便于采样和水量计量的专用检测井和计量设备；列入重点排污单位名录的排水户已安装主要水污染物排放自动监测设备。

（五）法律、法规规定的其他条件。

施工作业需排水的，建设单位应当已修建预处理设施，且排水符合本条第一款第二项规定的标准。

第九条 排水许可证的有效期为5年。

因施工作业需要向城镇排水设施排水的，排水许可证的有效期，由城镇排水主管部门根据排水状况确定，但不得超过施工期限。

第十条 排水许可证有效期满需要继续排放污水的，排水户应当在有效期届满30日前，向城镇排水主管部门提出申请。城镇排水主管部门应当在有效期届满前作出是否准予延续的决定。准予延续的，有效期延续5年。

排水户在排水许可证有效期内，严格按照许可内容排放污水，且未发生违反本办法规定行为的，有效期届满30日前，排水户可提出延期申请，经原许可机关同意，可不再进行审查，排水许可证有效期延期5年。

第十一条 在排水许可证的有效期内，排水口数量和位置、排水量、污染物项目或者浓度等排水许可内容变更的，排水户应当按照本办法规定，重新申请领取排水许可证。

排水户名称、法定代表人等其他事项变更的，排水户应当在工商登记变更后30日内向城镇排水主管部门申请办理变更。

第三章 管理和监督

第十二条 排水户应当按照排水许可证确定的排水类别、总量、时限、排放口位置和数量、排放的污染物项目和浓度等要求排放污水。

第十三条 排水户不得有下列危及城镇排水设施安全的行为：

（一）向城镇排水设施排放、倾倒剧毒、易燃易爆物质、腐蚀性废液和废渣、有害气体和烹饪油烟等；

（二）堵塞城镇排水设施或者向城镇排水设施内排放、倾倒垃圾、渣土、施工泥浆、油脂、污泥等易堵塞物；

（三）擅自拆卸、移动和穿凿城镇排水设施；

（四）擅自向城镇排水设施加压排放污水。

第十四条 排水户因发生事故或者其他突发事件，排放的污水可能危及城镇排水与污水处理设施安全运行的，应当立即停止排放，采取措施消除危害，并按规定及时向城镇排水主管部门等有关部门报告。

第十五条　城镇排水主管部门应当加强对排水户的排放口设置、连接管网、预处理设施和水质、水量监测设施建设和运行的指导和监督。

第十六条　城镇排水主管部门应当将排水许可材料按户整理归档，对排水户档案实行信息化管理。

第十七条　城镇排水主管部门委托的具有计量认证资质的排水监测机构应当定期对排水户排放污水的水质、水量进行监测，建立排水监测档案。排水户应当接受监测，如实提供有关资料。

列入重点排污单位名录的排水户，应当依法安装并保证水污染物排放自动监测设备正常运行。

列入重点排污单位名录的排水户安装的水污染物排放自动监测设备，应当与环境保护主管部门的监控设备联网。环境保护主管部门应当将监测数据与城镇排水主管部门实时共享。对未与环境保护主管部门的监控设备联网，城镇排水主管部门已进行自动监测的，可以将监测数据与环境保护主管部门共享。

第十八条　城镇排水主管部门应当依照法律法规和本办法的规定，对排水户排放污水的情况实施监督检查。实施监督检查时，有权采取下列措施：

（一）进入现场开展检查、监测；

（二）要求被监督检查的排水户出示排水许可证；

（三）查阅、复制有关文件和材料；

（四）要求被监督检查的单位和个人就有关问题做出说明；

（五）依法采取禁止排水户向城镇排水设施排放污水等措施，纠正违反有关法律、法规和本办法规定的行为。

被监督检查的单位和个人应当予以配合，不得妨碍和阻挠依法进行的监督检查活动。

第十九条　城镇排水主管部门委托的专门机构，可以开展排水许可审查、档案管理、监督指导排水户排水行为等工作，并协助城镇排水主管部门对排水许可实施监督管理。

第二十条　有下列情形之一的，许可机关或者其上级行政机关，根据利害关系人的请求或者依据职权，可以撤销排水许可：

（一）城镇排水主管部门工作人员滥用职权、玩忽职守作出准予排水许可决定的；

（二）超越法定职权作出准予排水许可决定的；

（三）违反法定程序作出准予排水许可决定的；

（四）对不符合许可条件的申请人作出准予排水许可决定的；

（五）依法可以撤销排水许可的其他情形。

排水户以欺骗、贿赂等不正当手段取得排水许可的，应当予以撤销。

第二十一条　有下列情形之一的，城镇排水主管部门应当依法办理排水许可的注销手续：

（一）排水户依法终止的；

（二）排水许可依法被撤销、撤回，或者排水许可证被吊销的；

（三）排水许可证有效期满且未延续许可的；

（四）法律、法规规定的应当注销排水许可的其他情形。

第二十二条　城镇排水主管部门应当按照国家有关规定将监督检查的情况向社会公开。

城镇排水主管部门及其委托的专门机构、排水监测机构的工作人员对知悉的被监督检查单位和个人的技术和商业秘密负有保密义务。

第二十三条　城镇排水主管部门实施排水许可不得收费。

城镇排水主管部门实施排水许可所需经费，应当列入城镇排水主管部门的预算，由本级财政予以保障，按照批准的预算予以核拨。

第四章　法律责任

第二十四条　城镇排水主管部门有下列情形之一的，由其上级行政机关或者监察机关责令改正，对直接负责的主管人员和其他直接责任人员依法给予处分；构成犯罪的，依法追究刑事责任：

（一）对不符合本规定条件的申请人准予排水许可的；

（二）对符合本规定条件的申请人不予核发排水许可证或者不在法定期限内作出准予许可决定的；

（三）利用职务上的便利，收受他人财物或者谋取其他利益的；

（四）泄露被监督检查单位和个人的技术或者商业秘密的；

（五）不依法履行监督管理职责或者监督不力，造成严重后果的。

第二十五条　违反本办法规定，在城镇排水与污水处理设施覆盖范围内，未按照国家有关规定将污水排入城镇排水设施，或者在雨水、污水分流地区将污水排入雨水管网的，由城镇排水主管部门责令改正，给予警告；逾期不改正或者造成严重后果的，对单位处10万元以上20万元以下罚款；对个人处2万元以上10万元以下罚款，造成损失的，依法承担赔偿责任。

第二十六条　违反本办法规定，排水户未取得排水许可，向城镇排水设施排放污水的，由城镇排水主管部门责令停止违法行为，限期采取治理措施，补办排水许可证，可以处50万元以下罚款；对列入重点排污单位名录的排水户，可以处30万元以上50万元以下罚款；造成损失的，依法承担赔偿责任；构成犯罪的，依法追究刑事责任。

第二十七条　排水户未按照排水许可证的要求，向城镇排水设施排放污水的，由城镇排水主管部门责令停止违法行为，限期改正，可以处5万元以下罚款；造成严重后果的，吊销排水许可证，并处5万元以上50万元以下罚款，对列入重点排污单位名录的排水户，处30万元以上50万元以下罚款，并将有关情况通知同级环境保护主管部门，可以向社会予以通报；造成损失的，依法承担赔偿责任；构成犯罪的，依法追究刑事责任。

第二十八条　排水户名称、法定代表人等其他事项变更，未按本办法规定及时向城镇排水主管部门申请办理变更的，由城镇排水主管部门责令改正，可以处3万元以下罚款。

第二十九条　排水户以欺骗、贿赂等不正当手段取得排水许可的，可以处3万元以下罚款；造成损失的，依法承担赔偿责任；构成犯罪的，依法追究刑事责任。

第三十条　违反本办法规定，排水户因发生事故或者其他突发事件，排放的污水可能危及城镇排水与污水处理设施安全运行，没有立即停止排放，未采取措施消除危害，或者并未按规定及时向城镇排水主管部门等有关部门报告的，城镇排水主管部门可以处3万元以下罚款。

第三十一条　违反本办法规定，从事危及城镇排水设施安全的活动的，由城镇排水主管部门责令停止违法行为，限期恢复原状或者采取其他补救措施，并给予警告；逾期不采取补救措施或者造成严重后果的，对单位处10万元以上30万元以下罚款，对个人处2万元以上10万元以下罚款；造成损失的，依法承担赔偿责任；构成犯罪的，依法追究刑事责任。

第三十二条　排水户违反本办法规定，拒不接受水质、水量监测或者妨碍、阻挠城镇排水主管部门依法监督检查的，由城镇排水主管部门给予警告；情节严重的，处3万元以下罚款。

第五章　附　则

第三十三条　排水许可证由国务院住房城乡建设主管部门制定格式，由省、自治区人民政府住房城乡建设主管部门和直辖市人民政府城镇排水主管部门组织印制。

排水许可申请表由国务院住房城乡建设主管部门制定推荐格式，直辖市、市、县人民政府城镇排水主管部门可参照印制。

第三十四条　本办法自 2015 年 3 月 1 日起施行。《城市排水许可管理办法》（建设部令第 152 号）同时废止。

房屋建筑和市政基础设施工程施工分包管理办法

第一条 为了规范房屋建筑和市政基础设施工程施工分包活动，维护建筑市场秩序，保证工程质量和施工安全，根据《中华人民共和国建筑法》《中华人民共和国招标投标法》《建设工程质量管理条例》等有关法律、法规，制定本办法。

第二条 在中华人民共和国境内从事房屋建筑和市政基础设施工程施工分包活动，实施对房屋建筑和市政基础设施工程施工分包活动的监督管理，适用本办法。

第三条 国务院住房城乡建设主管部门负责全国房屋建筑和市政基础设施工程施工分包的监督管理工作。

县级以上地方人民政府建设行政主管部门负责本行政区域内房屋建筑和市政基础设施工程施工分包的监督管理工作。

第四条 本办法所称施工分包，是指建筑业企业将其所承包的房屋建筑和市政基础设施工程中的专业工程或者劳务作业发包给其他建筑业企业完成的活动。

第五条 房屋建筑和市政基础设施工程施工分包分为专业工程分包和劳务作业分包。

本办法所称专业工程分包，是指施工总承包企业（以下简称专业分包工程发包人）将其所承包工程中的专业工程发包给具有相应资质的其他建筑业企业（以下简称专业分包工程承包人）完成的活动。

本办法所称劳务作业分包，是指施工总承包企业或者专业承包企业（以下简称劳务作业发包人）将其承包工程中的劳务作业发包给劳务分包企业（以下简称劳务作业承包人）完成的活动。

本办法所称分包工程发包人包括本条第二款、第三款中的专业分包工程发包人和劳务作业发包人；分包工程承包人包括本条第二款、第三款中的专业分包工程承包人和劳务作业承包人。

第六条 房屋建筑和市政基础设施工程施工分包活动必须依法进行。

鼓励发展专业承包企业和劳务分包企业，提倡分包活动进入有形建筑市场公开交易，完善有形建筑市场的分包工程交易功能。

第七条 建设单位不得直接指定分包工程承包人。任何单位和个人不得对依法实施的分包活动进行干预。

第八条 分包工程承包人必须具有相应的资质，并在其资质等级许可的范围内承揽业务。

严禁个人承揽分包工程业务。

第九条 专业工程分包除在施工总承包合同中有约定外，必须经建设单位认可。专业分包工程承包人必须自行完成所承包的工程。

劳务作业分包由劳务作业发包人与劳务作业承包人通过劳务合同约定。劳务作业承包人必须自行完成所承包的任务。

第十条 分包工程发包人和分包工程承包人应当依法签订分包合同，并按照合同履行约定的义务。分包合同必须明确约定支付工程款和劳务工资的时间、结算方式以及保证按期支付的相应措施，确保工程款和劳务工资的支付。

分包工程发包人应当在订立分包合同后 7 个工作日内，将合同送工程所在地县级以上地方人民政府住房城乡建设主管部门备案。分包合同发生重大变更的，分包工程发包人应当自变更后 7 个工作日内，将变更协议送原备案机关备案。

第十一条 分包工程发包人应当设立项目管理机构，组织管理所承包工程的施工活动。

项目管理机构应当具有与承包工程的规模、技术复杂程度相适应的技术、经济管理人员。其中，项目负责人、技术负责人、项目核算负责人、质量管理人员、安全管理人员必须是本单位的人员。具体要求由省、自治区、直辖市人民政府住房城乡建设主管部门规定。

前款所指本单位人员，是指与本单位有合法的人事或者劳动合同、工资以及社会保险关系的人员。

第十二条 分包工程发包人可以就分包合同的履行，要求分包工程承包人提供分包工程履约担保；分包工程承包人在提供担保后，要求分包工程发包人同时提供分包工程付款担保的，分包工程发包人应当提供。

第十三条 禁止将承包的工程进行转包。不履行合同约定，将其承包的全部工程发包给他人，或者将其承包的全部工程肢解后以分包的名义分别发包给他人的，属于转包行为。

违反本办法第十一条规定，分包工程发包人将工程分包后，未在施工现场设立项目管理机构和派驻相应人员，并未对该工程的施工活动进行组织管理的，视同转包行为。

第十四条 禁止将承包的工程进行违法分包。下列行为，属于违法分包：

（一）分包工程发包人将专业工程或者劳务作业分包给不具备相应资质条件的分包工程承包人的；

（二）施工总承包合同中未有约定，又未经建设单位认可，分包工程发包人将承包工程中的部分专业工程分包给他人的。

第十五条 禁止转让、出借企业资质证书或者以其他方式允许他人以本企业名义承揽工程。

分包工程发包人没有将其承包的工程进行分包，在施工现场所设项目管理机构的项目负责人、技术负责人、项目核算负责人、质量管理人员、安全管理人员不是工程承包人本单位人员的，视同允许他人以本企业名义承揽工程。

第十六条 分包工程承包人应当按照分包合同的约定对其承包的工程向分包工程发包人负责。分包工程发包人和分包工程承包人就分包工程对建设单位承担连带责任。

第十七条 分包工程发包人对施工现场安全负责，并对分包工程承包人的安全生产进行管理。专业分包工程承包人应当将其分包工程的施工组织设计和施工安全方案报分包工程发包人备案，专业分包工程发包人发现事故隐患，应当及时作出处理。

分包工程承包人就施工现场安全向分包工程发包人负责，并应当服从分包工程发包人对施工现场的安全生产管理。

第十八条 违反本办法规定，转包、违法分包或者允许他人以本企业名义承揽工程的，以及接受转包和用他人名义承揽工程的，按《中华人民共和国建筑法》《中华人民共和国招标投标法》和《建设工程质量管理条例》的规定予以处罚。具体办法由国务院住房城乡建设主管部门依据有关法律法规另行制定。

第十九条 未取得建筑业企业资质承接分包工程的，按照《中华人民共和国建筑法》第六十五条第三款和《建设工程质量管理条例》第六十条第一款、第二款的规定处罚。

第二十条 本办法自 2004 年 4 月 1 日起施行。原城乡建设环境保护部 1986 年 4 月 30 日发布的《建筑安装工程总分包实施办法》同时废止。

房屋建筑和市政基础设施工程施工图设计文件审查管理办法

第一条 为了加强对房屋建筑工程、市政基础设施工程施工图设计文件审查的管理，提高工程勘察设计质量，根据《建设工程质量管理条例》《建设工程勘察设计管理条例》等行政法规，制定本办法。

第二条 在中华人民共和国境内从事房屋建筑工程、市政基础设施工程施工图设计文件审查和实施监督管理的，应当遵守本办法。

第三条 国家实施施工图设计文件（含勘察文件，以下简称施工图）审查制度。

本办法所称施工图审查，是指施工图审查机构（以下简称审查机构）按照有关法律、法规，对施工图涉及公共利益、公众安全和工程建设强制性标准的内容进行的审查。施工图审查应当坚持先勘察、后设计的原则。

施工图未经审查合格的，不得使用。从事房屋建筑工程、市政基础设施工程施工、监理等活动，以及实施对房屋建筑和市政基础设施工程质量安全监督管理，应当以审查合格的施工图为依据。

第四条 国务院住房城乡建设主管部门负责对全国的施工图审查工作实施指导、监督。

县级以上地方人民政府住房城乡建设主管部门负责对本行政区域内的施工图审查工作实施监督管理。

第五条 省、自治区、直辖市人民政府住房城乡建设主管部门应当按照本办法规定的审查机构条件，结合本行政区域内的建设规模，确定相应数量的审查机构。具体办法由国务院住房城乡建设主管部门另行规定。

审查机构是专门从事施工图审查业务，不以营利为目的的独立法人。

省、自治区、直辖市人民政府住房城乡建设主管部门应当将审查机构名录报国务院住房城乡建设主管部门备案，并向社会公布。

第六条 审查机构按承接业务范围分两类，一类机构承接房屋建筑、市政基础设施工程施工图审查业务范围不受限制；二类机构可以承接中型及以下房屋建筑、市政基础设施工程的施工图审查。

房屋建筑、市政基础设施工程的规模划分，按照国务院住房城乡建设主管部门的有关规定执行。

第七条 一类审查机构应当具备下列条件：

（一）有健全的技术管理和质量保证体系。

（二）审查人员应当有良好的职业道德；有 15 年以上所需专业勘察、设计工作经历；主持过不少于 5 项大型房屋建筑工程、市政基础设施工程相应专业的设计或者甲级工程勘察项目相应专业的勘察；已实行执业注册制度的专业，审查人员应当具有一级注册建筑师、一级注册结构工程师或者勘察设计注册工程师资格，并在本审查机构注册；未实行执业注册制度的专业，审查人员应当具有高级工程师职称；近 5 年内未因违反工程建设法律法规和强制性标准受到行政处罚。

（三）在本审查机构专职工作的审查人员数量：从事房屋建筑工程施工图审查的，结构专业审查人员不少于 7 人，建筑专业不少于 3 人，电气、暖通、给排水、勘察等专业审查人员各不少于 2 人；

从事市政基础设施工程施工图审查的，所需专业的审查人员不少于7人，其他必须配套的专业审查人员各不少于2人；专门从事勘察文件审查的，勘察专业审查人员不少于7人。

承担超限高层建筑工程施工图审查的，还应当具有主持过超限高层建筑工程或者100米以上建筑工程结构专业设计的审查人员不少于3人。

（四）60岁以上审查人员不超过该专业审查人员规定数的1/2。

（五）注册资金不少于300万元。

第八条　二类审查机构应当具备下列条件：

（一）有健全的技术管理和质量保证体系。

（二）审查人员应当有良好的职业道德；有10年以上所需专业勘察、设计工作经历；主持过不少于5项中型以上房屋建筑工程、市政基础设施工程相应专业的设计或者乙级以上工程勘察项目相应专业的勘察；已实行执业注册制度的专业，审查人员应当具有一级注册建筑师、一级注册结构工程师或者勘察设计注册工程师资格，并在本审查机构注册；未实行执业注册制度的专业，审查人员应当具有高级工程师职称；近5年内未因违反工程建设法律法规和强制性标准受到行政处罚。

（三）在本审查机构专职工作的审查人员数量：从事房屋建筑工程施工图审查的，结构专业审查人员不少于3人，建筑、电气、暖通、给排水、勘察等专业审查人员各不少于2人；从事市政基础设施工程施工图审查的，所需专业的审查人员不少于4人，其他必须配套的专业审查人员各不少于2人；专门从事勘察文件审查的，勘察专业审查人员不少于4人。

（四）60岁以上审查人员不超过该专业审查人员规定数的1/2。

（五）注册资金不少于100万元。

第九条　建设单位应当将施工图送审查机构审查，但审查机构不得与所审查项目的建设单位、勘察设计企业有隶属关系或者其他利害关系。送审管理的具体办法由省、自治区、直辖市人民政府住房城乡建设主管部门按照“公开、公平、公正”的原则规定。

建设单位不得明示或者暗示审查机构违反法律法规和工程建设强制性标准进行施工图审查，不得压缩合理审查周期、压低合理审查费用。

第十条　建设单位应当向审查机构提供下列资料并对所提供资料的真实性负责：

（一）作为勘察、设计依据的政府有关部门的批准文件及附件；

（二）全套施工图；

（三）其他应当提交的材料。

第十一条　审查机构应当对施工图审查下列内容：

（一）是否符合工程建设强制性标准；

（二）地基基础和主体结构的安全性；

（三）是否符合民用建筑节能强制性标准，对执行绿色建筑标准的项目，还应当审查是否符合绿色建筑标准；

（四）勘察设计企业和注册执业人员以及相关人员是否按规定在施工图上加盖相应的图章和签字；

（五）法律、法规、规章规定必须审查的其他内容。

第十二条　施工图审查原则上不超过下列时限：

（一）大型房屋建筑工程、市政基础设施工程为15个工作日，中型及以下房屋建筑工程、市政基础设施工程为10个工作日。

（二）工程勘察文件，甲级项目为7个工作日，乙级及以下项目为5个工作日。

以上时限不包括施工图修改时间和审查机构的复审时间。

第十三条 审查机构对施工图进行审查后，应当根据下列情况分别作出处理：

（一）审查合格的，审查机构应当向建设单位出具审查合格书，并在全套施工图上加盖审查专用章。审查合格书应当有各专业的审查人员签字，经法定代表人签发，并加盖审查机构公章。审查机构应当在出具审查合格书后5个工作日内，将审查情况报工程所在地县级以上地方人民政府住房城乡建设主管部门备案。

（二）审查不合格的，审查机构应当将施工图退建设单位并出具审查意见告知书，说明不合格原因。同时，应当将审查意见告知书及审查中发现的建设单位、勘察设计企业和注册执业人员违反法律、法规和工程建设强制性标准的问题，报工程所在地县级以上地方人民政府住房城乡建设主管部门。

施工图退建设单位后，建设单位应当要求原勘察设计企业进行修改，并将修改后的施工图送原审查机构复审。

第十四条 任何单位或者个人不得擅自修改审查合格的施工图；确需修改的，凡涉及本办法第十一条规定内容的，建设单位应当将修改后的施工图送原审查机构审查。

第十五条 勘察设计企业应当依法进行建设工程勘察、设计，严格执行工程建设强制性标准，并对建设工程勘察、设计的质量负责。

审查机构对施工图审查工作负责，承担审查责任。施工图经审查合格后，仍有违反法律、法规和工程建设强制性标准的问题，给建设单位造成损失的，审查机构依法承担相应的赔偿责任。

第十六条 审查机构应当建立、健全内部管理制度。施工图审查应当有经各专业审查人员签字的审查记录。审查记录、审查合格书、审查意见告知书等有关资料应当归档保存。

第十七条 已实行执业注册制度的专业，审查人员应当按规定参加执业注册继续教育。

未实行执业注册制度的专业，审查人员应当参加省、自治区、直辖市人民政府住房城乡建设主管部门组织的有关法律、法规和技术标准的培训，每年培训时间不少于40学时。

第十八条 按规定应当进行审查的施工图，未经审查合格的，住房城乡建设主管部门不得颁发施工许可证。

第十九条 县级以上人民政府住房城乡建设主管部门应当加强对审查机构的监督检查，主要检查下列内容：

（一）是否符合规定的条件；

（二）是否超出范围从事施工图审查；

（三）是否使用不符合条件的审查人员；

（四）是否按规定的内容进行审查；

（五）是否按规定上报审查过程中发现的违法违规行为；

（六）是否按规定填写审查意见告知书；

（七）是否按规定在审查合格书和施工图上签字盖章；

（八）是否建立健全审查机构内部管理制度；

（九）审查人员是否按规定参加继续教育。

县级以上人民政府住房城乡建设主管部门实施监督检查时，有权要求被检查的审查机构提供有关施工图审查的文件和资料，并将监督检查结果向社会公布。

第二十条 审查机构应当向县级以上地方人民政府住房城乡建设主管部门报审查情况统计信息。

县级以上地方人民政府住房城乡建设主管部门应当定期对施工图审查情况进行统计，并将统计信息报上级住房城乡建设主管部门。

第二十一条 县级以上人民政府住房城乡建设主管部门应当及时受理对施工图审查工作中违法、违规行为的检举、控告和投诉。

第二十二条 县级以上人民政府住房城乡建设主管部门对审查机构报告的建设单位、勘察设计企业、注册执业人员的违法违规行为，应当依法进行查处。

第二十三条 审查机构列入名录后不再符合规定条件的，省、自治区、直辖市人民政府住房城乡建设主管部门应当责令其限期改正；逾期不改的，不再将其列入审查机构名录。

第二十四条 审查机构违反本办法规定，有下列行为之一的，由县级以上地方人民政府住房城乡建设主管部门责令改正，处 3 万元罚款，并记入信用档案；情节严重的，省、自治区、直辖市人民政府住房城乡建设主管部门不再将其列入审查机构名录：

（一）超出范围从事施工图审查的；

（二）使用不符合条件审查人员的；

（三）未按规定的内容进行审查的；

（四）未按规定上报审查过程中发现的违法违规行为的；

（五）未按规定填写审查意见告知书的；

（六）未按规定在审查合格书和施工图上签字盖章的；

（七）已出具审查合格书的施工图，仍有违反法律、法规和工程建设强制性标准的。

第二十五条 审查机构出具虚假审查合格书的，审查合格书无效，县级以上地方人民政府住房城乡建设主管部门处 3 万元罚款，省、自治区、直辖市人民政府住房城乡建设主管部门不再将其列入审查机构名录。

审查人员在虚假审查合格书上签字的，终身不得再担任审查人员；对于已实行执业注册制度的专业的审查人员，还应当依照《建设工程质量管理条例》第七十二条、《建设工程安全生产管理条例》第五十八条规定予以处罚。

第二十六条 建设单位违反本办法规定，有下列行为之一的，由县级以上地方人民政府住房城乡建设主管部门责令改正，处 3 万元罚款；情节严重的，予以通报：

（一）压缩合理审查周期的；

（二）提供不真实送审资料的；

（三）对审查机构提出不符合法律、法规和工程建设强制性标准要求的。

建设单位为房地产开发企业的，还应当依照《房地产开发企业资质管理规定》进行处理。

第二十七条 依照本办法规定，给予审查机构罚款处罚的，对机构的法定代表人和其他直接责任人员处机构罚款数额 5%以上 10%以下的罚款，并记入信用档案。

第二十八条 省、自治区、直辖市人民政府住房城乡建设主管部门未按照本办法规定确定审查机构的，国务院住房城乡建设主管部门责令改正。

第二十九条 国家机关工作人员在施工图审查监督管理工作中玩忽职守、滥用职权、徇私舞弊，构成犯罪的，依法追究刑事责任；尚不构成犯罪的，依法给予行政处分。

第三十条 省、自治区、直辖市人民政府住房城乡建设主管部门可以根据本办法，制定实施细则。

第三十一条 本办法自 2013 年 8 月 1 日起施行。原建设部 2004 年 8 月 23 日发布的《房屋建筑和市政基础设施工程施工图设计文件审查管理办法》（建设部令第 134 号）同时废止。

房屋建筑和市政基础设施工程质量监督管理规定

第一条　为了加强房屋建筑和市政基础设施工程质量的监督，保护人民生命和财产安全，规范住房和城乡建设主管部门及工程质量监督机构（以下简称主管部门）的质量监督行为，根据《中华人民共和国建筑法》《建设工程质量管理条例》等有关法律、行政法规，制定本规定。

第二条　在中华人民共和国境内主管部门实施对新建、扩建、改建房屋建筑和市政基础设施工程质量监督管理的，适用本规定。

第三条　国务院住房和城乡建设主管部门负责全国房屋建筑和市政基础设施工程（以下简称工程）质量监督管理工作。

县级以上地方人民政府建设主管部门负责本行政区域内工程质量监督管理工作。

工程质量监督管理的具体工作可以由县级以上地方人民政府建设主管部门委托所属的工程质量监督机构（以下简称监督机构）实施。

第四条　本规定所称工程质量监督管理，是指主管部门依据有关法律法规和工程建设强制性标准，对工程实体质量和工程建设、勘察、设计、施工、监理单位（以下简称工程质量责任主体）和质量检测等单位的工程质量行为实施监督。

本规定所称工程实体质量监督，是指主管部门对涉及工程主体结构安全、主要使用功能的工程实体质量情况实施监督。

本规定所称工程质量行为监督，是指主管部门对工程质量责任主体和质量检测等单位履行法定质量责任和义务的情况实施监督。

第五条　工程质量监督管理应当包括下列内容：

（一）执行法律法规和工程建设强制性标准的情况；

（二）抽查涉及工程主体结构安全和主要使用功能的工程实体质量；

（三）抽查工程质量责任主体和质量检测等单位的工程质量行为；

（四）抽查主要建筑材料、建筑构配件的质量；

（五）对工程竣工验收进行监督；

（六）组织或者参与工程质量事故的调查处理；

（七）定期对本地区工程质量状况进行统计分析；

（八）依法对违法违规行为实施处罚。

第六条　对工程项目实施质量监督，应当依照下列程序进行：

（一）受理建设单位办理质量监督手续；

（二）制订工作计划并组织实施；

（三）对工程实体质量、工程质量责任主体和质量检测等单位的工程质量行为进行抽查、抽测；

（四）监督工程竣工验收，重点对验收的组织形式、程序等是否符合有关规定进行监督；

（五）形成工程质量监督报告；

（六）建立工程质量监督档案。

第七条 工程竣工验收合格后，建设单位应当在建筑物明显部位设置永久性标牌，载明建设、勘察、设计、施工、监理单位等工程质量责任主体的名称和主要责任人姓名。

第八条 主管部门实施监督检查时，有权采取下列措施：

（一）要求被检查单位提供有关工程质量的文件和资料；

（二）进入被检查单位的施工现场进行检查；

（三）发现有影响工程质量的问题时，责令改正。

第九条 县级以上地方人民政府建设主管部门应当根据本地区的工程质量状况，逐步建立工程质量信用档案。

第十条 县级以上地方人民政府建设主管部门应当将工程质量监督中发现的涉及主体结构安全和主要使用功能的工程质量问题及整改情况，及时向社会公布。

第十一条 省、自治区、直辖市人民政府建设主管部门应当按照国家有关规定，对本行政区域内监督机构每三年进行一次考核。

监督机构经考核合格后，方可依法对工程实施质量监督，并对工程质量监督承担监督责任。

第十二条 监督机构应当具备下列条件：

（一）具有符合本规定第十三条规定的监督人员。人员数量由县级以上地方人民政府建设主管部门根据实际需要确定。监督人员应当占监督机构总人数的75%以上。

（二）有固定的工作场所和满足工程质量监督检查工作需要的仪器、设备和工具等。

（三）有健全的质量监督工作制度，具备与质量监督工作相适应的信息化管理条件。

第十三条 监督人员应当具备下列条件：

（一）具有工程类专业大学专科以上学历或者工程类执业注册资格；

（二）具有三年以上工程质量管理或者设计、施工、监理等工作经历；

（三）熟悉掌握相关法律法规和工程建设强制性标准；

（四）具有一定的组织协调能力和良好职业道德。

监督人员符合上述条件经考核合格后，方可从事工程质量监督工作。

第十四条 监督机构可以聘请中级职称以上的工程类专业技术人员协助实施工程质量监督。

第十五条 省、自治区、直辖市人民政府建设主管部门应当每两年对监督人员进行一次岗位考核，每年进行一次法律法规、业务知识培训，并适时组织开展继续教育培训。

第十六条 国务院住房和城乡建设主管部门对监督机构和监督人员的考核情况进行监督抽查。

第十七条 主管部门工作人员玩忽职守、滥用职权、徇私舞弊，构成犯罪的，依法追究刑事责任；尚不构成犯罪的，依法给予行政处分。

第十八条 抢险救灾工程、临时性房屋建筑工程和农民自建低层住宅工程，不适用本规定。

第十九条 省、自治区、直辖市人民政府建设主管部门可以根据本规定制定具体实施办法。

第二十条 本规定自2010年9月1日起施行。

工程监理企业资质管理规定

第一章 总 则

第一条 为了加强工程监理企业资质管理，规范建设工程监理活动，维护建筑市场秩序，根据《中华人民共和国建筑法》《中华人民共和国行政许可法》《建设工程质量管理条例》等法律、行政法规，制定本规定。

第二条 在中华人民共和国境内从事建设工程监理活动，申请工程监理企业资质，实施对工程监理企业资质监督管理，适用本规定。

第三条 从事建设工程监理活动的企业，应当按照本规定取得工程监理企业资质，并在工程监理企业资质证书（以下简称资质证书）许可的范围内从事工程监理活动。

第四条 国务院住房城乡建设主管部门负责全国工程监理企业资质的统一监督管理工作。国务院铁路、交通、水利、信息产业、民航等有关部门配合国务院住房城乡建设主管部门实施相关资质类别工程监理企业资质的监督管理工作。

省、自治区、直辖市人民政府住房城乡建设主管部门负责本行政区域内工程监理企业资质的统一监督管理工作。省、自治区、直辖市人民政府交通、水利、信息产业等有关部门配合同级住房城乡建设主管部门实施相关资质类别工程监理企业资质的监督管理工作。

第五条 工程监理行业组织应当加强工程监理行业自律管理。

鼓励工程监理企业加入工程监理行业组织。

第二章 资质等级和业务范围

第六条 工程监理企业资质分为综合资质、专业资质和事务所资质。其中，专业资质按照工程性质和技术特点划分为若干工程类别。

综合资质、事务所资质不分级别。专业资质分为甲级、乙级；其中，房屋建筑、水利水电、公路和市政公用专业资质可设立丙级。

第七条 工程监理企业的资质等级标准如下：

（一）综合资质标准

1．具有独立法人资格且注册资本不少于600万元。

2．企业技术负责人应为注册监理工程师，并具有15年以上从事工程建设工作的经历或者具有工程类高级职称。

3．具有5个以上工程类别的专业甲级工程监理资质。

4．注册监理工程师不少于60人，注册造价工程师不少于5人，一级注册建造师、一级注册建筑师、一级注册结构工程师或者其他勘察设计注册工程师合计不少于15人次。

5．企业具有完善的组织结构和质量管理体系，有健全的技术、档案等管理制度。

6．企业具有必要的工程试验检测设备。

7．申请工程监理资质之日前一年内没有本规定第十六条禁止的行为。

8．申请工程监理资质之日前一年内没有因本企业监理责任造成重大质量事故。

9．申请工程监理资质之日前一年内没有因本企业监理责任发生三级以上工程建设重大安全事故或者发生两起以上四级工程建设安全事故。

（二）专业资质标准

1．甲级

（1）具有独立法人资格且注册资本不少于300万元。

（2）企业技术负责人应为注册监理工程师，并具有15年以上从事工程建设工作的经历或者具有工程类高级职称。

（3）注册监理工程师、注册造价工程师、一级注册建造师、一级注册建筑师、一级注册结构工程师或者其他勘察设计注册工程师合计不少于25人次；其中，相应专业注册监理工程师不少于《专业资质注册监理工程师人数配备表》（附表1）中要求配备的人数，注册造价工程师不少于2人。

（4）企业近2年内独立监理过3个以上相应专业的二级工程项目，但是，具有甲级设计资质或一级及以上施工总承包资质的企业申请本专业工程类别甲级资质的除外。

（5）企业具有完善的组织结构和质量管理体系，有健全的技术、档案等管理制度。

（6）企业具有必要的工程试验检测设备。

（7）申请工程监理资质之日前一年内没有本规定第十六条禁止的行为。

（8）申请工程监理资质之日前一年内没有因本企业监理责任造成重大质量事故。

（9）申请工程监理资质之日前一年内没有因本企业监理责任发生三级以上工程建设重大安全事故或者发生两起以上四级工程建设安全事故。

2．乙级

（1）具有独立法人资格且注册资本不少于100万元。

（2）企业技术负责人应为注册监理工程师，并具有10年以上从事工程建设工作的经历。

（3）注册监理工程师、注册造价工程师、一级注册建造师、一级注册建筑师、一级注册结构工程师或者其他勘察设计注册工程师合计不少于15人次。其中，相应专业注册监理工程师不少于《专业资质注册监理工程师人数配备表》（附表1）中要求配备的人数，注册造价工程师不少于1人。

（4）有较完善的组织结构和质量管理体系，有技术、档案等管理制度。

（5）有必要的工程试验检测设备。

（6）申请工程监理资质之日前一年内没有本规定第十六条禁止的行为。

（7）申请工程监理资质之日前一年内没有因本企业监理责任造成重大质量事故。

（8）申请工程监理资质之日前一年内没有因本企业监理责任发生三级以上工程建设重大安全事故或者发生两起以上四级工程建设安全事故。

3．丙级

（1）具有独立法人资格且注册资本不少于50万元。

（2）企业技术负责人应为注册监理工程师，并具有8年以上从事工程建设工作的经历。

（3）相应专业的注册监理工程师不少于《专业资质注册监理工程师人数配备表》（附表1）中要求配备的人数。

（4）有必要的质量管理体系和规章制度。

（5）有必要的工程试验检测设备。

（三）事务所资质标准

1．取得合伙企业营业执照，具有书面合作协议书。

2．合伙人中有3名以上注册监理工程师，合伙人均有5年以上从事建设工程监理的工作经历。

3．有固定的工作场所。

4．有必要的质量管理体系和规章制度。

5．有必要的工程试验检测设备。

第八条 工程监理企业资质相应许可的业务范围如下：

（一）综合资质

可以承担所有专业工程类别建设工程项目的工程监理业务。

（二）专业资质

1．专业甲级资质

可承担相应专业工程类别建设工程项目的工程监理业务（见附表2）。

2．专业乙级资质

可承担相应专业工程类别二级以下（含二级）建设工程项目的工程监理业务（见附表2）。

3．专业丙级资质

可承担相应专业工程类别三级建设工程项目的工程监理业务（见附表2）。

（三）事务所资质

可承担三级建设工程项目的工程监理业务（见附表2），但是，国家规定必须实行强制监理的工程除外。

工程监理企业可以开展相应类别建设工程的项目管理、技术咨询等业务。

第三章 资质申请和审批

第九条 申请综合资质、专业甲级资质的，可以向企业工商注册所在地的省、自治区、直辖市人民政府住房城乡建设主管部门提交申请材料。

省、自治区、直辖市人民政府住房城乡建设主管部门收到申请材料后，应当在5日内将全部申请材料报审批部门。

国务院住房城乡建设主管部门在收到申请材料后，应当依法作出是否受理的决定，并出具凭证；申请材料不齐全或者不符合法定形式的，应当在5日内一次性告知申请人需要补正的全部内容。逾期不告知的，自收到申请材料之日起即为受理。国务院住房城乡建设主管部门应当自受理之日起20日内作出审批决定。自作出决定之日起10日内公告审批结果。其中，涉及铁路、交通、水利、通信、民航等专业工程监理资质的，由国务院住房城乡建设主管部门送国务院有关部门审核。国务院有关部门应当在15日内审核完毕，并将审核意见报国务院住房城乡建设主管部门。

组织专家评审所需时间不计算在上述时限内，但应当明确告知申请人。

第十条 专业乙级、丙级资质和事务所资质由企业所在地省、自治区、直辖市人民政府建设主管部门审批。

专业乙级、丙级资质和事务所资质许可。延续的实施程序由省、自治区、直辖市人民政府建设主管部门依法确定。

省、自治区、直辖市人民政府建设主管部门应当自作出决定之日起10日内，将准予资质许可的决定报国务院建设主管部门备案。

第十一条 工程监理企业资质证书分为正本和副本，每套资质证书包括一本正本，四本副本。正、副本具有同等法律效力。

工程监理企业资质证书的有效期为5年。

工程监理企业资质证书由国务院建设主管部门统一印制并发放。

第十二条 申请工程监理企业资质，应当提交以下材料：

（一）工程监理企业资质申请表（一式三份）及相应电子文档；

（二）企业法人、合伙企业营业执照；

（三）企业章程或合伙人协议；

（四）企业法定代表人、企业负责人和技术负责人的身份证明、工作简历及任命（聘用）文件；

（五）工程监理企业资质申请表中所列注册监理工程师及其他注册执业人员的注册执业证书；

（六）有关企业质量管理体系、技术和档案等管理制度的证明材料；

（七）有关工程试验检测设备的证明材料。

取得专业资质的企业申请晋升专业资质等级或者取得专业甲级资质的企业申请综合资质的，除前款规定的材料外，还应当提交企业原工程监理企业资质证书正、副本复印件，企业《监理业务手册》及近两年已完成代表工程的监理合同、监理规划、工程竣工验收报告及监理工作总结。

第十三条 资质有效期届满，工程监理企业需要继续从事工程监理活动的，应当在资质证书有效期届满60日前，向原资质许可机关申请办理延续手续。

对在资质有效期内遵守有关法律、法规、规章、技术标准，信用档案中无不良记录，且专业技术人员满足资质标准要求的企业，经资质许可机关同意，有效期延续5年。

第十四条 工程监理企业在资质证书有效期内名称、地址、注册资本、法定代表人等发生变更的，应当在工商行政管理部门办理变更手续后30日内办理资质证书变更手续。

涉及综合资质、专业甲级资质证书中企业名称变更的，由国务院建设主管部门负责办理，并自受理申请之日起3日内办理变更手续。

前款规定以外的资质证书变更手续，由省、自治区、直辖市人民政府建设主管部门负责办理。省、自治区、直辖市人民政府建设主管部门应当自受理申请之日起3日内办理变更手续，并在办理资质证书变更手续后15日内将变更结果报国务院建设主管部门备案。

第十五条 申请资质证书变更，应当提交以下材料：

（一）资质证书变更的申请报告；

（二）企业法人营业执照副本原件；

（三）工程监理企业资质证书正、副本原件。

工程监理企业改制的，除前款规定材料外，还应当提交企业职工代表大会或股东大会关于企业改制或股权变更的决议、企业上级主管部门关于企业申请改制的批复文件。

第十六条 工程监理企业不得有下列行为：

（一）与建设单位串通投标或者与其他工程监理企业串通投标，以行贿手段谋取中标；

（二）与建设单位或者施工单位串通弄虚作假、降低工程质量；

（三）将不合格的建设工程、建筑材料、建筑构配件和设备按照合格签字；

（四）超越本企业资质等级或以其他企业名义承揽监理业务；

（五）允许其他单位或个人以本企业的名义承揽工程；

（六）将承揽的监理业务转包；

（七）在监理过程中实施商业贿赂；

（八）涂改、伪造、出借、转让工程监理企业资质证书；

（九）其他违反法律法规的行为。

第十七条 工程监理企业合并的，合并后存续或者新设立的工程监理企业可以承继合并前各方中较高的资质等级，但应当符合相应的资质等级条件。

工程监理企业分立的，分立后企业的资质等级，根据实际达到的资质条件，按照本规定的审批程序核定。

第十八条 企业需增补工程监理企业资质证书的（含增加、更换、遗失补办），应当持资质证书增补申请及电子文档等材料向资质许可机关申请办理。遗失资质证书的，在申请补办前应当在公众媒体刊登遗失声明。资质许可机关应当自受理申请之日起3日内予以办理。

第四章 监督管理

第十九条 县级以上人民政府建设主管部门和其他有关部门应当依照有关法律、法规和本规定，加强对工程监理企业资质的监督管理。

第二十条 建设主管部门履行监督检查职责时，有权采取下列措施：

（一）要求被检查单位提供工程监理企业资质证书、注册监理工程师注册执业证书，有关工程监理业务的文档，有关质量管理、安全生产管理、档案管理等企业内部管理制度的文件；

（二）进入被检查单位进行检查，查阅相关资料；

（三）纠正违反有关法律、法规和本规定及有关规范和标准的行为。

第二十一条 建设主管部门进行监督检查时，应当有两名以上监督检查人员参加，并出示执法证件，不得妨碍被检查单位的正常经营活动，不得索取或者收受财物、谋取其他利益。

有关单位和个人对依法进行的监督检查应当协助与配合，不得拒绝或者阻挠。

监督检查机关应当将监督检查的处理结果向社会公布。

第二十二条 工程监理企业违法从事工程监理活动的，违法行为发生地的县级以上地方人民政府建设主管部门应当依法查处，并将违法事实、处理结果或处理建议及时报告该工程监理企业资质的许可机关。

第二十三条 工程监理企业取得工程监理企业资质后不再符合相应资质条件的，资质许可机关根据利害关系人的请求或者依据职权，可以责令其限期改正；逾期不改的，可以撤回其资质。

第二十四条 有下列情形之一的，资质许可机关或者其上级机关，根据利害关系人的请求或者依据职权，可以撤销工程监理企业资质：

（一）资质许可机关工作人员滥用职权、玩忽职守作出准予工程监理企业资质许可的；

（二）超越法定职权作出准予工程监理企业资质许可的；

（三）违反资质审批程序作出准予工程监理企业资质许可的；

（四）对不符合许可条件的申请人作出准予工程监理企业资质许可的；

（五）依法可以撤销资质证书的其他情形。

以欺骗、贿赂等不正当手段取得工程监理企业资质证书的，应当予以撤销。

第二十五条 有下列情形之一的，工程监理企业应当及时向资质许可机关提出注销资质的申请，交回资质证书，国务院建设主管部门应当办理注销手续，公告其资质证书作废：

（一）资质证书有效期届满，未依法申请延续的；

（二）工程监理企业依法终止的；

（三）工程监理企业资质依法被撤销、撤回或吊销的；

（四）法律、法规规定的应当注销资质的其他情形。

第二十六条　工程监理企业应当按照有关规定，向资质许可机关提供真实、准确、完整的工程监理企业的信用档案信息。

工程监理企业的信用档案应当包括基本情况、业绩、工程质量和安全、合同违约等情况。被投诉举报和处理、行政处罚等情况应当作为不良行为记入其信用档案。

工程监理企业的信用档案信息按照有关规定向社会公示，公众有权查阅。

第五章　法律责任

第二十七条　申请人隐瞒有关情况或者提供虚假材料申请工程监理企业资质的，资质许可机关不予受理或者不予行政许可，并给予警告，申请人在1年内不得再次申请工程监理企业资质。

第二十八条　以欺骗、贿赂等不正当手段取得工程监理企业资质证书的，由县级以上地方人民政府建设主管部门或者有关部门给予警告，并处1万元以上2万元以下的罚款，申请人3年内不得再次申请工程监理企业资质。

第二十九条　工程监理企业有本规定第十六条第七项、第八项行为之一的，由县级以上地方人民政府建设主管部门或者有关部门予以警告，责令其改正，并处1万元以上3万元以下的罚款；造成损失的，依法承担赔偿责任；构成犯罪的，依法追究刑事责任。

第三十条　违反本规定，工程监理企业不及时办理资质证书变更手续的，由资质许可机关责令限期办理；逾期不办理的，可处以1千元以上1万元以下的罚款。

第三十一条　工程监理企业未按照本规定要求提供工程监理企业信用档案信息的，由县级以上地方人民政府建设主管部门予以警告，责令限期改正；逾期未改正的，可处以1千元以上1万元以下的罚款。

第三十二条　县级以上地方人民政府建设主管部门依法给予工程监理企业行政处罚的，应当将行政处罚决定以及给予行政处罚的事实、理由和依据，报国务院建设主管部门备案。

第三十三条　县级以上人民政府建设主管部门及有关部门有下列情形之一的，由其上级行政主管部门或者监察机关责令改正，对直接负责的主管人员和其他直接责任人员依法给予处分；构成犯罪的，依法追究刑事责任：

（一）对不符合本规定条件的申请人准予工程监理企业资质许可的；

（二）对符合本规定条件的申请人不予工程监理企业资质许可或者不在法定期限内作出准予许可决定的；

（三）对符合法定条件的申请不予受理或者未在法定期限内初审完毕的；

（四）利用职务上的便利，收受他人财物或者其他好处的；

（五）不依法履行监督管理职责或者监督不力，造成严重后果的。

第六章　附　则

第三十四条　本规定自2007年8月1日起施行。2001年8月29日建设部颁布的《工程监理企业资质管理规定》（建设部令第102号）同时废止。

附件：1．专业资质注册监理工程师人数配备表

2．专业工程类别和等级表

附件 1

专业资质注册监理工程师人数配备表

单位：人

序号	工程类别	甲级	乙级	丙级
1	房屋建筑工程	15	10	5
2	冶炼工程	15	10	
3	矿山工程	20	12	
4	化工石油工程	15	10	
5	水利水电工程	20	12	5
6	电力工程	15	10	
7	农林工程	15	10	
8	铁路工程	23	14	
9	公路工程	20	12	5
10	港口与航道工程	20	12	
11	航天航空工程	20	12	
12	通信工程	20	12	
13	市政公用工程	15	10	5
14	机电安装工程	15	10	

注：表中各专业资质注册监理工程师人数配备是指企业取得本专业工程类别注册的注册监理工程师人数。

附件 2

专业工程类别和等级表

<table>
<tr><th>序号</th><th colspan="2">工程类别</th><th>一级</th><th>二级</th><th>三级</th></tr>
<tr><td rowspan="3">一</td><td rowspan="3">房屋建筑工程</td><td>一般公共建筑</td><td>28层以上；36米跨度以上（轻钢结构除外）；单项工程建筑面积3万平方米以上</td><td>14～28层；24～36米跨度（轻钢结构除外）；单项工程建筑面积1万～3万平方米</td><td>14层以下；24米跨度以下（轻钢结构除外）；单项工程建筑面积1万平方米以下</td></tr>
<tr><td>高耸构筑工程</td><td>高度120米以上</td><td>高度70～120米</td><td>高度70米以下</td></tr>
<tr><td>住宅工程</td><td>小区建筑面积12万平方米以上；单项工程28层以上</td><td>建筑面积6万～12万平方米；单项工程14～28层</td><td>建筑面积6万平方米以下；单项工程14层以下</td></tr>
<tr><td rowspan="2">二</td><td rowspan="2">冶炼工程</td><td>钢铁冶炼、连铸工程</td><td>年产100万吨以上；单座高炉炉容1250立方米以上；单座公称容量转炉100吨以上；电炉50吨以上；连铸年产100万吨以上或板坯连铸单机1450毫米以上</td><td>年产100万吨以下；单座高炉炉容1250立方米以下；单座公称容量转炉100吨以下；电炉50吨以下；连铸年产100万吨以下或板坯连铸单机1450毫米以下</td><td></td></tr>
<tr><td>轧钢工程</td><td>热轧年产100万吨以上，装备连续、半连续轧机；冷轧带板年产100万吨以上，冷轧线材年产30万吨以上或装备连续、半连续轧机</td><td>热轧年产100万吨以下，装备连续、半连续轧机；冷轧带板年产100万吨以下，冷轧线材年产30万吨以下或装备连续、半连续轧机</td><td></td></tr>
</table>

序号	工程类别		一级	二级	三级
二	冶炼工程	冶炼辅助工程	炼焦工程年产 50 万吨以上或炭化室高度 4.3 米以上；单台烧结机 100 平方米以上；小时制氧 300 立方米以上	炼焦工程年产 50 万吨以下或炭化室高度 4.3 米以下；单台烧结机 100 平方米以下；小时制氧 300 立方米以下	
		有色冶炼工程	有色冶炼年产 10 万吨以上；有色金属加工年产 5 万吨以上；氧化铝工程 40 万吨以上	有色冶炼年产 10 万吨以下；有色金属加工年产 5 万吨以下；氧化铝工程 40 万吨以下	
		建材工程	水泥日产 2000 吨以上；浮化玻璃日熔量 400 吨以上；池窑拉丝玻璃纤维、特种纤维；特种陶瓷生产线工程	水泥日产 2000 吨以下；浮化玻璃日熔量 400 吨以下；普通玻璃生产线；组合炉拉丝玻璃纤维；非金属材料、玻璃钢、耐火材料、建筑及卫生陶瓷厂工程	
三	矿山工程	煤矿工程	年产 120 万吨以上的井工矿工程；年产 120 万吨以上的洗选煤工程；深度 800 米以上的立井井筒工程；年产 400 万吨以上的露天矿山工程	年产 120 万吨以下的井工矿工程；年产 120 万吨以下的洗选煤工程；深度 800 米以下的立井井筒工程；年产 400 万吨以下的露天矿山工程	
		冶金矿山工程	年产 100 万吨以上的黑色矿山采选工程；年产 100 万吨以上的有色砂矿采、选工程；年产 60 万吨以上的有色脉矿采、选工程	年产 100 万吨以下的黑色矿山采选工程；年产 100 万吨以下的有色砂矿采、选工程；年产 60 万吨以下的有色脉矿采、选工程	
		化工矿山工程	年产 60 万吨以上的磷矿、硫铁矿工程	年产 60 万吨以下的磷矿、硫铁矿工程	
		铀矿工程	年产 10 万吨以上的铀矿；年产 200 吨以上的铀选冶	年产 10 万吨以下的铀矿；年产 200 吨以下的铀选冶	
		建材类非金属矿工程	年产 70 万吨以上的石灰石矿；年产 30 万吨以上的石膏矿、石英砂岩矿	年产 70 万吨以下的石灰石矿；年产 30 万吨以下的石膏矿、石英砂岩矿	
四	化工石油工程	油田工程	原油处理能力 150 万吨/年以上、天然气处理能力 150 万方/天以上、产能 50 万吨以上及配套设施	原油处理能力 150 万吨/年以下、天然气处理能力 150 万方/天以下、产能 50 万吨以下及配套设施	
		油气储运工程	压力容器 8MPa 以上；油气储罐 10 万立方米/台以上；长输管道 120 千米以上	压力容器 8MPa 以下；油气储罐 10 万立方米/台以下；长输管道 120 千米以下	
		炼油化工工程	原油处理能力在 500 万吨/年以上的一次加工及相应二次加工装置和后加工装置	原油处理能力在 500 万吨/年以下的一次加工及相应二次加工装置和后加工装置	

序号	工程类别		一级	二级	三级
四	化工石油工程	基本原材料工程	年产30万吨以上的乙烯工程；年产4万吨以上的合成橡胶、合成树脂及塑料和化纤工程	年产30万吨以下的乙烯工程；年产4万吨以下的合成橡胶、合成树脂及塑料和化纤工程	
		化肥工程	年产20万吨以上合成氨及相应后加工装置；年产24万吨以上磷氨工程	年产20万吨以下合成氨及相应后加工装置；年产24万吨以下磷氨工程	
		酸碱工程	年产硫酸16万吨以上；年产烧碱8万吨以上；年产纯碱40万吨以上	年产硫酸16万吨以下；年产烧碱8万吨以下；年产纯碱40万吨以下	
		轮胎工程	年产30万套以上	年产30万套以下	
		核化工及加工工程	年产1000吨以上的铀转换化工工程；年产100吨以上的铀浓缩工程；总投资10亿元以上的乏燃料后处理工程；年产200吨以上的燃料元件加工工程；总投资5000万元以上的核技术及同位素应用工程	年产1000吨以下的铀转换化工工程；年产100吨以下的铀浓缩工程；总投资10亿元以下的乏燃料后处理工程；年产200吨以下的燃料元件加工工程；总投资5000万元以下的核技术及同位素应用工程	
		医药及其他化工工程	总投资1亿元以上	总投资1亿元以下	
五	水利水电工程	水库工程	总库容1亿立方米以上	总库容1千万～1亿立方米	总库容1千万立方米以下
		水力发电站工程	总装机容量300MW以上	总装机容量50～300MW	总装机容量50MW以下
		其他水利工程	引调水堤防等级1级；灌溉排涝流量5立方米/秒以上；河道整治面积30万亩以上；城市防洪城市人口50万人以上；围垦面积5万亩以上；水土保持综合治理面积1000平方千米以上	引调水堤防等级2、3级；灌溉排涝流量0.5～5立方米/秒；河道整治面积3万～30万亩；城市防洪城市人口20万～50万人；围垦面积0.5万～5万亩；水土保持综合治理面积100～1000平方千米	引调水堤防等级4、5级；灌溉排涝流量0.5立方米/秒以下；河道整治面积3万亩以下；城市防洪城市人口20万人以下；围垦面积0.5万亩以下；水土保持综合治理面积100平方千米以下
六	电力工程	火力发电站工程	单机容量30万千瓦以上	单机容量30万千瓦以下	
		输变电工程	330千伏以上	330千伏以下	
		核电工程	核电站；核反应堆工程		
七	农林工程	林业局（场）总体工程	面积35万公顷以上	面积35万公顷以下	
		林产工业工程	总投资5000万元以上	总投资5000万元以下	
		农业综合开发工程	总投资3000万元以上	总投资3000万元以下	
		种植业工程	2万亩以上或总投资1500万元以上	2万亩以下或总投资1500万元以下	
		兽医/畜牧工程	总投资1500万元以上	总投资1500万元以下	

序号	工程类别		一级	二级	三级
七	农林工程	渔业工程	渔港工程总投资 3000 万元以上；水产养殖等其他工程总投资 1500 万元以上	渔港工程总投资 3000 万元以下；水产养殖等其他工程总投资 1500 万元以下	
		设施农业工程	设施园艺工程 1 公顷以上；农产品加工等其他工程总投资 1500 万元以上	设施园艺工程 1 公顷以下；农产品加工等其他工程总投资 1500 万元以下	
		核设施退役及放射性三废处理处置工程	总投资 5000 万元以上	总投资 5000 万元以下	
八	铁路工程	铁路综合工程	新建、改建一级干线；单线铁路 40 千米以上；双线 30 千米以上及枢纽	单线铁路 40 千米以下；双线 30 千米以下；二级干线及站线；专用线、专用铁路	
		铁路桥梁工程	桥长 500 米以上	桥长 500 米以下	
		铁路隧道工程	单线 3000 米以上；双线 1500 米以上	单线 3000 米以下；双线 1500 米以下	
		铁路通信、信号、电力电气化工程	新建、改建铁路（含枢纽、配、变电所、分区亭）单双线 200 千米及以上	新建、改建铁路（不含枢纽、配、变电所、分区亭）单双线 200 千米及以下	
九	公路工程	公路工程	高速公路	高速公路路基工程及一级公路	一级公路路基工程及二级以下各级公路
		公路桥梁工程	独立大桥工程；特大桥总长 1000 米以上或单跨跨径 150 米以上	大桥、中桥桥梁总长 30～1000 米或单跨跨径 20～150 米	小桥总长 30 米以下或单跨跨径 20 米以下；涵洞工程
		公路隧道工程	隧道长度 1000 米以上	隧道长度 500～1000 米	隧道长度 500 米以下
		其他工程	通讯、监控、收费等机电工程，高速公路交通安全设施、环保工程和沿线附属设施	一级公路交通安全设施、环保工程和沿线附属设施	二级及以下公路交通安全设施、环保工程和沿线附属设施
十	港口与航道工程	港口工程	集装箱、件杂、多用途等沿海港口工程 20000 吨级以上；散货、原油沿海港口工程 30000 吨级以上；1000 吨级以上内河港口工程	集装箱、件杂、多用途等沿海港口工程 20000 吨级以下；散货、原油沿海港口工程 30000 吨级以下；1000 吨级以下内河港口工程	
		通航建筑与整治工程	1000 吨级以上	1000 吨级以下	
		航道工程	通航 30000 吨级以上船舶沿海复杂航道；通航 1000 吨级以上船舶的内河航运工程项目	通航 30000 吨级以下船舶沿海航道；通航 1000 吨级以下船舶的内河航运工程项目	
		修造船水工工程	10000 吨位以上的船坞工程；船体重量 5000 吨位以上的船台、滑道工程	10000 吨位以下的船坞工程；船体重量 5000 吨位以下的船台、滑道工程	
		防波堤、导流堤等水工工程	最大水深 6 米以上	最大水深 6 米以下	

序号	工程类别		一级	二级	三级
十	港口与航道工程	其他水运工程项目	建安工程费6000万元以上的沿海水运工程项目：建安工程费4000万元以上的内河水运工程项目	建安工程费 6000 万元以下的沿海水运工程项目；建安工程费 4000 万元以下的内河水运工程项目	
十一	航天航空工程	民用机场工程	飞行区指标为 4E 及以上及其配套工程	飞行区指标为 4D 及以下及其配套工程	
		航空飞行器	航空飞行器（综合）工程总投资 1 亿元以上；航空飞行器（单项）工程总投资 3000 万元以上	航空飞行器（综合）工程总投资 1 亿元以下；航空飞行器（单项）工程总投资 3000 万元以下	
		航天空间飞行器	工程总投资 3000 万元以上；面积 3000 平方米以上：跨度 18 米以上	工程总投资 3000 万元以下；面积 3000 平方米以下；跨度 18 米以下	
十二	通信工程	有线、无线传输通信工程，卫星、综合布线	省际通信、信息网络工程	省内通信、信息网络工程	
		邮政、电信、广播枢纽及交换工程	省会城市邮政、电信枢纽	地市级城市邮政、电信枢纽	
		发射台工程	总发射功率 500 千瓦以上短波或 600 千瓦以上中波发射台：高度 200 米以上广播电视发射塔	总发射功率 500 千瓦以下短波或 600 千瓦以下中波发射台；高度 200 米以下广播电视发射塔	
十三	市政公用工程	城市道路工程	城市快速路、主干路，城市互通式立交桥及单孔跨径 100 米以上桥梁；长度 1000 米以上的隧道工程	城市次干路工程，城市分离式立交桥及单孔跨径 100 米以下的桥梁；长度 1000 米以下的隧道工程	城市支路工程、过街天桥及地下通道工程。
		给水排水工程	10 万吨/日以上的给水厂；5 万吨/日以上污水处理工程；3 立方米/秒以上的给水、污水泵站；15 立方米/秒以上的雨泵站；直径 2.5 米以上的给排水管道	2 万～10 万吨/日的给水厂；1 万～5 万吨/日污水处理工程；1～3 立方米/秒的给水、污水泵站；5～15 立方米/秒的雨泵站；直径 1～2.5 米的给水管道；直径 1.5～2.5 米的排水管道	2 万吨/日以下的给水厂；1 万吨/日以下污水处理工程；1 立方米/秒以下的给水、污水泵站；5 立方米/秒以下的雨泵站；直径 1 米以下的给水管道；直径 1.5 米以下的排水管道
		燃气热力工程	总储存容积1000立方米以上液化气贮罐场（站)；供气规模 15 万立方米/日以上的燃气工程；中压以上的燃气管道、调压站；供热面积 150 万平方米以上的热力工程	总储存容积 1000 立方米以下的液化气贮罐场（站)；供气规模 15 万立方米/日以下的燃气工程；中压以下的燃气管道、调压站；供热面积 50 万～150 万平方米的热力工程	供热面积 50 万平方米以下的热力工程
		垃圾处理工程	1200 吨/日以上的垃圾焚烧和填埋工程	500～1200 吨/日的垃圾焚烧及填埋工程	500 吨/日以下的垃圾焚烧及填埋工程
		地铁轻轨工程	各类地铁轻轨工程		
		风景园林工程	总投资 3000 万元以上	总投资 1000 万～3000 万元	总投资 1000 万元以下

序号	工程类别		一级	二级	三级
十四	机电安装工程	机械工程	总投资5000万元以上	总投资5000万元以下	
		电子工程	总投资1亿元以上；含有净化级别6级以上的工程	总投资1亿元以下；含有净化级别6级以下的工程	
		轻纺工程	总投资5000万元以上	总投资5000万元以下	
		兵器工程	建安工程费3000万元以上的坦克装甲车辆、炸药、弹箭工程；建安工程费2000万元以上的枪炮、光电工程；建安工程费1000万元以上的防化民爆工程	建安工程费3000万元以下的坦克装甲车辆、炸药、弹箭工程；建安工程费2000万元以下的枪炮、光电工程；建安工程费1000万元以下的防化民爆工程	
		船舶工程	船舶制造工程总投资1亿元以上；船舶科研、机械、修理工程总投资5000万元以上	船舶制造工程总投资1亿元以下；船舶科研、机械、修理工程总投资5000万元以下	
		其他工程	总投资5000万元以上	总投资5000万元以下	

说明：1．表中的“以上”含本数，“以下”不含本数。

2．未列入本表中的其他专业工程，由国务院有关部门按照有关规定在相应的工程类别中划分等级。

3．房屋建筑工程包括结合城市建设与民用建筑修建的附建人防工程。

工程建设行业标准管理办法

第一条 为加强工程建设行业标准的管理，根据《中华人民共和国标准化法》《中华人民共和国标准化法实施条例》和国家有关工程建设的法律、行政法规，制定本办法。

第二条 对没有国家标准而需要在全国某个行业范围内统一的下列技术要求，可以制定行业标准：

（一）工程建设勘察、规划、设计、施工（包括安装）及验收等行业专用的质量要求；

（二）工程建设行业专用的有关安全、卫生和环境保护的技术要求；

（三）工程建设行业专用的术语、符号、代号、量与单位和制图方法；

（四）工程建设行业专用的试验、检验和评定等方法；

（五）工程建设行业专用的信息技术要求；

（六）其他工程建设行业专用的技术要求。

第三条 行业标准分为强制性标准和推荐性标准。

下列标准属于强制性标准：

（一）工程建设勘察、规划、设计、施工（包括安装）及验收等行业专用的综合性标准和重要的行业专用的质量标准；

（二）工程建设行业专用的有关安全、卫生和环境保护的标准；

（三）工程建设重要的行业专用的术语、符号、代号、量与单位和制图方法标准；

（四）工程建设重要的行业专用的试验、检验和评定方法等标准；

（五）工程建设重要的行业专用的信息技术标准；

（六）行业需要控制的其他工程建设标准。

强制性标准以外的标准是推荐性标准。

第四条 国务院有关行政主管部门根据《中华人民共和国标准化法》和国务院工程建设行政主管部门确定的行业标准管理范围，履行行业标准的管理职责。

第五条 行业标准的计划根据国务院工程建设行政主管部门的统一部署由国务院有关行政主管部门组织编制和下达，并报国务院工程建设行政主管部门备案。

与两个以上国务院行政主管部门有关的行业标准，其主编部门由相关的行政主管部门协商确定或由国务院工程建设行政主管部门协调确定，其计划由被确定的主编部门下达。

第六条 行业标准不得与国家标准相抵触。有关行业标准之间应当协调、统一、避免重复。

第七条 制订、修订行业标准的工作程序，可以按准备、征求意见、送审和报批四个阶段进行。

第八条 行业标准的编写应当符合工程建设标准编写的统一规定。

第九条 行业标准由国务院有关行政主管部门审批、编号和发布。

其中，两个以上部门共同制订的行业标准，由有关的行政主管部门联合审批、发布，并由其主编部门负责编号。

第十条 行业标准的某些规定与国家标准不一致时，必须有充分的科学依据和理由，并经国家标准的审批部门批准。

行业标准在相应的国家标准实施后，应当及时修订或废止。

第十一条　行业标准实施后，该标准的批准部门应当根据科学技术的发展和工程建设的实际需要适时进行复审，确认其继续有效或予以修订、废止。一般五年复审一次，复审结果报国务院工程建设行政主管部门备案。

第十二条　行业标准的编号由行业标准的代号、标准发布的顺序号和批准标准的年号组成，并应当符合下列统一格式：

（一）强制性行业标准的编号：

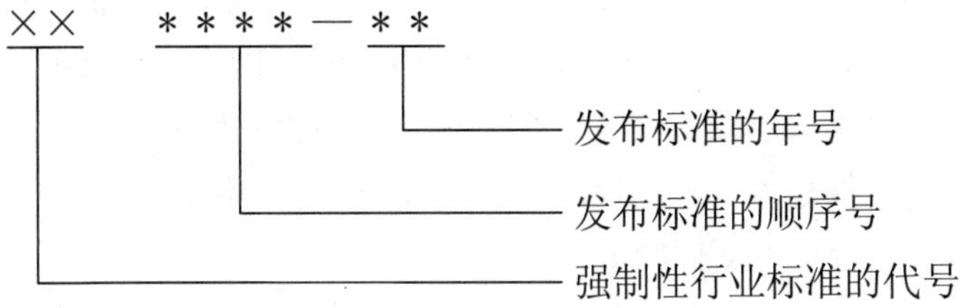

（二）推荐性行业标准的编号：

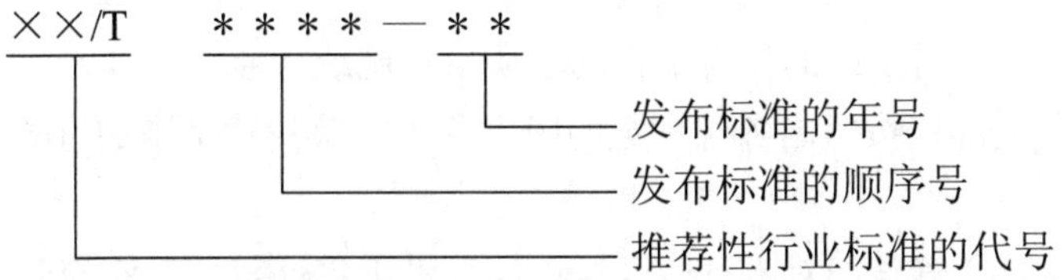

第十三条　行业标准发布后，应当报国务院工程建设行政主管部门备案。

第十四条　行业标准由标准的批准部门负责组织出版，并应当符合工程建设标准出版印刷的统一规定。

第十五条　行业标准属于科技成果。对技术水平高，取得显著经济效益、社会效益和环境效益的行业标准，应当纳入各级科学技术进步奖励范围，并予以奖励。

第十六条　国务院有关行政主管部门可以根据《中华人民共和国标准化法》《中华人民共和国标准化法实施条例》和本办法制定本行业的工程建设行业标准管理细则。

第十七条　本办法由国务院工程建设行政主管部门负责解释。

第十八条　本办法自发布之日起实施。原《工程建设专业标准规范管理暂行办法》同时废止。

建设工程勘察质量管理办法

第一章 总 则

第一条 为了加强对建设工程勘察质量的管理，保证建设工程质量，根据《中华人民共和国建筑法》《建设工程质量管理条例》《建设工程勘察设计管理条例》等有关法律、法规，制定本办法。

第二条 凡在中华人民共和国境内从事建设工程勘察活动的，必须遵守本办法。

本办法所称建设工程勘察，是指根据建设工程的要求，查明、分析、评价建设场地的地质地理环境特征和岩土工程条件，编制建设工程勘察文件的活动。

第三条 工程勘察企业应当按照有关建设工程质量的法律、法规、工程建设强制性标准和勘察合同进行勘察工作，并对勘察质量负责。

勘察文件应当符合国家规定的勘察深度要求，必须真实、准确。

第四条 国务院建设行政主管部门对全国的建设工程勘察质量实施统一监督管理。

国务院铁路、交通、水利等有关部门按照国务院规定的职责分工，负责对全国的有关专业建设工程勘察质量的监督管理。

县级以上地方人民政府建设行政主管部门对本行政区域内的建设工程勘察质量实施监督管理。

县级以上地方人民政府有关部门在各自的职责范围内，负责对本行政区域内的有关专业建设工程勘察质量的监督管理。

第二章 质量责任和义务

第五条 建设单位应当为勘察工作提供必要的现场工作条件，保证合理的勘察工期，提供真实、可靠的原始资料。

建设单位应当严格执行国家收费标准，不得迫使工程勘察企业以低于成本的价格承揽任务。

第六条 工程勘察企业必须依法取得工程勘察资质证书，并在资质等级许可的范围内承揽勘察业务。

工程勘察企业不得超越其资质等级许可的业务范围或者以其他勘察企业的名义承揽勘察业务；不得允许其他企业或者个人以本企业的名义承揽勘察业务；不得转包或者违法分包所承揽的勘察业务。

第七条 工程勘察企业应当健全勘察质量管理体系和质量责任制度。

第八条 工程勘察企业应当拒绝用户提出的违反国家有关规定的不合理要求，有权提出保证工程勘察质量所必需的现场工作条件和合理工期。

第九条 工程勘察企业应当参与施工验槽，及时解决工程设计和施工中与勘察工作有关的问题。

第十条 工程勘察企业应当参与建设工程质量事故的分析，并对因勘察原因造成的质量事故，提出相应的技术处理方案。

第十一条 工程勘察项目负责人、审核人、审定人及有关技术人员应当具有相应的技术职称或者注册资格。

第十二条　项目负责人应当组织有关人员做好现场踏勘、调查，按照要求编写《勘察纲要》，并对勘察过程中各项作业资料验收和签字。

第十三条　工程勘察企业的法定代表人、项目负责人、审核人、审定人等相关人员，应当在勘察文件上签字或者盖章，并对勘察质量负责。

工程勘察企业法定代表人对本企业勘察质量全面负责；项目负责人对项目的勘察文件负主要质量责任；项目审核人、审定人对其审核、审定项目的勘察文件负审核、审定的质量责任。

第十四条　工程勘察工作的原始记录应当在勘察过程中及时整理、核对，确保取样、记录的真实和准确，严禁离开现场追记或者补记。

第十五条　工程勘察企业应当确保仪器、设备的完好。钻探、取样的机具设备、原位测试、室内试验及测量仪器等应当符合有关规范、规程的要求。

第十六条　工程勘察企业应当加强职工技术培训和职业道德教育，提高勘察人员的质量责任意识。观测员、试验员、记录员、机长等现场作业人员应当接受专业培训，方可上岗。

第十七条　工程勘察企业应当加强技术档案的管理工作。工程项目完成后，必须将全部资料分类编目，装订成册，归档保存。

第三章　监督管理

第十八条　工程勘察文件应当经县级以上人民政府建设行政主管部门或者其他有关部门（以下简称工程勘察质量监督部门）审查。工程勘察质量监督部门可以委托施工图设计文件审查机构（以下简称审查机构）对工程勘察文件进行审查。

审查机构应当履行下列职责：

（一）监督检查工程勘察企业有关质量管理文件、文字报告、计算书、图纸图表和原始资料等是否符合有关规定和标准；

（二）发现勘察质量问题，及时报告有关部门依法处理。

第十九条　工程勘察质量监督部门应当对工程勘察企业质量管理程序的实施、试验室是否符合标准等情况进行检查，并定期向社会公布检查和处理结果。

第二十条　工程勘察发生重大质量、安全事故时，有关单位应当按照规定向工程勘察质量监督部门报告。

第二十一条　任何单位和个人有权向工程勘察质量监督部门检举、投诉工程勘察质量、安全问题。

第四章　罚　则

第二十二条　工程勘察企业违反《建设工程勘察设计管理条例》《建设工程质量管理条例》的，由工程勘察质量监督部门按照有关规定给予处罚。

第二十三条　违反本办法规定，建设单位未为勘察工作提供必要的现场工作条件或者未提供真实、可靠原始资料的，由工程勘察质量监督部门责令改正；造成损失的，依法承担赔偿责任。

第二十四条　违反本办法规定，工程勘察企业未按照工程建设强制性标准进行勘察、弄虚作假、提供虚假成果资料的，由工程勘察质量监督部门责令改正，处10万元以上30万元以下的罚款；造成工程质量事故的，责令停业整顿，降低资质等级；情节严重的，吊销资质证书；造成损失的，依法承担赔偿责任。

第二十五条 违反本办法规定，工程勘察企业有下列行为之一的，由工程勘察质量监督部门责令改正，处1万元以上3万元以下的罚款：

（一）勘察文件没有责任人签字或者签字不全的；

（二）原始记录不按照规定记录或者记录不完整的；

（三）不参加施工验槽的；

（四）项目完成后，勘察文件不归档保存的。

第二十六条 审查机构未按照规定审查，给建设单位造成损失的，依法承担赔偿责任；情节严重的，由工程勘察质量监督部门撤销委托。

第二十七条 依照本办法规定，给予勘察企业罚款处罚的，由工程勘察质量监督部门对企业的法定代表人和其他直接责任人员处以企业罚款数额的5%以上10%以下的罚款。

第二十八条 国家机关工作人员在建设工程勘察质量监督管理工作中玩忽职守、滥用职权、徇私舞弊的，依法给予行政处分；构成犯罪的，依法追究刑事责任。

第五章 附 则

第二十九条 本办法自2003年2月1日起施行。

建筑工程设计招标投标管理办法

第一条 为规范建筑工程设计市场，提高建筑工程设计水平，促进公平竞争，繁荣建筑创作，根据《中华人民共和国建筑法》《中华人民共和国招标投标法》《建设工程勘察设计管理条例》和《中华人民共和国招标投标法实施条例》等法律法规，制定本办法。

第二条 依法必须进行招标的各类房屋建筑工程，其设计招标投标活动，适用本办法。

第三条 国务院住房城乡建设主管部门依法对全国建筑工程设计招标投标活动实施监督。

县级以上地方人民政府住房城乡建设主管部门依法对本行政区域内建筑工程设计招标投标活动实施监督，依法查处招标投标活动中的违法违规行为。

第四条 建筑工程设计招标范围和规模标准按照国家有关规定执行，有下列情形之一的，可以不进行招标：

（一）采用不可替代的专利或者专有技术的；

（二）对建筑艺术造型有特殊要求，并经有关主管部门批准的；

（三）建设单位依法能够自行设计的；

（四）建筑工程项目的改建、扩建或者技术改造，需要由原设计单位设计，否则将影响功能配套要求的；

（五）国家规定的其他特殊情形。

第五条 建筑工程设计招标应当依法进行公开招标或者邀请招标。

第六条 建筑工程设计招标可以采用设计方案招标或者设计团队招标，招标人可以根据项目特点和实际需要选择。

设计方案招标，是指主要通过对投标人提交的设计方案进行评审确定中标人。

设计团队招标，是指主要通过对投标人拟派设计团队的综合能力进行评审确定中标人。

第七条 公开招标的，招标人应当发布招标公告。邀请招标的，招标人应当向 3 个以上潜在投标人发出投标邀请书。

招标公告或者投标邀请书应当载明招标人名称和地址、招标项目的基本要求、投标人的资质要求以及获取招标文件的办法等事项。

第八条 招标人一般应当将建筑工程的方案设计、初步设计和施工图设计一并招标。确需另行选择设计单位承担初步设计、施工图设计的，应当在招标公告或者投标邀请书中明确。

第九条 鼓励建筑工程实行设计总包。实行设计总包的，按照合同约定或者经招标人同意，设计单位可以不通过招标方式将建筑工程非主体部分的设计进行分包。

第十条 招标文件应当满足设计方案招标或者设计团队招标的不同需求，主要包括以下内容：

（一）项目基本情况；

（二）城乡规划和城市设计对项目的基本要求；

（三）项目工程经济技术要求；

（四）项目有关基础资料；

（五）招标内容；

（六）招标文件答疑、现场踏勘安排；

（七）投标文件编制要求；

（八）评标标准和方法；

（九）投标文件送达地点和截止时间；

（十）开标时间和地点；

（十一）拟签订合同的主要条款；

（十二）设计费或者计费方法；

（十三）未中标方案补偿办法。

第十一条 招标人应当在资格预审公告、招标公告或者投标邀请书中载明是否接受联合体投标。采用联合体形式投标的，联合体各方应当签订共同投标协议，明确约定各方承担的工作和责任，就中标项目向招标人承担连带责任。

第十二条 招标人可以对已发出的招标文件进行必要的澄清或者修改。澄清或者修改的内容可能影响投标文件编制的，招标人应当在投标截止时间至少15日前，以书面形式通知所有获取招标文件的潜在投标人，不足15日的，招标人应当顺延提交投标文件的截止时间。

潜在投标人或者其他利害关系人对招标文件有异议的，应当在投标截止时间10日前提出。招标人应当自收到异议之日起3日内作出答复；作出答复前，应当暂停招标投标活动。

第十三条 招标人应当确定投标人编制投标文件所需要的合理时间，自招标文件开始发出之日起至投标人提交投标文件截止之日止，时限最短不少于20日。

第十四条 投标人应当具有与招标项目相适应的工程设计资质。境外设计单位参加国内建筑工程设计投标的，按照国家有关规定执行。

第十五条 投标人应当按照招标文件的要求编制投标文件。投标文件应当对招标文件提出的实质性要求和条件作出响应。

第十六条 评标由评标委员会负责。

评标委员会由招标人代表和有关专家组成。评标委员会人数为5人以上单数，其中技术和经济方面的专家不得少于成员总数的2/3。建筑工程设计方案评标时，建筑专业专家不得少于技术和经济方面专家总数的2/3。

评标专家一般从专家库随机抽取，对于技术复杂、专业性强或者国家有特殊要求的项目，招标人也可以直接邀请相应专业的中国科学院院士、中国工程院院士、全国工程勘察设计大师以及境外具有相应资历的专家参加评标。

投标人或者与投标人有利害关系的人员不得参加评标委员会。

第十七条 有下列情形之一的，评标委员会应当否决其投标：

（一）投标文件未按招标文件要求经投标人盖章和单位负责人签字；

（二）投标联合体没有提交共同投标协议；

（三）投标人不符合国家或者招标文件规定的资格条件；

（四）同一投标人提交两个以上不同的投标文件或者投标报价，但招标文件要求提交备选投标的除外；

（五）投标文件没有对招标文件的实质性要求和条件作出响应；

（六）投标人有串通投标、弄虚作假、行贿等违法行为；

（七）法律法规规定的其他应当否决投标的情形。

第十八条　评标委员会应当按照招标文件确定的评标标准和方法，对投标文件进行评审。

采用设计方案招标的，评标委员会应当在符合城乡规划、城市设计以及安全、绿色、节能、环保要求的前提下，重点对功能、技术、经济和美观等进行评审。

采用设计团队招标的，评标委员会应当对投标人拟从事项目设计的人员构成、人员业绩、人员从业经历、项目解读、设计构思、投标人信用情况和业绩等进行评审。

第十九条　评标委员会应当在评标完成后，向招标人提出书面评标报告，推荐不超过3个中标候选人，并标明顺序。

第二十条　招标人应当公示中标候选人。采用设计团队招标的，招标人应当公示中标候选人投标文件中所列主要人员、业绩等内容。

第二十一条　招标人根据评标委员会的书面评标报告和推荐的中标候选人确定中标人。招标人也可以授权评标委员会直接确定中标人。

采用设计方案招标的，招标人认为评标委员会推荐的候选方案不能最大限度满足招标文件规定的要求的，应当依法重新招标。

第二十二条　招标人应当在确定中标人后及时向中标人发出中标通知书，并同时将中标结果通知所有未中标人。

第二十三条　招标人应当自确定中标人之日起15日内，向县级以上地方人民政府住房城乡建设主管部门提交招标投标情况的书面报告。

第二十四条　县级以上地方人民政府住房城乡建设主管部门应当自收到招标投标情况的书面报告之日起5个工作日内，公开专家评审意见等信息，涉及国家秘密、商业秘密的除外。

第二十五条　招标人和中标人应当自中标通知书发出之日起30日内，按照招标文件和中标人的投标文件订立书面合同。

第二十六条　招标人、中标人使用未中标方案的，应当征得提交方案的投标人同意并付给使用费。

第二十七条　国务院住房城乡建设主管部门，省、自治区、直辖市人民政府住房城乡建设主管部门应当加强建筑工程设计评标专家和专家库的管理。

建筑专业专家库应当按建筑工程类别细化分类。

第二十八条　住房城乡建设主管部门应当加快推进电子招标投标，完善招标投标信息平台建设，促进建筑工程设计招标投标信息化监管。

第二十九条　招标人以不合理的条件限制或者排斥潜在投标人的，对潜在投标人实行歧视待遇的，强制要求投标人组成联合体共同投标的，或者限制投标人之间竞争的，由县级以上地方人民政府住房城乡建设主管部门责令改正，可以处1万元以上5万元以下的罚款。

第三十条　招标人澄清、修改招标文件的时限，或者确定的提交投标文件的时限不符合本办法规定的，由县级以上地方人民政府住房城乡建设主管部门责令改正，可以处10万元以下的罚款。

第三十一条　招标人不按照规定组建评标委员会，或者评标委员会成员的确定违反本办法规定的，由县级以上地方人民政府住房城乡建设主管部门责令改正，可以处10万元以下的罚款，相应评审结论无效，依法重新进行评审。

第三十二条　招标人有下列情形之一的，由县级以上地方人民政府住房城乡建设主管部门责令改正，可以处中标项目金额10‰以下的罚款；给他人造成损失的，依法承担赔偿责任；对单位直接负责的主管人员和其他直接责任人员依法给予处分：

（一）无正当理由未按本办法规定发出中标通知书；

（二）不按照规定确定中标人；

（三）中标通知书发出后无正当理由改变中标结果；

（四）无正当理由未按本办法规定与中标人订立合同；

（五）在订立合同时向中标人提出附加条件。

第三十三条 投标人以他人名义投标或者以其他方式弄虚作假，骗取中标的，中标无效，给招标人造成损失的，依法承担赔偿责任；构成犯罪的，依法追究刑事责任。

投标人有前款所列行为尚未构成犯罪的，由县级以上地方人民政府住房城乡建设主管部门处中标项目金额 5‰以上 10‰以下的罚款，对单位直接负责的主管人员和其他直接责任人员处单位罚款数额 5%以上 10%以下的罚款；有违法所得的，并处没收违法所得；情节严重的，取消其 1 年至 3 年内参加依法必须进行招标的建筑工程设计招标的投标资格，并予以公告，直至由工商行政管理机关吊销营业执照。

第三十四条 评标委员会成员收受投标人的财物或者其他好处的，评标委员会成员或者参加评标的有关工作人员向他人透露对投标文件的评审和比较、中标候选人的推荐以及与评标有关的其他情况的，由县级以上地方人民政府住房城乡建设主管部门给予警告，没收收受的财物，可以并处 3000 元以上 5 万元以下的罚款。

评标委员会成员有前款所列行为的，由有关主管部门通报批评并取消担任评标委员会成员的资格，不得再参加任何依法必须进行招标的建筑工程设计招标投标的评标；构成犯罪的，依法追究刑事责任。

第三十五条 评标委员会成员违反本办法规定，对应当否决的投标不提出否决意见的，由县级以上地方人民政府住房城乡建设主管部门责令改正；情节严重的，禁止其在一定期限内参加依法必须进行招标的建筑工程设计招标投标的评标；情节特别严重的，由有关主管部门取消其担任评标委员会成员的资格。

第三十六条 住房城乡建设主管部门或者有关职能部门的工作人员徇私舞弊、滥用职权或者玩忽职守，构成犯罪的，依法追究刑事责任；不构成犯罪的，依法给予行政处分。

第三十七条 市政公用工程及园林工程设计招标投标参照本办法执行。

第三十八条 本办法自 2017 年 5 月 1 日起施行。2000 年 10 月 18 日建设部颁布的《建筑工程设计招标投标管理办法》（建设部令第 82 号）同时废止。

建筑工程施工发包与承包计价管理办法

第一条　为了规范建筑工程施工发包与承包计价行为，维护建筑工程发包与承包双方的合法权益，促进建筑市场的健康发展，根据有关法律、法规，制定本办法。

第二条　在中华人民共和国境内的建筑工程施工发包与承包计价（以下简称工程发承包计价）管理，适用本办法。

本办法所称建筑工程是指房屋建筑和市政基础设施工程。

本办法所称工程发承包计价包括编制工程量清单、最高投标限价、招标标底、投标报价，进行工程结算，以及签订和调整合同价款等活动。

第三条　建筑工程施工发包与承包价在政府宏观调控下，由市场竞争形成。

工程发承包计价应当遵循公平、合法和诚实信用的原则。

第四条　国务院住房城乡建设主管部门负责全国工程发承包计价工作的管理。

县级以上地方人民政府住房城乡建设主管部门负责本行政区域内工程发承包计价工作的管理。其具体工作可以委托工程造价管理机构负责。

第五条　国家推广工程造价咨询制度，对建筑工程项目实行全过程造价管理。

第六条　全部使用国有资金投资或者以国有资金投资为主的建筑工程（以下简称国有资金投资的建筑工程），应当采用工程量清单计价；非国有资金投资的建筑工程，鼓励采用工程量清单计价。

国有资金投资的建筑工程招标的，应当设有最高投标限价；非国有资金投资的建筑工程招标的，可以设有最高投标限价或者招标标底。

最高投标限价及其成果文件，应当由招标人报工程所在地县级以上地方人民政府住房城乡建设主管部门备案。

第七条　工程量清单应当依据国家制定的工程量清单计价规范、工程量计算规范等编制。工程量清单应当作为招标文件的组成部分。

第八条　最高投标限价应当依据工程量清单、工程计价有关规定和市场价格信息等编制。招标人设有最高投标限价的，应当在招标时公布最高投标限价的总价，以及各单位工程的分部分项工程费、措施项目费、其他项目费、规费和税金。

第九条　招标标底应当依据工程计价有关规定和市场价格信息等编制。

第十条　投标报价不得低于工程成本，不得高于最高投标限价。

投标报价应当依据工程量清单、工程计价有关规定、企业定额和市场价格信息等编制。

第十一条　投标报价低于工程成本或者高于最高投标限价总价的，评标委员会应当否决投标人的投标。

对是否低于工程成本报价的异议，评标委员会可以参照国务院住房城乡建设主管部门和省、自治区、直辖市人民政府住房城乡建设主管部门发布的有关规定进行评审。

第十二条　招标人与中标人应当根据中标价订立合同。不实行招标投标的工程由发承包双方协商订立合同。

合同价款的有关事项由发承包双方约定，一般包括合同价款约定方式，预付工程款、工程进度款、工程竣工价款的支付和结算方式，以及合同价款的调整情形等。

第十三条 发承包双方在确定合同价款时，应当考虑市场环境和生产要素价格变化对合同价款的影响。

实行工程量清单计价的建筑工程，鼓励发承包双方采用单价方式确定合同价款。

建设规模较小、技术难度较低、工期较短的建筑工程，发承包双方可以采用总价方式确定合同价款。

紧急抢险、救灾以及施工技术特别复杂的建筑工程，发承包双方可以采用成本加酬金方式确定合同价款。

第十四条 发承包双方应当在合同中约定，发生下列情形时合同价款的调整方法：

（一）法律、法规、规章或者国家有关政策变化影响合同价款的；

（二）工程造价管理机构发布价格调整信息的；

（三）经批准变更设计的；

（四）发包方更改经审定批准的施工组织设计造成费用增加的；

（五）双方约定的其他因素。

第十五条 发承包双方应当根据国务院住房城乡建设主管部门和省、自治区、直辖市人民政府住房城乡建设主管部门的规定，结合工程款、建设工期等情况在合同中约定预付工程款的具体事宜。

预付工程款按照合同价款或者年度工程计划额度的一定比例确定和支付，并在工程进度款中予以抵扣。

第十六条 承包方应当按照合同约定向发包方提交已完成工程量报告。发包方收到工程量报告后，应当按照合同约定及时核对并确认。

第十七条 发承包双方应当按照合同约定，定期或者按照工程进度分段进行工程款结算和支付。

第十八条 工程完工后，应当按照下列规定进行竣工结算：

（一）承包方应当在工程完工后的约定期限内提交竣工结算文件。

（二）国有资金投资建筑工程的发包方，应当委托具有相应资质的工程造价咨询企业对竣工结算文件进行审核，并在收到竣工结算文件后的约定期限内向承包方提出由工程造价咨询企业出具的竣工结算文件审核意见；逾期未答复的，按照合同约定处理，合同没有约定的，竣工结算文件视为已被认可。

非国有资金投资的建筑工程发包方，应当在收到竣工结算文件后的约定期限内予以答复，逾期未答复的，按照合同约定处理，合同没有约定的，竣工结算文件视为已被认可；发包方对竣工结算文件有异议的，应当在答复期内向承包方提出，并可以在提出异议之日起的约定期限内与承包方协商；发包方在协商期内未与承包方协商或者经协商未能与承包方达成协议的，应当委托工程造价咨询企业进行竣工结算审核，并在协商期满后的约定期限内向承包方提出由工程造价咨询企业出具的竣工结算文件审核意见。

（三）承包方对发包方提出的工程造价咨询企业竣工结算审核意见有异议的，在接到该审核意见后一个月内，可以向有关工程造价管理机构或者有关行业组织申请调解，调解不成的，可以依法申请仲裁或者向人民法院提起诉讼。

发承包双方在合同中对本条第（一）项、第（二）项的期限没有明确约定的，应当按照国家有关规定执行；国家没有规定的，可认为其约定期限均为28日。

第十九条 工程竣工结算文件经发承包双方签字确认的，应当作为工程决算的依据，未经对方同意，另一方不得就已生效的竣工结算文件委托工程造价咨询企业重复审核。发包方应当按照竣工结算文件及时支付竣工结算款。

竣工结算文件应当由发包方报工程所在地县级以上地方人民政府住房城乡建设主管部门备案。

第二十条 造价工程师编制工程量清单、最高投标限价、招标标底、投标报价、工程结算审核和工程造价鉴定文件，应当签字并加盖造价工程师执业专用章。

第二十一条 县级以上地方人民政府住房城乡建设主管部门应当依照有关法律、法规和本办法规定，加强对建筑工程发承包计价活动的监督检查和投诉举报的核查，并有权采取下列措施：

（一）要求被检查单位提供有关文件和资料；

（二）就有关问题询问签署文件的人员；

（三）要求改正违反有关法律、法规、本办法或者工程建设强制性标准的行为。

县级以上地方人民政府住房城乡建设主管部门应当将监督检查的处理结果向社会公开。

第二十二条 造价工程师在最高投标限价、招标标底或者投标报价编制、工程结算审核和工程造价鉴定中，签署有虚假记载、误导性陈述的工程造价成果文件的，记入造价工程师信用档案，依照《注册造价工程师管理办法》进行查处；构成犯罪的，依法追究刑事责任。

第二十三条 工程造价咨询企业在建筑工程计价活动中，出具有虚假记载、误导性陈述的工程造价成果文件的，记入工程造价咨询企业信用档案，由县级以上地方人民政府住房城乡建设主管部门责令改正，处 1 万元以上 3 万元以下的罚款，并予以通报。

第二十四条 国家机关工作人员在建筑工程计价监督管理工作中玩忽职守、徇私舞弊、滥用职权的，由有关机关给予行政处分；构成犯罪的，依法追究刑事责任。

第二十五条 建筑工程以外的工程施工发包与承包计价管理可以参照本办法执行。

第二十六条 省、自治区、直辖市人民政府住房城乡建设主管部门可以根据本办法制定实施细则。

第二十七条 本办法自 2014 年 2 月 1 日起施行。原建设部 2001 年 11 月 5 日发布的《建筑工程施工发包与承包计价管理办法》（建设部令第 107 号）同时废止。

建筑工程施工许可管理办法

第一条　为了加强对建筑活动的监督管理，维护建筑市场秩序，保证建筑工程的质量和安全，根据《中华人民共和国建筑法》，制定本办法。

第二条　在中华人民共和国境内从事各类房屋建筑及其附属设施的建造、装修装饰和与其配套的线路、管道、设备的安装，以及城镇市政基础设施工程的施工，建设单位在开工前应当依照本办法的规定，向工程所在地的县级以上地方人民政府住房城乡建设主管部门（以下简称发证机关）申请领取施工许可证。

工程投资额在30万元以下或者建筑面积在300平方米以下的建筑工程，可以不申请办理施工许可证。省、自治区、直辖市人民政府住房城乡建设主管部门可以根据当地的实际情况，对限额进行调整，并报国务院住房城乡建设主管部门备案。

按照国务院规定的权限和程序批准开工报告的建筑工程，不再领取施工许可证。

第三条　本办法规定应当申请领取施工许可证的建筑工程未取得施工许可证的，一律不得开工。

任何单位和个人不得将应当申请领取施工许可证的工程项目分解为若干限额以下的工程项目，规避申请领取施工许可证。

第四条　建设单位申请领取施工许可证，应当具备下列条件，并提交相应的证明文件：

（一）依法应当办理用地批准手续的，已经办理该建筑工程用地批准手续。

（二）在城市、镇规划区的建筑工程，已经取得建设工程规划许可证。

（三）施工场地已经基本具备施工条件，需要征收房屋的，其进度符合施工要求。

（四）已经确定施工企业。按照规定应当招标的工程没有招标，应当公开招标的工程没有公开招标，或者肢解发包工程，以及将工程发包给不具备相应资质条件的企业的，所确定的施工企业无效。

（五）有满足施工需要的技术资料，施工图设计文件已按规定审查合格。

（六）有保证工程质量和安全的具体措施。施工企业编制的施工组织设计中有根据建筑工程特点制定的相应质量、安全技术措施。建立工程质量安全责任制并落实到人。专业性较强的工程项目编制了专项质量、安全施工组织设计，并按照规定办理了工程质量、安全监督手续。

（七）建设资金已经落实。建设单位应当提供建设资金已经落实承诺书。

（八）法律、行政法规规定的其他条件。

县级以上地方人民政府住房城乡建设主管部门不得违反法律法规规定，增设办理施工许可证的其他条件。

第五条　申请办理施工许可证，应当按照下列程序进行：

（一）建设单位向发证机关领取《建筑工程施工许可证申请表》。

（二）建设单位持加盖单位及法定代表人印鉴的《建筑工程施工许可证申请表》，并附本办法第四条规定的证明文件，向发证机关提出申请。

（三）发证机关在收到建设单位报送的《建筑工程施工许可证申请表》和所附证明文件后，对于符合条件的，应当自收到申请之日起七日内颁发施工许可证；对于证明文件不齐全或者失效的，应当当场或者五日内一次告知建设单位需要补正的全部内容，审批时间可以自证明文件补正齐全后作相应顺延；对于不符合条件的，应当自收到申请之日起七日内书面通知建设单位，并说明理由。

建筑工程在施工过程中，建设单位或者施工单位发生变更的，应当重新申请领取施工许可证。

第六条 建设单位申请领取施工许可证的工程名称、地点、规模，应当符合依法签订的施工承包合同。

施工许可证应当放置在施工现场备查，并按规定在施工现场公开。

第七条 施工许可证不得伪造和涂改。

第八条 建设单位应当自领取施工许可证之日起三个月内开工。因故不能按期开工的，应当在期满前向发证机关申请延期，并说明理由；延期以两次为限，每次不超过三个月。既不开工又不申请延期或者超过延期次数、时限的，施工许可证自行废止。

第九条 在建的建筑工程因故中止施工的，建设单位应当自中止施工之日起一个月内向发证机关报告，报告内容包括中止施工的时间、原因、在施部位、维修管理措施等，并按照规定做好建筑工程的维护管理工作。

建筑工程恢复施工时，应当向发证机关报告；中止施工满一年的工程恢复施工前，建设单位应当报发证机关核验施工许可证。

第十条 发证机关应当将办理施工许可证的依据、条件、程序、期限以及需要提交的全部材料和申请表示范文本等，在办公场所和有关网站予以公示。

发证机关作出的施工许可决定，应当予以公开，公众有权查阅。

第十一条 发证机关应当建立颁发施工许可证后的监督检查制度，对取得施工许可证后条件发生变化、延期开工、中止施工等行为进行监督检查，发现违法违规行为及时处理。

第十二条 对于未取得施工许可证或者为规避办理施工许可证将工程项目分解后擅自施工的，由有管辖权的发证机关责令停止施工，限期改正，对建设单位处工程合同价款1%以上2%以下罚款；对施工单位处3万元以下罚款。

第十三条 建设单位采用欺骗、贿赂等不正当手段取得施工许可证的，由原发证机关撤销施工许可证，责令停止施工，并处1万元以上3万元以下罚款；构成犯罪的，依法追究刑事责任。

第十四条 建设单位隐瞒有关情况或者提供虚假材料申请施工许可证的，发证机关不予受理或者不予许可，并处1万元以上3万元以下罚款；构成犯罪的，依法追究刑事责任。

建设单位伪造或者涂改施工许可证的，由发证机关责令停止施工，并处1万元以上3万元以下罚款；构成犯罪的，依法追究刑事责任。

第十五条 依照本办法规定，给予单位罚款处罚的，对单位直接负责的主管人员和其他直接责任人员处单位罚款数额5%以上10%以下罚款。

单位及相关责任人受到处罚的，作为不良行为记录予以通报。

第十六条 发证机关及其工作人员，违反本办法，有下列情形之一的，由其上级行政机关或者监察机关责令改正；情节严重的，对直接负责的主管人员和其他直接责任人员，依法给予行政处分：

（一）对不符合条件的申请人准予施工许可的；

（二）对符合条件的申请人不予施工许可或者未在法定期限内作出准予许可决定的；

（三）对符合条件的申请不予受理的；

（四）利用职务上的便利，收受他人财物或者谋取其他利益的；

（五）不依法履行监督职责或者监督不力，造成严重后果的。

第十七条 建筑工程施工许可证由国务院住房城乡建设主管部门制定格式，由各省、自治区、直辖市人民政府住房城乡建设主管部门统一印制。

施工许可证分为正本和副本，正本和副本具有同等法律效力。复印的施工许可证无效。

第十八条 本办法关于施工许可管理的规定适用于其他专业建筑工程。有关法律、行政法规有明确规定的，从其规定。

《建筑法》第八十三条第三款规定的建筑活动，不适用本办法。

军事房屋建筑工程施工许可的管理，按国务院、中央军事委员会制定的办法执行。

第十九条 省、自治区、直辖市人民政府住房城乡建设主管部门可以根据本办法制定实施细则。

第二十条 本办法自2014年10月25日起施行。1999年10月15日建设部令第71号发布、2001年7月4日建设部令第91号修正的《建筑工程施工许可管理办法》同时废止。

建筑施工企业主要负责人、项目负责人和专职安全生产管理人员安全生产管理规定

第一章　总　则

第一条　为了加强房屋建筑和市政基础设施工程施工安全监督管理，提高建筑施工企业主要负责人、项目负责人和专职安全生产管理人员（以下合称“安管人员”）的安全生产管理能力，根据《中华人民共和国安全生产法》《建设工程安全生产管理条例》等法律法规，制定本规定。

第二条　在中华人民共和国境内从事房屋建筑和市政基础设施工程施工活动的建筑施工企业的“安管人员”，参加安全生产考核，履行安全生产责任，以及对其实施安全生产监督管理，应当符合本规定。

第三条　企业主要负责人，是指对本企业生产经营活动和安全生产工作具有决策权的领导人员。

项目负责人，是指取得相应注册执业资格，由企业法定代表人授权，负责具体工程项目管理的人员。

专职安全生产管理人员，是指在企业专职从事安全生产管理工作的人员，包括企业安全生产管理机构的人员和工程项目专职从事安全生产管理工作的人员。

第四条　国务院住房城乡建设主管部门负责对全国“安管人员”安全生产工作进行监督管理。

县级以上地方人民政府住房城乡建设主管部门负责对本行政区域内“安管人员”安全生产工作进行监督管理。

第二章　考核发证

第五条　“安管人员”应当通过其受聘企业，向企业工商注册地的省、自治区、直辖市人民政府住房城乡建设主管部门（以下简称考核机关）申请安全生产考核，并取得安全生产考核合格证书。安全生产考核不得收费。

第六条　申请参加安全生产考核的“安管人员”，应当具备相应文化程度、专业技术职称和一定安全生产工作经历，与企业确立劳动关系，并经企业年度安全生产教育培训合格。

第七条　安全生产考核包括安全生产知识考核和管理能力考核。

安全生产知识考核内容包括：建筑施工安全的法律法规、规章制度、标准规范，建筑施工安全管理基本理论等。

安全生产管理能力考核内容包括：建立和落实安全生产管理制度、辨识和监控危险性较大的分部分项工程、发现和消除安全事故隐患、报告和处置生产安全事故等方面的能力。

第八条　对安全生产考核合格的，考核机关应当在20个工作日内核发安全生产考核合格证书，并予以公告；对不合格的，应当通过“安管人员”所在企业通知本人并说明理由。

第九条　安全生产考核合格证书有效期为3年，证书在全国范围内有效。

证书式样由国务院住房城乡建设主管部门统一规定。

第十条 安全生产考核合格证书有效期届满需要延续的，“安管人员”应当在有效期届满前 3 个月内，由本人通过受聘企业向原考核机关申请证书延续。准予证书延续的，证书有效期延续 3 年。

对证书有效期内未因生产安全事故或者违反本规定受到行政处罚，信用档案中无不良行为记录，且已按规定参加企业和县级以上人民政府住房城乡建设主管部门组织的安全生产教育培训的，考核机关应当在受理延续申请之日起 20 个工作日内，准予证书延续。

第十一条 “安管人员”变更受聘企业的，应当与原聘用企业解除劳动关系，并通过新聘用企业到考核机关申请办理证书变更手续。考核机关应当在受理变更申请之日起 5 个工作日内办理完毕。

第十二条 “安管人员”遗失安全生产考核合格证书的，应当在公共媒体上声明作废，通过其受聘企业向原考核机关申请补办。考核机关应当在受理申请之日起 5 个工作日内办理完毕。

第十三条 “安管人员”不得涂改、倒卖、出租、出借或者以其他形式非法转让安全生产考核合格证书。

第三章 安全责任

第十四条 主要负责人对本企业安全生产工作全面负责，应当建立健全企业安全生产管理体系，设置安全生产管理机构，配备专职安全生产管理人员，保证安全生产投入，督促检查本企业安全生产工作，及时消除安全事故隐患，落实安全生产责任。

第十五条 主要负责人应当与项目负责人签订安全生产责任书，确定项目安全生产考核目标、奖惩措施，以及企业为项目提供的安全管理和技术保障措施。

工程项目实行总承包的，总承包企业应当与分包企业签订安全生产协议，明确双方安全生产责任。

第十六条 主要负责人应当按规定检查企业所承担的工程项目，考核项目负责人安全生产管理能力。发现项目负责人履职不到位的，应当责令其改正；必要时，调整项目负责人。检查情况应当记入企业和项目安全管理档案。

第十七条 项目负责人对本项目安全生产管理全面负责，应当建立项目安全生产管理体系，明确项目管理人员安全职责，落实安全生产管理制度，确保项目安全生产费用有效使用。

第十八条 项目负责人应当按规定实施项目安全生产管理，监控危险性较大分部分项工程，及时排查处理施工现场安全事故隐患，隐患排查处理情况应当记入项目安全管理档案；发生事故时，应当按规定及时报告并开展现场救援。

工程项目实行总承包的，总承包企业项目负责人应当定期考核分包企业安全生产管理情况。

第十九条 企业安全生产管理机构专职安全生产管理人员应当检查在建项目安全生产管理情况，重点检查项目负责人、项目专职安全生产管理人员履责情况，处理在建项目违规违章行为，并记入企业安全管理档案。

第二十条 项目专职安全生产管理人员应当每天在施工现场开展安全检查，现场监督危险性较大的分部分项工程安全专项施工方案实施。对检查中发现的安全事故隐患，应当立即处理；不能处理的，应当及时报告项目负责人和企业安全生产管理机构。项目负责人应当及时处理。检查及处理情况应当记入项目安全管理档案。

第二十一条 建筑施工企业应当建立安全生产教育培训制度，制定年度培训计划，每年对“安管人员”进行培训和考核，考核不合格的，不得上岗。培训情况应当记入企业安全生产教育培训档案。

第二十二条　建筑施工企业安全生产管理机构和工程项目应当按规定配备相应数量和相关专业的专职安全生产管理人员。危险性较大的分部分项工程施工时，应当安排专职安全生产管理人员现场监督。

第四章　监督管理

第二十三条　县级以上人民政府住房城乡建设主管部门应当依照有关法律法规和本规定，对“安管人员”持证上岗、教育培训和履行职责等情况进行监督检查。

第二十四条　县级以上人民政府住房城乡建设主管部门在实施监督检查时，应当有两名以上监督检查人员参加，不得妨碍企业正常的生产经营活动，不得索取或者收受企业的财物，不得谋取其他利益。

有关企业和个人对依法进行的监督检查应当协助与配合，不得拒绝或者阻挠。

第二十五条　县级以上人民政府住房城乡建设主管部门依法进行监督检查时，发现“安管人员”有违反本规定行为的，应当依法查处并将违法事实、处理结果或者处理建议告知考核机关。

第二十六条　考核机关应当建立本行政区域内“安管人员”的信用档案。违法违规行为、被投诉举报处理、行政处罚等情况应当作为不良行为记入信用档案，并按规定向社会公开。

“安管人员”及其受聘企业应当按规定向考核机关提供相关信息。

第五章　法律责任

第二十七条　“安管人员”隐瞒有关情况或者提供虚假材料申请安全生产考核的，考核机关不予考核，并给予警告；“安管人员”1年内不得再次申请考核。

“安管人员”以欺骗、贿赂等不正当手段取得安全生产考核合格证书的，由原考核机关撤销安全生产考核合格证书；“安管人员”3年内不得再次申请考核。

第二十八条　“安管人员”涂改、倒卖、出租、出借或者以其他形式非法转让安全生产考核合格证书的，由县级以上地方人民政府住房城乡建设主管部门给予警告，并处1000元以上5000元以下的罚款。

第二十九条　建筑施工企业未按规定开展“安管人员”安全生产教育培训考核，或者未按规定如实将考核情况记入安全生产教育培训档案的，由县级以上地方人民政府住房城乡建设主管部门责令限期改正，并处2万元以下的罚款。

第三十条　建筑施工企业有下列行为之一的，由县级以上人民政府住房城乡建设主管部门责令限期改正；逾期未改正的，责令停业整顿，并处2万元以下的罚款；导致不具备《安全生产许可证条例》规定的安全生产条件的，应当依法暂扣或者吊销安全生产许可证：

（一）未按规定设立安全生产管理机构的；

（二）未按规定配备专职安全生产管理人员的；

（三）危险性较大的分部分项工程施工时未安排专职安全生产管理人员现场监督的；

（四）“安管人员”未取得安全生产考核合格证书的。

第三十一条　“安管人员”未按规定办理证书变更的，由县级以上地方人民政府住房城乡建设主管部门责令限期改正，并处1000元以上5000元以下的罚款。

第三十二条　主要负责人、项目负责人未按规定履行安全生产管理职责的，由县级以上人民政府住房城乡建设主管部门责令限期改正；逾期未改正的，责令建筑施工企业停业整顿；造成生产安全事故或者其他严重后果的，按照《生产安全事故报告和调查处理条例》的有关规定，依法暂扣或者吊销安全生产考核合格证书；构成犯罪的，依法追究刑事责任。

主要负责人、项目负责人有前款违法行为，尚不够刑事处罚的，处2万元以上20万元以下的罚款或者按照管理权限给予撤职处分；自刑罚执行完毕或者受处分之日起，5 年内不得担任建筑施工企业的主要负责人、项目负责人。

第三十三条 专职安全生产管理人员未按规定履行安全生产管理职责的，由县级以上地方人民政府住房城乡建设主管部门责令限期改正，并处1000元以上5000元以下的罚款；造成生产安全事故或者其他严重后果的，按照《生产安全事故报告和调查处理条例》的有关规定，依法暂扣或者吊销安全生产考核合格证书；构成犯罪的，依法追究刑事责任。

第三十四条 县级以上人民政府住房城乡建设主管部门及其工作人员，有下列情形之一的，由其上级行政机关或者监察机关责令改正，对直接负责的主管人员和其他直接责任人员依法给予处分；构成犯罪的，依法追究刑事责任：

（一）向不具备法定条件的“安管人员”核发安全生产考核合格证书的；

（二）对符合法定条件的“安管人员”不予核发或者不在法定期限内核发安全生产考核合格证书的；

（三）对符合法定条件的申请不予受理或者未在法定期限内办理完毕的；

（四）利用职务上的便利，索取或者收受他人财物或者谋取其他利益的；

（五）不依法履行监督管理职责，造成严重后果的。

第六章 附 则

第三十五条 本规定自2014年9月1日起施行。

建筑业企业资质管理规定

第一章　总　则

第一条　为了加强对建筑活动的监督管理，维护公共利益和规范建筑市场秩序，保证建设工程质量安全，促进建筑业的健康发展，根据《中华人民共和国建筑法》《中华人民共和国行政许可法》《建设工程质量管理条例》《建设工程安全生产管理条例》等法律、行政法规，制定本规定。

第二条　在中华人民共和国境内申请建筑业企业资质，实施对建筑业企业资质监督管理，适用本规定。

本规定所称建筑业企业，是指从事土木工程、建筑工程、线路管道设备安装工程的新建、扩建、改建等施工活动的企业。

第三条　企业应当按照其拥有的资产、主要人员、已完成的工程业绩和技术装备等条件申请建筑业企业资质，经审查合格，取得建筑业企业资质证书后，方可在资质许可的范围内从事建筑施工活动。

第四条　国务院住房城乡建设主管部门负责全国建筑业企业资质的统一监督管理。国务院交通运输、水利、工业信息化等有关部门配合国务院住房城乡建设主管部门实施相关资质类别建筑业企业资质的管理工作。省、自治区、直辖市人民政府住房城乡建设主管部门负责本行政区域内建筑业企业资质的统一监督管理。省、自治区、直辖市人民政府交通运输、水利、通信等有关部门配合同级住房城乡建设主管部门实施本行政区域内相关资质类别建筑业企业资质的管理工作。

第五条　建筑业企业资质分为施工总承包资质、专业承包资质、施工劳务资质三个序列。

施工总承包资质、专业承包资质按照工程性质和技术特点分别划分为若干资质类别，各资质类别按照规定的条件划分为若干资质等级。施工劳务资质不分类别与等级。

第六条　建筑业企业资质标准和取得相应资质的企业可以承担工程的具体范围，由国务院住房城乡建设主管部门会同国务院有关部门制定。

第七条　国家鼓励取得施工总承包资质的企业拥有独资或者控股的劳务企业。

建筑业企业应当加强技术创新和人员培训，使用先进的建造技术、建筑材料，开展绿色施工。

第二章　申请与许可

第八条　企业可以申请一项或多项建筑业企业资质。

企业首次申请或增项申请资质，应当申请最低等级资质。

第九条　下列建筑业企业资质，由国务院住房城乡建设主管部门许可：

（一）施工总承包资质序列特级资质、一级资质及铁路工程施工总承包二级资质。

（二）专业承包资质序列公路、水运、水利、铁路、民航方面的专业承包一级资质及铁路、民航方面的专业承包二级资质；涉及多个专业的专业承包一级资质。

第十条　下列建筑业企业资质，由企业工商注册所在地省、自治区、直辖市人民政府住房城乡建设主管部门许可：

（一）施工总承包资质序列二级资质及铁路、通信工程施工总承包三级资质。

（二）专业承包资质序列一级资质（不含公路、水运、水利、铁路、民航方面的专业承包一级资质及涉及多个专业的专业承包一级资质）。

（三）专业承包资质序列二级资质（不含铁路、民航方面的专业承包二级资质）；铁路方面专业承包三级资质；特种工程专业承包资质。

第十一条 下列建筑业企业资质，由企业工商注册所在地设区的市人民政府住房城乡建设主管部门许可：

（一）施工总承包资质序列三级资质（不含铁路、通信工程施工总承包三级资质）；

（二）专业承包资质序列三级资质（不含铁路方面专业承包资质）及预拌混凝土、模板脚手架专业承包资质；

（三）施工劳务资质；

（四）燃气燃烧器具安装、维修企业资质。

第十二条 申请本规定第九条所列资质的，可以向企业工商注册所在地省、自治区、直辖市人民政府住房城乡建设主管部门提交申请材料。

省、自治区、直辖市人民政府住房城乡建设主管部门收到申请材料后，应当在 5 日内将全部申请材料报审批部门。

国务院住房城乡建设主管部门在收到申请材料后，应当依法作出是否受理的决定，并出具凭证；申请材料不齐全或者不符合法定形式的，应当在 5 日内一次性告知申请人需要补正的全部内容。逾期不告知的，自收到申请材料之日起即为受理。

国务院住房城乡建设主管部门应当自受理之日起 20 个工作日内完成审查。自作出决定之日起 10 日内公告审批结果。其中，涉及公路、水运、水利、通信、铁路、民航等方面资质的，由国务院住房城乡建设主管部门会同国务院有关部门审查。

需要组织专家评审的，所需时间不计算在许可时限内，但应当明确告知申请人。

第十三条 本规定第十条规定的资质许可程序由省、自治区、直辖市人民政府住房城乡建设主管部门依法确定，并向社会公布。

本规定第十一条规定的资质许可程序由设区的市级人民政府住房城乡建设主管部门依法确定，并向社会公布。

第十四条 企业申请建筑业企业资质，在资质许可机关的网站或审批平台提出申请事项，提交资金、专业技术人员、技术装备和已完成业绩等电子材料

第十五条 企业申请建筑业企业资质，应当如实提交有关申请材料。资质许可机关收到申请材料后，应当按照《中华人民共和国行政许可法》的规定办理受理手续。

第十六条 资质许可机关应当及时将资质许可决定向社会公开，并为公众查询提供便利。

第十七条 建筑业企业资质证书分为正本和副本，由国务院住房城乡建设主管部门统一印制，正、副本具备同等法律效力。资质证书有效期为 5 年。

第三章 延续与变更

第十八条 建筑业企业资质证书有效期届满，企业继续从事建筑施工活动的，应当于资质证书有效期届满 3 个月前，向原资质许可机关提出延续申请。

资质许可机关应当在建筑业企业资质证书有效期届满前做出是否准予延续的决定；逾期未做出决定的，视为准予延续。

第十九条　企业在建筑业企业资质证书有效期内名称、地址、注册资本、法定代表人等发生变更的，应当在工商部门办理变更手续后1个月内办理资质证书变更手续。

第二十条　由国务院住房城乡建设主管部门颁发的建筑业企业资质证书的变更，企业应当向企业工商注册所在地省、自治区、直辖市人民政府住房城乡建设主管部门提出变更申请，省、自治区、直辖市人民政府住房城乡建设主管部门应当自受理申请之日起2日内将有关变更证明材料报国务院住房城乡建设主管部门，由国务院住房城乡建设主管部门在2日内办理变更手续。

前款规定以外的资质证书的变更，由企业工商注册所在地的省、自治区、直辖市人民政府住房城乡建设主管部门或者设区的市人民政府住房城乡建设主管部门依法另行规定。变更结果应当在资质证书变更后15日内，报国务院住房城乡建设主管部门备案。涉及公路、水运、水利、通信、铁路、民航等方面的建筑业企业资质证书的变更，办理变更手续的住房城乡建设主管部门应当将建筑业企业资质证书变更情况告知同级有关部门。

第二十一条　企业发生合并、分立、重组以及改制等事项，需承继原建筑业企业资质的，应当申请重新核定建筑业企业资质等级。

第二十二条　企业需更换、遗失补办建筑业企业资质证书的，应当持建筑业企业资质证书更换、遗失补办申请等材料向资质许可机关申请办理。资质许可机关应当在2个工作日内办理完毕。

企业遗失建筑业企业资质证书的，在申请补办前应当在公众媒体上刊登遗失声明。

第二十三条　企业申请建筑业企业资质升级、资质增项，在申请之日起前一年至资质许可决定作出前，有下列情形之一的，资质许可机关不予批准其建筑业企业资质升级申请和增项申请：

（一）超越本企业资质等级或以其他企业的名义承揽工程，或允许其他企业或个人以本企业的名义承揽工程的；

（二）与建设单位或企业之间相互串通投标，或以行贿等不正当手段谋取中标的；

（三）未取得施工许可证擅自施工的；

（四）将承包的工程转包或违法分包的；

（五）违反国家工程建设强制性标准施工的；

（六）恶意拖欠分包企业工程款或者劳务人员工资的；

（七）隐瞒或谎报、拖延报告工程质量安全事故，破坏事故现场、阻碍对事故调查的；

（八）按照国家法律、法规和标准规定需要持证上岗的现场管理人员和技术工种作业人员未取得证书上岗的；

（九）未依法履行工程质量保修义务或拖延履行保修义务的；

（十）伪造、变造、倒卖、出租、出借或者以其他形式非法转让建筑业企业资质证书的；

（十一）发生过较大以上质量安全事故或者发生过两起以上一般质量安全事故的；

（十二）其他违反法律、法规的行为。

第四章　监督管理

第二十四条　县级以上人民政府住房城乡建设主管部门和其他有关部门应当依照有关法律、法规和本规定，加强对企业取得建筑业企业资质后是否满足资质标准和市场行为的监督管理。

上级住房城乡建设主管部门应当加强对下级住房城乡建设主管部门资质管理工作的监督检查，

及时纠正建筑业企业资质管理中的违法行为。

第二十五条 住房城乡建设主管部门、其他有关部门的监督检查人员履行监督检查职责时，有权采取下列措施：

（一）要求被检查企业提供建筑业企业资质证书、企业有关人员的注册执业证书、职称证书、岗位证书和考核或者培训合格证书，有关施工业务的文档，有关质量管理、安全生产管理、合同管理、档案管理、财务管理等企业内部管理制度的文件；

（二）进入被检查企业进行检查，查阅相关资料；

（三）纠正违反有关法律、法规和本规定及有关规范和标准的行为。

监督检查人员应当将监督检查情况和处理结果予以记录，由监督检查人员和被检查企业的有关人员签字确认后归档。

第二十六条 住房城乡建设主管部门、其他有关部门的监督检查人员在实施监督检查时，应当出示证件，并要有两名以上人员参加。

监督检查人员应当为被检查企业保守商业秘密，不得索取或者收受企业的财物，不得谋取其他利益。

有关企业和个人对依法进行的监督检查应当协助与配合，不得拒绝或者阻挠。

监督检查机关应当将监督检查的处理结果向社会公布。

第二十七条 企业违法从事建筑活动的，违法行为发生地的县级以上地方人民政府住房城乡建设主管部门或者其他有关部门应当依法查处，并将违法事实、处理结果或者处理建议及时告知该建筑业企业资质的许可机关。

对取得国务院住房城乡建设主管部门颁发的建筑业企业资质证书的企业需要处以停业整顿、降低资质等级、吊销资质证书行政处罚的，县级以上地方人民政府住房城乡建设主管部门或者其他有关部门，应当通过省、自治区、直辖市人民政府住房城乡建设主管部门或者国务院有关部门，将违法事实、处理建议及时报送国务院住房城乡建设主管部门。

第二十八条 取得建筑业企业资质证书的企业，应当保持资产、主要人员、技术装备等方面满足相应建筑业企业资质标准要求的条件。

企业不再符合相应建筑业企业资质标准要求条件的，县级以上地方人民政府住房城乡建设主管部门、其他有关部门，应当责令其限期改正并向社会公告，整改期限最长不超过 3 个月；企业整改期间不得申请建筑业企业资质的升级、增项，不能承揽新的工程；逾期仍未达到建筑业企业资质标准要求条件的，资质许可机关可以撤回其建筑业企业资质证书。

被撤回建筑业企业资质证书的企业，可以在资质被撤回后 3 个月内，向资质许可机关提出核定低于原等级同类别资质的申请。

第二十九条 有下列情形之一的，资质许可机关应当撤销建筑业企业资质：

（一）资质许可机关工作人员滥用职权、玩忽职守准予资质许可的；

（二）超越法定职权准予资质许可的；

（三）违反法定程序准予资质许可的；

（四）对不符合资质标准条件的申请企业准予资质许可的；

（五）依法可以撤销资质许可的其他情形。

以欺骗、贿赂等不正当手段取得资质许可的，应当予以撤销。

第三十条 有下列情形之一的，资质许可机关应当依法注销建筑业企业资质，并向社会公布其建筑业企业资质证书作废，企业应当及时将建筑业企业资质证书交回资质许可机关：

（一）资质证书有效期届满，未依法申请延续的；

（二）企业依法终止的；

（三）资质证书依法被撤回、撤销或吊销的；

（四）企业提出注销申请的；

（五）法律、法规规定的应当注销建筑业企业资质的其他情形。

第三十一条　有关部门应当将监督检查情况和处理意见及时告知资质许可机关。资质许可机关应当将涉及有关公路、水运、水利、通信、铁路、民航等方面的建筑业企业资质许可被撤回、撤销、吊销和注销的情况告知同级有关部门。

第三十二条　资质许可机关应当建立、健全建筑业企业信用档案管理制度。建筑业企业信用档案应当包括企业基本情况、资质、业绩、工程质量和安全、合同履约、社会投诉和违法行为等情况。

企业的信用档案信息按照有关规定向社会公开。

取得建筑业企业资质的企业应当按照有关规定，向资质许可机关提供真实、准确、完整的企业信用档案信息。

第三十三条　县级以上地方人民政府住房城乡建设主管部门或其他有关部门依法给予企业行政处罚的，应当将行政处罚决定以及给予行政处罚的事实、理由和依据，通过省、自治区、直辖市人民政府住房城乡建设主管部门或者国务院有关部门报国务院住房城乡建设主管部门备案。

第三十四条　资质许可机关应当推行建筑业企业资质许可电子化，建立建筑业企业资质管理信息系统。

第五章　法律责任

第三十五条　申请企业隐瞒有关真实情况或者提供虚假材料申请建筑业企业资质的，资质许可机关不予许可，并给予警告，申请企业在1年内不得再次申请建筑业企业资质。

第三十六条　企业以欺骗、贿赂等不正当手段取得建筑业企业资质的，由原资质许可机关予以撤销；由县级以上地方人民政府住房城乡建设主管部门或者其他有关部门给予警告，并处3万元的罚款；申请企业3年内不得再次申请建筑业企业资质。

第三十七条　企业有本规定第二十三条行为之一，《中华人民共和国建筑法》《建设工程质量管理条例》和其他有关法律、法规对处罚机关和处罚方式有规定的，依照法律、法规的规定执行；法律、法规未作规定的，由县级以上地方人民政府住房城乡建设主管部门或者其他有关部门给予警告，责令改正，并处1万元以上3万元以下的罚款。

第三十八条　企业未按照本规定及时办理建筑业企业资质证书变更手续的，由县级以上地方人民政府住房城乡建设主管部门责令限期办理；逾期不办理的，可处以1000元以上1万元以下的罚款。

第三十九条　企业在接受监督检查时，不如实提供有关材料，或者拒绝、阻碍监督检查的，由县级以上地方人民政府住房城乡建设主管部门责令限期改正，并可以处3万元以下罚款。

第四十条　企业未按照本规定要求提供企业信用档案信息的，由县级以上地方人民政府住房城乡建设主管部门或者其他有关部门给予警告，责令限期改正；逾期未改正的，可处以1000元以上1万元以下的罚款。

第四十一条　县级以上人民政府住房城乡建设主管部门及其工作人员，违反本规定，有下列情形之一的，由其上级行政机关或者监察机关责令改正；对直接负责的主管人员和其他直接责任人员，依法给予行政处分；直接负责的主管人员和其他直接责任人员构成犯罪的，依法追究刑事责任：

（一）对不符合资质标准规定条件的申请企业准予资质许可的；

（二）对符合受理条件的申请企业不予受理或者未在法定期限内初审完毕的；

（三）对符合资质标准规定条件的申请企业不予许可或者不在法定期限内准予资质许可的；

（四）发现违反本规定规定的行为不予查处，或者接到举报后不依法处理的；

（五）在企业资质许可和监督管理中，利用职务上的便利，收受他人财物或者其他好处，以及有其他违法行为的。

第六章 附 则

第四十二条 本规定自2015年3月1日起施行。2007年6月26日建设部颁布的《建筑业企业资质管理规定》（建设部令第159号）同时废止。

民用建筑节能管理规定

第一条　为了加强民用建筑节能管理，提高能源利用效率，改善室内热环境质量，根据《中华人民共和国节约能源法》《中华人民共和国建筑法》《建设工程质量管理条例》，制定本规定。

第二条　本规定所称民用建筑，是指居住建筑和公共建筑。

本规定所称民用建筑节能，是指民用建筑在规划、设计、建造和使用过程中，通过采用新型墙体材料，执行建筑节能标准，加强建筑物用能设备的运行管理，合理设计建筑围护结构的热工性能，提高采暖、制冷、照明、通风、给排水和通道系统的运行效率，以及利用可再生能源，在保证建筑物使用功能和室内热环境质量的前提下，降低建筑能源消耗，合理、有效地利用能源的活动。

第三条　国务院建设行政主管部门负责全国民用建筑节能的监督管理工作。

县级以上地方人民政府建设行政主管部门负责本行政区域内民用建筑节能的监督管理工作。

第四条　国务院建设行政主管部门根据国家节能规划，制定国家建筑节能专项规划；省、自治区、直辖市以及设区城市人民政府建设行政主管部门应当根据本地节能规划，制定本地建筑节能专项规划，并组织实施。

第五条　编制城乡规划应当充分考虑能源、资源的综合利用和节约，对城镇布局、功能区设置、建筑特征，基础设施配置的影响进行研究论证。

第六条　国务院建设行政主管部门根据建筑节能发展状况和技术先进、经济合理的原则，组织制定建筑节能相关标准，建立和完善建筑节能标准体系；省、自治区、直辖市人民政府建设行政主管部门应当严格执行国家民用建筑节能有关规定，可以制定严于国家民用建筑节能标准的地方标准或者实施细则。

第七条　鼓励民用建筑节能的科学研究和技术开发，推广应用节能型的建筑、结构、材料、用能设备和附属设施及相应的施工工艺、应用技术和管理技术，促进可再生能源的开发利用。

第八条　鼓励发展下列建筑节能技术和产品：

（一）新型节能墙体和屋面的保温、隔热技术与材料；

（二）节能门窗的保温隔热和密闭技术；

（三）集中供热和热、电、冷联产联供技术；

（四）供热采暖系统温度调控和分户热量计量技术与装置；

（五）太阳能、地热等可再生能源应用技术及设备；

（六）建筑照明节能技术与产品；

（七）空调制冷节能技术与产品；

（八）其他技术成熟、效果显著的节能技术和节能管理技术。

鼓励推广应用和淘汰的建筑节能部品及技术的目录，由国务院建设行政主管部门制定；省、自治区、直辖市建设行政主管部门可以结合该目录，制定适合本区域的鼓励推广应用和淘汰的建筑节能部品及技术的目录。

第九条　国家鼓励多元化、多渠道投资既有建筑的节能改造，投资人可以按照协议分享节能改造的收益；鼓励研究制定本地区既有建筑节能改造资金筹措办法和相关激励政策。

第十条 建筑工程施工过程中，县级以上地方人民政府建设行政主管部门应当加强对建筑物的围护结构（含墙体、屋面、门窗、玻璃幕墙等）、供热采暖和制冷系统、照明和通风等电器设备是否符合节能要求的监督检查。

第十一条 新建民用建筑应当严格执行建筑节能标准要求，民用建筑工程扩建和改建时，应当对原建筑进行节能改造。

既有建筑节能改造应当考虑建筑物的寿命周期，对改造的必要性、可行性以及投入收益比进行科学论证。节能改造要符合建筑节能标准要求，确保结构安全，优化建筑物使用功能。

寒冷地区和严寒地区既有建筑节能改造应当与供热系统节能改造同步进行。

第十二条 采用集中采暖制冷方式的新建民用建筑应当安设建筑物室内温度控制和用能计量设施，逐步实行基本冷热价和计量冷热价共同构成的两部制用能价格制度。

第十三条 供热单位、公共建筑所有权人或者其委托的物业管理单位应当制定相应的节能建筑运行管理制度，明确节能建筑运行状态各项性能指标、节能工作诸环节的岗位目标责任等事项。

第十四条 公共建筑的所有权人或者委托的物业管理单位应当建立用能档案，在供热或者制冷间歇期委托相关检测机构对用能设备和系统的性能进行综合检测评价，定期进行维护、维修、保养及更新置换，保证设备和系统的正常运行。

第十五条 供热单位、房屋产权单位或者其委托的物业管理等有关单位，应当记录并按有关规定上报能源消耗资料。

鼓励新建民用建筑和既有建筑实施建筑能效测评。

第十六条 从事建筑节能及相关管理活动的单位，应当对其从业人员进行建筑节能标准与技术等专业知识的培训。

建筑节能标准和节能技术应当作为注册城市规划师、注册建筑师、勘察设计注册工程师、注册监理工程师、注册建造师等继续教育的必修内容。

第十七条 建设单位应当按照建筑节能政策要求和建筑节能标准委托工程项目的设计。

建设单位不得以任何理由要求设计单位、施工单位擅自修改经审查合格的节能设计文件，降低建筑节能标准。

第十八条 房地产开发企业应当将所售商品住房的节能措施、围护结构保温隔热性能指标等基本信息在销售现场显著位置予以公示，并在《住宅使用说明书》中予以载明。

第十九条 设计单位应当依据建筑节能标准的要求进行设计，保证建筑节能设计质量。

施工图设计文件审查机构在进行审查时，应当审查节能设计的内容，在审查报告中单列节能审查章节；不符合建筑节能强制性标准的，施工图设计文件审查结论应当定为不合格。

第二十条 施工单位应当按照审查合格的设计文件和建筑节能施工标准的要求进行施工，保证工程施工质量。

第二十一条 监理单位应当依照法律、法规以及建筑节能标准、节能设计文件、建设工程承包合同及监理合同对节能工程建设实施监理。

第二十二条 对超过能源消耗指标的供热单位、公共建筑的所有权人或者其委托的物业管理单位，责令限期达标。

第二十三条 对擅自改变建筑围护结构节能措施，并影响公共利益和他人合法权益的，责令责任人及时予以修复，并承担相应的费用。

第二十四条 建设单位在竣工验收过程中，有违反建筑节能强制性标准行为的，按照《建设工程质量管理条例》的有关规定，重新组织竣工验收。

第二十五条 建设单位未按照建筑节能强制性标准委托设计，擅自修改节能设计文件，明示或暗示设计单位、施工单位违反建筑节能设计强制性标准，降低工程建设质量的，处 20 万元以上 50 万元以下的罚款。

第二十六条 设计单位未按照建筑节能强制性标准进行设计的，应当修改设计。未进行修改的，给予警告，处 10 万元以上 30 万元以下罚款；造成损失的，依法承担赔偿责任；2 年内，累计 3 项工程未按照建筑节能强制性标准设计的，责令停业整顿，降低资质等级或者吊销资质证书。

第二十七条 对未按照节能设计进行施工的施工单位，责令改正；整改所发生的工程费用，由施工单位负责；可以给予警告，情节严重的，处工程合同价款 2%以上 4%以下的罚款；2 年内，累计 3 项工程未按照符合节能标准要求的设计进行施工的，责令停业整顿，降低资质等级或者吊销资质证书。

第二十八条 本规定的责令停业整顿、降低资质等级和吊销资质证书的行政处罚，由颁发资质证书的机关决定；其他行政处罚，由建设行政主管部门依照法定职权决定。

第二十九条 农民自建低层住宅不适用本规定。

第三十条 本规定自 2006 年 1 月 1 日起施行。原《民用建筑节能管理规定》（建设部令第 76 号）同时废止。

市政公用事业特许经营管理办法

第一条 为了加快推进市政公用事业市场化，规范市政公用事业特许经营活动，加强市场监管，保障社会公共利益和公共安全，促进市政公用事业健康发展，根据国家有关法律、法规，制定本办法。

第二条 本办法所称市政公用事业特许经营，是指政府按照有关法律、法规规定，通过市场竞争机制选择市政公用事业投资者或者经营者，明确其在一定期限和范围内经营某项市政公用事业产品或者提供某项服务的制度。

城市供水、供气、供热、公共交通、污水处理、垃圾处理等行业，依法实施特许经营的，适用本办法。

第三条 实施特许经营的项目由省、自治区、直辖市通过法定形式和程序确定。

第四条 国务院建设主管部门负责全国市政公用事业特许经营活动的指导和监督工作。

省、自治区人民政府建设主管部门负责本行政区域内的市政公用事业特许经营活动的指导和监督工作。

直辖市、市、县人民政府市政公用事业主管部门依据人民政府的授权（以下简称主管部门），负责本行政区域内的市政公用事业特许经营的具体实施。

第五条 实施市政公用事业特许经营，应当遵循公开、公平、公正和公共利益优先的原则。

第六条 实施市政公用事业特许经营，应当坚持合理布局，有效配置资源的原则，鼓励跨行政区域的市政公用基础设施共享。

跨行政区域的市政公用基础设施特许经营，应当本着有关各方平等协商的原则，共同加强监管。

第七条 参与特许经营权竞标者应当具备以下条件：

（一）依法注册的企业法人；

（二）有相应的设施、设备；

（三）有良好的银行资信、财务状况及相应的偿债能力；

（四）有相应的从业经历和良好的业绩；

（五）有相应数量的技术、财务、经营等关键岗位人员；

（六）有切实可行的经营方案；

（七）地方性法规、规章规定的其他条件。

第八条 主管部门应当依照下列程序选择投资者或者经营者：

（一）提出市政公用事业特许经营项目，报直辖市、市、县人民政府批准后，向社会公开发布招标条件，受理投标；

（二）根据招标条件，对特许经营权的投标人进行资格审查和方案预审，推荐出符合条件的投标候选人；

（三）组织评审委员会依法进行评审，并经过质询和公开答辩，择优选择特许经营权授予对象；

（四）向社会公示中标结果，公示时间不少于20天；

（五）公示期满，对中标者没有异议的，经直辖市、市、县人民政府批准，与中标者（以下简称“获得特许经营权的企业”）签订特许经营协议。

第九条　特许经营协议应当包括以下内容：

（一）特许经营内容、区域、范围及有效期限；

（二）产品和服务标准；

（三）价格和收费的确定方法、标准以及调整程序；

（四）设施的权属与处置；

（五）设施维护和更新改造；

（六）安全管理；

（七）履约担保；

（八）特许经营权的终止和变更；

（九）违约责任；

（十）争议解决方式；

（十一）双方认为应该约定的其他事项。

第十条　主管部门应当履行下列责任：

（一）协助相关部门核算和监控企业成本，提出价格调整意见；

（二）监督获得特许经营权的企业履行法定义务和协议书规定的义务；

（三）对获得特许经营权的企业的经营计划实施情况、产品和服务的质量以及安全生产情况进行监督；

（四）受理公众对获得特许经营权的企业的投诉；

（五）向政府提交年度特许经营监督检查报告；

（六）在危及或者可能危及公共利益、公共安全等紧急情况下，临时接管特许经营项目；

（七）协议约定的其他责任。

第十一条　获得特许经营权的企业应当履行下列责任：

（一）科学合理地制定企业年度生产、供应计划；

（二）按照国家安全生产法规和行业安全生产标准规范，组织企业安全生产；

（三）履行经营协议，为社会提供足量的、符合标准的产品和服务；

（四）接受主管部门对产品和服务质量的监督检查；

（五）按规定的时间将中长期发展规划、年度经营计划、年度报告、董事会决议等报主管部门备案；

（六）加强对生产设施、设备的运行维护和更新改造，确保设施完好；

（七）协议约定的其他责任。

第十二条　特许经营期限应当根据行业特点、规模、经营方式等因素确定，最长不得超过30年。

第十三条　获得特许经营权的企业承担政府公益性指令任务造成经济损失的，政府应当给予相应的补偿。

第十四条　在协议有效期限内，若协议的内容确需变更的，协议双方应当在共同协商的基础上签订补充协议。

第十五条　获得特许经营权的企业确需变更名称、地址、法定代表人的，应当提前书面告知主管部门，并经其同意。

第十六条 特许经营期限届满，主管部门应当按照本办法规定的程序组织招标，选择特许经营者。

第十七条 获得特许经营权的企业在协议有效期内单方提出解除协议的，应当提前提出申请，主管部门应当自收到获得特许经营权的企业申请的 3 个月内作出答复。在主管部门同意解除协议前，获得特许经营权的企业必须保证正常的经营与服务。

第十八条 获得特许经营权的企业在特许经营期间有下列行为之一的，主管部门应当依法终止特许经营协议，取消其特许经营权，并可以实施临时接管：

（一）擅自转让、出租特许经营权的；

（二）擅自将所经营的财产进行处置或者抵押的；

（三）因管理不善，发生重大质量、生产安全事故的；

（四）擅自停业、歇业，严重影响到社会公共利益和安全的；

（五）法律、法规禁止的其他行为。

第十九条 特许经营权发生变更或者终止时，主管部门必须采取有效措施保证市政公用产品供应和服务的连续性与稳定性。

第二十条 主管部门应当在特许经营协议签订后 30 日内，将协议报上一级市政公用事业主管部门备案。

第二十一条 在项目运营的过程中，主管部门应当组织专家对获得特许经营权的企业经营情况进行中期评估。

评估周期一般不得低于两年，特殊情况下可以实施年度评估。

第二十二条 直辖市、市、县人民政府有关部门按照有关法律、法规规定的原则和程序，审定和监管市政公用事业产品和服务价格。

第二十三条 未经直辖市、市、县人民政府批准，获得特许经营权的企业不得擅自停业、歇业。

获得特许经营权的企业擅自停业、歇业的，主管部门应当责令其限期改正，或者依法采取有效措施督促其履行义务。

第二十四条 主管部门实施监督检查，不得妨碍获得特许经营权的企业正常的生产经营活动。

第二十五条 主管部门应当建立特许经营项目的临时接管应急预案。

对获得特许经营权的企业取消特许经营权并实施临时接管的，必须按照有关法律、法规的规定进行，并召开听证会。

第二十六条 社会公众对市政公用事业特许经营享有知情权、建议权。

直辖市、市、县人民政府应当建立社会公众参与机制，保障公众能够对实施特许经营情况进行监督。

第二十七条 国务院建设主管部门应当加强对直辖市市政公用事业主管部门实施特许经营活动的监督检查，省、自治区人民政府建设主管部门应当加强对市、县人民政府市政公用事业主管部门实施特许经营活动的监督检查，及时纠正实施特许经营中的违法行为。

第二十八条 对以欺骗、贿赂等不正当手段获得特许经营权的企业，主管部门应当取消其特许经营权，并向国务院建设主管部门报告，由国务院建设主管部门通过媒体等形式向社会公开披露。被取消特许经营权的企业在三年内不得参与市政公用事业特许经营竞标。

第二十九条 主管部门或者获得特许经营权的企业违反协议的，由过错方承担违约责任，给对方造成损失的，应当承担赔偿责任。

第三十条 主管部门及其工作人员有下列情形之一的，由对其授权的直辖市、市、县人民政府或者监察机关责令改正，对负主要责任的主管人员和其他直接责任人员依法给予行政处分；构成犯罪的，依法追究刑事责任：

（一）不依法履行监督职责或者监督不力，造成严重后果的；

（二）对不符合法定条件的竞标者授予特许经营权的；

（三）滥用职权、徇私舞弊的。

第三十一条 本办法自2004年5月1日起施行。

危险性较大的分部分项工程安全管理规定

第一章 总 则

第一条 为加强对房屋建筑和市政基础设施工程中危险性较大的分部分项工程安全管理，有效防范生产安全事故，依据《中华人民共和国建筑法》《中华人民共和国安全生产法》《建设工程安全生产管理条例》等法律法规，制定本规定。

第二条 本规定适用于房屋建筑和市政基础设施工程中危险性较大的分部分项工程安全管理。

第三条 本规定所称危险性较大的分部分项工程（以下简称“危大工程”），是指房屋建筑和市政基础设施工程在施工过程中，容易导致人员群死群伤或者造成重大经济损失的分部分项工程。

危大工程及超过一定规模的危大工程范围由国务院住房城乡建设主管部门制定。

省级住房城乡建设主管部门可以结合本地区实际情况，补充本地区危大工程范围。

第四条 国务院住房城乡建设主管部门负责全国危大工程安全管理的指导监督。

县级以上地方人民政府住房城乡建设主管部门负责本行政区域内危大工程的安全监督管理。

第二章 前期保障

第五条 建设单位应当依法提供真实、准确、完整的工程地质、水文地质和工程周边环境等资料。

第六条 勘察单位应当根据工程实际及工程周边环境资料，在勘察文件中说明地质条件可能造成的工程风险。

设计单位应当在设计文件中注明涉及危大工程的重点部位和环节，提出保障工程周边环境安全和工程施工安全的意见，必要时进行专项设计。

第七条 建设单位应当组织勘察、设计等单位在施工招标文件中列出危大工程清单，要求施工单位在投标时补充完善危大工程清单并明确相应的安全管理措施。

第八条 建设单位应当按照施工合同约定及时支付危大工程施工技术措施费以及相应的安全防护文明施工措施费，保障危大工程施工安全。

第九条 建设单位在申请办理安全监督手续时，应当提交危大工程清单及其安全管理措施等资料。

第三章 专项施工方案

第十条 施工单位应当在危大工程施工前组织工程技术人员编制专项施工方案。

实行施工总承包的，专项施工方案应当由施工总承包单位组织编制。危大工程实行分包的，专项施工方案可以由相关专业分包单位组织编制。

第十一条 专项施工方案应当由施工单位技术负责人审核签字、加盖单位公章，并由总监理工程师审查签字、加盖执业印章后方可实施。

危大工程实行分包并由分包单位编制专项施工方案的，专项施工方案应当由总承包单位技术负责人及分包单位技术负责人共同审核签字并加盖单位公章。

第十二条　对于超过一定规模的危大工程，施工单位应当组织召开专家论证会对专项施工方案进行论证。实行施工总承包的，由施工总承包单位组织召开专家论证会。专家论证前专项施工方案应当通过施工单位审核和总监理工程师审查。

专家应当从地方人民政府住房城乡建设主管部门建立的专家库中选取，符合专业要求且人数不得少于5名。与本工程有利害关系的人员不得以专家身份参加专家论证会。

第十三条　专家论证会后，应当形成论证报告，对专项施工方案提出通过、修改后通过或者不通过的一致意见。专家对论证报告负责并签字确认。

专项施工方案经论证需修改后通过的，施工单位应当根据论证报告修改完善后，重新履行本规定第十一条的程序。

专项施工方案经论证不通过的，施工单位修改后应当按照本规定的要求重新组织专家论证。

第四章　现场安全管理

第十四条　施工单位应当在施工现场显著位置公告危大工程名称、施工时间和具体责任人员，并在危险区域设置安全警示标志。

第十五条　专项施工方案实施前，编制人员或者项目技术负责人应当向施工现场管理人员进行方案交底。

施工现场管理人员应当向作业人员进行安全技术交底，并由双方和项目专职安全生产管理人员共同签字确认。

第十六条　施工单位应当严格按照专项施工方案组织施工，不得擅自修改专项施工方案。

因规划调整、设计变更等原因确需调整的，修改后的专项施工方案应当按照本规定重新审核和论证。涉及资金或者工期调整的，建设单位应当按照约定予以调整。

第十七条　施工单位应当对危大工程施工作业人员进行登记，项目负责人应当在施工现场履职。

项目专职安全生产管理人员应当对专项施工方案实施情况进行现场监督，对未按照专项施工方案施工的，应当要求立即整改，并及时报告项目负责人，项目负责人应当及时组织限期整改。

施工单位应当按照规定对危大工程进行施工监测和安全巡视，发现危及人身安全的紧急情况，应当立即组织作业人员撤离危险区域。

第十八条　监理单位应当结合危大工程专项施工方案编制监理实施细则，并对危大工程施工实施专项巡视检查。

第十九条　监理单位发现施工单位未按照专项施工方案施工的，应当要求其进行整改；情节严重的，应当要求其暂停施工，并及时报告建设单位。施工单位拒不整改或者不停止施工的，监理单位应当及时报告建设单位和工程所在地住房城乡建设主管部门。

第二十条　对于按照规定需要进行第三方监测的危大工程，建设单位应当委托具有相应勘察资质的单位进行监测。

监测单位应当编制监测方案。监测方案由监测单位技术负责人审核签字并加盖单位公章，报送监理单位后方可实施。

监测单位应当按照监测方案开展监测，及时向建设单位报送监测成果，并对监测成果负责；发现异常时，及时向建设、设计、施工、监理单位报告，建设单位应当立即组织相关单位采取处置措施。

第二十一条　对于按照规定需要验收的危大工程，施工单位、监理单位应当组织相关人员进行验收。验收合格的，经施工单位项目技术负责人及总监理工程师签字确认后，方可进入下一道工序。

危大工程验收合格后，施工单位应当在施工现场明显位置设置验收标识牌，公示验收时间及责任人员。

第二十二条　危大工程发生险情或者事故时，施工单位应当立即采取应急处置措施，并报告工程所在地住房城乡建设主管部门。建设、勘察、设计、监理等单位应当配合施工单位开展应急抢险工作。

第二十三条　危大工程应急抢险结束后，建设单位应当组织勘察、设计、施工、监理等单位制定工程恢复方案，并对应急抢险工作进行后评估。

第二十四条　施工、监理单位应当建立危大工程安全管理档案。

施工单位应当将专项施工方案及审核、专家论证、交底、现场检查、验收及整改等相关资料纳入档案管理。

监理单位应当将监理实施细则、专项施工方案审查、专项巡视检查、验收及整改等相关资料纳入档案管理。

第五章　监督管理

第二十五条　设区的市级以上地方人民政府住房城乡建设主管部门应当建立专家库，制定专家库管理制度，建立专家诚信档案，并向社会公布，接受社会监督。

第二十六条　县级以上地方人民政府住房城乡建设主管部门或者所属施工安全监督机构，应当根据监督工作计划对危大工程进行抽查。

县级以上地方人民政府住房城乡建设主管部门或者所属施工安全监督机构，可以通过政府购买技术服务方式，聘请具有专业技术能力的单位和人员对危大工程进行检查，所需费用向本级财政申请予以保障。

第二十七条　县级以上地方人民政府住房城乡建设主管部门或者所属施工安全监督机构，在监督抽查中发现危大工程存在安全隐患的，应当责令施工单位整改；重大安全事故隐患排除前或者排除过程中无法保证安全的，责令从危险区域内撤出作业人员或者暂时停止施工；对依法应当给予行政处罚的行为，应当依法作出行政处罚决定。

第二十八条　县级以上地方人民政府住房城乡建设主管部门应当将单位和个人的处罚信息纳入建筑施工安全生产不良信用记录。

第六章　法律责任

第二十九条　建设单位有下列行为之一的，责令限期改正，并处 1 万元以上 3 万元以下的罚款；对直接负责的主管人员和其他直接责任人员处 1000 元以上 5000 元以下的罚款：

（一）未按照本规定提供工程周边环境等资料的；

（二）未按照本规定在招标文件中列出危大工程清单的；

（三）未按照施工合同约定及时支付危大工程施工技术措施费或者相应的安全防护文明施工措施费的；

（四）未按照本规定委托具有相应勘察资质的单位进行第三方监测的；

（五）未对第三方监测单位报告的异常情况组织采取处置措施的。

第三十条　勘察单位未在勘察文件中说明地质条件可能造成的工程风险的，责令限期改正，依照《建设工程安全生产管理条例》对单位进行处罚；对直接负责的主管人员和其他直接责任人员处1000元以上5000元以下的罚款。

第三十一条　设计单位未在设计文件中注明涉及危大工程的重点部位和环节，未提出保障工程周边环境安全和工程施工安全的意见的，责令限期改正，并处1万元以上3万元以下的罚款；对直接负责的主管人员和其他直接责任人员处1000元以上5000元以下的罚款。

第三十二条　施工单位未按照本规定编制并审核危大工程专项施工方案的，依照《建设工程安全生产管理条例》对单位进行处罚，并暂扣安全生产许可证30日；对直接负责的主管人员和其他直接责任人员处1000元以上5000元以下的罚款。

第三十三条　施工单位有下列行为之一的，依照《中华人民共和国安全生产法》《建设工程安全生产管理条例》对单位和相关责任人员进行处罚：

（一）未向施工现场管理人员和作业人员进行方案交底和安全技术交底的；

（二）未在施工现场显著位置公告危大工程，并在危险区域设置安全警示标志的；

（三）项目专职安全生产管理人员未对专项施工方案实施情况进行现场监督的。

第三十四条　施工单位有下列行为之一的，责令限期改正，处1万元以上3万元以下的罚款，并暂扣安全生产许可证30日；对直接负责的主管人员和其他直接责任人员处1000元以上5000元以下的罚款：

（一）未对超过一定规模的危大工程专项施工方案进行专家论证的；

（二）未根据专家论证报告对超过一定规模的危大工程专项施工方案进行修改，或者未按照本规定重新组织专家论证的；

（三）未严格按照专项施工方案组织施工，或者擅自修改专项施工方案的。

第三十五条　施工单位有下列行为之一的，责令限期改正，并处1万元以上3万元以下的罚款；对直接负责的主管人员和其他直接责任人员处1000元以上5000元以下的罚款：

（一）项目负责人未按照本规定现场履职或者组织限期整改的；

（二）施工单位未按照本规定进行施工监测和安全巡视的；

（三）未按照本规定组织危大工程验收的；

（四）发生险情或者事故时，未采取应急处置措施的；

（五）未按照本规定建立危大工程安全管理档案的。

第三十六条　监理单位有下列行为之一的，依照《中华人民共和国安全生产法》《建设工程安全生产管理条例》对单位进行处罚；对直接负责的主管人员和其他直接责任人员处1000元以上5000元以下的罚款：

（一）总监理工程师未按照本规定审查危大工程专项施工方案的；

（二）发现施工单位未按照专项施工方案实施，未要求其整改或者停工的；

（三）施工单位拒不整改或者不停止施工时，未向建设单位和工程所在地住房城乡建设主管部门报告的。

第三十七条　监理单位有下列行为之一的，责令限期改正，并处1万元以上3万元以下的罚款；对直接负责的主管人员和其他直接责任人员处1000元以上5000元以下的罚款：

（一）未按照本规定编制监理实施细则的；

（二）未对危大工程施工实施专项巡视检查的；

（三）未按照本规定参与组织危大工程验收的；

（四）未按照本规定建立危大工程安全管理档案的。

第三十八条 监测单位有下列行为之一的，责令限期改正，并处1万元以上3万元以下的罚款；对直接负责的主管人员和其他直接责任人员处1000元以上5000元以下的罚款：

（一）未取得相应勘察资质从事第三方监测的；

（二）未按照本规定编制监测方案的；

（三）未按照监测方案开展监测的；

（四）发现异常未及时报告的。

第三十九条 县级以上地方人民政府住房城乡建设主管部门或者所属施工安全监督机构的工作人员，未依法履行危大工程安全监督管理职责的，依照有关规定给予处分。

第七章 附 则

第四十条 本规定自2018年6月1日起施行。

房屋建筑和市政基础设施工程竣工验收备案管理办法

第一条　为了加强房屋建筑和市政基础设施工程质量的管理，根据《建设工程质量管理条例》，制定本办法。

第二条　在中华人民共和国境内新建、扩建、改建各类房屋建筑和市政基础设施工程的竣工验收备案，适用本办法。

第三条　国务院住房和城乡建设主管部门负责全国房屋建筑和市政基础设施工程（以下统称工程）的竣工验收备案管理工作。

县级以上地方人民政府建设主管部门负责本行政区域内工程的竣工验收备案管理工作。

第四条　建设单位应当自工程竣工验收合格之日起15日内，依照本办法规定，向工程所在地的县级以上地方人民政府建设主管部门（以下简称备案机关）备案。

第五条　建设单位办理工程竣工验收备案应当提交下列文件：

（一）工程竣工验收备案表。

（二）工程竣工验收报告。竣工验收报告应当包括工程报建日期，施工许可证号，施工图设计文件审查意见，勘察、设计、施工、工程监理等单位分别签署的质量合格文件及验收人员签署的竣工验收原始文件，市政基础设施的有关质量检测和功能性试验资料以及备案机关认为需要提供的有关资料。

（三）法律、行政法规规定应当由规划、环保等部门出具的认可文件或者准许使用文件。

（四）法律规定应当由公安消防部门出具的对大型的人员密集场所和其他特殊建设工程验收合格的证明文件。

（五）施工单位签署的工程质量保修书。

（六）法规、规章规定必须提供的其他文件。

住宅工程还应当提交《住宅质量保证书》和《住宅使用说明书》。

第六条　备案机关收到建设单位报送的竣工验收备案文件，验证文件齐全后，应当在工程竣工验收备案表上签署文件收讫。

工程竣工验收备案表一式两份，一份由建设单位保存，一份留备案机关存档。

第七条　工程质量监督机构应当在工程竣工验收之日起5日内，向备案机关提交工程质量监督报告。

第八条　备案机关发现建设单位在竣工验收过程中有违反国家有关建设工程质量管理规定行为的，应当在收讫竣工验收备案文件15日内，责令停止使用，重新组织竣工验收。

第九条　建设单位在工程竣工验收合格之日起15日内未办理工程竣工验收备案的，备案机关责令限期改正，处20万元以上50万元以下罚款。

第十条　建设单位将备案机关决定重新组织竣工验收的工程，在重新组织竣工验收前，擅自使用的，备案机关责令停止使用，处工程合同价款2%以上4%以下罚款。

第十一条　建设单位采用虚假证明文件办理工程竣工验收备案的，工程竣工验收无效，备案机关责令停止使用，重新组织竣工验收，处 20 万元以上 50 万元以下罚款；构成犯罪的，依法追究刑事责任。

第十二条 备案机关决定重新组织竣工验收并责令停止使用的工程，建设单位在备案之前已投入使用或者建设单位擅自继续使用造成使用人损失的，由建设单位依法承担赔偿责任。

第十三条 竣工验收备案文件齐全，备案机关及其工作人员不办理备案手续的，由有关机关责令改正，对直接责任人员给予行政处分。

第十四条 抢险救灾工程、临时性房屋建筑工程和农民自建低层住宅工程，不适用本办法。

第十五条 军用房屋建筑工程竣工验收备案，按照中央军事委员会的有关规定执行。

第十六条 省、自治区、直辖市人民政府住房和城乡建设主管部门可以根据本办法制定实施细则。

第十七条 本办法自发布之日起施行。

第九篇

公路工程

第三十二章　法律、行政法规

中华人民共和国公路法

第一章　总　则

第一条　为了加强公路的建设和管理，促进公路事业的发展，适应社会主义现代化建设和人民生活的需要，制定本法。

第二条　在中华人民共和国境内从事公路的规划、建设、养护、经营、使用和管理，适用本法。

本法所称公路，包括公路桥梁、公路隧道和公路渡口。

第三条　公路的发展应当遵循全面规划、合理布局、确保质量、保障畅通、保护环境、建设改造与养护并重的原则。

第四条　各级人民政府应当采取有力措施，扶持、促进公路建设。公路建设应当纳入国民经济和社会发展计划。

国家鼓励、引导国内外经济组织依法投资建设、经营公路。

第五条　国家帮助和扶持少数民族地区、边远地区和贫困地区发展公路建设。

第六条　公路按其在公路路网中的地位分为国道、省道、县道和乡道，并按技术等级分为高速公路、一级公路、二级公路、三级公路和四级公路。具体划分标准由国务院交通主管部门规定。

新建公路应当符合技术等级的要求。原有不符合最低技术等级要求的等外公路，应当采取措施，逐步改造为符合技术等级要求的公路。

第七条　公路受国家保护，任何单位和个人不得破坏、损坏或者非法占用公路、公路用地及公路附属设施。

任何单位和个人都有爱护公路、公路用地及公路附属设施的义务，有权检举和控告破坏、损坏公路、公路用地、公路附属设施和影响公路安全的行为。

第八条　国务院交通主管部门主管全国公路工作。

县级以上地方人民政府交通主管部门主管本行政区域内的公路工作；但是，县级以上地方人民政府交通主管部门对国道、省道的管理、监督职责，由省、自治区、直辖市人民政府确定。

乡、民族乡、镇人民政府负责本行政区域内的乡道的建设和养护工作。

县级以上地方人民政府交通主管部门可以决定由公路管理机构依照本法规定行使公路行政管理职责。

第九条　禁止任何单位和个人在公路上非法设卡、收费、罚款和拦截车辆。

第十条　国家鼓励公路工作方面的科学技术研究，对在公路科学技术研究和应用方面作出显著成绩的单位和个人给予奖励。

第十一条　本法对专用公路有规定的，适用于专用公路。

专用公路是指由企业或者其他单位建设、养护、管理，专为或者主要为本企业或者本单位提供运输服务的道路。

第二章 公路规划

第十二条 公路规划应当根据国民经济和社会发展以及国防建设的需要编制，与城市建设发展规划和其他方式的交通运输发展规划相协调。

第十三条 公路建设用地规划应当符合土地利用总体规划，当年建设用地应当纳入年度建设用地计划。

第十四条 国道规划由国务院交通主管部门会同国务院有关部门并商国道沿线省、自治区、直辖市人民政府编制，报国务院批准。

省道规划由省、自治区、直辖市人民政府交通主管部门会同同级有关部门并商省道沿线下一级人民政府编制，报省、自治区、直辖市人民政府批准，并报国务院交通主管部门备案。

县道规划由县级人民政府交通主管部门会同同级有关部门编制，经本级人民政府审定后，报上一级人民政府批准。

乡道规划由县级人民政府交通主管部门协助乡、民族乡、镇人民政府编制，报县级人民政府批准。

依照第三款、第四款规定批准的县道、乡道规划，应当报批准机关的上一级人民政府交通主管部门备案。

省道规划应当与国道规划相协调。县道规划应当与省道规划相协调。乡道规划应当与县道规划相协调。

第十五条 专用公路规划由专用公路的主管单位编制，经其上级主管部门审定后，报县级以上人民政府交通主管部门审核。

专用公路规划应当与公路规划相协调。县级以上人民政府交通主管部门发现专用公路规划与国道、省道、县道、乡道规划有不协调的地方，应当提出修改意见，专用公路主管部门和单位应当作出相应的修改。

第十六条 国道规划的局部调整由原编制机关决定。国道规划需要作重大修改的，由原编制机关提出修改方案，报国务院批准。

经批准的省道、县道、乡道公路规划需要修改的，由原编制机关提出修改方案，报原批准机关批准。

第十七条 国道的命名和编号，由国务院交通主管部门确定；省道、县道、乡道的命名和编号，由省、自治区、直辖市人民政府交通主管部门按照国务院交通主管部门的有关规定确定。

第十八条 规划和新建村镇、开发区，应当与公路保持规定的距离并避免在公路两侧对应进行，防止造成公路街道化，影响公路的运行安全与畅通。

第十九条 国家鼓励专用公路用于社会公共运输。专用公路主要用于社会公共运输时，由专用公路的主管单位申请，或者由有关方面申请，专用公路的主管单位同意，并经省、自治区、直辖市人民政府交通主管部门批准，可以改划为省道、县道或者乡道。

第三章 公路建设

第二十条 县级以上人民政府交通主管部门应当依据职责维护公路建设秩序，加强对公路建设的监督管理。

第二十一条 筹集公路建设资金，除各级人民政府的财政拨款，包括依法征税筹集的公路建设专项资金转为的财政拨款外，可以依法向国内外金融机构或者外国政府贷款。

国家鼓励国内外经济组织对公路建设进行投资。开发、经营公路的公司可以依照法律、行政法规的规定发行股票、公司债券筹集资金。

依照本法规定出让公路收费权的收入必须用于公路建设。

向企业和个人集资建设公路，必须根据需要与可能，坚持自愿原则，不得强行摊派，并符合国务院的有关规定。

公路建设资金还可以采取符合法律或者国务院规定的其他方式筹集。

第二十二条 公路建设应当按照国家规定的基本建设程序和有关规定进行。

第二十三条 公路建设项目应当按照国家有关规定实行法人负责制度、招标投标制度和工程监理制度。

第二十四条 公路建设单位应当根据公路建设工程的特点和技术要求，选择具有相应资格的勘查设计单位、施工单位和工程监理单位，并依照有关法律、法规、规章的规定和公路工程技术标准的要求，分别签订合同，明确双方的权利义务。

承担公路建设项目的可行性研究单位、勘查设计单位、施工单位和工程监理单位，必须持有国家规定的资质证书。

第二十五条 公路建设项目的施工，须按国务院交通主管部门的规定报请县级以上地方人民政府交通主管部门批准。

第二十六条 公路建设必须符合公路工程技术标准。

承担公路建设项目的设计单位、施工单位和工程监理单位，应当按照国家有关规定建立健全质量保证体系，落实岗位责任制，并依照有关法律、法规、规章以及公路工程技术标准的要求和合同约定进行设计、施工和监理，保证公路工程质量。

第二十七条 公路建设使用土地依照有关法律、行政法规的规定办理。

公路建设应当贯彻切实保护耕地、节约用地的原则。

第二十八条 公路建设需要使用国有荒山、荒地或者需要在国有荒山、荒地、河滩、滩涂上挖砂、采石、取土的，依照有关法律、行政法规的规定办理后，任何单位和个人不得阻挠或者非法收取费用。

第二十九条 地方各级人民政府对公路建设依法使用土地和搬迁居民，应当给予支持和协助。

第三十条 公路建设项目的设计和施工，应当符合依法保护环境、保护文物古迹和防止水土流失的要求。

公路规划中贯彻国防要求的公路建设项目，应当严格按照规划进行建设，以保证国防交通的需要。

第三十一条 因建设公路影响铁路、水利、电力、邮电设施和其他设施正常使用时，公路建设单位应当事先征得有关部门的同意；因公路建设对有关设施造成损坏的，公路建设单位应当按照不低于该设施原有的技术标准予以修复，或者给予相应的经济补偿。

第三十二条 改建公路时，施工单位应当在施工路段两端设置明显的施工标志、安全标志。需要车辆绕行的，应当在绕行路口设置标志；不能绕行的，必须修建临时道路，保证车辆和行人通行。

第三十三条 公路建设项目和公路修复项目竣工后，应当按照国家有关规定进行验收；未经验收或者验收不合格的，不得交付使用。

建成的公路，应当按照国务院交通主管部门的规定设置明显的标志、标线。

第三十四条 县级以上地方人民政府应当确定公路两侧边沟（截水沟、坡脚护坡道，下同）外缘起不少于一米的公路用地。

第四章 公路养护

第三十五条 公路管理机构应当按照国务院交通主管部门规定的技术规范和操作规程对公路进行养护，保证公路经常处于良好的技术状态。

第三十六条 国家采用依法征税的办法筹集公路养护资金，具体实施办法和步骤由国务院规定。

依法征税筹集的公路养护资金，必须专项用于公路的养护和改建。

第三十七条 县、乡级人民政府对公路养护需要的挖砂、采石、取土以及取水，应当给予支持和协助。

第三十八条 县、乡级人民政府应当在农村义务工的范围内，按照国家有关规定组织公路两侧的农村居民履行为公路建设和养护提供劳务的义务。

第三十九条 为保障公路养护人员的人身安全，公路养护人员进行养护作业时，应当穿着统一的安全标志服；利用车辆进行养护作业时，应当在公路作业车辆上设置明显的作业标志。

公路养护车辆进行作业时，在不影响过往车辆通行的前提下，其行驶路线和方向不受公路标志、标线限制；过往车辆对公路养护车辆和人员应当注意避让。

公路养护工程施工影响车辆、行人通行时，施工单位应当依照本法第三十二条的规定办理。

第四十条 因严重自然灾害致使国道、省道交通中断，公路管理机构应当及时修复；公路管理机构难以及时修复时，县级以上地方人民政府应当及时组织当地机关、团体、企业事业单位、城乡居民进行抢修，并可以请求当地驻军支援，尽快恢复交通。

第四十一条 公路用地范围内的山坡、荒地，由公路管理机构负责水土保持。

第四十二条 公路绿化工作，由公路管理机构按照公路工程技术标准组织实施。

公路用地上的树木，不得任意砍伐；需要更新砍伐的，应当经县级以上地方人民政府交通主管部门同意后，依照《中华人民共和国森林法》的规定办理审批手续，并完成更新补种任务。

第五章 路政管理

第四十三条 各级地方人民政府应当采取措施，加强对公路的保护。

县级以上地方人民政府交通主管部门应当认真履行职责，依法做好公路保护工作，并努力采用科学的管理方法和先进的技术手段，提高公路管理水平，逐步完善公路服务设施，保障公路的完好、安全和畅通。

第四十四条 任何单位和个人不得擅自占用、挖掘公路。

因修建铁路、机场、电站、通信设施、水利工程和进行其他建设工程需要占用、挖掘公路或者使公路改线的，建设单位应当事先征得有关交通主管部门的同意；影响交通安全的，还须征得有关公安机关的同意。占用、挖掘公路或者使公路改线的，建设单位应当按照不低于该段公路原有的技术标准予以修复、改建或者给予相应的经济补偿。

第四十五条 跨越、穿越公路修建桥梁、渡槽或者架设、埋设管线等设施的，以及在公路用地范围内架设、埋设管线、电缆等设施的，应当事先经有关交通主管部门同意，影响交通安全的，还须征得有关公安机关的同意；所修建、架设或者埋设的设施应当符合公路工程技术标准的要求。对公路造成损坏的，应当按照损坏程度给予补偿。

第四十六条 任何单位和个人不得在公路上及公路用地范围内摆摊设点、堆放物品、倾倒垃圾、设置障碍、挖沟引水、利用公路边沟排放污物或者进行其他损坏、污染公路和影响公路畅通的活动。

第四十七条 在大中型公路桥梁和渡口周围二百米、公路隧道上方和洞口外一百米范围内，以及在公路两侧一定距离内，不得挖砂、采石、取土、倾倒废弃物，不得进行爆破作业及其他危及公路、公路桥梁、公路隧道、公路渡口安全的活动。

在前款范围内因抢险、防汛需要修筑堤坝、压缩或者拓宽河床的，应当事先报经省、自治区、直辖市人民政府交通主管部门会同水行政主管部门批准，并采取有效的保护有关的公路、公路桥梁、公路隧道、公路渡口安全的措施。

第四十八条 铁轮车、履带车和其他可能损害公路路面的机具，不得在公路上行驶。

农业机械因当地田间作业需要在公路上短距离行驶或者军用车辆执行任务需要在公路上行驶的，可以不受前款限制，但是应当采取安全保护措施。对公路造成损坏的，应当按照损坏程度给予补偿。

第四十九条 在公路上行驶的车辆的轴载质量应当符合公路工程技术标准要求。

第五十条 超过公路、公路桥梁、公路隧道或者汽车渡船的限载、限高、限宽、限长标准的车辆，不得在有限定标准的公路、公路桥梁上或者公路隧道内行驶，不得使用汽车渡船。超过公路或者公路桥梁限载标准确需行驶的，必须经县级以上地方人民政府交通主管部门批准，并按要求采取有效的防护措施；运载不可解体的超限物品的，应当按照指定的时间、路线、时速行驶，并悬挂明显标志。

运输单位不能按照前款规定采取防护措施的，由交通主管部门帮助其采取防护措施，所需费用由运输单位承担。

第五十一条 机动车制造厂和其他单位不得将公路作为检验机动车制动性能的试车场地。

第五十二条 任何单位和个人不得损坏、擅自移动、涂改公路附属设施。

前款公路附属设施，是指为保护、养护公路和保障公路安全畅通所设置的公路防护、排水、养护、管理、服务、交通安全、渡运、监控、通信、收费等设施、设备以及专用建筑物、构筑物等。

第五十三条 造成公路损坏的，责任者应当及时报告公路管理机构，并接受公路管理机构的现场调查。

第五十四条 任何单位和个人未经县级以上地方人民政府交通主管部门批准，不得在公路用地范围内设置公路标志以外的其他标志。

第五十五条 在公路上增设平面交叉道口，必须按照国家有关规定经过批准，并按照国家规定的技术标准建设。

第五十六条 除公路防护、养护需要的以外，禁止在公路两侧的建筑控制区内修建建筑物和地面构筑物；需要在建筑控制区内埋设管线、电缆等设施的，应当事先经县级以上地方人民政府交通主管部门批准。

前款规定的建筑控制区的范围，由县级以上地方人民政府按照保障公路运行安全和节约用地的原则，依照国务院的规定划定。

建筑控制区范围经县级以上地方人民政府依照前款规定划定后，由县级以上地方人民政府交通主管部门设置标桩、界桩。任何单位和个人不得损坏、擅自挪动该标桩、界桩。

第五十七条 除本法第四十七条第二款的规定外，本章规定由交通主管部门行使的路政管理职责，可以依照本法第八条第四款的规定，由公路管理机构行使。

第六章 收费公路

第五十八条 国家允许依法设立收费公路，同时对收费公路的数量进行控制。

除本法第五十九条规定可以收取车辆通行费的公路外，禁止任何公路收取车辆通行费。

第五十九条 符合国务院交通主管部门规定的技术等级和规模的下列公路，可以依法收取车辆通行费：

（一）由县级以上地方人民政府交通主管部门利用贷款或者向企业、个人集资建成的公路；

（二）由国内外经济组织依法受让前项收费公路收费权的公路；

（三）由国内外经济组织依法投资建成的公路。

第六十条 县级以上地方人民政府交通主管部门利用贷款或者集资建成的收费公路的收费期限，按照收费偿还贷款、集资款的原则，由省、自治区、直辖市人民政府依照国务院交通主管部门的规定确定。

有偿转让公路收费权的公路，收费权转让后，由受让方收费经营。收费权的转让期限由出让、受让双方约定，最长不得超过国务院规定的年限。

国内外经济组织投资建设公路，必须按照国家有关规定办理审批手续；公路建成后，由投资者收费经营。收费经营期限按照收回投资并有合理回报的原则，由有关交通主管部门与投资者约定并按照国家有关规定办理审批手续，但最长不得超过国务院规定的年限。

第六十一条 本法第五十九条第一款第一项规定的公路中的国道收费权的转让，应当在转让协议签订之日起三十个工作日内报国务院交通主管部门备案；国道以外的其他公路收费权的转让，应当在转让协议签订之日起三十个工作日内报省、自治区、直辖市人民政府备案。

前款规定的公路收费权出让的最低成交价，以国有资产评估机构评估的价值为依据确定。

第六十二条 受让公路收费权和投资建设公路的国内外经济组织应当依法成立开发、经营公路的企业（以下简称公路经营企业）。

第六十三条 收费公路车辆通行费的收费标准，由公路收费单位提出方案，报省、自治区、直辖市人民政府交通主管部门会同同级物价行政主管部门审查批准。

第六十四条 收费公路设置车辆通行费的收费站，应当报经省、自治区、直辖市人民政府审查批准。跨省、自治区、直辖市的收费公路设置车辆通行费的收费站，由有关省、自治区、直辖市人民政府协商确定；协商不成的，由国务院交通主管部门决定。同一收费公路由不同的交通主管部门组织建设或者由不同的公路经营企业经营的，应当按照“统一收费、按比例分成”的原则，统筹规划，合理设置收费站。

两个收费站之间的距离，不得小于国务院交通主管部门规定的标准。

第六十五条 有偿转让公路收费权的公路，转让收费权合同约定的期限届满，收费权由出让方收回。

由国内外经济组织依照本法规定投资建成并经营的收费公路，约定的经营期限届满，该公路由国家无偿收回，由有关交通主管部门管理。

第六十六条 依照本法第五十九条规定受让收费权或者由国内外经济组织投资建成经营的公路的养护工作，由各该公路经营企业负责。各该公路经营企业在经营期间应当按照国务院交通主管部门规定的技术规范和操作规程做好对公路的养护工作。在受让收费权的期限届满，或者经营期限届满时，公路应当处于良好的技术状态。

前款规定的公路的绿化和公路用地范围内的水土保持工作，由各该公路经营企业负责。

第一款规定的公路的路政管理，适用本法第五章的规定。该公路路政管理的职责由县级以上地方人民政府交通主管部门或者公路管理机构的派出机构、人员行使。

第六十七条 在收费公路上从事本法第四十四条第二款、第四十五条、第四十八条、第五十条所列活动的，除依照各该条的规定办理外，给公路经营企业造成损失的，应当给予相应的补偿。

第六十八条 收费公路的具体管理办法，由国务院依照本法制定。

第七章 监督检查

第六十九条 交通主管部门、公路管理机构依法对有关公路的法律、法规执行情况进行监督检查。

第七十条 交通主管部门、公路管理机构负有管理和保护公路的责任，有权检查、制止各种侵占、损坏公路、公路用地、公路附属设施及其他违反本法规定的行为。

第七十一条 公路监督检查人员依法在公路、建筑控制区、车辆停放场所、车辆所属单位等进行监督检查时，任何单位和个人不得阻挠。

公路经营者、使用者和其他有关单位、个人，应当接受公路监督检查人员依法实施的监督检查，并为其提供方便。

公路监督检查人员执行公务，应当佩戴标志，持证上岗。

第七十二条 交通主管部门、公路管理机构应当加强对所属公路监督检查人员的管理和教育，要求公路监督检查人员熟悉国家有关法律和规定，公正廉洁，热情服务，秉公执法，对公路监督检查人员的执法行为应当加强监督检查，对其违法行为应当及时纠正，依法处理。

第七十三条 用于公路监督检查的专用车辆，应当设置统一的标志和示警灯。

第八章 法律责任

第七十四条 违反法律或者国务院有关规定，擅自在公路上设卡、收费的，由交通主管部门责令停止违法行为，没收违法所得，可以处违法所得三倍以下的罚款，没有违法所得的，可以处二万元以下的罚款；对负有直接责任的主管人员和其他直接责任人员，依法给予行政处分。

第七十五条 违反本法第二十五条规定，未经有关交通主管部门批准擅自施工的，交通主管部门可以责令停止施工，并可以处五万元以下的罚款。

第七十六条 有下列违法行为之一的，由交通主管部门责令停止违法行为，可以处三万元以下的罚款：

（一）违反本法第四十四条第一款规定，擅自占用、挖掘公路的；

（二）违反本法第四十五条规定，未经同意或者未按照公路工程技术标准的要求修建桥梁、渡槽或者架设、埋设管线、电缆等设施的；

（三）违反本法第四十七条规定，从事危及公路安全的作业的；

（四）违反本法第四十八条规定，铁轮车、履带车和其他可能损害路面的机具擅自在公路上行驶的；

（五）违反本法第五十条规定，车辆超限使用汽车渡船或者在公路上擅自超限行驶的；

（六）违反本法第五十二条、第五十六条规定，损坏、移动、涂改公路附属设施或者损坏、挪动建筑控制区的标桩、界桩，可能危及公路安全的。

第七十七条　违反本法第四十六条的规定，造成公路路面损坏、污染或者影响公路畅通的，或者违反本法第五十一条规定，将公路作为试车场地的，由交通主管部门责令停止违法行为，可以处五千元以下的罚款。

第七十八条　违反本法第五十三条规定，造成公路损坏，未报告的，由交通主管部门处一千元以下的罚款。

第七十九条　违反本法第五十四条规定，在公路用地范围内设置公路标志以外的其他标志的，由交通主管部门责令限期拆除，可以处二万元以下的罚款；逾期不拆除的，由交通主管部门拆除，有关费用由设置者负担。

第八十条　违反本法第五十五条规定，未经批准在公路上增设平面交叉道口的，由交通主管部门责令恢复原状，处五万元以下的罚款。

第八十一条　违反本法第五十六条规定，在公路建筑控制区内修建建筑物、地面构筑物或者擅自埋设管线、电缆等设施的，由交通主管部门责令限期拆除，并可以处五万元以下的罚款。逾期不拆除的，由交通主管部门拆除，有关费用由建筑者、构筑者承担。

第八十二条　除本法第七十四条、第七十五条的规定外，本章规定由交通主管部门行使的行政处罚权和行政措施，可以依照本法第八条第四款的规定由公路管理机构行使。

第八十三条　阻碍公路建设或者公路抢修，致使公路建设或者抢修不能正常进行，尚未造成严重损失的，依照《中华人民共和国治安管理处罚法》的规定处罚。

损毁公路或者擅自移动公路标志，可能影响交通安全，尚不够刑事处罚的，适用《中华人民共和国道路交通安全法》第九十九条的处罚规定。

拒绝、阻碍公路监督检查人员依法执行职务未使用暴力、威胁方法的，依照《中华人民共和国治安管理处罚法》的规定处罚。

第八十四条　违反本法有关规定，构成犯罪的，依法追究刑事责任。

第八十五条　违反本法有关规定，对公路造成损害的，应当依法承担民事责任。

对公路造成较大损害的车辆，必须立即停车，保护现场，报告公路管理机构，接受公路管理机构的调查、处理后方得驶离。

第八十六条　交通主管部门、公路管理机构的工作人员玩忽职守、徇私舞弊、滥用职权，构成犯罪的，依法追究刑事责任；尚不构成犯罪的，依法给予行政处分。

第九章　附　则

第八十七条　本法自 1998 年 1 月 1 日起施行。

第三十三章　地方性法规、政府规章

内蒙古自治区公路建设管理办法

第一章 总 则

第一条 为加强公路建设管理，明确管理职责，保证工程质量，提高投资效益，维护公路建设市场秩序，根据《中华人民共和国公路法》、交通运输部《公路建设市场管理办法》《内蒙古自治区公路条例》和《内蒙古自治区人民政府关于进一步加快公路建设的意见》(内政发〔2008〕122 号)，结合我区公路建设管理实际制定本办法。

第二条 本办法适用于自治区境内国家及自治区高速公路网、国省干线公路的新建、改建工程，独立的特大、大桥，特长隧道及农村牧区公路建设工程。

第三条 公路建设项目必须与自治区公路网规划要求相一致，并满足公路养护、管理及服务功能的需要。

第四条 本办法所称公路建设是公路、桥梁、隧道、交通工程及沿线设施的项目建议书、工程可行性探究、勘察、设计、施工、竣（交）工验收和后评价全过程活动。公路建设项目包括：符合交通运输部《公路工程技术标准》的公路、桥梁、隧道、交通工程以及沿线设施等。

第五条 公路建设实行国家投资、自治区补助、地方集资、社会融资、利用外资等多元化、多渠道投资体制，鼓励、引导国内外经济组织依法投资建设、经营公路。

第六条 公路建设严格执行项目法人责任制、招标投标制、工程监理制和合同管理制。符合交通运输部公路建设市场准入规定，具有相应公路工程勘察、设计、施工、监理、咨询、检测及试验、保险、材料供应等资质的单位均可进入内蒙古自治区公路建设市场。

第七条 公路建设坚持“百年大计，质量第一”方针，实行质量终身责任制，严格执行政府监督、法人管理、社会监理、企业自检的质量保证体系。

第八条 公路建设应积极应用新技术、新工艺、新材料、新设备，推广科学、先进的管理方法，鼓励科学研究和技术创新。

第九条 公路建设必须坚持保护优先、防治结合的原则，按照交通运输部《交通建设项目环境保护管理办法》(2003 年第 5 号令）落实各项环保措施，加强环境保护管理工作；严格执行耕地保护制度，尽量利用荒地进行公路及附属设施建设。

第十条 项目法人必须加强公路建设项目全过程的资料管理，及时收集、整理、汇总分析有关文字、数据及影像资料。

第二章 建设程序

第十一条 公路建设项目要严格执行公路基本建设程序，不得违法或擅自简化基本建设程序。公路建设项目分前期工作、项目实施、工程验收以及后评价四个阶段，要保证各阶段的合理周期。

第十二条 前期工作阶段：包括环境保护、水土保持、压覆矿藏、地质灾害评估、土地预审、建设项目选址及资金落实，工程可行性研究报告的编制、论证、审批或依法核准；组建项目法人；

勘察设计招投标，两阶段初步设计文件编制和审批。

第十三条　项目实施阶段：包括施工图设计文件编制和审批；施工、监理招标，质量监督申请，开工前审计，建设用地审批，征地拆迁，办理施工许可；组织实施。

第十四条　工程验收阶段：包括工程质量检测，交工验收；试运营；竣工决算、审计，档案、环保等单项验收，工程质量鉴定，竣工验收；投入运营。

第十五条　项目后评价阶段：包括现场调查和资料收集，建设项目效果和目标评价，编制后评价报告，报告审查。

第三章　管理职责划分

第十六条　公路建设按照责权一致的原则，实行统一管理，分级负责。自治区交通主管部门主管全区公路建设工作，盟（市）、旗（县、市、区）交通主管部门主管本行政区域内的公路建设工作。

第十七条　公路建设项目由交通主管部门、公路工程质量监督部门、项目法人按职责权限进行管理。

第十八条　根据公路投资来源、行政管理和技术标准的不同，并结合下放建设权的实际，公路建设项目分为重点公路建设项目和一般公路建设项目。

第十九条　重点公路建设项目包括国家和自治区投资为主的国家及自治区高速公路网，自治区重点国省干线一级公路及特别指定管理的建设项目。

对于重点公路建设项目，自治区交通主管部门负责监督管理，自治区公路工程质量监督部门负责质量监督工作，项目所在地盟行政公署、市人民政府组建项目法人或内蒙古高等级公路建设开发有限责任公司组织项目的实施。

第二十条　一般公路建设项目指除重点公路建设项目以外的其他公路建设项目，主要包括路网改造项目、经营性公路建设项目及其他建设项目。

第二十一条　路网改造项目由各盟行政公署、市人民政府确定项目法人组织实施，所在地盟（市）交通主管部门负责监督管理，盟（市）公路工程质量监督部门负责质量监督工作。

第二十二条　经营性公路建设项目，在各盟行政公署、市人民政府统一管理下，由项目所在地盟市交通主管部门负责行业的监督管理，盟（市）公路工程质量监督部门负责质量监督工作。经营性公路建设项目必须符合以下规定：

（一）建设项目应服从自治区公路网统一规划，并按规定的管理权限报批。项目工程可行性研究报告由各级交通主管部门负责组织编制、论证和审查、报批。

（二）建设项目应先征得有管辖权的交通主管部门的同意。按照交通运输部《经营性公路建设项目投资人招标投标管理规定》（部 2007 年 8 号令）规定，由各级交通主管部门通过公开招标确定投资人。

（三）按照国家计委《关于实行建设项目法人责任制的暂行规定》（计建设〔1996〕673 号）、交通运输部《公路建设项目法人资格标准（试行）》（交公路发〔2001〕583 号）、《公路建设项目法人资格审查实施意见》（厅公路字〔2001〕615 号）和《中华人民共和国公司法》及相关法规组建项目法人，报项目所在地盟市交通主管部门进行资格备案。

（四）国家及自治区高速公路网、国省干线公路或独立特大、大桥，特长隧道的经营性公路建设项目初测外业验收和初步设计审批由自治区交通主管部门组织进行，需报国家发改委进行核准的项目初步设计报交通运输部进行审批；施工图设计审批由项目所在地盟市交通主管部门组织进行。其他经营性公路建设项目勘察外业验收和设计审批由项目所在地盟市交通主管部门组织进行。

第四章　前期工作

第二十三条　公路建设项目工程可行性研究报告应由具有相应资质单位进行编制，由交通主管部门组织并邀请有关单位和部门的技术人员及专家进行评审和论证，并报送相关部门审批，依法核准项目的申请报告，按规定报有关单位进行核准。

第二十四条　自治区筹资的重点公路建设项目工程可行性研究、勘察设计由自治区交通主管部门负责牵头，会同盟市交通主管部门组织实施，其中：内蒙古自治区高等级公路建设开发有限责任公司筹资的公路建设项目勘察设计工作，由该公司负责组织实施。

自治区补助的重点公路建设及一般公路建设项目工程可行性研究、勘察设计由盟市负责组织实施。

第二十五条　交通主管部门根据批准的工程可行性研究报告或核准意见书及工程技术复杂程度、建设规模、技术标准和建设总体要求确定设计阶段，并对勘察设计工作进行监督管理。

第二十六条　勘察设计招标工作按八部委局《工程建设项目勘察设计招标投标办法》（2003 年 2 号）和交通运输部《公路工程勘察设计招标投标管理办法》（2001 年第 6 号）组织实施。

勘察设计评标要以单位业绩、勘察设计人员能力、技术方案以及投标造价测算为主要依据。勘察设计费报价要合理设置最高限价。

第二十七条　项目法人要对勘察设计全过程进行跟踪管理，尤其是对勘察设计单位进场人员、机械设备及地质勘察、基础资料调查进行检查，并参加主要技术方案的论证，确保勘察深度和质量。

第二十八条　勘察设计要严格执行公路勘测规范、规程，路基、桥涵、交叉工程及材料料场、取土场地质勘测探坑、钻孔的位置、频率及相关试验要满足规范和使用要求。勘察设计单位在与其他部门签订相关协议时，项目法人要进行协调，签订的协议要具备可操做性和法律效力。

第二十九条　项目法人应对外业勘测成果初验后，按管理权限报请交通主管单位进行外业勘测验收。没有进行地质选线和多方案路线比较的及地勘、实验资料不全的不组织验收。

第三十条　设计文件编制要符合以下要求：

（一）满足国家强制性标准、行业规范的要求。

（二）贯彻 “六个坚持，六个树立”的设计新理念，工程结构方案拟定合理，结构设计符合安全和稳定性要求。

（三）执行工程可行性研究报告、初步设计的精神。

（四）设计文件齐全，基础资料收集完整，达到相应设计阶段规定的技术深度要求。

（五）概算、施工图预算的编制准确、完整。

（六）贯彻落实国土资源、环境、水利等方面要求，与铁路、文物、电力、电信等部门签订具有可操作协议。

第三十一条　公路建设项目设计文件按照项目管理权限，由各级交通主管部门负责审批。重点公路建设项目初步设计上报交通运输部或由自治区交通主管部门审批，施工图设计由自治区交通主管部门审批。

经营性公路建设项目初步设计、施工图设计审批按第二十一条第四项规定执行。除经营性公路建设项目外的一般公路建设项目，初步设计、施工图设计由盟（市）交通主管部门审批。

审批单位应委托具有相应设计或工程咨询资质的单位对设计文件进行审查。勘察设计单位根据设计文件审批意见对报批的设计文件和概、预算进行修改，出具补充设计文件。

第三十二条　项目法人应在初步设计批复后 2 个月内将施工图设计上报审批单位。交通主管部门应当自收到完整齐备的施工图设计文件之日起 20 日审查完毕。

第三十三条　初步设计概算不得超过工可估算的 110%或不得少于工可估算的 90%。对施工图设计文件审批必须对设计预算进行审批，两阶段施工预算不得超过批准的概算，一阶段施工图预算不得超过批准估算的 110%或少于批准估算的 90%。

第三十四条　公路勘察设计单位要必须向工程现场派驻由项目设计人员组成的服务小组，对项目实施进行全过程服务，解决和完善施工过程中出现的设计问题。勘察设计质量保证金为合同价的 10%，项目通过竣工验收后根据对勘察设计单位的评价结论进行支付。服务质量保证金为合同价的 20%，在项目施工过程中按工程进度及服务质量支付。

第五章　项目法人职责和管理

第三十五条　公路建设项目开展可行性论证时，应及时组建项目法人，提前介入前期各项工作。

第三十六条　项目法人实行资格核备制度。项目法人应具有交通运输部《公路建设项目法人资格标准（试行）》（交公路发〔2001〕583 号）规定的资格要求，按管理权限对项目法人资格进行核备。重点公路建设项目法人由自治区交通主管部门负责审核，一般公路建设项目法人由盟市交通主管部门负责审核。

第三十七条　项目法人是指在公路建设项目的前期工作、项目实施、工程验收以及后评价阶段，对建设管理负总责的法人单位。项目法人应设置综合协调、计划合同、工程、财务、质量安全监督等部门进行现场管理：

（一）综合协调部门负责工程建设环境协调及人事劳资、行政、后勤管理等工作。

（二）计划合同部门负责在建项目的实施计划控制、统计信息、合同管理、计量支付、工程结算管理。

（三）工程部门负责在建项目工程的施工组织管理、设计变更、进度控制、工程决算及清理拖欠农民工工资等管理。

（四）财务部门负责在建项目的财务管理、会计核算、财务决算管理。

（五）质量安全监督部门负责在建项目工程质量、各项技术指标、安全生产的监督管理。

第三十八条　项目法定代表人应由熟悉国家有关工程建设的法律法规，具有建设管理经验的公路工程专业人员担任。

高速、一级公路项目的法定代表人应具有公路工程专业高级职称，交通系统企事业及行政单位在职工作人员，担任过一项以上一级以上公路或特大桥工程项目或二项以上二级以上公路工程项目的负责人或重要工程管理职务。

自治区交通主管部门建立《内蒙古自治区重点公路建设项目法定代表人管理库》，对人员实行动态管理，定期培训和考核，并根据考核结果进行调整或增加。重点公路建设项目法定代表人从管理库中选取。

第六章　设计变更管理

第三十九条　设计变更分为重大设计变更、较大设计变更和一般设计变更。

符合下列情况之一的为重大设计变更：

（一）连续长度10公里以上的路线方案调整的；

（二）特大桥的数量或结构型式发生变化的；

（三）特长隧道的数量或通风方案发生变化的；

（四）互通式立交的数量发生变化的；

（五）收费方式及站点位置、规模发生变化的；

（六）超过初步设计批准概算的（或一阶段施工图设计批准预算的）。

符合下列情况之一的为较大设计变更：

（一）连续长度2公里以上的路线方案调整的；

（二）连接线的标准和规模发生变化的；

（三）特殊不良地质路段处置方案发生变化的；

（四）路面结构类型、宽度和厚度发生变化的；

（五）大中桥的数量或结构型式发生变化的；

（六）隧道的数量或方案发生变化的；

（七）互通式立交的位置或方案发生变化的；

（八）分离式立交的数量发生变化的；

（九）监控、通讯系统总体方案发生变化的；

（十）管理、养护和服务设施的数量和规模发生变化的；

（十一）其他公路建设项目中同一工程内容费用变更高速、一级公路超过500万元的、二级以下公路超过200万元的；

（十二）超过两阶段施工图设计批准预算的。

一般设计变更是指除重大设计变更和较大设计变更以外的其他设计变更。

第四十条 由交通运输部批准初步设计的重点公路建设项目，重大设计变更、较大设计变更、一般设计变更的审批，按照交通运输部《公路工程设计变更管理办法》（2005年第5号）的规定执行，重大设计变更报交通运输部审批，较大设计变更报自治区交通主管部门审批，一般设计变更由项目法人负责审批。

由自治区交通主管部门批准初步设计的重点公路建设项目，重大设计变更、较大设计变更报自治区交通主管部门审批，一般设计变更由项目法人负责审批。

一般公路建设项目（包括路网改造项目、经营性公路建设项目）重大、较大设计变更报项目所在地盟（市）交通主管部门审批，一般设计变更由项目法人负责审批；若建设规模、技术标准、投资规模等发生重大变化的，应按照程序报有关部门进行审批。

第四十一条 设计变更按照设计变更申请和审批两步骤实施。

设计变更申请：项目法人经审查论证确认后，向审批单位提出设计变更的申请，并提交以下材料：

（一）设计变更申请书。设计变更申请书应包括公路工程基本情况，原设计方案、变更设计方案及变更的类别、主要理由，增加或减少工程量和费用等。

（二）对设计变更申请的调查核实情况，项目法人组织设计、施工、监理等参建单位及有关专家对设计变更方案进行经济、技术、安全、环保等方面的论证情况。

设计变更审批：项目法人经审查确认后，向审批单位上报设计变更材料：

（一）设计变更申请报告及项目法人对设计变更文件的审查意见。设计变更申请报告应包括施工、勘察设计、监理单位及项目法人审核意见，并加盖本单位公章，由主要负责人进行签字。

（二）设计变更的勘察设计图纸及原设计相应图纸。设计变更文件的编制应满足现行编制办法要求。

（三）工程量及工程费变化对照清单。工程费用按照现行《公路工程基本建设项目概算预算编制办法》《公路工程概算预算定额》《公路工程机械台班费用定额》核定。

第四十二条　对于一般设计变更，项目法人应在接到设计变更申请，根据核实论证情况二个工作日内决定是否开展设计变更的勘察设计工作，接到符合条件的设计变更文件后在五个工作日内完成审批工作。

对于重大及较大设计变更，审批单位在接到项目法人设计变更申请五个工作日内决定是否开展设计变更的勘察设计工作，接到符合条件的设计变更文件后在十个工作日内完成审批或上报工作。

第四十三条　设计变更发生的建筑安装工程费用，按照合同约定进行计量支付。若在本标段施工合同工程量清单中未包含适用于变更工程的单价，单价确定应遵循以下原则：

（一）采用相邻标段同一支付细目的单价。

（二）若相邻标段没有适用的单价，采用多个标段相同细目单价的平均值作为变更单价。

（三）若本项目所有标段均无适用的细目单价，则以交通运输部现行的概算预算编制办法、定额、机械台班及招标时材料单价、取费标准、标段预算编制原则计算得出的预算单价乘以本标段的中标价格降幅，作为变更单价。

第四十四条　设计变更的勘察设计应当由原勘察设计单位承担，施工原则上由原施工单位承担。原施工单位不具备承担设计变更工程的资质等级时，项目法人应通过招标方式确定施工单位。

第四十五条　设计变更要在实施前履行审批手续。对于超出项目法人审批权限但需进行紧急抢险的设计变更，项目法人可先进行紧急抢险处理，同时按程序办理设计变更审批手续，以书面形式说明理由并附相关的影像资料。

第四十六条　项目法人要建立公路工程设计变更管理台账，对每项设计变更的原因、责任进行认定，定期对设计变更情况进行汇总报项目交通主管单位备案。

第七章　施工过程管理

第四十七条　凡符合国家《工程建设项目招标范围和规模标准规定》的自治区境内的公路建设项目，包括勘察设计、土建施工、交通工程施工及施工监理、材料采购、机械设备采购、试验仪器采购、试验检测、工程保险等建设内容均应依法进行招投标。

第四十八条　施工招标投标按照七部委局《工程建设项目施工招标投标办法》（2003 年 30 号令）、交通运输部《公路工程施工招标投标管理办法》（2006 年 7 号令）和自治区施工招标投标管理有关规定执行。监理招标投标按照交通运输部《公路工程施工监理招标投标管理办法》（2006 年 5 号令）执行。

第四十九条　公路建设项目依法实行施工许可制度。除国家重点公路建设项目的施工许可由交通运输部办理外，其他重点公路建设项目的施工许可由自治区交通主管部门办理。一般公路建设项目的施工许可由盟（市）交通主管部门办理。

第五十条　项目施工应当具备以下条件：

（一）项目已列入公路建设年度计划；

（二）施工图设计文件已经完成并经审批同意；

（三）建设资金已经落实，并经项目交通主管部门审计；

（四）征地手续已办理，拆迁基本完成；

（五）勘察设计、施工、监理单位已依法确定；

（六）已办理质量监督手续，已落实保证质量和安全的措施。

项目法人在申请施工许可时应当向项目交通主管部门提交以下材料：

（一）工可研、初步设计、施工图设计批复文件；

（二）国土资源部门关于征地的批复或者控制性用地的批复（土地预审不作为控制性用地批复）；

（三）项目交通主管部门对建设资金落实情况的审计意见；

（四）项目法人资格申报表，建设项目各合同段的施工单位和监理单位名单、合同价情况；

（五）应当报备的资格预审报告、招标文件和评标报告；

（六）已办理的质量监督手续材料；

（七）保证工程质量和安全措施的材料。

第五十一条 交通主管部门应当自收到完整齐备的施工许可申请材料之日起二十日内作出行政许可决定。予以许可的，应当将书面许可决定及时通知申请人；不予许可的，应当书面通知申请人并说明理由。

第五十二条 项目法人的法定代表人和项目负责人如有变更，必须以书面形式提前十日报项目交通主管部门核备。设计、施工、监理单位负责人变更应按照合同约定执行。

第五十三条 公路建设项目建立月报制度。项目法人将项目总体指导性施工组织计划及年度施工组织计划，及实施过程中投资完成、工程进度、工程质量等情况，定期将《全区公路建设项目进度报告》（附件一）报项目交通主管部门核备。

第五十四条 公路建设项目交通主管部门要定期、不定期的对建设项目的工程管理、质量管理、安全生产、造价管理及信用评价等方面进行督查。

第五十五条 公路建设项目法人和从业单位应对工程质量负责。项目法人对工程质量负管理责任，勘察设计单位对勘察设计质量负责，施工单位对施工质量负责，监理单位对工程质量负现场管理责任，试验检测单位对试验检测结果负责，其他从业单位和从业人员按照有关规定对其产品或者服务质量负相应责任。

第五十六条 项目实施过程中，项目法人、监理、设计、施工单位必须接受质量监督部门的监督。质量监督工作按照交通运输部《公路工程质量监督规定》（2005 年第 4 号令）和《内蒙古自治区高速、一级公路工程质量监督管理办法》（内交发〔2003〕266）及相应规定执行。

第五十七条 公路建设项目须按照国务院《建设工程质量管理条例》（2000 年第 279 号令）、国务院办公厅《关于加强基础设施工程质量的通知》（国办发〔1999〕16 号）和交通运输部《公路工程质量管理办法》（2000 年 6 号令）建立和落实工程质量责任制，并实行公路建设从业单位质量责任备案制度。公路工程在设计使用年限内实行质量终身负责制。

第五十八条 公路建设项目发生工程质量事故，项目法人应在 24 小时内按项目管理隶属关系向交通主管部门和公路工程质量监督机构报告。具有项目管辖权的交通主管部门或受委托的公路工程质量监督机构负责调查处理工程质量事故。

第五十九条 公路建设必须贯彻落实《安全生产法》、交通运输部《公路水运工程安全生产监督管理办法》（2007 年 1 号令），坚持安全第一、预防为主的原则，有效防范安全事故的发生，保障施工现场人员生命及财产安全。

第六十条　公路建设必须建立安全生产责任制。项目法人及各从业单位要设立安全生产组织机构，签订安全生产责任状，分工明确、责任到位，确保公路建设施工安全。

施工单位应结合建设项目实际情况对可能导致安全生产事故的器材、作业现场、主要工艺或工序制定详细具体的防范措施；加大安全生产的投入，工程报价中应当包含安全生产费用，一般不得低于投标价的1%，且不得作为竞争性报价。

第六十一条　项目法人、施工单位、监理单位要按职责组织对从业人员进行安全生产知识、技能培训，把安全生产规章制度落到实处。加强对传染病和流行性疾病的防控工作，做到早发现、早报告、早隔离、早治疗。

第六十二条　项目法人、施工单位、监理单位要加大公路建设安全隐患排查力度，从严查处责任事故，落实责任追究制度。施工过程中若发生安全生产事故，事故发生单位应立即启动应急预案，将事故情况按照程序上报有关部门，同时采取必要措施防止事故扩大，保护事故现场。

第六十三条　公路改建工程及交叉工程在施工过程中必须竖立明显的标志，做好施工现场的安全防护，加强施工便道的养护和安全管理，保障车辆安全通行。

第六十四条　项目法人应建立农牧民工工资保证金制度和兑现承诺制度，对本项目使用的农牧民工进行监督管理，监督各参建单位及时支付农牧民工工资。

施工单位招用农民工的应当依法签订劳动用工合同，按照合同按时支付劳务工资，落实各项劳动保护措施，确保农民工合法权益。

第六十五条　项目法人需按照交通运输部《公路建设市场管理办法》（2004年第14号令）、《关于印发建立公路建设市场信用体系指导意见的通知》（交公路发〔2006〕683号）以及自治区公路建设诚信体系的相关规定，建立信用档案，对勘察设计、施工、监理单位及主要材料供应单位履约信用作出全面、准确、客观的评价。

第六十六条　项目法人要按照《内蒙古自治区交通厅政府投资公路建设项目财务管理办法（试行）》（内交发〔2007〕597号）要求做好基本建设财务管理工作，设置独立的财务管理机构，建立健全内部财务管理制度，严格按照国家规定做好项目的会计核算工作，并接受上级主管部门的检查和审计。

第六十七条　项目法人必须在项目交付使用后，按照交通运输部《公路建设项目工程决算编制办法》（交公路发〔2004〕507号）及有关财务规定编制完成工程决算和财务决算。公路建设项目通过交工验收后1年内，项目法人要完成工程决算，提交项目交通主管部门进行审查。

第六十八条　各级交通行政主管部门在公路建设中必须严格执行党风廉政建设规定，全面贯彻落实廉政建设报告制度、督查巡视制度、谈话诫勉制度、责任追究制度和领导干部廉政档案制度。

第六十九条　公路建设项目必须实行“双合同制”，建立廉政监督机制，实行纪检监察派驻制度，按照《内蒙古自治区交通建设项目十二公开规定》（内交发〔2008〕266）对实施过程进行监督，全面推行阳光工程。

第八章　工程验收及后评价

第七十条　工程项目完工后，应及时按交通运输部《公路工程竣（交）工验收办法》（2004年第3号令）和交通运输部《关于贯彻执行公路工程竣交工验收办法有关事宜的通知》（交公路发〔2004〕446号）的要求组织交、竣工验收。质量检测和鉴定不合格的工程不得组织验收。未经交工验收或验收不合格的项目不得投入试运营，不得移交接管养护。

第七十一条 项目完工后应及时组织交工验收。交工验收通过后，公路建设项目进入试运营期。试运营期不得超过3年。

第七十二条 重点公路建设项目的交工验收由自治区交通主管部门组织进行，竣工验收按照管理权报国家交通运输主管部门或由自治区交通主管部门组织进行。

路网改造项目、经营性公路建设项目交（竣）工验收由项目所在地盟市交通主管部门组织进行；除路网改造项目、经营性公路建设项目外的一般公路建设项目交、竣工验收由项目所在地盟市交通主管部门按照管理权限组织进行。

第七十三条 公路建设项目养护设备、工具、器具及办公和生活用家具，项目法人应在交工验收前与接养单位协商后按规定方式进行购置。

第七十四条 通过验收的工程，项目法人应按照国家规定向有关单位移交竣工资料。完整的竣工资料1套由接管养护单位负责存档，同时竣工资料中第一、二、五部分可编制2套报项目交通主管及有关部门。

第七十五条 工程项目质量缺陷责任期为自交工验收之日起满二年。

第七十六条 项目后评价要在竣工验收后二至三年内进行，由项目交通主管部门组织，具体按国家发展和改革委员会《中央政府投资项目后评价管理办法（试行）》（发改投资〔2008〕2959号）、交通运输部《公路建设项目后评价工作管理办法》（交计发〔1996〕1130号）相关规定执行。

第九章 奖 惩

第七十七条 鼓励设计单位进行优化设计，对批准的初步设计提出的优化设计，在不降低质量、安全标准的前提下，经设计审查单位书面同意，并根据设计变更审批权限经有关部门批准采用后，施工图设计较初步设计建安费累计降低10%以上的，项目交通主管部门或项目法人给予公路建设勘测设计单位合同约定的勘测设计费10%的奖励，并在信用评价中加分，奖励资金从勘测设计费招标结余中列支。

第七十八条 任何单位或者个人不得违反本办法擅自变更已经批准的初步设计、技术设计和施工图设计文件，不得肢解设计变更规避审批。经批准的设计变更一般不得再次变更。未经审查批准的设计变更不得实施，其费用变化不得进入决算。

第七十九条 初步设计概算与勘察设计投标时测算工程造价总额变化较大的，以及由于勘察设计原因造成设计变更较多的，应扣减勘察设计单位的勘察设计费。初步设计概算超过勘察设计投标时测算工程造价总金额的，或设计变更增加的工程费用超过该项目批准预算中建安费的10%～20%（不含10% 和20%）的按照《投标费用测算及设计变更处罚计算表》（附件二）的约定扣减勘察设计费；超过20%的扣减勘察设计费30%，并计入不良信用记录。

第八十条 设计文件中提供的料场与工程实际料场符合率达不到90%，或设计地质勘探与实际相符率达不到90%的，或与电力、电讯、交叉管线、铁路等相关部门签定协议符合率不到90%的，按《料场、地质勘探、协议符合率处罚计算表》（附件三）的约定进行处罚。

第八十一条 在项目开工前，项目法人必须办理施工图设计文件的审批，施工图设计文件未经审批的，不得使用，由项目交通主管部门责令限期改正，或给予通报批评。

第八十二条 项目法人必须严格履行勘察设计、施工、监理、安全、廉政等合同管理规定，全面履行前期工作、施工准备、项目实施、工程验收等阶段建设管理责任，对于不履行合同的或管理不到位的，项目交通主管部门责令其改正，并由有关行政部门依法对责任人员给予行政处分，建议有关单位更换项目法定代表人或负责人。

第八十三条　项目法人应按照公路建设计划和年度投资计划筹集建设资金，并按合同规定支付工程款，不得无故拖欠。地方配套资金不到位的，影响进度、质量、安全的，并造成一定社会影响的，项目交通主管部门有权相应减少下年度投资计划。

第八十四条　除因不可抗力不能履行合同的，中标人不得以任何理由减少或降低合同约定的工程质量、工程内容，拖延施工工期，对造成重大或者特大质量和安全事故，或者造成工期延误的施工及其监理单位，计入不良信用记录，取消其二年至五年内参加依法必须进行招标项目的投标资格并予公告。

第八十五条　项目法人对不签订劳动用工合同、非法使用农民工的，或者拖延和克扣农民工工资的施工单位或劳务分包商，要求予以纠正。拒不纠正的，项目法人要及时调查，采取强制措施进行处理，将有关情况报项目交通主管部门和地方劳动保障部门。视情节严重的在一定期限内限制或取消其参加依法必须进行招标项目的投标资格并予公告。

第八十六条　违反本办法规定，勘察、设计、施工、监理单位允许其他单位或者个人以本单位名义承揽工程的，责令改正，没收违法所得，对勘察、设计单位和监理单位处合同约定的勘察费、设计费和监理酬金一倍以上二倍以下的罚款；对施工单位处工程合同价款百分之二以上百分之四以下的罚款；可以责令停业整顿，向资质管理部门提出降低资质等级建议，情节严重的建议吊销资质证书。

第八十七条　违反本办法规定，承包单位将承包的工程转包或者违法分包的，责令改正，没收违法所得，对勘察、设计单位处合同约定的勘察费、设计费25%以上50%以下的罚款；对施工单位处工程合同价款5‰以上10‰以下的罚款；可以责令停业整顿，计入不良信用记录，直至不准进入自治区公路建设市场。工程监理单位转让工程监理业务的，责令改正，没收违法所得，处合同约定的监理酬金25%以上50%以下的罚款；可以责令停业整顿，计入不良信用记录，直至不准进入自治区公路建设市场。

第八十八条　项目法人要在勘察设计、施工、监理等招标文件专用条款中增加本办法奖惩规定，按照合同条款进行约定和管理。

第十章　附　则

第八十九条　本办法自颁发之日起执行。2005年印发的《内蒙古自治区公路建设管理办法》（试行）（内交发〔2005〕452号）同时废止。

第九十条　本办法中补充设计文件，是指根据设计文件审批意见而进行的补充勘察设计。设计变更，是指自公路建设项目施工图设计批准之日起至通过竣工验收正式交付使用之日止，对已批准的施工图设计文件所进行的修改、完善等活动。

第九十一条　本办法中所引用的国家、交通运输部、自治区有关规定，有重新修订颁布执行的，按照最新的办法执行。

第九十二条　本办法由内蒙古自治区交通厅负责解释。

附件：一、全区公路建设项目进度报告（略）

二、投标费用测算及设计变更处罚计算表（略）

三、料场、地质勘探符合率处罚计算表（略）

内蒙古自治区公路工程质量监督条例

第一章 总 则

第一条 为了加强公路工程质量监督，保证工程质量，保护人民生命和财产安全，根据《中华人民共和国公路法》、国务院《建设工程质量管理条例》等国家有关法律、法规，结合自治区实际，制定本条例。

第二条 在自治区行政区域内从事公路工程建设活动以及对公路工程质量实施监督，适用本条例。

本条例所称公路工程，是指经依法审批、核准或者备案的公路及其附属设施的新建、改建、扩建、大中修等建设项目。

本条例所称质量监督，是指依据有关公路工程建设的法律、法规、规章、技术标准和规范、经批准的设计文件以及工程合同，对公路工程进行从勘察设计到竣工验收全过程的质量监督行为。

第三条 旗县级以上人民政府应当加强对公路工程质量监督工作的领导，将公路工程质量监督所需经费纳入本级财政预算。

第四条 旗县级以上人民政府交通运输主管部门负责本行政区域内公路工程质量监督管理工作，设立质量监督机构的，由其具体负责公路工程质量监督的日常工作。

旗县级以上人民政府财政、住房和城乡建设、市场监督管理、生态环境等有关部门按照各自职责，依法做好公路工程质量管理相关工作。

第五条 建设、勘察、设计、施工、监理、检验检测等从业单位应当建立公路工程质量保证体系，制定质量管理制度，强化质量管理措施。

第六条 公路工程实行质量责任终身制。

建设、勘察、设计、施工、监理、检验检测等从业单位及其专业技术人员在公路工程设计使用年限内对公路工程质量承担相应责任。

第七条 勘察、设计、施工、监理、检验检测等单位及其专业技术人员应当按照国家、自治区有关规定具备相应的从业条件。

第八条 旗县级以上人民政府交通运输主管部门应当建立健全公路工程质量信用管理体系，完善质量信用档案，加强公路工程质量信用评价管理，将信用评价结果纳入相关统一信息共享平台，实施相应守信联合激励和失信联合惩戒。

第九条 任何单位和个人不得任意压缩合同约定的勘察、设计、施工工期；不得对公路工程进行肢解发包、转包、转让、违法分包；不得要求建设、勘察、设计、施工、监理、检验检测等从业单位违反公路工程建设标准降低工程质量。

第十条 任何单位和个人均有权向交通运输主管部门或者质量监督机构投诉、举报有关公路工程质量的违法违规行为，交通运输主管部门或者质量监督机构应当按照国家、自治区有关规定予以受理，并将处理结果反馈投诉、举报人。

第二章 建设单位的质量责任和义务

第十一条 建设单位应当执行国家、自治区有关公路工程建设管理程序，落实项目管理制度，承担工程质量首要管理责任，保障公路工程的合理工期。

第十二条 建设单位应当按照合同约定督促勘察、设计、施工、监理、检验检测等从业单位加强质量管理，确保质量保证体系有效运行，按照质量管理制度对工程质量进行检查。

第十三条 建设单位应当依法选择具有相应从业条件的单位进行工程建设，明确工程质量责任和保障措施。

第十四条 建设单位在领取施工许可证或者开工报告前，应当办理公路工程质量监督手续。

第十五条 建设单位应当自与承担工程质量检验检测活动的检验检测单位签订合同之日起三十日内将检验检测合同向交通运输主管部门或者质量监督机构备案。

第十六条 建设单位在公路工程交工验收前应当对勘察、设计、施工、监理、检验检测等从业单位提交的交工文件进行核实，并提交交通运输主管部门或者质量监督机构。

建设单位对符合交工验收条件的公路工程应当及时组织项目交工验收，并向交通运输主管部门备案，未进行备案或者交通运输主管部门对备案有异议的，不得试运营。

第十七条 建设单位在工程质量缺陷责任期满，应当按照国家、自治区有关规定向交通运输主管部门提交竣工验收申请，对于符合条件的工程项目，由负责竣工验收的交通运输主管部门或者质量监督机构开展质量鉴定工作。

第十八条 建设单位对交通运输主管部门或者质量监督机构提出的工程质量整改意见应当按期组织整改。

第三章 勘察、设计单位的质量责任和义务

第十九条 勘察单位应当按照国家、自治区有关规定和合同约定进行勘察。

勘察单位出具的勘察文件应当真实、准确、完整，满足相应技术规范、规程和合同约定的勘察深度要求。对不良地质、特殊性岩土、有害物质等可能引发工程质量隐患的，勘察单位应当提出防治建议。

第二十条 设计单位应当按照勘察成果文件进行设计，提供的设计文件应当符合国家、自治区有关规定及合同约定的设计深度和质量要求，并注明工程的合理使用年限。

第二十一条 设计单位应当向建设、施工、监理等单位进行技术交底，根据合同约定在施工现场设立代表处或者派驻设计代表，及时处理施工中出现的与设计相关的技术问题。

第二十二条 设计单位应当参与公路工程质量事故分析，并对因设计原因造成的质量事故，提出相应的技术处理方案。

第二十三条 经审批或者核准的勘察、设计文件不得擅自修改，确需修改的，应当按照国家、自治区有关规定执行。

第二十四条 公路工程有多个勘察、设计单位的，应当由一个单位负责整个项目勘察、设计的总体协调及资料汇交，各分段勘察、设计单位对其承担的勘察、设计的质量负责。

第二十五条 设计单位在公路工程交工验收前应当对工程建设内容是否满足设计要求、是否达到使用功能等方面进行综合检查和分析评价，并向建设单位出具工程设计符合性评价意见。

第四章　施工单位的质量责任和义务

第二十六条　施工单位应当按照合同约定确定项目经理、技术负责人和施工管理负责人等主要人员，设立质量管理部门，落实工程施工质量责任。

第二十七条　施工单位应当按照设计文件、技术标准和合同约定等进行施工，并设立工地试验室，对原材料、构配件、工程实体等进行检验检测，未经检验检测或者检验检测不合格的，不得使用或者进入下一道工序。

施工单位在施工过程中发现设计文件和图纸有差错的，应当及时提出意见和建议。

第二十八条　施工单位应当加强施工过程质量控制，严格工序管理，并形成完整、可追溯的施工质量管理资料，主体工程的隐蔽部位施工应当保留影像资料。

第二十九条　施工单位在公路工程交工验收前应当完成合同约定的各项内容，工程质量自检合格后向建设单位提交工程质量自检报告。

第三十条　施工单位应当对缺陷责任期内因施工造成的工程质量问题负责，并承担工程返工及维修费用。

第五章　监理、检验检测单位的质量责任和义务

第三十一条　监理单位应当按照合同约定设立现场监理机构，配备与工程项目规模、特点和技术难度相适应的监理工程师和检验检测设备，按照规定程序和标准进行工程质量检查、检测和验收。监理单位不得与施工单位串通，弄虚作假，降低工程质量。

第三十二条　监理单位应当按照合同约定设立工地试验室，严格按照工程技术标准、规范和规程，在核定的检验检测参数范围内开展检验检测活动。

第三十三条　监理单位应当对施工单位保证工程质量的措施是否符合国家、自治区有关规定进行审查，对工程拟使用的原材料、构配件、工程实体等进行抽检并做好记录。

第三十四条　监理单位在监理过程中发现施工存在质量问题、质量隐患的，应当要求施工单位限期整改；期满拒不整改的，监理单位应当及时向建设单位报告；建设单位未及时处理的，监理单位应当及时向有关部门报告。

第三十五条　监理单位在公路工程交工验收前应当对工程质量进行检查验证，并向建设单位提交工程质量评定或者评估报告。

第三十六条　监理单位在公路工程竣工验收前应当对工程质量、参建单位和建设项目进行综合评价，并对建设项目作出整体性综合评价。

第三十七条　检验检测单位应当按照合同约定进行检验检测活动，出具的检验检测数据和结论应当真实、可靠，并对检验检测数据和结论负责。

第六章　监督检查

第三十八条　自治区实行公路工程质量监督制度。

旗县级以上人民政府交通运输主管部门所属的质量监督机构应当制定年度质量监督工作计划，向交通运输主管部门备案。

第三十九条　旗县级以上人民政府交通运输主管部门所属的质量监督机构从事质量监督的专业技术人员数量不少于本单位职工总数的百分之七十，且专业结构配置合理，满足质量监督工作需要，

从事质量监督的执法人员应当取得行政执法证件。

第四十条　旗县级以上人民政府交通运输主管部门所属的质量监督机构应当具备开展质量监督的工作条件，配备质量监督所必要的检测设备、执法装备等。

第四十一条　旗县级以上人民政府交通运输主管部门所属的质量监督机构应当履行下列职责：

（一）宣传有关公路工程质量法律、法规；

（二）监督检查建设、勘察、设计、施工、监理和检验检测等从业单位按照国家相关质量标准和技术规范开展各项工作情况；

（三）监督检查勘察、设计、施工、监理、检验检测等从业单位相应等级的资质证书和从业人员的执业资格；

（四）对公路工程质量进行抽检，定期发布质量动态信息；

（五）依法查处公路工程质量违法行为；

（六）法律法规规定的其他职责。

第四十二条　旗县级以上人民政府交通运输主管部门或者所属的质量监督机构应当为建设单位办理工程质量监督手续，出具公路工程质量监督受理通知书，明确监督人员、内容和方式。

第四十三条　旗县级以上人民政府交通运输主管部门或者所属的质量监督机构可以采取随机抽查、备案核查、专项督查等方式实施监督，履行监督职责时，有权采取下列措施：

（一）进入被监督单位和施工现场进行检查；

（二）询问被监督单位工作人员，要求其说明有关情况；

（三）要求被监督单位提供有关工程质量的文件和材料；

（四）对工程材料、构配件、工程实体质量进行抽样检测；

（五）对发现的质量问题，责令改正，视情节依法对责任单位采取通报批评、罚款、停工整顿等处理措施。

任何单位和个人不得非法干预或者阻挠质量监督工作。

第四十四条　旗县级以上人民政府交通运输主管部门或者所属的质量监督机构执法人员在监督中发现质量问题的，应当将时间、地点、内容、主要问题及处理意见形成书面记录，并由执法人员和被监督单位现场负责人签字。被监督单位现场负责人拒绝签字的，执法人员应当将情况记录在案。

执法人员对涉及被监督单位的技术秘密和商业秘密，应当为其保密。

第四十五条　旗县级以上人民政府交通运输主管部门或者所属的质量监督机构在公路工程交工验收前应当组织交工质量检测，并出具质量检测意见。未经检验检测或者检验检测不合格的，建设单位不得组织交工验收。

旗县级以上人民政府交通运输主管部门或者所属的质量监督机构在公路工程竣工验收前应当组织工程质量复测，并出具工程质量鉴定报告。

第四十六条　旗县级以上人民政府交通运输主管部门或者所属的质量监督机构接到工程质量事故报告后，应当按照有关规定上报事故情况，并及时组织事故抢救，组织或者参与事故调查。

第七章　法律责任

第四十七条　违反本条例规定的行为，国家有关法律、法规已经作出具体处罚的，由旗县级以上人民政府交通运输主管部门或者所属的质量监督机构按照相关规定予以处罚。

第四十八条　违反本条例第十五条规定，建设单位未对检验检测合同进行备案的，由旗县级以上人民政府交通运输主管部门或者所属的质量监督机构责令限期改正；逾期未改正的，处 5 万元以上 10 万元以下罚款。

第四十九条　违反本条例第十八条规定，建设单位逾期未整改或者整改不合格的，由旗县级以上人民政府交通运输主管部门或者所属的质量监督机构责令停工整顿，并按照下列规定予以处罚：

（一）未造成质量事故的，处 10 万元以上 20 万元以下罚款；

（二）造成一般质量事故的，处 20 万元以上 30 万元以下罚款；

（三）造成较大质量事故的，处 30 万元以上 50 万元以下罚款；

（四）造成重大及以上质量事故的，处 50 万元以上 100 万元以下罚款。

第五十条　违反本条例第二十一条、第二十三条规定的，由旗县级以上人民政府交通运输主管部门或者所属的质量监督机构责令限期改正；逾期未改正的，按照下列规定予以处罚：

（一）未造成质量事故的，处 1 万元以上 5 万元以下罚款；

（二）造成一般质量事故的，处 5 万元以上 10 万元以下罚款；

（三）造成较大质量事故的，处 10 万元以上 20 万元以下罚款；

（四）造成重大及以上质量事故的，处 20 万元以上 30 万元以下罚款。

第五十一条　违反本条例第二十五条规定，设计单位在交工验收前未出具符合性评价意见的，由旗县级以上人民政府交通运输主管部门或者所属的质量监督机构责令限期改正；逾期未改正的，处 1 万元以上 5 万元以下罚款。

第五十二条　违反本条例第二十六条、第二十九条规定的，由旗县级以上人民政府交通运输主管部门或者所属的质量监督机构责令施工单位限期改正；逾期未改正的，处 5 万元以上 10 万元以下罚款。

第五十三条　违反本条例第三十三条、第三十五条、第三十六条规定的，由旗县级以上人民政府交通运输主管部门或者所属的质量监督机构责令监理单位限期改正；逾期未改正的，处 5 万元以上 20 万元以下罚款。

第五十四条　违反本条例第三十七条规定，检验检测单位出具虚假数据、结论的，由旗县级以上人民政府交通运输主管部门或者所属的质量监督机构责令限期改正；逾期未改正的，按照下列规定予以处罚：

（一）未造成质量事故的，处 5 万元以上 10 万元以下罚款，并对检验检测单位直接负责的主管人员和其他直接责任人员，处单位罚款数额百分之五到百分之十的罚款；

（二）造成一般质量事故的，处 10 万元以上 30 万元以下罚款，对具有职业资格的直接责任人员，提请相关部门吊销其资格证书，并对检验检测单位直接负责的主管人员和其他直接责任人员，处单位罚款数额百分之五到百分之十的罚款；

（三）造成较大质量事故的，处 30 万元以上 50 万元以下罚款，对具有职业资格的直接责任人员，提请相关部门吊销其资格证书，并对检验检测单位直接负责的主管人员和其他直接责任人员，处单位罚款数额百分之五到百分之十的罚款；

（四）造成重大及以上质量事故的，处 50 万元以上 100 万元以下罚款，对检验检测单位，提请相关部门吊销其检验检测等级证书或者重新评定检验检测机构等级；对具有职业资格的直接责任人员，提请相关部门吊销其资格证书，并对检验检测单位直接负责的主管人员和其他直接责任人员，处单位罚款数额百分之五到百分之十的罚款。

第五十五条　旗县级以上人民政府交通运输主管部门或者所属质量监督机构的工作人员在质量

监督工作中有下列情形之一的，依法给予行政处分；构成犯罪的，依法追究刑事责任：

（一）未依法履行公路工程质量监督职责，造成严重后果的；

（二）发现违法行为或者接到对违法行为的举报、投诉后不予处理的；

（三）违法实施行政处罚和监督检查的；

（四）泄露在监督中知悉的技术秘密和商业秘密的；

（五）其他玩忽职守、滥用职权、徇私舞弊的行为。

第八章　附　则

第五十六条　农村牧区道路建设的质量监督参照本条例执行。

第五十七条　本条例自2018年12月1日起施行。

第三十四章　部门规章

公路建设监督管理办法

第一章 总 则

第一条 为促进公路事业持续、快速、健康发展，加强公路建设监督管理，维护公路建设市场秩序，根据《中华人民共和国公路法》《建设工程质量管理条例》和国家有关法律、法规，制定本办法。

第二条 在中华人民共和国境内从事公路建设的单位和人员必须遵守本办法。

本办法所称公路建设是指公路、桥梁、隧道、交通工程及沿线设施和公路渡口的项目建议书、可行性研究、勘察、设计、施工、竣（交）工验收和后评价全过程的活动。

第三条 公路建设监督管理实行统一领导，分级管理。

交通部主管全国公路建设监督管理；县级以上地方人民政府交通主管部门主管本行政区域内公路建设监督管理。

第四条 县级以上人民政府交通主管部门必须依照法律、法规及本办法的规定对公路建设实施监督管理。

有关单位和个人应当接受县级以上人民政府交通主管部门依法进行的公路建设监督检查，并给予支持与配合，不得拒绝或阻碍。

第二章 监督部门的职责与权限

第五条 公路建设监督管理的职责包括：

（一）监督国家有关公路建设工作方针、政策和法律、法规、规章、强制性技术标准的执行；

（二）监督公路建设项目建设程序的履行；

（三）监督公路建设市场秩序；

（四）监督公路工程质量和工程安全；

（五）监督公路建设资金的使用；

（六）指导、检查下级人民政府交通主管部门的监督管理工作；

（七）依法查处公路建设违法行为。

第六条 交通部对全国公路建设项目进行监督管理，依据职责负责国家高速公路网建设项目和交通部确定的其他重点公路建设项目前期工作、施工许可、招标投标、工程质量、工程进度、资金、安全管理的监督和竣工验收工作。

除应当由交通部实施的监督管理职责外，省级人民政府交通主管部门依据职责负责本行政区域内公路建设项目的监督管理，具体负责本行政区域内的国家高速公路网建设项目、交通部和省级人民政府确定的其他重点公路建设项目的监督管理。

设区的市和县级人民政府交通主管部门按照有关规定负责本行政区域内公路建设项目的监督管理。

第七条 县级以上人民政府交通主管部门在履行公路建设监督管理职责时，有权要求：

（一）被检查单位提供有关公路建设的文件和资料；

（二）进入被检查单位的工作现场进行检查；

（三）对发现的工程质量和安全问题以及其他违法行为依法处理。

第三章 建设程序的监督管理

第八条 公路建设应当按照国家规定的建设程序和有关规定进行。

政府投资公路建设项目实行审批制，企业投资公路建设项目实行核准制。县级以上人民政府交通主管部门应当按职责权限审批或核准公路建设项目，不得越权审批、核准项目或擅自简化建设程序。

第九条 政府投资公路建设项目的实施，应当按照下列程序进行：

（一）根据规划，编制项目建议书；

（二）根据批准的项目建议书，进行工程可行性研究，编制可行性研究报告；

（三）根据批准的可行性研究报告，编制初步设计文件；

（四）根据批准的初步设计文件，编制施工图设计文件；

（五）根据批准的施工图设计文件，组织项目招标；

（六）根据国家有关规定，进行征地拆迁等施工前准备工作，并向交通主管部门申报施工许可；

（七）根据批准的项目施工许可，组织项目实施；

（八）项目完工后，编制竣工图表、工程决算和竣工财务决算，办理项目交、竣工验收和财产移交手续；

（九）竣工验收合格后，组织项目后评价。

国务院对政府投资公路建设项目建设程序另有简化规定的，依照其规定执行。

第十条 企业投资公路建设项目的实施，应当按照下列程序进行：

（一）根据规划，编制工程可行性研究报告；

（二）组织投资人招标工作，依法确定投资人；

（三）投资人编制项目申请报告，按规定报项目审批部门核准；

（四）根据核准的项目申请报告，编制初步设计文件，其中涉及公共利益、公众安全、工程建设强制性标准的内容应当按项目隶属关系报交通主管部门审查；

（五）根据初步设计文件编制施工图设计文件；

（六）根据批准的施工图设计文件组织项目招标；

（七）根据国家有关规定，进行征地拆迁等施工前准备工作，并向交通主管部门申报施工许可；

（八）根据批准的项目施工许可，组织项目实施；

（九）项目完工后，编制竣工图表、工程决算和竣工财务决算，办理项目交、竣工验收；

（十）竣工验收合格后，组织项目后评价。

第十一条 县级以上人民政府交通主管部门根据国家有关规定，按照职责权限负责组织公路建设项目的项目建议书、工程可行性研究工作、编制设计文件、经营性项目的投资人招标、竣工验收和项目后评价工作。

公路建设项目的项目建议书、工程可行性研究报告、设计文件、招标文件、项目申请报告等应按照国家颁发的编制办法或有关规定编制，并符合国家规定的工作质量和深度要求。

第十二条 公路建设项目法人应当依法选择勘察、设计、施工、咨询、监理单位，采购与工程建设有关的重要设备、材料，办理施工许可，组织项目实施，组织项目交工验收，准备项目竣工验收和后评价。

第十三条 公路建设项目应当按照国家有关规定实行项目法人责任制度、招标投标制度、工程监理制度和合同管理制度。

第十四条 公路建设项目必须符合公路工程技术标准。施工单位必须按批准的设计文件施工，任何单位和人员不得擅自修改工程设计。

已批准的公路工程设计，原则上不得变更。确需设计变更的，应当按照交通部制定的《公路工程设计变更管理办法》的规定履行审批手续。

第十五条 公路建设项目验收分为交工验收和竣工验收两个阶段。项目法人负责组织对各合同段进行交工验收，并完成项目交工验收报告报交通主管部门备案。交通主管部门在 15 天内没有对备案项目的交工验收报告提出异议，项目法人可开放交通进入试运营期。试运营期不得超过 3 年。

通车试运营 2 年后，交通主管部门应组织竣工验收，经竣工验收合格的项目可转为正式运营。对未进行交工验收、交工验收不合格或没有备案的工程开放交通进行试运营的，由交通主管部门责令停止试运营。

公路建设项目验收工作应当符合交通部制定的《公路工程竣（交）工验收办法》的规定。

第四章 建设市场的监督管理

第十六条 县级以上人民政府交通主管部门依据职责，负责对公路建设市场的监督管理，查处建设市场中的违法行为。对经营性公路建设项目投资人、公路建设从业单位和主要从业人员的信用情况应进行记录并及时向社会公布。

第十七条 公路建设市场依法实行准入管理。公路建设项目法人或其委托的项目建设管理单位的项目建设管理机构、主要负责人的技术和管理能力应当满足拟建项目的管理需要，符合交通部有关规定的要求。公路工程勘察、设计、施工、监理、试验检测等从业单位应当依法取得有关部门许可的相应资质后，方可进入公路建设市场。

公路建设市场必须开放，任何单位和个人不得对公路建设市场实行地方保护，不得限制符合市场准入条件的从业单位和从业人员依法进入公路建设市场。

第十八条 公路建设从业单位从事公路建设活动，必须遵守国家有关法律、法规、规章和公路工程技术标准，不得损害社会公共利益和他人合法权益。

第十九条 公路建设项目法人应当承担公路建设相关责任和义务，对建设项目质量、投资和工期负责。

公路建设项目法人必须依法开展招标活动，不得接受投标人低于成本价的投标，不得随意压缩建设工期，禁止指定分包和指定采购。

第二十条 公路建设从业单位应当依法取得公路工程资质证书并按照资质管理有关规定，在其核定的业务范围内承揽工程，禁止无证或越级承揽工程。

公路建设从业单位必须按合同规定履行其义务，禁止转包或违法分包。

第五章 质量与安全的监督管理

第二十一条 县级以上人民政府交通主管部门应当加强对公路建设从业单位的质量与安全生产

管理机构的建立、规章制度落实情况的监督检查。

第二十二条 公路建设实行工程质量监督管理制度。公路工程质量监督机构应当根据交通主管部门的委托依法实施工程质量监督，并对监督工作质量负责。

第二十三条 公路建设项目实施过程中，监理单位应当依照法律、法规、规章以及有关技术标准、设计文件、合同文件和监理规范的要求，采用旁站、巡视和平行检验形式对工程实施监理，对不符合工程质量与安全要求的工程应当责令施工单位返工。

未经监理工程师签认，施工单位不得将建筑材料、构件和设备在工程上使用或安装，不得进行下一道工序施工。

第二十四条 公路工程质量监督机构应当具备与质量监督工作相适应的试验检测条件，根据国家有关工程质量的法律、法规、规章和交通部制定的技术标准、规范、规程以及质量检验评定标准等，对工程质量进行监督、检查和鉴定。任何单位和个人不得干预或阻挠质量监督机构的质量鉴定工作。

第二十五条 公路建设从业单位应当对工程质量和安全负责。工程实施中应当加强对职工的教育与培训，按照国家有关规定建立健全质量和安全保证体系，落实质量和安全生产责任制，保证工程质量和工程安全。

第二十六条 公路建设项目发生工程质量事故，项目法人应在 24 小时内按项目管理隶属关系向交通主管部门报告，工程质量事故同时报公路工程质量监督机构。

省级人民政府交通主管部门或受委托的公路工程质量监督机构负责调查处理一般工程质量事故；交通部会同省级人民政府交通主管部门负责调查处理重大工程质量事故；特别重大工程质量事故和安全事故的调查处理按照国家有关规定办理。

第六章 建设资金的监督管理

第二十七条 对于使用财政性资金安排的公路建设项目，县级以上人民政府交通主管部门必须对公路建设资金的筹集、使用和管理实行全过程监督检查，确保建设资金的安全。

公路建设项目法人必须按照国家有关法律、法规、规章的规定，合理安排和使用公路建设资金。

第二十八条 对于企业投资公路建设项目，县级以上人民政府交通主管部门要依法对资金到位情况、使用情况进行监督检查。

第二十九条 公路建设资金监督管理的主要内容：

（一）是否严格执行建设资金专款专用、专户存储、不准侵占、挪用等有关管理规定；

（二）是否严格执行概预算管理规定，有无将建设资金用于计划外工程；

（三）资金来源是否符合国家有关规定，配套资金是否落实、及时到位；

（四）是否按合同规定拨付工程进度款，有无高估冒算，虚报冒领情况，工程预备费使用是否符合有关规定；

（五）是否在控制额度内按规定使用建设管理费，按规定的比例预留工程质量保证金，有无非法扩大建设成本的问题；

（六）是否按规定编制项目竣工财务决算，办理财产移交手续，形成的资产是否及时登记入账管理；

（七）财会机构是否建立健全，并配备相适应的财会人员。各项原始记录、统计台账、凭证账册、会计核算、财务报告、内部控制制度等基础性工作是否健全、规范。

第三十条　县级以上人民政府交通主管部门对公路建设资金监督管理的主要职责：

（一）制定公路建设资金管理制度；

（二）按规定审核、汇总、编报、批复年度公路建设支出预算、财务决算和竣工财务决算；

（三）合理安排资金，及时调度、拨付和使用公路建设资金；

（四）监督管理建设项目工程概预算、年度投资计划安排与调整、财务决算；

（五）监督检查公路建设项目资金筹集、使用和管理，及时纠正违法问题，对重大问题提出意见报上级交通主管部门；

（六）收集、汇总、报送公路建设资金管理信息，审查、编报公路建设项目投资效益分析报告；

（七）督促项目法人及时编报工程财务决算，做好竣工验收准备工作；

（八）督促项目法人及时按规定办理财产移交手续，规范资产管理。

第七章　社会监督

第三十一条　县级以上人民政府交通主管部门应定期向社会公开发布公路建设市场管理、工程进展、工程质量情况、工程质量和安全事故处理等信息，接受社会监督。

第三十二条　公路建设施工现场实行标示牌管理。标示牌应当标明该项工程的作业内容，项目法人、勘察、设计、施工、监理单位名称和主要负责人姓名，接受社会监督。

第三十三条　公路建设实行工程质量举报制度，任何单位和个人对公路建设中违反国家法律、法规的行为，工程质量事故和质量缺陷都有权向县级以上人民政府交通主管部门或质量监督机构检举和投诉。

第三十四条　县级以上人民政府交通主管部门可聘请社会监督员对公路建设活动和工程质量进行监督。

第三十五条　对举报内容属实的单位和个人，县级以上人民政府交通主管部门可予以表彰或奖励。

第八章　罚　则

第三十六条　违反本办法第四条规定，拒绝或阻碍依法进行公路建设监督检查工作的，责令改正，构成犯罪的，依法追究刑事责任。

第三十七条　违反本办法第八条规定，越权审批、核准或擅自简化基本建设程序的，责令限期补办手续，可给予警告处罚；造成严重后果的，对全部或部分使用财政性资金的项目，可暂停项目执行或暂缓资金拨付，对直接责任人依法给予行政处分。

第三十八条　违反本办法第十二条规定，项目法人将工程发包给不具有相应资质等级的勘察、设计、施工和监理单位的，责令改正，处50万元以上100万元以下的罚款；未按规定办理施工许可擅自施工的，责令停止施工、限期改正，视情节可处工程合同价款1%以上2%以下罚款。

第三十九条　违反本办法第十四条规定，未经批准擅自修改工程设计，责令限期改正，可给予警告处罚；情节严重的，对全部或部分使用财政性资金的项目，可暂停项目执行或暂缓资金拨付。

第四十条　违反本办法第十五条规定，未组织项目交工验收或验收不合格擅自交付使用的，责令改正并停止使用，处工程合同价款2%以上4%以下的罚款；对收费公路项目应当停止收费。

第四十一条　违反本办法第十九条规定，项目法人随意压缩工期，侵犯他人合法权益的，责令限期改正，可处20万元以上50万元以下的罚款；造成严重后果的，对全部或部分使用财政性资金的项目，可暂停项目执行或暂缓资金拨付。

第四十二条 违反本办法第二十条规定，承包单位弄虚作假、无证或越级承揽工程任务的，责令停止违法行为，对勘察、设计单位或工程监理单位处合同约定的勘察费、设计费或监理酬金1倍以上2倍以下的罚款；对施工单位处工程合同价款2%以上4%以下的罚款，可以责令停业整顿，降低资质等级；情节严重的，吊销资质证书；有违法所得的，予以没收。承包单位转包或违法分包工程的，责令改正，没收违法所得，对勘察、设计、监理单位处合同约定的勘察费、设计费、监理酬金的25%以上50%以下的罚款；对施工单位处工程合同价款0.5%以上1%以下的罚款。

第四十三条 违反本办法第二十二条规定，公路工程质量监督机构不履行公路工程质量监督职责、不承担质量监督责任的，由交通主管部门视情节轻重，责令整改或者给予警告。公路工程质量监督机构工作人员在公路工程质量监督管理工作中玩忽职守、滥用职权、徇私舞弊的，由交通主管部门或者公路工程质量监督机构依法给予行政处分；构成犯罪的，依法追究刑事责任。

第四十四条 违反本办法第二十三条规定，监理单位将不合格的工程、建筑材料、构件和设备按合格予以签认的，责令改正，可给予警告处罚，情节严重的，处50万元以上100万元以下的罚款；施工单位在工程上使用或安装未经监理签认的建筑材料、构件和设备的，责令改正，可给予警告处罚，情节严重的，处工程合同价款2%以上4%以下的罚款。

第四十五条 违反本办法第二十五条规定，公路建设从业单位忽视工程质量和安全管理，造成质量或安全事故的，对项目法人给予警告、限期整改，情节严重的，暂停资金拨付；对勘察、设计、施工和监理等单位视情节轻重给予警告；对情节严重的监理单位，还可给予责令停业整顿、降低资质等级和吊销资质证书的处罚。

第四十六条 违反本办法第二十六条规定，项目法人对工程质量事故隐瞒不报、谎报或拖延报告期限的，给予警告处罚，对直接责任人依法给予行政处分。

第四十七条 违反本办法第二十九条规定，项目法人侵占、挪用公路建设资金，非法扩大建设成本，责令限期整改，可给予警告处罚；情节严重的，对全部或部分使用财政性资金的项目，可暂停项目执行或暂缓资金拨付，对直接责任人依法给予行政处分。

第四十八条 公路建设从业单位有关人员，具有行贿、索贿、受贿行为，损害国家、单位合法权益，构成犯罪的，依法追究刑事责任。

第四十九条 政府交通主管部门工作人员玩忽职守、滥用职权、徇私舞弊的，依法给予行政处分；构成犯罪的，依法追究刑事责任。

第九章 附 则

第五十条 本办法由交通部负责解释。

第五十一条 本办法自2006年8月1日起施行。交通部2000年8月28日公布的《公路建设监督管理办法》（交通部令2000年第8号）同时废止。

公路建设市场管理办法

第一章　总　则

第一条　为加强公路建设市场管理，规范公路建设市场秩序，保证公路工程质量，促进公路建设市场健康发展，根据《中华人民共和国公路法》《中华人民共和国招标投标法》《建设工程质量管理条例》，制定本办法。

第二条　本办法适用于各级交通运输主管部门对公路建设市场的监督管理活动。

第三条　公路建设市场遵循公平、公正、公开、诚信的原则。

第四条　国家建立和完善统一、开放、竞争、有序的公路建设市场，禁止任何形式的地区封锁。

第五条　本办法中下列用语的含义是指：

公路建设市场主体是指公路建设的从业单位和从业人员。

从业单位是指从事公路建设的项目法人，项目建设管理单位，咨询、勘察、设计、施工、监理、试验检测单位，提供相关服务的社会中介机构以及设备和材料的供应单位。

从业人员是指从事公路建设活动的人员。

第二章　管理职责

第六条　公路建设市场管理实行统一管理、分级负责。

第七条　国务院交通运输主管部门负责全国公路建设市场的监督管理工作，主要职责是：

（一）贯彻执行国家有关法律、法规，制定全国公路建设市场管理的规章制度；

（二）组织制定和监督执行公路建设的技术标准、规范和规程；

（三）依法实施公路建设市场准入管理、市场动态管理，并依法对全国公路建设市场进行监督检查；

（四）建立公路建设行业评标专家库，加强评标专家管理；

（五）发布全国公路建设市场信息；

（六）指导和监督省级地方人民政府交通运输主管部门的公路建设市场管理工作；

（七）依法受理举报和投诉，依法查处公路建设市场违法行为；

（八）法律、行政法规规定的其他职责。

第八条　省级人民政府交通运输主管部门负责本行政区域内公路建设市场的监督管理工作，主要职责是：

（一）贯彻执行国家有关法律、法规、规章和公路建设技术标准、规范和规程，结合本行政区域内的实际情况，制定具体的管理制度；

（二）依法实施公路建设市场准入管理，对本行政区域内公路建设市场实施动态管理和监督检查；

（三）建立本地区公路建设招标评标专家库，加强评标专家管理；

（四）发布本行政区域公路建设市场信息，并按规定向国务院交通运输主管部门报送本行政区域公路建设市场的信息；

（五）指导和监督下级交通运输主管部门的公路建设市场管理工作；

（六）依法受理举报和投诉，依法查处本行政区域内公路建设市场违法行为；

（七）法律、法规、规章规定的其他职责。

第九条 省级以下地方人民政府交通运输主管部门负责本行政区域内公路建设市场的监督管理工作，主要职责是：

（一）贯彻执行国家有关法律、法规、规章和公路建设技术标准、规范和规程；

（二）配合省级地方人民政府交通运输主管部门进行公路建设市场准入管理和动态管理；

（三）对本行政区域内公路建设市场进行监督检查；

（四）依法受理举报和投诉，依法查处本行政区域内公路建设市场违法行为；

（五）法律、法规、规章规定的其他职责。

第三章 市场准入管理

第十条 凡符合法律、法规规定的市场准入条件的从业单位和从业人员均可进入公路建设市场，任何单位和个人不得对公路建设市场实行地方保护，不得对符合市场准入条件的从业单位和从业人员实行歧视待遇。

第十一条 公路建设项目依法实行项目法人负责制。项目法人可自行管理公路建设项目，也可委托具备法人资格的项目建设管理单位进行项目管理。

项目法人或者其委托的项目建设管理单位的组织机构、主要负责人的技术和管理能力应当满足拟建项目的管理需要，符合国务院交通运输主管部门有关规定的要求。

第十二条 收费公路建设项目法人和项目建设管理单位进入公路建设市场实行备案制度。

收费公路建设项目可行性研究报告批准或依法核准后，项目投资主体应当成立或者明确项目法人。项目法人应当按照项目管理的隶属关系将其或者其委托的项目建设管理单位的有关情况报交通运输主管部门备案。

对不符合规定要求的项目法人或者项目建设管理单位，交通运输主管部门应当提出整改要求。

第十三条 公路工程勘察、设计、施工、监理、试验检测等从业单位应当按照法律、法规的规定，取得有关管理部门颁发的相应资质后，方可进入公路建设市场。

第十四条 法律、法规对公路建设从业人员的执业资格作出规定的，从业人员应当依法取得相应的执业资格后，方可进入公路建设市场。

第四章 市场主体行为管理

第十五条 公路建设从业单位和从业人员在公路建设市场中必须严格遵守国家有关法律、法规和规章，严格执行公路建设行业的强制性标准、各类技术规范及规程的要求。

第十六条 公路建设项目法人必须严格执行国家规定的基本建设程序，不得违反或者擅自简化基本建设程序。

第十七条 公路建设项目法人负责组织有关专家或者委托有相应工程咨询或者设计资质的单位，对施工图设计文件进行审查。施工图设计文件审查的主要内容包括：

（一）是否采纳工程可行性研究报告、初步设计批复意见；

（二）是否符合公路工程强制性标准、有关技术规范和规程要求；

（三）施工图设计文件是否齐全，是否达到规定的技术深度要求；

（四）工程结构设计是否符合安全和稳定性要求。

第十八条　公路建设项目法人应当按照项目管理隶属关系将施工图设计文件报交通运输主管部门审批。施工图设计文件未经审批的，不得使用。

第十九条　申请施工图设计文件审批应当向相关的交通运输主管部门提交以下材料：

（一）施工图设计的全套文件；

（二）专家或者委托的审查单位对施工图设计文件的审查意见；

（三）项目法人认为需要提交的其他说明材料。

第二十条　交通运输主管部门应当自收到完整齐备的申请材料之日起20日内审查完毕。经审查合格的，批准使用，并将许可决定及时通知申请人。审查不合格的，不予批准使用，应当书面通知申请人并说明理由。

第二十一条　公路建设项目法人应当按照公开、公平、公正的原则，依法组织公路建设项目的招标投标工作。不得规避招标，不得对潜在投标人和投标人实行歧视政策，不得实行地方保护和暗箱操作。

第二十二条　公路工程的勘察、设计、施工、监理单位和设备、材料供应单位应当依法投标，不得弄虚作假，不得串通投标，不得以行贿等不合法手段谋取中标。

第二十三条　公路建设项目法人与中标人应当根据招标文件和投标文件签订合同，不得附加不合理、不公正条款，不得签订虚假合同。

国家投资的公路建设项目，项目法人与施工、监理单位应当按照国务院交通运输主管部门的规定，签订廉政合同。

第二十四条　公路建设项目依法实行施工许可制度。国家和国务院交通运输主管部门确定的重点公路建设项目的施工许可由省级人民政府交通运输主管部门实施，其他公路建设项目的施工许可按照项目管理权限由县级以上地方人民政府交通运输主管部门实施。

第二十五条　项目施工应当具备以下条件：

（一）项目已列入公路建设年度计划；

（二）施工图设计文件已经完成并经审批同意；

（三）建设资金已经落实，并经交通运输主管部门审计；

（四）征地手续已办理，拆迁基本完成；

（五）施工、监理单位已依法确定；

（六）已办理质量监督手续，已落实保证质量和安全的措施。

第二十六条　项目法人在申请施工许可时应当向相关的交通运输主管部门提交以下材料：

（一）施工图设计文件批复；

（二）交通运输主管部门对建设资金落实情况的审计意见；

（三）国土资源部门关于征地的批复或者控制性用地的批复；

（四）建设项目各合同段的施工单位和监理单位名单、合同价情况；

（五）应当报备的资格预审报告、招标文件和评标报告；

（六）已办理的质量监督手续材料；

（七）保证工程质量和安全措施的材料。

第二十七条　交通运输主管部门应当自收到完整齐备的申请材料之日起20日内作出行政许可决

定。予以许可的，应当将许可决定及时通知申请人；不予许可的，应当书面通知申请人并说明理由。

第二十八条 公路建设从业单位应当按照合同约定全面履行义务：

（一）项目法人应当按照合同约定履行相应的职责，为项目实施创造良好的条件。

（二）勘察、设计单位应当按照合同约定，按期提供勘察设计资料和设计文件。工程实施过程中，应当按照合同约定派驻设计代表，提供设计后续服务。

（三）施工单位应当按照合同约定组织施工，管理和技术人员及施工设备应当及时到位，以满足工程需要。要均衡组织生产，加强现场管理，确保工程质量和进度，做到文明施工和安全生产。

（四）监理单位应当按照合同约定配备人员和设备，建立相应的现场监理机构，健全监理管理制度，保持监理人员稳定，确保对工程的有效监理。

（五）设备和材料供应单位应当按照合同约定，确保供货质量和时间，做好售后服务工作。

（六）试验检测单位应当按照试验规程和合同约定进行取样、试验和检测，提供真实、完整的试验检测资料。

第二十九条 公路工程实行政府监督、法人管理、社会监理、企业自检的质量保证体系。交通运输主管部门及其所属的质量监督机构对工程质量负监督责任，项目法人对工程质量负管理责任，勘察设计单位对勘察设计质量负责，施工单位对施工质量负责，监理单位对工程质量负现场管理责任，试验检测单位对试验检测结果负责，其他从业单位和从业人员按照有关规定对其产品或者服务质量负相应责任。

第三十条 各级交通运输主管部门及其所属的质量监督机构对工程建设项目进行监督检查时，公路建设从业单位和从业人员应当积极配合，不得拒绝和阻挠。

第三十一条 公路建设从业单位和从业人员应当严格执行国家有关安全生产的法律、法规、国家标准及行业标准，建立健全安全生产的各项规章制度，明确安全责任，落实安全措施，履行安全管理的职责。

第三十二条 发生工程质量、安全事故后，从业单位应当按照有关规定及时报有关主管部门，不得拖延和隐瞒。

第三十三条 公路建设项目法人应当合理确定建设工期，严格按照合同工期组织项目建设。项目法人不得随意要求更改合同工期。如遇特殊情况，确需缩短合同工期的，经合同双方协商一致，可以缩短合同工期，但应当采取措施，确保工程质量，并按照合同规定给予经济补偿。

第三十四条 公路建设项目法人应当按照国家有关规定管理和使用公路建设资金，做到专款专用，专户储存；按照工程进度，及时支付工程款；按照规定的期限及时退还保证金、办理工程结算。不得拖欠工程款和征地拆迁款，不得挤占挪用建设资金。

施工单位应当加强工程款管理，做到专款专用，不得拖欠分包人的工程款和农民工工资；项目法人对工程款使用情况进行监督检查时，施工单位应当积极配合，不得阻挠和拒绝。

第三十五条 公路建设从业单位和从业人员应当严格执行国家和地方有关环境保护和土地管理的规定，采取有效措施保护环境和节约用地。

第三十六条 公路建设项目法人、监理单位和施工单位对勘察设计中存在的问题应当及时提出设计变更的意见，并依法履行审批手续。设计变更应当符合国家制定的技术标准和设计规范要求。

任何单位和个人不得借设计变更虚报工程量或者提高单价。

重大工程变更设计应当按有关规定报原初步设计审批部门批准。

第三十七条　勘察、设计单位经项目法人批准，可以将工程设计中跨专业或者有特殊要求的勘察、设计工作委托给有相应资质条件的单位，但不得转包或者二次分包。

监理工作不得分包或者转包。

第三十八条　施工单位可以将非关键性工程或者适合专业化队伍施工的工程分包给具有相应资格条件的单位，并对分包工程负连带责任。允许分包的工程范围应当在招标文件中规定。分包工程不得再次分包，严禁转包。

任何单位和个人不得违反规定指定分包、指定采购或者分割工程。

项目法人应当加强对施工单位工程分包的管理，所有分包合同须经监理审查，并报项目法人备案。

第三十九条　施工单位可以直接招用农民工或者将劳务作业发包给具有劳务分包资质的劳务分包人。施工单位招用农民工的，应当依法签订劳动合同，并将劳动合同报项目监理工程师和项目法人备案。

施工单位和劳务分包人应当按照合同按时支付劳务工资，落实各项劳动保护措施，确保农民工安全。

劳务分包人应当接受施工单位的管理，按照技术规范要求进行劳务作业。劳务分包人不得将其分包的劳务作业再次分包。

第四十条　项目法人和监理单位应当加强对施工单位使用农民工的管理，对不签订劳动合同、非法使用农民工的，或者拖延和克扣农民工工资的，要予以纠正。拒不纠正的，项目法人要及时将有关情况报交通运输主管部门调查处理。

第四十一条　项目法人应当按照交通部《公路工程竣（交）工验收办法》的规定及时组织项目的交工验收，并报请交通运输主管部门进行竣工验收。

第五章　动态管理

第四十二条　各级交通运输主管部门应当加强对公路建设从业单位和从业人员的市场行为的动态管理。应当建立举报投诉制度，查处违法行为，对有关责任单位和责任人依法进行处理。

第四十三条　国务院交通运输主管部门和省级地方人民政府交通运输主管部门应当建立公路建设市场的信用管理体系，对进入公路建设市场的从业单位和主要从业人员在招投标活动、签订合同和履行合同中的信用情况进行记录并向社会公布。

第四十四条　公路工程勘察、设计、施工、监理等从业单位应当按照项目管理的隶属关系，向交通运输主管部门提供本单位的基本情况、承接任务情况和其他动态信息，并对所提供信息的真实性、准确性和完整性负责。项目法人应当将其他从业单位在建设项目中的履约情况，按照项目管理的隶属关系报交通运输主管部门，由交通运输主管部门核实后记入从业单位信用记录中。

第四十五条　从业单位和主要从业人员的信用记录应当作为公路建设项目招标资格审查和评标工作的重要依据。

第六章　法律责任

第四十六条　对公路建设从业单位和从业人员违反本办法规定进行的处罚，国家有关法律、法规和交通运输部规章已有规定的，适用其规定；没有规定的，由交通运输主管部门根据各自的职责按照本办法规定进行处罚。

第四十七条 项目法人违反本办法规定，实行地方保护的或者对公路建设从业单位和从业人员实行歧视待遇的，由交通运输主管部门责令改正。

第四十八条 从业单位违反本办法规定，在申请公路建设从业许可时，隐瞒有关情况或者提供虚假材料的，行政机关不予受理或者不予行政许可，并给予警告；行政许可申请人在 1 年内不得再次申请该行政许可。

被许可人以欺骗、贿赂等不正当手段取得从业许可的，行政机关应当依照法律、法规给予行政处罚；申请人在 3 年内不得再次申请该行政许可；构成犯罪的，依法追究刑事责任。

第四十九条 投标人相互串通投标或者与招标人串通投标的，投标人以向招标人或者评标委员会成员行贿的手段谋取中标的，中标无效，处中标项目金额 5‰以上 10‰以下的罚款，对单位直接负责的主管人员和其他直接责任人员处单位罚款数额 5%以上 10%以下的罚款；有违法所得的，并处没收违法所得；情节严重的，取消其 1 年至 2 年内参加依法必须进行招标的项目的投标资格并予以公告；构成犯罪的，依法追究刑事责任。给他人造成损失的，依法承担赔偿责任。

第五十条 投标人以他人名义投标或者以其他方式弄虚作假，骗取中标的，中标无效，给招标人造成损失的，依法承担赔偿责任；构成犯罪的，依法追究刑事责任。

依法必须进行招标的项目的投标人有前款所列行为尚未构成犯罪的，处中标项目金额 5‰以上 10‰以下的罚款，对单位直接负责的主管人员和其他直接责任人员处单位罚款数额 5%以上 10%以下的罚款；有违法所得的，并处没收违法所得；情节严重的，取消其 1 年至 3 年内参加依法必须进行招标的项目的投标资格并予以公告。

第五十一条 项目法人违反本办法规定，拖欠工程款和征地拆迁款的，由交通运输主管部门责令改正，并由有关部门依法对有关责任人员给予行政处分。

第五十二条 除因不可抗力不能履行合同的，中标人不按照与招标人订立的合同履行施工质量、施工工期等义务，造成重大或者特大质量和安全事故，或者造成工期延误的，取消其 2 年至 5 年内参加依法必须进行招标的项目的投标资格并予以公告。

第五十三条 施工单位有以下违法违规行为的，由交通运输主管部门责令改正，并由有关部门依法对有关责任人员给予行政处分：

（一）违反本办法规定，拖欠分包人工程款和农民工工资的；

（二）违反本办法规定，造成生态环境破坏和乱占土地的；

（三）违反本办法规定，在变更设计中弄虚作假的；

（四）违反本办法规定，不按规定签订劳动合同的。

第五十四条 违反本办法规定，承包单位将承包的工程转包或者违法分包的，责令改正，没收违法所得，对勘察、设计单位处合同约定的勘察费、设计费 25%以上 50%以下的罚款；对施工单位处工程合同价款 5‰以上 10‰以下的罚款；可以责令停业整顿，降低资质等级；情节严重的，吊销资质证书。

工程监理单位转让工程监理业务的，责令改正，没收违法所得，处合同约定的监理酬金 25%以上 50%以下的罚款；可以责令停业整顿，降低资质等级；情节严重的，吊销资质证书。

第五十五条 公路建设从业单位违反本办法规定，在向交通运输主管部门填报有关市场信息时弄虚作假的，由交通运输主管部门责令改正。

第五十六条 各级交通运输主管部门和其所属的质量监督机构的工作人员违反本办法规定，在建设市场管理中徇私舞弊、滥用职权或者玩忽职守的，按照国家有关规定处理。构成犯罪的，由司法部门依法追究刑事责任。

第七章 附 则

第五十七条 本办法由交通运输部负责解释。

第五十八条 本办法自 2005 年 3 月 1 日起施行。交通部 1996 年 7 月 11 日公布的《公路建设市场管理办法》同时废止。

公路工程建设项目招标投标管理办法

第一章 总 则

第一条 为规范公路工程建设项目招标投标活动，完善公路工程建设市场管理体系，根据《中华人民共和国公路法》《中华人民共和国招标投标法》《中华人民共和国招标投标法实施条例》等法律、行政法规，制定本办法。

第二条 在中华人民共和国境内从事公路工程建设项目勘察设计、施工、施工监理等的招标投标活动，适用本办法。

第三条 交通运输部负责全国公路工程建设项目招标投标活动的监督管理工作。省级人民政府交通运输主管部门负责本行政区域内公路工程建设项目招标投标活动的监督管理工作。

第四条 各级交通运输主管部门应当按照国家有关规定，推进公路工程建设项目招标投标活动进入统一的公共资源交易平台进行。

第五条 各级交通运输主管部门应当按照国家有关规定，推进公路工程建设项目电子招标投标工作。招标投标活动信息应当公开，接受社会公众监督。

第六条 公路工程建设项目的招标人或者其指定机构应当对资格审查、开标、评标等过程录音录像并存档备查。

第二章 招 标

第七条 公路工程建设项目招标人是提出招标项目、进行招标的项目法人或者其他组织。

第八条 对于按照国家有关规定需要履行项目审批、核准手续的依法必须进行招标的公路工程建设项目，招标人应当按照项目审批、核准部门确定的招标范围、招标方式、招标组织形式开展招标。

公路工程建设项目履行项目审批或者核准手续后，方可开展勘察设计招标；初步设计文件批准后，方可开展施工监理、设计施工总承包招标；施工图设计文件批准后，方可开展施工招标。

施工招标采用资格预审方式的，在初步设计文件批准后，可以进行资格预审。

第九条 有下列情形之一的公路工程建设项目，可以不进行招标：

（一）涉及国家安全、国家秘密、抢险救灾或者属于利用扶贫资金实行以工代赈、需要使用农民工等特殊情况；

（二）需要采用不可替代的专利或者专有技术；

（三）采购人自身具有工程施工或者提供服务的资格和能力，且符合法定要求；

（四）已通过招标方式选定的特许经营项目投资人依法能够自行施工或者提供服务；

（五）需要向原中标人采购工程或者服务，否则将影响施工或者功能配套要求；

（六）国家规定的其他特殊情形。

招标人不得为适用前款规定弄虚作假，规避招标。

第十条　公路工程建设项目采用公开招标方式的，原则上采用资格后审办法对投标人进行资格审查。

第十一条　公路工程建设项目采用资格预审方式公开招标的，应当按照下列程序进行：

（一）编制资格预审文件；

（二）发布资格预审公告，发售资格预审文件，公开资格预审文件关键内容；

（三）接收资格预审申请文件；

（四）组建资格审查委员会对资格预审申请人进行资格审查，资格审查委员会编写资格审查报告；

（五）根据资格审查结果，向通过资格预审的申请人发出投标邀请书；向未通过资格预审的申请人发出资格预审结果通知书，告知未通过的依据和原因；

（六）编制招标文件；

（七）发售招标文件，公开招标文件的关键内容；

（八）需要时，组织潜在投标人踏勘项目现场，召开投标预备会；

（九）接收投标文件，公开开标；

（十）组建评标委员会评标，评标委员会编写评标报告、推荐中标候选人；

（十一）公示中标候选人相关信息；

（十二）确定中标人；

（十三）编制招标投标情况的书面报告；

（十四）向中标人发出中标通知书，同时将中标结果通知所有未中标的投标人；

（十五）与中标人订立合同。

采用资格后审方式公开招标的，在完成招标文件编制并发布招标公告后，按照前款程序第（七）项至第（十五）项进行。

采用邀请招标的，在完成招标文件编制并发出投标邀请书后，按照前款程序第（七）项至第（十五）项进行。

第十二条　国有资金占控股或者主导地位的依法必须进行招标的公路工程建设项目，采用资格预审的，招标人应当按照有关规定组建资格审查委员会审查资格预审申请文件。资格审查委员会的专家抽取以及资格审查工作要求，应当适用本办法关于评标委员会的规定。

第十三条　资格预审审查办法原则上采用合格制。

资格预审审查办法采用合格制的，符合资格预审文件规定审查标准的申请人均应当通过资格预审。

第十四条　资格预审审查工作结束后，资格审查委员会应当编制资格审查报告。资格审查报告应当载明下列内容：

（一）招标项目基本情况；

（二）资格审查委员会成员名单；

（三）监督人员名单；

（四）资格预审申请文件递交情况；

（五）通过资格审查的申请人名单；

（六）未通过资格审查的申请人名单以及未通过审查的理由；

（七）评分情况；

（八）澄清、说明事项纪要；

（九）需要说明的其他事项；

（十）资格审查附表。

除前款规定的第（一）、（三）、（四）项内容外，资格审查委员会所有成员应当在资格审查报告上逐页签字。

第十五条 资格预审申请人对资格预审审查结果有异议的，应当自收到资格预审结果通知书后3日内提出。招标人应当自收到异议之日起3日内作出答复；作出答复前，应当暂停招标投标活动。

招标人未收到异议或者收到异议并已作出答复的，应当及时向通过资格预审的申请人发出投标邀请书。未通过资格预审的申请人不具有投标资格。

第十六条 对依法必须进行招标的公路工程建设项目，招标人应当根据交通运输部制定的标准文本，结合招标项目具体特点和实际需要，编制资格预审文件和招标文件。

资格预审文件和招标文件应当载明详细的评审程序、标准和方法，招标人不得另行制定评审细则。

第十七条 招标人应当按照省级人民政府交通运输主管部门的规定，将资格预审文件及其澄清、修改，招标文件及其澄清、修改报相应的交通运输主管部门备案。

第十八条 招标人应当自资格预审文件或者招标文件开始发售之日起，将其关键内容上传至具有招标监督职责的交通运输主管部门政府网站或者其指定的其他网站上进行公开，公开内容包括项目概况、对申请人或者投标人的资格条件要求、资格审查办法、评标办法、招标人联系方式等，公开时间至提交资格预审申请文件截止时间2日前或者投标截止时间10日前结束。

招标人发出的资格预审文件或者招标文件的澄清或者修改涉及前款规定的公开内容的，招标人应当在向交通运输主管部门备案的同时，将澄清或者修改的内容上传至前款规定的网站。

第十九条 潜在投标人或者其他利害关系人可以按照国家有关规定对资格预审文件或者招标文件提出异议。招标人应当对异议作出书面答复。未在规定时间内作出书面答复的，应当顺延提交资格预审申请文件截止时间或者投标截止时间。

招标人书面答复内容涉及影响资格预审申请文件或者投标文件编制的，应当按照有关澄清或者修改的规定，调整提交资格预审申请文件截止时间或者投标截止时间，并以书面形式通知所有获取资格预审文件或者招标文件的潜在投标人。

第二十条 招标人应当合理划分标段、确定工期，提出质量、安全目标要求，并在招标文件中载明。标段的划分应当有利于项目组织和施工管理、各专业的衔接与配合，不得利用划分标段规避招标、限制或者排斥潜在投标人。

招标人可以实行设计施工总承包招标、施工总承包招标或者分专业招标。

第二十一条 招标人结合招标项目的具体特点和实际需要，设定潜在投标人或者投标人的资质、业绩、主要人员、财务能力、履约信誉等资格条件，不得以不合理的条件限制、排斥潜在投标人或者投标人。

除《中华人民共和国招标投标法实施条例》第三十二条规定的情形外，招标人有下列行为之一的，属于以不合理的条件限制、排斥潜在投标人或者投标人：

（一）设定的资质、业绩、主要人员、财务能力、履约信誉等资格、技术、商务条件与招标项目的具体特点和实际需要不相适应或者与合同履行无关；

（二）强制要求潜在投标人或者投标人的法定代表人、企业负责人、技术负责人等特定人员亲自购买资格预审文件、招标文件或者参与开标活动；

（三）通过设置备案、登记、注册、设立分支机构等无法律、行政法规依据的不合理条件，限制潜在投标人或者投标人进入项目所在地进行投标。

第二十二条 招标人应当根据国家有关规定，结合招标项目的具体特点和实际需要，合理确定对投标人主要人员以及其他管理和技术人员的数量和资格要求。投标人拟投入的主要人员应当在投标文件中进行填报，其他管理和技术人员的具体人选由招标人和中标人在合同谈判阶段确定。对于特别复杂的特大桥梁和特长隧道项目主体工程和其他有特殊要求的工程，招标人可以要求投标人在投标文件中填报其他管理和技术人员。

本办法所称主要人员是指设计负责人、总监理工程师、项目经理和项目总工程师等项目管理和技术负责人。

第二十三条 招标人可以自行决定是否编制标底或者设置最高投标限价。招标人不得规定最低投标限价。

接受委托编制标底或者最高投标限价的中介机构不得参加该项目的投标，也不得为该项目的投标人编制投标文件或者提供咨询。

第二十四条 招标人应当严格遵守有关法律、行政法规关于各类保证金收取的规定，在招标文件中载明保证金收取的形式、金额以及返还时间。

招标人不得以任何名义增设或者变相增设保证金或者随意更改招标文件载明的保证金收取形式、金额以及返还时间。招标人不得在资格预审期间收取任何形式的保证金。

第二十五条 招标人在招标文件中要求投标人提交投标保证金的，投标保证金不得超过招标标段估算价的 2%。投标保证金有效期应当与投标有效期一致。

依法必须进行招标的公路工程建设项目的投标人，以现金或者支票形式提交投标保证金的，应当从其基本账户转出。投标人提交的投标保证金不符合招标文件要求的，应当否决其投标。

招标人不得挪用投标保证金。

第二十六条 招标人应当按照国家有关法律法规规定，在招标文件中明确允许分包的或者不得分包的工程和服务，分包人应当满足的资格条件以及对分包实施的管理要求。

招标人不得在招标文件中设置对分包的歧视性条款。

招标人有下列行为之一的，属于前款所称的歧视性条款：

（一）以分包的工作量规模作为否决投标的条件；

（二）对投标人符合法律法规以及招标文件规定的分包计划设定扣分条款；

（三）按照分包的工作量规模对投标人进行区别评分；

（四）以其他不合理条件限制投标人进行分包的行为。

第二十七条 招标人应当在招标文件中合理划分双方风险，不得设置将应由招标人承担的风险转嫁给勘察设计、施工、监理等投标人的不合理条款。招标文件应当设置合理的价格调整条款，明确约定合同价款支付期限、利息计付标准和日期，确保双方主体地位平等。

第二十八条 招标人应当根据招标项目的具体特点以及本办法的相关规定，在招标文件中合理设定评标标准和方法。评标标准和方法中不得含有倾向或者排斥潜在投标人的内容，不得妨碍或者限制投标人之间的竞争。禁止采用抽签、摇号等博彩性方式直接确定中标候选人。

第二十九条 以暂估价形式包括在招标项目范围内的工程、货物、服务，属于依法必须进行招标的项目范围且达到国家规定规模标准的，应当依法进行招标。招标项目的合同条款中应当约定负责实施暂估价项目招标的主体以及相应的招标程序。

第三章　投　标

第三十条　投标人是响应招标、参加投标竞争的法人或者其他组织。

投标人应当具备招标文件规定的资格条件，具有承担所投标项目的相应能力。

第三十一条　投标人在投标文件中填报的资质、业绩、主要人员资历和目前在岗情况、信用等级等信息，应当与其在交通运输主管部门公路建设市场信用信息管理系统上填报并发布的相关信息一致。

第三十二条　投标人应当按照招标文件要求装订、密封投标文件，并按照招标文件规定的时间、地点和方式将投标文件送达招标人。

公路工程勘察设计和施工监理招标的投标文件应当以双信封形式密封，第一信封内为商务文件和技术文件，第二信封内为报价文件。

对公路工程施工招标，招标人采用资格预审方式进行招标且评标方法为技术评分最低标价法的，或者采用资格后审方式进行招标的，投标文件应当以双信封形式密封，第一信封内为商务文件和技术文件，第二信封内为报价文件。

第三十三条　投标文件按照要求送达后，在招标文件规定的投标截止时间前，投标人修改或者撤回投标文件的，应当以书面函件形式通知招标人。

修改投标文件的函件是投标文件的组成部分，其编制形式、密封方式、送达时间等，适用对投标文件的规定。投标人在投标截止时间前撤回投标文件且招标人已收取投标保证金的，招标人应当自收到投标人书面撤回通知之日起 5 日内退还其投标保证金。

投标截止后投标人撤销投标文件的，招标人可以不退还投标保证金。

第三十四条　投标人根据招标文件有关分包的规定，拟在中标后将中标项目的部分工作进行分包的，应当在投标文件中载明。

投标人在投标文件中未列入分包计划的工程或者服务，中标后不得分包，法律法规或者招标文件另有规定的除外。

第四章　开标、评标和中标

第三十五条　开标应当在招标文件确定的提交投标文件截止时间的同一时间公开进行；开标地点应当为招标文件中预先确定的地点。

投标人少于 3 个的，不得开标，投标文件应当当场退还给投标人；招标人应当重新招标。

第三十六条　开标由招标人主持，邀请所有投标人参加。开标过程应当记录，并存档备查。投标人对开标有异议的，应当在开标现场提出，招标人应当当场作出答复，并制作记录。未参加开标的投标人，视为对开标过程无异议。

第三十七条　投标文件按照招标文件规定采用双信封形式密封的，开标分两个步骤公开进行：

第一步骤对第一信封内的商务文件和技术文件进行开标，对第二信封不予拆封并由招标人予以封存；

第二步骤宣布通过商务文件和技术文件评审的投标人名单，对其第二信封内的报价文件进行开标，宣读投标报价。未通过商务文件和技术文件评审的，对其第二信封不予拆封，并当场退还给投标人；投标人未参加第二信封开标的，招标人应当在评标结束后及时将第二信封原封退还投标人。

第三十八条　招标人应当按照国家有关规定组建评标委员会负责评标工作。

国家审批或者核准的高速公路、一级公路、独立桥梁和独立隧道项目，评标委员会专家应当由招标人从国家重点公路工程建设项目评标专家库相关专业中随机抽取；其他公路工程建设项目的评标委员会专家可以从省级公路工程建设项目评标专家库相关专业中随机抽取，也可以从国家重点公路工程建设项目评标专家库相关专业中随机抽取。

对于技术复杂、专业性强或者国家有特殊要求，采取随机抽取方式确定的评标专家难以保证胜任评标工作的特殊招标项目，可以由招标人直接确定。

第三十九条　交通运输部负责国家重点公路工程建设项目评标专家库的管理工作。

省级人民政府交通运输主管部门负责本行政区域公路工程建设项目评标专家库的管理工作。

第四十条　评标委员会应当民主推荐一名主任委员，负责组织评标委员会成员开展评标工作。评标委员会主任委员与评标委员会的其他成员享有同等权利与义务。

第四十一条　招标人应当向评标委员会提供评标所必需的信息，但不得明示或者暗示其倾向或者排斥特定投标人。

评标所必需的信息主要包括招标文件、招标文件的澄清或者修改、开标记录、投标文件、资格预审文件。招标人可以协助评标委员会开展下列工作并提供相关信息：

（一）根据招标文件，编制评标使用的相应表格；

（二）对投标报价进行算术性校核；

（三）以评标标准和方法为依据，列出投标文件相对于招标文件的所有偏差，并进行归类汇总；

（四）查询公路建设市场信用信息管理系统，对投标人的资质、业绩、主要人员资历和目前在岗情况、信用等级进行核实。

招标人不得对投标文件作出任何评价，不得故意遗漏或者片面摘录，不得在评标委员会对所有偏差定性之前透露存有偏差的投标人名称。

评标委员会应当根据招标文件规定，全面、独立评审所有投标文件，并对招标人提供的上述相关信息进行核查，发现错误或者遗漏的，应当进行修正。

第四十二条　评标委员会应当按照招标文件确定的评标标准和方法进行评标。招标文件没有规定的评标标准和方法不得作为评标的依据。

第四十三条　公路工程勘察设计和施工监理招标，应当采用综合评估法进行评标，对投标人的商务文件、技术文件和报价文件进行评分，按照综合得分由高到低排序，推荐中标候选人。评标价的评分权重不宜超过10%，评标价得分应当根据评标价与评标基准价的偏离程度进行计算。

第四十四条　公路工程施工招标，评标采用综合评估法或者经评审的最低投标价法。综合评估法包括合理低价法、技术评分最低标价法和综合评分法。

合理低价法，是指对通过初步评审的投标人，不再对其施工组织设计、项目管理机构、技术能力等因素进行评分，仅依据评标基准价对评标价进行评分，按照得分由高到低排序，推荐中标候选人的评标方法。

技术评分最低标价法，是指对通过初步评审的投标人的施工组织设计、项目管理机构、技术能力等因素进行评分，按照得分由高到低排序，对排名在招标文件规定数量以内的投标人的报价文件进行评审，按照评标价由低到高的顺序推荐中标候选人的评标方法。招标人在招标文件中规定的参与报价文件评审的投标人数量不得少于3个。

综合评分法，是指对通过初步评审的投标人的评标价、施工组织设计、项目管理机构、技术能力等因素进行评分，按照综合得分由高到低排序，推荐中标候选人的评标方法。其中评标价的评分权重不得低于50%。

经评审的最低投标价法，是指对通过初步评审的投标人，按照评标价由低到高排序，推荐中标候选人的评标方法。

公路工程施工招标评标，一般采用合理低价法或者技术评分最低标价法。技术特别复杂的特大桥梁和特长隧道项目主体工程，可以采用综合评分法。工程规模较小、技术含量较低的工程，可以采用经评审的最低投标价法。

第四十五条 实行设计施工总承包招标的，招标人应当根据工程地质条件、技术特点和施工难度确定评标办法。

设计施工总承包招标的评标采用综合评分法的，评分因素包括评标价、项目管理机构、技术能力、设计文件的优化建议、设计施工总承包管理方案、施工组织设计等因素，评标价的评分权重不得低于50%。

第四十六条 评标委员会成员应当客观、公正、审慎地履行职责，遵守职业道德。评标委员会成员应当依据评标办法规定的评审顺序和内容逐项完成评标工作，对本人提出的评审意见以及评分的公正性、客观性、准确性负责。

除评标价和履约信誉评分项外，评标委员会成员对投标人商务和技术各项因素的评分一般不得低于招标文件规定该因素满分值的60%；评分低于满分值60%的，评标委员会成员应当在评标报告中作出说明。

招标人应当对评标委员会成员在评标活动中的职责履行情况予以记录，并在招标投标情况的书面报告中载明。

第四十七条 招标人应当根据项目规模、技术复杂程度、投标文件数量和评标方法等因素合理确定评标时间。超过三分之一的评标委员会成员认为评标时间不够的，招标人应当适当延长。

评标过程中，评标委员会成员有回避事由、擅离职守或者因健康等原因不能继续评标的，应当及时更换。被更换的评标委员会成员作出的评审结论无效，由更换后的评标委员会成员重新进行评审。

根据前款规定被更换的评标委员会成员如为评标专家库专家，招标人应当从原评标专家库中按照原方式抽取更换后的评标委员会成员，或者在符合法律规定的前提下相应减少评标委员会中招标人代表数量。

第四十八条 评标委员会应当查询交通运输主管部门的公路建设市场信用信息管理系统，对投标人的资质、业绩、主要人员资历和目前在岗情况、信用等级等信息进行核实。若投标文件载明的信息与公路建设市场信用信息管理系统发布的信息不符，使得投标人的资格条件不符合招标文件规定的，评标委员会应当否决其投标。

第四十九条 评标委员会发现投标人的投标报价明显低于其他投标人报价或者在设有标底时明显低于标底的，应当要求该投标人对相应投标报价作出书面说明，并提供相关证明材料。

投标人不能证明可以按照其报价以及招标文件规定的质量标准和履行期限完成招标项目的，评标委员会应当认定该投标人以低于成本价竞标，并否决其投标。

第五十条 评标委员会应当根据《中华人民共和国招标投标法实施条例》第三十九条、第四十条、第四十一条的有关规定，对在评标过程中发现的投标人与投标人之间、投标人与招标人之间存在的串通投标的情形进行评审和认定。

第五十一条　评标委员会对投标文件进行评审后，因有效投标不足3个使得投标明显缺乏竞争的，可以否决全部投标。未否决全部投标的，评标委员会应当在评标报告中阐明理由并推荐中标候选人。

投标文件按照招标文件规定采用双信封形式密封的，通过第一信封商务文件和技术文件评审的投标人在3个以上的，招标人应当按照本办法第三十七条规定的程序进行第二信封报价文件开标；在对报价文件进行评审后，有效投标不足3个的，评标委员会应当按照本条第一款规定执行。

通过第一信封商务文件和技术文件评审的投标人少于3个的，评标委员会可以否决全部投标；未否决全部投标的，评标委员会应当在评标报告中阐明理由，招标人应当按照本办法第三十七条规定的程序进行第二信封报价文件开标，但评标委员会在进行报价文件评审时仍有权否决全部投标；评标委员会未在报价文件评审时否决全部投标的，应当在评标报告中阐明理由并推荐中标候选人。

第五十二条　评标完成后，评标委员会应当向招标人提交书面评标报告。评标报告中推荐的中标候选人应当不超过3个，并标明排序。

评标报告应当载明下列内容：

（一）招标项目基本情况；

（二）评标委员会成员名单；

（三）监督人员名单；

（四）开标记录；

（五）符合要求的投标人名单；

（六）否决的投标人名单以及否决理由；

（七）串通投标情形的评审情况说明；

（八）评分情况；

（九）经评审的投标人排序；

（十）中标候选人名单；

（十一）澄清、说明事项纪要；

（十二）需要说明的其他事项；

（十三）评标附表。

对评标监督人员或者招标人代表干预正常评标活动，以及对招标投标活动的其他不正当言行，评标委员会应当在评标报告第（十二）项内容中如实记录。

除第二款规定的第（一）、（三）、（四）项内容外，评标委员会所有成员应当在评标报告上逐页签字。对评标结果有不同意见的评标委员会成员应当以书面形式说明其不同意见和理由，评标报告应当注明该不同意见。评标委员会成员拒绝在评标报告上签字又不书面说明其不同意见和理由的，视为同意评标结果。

第五十三条　依法必须进行招标的公路工程建设项目，招标人应当自收到评标报告之日起3日内，在对该项目具有招标监督职责的交通运输主管部门政府网站或者其指定的其他网站上公示中标候选人，公示期不得少于3日，公示内容包括：

（一）中标候选人排序、名称、投标报价；

（二）中标候选人在投标文件中承诺的主要人员姓名、个人业绩、相关证书编号；

（三）中标候选人在投标文件中填报的项目业绩；

（四）被否决投标的投标人名称、否决依据和原因；

（五）招标文件规定公示的其他内容。

投标人或者其他利害关系人对依法必须进行招标的公路工程建设项目的评标结果有异议的，应当在中标候选人公示期间提出。招标人应当自收到异议之日起 3 日内作出答复；作出答复前，应当暂停招标投标活动。

第五十四条　除招标人授权评标委员会直接确定中标人外，招标人应当根据评标委员会提出的书面评标报告和推荐的中标候选人确定中标人。国有资金占控股或者主导地位的依法必须进行招标的公路工程建设项目，招标人应当确定排名第一的中标候选人为中标人。排名第一的中标候选人放弃中标、因不可抗力不能履行合同、不按照招标文件要求提交履约保证金，或者被查实存在影响中标结果的违法行为等情形，不符合中标条件的，招标人可以按照评标委员会提出的中标候选人名单排序依次确定其他中标候选人为中标人，也可以重新招标。

第五十五条　依法必须进行招标的公路工程建设项目，招标人应当自确定中标人之日起 15 日内，将招标投标情况的书面报告报对该项目具有招标监督职责的交通运输主管部门备案。

前款所称书面报告至少应当包括下列内容：

（一）招标项目基本情况；

（二）招标过程简述；

（三）评标情况说明；

（四）中标候选人公示情况；

（五）中标结果；

（六）附件，包括评标报告、评标委员会成员履职情况说明等。

有资格预审情况说明、异议及投诉处理情况和资格审查报告的，也应当包括在书面报告中。

第五十六条　招标人应当及时向中标人发出中标通知书，同时将中标结果通知所有未中标的投标人。

第五十七条　招标人和中标人应当自中标通知书发出之日起 30 日内，按照招标文件和中标人的投标文件订立书面合同，合同的标的、价格、质量、安全、履行期限、主要人员等主要条款应当与上述文件的内容一致。招标人和中标人不得再行订立背离合同实质性内容的其他协议。

招标人最迟应当在中标通知书发出后 5 日内向中标候选人以外的其他投标人退还投标保证金，与中标人签订书面合同后 5 日内向中标人和其他中标候选人退还投标保证金。以现金或者支票形式提交的投标保证金，招标人应当同时退还投标保证金的银行同期活期存款利息，且退还至投标人的基本账户。

第五十八条　招标文件要求中标人提交履约保证金的，中标人应当按照招标文件的要求提交。履约保证金不得超过中标合同金额的 10%。招标人不得指定或者变相指定履约保证金的支付形式，由中标人自主选择银行保函或者现金、支票等支付形式。

第五十九条　招标人应当加强对合同履行的管理，建立对中标人主要人员的到位率考核制度。

省级人民政府交通运输主管部门应当定期组织开展合同履约评价工作的监督检查，将检查情况向社会公示，同时将检查结果记入中标人单位以及主要人员个人的信用档案。

第六十条　依法必须进行招标的公路工程建设项目，有下列情形之一的，招标人在分析招标失败的原因并采取相应措施后，应当依照本办法重新招标：

（一）通过资格预审的申请人少于 3 个的；

（二）投标人少于 3 个的；

（三）所有投标均被否决的；

（四）中标候选人均未与招标人订立书面合同的。

重新招标的，资格预审文件、招标文件和招标投标情况的书面报告应当按照本办法的规定重新报交通运输主管部门备案。

重新招标后投标人仍少于 3 个的，属于按照国家有关规定需要履行项目审批、核准手续的依法必须进行招标的公路工程建设项目，报经项目审批、核准部门批准后可以不再进行招标；其他项目可由招标人自行决定不再进行招标。

依照本条规定不再进行招标的，招标人可以邀请已提交资格预审申请文件的申请人或者已提交投标文件的投标人进行谈判，确定项目承担单位，并将谈判报告报对该项目具有招标监督职责的交通运输主管部门备案。

第五章　监督管理

第六十一条　各级交通运输主管部门应当按照《中华人民共和国招标投标法》《中华人民共和国招标投标法实施条例》等法律法规、规章以及招标投标活动行政监督职责分工，加强对公路工程建设项目招标投标活动的监督管理。

第六十二条　各级交通运输主管部门应当建立健全公路工程建设项目招标投标信用体系，加强信用评价工作的监督管理，维护公平公正的市场竞争秩序。

招标人应当将交通运输主管部门的信用评价结果应用于公路工程建设项目招标。鼓励和支持招标人优先选择信用等级高的从业企业。

招标人对信用等级高的资格预审申请人、投标人或者中标人，可以给予增加参与投标的标段数量，减免投标保证金，减少履约保证金、质量保证金等优惠措施。优惠措施以及信用评价结果的认定条件应当在资格预审文件和招标文件中载明。

资格预审申请人或者投标人的信用评价结果可以作为资格审查或者评标中履约信誉项的评分因素，各信用评价等级的对应得分应当符合省级人民政府交通运输主管部门有关规定，并在资格预审文件或者招标文件中载明。

第六十三条　投标人或者其他利害关系人认为招标投标活动不符合法律、行政法规规定的，可以自知道或者应当知道之日起 10 日内向交通运输主管部门投诉。

就本办法第十五条、第十九条、第三十六条、第五十三条规定事项投诉的，应当先向招标人提出异议，异议答复期间不计算在前款规定的期限内。

第六十四条　投诉人投诉时，应当提交投诉书。投诉书应当包括下列内容：

（一）投诉人的名称、地址及有效联系方式；

（二）被投诉人的名称、地址及有效联系方式；

（三）投诉事项的基本事实；

（四）异议的提出及招标人答复情况；

（五）相关请求及主张；

（六）有效线索和相关证明材料。

对本办法规定应先提出异议的事项进行投诉的，应当提交已提出异议的证明文件。未按规定提出异议或者未提交已提出异议的证明文件的投诉，交通运输主管部门可以不予受理。

第六十五条　投诉人就同一事项向两个以上交通运输主管部门投诉的，由具体承担该项目招标投标活动监督管理职责的交通运输主管部门负责处理。

交通运输主管部门应当自收到投诉之日起 3 个工作日内决定是否受理投诉，并自受理投诉之日起 30 个工作日内作出书面处理决定；需要检验、检测、鉴定、专家评审的，所需时间不计算在内。

投诉人缺乏事实根据或者法律依据进行投诉的，或者有证据表明投诉人捏造事实、伪造材料的，或者投诉人以非法手段取得证明材料进行投诉的，交通运输主管部门应当予以驳回，并对恶意投诉按照有关规定追究投诉人责任。

第六十六条 交通运输主管部门处理投诉，有权查阅、复制有关文件、资料，调查有关情况，相关单位和人员应当予以配合。必要时，交通运输主管部门可以责令暂停招标投标活动。

交通运输主管部门的工作人员对监督检查过程中知悉的国家秘密、商业秘密，应当依法予以保密。

第六十七条 交通运输主管部门对投诉事项作出的处理决定，应当在对该项目具有招标监督职责的交通运输主管部门政府网站上进行公告，包括投诉的事由、调查结果、处理决定、处罚依据以及处罚意见等内容。

第六章 法律责任

第六十八条 招标人有下列情形之一的，由交通运输主管部门责令改正，可以处三万元以下的罚款：

（一）不满足本办法第八条规定的条件而进行招标的；

（二）不按照本办法规定将资格预审文件、招标文件和招标投标情况的书面报告备案的；

（三）邀请招标不依法发出投标邀请书的；

（四）不按照项目审批、核准部门确定的招标范围、招标方式、招标组织形式进行招标的；

（五）不按照本办法规定编制资格预审文件或者招标文件的；

（六）由于招标人原因导致资格审查报告存在重大偏差且影响资格预审结果的；

（七）挪用投标保证金，增设或者变相增设保证金的；

（八）投标人数量不符合法定要求不重新招标的；

（九）向评标委员会提供的评标信息不符合本办法规定的；

（十）不按照本办法规定公示中标候选人的；

（十一）招标文件中规定的履约保证金的金额、支付形式不符合本办法规定的。

第六十九条 投标人在投标过程中存在弄虚作假、与招标人或者其他投标人串通投标、以行贿谋取中标、无正当理由放弃中标以及进行恶意投诉等投标不良行为的，除依照有关法律、法规进行处罚外，省级交通运输主管部门还可以扣减其年度信用评价分数或者降低年度信用评价等级。

第七十条 评标委员会成员未对招标人根据本办法第四十一条第二款（一）至（四）项规定提供的相关信息进行认真核查，导致评标出现疏漏或者错误的，由交通运输主管部门责令改正。

第七十一条 交通运输主管部门应当依法公告对公路工程建设项目招标投标活动中招标人、招标代理机构、投标人以及评标委员会成员等的违法违规或者恶意投诉等行为的行政处理决定，并将其作为招标投标不良行为信息记入相应当事人的信用档案。

第七章 附 则

第七十二条 使用国际组织或者外国政府贷款、援助资金的项目进行招标，贷款方、资金提供方对招标投标的具体条件和程序有不同规定的，可以适用其规定，但违背中华人民共和国的社会公共利益的除外。

第七十三条　采用电子招标投标的，应当按照本办法和国家有关电子招标投标的规定执行。

第七十四条　本办法自 2016 年 2 月 1 日起施行。《公路工程施工招标投标管理办法》（交通部令 2006 年第 7 号）、《公路工程施工监理招标投标管理办法》（交通部令 2006 年第 5 号）、《公路工程勘察设计招标投标管理办法》（交通部令 2001 年第 6 号）和《关于修改〈公路工程勘察设计招标投标管理办法〉的决定》（交通运输部令 2013 年第 3 号）、《关于贯彻国务院办公厅关于进一步规范招投标活动的若干意见的通知》（交公路发〔2004〕688 号）、《关于公路建设项目货物招标严禁指定材料产地的通知》（厅公路字〔2007〕224 号）、《公路工程施工招标资格预审办法》（交公路发〔2006〕57 号）、《关于加强公路工程评标专家管理工作的通知》（交公路发〔2003〕464 号）、《关于进一步加强公路工程施工招标评标管理工作的通知》（交公路发〔2008〕261 号）、《关于进一步加强公路工程施工招标资格审查工作的通知》（交公路发〔2009〕123 号）、《关于改革使用国际金融组织或者外国政府贷款公路建设项目施工招标管理制度的通知》（厅公路字〔2008〕40 号）、《公路工程勘察设计招标评标办法》（交公路发〔2001〕582 号）、《关于认真贯彻执行公路工程勘察设计招标投标管理办法的通知》（交公路发〔2002〕303 号）同时废止。

公路工程勘察设计招标投标管理办法

第一章 总 则

第一条 为规范公路工程建设项目招标投标活动，完善公路工程建设市场管理体系，根据《中华人民共和国公路法》《中华人民共和国招标投标法》《中华人民共和国招标投标法实施条例》等法律、行政法规，制定本办法。

第二条 在中华人民共和国境内从事公路工程建设项目勘察设计、施工、施工监理等的招标投标活动，适用本办法。

第三条 交通运输部负责全国公路工程建设项目招标投标活动的监督管理工作。

省级人民政府交通运输主管部门负责本行政区域内公路工程建设项目招标投标活动的监督管理工作。

第四条 各级交通运输主管部门应当按照国家有关规定，推进公路工程建设项目招标投标活动进入统一的公共资源交易平台进行。

第五条 各级交通运输主管部门应当按照国家有关规定，推进公路工程建设项目电子招标投标工作。招标投标活动信息应当公开，接受社会公众监督。

第六条 公路工程建设项目的招标人或者其指定机构应当对资格审查、开标、评标等过程录音录像并存档备查。

第二章 招 标

第七条 公路工程建设项目招标人是提出招标项目、进行招标的项目法人或者其他组织。

第八条 对于按照国家有关规定需要履行项目审批、核准手续的依法必须进行招标的公路工程建设项目，招标人应当按照项目审批、核准部门确定的招标范围、招标方式、招标组织形式开展招标。

公路工程建设项目履行项目审批或者核准手续后，方可开展勘察设计招标；初步设计文件批准后，方可开展施工监理、设计施工总承包招标；施工图设计文件批准后，方可开展施工招标。

施工招标采用资格预审方式的，在初步设计文件批准后，可以进行资格预审。

第九条 有下列情形之一的公路工程建设项目，可以不进行招标：

（一）涉及国家安全、国家秘密、抢险救灾或者属于利用扶贫资金实行以工代赈、需要使用农民工等特殊情况；

（二）需要采用不可替代的专利或者专有技术；

（三）采购人自身具有工程施工或者提供服务的资格和能力，且符合法定要求；

（四）已通过招标方式选定的特许经营项目投资人依法能够自行施工或者提供服务；

（五）需要向原中标人采购工程或者服务，否则将影响施工或者功能配套要求；

（六）国家规定的其他特殊情形。

招标人不得为适用前款规定弄虚作假，规避招标。

第十条　公路工程建设项目采用公开招标方式的，原则上采用资格后审办法对投标人进行资格审查。

第十一条　公路工程建设项目采用资格预审方式公开招标的，应当按照下列程序进行：

（一）编制资格预审文件；

（二）发布资格预审公告，发售资格预审文件，公开资格预审文件关键内容；

（三）接收资格预审申请文件；

（四）组建资格审查委员会对资格预审申请人进行资格审查，资格审查委员会编写资格审查报告；

（五）根据资格审查结果，向通过资格预审的申请人发出投标邀请书；向未通过资格预审的申请人发出资格预审结果通知书，告知未通过的依据和原因；

（六）编制招标文件；

（七）发售招标文件，公开招标文件的关键内容；

（八）需要时，组织潜在投标人踏勘项目现场，召开投标预备会；

（九）接收投标文件，公开开标；

（十）组建评标委员会评标，评标委员会编写评标报告、推荐中标候选人；

（十一）公示中标候选人相关信息；

（十二）确定中标人；

（十三）编制招标投标情况的书面报告；

（十四）向中标人发出中标通知书，同时将中标结果通知所有未中标的投标人；

（十五）与中标人订立合同。

采用资格后审方式公开招标的，在完成招标文件编制并发布招标公告后，按照前款程序第（七）项至第（十五）项进行。

采用邀请招标的，在完成招标文件编制并发出投标邀请书后，按照前款程序第（七）项至第（十五）项进行。

第十二条　国有资金占控股或者主导地位的依法必须进行招标的公路工程建设项目，采用资格预审的，招标人应当按照有关规定组建资格审查委员会审查资格预审申请文件。资格审查委员会的专家抽取以及资格审查工作要求，应当适用本办法关于评标委员会的规定。

第十三条　资格预审审查办法原则上采用合格制。

资格预审审查办法采用合格制的，符合资格预审文件规定审查标准的申请人均应当通过资格预审。

第十四条　资格预审审查工作结束后，资格审查委员会应当编制资格审查报告。资格审查报告应当载明下列内容：

（一）招标项目基本情况；

（二）资格审查委员会成员名单；

（三）监督人员名单；

（四）资格预审申请文件递交情况；

（五）通过资格审查的申请人名单；

（六）未通过资格审查的申请人名单以及未通过审查的理由；

（七）评分情况；

（八）澄清、说明事项纪要；

（九）需要说明的其他事项；

（十）资格审查附表。

除前款规定的第（一）、（三）、（四）项内容外，资格审查委员会所有成员应当在资格审查报告上逐页签字。

第十五条　资格预审申请人对资格预审审查结果有异议的，应当自收到资格预审结果通知书后3日内提出。招标人应当自收到异议之日起3日内作出答复；作出答复前，应当暂停招标投标活动。

招标人未收到异议或者收到异议并已作出答复的，应当及时向通过资格预审的申请人发出投标邀请书。未通过资格预审的申请人不具有投标资格。

第十六条　对依法必须进行招标的公路工程建设项目，招标人应当根据交通运输部制定的标准文本，结合招标项目具体特点和实际需要，编制资格预审文件和招标文件。

资格预审文件和招标文件应当载明详细的评审程序、标准和方法，招标人不得另行制定评审细则。

第十七条　招标人应当按照省级人民政府交通运输主管部门的规定，将资格预审文件及其澄清、修改，招标文件及其澄清、修改报相应的交通运输主管部门备案。

第十八条　招标人应当自资格预审文件或者招标文件开始发售之日起，将其关键内容上传至具有招标监督职责的交通运输主管部门政府网站或者其指定的其他网站上进行公开，公开内容包括项目概况、对申请人或者投标人的资格条件要求、资格审查办法、评标办法、招标人联系方式等，公开时间至提交资格预审申请文件截止时间2日前或者投标截止时间10日前结束。

招标人发出的资格预审文件或者招标文件的澄清或者修改涉及前款规定的公开内容的，招标人应当在向交通运输主管部门备案的同时，将澄清或者修改的内容上传至前款规定的网站。

第十九条　潜在投标人或者其他利害关系人可以按照国家有关规定对资格预审文件或者招标文件提出异议。招标人应当对异议作出书面答复。未在规定时间内作出书面答复的，应当顺延提交资格预审申请文件截止时间或者投标截止时间。

招标人书面答复内容涉及影响资格预审申请文件或者投标文件编制的，应当按照有关澄清或者修改的规定，调整提交资格预审申请文件截止时间或者投标截止时间，并以书面形式通知所有获取资格预审文件或者招标文件的潜在投标人。

第二十条　招标人应当合理划分标段、确定工期，提出质量、安全目标要求，并在招标文件中载明。标段的划分应当有利于项目组织和施工管理、各专业的衔接与配合，不得利用划分标段规避招标、限制或者排斥潜在投标人。

招标人可以实行设计施工总承包招标、施工总承包招标或者分专业招标。

第二十一条　招标人结合招标项目的具体特点和实际需要，设定潜在投标人或者投标人的资质、业绩、主要人员、财务能力、履约信誉等资格条件，不得以不合理的条件限制、排斥潜在投标人或者投标人。

除《中华人民共和国招标投标法实施条例》第三十二条规定的情形外，招标人有下列行为之一的，属于以不合理的条件限制、排斥潜在投标人或者投标人：

（一）设定的资质、业绩、主要人员、财务能力、履约信誉等资格、技术、商务条件与招标项目的具体特点和实际需要不相适应或者与合同履行无关；

（二）强制要求潜在投标人或者投标人的法定代表人、企业负责人、技术负责人等特定人员亲自购买资格预审文件、招标文件或者参与开标活动；

（三）通过设置备案、登记、注册、设立分支机构等无法律、行政法规依据的不合理条件，限制潜在投标人或者投标人进入项目所在地进行投标。

第二十二条　招标人应当根据国家有关规定，结合招标项目的具体特点和实际需要，合理确定对投标人主要人员以及其他管理和技术人员的数量和资格要求。投标人拟投入的主要人员应当在投标文件中进行填报，其他管理和技术人员的具体人选由招标人和中标人在合同谈判阶段确定。对于特别复杂的特大桥梁和特长隧道项目主体工程和其他有特殊要求的工程，招标人可以要求投标人在投标文件中填报其他管理和技术人员。

本办法所称主要人员是指设计负责人、总监理工程师、项目经理和项目总工程师等项目管理和技术负责人。

第二十三条　招标人可以自行决定是否编制标底或者设置最高投标限价。招标人不得规定最低投标限价。

接受委托编制标底或者最高投标限价的中介机构不得参加该项目的投标，也不得为该项目的投标人编制投标文件或者提供咨询。

第二十四条　招标人应当严格遵守有关法律、行政法规关于各类保证金收取的规定，在招标文件中载明保证金收取的形式、金额以及返还时间。

招标人不得以任何名义增设或者变相增设保证金或者随意更改招标文件载明的保证金收取形式、金额以及返还时间。招标人不得在资格预审期间收取任何形式的保证金。

第二十五条　招标人在招标文件中要求投标人提交投标保证金的，投标保证金不得超过招标标段估算价的 2%。投标保证金有效期应当与投标有效期一致。

依法必须进行招标的公路工程建设项目的投标人，以现金或者支票形式提交投标保证金的，应当从其基本账户转出。投标人提交的投标保证金不符合招标文件要求的，应当否决其投标。

招标人不得挪用投标保证金。

第二十六条　招标人应当按照国家有关法律法规规定，在招标文件中明确允许分包的或者不得分包的工程和服务，分包人应当满足的资格条件以及对分包实施的管理要求。

招标人不得在招标文件中设置对分包的歧视性条款。

招标人有下列行为之一的，属于前款所称的歧视性条款：

（一）以分包的工作量规模作为否决投标的条件；

（二）对投标人符合法律法规以及招标文件规定的分包计划设定扣分条款；

（三）按照分包的工作量规模对投标人进行区别评分；

（四）以其他不合理条件限制投标人进行分包的行为。

第二十七条　招标人应当在招标文件中合理划分双方风险，不得设置将应由招标人承担的风险转嫁给勘察设计、施工、监理等投标人的不合理条款。招标文件应当设置合理的价格调整条款，明确约定合同价款支付期限、利息计付标准和日期，确保双方主体地位平等。

第二十八条　招标人应当根据招标项目的具体特点以及本办法的相关规定，在招标文件中合理设定评标标准和方法。评标标准和方法中不得含有倾向或者排斥潜在投标人的内容，不得妨碍或者限制投标人之间的竞争。禁止采用抽签、摇号等博彩性方式直接确定中标候选人。

第二十九条　以暂估价形式包括在招标项目范围内的工程、货物、服务，属于依法必须进行招标的项目范围且达到国家规定规模标准的，应当依法进行招标。招标项目的合同条款中应当约定负责实施暂估价项目招标的主体以及相应的招标程序。

第三章 投 标

第三十条 投标人是响应招标、参加投标竞争的法人或者其他组织。

投标人应当具备招标文件规定的资格条件，具有承担所投标项目的相应能力。

第三十一条 投标人在投标文件中填报的资质、业绩、主要人员资历和目前在岗情况、信用等级等信息，应当与其在交通运输主管部门公路建设市场信用信息管理系统上填报并发布的相关信息一致。

第三十二条 投标人应当按照招标文件要求装订、密封投标文件，并按照招标文件规定的时间、地点和方式将投标文件送达招标人。

公路工程勘察设计和施工监理招标的投标文件应当以双信封形式密封，第一信封内为商务文件和技术文件，第二信封内为报价文件。

对公路工程施工招标，招标人采用资格预审方式进行招标且评标方法为技术评分最低标价法的，或者采用资格后审方式进行招标的，投标文件应当以双信封形式密封，第一信封内为商务文件和技术文件，第二信封内为报价文件。

第三十三条 投标文件按照要求送达后，在招标文件规定的投标截止时间前，投标人修改或者撤回投标文件的，应当以书面函件形式通知招标人。

修改投标文件的函件是投标文件的组成部分，其编制形式、密封方式、送达时间等，适用对投标文件的规定。

投标人在投标截止时间前撤回投标文件且招标人已收取投标保证金的，招标人应当自收到投标人书面撤回通知之日起 5 日内退还其投标保证金。

投标截止后投标人撤销投标文件的，招标人可以不退还投标保证金。

第三十四条 投标人根据招标文件有关分包的规定，拟在中标后将中标项目的部分工作进行分包的，应当在投标文件中载明。

投标人在投标文件中未列入分包计划的工程或者服务，中标后不得分包，法律法规或者招标文件另有规定的除外。

第四章 开标、评标和中标

第三十五条 开标应当在招标文件确定的提交投标文件截止时间的同一时间公开进行；开标地点应当为招标文件中预先确定的地点。

投标人少于 3 个的，不得开标，投标文件应当当场退还给投标人；招标人应当重新招标。

第三十六条 开标由招标人主持，邀请所有投标人参加。开标过程应当记录，并存档备查。投标人对开标有异议的，应当在开标现场提出，招标人应当当场作出答复，并制作记录。未参加开标的投标人，视为对开标过程无异议。

第三十七条 投标文件按照招标文件规定采用双信封形式密封的，开标分两个步骤公开进行：

第一步骤对第一信封内的商务文件和技术文件进行开标，对第二信封不予拆封并由招标人予以封存。

第二步骤宣布通过商务文件和技术文件评审的投标人名单，对其第二信封内的报价文件进行开标，宣读投标报价。未通过商务文件和技术文件评审的，对其第二信封不予拆封，并当场退还给投标人；投标人未参加第二信封开标的，招标人应当在评标结束后及时将第二信封原封退还投标人。

第三十八条　招标人应当按照国家有关规定组建评标委员会负责评标工作。

国家审批或者核准的高速公路、一级公路、独立桥梁和独立隧道项目，评标委员会专家应当由招标人从国家重点公路工程建设项目评标专家库相关专业中随机抽取；其他公路工程建设项目的评标委员会专家可以从省级公路工程建设项目评标专家库相关专业中随机抽取，也可以从国家重点公路工程建设项目评标专家库相关专业中随机抽取。

对于技术复杂、专业性强或者国家有特殊要求，采取随机抽取方式确定的评标专家难以保证胜任评标工作的特殊招标项目，可以由招标人直接确定。

第三十九条　交通运输部负责国家重点公路工程建设项目评标专家库的管理工作。

省级人民政府交通运输主管部门负责本行政区域公路工程建设项目评标专家库的管理工作。

第四十条　评标委员会应当民主推荐一名主任委员，负责组织评标委员会成员开展评标工作。评标委员会主任委员与评标委员会的其他成员享有同等权利与义务。

第四十一条　招标人应当向评标委员会提供评标所必需的信息，但不得明示或者暗示其倾向或者排斥特定投标人。

评标所必需的信息主要包括招标文件、招标文件的澄清或者修改、开标记录、投标文件、资格预审文件。招标人可以协助评标委员会开展下列工作并提供相关信息：

（一）根据招标文件，编制评标使用的相应表格；

（二）对投标报价进行算术性校核；

（三）以评标标准和方法为依据，列出投标文件相对于招标文件的所有偏差，并进行归类汇总；

（四）查询公路建设市场信用信息管理系统，对投标人的资质、业绩、主要人员资历和目前在岗情况、信用等级进行核实。

招标人不得对投标文件作出任何评价，不得故意遗漏或者片面摘录，不得在评标委员会对所有偏差定性之前透露存有偏差的投标人名称。

评标委员会应当根据招标文件规定，全面、独立评审所有投标文件，并对招标人提供的上述相关信息进行核查，发现错误或者遗漏的，应当进行修正。

第四十二条　评标委员会应当按照招标文件确定的评标标准和方法进行评标。招标文件没有规定的评标标准和方法不得作为评标的依据。

第四十三条　公路工程勘察设计和施工监理招标，应当采用综合评估法进行评标，对投标人的商务文件、技术文件和报价文件进行评分，按照综合得分由高到低排序，推荐中标候选人。评标价的评分权重不宜超过10%，评标价得分应当根据评标价与评标基准价的偏离程度进行计算。

第四十四条　公路工程施工招标，评标采用综合评估法或者经评审的最低投标价法。综合评估法包括合理低价法、技术评分最低标价法和综合评分法。

合理低价法，是指对通过初步评审的投标人，不再对其施工组织设计、项目管理机构、技术能力等因素进行评分，仅依据评标基准价对评标价进行评分，按照得分由高到低排序，推荐中标候选人的评标方法。

技术评分最低标价法，是指对通过初步评审的投标人的施工组织设计、项目管理机构、技术能力等因素进行评分，按照得分由高到低排序，对排名在招标文件规定数量以内的投标人的报价文件进行评审，按照评标价由低到高的顺序推荐中标候选人的评标方法。招标人在招标文件中规定的参与报价文件评审的投标人数量不得少于3个。

综合评分法，是指对通过初步评审的投标人的评标价、施工组织设计、项目管理机构、技术能力等因素进行评分，按照综合得分由高到低排序，推荐中标候选人的评标方法。其中评标价的评分权重不得低于50%。

经评审的最低投标价法，是指对通过初步评审的投标人，按照评标价由低到高排序，推荐中标候选人的评标方法。

公路工程施工招标评标，一般采用合理低价法或者技术评分最低标价法。技术特别复杂的特大桥梁和特长隧道项目主体工程，可以采用综合评分法。工程规模较小、技术含量较低的工程，可以采用经评审的最低投标价法。

第四十五条　实行设计施工总承包招标的，招标人应当根据工程地质条件、技术特点和施工难度确定评标办法。

设计施工总承包招标的评标采用综合评分法的，评分因素包括评标价、项目管理机构、技术能力、设计文件的优化建议、设计施工总承包管理方案、施工组织设计等因素，评标价的评分权重不得低于50%。

第四十六条　评标委员会成员应当客观、公正、审慎地履行职责，遵守职业道德。评标委员会成员应当依据评标办法规定的评审顺序和内容逐项完成评标工作，对本人提出的评审意见以及评分的公正性、客观性、准确性负责。

除评标价和履约信誉评分项外，评标委员会成员对投标人商务和技术各项因素的评分一般不得低于招标文件规定该因素满分值的60%；评分低于满分值60%的，评标委员会成员应当在评标报告中作出说明。

招标人应当对评标委员会成员在评标活动中的职责履行情况予以记录，并在招标投标情况的书面报告中载明。

第四十七条　招标人应当根据项目规模、技术复杂程度、投标文件数量和评标方法等因素合理确定评标时间。超过三分之一的评标委员会成员认为评标时间不够的，招标人应当适当延长。

评标过程中，评标委员会成员有回避事由、擅离职守或者因健康等原因不能继续评标的，应当及时更换。被更换的评标委员会成员作出的评审结论无效，由更换后的评标委员会成员重新进行评审。

根据前款规定被更换的评标委员会成员如为评标专家库专家，招标人应当从原评标专家库中按照原方式抽取更换后的评标委员会成员，或者在符合法律规定的前提下相应减少评标委员会中招标人代表数量。

第四十八条　评标委员会应当查询交通运输主管部门的公路建设市场信用信息管理系统，对投标人的资质、业绩、主要人员资历和目前在岗情况、信用等级等信息进行核实。若投标文件载明的信息与公路建设市场信用信息管理系统发布的信息不符，使得投标人的资格条件不符合招标文件规定的，评标委员会应当否决其投标。

第四十九条　评标委员会发现投标人的投标报价明显低于其他投标人报价或者在设有标底时明显低于标底的，应当要求该投标人对相应投标报价作出书面说明，并提供相关证明材料。

投标人不能证明可以按照其报价以及招标文件规定的质量标准和履行期限完成招标项目的，评标委员会应当认定该投标人以低于成本价竞标，并否决其投标。

第五十条　评标委员会应当根据《中华人民共和国招标投标法实施条例》第三十九条、第四十

条、第四十一条的有关规定，对在评标过程中发现的投标人与投标人之间、投标人与招标人之间存在的串通投标的情形进行评审和认定。

第五十一条 评标委员会对投标文件进行评审后，因有效投标不足 3 个使得投标明显缺乏竞争的，可以否决全部投标。未否决全部投标的，评标委员会应当在评标报告中阐明理由并推荐中标候选人。

投标文件按照招标文件规定采用双信封形式密封的，通过第一信封商务文件和技术文件评审的投标人在 3 个以上的，招标人应当按照本办法第三十七条规定的程序进行第二信封报价文件开标；在对报价文件进行评审后，有效投标不足 3 个的，评标委员会应当按照本条第一款规定执行。

通过第一信封商务文件和技术文件评审的投标人少于 3 个的，评标委员会可以否决全部投标；未否决全部投标的，评标委员会应当在评标报告中阐明理由，招标人应当按照本办法第三十七条规定的程序进行第二信封报价文件开标，但评标委员会在进行报价文件评审时仍有权否决全部投标；评标委员会未在报价文件评审时否决全部投标的，应当在评标报告中阐明理由并推荐中标候选人。

第五十二条 评标完成后，评标委员会应当向招标人提交书面评标报告。评标报告中推荐的中标候选人应当不超过 3 个，并标明排序。

评标报告应当载明下列内容：

（一）招标项目基本情况；

（二）评标委员会成员名单；

（三）监督人员名单；

（四）开标记录；

（五）符合要求的投标人名单；

（六）否决的投标人名单以及否决理由；

（七）串通投标情形的评审情况说明；

（八）评分情况；

（九）经评审的投标人排序；

（十）中标候选人名单；

（十一）澄清、说明事项纪要；

（十二）需要说明的其他事项；

（十三）评标附表。

对评标监督人员或者招标人代表干预正常评标活动，以及对招标投标活动的其他不正当言行，评标委员会应当在评标报告第（十二）项内容中如实记录。

除第二款规定的第（一）、（三）、（四）项内容外，评标委员会所有成员应当在评标报告上逐页签字。对评标结果有不同意见的评标委员会成员应当以书面形式说明其不同意见和理由，评标报告应当注明该不同意见。评标委员会成员拒绝在评标报告上签字又不书面说明其不同意见和理由的，视为同意评标结果。

第五十三条 依法必须进行招标的公路工程建设项目，招标人应当自收到评标报告之日起 3 日内，在对该项目具有招标监督职责的交通运输主管部门政府网站或者其指定的其他网站上公示中标候选人，公示期不得少于 3 日，公示内容包括：

（一）中标候选人排序、名称、投标报价；

（二）中标候选人在投标文件中承诺的主要人员姓名、个人业绩、相关证书编号；

（三）中标候选人在投标文件中填报的项目业绩；

（四）被否决投标的投标人名称、否决依据和原因；

（五）招标文件规定公示的其他内容。

投标人或者其他利害关系人对依法必须进行招标的公路工程建设项目的评标结果有异议的，应当在中标候选人公示期间提出。招标人应当自收到异议之日起 3 日内作出答复；作出答复前，应当暂停招标投标活动。

第五十四条　除招标人授权评标委员会直接确定中标人外，招标人应当根据评标委员会提出的书面评标报告和推荐的中标候选人确定中标人。国有资金占控股或者主导地位的依法必须进行招标的公路工程建设项目，招标人应当确定排名第一的中标候选人为中标人。排名第一的中标候选人放弃中标、因不可抗力不能履行合同、不按照招标文件要求提交履约保证金，或者被查实存在影响中标结果的违法行为等情形，不符合中标条件的，招标人可以按照评标委员会提出的中标候选人名单排序依次确定其他中标候选人为中标人，也可以重新招标。

第五十五条　依法必须进行招标的公路工程建设项目，招标人应当自确定中标人之日起 15 日内，将招标投标情况的书面报告报对该项目具有招标监督职责的交通运输主管部门备案。

前款所称书面报告至少应当包括下列内容：

（一）招标项目基本情况；

（二）招标过程简述；

（三）评标情况说明；

（四）中标候选人公示情况；

（五）中标结果；

（六）附件，包括评标报告、评标委员会成员履职情况说明等。

有资格预审情况说明、异议及投诉处理情况和资格审查报告的，也应当包括在书面报告中。

第五十六条　招标人应当及时向中标人发出中标通知书，同时将中标结果通知所有未中标的投标人。

第五十七条　招标人和中标人应当自中标通知书发出之日起 30 日内，按照招标文件和中标人的投标文件订立书面合同，合同的标的、价格、质量、安全、履行期限、主要人员等主要条款应当与上述文件的内容一致。招标人和中标人不得再行订立背离合同实质性内容的其他协议。

招标人最迟应当在中标通知书发出后 5 日内向中标候选人以外的其他投标人退还投标保证金，与中标人签订书面合同后 5 日内向中标人和其他中标候选人退还投标保证金。以现金或者支票形式提交的投标保证金，招标人应当同时退还投标保证金的银行同期活期存款利息，且退还至投标人的基本账户。

第五十八条　招标文件要求中标人提交履约保证金的，中标人应当按照招标文件的要求提交。履约保证金不得超过中标合同金额的 10%。招标人不得指定或者变相指定履约保证金的支付形式，由中标人自主选择银行保函或者现金、支票等支付形式。

第五十九条　招标人应当加强对合同履行的管理，建立对中标人主要人员的到位率考核制度。

省级人民政府交通运输主管部门应当定期组织开展合同履约评价工作的监督检查，将检查情况向社会公示，同时将检查结果记入中标人单位以及主要人员个人的信用档案。

第六十条　依法必须进行招标的公路工程建设项目，有下列情形之一的，招标人在分析招标失败的原因并采取相应措施后，应当依照本办法重新招标：

（一）通过资格预审的申请人少于3个的；

（二）投标人少于3个的；

（三）所有投标均被否决的；

（四）中标候选人均未与招标人订立书面合同的。

重新招标的，资格预审文件、招标文件和招标投标情况的书面报告应当按照本办法的规定重新报交通运输主管部门备案。

重新招标后投标人仍少于3个的，属于按照国家有关规定需要履行项目审批、核准手续的依法必须进行招标的公路工程建设项目，报经项目审批、核准部门批准后可以不再进行招标；其他项目可由招标人自行决定不再进行招标。

依照本条规定不再进行招标的，招标人可以邀请已提交资格预审申请文件的申请人或者已提交投标文件的投标人进行谈判，确定项目承担单位，并将谈判报告报对该项目具有招标监督职责的交通运输主管部门备案。

第五章 监督管理

第六十一条 各级交通运输主管部门应当按照《中华人民共和国招标投标法》《中华人民共和国招标投标法实施条例》等法律法规、规章以及招标投标活动行政监督职责分工，加强对公路工程建设项目招标投标活动的监督管理。

第六十二条 各级交通运输主管部门应当建立健全公路工程建设项目招标投标信用体系，加强信用评价工作的监督管理，维护公平公正的市场竞争秩序。

招标人应当将交通运输主管部门的信用评价结果应用于公路工程建设项目招标。鼓励和支持招标人优先选择信用等级高的从业企业。

招标人对信用等级高的资格预审申请人、投标人或者中标人，可以给予增加参与投标的标段数量，减免投标保证金，减少履约保证金、质量保证金等优惠措施。优惠措施以及信用评价结果的认定条件应当在资格预审文件和招标文件中载明。

资格预审申请人或者投标人的信用评价结果可以作为资格审查或者评标中履约信誉项的评分因素，各信用评价等级的对应得分应当符合省级人民政府交通运输主管部门有关规定，并在资格预审文件或者招标文件中载明。

第六十三条 投标人或者其他利害关系人认为招标投标活动不符合法律、行政法规规定的，可以自知道或者应当知道之日起10日内向交通运输主管部门投诉。

就本办法第十五条、第十九条、第三十六条、第五十三条规定事项投诉的，应当先向招标人提出异议，异议答复期间不计算在前款规定的期限内。

第六十四条 投诉人投诉时，应当提交投诉书。投诉书应当包括下列内容：

（一）投诉人的名称、地址及有效联系方式；

（二）被投诉人的名称、地址及有效联系方式；

（三）投诉事项的基本事实；

（四）异议的提出及招标人答复情况；

（五）相关请求及主张；

（六）有效线索和相关证明材料。

对本办法规定应先提出异议的事项进行投诉的，应当提交已提出异议的证明文件。未按规定提出异议或者未提交已提出异议的证明文件的投诉，交通运输主管部门可以不予受理。

第六十五条　投诉人就同一事项向两个以上交通运输主管部门投诉的，由具体承担该项目招标投标活动监督管理职责的交通运输主管部门负责处理。

交通运输主管部门应当自收到投诉之日起 3 个工作日内决定是否受理投诉，并自受理投诉之日起 30 个工作日内作出书面处理决定；需要检验、检测、鉴定、专家评审的，所需时间不计算在内。

投诉人缺乏事实根据或者法律依据进行投诉的，或者有证据表明投诉人捏造事实、伪造材料的，或者投诉人以非法手段取得证明材料进行投诉的，交通运输主管部门应当予以驳回，并对恶意投诉按照有关规定追究投诉人责任。

第六十六条　交通运输主管部门处理投诉，有权查阅、复制有关文件、资料，调查有关情况，相关单位和人员应当予以配合。必要时，交通运输主管部门可以责令暂停招标投标活动。

交通运输主管部门的工作人员对监督检查过程中知悉的国家秘密、商业秘密，应当依法予以保密。

第六十七条　交通运输主管部门对投诉事项作出的处理决定，应当在对该项目具有招标监督职责的交通运输主管部门政府网站上进行公告，包括投诉的事由、调查结果、处理决定、处罚依据以及处罚意见等内容。

第六章　法律责任

第六十八条　招标人有下列情形之一的，由交通运输主管部门责令改正，可以处三万元以下的罚款：

（一）不满足本办法第八条规定的条件而进行招标的；

（二）不按照本办法规定将资格预审文件、招标文件和招标投标情况的书面报告备案的；

（三）邀请招标不依法发出投标邀请书的；

（四）不按照项目审批、核准部门确定的招标范围、招标方式、招标组织形式进行招标的；

（五）不按照本办法规定编制资格预审文件或者招标文件的；

（六）由于招标人原因导致资格审查报告存在重大偏差且影响资格预审结果的；

（七）挪用投标保证金，增设或者变相增设保证金的；

（八）投标人数量不符合法定要求不重新招标的；

（九）向评标委员会提供的评标信息不符合本办法规定的；

（十）不按照本办法规定公示中标候选人的；

（十一）招标文件中规定的履约保证金的金额、支付形式不符合本办法规定的。

第六十九条　投标人在投标过程中存在弄虚作假、与招标人或者其他投标人串通投标、以行贿谋取中标、无正当理由放弃中标以及进行恶意投诉等投标不良行为的，除依照有关法律、法规进行处罚外，省级交通运输主管部门还可以扣减其年度信用评价分数或者降低年度信用评价等级。

第七十条　评标委员会成员未对招标人根据本办法第四十一条第二款（一）至（四）项规定提供的相关信息进行认真核查，导致评标出现疏漏或者错误的，由交通运输主管部门责令改正。

第七十一条　交通运输主管部门应当依法公告对公路工程建设项目招标投标活动中招标人、招标代理机构、投标人以及评标委员会成员等的违法违规或者恶意投诉等行为的行政处理决定，并将其作为招标投标不良行为信息记入相应当事人的信用档案。

第七章　附　则

第七十二条　使用国际组织或者外国政府贷款、援助资金的项目进行招标，贷款方、资金提供方对招标投标的具体条件和程序有不同规定的，可以适用其规定，但违背中华人民共和国的社会公共利益的除外。

第七十三条　采用电子招标投标的，应当按照本办法和国家有关电子招标投标的规定执行。

第七十四条　本办法自2016年2月1日起施行。《公路工程施工招标投标管理办法》（交通部令2006年第7号）、《公路工程施工监理招标投标管理办法》（交通部令2006年第5号）、《公路工程勘察设计招标投标管理办法》（交通部令2001年第6号）和《关于修改〈公路工程勘察设计招标投标管理办法〉的决定》（交通运输部令2013年第3号）、《关于贯彻国务院办公厅关于进一步规范招投标活动的若干意见的通知》（交公路发〔2004〕688号）、《关于公路建设项目货物招标严禁指定材料产地的通知》（厅公路字〔2007〕224号）、《公路工程施工招标资格预审办法》（交公路发〔2006〕57号）、《关于加强公路工程评标专家管理工作的通知》（交公路发〔2003〕464号）、《关于进一步加强公路工程施工招标评标管理工作的通知》（交公路发〔2008〕261号）、《关于进一步加强公路工程施工招标资格审查工作的通知》（交公路发〔2009〕123号）、《关于改革使用国际金融组织或者外国政府贷款公路建设项目施工招标管理制度的通知》（厅公路字〔2008〕40号）、《公路工程勘察设计招标评标办法》（交公路发〔2001〕582号）、《关于认真贯彻执行公路工程勘察设计招标投标管理办法的通知》（交公路发〔2002〕303号）同时废止。

公路工程勘察设计招标评标办法

第一条 为规范公路工程勘察设计招标评标工作，保证评标的公平和公正，维护招标投标活动当事人的合法权益，依据《公路工程勘察设计招标投标管理办法》，制定本办法。

第二条 依法进行招标的公路工程勘察设计项目，评标工作必须遵守本办法。

第三条 公路工程勘察设计招标评标工作遵循公平、公正、科学、择优的原则。任何单位和个人不得非法干预或者影响评标过程和结果。

第四条 公路工程勘察设计招标评标工作是按照本办法的规定和招标文件的要求，采用综合评价方法，对所有投标人的投标文件进行综合评审和比较，提出中标、废标或建议重新招标等评标意见，编写评标报告。

评标工作由招标人依法设立的评标委员会负责。评标委员会专家应当从省级以上人民政府交通主管部门专家库中确定。

第五条 招标人应当按照本办法的规定和招标文件要求，结合项目特点，制定评标细则，并在开始评标前经评标委员会审定后实施。

评标细则中，应当对招标文件规定的主要评标标准和办法，制定具体的评价指标。

第六条 评标工作一般按以下程序进行：

（一）投标文件第一个信封：

1．符合性审查；

2．澄清（如果需要）；

3．评审打分。

（二）投标文件第二个信封：

1．符合性审查；

2．澄清（如果需要）；

3．评审打分。

（三）综合评价，提出评标意见。

（四）编写评标报告。

第七条 开标时，招标人应当当众拆封投标文件第一个信封（商务文件和技术文件），宣读投标人名称、投标文件签署情况及商务文件中标前页的主要内容。投标文件中第二个信封（报价清单）不予拆封，并妥善保存。

开标过程应当记录，并存档备查。

第八条 评标阶段应当对投标文件的实质性内容进行符合性审查，判定其内容是否详实可靠、是否满足招标文件要求。

第九条 投标文件第一个信封通过符合性审查的主要条件：

（一）投标文件按照招标文件的格式、内容填写，字迹清晰可辨；

（二）投标文件中法定代表人或法定代表人授权代理人的签字齐全；

（三）投标文件中标明的投标人与资格预审的投标申请人未发生实质性改变，联合体成员未发生变化；

（四）按招标文件的规定提供了授权代理人授权书，并附有公证机构公证书；

（五）以联合体形式投标的，提交了联合体协议，并附有联合体各方的资质证明材料；

（六）有分包计划的，提交了分包计划，并附有对分包单位的资质要求。

第十条　投标文件第二个信封通过符合性审查的主要条件：

（一）勘察设计取费依据符合现行公路工程勘察设计取费标准规定；

（二）勘察设计取费计算方法合理；

（三）勘察设计取费计算清单明晰。

第十一条　评标委员会可以要求投标人对投标文件中含义不明确的内容或与招标文件的偏差作必要的澄清或说明。

投标人须以书面形式提供澄清或说明内容，并作为投标文件的组成部分。

澄清和说明不得超出投标文件的范围或者改变投标文件的实质性内容。

第十二条　评标委员会对通过符合性审查的投标文件第一个信封进行评审打分后，在监督机构到场的情况下，拆封投标文件第二个信封，对第二个信封进行符合性审查并评审打分。

第十三条　投标文件第一个信封或第二个信封按照评标程序经过澄清后，未通过符合性审查的，评标委员会可以认为其投标无效。

第十四条　评标委员会对投标文件的评审打分的主要内容和分值范围如下：

投标文件第一个信封：

（一）投标人的信誉和与本项目相关的具体经验，分值范围 5～15 均值 10；

（二）拟从事本项目人员的资格和能力，分值范围 25～35 均值 30；

（三）对本项目的理解和技术建议，分值范围 25～35 均值 30；

（四）工作计划和质量管理措施，分值范围 5～15 均值 10；

（五）技术设备投入，分值范围 0～10 均值 5；

（六）后续服务，分值范围 5～15 均值 10；

投标文件的第二个信封：

（七）报价，分值范围 0～10 均值 5。

技术特别复杂的特大桥梁、长大隧道等工程，或有特殊要求的工程，可适当调整上述的分值范围。

第十五条　报价得分应以平均报价为依据进行评分。平均报价是指投标文件第一个信封和第二个信封均通过符合性审查的投标人的实际报价的平均值。具体计算方法如下：

（一）投标人实际报价低于平均报价的，报价得分为最高得分；

（二）投标人实际报价高于平均报价的，报价得分=（0～10）×所有投标人的平均报价/投标人的报价。

第十六条　评标委员会成员应当按照评标细则的规定，独立评分并签名。

评标委员会应当对投标人进行综合评价，综合计算得分结果并排列顺序。

第十七条　评标委员会经评审，认为所有投标都不满足招标文件要求的，可以否决所有投标。出现下列情况之一的，招标人应当重新招标：

（一）所有的招标文件均未通过商务文件、技术文件符合性审查；

（二）所有的投标文件均不能满足招标文件要求。

第十八条 评标委员会应当在评标工作完成后，依据对投标人综合得分结果的排序高低推荐 2 名中标候选人，并向招标人提出书面评标报告。

评标委员会的评标报告一般包括以下内容（格式见附件 1）：

（一）评标工作回顾；

（二）评标委员会组成情况；

（三）废标情况说明；

（四）澄清、说明事项纪要；

（五）综合评价后的投标人排序；

（六）评标结果和推荐的中标候选人；

（七）附表；

（八）评标细则。

第十九条 评标委员会全体成员应当在评标报告上签字。对评标结论持有异议的评标委员会成员可以书面方式阐述其不同意见和理由，评标委员会成员拒绝在评标报告上签字且不陈述其不同意见和理由的，视为同意评标结论。评标委员会应当对此作出书面说明并记录在案。

第二十条 招标人根据评标委员会提出的书面评标报告和推荐的中标候选人确定中标人，招标人也可授权评标委员会直接确定中标人。

第二十一条 评标委员会成员应当客观、公正地履行职责，遵守职业道德，对所提出的评审意见承担个人责任。

评标委员会成员不得私下接触投标人，不得收受投标人的财物或者其他好处，不得透露对投标文件的评审、中标候选人的推荐情况以及与评标有关的其他情况。

第二十二条 招标人应当按规定确定中标人，并按项目管理权限向交通部或省级政府交通主管部门提交评标报告报请核备后，发出中标通知书。

评标报告一般包括以下内容（格式见附件 2）：

（一）项目概况；

（二）招标过程回顾；

（三）评标工作组织及评标程序；

（四）中标人的确定；

（五）附件。

第二十三条 使用国际组织或者外国政府贷款、援助资金的项目进行招标，贷款方、资金提供方对招标投标的有特殊规定的，可以适用其规定，但违背中华人民共和国的社会公共利益的除外。

第二十四条 本办法由交通部负责解释。

附件略。

公路工程设计变更管理办法

（交通部令2005年第5号）

第一条 为加强公路工程建设管理，规范公路工程设计变更行为，保证公路工程质量，保护人民生命及财产安全，根据《中华人民共和国公路法》《建设工程质量管理条例》《建设工程勘察设计管理条例》等相关法律和行政法规，制定本办法。

第二条 对交通部批准初步设计的新建、改建公路工程的设计变更，应当遵守本规定。

本办法所称设计变更，是指自公路工程初步设计批准之日起至通过竣工验收正式交付使用之日止，对已批准的初步设计文件、技术设计文件或施工图设计文件所进行的修改、完善等活动。

第三条 各级交通主管部门应当加强对公路工程设计变更活动的监督管理。

第四条 公路工程设计变更应当符合国家有关公路工程强制性标准和技术规范的要求，符合公路工程质量和使用功能的要求，符合环境保护的要求。

第五条 公路工程设计变更分为重大设计变更、较大设计变更和一般设计变更。

有下列情形之一的属于重大设计变更：

（一）连续长度10公里以上的路线方案调整的；

（二）特大桥的数量或结构型式发生变化的；

（三）特长隧道的数量或通风方案发生变化的；

（四）互通式立交的数量发生变化的；

（五）收费方式及站点位置、规模发生变化的：

（六）超过初步设计批准概算的。

有下列情形之一的属于较大设计变更：

（一）连续长度2公里以上的路线方案调整的；

（二）连接线的标准和规模发生变化的；

（三）特殊不良地质路段处置方案发生变化的；

（四）路面结构类型、宽度和厚度发生变化的；

（五）大中桥的数量或结构型式发生变化的；

（六）隧道的数量或方案发生变化的；

（七）互通式立交的位置或方案发生变化的；

（八）分离式立交的数量发生变化的；

（九）监控、通讯系统总体方案发生变化的；

（十）管理、养护和服务设施的数量和规模发生变化的；

（十一）其他单项工程费用变化超过500万元的；

（十二）超过施工图设计批准预算的。

一般设计变更是指除重大设计变更和较大设计变更以外的其他设计变更。

第六条 公路工程重大、较大设计变更实行审批制。

公路工程重大、较大设计变更，属于对设计文件内容作重大修改，应当按照本办法规定的程序进行审批。未经审查批准的设计变更不得实施。

任何单位或者个人不得违反本办法规定擅自变更已经批准的公路工程初步设计、技术设计和施工图设计文件。不得肢解设计变更规避审批。

经批准的设计变更一般不得再次变更。

第七条 重大设计变更由交通部负责审批。较大设计变更由省级交通主管部门负责审批。

第八条 项目法人负责对一般设计变更进行审查，并应当加强对公路工程设计变更实施的管理。

第九条 公路工程勘察设计、施工及监理等单位可以向项目法人提出公路工程设计变更的建议。

设计变更的建议应当以书面形式提出，并应当注明变更理由。项目法人也可以直接提出公路工程设计变更的建议。

第十条 项目法人对设计变更的建议及理由应当进行审查核实。必要时，项目法人可以组织勘察设计、施工、监理等单位及有关专家对设计变更建议进行经济、技术论证。

第十一条 对一般设计变更建议，由项目法人根据审查核实情况或者论证结果决定是否开展设计变更的勘察设计工作。

对较大设计变更和重大设计变更建议，项目法人经审查论证确认后，向省级交通主管部门提出公路工程设计变更的申请，并提交以下材料：

（一）设计变更申请书。包括拟变更设计的公路工程名称、公路工程的基本情况、原设计单位、设计变更的类别、变更的主要内容、变更的主要理由等。

（二）对设计变更申请的调查核实情况、合理性论证情况。

（三）省级交通主管部门要求提交的其他相关材料。

省级交通主管部门自受理申请之日起 15 日内作出是否同意开展设计变更的勘察设计工作的决定，并书面通知申请人。

第十二条 设计变更的勘察设计应当由公路工程的原勘察设计单位承担。经原勘察设计单位书面同意，项目法人也可以选择其他具有相应资质的勘察设计单位承担。设计变更勘察设计单位应当及时完成勘察设计，形成设计变更文件，并对设计变更文件承担相应责任。

第十三条 设计变更文件完成后，项目法人应当组织对设计变更文件进行审查。

一般设计变更文件由项目法人审查确认后决定是否实施。项目法人应当在 15 日内完成审查确认工作。

重大及较大设计变更文件经项目法人审查确认后报省级交通主管部门审查。其中，重大设计变更文件由省级交通主管部门审查后报交通部批准；较大设计变更文件由省级交通主管部门批准，并报交通部备案。若设计变更与可行性研究报告批复内容不一致，应征得原可行性研究报告批复部门的同意。

第十四条 项目法人在报审设计变更文件时，应当提交以下材料：

（一）设计变更说明；

（二）设计变更的勘察设计图纸及原设计相应图纸；

（三）工程量、投资变化对照清单和分项概、预算文件。

第十五条 设计变更文件的审批应当在 20 日内完成。无正当理由，超过审批时间未对设计变更文件的审查予以答复的，视为同意。

需要专家评审的，所需时间不计算在上述期限内。审批机关应当将所需时间书面告知申请人。

第十六条　对需要进行紧急抢险的公路工程设计变更，项目法人可先进行紧急抢险处理，同时按照规定的程序办理设计变更审批手续，并附相关的影像资料说明紧急抢险的情形。

第十七条　公路工程设计变更工程的施工原则上由原施工单位承担。原施工单位不具备承担设计变更工程的资质等级时，项目法人应通过招标选择施工单位。

第十八条　项目法人应当建立公路工程设计变更管理台账，定期对设计变更情况进行汇总，并应当每半年将汇总情况报省级交通主管部门备案。

省级交通主管部门可以对管理台账随时进行检查。

第十九条　交通主管部门审查批准公路工程设计变更文件时，工程费用按《公路基本建设工程概算、预算编制办法》核定。

第二十条　由于公路工程勘察设计、施工等有关单位的过失引起公路工程设计变更并造成损失的，有关单位应当承担相应的费用和相关责任。

由于公路工程设计变更发生的建筑安装工程费、勘察设计费和监理费等费用的变化，按照有关合同约定执行。

由于公路工程设计变更发生的工程建设单位管理费、征地拆迁费等费用的变化，按照国家有关规定执行。

第二十一条　按照本办法规定经过审查批准的公路工程设计变更，其费用变化纳入决算。未经批准的设计变更，其费用变化不得进入决算。

第二十二条　设计变更审批部门违反本办法规定，不按照规定权限、条件和程序审查批准公路工程设计变更文件的，上级交通主管部门或者监察部门责令改正；造成严重后果的，对直接负责的主管人员和其他直接责任人员依法给予行政处分；构成犯罪的，依法追究刑事责任。

较大设计变更审批部门违反本办法规定，情节严重的，对全部或者部分使用国有资金的项目，可以暂停项目执行。

第二十三条　交通主管部门工作人员在设计变更审查批准过程中滥用职权、玩忽职守、谋取不正当利益的，由主管部门或者监察部门给予行政处分；构成犯罪的，依法追究刑事责任。

第二十四条　项目法人有以下行为之一的，交通主管部门责令改正；情节严重的，对全部或者部分使用国有资金的项目，暂停项目执行。构成犯罪的，依法追究刑事责任：

（一）不按照规定权限、条件和程序审查、报批公路工程设计变更文件的；

（二）将公路工程设计变更肢解规避审批的；

（三）未经审查批准或者审查不合格，擅自实施设计变更的。

第二十五条　施工单位不按照批准的设计变更文件施工的，交通主管部门责令改正；造成建设工程质量不符合规定的质量标准的，负责返工、修理，并赔偿因此造成的损失；情节严重的，责令停业整顿，降低资质等级或者吊销资质证书。

第二十六条　交通部批准初步设计以外的新建、改建公路工程的设计变更，参照本办法执行。

第二十七条　本办法自2005年7月1日起施行。

公路工程施工招标投标管理办法

第一章 总 则

第一条 为规范公路工程施工招标投标活动，保证公路工程施工质量，维护招标投标活动各方当事人合法权益，依据《公路法》《招标投标法》，制定本办法。

第二条 在中华人民共和国境内进行公路工程施工招标投标活动，适用本办法。

本办法所称公路工程，包括公路、公路桥梁、公路隧道及与之相关的安全设施、防护设施、监控设施、通信设施、收费设施、绿化设施、服务设施、管理设施等公路附属设施的新建、改建与安装工程。

第三条 下列公路工程施工项目必须进行招标，但涉及国家安全、国家秘密、抢险救灾或者利用扶贫资金实行以工代赈等不适宜进行招标的项目除外：

（一）投资总额在3000万元人民币以上的公路工程施工项目；

（二）施工单项合同估算价在200万元人民币以上的公路工程施工项目；

（三）法律、行政法规规定应当招标的其他公路工程施工项目。

第四条 公路工程施工招标投标活动应当遵循公开、公平、公正和诚信的原则。

第五条 依法必须进行招标的公路工程施工项目，其招标投标活动不受地区或者部门的限制，任何具备从事公路建设规定条件的企业法人都可以参加投标。

任何组织和个人不得以任何方式非法干预公路工程施工招标投标活动。

第六条 交通部依法负责全国公路工程施工招标投标活动的监督管理。

县级以上地方人民政府交通主管部门按照各自职责依法负责本行政区域内公路工程施工招标投标活动的监督管理。

第二章 招 标

第七条 公路工程施工招标的项目应当具备下列条件：

（一）初步设计文件已被批准；

（二）建设资金已经落实；

（三）项目法人已经确定，并符合项目法人资格标准要求。

第八条 公路工程施工招标的招标人，应当是依照本办法规定提出公路工程施工招标项目、进行公路工程施工招标的项目法人。

第九条 具备下列条件的招标人，可以自行办理招标事宜：

（一）具有与招标项目相适应的工程管理、造价管理、财务管理能力；

（二）具有组织编制公路工程施工招标文件的能力；

（三）具有对投标人进行资格审查和组织评标的能力。

招标人不具备本条前款规定条件的，应当委托具有相应资格的招标代理机构办理公路工程施工招标事宜。

任何组织和个人不得为招标人指定招标代理机构。

第十条 公路工程施工招标分为公开招标和邀请招标。

采用公开招标的，招标人应当通过国家指定的报刊、信息网络或者其他媒体发布招标公告，邀请具备相应资格的不特定的法人投标。

采用邀请招标的，招标人应当以发送投标邀请书的方式，邀请三家以上具备相应资格的特定的法人投标。

第十一条 公路工程施工招标应当实行公开招标，法律、行政法规和本办法另有规定的除外。

符合下列条件之一，不适宜公开招标的，依法履行审批手续后，可以进行邀请招标：

（一）项目技术复杂或有特殊技术要求，且符合条件的潜在投标人数量有限的；

（二）受自然地域环境限制的；

（三）公开招标的费用与工程费用相比，所占比例过大的。

第十二条 公路工程施工招标，可以对整个建设项目分标段一次招标，也可以根据不同专业、不同实施阶段分别进行招标，但不得将招标工程化整为零或者以其他任何方式规避招标。

第十三条 公路工程施工招标标段，应当按照有利于对项目实施管理和规模化施工的原则，合理划分。

施工工期应当按照批复的初步设计建设工期，结合项目实际情况，合理确定。

第十四条 公路工程施工招标，应当按下列程序进行：

（一）确定招标方式。采用邀请招标的，应当按照国家规定报有关主管部门审批。

（二）编制投标资格预审文件和招标文件。招标文件按照本办法规定备案。

（三）发布招标公告，发售投标资格预审文件；采用邀请招标的，可直接发出投标邀请书，发售招标文件。

（四）对潜在投标人进行资格审查。

（五）向资格预审合格的潜在投标人发出投标邀请书和发售招标文件。

（六）组织潜在投标人考察招标项目工程现场，召开标前会。

（七）接受投标人的投标文件，公开开标。

（八）组建评标委员会评标，推荐中标候选人。

（九）确定中标人。评标报告和评标结果按照本办法规定备案并公示。

（十）发出中标通知书。

（十一）与中标人订立公路工程施工合同。

第十五条 公路工程施工招标投标应当对潜在投标人进行资格审查。

公路工程施工采用公开招标的，招标公告发布后，招标人应当根据潜在投标人提交的资格预审申请文件，对潜在投标人的资格进行审查。招标人只向资格预审合格的潜在投标人发售招标文件。

公路工程施工采用邀请招标的，投标邀请书发出后，招标人应当根据投标人提交的投标文件，对投标人的资格进行审查。

公路工程施工招标资格预审办法由交通部另行制定。

第十六条 招标人审查潜在投标人的资格，应当严格按照资格预审的规定进行，不得采用抽签、摇号等博彩性方式进行资格审查。

第十七条 招标人应当根据招标项目的特点和需要，编制招标文件。

二级及以上公路和大型桥梁、隧道工程的主体工程施工招标文件，应当按照交通部颁布的《公路工程国内招标文件范本》的格式和要求编制。

本条前款规定以外的其他公路工程和公路附属设施工程的施工招标文件，可参照《公路工程国内招标文件范本》的格式和内容编制，并可根据实际需要适当简化。

第十八条 招标文件中关于投标人的资质要求，应当符合法律、行政法规的规定。

招标人不得在招标文件中制定限制性条件阻碍或者排斥投标人，不得规定以获得本地区奖项等要求作为评标加分条件或者中标条件。

第十九条 招标文件应当载明以下主要内容：

（一）投标邀请书；

（二）投标人须知；

（三）公路工程施工合同条款；

（四）招标项目适用的技术规范；

（五）施工图设计文件；

（六）投标文件格式，包括投标书格式及投标书附录格式、投标书附表格式、工程量清单格式、投标担保文件格式、合同格式等。

投标人须知应当载明以下主要内容：

（一）评标标准和方法；

（二）工期要求；

（三）提交投标文件的起止时间、地点和方式；

（四）开标的时间和地点。

招标公告、投标邀请书应当载明下列内容：

（一）招标人的名称和地址；

（二）招标项目的名称、技术标准、规模、投资情况、工期、实施地点和时间；

（三）获取资格预审文件或者招标文件的办法、时间和地点；

（四）对潜在投标人的资质要求；

（五）招标人认为应当公告或者告知的其他事项。

第二十条 招标人应当按照招标公告或者投标邀请书规定的时间、地点出售资格预审文件和招标文件。资格预审文件和招标文件的发售时间不得少于 5 个工作日。

第二十一条 招标人应当合理确定资格预审申请文件和投标文件的编制时间。

编制资格预审申请文件的时间，自开始发售资格预审文件之日起至潜在投标人提交资格预审申请文件截止时间止，不得少于 14 日。

编制投标文件的时间，自招标文件开始发售之日起至投标人提交投标文件截止时间止，高速公路、一级公路、技术复杂的特大桥梁、特长隧道不得少于 28 日，其他公路工程不得少于 20 日。

第二十二条 国道主干线和国家高速公路网建设项目的工程施工招标文件应当报交通部备案，其他公路建设项目的工程施工招标文件应当按照项目管理权限报县级以上地方人民政府交通主管部门备案。

交通主管部门发现招标文件存在不符合法律、法规及规章规定内容的，应当在收到备案文件后的 7 日内，提出处理意见，及时行使监督检查职责。

第二十三条 招标人如需对已出售的招标文件进行必要的澄清或修改，应当在投标截止日期 15

日前以书面形式通知所有招标文件收受人，并应当按照第二十二条的规定备案。

对招标文件澄清或者修改的内容为招标文件的组成部分。

第二十四条 招标人设定标底的，可自行编制标底或者委托具备相应资格的单位编制标底。

标底编制应当符合国家有关工程造价管理的规定，并应当控制在批准的概算以内。

招标人应当采取措施，在开标前做好标底的保密工作。

第二十五条 国道主干线和国家高速公路网建设项目的资格预审结果报交通部备案，其他公路建设项目的资格预审结果按照项目管理权限报县级以上地方人民政府交通主管部门备案。

第三章 投 标

第二十六条 公路工程施工招标的投标人是响应招标、参加投标竞争的公路工程施工单位。

投标人应当具备招标文件规定的资格条件，具有承担所投标项目的相应能力。

第二十七条 两个以上施工单位可以组成联合体参加公路工程施工投标。联合体各成员单位都应当具备招标文件规定的相应资质条件。由同一专业施工单位组成的联合体，按照资质等级较低的单位确定资质等级。

以联合体形式参加公路工程施工投标的单位，应当在资格预审申请文件中注明，并提交联合体各成员单位共同签订的联合体协议。

联合体协议应当明确主办人及成员单位各自的权利和义务。

第二十八条 投标人应当按照招标文件的要求，按时参加招标人主持召开的标前会并勘察现场。

第二十九条 投标人应当按照招标文件的要求编制投标文件，并对招标文件提出的实质性要求和条件作出响应。

第三十条 投标人根据招标文件载明的项目实际情况，拟在中标后将中标项目的部分非关键性工作进行分包的，应当向招标人提交分包计划，并在投标文件中载明。分包单位的资质应当与其承担的工程规模标准相适应。

第三十一条 投标文件中投标书及投标书附录、投标报价部分应当由投标人的法定代表人或其授权的代理人签字，并加盖投标人印章，其他部分应当按照招标文件的要求签署。

投标文件应当由投标人密封，并按照招标文件规定的时间、地点和方式送达招标人。

第三十二条 投标文件按照要求送达后，在招标文件规定的投标截止时间前，投标人如需撤回或者修改投标文件，应当以正式函件提出并作出说明。

修改投标文件的函件是投标文件的组成部分，其形式要求、密封方式、送达时间，适用对投标文件的规定。

第三十三条 招标人对投标人按时送达并符合密封要求的投标文件，应当签收，并妥善保存。

招标人不得接受未按照要求密封的投标文件及投标截止时间后送达的投标文件。

第三十四条 投标人参加投标，不得弄虚作假，不得与其他投标人互相串通投标，不得采取贿赂以及其他不正当手段谋取中标，不得妨碍其他投标人投标。

第四章 开标、评标和中标

第三十五条 开标时间应当与招标文件中确定的提交投标文件截止时间一致。

开标地点应当是招标文件中预先确定的地点，不得随意变更。

第三十六条 开标应当公开进行。

开标由招标人主持，邀请交通主管部门和所有投标人的法定代表人或其授权的代理人参加。

第三十七条 开标时，由投标人或者其推选的代表检查投标文件的密封情况，也可以由招标人委托的公证机构检查并予以公证。

投标文件的密封情况经确认无误后，招标人应当当众拆封，并宣读投标人名称、投标价格和投标文件的其他主要内容。

招标人设有标底的，应当同时公布标底。

第三十八条 招标人应当记录开标过程，并存档备查。

第三十九条 评标由招标人依法组建的评标委员会负责。

评标委员会由招标人的代表和技术、经济专家组成。评标委员会委员人数为五人以上单数，其中专家人数不得少于成员总数的三分之二。

第四十条 国道主干线和国家高速公路网建设项目，评标委员会专家从交通部设立的评标专家库中随机抽取，其他公路建设项目的评标委员会专家从省级人民政府交通主管部门设立的评标专家库中随机抽取。

与投标人有利害关系的人员不得进入相关招标项目的评标委员会。

第四十一条 评标委员会成员名单在中标结果确定前应当保密。

第四十二条 评标委员会成员应当客观、公正地履行职责，遵守职业道德，对所提出的评审意见承担责任。

评标委员会成员不得私下接触投标人，不得收受贿赂或者投标人的其他好处，不得透露对投标文件的评审、中标候选人的推荐情况以及与评标有关的其他情况。评标委员会成员存在违规行为的，一经查实，取消其评标委员会成员资格，并不得再参加任何依法必须进行招标的项目的评标。

任何单位和个人不得非法干预、影响评标过程和结果。

第四十三条 评标委员会可以要求投标人对投标文件中含义不明确的内容作出必要的澄清或者说明，但是澄清或者说明不得超出或者改变投标文件的实质性内容。

第四十四条 公路工程施工招标的评标方法可以使用合理低价法、最低评标价法、综合评估法和双信封评标法以及法律、法规允许的其他评标方法。

合理低价法，是指对通过初步评审和详细评审的投标人，不对其施工组织设计、财务能力、技术能力、业绩及信誉进行评分，而是按招标文件规定的方法对评标价进行评分，并按照得分由高到低的顺序排列，推荐前 3 名投标人为中标候选人的评标方法。

最低评标价法，是指按由低到高顺序对评标价不低于成本价的投标文件进行初步评审和详细评审，推荐通过初步评审和详细评审且评标价最低的前 3 名投标人为中标候选人的评标方法。

综合评估法，是指对所有通过初步评审和详细评审的投标人的评标价、财务能力、技术能力、管理水平以及业绩与信誉进行综合评分，按综合评分由高到低排序，并推荐前 3 名投标人为中标候选人的评标方法。

双信封评标法，是指投标人将投标报价和工程量清单单独密封在一个报价信封中，其他商务和技术文件密封在另外一个信封中，分两次开标的评标方法。第一次开商务和技术文件信封，对商务和技术文件进行初步评审和详细评审，确定通过商务和技术评审的投标人名单。第二次再开通过商务和技术评审投标人的投标报价和工程量清单信封，当场宣读其报价，再按照招标文件规定的评标办法进行评标，推荐中标候选人。对未通过商务和技术评审的投标人，其报价信封将不予开封，当场退还给投标人。

公路工程施工招标评标，一般应当使用合理低价法。使用世界银行、亚洲开发银行等国际金融组织贷款的项目和工程规模较小、技术含量较低的工程，可使用最低评标价法。

第四十五条　评标委员会应当按照招标文件确定的评标标准和方法，对投标文件进行评审和比较。

招标文件中没有规定的标准和方法，不得作为评标的依据。

第四十六条　评标委员会完成评标工作后，应当向招标人提出书面评标报告。评标报告应当由所有评标委员会委员签字。

评标报告应当载明以下内容：

（一）评标委员会的成员名单；

（二）开标记录情况；

（三）评标采用的标准和方法；

（四）对投标人的评价；

（五）符合要求的投标人情况；

（六）推荐的中标候选人；

（七）需要说明的其他事项。

第四十七条　评标委员会推荐的中标候选人应当限定在一至三人，并标明排列顺序。

招标人应当根据评标委员会提出的书面评标报告确定排名第一的中标候选人为中标人。排名第一的中标候选人放弃中标、因不可抗力不能履行合同，或者在招标文件规定的期限内未能提交履约担保的，招标人可以确定排名第二的中标候选人为中标人。

排名第二的中标候选人因前款规定的原因也不能签定合同的，招标人可以确定排名第三的中标候选人为中标人。

招标人可以授权评标委员会直接确定中标人。

第四十八条　招标人应当将评标结果在招标项目所在地省级交通主管部门政府网站上公示，接受社会监督。公示时间不少于 7 日。

第四十九条　属于下列情况之一的，应当作为废标处理：

（一）投标文件未经法定代表人或者其授权代理人签字，或者未加盖投标人公章；

（二）投标文件字迹潦草、模糊，无法辨认；

（三）投标人对同一标段提交两份以上内容不同的投标文件，未书面声明其中哪一份有效；

（四）投标人在招标文件未要求选择性报价时，对同一个标段，有两个或两个以上的报价；

（五）投标人承诺的施工工期超过招标文件规定的期限或者对合同的重要条款有保留；

（六）投标人未按招标文件要求提交投标保证金；

（七）投标文件不符合招标文件实质性要求的其他情形。

第五十条　有下列情形之一的，招标人应当依照本办法重新招标：

（一）少于 3 个投标人的；

（二）经评标委员会评审，所有投标均不符合招标文件要求的；

（三）由于招标人、招标代理人或投标人的违法行为，导致中标无效的；

（四）中标人均未与招标人签订公路工程施工合同的。

重新招标的，招标文件、资格预审结果和评标报告应当按照本办法的规定重新报交通主管部门备案，招标文件未作修改的可以不再备案。

第五十一条 招标人确定中标人后，应当向中标人发出中标通知书，并同时将中标结果通知所有未中标的投标人。

第五十二条 招标人应当自确定中标人之日起 15 日内，将评标报告向第二十二条规定的备案机关进行备案。

第五十三条 招标人和中标人应当自中标通知书发出之日起 30 日内订立书面公路工程施工合同。

公路工程施工合同应当按照招标文件、中标人的投标文件、中标通知书订立。

招标人和中标人不得再行订立背离合同实质性内容的其他协议。

第五十四条 招标人应当自订立公路工程施工合同之日起 5 个工作日内，向中标人和未中标的投标人退还投标保证金。由于中标人自身原因放弃中标，招标文件约定放弃中标不予返还投标保证金的，中标人无权要求返还投标保证金。

第五章 附 则

第五十五条 违反本办法及《招标投标法》的行为，依法承担相应的法律责任。

第五十六条 使用国际金融组织或者外国政府贷款的公路工程施工招标，贷款方或者资金提供方对施工招标投标的具体条件和程序有特殊规定的，可以适用其规定，但不得违背中华人民共和国的社会公共利益。交通部对其有另行规定的，适用其规定。

第五十七条 本办法自 2006 年 8 月 1 日起施行，交通部 2002 年 6 月 6 日发布的《公路工程施工招标投标管理办法》同时废止。

公路工程施工招标资格预审办法

（交公路发〔2006〕57号）

第一章 总 则

第一条 为规范公路工程施工招标资格预审工作，依据《中华人民共和国招标投标法》和《公路工程施工招标投标管理办法》，制定本办法。

第二条 公路工程施工招标实行资格预审的，适用本办法。

第三条 公路工程施工招标资格预审是指招标人在发出投标邀请前，对潜在投标人的投标资格进行的审查。只有通过资格预审的潜在投标人，方可取得投标资格。

第四条 潜在投标人是具有独立法人资格、持有营业执照、具有与招标项目相应的施工资质和施工能力的施工企业。

第五条 资格预审工作由招标人负责，任何单位和个人不得非法干预。

第六条 资格预审工作应遵循公开、公平、公正、科学、择优的原则，不得实行地方保护和行业保护，不得对不同地区、不同行业的潜在投标人设定不同的资格标准。

第二章 资格预审程序和要求

第七条 资格预审按下列程序进行：

（一）招标人编制资格预审文件；

（二）发布资格预审公告；

（三）出售资格预审文件；

（四）潜在投标人编制并递交资格预审申请文件；

（五）对资格预审申请文件进行评审；

（六）编写资格评审报告；

（七）发出资格预审结果通知。

第八条 资格预审文件应当载明以下主要内容：

（一）资格预审公告；

（二）资格预审须知；

（三）资格预审申请表格式；

（四）有关附件：工程概况、各标段详细情况、计划工期、实施要求、建设环境与条件、招标时间安排等。

招标人应根据工程实际，科学划分标段，合理确定资格标准。

第九条 资格预审公告应当载明以下内容：

（一）招标人的名称和地址；

（二）招标项目和各标段的基本情况；

（三）各标段投标人的合格条件和资质要求；

（四）获得资格预审文件的办法、时间、地点和费用；

（五）递交资格预审申请文件的地点和截止时间；

（六）招标人认为应当告知的其他事项。

资格预审公告应在国家指定的媒介上公开发布。公告中不得含有限制具备条件的潜在投标人购买资格预审文件的内容。

第十条 资格预审须知应当载明以下内容：

（一）潜在投标人可以申请资格预审的标段数量，以及可以通过资格预审的标段数量；

（二）对潜在投标人的施工经验、施工能力（包括人员、设备和财务状况）、管理能力和履约信誉等的要求；

（三）对工程分包、子公司施工、联合体投标的规定和要求；

（四）资格预审申请文件编制和递交要求（包括编制格式、内容、签署、装订、密封及递交方式、份数、时间、地点等）；

（五）资格预审文件的修改和资格预审申请文件的澄清的要求；

（六）资格预审方法、评审标准（包括符合性条件、强制性标准、评分标准等）和合格标准；

（七）资格审查结果的告知方式和时间；

（八）招标人和潜在投标人分别享有的权利；

（九）招标人认为应当告知的其他事项。

第十一条 招标人应当按照资格预审公告规定的时间、地点出售资格预审文件。自资格预审文件出售之日起至停止出售之日止，最短不得少于 5 个工作日。

第十二条 资格预审文件的售价应当合理，不得以营利为目的。具备条件的，可以通过信息网络发售资格预审文件。

第十三条 招标人应当合理确定资格预审申请文件的编制时间，自开始发售资格预审文件之日起至潜在投标人递交资格预审申请文件截止之日止，不得少于 14 个工作日。

第十四条 招标人如需对已出售的资格预审文件进行补充、说明、勘误或者局部修正，应在递交资格预审申请文件截止之日 7 日前以编号的补遗书的形式通知所有已购买资格预审文件的潜在投标人。对已出售的资格预审文件进行补充、说明、勘误或者局部修正的内容，为资格预审文件的组成部分。

购买资格预审文件或递交资格预审申请文件的单位少于三家的，招标人应重新组织资格预审或经有关部门批准采取邀请招标方式。

第三章 资格预审申请

第十五条 潜在投标人应当按照资格预审文件的要求，编制资格预审申请文件，并应载明以下内容：

（一）营业执照；

（二）相关工程施工资质证书；

（三）法人证书或法定代表人授权书及公证书；

（四）财务资信和能力的证明文件（包括近三年来财务平衡表及财务审计情况等）；

（五）拟派出的项目负责人与主要技术人员的简历、相关资格证书及业绩证明，并按要求提供备选人员的相关信息；

（六）拟用于完成投标项目的主要施工机械设备；

（七）初步的施工组织计划，包括质量保证体系、安全管理措施等内容；

（八）近五年来完成的类似工程施工业绩情况及履约信誉的证明材料；

（九）目前正在承担和已经中标的全部工程情况；

（十）资产构成情况及投资参股的关联企业情况；

（十一）潜在投标人若存在工程分包、分公司施工或以联合体形式投标，应符合第十七、十八、十九条要求；

（十二）招标人要求的其他相关文件。

第十六条　资格预审申请文件（正本）应加盖法人单位公章，并由其法定代表人或其授权代理人签字。资格预审申请文件应当密封，并按照资格预审文件规定的时间、地点和方式送达招标人。

第十七条　潜在投标人如有工程分包计划，应遵守以下规定：

（一）分包人应具备与其分包工程内容相适应的资质和施工能力；

（二）提供分包人的营业执照、资质证书、人员、设备等资料表以及拟分包的工作量。

第十八条　潜在投标人如由所属分公司承担施工，应遵守以下规定：

（一）明确具体承担施工的分公司名称及负责施工的主要内容；

（二）该分公司不得再以任何形式参加该标段的资格预审；

（三）资格预审申请文件应提供分公司施工经验、施工能力（包括人员、设备）、管理能力和履约信誉等方面的资料。

第十九条　潜在投标人如以联合体形式申请资格预审，应遵守以下规定：

（一）联合体主办人应具备与所投标段工程内容相适应的施工资质，成员单位应具备与所承担工程内容相适应的施工资质。由同一专业的单位组成的联合体，按照施工资质等级较低的单位确定施工资质等级。

（二）联合体主办人所承担的工程量必须超过总工程量的50%。

（三）联合体各方签订联合体协议后，不得再以自己名义单独或以其他联合体成员的名义申请同一标段的资格预审。

（四）提交联合体各成员单位共同签订的联合体协议，明确主办人及成员单位各自的权利和义务以及应当承担的责任。

第二十条　具有投资参股关系的关联企业，或具有直接管理和被管理关系的母子公司，或同一母公司的子公司，不得同时申请同一标段的资格预审。

第二十一条　凡投资参股招标项目或承担招标项目代建工作的法人单位不得申请该项目的资格预审。

第二十二条　资格预审申请文件按要求送达后，在规定的递交截止时间前，潜在投标人可以撤回申请文件或修改申请文件。如需修改申请文件，应当以正式函件提出并作出说明。

修改资格预审申请文件的正式函件是资格预审申请文件的组成部分，其形式要求、密封方式、送达时间，应符合资格预审文件的要求。

第二十三条　对于按时送达并符合密封要求的资格预审申请文件，招标人应当向潜在投标人出具签收证明，并妥善保管，在规定的截止时间前不得开启。

第二十四条　在规定的截止时间后送达的或未按要求密封的资格预审申请文件为无效的资格预

审申请文件。

第四章　资格评审

第二十五条　资格评审工作由招标人组建的资格评审委员会负责。

第二十六条　资格评审委员会由招标人代表和有关方面的专家组成，人数为五人以上单数，其中专家人数应不少于成员总数的二分之一。

第二十七条　资格评审委员会的专家从国务院交通主管部门或省级交通主管部门设立的评标专家库中抽取。

但有下列情形之一者，不得进入资格评审委员会：

（一）与潜在投标人的主要负责人或授权代理人有近亲属关系的人员；

（二）当地交通主管部门或行政监督部门的人员；

（三）与潜在投标人有利害关系，可能影响公正评审的人员；

（四）法律、法规和规章规定的其他情形。

资格评审委员会成员名单在评审工作结束前应当保密。

第二十八条　资格评审委员会成员应当客观、公正地履行职责，遵守职业道德，对所提出的评审意见承担个人责任。

第二十九条　资格评审委员会成员不得私下接触潜在投标人，不得收受潜在投标人的财物或者其他好处，不得透露资格评审的有关情况。

第三十条　资格评审方法分强制性资格条件评审法和综合评分法两种。招标人可根据工程特点和潜在投标人的数量选择合适的评审方法。

第三十一条　对潜在投标人的资格评审，应当严格按照资格预审文件载明的资格预审的条件、标准和方法进行。不得采用抽签、摇号等博彩方式进行资格审查。

第三十二条　资格评审按以下程序进行：

（一）符合性检查；

（二）强制性资格条件评审或综合评分；

（三）澄清与核实。

第三十三条　通过符合性检查的主要条件：

（一）资格预审申请文件组成完整；

（二）资格预审申请文件正本应加盖潜在投标人法人单位公章，并由其法定代表人或其授权的代理人签字；

（三）潜在投标人的营业执照、法定代表人授权书及公证书有效；

（四）潜在投标人的施工资质满足资格预审文件的要求；

（五）潜在投标人没有正受到责令停产、停业的行政处罚或正处于财务被接管、冻结、破产的状态；

（六）潜在投标人没有正受到取消投标资格的行政处罚；

（七）潜在投标人没有涉及正在诉讼的案件，或涉及正在诉讼的案件但经评审委员会认定不会对承担本项目造成重大影响；

（八）潜在投标人符合本办法第十七条至第二十一条规定；

（九）潜在投标人没有提供虚假材料。

符合以上条件的，方可进入下一阶段的评审。

第三十四条　采用强制性资格条件评审法的，招标人应按照标段内容和特点，对潜在投标人的施工经验、财务能力、施工能力、管理能力和履约信誉等资格条件，制定强制性的量化标准。只有全部满足强制性资格条件的潜在投标人才可通过资格审查。评审结论分“通过”和“未通过”两种。

第三十五条　采用综合评分法的，招标人应对潜在投标人的施工经验、财务能力、施工能力、管理能力、施工组织和履约信誉等资格条件，制定可以量化的评分标准，并明确通过资格审查的最低总得分值。只有总得分超过规定的最低总得分值的潜在投标人才能通过资格审查。

对重要的资格条件也可制定最低资格条件要求，不符合最低资格条件的，不得通过资格审查。计算得分时应以评审委员会的打分平均值确定，该平均值以去掉一个最高分和一个最低分后计算。

第三十六条　综合评分法采用百分制，评分内容和权重分值划分如下：

（一）类似工程施工经验　分值范围 15—25；

（二）财务能力　分值范围 10—20；

（三）拟投入本标段的主要机械设备　分值范围 10—20；

（四）拟投入本标段的主要人员资历　分值范围 15—25；

（五）初步施工组织计划　分值范围 10—15；

（六）履约信誉　分值范围 15—25。

第三十七条　资格评审委员会对资格预审申请文件中不明确之处，可通过招标人要求潜在投标人进行澄清，但不应作为资格审查不通过的理由。如潜在投标人不按照招标人的要求进行澄清，其资格审查可不予通过。澄清应以书面材料为主，一般不得直接接触潜在投标人。

第三十八条　资格评审委员会在审查潜在投标人的主要人员资历和施工业绩、信誉时，应当通过省级以上交通主管部门设立的交通行业施工企业信息网进行查询；若潜在投标人所提供信息与企业信息网上的相关内容不符，经核实存在虚假、夸大的内容，不予通过资格审查。

第三十九条　对联合体进行资格评审时，其施工能力为主办人和各成员单位施工能力之和。对含分包人的潜在投标人进行资格评审时，其施工能力为潜在投标人和分包人施工能力之和。

第四十条　对通过资格评审的潜在投标人明显偏少的标段，在征得潜在投标人同意的情况下，评审委员会可以对通过评审的潜在投标人申请的标段进行调整。经调整后，合格的潜在投标人仍少于三家的，招标人应重新组织资格预审或经有关部门批准采取邀请招标方式。

第五章　资格评审报告

第四十一条　资格评审工作结束后，由资格评审委员会编制资格评审报告，其内容包括：

（一）工程项目概述；

（二）资格审查工作简介；

（三）资格审查结果；

（四）未通过资格审查的主要理由及相关附件证明；

（五）资格评审表等附件。

第四十二条　招标人应在资格评审工作结束后 15 日内，按项目管理权限，将资格评审报告报交通主管部门备案。

第四十三条　交通主管部门在收到资格评审报告后 5 个工作日内未提出异议的，招标人可向通过资格审查的潜在投标人发出投标邀请书，向未通过资格审查的潜在投标人告知资格审查结果。

第四十四条 招标人不得向他人透露已通过资格审查的潜在投标人名称、数量，以及可能影响公平竞争的有关招标投标的其他情况。

第四十五条 资格预审工作出现下列情况之一的，招标人负责组织重新评审。

（一）由于招标人提供给资格评审委员会的信息有误或不完整，导致评审结果出现重大偏差的；

（二）由于评审委员会的原因导致评审结果出现重大偏差的；

（三）由于潜在投标人有违法违规行为，导致评审结果无效的。

第六章 附 则

第四十六条 对于公路工程附属设施以及工程规模较小、技术较简单、工期特别紧的工程或潜在投标人数量较少的，招标人如采取资格后审的方式，可参照本办法执行。

第四十七条 利用国际金融组织贷款、外国政府贷款和采用合资、合作、独资方式融资的公路项目，有特殊规定的从其规定。

第四十八条 本办法由交通部负责解释。

第四十九条 本办法自2006年5月1日起施行。交通部1997年8月1日发布的《公路工程施工招标资格预审办法》（交公路发〔1997〕451号）同时废止。

公路工程施工监理招标投标管理办法

第一章 总 则

第一条 为规范公路工程施工监理招标投标活动，保证公路工程质量，维护招标投标活动各方当事人合法权益，依据《公路法》和《招标投标法》，制定本办法。

第二条 依法必须进行招标的公路工程施工监理项目，其招标投标活动应当遵守本办法。

本办法所称公路工程施工监理，包括路基路面（含交通安全设施）工程、桥梁工程、隧道工程、机电工程、环境保护配套工程的施工监理以及对施工过程中环境保护和施工安全的监理。

第三条 公路工程施工监理招标投标应当遵循公开、公平、公正和诚实信用的原则。

第四条 交通部负责全国公路工程施工监理招标投标活动的监督管理。

县级以上地方人民政府交通主管部门负责本行政区域内公路工程施工监理招标投标活动的监督管理工作。

交通主管部门可以委托其所属的质量监督机构具体负责施工监理招标投标活动的监督管理工作。

第五条 交通主管部门应当加强对公路工程施工监理招标投标活动全过程的监督管理。

第六条 交通主管部门应当按照《工程建设项目招标投标活动投诉处理办法》和国家有关规定，建立公正、高效的招标投标投诉处理机制。

任何单位和个人认为公路工程施工监理招标投标活动违反法律、法规、规章规定，都有权向招标人提出异议或者依法向交通主管部门投诉。

第七条 交通主管部门应当逐步建立公路工程施工监理企业和人员信用档案体系。

信用档案中应当包括公路工程施工监理企业和人员的基本情况、业绩以及行政处罚记录。

第二章 招 标

第八条 依照本办法进行施工监理招标的公路工程项目，应当具备下列条件：

（一）初步设计文件应当履行审批手续的，已经批准；

（二）建设资金已经落实；

（三）项目法人或者承担项目管理的机构已经依法成立。

第九条 公路工程施工监理招标人，应当是依照本办法规定提出公路工程施工监理招标项目、进行招标的公路工程项目法人或者其他组织。

第十条 招标人可以将整个公路工程项目的施工监理作为一个标一次招标，也可以按不同专业、不同阶段分标段进行招标。

招标人分标段进行施工监理招标的，标段划分应当充分考虑有利于对招标项目实施有效管理和监理企业合理投入等因素。

第十一条 公路工程施工监理招标分为公开招标和邀请招标。

第十二条 公路工程施工监理应当公开招标。

符合下列条件之一的项目，经有审批权的部门批准后，可以进行邀请招标：

（一）技术复杂或者有特殊要求的；

（二）符合条件的潜在投标人数量有限的；

（三）受自然地域环境限制的；

（四）公开招标的费用与工程监理费用相比，所占比例过大的；

（五）法律、法规规定不宜公开招标的。

第十三条 采用公开招标方式的，招标人应当依法在国家指定媒介上发布招标公告，并可以在交通主管部门提供的媒介上同步发布。

第十四条 公路工程施工监理招标的招标人应当对潜在投标人进行资格审查。资格审查方式分为资格预审和资格后审。

资格预审是招标人在发布招标公告后，发出投标邀请书前对潜在投标人的资质、信誉和能力进行的审查。招标人只向通过资格预审的潜在投标人发出投标邀请书和发售招标文件。

资格后审是招标人在收到投标人的投标文件后，对投标人的资质、信誉和能力进行的审查。

第十五条 资格审查方法分为强制性条件审查法和综合评分审查法。

强制性条件审查法是指招标人只对投标人或者潜在投标人的资格条件是否满足招标文件规定的投标资格、信誉要求等强制性条件进行审查，并得出“通过”或者“不通过”的审查结论，不对投标人或潜在投标人的资格条件进行具体量化评分的资格审查方法。

综合评分审查法是指在投标人或者潜在投标人的资格条件满足招标文件规定的最低资格、信誉要求的基础上，招标人对投标人或者潜在投标人的施工监理能力、管理能力、履约情况和施工监理经验等进行量化评分并按照分值进行筛选的资格审查方法。

第十六条 公路工程施工监理招标，应当按照下列程序进行：

（一）招标人确定招标方式。采用邀请招标的，应当履行审批手续。

（二）招标人编制招标文件，并按照项目管理权限报县级以上地方交通主管部门备案；采用资格预审方式的，同时编制投标资格预审文件，预审文件中应当载明提交资格预审申请文件的时间和地点。

（三）发布招标公告。采用资格预审方式的，同时发售投标资格预审文件；采用邀请招标的，招标人直接发出投标邀请，发售招标文件。

（四）采用资格预审方式的，对潜在投标人进行资格审查，并将资格预审结果通知所有参加资格预审的潜在投标人，向通过资格预审的潜在投标人发出投标邀请书和发售招标文件。

（五）必要时组织投标人考察招标项目工程现场，召开标前会议。

（六）接受投标人的投标文件。

（七）公开开标。

（八）采用资格后审方式的，招标人对投标人进行资格审查。

（九）组建评标委员会评标，推荐中标候选人。

（十）确定中标人，将评标报告和评标结果按照项目管理权限报县级以上地方交通主管部门备案并公示。

（十一）招标人发出中标通知书。

（十二）招标人与中标人签订公路工程施工监理合同。

二级以下公路、独立中、小桥及独立中、短隧道的新建、改建以及养护大修工程项目，可根据具体条件和实际需要对上述程序适当简化，但应当符合《招标投标法》的规定。

第十七条 招标人应当根据施工监理招标项目的特点和需要编制招标文件，招标文件应当符合交通部部颁标准《公路工程施工监理规范》中要求强制性执行的规定。

二级及二级以上公路、独立大桥及特大桥、独立长隧道及特长隧道的新建、改建以及养护大修工程项目，其主体工程的施工监理招标文件，应当使用交通部颁布的《公路工程施工监理招标文件范本》，附属设施工程及其他等级的公路工程项目的施工监理招标文件，可以参照交通部颁布的《公路工程施工监理招标文件范本》进行编制，并可适当简化。

第十八条 招标文件应当包括以下主要内容：

（一）投标邀请书。

（二）投标须知（包括工程概况和必要的工程设计图纸，提交投标文件的起止时间、地点和方式，开标的时间和地点等）。

（三）资格审查要求及资格审查文件格式（适用于采用资格后审方式的）。

（四）公路工程施工监理合同条款。

（五）招标项目适用的标准、规范、规程。

（六）对投标监理企业的业务能力、资质等级及交通和办公设施的要求。

（七）根据招标对象是总监理机构还是驻地监理机构，提出对投标人投入现场的监理人员、监理设备的最低要求。

（八）是否接受联合体投标。

（九）各级监理机构的职责分工。

（十）投标文件格式，包括商务文件格式、技术建议书格式、财务建议书格式等。

（十一）评标标准和办法。评标标准应当考虑投标人的业绩或者处罚记录等诚信因素，评标办法应当注重人员素质和技术方案。

第十九条 招标人对重要监理岗位人员的数量、资格条件和备选人员的要求，应当符合《公路工程施工监理规范》的规定。

第二十条 招标人要求投标人提交投标担保的，投标人应当按照要求的金额和形式提交。投标保证金金额一般不得超过5万元人民币。

第二十一条 招标人不得在招标文件中制定限制性条件阻碍或者排斥投标人，不得规定以获得本地区奖项等要求作为评标加分条件或者中标条件。

第二十二条 招标公告、投标邀请书应当载明下列内容：

（一）招标人的名称和地址；

（二）招标项目的名称、技术标准、规模、投资情况、工期、实施地点和时间；

（三）获取招标文件或者资格预审文件的办法、时间和地点；

（四）招标人对投标人或者潜在投标人的资质要求；

（五）招标人认为应当公告或者告知的其他事项。

第二十三条 资格预审文件和招标文件的发售时间不得少于5个工作日。

第二十四条 招标人应当合理确定投标人编制资格预审申请文件和投标文件的时间。

采用资格预审的招标项目，潜在投标人编制资格预审申请文件的时间，自开始发售资格预审文件之日起至提交资格预审申请文件截止之日止，不得少于14日。

投标人编制投标文件的时间，自发售招标文件之日起至提交投标文件截止之日止不得少于20日。

第二十五条 招标人发出的招标文件补遗书至少应当在投标截止日期15日前以书面形式通知所有投标人或者潜在投标人。补遗书应当向招标文件的备案部门补充备案。

第二十六条 招标人应当根据编制成本，合理确定资格预审文件和招标文件的售价。

第三章 投 标

第二十七条 公路工程施工监理投标人是依法取得交通主管部门颁发的监理企业资质，响应招标、参加投标竞争的监理企业。

第二十八条 招标人允许监理企业以联合体方式投标的，联合体应当符合以下要求：

（一）联合体成员可以由两个以上监理企业组成，联合体各方均应当具备承担招标项目的相应能力和招标文件规定的资格条件。由同一专业的监理企业组成的联合体，按照资质等级较低的企业确定资质等级。

（二）联合体各方应当签订共同投标协议，约定各方拟承担的工作和责任，并将共同投标协议连同投标文件一并提交招标人。联合体各方签订共同投标协议后，只能以一个投标人的身份投标，不得针对同一标段再以各自名义单独投标或者参加其他联合体投标。

第二十九条 投标人应当按照招标文件的要求编制投标文件，并对招标文件提出的实质性要求和条件做出响应。

第三十条 采用本办法规定的技术评分合理标价法和综合评标法的项目，投标文件由商务文件、技术建议书、财务建议书组成。商务文件和技术建议书应当密封于一个信封中，财务建议书密封于另一个信封中。上述两个信封应当再密封于同一信封内，成为一份投标文件。

采用本办法规定的固定标价评分法的项目，投标文件由商务文件、技术建议书组成。商务文件和技术建议书应当密封于一个信封中，成为一份投标文件。

投标文件及任何说明函件应当经投标人盖章，投标文件内的任何有文字页须经其法定代表人或者其授权的代理人签字。

第四章 开标评标和中标

第三十一条 开标由招标人主持，邀请所有投标人的法定代表人或其授权的代理人参加。

交通主管部门应当对开标过程进行监督。

第三十二条 开标时，由投标人或者其推选的代表检查投标文件的密封情况，也可以由招标人委托的公证机构进行检查并公证；经确认无误后，当众拆封商务文件和技术建议书所在的信封，宣读投标人名称和主要监理人员等内容。

投标文件中财务建议书所在的信封在开标时不予拆封，由交通主管部门妥善保存。在评标委员会完成对投标人的商务文件和技术建议书的评分后，在交通主管部门的监督下，再由评标委员会拆封参与评分的投标人的财务建议书的信封。

第三十三条 开标过程应当记录，并存档备查。

第三十四条 投标人少于3个的，招标人应当重新招标。

第三十五条 招标人设有标底的，标底应当符合有关价格管理规定。标底应当综合考虑项目特点、要求投入的监理人员、配备的监理设备等因素。标底应当在开标时予以公布。

招标人不设标底且不采用固定标价评分法的，招标人可以在规定的范围内设定投标报价上下限。

第三十六条 评标工作由招标人依法组建的评标委员会负责。

对国家和交通部重点公路建设项目，评标委员会的专家应当从交通部设立的监理专家库中随机抽取，或者根据交通部授权从省级交通主管部门设立的监理专家库中随机抽取；其他公路建设项目评标委员会的专家从省级交通主管部门设立的监理专家库中随机抽取。

第三十七条 评标委员会应当按照招标文件确定的评标标准和方法，对投标文件进行评审和比较。未列入招标文件的评标标准和方法，不得作为评标的依据。

第三十八条 评标可以使用固定标价评分法、技术评分合理标价法、综合评标法以及法律、法规允许的其他评标方法。

固定标价评分法，是指由招标人按照价格管理规定确定监理招标标段的公开标价，对投标人的商务文件和技术建议书进行评分，并按照得分由高至低排序，确定得分最高者为中标候选人的方法。

技术评分合理标价法，是指对投标人的商务文件和技术建议书进行评分，并按照得分由高至低排序，确定得分前二名中的投标价较低者为中标候选人的方法。

综合评标法，是指对投标人的商务文件和技术建议书、财务建议书进行评分、排序，确定得分最高者为中标候选人的方法。其中财务建议书的评分权值应当不超过10%。

第三十九条 评标委员会成员应当客观、公正地履行职务，遵守职业道德，对所提出的评审意见承担个人责任。

评标委员会成员及参加评标的有关工作人员不得私下接触投标人，不得收受商业贿赂。

第四十条 评标委员会完成评标后，应当向招标人提交书面评标报告。

评标报告应当包括以下内容：

（一）评标委员会的成员名单；

（二）开标记录情况；

（三）符合要求的投标人情况；

（四）评标采用的标准、评标办法；

（五）投标人排序；

（六）推荐的中标候选人；

（七）需要说明的其他事项。

第四十一条 招标人确定中标人后，应当及时向中标人发出中标通知书，并同时将中标结果告知所有的投标人。

第四十二条 招标人和中标人应当自中标通知书发出之日起30日内订立书面合同。招标人和中标人均不得提出招标文件和投标文件之外的任何其他条件。

招标文件中要求中标人提交履约担保的，中标人应当按要求的金额、时间和形式提交。以保证金形式提交的，金额一般不得超过合同价的5%。

第四十三条 招标人应当在与中标人签订合同后的5个工作日内，向中标人和未中标的投标人退还投标保证金。

第五章　法律责任

第四十四条 违反本办法，由交通主管部门根据各自的职责权限按照《招标投标法》和有关法规、规章及本办法进行处罚。

第四十五条　招标人有下列情形之一的，交通主管部门责令其限期改正，根据情节可以处 3 万元以下的罚款：

（一）公开招标的项目未在国家指定的媒介发布招标公告的；

（二）应当公开招标而不公开招标的；

（三）不具备招标条件而进行招标的；

（四）资格预审文件及招标文件出售时限、潜在投标人提交资格预审申请文件的时限、投标人提交投标文件的时限少于规定时限的；

（五）在规定时限外接收资格预审申请文件和投标文件的。

第四十六条　评标过程中有下列情形之一的，评标无效，应当依法重新进行评标：

（一）使用招标文件没有确定的评标标准和方法评标的；

（二）评标标准和方法含有倾向或者排斥投标人的内容，妨碍或者限制投标人之间竞争，且影响评标结果的；

（三）应当回避担任评标委员会成员的人员参与评标的；

（四）评标委员会的组建及人员组成不符合法定要求的。

第四十七条　评标委员会成员及参加评标的有关工作人员收受投标人的商业贿赂，向他人透露对投标文件的评审和比较、中标候选人的推荐以及与评标有关的其他情况的，给予警告，没收收受的财物，可以并处 3 千元以上 5 万元以下的罚款，对评标委员会成员，如有上述违规行为，则取消其担任评标委员会成员的资格，不得再参加任何依法必须进行招标的项目的评标；构成犯罪的，依法追究刑事责任。

第四十八条　交通主管部门及其所属质量监督机构的工作人员违反本办法规定，在监理招标投标活动的监督管理工作中徇私舞弊、收受商业贿赂、滥用职权或者玩忽职守，构成犯罪的，依法追究刑事责任；不构成犯罪的，依法给予行政处分。

第六章　附　则

第四十九条　国际金融组织或者外国政府贷款、援助资金的公路工程项目，贷款方或者资金提供方对施工监理招标投标的具体条件和程序有不同规定的，可以适用其规定，但不得违背中华人民共和国的社会公众利益。

第五十条　本办法自 2006 年 7 月 1 日起施行。交通部 1998 年 12 月 28 日发布的《公路工程施工监理招标投标管理办法》（交通部令 1998 年第 9 号）同时废止。

公路建设项目评标专家库管理办法

第一条 为加强对公路建设项目评标专家和评标专家库的管理，保证评标活动的公平、公正，根据《中华人民共和国招标投标法》《评标委员会和评标方法暂行规定》以及《公路建设市场管理办法》等规定，制定本办法。

第二条 本办法适用于公路建设项目评标专家库的更新、维护、使用、管理等活动。

第三条 公路建设项目评标专家库管理实行统一管理、分级负责。

第四条 国务院交通运输主管部门负责全国公路建设项目评标专家库的监督管理工作，主要职责是：

（一）贯彻执行国家有关法律、法规，制定全国公路建设项目评标专家库管理的规章制度；

（二）更新、维护并管理国家公路建设项目评标专家库及专家库管理系统；

（三）指导和监督省级公路建设项目评标专家库管理工作；

（四）依法受理投诉，查处相关违法行为；

（五）法律、法规、规章规定的其他职责。

第五条 省级交通运输主管部门负责本行政区域内公路建设项目评标专家库的监督管理工作，主要职责是：

（一）贯彻执行国家有关法律、法规、规章，结合实际情况，制定本行政区域内公路建设项目评标专家库管理制度，并报国务院交通运输主管部门备案；

（二）更新、维护并管理省级公路建设项目评标专家库及专家库管理系统；

（三）监督管理国家公路建设项目评标专家库的专家抽取活动；

（四）依法受理投诉，查处本行政区域内相关违法行为；

（五）法律、法规、规章规定的其他职责。

第六条 国家公路建设项目评标专家库专业分类标准如下：

类别	设计类（A04）	监理类（A05）	施工类（A08）	货物类（B）
专业	路线（A040301）	路基路面（A050301）	路基路面（A080301）	机械设备（B01）
	路基路面（A040302）	桥梁（A050302）	桥梁（A080302）	建筑材料（B07）
	桥梁（A040303）	隧道（A050303）	隧道（A080303）	商务合同（B10）
	隧道（A040304）	公路机电工程（A050304）	公路机电工程（A080304）	
	交通工程（A040305）	公路安全设施（A050305）	公路安全设施（A080305）	
	概预算（A040306）	商务合同（A050306）	商务合同（A080306）	
	勘察（A040307）		房建（A080307）	
	商务合同（A040308）		环保（含绿化等）（A080308）	

省级交通运输主管部门可根据实际需要，对省级公路建设项目评标专家库的专业分类进行补充和细化。

第七条 国家公路建设项目评标专家采用个人申请、单位推荐、国务院交通运输主管部门审查的方式确定，其程序为：

（一）申请人填写“公路建设项目评标专家库评标专家申报表”（见附件），报申请人所在工作单位。

（二）申请人所在工作单位同意推荐后报有关单位初审。

（三）推荐单位所在地省级交通运输主管部门对申报材料进行初审；推荐单位为部属事业单位或中央管理企业及其所属单位的，由部属事业单位或中央管理企业负责初审。

（四）省级交通运输主管部门和部属事业单位或中央管理企业通过“全国公路建设市场信用信息管理系统”将初审合格的人员报国务院交通运输主管部门。

（五）国务院交通运输主管部门组织对申报材料进行审查，符合条件的，经培训考核合格后，纳入国家公路建设项目评标专家库。

省级公路建设项目评标专家库申报程序由省级交通运输主管部门确定。

第八条 推荐的公路建设项目评标专家应具备下列基本条件：

（一）具有良好的政治素质和职业道德，能够依法履行职责，维护招投标双方的合法权益；

（二）熟悉有关公路建设招标投标的法律、法规和规章；

（三）从事公路行业相关专业领域工作且满 8 年，具有高级职称或同等专业水平；

（四）年龄不超过 65 周岁，身体健康状况能够胜任评标工作；

（五）未曾受到刑事处罚或行政处罚；

（六）省级交通运输主管部门报送的申报国家公路建设项目评标专家库人员一般应为省级公路建设项目评标专家库专家。

第九条 评标专家的主要权利：

（一）接受招标人聘请，担任招标项目评标委员会成员；

（二）依法独立评标，不受任何单位和个人的非法干预和影响；

（三）向交通运输主管部门举报评标活动存在的违法、违规或不公正行为；

（四）依法获取劳动报酬；

（五）法律、法规、规章规定的其他权利。

第十条 评标专家的主要义务：

（一）准时参加评标活动；

（二）遵守职业道德，依法履行职责；

（三）接受交通运输主管部门的监督管理，协助配合有关投诉处理；

（四）国家公路建设项目评标专家库评标专家，及时登录“全国公路建设市场信用信息管理系统”维护个人信息；

（五）法律、法规、规章规定的其他义务。

第十一条 评标专家所在单位应当对评标专家参加评标活动和继续教育的培训给予支持。

第十二条 国家公路建设项目评标专家库评标专家，因故无法参加某一时段评标时，可事先登录“全国公路建设市场信用信息管理系统”进行自主屏蔽，1 年之内自主屏蔽次数不得超过 5 次，总时间不得超过 30 天。

第十三条 国家审批（核准）公路建设项目的勘察、设计、施工、监理以及与工程建设有关的重要设备、材料采购等依法必须招标的，应当从国家公路建设项目评标专家库中确定资格审查委员会和评标委员会专家；其他公路招标项目，从省级公路建设项目评标专家库或国家公路建设项目评标专家库中确定资格审查委员会和评标委员会专家。

第十四条　评标专家的确定，应当采取随机抽取方式。对于技术复杂、专业性强，采取随机抽取方式确定的评标专家难以胜任评标工作的特殊招标项目，可以由招标人采取人工选择方式直接确定，并按照项目管理权限报交通运输主管部门备案。

第十五条　招标人应按照资格审查或评标项目招标类型和所含专业确定评标专家类别和专业，商务合同专业和招标所含主要专业均需抽取至少 1 名专家，不得抽取项目招标类型和所含专业以外的专家。施工招标可根据工程特点和评标需要，从设计类概预算专业抽取 1 名专家，房建或环保（含绿化等）工程单独开展设计或监理招标的，所含专业专家从施工类相应专业中抽取。

第十六条　有下列情形之一的，不得担任资格审查委员会和评标委员会成员：

（一）投标人的工作人员或退休人员；

（二）投标人主要负责人和具体负责人的近亲属；

（三）负责招标项目监督管理的交通运输主管部门的工作人员；

（四）其他与投标人有利害关系、可能影响评标活动公正性的人员。

招标人应按前款规定设定回避条件，禁止以其他各种理由排斥或限制评标专家参加评标。评标专家有前款规定情形之一的，应当主动提出回避；未提出回避的，招标人或者有关交通运输主管部门发现后，应当立即停止其参加评标。

第十七条　国家公路建设项目评标专家库抽取使用程序如下：

（一）招标人向省级交通运输主管部门提出书面申请，明确抽取方式、类别、专业、数量和回避条件；

（二）在省级交通运输主管部门监督下，招标人通过“全国公路建设市场信用信息管理系统”抽取评标专家；

（三）省级交通运输主管部门登录“全国公路建设市场信用信息管理系统”确认评标结束；

（四）招标人和评标专家登录“全国公路建设市场信用信息管理系统”进行相互评价。

省级公路建设项目评标专家库抽取使用程序由省级交通运输主管部门确定。

第十八条　评标专家确定后，发生不能到场或需要回避等特殊情况的，应当从原评标专家库中按原抽取方式补选确定，也可在符合规定的前提下相应减少招标人代表数量。

第十九条　评标专家有下列情形之一的，注销其评标专家资格：

（一）本人申请不再担任；

（二）健康等原因不能胜任；

（三）工作调动不再适宜继续担任；

（四）年龄超过 70 周岁（不含院士、勘察设计大师）。

第二十条　评标专家有下列情形之一的，暂停其评标专家资格半年：

（一）连续 5 次被抽中均未参加；

（二）1 年之内被抽中 3 次以上，参加次数少于被抽中次数 2/3；

（三）承诺参加但没有参加；

（四）有关行政监督部门依法对投诉进行调查时，不予配合；

（五）国家公路建设项目评标专家库专家，在评标结束一周内未对招标人进行评价，或未及时维护个人信息。

第二十一条 评标专家有下列情形之一的，取消其评标专家资格：

（一）以虚假材料骗取评标专家资格；

（二）未按要求参加培训或考核不合格；

（三）评标出现重大疏漏或错误；

（四）被暂停评标专家资格的处罚期满后，再次出现本办法第二十条规定情形之一；

（五）受到刑事处罚或行政处罚；

（六）违反招标投标法律、法规和规章。

被取消评标专家资格的，5 年内不得再次申请入选公路建设项目评标专家库，有违法违规行为的，终身不得入选公路建设项目评标专家库。

第二十二条 公路建设项目评标专家库实行动态管理。评标专家有违反招标投标法律、法规、规章和本办法规定行为，以及存在其他不适宜继续担任专家情形的，交通运输主管部门应当及时作出处理，暂停、取消或注销其评标专家资格。根据需要，可适时补充评标专家。

第二十三条 本办法由交通运输部负责解释。

第二十四条 本办法自发布之日起施行，2001 年 6 月 11 日实施的《公路建设项目评标专家库管理办法》（交公路发〔2001〕300 号）同时废止。

附件略。

公路水运工程监理企业资质管理规定

第一章 总 则

第一条 为加强公路、水运工程监理企业的资质管理，规范公路、水运建设市场秩序，保证公路、水运工程建设质量，根据《建设工程质量管理条例》，制定本规定。

第二条 公路、水运工程监理企业资质的取得及监督管理，适用本规定。

第三条 从事公路、水运工程监理活动，应当按照本规定取得公路、水运工程监理企业资质后方可开展相应的监理业务。

第四条 交通运输部负责全国公路、水运工程监理企业资质监督管理工作。

省、自治区、直辖市人民政府交通运输主管部门负责本行政区域内公路、水运工程监理企业资质管理工作，省、自治区、直辖市人民政府交通运输主管部门可以委托其所属的质量监督机构具体负责本行政区域内公路、水运工程监理企业资质的监督管理工作。

第二章 资质等级和从业范围

第五条 公路、水运工程监理企业资质按专业划分为公路工程和水运工程两个专业。

公路工程专业监理资质分为甲级、乙级、丙级三个等级和特殊独立大桥专项、特殊独立隧道专项、公路机电工程专项；水运工程专业监理资质分为甲级、乙级、丙级三个等级和水运机电工程专项。

第六条 公路、水运工程监理企业应当按照其取得的资质等级在下列业务范围内开展监理业务：

（一）取得公路工程专业甲级监理资质，可在全国范围内从事一、二、三类公路工程、桥梁工程、隧道工程项目的监理业务；

（二）取得公路工程专业乙级监理资质，可在全国范围内从事二、三类公路工程、桥梁工程、隧道工程项目的监理业务；

（三）取得公路工程专业丙级监理资质，可在企业所在地的省级行政区域内从事三类公路工程、桥梁工程、隧道工程项目的监理业务；

（四）取得公路工程专业特殊独立大桥专项监理资质，可在全国范围内从事特殊独立大桥项目的监理业务；

（五）取得公路工程专业特殊独立隧道专项监理资质，可在全国范围内从事特殊独立隧道项目的监理业务；

（六）取得公路工程专业公路机电工程专项监理资质，可在全国范围内从事各等级公路、桥梁、隧道工程通讯、监控、收费等机电工程项目的监理业务；

（七）取得水运工程专业甲级监理资质，可在全国范围内从事大、中、小型水运工程项目的监理业务；

（八）取得水运工程专业乙级监理资质，可在全国范围内从事中、小型水运工程项目的监理业务；

（九）取得水运工程专业丙级监理资质，可在企业所在地的省级行政区域内从事小型水运工程项目的监理业务；

（十）取得水运工程专业水运机电工程专项监理资质，可在全国范围内从事水运机电工程项目的监理业务。

公路、水运工程监理业务的分级标准见本规定附件3。

第三章 申请与许可

第七条 申请公路、水运工程监理资质的企业，应当具备本规定附件1、附件2规定的相应资质条件。

第八条 交通运输部负责公路工程专业甲级、乙级监理资质，公路工程专业特殊独立大桥专项、特殊独立隧道专项、公路机电工程专项监理资质的行政许可工作。

省、自治区、直辖市人民政府交通运输主管部门负责公路工程专业丙级监理资质，水运工程专业甲级、乙级、丙级监理资质，水运机电工程专项监理资质的行政许可工作。

第九条 申请人申请公路、水运工程监理资质应当向第八条规定的许可机关提交下列申请材料：

（一）《公路水运工程监理企业资质申请表》；

（二）《企业法人营业执照》（复印件）；

（三）企业章程和制度；

（四）监理工程师和中级职称以上人员名单；

（五）企业、人员从业业绩清单；

（六）主要试验检测仪器和设备清单。

申请人应当按照规定，将人员、业绩、仪器设备等情况，录入全国或者省级交通运输公路、水运建设市场信用信息管理系统。

全国或者省级交通运输公路、水运建设市场信用信息管理系统应当向社会公开，接受社会监督。

申请人应当如实向许可机关提交有关材料和反映真实情况，并对其提交材料实质内容的真实性负责。

第十条 属于交通运输部受理的申请，申请人在向交通运输部提交申请材料的同时，应当向企业注册地的省、自治区、直辖市人民政府交通运输主管部门提交申请材料副本。

有关省、自治区、直辖市人民政府交通运输主管部门自收到申请人的申请材料副本之日起十日内提出审查意见报交通运输部。

交通运输部自收到申请人完整齐备的申请材料之日起二十日内作出行政许可决定。准予许可的，颁发相应的《监理资质证书》；不予许可的，应当书面通知申请人并说明理由。

第十一条 属于省、自治区、直辖市人民政府交通运输主管部门受理的申请，申请人应当向企业注册地的省、自治区、直辖市人民政府交通运输主管部门提交本规定第九条规定的申请材料。省、自治区、直辖市人民政府交通运输主管部门自收到完整齐备的申请材料之日起二十日内作出行政许可决定。准予许可的，颁发相应的《监理资质证书》，并在三十日内向交通运输部报备；不予许可的，应当书面通知申请人并说明理由。

第十二条 许可机关在作出行政许可决定的过程中可以聘请专家对申请材料进行评审，并且将评审结果向社会公示。

专家评审的时间不计算在行政许可期限内，但应当将专家评审需要的时间告知申请人。专家评审的时间最长不得超过六十日。

第十三条 许可机关聘请的评审专家应当从其建立的公路、水运工程监理专家库中选定。

选择专家应当符合回避的要求；参与评审的专家应当履行公正评审、保守企业商业秘密的义务。

第十四条 许可机关在许可过程中需要核查申请人有关条件的，可以对申请人的有关情况进行实地核查，申请人应当配合。

第十五条 许可机关作出的准予许可决定，应当向社会公开，公众有权查阅。

第十六条 《监理资质证书》有效期限为四年。

第十七条 《监理资质证书》有效期届满，企业拟继续从事监理业务的，应当在《监理资质证书》有效期届满六十日前，向原许可机关提出延续资质申请，提交《公路水运工程监理企业延续资质申请表》，并按照资质延续的相关要求提交材料。

第十八条 许可机关对提出延续资质申请企业的各项条件进行审查，自收到企业资质申请之日起二十日内作出是否准予延续许可的决定。对符合资质延续条件的企业，许可机关准予资质延续四年。

第十九条 监理企业在领取新的资质证书时，应当将原资质证书交回原许可机关。

第四章 监督检查

第二十条 监理企业应当依法、依合同对公路、水运工程建设项目实施监理。

第二十一条 监理企业和各有关机构必须如实填写《项目监理评定书》。《项目监理评定书》的格式由交通运输部规定。

第二十二条 监理企业资质实行定期检验制度，每两年检验一次。

定期检验的内容是检查监理企业现状与资质等级条件的符合程度以及监理企业在检验期内的业绩情况。

第二十三条 申请定期检验的企业应当在其资质证书使用期满两年前三十日内向检验机构提出定期检验申请，并提交以下材料：

（一）《公路水运工程监理企业资质检验表》。

（二）本检验期内的《项目监理评定书》。

第二十四条 监理企业的定期检验工作由作出许可决定的许可机关或者委托其所属的质量监督机构负责。

负责检验的许可机关或者质量监督机构应当自收到完整齐备的申请材料二十日内作出定期检验结论。

第二十五条 对定期检验合格的监理企业，由原许可机关或者质量监督机构在其《监理资质证书》上签署意见并盖章。

对定期检验不合格的监理企业，原许可机关或者质量监督机构应当责令其在六个月内进行整改。整改期满仍不能达到规定条件的，由原许可机关对其予以降低资质等级或者撤销对其的资质许可。

第二十六条 监理企业未按照规定的期限申请资质定期检验的，其资质证书失效。

第二十七条 有下列情形之一的，监理企业应当及时向许可机关交回资质证书，许可机关应当注销其监理资质：

（一）未按照规定期限申请资质延续的；

（二）企业依法终止的；

（三）资质被依法撤销、撤回或者资质证书依法被吊销的；

（四）法律、法规规定的应当注销资质的其他情形。

第二十八条 监理企业遗失《监理资质证书》，应当在公开媒体和许可机关指定的网站上声明作废，并到原许可机关办理补证手续。

第二十九条 监理企业的名称、地址、法定代表人等一般事项变更，应当在变更事项发生后十日内向原许可机关申请签注变更。

监理企业发生合并、分立、重组、改制等重大事项变更，应当在变更事项发生后十日内向原许可机关申请变更，由原许可机关重新核定企业资质等级。

第三十条 各级交通运输主管部门及其质量监督机构应当加强对监理企业以及监理现场工作的监督检查，有关单位应当配合。

第三十一条 交通运输部和省、自治区、直辖市人民政府交通运输主管部门依据职权有权对利害关系人的举报进行调查核实，有关单位应当配合。

第三十二条 监理企业违反本规定，由交通运输部或者省、自治区、直辖市人民政府交通运输主管部门依据《建设工程质量管理条例》及有关规定给予相应处罚。

第三十三条 交通运输主管部门工作人员在资质许可和监督管理工作中玩忽职守、滥用职权、徇私舞弊等严重失职的，由所在单位或者其上级机关依照国家有关规定给予行政处分；构成犯罪的，依法追究刑事责任。

第五章 附 则

第三十四条 监理企业的《监理资质证书》由许可机关按照交通运输部规定的统一格式印制，正本一份，副本二份，副本与正本具有同等法律效力。

第三十五条 本规定自 2018 年 7 月 1 日起施行。2004 年 6 月 30 日以交通部令 2004 年第 5 号发布的《公路水运工程监理企业资质管理规定》、2014 年 4 月 9 日以交通运输部令 2014 年第 7 号发布的《关于修改〈公路水运工程监理企业资质管理规定〉的决定》、2015 年 5 月 12 日以交通运输部令 2015 年第 4 号发布的《关于修改〈公路水运工程监理企业资质管理规定〉的决定》同时废止。

附件略。

公路项目安全性评价规范
（JTG B05—2015）

1 总则

1.0.1 为规范公路项目安全性评价，制定本规范。

1.0.2 本规范适用于实施公路项目安全性评价的高速公路、一级公路、二级公路和三级公路。

1.0.3 本规范适用于公路项目的工程可行性研究阶段、初步设计阶段、施工图设计阶段、交工阶段和后评价。

1.0.4 安全性评价代表车型应采用《公路工程技术标准》（JTG B01—2014）规定的设计车辆，并应考虑公路项目的实际交通组成情况。

1.0.5 公路项目安全性评价除应符合本规范的规定外，尚应符合国家和行业现行有关标准的规定。

2 术语

2.0.1 公路项目安全性评价 highway safety audit

从公路使用者的角度，按一定的评价程序，采用定性和定量的方法，对公路交通安全进行的全面、系统的分析与评价。在公路交通行业也称为公路安全性评价、交通安全评价、行车安全评价，或简称为安全性评价、安全评价、安全评估。

2.0.2 运行速度协调性 consistency of operating speed

评价线形设计一致性的指标，采川相邻路段运行速度差值，以及同一路段运行速度与设计速度差值进行评价。

2.0.3 安全检查清单 safety audit checklist

根据事故预防原理、设计标准以及公路安全工程经验等编制的安全检查表。

3 工程可行性研究阶段

3.1 一般规定

3.1.1 本阶段评价重点应为走廊带及工程方案对交通安全、社会和环境的影响。

3.1.2 新建公路应针对同深度比选的走廊带方案进行评价。

3.1.3 改扩建公路应分析既有公路交通安全特点，评价改扩建方案对交通安全的影响。

3.2 评价方法

3.2.1 本阶段宜采用经验分析法或安全检查清单进行评价。

3.2.2 改扩建公路对既有公路进行交通安全特点分析时，应符合本规范第 7.3 节和第 7.4 节的有关规定。

3.3 评价内容

3.3.1 工程方案评价应符合下列规定：

1 应根据地形条件、交通组成等，评价工程建设对交通安全的影响。改扩建公路应评价改扩建后对交通安全的影响。

2　应根据预测交通量，评价路线起讫点与其他公路的连接方式、交通组织等对交通安全的影响。

3　应评价急弯陡坡、连续上坡、连续长陡下坡，路侧有悬崖、深谷、深沟、江河湖泊等危险路段对交通安全的影响。

4　应评价特大桥、特长隧道等大型构造物的选址、规模和安全运营需求等对交通安全的影响。

5　应根据路网条件、出入交通量及沿线城镇布局等，评价互通式立体交叉选址、形式，相邻互通式立体交叉之间，互通式立体交叉与隧道等大型构造物以及管理、服务设施之间关系等对交通安全的影响。

6　应根据地形条件、主线技术指标、相交公路状况、预测交通量等，评价平面交叉的选址、形式、交通组织及交叉口间距等对交通安全的影响。

7　应评价与项目交叉或临近的铁路、油气管道、高压输电线路等对交通安全的影响。

8　应根据穿越村镇、居民区、牧区、林区等情况，评价路侧干扰等对交通安全的影响。

9　改扩建公路在施工期间不中断交通或将主线交通量分流到相关道路时，应评价改扩建方案交通组织及采取的相应安全措施。

3.3.2　应根据降雨、冰冻、积雪、雾、侧风等自然气象条件，评价气象条件对交通安全的影响。

3.3.3　应评价在发生自然灾害或严重交通事故而造成交通中断时，路线方案与相关路网配合进行应急救援和紧急疏散的能力。

3.3.4　应根据动物活动区及动物迁徙路线，评价设置隔离栅或动物通道的必要性。

3.4　评价结论

3.4.1　评价结论应列出安全分析结果，明确影响项目交通安全的重点问题，并针对下阶段的设计提出改进对策和建议。

3.4.2　改扩建公路应明确影响既有公路交通安全的重点问题在改扩建后能否得到改善或解决。

4　初步设计阶段

4.1　一般规定

4.1.1　本阶段评价重点应为路线方案及其技术指标的运用情况、结构物布设的合理性、交通工程及沿线设施建设规模的合理性等。

4.1.2　应进行总体评价、比选方案评价和设计要素评价。比选方案评价应针对各同深度比选方案进行，设计要素评价应针对推荐方案进行。

4.1.3　依据本规范对公路项目进行初步设计阶段安全性评价，《公路项目安全性评价报告》格式应符合本规范附录 A 的有关规定。

4.2　评价方法

4.2.1　比选方案评价宜采用经验分析法或安全检查清单等方法。

4.2.2　设计要素评价可采用运行速度协调性分析等方法。

4.3　总体评价

4.3.1　应根据技术标准、地形、地质、气候条件、预测交通量及其交通组成、大型构造物分布等，评价公路项目特点对交通安全的影响。

4.3.2　改扩建公路利用既有公路的路段时，应根据既有公路运营状况、交通事故等，分析该路段的特点，并按现行技术标准对利用路段的设计指标进行评价。

4.3.3　应对工程可行性研究批复中与交通安全相关意见的执行情况进行核查。

4.3.4　当工程可行性研究阶段进行过安全性评价时，应对安全性评价意见的响应情况进行核查。

4.4　比选方案评价

4.4.1　应评价各方案存在的急弯陡坡、连续上坡、连续长陡下坡，路侧有悬崖、深谷、深沟、江河湖泊等危险路段对交通安全的影响。

4.4.2　应评价各方案设置的特大桥、特长隧道及隧道群、互通式立体交叉、重要平交路口、服务设施等与路线总体布局的协调性及其对交通安全的影响。

4.4.3　应评价不利气象或环境对各方案交通安全的影响。

4.4.4　改扩建公路尚应评价各改扩建方案的路线线形顺接、拼宽、拼接和既有交通安全设施的再利用等对交通安全的影响。

4.5　设计要素评价

4.5.1　设计速度 80 km/h 及以下的公路应进行运行速度协调性评价。运行速度协调性评价应符合下列规定：

1　运行速度协调性评价应包括相邻路段运行速度协调性评价和同一路段运行速度与设计速度协调性评价。

2　运行速度应按本规范附录 B 提供的方法进行预测，并应根据项目所在地区特点对计算模型进行参数标定、条件不具备时，相关参数可按本规范附录 B 取值。

3　相邻路段运行速度协调性采用相邻路段运行速度差值的绝对值$|\Delta v_{85}|$及运行速度梯度的绝对值$|\Delta I_v|$进行评价。相邻路段运行速度协调性评价标准应符合表 4.5.1 的规定。

表 4.5.1　相邻路段运行速度协调性评价标准

相邻路段运行速度协调性	评价标准	对策与建议
高速公路、一级公路		
好	$|\Delta v_{85}|<10$ km/h 且$|\Delta I_v|\leqslant 10$ km/（h·m）	
较好	10 km/h$\leqslant|\Delta v_{85}|<20$ km/h 且$|\Delta I_v|\leqslant 10$ km/（h·m）	相邻路段为减速时，宜对相邻路段平纵面设计进行优化，或采取安全改善措施
不良	$|\Delta v_{85}|\geqslant 20$ km/h 或 $|\Delta I_v|>10$ km/（h·m）	相邻路段为减速时，应调整相邻路段平纵面设计；当调整困难时，应采取安全改善措施
二级公路、三级公路		
好	$|\Delta v_{85}|<20$ km/h 且$|\Delta I_v|\leqslant 15$ km/（h·m）	
不良	$|\Delta v_{85}|\geqslant 20$ km/h 或$|\Delta I_v|>15$ km/（h·m）	相邻路段为减速时，应调整相邻路段平纵面设计，或采取安全改善措施

4　运行速度与设计速度协调性采用同一路段运行速度与设计速度的差值进行评价。当差值大于 20 km/h 时，应根据运行速度对该路段的相关技术指标进行评价。

5　改扩建公路应对新建路段与利用的既有路段整体考虑评价运行速度协调性。

4.5.2 路线评价应符合下列规定：

1 公路平面评价应符合下列规定：

1）应根据运行速度，对采用接近最小半径的圆曲线进行评价。

2）宜结合运行速度、视觉条件等，对回旋线参数及长度、曲线间直线长度、平曲线长度进行评价。

3）应对回头曲线前后线形的连续性和均衡性、回头曲线间距等进行评价。

4）宜对卵形曲线、复合曲线等特殊曲线进行评价。

2 视距评价应符合下列规定：

1）高速公路、一级公路应对停车视距进行评价；二级公路、三级公路应对停车视距、会车视距和超车视距进行评价。

2）高速公路、一级公路以及大型车比例较高的二级公路、三级公路，尚应采用货车的停车视距对相关路段进行评价。

3）宜采用运行速度对停车视距、会车视距、超车视距进行评价。

3 公路纵断面评价应符合下列规定：

1）应对连续上坡、连续下坡进行评价。

2）宜根据运行速度对采用接近最小半径或最小长度的竖曲线进行评价。

4 公路横断面评价应符合下列规定：

1）当横断面宽度、车道数等发生变化时，应对横断面过渡渐变段的设置位置、长度进行评价。

2）对连续上坡路段，应根据预测交通量及交通组成、服务水平、运行速度等对爬坡车道设置的必要性和设置位置进行评价。

3）对连续长陡下坡路段，应根据预测交通量及交通组成、地形条件、服务设施的分布情况等，对避险车道设置的必要性、设置位置和数量进行评价。

4）高速公路和一级公路右侧硬路肩宽度小于 2.5 m 时，应对设置紧急停车带的有效长度、宽度、间距及其出入口过渡段进行评价。

5）非机动车和行人交通需求大的路段，宜对其路侧干扰情况、非机动车道和人行道设置情况进行评价。

6）非机动车、行人密集的公路和城市出入口的公路，宜评价混合交通对交通安全的影响。

5 改扩建公路尚应对主线分、合流的位置及其车道数平衡进行评价。

4.5.3 路侧评价应符合下列规定：

1 应根据运行速度，对路侧净区宽度和路侧危险程度进行评价。路侧净区宽度可按本规范附录 C 中提供的方法进行确定。

2 应对是否采取路侧防护或改移路侧障碍物等处理措施进行评价。

4.5.4 桥梁评价应符合下列规定：

1 应结合桥位条件评价桥梁引线及桥梁路段的线形设计对交通安全的影响。

2 当桥梁引线横断面宽度与桥梁横断面宽度不同时，应对设置衔接过渡段及过渡段长度进行评价。

3 当长大桥梁未设置硬路肩时，应根据交通安全需要对设置紧急停车带的必要性进行评价。

4 上跨桥梁应评价桥梁墩台及上部结构对视距的影响。

4.5.5 隧道评价应符合下列规定：

1 宜采用运行速度对隧道洞口内外的线形一致性进行评价。

2 当隧道洞口设置竖曲线时，应评价其对排水的影响。

3 应对隧道洞口外接线横断面与隧道横断面的衔接过渡方式进行评价。

4 应采用运行速度对曲线隧道的视距进行评价。

5 应评价洞口朝向、洞门形式等对交通安全的影响。

6 改扩建公路隧道评价尚应符合下列规定：

1）利用既有公路隧道时，应根据交通事故统计数据，分析事故原因，判定事故与隧道线形、土建工程、交通工程及附属设施的相关性。

2）当提高设计速度时，应评价利用的既有公路隧道建筑限界对交通安全的影响。

4.5.6 互通式立体交叉评价应符合下列规定：

1 应根据交叉公路地形、主线及被交道路平面和纵面线形指标，以及转向交通量等因素，对互通式立体交叉选址及形式进行评价。

2 应对互通式立体交叉之间的间距及互通式立体交叉与服务区、隧道、主线收费站等之间的间距进行评价。

3 应根据相交公路等级、转向交通量、地形条件、收费方式等，对互通式立体交叉出、入口形式进行评价。

4 当主线运行速度与设计速度差值大于 20 km/h 时，应按运行速度对互通式立体交叉的视距、相邻出入口间距和加减速车道长度等进行评价。

5 可根据互通式立体交叉规模、交通量等，对通行能力和服务水平等进行评价。

6 改扩建公路的互通式立体交叉评价尚应符合下列规定：

1）拟新增互通式立体交叉时，应对新增互通式立体交叉与其他设施或构造物的间 距进行评价。

2）改扩建互通式立体交叉时，应根据预测交通量、交通事故调查情况等，对改扩建方案进行评价。

4.5.7 平面交叉评价应符合下列规定：

1 应根据地形、主线平面和纵面线形、路网布局及交叉公路状况等，对平面交叉位置及间距进行评价。间距较小的平面交叉尚应对合并设置的可行性进行评价。

2 应根据转向交通量大小、交叉公路等级、交通管理方式以及相邻道路的分布情况等，对平面交叉的形式进行评价。

3 应按运行速度对采取的速度控制和交通管理措施进行评价。

4 应结合交通管理方式和运行速度，对平面交叉通视三角区的通视情况进行评价。

4.5.8 交通工程及沿线设施评价应符合下列规定：

1 应根据交通量及交通组成、线形条件、运行速度、气候条件等因素，对安全设施中标志、标线、护栏、视线诱导设施、防眩设施等的设计原则、设置类型等与主体工程的适应性进行评价。

2 服务区、停车区评价应符合下列规定：

1）应根据沿线服务设施的总体布局、交通量及交通组成、重要构造物、连续纵坡等，对服务区、停车区的位置和间距进行评价。

2）应根据交通量及交通组成、规划占地等，对服务区、停车区的规模进行评价。

3）应采用运行速度，对服务区、停车区匝道出入口线形、视距、加（减）速车道长度等进行评价。

3 收费站评价应符合下列规定：

1）应根据地形条件，交通量及交通组成，匝道收费站与匝道分流点、合流点、平交口的间距，主线收费站与隧道的间距等，对收费站设置位置进行评价。

2）位于连续长陡下坡坡底、匝道坡底、急弯后的收费站，应对调整其位置的可能性进行评价。条件受限时，应对安全防护设施和速度控制设施进行评价。

3）应按大型车运行速度及大型车停车视距对主线收费站和匝道收费站路段的通视情况进行评价。

4 应对检查站、超限检测站等设施的设置位置、视距及出入口等进行评价。

5 应根据公路等级、交通量及其组成、重要构造物、气象灾害多发路段的分布、连续纵坡等，并考虑互联网及可持续发展的要求，对监控设施的设计原则、设置数量、设置形式等进行评价。

6 改扩建公路尚应符合下列规定：

改扩建公路利用既有公路的连续长陡下坡路段、平纵指标较低路段、分合流路段、气象灾害多发路段等时，应对其综合整治措施进行评价。

拟新增服务设施时，应对新增服务设施与其他设施或构造物的间距和交通安全设施进行评价。

4.6 评价结论

4.6.1 评价结论内容应包括总体评价结论、比选方案评价结论和设计要素评价结论。

4.6.2 总体评价结论应确定公路项目特点及其对交通安全的影响。

4.6.3 比选方案评价结论应说明同深度比选路线方案的评价结果，并从交通安全角度提出安全性占优的路线方案。

4.6.4 设计要素评价结论应针对存在的问题提出改进建议和对策。

4.6.5 当设计要素评价结论中含有多条改进建议和对策时，尤其涉及设计方案调整的，宜根据影响交通安全的程度，提出改进建议和对策的实施顺序。

5 施工图设计阶段

5.1 一般规定

5.1.1 本阶段评价重点应为交通工程及沿线设施的设置情况等。

5.1.2 应进行总体评价和设计要素评价。

5.1.3 改扩建公路尚应评价施工期间的交通组织设计对交通安全的影响。

5.1.4 对采用一阶段施工图设计的公路项目或初步设计阶段未进行安全性评价的公路项目，设计要素评价应按本规范第4.5节的有关规定执行，并符合本章有关规定。

5.1.5 依据本规范对公路项目进行施工图设计阶段安全性评价，《公路项目安全性评价报告》格式应符合本规范附录A的有关规定。

5.2 评价方法

5.2.1 本阶段宜采用运行速度协调性分析、安全检查清单等评价方法。

5.2.2 对复杂项目、复杂路段，可采用驾驶模拟方法对线形设计协调性、交通安全设施等进行评价。

5.3 总体评价

5.3.1 应对公路项目特点进行分析，并应符合本规范第4.3.1条的有关规定。

5.3.2 应对初步设计批复中与交通安全相关意见的执行情况进行核查。

5.3.3　当初步设计阶段进行过安全性评价时，应对安全性评价意见的响应情况进行核查。

5.4　设计要素评价

5.4.1　路线评价应符合下列规定：

1　超高设计评价应符合下列规定：

1）在圆曲线半径不变的前提下，应按运行速度对采用的超高值进行评价。

2）应根据公路等级、区域气候条件以及交通组成等因素，对采用的最大超高值进行评价。

3）大型车比例较高的公路，应考虑不同车型间的速度差，以及大坡度下坡对超高值的影响，对采用的超高值进行评价。

2　设置圆曲线加宽时，应根据交通组成对加宽值和加宽形式进行评价。

3　应根据气候条件、地形条件和交通组成，采用运行速度对公路合成坡度进行评价。

4　对设计有爬坡车道的路段，应对爬坡车道的长度、宽度、紧急停车带的位置和数量，以及相关标志、标线等内容进行评价。

5　对设计有避险车道的路段，应对其设置位置、数量和间距进行评价，并对避险车道的引道、平面线形、纵面线形、横断面宽度、长度和坡度、制动坡床材料、排水、端部处理以及交通安全设施和管理设施等进行评价。

6　改扩建公路评价尚应符合下列规定：

1）对利用既有公路，但行驶方向发生改变的路段，应根据实际的线形指标，分析利用原超高值的合理性，并对采取的安全措施进行评价。

2）采用单侧拼宽时，应对车道转换带位置、长度及其交通工程设施等进行评价。

5.4.2　路基和路面评价应符合下列规定：

1　不同路面材料衔接或路面抗滑能力易下降的路段，宜对提高路面抗滑能力所采取的措施进行评价。

2　应对中央分隔带开口的设置位置进行评价。

3　排水设施评价应符合下列规定：

1）当边沟或排水沟处于计算路侧净区宽度范围以内时，应对其采用形式进行评价。

2）强降雨地区，宜对路面的排水形式，以及凹形竖曲线底部、超高路段、超高过渡段的排水设施进行评价。

4　改扩建公路尚宜评价原有排水设施的功能，并对改善设计进行评价。

5.4.3　桥梁和涵洞评价应符合下列规定：

1　应根据上跨本项目桥梁的桥墩台与路侧净区的关系，评价其设置位置对交通安全的影响。

2　宜根据运行速度，结合桥梁纵、横坡度设置等情况，对桥面铺装抗滑的改善措施进行评价。

3　宜根据降雨强度和桥梁纵坡评价桥面泄水孔的泄水能力，并评价桥面泄水对桥下车辆和行人通行的影响。

4　当桥梁位于大风多发地段时，应评价侧风对桥面交通安全的影响。

5　长大桥梁设置应急救援中央分隔带开口时，应对其设置位置进行评价。

6　当涵洞洞口位于计算路侧净区宽度范围内且路侧未设置护栏时，应评价涵洞洞口形式对交通安全的影响。

5.4.4　隧道评价应符合下列规定：

1　应对车行横通道或人行横通道的设置位置、设置数量和角度进行评价。

2 当隧道内外路面抗滑能力存在差异时，宜对隧道洞口抗滑的改善措施进行评价。

3 宜评价隧道照明、通风、消防和监控设施对交通安全的影响。

4 隧道应急救援评价应符合下列规定：

1）宜根据隧道洞口线形、视距等，评价分离式隧道洞口交换联络车道的设置位置及其辅助设施等对交通安全的影响。

2）宜对长隧道、特长隧道和隧道群的应急救援条件进行评价。

5 改扩建公路隧道评价尚应符合下列规定：

1）宜根据通行能力和交通安全情况，对改造后隧道的通风、照明、交通安全、监控、消防等设施改造方案进行评价。

2）宜对新建或扩挖隧道的紧急停车带、车行横通道、人行横通道的布设情况进行评价。

5.4.5 互通式立体交叉评价应符合下列规定：

1 应评价出口匝道分流鼻端至匝道控制曲线起点路段的长度，及其平曲线半径对交通安全的影响。

2 应对匝道运行速度协调性进行评价。相邻路段运行速度差值的绝对值或匝道控制曲线处运行速度预测值与匝道设计速度之差大于 20 km/h 时，协调性不良。

3 视距评价应符合下列规定：

1）宜根据运行速度对匝道基本路段的视距进行评价。

2）应根据运行速度，对分流鼻端、合流鼻端的通视情况进行评价。

4 匝道出、入口评价应符合下列规定：

1）应根据运行速度，对主线的相邻出口或入口之间、匝道的相邻出口或入口之间、主线的出口至前方相邻入口之间的距离进行评价。

2）应根据主线运行速度以及匝道车道数、主线纵坡，对加（减）速车道长度进行评价。

5 宜对改扩建公路的匝道运行速度协调性进行评价。

5.4.6 平面交叉评价应符合下列规定：

1 宜对平面交叉设置的变速车道和转弯附加车道进行评价。

1）变速车道宜按运行速度、交叉角度等，对其长度、宽度、纵坡，以及渐变段的宽度、长度等几何设计指标进行评价。

2）宜根据平面交叉交通管理方式，按运行速度对左转弯附加车道长度和右转弯车道半径进行评价。

2 宜根据公路等级及交通量等，对渠化设计中各方向车道数的合理性进行评价。

3 宜对平面交叉采用的交通管理方式进行评价。

5.4.7 交通工程及沿线设施评价应符合下列规定：

1 交通标志评价应符合下列规定：

1）应对标志的设置位置进行评价。宜根据运行速度对警告标志距危险点的距离进行评价。

2）应对标志信息的合理性，指路标志信息的连续性、有效性及信息量进行评价。

3）应结合运行速度对标志尺寸和标志字高进行评价。

4）宜评价标志的反光强度等级与光线、气候条件及运行速度的适应性。

5）应根据车道数、交通组成和标志的设置位置，对标志的支撑方式进行评价。

6）设置于计算路侧净区范围内的标志，应对其基础和立柱的防护设施进行评价。

7）应评价标志与标线对同一信息内容表述的一致性。

2 交通标线评价应符合下列规定：

1）应对标线的宽度、形式、颜色、反光等级等进行评价。

2）应对路中设置的桥墩、隧道洞口、标志立柱等设置的立面标记进行评价。

3）应对减速标线或减速路面的设置位置、设置长度进行评价。

4）宜对行车道边缘隆声带或振动标线进行评价。

5）应对突起路标的位置和间距进行评价。

3 应对轮廓标、线形诱导标志等视线诱导设施设置的位置和间距进行评价。

4 护栏评价应符合下列规定：

1）高填方、路侧临水或临崖等险要路段，临近村庄路段，与其他道路、铁路、油气管道并行路段，陡坡急弯路段等，应对其路侧采取的防护设施进行评价。

2）应对护栏设置起点、终点、最小长度、最小间距和护栏端头处理方式进行评价。

3）应对桥梁、隧道等构造物与其连接线护栏的衔接与过渡，以及不同刚度护栏之间的衔接与过渡设计进行评价。

4）应根据中央分隔带宽度、交通组成、运行速度，以及陡坡急弯等线形条件，对中央分隔带护栏的防护等级和形式进行评价。

5）应对中央分隔带开口护栏的防护等级、形式、设置位置进行评价。

6）路中或中央分隔带中存在桥墩（柱）等刚性固定物时，应对护栏的设置形式进行评价。

7）设有非机动车道和人行道的路段和桥梁，宜对其隔离设施进行评价。

5 宜评价服务区、停车区内部服务设施、内部车道及停车场等的布局设计和交通组织对交通安全的影响。

6 客运汽车停靠站路段，宜对其设置位置、加（减）速车道长度等进行评价。

7 连续上坡路段、连续长陡下坡路段、长下坡接小半径曲线路段、长大隧道群路段、桥隧相连路段、隧道与互通式立体交叉相连路段、气象灾害多发路段、路侧干扰严重路段、路侧险要路段等，应对其交通工程及沿线设施的综合设置进行评价。

8 改扩建公路评价尚应符合下列规定：

1）当既有交通安全设施在改扩建中加以利用时，应对其形式、性能等进行评价。

2）同向分离路段、不同加宽方式的过渡段，应对其交通安全设施、监控设施等进行评价。

3）宜对同向分离路段起点的过渡段、靠近互通式立体交叉出口的同向车道分隔带开口段的照明进行评价。

4）改扩建公路拟新增服务设施时，应评价新增服务设施与其他设施或构造物的间距，及其进、出口等对交通安全的影响。

9 宜对限速方案进行评价，并应符合下列规定：

1）宜根据项目等级、功能、交通量及交通组成、横断面宽度等，对采用的限速方式进行评价。

2）宜根据线形条件、运行速度等，对采用的限速值进行评价。对受公路几何线形、构造物、路侧干扰和不利气象条件等严重影响路段的限速值，宜进行重点评价。

5.4.8 改扩建公路应根据项目影响范围内路网的公路等级、交通组成、交通流特性等，结合既有公路现状、改扩建方案等，对交通组织设计进行评价。

5.5 评价结论

5.5.1 评价结论内容应包括总体评价结论和设计要素评价结论。

5.5.2 总体评价结论和设计要素评价结论应符合本规范第 4.6.2 条、第 4.6.4 条和第 4.6.5 条的有关规定。

5.5.3 评价结论提出的安全改进建议和对策宜侧重于交通工程及沿线设施的综合运用。

6 交工阶段

6.1 一般规定

6.1.1 本阶段评价重点应为通车前交通工程及沿线设施的设置情况。

6.1.2 本阶段安全性评价应在工程质量验收合格的前提下，进行总体评价和公路安全状况评价。

6.1.3 依据本规范对公路项目交工阶段进行安全性评价，《公路项目安全性评价报告》格式应符合本规范附录 A 的有关规定。

6.2 评价方法

6.2.1 公路安全状况评价应进行公路现场踏勘和实地驾驶，宜采用安全检查清单等方法进行评价。

6.3 总体评价

6.3.1 应分析公路项目的特点，评价其对交通安全的影响。

6.3.2 应对设计审查中与交通安全相关意见的执行情况进行核查。

6.3.3 当在设计阶段进行过安全性评价时，应对安全性评价意见的响应情况进行核查。

6.4 公路安全状况评价

6.4.1 路线评价应符合下列规定：

1 应根据实地驾驶状况，对路线平、纵线形的连续性和协调性以及横断面过渡的顺畅性进行评价。

2 应根据实地驾驶状况，对公路平面、纵断面视距进行评价。

6.4.2 路基和路面评价应符合下列规定：

1 应对路侧障碍物的处理情况进行评价。

2 应对路基、路面排水设施进行评价。

3 应对中央分隔带开口的设置位置和视距进行评价。

6.4.3 桥梁评价应符合下列规定：

1 当存在桥头急弯路段时，应对相关的标志、标线、速度控制设施等进行评价。

2 应对桥梁护栏与路基护栏衔接过渡段进行评价。

3 应根据实地驾驶状况评价上跨本项目的桥梁的墩台和上部结构对本项目公路视距的影响。

4 当上跨本项目的桥梁的桥墩台位于计算路侧净区内时，应对桥墩台的防护设施进行评价。

5 应对与侧风相关的标志和速度控制设施等进行评价。

6.4.4 隧道评价应符合下列规定：

1 应根据实地驾驶状况，对隧道洞口段线形连续性及其视距进行评价。

2 应对隧道进出口路面的防滑过渡进行评价。

3 应对隧道洞口检修道端头与洞外护栏的衔接过渡进行评价。

4 应根据实地驾驶状况，评价隧道照明的实际效果，并对洞口眩光的情况进行评价。

5 宜对隧道监控、通风、消防等设施的设置情况进行评价。

6 人车混行的隧道，应对保护行人和非机动车的安全设施进行评价。

6.4.5 互通式立体交叉评价应符合下列规定：

1 应根据实地驾驶状况，对分、合流鼻端的通视情况，以及加（减）速车道长度、匝道的速度协调性进行评价。

2 应根据实地驾驶状况，对互通式立体交叉出口标志信息进行评价。

6.4.6 平面交叉评价应符合下列规定：

1 应根据实地驾驶状况，对通视三角区的通视情况进行评价。

2 应对交通管理方式及交通组织措施进行评价。

3 应对与行人和非机动车相关的标志、标线等交通安全设施进行评价。

6.4.7 交通工程及沿线设施评价应符合下列规定：

1 标志评价应符合下列规定：

1）应现场对标志的设置效果和位置进行评价。

2）应根据路网情况和实地驾驶状况，对标志信息的准确性、连续性进行评价。

3）应对标志的信息量进行评价。

4）应对标志与对应标线信息的一致性进行评价。

5）应评价树木、边坡绿化、构筑物、广告牌等对标志视认效果的影响。

6）应根据实地驾驶状况评价标志在夜间的视认效果。

2 标线评价应符合下列规定：

1）应根据实地驾驶状况，对标线在夜间的视认和诱导效果进行评价。

2）应对位于中央分隔带或计算路侧净区内的桥墩、隧道洞口、设施立柱等设置的立面标记进行评价。

3）应对禁止超车路段的标线设置情况进行评价。

3 护栏评价应符合下列规定：

1）应对护栏的设置情况进行评价。

2）应对分流鼻端的防撞设施进行评价。

3）高填方、路侧临水或临崖等险要路段，临近村庄路段，与其他道路、铁路、油气管道并行路段，陡坡急弯路段等，应对其路侧采取的防护设施进行评价。

4 防眩设施评价应符合下列规定：

1）应对防眩设施的设置情况进行评价。

2）应在夜间检查防眩板的防眩效果。

5 应检查视线诱导设施在夜间的诱导效果。

6 当公路跨越铁路、通航河流、交通量较大的其他公路时，应对其桥梁的防落网进行评价。

7 应对爬坡车道和避险车道的交通安全设施和管理设施进行评价。

8 宜对路段的监控设施的设置情况进行评价。

9 应根据实地驾驶状况对收费站的交通安全设施和管理设施进行评价。

10 应对服务区、停车区内的标志和标线进行评价。

11 应对港湾式紧急停车带的交通安全设施进行评价。

12 连续上坡路段、连续长陡下坡路段、长下坡接小半径曲线路段、长大隧道群路段、桥隧相连路段、隧道与互通式立体交叉相连路段、气象灾害多发路段、路侧干扰严重路段、路侧险要路段等，应对其交通工程及沿线设施的综合设置进行评价。

13 可对限速方案进行评价，重点评价受公路几何线形、构造物、路侧干扰和气象条件等影响的受限路段限速值。

6.5 评价结论

6.5.1 评价结论内容应包括总体评价结论和公路安全状况评价结论。

6.5.2 总体评价结论应确定公路项目特点及其对交通安全的影响。

6.5.3 公路安全状况评价结论应确定可能影响通车后交通安全的重点问题，并结合交工阶段公路项目现状，提出可行的安全改进建议。

6.5.4 安全改进建议应侧重于完善交通安全设施或提出管理对策。宜根据实施的难易程度，提出安全改进建议和管理对策的实施顺序，或提出分期实施建议。

7 后评价

7.1 一般规定

7.1.1 本章条文适用于公路建设项目后评价中的交通安全评价，也适用于通车后公路安全状况发生较大变化，或竣工验收、大中修、改扩建时的安全性评价。

7.1.2 评价重点应为公路设施、交通量及交通组成、路网环境、路侧环境等的现状对公路交通安全的影响。

7.1.3 应进行总体评价和公路安全状况评价。

7.1.4 总体评价应在调研和资料收集的基础上，进行交通事故分析；公路安全状况评价应进行公路现场调查、速度观测与评价，提出安全改进建议和对策。

7.1.5 依据本规范对公路项目进行后评价，《公路项目安全性评价报告》格式应符合本规范附录A的有关规定。

7.2 评价方法

7.2.1 总体评价宜采用交通事故统计分析、问卷调查等方法。

7.2.2 公路安全状况评价宜采用安全检查清单、断面速度现场观测等方法。

7.3 总体评价

7.3.1 应根据交通量及交通组成、公路环境、安全管理、气候条件、交通事故等，评价公路运营后的交通运行特点对交通安全的影响。

7.3.2 应调研运营情况、交通事故主要原因、交通事故频发路段和交通安全管理等方面的情况。

7.3.3 应进行资料收集，资料的质量、数量和时效应满足评价要求。收集资料宜包括下列内容：

1 与安全性评价相关的现行标准。

2 近3年及以上的交通量和交通组成等统计资料。

3 近3年及以上的交通事故详细资料，包括事故发生的时间、地点、天气状况、事故形态、事故原因、伤亡人数、事故车型等信息。

4 相关设计文件，包括施工图或竣工图。

5 交工或竣工验收中与交通安全相关的资料。

6 其他可用于安全性评价的资料。

7.3.4 宜进行公路使用者问卷调查，主要调查安全运营需求、安全管理措施的效果，以及对安全改善的建议等。

7.3.5 交通事故分析应符合下列规定：

1 应对交通事故次数、伤亡人数、经济损失等进行统计，分析交通事故变化的趋势。

2 应对交通事故发生的时间分布、空间分布、形态分布、原因分布、气候特征等进行分析，总结交通事故的统计规律。

3 应根据交通事故的空间分布对事故频发路段进行鉴别，确定其起、终点范围，并分析事故频发原因。

4 宜对典型的重大、特大交通事故进行个案分析。

7.3.6 可对与应急救援相关的公路设施和应急预案进行评价。

7.4 公路安全状况评价

7.4.1 应进行公路安全状况现场调查。现场调查应符合下列规定：

1 应沿公路双方向进行连续摄像或拍照，对公路状况进行记录。

2 应重点调查事故频发路段。

3 事故频发路段或拟进行速度控制的路段应进行断面速度现场观测。

4 一级公路、二级公路、三级公路，应对行人和非机动车等路侧干扰情况进行调查。

7.4.2 路线评价应符合下列规定：

1 应根据现场观测数据确定代表车型的运行速度，评价运行速度与设计速度协调性。

2 应根据实地驾驶状况对平、纵面线形的连续性和视距进行评价。

3 二级公路、三级公路，应根据实际的交通组成对小半径圆曲线路段的加宽值进行评价。

7.4.3 路基和路面评价应符合下列规定：

1 应对公路建筑限界进行评价。

2 应对位于计算净区范围之内的路侧障碍物进行评价。

3 侧滑和尾随相撞事故频发的路段，应对其路面抗滑能力进行评价。

4 应对中央分隔带开口的设置位置和视距进行评价。

5 应对排水设施的养护状况及其排水能力进行评价。

7.4.4 桥梁评价应符合下列规定：

1 应评价桥梁与桥梁引线的线形协调性。当存在桥头急弯路段时，应对相关的标志、标线、速度控制设施等进行评价。

2 应对桥梁护栏与路基护栏衔接过渡段进行评价。

3 应根据实地驾驶状况评价上跨本项目的桥梁的桥墩台和上部结构对本项目公路视距的影响。

4 当上跨本项目的桥梁的桥墩台位于计算路侧净区内时，应对桥墩台的防护设施进行评价。

5 应检查桥头接线处、桥梁伸缩缝处是否存在影响交通安全的跳车现象。

6 应检查桥梁是否会出现易湿滑或结冰的现象。

7 桥上设人行道或非机动车道时，应检查其与行车道的隔离设施。

8 应对与侧风相关的标志和速度控制设施等进行评价。

7.4.5 隧道评价应符合下列规定：

1 应根据实地驾驶状况对隧道洞口段线形连续性及其视距进行评价。

2 应对隧道洞内、外衔接路段的路面抗滑能力及过渡进行评价。

3 应对隧道洞口横断面变化及其防护设施的衔接与过渡进行评价。

4 应根据实地驾驶状况评价隧道洞口亮度及照明过渡对交通安全的影响。无照明设施的隧道，应检查视线诱导设施的设置情况。

5 宜对隧道监控、通风、消防等设施的设置情况进行评价。

6 人车混行的隧道，应对保护行人和非机动车的安全设施进行评价。

7.4.6 互通式立体交叉评价应符合下列规定：

1 应对互通式立体交叉之间，以及互通式立体交叉与服务区、停车区、隧道等的间距进行评价。

2 应根据实地驾驶状况和运行速度，对分、合流鼻端的通视情况进行评价。

3 应根据实地驾驶状况和运行速度，评价出口匝道分流鼻端至匝道控制曲线起点路段的长度和速度过渡对交通安全的影响。

4 应对车道数平衡，以及变速车道、辅助车道、交织区长度进行评价。

5 应根据实地驾驶状况，对互通式立体交叉出口标志信息进行评价。

7.4.7 平面交叉评价应符合下列规定：

1 应通过现场观测，评价平面交叉的位置、形式、交叉角度、间距等对交通安全的影响。

2 应结合运行速度，对通视三角区的通视情况进行检查和评价。

3 应对交通渠化设施，以及与行人和非机动车相关的标志、标线等交通安全设施进行评价。

4 宜根据相交公路等级、直行和转弯车辆比例、历史交通事故情况等，对转弯车道和附加车道进行评价。

5 宜根据平面交叉转向交通量和现场条件，对采用的交通管理方式及交通组织措施进行评价。

7.4.8 交通工程及沿线设施评价应符合下列规定：

1 应对标志、标线、护栏、防眩设施、视线诱导设施、防落网进行评价，并应符合本规范第6.4.7条的有关规定。

2 管理设施评价应符合下列规定：

1）宜对路段的监控、照明设施的设置情况进行评价。

2）宜检查收费站的通行能力、收费车道设置数量等。

3）位于急弯之后或下坡坡底的收费站，应对其视距、速度控制设施、收费亭防撞设施等进行评价。

3 服务设施评价应符合下列规定：

1）应根据运行速度，对服务区、停车区分流和合流匝道的识别视距、变速车道长度等进行评价。

2）宜根据实际交通量及交通组成等对服务区、停车区的容量、内部车道布设、内部服务设施布设情况等进行评价。

3）应对客运汽车停靠站的设置位置、变速车道、隔离设施等进行评价。

4 连续上坡路段、连续长陡下坡路段、长下坡接小半径曲线路段、长大隧道群路段、桥隧相连路段、隧道与互通式立体交叉相连路段、气象灾害多发路段、路侧干扰严重路段、路侧险要路段等，应对其交通工程及沿线设施的综合设置进行评价。

5 当限速方案难以满足交通安全或通行效率需求时，可结合运营需求、公路条件、运行速度、交通安全状况等对限速方案进行评价。

7.4.9 养护维修作业控制区评价应符合下列规定：

1 应对养护维修作业控制区的可见性及相关安全设施进行评价。

2 宜评价作业期间采取的交通组织措施对交通安全的影响。

7.5　评价结论

7.5.1　评价结论内容应包括总体评价结论、公路安全状况评价结论。

7.5.2　总体评价结论应确定公路项目特点及其对交通安全的影响，分析交通事故原因及交通安全变化趋势。

7.5.3　公路安全状况评价结论应确定主要的安全问题和安全改善重点，并提出可行的安全改进建议和管理对策。

7.5.4　宜根据安全改进建议实施的难易程度和实施效果，提出安全改进建议和管理对策的实施顺序，或提出分期实施建议。

附录 A　安全性评价报告格式

A.1　报告格式说明

A.1.1　安全性评价报告宜包括下列内容：

1　封面；

2　资质证书；

3　著录页；

4　目录；

5　正文。

A.1.2　安全性评价报告应采用 A4 幅面，左侧装订。

A.1.3　安全性评价报告封面宜采用浅灰色。

A.1.4　封面宜包括下列内容：

1　评价项目名称；

2　评价阶段；

3　标题，统一为“安全性评价报告”；

4　承担单位名称；

5　评价报告完成日期。

封面式样如图 A.1.4 所示。

A.1.5　著录页宜包括下列内容：

1　评价项目名称；

2　评价阶段；

3　标题，统一为“安全性评价报告”；

4　承担单位负责人、技术负责人、项目负责人及主要参加人员姓名；

5　承担单位名称及公章或技术成果章；

6　承担单位资质证书名称及编号；

7　评价报告完成日期。著录页式样如图 A.1.5 所示。

评价项目名称（二号宋体加粗）

××阶段（二号宋体加粗）

安全性评价报告（小初号黑体加粗）

承担单位名称（三号宋体加粗）

评价报告完成日期（三号宋体加粗）

图 A.1.4　封面式样

评价项目名称（二号宋体加粗）

××阶段（二号宋体加粗）

安全性评价报告（一号黑体加粗）

单位负责人：（四号宋体加粗）

技术负责人：（四号宋体加粗）

项目负责人：（四号宋体加粗）

主要参加人员：（四号宋体加粗）

承担单位名称及用章（四号宋体加粗）

承担单位资质证书名称及编号（四号宋体加粗）

评价报告完成日期（四号宋体加粗）

图 A.1.5　著录页式样

A.2 安全性评价报告正文格式

A.2.1 安全性评价报告正文应由下列部分组成：

1 概述。阐述安全性评价背景及目的、工作依据、工作过程和调研情况。

2 建设项目概况。说明公路项目的工程概况、自然地理状况、交通量和交通组成及服务水平、与沿线其他公路和铁路等的关系、主要技术指标规定值及其采用值、主要技术经济数据等。交工阶段尚需说明工程施工情况、交工验收准备情况等。后评价尚需说明交通管理状况、安全改善概况和事故概况等。

3 总体评价。分析公路项目特点和环境对交通安全的影响，确定评价的重点。后评价尚需对运营调研结果和交通事故进行分析。

4 比选方案评价（初步设计阶段）。从交通安全的角度对同深度比选方案进行比较，分析评价结果，并提出安全性占优的路线方案。

5 设计要素评价（初步设计阶段、施工图设计阶段）。从交通安全的角度对路线、路基、路面、桥梁、隧道、互通式立体交叉、平面交叉、交通工程及沿线设施等的设计方案进行评价。

6 公路安全状况评价（交工阶段、后评价）。从交通安全的角度对路线、路基、路面、桥梁、隧道、互通式立体交叉、平面交叉、交通工程及沿线设施等的现状进行检查和评价。

7 评价结论及建议。

本规范用词用语说明

1 本规范执行严格程度的用词，采用下列写法：

1）表示很严格，非这样做不可的用词，正面词采用“必须”，反面词采用“严禁”；

2）表示严格，在正常情况下均应这样做的用词，正面词采用“应”，反面词采用“不应”或“不得”；

3）表示允许稍有选择，在条件许可时首先应这样做的用词，正面词采用“宜”，反面词采用“不宜”；

4）表示有选择，在一定条件下可以这样做的用词，采用“可”。

2 引用标准的用语采用下列写法：

1）在标准总则中表述与相关标准的关系时，采用“除应符合本规范的规定外，尚应符合国家和行业现行有关标准的规定”；

2）在标准条文及其他规定中，当引用的标准为国家标准和行业标准时，表述为“应符合《××××××》（×××）的有关规定”；

3）当引用本标准中的其他规定时，表述为“应符合本规范第×章的有关规定”“应符合本规范第×.×节的有关规定”“应符合本规范第×.×.×条的有关规定”或“应按本规范第×.×.×条的有关规定执行”。

公路建设项目可行性研究报告编制办法

第一条　为进一步规范公路建设项目可行性研究及报告编制工作，加强前期工作管理，提高公路建设项目决策的科学性，在认真总结1988年颁布的《公路建设项目可行性研究报告编制办法》执行情况的基础上，结合近年来公路发展与建设的实际，制定本办法。

第二条　本办法适用于各类公路建设项目（含长大桥梁、隧道等独立工程建设项目），小型公路建设项目可适当简化。对于实行核准制或备案制的项目，其项目申请报告或资金申请报告的相关内容可参照执行。

第三条　公路建设项目可行性研究，是对项目建设的必要性、技术可行性、经济合理性和实施可能性进行综合性研究论证的工作，是公路建设项目前期工作的重要组成部分，是建设项目决策的主要依据。

第四条　公路建设项目可行性研究，按其工作阶段分为预可行性研究和工程可行性研究。编制预可行性研究报告，应以项目所在地区域经济社会发展规划、交通发展规划和其他相关规划为依据；编制工程可行性研究报告，原则上以批准的项目建议书为依据。

第五条　公路建设项目预可行性研究，要求通过实地踏勘和调查，重点研究项目建设的必要性和建设时机，初步确定建设项目的通道或走廊带，并对项目的建设规模、技术标准、建设资金、经济效益等进行必要的分析论证，编制研究报告，作为项目建议书的依据。公路建设项目工程可行性研究，要求进行充分的调查研究，通过必要的测量和地质勘察，对可能的建设方案从技术、经济、安全、环境等方面进行综合比选论证，研究确定项目起、终点，提出推荐方案，明确建设规模，确定技术标准，估算项目投资，分析投资效益，编制研究报告。工程可行性研究报告一经批准，即为初步设计应遵循的依据。

第六条　公路建设项目可行性研究报告的主要内容应包括项目影响区域经济社会及交通运输的现状与发展、交通量预测、建设的必要性、技术标准、建设条件、建设方案及规模、投资估算及资金筹措、经济评价、实施安排、土地利用评价、工程环境影响分析、节能评价、社会评价等，特殊复杂的重大项目，还应进行风险分析。预可行性研究及工程可行性研究报告内容的具体要求详见附件1《公路建设项目预可行性研究报告文本格式及内容要求》和附件2《公路建设项目工程可行性研究报告文本格式及内容要求》。

第七条　公路建设项目可行性研究报告，应在对可能的工程建设方案进行初步比选的基础上，筛选出有比较价值的方案，进一步做同等深度的技术、建设费用、经济效益比选。二级及以上公路的预可行性研究、工程可行性研究阶段的路线方案，应分别在1∶5万、1∶1万或更大比例尺地形图上进行研究，其中特殊困难路段需分别在1∶1万、1∶2000地形图上进行研究；工程可行性研究阶段应进行必要的地质勘探，对长大桥梁、隧道等控制性工程，可采用遥感、物探、地质调绘等进行专项的地质勘探和调查，地质条件复杂时需进行必要的钻探分析。工程可行性研究阶段投资估算与初步设计概算之差，应控制在投资估算的10%以内。

第八条　交通量预测相关内容，应按附件3《公路建设项目交通量分析与预测方法》编制，经济评价方法与参数另行颁布。

第九条 编制可行性研究报告，必须遵守国家的各项政策、法规并执行交通运输部颁布的相关标准、规范、规定等。研究工作必须科学、客观、公正。

第十条 公路建设项目可行性研究报告应由具备相应工程咨询资质的机构编制。编制单位对报告的质量负责。

多个编制单位共同承担项目时，应确定一个主办单位。主办单位应负责协调有关参加单位承担的工作，使各部分工作相互衔接，内容统一。主办单位应对研究报告全面负责。

第十一条 公路建设项目可行性研究报告编制完成后，经项目负责人、编制单位的技术负责人和单位主管签字后报送主管部门或委托单位。

公路建设项目可行性研究报告的审批按国家有关规定办理。需中央政府审批的项目先由地方政府进行预审，提出预审意见，对报告进行修改完善后再上报审批。

已经完成的公路建设项目可行性研究报告，其基础依据有重大变化时，应及时修改完善或重新编制；已经批复的报告，应重新报批。

第十二条 公路建设项目可行性研究报告由主报告及附件两部分组成。幅面尺寸：主报告采用297×210毫米（A4），附件图册采用297×420毫米（A3）。封面颜色：预可行性研究报告采用淡黄色；工程可行性研究报告采用墨绿色。

第十三条 本办法由交通运输部负责解释。

第十四条 本办法自颁发之日起施行。原交通部1988年8月发布的《关于颁发水运、公路建设项目可行性研究报告编制办法的通知》（〔88〕交计字500号）中《公路建设项目可行性研究报告编制办法》同时废止。

附件 1. 公路建设项目预可行性研究报告文本格式及内容要求

2. 公路建设项目工程可行性研究报告文本格式及内容要求

3. 公路建设项目交通量分析与预测方法（略）

附件 1

公路建设项目预可行性研究报告
文本格式及内容要求

封面格式

（项目名称）预可行性研究报告

（编制单位）

年　　月

扉页格式（1）

（项目名称）预可行性研究报告

编 制 单 位：×××× （盖章）

咨询证书等级：××××

发 证 机 关：××××

证 书 号：××××

（证书复印件附此页后）

参 加 单 位：×××× （盖章）

咨询证书等级：××××

发 证 机 关：××××

证 书 号：××××

（证书复印件附此页后）

扉页格式（2）

编 制 单 位：××××

单 位 主 管：×××　（盖章）

总 工 程 师：×××　（盖章）

项目负责人：×××　（盖章）

参 加 人 员：

×××、×××、×××、×××

参加单位：××××

单位主管：×××　（盖章）

主 办 人：×××

参加人员：

×××、×××、×××、×××

目录格式

目　录

内容要求

1 概述

1.1 项目背景

1.2 编制依据

1.3 研究过程及内容

1.4 建设的必要性

1.5 主要结论

1.6 问题与建议

2 经济社会和交通运输发展现状及规划

2.1 研究区域概况

2.2 项目影响区域经济社会现状及发展

2.2.1 经济社会现状

- 社会发展概况

说明区域人口、国土面积、自然资源、区位优势等情况。

- 经济发展现状

说明区域经济水平、经济布局、经济结构、对外贸易等情况。

2.2.2 经济社会发展趋势

- 经济社会发展趋势分析
- 主要经济社会指标分析及预测

2.3 项目影响区域交通运输现状及发展

2.3.1 综合交通运输现状

- 综合运输网
- 运输量发展水平及特点
- 公路运输的地位和作用

2.3.2 相关公路技术状况及适应程度

- 技术状况
- 交通量
- 适应程度

2.3.3 交通运输发展规划

- 公路网
- 其他相关运输方式
- 本项目在区域路网中的地位

3 交通量分析及预测

3.1 公路交通调查及分析

3.1.1 调查综述

公路交通调查内容、方法、范围。

3.1.2 调查资料分析

- 相关公路的交通量构成、分布特点

- 交通运行特征
- 运输效率及主要运输货类等

3.2 相关运输方式的调查与分析

3.2.1 调查概述

3.2.2 资料分析

3.3 预测思路与方法

3.3.1 交通量预测的总体思路

3.3.2 交通量预测方法及步骤概述

3.4 交通量预测

3.4.1 预测特征年确定

3.4.2 特征年路网

3.4.3 交通生成

- 交通量增长率确定
- 发生、吸引交通量计算

3.4.4 交通量分布

- 分布方法
- 交通量分布

3.4.5 诱增交通量及其他运输方式转移交通量的初步估计

3.4.6 交通量分配

- 分配方法
- 分配方案

3.4.7 预测结果及分析

- 路段交通量及分析
- 特征年车型构成

4 建设的必要性

重点分析拟建项目在区域经济社会发展、城镇及路网规划、综合运输体系、满足交通需求等方面的定位和作用，阐述项目建设的必要性和建设时机。

5 建设条件、技术标准及建设方案

5.1 建设条件

5.1.1 地形、地质、水文、气候等条件

5.1.2 制约建设方案的其他主要因素城镇规划、产业布局、资源分布、环境敏感点、文物等。

5.1.3 筑路材料及运输条件

5.1.4 拟建项目与相关路网的衔接

对于改扩建项目还应对现有工程的适用状况进行分析和评价。

5.2 技术标准

5.3 建设方案

5.3.1 建设项目起终点论证

5.3.2 可能的建设方案

5.3.3 建设方案比选

5.3.4 推荐方案工程概况和建设规模

5.3.5 实施安排

对于攻扩建项目应制定施工期间的保通措施。

6 投资估算及资金筹措

6.1 投资估算

按照交通运输部《公路基本建设工程投资估算编制办 法》《公路工程估算指标》等执行，说明材料单价和征地拆迁取值依据及主要定额调整原因等，并给出各方案总估算汇总表。

6.2 资金筹措

7 经济评价

7.1 评价依据和方法

7.2 经济费用效益分析

7.2.1 参数选择与确定

7.2.2 经济费用调整

7.2.3 经济效益计算

7.2.4 经济费用效益分析指标计算

7.2.5 敏感性分析

7.3 财务分析

7.3.1 资金来源与融资方案

7.3.2 财务费用计算

7.3.3 收费收入计算

7.3.4 财务分析指标计算

7.3.5 敏感性分析

7.4 评价结论

8 节能评价

8.1 建设期耗能分析

8.2 运营期节能

8.2.1 项目运营管理耗能分析

8.2.2 项目使用者节能计算

8.3 主要节能措施

8.4 节能评价

9 社会评价

9.1 项目的社会影响分析

9.2 项目与所在地的互适性分析

9.3 社会风险分析及对策建议

9.4 社会评价结论

10 风险分析

对于特殊复杂的重大项目，应进行风险分析。

10.1 项目主要风险因素识别

10.2 风险程度分析

10.3　防范和降低风险措施

11　问题与建议

存在的主要问题及建议。

附　件

相关会议纪要、地方意见、部门意见等。

主要图表

地理位置图：图幅范围按路线影响区范围确定，一般应涵盖项目所在省全貌，位于省界的项目应涵盖相邻省份主要影响区域（本图置于报告正文第1页）。

1 工程部分

1.1 路线方案示意图

一般应在1∶5万～1∶20万地形图上标示出全线推荐方案及比较方案，并标示现状路网、规划路网、城镇规划范围及沿线风景区、矿区、重要文物、环境敏感点等。

1.2 路线平纵面缩图

应标注城镇规划、风景区范围及资源分布、水源地等内容。

1.3 主要技术经济指标表

1.4 路基标准横断面图

1.5 路线平纵面图

1.6 桥型总体布置图（独立桥梁、特大桥）

1.7 隧道（地质）纵断面图（独立隧道、特长隧道）

1.8 主要工程数量估算表

1.9 投资估算文件（推荐方案的甲乙组文件和比较方案的甲组文件）

2 经济交通分析及经济评价部分

2.1 项目影响区示意图

2.2 ××省（市、地、县）历年主要经济社会指标表

2.3 ××省（市、地、县）主要经济社会指标预测结果表

2.4 现有相关公路技术状况表

2.5 历年相关公路交通量表

2.6 项目影响区公路及其他运输方式现状图

2.7 ××年（基年）OD表

2.8 ××年（基年）出行期望路线示意图

2.9 ××年（未来各特征年）公路及其他运输方式规划图

2.10 ××年（未来各特征年）OD表

2.11 分路段交通量预测结果表（包括各特征年）

2.12 交通量车型结构预测表

2.13 车辆经济运营成本调整表

2.14 项目投资经济费用效益流量表

2.15 经济费用效益分析敏感性分析表

2.16 项目投资现金流量表

2.17 项目资本金现金流量表

2.18 财务分析敏感性分析表

附件 2

公路建设项目工程可行性研究报告文本格式及内容要求

封面格式

（项目名称）工程可行性研究报告

（编制单位）

年　　月

扉页格式（1）

（项目名称）工程可行性研究报告

编 制 单 位：××××　　（盖章）

咨询证书等级：××××

发 证 机 关：××××

证　书　号：××××

（证书复印件附此页后）

参 加 单 位：××××　　（盖章）

咨询证书等级：××××

发 证 机 关：××××

证　书　号：××××

（证书复印件附此页后）

扉页格式（2）

编 制 单 位：××××

单 位 主 管：×××　（盖章）

总 工 程 师：×××　（盖章）

项目负责人：×××　（盖章）

参 加 人 员：

×××、×××、×××、×××

参加单位：××××

单位主管：×××　（盖章）

主 办 人：×××

参加人员：

×××、×××、×××、×××

目录格式

目 录

内容要求

1 概述

1.1 项目背景

1.2 编制依据

1.3 研究过程

1.4 建设的必要性

对于直接进行工程可行性研究的公路项目，应对项目建设的必要性、建设时机等进行详细论述。

1.5 主要结论

1.5.1 交通量预测

1.5.2 技术标准

1.5.3 路线起终点、走向、主要控制点及建设规模

1.5.4 投资估算、资金筹措及工期安排

1.5.5 经济评价

1.5.6 土地利用、工程环境、节能及社会影响评价

1.6 问题与建议

2 经济社会和交通运输发展现状及规划

2.1 研究区域概况

2.2 项目影响区域经济社会现状及发展

2.2.1 经济社会现状

- 社会发展概况
- 经济发展现状

2.2.2 经济社会发展趋势

- 经济社会发展趋势分析
- 主要经济社会指标预测

2.3 项目影响区域交通运输现状及发展

2.3.1 综合交通运输现状

- 综合运输网
- 运输量发展水平及特点
- 公路运输的地位和作用

2.3.2 相关公路技术状况及存在问题

- 技术状况
- 交通量
- 存在问题

2.3.3 交通运输发展趋势

- 公路网规划
- 其他相关运输方式规划
- 本项目的地位和作用

3　交通量分析及预测

3.1　公路交通调查与分析

3.1.1　预可工作回顾

3.1.2　调查综述

- 调查内容、方法、范围

3.1.3　调查资料的分析

3.2　相关运输方式的调查与分析

3.2.1　调查概述

3.2.2　调查资料分析

3.3　预测思路与方法

3.3.1　交通量预测的总体思路

3.3.2　交通量预测方法及步骤概述

3.4　交通量预测

3.4.1　预测特征年确定

3.4.2　特征年路网

3.4.3　交通生成

- 交通增长率确定
- 发生、吸引交通量计算

3.4.4　交通量分布

- 分布方法
- 交通量分布

3.4.5　诱增交通量及其他运输方式转移交通量预测

- 预测方法
- 预测结果

3.4.6　交通量分配

- 分配方法
- 分配方案

3.4.7　预测结果及分析（含比选方案）

- 路段交通量及分析（含相关公路）
- 互通立交转向交通量
- 特征年车型构成
- 无此项目时相关公路交通量

4　技术标准

根据拟建项目在区域公路网中的功能与定位、交通量、预测结果，综合考虑地形条件、投资规模、环境影响及与拟建项目连接的其他工程项目等影响因素，在通行能力及服务水平分析的基础上，按照《公路工程技术标准》相关规定，论证项目拟采用的技术等级、设计速度、车道数及路基宽度、荷载标准、抗震设防标准、隧道建筑界限、交通工程及沿线设施等具体指标，对于跨越有通航要求的河流上的桥梁，应明确通航标准等指标。

5 建设方案

5.1 建设条件

5.1.1 地形、地质、水文、气候等条件

5.1.2 制约建设方案的其他主要因素

城镇规划、产业布局、资源分布、环境敏感点、文物等。

5.1.3 筑路材料及运输条件

5.1.4 拟建项目与相关路网的衔接

对于改扩建项目还应对现有工程的适用状况进行分析和评价。

5.2 建设项目起终点论证

- 建设项目与区域路网和前后路段衔接情况
- 与城市衔接的关系

5.3 备选方案拟定

5.3.1 主要控制因素

- 地形、地质、水文等控制因素
- 沿线重要城镇规划
- 环境、资源分布、军事设施、文物等其他控制因素

5.3.2 各备选方案概况

- 走向及控制点
- 主要技术指标及规模

5.4 方案比选

综合考虑建设条件、工程规模及投资、经济评价、环境影响、土地占用等因素，提出推荐方案。

5.5 推荐方案概况

5.5.1 起终点及主要控制点

5.5.2 规模、标准及主要技术经济指标

5.5.3 路基工程

5.5.4 路面工程

5.5.5 桥涵工程

5.5.6 隧道工程

5.5.7 交叉工程

5.5.8 连接线及辅道工程

5.5.9 交通工程及沿线设施

5.5.10 其他工程

6 投资估算及资金筹措

6.1 投资估算

按照交通运输部《公路基本建设工程投资估算编制办法》《公路工程估算指标》等执行。说明主要材料来源、材料单价和征地拆迁取值依据、标准及主要定额调整原因等，并给出各方案总估算汇总表。工程可行性研究与预可行性研究的投资估算差别较大时，应说明原因。

6.2 资金筹措

7 经济评价

7.1 评价依据和方法

7.2 评价方案设定

7.3 经济费用效益分析

7.3.1 参数选择与确定

7.3.2 经济费用调整

7.3.3 经济效益计算

7.3.4 经济费用效益分析指标计算

7.3.5 敏感性分析

7.4 财务分析

7.4.1 资金来源与融资方案

7.4.2 财务费用计算

7.4.3 收费收入计算

7.4.4 财务分析指标计算

- 盈利能力分析
- 清偿能力分析

7.4.5 敏感性分析

7.5 评价结论

8 实施方案

分析工程的施工条件和特点，研究制约工程进度、质量、造价的关键环节，提出工期安排等实施方案。对于改扩建项目，应该包括施工期交通组织方案。

9 土地利用评价

9.1 区域土地利用、类型及人均占有量

9.2 推荐方案占用土地、主要拆迁建筑物的种类和数量

9.3 对当地土地利用规划影响

9.4 与《公路建设项目用地指标》的符合性

9.5 集约节约使用土地措施

10 工程环境影响分析

10.1 沿线环境特征

10.2 推荐方案对工程环境的影响

10.3 减缓工程环境影响的对策

10.3.1 路线方案的对策

10.3.2 路基边坡防护对策

10.3.3 借方、弃方及水土保持对策

10.3.4 绿化恢复植被对策

10.3.5 其他对策

11 节能评价

11.1 建设期耗能分析

11.2 运营期节能

11.2.1 项目运营管理耗能分析

包括项目（公路桥梁、隧道）的照明、服务区、收费站、监控设施等。

11.2.2 项目使用者节能计算

采取“有无对比法”，计算建设项目投入运营后，使用者的燃油节约量，并将最终结果换算成标准煤。

11.3 对当地能源供应的影响

11.4 主要节能措施

- 说明遵循的节能规范或标准
- 主要措施，包括新材料、新工艺、新能源的应用

11.5 节能评价

12 社会评价

12.1 社会影响分析

主要分析项目对所在地社会的正、负面影响。主要包括对居民收入、生活水平与质量、就业的影响，对不同利益群体、弱势群体的影响，对所在地文化、教育、卫生的影响，对少数民族风俗习惯和宗教的影响。

12.2 互适性分析

调查当地政府、企业、居民及道路主要使用者对建设项目的支持程度，分析项目与当地社会环境的相互适应性。

12.2.1 当地政府对项目的态度

12.2.2 不同利益群体对项目的态度及参与程度分析和预测直接相关的利益群体的态度和参与程度。

12.2.3 各部门或组织对项目的态度及支持程度各部门或组织对项目的支持和配合程度。如城市规划、城市交通、土地、电力、供水等部门的保障。

12.2.4 移民安置方案

对于需较大规模移民的公路建设项目，应初步制定相应的安置方案。

12.3 社会风险分析

对可能影响项目的各种社会因素进行识别和排序，并对影响面大、持续时间长、容易引起较大矛盾的社会因素及未来可能的变化进行分析，提出必要的防范措施。

12.4 社会评价结论

13 风险分析

对于特殊复杂的重大项目，应进行风险分析。

13.1 项目主要风险因素识别

项目风险主要包括工程技术风险、资金风险、外部协作条件风险等，应结合项目实际进行识别。

13.2 风险程度分析

采用专家评估法、风险因素取值评定法或风险概率分析法等，按各风险因素对项目影响程度和风险发生的可能性大小确定风险的等级。

13.3 防范和降低风险措施

根据不同的风险因素提出相应的规避和防范对策。

14　问题及建议

存在的主要问题及建议。

附　件

相关审查意见、会议纪要、地方意见、部门意见等。

主要图表

地理位置图：图幅范围按路线影响区范围确定，一般应涵盖项目所在省全貌，位于省界的项目应涵盖相邻省份主要影响区域（本图置于报告正文第1页）。

1 工程部分

1.1 路线方案比装图

在1∶5万～1∶20万地形图上标示出所有方案，标注起终点、控制点、主要城镇及规划范围、相关公路和铁路、沿线风景区、矿区、重要文物、县以上境界；简明标示出大桥、隧道、互通立交、连接线及沿线设施（服务区、停车区）等位置。

1.2 推荐方案路线平纵面缩图

平面：比例尺及标注内容同路线方案比较图。

纵断面：绘于平面缩图之下，简明标示出主要地名、翅口、河流、大桥、隧道及主要路线交叉等位置、名称与高程。水平比例尺与平面缩图相同，垂直比例尺用1∶5千～1∶1万。

1.3 路线平纵面图（水平：1∶1万，垂直：1∶1千～1∶5千）

1.4 主要技术经济指标表

1.5 综合交通规划图

1.6 相关城镇规划图

1.7 区域主要水系图

1.8 区域地震烈度分布图

1.9 区域工程地质图

1.10 重要工点地质剖面图

1.11 不良地质地段表

1.12 特殊路基处理数量表

1.13 路基每公里土石方数量表

1.14 路基标准横断面图

1.15 路面工程数量表

1.16 路面结构方案图

1.17 路基路面排水工程数量表

1.18 路基防护工程数量表

1.19 桥梁工程数量表

1.20 典型大桥桥型布置图

1.21 涵洞数量表

1.22 隧道工程数量表

1.23 隧道方案困

1.24 互通式立体交叉表

1.25 互通立体交叉平面布置图（绘制于工点地形图上）

1.26 互通式立体交叉主要工程数量表

1.27 分离式立体交叉表

1.28 通道（天桥）工程数量表

1.29 公路用地表

1.30 拆迁建筑物数量表

1.31 拆迁电力、电信设施表

1.32 筑路材料料场调查表

1.33 投资估算文件（推荐方案的甲乙组文件和比较方案的甲组文件）

可行性研究报告中工程图表的格式及内容，可参考《公路工程建设项目设计文件图表示例（初步设计）》。

2 经济交通分析及经济评价部分

2.1 项目影响区示意图

2.2 ××省（市、地、县）历年主要经济社会指标表

2.3 ××省（市、地、县）主要经济社会指标预测结果表

2.4 项目影响区各运输方式运量统计表

2.5 现有相关公路技术状况表

2.6 历年相关公路交通量表

2.7 项目影响区公路及其他运输方式现状图

2.8 OD 调查点分布示意图

2.9 ××年（基年）OD 表

2.10 ××年（基年）出行期望路线示意图

2.11 ××年（未来各特征年）公路及其他运输方式规划图

2.12 ××年（未来各特征年）OD 表

2.13 分路段交通量预测结果表（包括各特征年）

2.14 ××年（未来各特征年）各路段交通量与互通立交转向交通量预测结果示意图

2.15 交通量车型结构预测表

2.16 主要投入物影子价格调整表

2.17 建设费用调整表

2.18 车辆经济运营成本调整表

2.19 项目投资经济费用效益流量表

2.20 经济费用效益分析敏感性分析表

2.21 项目投资现金流量表

2.22 项目资本金现金流量表

2.23 财务分析敏感性分析表

2.24 借款还本付息估算表

2.25 利润与利润分配

公路工程施工总承包企业资质等级标准

公路工程施工总承包资质分为特级、一级、二级、三级。

公路工程施工总承包特级资质标准：

一、企业资信能力

1．企业注册资本金3亿元以上。

2．企业净资产3.6亿元以上。

3．企业近三年上缴建筑业营业税均在5000万元以上。

4．企业银行授信额度近三年均在5亿元以上。

二、企业主要管理人员和专业技术人员要求

1．企业经理具有10年以上从事工程管理工作经历。

2．技术负责人具有15年以上从事工程技术管理工作经历，且具有工程序列高级职称及一级注册建造师或注册工程师执业资格；主持完成过两项及以上施工总承包一级资质要求的代表工程的技术工作或甲级设计资质要求的代表工程或合同额2亿元以上的工程总承包项目。

3．财务负责人具有高级会计师职称及注册会计师资格。

4．企业具有注册一级建造师（一级项目经理）50人以上。

5．企业具有本类别相关的行业工程设计甲级资质标准要求的专业技术人员。

三、科技进步水平

1．企业具有省部级（或相当于省部级水平）及以上的企业技术中心。

2．企业近三年科技活动经费支出平均达到营业额的0.5%以上。

3．企业具有国家级工法3项以上；近五年具有与工程建设相关的，能够推动企业技术进步的专利3项以上，累计有效专利8项以上，其中至少有一项发明专利。

4．企业近十年获得过国家级科技进步奖项或主编过工程建设国家或行业标准。

5．企业已建立内部局域网或管理信息平台，实现了内部办公、信息发布、数据交换的网络化；已建立并开通了企业外部网站；使用了综合项目管理信息系统和人事管理系统、工程设计相关软件，实现了档案管理和设计文档管理。

四、代表工程业绩

近10年承担过下列4项中的3项以上工程的工程总承包、施工总承包或主体工程承包，工程质量合格。

1．累计修建一级以上公路路基100公里以上；

2．累计修建高级路面 400 万平方米以上；

3．累计修建单座桥长≥500 米或单跨跨度≥100 米的公路特大桥 6 座以上；

4．单项合同额 2 亿元以上的公路工程 3 个以上。

公路工程施工总承包一级资质标准：

1．企业资产

净资产 1 亿元以上。

2．企业主要人员

（1）公路工程专业一级注册建造师不少于 15 人。

（2）技术负责人具有 15 年以上从事工程施工技术管理工作经历，且具有公路工程相关专业高级职称；公路工程相关专业中级以上职称人员不少于 75 人。

（3）持有岗位证书的施工现场管理人员不少于 25 人，且施工员、安全员等人员齐全。

（4）经考核或培训合格的中级工以上技术工人不少于 50 人。

3．企业工程业绩

近 10 年承担过下列 4 类中的 3 类工程的施工，工程质量合格。

（1）累计修建一级以上公路路基 100 公里以上；

（2）累计修建二级以上等级公路路面（不少于 2 层且厚度 10 厘米以上沥青混凝土路面，或 22 厘米以上水泥混凝土路面）300 万平方米以上；

（3）累计修建单座桥长≥500 米或单跨跨度≥100 米的桥梁 6 座以上；

（4）累计修建单座隧道长≥1000 米的公路隧道 2 座以上，或单座隧道长≥500 米的公路隧道 3 座以上。

4．技术装备

具有下列机械设备：

（1）160 吨/小时以上沥青混凝土拌和设备 3 台；

（2）120 立方米/小时以上水泥混凝土拌和设备 4 台；

（3）300 吨/小时以上稳定土拌和设备 4 台；

（4）摊铺宽度 12 米以上的沥青混凝土摊铺设备 6 台；

（5）各型压路机 20 台（其中沥青混凝土压实设备 10 台，大型土方振动压实设备 10 台）；

（6）扭矩 200 千牛·米以上的钻机 2 台；

（7）80 吨以上自行式架桥机 2 套；

（8）水泥混凝土泵车 4 台；

（9）隧道掘进设备 2 台，水泥混凝土喷射泵 4 台，压浆设备 2 台。

公路工程施工总承包二级资质标准：

1．企业资产

净资产 4000 万元以上。

2．企业主要人员

（1）公路工程专业注册建造师不少于 15 人。

（2）技术负责人具有 8 年以上从事工程施工技术管理工作经历，且具有公路工程相关专业高级职称或公路工程专业一级注册建造师执业资格；公路工程相关专业中级以上职称人员不少于 50 人。

（3）持有岗位证书的施工现场管理人员不少于 15 人，且施工员、安全员等人员齐全。

（4）经考核或培训合格的中级工以上技术工人不少于 30 人。

3．企业工程业绩

近 10 年承担过下列 3 类工程的施工，工程质量合格。

（1）累计修建三级以上公路路基 200 公里以上；

（2）累计修建四级以上公路路面（厚度 5 厘米以上沥青混凝土路面或 20 厘米以上水泥混凝土路面）200 万平方米以上；

（3）累计修建单座桥长≥100 米或单跨跨度≥40 米的桥梁 4 座以上。

4．技术装备

具有下列机械设备：

（1）120 吨/小时以上沥青混凝土拌和设备 2 台；

（2）60 立方米/小时以上水泥混凝土拌和设备 2 台；

（3）300 吨/小时以上稳定土拌和设备 2 台；

（4）摊铺宽度 8 米以上的沥青混凝土摊铺设备 2 台；

（5）120 千瓦以上平地机 3 台；

（6）1 立方米以上挖掘机 3 台；

（7）100 千瓦以上推土机 3 台；

（8）各型压路机 10 台（其中沥青混凝土压实设备 4 台，大型土方振动压实设备 2 台）；

（9）扭矩 200 千牛·米以上的钻机 1 台；

（10）80 吨以上自行式架桥机 1 套；

（11）50 吨以上吊车 1 台；

（12）水泥混凝土泵车 2 台；

（13）隧道掘进设备 1 台，水泥混凝土喷射泵 2 台，压浆设备 1 台。

公路工程施工总承包三级资质标准：

1．企业资产

净资产 800 万元以上。

2．企业主要人员

（1）公路工程专业注册建造师不少于 8 人。

（2）技术负责人具有 6 年以上从事工程施工技术管理工作经历，且具有公路工程相关专业中级以上职称或公路工程专业注册建造师执业资格；公路工程相关专业中级以上职称人员不少于 15 人。

（3）持有岗位证书的现场管理人员不少于 8 人，且施工员、安全员等人员齐全。

（4）企业具有经考核或培训合格的中级工以上技术工人不少于 15 人。

（5）技术负责人（或注册建造师）主持完成过本类别资质二级以上标准要求的工程业绩不少于 2 项。

3．技术装备

具有下列机械设备：

（1）100 吨/小时以上沥青混凝土拌和设备 1 台；

（2）50 立方米/小时以上水泥混凝土拌和设备 1 台；

（3）摊铺宽度 4.5 米以上沥青混凝土摊铺设备 2 台；

（4）8 吨以上压路机 5 台；

（5）1 立方米以上挖掘机 2 台；

（6）120 千瓦以上平地机 2 台；

（7）30 吨以上吊车 1 台。

公路工程施工总承包范围：

特级资质承包范围：

1．取得施工总承包特级资质的企业可承担本类别各等级工程施工总承包、设计及开展工程总承包和项目管理业务。

2．取得房屋建筑、公路、铁路、市政公用、港口与航道、水利水电等专业中任意 1 项施工总承包特级资质和其中 2 项施工总承包一级资质，即可承接上述各专业工程的施工总承包、工程总承包和项目管理业务，及开展相应设计主导专业人员齐备的施工图设计业务。

3．取得房屋建筑、矿山、冶炼、石油化工、电力等专业中任意 1 项施工总承包特级资质和其中 2 项施工总承包一级资质，即可承接上述各专业工程的施工总承包、工程总承包和项目管理业务，及开展相应设计主导专业人员齐备的施工图设计业务。

4．特级资质的企业，限承担施工单项合同额 6000 万元以上的房屋建筑工程。

一级资质承包范围：

可承担各级公路及其桥梁，长度 3000 米以下的隧道工程的施工。

二级资质承包范围：

可承担一级以下公路，单座桥长 1000 米以下、单跨跨度 150 米以下的桥梁，长度 1000 米以下的隧道工程的施工。

三级资质承包范围：

可承担二级以下公路，单座桥长 500 米以下、单跨跨度 50 米以下的桥梁工程的施工。

注：公路工程相关专业职称包括公路工程、桥梁工程、公路与桥梁工程、交通土建、隧道（地下结构）工程、交通工程等专业职称。

公路交通工程专业承包企业资质等级标准

公路交通工程专业承包企业资质分为交通安全设施，通信系统工程，监控系统工程，收费系统工程和通信、监控、收费综合系统工程5个分项，不分等级。

一、交通安全设施分项资质标准

1．企业近5年承担过2条以上高速或一级公路交通安全设施的施工，累计施工里程300公里以上，工程质量合格。

2．企业经理具有10年以上从事公路工程管理工作经历或具有高级职称；总工程师具有本专业高级职称；财务负责人具有高级会计职称。

企业具有公路工程或交通工程专业职称的人员不少于40人，其中具有中级以上职称的人员不少于20人。

3．企业注册资本金150万元以上，企业净资产200万元以上。

4．企业具有相应的施工机具设备和质量检测设备，并至少具有：

（1）逆反射系数测量仪1台；

（2）色彩色差仪1台；

（3）升降机1台；

（4）热溶或常温划线机8台；

（5）放线设备2台；

（6）底漆高压喷涂机1台；

（7）涂层测厚仪2台；

（8）打桩机10台；

（9）经纬仪2台；

（10）水准仪2台。

二、通信系统工程分项资质标准

一级资质标准：

1．企业近5年承担过2条以上高速或一级公路通信系统工程的施工，累计施工里程200公里以上，工程质量合格。

2．企业经理具有10年以上从事公路工程管理工作经历或具有高级职称；技术负责人具有本专业高级职称；财务负责人具有高级会计职称。

企业具有公路工程或交通工程专业职称的人员不少于50人，其中具有中级以上职称的人员不少于25人。

3．企业注册资本金150万元以上，企业净资产200万元以上。

4．企业具有相应的施工机具设备和质量检测设备，并至少具有：

（1）混合信号示波器 1 台；

（2）光纤熔接机 1 套；

（3）光功率计 1 套；

（4）光衰减器 2 套；

（5）数字万能表 2 套；

（6）线缆测试仪 1 套；

（7）CATV 测试验收仪 1 套；

（8）串行数据分析仪 2 套；

（9）多用表校准仪 1 台；

（10）通信测试分析系统 1 套；

（11）RCL 测试仪 1 台。

三、监控系统工程分项资质标准

1．企业近 5 年承担过 2 条以上高速或一级公路监控系统工程的施工，累计施工里程 200 公里以上，工程质量合格。

2．企业经理具有 10 年以上从事公路工程管理工作经历或具有高级职称；技术负责人具有本专业高级职称；财务负责人具有高级会计职称。

企业具有公路工程或交通工程专业职称的人员不少于 50 人，其中具有中级以上职称的人员不少于 25 人。

3．企业注册资本金 150 万元以上，企业净资产 200 万元以上。

4．企业具有相应的施工机具设备和质量检测设备，并至少具有：

（1）混合信号示波器 1 台；

（2）光纤熔接机 1 套；

（3）光功率计 1 套；

（4）光衰减器 2 套；

（5）数字万能表 2 套；

（6）线缆测试仪 1 套；

（7）CATV 测试验收仪 1 套；

（8）串行数据分析仪 2 套；

（9）多用表校准仪 1 台；

（10）通信测试分析系统 1 套；

（11）RCL 测试仪 1 台。

四、收费系统工程分项资质标准

1．企业近 5 年承担过 2 条以上高速或一级公路收费系统工程的施工，累计施工里程 200 公里以上，工程质量合格。

2．企业经理具有 10 年以上从事公路工程管理工作经历或具有高级职称；技术负责人具有本专业高级职称；财务负责人具有高级会计职称。

企业具有公路工程或交通工程专业职称人员不少于50人，其中具有中级以上职称的人员不少于25人。

3．企业注册资本金150万元以上，企业净资产200万元以上。

4．企业具有相应的施工机具设备和质量检测设备，并至少具有：

（1）混合信号示波器1台；

（2）光纤熔接机1套；

（3）光功率计1套；

（4）光衰减器2套；

（5）数字万能表2套；

（6）线缆测试仪1套；

（7）CATV测试验收仪1套；

（8）串行数据分析仪2套；

（9）多用表校准仪1台；

（10）通信测试分析系统1套；

（11）RCL测试仪1台。

五、通信、监控、收费综合系统工程分项资质标准

1．企业近5年承担过2条以上高速或一级公路通信、监控、收费综合系统工程的施工，累计施工里程300公里以上，工程质量合格。

2．企业经理具有10年以上从事公路工程管理工作经历或具有高级职称；技术负责人具有本专业高级职称；财务负责人具有高级会计职称。

企业具有公路工程及交通工程专业职称的人员不少于100人，其中具有中级以上职称的人员不少于50人。

3．企业注册资本金300万元以上，企业净资产350万元以上。

4．企业具有相应的施工机具设备和质量检测设备，并至少具有：

（1）混合信号示波器2台；

（2）光纤熔接机2套；

（3）光功率计2套；

（4）光衰减器2套；

（5）数字万能表2套；

（6）线缆测试仪2套；

（7）CATV测试验收仪2套；

（8）串行数据分析仪2套；

（9）多用表校准仪1台；

（10）通信测试分析系统2套；

（11）RCL测试仪2台。

六、工程范围

（一）交通安全设施分项：

可承担各级公路标志、标线、护栏、隔离栅、防眩板等工程施工及安装。

（二）通信系统工程分项：

可承担各级公路干线传输系统、程控交换系统、移动通信系统、光（电）缆敷设工程、紧急电话系统的施工及安装。

（三）监控系统工程分项：

可承担各级公路交通信息采集系统、信息发布系统、中央控制系统、供电配套设施系统的施工及安装。

（四）收费系统工程分项：

可承担收费公路收费车道及附属配套设备、收费管理系统及配套设备的施工及安装。

（五）通信、监控、收费综合系统工程分项：

可承担各级公路干线传输系统、程控交换系统、移动通信系统、光（电）缆敷设工程、紧急电话系统、交通信息采集系统、信息发布系统、中央控制系统、供电配套设施系统的施工及安装和收费公路收费车道及附属配套设备、收费管理系统及配套设备的施工及安装。

公路路基工程专业承包企业资质等级标准

一级资质标准：

1．企业近10年承担过下列（1）和（2）项中所列工程的施工，工程质量合格。

（1）累计修建一级以上公路路基100公里以上；

（2）累计完成一级以上公路路基工程合同额3亿元以上。

2．企业经理具有10年以上从事公路工程管理工作经历或具有高级职称；总工程师具有10年以上从事公路工程技术管理工作经历并具有本专业高级职称；总会计师具有中级以上会计职称。

企业有职称的工程技术和经济管理人员不少于100人，其中公路工程系列技术人员不少于50人；工程技术人员中，具有中级以上职称的人员不少于15人。

企业具有的本专业一级资质项目经理不少于10人。

3．企业注册资本金2000万元以上，企业净资产2500万元以上。

4．企业近3年最高年公路路基工程结算收入5000万元以上。

5．企业具有相应的施工机械和质量检测设备，并至少具有：

（1）1立方米以上挖掘机5台；

（2）120千瓦以上平地机3台；

（3）100千瓦以上推土机5台；

（4）各型压路机15台，其中大型土方振动压实设备5台；

（5）9立方米空压机3台；

（6）2立方米以上装载机5台；

（7）25立方米/小时以上水泥砼拌和设备2台。

二级资质标准：

1．企业近10年承担过下列（1）和（2）项中所列工程的施工，工程质量合格。

（1）累计修建二级以上公路路基100公里以上；

（2）累计完成二级以上公路路基工程合同额1亿元以上。

2．企业经理具有8年以上从事公路工程管理工作经历或具有中级以上职称；技术负责人具有8 年以上从事公路工程技术管理工作经历并具有本专业中级以上职称；财务负责人具有中级以上会计职称。

企业有职称的工程技术和经济管理人员不少于60人，其中公路工程系列技术人员不少于30人；工程技术人员中，具有中级以上职称的人员不少于8人。

企业具有的本专业二级资质以上项目经理不少于10人。

3．企业注册资本金1000万元以上，企业净资产1200万元以上。

4．企业近3年最高年公路路基工程结算收入3000万元以上。

5．企业具有相应的施工机械和质量检测设备，并至少具有：

（1）1立方米以上挖掘机2台；

（2）120 千瓦以上平地机 2 台；
（3）100 千瓦以上推土机 3 台；
（4）各型压路机 8 台，其中大型土方振动压实设备 3 台；
（5）9 立方米空压机 2 台；
（6）2 立方米以上装载机 3 台；
（7）25 立方米/小时以上水泥砼拌和设备 1 台。

三级资质标准：

1．企业近 10 年承担过下列（1）和（2）项中所列工程的施工，工程质量合格。
（1）累计修建二级以上公路路基 50 公里以上；
（2）累计完成公路路基工程合同额 5000 万元以上。

2．企业经理具有 6 年以上从事公路工程管理工作经历或具有中级以上职称；技术负责人具有 6 年以上从事公路工程技术管理工作经历并具有本专业中级以上职称；财务负责人具有初级以上会计职称。

企业有职称的工程技术和经济管理人员不少于 30 人，其中公路工程系列技术人员不少于 15 人；工程技术人员中，具有中级以上职称的人员不少于 5 人。

企业具有的本专业三级资质以上项目经理不少于 5 人。

3．企业注册资本金 300 万元以上，企业净资产 360 万元以上。

4．企业近 3 年最高年公路路基工程结算收入 1500 万元以上。

5．企业具有相应的施工机械和质量检测设备，并至少具有：
（1）0.8 立方米以上挖掘机 2 台；
（2）120 千瓦以上平地机 1 台；
（3）100 千瓦以上推土机 2 台；
（4）各型压路机 4 台，其中大型土方振动压实设备 1 台；
（5）2 立方米以上装载机 5 台；
（6）水泥砼拌和设备 1 台。

承包工程范围：

一级企业：可承担各级公路的土石方、中小桥涵、防护及排水、软基处理工程的施工。

二级企业：可承担单项合同额不超过企业注册资本金 5 倍的一级标准及以下公路的土石方、中小桥涵、防护及排水、软基处理工程的施工。

三级企业：可承担单项合同额不超过企业注册资本金 5 倍的二级标准及以下公路的土石方、中小桥涵、防护及排水、软基处理工程的施工。

公路路面工程专业承包企业资质等级标准

公路路面工程专业承包企业资质分为一级、二级、三级。

一级资质标准：

1．企业近10年承担过下列（1）和（2）项中所列工程的施工，工程质量合格。

（1）累计修建高级路面200万平方米以上；

（2）累计完成高级路面工程合同额3亿元以上。

2．企业经理具有10年以上从事公路工程管理工作经历或具有高级职称；总工程师具有10年以上从事公路工程技术管理工作经历并具有本专业高级职称；总会计师具有中级以上会计职称。

企业有职称的工程技术和经济管理人员不少于80人，其中公路工程系列技术人员不少于40人；工程技术人员中，具有中级以上职称的人员不少于15人。

企业具有的本专业一级资质项目经理不少于5人。

3．企业注册资本金3000万元以上，企业净资产3600万元以上。

4．企业近3年最高年公路路面工程结算收入1亿元以上。

5．企业具有相应的施工机械和质量检测设备，并至少具有：

（1）160吨/小时以上沥青砼拌和设备2台，120立方米/小时以上水泥砼拌和设备1台或60立方米/小时以上水泥砼拌和设备2台，300吨/小时以上稳定土拌和设备2台；

（2）摊铺宽度12米的沥青砼摊铺设备1台，摊铺宽度8米以上的沥青砼摊铺设备4台；

（3）120千瓦以上平地机5台；

（4）100千瓦以上推土机5台；

（5）各型压路机12台。

二级资质标准：

1．企业近10年承担过下列（1）和（2）项中所列工程的施工，工程质量合格。

（1）累计修建高级路面100万平方米以上；

（2）累计完成高级、次高级路面工程合同额1亿元以上。

2．企业经理具有8年以上从事公路工程管理工作经历或具有中级以上职称；技术负责人具有8年以上从事公路工程技术管理工作经历并具有本专业中级以上职称；财务负责人具有中级以上会计职称。

企业有职称的工程技术和经济管理人员不少于60人，其中公路工程系列技术人员不少于30人；工程技术人员中，具有中级以上职称的人员不少于10人。

企业具有的本专业二级资质以上项目经理不少于5人。

3．企业注册资本金1500万元以上，企业净资产2000万元以上。

4．企业近3年最高年公路路面工程结算收入4000万元以上。

5．企业具有相应的施工机械和质量检测设备，并至少具有：

（1）120吨/小时以上沥青砼拌和设备或60立方米/小时以上水泥砼拌和设备1台，300吨/小时以上稳定土拌和设备 1 台；

（2）摊铺宽度 8 米以上的沥青砼摊铺设备 2 台；

（3）120 千瓦以上平地机 3 台；

（4）100 千瓦以上推土机 3 台；

（5）各型压路机 8 台。

三级资质标准：

1．企业近 10 年承担过下列（1）和（2）项中所列工程的施工，工程质量合格。

（1）累计修建高级、次高级路面 60 万平方米以上；

（2）累计完成路面工程合同额 3000 万元以上。

2．企业经理具有 6 年以上从事公路工程管理工作经历或具有中级以上职称；技术负责人具有 6 年以上从事公路工程技术管理工作经历并具有本专业中级以上职称；财务负责人具有初级以上会计职称。

企业有职称的工程技术和经济管理人员不少于 30 人，其中公路工程系列技术人员不少于 15 人；工程技术人员中，具有中级以上职称的人员不少于 5 人。

企业具有的本专业三级资质以上项目经理不少于 5 人。

3．企业注册资本金 400 万元以上，企业净资产 500 万元以上。

4．企业近 3 年最高年公路路面工程结算收入 800 万元以上。

5．企业具有相应的施工机械和质量检测设备，并至少具有：

（1）60 吨/小时以上沥青砼拌和设备或 40 立方米/小时以上水泥砼拌和设备 1 台；

（2）摊铺宽度 4.5 米以上的沥青砼摊铺设备 1 台；

（3）120 千瓦以上平地机 1 台；

（4）100 千瓦以上推土机 1 台；

（5）各型压路机 4 台。

承包工程范围：

一级企业：可承担各级公路的各类路面和钢桥面工程的施工。

二级企业：可承担单项合同额不超过企业注册资本金 5 倍的一级标准及以下公路路面工程的施工。

三级企业：可承担单项合同额不超过企业注册资本金 5 倍的二级标准及以下公路路面工程的施工。

公路水运工程质量监督管理规定

第一章　总　则

第一条　为了加强公路水运工程质量监督管理，保证工程质量，根据《中华人民共和国公路法》《中华人民共和国港口法》《中华人民共和国航道法》《建设工程质量管理条例》等法律、行政法规，制定本规定。

第二条　公路水运工程质量监督管理，适用本规定。

第三条　本规定所称公路水运工程，是指经依法审批、核准或者备案的公路、水运基础设施的新建、改建、扩建等建设项目。

本规定所称公路水运工程质量，是指有关公路水运工程建设的法律、法规、规章、技术标准、经批准的设计文件以及工程合同对建设公路水运工程的安全、适用、经济、美观等特性的综合要求。

本规定所称从业单位，是指从事公路、水运工程建设、勘察、设计、施工、监理、试验检测等业务活动的单位。

第四条　交通运输部负责全国公路水运工程质量监督管理工作。交通运输部长江航务管理局按照规定的职责对长江干线航道工程质量监督管理。

县级以上地方人民政府交通运输主管部门按照规定的职责负责本行政区域内的公路水运工程质量监督管理工作。

公路水运工程质量监督管理，可以由交通运输主管部门委托的建设工程质量监督机构具体实施。

第五条　交通运输主管部门应当制定完善公路水运工程质量监督管理制度、政策措施，依法加强质量监督管理，提高质量监督管理水平。

第六条　公路水运工程建设领域鼓励和支持质量管理新理念、新技术、新方法的推广应用。

第二章　质量管理责任和义务

第七条　从业单位应当建立健全工程质量保证体系，制定质量管理制度，强化工程质量管理措施，完善工程质量目标保障机制。

公路水运工程施行质量责任终身制。建设、勘察、设计、施工、监理等单位应当书面明确相应的项目负责人和质量负责人。从业单位的相关人员按照国家法律法规和有关规定在工程合理使用年限内承担相应的质量责任。

第八条　建设单位对工程质量负管理责任，应当科学组织管理，落实国家法律、法规、工程建设强制性标准的规定，严格执行国家有关工程建设管理程序，建立健全项目管理责任机制，完善工程项目管理制度，严格落实质量责任制。

第九条　建设单位应当与勘察、设计、施工、监理等单位在合同中明确工程质量目标、质量管理责任和要求，加强对涉及质量的关键人员、施工设备等方面的合同履约管理，组织开展质量检查，督促有关单位及时整改质量问题。

第十条 勘察、设计单位对勘察、设计质量负责，应当按照有关规定、强制性标准进行勘察、设计，保证勘察、设计工作深度和质量。勘察单位提供的勘察成果文件应当满足工程设计的需要。设计单位应当根据勘察成果文件进行工程设计。

第十一条 设计单位应当按照相关规定，做好设计交底、设计变更和后续服务工作，保障设计意图在施工中得以贯彻落实，及时处理施工中与设计相关的质量技术问题。

第十二条 公路水运工程交工验收前，设计单位应当对工程建设内容是否满足设计要求、是否达到使用功能等方面进行综合检查和分析评价，向建设单位出具工程设计符合性评价意见。

第十三条 施工单位对工程施工质量负责，应当按合同约定设立现场质量管理机构、配备工程技术人员和质量管理人员，落实工程施工质量责任制。

第十四条 施工单位应当严格按照工程设计图纸、施工技术标准和合同约定施工，对原材料、混合料、构配件、工程实体、机电设备等进行检验；按规定施行班组自检、工序交接检、专职质检员检验的质量控制程序；对分项工程、分部工程和单位工程进行质量自评。检验或者自评不合格的，不得进入下道工序或者投入使用。

第十五条 施工单位应当加强施工过程质量控制，并形成完整、可追溯的施工质量管理资料，主体工程的隐蔽部位施工还应当保留影像资料。对施工中出现的质量问题或者验收不合格的工程，应当负责返工处理；对在保修范围和保修期限内发生质量问题的工程，应当履行保修义务。

第十六条 勘察、设计、施工单位应当依法规范分包行为，并对各自承担的工程质量负总责，分包单位对分包合同范围内的工程质量负责。

第十七条 监理单位对施工质量负监理责任，应当按合同约定设立现场监理机构，按规定程序和标准进行工程质量检查、检测和验收，对发现的质量问题及时督促整改，不得降低工程质量标准。

公路水运工程交工验收前，监理单位应当根据有关标准和规范要求对工程质量进行检查验证，编制工程质量评定或者评估报告，并提交建设单位。

第十八条 施工、监理单位应当按照合同约定设立工地临时试验室，严格按照工程技术标准、检测规范和规程，在核定的试验检测参数范围内开展试验检测活动。

施工、监理单位应当对其设立的工地临时试验室所出具的试验检测数据和报告的真实性、客观性、准确性负责。

第十九条 材料和设备的供应单位应当按照有关规定和合同约定对其产品或者服务质量负责。

第三章 监督管理

第二十条 公路水运工程实行质量监督管理制度。

交通运输主管部门及其委托的建设工程质量监督机构应当依据法律、法规和强制性标准等，科学、规范、公正地开展公路水运工程质量监督管理工作。任何单位和个人不得非法干预或者阻挠质量监督管理工作。

第二十一条 交通运输主管部门委托的建设工程质量监督机构应当满足以下基本条件：

（一）从事质量监督管理工作的专业技术人员数量不少于本单位职工总数的70%，且专业结构配置合理，满足质量监督管理工作需要，从事现场执法的人员应当按规定取得行政执法证件；

（二）具备开展质量监督管理的工作条件，按照有关装备标准配备质量监督检查所必要的检测设备、执法装备等；

（三）建立健全质量监督管理制度和工作机制，落实监督管理工作责任，加强业务培训。

质量监督管理工作经费应当由交通运输主管部门按照国家规定协调有关部门纳入同级财政预算予以保障。

第二十二条 交通运输主管部门或者其委托的建设工程质量监督机构依法要求建设单位按规定办理质量监督手续。

建设单位应当按照国家规定向交通运输主管部门或者其委托的建设工程质量监督机构提交以下材料，办理工程质量监督手续：

（一）公路水运工程质量监督管理登记表；

（二）交通运输主管部门批复的施工图设计文件；

（三）施工、监理合同及招投标文件；

（四）建设单位现场管理机构、人员、质量保证体系等文件；

（五）本单位以及勘察、设计、施工、监理、试验检测等单位对其项目负责人、质量负责人的书面授权委托书、质量保证体系等文件；

（六）依法要求提供的其他相关材料。

第二十三条 建设单位提交的材料符合规定的，交通运输主管部门或者其委托的建设工程质量监督机构应当在15个工作日内为其办理工程质量监督手续，出具公路水运工程质量监督管理受理通知书。

公路水运工程质量监督管理受理通知书中应当明确监督人员、内容和方式等。

第二十四条 建设单位在办理工程质量监督手续后、工程开工前，应当按照国家有关规定办理施工许可或者开工备案手续。

交通运输主管部门或者其委托的建设工程质量监督机构应当自建设单位办理完成施工许可或者开工备案手续之日起，至工程竣工验收完成之日止，依法开展公路水运工程建设的质量监督管理工作。

第二十五条 公路水运工程交工验收前，建设单位应当组织对工程质量是否合格进行检测，出具交工验收质量检测报告，连同设计单位出具的工程设计符合性评价意见、监理单位提交的工程质量评定或者评估报告一并提交交通运输主管部门委托的建设工程质量监督机构。

交通运输主管部门委托的建设工程质量监督机构应当对建设单位提交的报告材料进行审核，并对工程质量进行验证性检测，出具工程交工质量核验意见。

工程交工质量核验意见应当包括交工验收质量检测工作组织、质量评定或者评估程序执行、监督管理过程中发现的质量问题整改以及工程质量验证性检测结果等情况。

第二十六条 公路水运工程竣工验收前，交通运输主管部门委托的建设工程质量监督机构应当根据交通运输主管部门拟定的验收工作计划，组织对工程质量进行复测，并出具项目工程质量鉴定报告，明确工程质量水平；同时出具项目工程质量监督管理工作报告，对项目建设期质量监督管理工作进行全面总结。

工程质量鉴定报告应当以工程交工质量核验意见为参考，包括交工遗留问题和试运行期间出现的质量问题及整改、是否存在影响工程正常使用的质量缺陷、工程质量用户满意度调查及工程质量复测和鉴定结论等情况。

交通运输主管部门委托的建设工程质量监督机构应当将项目工程质量鉴定报告和项目工程质量监督管理工作报告提交负责组织竣工验收的交通运输主管部门。

第二十七条 交通运输主管部门委托的建设工程质量监督机构具备相应检测能力的，可以自行对工程质量进行检测；不具备相应检测能力的，可以委托具有相应能力等级的第三方试验检测机构负责相应检测工作。委托试验检测机构开展检测工作的，应当遵守政府采购有关法律法规的要求。

第二十八条 交通运输主管部门或者其委托的建设工程质量监督机构可以采取随机抽查、备案核查、专项督查等方式对从业单位实施监督检查。

公路水运工程质量监督管理工作实行项目监督责任制，可以明确专人或者设立工程项目质量监督组，实施项目质量监督管理工作。

第二十九条 交通运输主管部门或者其委托的建设工程质量监督机构应当制定年度工程质量监督检查计划，确定检查内容、方式、频次以及有关要求等。监督检查的内容主要包括：

（一）从业单位对工程质量法律、法规的执行情况；

（二）从业单位对公路水运工程建设强制性标准的执行情况；

（三）从业单位质量责任落实及质量保证体系运行情况；

（四）主要工程材料、构配件的质量情况；

（五）主体结构工程实体质量等情况。

第三十条 实施监督检查时，应当有 2 名以上人员参加，并出示有效执法证件。检查人员对涉及被检查单位的技术秘密和商业秘密，应当为其保密。

第三十一条 监督检查过程中，检查人员发现质量问题的，应当当场提出检查意见并做好记录。质量问题较为严重的，检查人员应当将检查时间、地点、内容、主要问题及处理意见形成书面记录，并由检查人员和被检查单位现场负责人签字。被检查单位现场负责人拒绝签字的，检查人员应当将情况记录在案。

第三十二条 交通运输主管部门或者其委托的建设工程质量监督机构履行监督检查职责时，有权采取下列措施：

（一）进入被检查单位和施工现场进行检查；

（二）询问被检查单位工作人员，要求其说明有关情况；

（三）要求被检查单位提供有关工程质量的文件和材料；

（四）对工程材料、构配件、工程实体质量进行抽样检测；

（五）对发现的质量问题，责令改正，视情节依法对责任单位采取通报批评、罚款、停工整顿等处理措施。

第三十三条 从业单位及其工作人员应当主动接受、配合交通运输主管部门或者其委托的建设工程质量监督机构的监督检查，不得拒绝或者阻碍。

第三十四条 公路水运工程发生质量事故，建设、施工单位应当按照交通运输部制定的公路水运建设工程质量事故等级划分和报告制度，及时、如实报告。交通运输主管部门或者其委托的建设工程质量监督机构接到事故报告后，应当按有关规定上报事故情况，并及时组织事故抢救，组织或者参与事故调查。

第三十五条 任何单位和个人都有权如实向交通运输主管部门及其委托的建设工程质量监督机构举报、投诉工程质量事故和质量问题。

第三十六条 交通运输主管部门应当加强对工程质量数据的统计分析，建立健全质量动态信息发布和质量问题预警机制。

第三十七条 交通运输主管部门应当完善公路水运工程质量信用档案，健全质量信用评价体系，加强对公路水运工程质量的信用评价管理，并按规定将有关信用信息纳入交通运输和相关统一信用信息共享平台。

第三十八条　交通运输主管部门应当健全违法违规信息公开制度，将从业单位及其人员的失信行为、举报投诉并被查实的质量问题、发生的质量事故、监督检查结果等情况，依法向社会公开。

第四章　法律责任

第三十九条　违反本规定第十条规定，勘察、设计单位未按照工程建设强制性标准进行勘察、设计的，设计单位未根据勘察成果文件进行工程设计的，依照《建设工程质量管理条例》第六十三条规定，责令改正，按以下标准处以罚款；造成质量事故的，责令停工整顿：

（一）工程尚未开工建设的，处10万元以上20万元以下的罚款；

（二）工程已开工建设的，处20万元以上30万元以下的罚款。

第四十条　违反本规定第十四条规定，施工单位不按照工程设计图纸或者施工技术标准施工的，依照《建设工程质量管理条例》第六十四条规定，责令改正，按以下标准处以罚款；情节严重的，责令停工整顿：

（一）未造成工程质量事故的，处所涉及单位工程合同价款2%的罚款；

（二）造成工程质量一般事故的，处所涉及单位工程合同价款2%以上3%以下的罚款；

（三）造成工程质量较大及以上等级事故的，处所涉及单位工程合同价款3%以上4%以下的罚款。

第四十一条　违反本规定第十四条规定，施工单位未按规定对原材料、混合料、构配件等进行检验的，依照《建设工程质量管理条例》第六十五条规定，责令改正，按以下标准处以罚款；情节严重的，责令停工整顿：

（一）未造成工程质量事故的，处10万元以上15万元以下的罚款；

（二）造成工程质量事故的，处15万元以上20万元以下的罚款。

第四十二条　违反本规定第十五条规定，施工单位对施工中出现的质量问题或者验收不合格的工程，未进行返工处理或者拖延返工处理的，责令改正，处1万元以上3万元以下的罚款。

施工单位对保修范围和保修期限内发生质量问题的工程，不履行保修义务或者拖延履行保修义务的，依照《建设工程质量管理条例》第六十六条规定，责令改正，按以下标准处以罚款：

（一）未造成工程质量事故的，处10万元以上15万元以下的罚款；

（二）造成工程质量事故的，处15万元以上20万元以下的罚款。

第四十三条　违反本规定第十七条规定，监理单位在监理工作中弄虚作假、降低工程质量的，或者将不合格的建设工程、建筑材料、建筑构配件和设备按照合格签字的，依照《建设工程质量管理条例》第六十七条规定，责令改正，按以下标准处以罚款，降低资质等级或者吊销资质证书；有违法所得的，予以没收：

（一）未造成工程质量事故的，处50万元以上60万元以下的罚款；

（二）造成工程质量一般事故的，处60万元以上70万元以下的罚款；

（三）造成工程质量较大事故的，处70万元以上80万元以下的罚款；

（四）造成工程质量重大及以上等级事故的，处80万元以上100万元以下的罚款。

第四十四条　违反本规定第十八条规定，设立工地临时实验室的单位弄虚作假、出具虚假数据报告的，责令改正，处1万元以上3万元以下的罚款。

第四十五条　违反本规定第二十二条规定，建设单位未按照规定办理工程质量监督手续的，依照《建设工程质量管理条例》第五十六条规定，责令改正，按以下标准处以罚款：

（一）未造成工程质量事故的，处 20 万元以上 30 万元以下的罚款；

（二）造成工程质量一般事故的，处 30 万元以上 40 万元以下的罚款；

（三）造成工程质量较大及以上等级事故的，处 40 万元以上 50 万元以下的罚款。

第四十六条　依照《建设工程质量管理条例》规定给予单位罚款处罚的，对单位直接负责的主管人员和其他直接责任人员处单位罚款数额 5%以上 10%以下的罚款。

第四十七条　交通运输主管部门及其委托的建设工程质量监督机构的工作人员在监督管理工作中玩忽职守、滥用职权、徇私舞弊的，依法给予处分；构成犯罪的，依法追究刑事责任。

第五章　附　则

第四十八条　乡道、村道工程建设的质量监督管理参照本规定执行。

第四十九条　本规定自 2017 年 12 月 1 日起施行。交通部于 1999 年 2 月 24 日发布的《公路工程质量管理办法》（交公路发〔1999〕90 号）、2000 年 6 月 7 日发布的《水运工程质量监督规定》（交通部令 2000 年第 3 号）和 2005 年 5 月 8 日发布的《公路工程质量监督规定》（交通部令 2005 年第 4 号）同时废止。

公路工程造价管理暂行办法

第一章 总 则

第一条 为加强公路工程造价管理，规范造价行为，合理控制建设成本，保障公路工程质量和安全，根据《中华人民共和国公路法》等法律、行政法规，制定本办法。

第二条 在中华人民共和国境内的公路新建、改建、扩建工程（以下统称公路工程）的造价活动，适用本办法。

本办法所称公路工程造价活动，是指公路工程建设项目从筹建到竣工验收交付使用所需全部费用的确定与控制，包括投资估算、设计概算、施工图预算、标底或者最高投标限价、合同价、变更费用、竣工决算等费用的确定与控制。

第三条 公路工程造价活动应当遵循客观科学、公平合理、诚实信用、厉行节约的原则。

第四条 交通运输部负责全国公路工程造价的监督管理。

省级交通运输主管部门负责本行政区域内公路工程造价的监督管理。

第二章 造价依据

第五条 交通运输部制定公路工程造价依据。省级交通运输主管部门可以根据交通运输部发布的公路工程造价依据，结合本地实际，组织制定补充性造价依据。

前款所称造价依据，是指用于编制各阶段造价文件所依据的办法、规则、定额、费用标准、造价指标以及其他相关的计价标准。

第六条 交通运输部对通用性强、技术成熟的建设工艺，编制统一的公路工程定额。

省级交通运输主管部门对公路工程定额中缺项的，或者地域性强且技术成熟的建设工艺，可以编制补充性定额规定。

第七条 对交通运输主管部门制定的公路工程造价依据中未涵盖但公路工程需要的造价依据，公路工程建设单位应当根据该工程施工工艺要求等因素组织开展成本分析。

第八条 交通运输主管部门应当及时组织造价依据的编制和修订工作，促进造价依据与公路技术进步相适应。公路工程建设、勘察设计、监理、施工、造价咨询等单位应当给予支持和配合。

第九条 编制造价文件使用的造价软件，应当符合公路工程造价依据，满足造价文件编制需要。

第三章 造价确定和控制

第十条 公路工程造价应当针对公路工程建设的不同阶段，根据项目的建设方案、工程规模、质量和安全等建设目标，结合建设条件等因素，按照相应的造价依据进行合理确定和有效控制。

第十一条 建设单位承担公路工程造价控制的主体责任，在设计、施工等过程中，履行以下职责，接受交通运输主管部门的监督检查：

（一）严格履行基本建设程序，负责组织项目投资估算、设计概算、施工图预算、标底或者最高投标限价、变更费用、工程结算、竣工决算的编制；

（二）对造价进行全过程管理和控制，建立公路工程造价管理台账，实现设计概算控制目标；

（三）负责公路工程造价信息的收集、分析和报送；

（四）依法应当履行的其他职责。

第十二条　勘察设计单位应当综合分析项目建设条件，结合项目使用功能，注重设计方案的技术经济比选，充分考虑工程质量、施工安全和运营养护需要，科学确定设计方案，合理计算工程造价。

勘察设计单位应当对其编制的造价文件的质量负责，做好前后阶段的造价对比，重点加强对设计概算超投资估算、施工图预算超设计概算等的预控。

第十三条　施工单位应当按照合同约定，编制工程计量与支付、工程结算等造价文件。

第十四条　从事公路工程造价活动的人员应当具备相应的专业技术技能。鼓励从事公路工程造价活动的人员参加继续教育，不断提升职业素质。

从事公路工程造价活动的人员应当对其编制的造价文件的质量和真实性负责。

第十五条　公路工程建设项目立项阶段，投资估算应当按照《公路工程基本建设项目投资估算编制办法》等规定编制。

第十六条　公路工程建设项目设计阶段，设计概算和施工图预算应当按照《公路工程基本建设项目概算预算编制办法》等规定编制。

初步设计概算的静态投资部分不得超过经审批或者核准的投资估算的静态投资部分的110%。

施工图预算不得超过经批准的初步设计概算。

第十七条　公路工程建设项目实行招标的，应当在招标文件中载明工程计量计价事项。

设有标底或者最高投标限价的，标底或者最高投标限价应当根据造价依据并结合市场因素进行编制，并不得超出经批准的设计概算或者施工图预算对应部分。建设单位应当进行标底或者最高投标限价与设计概算或者施工图预算的对比分析，合理控制建设项目造价。

投标报价由投标人根据市场及企业经营状况编制，不得低于工程成本。

第十八条　国家重点公路工程项目和省级人民政府相关部门批准初步设计的公路工程项目的建设单位应当在施工阶段，将施工合同的工程量清单报省级交通运输主管部门备案。

第十九条　勘察设计单位应当保证承担的公路工程建设项目符合国家规定的勘察设计深度要求和勘察设计质量，避免因设计变更发生费用变更。发生设计变更的，建设单位按照有关规定完成审批程序后，合理确定变更费用。

第二十条　在公路工程建设项目建设期内，建设单位应当根据年度工程计划及时编制该项目年度费用预算，并根据工程进度及时编制工程造价管理台账，对工程投资执行情况与经批准的设计概算或者施工图预算进行对比分析。

第二十一条　由于价格上涨、定额调整、征地拆迁、贷款利率调整等因素需要调整设计概算的，应当向原初步设计审批部门申请调整概算。原初步设计审批部门应当进行审查。

未经批准擅自增加建设内容、扩大建设规模、提高建设标准、改变设计方案等造成超概算的，不予调整设计概算。

由于地质条件发生重大变化、设计方案变更等因素造成的设计概算调整，实际投资调增幅度超过静态投资估算10%的，应当报项目可行性研究报告审批或者核准部门调整投资估算后，再由原初步设计审批部门审查调整设计概算；实际投资调增幅度不超过静态投资估算10%的，由原初步设计审批部门直接审查调整设计概算。

第二十二条　公路工程建设项目竣工验收前，建设单位应当编制竣工决算报告及公路工程建设项目造价执行情况报告。审计部门对竣工决算报告提出审计意见和调整要求的，建设单位应当按照要求对竣工决算报告进行调整。

第四章　监督管理

第二十三条　交通运输主管部门应当按照职责权限加强对公路工程造价活动的监督检查。被监督检查的单位和人员应当予以配合，不得妨碍和阻挠依法进行的监督检查活动。

第二十四条　公路工程造价监督检查主要包括以下内容：

（一）相关单位对公路工程造价管理法律、法规、规章、制度以及公路工程造价依据的执行情况；

（二）各阶段造价文件编制、审查、审批、备案以及对批复意见的落实情况；

（三）建设单位工程造价管理台账和计量支付制度的建立与执行、造价全过程管理与控制情况；

（四）设计变更原因及费用变更情况；

（五）建设单位对项目造价信息的收集、分析及报送情况；

（六）从事公路工程造价活动的单位和人员的信用情况；

（七）其他相关事项。

第二十五条　省级以上交通运输主管部门组织对从事公路工程造价活动的人员和造价咨询企业的信用情况进行监管，纳入统一的公路建设市场监管体系。

第二十六条　交通运输主管部门应当按照国家有关规定，及时公开公路工程造价相关信息，并接受社会监督。

交通运输部建立公路工程造价信息化标准体系，建立部级公路工程造价信息平台。

省级交通运输主管部门建立省级公路工程造价信息平台，并与部级公路工程造价信息平台实现互联互通和信息共享。

公路工程造价信息公开应当严格审核，遵守信息安全管理规定，不得侵犯相关单位和个人的合法权益。

第二十七条　交通运输主管部门应当对公路工程造价信息及公路工程建设项目造价执行情况进行动态跟踪、分析评估，为造价依据调整和造价监督提供支撑。

第二十八条　交通运输主管部门应当将监督检查活动中发现的问题及时向相关单位和人员通报，责令其限期整改。监督检查结果应当纳入公路建设市场监管体系。

第五章　附　则

第二十九条　公路养护工程可以根据作业类别和规模参照本办法执行。

第三十条　本办法自 2016 年 11 月 1 日起施行。

第三十五章　相关规范

《公路桥梁荷载试验规程》（JTG/T J21-01—2015）（略）
《公路工程技术标准》（JTG B01—2014）（略）
《公路工程无机结合料稳定材料试验规程》（JTG E51—2009）（略）
《公路项目安全性评价规范》（JTG B05—2015）（略）
《公路工程施工监理规范》（JTG G10—2016）（略）
《公路工程竣（交）工验收办法实施细则》（略）
《公路路基路面现场测试规程》（JTG 3450—2019）（略）
《公路工程施工安全技术规范》（JTG F90—2015）（略）
《公路工程质量检验评定标准》（JTG F80/1—2017）（略）
《公路路基施工技术规范》（JTG/T 3610—2019）（略）
《公路路面基层施工技术细则》（JTG/T F20—2015）（略）
《沙漠地区公路设计与施工指南》（JTG/T D31—2008）（略）